볼프하르트 판넨베르크는 제2차 세계대전이 끝난 후, 위르겐 몰트만과 함께 20세기 후반 세계 신학계의 새로운 시대를 개척한 인물이다. 몰트만이 "희망의 신학"을 통해 하나님 나라의 미래를 향한 현실 변혁의 지평을 열었다면, 판넨베르크는 그의 "역사의 신학"을 통해 기독교 신앙 및 신학의 역사적 전망과 책임을 강조했던 현대 개신교 신학의 거장으로 인정받고 있다. 그는 구원사에서 특별계시의 역할을 배제하는 주관주의적 실존주의 신학은 물론, 일반계시의 역할을 축소하고 특별계시에만 의존하는 말씀의 신학에 대항하여 구원사를 세계사적 전망에서 바라보는 자신만의 신학을 구축하고 완성했다. 그의 생애 후기에 출간된 『조직신학』전 3권은 20세기 신학을 이해하기 위해서는 반드시 넘어야만 하는 거대한 산과 같은 존재다. 이같이 중요한 책을 번역하여 출판하는 일은 한국 신학계에 중요한 기여라 말하지 않을 수 없다. 대작의 출간을 결심한 출판사는 물론, 번역을 위해 수고한 신준호 박사께도 감사와 격려의 박수를 보낸다.

김균진

연세대학교 명예교수

몸에 근육을 만들려면 적당히 무게감 있는 아령으로 규칙적으로 운동해야 한다. 마찬가지로 신학적 사고 능력과 기술을 기르려면 어렵더라도 좋은 책으로 꾸준히 공부할 필요가 있다. 현대 개신교 신학의 거장 볼프하르트 판넨베르크의 대표작인 『조직신학』은 결코 쉬운 책이 아니다. 하지만 어렵기만 하고 별로 얻는 것이 없는 책과는 달리, 판넨베르크의 저서는 고생 끝에 소중한 것을 얻으리라는 독자의 희망을 절대 배반하지 않는다. 판넨베르크는 교회를 위한 학문으로만 머무르려 하던 세계대전 이후의 신학에 경종을 울리며, 공적 학문으로서 신학의 정체성과 사명을 과감하게 재천명한다. 이를 위해 그는 계시의 역사적 지평을 강조하고, 다양한 학문과의 대화에 적극적으로 뛰어들며, 신학적 사유의 결과물에 대한 과학적 검증을 시도하기도 한다. 이처럼 탁월한 신학 서적을 모국어로 공부할 수 있다는 것 자체가 이전 세대 한국 신학자나 목회자, 신학생이 누리지 못한 엄청난 특혜가 아닐 수 없다.

김진혁

횃불트리니티신학대학원대학교 조직신학 교수

판넨베르크의 『조직신학』은 20세기 신학을 결산하는 기념비적인 작품이라고 할 수 있다. 칼 바르트를 통과하지 않고는 현대신학을 제대로 파악할 수 없듯이, 바르트 이후 가장 탁월한 신학자로 인정받는 판넨베르크를 거치지 않고는 20세기 후반부에 전개되는 현대신학의 동향뿐 아니라 21세기 신학의 전망을 간파하기 어려울 것이다. 판넨베르크는 바르트가 대변하는 신정통주의 신학의 한계를 극복하고 신학의 지평을 종말론적이고 우주론적인 차원으로 확장하려는 야심 찬 기획을 수행하였다. 그는 계시와 보편적인 역사, 신앙과 이성, 신학과 철학의 불필요한 대립을 종말이라는 전포괄적인 관점에서 해소하는 통합신학의 가능성을 타진하였다. 이런 판넨베르크의 사상이 농축된 그의 조직신학에는 초대에서 현대까지를 아우르는 신학과 철학의 방대한 지식을 섭렵한 거장의 탁월함이 고스란히 녹아져 있다. 더불어 지금까지 논의되어온 조직신학의 모든 주제에 대한 그의 독창적인 시각과 예리한 통찰이 번득인다. 진보신학을 탐구하는 이들은 물론이고 그와 입장을 달리하는 나 같은 보수 신학도들도 필히 넘어야 할 신학적 고봉을 이룬 작품이다.

박영돈

고려신학대학원 교의학 교수

칼 바르트 이후로 기독교신학을 체계적으로 전개한 사람을 꼽으라면 위르겐 몰트만과 볼프하르트 판넨베르크를 지목하는 데 주저할 사람은 별로 없을 것이다. 판넨베르크는 기독교 전통에 대한 깊은 이해를 갖고 신학을 했다는 점에서 위르겐 몰트만과는 조금 다른 전망을 신학에 반영한다. 몰트만이 개혁신학의 전통에서 신학의 핵심 개념을 재빨리 파악한 후 현대적 상황에 적용하여 실천적인 변혁을 집요하게 모색한 신학자라면, 판넨베르크는 루터 신학의 전통을 벗어나지 않으면서 신학적 주제를 그 역사적 문맥에서 파악하는 일에 관심을 집중한 연후에 오늘의 역사적인 맥락과의 깊은 연관성을 붙잡고 집요하게 신학적인 의미를 찾아 나선 신학자다. 특히 판넨베르크는 바르트 이후의 신학을 전개하면서 계시와 역사 간의 관계성을 복원하거나 창의적으로 제안하려는 의식을 분명하게 가졌던 신학자다. 전반적으로 볼 때 이런 관심사가 집요하기에 신학의 전개 과정에서 계시를 역사의 범주로 함몰시키는 우를 범하기도 한다. 독자들이 이런 한계에서 비롯되는 다양한 파장에 대해 비판적인 시각을 잃지 않고 이 책을 읽어간다면, 신학적 사유의 전문적인 세계를 깊이 맛보는 경험을 할 수 있을 것이다.

유태화

백석대학교 신학대학원 조직신학 교수

20세기의 가장 탁월한 교의학 저술인 판넨베르크의 『조직신학』 한국어 번역판이 새물결플러스에서 출간된 것은 한국 신학계의 발전을 위한 새로운 지평을 여는 기념비적이고 역사적 사건이 아닐 수 없다. 판넨베르크의 신학 방법론과 체계는 21세기에 전 세계적으로 가장 큰 영향력을 발휘하는 규범적인 신학의 패러다임이 될 것이다. 독자들은 이 『조직신학』 전집을 통해 기독교 전통의 교의학이 형성된 역사적 맥락과 과정을 올바로 이해함으로써, 오늘의 역사적 상황 안에서 그 교의학 전통을 올바로 이해하고 새롭게 전유하고 창조적으로 재구성하는 길을 모색하고 탐구하도록 도전을 받게 될 것이다. 어려운 번역을 위해 심혈을 기울인 신준호 박사의 노고를 치하하며, 어려운 여건 속에서도 기꺼이 이 책의 출판을 결정해준 새물결플러스에 진심으로 깊은 감사의 뜻을 표한다.

윤철호

장로회신학대학교 조직신학 교수

볼프하르트 판넨베르크는 위르겐 몰트만, 에버하르트 윙엘과 함께 20세기 중반기부터 오늘날에 이르는 신학의 역사에 심원한 영향력을 행사했던 개신교 신학의 삼대 거장 중 한명이었다. 판넨베르크는 자신의 신학 동료들과 함께 1961년에 『역사로서의 계시』(*Offenbarung als Geschichte*)라는 제목의 논문집을 출간함으로써 자신의 조국인 독일은 물론이거니와 전 세계 신학계의 이목을 집중시키며 화려하게 세계 신학계에 등장하였다. 그는 역사의 과정 속에서 발생하는 일련의 사건들을 하나님의 간접적 계시로 파악하는, 역사에 바탕을 둔 새로운 기조의 신학, 즉 "보편사적 신학"을 주창하여 하나님의 "구원의 역사"(historia salutis)를 인간의 주관적 실존으로 환원·축소·폐기시키는 루돌프 불트만과 프리드리히 고가르텐 유(流)의 "실존주의 신학"뿐만 아니라 하나님의 계시를 이해함에 있어서 "일반계시"를 철저히 배격하고 "특별계시"인 "말씀 계시"에만 의존함으로써 세계와 역사에 대한 전망을 상실한 칼 바르트의 극단적인 "말씀의 신학"에 대항하여 신학의 객관성을 옹립하는 동시에 하나님의 구원 역사의 세계사적 전망을 확립하고자 하였다. 이러한 노력의 총합적 결실이 바로 그의 『조직신학』인 것이다. 판넨베르크는 그의 『조직신학』에서 신학의 기독교적 정체성을 확립하기 위하여 자신의 신학을 "교부 신학"과 "신학사" 그리고 자기 당대의 "성경신학"의 토대 위에 정초시키기를 원했고, 기독교 진리의 객관성과 합리성 및 학문성을 변증하기 위하여 철학사의 수많은 거장들뿐만 아니라 자신의 당대의 자연과학과 끊임없이 대화하며 대결하고 있다. 그는 신학이 단지 신자들의 신앙고백의 토대 위에서만 정당성을 가지는 주관적인 학문이 아니라, 신자가 아닌 사람들에게도 엄밀하게 객관적이고 합리적인 학문이라는 사실을 자신의 조직신학을 통해 논증함으로써, 과학실증주의와 역사실증주의에 지나치게 경도된 오늘날의 현대인들에게 기독교 진리의 합리성과 학문성, 객관성과 불변성을 해명하기를 원했고, 이러한 노력을 통하여 교회의 선교와 전도에 봉사하기를 원했다.

　이러한 특징에도 불구하고 그는 "천상의 신학자"가 아니라 "지상의 신학자"이며, "원형의 신학자"가 아니라 "모방의 신학자"이기에, 그의 신학 안에도 간과할 수 없는 여러 가지 신학적 약점들이 암영을 드리우고 있음은 주지의 사실이다. 일례로 게할더스 보스, 오스카 쿨만, 안토니 후크마, 헤르만 리델보스, 칼 라너와 같은 신학자들이 이미 정당하게 지적한 것처럼 "세계사"와 "구원사"를 분리(分離)해서는 안 되지만 구분(區分)은 해야만 하는데, 그럼에도 이 양자를 구분하지 않고 일원론적으로 파악하여 하나님의 구원의 계시를 역사로 환원시키는 그의 신학적 결함에 대하여 엄밀한 주의와 비판적 독법이 요청된다. 그러므로 네덜란드의 개혁신학자 헤르만 바빙크가 자신의 『개혁과 교의학』에서 "선별적 비평의 방법"으로 "철학사"와 "신학사"에 출몰했던 여러 거장들, 즉 칸트, 헤겔, 슐라이어마허, 리츨 등의 철학 사상과 신학 사상의 장점과 약점을 선별하여 장점을 선용하고 그 약점을 공정하게 비판하여 걸러냈던 것처럼, 독자들 또한 바빙크가 보여준 이러한 선별적 비평의 방식으로 판넨베르크의 『조직신학』을 읽음으로써 오늘날의 교회와 시대를 위하여 생산적이고 유익한 타산지석의 지혜를 얻기를 희망한다.

이동영
서울성경신학대학원대학교 조직신학 교수

20세기를 대표하는 신학자로서 빼놓을 수 없는 판넨베르크의 조직신학 전권이 번역, 출간되는 것을 다른 독자들과 함께 기뻐하며 환영한다. 그의 조직신학은 그의 신학적 절정기를 넘어 완숙기에 10년 이상의 연구와 숙고를 거쳐 완성된 것으로서 단번에 신학의 고전에까지 오른 작품이다. 그만큼 치밀하고도 깊이가 있으며, 원숙한 기량과 통찰력, 그리고 해박한 지식이 돋보인다. 그는 그리스도교의 전통적 교의를 그 자체로서 본래적인 맥락에서만 서술하지는 않는다. 오히려 원시 그리스도교회가 경험한, 예수 그리스도 안에 나타난 하나님의 계시의 증언을 토대로 하며, 동시에 역사적인 발전과 변천 과정을 세밀하게 더듬으며 내용을 전개한다. 그런 점에서 그 자신이 말했듯이 이 책은 역사적인 관찰과 조직적인 관찰의 결합이라고 할 수 있다. 또한 판넨베르크는 교의의 내용을 전개하는 것뿐만 아니라 그것의 진리성에 대해 질문하며 증명하려고 했다. 현 세계에서 그것을 어떻게 입증할 수 있을까? 그에 따르면 교의학적 진리성은 하나님이 결정한다. 그 결정은 이미 창조 안에 있는 종말론적 완성인 하나님 나라와 함께 내려지지만, 사람들을 이끌어가는 하나님의 특별한 영의 사역으로서 잠정적인 형태로 현재 그들의 마음속에 주어져 있다. 그런 시각들은 그가 현대신학자이면서 동시에 그리스도교 교의의 전통에 충실한 바탕을 두고 있음을 보여준다.

이오갑
케이씨대학교 조직신학 교수

판넨베르크 신학의 정수라 할 수 있는 『조직신학』 전집이 번역·출간되는 것을 매우 기쁘게 생각한다. 바르트, 틸리히, 윙엘, 몰트만과 더불어 현대 조직신학의 대가 반열에 속하는 판넨베르크의 신학적 성취는 후기세속화 시대라 명명할 수 있는 오늘의 사회문화 속에서 더욱 빛을 발하고 있다. 계시와 역사, 신앙과 이성, 신학과 철학, 교회와 사회라는 신학의 영속적 주제들이 어떻게 조화롭게 논의될 수 있는가를 그의 치열한 신학적 작업을 통해 살펴볼 수 있기 때문이다. 그는 신학이 초월과 내재의 긴장을 잃지 않으면서도 동어반복적 자기 한계를 극복하고, 보편적 진리를 모색하는 공공적 학문의 영역으로 진입할 수 있는 가능성을 보여주었다. 그의 『조직신학』은 이러한 신학적 기획의 근간으로서 그의 신학적 사유의 시작점이자 도착점이다. 아무쪼록, 판넨베르크의 신학이 이 시대 속에서 하나님의 뜻을 좇아 치열한 응답을 모색하는 한국의 신학자들과 신앙인들에게 새로운 지평을 열어줄 것을 기대하는 마음으로 일독을 권한다.

임성빈

장로회신학대학교 총장

종교개혁 500주년을 맞이하여 우리는 루터를 다시 읽어야 하겠지만 판넨베르크도 함께 읽어야 한다. 루터는 이성을 폄하하며 그것이 신앙의 경건에 위협을 준다고 여겼다. 하지만 판넨베르크는 자신이 이성을 가진 인간이기에 그리스도인이 될 수 있었다고 확신했다. 그는 신앙의 이름으로 이성을 희생시켜서는 안 되며, 신앙의 진리를 밝혀주는 교리가 자신이 일어난 본래의 역사적 장소와 분리될 수 없음을 확신했다. 신학이 위로부터의 계시에만 매달리면 자의성과 주관주의에 빠져 학문으로서 소외된다. "역사로서의 계시", "아래로부터의 그리스도"를 붙잡지 않으면 신학이라는 학문은 동어반복적인 자기 순환의 논리에 빠진다. 비기독교 집안에서 자라나 오직 지성적인 모색에 의해 기독교 신앙에 도달한 판넨베르크는 오늘날 틸리히와 함께 무신론적 세계에 사는 현대인들을 위한 지성적 사도가 될 것이다. 판넨베르크는 기독교 신앙이 미신이나 맹신에 빠지지 않으면서 참된 보편과 경건을 향하도록 우리를 이끈다. 종교개혁 500주년을 맞이하는 이 은총의 계절에 우리가 루터와 함께 읽어야 할 판넨베르크의 역작을 소개한 역자들의 노고와 출판사의 혜안에 큰 박수를 보낸다.

장윤재

이화여자대학교 기독교학부 조직신학 교수

새물결플러스 출판사가 21세기 한국 신학계와 목회 현장에 새로운 도전과 쇄신의 기회를 제공하는 귀한 책을 내놓았다. 뮌헨 대학교 개신교신학부에서 오랫동안 조직신학을 가르치던 볼프하르트 판넨베르크 교수의 대작인 『조직신학』 전집을 한국어로 이번에 번역·출간하는 것이다. 하이델베르크 대학교에서 박사학위를 받으신 두 분의 번역자는 독자들이 거의 원서를 독해하는 듯한 느낌을 받을 정도로 명확하게 이해할 수 있는 번역을 해주었다. 한국교회와 신학 교육을 위해 심도 있는 기독교신학 도서를 꾸준히 출간하는 새물결플러스 대표 김요한 목사님의 비전에 공감하며, 판넨베르크 『조직신학』을 환영하고 열광적으로 추천한다. 신학도와 목회자들이 이 책을 정독함으로 얻을 수 있는 수확이 상당할 것을 의심치 않는다.

전영호

미국 세인트폴 신학교 조직신학 교수

볼프하르트 판넨베르크는 신학, 철학, 자연과학의 대화를 통하여 현대신학의 새로운 시공간을 창출한 20세기의 탁월한 조직신학자다. 그의 사상과 이론의 정수인 『조직신학』 전집은 지난 20세기 교의학 역사를 체계적으로 종합한 걸작이며, 진리와 신을 갈망하는 21세기 지성인들에게 신학적 상상력의 강렬한 원천을 주었다. 그는 20세기말 무신론의 묵시적 공간에서 신, 진리, 성서, 계시, 자연, 역사, 철학, 과학의 유산으로 현대신학의 참신한 가능성을 섬세하고 과감하게 직조하였다. 그는 신앙과 지식의 보편성과 통일성을 끝까지 신뢰하고 관철하였다. 판넨베르크의 신학적 통찰이 여전히 우리의 영혼과 지성을 압도하는 증거가 바로 여기에 있다. 우리는 판넨베르크의 조직신학 전집을 읽으며 유구한 역사의 신학적 전통과 현대의 지성적이며 날카로운 도전이 어떻게 상호 창조적으로 만날 수 있는지를 구체적으로 목격할 수 있을 것이다. 특히 판넨베르크의 지적인 명료함과 원숙한 열정은 조직신학 전집에 종합적으로 응축되어 있다. 아시아 최초로 판넨베르크의 조직신학 전집이 한국에서 출간된다. 제1권은 진리론과 신론을 다룬다. 제2권은 창조론, 인간론, 그리스도론을 다룬다. 제3권은 성령론, 교회론, 종말론을 다룬다. 신의 지혜와 세계의 지식을 서로 방대하게 링크한 20세기 신학의 위대한 사색이다. 실로 판넨베르크는 신학, 철학, 과학의 지혜가 우리의 경험에서 어떻게 생생하게 상호 관통하고 있는지를 매력적으로 제시한다. 그는 이미 신학의 전설이 되었다. 신학이 흔들리는 메마른 시대일수록 오히려 신학의 새로운 가능성이 예견된다. 판넨베르크가 선사한 탁월한 신학적 전승의 방패와 21세기 우리 신학의 날카로운 창이 서로 만나 신학의 뜨거운 열정과 불꽃이 이 땅에서 더욱 발화되기를 소망한다

전철

한신대학교 조직신학 교수

판넨베르크는 언제나 최고의 성서학적 연구와 풍부한 신학적 전통, 근대 과학의 관심사를 하나로 통일한다. 신학적인 입장 차이를 넘어서서 모든 신학자들에게 도전을 주고 관심을 불러일으킬 걸작이다.

스탠리 그렌츠 Stanley Grenz

그의 신학에 동의하지 않는 자라 할지라도 그의 방대한 지식, 설득력 있는 건설적인 제안 그리고 전통에 대한 새로운 관심에 경의를 표하게 될 것이다.

미로슬라브 볼프 Miroslav Volf

Wolfhart Pannenberg

Systematische Theologie

III

판넨베르크 조직신학

III

볼프하르트 판넨베르크 지음 | 신준호 옮김

Holy
WavePlus

독일어 개정판 편집자 서문

1988 - 1993년 사이에 출판된 『판넨베르크 조직신학』 I, II, III의 개정판을 내게 된 것에 어떤 특별한 이유가 있지는 않다. 이 책들이 지나간 20세기의 가장 훌륭한 교의학적 작품으로 평가받고 있는 것에 대해서는 책의 내용이 스스로 입증할 것이다. 명백한 오탈자의 제거와 같은 몇 가지 형식적인 수정 외에 이 개정판에서 고려한 것은 저자 판넨베르크가 친필로 직접 교정해 준 것과 쪽지에 메모해서 전달해 준 것뿐이다. 그것들도 내용의 변경과는 전혀 무관하다. 원판의 쪽수가 그대로인 것처럼 원판의 권위도 그대로 보존되었다. 결코 적지 않은 기술적 어려움에도 불구하고 판넨베르크 교의학의 개정판을 실제로 출판할 수 있게 된 것에 대해 나는 반덴호에크 & 루프레히트(Vandenhoeck & Ruprecht) 출판사에게 감사한다. 책임 조력자인 이외르크 페르쉬(Jörg Persch) 군과 편집 도우미였던 모리츠 라이싱(Moritz Reissing) 군에게도 감사한다. 특별히 감사해야 할 곳은 출판 비용을 책임져 준 "판넨베르크 재단"(Hilke und Wolfhart Pannenberg-Stiftung)이다.

　스페인어로 출판된 조직신학 제I권에 덧붙인 독일어 서문에서 판넨베르크가 썼던 문구를 아래에 인용하는 것으로 편집자 서문을 마친다.

　많은 비평가들이 내게 이렇게 질문했습니다. "왜 신학 책이 이렇게 두껍습니까? 이런 책을 도대체 누구를 위해 쓴 것입니까?" 나는 이렇게 대답하고자 합니다. 나는 그리스도교 교리와 그것의 진리에 대한 질문을 가장 앞선 관심사로 삼는 사람들을 위해 이 책을 썼습니다. 이 책은 재미로 즐겁게 읽을 만한 것은 아닙니다. 하지만 하나님에 관한 그리스도교적인 믿음은 우리 시대에 심각한 도전에 직면하고 있습니다. 전통적인 언어를 현대적인 사고방식에 억지로 꿰어맞추는 것은 전혀 도움이 되지 않고 있습니다. 우리는 이 도전을 견디면서 그리스도교 믿음이 지성적으로 쓸모없는 것이 아니라는 사실을 보여주어야 합니다. 그렇다면 신학은 우리 시대에 만연한 편견과 맞설 수밖에 없습니다. 그리스도교 교리들의 풍성한 내용은 오늘날 그 교리들의 역사를 공부하는 사람들, 그 역사 안에서 발전하며 제기되어 온 문제들을 곰곰이 숙고하는 사람들에게는 여전히 매혹적일 것입니다. 그중에서 골동품으로 버려져야 할 것은 아무것도 없습니다. 그렇기 때문에 이 책은 역사적인 관찰과 체계적(조직적)인 관찰을 결합시키고 있습니다. 그 관찰의 핵심에서 그리스도교 교리의 내용은 오늘 우리의 세속적인 문화 안에서 통용되는 지성적인 양식을 훨씬 능가하게 될 것입니다. 교회가 이와 같은 의식을 다시 회복하는 일이 중요합니다.

2014년의 여름, 뮌헨

군터 벤츠(Gunther Wenz)

차례

머리말

『조직신학』 III권이 서술하는 그리스도교 교리의 중심은 양적으로는 우선 교회론이다. 교회를 주제로 한 13장이 가장 분량이 많고 포괄적이다. 물론 그 내용은 어느 정도 성령론과 겹친다. 종말론적 은사로서의 영은 종말론적인 구원의 완성을 목표로 삼고 그 완성을 보증하며, 이 세상 안에서 실존하는 그리스도교의 온갖 약함에도 불구하고 구원의 확신을 주신다. 개인들이 믿음, 은혜, 칭의를 통해 구원을 수용하는 주제가 교회 개념과 함께 다뤄지며, 성례전의 논의는 그 수용 과정을 중재한다. 그렇지만 서술의 중점은 언제나 그리스도인 개인의 구원 수용에 있다. 교회와 성례전은 미래에 일어날 구원의 완성에 대한 표징에 그친다. 교회와 성례전이 표징으로 일으키는 작용은 개별 그리스도인의 삶 속에서 효력을 나타내고 확증되어야 한다. 오직 개인이 하나님과 직접적인 관계를 가질 때, 미래의 구원은 그 관계 안에 미리 현재하고 작용할 수 있으며, 그때 현재의 삶은 믿음, 소망, 사랑 안에 있는 삶으로 변화할 수 있다.

교회의 공동체성과 통일성이 개별 그리스도인에 대하여 갖는 중요한 의미는 개신교주의 안에서 자주 소홀히 취급되었다. 그러나 개혁자들의 가르침은 그 주제의 적절한 평가를 위한 근본적 출발점을 제공했다. 종교개혁에서 이 문제는 교회 개혁의 주제가 되었고, 나아가 그리스도교 전체와 관련되었다. 교회 분열은 그 노력이 잠정적으로 좌초했음을 의미했다. 종교개혁의 그러한 실패는 교회와 교회적 통일성의 의미가 개신교도 개인으로서 존재하는 그리스도인의 자기이해로 퇴각하거나, 아니면 편협한 교단적 교회성으로 철수하는 시발점이 되었다. 하지만 이것은 종교개혁 이후 처음 수백 년 동안 일어났던 교단 갈등의 상황을 생각한다면, 충분히 이해될 수 있는 일이다. 그때는 하나님과의 직접적이고 개인적인 관계에 기초한 믿음의 자유와 진리를 향한 양심의 자유가, 개인적 믿음에 대해 위계질서적인 지배를 주장하는 거대 조직에 맞서 스스로를 방어하고 자기주장을 할 필요가 있었던, 혹은 그럴 필요가 있는 것으로 보였던 시기였다. 그러나 그리스도교적으로 형성된 서구세계 안에서 믿음에 근거한 자유가 일반화될 것으로 기대했던 희망은 역사 속에서 단지 짧게 지속된 꿈에 지나지 않았고, 오늘의 개신교는 도처에서 자신들만의 교회라는 기반으로 되돌아가 버렸다. 다른 한편으로 로마 가톨릭교회는 제2차 바티칸 공의회가 약진한 이래로 믿음의 전승에 담긴 깊이 있는 성서적 근거에 기초해서 자기이해를 갱신하기 위한 많은 노력을 했고, 과거에 그리스도교적 직무의 위계질서를 권위적 체제로 잘못 바꾼 결과 그리스도교 분열의 역사에 큰 원인을 제공했던 기억을 어느 정도 희석시킬 수 있었다. 하지만 가톨릭교회 안에서 끈질기게 존속된 권위 구조의 질서는 그리스도교 전체에 봉사해야 하는 자신의 기능에 대한 바른 인식을 점점 더 방해했는데, 여기서 그리스도교 전체란 로마가 올바르게도 언제나 반복해서 언급해온 것이다. 로마 가톨릭교회와 교리가 보존해온 모든 제도와 기관의 상징성을 기억한다면, 아마도 미래의 가톨릭교회는 권위 질서를 통해 지배하려는 유혹을 성공적으로 물리칠 수 있게 될 것이다.

교회란 주제를 적절히 다루기 위해서는 그리스도교의 현재 상황에서 종교개혁의 역사와 처음 명제들 안에서 성장해온 교회적 삶의 형태들을 통합하려는 노력이 필요하다. 이 형태들은 그리스도교 전승 전체를 구성하는 부분 요소들이며, 통합의 토대는 교회의 **영적 교제**(communio) - 구조"에 대한 현재의 논의 안에서 명확하게 인식될 수 있다. 다시 말해 그 토대는 그리스도 안에서 모든 믿는 자들이 이루는 보이지 않는 공동체의 최초의 현시라고 할 수 있는 지역 공동체, 곧 예배의 삶을 살아가는 각각의 지역 공동체 안에서 인식될 수 있다. 이 토대 위에서 오늘날 교회의 본질과 관련하여 모든 교단적 전통이 서로 협력하는 의사소통이 가능해질 것이다. 나아가 이 의사소통은 그리스도교가 자신을 침식시켜오는 세속주의 속에 노출되어 있기 때문에, 또한 세계의 다른 종교들과의 경쟁 속에 더욱 강하게 휩쓸리고 있기 때문에, 그만큼 더 긴급해질 것이다. 신약성서가 증언하고 사도들이 전해주는 그리스도의 메시지를 깊이 숙고한다면, 현대적 의미의 교회일치 운동이 그리스도교 안에서 시작된 후 대략 백 년이 흘렀지만, 그 사이에 다음 사실은 점점 더 인지되고 통찰하기 어렵게 되었다. 그것은 그리스도교 교회와 메시지가 교회의 계속된 분열 때문에 세상에 대하여 엄청난 정도로 믿을 수 없는 존재가 되었다는 사실이다. 교회일치를 향해 서로 협력하는 의사소통은 이 통찰을 다시 회복하는 일에 힘을 더해줄 것이다.

이 지점에서 교회의 현실과 이에 기초한 교회론은 그리스도교 교리의 진리성을 묻는 질문과 특별히 명확하게 일맥상통한다. 그 질문은 교회론에서 제시될 내용의 중심 주제를 형성한다. 예수가 전한 복음의 진리는 다른 어떤 요소보다도 교회를 찢은 분열의 사실을 통해 그렇게도 어두워졌으며, 그 분열은 또한 부차적인 현상을 동반했다. 그 과정에서 진리를 특별히 어둡게 한 것은 교회 권력자들이 벌인 지배욕과 우매함의 콤비였다. 복음의 진리를 위해 투입된 선한 의도의 노력들을 모호한 인간적 지배권의 방어수단으로 탈선시킨 것은 흔히 자기판단에 매인 우매함이었다. 교회는 세상을 향해 복음의 진리를 증언하라는 부르심을 받았다. 증언은 교회가 세상 안에서 인류의 종말론적 규정(Bestimmung)을 앞서 드러내는 표징이 되어야 한다는 것, 곧 미래의 하나님 나라 안에 있는 자유, 정의, 평화의 공동체로 갱신되어야 한다는 것과 결합되어 있다. 교회—그리스도교 전체의 한 부분인 교회— 가 실제로 사람들의 눈에 점점 더 그런 표징으로 비쳐질 때, 교회의 권위는 사람들 사이에서 그만큼 더 커질 것이다. 하지만 그 권위는 교회의 교권자가 갖는 법적 강제권한과 혼동되어서는 안 된다. 오히려 그 권위는 교회의 예배적 삶과 복음 선포를 포괄하고 그것에 빛을 비출 수 있는 신뢰에 놓여 있다.

그리스도교 메시지의 진리성을 묻는 질문과 관련해서 교회가 기여한 바를 결정하는 것은 쉬운 일이 아니다. 우선 이 문제는 교회론에 속한다. 교회가 할 수 있는 것은 오직 하나님 나라의 표징이 되어야 하는 교회 자체의 직무를—바로 하나님 나라와 자신을 구분하는 가운데— 눈에 띄게 수행하려고 애쓰는 일뿐이다. 그 직무를 통해 교회는 믿는 자들에게 종말의 구원에 이미 참여하고 있다는 확신을 주며, 교회 자체도 예배적 삶을 통해 종말론적 완성의 이편에서 영이 이미 현재하는 장소가 될 수 있다.

교회가 역사를 통과하는 길 위에서, 어떤 점에서 종말론적 구원의 역사적 장소인지, 나아가 실제로 그런 장소로 경험될 수 있는지의 질문은 예정론(14장)의 주제다. 예정론은 개인적 예정(선택)의 문제를 교회의 예정 안에 포함시킨다. 예정론 안에서 하나님 나라의 미래를 표현하는 교회의 표징적 특성은 겉으로는 역사적 구체성을 띠는 것처럼 보인다. 하지만 그 특성은 하나님의 심판이 곧바로 뒤따라와서 역사 안에 펼쳐짐에 따라, 교회의 소명과 함께 어둠에 갇히는 경우가 없지 않았다. 하나님 나라가 종말론적 완성에 이를 때 비로소, 표징으로서의 교회의 실존은 바로 자신이 통고했던 미래의 진리 속으로 지양될 것이다. 그곳은 개인과 사회 사이의 갈등이―영을 통한 영원한 하나님과의 연합 안에서 인간의 최종 규정이 실현됨에 따라―극복되는 미래다. 15장의 종말론은 하나님의 종말론적 완성이 그분의 창조 의지를 굳게 세운다는 사실과 어떤 방식으로 그렇게 세우는지를 서술한다. 그 과정에서 종말론은 개별 피조물에 대한 심판과 이에 더하여 영원한 구원의 내용을 포함한다. 이러한 세계의 종말론적 완성을 통해 하나님은 자신이 참 하나님이고 피조물을 지은 창조자이심을 결정적으로 입증하는 동시에 예수 그리스도를 통해 드러난 하나님 자신의 계시의 진리를 궁극적으로 증명하실 것이다. 그리스도교 교리는 하나님의 그런 종말론적 자기예시를 염두에 두고 진리를 전개하지만, 전개된 내용은 언제나 반복적인 수정을 필요로 하는 추측과 가설로 드러난다. 교회의 삶과 마찬가지로 그 내용에서도 하나님 자신의 궁극적 진리는 지금 이미 파악되고 현재― 영원한 현재― 가 되기는 해도, 그것은 단지 잠정적 형태에 그치기에 그 형태 자체를 궁극적 진리로 여겨서는 안 된다.

나의 비서인 베르거(Berger) 여사는 이 책의 원고를 활자로 쳐주었다. 폴크스바겐 재단(VW-Stiftung)은 1991/92 겨울학기의 학술장학금으로 나를 대신해서 강의할 사람을 지원해주었고, 나는 이 저서의 마무리 작업에 몰두할 수 있었다. 나의 조교들인 크리스티네 악스트-피스칼라 박사, 발터 디에츠 박사, 프리데리케 뉘셀 양, 그리고 마르크바르트 헤르츠크 군은 한 번 더 교정 작업을 도와주었다. 헤르츠크 군은 모든 각주를 아주 꼼꼼히 검토했다. 이에 대해 감사한다. 악스트-피스칼라 박사는 주제색인을, 뉘셀 양은 성구색인과 인명색인을 만들었다. 두 사람에게 진심으로 감사한다. 특별히 나는 애버리 덜레스 교수에게 감사하는데, 그는 12장 교회론의 원고 전체를 읽었고, 세부사항에 대하여 많은 귀중한 조언을 해주었다. 그것들 대부분은 아직도 여전히 고려할 필요가 있는 것들이다. 이 책이 나오기까지 학문적으로 참여했던 많은 사람과 함께 나는 완성된 전집을 눈앞에 두고 있다. 이에 대해 나의 아내에게 감사한다. 그녀의 꾸준하고 헌신적인 희생이 없었다면, 이 전집은 나올 수 없었을 것이다. 그러나 가장 앞서 나는 하나님께 감사한다. 하나님께서 내게 이 저서를 쓸 수 있도록 매일 새로운 힘을 공급해주셨다. 이 책의 내용은 내가 신학을 공부해온 개인적 삶의 역사 전체를 통해 서서히 형성되었고, 대학에서 가르친 수업에서 다루어졌으며, 나의 미약한 힘이 할 수 있는 만큼 그분의 영광과 진리의 영예에 봉사하려는 방향으로 다듬어졌다.

민헨, 1993년 1월
볼프하르트 판넨베르크

제12장 　영의 부어짐, 하나님 나라, 그리고 교회

Geistausgießung, Reich Gottes und Kirche

1. 영에 의한 구원 경륜의 완성

a) 영의 구원 활동의 특수성과 창조의 관계

창조 안에서 일어나는 삼위일체 하나님의 모든 형태의 행동은 아들과 영을 통한 아버지의 행동, 아버지께 순종하는 아들의 행동, 그리고 아버지와 아들의 사역이 영을 통해 완성되는 가운데 양자가 "영화롭게 되는 것"을 뜻한다. 하나님의 영은 인간을 구원하는 일만 행하시는 것이 아니다.[1] 구원의 일은 영이 인간들을 가르쳐서 나사렛 예수 안에서 아버지의 영원한 아들을 인식하도록 하며, 그들의 마음을 움직여 믿음, 사랑, 소망을 통해 하나님을 찬양하는 데 이르도록 하는 것을 뜻한다. 구원 외에 영은 이미 창조 사역에서 하나님의 권능의 "숨"으로서 활동하시는데, 숨은 모든 움직이는 것과 살아 있는 것의 근원이다. 모든 생명의 창조자이신 영의 활동을 배경으로 해서 생각할 때, 인간 의식의 황홀 체험 안에서 일어나는 영의 체험도 바르게 이해될 수 있고,[2] 다른 한편으로 죽은 자의 부활에서 새로운 생명을 일으키는 영의 역할[3]도 통찰할 수 있다. 거꾸로 말하자면 믿는 자들에게 매우 특수한 방식으로, 곧 영이 그들 안에서 "거주"(롬 8:9; 고전 3:16)하는 방식으로 주어지는 하나님의 거룩한 영은 다름이 아니라 모든 생명의 창조자이고 또한 죽은 자들의 부활이라는 새 창조 안에 계신 바로 그 영이다. 믿는 자들에게 전달되는 성령을 이런 포괄적 맥락에서 바라볼 때, 영의 부어짐의 사건이 실제로 무엇을 의미하는지 헤아릴 수 있게 된다. 부어지는 영은 단순히 인식론적 도움만 주시는 것이 아니다. 물론 그 도움이 없다면, 계시 사건은 이해되지 못한 채 남아 있을 것이다. 그

---

1   참고. Origenes, *De princ.* 1,3,5 – 8. 비교. 『조직신학』 제I권, 437.

2   『조직신학』 제II권, 348ff., 특히 349f.를 보라.

3   상세한 내용에 대하여 『조직신학』 제II권, 599f.와 이 책의 15장을 보라.

러나 영이 주시는 것은 그런 인식론적 도움을 훨씬 넘어선다. 교회와 믿는 자들 안에서 일어나는 하나님의 영의 사역은 창조세계 안에서 일어나는 영의 사역을 완성한다. 하나님의 영이 복음 안에서 복음의 선포를 통해 현재하는 특수한 방식은 교회의 예배적 삶을 통해 조명되며, 믿는 자들의 마음을 채운다. 바울은 그들을 바라보며 영이 믿는 자들 안에 "거주"한다고 말할 수 있었다. 영이 현재하는 바로 그런 특수한 방식은 희망의 보증, 곧 도처에서 일어나는 영의 창조 활동으로부터 발원하는 생명이 최종적으로 죽음을 이길 것이라는 희망의 보증이다. 죽음은 피조물이 스스로 독단적 독립성을 주장한 대가인데, 여기서 피조물은 생명의 원천이 하나님께 있음에도 불구하고 자신의 유한성을 간과한 채 자기 현존재만을 무분별하게 고집하는 존재다.

영이 믿는 자들 안에 일으키는 구원론적 작용들, 그리고 영이 모든 생명의 창조자로서―또한 그 생명의 종말론적 새 창조와 완성 안에서―행하는 활동들 사이의 관계는 신학자들 사이에서 흔히 소홀히 다루어졌다. 이것은 특히 서구 그리스도교 신학에 해당하는데, 성령의 사역에 대한 서구 신학의 이해는 주로 은혜와 믿음의 원천이신 영의 사역에 초점을 맞추었다. 아마도 이런 경향은 아우구스티누스의 은사(*donum*)로서의 영의 교리, 또한 그와 관련해서 영의 인격성이 퇴각한 것으로부터 유래했을 것이다.[4] 어떻든 성령론이 라틴적 중세기의 은사론과 밀접한 관계를 갖게 된 것은 그 배경으로부터 이해될 수 있다. 하지만 대다수의 중세 신학자들은 성령을 우리 마음속에 부어진 사랑(*charis*)의 은사와 동일시하는 것에 동의하지 않았고, 그 은사를 피조적 은사로 여기며 성령과 구분했다.[5] 이에 반대하며 종교개혁 신학은 믿음을 성령

---

4   이에 대해 참고. W.-D. Hauschild, Heiliger Geist/Geistesgaben IV. Dogmengeschichtlich, in: *TRE* 12, 1984, 196-217, bes. 202f.

5   J. Auer, *Die Entwicklung der Gnadenlehre in der Hochscholastik I. Das Wesen der Gnade*, 1942, 86-123.

의 결정적 사역으로 파악했다.[6] 물론 종교개혁도 성화를 위한 성령 자신의 은사가 뒤따라와야 한다고 보았다.[7] 구교와 신교의 교단적 차이에도 불구하고 여기서 성령의 사역에 대한 이해는 계속해서 구원 사건을 받아들이는 측면에 집중되었다. 루터와 특별히 칼뱅이 창조 안에서 일어나는 영의 활동을 가리키는 성서적 진술들에 어느 정도 주목했어도, 이 점은 달라지지 않는다.[8] 종교개혁의 성령론이 말씀, 영, 믿음 사이의 관계에 집중함으로써, 사람들은 성령을 자연 이성이 도달할 수 없는 믿음의 인식을 중재하는 사역에 쉽게 제한하게 되었다. 이 경향은 그리스도인 개인의 믿음의 삶에서 일어나야 하는 성화를 위한 영의 사역을 강조하는 곳에서 나타나며, 또한—슐라이어마허[9]의 경우와 같이—개별 그리스도인을 교회 공동체와 결합하는 영의 공동체성의 은사를 뚜렷이 강조하는 곳에서 찾아볼 수 있다. 특히 20세기 신학의 신약성서 주석은 영의 수여와 종말론 사이의 관계를 새로운 의식 속으로 옮겨 놓았다. 이 사건의 핵심은 칼 바르트가 성령을 "깨우는 권능"(die erweckende Macht)으로 묘사했을 때, 이미 일어났다. 바르트에 의하면 부활하신 자는 자신의 권능을 통해 교회를 "그분 자신 안에서 의롭게 된 인간 세상 전체에 대

---

6   1531년 루터의 소교리문답이 사도신경 제3조항에 대해 설명하는 부분에서, 그것은 가장 명확하게 표현된다. "나는 나 자신의 이성이나 능력으로부터 예수 그리스도 나의 주님을 믿을 수 없고, 그분께 도달할 수도 없다.…오직 성령이 복음을 통해 나를 부르셨고, 은사를 통해 조명하셨으며, 내가 올바른 믿음 속에서 성화되고 유지될 수 있게 하셨다"(WA 30/1, 367f.; BSELK 511f.). 루터에게 있어 학문적 은혜론이 부어진 은혜의 의미를 표현하는 자리에 믿음이 등장한다. 성령의 은사로서의 믿음의 이해를 위해 다음을 비교하라. W.-D. Hauschild, 같은 곳, 207ff., 또한 G. Ebeling, *Lutherstudien II: Disputatio De Homine* 3.Teil: Die theologische Definition des Menschen, 1989, 441ff.

7   Ph. Melanchthon, *Loci praecipui theologici* (1559), CR 21, 742, 비교. 752.

8   루터에 대해 다음을 보라. R. Prenter, *Spiritus Creator. Studien zu Luthers Theologie*, 1954, 187–199, 칼뱅에 대해서는 아래의 각주 13에서 인용된 크루쉐(W. Krusche)의 논문을 참고하라.

9   F. Schleiermacher, *Der christliche Glaube*, 2.Ausg. 1830, §121–125.

한 잠정적 표현"으로 창조하셨다.[10] 오토 베버는 성령의 직무를 "종말론적 은사"로 보는 신약성서의 진술[11]을 깊이 숙고하면서, 새로운 성령론적 현실주의를 공개적으로 요구했다. 이것은 "성령을 대답할 수 없는 질문이 있는 곤란한 곳이라면 어디서나 등장하는 일종의 미봉책"[12]으로 만드는 경향, 말하자면 성령을 가현설처럼 말하려는 널리 퍼진 경향에 반대한 것이었다. 그러나 우리는 여기서 더 나아가 성령의 종말론적 사역을 하나님의 창조 사역에 참여하는 성령과의 관계 속에서 고찰해야 한다. 이것은 칼뱅에게서 유래하는 이해와 유사하다.[13] 바르트도, 베버도 이 관계를 명확하게 설명하지 못했다. 더구나 베버는 바르트를 따르는 중에 종말론적 차원의 성령을 현존하는 세계 현실성과 거의 이원론적으로 대립시켰다.[14] 다른 한편으로 폴 틸리히는 매우 인상적인 방식으로 영이 교회의 삶 및 믿는 자들 안에 현재하는 것과 영이 활동하는 영역 전체에서 일으켜지는 생명 현상 사이의 관계를 주제로 삼았지만,[15] 종말론적 연관성을 고려하지는 않았다. 종말론이 창조론과 결

---

10   K. Barth, *KD* IV/1, 1953, 718 (§62 시작명제), 또한 721ff. 이곳에서 표현되는 종말론적 관점의 강조에 대해 130f.와 또한 819ff.를 비교하라.

11   O. Weber, *Grundlagen der Dogmatik* II, 1962, 270ff. "종말론적 은사"의 표현에 대해 참고. R. Bultmann, *Theologie des Neuen Testaments*, 1953, 153, 비교. 42.

12   O. Weber, 같은 곳, 269f.

13   이에 대해 O. Weber, 같은 곳, 271의 각주 2에서 인용된 크루쉐의 책(W. Krusche, *Das Wirken des Heiligen Geistes nach Calvin*, 1957, 13f.15ff.)을 비교하라. 물론 칼뱅에게 있어 창조와의 관계가 강조되는 것과 비교할 때 영의 활동의 종말론적 특성은 뒤로 물러난다. 이에 대해 베버는 바르게 비판했지만(같은 곳, 274), 영의 활동의 창조론적 차원은 소홀히 다룬 셈이 되었다. 그 결과 영의 종말론적 현실성은 창조의 현실을 자신의 소유로 주장하며 완성해 나가지 못하고, 어떤 낯선 존재처럼 그 현실과 마주 대면하게 되었다.

14   이것은 베버의 설명에서 오직 "죽음의 시간성"(Todeszeitlichkeit, 같은 곳, 271)이라는 관점 아래서만 등장한다.

15   P. Tillich, *Systematische Theologie* III (1963), dt. 1966, 21-337 ("Das Leben und der Geist"). 물론 틸리히의 변증적 방법론의 의미에서 생각한다면, 영은 여기서 삶의 현상들(Phänomenen) 안에 매우 일반적으로 포함된 질문에 대한 "대답"으로 파악되

합할 때 비로소 영의 활동의 이해에서 성령론적 현실주의의 완전한 형태를 얻을 수 있다. 이 현실주의는 오토 베버가 의도했던 것이고, 정통주의 동방 교회의 신학과 경건성 안에서 가장 먼저 보존되었다.[16]

영의 행위는 아들의 행위와 긴밀히 결합하는 가운데 모든 장소에서 발생한다. 창조 사역에서 로고스와 영은 함께 일한다. 창조의 말씀은 형성 원칙이고, 영은 피조물의 운동과 생명의 원천이다. 종말론적 완성의 때에 영은 피조물로 하여금 하나님의 영광에 참여하게 해주고 그들을 그런 존재로 변화시키는 권능으로서 활동한다. 반면에 아들은 최후의 심판대에 서신 재판관으로서 하나님과 그분의 나라에 속할 수 있는 기준, 혹은 그분과 결합할 수 없는 기준이 되신다. 아들의 성육신은—또한 그의 이 세상적인 사역과 죽음과 부활도—화해 사건을 성취한다는 점에서, 그리고 화해 사건이 일으키는 구원 작용을 역사적으로 매개하는 사역을 성취한다는 점에서, 믿는 자들에게 영이 전달되는 것보다 앞선다. 오직 이 맥락에서 영원 전 아버지로부터 나와서 아들을 통해 발현하는 영의 "파송"[17](요 15:26f.;

며, 인간 이전의 생명 형태가 영의 창조로 묘사되지는 않는다.

16   어떻든 성령의 사역에 집중적으로 주목했던 근대의 신학자들(예를 들어 N. A. Nissiotis, *Die Theologie der Ostkirche im ökumenischen Dialog. Kirche und Welt in orthodoxer Sicht*, 1968, 64ff.) 사이에서도 성령의 사역에서 나타나는 창조와 종말의 중요한 관계는 뒤로 물러났다. 하지만 이 관계는 정통주의가 벌인 부활 현현의 축제 제의에서 매우 인상적으로 등장했었고, 이미 바실리오스(Basilios von Caesarea)에게서도 읽을 수 있다. 바실리오스는 성령에 관한 자신의 저서에서 성령은 만물 안에 있는 "완성하는 원인"이라고 말했다(*De spir. s.* XVI,38, MPG 32, 136 AB). 로스키도 영의 구원 행위에 관한 서술(V. Lossky, *Die mystische Theologie der morgenländischen Kirche*, dt. 1961, 198–220)을 창조 안에서 영이 행하는 협력 활동에 관한 서술(127ff.)과 연결시키지 않았다. 또한 다음을 보라. K. Chr. Felmy, *Die orthodoxe Theologie der Gegenwart, Eine Einführung*, 1990, 106–115.

17   영이 아버지로부터 나온다(요 15:26)는 현재형의 진술은 후대의 내재적 삼위일체의 의미에서 구원의 경륜과 구분되는 영원한 발현을 명확하게 주장하는 것은 아니다. 이 구분은 복음서 저자들의 주제가 아니었다. 참고. R. E. Brown, *The Gospel according*

16:7)이 말해질 수 있다.

아들을 통한 영의 파송을 말하는 진술들(비교. 눅 24:49)은 믿음에 도달한 제자
들에게 영이 부활하신 자를 통해 전달되는 장면을 신약성서적 증언에 속한
몇 가지 표현 방식으로 그려준다. 요한복음 20:22에 따르면 부활하신 자가
제자들에게 숨을 내쉼으로써 영이 제자들에게 주어지고, 사도행전 2:33에
서 오순절의 영은 승천하신 자로부터 "부어지며," 그 영은 사도행전 8:15 -
17에서는 안수를 통해 계속 주어진다. 아들을 통한 파송 대신에 요한복음
14:26(비교. 14:16f.)은 아들의 이름으로 행해지는 간구에 따라 아버지께서 영
을 파송하는 장면이 묘사된다(비교. 벧전 1:11). 그러나 이 두 가지 진술 사이
의 실제적인 차이는 그리 크지 않다. 왜냐하면 어쨌든 아버지와 아들이 영의
파송에서 함께 일하기 때문이다. 아버지가 예수의 간구에 따라 그의 이름으
로 영을 파송하든지, 아니면 부활하신 자가 아버지로부터 받은 영을 부어주
시든지(행 2:33에서 이 점은 명확하다) 큰 차이는 없다.[18] 그 밖에도 두 가지 경우
모두에서 아들을 통한 영의 파송은 "예수의 계시 작용이 계속되는 것"을 의
미한다.[19] 영의 파송은 예수께서 말씀하신 것의 기억을 통해(요 14:26), 그리고
예수를 위한 영의 증언을 통해(요 15:26) 일어나는데, 여기서 예수는 바로 영
이 영화롭게 하는 대상이다(요 16:14).

아들을 통한 영의 파송은 구원이 계시되는 맥락에서 일어나는 아들의
특수한 활동에 속한다. 영은 예수의 말씀과 사역 안에서 아버지의 계시가

---

to John XIII -XXI, 1970, 689. "나온다"는 현재형은 아들을 통해 영이 파송될 것이라
는 미래적 통고와 다르며, 아들의 아버지로부터의 영속적인 출생을 과거 및 미래와
뚜렷이 다른 특정한 현재 사건으로 지칭하지 않는다.

18   참고. R. E. Brown, 같은 곳, 689, 또한 638. R. Bultmann, *Das Evangelium des
Johannes*, 12.Aufl. 1952, 426.

19   R. Bultmann, 같은 곳, 426. R. E. Brown, 같은 곳, 644. 브라운에 의하면 바로 그 이
유에서 영은 보혜사로 지칭된다. 참고. 1135 - 1144, bes, 1140f.

인식되도록 가르침으로써, 아버지의 아들이신 예수를 영화롭게 한다. 하지만 이 사실은 영이 "예수 그리스도 안에서 스스로를 증언하는 권능"임을 말하지는 않는다.[20] 오히려 예수는 자신이 아버지의 아들임을 깨닫도록 가르치는 영의 증언에 의존한다. 하나님의 영은 승천하신 그리스도께서 땅 위에서—물론 이번에는 보이지 않는 형태 안에서—계속해서 일하신다는 표현만으로는 충분히 서술되었다고 할 수 없다. 물론 이 주제에 관한 사도 바울의 특별한 진술들에서 영의 사역은 승천하신 주님의 사역과 거의 구분되지 않는다.[21] 그럼에도 불구하고 영은, 신약성서의 증언과 바울의 진술 중에 예수 그리스도 자신이 영과 영의 사역을 **받아들이는 자**로 묘사된다는 사실에서, 아들로부터 구분된다. 이 구분은 이미 예수의 세례에서, 또한 특별히 영이 (혹은 아버지께서 자신의 영을 통하여) 예수를 죽은 자들 가운데서 깨우셨다는 사실(롬 1:4; 8:11)에서 명확해진다.[22] 예수는 부활하신 자로서 이미 하나님의 생명의 영에 의해 전적으로 침투되어 있기에(비교. 고전 15:45), 영은 예수보다, 또한 그리스도교의 부활 소식보다 앞서며, 그래서 부활하신 자도 자신과 연합한 다른 사람들에게 영을 전달할 수 있다. 거꾸로 영이 예수의 역사에 담긴 종말론적 의미를 계시할 수 있는 것도 영 자체가 종말론적 현실이기 때문이다. 영은 살아 있는 모든 것의 원천일 뿐만 아니라, 또한 새로운 생명의 원천이다. 새로운 생명은 예수 그리스도의 부

20　K. Barth, *KD* IV/1, 724. 이 진술(같은 곳, 162f.와 836)은 하나님의 삼위일체적 삶 속에서 영의 독립성, 또한 구원의 경륜 안에서 영의 독립성을 바르게 표현했다고 말할 수 없다.

21　이에 대해 『조직신학』 제I권, 435에서 제시된 문헌들과 『조직신학』 제II권, 765f.를 참고하라.

22　참고. 『조직신학』 제I권, 430. 바르트는 다음과 같이 상세히 설명한다. 바울에 의하면 그리스도의 부활은 하나님의 영을 통해 발생했고, 이것은 복음서(마 1:18,20; 눅 1:35)의 예수의 유아 시기에 관한 이야기가 말하듯이 그의 탄생이 이미 하나님의 영을 통해 발생한 것과 마찬가지다(*KD* IV/1, 340). 하지만 그곳에서 바르트는 예수 그리스도와 영의 관계에서 양자의 일치 관계만 보았을 뿐이고, 특이하게도 영의 구분성은 읽어내지 못한 것처럼 보인다.

활에서 파격적으로 시작되었고, 이 세상의 생명과 구별된다. 영원한 생명은 생명의 신적 원천과 지속적으로 결합해 있으며, 그래서 "영의 몸"(soma pneumatika)이라고 말해지고 불멸적이다(고전 15:44ff.).

하나님의 영의 본질은 예수 그리스도의 카리스마적 후광으로부터 시작되지 않는다. 그렇기에 영이 실제로 부활하신 자로부터 시작되고 그를 통해 믿는 자들에게 전해진다는 정황에 대해서는 특별한 설명이 필요하다. 이 설명은 예수께서 부활하신 자로서 영 및 영의 삶과 분리될 수 없이 결합되어 있으며, 부활 사건의 빛 안에서 또한 그분의 부활 이전의 삶도 하나님의 영으로 가득 차 있었음이 인식될 수 있다는 사실(요 1:33; 비교. 눅 4:1)을 제시해야 한다. 전자와 후자의 설명 모두는 예수의 인격과 역사 안에서 하나님의 종말론적 구원의 미래가 밝아왔다는 표현이다. 왜냐하면 유대교의 희망은 그 미래와 관련해서 하나님의 영이 자기 백성 위에 부어질 것을 기대했기 때문이다(에스겔 39:29; 스가랴 12:9f.; 요엘 3:1).

신약성서가 전해주는 성령에 관한 표상들은 어떤 경우에도 통일적이지 않다.[23] 한편으로 특히 누가와 요한의 진술들 사이에 상당한 차이가 존재하며, 다른 한편으로 영과 영의 사역에 대한 바울의 서술과 비교할 때도 그렇다.[24] 바울에게서, 특히 베드로서(벧전 3:18)에서 부활의 믿음과 예수의 부활 사건은 영으로부터 유래한다. 누가와 요한에게서 이 주제에 대한 진술은 없다. 하지만 영에 대한 보다 더 역동적인 누가의 서술과 영의 현실성에 대한 보다 더 인격적인 요한의 이해는 깊이 구분된다. 그럼에도 불구하고 원시 그리스도교 문서들 안에 나오는 성령의 여러 가지 표상들은 몇 가지 면모를 뚜렷이 강조하는데, 그것들은 구약성서 - 유대교적 영의 이해 전체에 근거를 두

---

23   이 사태가 신학적 성령론의 과제에 대해 갖는 중요성은 E. Brunner, *Dogmatik* III , 1960, 23에서 바르게 강조되었다.

24   이에 대해 K. Berger, Heiliger Geist/Geistesgaben III, in : *TRE* 12, 1984, 193f.를 보라.

고 있고 그 맥락에서 서로 함께 인식될 수 있다.[25] 그래서 요한복음은 영에 대해 살리는 영(6:63)이라고 말할 수 있었고, 히브리서 6:4f.에 따르면 세례 받은 자들은 영을 받아들임으로써 이미 "새로운 시대의 능력들을 맛보았다." 이런 내용은 누가의 오순절 이야기(행 2:16ff.)와 요엘 2:28-32과의 관계에 상응한다. 물론 누가의 맥락은 예언자들의 약속이 성취되었다는 것에 더 큰 의미를 부여하고, 종말론적 완성의 예기로 이해하는 것에는 그보다 적은 의미가 주어진다. 성서 전체에 걸친 증빙은 어쨌든 체계적인 판단을 내리기 위한 토대로서 영의 창조신학적, 은사적, 종말론적 기능의 관계성을 제시하는 것처럼 보이는데, 이 관계성은 구약성서-유대교적 전통에 기초하여 뚜렷이 부각된 것이다. 그다음에 그 관계성을 수정하는 것이 신중히 고려되었고 예수의 역사를 통해 실제로 수정되었으며, 원시 그리스도교의 문서들 안에 있는 상이한 개별-역사적 관점들 아래서 그 수정의 결과가 구체적으로 드러났다. 이러한 관찰로 미루어볼 때, 바울과 요한의 영-신학적 이해에 이르는 단서들이 상대적으로 더 큰 실제적 중요성을 가지고 있다고 보아야 한다. 여기서 한편으로 영과 부활의 삶 사이의 관계에 대한 바울의 강조, 다른 한편으로 영을 예수께서 제자들을 떠나신 이후에 그들 사이에서 그분을 영화롭게 하는 권능으로, 또한 그 점에서 예수 자신과는 구분되는 실체적 권능으로 묘사하는 요한의 서술이 영의 종말론적인 기능을 서로 보충하면서 서로 배척하지 않는 국면들로 평가되어야 한다.

원시 그리스도교의 영의 이해들에서 공통 특성은 무엇보다도 **영(pneuma)의 선물은 종말론적 은사**라는 사실, 그리고 영이 공동체 안에서 효력을 나타내는 것은 종말론적 사건이라는 사실이다.[26] 하나님의 영은 믿는 자들에게 보이지 않고 파악될 수도 없는 힘의 장으로서 말하자면 밖으

---

25   R. Bultmann, *Theologie des Neuen Testaments*, 1953, 155.

26   R. Bultmann, 같은 곳, 153. 불트만의 판단에 따르면 여기서 **"사고(표상)방식의 차이는 상대적으로 적다"**(같은 곳).

로부터 작용할 뿐만 아니라, 동시에 또한 그들에게 선물로 주어져 그들의 소유가 된다. 구원 사건과 관련된 영의 특수한 기능은 바로 이 점에 놓여 있다. 영의 은사는 종말에 부어질 영의 예기(Antizipation)로서 구원론적인 기능을 가지며, 영이 예수 그리스도를 통해 믿는 자들에게 주어진다는 사실에 의해 은사로 규정된다. 예수 그리스도의 인격과 역사 안에서 종말론적 구원의 미래가 이미 동터왔으며, 그 결과 믿는 자들은 자신이 받아들인 영이 예수 그리스도의 영임을 의식하고 있다(빌 1:19; 비교. 롬 8:9). 이렇게 서술된 영의 구원론적인 작용의 특수한 형태에 대하여 보다 더 정확한 논의가 필요하다.

b) 창조의 은사와 영광으로서의 영

하나님의 영의 모든 작용에서 은사의 형태가 나타나는 것은 아니며, 은사가 균등하게 주어지는 것도 아니다. 나아가 영의 작용의 근본 형태는 생명과 운동을 산출하는 창조적 활동성이다. 그래서 영의 본성은 "바람"에 비유되는데, 이것은 영이 아버지로부터 나온다(요 15:26; 비교. 14:16)고 말해질 때 첫 번째로 주목해야 할 점이다. 그러나 영의 역동성은 창조 활동으로 산출된 것 혹은 파악된 것에게 어느 정도까지 각자의 고유한 현존재 너머로 높여진 어떤 것을 전달해준다. 그 결과 피조물들은 운동과 생명을 자신 안에 갖게 되며, 스스로 운동하고 살아 있게 된다. 이때 그 운동과 생명의 원천은 각자의 현존재를 넘어선 영의 역동성 안에, 즉 그 넘어섬을 통해 현존재를 자기규정을 성취하는 자기초월 안으로 옮겨 놓는 역동성 안에 놓여 있다.

아우구스티누스는 영의 특징을 영 그 자체의 성격 안에 있는 은사라고 표현했다. 왜냐하면 그 점에서 삼위일체 인격의 개별 특성인 관계의 계기가 영으로부터 출현하기 때문이다. 관계의 계기는 아버지와 아들의 경우에 이미 그렇게 인격적으로 표현되었으며, 또한 삼위일체의 인격으로서의 영에 대해서도 근본적으로 해당한다.[27] 그러나 아우구스티누스는 은사라는 영의 특징을 381년의 콘스탄티노플 신조 안에서 요한복음 15:26에 근거하여 강조된 영의 아버지로부터의 발현과 관계시키려고 시도했다. 아우구스티누스는 로마서 8:9이 영을 또한 그리스도의 영이라고 말하기 때문에,[28] 아들로부터의 영의 발현도 말해야 한다고 주장했다. 그 결과 아우구스티누스는 영이 아버지로부터만이 아니라 또한 아들로부터 나오며, 양자에 의해 주어지는 동시에 양자로부터 구분된다는 이해에 도달했다. 그러나 영의 특징이 은사라는 사실에 대한 이와 같은 삼위일체 신학적인 설명은 요한복음 15:26의 지지를 받을 수 없다. 왜냐하면 이 구절은 단지 아버지로부터의 영의 발현만을 말하기 때문이다. 아들이 영의 전달 혹은 파송에 참여하는 것은, 특별히 아들 자신이 아버지로부터 나오는 영의 수용자라는 점에서, 그 발현과 구분된다.[29] 그러므로 발현(processio)과 은사(donum)[30]를 동일시하는 것은 반박해야 한다. 아우구스티누스는 구원의 경륜에 따른 아들의 파송이 중재하는 영의 전달(특별히 요 20:22)[31]에 근거해서 영을 은사로 이해하는데, 이 이해는 위의 반박 외에도 영

---

27 Augustin, *De Trin*. V,11,12 (CCL 50,219). 여기서 "영"을 지칭하기 위해 이렇게 말해진다. Sed ipsa relatio non apparet in hoc nomine ; apparet autem cum dicitur donum Deu. 비교. V,11,15 : Quod autem datum est et ad eum qui de did refertur et ad eos quibus dedit (CCL 50, 222 f.). 영을 은사로 파악하는 아우구스티누스의 이해에 관하여 다음을 보라. Y. Congar, *Der Heilige Geist* (Paris 1979/80), dt. 1982, 382.

28 *De Trin*.V 11,12에서 인용된 아우구스티누스의 문구는 이렇게 계속된다. Donum enim estpatris et filii quia et a patre procedit, sicut dominus dicit, et quod apostolus ait : Qui spiritum Christi non habet hic non est eius (CCL 50, 219). 영을 은사로 이해하는 것과 필리오케(filioque)와의 관계에 대해 Y. Congar, 같은 곳, 383f.를 보라.

29 이에 대해 Y. Congar, 같은 곳, 374에서 인용된 에브도키모프의 서술을 보라. P. Evdokimov, *L'Esprit-Saint dans la tradition orthodoxe*, Paris 1969, 71f.77f. 에브도키모프는 아들이 영을 통해 아버지로부터 출생한다고 말한다.

30 아우구스티누스(Augustin, *De trin*. V, 11,12)를 인용하면서 롬바르두스(Petrus Lombardus, *Sent*. l, 18,2)가 그렇게 말한다. Eo enim dicitur Spiritus quo donum, et eo donum quo procedens (Sententiae in IV Libris Distinctae 1/1, Rom 1971, 154, 5).

31 *De trin*. IV,20,29. 이에 대해 Y. Congar, 같은 곳, 381, 각주 20을 보라.

이 (외부를 향해) 내보내지기 전에[32] 하나님의 내재적인 삼위일체적 삶 안에서 이미 은사로 생각되어야 한다는 곤란한 사실에 부딪친다. 삼위일체의 내적인 삶 속에서 영을 은사로 이해하는 것은 아들을 아버지로부터 나오는 영의 수용자로 생각한다면, 설득력이 있을 수도 있다. 아우구스티누스는 그런 이해의 가능성을 가볍게 언급했으나, 즉시 아들의 출현과 관련된 영의 수용을 그 점에서 영을 공동으로 전달할 수 있는 가능성의 수용에 제한했다.[33] 왜냐하면 아들의 신성이 영을 수용하는 것은 아들이 아버지와 마찬가지로 영을 소유할 때만 가능하기 때문이다. 아우구스티누스는 아들을 통해 영을 받아들이는 것을 오직 예수의 인간성의 관점에서 말하려고 했다.[34] 그러나 예수는 수세 사건에서 그 자신이 **인격으로서** 영을 받아들이지 않았는가? 죽은 자들 가운데서 일어난 예수의 부활 사건에서 행해진 영의 사역은 로마서 1:3f.와 누가복음 1:35에 따르면 탄생 시에 하나님의 아들로서의 그의 인격을 구성하는 일에 이미 관여하지 않았는가?

영의 사역은 언제나 어느 정도까지는 그의 역동성의 전달과 결부되어 있다. 물론 그 과정에서 완전한 의미의 은사(Gabe, 주어지는 것)가 전달되거나 수용되지는 않는다. 이러한 사태의 삼위일체적 근거는 하나님의 삼위일체적 삶 안에서 아들이 아버지로부터 나오는 영의 영원한 수용자라는 사실에서 파악될 수 있다. 하지만 영의 사역은 아들이 피조적 현존재 안에서 현현하는 그 정도만큼 창조 안에서 은사의 형태를 취할 수 있다. 그 사

---

32   *De trin*. V,16,17. Nam sempiterne spiritus donum, temporaliter autem donatum (CCL 50,224, 3f.). 그리고 V,15,16. Nam donum potest esse et ante quam detur, donatum autem nisi datum fuerit nullo modo did potest (CCL 50,224,15f.).

33   *De trin*. XV,17,29. 비교. XV,26,47. 여기서 아버지께서 영원한 출생을 통해 아들에게 주시는 생명은 또한 영도 아버지로부터 발현한다는 사실을 포함하고 있다고 말해진다(CCL 50a, 528, 92ff.).

34   Augustin, *Super Ioann*, tr.74 n.3 (CCL 36,514). 이것은 Petrus Lombardus, *Sent*. 1,17,5 (같은 곳, 147f.)에서 인용된다.

역은 아들의 성육신과의 결합에서 비로소 결정적으로 일어날 수 있다. 그래서 예수 그리스도에 대해서는 영이 그에게 "한량없이", 다시 말해 어떤 제한도 없이 주어졌다고 말해지며(요 3:34), 이에 상응하여 믿는 자들에게도 영은 은사로 주어지는데, 예수 그리스도와 연합함으로써 아들 됨의 세례에 참여한다는 사실에 근거해서 주어지는 것이다(비교. 롬 8:15; 6:3ff.).

넓은 의미에서 이미 창조 시에 모든 인간에게 주어진 생명의 숨(창 2:7)이 하나님의 영을 받아들이는 은사로 생각될 수 있다.[35] 이것을 넘어서 하나님의 영을 받아들이는 은사의 특수하고 집중적인 형태들은 특별한 삶의 현상들 안에서, 말하자면 통찰력, 예술적 재능, 예언적 영감, 또한 통치자의 카리스마 등의 특별한 인간적 능력 안에서 나타나기도 한다.[36] 그 과정에서 순간적인 황홀경의 경험뿐만 아니라 또한 하나님의 영이 지속적으로 머무는 은사의 형태들도 생각될 수 있다. 이러한 표상은 예를 들어 다윗 왕조와의 관계에서 발견된다. 다윗에 대해서는 주님의 영이 그의 위에 머물 것(삼상 16:13)이라고 명확하게 말해지는 반면에, 그 영은 사울로부터 떠난다(16:14; 이에 대해 비교. 11:6). 이와 완전히 상응하면서 유대적-메시아적 기대는 미래의 한 사람의 통치자를 향하는데, 그는 그 위에 하나님의 영이 "머물" 자다(사 11:2).

왕조의 예로 미루어 볼 때, 영의 은사와 아들의 성육신을 미리 내다보는 희미한 윤곽 사이의 관계는—아들 칭호(삼하 7:14; 시 2:7)와 결합되어 있기 때문에—특별히 뚜렷이 드러나며 등장한다. 그러나 영이 "머무는 것"에 관한 표상은 모세와 관계가 있고(민 11:17.25), 예언자 엘리야 및 엘리사[37]와 관련된 부분에서도 만날 수 있다. 또한 제3이사야가 외치는 기쁨의

---

35   비교. 『조직신학』 II, 330ff.

36   이에 대한 증빙은 바움개르텔의 개관에서 볼 수 있다. F. Baumgärtel, in: *ThWBNT* 6, 1959, 361.

37   열왕기하 2:15에서 엘리사 위에 머물렀던 "엘리야의 영"(비교 2:9)은 당연히 오직 하나님의 영으로만 이해될 수 있다(비교 2:16).

소식도 이렇게 말한다. "주 여호와의 영이 내게 내리셨으니 이는 여호와께서 내게 기름을" 부으셨음이라(사 61:1). 누가복음은 이 말씀을 예수의 등장에서 성취되는 약속으로 이해했고(눅 4:18), 마찬가지로 마태도 예수의 치유 사역에서 하나님의 영을 수여받은 하나님의 종에 대한 제2이사야의 약속이 성취되었음을 발견했다(마 12:18; 비교. 12:28,31). 이같은 말씀들을 통해 예수 그리스도의 인격 안에서 결정적으로 표현되기에 이른 관계, 곧 영의 은사와 아들 됨 사이의 관계가 확증된다.

구약성서의 관점에서 하나님의 영의 모든 은사는 최소한 죽음의 순간에 끝난다. 하나님의 영은 인간에게 "영원히 함께 머물지는 않는다"(창 6:3). 하나님의 영은 사람이 죽을 때, 그것을 주셨던 하나님께로 다시 돌아간다(전 12:7). 누가복음 23:46에 따르면 예수 역시 십자가에서 하나님으로부터 받으신 영을 시편 31:6의 기도와 함께 아버지께 돌려드린다.[38] 그럼에도 불구하고 디모데전서 3:16에 따르면 하나님의 영이 예수를 죽은 자들 가운데서 깨우셨다(비교. 롬 8:11). 그렇다면 예수의 경우에 이미 지상 사역에서 그분에게 수여되었던 하나님의 영은 죽은 자들 가운데서 그분을 깨우는 하나님의 창조적 생명력으로 이해되어야 하는가? 그 점에서 예수께서 받으신 영의 은사의 결정적인 것, 곧 종말론적 특성이 이미 표현되고 있는가? 예수께서 받으신 영의 은사는 원시 그리스도교의 증언에 따르면 유대교의 이해를 넘어선 것이었다. 유대교가 이해하는 영은 예언의 사역이 끝남과 동시에 소멸되고,[39] 그 이후로는 더 이상 오지 않는 영적 카리스마였다. 요한복음 3:34에 따르면 하나님의 말씀을 선포하는 아들(비교

---

38   예수께서 숨을 거두실 때(막 15:37) 부르짖은 소리(비교. 마 27:50; 요 19,30)는 누가에게서는 기도의 외침으로 표현된다. 그룬트만이 그렇게 말한다. "생명의 담지자로서 하나님으로부터 수용한 생명을 그는 다시 하나님의 손에 돌려드린다. 예수의 존재를 규정했던 신뢰에 찬 순종은 이와 같은 죽음 안에서 완성된다." W. Grundmann, *Das Evangelium nach Lukas*, 8.Aufl. 1978, 435.

39   참고. E. Sjöberg, in: *ThWBNT* 6, 1959, 380.383f.

3:35)은 하나님이 주시는 영을 한량없이 받으신다. 그럼에도 불구하고 같은 요한(19:30)에 따르면 십자가에 달리신 자는 죽음의 순간에 영을 포기하신다. 바울은 예수의 (그리고 그분을 통한 믿는 자들의) 부활과 영의 살리는 사역을 연결시켰지만, 이것은 요한에게서는 나타나지 않는다. 그러나 바울도 예수의 부활이 영 혼자만의 사역이라고 말하지는 않고 예수를 죽은 자들 가운데서 **깨우신** 아버지의 영(롬 8:11)이라고 말하며, 그렇기에 영은 믿는 자들 안에 거주하면서 그들을 위해 그들 자신의 미래의 부활에 대한 보증이 된다고 묘사한다(같은 곳). 예수는 단순히 자신에게 수여된 영의 권능에 의해 죽음을 극복한 것이 아니고, 그 극복을 위해 아버지의 행하심에 온전히 의존했다. 이렇게 본다면 예수께서 죽음의 순간에 영을 아버지께 돌려드린 것이 이해될 수 있다. 이 사실은 다음의 경우에도 조금도 달라지지 않는다. 예수께서 이미 지상 사역을 행하던 중에 수여되었던 아버지로부터 오는 영은 하나님이 그를 죽은 자들 가운데서 깨우실 때(비교. 롬 6:4) 보내셨던 바로 그 하나님의 능력(고전 6:14)이다. 오로지 그때문에 영의 은사는 믿는 자들에게 미래의 그들 자신의 죽은 자들로부터의 부활에 대한 보증이 된다.

예수의 역사는 아버지와 아들 사이의 관계를 보여주는데, 이 관계 속에서 일어나는 상호관계성은 종말론적인 영의 부어짐의 은사에 대해 중요한 의미를 갖는 것으로 나타난다. 아버지께서 자신으로부터 나오는 영을 아들에게 주시듯이, 아들은 그 영을 아버지께 돌려드리며, 그와 같은 아버지로부터의 자기구분을 통해 아들은 자신을 아들로 입증한다. 여기서 아들은 영원 안에서 아버지로부터 영을 수용하는 자이고, 영은 아들을 생명으로 깨운다. 영을 은사로 이해하기 위한 아우구스티누스의 시작 명제는—그 은사 안에서 아버지와 아들의 연합이 서로에 대한 사랑을 통해 성취된다—아버지와 아들 사이에서 영을 주고 돌려드리는 관점에서 처음으로 완전한 성서적 깊이, 곧 하나님의 내재적·삼위일체적 생명의 깊이를 획득한다. 믿는 자들에게 주어지는 영의 부어짐의 은사—여기서 아버지

와 아들은 함께 일하신다—는 그 깊이로부터 처음으로 유래한다. 그 은사
는 다음의 사실을 통해 중재된다. 그것은 믿는 자들이 믿음과 세례를 통해
예수 그리스도 안에서 계시된 아들과 결합하고 그분의 몸의 지체가 된다
는 사실, 그 결과 아버지와의 관계 안에 있는 아들의 지위가—예수의 아들
됨에 그들이 참여함으로써—또한 믿는 그들에게도 현현한다는 사실이다.
이와 함께 믿는 자들은 하나님의 내재적·삼위일체적 생명에 참여하며, 아
들을 통한 영의 수용에 참여하고, 또한 아들이 아버지께 영을 돌려드리는
것에도 참여한다. 마지막의 참여는 아들의 기도와 찬양을 통해 계시되는
아버지 하나님을 영화롭게 하는 가운데 성취된다. 아버지께 대한 예수의
관계 안에서 일어나는 것과 마찬가지로 또한 믿는 자들의 경우에도, 아들
을 통해 아버지를 영화롭게 하는 것에 상응하는 사건이 아버지를 통해 아
들을 영화롭게 하는 것 안에서 발견된다(요 17:4f.). 믿는 자들—이들 가운
데서 예수는 아들로서 영화롭게 된다(요 17:10)—은 아들을 통하여 아버지
께 대한 관계 안으로, 그와 함께 또한 아들이 아버지께로부터 받은 영광(요
17:22) 안으로 받아들여진다. 아들이신 예수를 영화롭게 하는 행위—이것
은 아들 안에서 동시에 아버지를 영화롭게 한다—안에서 믿는 자들은 아
들과 아버지의 연합에, 그와 함께 또한 하나님의 영광에 참여하는데, 그 영
광을 통해 믿는 자들의 고유한 삶은 장차 영원하신 하나님과 이루는 소멸
되지 않는 연합으로 변화하게 될 것이다. 바울이 말하는 것처럼 그들은 예
수에게서 주님(여기서는 아버지)의 영광을 "거울로 보는 것처럼" 바라보며
"그와 같은 형상으로 변화하여 영광에서 영광에 이르니 곧 [주님이신 영
이 주시는 영광]이니라"(고후 3:18).[40]

영의 주어짐이라는 종말론적인 은사의 특수성은 영이 수여되어 지속
적으로 소유하는 것이 믿는 자들이 하나님의 영원한 생명에 참여하는 길
을 열어주고, 그 결과 하나님과의 연합 안에 있는 새로운 생명을 향한 그

---

40   빌켄스의 번역임. U. Wilckens, *Das Neue Testament*, 1970, 628.

들의 부활이 보증된다는 사실에서 나타난다. 이 모든 것은 영이 예수 그리스도 안에서 육신이 되신 아들을 통해 중재되며, 그것도 예수에 대한 믿음과 더불어 그분의 아들의 지위에 참여할 가능성이 전달되고 받아들여지는 방식으로 중재되기 때문에 가능해진다. 이와 같이 영이 주어지는 은사가 아들을 통해 중재되는 것과 죽음을 극복하는 하나님의 생명에 대한 참여라는 그 은사의 종말론적인 내용은 서로 일치한다. 창조 시에 인간에게 영이 주어진 것과 또한 옛 계약의 은사들도 이와 같은 종말론적인 은사를 표징으로 선취했다. 영은 종말론적 은사로서 수용자의 생명과 결합되며, 그 결과 그 생명은 죽음을 통해서도 영의 창조적 능력으로부터 더 이상 분리될 수 없게 된다.

하지만 영이 은사로서 주어지는 것은 영의 구속사적인 사역의 전체 과정에 속하는 한 가지 계기에 그친다. 하나님의 삼위일체적인 삶 안에서 영을 주는 것과 돌려드리는 것이 아버지와 아들에 대한 관계 안에서 영의 인격적 독립성을 출현시키는 중재 역할이 되는 것처럼, 미래에 창조가 완성될 때 하나님은 영을 통해 "만유 안에 계신 만유의 주"(고전 15:28)가 되실 것이다. 영을 통해 피조물들은 하나님께 대한 관계 안에서 독립성에 도달할 수 있으며, 그와 동시에 하나님 나라의 통일성 안으로 통합된다. 그 과정에서 영이 은사로서 주어지는 것은 화해 사건 안에서 영이 일으키는 구원론적 국면의 독특한 특성을 나타낸다. 영이 주어지는 형태를 취한다는 것은 피조물이 관여할 수 있는 방식으로 영이 피조물에게 건너간다는 말이 아니며, 오히려 영이 피조물 안으로 들어가신다는 것을 뜻한다. 이 사건을 통해 인간들은 세상에 대한 하나님의 화해의 행동 안으로 독립적·자발적으로 입장할 수 있게 되며, 세상을 향한 그분의 화해와 사랑의 운동에 참여할 수 있게 된다. 믿는 자들 안에 거주하시는 영(롬 8:9ff; 고전 3:16)이 그들을 그들 자신의 특성인 배타성의 담장 너머로 높이 들어 올리심으로써, 영은 이미 은사 그 이상, 말하자면 하나님의 사랑의 탈자아적(무아적; ekstatische) 운동의 총괄개념이 되신다.

c) 영의 부어짐과 교회

영이 주어지는 은사는 믿는 개인에게만 해당하는 것이 아니라, 믿는 자들의 공동체의 형성 곧 교회의 근거를 목표로 하고, 언제나 새롭게 발생하는 생동성을 불러일으킨다. 왜냐하면 모든 믿는 자가 각자 아들의 지위와 그리스도의 영에 참여함으로써, 동시에 각 개인은 한 분이신 주님과의 결합을 통해 믿는 자들의 공동체를 이루는 관계 안으로 들어가기 때문이다. 믿는 자는 개별적으로 믿음을 통해 한 분 주님과 결합하고, 그 결과 또한 다른 모든 믿는 자들과도 결합한다. 영을 통해 모든 개인은 자신만의 편협성(Partikularität) 너머로 들어 올려지며, "그리스도" 안에서 다른 모든 믿는 자들과 교회 공동체를 형성하게 된다.

영은 단지 믿는 자 개인에게만 예수 그리스도와의 연합과 그와 함께 미래의 구원에 대한 참여를 확증하는 것이 아니라, 그 확증을 통해 믿는 자들의 공동체의 근거를 마련하신다. 이 사실은 누가의 오순절 이야기(행 2:1ff.) 안에서 표현되었고 후대의 표준이 되었다. 왜냐하면 이 이야기는 어떻게든 영이 모든 제자들에게 공동으로 부어졌고, 그 결과 교회가 시작되었다는 사실을 구체적으로 보여주기 때문이다.

> 물론 그리스도교 공동체의 생성이 사건으로 발생하는 예언 곧 "그때에[그날에]"(욜 2:28-32) 하나님의 백성 전체 위에 영이 부어질 것이라는 예언이 성취되는 것에 관한 신약성서 전승에서 직접 문제가 된 것은 예수의 부활 안에서 현실로 일으켜진 새로운 종말론적 생명이기도 하지만, 그보다 우선적인 것은 예언자의 영감이(물론 또한 그와 연관된 하나님과의 직접적인 가까움이) 계약(언약) 백성의 모든 지체에게 전달되었다는 것이었다. 사도행전 2:4의 언어 기적은 이 사실을 말하고 있다. 언어 기적은 본래는 아마도 무아지경에 빠져 방언을 말하는 집단 경험에 기초한 것으로 보이는데, 하지만 누가가 다듬은 전통 안에서는 명백하게도 이미 유대교 디아스포라의 영역 안으로 들어가는 그리스도교 선교의 선포와 연관되었다. 그러한 선교적인 선포가 결과적으

로 오순절 사건의 묘사에서 세밀하고 구체적인 그림으로 표현된 것이다. 이 같은 해석, 곧 초기 그리스도교의 유대인 선교를 이미 전제하며 오순절 사건으로 소급되는 해석은 안디옥에서 최초로 시작되었을 수 있는데, 어쨌든 예루살렘의 원시 공동체를 형성할 때 작용한 지역적 제약조건들과는 일치되기 어렵다.[41] 누가의 서술은 두 가지 전승의 층을 기술적으로 결합한다. 한편으로 누가는 그 사건의 무아지경의 특성을 강조하여 묘사한다. 주변에 있었던 많은 사람들은 발언된 음성을 이해하지 못했는데(행 2:12f.), 그때 누가가 보고하는 베드로의 연설이 이어진다(2:15). 여기서 누가는 이 사건을 받아들이지 않는 반대 입장을 참석자들 중 일부에게만 제한했고, 다른 사람들은 베드로의 연설로부터 "하나님의 큰 일"(2:11)의 메시지를 알아들은 것으로 묘사한다. 이것은 선교 역사의 실제적인 선취이며, 사도행전은 바로 그 역사의 진행을 서술하게 될 것이다. 그와 함께 영의 부어짐의 사건은 종말론적인 하나님의 백성을 뜻하는 교회에 대한 집약적 설명으로 옮겨간다. 이 백성은 유대 민족과 달리 선교 목적으로 인류로부터 부르심을 받아 모였고, 그들은—나중에 그리스도교 신학이 말하게 될 것처럼—모든 민족들로부터 나와 이루어진 새로운 백성이 될 것이다.[42]

이 사건의 역사적 핵심을 결정하는 것은, 전승 과정과 누가 자신이 행한 것으로 보이는 개정 작업의 다층적 착색에 직면할 때, 어려움을 겪을 수밖에 없다. 대부분의 주석가들은 예수의 부활 이후 처음 맞는 유대인들의 오순절 축제에서 예수의 제자들 사이에서 집단 열광주의의 어떤 체험이 실제로 일어났고, 그것이 무아지경의 방언으로 표현되었다고 가정하는 쪽으로 기울어 있다.[43] 하지만 그 이상의 그 어떤 확실한 것도 알려져 있지 않다. 사도행

---

41 롤로프가 그렇게 말한다. J. Roloff, *Die Apostelgeschichte übersetzt und erklärt*, 1981, 39.

42 이에 대해 다음을 보라. A. v. Harnack, *Die Mission und Ausbreitung des Christentums in den ersten drei Jahrhunderten* (1902), 4.Aufl. 1924, 259–289.

43 J. Roloff, 같은 곳, 39. 행헨은 다르게 말한다. E. Haenchen, *Die Apostelgeschichte neu übersetzt und erklärt* (1959), 1961, 137f. 유대 전통의 시내 – 하가다(전설이나 격언

전 2:2의 거센 바람이라는 표현은 "영"(프뉴마)이라는 단어의 의미에 대한 직관적 묘사로 이해될 수 있다. 마찬가지로 사도행전 2:3의 불꽃 모양은 "글로사이"(*glossai*, 언어 혹은 방언)라는 단어의 이중 의미에 근거하고 그 의미를 구체화하는 것일 수 있다. 그러나 무엇보다도 우선 의심해야 하는 것은 이 사건을 영에 대한 최초의 경험으로 보려는 주장이다. 왜냐하면 요한복음 20:22에서 영은 부활하신 자의 현현과 관련되어 이미 전달되었기 때문이다. 이전에 자주 언급되었던 추정, 곧 바울이 고린도전서 15:6에서 보고하는 "오백여 형제에게 일시에" 나타나신 사건이 오순절 사건의 근원적 형태⁴⁴라는 추정도 이 방향을 가리킨다. 그러나 여기서 언급되는 큰 숫자는 제자들 그룹만이 그 자리에 있었다고 전제하는 요한의 서술과 일치하지 않는다. 영의 주어짐과 오순절 현상 사이의 관계를 가정하는 것은 누가가 묘사한 것 이상의 내적 개연성을 갖는다. 그 이유는 그 가정이 한편으로 바울이 철저히 확증했던 일치 곧 영 그리고 믿는 자들 안에서의 영의 작용과 그리스도의 부활의 현실성 간의 일치에 더 낫게 상응하기 때문이고, 다른 한편으로 누가의 서술 안에서 이 복음서 저자의 특별한 신학적 관심사가 제한하려는 어떤 경향이 인식될 수 있기 때문이다. 누가는 오직 그에게서만 만날 수 있는 제한, 곧 부활하신 자의 현현을 저 40일(행 1:3)의 상징적 시간에 제한하는 것을 통해 오순절 사건(이 사건이 일어난 시점은 부활절과 유대인들의 오순절 사이의 50일이라는 기간 때문에 앞에서 언급한 기간과는 무관하다)을 부활하신 자가 현현하신 기간과 명확하게 떨어뜨려 놓았다. 교회의 시간이 높여지신 주님이 제자들에게 직접 현재하신 시간과 구분된다는 생각은 교회를 부활하신 그리스도의 종말론적 현실성으로

을 포함하는 비법률적인 랍비 문학 형태)가 누가의 서술에 영향을 주었고, 또한 이로부터 소급해서 원시 그리스도교 안에서 유대교의 오순절 절기에서 황홀경의 언어가 등장하는 데 영향을 주었다는 가정에 대해 로제는 바른 근거를 제시하며 거부했다. E. Lohse, Die Bedeutung des Pfingstberichtes im Rahmen des lukanischen Geschichtswerkes, *Evang. Theologie* 13, 1953, 422–436, 특히 428ff.

44 참고. H. Graß, *Ostergeschehen und Osterberichte*, 1956, 99f.

부터 구분하는 중요한 신학적 성찰을 표현한다. 이 점에서 바울의 진술들로부터 쉽게 떠오를 수 있는 인상, 곧 높여지신 주님과 영의 사역이 일치한다는 인상이 수정될 수 있다. 특별히 누가에게서 영의 즉흥적인 경험을 공동체의 그리스도 선포의 원천으로 여기는 공간이 마련된다. 그러나 신학적인 의도가 가득한 누가의 서술로부터 영의 전해짐 혹은 영의 부어짐의 시점에 관해서는 어떤 역사적 판단을 얻을 수는 없다. 이렇게 볼 때 누가의 오순절 이야기는 우선적으로 교회와 영 사이의 관계에 대한 신학적 진술로 평가하는 것이 적절하다. 옛 전승이 누가를 통해 개정되면서 명확한 표현을 갖추게 된 것이다. 그 이후에 교회는 보편적 선교의 선포를 통해 예언자 요엘이 예언한 마지막 때의 하나님 백성으로 입증되었고, 교회 자체가 그 안의 모든 지체 위에 부어지는 예언자적인 영(행 1:8)을 통해 근거되었다. 그 안에는 하나님께 대한 종말론적 가까움의 관계도 포함되어 있었다. 하지만 누가는 그리스도인들이 하나님과의 연합과 또한 서로 함께 이루는 공동체가 그들이 한 분이신 예수 그리스도에 참여함으로써 근거를 갖게 된다는 것에 대해서는—비록 그들 개개인은 믿음과 세례를 통해 그분과 결합되어 있음에도 불구하고—아무것도 말하지 않았다. 바울에게 지배적이었던 이 관점(고전 12:12f.; 비교. 10:17; 또한 롬 12:4f.)은 누가의 오순절 이야기에서는 등장하지 않는다. 왜냐하면 누가의 강조점은 영의 자발적 등장과 사역에 놓여 있기 때문인데, 이것은 다른 방식이기는 해도 요한(요 14:26; 16:13-15)도 강조했던 것이다. 누가도 물론 예수 그리스도를 믿는 자들을 전제하지만, 오순절 사건에 대한 그의 서술 안에서 이 핵심 내용은 어쨌든 제자들의 열광적인 연설의 내용인 "하나님의 큰 일"을 짧게 지시하는 말 안에서 단지 암묵적으로만 나타난다. 누가의 강조점은 영의 체험의 자발성이 새롭고 추가적인 계기로서 주어졌다는 사실에 놓여 있고, 이 계기는 공동체로서의 제자 그룹과 가장 우선적으로는 그리스도교 선교를 선포하는 역동성과 마주쳤으며, 그 결과 교회의 삶이 시작될 수 있었다.

바울에게 예수 그리스도는 교회의 터(고전 3:11)다. 이 생각은 바울의 진술 안에서 건물/터라는 단순 관계와는 다른 관점, 곧 믿는 자들은 한 분이신 그리스도의 몸이고 그분을 통해 교회 공동체 안으로 받아들여진다는 관점 아래서 설명된다. 이와 비교할 때 누가는 교회가 예수 그리스도와 구분되는 성령의 능력에 의해 세워지는 것으로 본다. 물론 누가도 성령을 말할 때 그분이 약속하신(행 1:8) 영, 그리고 하늘로부터 보내지는(눅 24:49; "위로부터 입혀지는") 영이라고 표현하며, 어쨌든 제자 그룹의 연속성을 전제하는 가운데서 그렇게 말한다. 여기서 제자들은 영을 받아들임으로써 선교의 말씀을 선포할 수 있게 된다. 그리스도교 신학은 이러한 서로 다른 두 가지 표상을 양자택일의 문제로 남겨두어서도 안 되고, 이런 뚜렷이 구분되는 의식을 서로 조화시켜 추방해서도 안 된다. 오히려 모든 신학적인 교회 개념은 이와 같이 서로 다른 개념으로 표현된 사태의 국면을 자신 안에 통합해야 하며, 예수 그리스도 그리고 영의 사역을 통한 교회의 설립을 통일성 안에서 이해할 수 있어야 한다. 다시 말해 교회와 영의 관계에 대하여 신약성서가 구상하는 개념들 가운데 단순히 어떤 한 가지와 동일시하는 해석에 머물러서는 안 된다. 왜냐하면 그런 해석은 신약성서가 양쪽을 서로 구분하는 차이를 해소하기 때문이다.

이 과제를 위해 영에 대한 요한적 진술들이 도움이 된다. 왜냐하면 그것들은 누가와 함께 영에 대한 관심을 본래 국면으로 공유하며, 그와 동시에 누가의 오순절 이야기보다 더욱 명확하게 영의 사역과 예수 그리스도의 관계를 주제화하기 때문이다. 그 관계를 제시하는 것은 (누가에서와 같이) 예수께서 영을 보내실 것이라는 사실만이 아니라, 우선적으로 영의 사역이 하나님의 진리이신 예수에 대한 인식으로 인도하는 데 있다는 사실이다. 영은 "자기 자신에 대하여 [스스로]" 말하지 않고 오직 예수를 영화롭게 할 것이다(요 16:13f.). 그러나 이 일이 일어남으로써—이제 이것이 사고 진행의 결정적 한 걸음이다—영의 사역을 통해 예수 자신이 제자들 곁에, 그들 "안에" 계시며, 이것은 그들이 그분 안에 있는 것과 같다(14:20).

영이 믿는 자들 안에서 예수를 하나님의 진리로 증언할 때, 그들은 자아를 벗어나 무아지경에 빠지며 자아의 저편에서 예수 안에 있게 되고, 그와 함께 예수는 그들 안에 계시며 그들을 서로 함께 공동체를 이루도록 결합하신다. 그때 예수와 함께 아버지께서도 믿는 자들 사이에 거주하신다 (14:23).[45]

이와 같은 진술들과 로마서 8:14-16 사이의 유사성이 주목되어야 한다. 바울이 그곳에서 말하는 "아들 되심의 영[양자의 영]"은 아들이 믿는 자들 안에 거주하신다는 요한의 사고와 상응한다. 요한이 아들과 함께 아버지도 믿는 자들 안에 거주하신다고 말할 때, 바울에게서 이에 상응하는 부분은 양자의 영이 믿는 자들로 하여금 아버지를 부를 수 있게 한다는 것인데, 이것은 아들의 권한이다. 여기서 바울의 관점에서 본다면 다음의 사실이 명확하다. 아버지의 "거주하심"은 믿는 자가 아들과 마찬가지로 기도와 찬양 안에서 자신을 아버지로부터 구분하는 동시에 아버지께 복종하는 방식으로 발생할 수 있다. 거꾸로 요한의 진술들에서 양자 됨에 참여하는 것은 믿는 자들의 편에서 이미 우리 안에서 예수를 영화롭게 하는 영의 사역임이 드러난다. 반면에 바울은 로마서 8:15에서 영 자체를 "양자의 영"으로 부르고, 갈라디아서 4:6에서는 믿는 자들이 영을 받는 은사를 아들 됨의 결과[아들의 영]로 설명한다. 물론 바울도 고린도전서 12:13에서 믿는 자들이 세례를 통해 그리스도의 한 몸의 지체가 된 것, 또한 세례를 통해 그들이 아들의 지위를 얻게 된 것을 영의 사역이라고 말하고 있다.

예수 그리스도께서 영을 통해 믿는 자들 안에 거하실 때(비교. 롬 8:9f.), 그분은 그렇게 하심으로써 제자들을―그분 자신의 몸의 통일성 안에서―교회 공동체로 결합시키는 한 분 주님이 되신다. 다름이 아니라 영의 사역을 통해 예수 그리스도는 교회의 터가 되신다. 왜냐하면 영의 사역은

---

45   참고. R. E. Brown, *The Gospel According to John* (XIII-XXI), 1970, 644ff. 브라운은 이에 상응하는 구절로 마태복음 28:20을 제시한다(646). "내가 세상 끝 날까지 너희와 항상 함께 있으리라."

바로 영이 아들 안에서 아버지를 인식하도록 가르치심으로써 아들을 영화롭게 하는 데 있기 때문이다. 우리는 아들을 통해 아버지의 인식에 이를 수 있다. 교회의 그리스도론적인 구성과 성령론적인 구성은 서로를 배척하지 않고 오히려 일치한다. 왜냐하면 아들과 영은 삼위일체적 인격으로서 상호 내주하기 때문이다. 그렇다고 해서 교회 안에서 일어나는 영의 특수한 기능과 의미가 간과되어서는 안 된다. 아버지께서 홀로 영을 통해 십자가에 달린 자를 죽은 자들 가운데서 깨우신 것처럼, 마찬가지로 영이 홀로 하나님의 종말론적 미래의 빛 안에서 그를 종말론적인 하나님의 백성의 메시아로 인식할 것을 가르치신다. 왜냐하면 영 자신이 죽음이 없는 새로운 생명의 창조자로서 종말론적인 현실성이기 때문에, 또한 영은 예수와 그의 역사의 등장이 갖는 종말론적 의미를 계시하실 수 있다.[46]

영의 이와 같은 사역은 철저히 그분이 자연세계 안에서 모든 생명의 원천으로서, 그리고 특수하게는 인간들 사이에서 그들의 자발적인 "영적" 활동들의 원천으로서 행하는 활동과 연속된 맥락 안에서 발생한다. 인간들의 소위 영적 활동들은 "무아지경"에 빠짐으로써 그들 자신의 고유한 개별성을 넘어서는데, 그 결과 그들은 사태의 중심에 머물게 되고, 그 사태를 자신들의 자아를 넘어선 저편에서, 곧 자신들의 고유한 현존재와는 구분되는 곳에서 파악하게 된다. 이와 매우 비슷하게 영은 우리 안에 예수를 하나님의 아들로 알게 되는 자율적인 인식을 불러일으키는데, 이 인식은 예수를 하나님의 백성의 메시아로 믿는 믿음으로 인도한다. 이 사실은 서구 신학사 안에서 자주 오해되었다. 왜냐하면 예수 그리스도에 대한 믿음의 인식 안에서 일어나는 영의 조명을 창조 안에서, 특별히 인간의 창조적

---

46   지지울라스에 의하면 영은 바로 그렇게 해서 아들을 단순한 사실사적 역사의 속박으로부터 해방시킨다. J. D. Zizioulas, *Being as Communion? Studies in Personhood and the Church*, 1985. 이것은 로마서 8:11에서 영이 아들을 죽음으로부터 깨운 것과 마찬가지다. "여기서 성령론의 가장 앞선 근본적 특수성은 종말론적 성격이다. 영은 그리스도를 종말론적 존재, 곧 '마지막 아담'으로 만든다"(130).

생명 안에서 일어나는 영의 사역으로부터 분리시켰기 때문이다. 믿음의 인식에 특징적인 특수성은 오직 그 인식의 대상에 근거를 두고 있으며, 그 인식 방법에 근거하지는 않다. 영적인 감동으로 무아지경에 빠지는 현상은 다른 곳에도 나타나며, 그런 인식 방법이 특별한 것은 아니다. 예수 그리스도의 인식에 특징적인 특수성은 그분이 한 분이신 아들 및 메시아로서 모든 믿는 자를 그분 자신과 결합시켜 하나로 만들고, 그렇게 해서 또한 그들 모두를 결합하여 교회 공동체를 형성하신다는 데 있다. 믿음의 내용(갈 3:2)과 함께 영은 지속적으로 머무는 은사로서, 그리고 예수의 부활 안에서 성취된 희망 곧 죽음을 넘어서는 희망의 보증으로서 그리스도의 교회 공동체 안의 믿는 자들에게 주어진다.

믿는 자들 안에서 일어나는 영적 감동의 자발성(自發性, Spontaneität)은 그 현현의 개인성 및 다원성과 분리될 수 없이 결합되어 있다. 그러한 다양한 음성은 오순절 이야기 안에서 다음의 사실을 통해 표현되었다. 제자 그룹의 모든 지체가 각기 자신만의 방식으로, 그럼에도 불구하고 자신 외의 모든 사람과 일치된 목소리를 내면서, 예수의 역사 안에서 일어난 "하나님의 큰 일"에 대해 증언했다는 사실이다. 그러나 영이 밖으로 표현되는 형태는 우선 고린도에서 벌어진 자기주장의 논쟁을 통해 바울에게 신학적 성찰의 주제가 되었다. 그것은 이런저런 형태의 특정한 경험 혹은 영의 활동이 영을 받은 은사자의 권위적 표현으로 간주되어야 한다는 주장이었다. 그런 주장들과 논쟁하면서, 또한 그런 주장들이 일으킨 풀 수 없는 갈등의 한가운데서 바울은 그중 어떤 한 가지를 말하자면 유일하게 권위 있는 영성으로 인정하거나 편들지 않았고, 오히려 자발적인 영의 작용의 다양성을 올바른 것으로 인정했으며, 믿는 자들에게 그 다양성을 서로 관용하며 받아들이라고 호소했다. 영의 활동의 목록은 고린도 교회에서 등장한 형태들—방언 말하기, 예언의 영감, 치유 능력, 지혜로운 말 등의 형태들—을 넘어서 상당히 길게 열거할 수도 있다. 이미 바울 자신이 탁월한 믿음의 능력, 인식, 구제 활동을 모든 사람에게 똑같이 주어지지 않은 영의 특별한 은사로 간주했다. 바울의 관심사는 은사의 다양성이 갈등과 분열의 원인을 제공해서는 안 된다는 것이었다. 오히려 모두는 그런 모든 은사 안에서 하나의 동일한 영이 활동 중이고 각자에게 그분이 원하시는 대로 그 사람만의 독특한 은사를 나누어 주셨음(고전 12:11)을 인정해야 하며, 그런 모든 은사자는 각자에게 합당한 가치를 공동체를 세우는 데 기여하는 것에서 찾아야 한다. 이와 같이 개인들 각자의 영의 은사는 교회의 삶 안에서 서로를 보충해야 한다. 그 과정에서 권위를 가질 수 있는 영성을 식별하는 유일한 기준은 그리스도께 대한 신앙고백과의 관계(고전 12:3)이며, 한 분 주님께 대한 관계와 함께 또한 교회 공동체 안에 있는 그리스도인들에게 하나 됨의 의무가 주어지는데, 이것은 다원성을 부정하는 것이 아니라 오히려 그리스도의 몸의 통일성을 이루는 상호 참여와 서로에 대한 사랑 안에서 주어지는 의무다. 다수성과 통일성의 주제에 관한 이같은 사고는 모든 시대의 교회를 인도하는 지침이 되었다.[47]

그러므로 교회는 영과 아들 모두의 피조물이다. 복음의 말씀에 근거한 교회는 높여지신 그리스도의 창조물로서 존재하는 **동시에** 영의 피조물이다. 예수의 역사와 그분에 관한 복음의 말씀이 그 소식을 듣는 자들에게 외적인 것으로 머문다면, 그것이 단순히 외적 권위에 그친다면, 그분의 역사와 말씀이 듣는 자들 자신에게 깨달음의 인식에 이르러 거기서 생기는 자발적 참여로 이어지지 못한다면, 교회는 생성되지 못했을 것이며 어쨌든 제도적 기관으로서 존속할 수 없었을 것이다. 그러므로 교회의 근거를 일면적으로 그리스도론에 두는 것은 교회의 완전한 현실성을 잘못 묘

---

47 특별히 슐링크가 바울의 은사론이 현 시대의 교회일치 문제까지 이르는 교회적 삶에 대해 갖는 의미를 자신의 저서에서 계속 반복해서 강조했다. E. Schlink, *Ökumenische Dogmatik* 1983, 597ff. 종말론의 지평에서 일어나는 교회 일치와 다양성의 관계에 대해 또한 다음의 설명을 참고하라. J. D. Zizioulas, 같은 곳, 135ff., 특히 138.

사하는 결함을 지닌 것으로 바른 비판을 받아야 한다. 그리고 그에 상응하는 발전들, 곧 교회의 현실 안에서와 특히 서구 그리스도교 교회론 안에서 일어난 발전들도 검증이 필요한 것으로 보이며, 무엇보다도 예수 그리스도로부터 직접적으로 이끌어낸 교회의 제도적 구조를 과도하게 강조한다는 측면에 대해서는 검증이 꼭 필요한 것으로 보인다.[48] 교회를 말씀의 피조물로 보는 종교개혁적 이해도 일면적이고 협소한 그리스도론으로 인도할 위험을 가지고 있고, 그 결과 신정 체제의 선포로 향하는 경향을 보일 수 있다. 여기서 "말씀이 영에 예속되는 것"과 마찬가지로 똑같이 영이 말씀에 속박되는 것[49]을 강조하지 않는다면, 그런 위험에 처하게 된다. 믿는 자들 개인에게만이 아니라 공동체로서의 교회에게도 주어진 은사, 그렇기에 또한 교회를 통해 중재되는 영의 은사는, 교회 밖의 다른 인간 공동체 형태들에게 특징적이고 그 지체들을 서로 함께 결속시키는 영의 공동체적 특성의 비유에 따라 교회 내의 어떤 한 그룹의 영으로 이해되어서는 안 된다.[50] 그 그룹이 자신의 현존재의 토대에 놓인 교회의 공동체적 의식

---

48 이에 대해 W. Kasper, in : W. Kasper/G. Sauter, *Kirche — Ort des Geistes*, 1976, 14ff. 를 보라. 지지올라스(같은 곳, 123ff.)에 의하면 정교회 비판가들은 교회의 근거와 관련된 그런 과도한 그리스도론적인 강조를 말하자면 제2차 바티칸 공의회의 교의 헌장인 "인류의 빛"(Lumen Gentium)에서도 반드시 인지해야만 한다고 믿고 있다.

49 각주 48에서 인용된 책의 90ff.에서 자우터(G. Sauter)가 그렇게 말한다. 개신교주의와 특별히 구(舊)루터교 신학이 규정해온 영과 말씀의 관계의 역사에 대해 다음을 참조하라. R. H. Grützmacher, *Wort und Geist. Eine historische und dogmatische Untersuchung zum Gnadenmittel des Wortes*, 1902.

50 슐라이어마허는 성령을 "그리스도에 의해 수립된 (교회의) 새로운 총체적 삶의 공동체적 영"(§121 시작명제)으로 해석했다. F. Schleiermacher, *Der christliche Glaube*, 2.Ausg. 1830, §121ff. 비교. 이미 §116,3. 이렇게 해석된 의미는 그 밖의 다른 공동체적 영들과의 유비와 필연적인 방식으로 구별되지는 않는다(§121,2. Beispiel des Volkes). 물론 슐라이어마허는 공동체적 영의 통일성이 그리스도론적인 근거를 갖는다고 강조하기는 했다. 그 통일성의 근거는 "또한"(auch), "모든 사람 안에 거주하는 공동체의 영이 동일하신 한 분, 곧 그리스도로부터 온다"(같은 곳)는 사실에 놓여 있다는 것이다.

의 근거를 특별히 예수 그리스도의 인격과 역사 안에서 발견하고 합당하게 존중한다고 해도 사정은 달라지지 않는다. 영의 은사는 교회와 그 안의 지체들이 임의로 처분할 수 있는 소유물인 것이 아니라, 교회가 자기 자아의 외부 곧 예수 그리스도 안에서 가질 수 있는 근거에 지속적으로 묶여 있다.[51] 그렇기에 교회의 삶 안에서는 언제나 또다시 자신의 근거를 기억하는 것(요 15:26)이 필요하다. 그러한 기억과 깨움은 창조의 빛 안에서, 하나님의 종말론적 미래 안에서, 그리고 아버지께 속한 것과 마찬가지로 예수께 속한(요 16:14) 인간들의 규정 안에서 예수 그리스도를 영화롭게 하는 많은 목소리를 통해 발생한다. 교회의 삶과 선포를 위한 영의 중요성은 거기서 한편으로 창조와의 연관성이, 다른 한편으로 종말론과의 연관성이 지속적으로 고려될 때만 바르게 결정될 수 있다.[52] 오직 그때 그리스도론적인 관점의 결함과 함께 협소하게 수행되는 성령론이 회피될 수 있다. 그런 성령론은 성령의 사역을 단지 믿는 자들의 공동체성 안에서만 찾으려고 하고, 그 과정에서 흔히 그 사역을 지나치게 비현실적으로 묘사하곤 했다. 다른 한편으로 예수 그리스도와 영의 증언과의 관계는 고삐 풀린 열광주의의 발화점이 되지 않도록 방지되어야 한다. 열광주의는 영의 역동성을 외치면서 교회의 전통과 제도 질서 밖으로 뛰쳐나갔으며, 마치 그것만이 영의 생동성의 타당한 표징이어야 하는 것처럼 여겼다. 문자에 대한 영의 자유(고후 3:6ff.)는 영의 증언, 곧 인간적 삶의 주제의 종말론적인 완성이 예수 그리스도 안에서 이미 시작되었다는 증언에 근거한다. 따라서 영의 자유가 율법의 문자들의 본래적 대상과 최종 의미를 형성한다. 창조

---

51   이러한 "외부"(außerhalb)는 교회를 다른 공동체들과 그들의 공동체적 영들로부터 구분하는 지점이며, 교회가 공동체로서 갖는 표징성에 본질적이다. 하지만 슐라이어 마허는 이 점을 크게 강조하지 않았다. 왜냐하면 그는 교회가 그리스도께 참여한다는 것을 단지 인과적으로, 다시 말해 그분으로부터 시작되는 영향력이라는 관점 아래서만 관찰했기 때문이다. 여기서 그리스도 안에서 일어나는 구원 사건의 종말론적 특성과 교회의 항상 잠정적인 성격 사이의 차이가 너무 적게 평가되었다.

52   참고. E. Lessing, in : *TRE* 12,1984, 229f.

의 종말론적 완성의 빛 안에서 영은 예수의 파송이 지닌 보편적·인간적 진리가 인식될 수 있게 하며, 예수를 메시아와 새로운 인간으로 영화롭게 한다. 교회 안에서 일어나는 영의 특수한 사역은 언제나 예수와 관계되며, 이와 동시에 예수 안에서 이미 동터온 하나님 나라의 종말론적인 미래와 관계된다.

이 사실이 교회론에 대하여 말해주는 것은 다음과 같다. 하나님 나라에 대한 교회의 관계는 하나님 나라 안에서 새롭게 되어야 하는 인류의 미래 공동체를 예기하는 것인데, 이 관계는 반드시 교회를 믿는 자들의 공동체로서 이해하기 위한 지평을 형성해야 한다. 그 공동체는 믿는 자 각자가 개별적으로 오직 한 분이신 예수 그리스도께 참여하는 것에 기초해 있다. 예수가 그리스도이시며 하나님이 통치하실 미래에 완성될 종말론적인 하나님 백성의 메시아라는 것은 그가 유대인과 이방인으로 구성된 교회의 머리가 되실 것이라는 사실의 전제를 형성한다. 유대인과 이방인은 그분을 통해 그분의 몸의 통일성 안으로 결합될 것이다. 교회의 성령론적 토대가 갖는 기능은 창조의 종말론적 완성—이것은 예수가 이 세상으로 파송된 목표다—이 예수 그리스도의 영광임을 인식할 수 있게 하는 것이다. 그 영광의 능력 안에서 예수는 새로운 아담이며, 또한 자신의 몸인 교회의 머리이시다. 교회론은 그분을 고려해야 하며, 교회 개념을 처음부터 하나님 나라의 지평과 관련시켜야 한다. 교회는 바로 그 하나님 나라의 잠정적 표현으로서 실존하는 것이다.[53]

보충설명: 교의학 구조 안에서 교회론의 자리

교회 개념이 교의학 서술의 본질적 대상이 된다는 사실은 그다지 자명하지

---

[53] 이와 관련해서 교회의 종말론적 표징성에 관한 지지올라스의 설명을 참고하라. J. D. Zizioulas, 같은 곳, 137f.

않다. 고대 교회에서도, 라틴적 중세 시대에서도 그것은 자명하지 않았다. 그리스도교 교리와 믿음의 내용으로 여겨졌던 것은 삼위일체론, 창조론, 예수 그리스도를 통한 세계의 화해론, 성례전론 등이었다. 15세기에 이르기까지 그리스도교 교리의 체계적 서술에서 교회에 대한 교리 부분은 빠져 있었다.[54] 물론 교부들의 저작 안에는 교회에 대한 많은 단편적 진술들이 있고, 또한 교회라는 실체에 대한 집약적이고 복잡한 사변들도 있었다.[55] 2세기 이래로 고대교회의 신앙고백에서 교회는 성령과 밀접한 관계를 갖는 것으로 말해졌는데, 교회는 말하자면 "성령의 활동 장소"[56]였다. 그 과정에서 교회를 하나의 거룩하고 보편적이고 사도적인 교회로 부르게 된 것은 348년의 예루살렘의 키릴로스에 의해 시작되었거나, 혹은 350년 교리문답 해설의 주제(cat. 18, 22 - 27)[57]가 된 이후부터였다. 그러나 하르나크는 카텐부쉬의 견해에 사실상 동의하면서 그리스 교부학 안에서 교회는 "엄격한 의미에서 **교의학적 개념**이 아니었다"라고 판단했다. "교회는 구원론의 맥락과 구조에 속하지 않는다"[58]는 것이다. 오리게네스 이후 그리스도교 교리의 체계적 서술에서 교회론은 독립적인 대상이 되지 못했다. 니사의 그레고리오스는 자신의 대교리문답(Kap. 33)의 서술에서 그리스도론의 주제로부터 직접 세례에 대한 논의로 건너갔고, 다마스쿠스의 요한네스(De fide orth. IV,9)도 마찬가지였다. 또한 라틴 교부들도 "체계적으로 다듬은 교회론" 혹은 "교회의 구조, 위계 질서, 권력 등

---

54   관련된 상세한 내용을 L. Dullaart, *Kirche und Ekklesiologie*, 1975, 190ff.에서 보라.

55   이에 대해 마이의 개관을 보라. G. May, Kirche III, in : *TRE* 18,1989, 218 - 227. 또한 아래의 각주 57에 있는 하르나크의 교회사(*Handbuch der Dogmengeschichte* III , 3a - d)에서 요약되어 제시되는 상세한 증빙들을 참고하라.

56   G. May, 같은 곳, 225.

57   A. v. Harnack, *Lehrbuch der Dogmengeschichte* II, 5.Aufl. 1931, 110 - 113.

58   A. v. Harnack, 같은 곳, 112. 이곳의 110쪽 각주 1에서 언급되는 카텐부쉬(R. Kattenbusch)와의 관련성을 비교하라. 또한 J. N. D. Kelly, *Early Christian Doctrines* (1958) 2, ed. I960, 401도 — 그가 흔히 말해왔던 것처럼 — 이 판단과 일치한다. 어쨌든 "교회론의 신중한 진술들"에 포함된 오류와 관련해서 그렇다(같은 곳).

에 대한 신학"을 전혀 전개하지 않았다.[59] 교회의 통일성에 관한 키프리아누스의 유명한 저작도 단지 논쟁이 되는 사안만을 다룬 문서이고, 교회 개념에 대한 체계적인 서술을 제시하지는 않는다. 교회에 대한 이해에 관하여 매우 중요하고 다층적이며 큰 영향력을 가진 진술들을 남겨놓은 아우구스티누스에게서도 교회 개념에 대한 체계적 서술은 발견되지 않는다.[60] 롬바르두스의 격언집도 교회 개념에 대해 집약적으로 논의하지 않았고,[61] 중기 스콜라 학자들 가운데 어느 누구도 "교회에 대하여"(De Ecclesia)라는 선별된 논문을 쓰려고 시도하지 않았다[62]는 사실은 크게 놀라운 일이 아니다. 15세기 공의회의 시대 곧 교황의 아비뇽 유폐로 인한 서구의 분열을 경험한 이후의 시대에 이르러 비로소 교회 개념에 대한 독립적인 논문이 나왔다.[63]

---

59 Th. Camelot, *Die Lehre von der Kirche. Väterzeit bis ausschließlich Augustinus* (HDG III, 3b), 1970, 5L.

60 J. N. D. Kelly, 같은 곳, 412-417의 다음과 같은 개관을 보라. 바로 체계적 서술의 오류는 한편으로 아우구스티누스가 도나투스파(311년 북아프리카에서 일어난 그리스도교의 분파로서 자기들만이 유일하고 진정한 교회이고 정통파의 교회 직무의 세례식이나 안수식은 무효라고 주장함—역자 주)에 반대하여 양과 염소가 혼합된 교회(*corpus permixtum*)를 생각했던 대립적 경향들을, 다른 한편으로 그의 예정론으로부터 유래하는 경향 곧 교회 개념을 진정으로 선택된 자들에 제한하는 경향을 설명해 준다(416f.).

61 그 대신에 롬바르두스는 그리스도론의 테두리 안에서 "머리이신 그리스도에 관하여"(*De Christo capite*)라는 교의를 전개했고(Sent.HI, 13), 이 교의는 주석가들에게 교회론의 주제들을 논의하기 위한 초석을 제공했다. 참고. Y. Congar, *Die Lehre von der Kirche—Von Augustinus bis zum Abendländischen Schisma* (HDG III, 3c) 1971, 101f.

62 Y. Congar, 같은 곳, 140.

63 Johannes von Ragusa, *Tractatus de Ecclesia*, 1433/35 (비교. Y. Congar, *Die Lehre von der Kirche. Vom Abendländischen Schisma bis zur Gegenwart* (HDG III, 3d), 1971, 24f.). 또한 수년 뒤에 나온 토르케마다(Johannes von Torquemada)의 교회론(*Summa de Ecclesia*)도 비교하라(참고. Congar, 같은 곳, 31-34). 이러한 작업들의 선구자는 Kurialist Jacob von Viterbowie였고, 그리고 그보다 약간 늦게 나온 *Summa de Ecclesia von Johannes von Torquemada*이다(참고. Congar, 같은 곳, 31-34).

이와 같은 사태는 교회론을 시작하는 종교개혁의 입장을 평가하는 데 중요하다. 왜냐하면 16세기에 교회 개념에 대한 체계적인 이해를 얻으려고 했던 것이 얼마나 시대에 앞선 이른 시기의 노력이었는지가 그 사태로부터 인식될 수 있기 때문이다. 교회의 본질에 대한 종교개혁의 진술들은 또한 가톨릭의 논쟁신학 안에서도 교회 개념이 논쟁의 주제가 되도록 이끌었다.[64]

교회론을 가장 먼저 교의학 안으로 끌어들인 것은 종교개혁자들이었다. 그러나 그 주제는 1521년 멜란히톤의 『신학개론』(Loci communes)에서는 아직도 빠져 있다. 여기서 그리스도교 교리의 서술은 죄, 율법, 복음에 대한 서술로부터 시작해서 직접 믿음에 의한 칭의의 주제로 건너가고, 그다음에 선한 행위들, 성례전(de signis)에 관한 단원들이 뒤따라오며, 사랑과 영적 및 세상적 기관이 논의된 후, 마지막으로 스캔들(Skandal)에 대해 서술한다. 1535년 그 책의 제2판에서 비로소 멜란히톤은 율법과 복음, 칭의와 선한 행위들에 대한 서술 이후 "교회에 대하여"(De Ecclesia)라는 단원을 삽입했으며(CR 21, 825ff.), 이 단원은 성례전을 다루기 이전에 아우크스부르크 신조(CA) 7항과 8항의 교회에 대한 진술을 설명한다. 이런 배경에서 멜란히톤이 여기서 처음으로 종교개혁의 복음적인 새로운 동기로부터 "교회의 신학을 전체로서 구상하고 전개"했다[65]고 바르게 말해졌다.

칼뱅의 『기독교 강요』 제1판(1536)에도 교회에 관한 독립적인 장은 없다. 여기서 칼뱅은 루터의 교리문답과 비교될 수 있는 주제별 순서에 따라 우선 율법을, 그다음에 믿음을, 그다음에 기도를, 마지막으로 성례전을 다룬다. 그러나 칼뱅도 믿음과 관련해서 규정된 내용들을 사도신경과 연결해서 서술하

---

64   Y. Congar, HDG III , 3d. , 1971, 45, 8. 특히 그가 교회론(notae ecclesiae)을 체계화하는 것을 보라. 이것은 호시우스(Stanislaus Hosius, 1553)가 니케아/콘스탄티노플 신조에 근거해서 설명한 교회의 속성을 수용한 것이다. 이 설명은 18세기에 이르러서야 인정받을 수 있었던(47) 반면에, 반(反)종교개혁적 논쟁 안에서는 우선 벨라르미누스(Robert Bellarmin)의 저작에 큰 영향을 미쳤다(같은 곳, 53 ff.).

65   K. Haendler, *Wort und Glaube bei Melanchthon. Eine Untersuchung über die Voraussetzungen und Grundlagen des melanchthonischen Kirchenbegriffes*, 1968, 16.

고, 이 맥락에서 짧게 교회 개념을 언급하기는 한다.[66] 1539년의 개정판에서 교회 개념에 대한 서술은 매우 폭넓어지지만(CR 29, 537-672), 그러나 1559년의 최종판이 『기독교 강요』의 전체 구조 안의 교회 개념에 한층 증가된 중요성을 부여했다. 외적 수단 곧 하나님이 우리를 그리스도와의 연합에 참여시키고 그 안에 머물게 하시는 수단을 다루는 IV권이 이제는 "참된 교회에 대하여"(De vera ecclesia)라는 제목의 장으로 시작한다(CR 30, 744-767).[67] 이어서 거짓 교회와의 대립(767-776)이 서술된 다음에 교회 기관들과 그 권한들에 대한 상세한 설명이 등장한다. IV,14(941ff.)에 가서야 칼뱅은 성례전론으로 건너간다. 이에 대해 복음의 개념은 그리스도의 구원 사역에 대한 인식과 관련되어 이미 다루어졌고(II,9; CR 30, 309ff.), 영과 은혜를 통해 그리스도의 은혜를 개인적으로 수용하는 것에 대한 논의는 『기독교 강요』 제3권의 주제로서 교회론보다 앞선다. 주제들의 이와 같은 순서는 17세기의 개혁주의 교의학 안에서 전체적인 큰 윤곽의 기준으로 남아 있었다. 17세기의 루터교회 교의학자들은 멜란히톤(또한 칼뱅)처럼 교회 개념을 성례전론 이전에 그리고 믿음과 칭의 다음에 논술하지 않았고, 혹은 교의학의 제일 마지막에 다루지도 않았다.[68] 오히려 반대로 17세기 초의 개혁주의 교의학자인 볼렙은 그것을

---

66   CR 29,72f. 참고. A. Ganoczy, *Ecclesia Ministrans. Dienende Kirche und kirchlicher Dienst bei Calvin*, 1968, 142. 가노치는 프란츠(Franz I. von Frankreich)에게 헌정한 글 안에서 칼뱅이 아우크스부르크(CA) 신조 7항의 교회 개념을 증빙으로 제시했다는 것을 언급한다(142, 비교. CR 29,21). 칼뱅이 교회의 통일성을 강조한 것도 또한 그 신조 7항으로부터 설명되어야 한다. 그러나 그 강조는 대부분 예정론의 관점에서 서술되었고(Universum electorum numerum, CR 29, 72.74f.), 그래서 교회의 통일성은 전체적으로는 오직 하나님의 눈만이 그것을 인식할 수 있다(75)고 말해진다.

67   참고. A. Ganoczy, 같은 곳, 165-175.

68   참고. J. G. Baier, *Compendium theologiae positivae*, 1694, Neudruck 1864 (ed. Preuss) 586ff. 또한 D. Hollaz, *Examen theologicum acroamaticum*, Stargard 1707, p. IV. 그리고 J. F. Buddeus, *Compendium institutionum theologiae dogmaticae*, 1724, 766ff. 바이어에 의하면 이 순서(질서)는 교회가 예정의 결과로 서술된다는 사실에서 유래한다. 이 부분은 성례전과 연결해서 루터교적으로도 매우 적합하게 다루어진다. 부데우스

성례전론 다음에, 그러나 개인들의 구원 수용 이전에 다루었고,[69] 아메시우스는 교회를 그리스도의 구원 작용을 수여하는 가장 우선적 주체로 명시적으로 표현했다.[70] 루터교 교의학자인 아브라함 칼로프는 교회 개념을 그리스도론과 직접 연결시켜서 그리스도의 신비적 몸으로 서술했고, 그 후에 구원의 수단인 말씀과 성례전, 그리고 개인들의 구원 수용을 다루었다.[71] 여기서보다 더 구속사 쪽을 지향하면서 교회 개념을 교의학적 주제의 서술 안으로분류하는 방법이 나타났다. 그러나 이 분류법은 실행되지 못했다. 19세기와20세기 신학에 이르기까지 일반적으로 개인적 구원 수용의 서술이 교회 개

도 비슷하게 전개한다. 그와 달리 홀라츠는 최후의 심판을 서술한 다음에 비로소 교회에 대하여 말한다.

69 J. Wollebius, *Compendium theologiae christianae* (Basel 1626, Amsterdam 1655, 143 (1,25). 교회 개념을 성례전의 서술에 이어 배치하는 것은 볼렙(Wolleb)의 계약(언약)신학적 관점으로부터 온다. 이 관점에 따르면 교회는 "계약(언약)의 은혜의 외적인 성찬"(*externa communio foederis gratiae*)으로 규정된다(143). 소명, 믿음, 칭의에 대한 서술은 1,28ff.에 이르러 비로소 나온다.

70 W. Amesius, *Medulla SS. theologiae* (1627), 4.ed. London 1630, 160f. (c.31). 아메시우스에 의하면 예정, 소명, 칭의, 아들로 선택됨, 성화, 영화롭게 됨에 대하여 앞서 서술한 모든 내용(23-30장)은 전부 교회와 관계된다. 아메시우스는 성례전을 한참 뒤에 가서 다룬다(c.40, 218ff.). 베르코프는 교의학의 전체 구조를 짤 때, 교회론(베르코프 자신이 선호하는)을 개인의 구원 수용보다 앞서 다루는 문제로 논의했던 몇안 되는 교의학자 가운데 하나다. H, Berkhof, *Christian Faith. An Introduction to the Study of the Faith* (1973), 영역 1979, 340ff. 베르코프는 이 구조를 옹호했던 세 사람을 언급했다. 17세기 개혁신학자 오웬, 그리고 20세기의 아브라함 카이퍼와 에밀 브룬너가 그들이다. J. Owen, *Pneumatologia*, 1674. A. Kuyper, *The Work of the Holy Spirit*, 1900, 그리고 E. Brunner, *Dogmatik* III, 1960, 34ff.

71 A. Calov, *Systema locorum theologicorum*, t. VIII, Wittenberg 1677. 이러한 구조적 배열의 근거에 대해 칼로프는 교회를 그리스도의 몸의 신비(mystic um Christi corpus, p. 3)로 보는 짤막한 언급 외에 거의 제시하지 않았다. 구원의 수단에 관한 교의는 t.IX에서, 개인들의 구원 수용에 대한 서술은 t.X에서 이어진다. 비슷한 배열의 구도는 20세기의 알트하우스에게서 볼 수 있다. R. Althaus, *Die christliche Wahrheit*, 3.Aufl. 1952, 499f. 그러나 알트하우스는 이보다 성령론을 앞세웠는데(494-499), 그것은 앞에서 서술했던 것과 같다.

넘을 다루는 것보다 앞섰다. 이에 대한 모범적인 사례로는 슐라이어마허의 신앙론을 들 수 있다. 그는 개인이 그리스도와 이루는 연합을 그리스도론과의 밀접한 관계 안에서, 말하자면 그리스도의 사역에 직접 이어서 서술했다. 반면에 그는 그 서술을 마친 다음에 비로소 교회론을 "구원과 관련된 세계의 상태"라는 관점 아래서 다루었다.[72] 이러한 절차는 슐라이어마허에게는 어느 정도 일관성을 지닌 것이었다. 왜냐하면 그는 다음과 같은 사실이 개신교를 가톨릭주의로부터 구분한다고 보았기 때문이다. 개신교는 교회에 대한 개인의 관계를 그리스도에 대한 개인의 관계에 예속되도록 하지만, 가톨릭교회는 거꾸로 그리스도에 대한 개인의 관계를 교회에 대한 그의 관계에 예속되도록 만든다(같은 곳, §24 시작명제). 그러나 가톨릭 교의학이 20세기에 이르기까지도 은혜론―개인들이 구원에 참여하는 것―의 서술을 교회론보다 앞세웠다는 사실은 그만큼 더 놀라운 일이 된다.[73] 이 사실은 오직 라틴적 스콜라주의가 제시했던 그리스도론과 은혜론의 연결이 매우 오래 영향력을 행사했다는 점을 고려할 때만 이해될 수 있다. 그런 실제 영향력은 멜란히톤과 칼뱅 이후에 개혁주의 교의학이 정했던 그에 상응하는 주제들의 순서를 설명해준다. 그 순서에서 중요했던 것은 개신교주의의 한 가지 특성인 주관주의적 표현만이 아니었다. 또한 중요했던 것은 교회 전체에 대한 교리적 가르침은 비교적 늦게 나타났다는 사실과, 교회론을 그리스도교 교리의 주제별 순서 안에 분류하는 것이 오랫동안 불확실성의 부담을 진 채로 남아 있었다는 사실이 불러일으킨 장기적인 효과였다.

한편으로 볼렙이, 다른 한편으로 아브라함 칼로프가 준비했던 앞선 배치, 곧 교회 개념을 개인들의 구원 수용보다 앞서 배치하는 것은 실제로 장점을 갖게 되었다. 예수의 처음 제자들의 그룹을 도외시한다면, 개인들이 그분과 이루는 연합은 언제나 교회를 통해, 교회의 선포와 성례전 집전을 통해

---

72   F. Schleiermacher, *Der christliche Glaube*, 2.Ausg. 1830, §§113 - 163.

73   예를 들어 L. Ott, *Grundriß der katholischen Dogmatik*, 2.Aufl. 1954, 253ff. 312ff.를 보라.

중재된다. 그래서 구속사를 지향하는 미하엘 슈마우스의 가톨릭 교의학은 이미 제2차 바티칸 공의회 이전에 교회론을 은혜론[74]보다 앞세웠고, 이 순서는 공의회가 끝난 후에 "구속사적 교회"라고 지칭된 공동문서인 "구원의 신비"(*Mysterium Salutis*)[75]를 통해 공식 강령으로 채택되었다. 이 서술은 교회의 현존재의 체계(이것은 구속사를 통해 주어진다)가 교회 개념에 본질적으로 중요하다는 사실을 포함한다. 그 과정에서 하나님의 백성[76]보다는 하나님 나라의 개념이 교회 개념을 훨씬 더 강하게 규정하게 되었다. 왜냐하면 다가오는 하나님 나라 안에 있게 될 인간 공동체의 잠정적인 표현으로서만 유대인과 이방인으로 구성된 교회는 옛 계약의 하나님의 백성이라는 틀로부터 벗어나기 때문이다. 하나님의 통치는 하나님의 백성의 위법과 타락을 입증할 수 있

---

74   M. Schmaus, *Katholische Dogmatik* III/l. Die Lehre von der Kirche, 3.Aufl. 1958. Die Gnadenlehre folgte in 111/2, 3.Aufl. 1951.

75   J. Feiner/M. Löhrer, Hg., *Mysterium Salutis. Grundriß heilsgeschichtlicher Dogmatik* IV/l : *Das Heilsgeschehen in der Gemeinde*, 1972. IV/2, 1973, 595 – 982 : *Gottes Gnadenhandeln*. Band V : *Zwischenzeit und Vollendung der Heilsgeschichte*, 1976. 이 책의 처음 다섯 장은 그리스도교적인 삶을 살아가는 문제, 또한 세례 및 견진과 병자 안수의 성례전을 다룬다.

76   이미 슈마우스가 예수 그리스도에 의한 교회의 건립(§ 167c.) 다음에 하나님의 백성으로서의 교회에 관한 서술(III/1 , 3.Aufl. 1958, §168)로 시작하면서, 교회를 신인(神人)적으로 규정한다. 그다음에 그리스도의 몸과 그리스도의 신부로서의 교회에 대한 해석이 뒤따라오며(§169), 그 직전에 성령론적 "측면들"(§170)과 교회의 본질적 속성들(§173)이 언급된다. 교회와 하나님 나라의 관계는 그 이후(§175)에 비로소 교회의 파송이라는 틀 안에서 논의된다. 제2차 바티칸 공의회의 교의 헌장을 통해 교회를 하나님의 백성으로 강조하여 서술하는 것은 교회 개념의 체계적 서술(*Mysterium Salutis* IV/1, 1972)이 왜 "구원의 성례전으로서의 새로운 하나님의 백성"(제4장, W. Beinert이 씀)이라는 장으로 시작하는지 납득할 수 있게 해준다. 이와 반대로 교회와 하나님 나라 사이의 관계에 대한 체계적인 논의는 빠져 있다. 이것은 놀랍다. 왜냐하면 그 결과로 교회의 생성이 예수의 메시지의 중심 주제에 대해 갖는 관계의 해명이 유보되었기 때문이며, 나아가 바티칸의 교의 헌장의 교회론적 근본 개념 곧 구원의 신비적 제의라는 개념은 하나님 나라 및 그리스도의 나라와 관련된 성서적 근거를 갖고 있기 때문이다(비교. LG I,3).

는 비판 원칙이며, 또한 그 백성의 역사적 변화와 종말론적 갱신을 위한 창조 원칙이기도 하다. 이로부터 하나님 나라와 하나님의 백성이 서로 짝을 이루는 "상대개념"[77]이라고 말하는 것은 단지 제한적인 의미만을 갖는다. 아버지의 통치의 상대개념은, 그 개념을 통해 하나님의 통치 개념 자체가 잘못 구성될 수 있다는 엄격한 의미에서, 오로지 아들(마 11:27과 병행구절)만 될 수 있다. 하나님의 백성은 하나님의 통치와 비교할 때 가변적인 변수다. 양자의 구성관계는 비가역적이며 1:1 대응관계로 생각될 수 없다. 예수를 옛 계약의 백성에게 보내어 예수를 거부한 결과로서 교회가 생성되는 국면으로 전환시킨 것이 바로 계약(언약) 백성을 통치하시는 하나님의 주권성을 실제로 표명한다. 하나님의 통치를 통해 구성된 백성을 그렇게 통치하시는 신적 우선성을 고려할 때, 교회와 이스라엘의 연속성은 교회 자체의 종말론적 공동체로서의 특성에도 불구하고 여전히 지속되는 것으로 바르게 평가할 수 있다. 제14장 예정론의 범주에서 우리는 교회의 역사적 현실을 구체적으로 고려하는 가운데 또한 교회와 이스라엘의 관계를 다루게 될 것이다. 여기서는 우선 교회의 본질 개념과 교회라는 존재를 뚜렷이 구분하는 특수성이 서술되어야 한다. 이에 상응하는 사실은 교회사 안에서 드러난 교회 분열의 관점에도 해당한다. 교회론은 교회의 본질 개념에 모순되는 특성 곧 교회의 구체적·역사적 현실이 드러내는 특성을 지나쳐서는 안 된다. 그러나 교회론은 그런 분열의 현실로부터 시작할 수는 없고, 오히려 본질의 관점에서 바라본 구체적인 교회사와 함께 시작해야 한다. 그런 이유에서 교회 분열의 문제는 나중에 예정론의 맥락에서 다룰 것이다.

하나님 나라라는 관념(Idee)의 근본적 의미를 신학 전체에 대해서만이 아니라 교회 개념과 관련시켜 전개했던 것은 가톨릭 교단에 속한 튀빙엔 학

77　참고. G. Lohfink, Die Korrelation von Reich Gottes und Volk Gottes bei Jesus, in：*Theol. Quartalschrift* 165, 1985, 173-183. 또한 동일저자, Jesus und die Kirche, in：W. Kern/H. J. Pottmeyer/M. Seckler, Hg., *Handbuch der Fundamentaltheologie* 3, 1986, 49-96, 특히 76ff.

파의 공헌이었다. 드라이(Johann Sebastian Drey)는 코케이우스에게서 유래하여 벵엘(Johann Albrecht Bengel)이 자신에게 전달해 준 사상 곧 사랑을 통해 현재하고 그 결과 도덕적으로 규정되는 하나님 나라의 사상을 대단히 일반적으로 하나님의 섭리적 지배와 관련시켰던 반면에, 슈타우덴마이어에 의하면 하나님 나라는 "교회라는 존재의 이 세상성" 안에서 현현한다.[78] 교회를 역사 안에서 하나님 나라의 실현으로 보는 견해에 반대하여 아담 묄러는 하나님 나라와 교회의 차이를 바르게 강조했다. 왜냐하면 다른 인간 공동체들 안에서와 마찬가지로 교회 안에서도 하나님 나라는 "혼탁해지지 않은 채" 나타날 수 없고, 그래서 교회는 하나님 나라를 향해 양육되어야 하며 "그 나라를 향해서 겪어야 하는 선과 악을 분별하기 위해 노력해야 하는 과제를 갖기" 때문이다. 그러나 이렇게 말할 때 묄러에게서 교회 개념이 하나님 나라에 대하여 갖는 본질적으로 중요한 의미가 "서서히" 하나님의 아들의 "몸으로 되

---

78   F. A. Staudenmaier, *Encyklopädie der theologischen Wissenschaften als System der gesammten Theologie*, 1834, 644 (§1327). 슈타우덴마우어의 이러한 진술이 교의학적 교회론(425ff.)과 관련해서는 나오지 않고, 역사(Geschichte)를 하나님 나라의 계시로 이해해야 하는 과제를 갖는 역사(historischen) 신학의 범주(642f., §1323f.) 안에서 비로소 등장한다는 것이 특징적이다. 드라이(J. S. Drey)의 의견을 가이젤만과 비교하라. J. R. Geiselmann, *Die katholische Tübinger Schule. Ihre theologische Eigenart*, 1964, 191-279, 특히, 192-209. 코케이우스(Coccejus)와 벵엘(Bengel)에 대한 의존성과 관련해서 참고, 같은 곳, 191. 어쨌든 이미 드라이(Drey, *Kurze Einleitung in das Studium der Theologie mit Rücksicht auf den wissenschaftlichen Standpunkt und das katholische System*, 1819, §268)는 이렇게 말한다. "그리스도교의 종교적인 근본통찰은 교회—하나님 나라—안에서 경험적 현실성과 객관적 의미를 획득한다. 가이젤만(같은 곳, 224-262)에게서 다음 설명들을 보라. J. B. Hirscher, 특히 259ff. 그리고 P. Schanz, 273ff. 다음의 보충 설명을 참고하라. E. Klinger, *Ekklesiologie der Neuzeit. Grundlegung bei Melchior Cano und Entwicklung bis zum Zweiten Vatikanischen Konzil*, 1978, 118-202(Reich-Gottes-Idee und Kirche). 클링거의 서술 안에서 도브마이어(M. Dobmayer, 1789)와 바너(F. Banner, 1815/18) 등의 튀빙엔 학파의 주장(같은 곳, 141f.) 그리고 그들의 주제의 계속된 전개는 과소평가 되었다.

어간다"[79]는 표상의 배후로 퇴각해버렸는데, 이것은 교회에 대한 표상으로 문제가 있는 것이다. 선행자들과 마찬가지로 묄러에게도 교회가 열방 세계 안에서 미래의 하나님의 통치에 대한 잠정적인 표징이라는 사상이 결여되어 있었다.

미래의 하나님의 통치 안에서 실현될 새로워진 인류 공동체에 대한 관계가 교회 개념에 대해 중요하고 본질적이라면, 그것으로부터 개인들의 구원 수용에 속한 주제들을 교회론과 관련하여 다루어야 한다는 결과가 나온다. 하나님의 통치가 가깝게 다가왔다는 예수의 선포에서 특징적인 것은 그 선포가 개별 인간에게 직접 향해졌다는 것이고, 예를 들어 그 시대의 다른 유대인들이 극적으로 시도했던 것과 같은 남은 자들의 종말론적 공동체를 형성하는 것 혹은 참된 하나님의 백성을 표현하는 다른 어떤 형태를 역사적으로 실현하는 것이 아니었다. 예수의 메시지와 사역의 특징을 나타내는 이와 같은 사태에 대해 그리스도교 교회적 삶의 맥락에서 상응하는 것은 믿는 자들 개인이 예수께 대해 갖는 관계의 직접성인데, 이 직접성의 관계는 그들의 믿음이 실제로는 교회의 선포와 성례전 집전을 통해 중재된다는 사실에도 불구하고 유지된다. 신학사 안에서 오랫동안 통용되어온 방법, 곧 개인적인 구원 수용 내지는 은혜론을 성례전과 교회 개념의 서술보다 앞세우는 방법이 갖는 진리의 계기도 또한 예수께 대한 바로 그 직접성의 관계에 놓여 있다. 비록 주제들의—앞에서 이미 언급했던—순서는 다른 이유에서 나온 것이기는 하지만, 그럼에도 불구하고 그것은 예수 그리스도께 대한 믿는 자들 개인의 직접적인 관계라는 관점을 여전히 남아 있는 진리의 계기로서 포함하고 있다. 이 관점은 믿는 자 개인을 이차적으로라도 강조해서는 안 되는데, 다시 말해 개인들의 등장을 통해 교회 공동체가 형성된다는 식으로 잘못 이해되어서는 안 된다. 그러나 하나님 나라 안에 있게 될 미래 공동체의 앞선

79   J. A. Möhler, *Symbolik, oder Darstellung der dogmatischen Gegensätze der Katholiken und Protestanten nach ihren öffentlichen Bekenntnisschriften*, 1832, 267.

표현으로서 교회 자체의 삶 속에서 믿는 자 개인들이 예수 그리스도 안에서 그들에게 현재하시는 하나님께 대해 갖는 관계의 직접성은 본질적으로 중요한 의미를 갖는다. 예배의 삶, 성례전, 교회의 직무에 대한 바른 이해도 그 사실에 의존한다.

2. 하나님 나라, 교회, 사회

a) 교회와 하나님 나라

교회와 하나님 나라의 관계에 대한 해명은 교회의 합법적 근거를 묻는 질문에 대답하려면 반드시 필요하다. 영의 부어짐에 대해 서술하는 누가의 오순절 사건에 근거하여 교회의 존재를 이끌어내려고 하면, 그 관계의 해명이 무엇을 의미하는지 진술하지 않을 수 없다. 사도행전은 교회의 현존재의 근거를 바로 그 오순절 날로 묘사하는데, 이것은 그날이 어떤 집단 열광주의의 사건이었기 때문이 아니라 오히려 그날이 십자가에 못박히신 자가 부활하셨다는 선포, 그리고 그분이 하나님의 아들과 주님으로서 종말론적 권능의 자리에 취임하셨다는 선포가 시작된 지점이기 때문이다. 그 사건의 종말론적 성격에 상응하는 것이 믿는 자들의 확신 속에서 발견된다. 그것은 하나님의 영이 부어질 것이라는 약속이 종말론적으로 완성되어 여기서 이미 사건으로 발생했다는 믿는 자들의 확신이며, 그 사건이 복음의 선포를 위한 전권을 주었다는 확신이다. 복음은 십자가에 못박히신 자의 부활이 바로 하나님께서 자기 백성과 인류 전체에게 행하신 구원의 행동이라는 선포를 뜻한다. 이제 이 확신의 근거는 누가처럼 제자들 사이에서 벌어진 어떤 집단 열광주의의 체험에서 유래한 것으로 말하든지, 아니면 그 밖의 다른 사람들처럼 부활하신 자와의 만남에 대한 원시 그리스도교의 증언들로부터 유래한 것으로 말하게 된다. 어떤 경우든 예수의 부활과 높여지심의 선포를 향해 나아가는 걸음이 교회의 근원이 되었다. 여기서 말하는 "선포"는 물론 복음의 소식을 듣고 믿은 사람들을 제자 공동체 안으로 받아들이는 일도 포함한다. 그래서 제자들—아마도 이 목적을 위해 부활하신 자의 첫 현현이 있었던 갈릴리로부터 예루살렘으로 되돌아왔던 사람들[80]—이 이제 그런 공동체를 키워가는 일은 다음의 사실을 가정할 때 잘 이해할 수 있게 된다. 그것은 그들이 예루살렘에서 하나님의 통치의 완성이 임박했다고 기대했을 때, 그들은 그 완성이, 바로 그 완성을 위해 아버지로부터 다시 오실 부활하신 주님을 통해 성취될 것으로 기대하고 있었다는 가정이다. 예수께 이미 발생한 죽은 자들의 부활이라는 종말론적 현실성, 그리고 종말의 때에 기대되는 영의 부어짐의 사건은 하나님 나라의 완성이라는 포괄적 사건의 부분적인 국면을 형성하는데, 영의 부어짐의 사건과 함께 하나님 나라는 이미 돌입한 것이다.[81] 원시 공동체의 형성 그 자체도 또한 이미 돌입하여 현재하는 하나님 나라의 그런 부분적 국면, 다시 말해 하나님의 미래를 기다리는 공동체의 잠정적인 모임이다. 인류 공동체가 형성되어 이루어질 이 모임의 궁극적 실현은 완성된 하나님 나라 안에서 발견될 것이다.[82]

부활 이후에 공동체가 형성된 것은 오직 이미 시작된 하나님의 통치

80 　이 문제는 부활하신 자의 첫 현현이 정말로 마가복음 16:7이 말하는 것처럼 갈릴리에서 발생했는지에 관한 논쟁적 질문이 어떻게 결정되는가에 달려 있다. 참고. H. v. Campenhausen, *Der Ablauf der Osterereignisse und das leere Grab* (1952), Aufl. 1958, 13ff. 그리고 W. G. Kümmel, *Die Theologie des Neuen Testaments nach seinen Hauptzeugen*, 1969, III f.

81 　W. G. Kümmel, *Kirchenbegriff und Geschichtsbewußtsein in der Urgemeinde und bei Jesus*, 1943, 27, 비교. 10ff.14f.

82 　로핑크는 하나님 나라의 공동체 모임이라는 생각을 이스라엘의 종말론적인 불러 모음이라는 예수의 고유한 활동으로 소급시켰다. G. Lohfink, Jesus und die Kirche, in : W. Kern/H. J. Pottmeyer/M. Seckler, Hg., *Handbuch der Fundamentaltheologie* 3, 1986, 49–96, 특히 78ff.89f.94. 그러나 또한 로핑크의 저작에서도 예수의 하나님 나라의 소식에 속한 이러한 동기는 부활 이후 교회의 생성 안에서 비로소 표현될 수 있었다. 여기서 교회는 옛날의 하나님의 백성들이 다시 모인 선별된 공동체를 뜻

와 연결될 때만 예수 및 그분의 지상 사역과 관계된다. 예수의 지상으로의 파송은 이스라엘 백성, 곧 옛 계약(언약)의 민족을 향한 것이었다.[83] 그 시대의 다른 유대교적 운동들과 달리 예수는 그 밖의 다른 백성에 대해 폐쇄적인 자신만의 추종자 공동체를 만들지 않았고, 오히려 전체 백성에게 그들의 하나님이 가까이 다가오셨음을 선포했다. 유대 백성은 계약(언약)의 민족으로서 그 하나님께 의무를 지고 있다는 것이었다. 그러므로 예수 자신이 교회를 설립했다는 주장은 성립되지 않는다.[84] 마태복음 16:18f.에서 베드로에게 주신 "반석의 말씀" 곧 교회의 근거를 드러내어 선언하는 말씀은 오늘날 대부분의 주석가들이 동의하는 견해에 따르면 부활절 이후에 쓰인 것이다.[85] 그 밖에도 그 말씀은 교회의 건립을 미래형으로 말한다. 이것은 마태복음 자체의 의미도 부활 이후의 시대를 미리 내다보고 있음을 뜻한다.[86] 열두 제자들을 부르신 것은 핵심 공동체의 형성으로 파악되어서

한다.

83 G. Lohfink, 같은 곳, 76. W. G. Kümmel, Jesus und die Anfänge der Kirche, in : 동일 저자, *Heilsgeschehen und Geschichte*, 1965, 289–309, 특히 295, 비교. 301. 또한 로핑크의 제2권, 351을 참고하라.

84 이 사실은 오늘날 가톨릭교회의 주석가들도 강조하고 있다. 비교. G. Lohfink, 같은 곳, 49. 이것은 교회가 역사적 예수에 의해 직접 건립되었다고 맹세하는 1910년의 반(反)현대주의적인 믿음의 진술과는 반대된다. Ecclesiam...per ipsum verum atque historicum Christum, cum apud nos degeret, proxime ac directe institutam eandemque super Petrum...aedificatam, DS 3540. 교회를 베드로와 그 계승자 위에 기초시키는 것은 제외하고, 그 시대의 지도적 개신교 조직신학자였던 리츨은 "하나님 나라의 공동체"인 교회의 "설립자"가 예수라는 사실에 동의했다. Albrecht Ritschl, *Unterricht in der christlichen Religion* (1875), 개정판 hg. G. Ruhbach 1966, § 19, 25. 이 책의 460–473에서 예수의 최후의 만찬의 의미를 비교하라.

85 이에 대해 다음을 보라. W. G. Kümmel, 1965 (위의 각주 83) 301–308. 그리고 G. Lohfink, 같은 곳, 49. 그곳에서 A. Vögtle, P. Hoffmann, W. Trilling, R. Pesch에 대한 각주를 보라.

86 이 주장을 수용하면서 W. G. Kümmel, 1943 (위의 각주 81), 37ff.는 예수께서 "그분 자신의 죽음 이후에 있을 자신의 공동체의 건립을 염두에 두셨는지"(37)의 질문을 논의했지만, 마가복음 10:35ff.에 근거해서 그것을 부정했다(40f.).

는 안 되고, 오히려 예수의 종말론적 상징 행위로 이해해야 한다. 그것은 이스라엘이 미래의 하나님 통치 안에 있는 12지파로서 종말론적으로 재건되는 상징을 뜻한다.[87] 이스라엘을 이 목적을 향해 "모으고 깨우는 일"에는 임박한 하나님의 통치에 대한 예수의 메시지도 의심할 바 없이 기여했다. 왜냐하면 유대 백성 가운데 단지 소수만이 그러한 하나님의 음성을 따랐고, 백성의 공적 대표자들은 예수와 그의 메시지를 배척했을 뿐만 아니라 예수의 부활과 그 민족을 위한 예수의 죽음의 대속적 기능을 전하는 제자들의 메시지에 귀를 막았기 때문이다. 그 결과 분열은 불가피했다.[88] 여기서 하나님의 통치를 향한 예수의 외침은 비판 원칙으로 작용했다. 이 원칙은 유대적 하나님의 백성을 향해 파송된 예수와 관계된 일들이 부활 이후에는 유대인과 이방인으로 구성된 교회를 건립하는 맥락으로 건너가도록 중재했다. 예수의 제자 그룹—이들은 이스라엘 전체의 운명에 대한 표징으로 묘사된다—은 대다수의 유대 백성이 부활의 소식을 거부한 후에, 그리고 하나님 나라의 종말론적 현재를 공동으로 경험한 후에 새로운 공동체의 핵심이 되었다. 이 공동체는 비유대인들을 받아들임으로써 유대 민족의 경계선을 넘어섰고, 그 결과 유대 민족에 대해 독립적인 공동체가 되었으며, 이제는 단지 이스라엘의 운명만이 아니라 인류 전체의 운명을 나타내는 공동체, 곧 하나님 나라의 새롭고 궁극적인 공동체가 되었다.

여기서 하나님 나라와 교회는 단순히 동일시되지 않는다. 교회는 하

---

87 G. Lohfink, 같은 곳, 75ff. Kümmel 1943, 28ff.와 달리 로핑크는 예수의 인격 안에서만이 아니라 또한 제자 그룹 안에서도 이미 "바로 지금 등장하는 바실레이아(왕국)의 **표징**"(76)을 내다보았다. 그러나 큄멜과의 차이는 그리 크지 않다. 왜냐하면 큄멜의 중심 주장은 열두 제자 그룹을 참된 하나님의 백성의 새로운 공동체를 이루는 근본 줄기로 보아서는 안 된다는 것인데, 이 점에서 대해서는 로핑크도 반대하지 않기 때문이다. 열두 제자 그룹의 기능에 대해 다음을 비교하라. J. Roloff, *Apostolat — Verkündigung — Kirche. Ursprung, Inhalt und Funktion des kirchlichen Apostelamtes nach Paulus, Lukas und den Pastoralbriefen*, 1965, 138-168, 특히 146f.166f.

88 Lofink, 같은 곳, 71f. 비교. 앞선 57f.67.

나님 나라를 시작하는 어떤 불완전한 형태로 파악되지도 않는다. 물론 교회는 옛 계약의 하나님 백성처럼 하나님 나라와의 관계 안에서 서 있고, 이 관계는 자신의 현존재를 구성한다. 이 관계는 양자의 경우에 서로 다르다. 하지만 이스라엘의 경우에도, 교회의 경우에도 그 관계는 그들의 명확한 정체성 혹은 그 정체성의 일부를 구성하지 않는다. 이스라엘 안에서 하나님의 통치의 기대는 미래에 대한 희망으로 형성되었다. 그 미래에 하나님의 의로우신 뜻이 이스라엘 안에서와 마찬가지로 이방 세계 안에서도, 제한 없이 또한 손상되지 않는 채로 실현될 것이다. 이것은 가장 먼저 하나님 자신의 신성이 그 어떤 제약도 없이 사람들 사이에서 승인될 것을 뜻한다(슥 14:9,16f.). 그렇게 하나님께서는 열방의 분쟁을 해결해 주심으로써 그들에게 평화를 가져다주실 것이다(슥 9:9f.; 비교. 미 4:1-4).[89] 계약의 백성 자체는 본래는 언제나 특수한 방식으로 왕이신 하나님께서 다스리는 왕국이어야 한다(신 33:5; 비교. 민 23:21; 시47:7).[90] 역대상 28:5에 따르면 솔로몬은 하나님의 왕권의 보좌에 앉았다(29:23; 비교. 대하 9:8). 이것은 앞서 그의 아버지 다윗(대상 17:14)과 후대 다윗의 자손들이 그렇게 했던 것과 마찬가지다. 그럼에도 불구하고 이스라엘은 예언자 이사야에게는 "불결한 입술"의 백성으로 보였다. 그런 백성은 영원한 왕권 앞에서 존속할 수 없고, 그래서 죽음에 빠져 있다(사 6:5). 이 사실은 그 백성에 대한 하나님의 심판의 행동을 통해 확증된다. 포로기 이후 시대의 관점에 따르면 모

---

89 이스라엘 안에서 하나님의 왕권 사상이 우가리트적인 기원을 갖는다고 주장하는 주요 저서는 W. H. Schmidt, *Königtum Gottes in Ugarit und Israel. Zur Herkunft der Königsprädikation Jahwes*, 2.Aufl. 1966이다. 슈미트는 이 사상의 변천 과정이 야웨-왕-시편 안에서 표현되었다고 보았고, 예레미아스는 슈미트의 연구결과를 수용하여 계속 연구했다. J. Jeremias, *Das Königtum Gottes in den Psalmen. Israels Begegnung mit dem kanaanäischen Mythos in den Jahwe-König-Psalmen*, 1987. 하나님의 왕권과 법(의로움)과의 결합관계에 대해 그곳의 시편 99편에 관한 114ff.의 주석을 보라. 또한 참고. J. Gray, *The Biblical Doctrine of the Reign of God*, 1979.

90 J. Jeremias, 같은 곳, 50-69, 특히 64f.88f.

든 개인은 "하나님(내지 하늘)의 왕권 통치의 멍에를 스스로 짊어지는"[91] 결단을 필요로 한다. 예수의 메시지는 하나님께서 개인의 삶을 통치하실 것이라는 신적 요청에 대해 각 개인이 결단으로 응답해야 할 필요성이 완전히 중요하다는 내용을 제시했다. 그 메시지는 "이스라엘아, 들으라"(schma'; 신 6:4)를 단순히 암송하는 외양을 넘어선 것이었다. 예수께서 하나님의 백성의 지체들에게 하나님의 통치의 미래와 그 통치가 백성의 삶에 대해 요구하는 바를 향해 그것에 함축된 모든 의미를 담아 귀를 기울이라고 외쳤다는 점에서 그러했다.[92] 하지만 예수는 거부당했다. 이 거부는 계약(언약)의 백성 자체가 하나님의 왕권 통치의 요청에 대해 얼마나 멀리 멀어져 있었는가를 폭로했고, 이것은 바로 그 거부하는 지체들을 통해 살아 있는 증언이 되었다(비교. 눅 13:22-30).

이와 대조적으로 예수의 제자들은 예수께서 선포했던 하나님의 통치의 요청들에 대해 스스로를 개방하는 인간 그룹을 형성했다. 그럼에도 불구하고 이 그룹 안에서도 하나님 나라는 완전하게 나타나지 못했다. 그 그룹에서도 하나님 나라는 여전히 미래의 일이었다(비교. 마 20:20-28). 제자 그룹에 대해서는 대체로 열두 제자의 선택을 통해 특수한 방식으로 표현되었던 요점이 타당했다. 그 그룹은 하나님의 통치의 단지 잠정적인 표징에 지나지 않았다. 다시 말해 하나님의 통치의 미래가 비록 완전한 형태는 아니지만 이미 현재한다는 방식으로만 그 표징이 되었다.[93] 이에 상응하는 것이 교회에도 해당한다. 물론 교회는 부활 이후의 제자 그룹과는 달리 공동으로 예수를 그리스도와 주님으로 고백한다는 점에서 외부와 구분되는 공동체를 형성하기는 했다. 그렇지만 교회 역시 아직은 하나님의 미래 곧 그분의 통치가 계시될 미래에 대한 기대 안에서 살아간다. 이 기대는 이제

---

91   이 문장의 의미에 대해 참고. K. G. Kuhn, in: ThWBNT 1, 1933, 571.

92   참고. 『조직신학』 제II권, 564ff., 특히 마가복음 12:29f. 및 병행구절에 대한 570.

93   이것은 큄멜(W. G. Kümmel, 위의 각주 87을 보라)에 반대하는 로핑크(G. Lohfink)의 올바른 관심사다.

그들의 주님의 재림에 대한 전망과 결합되어 있다. 교회는 아직은 하나님 나라가 아니지만, 하나님의 통치 안에 있게 될 미래의 인간 공동체에 대한 잠정적 표징이다. 이 일은 특별히 교회의 예배적 삶의 중심에서, 다시 말해 성만찬 축제 안에서 표현된다. 그 축제 안에서 예수께서 실제로 모범을 보이신 만찬이 계속 이어지며, 만찬으로 묘사되는 공동체 곧 하나님이 통치하시는 구원의 미래 안에 있게 될 인간 공동체가 예기된다. 교회적 삶의 다른 어떤 곳에서도 이 중심처럼 교회의 실존 전체에 대한 표징성이 분명히 표현된 적은 없다. 그 표징의 실행 안에서 표징의 대상인 미래는— 예수 자신의 성만찬에서 이미 현재했던 것처럼—이미 현재하며 효력을 발생한다. 그것은 하나님 나라의 구원하는 미래이며, 성만찬 축제에서 그 자리에 현재하시는 주님 예수 그리스도와의 연합을 통해 매개된다. 교회의 예배적 삶은 바로 이러한 표징으로서 미래 구원의 효력 있는 현재이며, 그것을 중재한다.

교회의 실존을 규정하는 표징성(Zeichenhaftigkeit)을 통해 하나님의 통치에 대한 교회의 관계는 그 통치에 대한 이스라엘의 같은 관계와 구분된다. 물론 이스라엘도 하나님의 의로우신 뜻을 열방들 사이에 전해야 하는 증인으로 부르심을 받았다(사 42:1). 이스라엘은 그 목적을 향해 이방 세계로부터 선별되었을 뿐만 아니라, 실제로 인류 전체를 염두에 두시는 하나님의 의로우신 뜻을 나타내는 상징이 되라고 부르심을 받았다. 하지만 이스라엘의 존재가 처음부터 인류 전체에 대한 하나님의 보편적 통치의 시작에서 유래한 것은 아니었다. 이스라엘은 하나님을 위해 선별된 민족이며, 그 점에서 자신의 특수성을 넘어 인류 전체로 향하는 기능을 수행해야 한다. 교회는 종말론적인 공동체로서 자신의 기능, 그리고 다가오는 하나님의 통치와 이 통치가 가져올 인류 전체의 구원을 예기하는 표징의 기능이 아니라면, 정말로 아무것도 아니다. 그렇기에 다음의 사실은 교회의 본질적 속성에 속한다. 그리스도교 선교는 유대 민족의 경계선과 그 민족의 공적 기관들의 제한된 특수성을 넘어섰고, 교회는 유대인과 이방인으로 구성된 교회가 되었으며, 이들은 부활하신 예수의 현현을 통해 하나님의 미래 안에서 완성될 새로운 인류가 파격적으로 시작되었다고 믿는 믿음을 통해 하나가 되었다는 사실이다.

표징과 그것이 지시하는 사태 자체가 구분되는 것은 표징의 구조에 속한다. 표징은 자기 자신을 넘어서 사태 자체를 가리킨다. 표징과 사태 자체를 구분하는 것은 표징의 기능 이해에서 불가피하다. 여기서 사태 자체는 예를 들어 그것을 표현하는 표징의 빈약함과 혼동되지 말아야 한다. 오로지 표징을 사태 자체로부터 적절히 구분했을 때, 사태 자체는 자신을 표현하는 표징을 통해 특정한 의미로 현재할 수 있다. 교회와 하나님 나라 사이의 관계도 이와 같다. 교회는 하나님 나라 안에 있게 될 미래의 인류 공동체로부터 반드시 자신을 구분해야 한다. 그때 교회는 하나님 나라의 표징으로 인식될 수 있다. 그때 그 표징을 통해 구원의 미래는 각각의 시대에 위치한 인간에게 미리 현재한다. 그 구분을 명확하게 드러내는 일을 소홀히 한다면, 그때 교회는 스스로 하나님 나라의 궁극적 특성과 영광을 참칭하는 셈이 되며, 실제로는 자신의 고유한 현존재만을 실현하는 가운데 드러나는 가련함과 너무도 인간적인 일을 통해 그리스도교의 희망을 믿을 수 없는 것으로 만들 것이다. 예수께서 지상의 선포에서 아버지와 그분의 나라의 미래로부터 자기 자신을 겸허하게 구분했던 것[94]과 마찬가지로, 교회도 자신의 고유한 현존재를 하나님 나라의 미래로부터 반드시 구분해야 한다. 오직 그 자기구분의 영적 가난과 겸허 속에서 교회는 구원의 장소, 곧 성령의 능력을 통해 하나님의 통치의 미래가 인간의 구원을 위한 효력을 나타내며 이미 현재하는 장소가 된다. 오직 각각의 개별 교회가 자신만의 특수한 형태를 배타적으로 주장하는 일을 포기할 때, 교회는 보편적인 하나님 나라의 명확한 표징이 될 수 있고, 인간들 서로에 대한 화해 및 하나님과의 화해를 위한 도구가 될 수 있다. 여기서 하나님은, 인간들을

---

94   『조직신학』 제II권, 644ff.를 보라.

서로 갈라놓고 또한 그들을 이스라엘의 하나님으로부터 분리시키는 모든 대립을 넘어선 곳에 계시는 분이다. 그렇기에 교회적 현존재의 표징적 성격은 언제나 고난과 핍박의 시대 안에서 특별히 명확하게 드러난다.

역사의 흐름 속에서 교회는 자신을 히브리서 3:7-4:11의 의미처럼 순례하는 하나님의 백성으로 바르게 이해[95]했을 때, 또한 그만큼 하나님의 통치의 미래로부터 자기 자신을 구분하는 일도 바르게 인지했다고 말할 수 있다. 그 백성은 이 땅 위에 머무는 국가(polis) 곧 공동체적 삶의 형태를 갖는 국가가 아니고, 오히려 미래의 하나님 나라를 바라보는 백성이다(13:14). 그럼에도 불구하고 교회와 하나님 나라 사이의 이러한 차이는 이미 교부 시대에도 종종 신약성서의 증언들이 제시하는 것처럼 분명히 표현되지 못했다. 그 차이를 지운 것은 특별히 하나님 나라의 미래적 특성이 교회 안에서 예기적으로 현재하는 구원의 진술들의 기초로서 바르게 이해되지 못한 것에 기인했다. 여기서 인간의 구원의 예기적 현재는 예수 그리스도 안에서, 또한 예수 그리스도를 통해 일어난다. 그렇게 이해하는 대신에 교회는 하나님 나라의 미래를 거꾸로 자신 안에서 이미 시작되어 현존하는 현실성을 완성시켜 나가는 것으로 파악했다. 하지만 그 결과로 구원의 현재와 미래적 완성 사이의 차이에 대한 의식이 완전히 사라졌던 것은 아니었다. 그리스도의 신부로서의 교회의 상은 현재 교회의 역사적 현실성이 신랑이신 그리스도의 미래로부터 떨어져 있는 간격에 대한 의식을 표현할 수 있었다. 다시 말해 그리스도의 신부인 교회는 신랑이 나타나기를, 그리고 종말론적인 혼인잔치가 벌어지기를 온 마음으로 기다리는 것이다. 이러한 상 안에서 온갖 결함과 실패를 통해 일그러진 교회의 현재 형태는 용납될 수 있었다.[96] 알렉산드리아의 클레멘스와 오리게네스는 천상의 교회와 지상의 교회 사이의 플라톤적인 구분을 통

---

95   참고. E. Käsemann, *Das wandernde Gottesvolk*, 2.Aufl. 1957.

96   참고. H. Fries, in : *Mysterium Salutis* IV/1, 1972, 229f. 이곳에서 다음의 예시를 보라. H. U. v. Balthasar, *Sponsa Verbi*, 1960, 203-305. 그리고 J. Daniélou, *Sacramentum*

해 교회의 역사적 현실이 교회의 신학적 본질 개념의 배후로 물러나 있다는 것을 경험했다. 아우구스티누스는 그 구분을 도나투스주의와의 투쟁에 사용했다.[97] 천상의 교회는 그 본질에 따라 하나님의 도시, 곧 미래에 땅 위에 나타날 하늘의 예루살렘과 동일하다.[98] 이 이해의 출발점을 형성하는 것은 교회의 선재 사상이며, 이 사상은 이미 헤르마스(Hermas, vis 11,4,1)와 제2클레멘스 서신(14,2f.)에서 발견되지만, 주로 영지주의 안에서 발전되었다.[99] 선재하는 것으로 생각되는 교회를 "살아 계신 하나님의 도성"(히 12:22)인 하늘의 예루살렘(갈 4:26; 계 3:12; 21:2)과 동일시하는 것은 쉽게 연상되며, 그다음에 원시 그리스도교가 기대했던 다가오는 하나님 나라와 교회의 동일성도 마찬가지다. 이미 사도 바울이 그리스도의 재림의 기대를 하늘의 도성, 곧 바울 자신이 시민권을 가지고 있다는 표상과 결합시켰다(빌 3:20). 클레멘스와 오리게네스가, 그래서 또한 암브로시우스[100]와 아우구스티누스[101]도 교회를 하나님 나라 곧 하늘의 도성(civitas)와 동일시했다. 아우구스티누스는 물론 하나님 나라의 미래 형태를 교회의 현재 형태, 곧 알곡과 쭉정이가 함께 자라고 있는 형태로부터 구분하려고 노력했다(De civ. Dei XX, 9,1). 그럼에도 불구하고 그에게 교회는 지금 이미 하나님 나라 및 그리스도의 나라이며,[102] 이것은 이어지는 시대에도 그럴 것이다. 중세 스콜라주의 신학자들만이 아니라 또한 루터

Futuri, 1950, 217-232.

97 다음의 증빙들을 참고하라. J. N. D. Kelly, *Early Christian Doctrines*, 1958, 201ff.415f.

98 J. N. D. Kelly, 같은 곳, 202f.은 이 주장을 위해 특별히 다음 문헌을 제시한다. Origenes, *Hom. in Ierem* 9,2 그리고 *in Ios* 8,7. 또한 *De princ.* 1,6,2(다가오는 하나님 나라의 모형—*imitatio*—으로서의 지상의 교회에 대하여). 또한 비교. Klemens, *Strom.* 4,8,66.

99 J. N. D. Kelly, 같은 곳, 191. 이것은 Iren, *adv. haer.* 1,2,2 등에 관한 내용이다.

100 Ambrosius, In Ps 118,15,35 (MPL 15,1422).

101 Augustin, *De civ. Dei* XIII, 16; XVIII, 29. 선재하는 하늘의 교회의 표상에 대한 관계는 아우구스티누스에게서 특별히 *Enchiridion ad Laurentium* 56,15 (MPL 40,258)에서 알 수 있다.

102 Augustin, *De civ. Dei* XX,9,1. Ergo et nunc ecclesia regnum Christi est, regnumque

도 현재 교회를 이미 하나님 나라 및 그리스도의 나라로 확고히 지칭했다.[103] 물론 루터는 다른 곳에서는 구원이 완성될 미래와의 관계가 믿음에 대하여 중요하다고 강조했다. 하지만 예수 그리스도를 통해 수립된 하나님 나라의 근거 혹은 수립에 대한 진술을 그리스도교적인 계몽 운동으로 소급시켜서는 안 된다. 이런 사례는 이미 루터에게서 발견된다.[104] 계몽주의 안에서 새로웠던 것은 단지 하나님 나라의 표상에 대한 윤리적 의미였다. 이것은 누구보다도 칸트[105]에 의해 근대 개신교 신학에 대하여 규범적인 영향력을 갖게 되었다. 여기서 하나님 나라의 표상을 인간의 행동에 의해 일으켜지는 상태로 바꾸는 윤리적인 곡해가 아이러니하게도 하나님 나라와 교회를 구분하는 결과를 초래했다. 왜냐하면 보이는 교회는 하나님 나라 안에 있는 인간의 윤리적 공동체와 단순히 같지 않고, 오히려 참된 도덕적 공동체의 형성을 역사적으로 시작하기 위해 그 나라를 "**대리하는 것**"에 그치기 때문이다.[106] 여기서 교회는 자신과 구분되는 인류의 목적을 위해 봉사하는 기구로 생각되었다. 이에 상응하여 알브레히트 리츨은 그리스도에 의해 수립된 하나님 나라의 **공동체**와 하나님 나라 자체를 구분했다.[107] 반면에 슐라이어마허는 하나님

---

caelorum (CCL 48, 7i6). 비교. XX, 9,2. ecclesia, quae nunc etiam est regnum Christi (717).

103　이 사실은 M. Luther, *Von weltlicher Obrigkeit* (1523), WA 11, 251(Gottis reych), 262(Gottis reych unter Christo), 252f., 249만 보아도 알 수 있다. 이에 더하여 루터의 25.10.1522의 설교를 보라. WA 10/III, 379-385. 참고. H.-J. Gänssler, *Evangelium und weltliches Schwert. Hintergrund, Entstehungsgeschichte und Anlaß von Luthers Scheidung zweier Reiche oder Regimente*, 1983, 68ff.

104　예를 들어 Luther, WA 11, 249, 29에서 이렇게 말해진다. Christus sei darum gekommen, "das er das reych Gottis anfienge und ynn der wellt auffrichtet."

105　I. Kant, *Die Religion innerhalb der Grenzen der bloßen Vernunft* (1793), 2.Ausg. 1794, 127ff. 이곳에서 "악에 대한 선한 원칙의 승리"가 "지상에 하나님 나라를 건립하는 것"으로 묘사된다.

106　I. Kant, 같은 곳, 144.

107　A. Ritschl, *Unterricht in der christlichen Religion* (1875), Nachdruck 1966, 15 (§5). 공동체와 하나님 나라 사이의 관계에 대해 또한 다음을 보라. 동일저자, *Die christliche*

나라의 개념을 강력하게 종교적으로 파악하고 그것을 구원자 그리스도에게서 시작되는 작용과 결합시켰기 때문에, 그리스도교 교회를 하나님 나라와 동일시하며 "그리스도에 의해 수립된 하나님 나라"라고 표현했다.[108] 하나님 나라에 대한 윤리적 해석은 그 나라의 근원적인 종말론적 미래에 대한 곡해에도 불구하고 지속적인 장점을 갖고 있다. 그것은 이 주제를 다룰 때 잘못된 것이면서도 오랫동안 지배적이었던 교회 중심주의를 배격하고, 그에 대해 성서의 중심 내용 곧 하나님 나라는 교회의 현존재를 넘어서는 존재이며, 교회의 삶은 그 나라와―이것은 이 땅의 교회의 현존재의 목적이다―연관되어 있다는 내용을 다시 한번 유효하게 복원하는 장점을 뜻한다. 하나님의 통치는 하나님 자신의 행동이라는 종말론적 특성을 갖는다. 그 행동의 날 혹은 때는 아무도 모르고, 심지어 아들도 모른다(막 13:32). 이 특성, 그리고 이것을 통해 제약된 하나님 나라와 교회 사이의 차이에 대해 주의를 환기시킨 사람은 요한네스 바이스였다. 그는 이렇게 말했다. "하나님께서 그분의 영원한 통치를 수립하실 때, 그 과정은 위로부터 아래로 진행된다." 세상의 나라들과 달리 하나님 나라는 "인간의 손의 어떤 추가 행위도 없이" 다가온다(단 2:34). "예수와 원시 그리스도교 전체는 하나님 나라의 도래를 그렇게 생각했다." 이로 미루어 본다면 "하나님 나라를 예수가 심은 것 혹은 창조한 것으로 보는 견해, 다시 말해 이 세상 안의 어떤 씨앗으로부터 자라거나 확산되는 것으로 보는 견해"는 틀린 것이다.[109] 그러므로 "하나님 나라와 예수의 추종자들의 그룹 사이에는 어떤 유비"도 있을 수 없다. 비록 하나님 나라의 사

     Lehre von der Rechtfertigung und Versöhnung III, 2.Ausg. 1883, 297f. (§39) 그리고 280 (§37). 보이는 교회로서의 공동체와 구분해서 리츨(*Unterricht*, §9, 같은 곳, 17)은 하나님 나라가 교회 안에서 보이지 않는 공동체로서 현재한다고 생각했다. 이것은 칸트의 생각과 비슷하다(같은 곳, 142).

108   Schleiermacher, *Der christliche Glaube* (1821), 2.Ausg. 1830, §117 (시작명제), 비교. § 113,4, 또한 §105.

109   J. Weiß, *Die Predigt Jesu vom Reiche Gottes* (1892), Neudruck der 2.Aufl. 105. 특히 성장의 비유들을 설명하는 82ff.를 비교하라.

상이 참된 의를 실현하는 "공동체"를 필연적으로 포함한다고 해도 그렇다.[110] 그 공동체는 베드로후서에서는 새 하늘과 새 땅이 도래한 후에야 비로소 기대된다(벧후 3:13). 물론 하나님 나라 안에서 이루어지는 그런 미래의 공동체 안으로 들어갈 수 있는 조건은 각 개인의 의로움이다. 이 관점에서도 교회는 하나님의 통치의 비유와 표징이며, 오로지 세례를 통해 깨끗해진 자와 믿음을 통해 의롭게 된 자들만이 그 지체가 될 수 있다.

주석을 근거로 해서 교회와 하나님 나라 사이의 차이에 대한 새로운 의식을 발전시킨 것[111]은 20세기의 개신교 신학만이 아니고 가톨릭 신학에도 해당한다. 이 길을 예비한 사람은 슈나켄부르크였다.[112] 그다음에 칼 라너의 교의학이 이렇게 강조했다. 교회는 비록 자신을 "궁극적 구원의 성례전"으로 알아야 하지만, "그러나 자신이 현재 형태 그 자체로서 이미 궁극적인 존재라고 오해해서는 안 되며," 교회의 역사성이 단지 그에 속한 개인적 지체들에게만 해당한다고 생각해서는 안 된다. 나아가 교회는 "바르게 이해한다면, 언제나 자신의 본래적인 잠정성을 선포함으로써, 그리고 다가오는 하나님 나라 안에서 자신이 역사적으로 점점 더 지양된다는 것을 선포"함으로써 살아간다. 교회는 그 나라에 도달하기 위한 순례의 여정 중에 있다. 왜냐하면 하나님께서는 하나님 자신의 고유한 행동인 그리스도의 재림 안에서 교회에게 다가오시며, 교회의 순례하는 여정 또한 그리스도의 그러한 도래의 능력 안에서 일어나기 때문이다. 교회의 본질은 멀리 있는 바로 그 미래를 향한 순

---

110   J. Weiß, 같은 곳, 79.125f.

111   K. E. Skydsgaard, *Reich Gottes und Kirche*, 1950을 예로 들 수 있다. 또한 다음을 보라. Th.F. Torrance, *Kingdom and Church*, 1956. P. Tillich, *Systematische Theologie* III (1963), dt. 1966, 426ff. J. Moltmann, *Kirche in der Kraft des Geistes. Ein Beitrag zur messianischen Ekklesiologie*, 1975, 214–221. 비교. 나의 책, *Theologie und Reich Gottes*, 1971, 31–61("하나님 나라와 교회"), 특히 35f.

112   R. Schnackenburg, *Gottes Herrschaft und Reich. Eine biblisch-theologische Studie* (1959), 4.Aufl. 1965.

레다."[113] 비슷한 방식으로 한스 큉도 자신의 대표저서인 『교회론』에서 교회와 하나님 나라를 동일시하는 것에 반대했지만,[114] 하나님 나라의 미래가 "앞선-표징"으로서 교회 안에 이미 현재한다는 점[115]에 대해서는 침묵하지 않았다. 라너와 큉에 대한 반대 의견도 있었다. 둘은 교회와 하나님 나라 사이의 차이만을 일방적으로 강조했다는 것이다.[116] 그러나 두 사람은 다가오는 하나님의 통치가 교회 안에서 현재하는 것을 그 통치의 잠정적 표징이라고 철저히 주장했다.[117] 교회가 자신의 제한된 특수성을 넘어서는 종말론적 구

---

113   K. Rahner, Kirche und Parusie Christi (1963), in: 동일저자, *Schriften zur Theologie* VI, 348-367, 350 그리고 351. 교회의 "잠정적 성격"은 라칭어도 또한 강조했다. J. Ratzinger, in: Art. Kirche III Systematisch (*LThK* 6, 1961, 173-183, 특히 177).

114   H. Küng, *Die Kirche*, 1967, 111-118, 특히 114f.

115   H. Küng, 같은 곳, 118.

116   특별히 덜레스가 그렇게 비판한다. A. Dulles, *Models of the Church* (1974), 1978 (Image Books), 109. 그 비판에서 덜레스는 위의 각주 111에서 언급된 나의 견해를 포함시켰다. 그러나 그의 다음의 책도 비교하라. *The Reshaping of Catholicism. Current Challenges in the Theology of the Church*, 1988, 136ff. 여기서 덜레스는 교회와 하나님 나라를 구분해야 하는 정당성도 논증한다.

117   한스 큉은 이렇게 말한다. 교회는 "다가오고 있는 동시에 이미 현재하는 하나님의 통치의 전령(Herold)"이다(같은 곳, 118). 이것은 틀림없이 덜레스가 말한 교회의 "케리그마적" 모델(같은 곳, 81-93)에 가까우며, 구원의 성례전으로 표현했던 교회의 표상은 아니다. 그러나 선입견을 갖지 않은 독자들은 그럼에도 불구하고 의심할 바 없이 미래의 구원이 교회 안에 현재한다는 진술을 읽을 수 있을 것이다. 덜레스는 위로부터 돌입하는 나라(*basileia*)와 대조되는 "인간의 작품"으로서의 교회 (work of man; Dulles 109, Küng, 115)를 비판했지만, 이 개념은 교회의 본질을 완전하게 표현하는 개념이 아니었고, 큉도 그런 의미로 말하지 않았다. 물론 교회의 역사적 형태 안에는 많은 인간적인 작업들이 포함되어 있다. 큉은 이 점을 교회 개념에 대한 다른 많은 가톨릭적인 논의들과 구분해서 바르게 강조했다. 그러나 교회가 "결정적으로 인간의 작품"이라는 주장(Dulles, 같은 곳)은 그것의 독일어 표현인 die Kirche sei "entscheidend Menschenwerk"라는 문장을 부정확하게 이해한 것이다. 왜냐하면 "최종적으로는" 또한 큉에게도 교회는 단지 인간의 작품에 그치지 않기 때문이다(비교. Küng, 181-244, 특히 200ff.203ff.). 칼 라너에 대한 덜레스의 비판은 이보다 더욱 부정확하다. 왜냐하면 라너는 교회를 분명히 "종말론적 현실성"

원의 현실성 곧 하나님 나라의 비유라는 사실은 그 과정에서, 그리스도교적 구원의 희망의 보편성을 해치지 않고서는 논의되지 않았고, 논의될 수도 없었다.[118] 하늘의 도성에 대한 위에서 인용된 원시 그리스도교의 진술도 이런 의미에서 이해되어야 한다.

교회는 하나님 나라와 동일하지 않으며, 그 나라의 미래적 구원의 표징이다. 이 표징은 하나님의 구원의 미래성 그 자체가 교회, 교회의 선포, 교회의 예배적 삶을 통해 미리 현재하고 인간들에게 도달하는 방식으로

이라고 지칭하며, "그 안에서 완성된 미래가 아직 멀리 있는 간격에도 불구하고 이미 현실적인 현재를 소유한다"고 말하기 때문이다(Rahner, 같은 곳, 351). 라너의 서술들은 교회의 케리그마적 모델 안에서 움직일 뿐만 아니라, 또한 "고통스런 죄에 대한 하나님의 승리"가 교회 안에서 "지금 이미 역사적으로, 다시 말해 성례전적으로 현재하며, 세상의 형태를 취하고 있다"고 주장한다(같은 곳, 354). 덜레스가 행한 비판은 라너의 문장, 즉 교회가 "다가오는 하나님 나라 안으로 지양"된다는 표현(같은 곳, 351)의 잘못된 번역의 결과일 것이다. 그 표현은 교회가 "다가오는 하나님 나라 안에서 제거(elimination)된다"라고 잘못 번역되었다(Dulles, 109). 그러나 "지양"(Aufhebung)이라는 단어는 "제거"(elimination)와는 달리 또한 긍정적인 면, 즉 보존과 완성이라는 의미를 갖고 있다.

118 하나님의 백성의 지체들만이 아니라, 또한 세상의 각 지역들로부터 온 사람들도 하나님의 통치의 만찬에 참여하게 될 것(눅 13:29)이라는 예수의 선포는 틀림없이 후대의 그리스도교 신학에 의해 교회의 이방인 선교와 연관될 수 있었을 것이고, 선교를 위한 중요한 추진력이 되었을 것이다. 그러나 그 메시지는 이방인으로 구성된 교회라는 영역 그 너머로 나아가고 있다. 그렇지 않다면 어떻게 그리스도교 신학은 역사적인 교회에 속한 지체였던 적이 없는 사람들이 하나님의 통치의 구원에 참여하는 것이 가능하다고 주장할 수 있었겠는가? 또한 덜레스(A. Dulles)도 은혜의 공동체인 교회를 어쨌든 "마지막 왕국의 예기"(같은 곳, 126)라고 표현했고, 하나님 나라 자체와는 동일시하지 않았다. 그가 다음과 같이 강조했던 것은 라너의 의미에서 의심할 바 없이 옳은 것이다. "하나님 나라의 도래는 교회의 파멸이 아니라 완성이 될 것이다"(Dulles, 127). 그러나 하나님의 미래가 "교회와 세상 사이의 분열"을 넘어선다면(같은 곳; 초월한다면), 그 의미는 다름이 아니라 라너가 하나님 나라의 초월적인(넘어서는) 완성 안으로 교회가 "지양"된다고 표현했던 그것이다.

발생한다.[119] 이 점에서 그리스도인들은 아버지의 영을 통해 지금 이미 "그의 사랑의 아들의 나라 안으로"(골 1:13) 옮겨졌다. 그래서 그들은 성령을 통해 지금 이미 죄로부터 구원을 받았다(1:14). 이러한 의미에서 예수의 사역 안에 이미 현재가 되었던 하나님 나라(눅 11:20)는 그의 교회 안에서 효력을 나타내며 현재한다. 그래서 칼 바르트는 이렇게 말할 수 있었다. "성령의 권능에 찬 사역"을 통해 하나님 나라는 이미 "그 나라가 도래하기를 기도하는 공동체의 형태 안에서 현실적으로 땅 위에, 시간 안에, 역사 안에 있으며", 비록 공동체 그 자체가 하나님 나라인 것은 아니라고 해도 그렇게 현재한다.[120] 교회의 "제도적" 형태는 하나님의 미래의 구원이 현재하도록 처리할 권한을 갖고 있지 않다. 하지만 미래의 구원은 성령을 통해 교회 안에서 "사건"[121]으로 발생하며, 그것도 그리스도를 선포하는 복음의 말씀[122]을 통해 중재된다. 말씀과 그 사건 사이의 이러한 관계가 가장 밀접한

---

119 이러한 의미에서 제멜로트는 바르게 말했다. 우리는 물론 "단순히 교회가 곧 하나님 나라라고 말할 수는 없다." 그러나 다른 한편으로 교부들이 예수의 하나님 나라의 비유들을 교회에 적용했던 것은 교회가 "하나님의 통치의 성례전적인 표징"이라는 진리의 요소를 포함하고 있다. O. Semmelroth, Die Kirche als Sakrament des Heiles, in: *Mysterium Salutis* IV/1, 1972, 309-355, 인용은 331. 이 내용에서 "성례전"이라는 표현에 대해서는 또한 51ff.를 참고하라.

120 K. Barth, *KD* IV/2, 1955, 742. 여기서 바르트는 공동체와의 관계에서도, 또한 예수 그리스도를 바라보는 관점에서도 그 나라가 현재하는 조건으로서 하나님의 자기구분을 강조하지는 않았다.

121 참고. J.-L. Leuba, *Institution und Ereignis. Gemeinsamkeiten und Unterschiede der beiden Arten von Gottes Wirken nach dem Neuen Testament* (1950) dt. 1957, 90ff. 여기서 로이바는 성령과 교회 기관의 "교회론적인 이원론"을 유대 그리스도교와 이방 그리스도교 사이의 차이와 연관시켰지만, 그것은 교회적 삶 안의 다양한 면모들의 통일성을 얻기 위한 것이었다. 로이바의 견해는 예를 들어 서로 대립되는 국면이 단지 상호보완적으로만 연결되었다는 몰트만(J. Moltmann, *Kirche in der Kraft des Geistes*, 1975, 359f.) 등의 정당한 비판에도 불구하고 널리 수용되었다. 이 수용은 그 문제가 매우 중요한 주제를 다루고 있음을 보여준다. 그 주제는 여기서는 교회와 하나님 나라 사이의 구분과 (예기적) 하나 됨이라는 관점 아래서 수용되어야 한다.

122 "전령으로서의 교회"에 대한 덜레스의 설명을 비교하라. A. Dulles, *Models of the*

형태를 취하는 곳은 의심할 바 없이 성만찬 축제의 장소다. 이곳에서 공동체는 예수 자신의 말씀들을 통해 그곳에 그분이 현재하신다고 확신하게 된다.

b) 그리스도 안의 구원의 비밀로서의 교회

제2차 바티칸 공의회는 교회의 본질을 구원의 비밀 혹은 성례전으로 규정함으로써 교회의 표징성(Zeichenhaftigkeit)을 표현했다. 공의회는 말하자면 이 표현이 "하나님과의 내적으로 가장 친밀한 연합을 위한, 또한 인류 전체의 하나 됨을 위한 표징과 도구"라고 해명했다.[123] 여기서 하나님과의 연합에 근거하고 그 연합을 통해 가능해지는 인류 전체의 하나 됨은 핵심에서는 하나님 나라를 서술하는 개념이다. 이 점에서 우리는 그 공의회의 진술로부터 교회는 "하나님의 통치의 성례전적 표징"이라는 것을 읽을 수 있다.[124] 나아가 우리는 바로 이것이 공의회의 공적 진술의 내용 그 자체라고 말해야 한다.

제2차 바티칸 공의회(LG 1)가 말한 교회 개념과 하나님 나라의 관계가 교회의 표징 기능을 처음부터 표현한 것은 아니었고, 교회와 그 기능의 결합을 명확하게 명시한 것도 아니었다. "하늘나라"라는 표제어는 시작하는 장의 세

Church (1974) 1978, 81-93, 특히 90. "성례전의 이미지와 대조할 때, 말씀은 현재하는 것만이 아니라 지금 존재하지 않는 것까지도 표현할 수 있는…유일무이한 능력을 가지고 있다." 이 점에서 말씀은 영의 작용이 일으키는 황홀경의 상태와 대립한다. 이 상태는 자신 안에서 말해진 것의 이해를 위해 말씀을 필요로 하며, 말씀은 그 상태에 확실한 의미와 방향을 제공한다. 이에 대해 다음을 보라. G. Ebeling, *Gott und Wort*, 1966, 50ff.60f. 여기서 에벨링은 말씀과 영의 상호작용을 다루지는 않는다.

123   LG 1: Cum autem Ecclesia sit in Christo veluti sacramentum seu signum et instrumentum intimae cum Deo unionis totiusque generis humani unitatis.

124   참고. O. Semmelroth, 같은 곳, 331. "그러므로 교회가 구원의 성례전이라면, 그때 그것은 하나님의 통치의 성례전적 표징이다."

번째 단락에 이르러, 그것도 "그리스도께서 하늘나라를 땅 위에 세우셨다"[125] 는 표현에서 만나게 되는데, 이것은 주석적으로 인정할 수 없는 것이다. 이 어서 교회는 "그리스도의 나라"라고 지칭되지만, 이것은 이 표상에 대한 전 통적 표현 형식과는 상당한 차이를 보인다. 교회는 말하자면 "비밀 안에서 이미 현재하는 그리스도의 나라"라고 말해진다.[126] LG 1에서 사용된 성례 전(sacrament)에 해당하는 그리스 단어가 "비밀"(*Mysterium*, 신비)인 점을 생각 한다면, LG 3은 LG 1에서 이미 도입된 사상에 기초해서 하나님 나라의 미 래에 대한 교회의 관계를 비밀로 말한다고 이해되는데, 그 미래는 교회 안 에 "이미" 현재하고 있다. 이 진술의 관점에서 LG 1의 sacrament(성례전)의 표현을 "하나님 나라의 성례전"이라는 의미로 해석하는 것은 정당화될 수 있다.[127]

제2차 바티칸 공의회가 교회 개념을 근본적으로 규정하는 데 배경이 되었던 것은 우선 교회 자체가 통일성의 성례전[128]이라는 키프리아누스의

---

125   LG 3: Christus...regnum caelorum in terris inauguravit... 이에 따라 LG 5는 교회 의 파송이 하나님 나라의 미래의 통고만이 아니라, 또한 열방 사이에서 그 나라를 수립하기 위한 것이라고 본다(Ecclesia...missionem accipit Regnum Christi et Dei annuntiandi et in omnibus gentibus instaurandi, huiusque Regni in terris germen et initium constituit). 여기서 하나님 나라의 미래에 대한 교회의 관계는 예수의 성 장 비유에 대한 요한네스 바이스의 이해에 따라 서술되는데, 이것은 이미 시대에 뒤 떨어진 주석이다(Ipsa interea, dum paulatim increscit, ad Regnum consummatum anbelat, 같은 곳). 그 결과 인간이 추가하는 어떤 행위 없이 스스로 돌입하는 하나님 나라의 미래와 교회 사이의 차이는 적절하게 서술되지 못했다.

126   LG 3: Ecclesia, seu regnum Christi iam praesens in mysterio, ex virtute Dei in mundo visibiliter crescit.

127   참고. L. Boff, *Die Kirche als Sakrament im Horizont der Welterfahrung. Versuch einer Legitimation und einer struktur-funktionalistischen Grundlegung der Kirche im Anschluß an das II. Vatikanische Konzil*, 1972, 27.

128   Cyprian, *ep.* 69,6 (MPL 3, 1142 B), 또한 *De unitate ecclesiae* 4 (MPL 4, 500f.). 여기 서 하나님의 구원 계획으로서의 비밀(*Mysterium*)이라는 신약성서의 사상이 여전히

진술이다. 이 표현의 내용은 에베소서의 한 구절의 의미로 채워져 있다. 그것은 만물이 그리스도 안에서 통일된다(엡 1:9f.)는 하나님의 구원 계획의 비밀(*mysterion*)에 관한 구절이다. 공의회는 에베소서의 이 말씀을 명시적으로 인용하지는 않았다. 그렇지만 이 말씀은 공의회가 규정한 교회 개념의 성서적 기초에 대하여 중요한 의미를 갖는다.

교회를 성례전으로 지칭하는 것에 대하여 개신교회의 입장은 일부분 거칠게 비판할 수밖에 없었다.[129] 그 이유는 한편으로 교회를 말씀의 교회로 보는 개신교회의 이해가 성례전에 의해 우선적으로 각인된다는 교회적 삶의 이해와 전통적으로 대립해왔기 때문이었다. 여기서 교회의 개념 자체가 성례전화되어 과도하게 격상될 수 있다는 점이 우려의 대상이었다. 다른 한편으로 그 비판의 주된 이유는 에베소서(3:4)가 골로새서 2:2과 마찬가지로 비밀의 개념을 교회가 아니라 그리스도와 결합시키기 때문이다. 교회와의 결합은 최소한 명시적으로는 나타나지 않는다. 그래서 개신교회는 가톨릭교회가 원래 그리스도께 속해야 하는 것을 교회에 귀속시키고 있다는 인상을 받는다. 루터의 종교개혁은 신약성서 안의 비밀 혹은 성례(*sacramentum*) 개념이 후대에 시행되기 시작한 교회의 관행들에 대해서가 아니라 예수 그리스도 자신을 가리키는 데 사용되었다는 통찰에서 시작되었다고 할 수 있다. 이로부터 종교개혁은 다음의 사실을 깊이 생각하게 되었다. "성례"라는 표현은 그리스도에게만 사용되도록 제한되어야 하고, 세례, 성찬, 참회 등은 단순히 성례전적 상징으로 이해되어야 한다는 사실이다.[130] 그렇다면 현대 가톨릭의 교회론은

작용한다는 사실을 보프가 강조했다. L. Boff, 같은 곳, 96f. 그 밖의 교부학적인 용어들에 대해 특히 87ff.의 설명을 참고하라.

129 이에 대해 참고. E. Jüngel, Die Kirche als Sakrament? in: *ZThK* 80, 1983, 432–457, 433.

130 M. Luther, *De captivitate Babylonica ecclesiae praeludium*, 1520 (WA 6, 501). 또한 동일저자, *Disputado de fide infusa et acquisita*, 1520 (WA 6, 86).

정확하게 그와 반대로 성례전 개념을 교회의 이해에까지 확장하려는 시도로 보인다. 에벨링은 이런 일탈의 경향을 심각한 것으로 여겼다. 그는 "가톨릭 교회가 변경시킨 사안 때문에(*rebus sic stantibus*) 그 교회와 교회일치적 공동체를 이루는 것은 가능하지 않다"고 판단했다.[131]

　　문제의 핵심을 해명하기 위해 우선 신약성서가 말하는 "비밀"(*mysterion/sacramentum*) 개념을 후대의 교의학적인 성례전 개념과 구분하는 차이를 정확하게 밝혀야 한다. *Mysterion*(비밀)은 유대교의 묵시록[132]과 마찬가지로 신약성서에서도 창세 전에 정해진 하나님의 역사 계획의 결의(작정)를 뜻한다. 이 결의는 창조자 하나님 안에 은폐되어 있고, "세상의 시대들에게는 감추어져 있다"(엡 3:9; 비교. 1:9과 골 1:26). 하나님께서는 역사의 최종 목적에 대한 생각을 자신에게만 간직하고 계신다. 그 목적은 종말에 이르렀을 때 계시될 것이다(계 10:7). 그때 하나님의 목적과 역사 사건들 안에서 그 목적으로 인도하는 길들이 모든 눈 앞에 밝게 드러날 것이다. 그러나 믿는 자들에게는 하나님의 그러한 비밀이 지금 이미 계시되어 있다(마 13:11 및 병행구절들; 비교. 롬 11:25; 고전 15:51; 4:1; 2:7). 믿는 자들은 말하자면 공개적으로 예수 그리스도 안에 있다(롬 16:25f.). 골로새서는 이런 진술들을 넘어선다. 예수 그리스도는 하나님의 비밀이 계시되는 장소로 말해질 뿐만 아니라, 바로 그 비밀이 이제 그와 동일시된다(골 2:2). 이것은 어떻게 이해되어야 하는가? 그리스도는 하나님의 통치를 계시하는 표징일 뿐만 아니라, 오히려 그 통치 자체다. 그래서 그 통치는 그분 안에서 이미 현재로서 돌입한다. 그렇기에 예수 그리스도는 하나님의 미래이고 하나님의 통치의 선포자이신 동시에 또한 도구, 즉 하나님께서 자신의 통치를 세상 안에 수립하기 위해 사용하시는 도구인 것이다. 따라서 예수 자신이 하나님의 역사 계획의 총괄개념이다. 이에 따라 에베소

131　G. Ebeling, *Dogmatik des christlichen Glaubens* III, 1979, 315.

132　이 주제에 대해 보른캄의 논문이 아직도 여전히 중요하다. G. Bornkamm, Mysterion, in : *ThWBNT* 4, 1942, 809‑834. 에베소서의 *Mysterion* 개념에 대해 다음을 참조하라. H. Schlier, *Der Brief an die Epheser. Ein Kommentar*, 1962, 60ff.

서(3:4)는 이렇게 말한다. 하나님의 역사 계획의 목표는 그리스도이며, 그런 한도에서 하늘과 땅에 있는 만물이 그분 안에서 통일될 것이다(엡 1:9f.). 이것은 예수 그리스도는 이제 홀로 하나님의 역사적 행동의 목표인 것이 아니고, 오히려 그분은 창조 전체에 구원을 가져다주는 하나님의 비밀(*mysterion*)이며, 하나님 나라의 "유산"(엡 1:11.14)임을 뜻한다. 하나님의 구원의 비밀에 속하는 것은 에베소서에 따르면 또한 특별히 "예수 그리스도 안에서 이방인들이 약속의 공동 상속자, 동등한 지체, 공동 참여자라는 사실"(엡 3:6)[133]이다. 여기서 다음의 결론이 나온다. 하나님의 구원의 비밀을 예수 그리스도와 동일시하는 것은 배타적이 아니라 포괄적으로 이해되어야 한다. 그 동일성은 "그리스도 안"에 있는 자들을 배제하지 않는다. 왜냐하면 하나님의 역사 계획의 의도는 만물을 그리스도 안에서 통일시키는 것이기 때문이다.

에베소서 3:6의 진술(2:14과의 관계 안에서)에 비추어보면 가톨릭 신학이 교회를 하나님의 구원의 비밀로 파악했다는 사실이 쉽게 이해된다. 가톨릭의 관점에서도 교회의 성례전적 특성에 대한 그리스도론적인 기초는 강조된다.[134] 그러나 우선 교회를 "원성례전"(Ursakrament)[135]으로 부르는 용어는 (교회적 삶 안에서 개별적으로 집행되는 성례전적인 행위들 및 실행들과의 관계 안에서) 운이 나쁘게 오해되기 쉽다. 왜냐하면 그 말은 교회를 바라볼 때 예수 그리스도께 대한 참여라는 관점에서 보는 것이 아니라, 교회 그 자체를 고립시켜 생각하기 때문이다. 바로 "성례전적 구원 질서의 근거자"이신 그리스도로부터 자신을 구분하는 가운데 교회는 스스로를 성례전의 삶을 실행하는 7성례전의 근거가 되는 원성례전(Ursakrament)이라고 불렸다.[136] 하지만 이것은 비밀

---

133   이에 대해 참고. H. Schlier, 같은 곳, 62. "유대인과 이방인으로 구성된 교회에서 드러나고 경험되는 것은 하나님의 지혜이신 그리스도의 비밀이다." 151과 앞선 20f.를 비교하라.

134   K. Rahner, *Kirche und Sakramente*, 1960, 22f.

135   K. Rahner, 같은 곳. 또한 O. Semmelroth, *Die Kirche als Ursakrament*, 1953.

136   참고. O. Semmelroth, Art, Ursakrament, in : *LThK* 10, 1965, 569.

(*mysterion*)이라는 단어가 골로새서와 에베소서에서 그리스도께 집중되어 사용되는 것과 상응하지 않는다. 이 결함은 오토 제멜로트가 1972년에 "원성례전"이라는 단어를 이제는 예수 그리스도에게 적용하고, 그와 구분해서 교회는 단지 "근원적 성례전"(Wurzelsakrament)으로 특징지은 뒤, 이것을 통해 개별 성례전들과 교회의 관계를 표현했다는 사실을 통해서도 그다지 개선되지 못했다.[137] 결정적으로 중요한 것은 신약성서의 진술들이 교회를 — 비록 그분께 예속되기는 한다고 해도 — 예수 그리스도와 구분하며 성례전으로 말했다는 사실이다. 공의회의 본문이 여기서 교회는 "그리스도 안에서"(LG 1) 인간과 하나님이 연합하는 성례전인 동시에 또한 인간들 사이에 이루어지는 공동체성의 성례전이라고 말할 때, 이것은 사태 자체를 적절하게 표현했다고 할 수 있다.

교회 그 자체를 원성례전 혹은 근원적 성례전이라고 부른 것 때문에, 개신교 신학은 신약성서에 따르면 "교회가 아니라 예수 그리스도 자신"이 통일성의 성례전이며 유일무이한 성례전이라고 올바르게 주장할 수 있는 정당성을 갖게 되었다.[138] 교회를 예수 그리스도 자신과 구분되는 실재로 관찰한다는 점에서, 개신교는 실제로 그렇게 판단하고 말해야 했다. 그러나 바로

---

137   O. Semmelroth, in : *Mysterium Salutis* IV/1, 1972, 318f.

138   각주 129에서 인용된 윙엘의 논문의 434쪽을 보라. 오늘날 가톨릭 신학의 교회론적 성례전 개념과는 독립적으로 윙엘은 초기 루터를 생각하고 루터의 질문을 칼 바르트가 수용한 것(최소한 *KD*, IV/2, 1955, 59)을 기억하면서 신약성서적 용어의 의미에서 성례전 개념의 사용을 전적으로 예수 그리스도에게만 한정시킬 것을 옹호했다. E. Jüngel, Das Sakrament — was ist das? in : *Ev. Theologie*, 26, 1966, 320 – 336, 특히 330ff. 또한 윙엘과 라너 사이의 논쟁을 비교하라. K. Rahner/E. Jüngel, *Was ist ein Sakrament? Vorstöße zur Verständigung*, 1971. 1983년의 논문에서 윙엘은 교회를 "예수 그리스도를 묘사하는 가장 큰 성례전적 표징으로 지칭"하지만(같은 곳, 450), 그러나 성례전 자체는 아니라고 말하려 했다. 왜냐하면 그는 성례전 자체라는 명칭을 예수 그리스도에게만 사용하려고 했고, 그분 안에서 계시되는 신적 구원의 비밀은 예를 들어 LG 52에서 사실상 공표된 것처럼 "교회 안에서는 계속되지" 않는다고 생각했기 때문이다.

이 자리에 풀리지 않는 문제의 매듭이 놓여 있다. 왜냐하면 교회는 그리스도의 몸으로서 그리스도와 분리될 수 없이—비록 그리스도는 머리로서 지체들과는 언제나 구분되지만—결합되어 있기 때문이다. 마치 예수 그리스도께서 교회 없이 구원의 비밀일 수 있는 것처럼, 그분이 자기 교회로부터 분리된다는 것은 에베소서 3:4-9과 모순된다. 이 본문은 원시 교회 안에서 실현된 유대인과 이방인 사이의 대립의 극복을 그리스도의 비밀의 내용(3:4)으로 다룬다. 이것은 하나님의 구원의 비밀이 만물이 예수 그리스도 안에서 통일되어 집약된다는 에베소서 1:9f.의 사상과 상응한다. 골로새서 1:27은 물론 하나님의 구원의 비밀이 그리스도와 동일하다고 말한다. 그러나 그것은 "너희 안에 계신 그리스도" 곧 이방인들로 이루어진 그리스도교 교회와의 동일성을 의미한다. 그리스도를 구원의 비밀로 말하는 핵심은 그리스도가 세상의 화해자(골 1:20)로서 갖는 구원사적인 보편성에 놓여 있다. 이 보편성은 교회의 삶 속에서 나타나는데, 특별히 원시 그리스도교에게는 이방 선교로 건너감으로써 유대인과 이방인 사이의 균열이 극복되는 과정에서 나타났다. 이 점에서 생각할 때, 구원의 비밀의 내용을 단순히 "이미 종결된…하나님의 사역"으로 말할 수 없다.[139] 왜냐하면 유대인과 이방인 사이의 균열의 극복은 원시 그리스도교의 역사에 이르러 비로소 성취되었고, 또한 거기서도 단지 시작되었다는 의미만 갖기 때문이다. 에베소서와 골로새서의 진술에 따르면 교회는 구원의 비밀에 속하기는 하지만 독립된 실체로서 그런 것이 아니고, 오직 교회가 그리스도 안에 있고 그리스도께서 교회 안에 현재하고 활동하신다는 점에서 그 비밀에 속한다.[140] 여기서 중요한 것은 교회가 그리스도와 동일시되는 구원의 비밀을 보충하는 존재가 아니라는 사실이다. 이 점에서 교회 안에서 그 비밀이 계속된다는 진술(LG 52)은 사실상 문제가 있는 것으

---

139   E. Jüngel, 1983, 448은 예수 그리스도의 죽음과 부활 안에서 일어난 하나님의 구원의 사역과의 관계 안에서 그렇게 말하며, 그 *mysterion* 개념은 그 사역에 제한되어야 한다고 주장한다.

140   E. Schillebeeckx, *Christus Sakrament der Gottbegegnung*, 1960.

로 드러난다. 왜냐하면 그런 진술은 교회가 그리스도의 사역을 보충한다는 인상을 주기 때문이다. 그러나 그리스도 자신이 교회 안에 현재하신다는 점에서, 그리스도와 교회는 하나님의 구원의 계획 속에서 서로 일치한다. 그렇기에 그 자리에 교회에 대한 어떤 대안을 제시할 필요는 없고, 다른 한편으로 교회와 독립적인 존재로서 다가온다고 여겨지는 성례전의 어떤 특성을 교회에 귀속시킬 필요도 없다.[141] 구원의 비밀이라는 개념 안에서 그리스도와 그분의 교회가 일치한다는 것을 우리는 화해 사역 안에서 나타나는 아들과 영의 연합이 표현된 것으로 이해할 수도 있다. 이 점에서 우리는 구원의 비밀을 또한 "영의 성례전"이라고 부를 수 있으며,[142] 이 지칭이 성례전의 의미에서 교회를 그리스도로부터 구분하는 것을 목표로 하지 않는다는 점에서 그렇게 부를 수 있다. 교회는 예를 들어 아들과 구분되는 영의 성례전이 아니다. 오히려 예수 그리스도는 영의 증언과 사역을 통해 그분의 몸 곧 교회 안에서 하나님의 구원의 비밀인데, 이것을 가장 잘 표현한다면 "하나님 나라의 성례전"이라고 부를 수 있다.[143] 왜냐하면 그 안에서 아들과 영의 구원 사역은 함께 집약되기 때문이다. 아들과 영의 공동의 사역은 창조 안에서 하나님 나라의 실현에 봉사한다.

교회는 독자적으로 하나님의 통치의 구원의 비밀이 될 수 없다. 사회적 기관으로서도, 각각 개별적인 역사 형태로서도 그럴 수 없다. 교회가 그 비밀인 것은 오직 "그리스도 안"에서, 즉 예수 그리스도께 참여하는 사건 안에서다. 이 사건은 교회의 예배적 삶 속에서 발생한다. 그 자체로만 본다

---

141   이것은 내가 이미 1970년에 강조했던 것이다. *Thesen zur Theologie der Kirche*, 1970, These 97. 이 이해는 또한 몰트만(J. Moltmann, *Kirche in der Kraft des Geistes*, 1975, 229f.)도 수용했다. 여기서 몰트만은 올바르게도 교회 안에서 현시되는 구원의 비밀의 종말론적 차원과 성령론적 차원을 제시했다.

142   M. Kehl, Kirche—Sakrament des Geistes, in : W. Kasper, hg., *Gegenwart des Geistes. Aspekte der Pneumatologie*, 1979, 155 – 180.

143   J. Moltmann, 같은 곳, 224ff.

면 교회는 두말할 필요도 없이 통일성의 성례전으로 인식되지 않는다. 통일성은 하나님 나라 안에 있게 될 인류의 미래적 통일성을 선취하면서 드러나고, 인류의 화해를 위해 역사적으로 작용한다. 교회의 역사적 형태 안에서 하나님의 구원의 비밀은 단지 불완전하게 깨어진 파편으로서 현현한다. 교회의 왜곡은 그리스도인들의 비행을 통해서만이 아니라, 또한 교회의 공적 직분자들을 통해서도, 또한 교회사 안에 드러나 있는 그와 연관된 교회분열들을 통해서도 일으켜진다. 유대인과 이방인이 교회의 삶속에서 하나가 된 형태를 갖추었던 것은 오직 초기 그리스도교가 이방인들까지 자기 지체로 받아들였기 때문이고, 온갖 분열들에도 불구하고 예수 그리스도를 믿는 믿음을 통해 서로 하나가 되었기 때문이다. 그럼에도 유대 민족에 대한 비유대인들의 일반적인 적개심은 전혀 극복되지 않았고, 오히려 교회 자체 안에─대다수의 유대인들이 그리스도의 메시지를 거부하는 것에 대한 반작용으로서─반(反)유대교적 입장이 형성되었다. 그 결과 그리스도인과 유대인 간의 관계의 역사가 진행되는 가운데 유대인과 비유대인 사이의 대립은 더욱 날카로워졌다. 이에 상응하는 것이 타문화들과 타종교들에 대한 그리스도인들의 관계에도 해당한다. 반복해서 계속 등장하는 대립들은 단순히 그리스도인들의 편에서 관용이 결여된 표현이라고 관찰될 수 없다. 그리스도에 대한 신앙고백 자체가 계속해서 그런 갈등을 불러일으켰다(마 10:34-36). 왜냐하면 그리스도인들은 자신들의 신앙고백을 희생시켜서 그 갈등을 회피하려고 하지는 않았기 때문이다. 그 결과 하나님 나라 안에서 이루어지는 인간 공동체의 형태 안에 깨지기 쉬운 유약한 이유들이 많이 축적되었고, 이 사실은 교회의 역사적 현실 안에서 실제로 표현되었다. 그럼에도 불구하고 그분의 교회 안에 현재하시는 예수 그리스도께서 그런 모든 대립을 극복하시는 작용은 역사 속에서 언제나 또다시 일어났다. 외적으로 유대 민족에 대한, 그리고 타문화들과 타종교들에 대한 관계에서도 일어났고, 또한 그리스도교 자체를 찢어놓은 분열들에 대해서도 일어났다. 교회가 믿음과 예배적 삶을 통해 "그리스도 안"에 있음으로써, 교회의 역사 안에서 화해의 능력은 언제나 또다시 새롭게 전개되며, 많은 민족과 문화로 구성된 그리스도교의 지체들은 하나의 그리스도의 몸으로 결합되고, 그 통일성은 그 밖의 다른 사람들을 위해 인류의 규정을 위한 상징, 곧 하나님 나라 안에 있게 될 인류의 통일성의 상징이 된다.

하나님 나라를 목표로 삼는 하나님의 구원의 비밀은 교회의 삶 속에서 단지 깨어진 파편으로서만 현현한다. 파편성에도 불구하고 교회는 자신의 인격 안에서 하나님의 구원의 비밀이신 그리스도로부터 구분되어 단순히 표징(Zeichen, sign)에 그치는 존재인 것은 아니다. 표징의 기능 자체가 교회를 그리스도로부터 갈라놓은 구분의 근거일 수는 없다. 왜냐하면 예수 그리스도 자신도 그분 자신이 통고했던 하나님의 통치와 아무 구분 없이 동일한 것은 아니기 때문이다. 지상으로 파송된 사명을 실행하는 가운데 예수는 하나님의 통치의 표징으로서 활동하신다(마 11:4f.). 구원의 행위들을 통해, 치유 능력으로 가득한 하나님의 가까우심에 관한 기쁜 소식의 선포를 통해, 그리고 하나님 나라 안에 있게 될 미래 공동체의 표징인 그분의 식탁 축제를 통해 그렇게 활동하신다. 그분 자신이 죽음과 부활을 통해 하나님께서 인간에게 주신 표징(마 12:39f.)이며, 이것은 모든 민족이 믿음에 이르러 바라보게 될 표징이다(12:41f.). 아들로 나타나신 그분은 그분 자신의 순종을 통해 아버지와 아버지의 나라가 계시된다는 점에서 아버지의 통치에 대한 모형(Gegenbild)과 유비이시다. 물론 표징의 기능이 하나님의 지혜의 은폐된 역사 계획으로서의 구원의 비밀이라는 성서적 사고 안에 이미 들어 있는 것은 아니다. 하지만 이 기능은 예수 그리스도를 통해 예수 그리스도에게서 드러나는 바로 그 하나님의 비밀의 계시 안에 포함되어 있다. 따라서 예수 그리스도 안에서 구원의 비밀과 표징 기능은 서로 대립하지 않는다. 오히려 그분은 하나님의 통치의 미래를 위한 자신의 사역과 역사의 표징 기능 안에서 구원의 비밀의 구체화된 형태이며, 그 형태를 통해 하나님의 구원 계획 자체가 실현된다. 이 사실에 근거해서 교회가 형성되고, 교회의 기능은 작용한다. 교회의 삶 속에서 구원의 비밀과 표징 기능의 일치는 다른 방식을 통해 외적인 형태로 나타난다. 교회에서 표징 기능은 예수 그리스도와의 연합을 통해 중재된다. 그리스도의 몸으로서 교회는 모든 민족으로 구성된 종말론적인 하나님의 백성이며, 하나님 나라 안에 있는 새로운 인류의 미래의 통일성을 가리키는 화해의 표징이다. 예수 그리스도는 하나님의 구원의 비밀의 계시다. 왜냐하면 하나님 나라를 향한 인류의 화해는 그분의 죽음과 부활로부터 시작되기 때문이다. 그러나 교회가 하나님 나라 안에 있는 인류의 새로운 미래에 대한 표징이 되는 것은 오직 그것이 예수 그리스도 안에서 계시되는 하나님의 구원 계획에 참여할 때이며, 교회는 그리스도의 몸으로 존재함으로써 그 계획에 참여하게 된다.

교회를 예수 그리스도 안에 있는 구원의 비밀로 이해하는 가톨릭 신학의 문헌들은 구원의 비밀 개념과 표징을 결합시키는 까다로운 주제를 지금까지 바르게 인지하지 못했던 것으로 보인다. 그 이유는 아우구스티누스가 내린 성례전의 정의(definition)를 배경으로 삼아 성례전을 표징으로 이해했기 때문일 것이다.[144] 이 관점에서 본다면 구원의 비밀의 사고가 표징의 사고로 옮겨간 것은 자명하다. 교회를 구원의 비밀로 보는 제2차 바티칸 공의회 교회론의 전(前)역사 안에 교회의 의미를 표징으로 해석하는 출발점이 놓여 있었다. 제1차 바티칸 공의회는 이사야 11:12을 근거로 해서 교회를 "열방을 향한 기치"(*signum levatum in nationes*), 즉 하나님께서 흩어진 열방을 불러 모으기 위해 높이 드시는 깃발로 칭했다.[145] 교회를 표징으로 이해하는 것은 그때 이미 교부들이 남긴 기록과 연관되고 있었는데, 교부들은 비밀이라는 표현을 이미

---

144 Augustin, *De civ. Dei*, X,5. 동물을 죽이는 가시적 희생제의는 보이지 않는 마음의 희생제의에 대한 상징(표징)이다. sacramentum id est sacrum signum est, CCL 47, 277.

145 DS 3014. 이에 대해 위의 각주 127에서 인용된 보프의 책을 보라. L. Boff, (1972) 185-206.

교회에 적용하고 있었다.[146] 여기서 제2차 바티칸 공의회는 의심할 바 없이 신약성서적 근거에서 더 깊게 규정된 교회 개념을 토대로 삼았다. 하지만 공의회의 신학적 중점은 다음의 사실에 의존하고 있었다. 그 자체로 많은 의미를 가진 비밀(*Mysterium*)이라는 단어는 엄격한 신약성서적 의미에 따르면 예수 그리스도 안에서 계시된 구원 행동인 하나님의 역사 계획을 가리키는 데 사용된다는 사실이다. 그 개념의 성서적 핵심은, 교회가 비밀 곧 접근할 수 없는 혹은 어쨌든 그분의 은폐성에 막혀 도달할 수 없는 하나님의 비밀에 대한 인간적 묘사와 표상으로 파악된다면, 아직 적절하게 표현되지 못했다고 말할 수 있다.[147] 비밀 개념의 핵심은 예수 그리스도 안에서 하나님의 구원의 의지로 계시된 비밀을 가리키는데, 그 비밀은 그리스도의 몸인 교회 안에서 형태를 취했다.

다가오는 하나님 나라의 표징과 도구로서 교회는 자신의 목적을 갖고 있다. 이 목적은 교회 자체가 아니다. 그것은, 하나님과 화해된 후에 함께 하나님을 찬양함으로써 그분의 나라 안으로 받아들여진 인류의 미래에 놓여 있다. 이 생각은 개신교 신학에게도 낯선 것이 아니다. 교회를 통상적으로 사도신경을 계승하는 믿는 자들의 공동체로 묘사한다고 해도 마찬가지다. 사도신경의 내용은 교회의 내적 삶의 중심을 표현하며, 다음의 13장에서 주도적 사상으로 서술할 것이다. 그러나 그 신앙고백문은 그 자체만으로는 교회의 본질을 완전하게 서술하지 못한다. 왜냐하면 그것은 교회의 선교적 사명, 나아가 새로운 세대에게 믿음을 계속 전달하는 것을 주제

---

146   L. Boff, 같은 곳, 206 - 227.

147   덜레스는 자신의 대표 저서(A. Dulles, *Models of the Church* [1974], 1978, 21f.)에서 비밀(*Mysterium*)의 특수한 성서적 개념을 그것의 일반적인 개념과 연관시켰으며, 그와 함께 교회를 다원적 "모델들"로 서술할 수 있는 근거를 마련했다(22, 비교. 36f.). 여기서 비밀의 성서적 개념, 곧 그리스도와 교회를 결합시키는 개념은 덜레스의 서술들(67 - 69)이 가능하게 해주는 것보다 훨씬 더 긴밀하게 성례전으로서의 교회 "모델"과 결합한다.

로 삼아 드러내어 말하지 않기 때문이다. 교회가 믿는 자들의 공동체라는 사도신경의 고백은 그 자체로서는 이미 믿고 있는 자들의 차후 결합이라는 의미로 이해될 수 있다. 하지만 이 고백은 교회의 본질에 대해서는 인류 전체와 관계되는 중요한 구성요소가 되어야 한다. 이것은 예수 그리스도의 죽음과 부활 안에서 나타난 하나님의 화해 행위의 보편적 맥락에 상응하는 것이다. 그렇기에 교회는 본질적으로 선교적이다. 이 점은 하나님의 백성의 표상 안에도 필연적으로 포함되어 있지는 않다. 그래서 우리가 그 요점을 그 표상에 추가해야 한다. 예를 들어 에드문트 슐링크가 그렇게 추가했다. 그는 교회가 "이중 운동 안"에 있다고 보았다. 교회는 한편으로는 "세상으로부터 불러낸 하나님의 백성"이며, 다른 한편으로는 "세상 안으로 보내지는 예언자, 제사장, 왕과 같은 백성"이다.[148] 하지만 하나님의 백성이라는 사상 자체 안에는 이같은 이중 운동이 표현되지 않는다. 이 사상 안에서는 구약성서의 계약(언약) 백성의 경우와 같이 열방들로부터의 분리가 하나님의 백성의 본래적 특성이다. 하나님의 통치의 종말론적인 미래와 관계될 때, 교회 개념에 속한 선교적 차원이 비로소 드러난다. 부활하신 주님의 재림을 기다리는 공동체로서 교회는 세상을 향한 선교적 증언으로 부르심을 받았으며, 그렇기에 교회는 "자기목적"[149]일 수 없다. 이와 같은 중심 내용을 교회의 본질 개념과 연결하는 것은 교회를 "하나님 나라의 성례전" 혹은 표징으로 서술할 때 가장 잘 표현되었다. 이 서술은 교회가 홀로 그 자체로서가 아니라, 오직 성령의 능력 안에 있는 그리스도의 몸으로서 성취될 수 있다고 규정한다.[150] "다가오는 하나님 나라의 메시

---

148   E. Schlink, *Ökumenische Dogmatik*, 1983, 571.

149   O. Weber, *Grundlagen der Dogmatik* II, 1962, 752.

150   J. Moltmann, *Kirche in der Kraft des Geistes*, 1975는 제목(224)에 있는 "하나님 나라의 성례전"이라는 표현을 "영의 파송"과 연관시키기는 하지만, 이 연관의 목표는—뒤따르는 설명에서 강조되듯이—다시 교회를 향하고 있다. "그리스도 그 자체가 아니라 오히려 성령 안에 있는 그리스도가, 교회 그 자체가 아니라 성령 안에 있는 그리스도의 교회가 비밀 혹은 '성례전'이라고 말해져야 한다"(231).

아적 백성"[151]은 하나님 나라의 미래 안에 있는 인류의 표징으로서의 교회인데, 그 미래는 오로지 하나님만이 홀로 불러내실 수 있다.[152] 교회의 기능은 바로 그 미래 인류의 규정에 대한 표징이 되는 것이다. 어떤 완전한 실재로서가 아니라 오로지 표징(Zeichen)으로서 그 미래는 교회 안에 이미 현재한다.

하나님 나라라는 목적에 대한 교회의 관계는 개신교 신학이 전통적으로 이해해온 구원의 수단과 구분되어야 한다. 이 이해는 칼뱅에게서 유래한다.『기

---

151   J. Moltmann, 같은 곳, 220f.

152   칼 바르트는 올바르게도 그리스도교 공동체를 하나님 나라의 미래에 대한 "유비"(Gleichnis)라고 말했다. K. Barth, *KD* IV/3, 제2권, 1959, 906f.. 그것은 예수 그리스도 안에서 의롭게 된 인간 세계의 "잠정적인 표현"(Darstellung)이다. *KD* IV/1, 1953, 718, 비교. IV/2, 1955, 695. 물론 바르트는—어느 정도 의문시되는 마르키온과 오리게네스의 진술까지 인용하면서(IV/2, 219)—예수 그리스도와 하나님 나라 사이를 구분하지 않았다(180 등등, 742ff., 비교. IV/3, 815). 그래서 바르트는 공동체가 하나님 나라를 향해 나아갈 뿐만 아니라 또한 하나님 나라로부터 유래한다(742)고 말할 수 있었다. 하지만 이러한 협소한 그리스도론적인 진술은 성서적 증언과 일치하지 않는다. 오히려 하나님의 백성의 메시아로서 기능을 행사하는 예수 자신은 하나님 나라의 미래와 관계되어 있었고, 그 미래를 통고하는 것이 그의 파송의 목적이었다. 그럼에도 불구하고 바르트의 설명에는 중요한 요소가 담겨 있다. 교회(혹은 공동체)는 자기목적인 것으로 보이지 않으며, 오히려 인류 전체와 더 나아가 피조물 전체의 미래를 향하고 있다는 사실이다(IV/3, 908). 바르트가 보는 교회의 선교적 기능은 그러한 보편적 미래와 연관되어 있다(IV/1, 168). 교회가 다가오는 하나님 나라를 향해 파송되었다는 이러한 사상은 다음 세대에 영향을 미쳤는데, 특별히 회켄디이크를 예로 들 수 있다. J. Chr. Hoekendijk, *Die Zukunft der Kirche und die Kirche der Zukunft*, 1964. 크렉은 자신 저서에서 "교회의 종말론적인 목적"에 관한 사고로서 시작한다. W. Kreck, *Grundfragen der Ekklesiologie*, 1981, 20 - 30, 비교. 283ff. 퀸은 교회의 파송이라는 주제를 교회론에 대한 자신의 체계적 숙고의 시작점으로 선택한 후에(U. Kühn, *Kirche*, 1980, 153ff.), 그 파송의 목적 규정을 다루는 문헌들 속에 나타나는 모호한 점을 다음과 같이 바르게 지적했다. 그 목적은 이 세상 안에 평화(샬롬)를 수립하는 것인가, 아니면 회켄디이크의 말처럼 하나님을 영화롭게 하는 것인가? (154f.)

독교 강요』의 마지막 권에서 교회는 믿는 자들의 "어머니"인데, 여기서 교회는 구원에 도달하기 위한 외적 수단으로서 정점에 서 있다.[153] 교회는 하나님 나라가 아니라, 개인들 곧 장차 교회의 지체들이 될 개인들의 구원[154]을 위한 수단으로 이해된다. 여기서 칼뱅은 한편으로 예수 그리스도와 연합한 믿는 자들의 공동체로서의 교회와, 다른 한편으로 하나님 나라에 대한 그 공동체의 표징적 관계 사이를 구분하지 못하고 있다. 하지만 교회 안에서 일어나는 그리스도와 영의 사역은 바로 그 하나님 나라를 위해 봉사한다.

1968년 웁살라에서 모였던 세계교회협의회(WCC)는 교회가 "통일된 미래 인류의 표징"이라고 말했다.[155] 여기서 우리는 제2차 바티칸 공의회가 보고한 교회 이해의 메아리를 듣게 되는데, 이것은 틀린 것이 아니다. 물론 그 표명은 교회의 목적에 대한 전통적·개신교적 진술을 확장한 것이며, 교회 개념에 세계와의 관계성을 포함시킨다.[156] 여기서 물론—제2차

---

[153]　J. Calvin, *Institutio religionis christianae* (1559), IV,1,4 (CR 30, 748f.), 비교. 1539년 판, CR 29, 539 n. 3. 교회를 어머니로 부르는 것에 대해 A. Ganoczy, *Ecclesia ministrans. Dienende Kirche und kirchlicher Dienst bei Calvin*, 독일어, 1968, 149ff., 특히 152를 보라. "교회의 어머니와 같은 속성은 교회가 구원의 수단이며 나아가 성화 그 자체라는 교회의 규정에 속한다." 또한 루터의 1529년의 대교리문답에서도 교회를 "수단"으로 지칭하는 곳이 있다. 그 수단은 인간을 구원에 참여시키기 위해 하나님께서 사용하시는 것이다(BSELK 654, 53). 교회가 믿는 자들의 어머니라는 표상은 그런 맥락 안에서 등장한다(655, 4f.).

[154]　A. Ganoczy, 같은 곳, 160.

[155]　참고. 1968년 웁살라(Uppsala) 보고서. (독일어 번역) Offizieller Bericht über die Vierte Vollversammlung des Ökumenischen Rates der Kirchen, Uppsala 4.–20–Juli 1968, hg., N. Goodall, dt. von W. Müller–Röm–held, 1968, 15.

[156]　종교개혁의 전통 안에서 그 표명은 교회 개념의 기능이라는 의미가 아니라 하나님의 세계 통치라는 의미에서 두 왕국 혹은 두 정부의 교리였다. WCC가 발전시킨 "교회의 통일성과 인류의 통일성"의 주제에 대해 다음을 보라. G. Müller–Fahrenholz, *Einheit in der Welt von heute. Zum Thema Einheit der Kirchen—Einheit der Menschheit*, 1978.

바티칸 공의회와 비교한다면—인류의 통일성의 토대가 되는 하나님과의 하나 됨에 대한 전망은 빠져 있다. 그 결과 세계교회협의회의 진술 안에서 예수 그리스도 안에서 계시되신 하나님을 믿는 믿음을 확산시키기 위한 선교적 추진력은 "가능한 한 정의롭고 견딜 만한 인류의 통일성"[157]이라는 순수한 윤리적 관심의 배후로 퇴각했는데, 이것은 종교적 통일성이 사회적 공동 삶의 기초라는 사실을 간과한 것이다. 그러나 인간들의 공동 삶의 정의로운 질서를 수립하는 것에 따른 "세속적 교회일치"의 추구는 사람들과 그들의 문화에 내재하는 종교적 차이를 고려하지 않은 것이며, 나아가 현대의 정치적 세속주의의 정신에게는 그럴 듯하게 보일 수 있어도 하나님의 통치에 대한 성서적 기대와는 일치하지 않는다. 이 기대의 초기 표현은 열방이 시온으로 다시 돌아오는 예언자적 환상 안에서 발견된다 (미 4:1-4; 사 2:2-4). 그때 민족들은 한 분 하나님을 향함으로써 의에 대한 그들의 논쟁을 그치게 된다. 하나님의 통치 안에 있게 될 미래 공동체가 교회 안에서 표징으로 나타날 때, 교회를 그 미래를 위한 도구적 기능으로 일방적으로 강조하는 것도 위와 비슷한 문제에 도달할 수 있다. 하나님의 통치의 미래와 그것의 도래가 교회 안의 개인적 삶과 공동체적 삶 안에서 혁명적인 맥락을 갖는다는 것[158]은 확실히 적절한 표현이다. 그럼에도 불

---

157   G. Müller-Fahrenholz, 같은 곳, 75. 이 내용에 강조점을 두는 것은 1967년 비르시톨의 "신앙과 직제"에서 결의된 본문에서 이미 예비되었다(같은 곳, 44f.). 반면에 이런 경향에 내포된 문제점은 1971년 뢰벤(Löwen)에서 마이엔도르프에 의해 바르게 지적되었으며, 그 이후 격렬한 논쟁의 대상이 되었다(55, 67ff.). 하지만 "신앙과 직제"의 실천 계획의 과정에서 그에 따른 어떤 변화를 일으키지는 못했다. 최근에 그 연구의 발전된 국면에 이르러서야—몇 번의 실패한 시도 이후에—세속적 교회일치라는 잘못된 경향이 극복될 수 있었는데, 이것은 하나님 나라에 대한 예수의 선포와 그 나라의 미래에 대한 교회의 관계적 기능에 대한 연구에 의해 가능했다. *Church and World. The Unity of the Church and the Renewal of Human Community. A Faith and Order Study Document*, Faith and Order Paper, No. 151, Genf 1990.

158   L. Boff, *Die Kirche als Sakrament im Horizont der Welterfahrung*, 1972, 530ff., 특히 532. "교회가 하나님 나라를 선포한다는 것은 영원한 혁명, 다시 말해 기존의 것과

구하고 교회가 세상을 하나님 나라로 변화시킬 수는 없다. 즉 교회가 예수 그리스도와 결합된 관계 안에서 하나님 나라의 표징과 도구라는 것이 다음의 사실, 곧 그리스도와 그분의 영이 교회를 통해 "세계사 안에서와 교회 자체의 공간 안에서 하나님 나라의—명시적이고 더욱 강렬한—실현을 가속화한다"[159]는 사실을 말해주는 것은 아니다. 하나님 나라는 오직 하나님 자신으로부터만 도래할 수 있다. 그 나라의 미래는 오직 믿음 안에서 믿음을 향해 지금 이미 해방하는 현재가 되며, 그래서 그것은 또한 믿음에 사로잡히는 것을 허용한 개인들에 대해서도 마찬가지로 현재가 된다. 그 나라는 "힘쓰고 애쓰는 해방의 과정"의 형태로 도래하지 않으며, 그 결과로 "세상이 그 나라를 수용하여 어떤 멋진 종말을 발견하게 되는 것"[160]도 아니다. 그리스도의 몸으로서의 교회는 하나님 나라 안에 있게 될 미래 공동체의 **단순한 표징**에 지나지 않는다. 교회가 인류와 하나님 간의 하나 됨과 인류 전체의 통일성을 위한 도구가 되는 것은 오직 표징 기능을 통해서다. 이것은 물론 하나님 나라를 수립한다는 의미가 아니며, 교회가 "하나님 나라를 인간의 역사 안에서 실현하는 수단"[161]이라는 의미도 아니다. 하나님 나라를 위한 교회의 표징 기능이 교회를 정치적 질서로부터, 그리고 하나님의 통치의 미래에 대한 그와 다른 종류의 관계로부터 구분한다.

일치하지 않는 어떤 것을 선포하는 것이다. 왜냐하면 기존의 것은 하나님 나라가 아니며, 소외의 모든 종류가 지양되는 것도 아니고, 믿음이 현실성 전체를 위해 갈망하는 구원도 아니기 때문이다."

159 L. Boff, *Kirche. Charisma und Macht. Studien zur einer streitbaren Ekklesiologie* (1981), 독일어판 1985, 23.

160 L. Boff, 같은 곳, 16.

161 L. Boff, *Und die Kirche ist Volk geworden. Ekklesiogenesis* (1986), 독일어판 1987, 35. 이곳의 본문은 이렇게 말한다. 교회는 "하나님의 계획을 대중적이고 공식적으로 실현하는데, 그것은 하나님께서 인류 전체를 하나의 공동체로 이끌려고 의도하시는 계획이다."

c) 하나님의 통치 아래 있는 교회와 정치 질서

교회가 하나님의 통치라는 주제와 하나님 나라의 미래에 대하여 갖는 중요한 본질 관계는 교회 자체만이 아니라, 또한 정치 질서도 포함한다. 이 것은 일반적인 정치 질서에 적용되는 사실이며, 이러저러한 특정한 정치 질서의 형태에만 해당하는 것도 아니고, 무엇보다도 특별히 성서의 하나 님께 대한 믿음과 그리스도교를 통해 각인된 문화적 전승의 맥락에서 정 치 질서를 수용한 형태에만 해당하는 것도 아니다. 하나님 나라에 대한 관 계는 인간의 공동 삶 속에 의와 평화를 부여해야 하는 사명을 통해 형성 된다. 하나님의 의는 말하자면 인류 공동체 안에서 의와 평화를 궁극적으 로 실현하게 될 것이다. 정치 질서는 그것이 나쁜 형태인지 혹은 조금 더 나은 형태인지와 관계없이 언제나 의와 평화의 상태를 수립해야 하는 과 제와 연관되어 있다. 그렇기에 정치 질서는 어디서나 하나님 나라와의 관 계 안에 있으며, 국가 질서와 국가 권력자들이 그 관계에 대하여 아무것도 알지 못하거나 혹은 알려고 하지 않는 곳에서도 그렇다.[162] 물론 이것이 인 간들의 공동 삶의 정치적·법적 질서의 구체적 형태들과 하나님의 의로우 신 뜻 사이에 철저한 일치 관계가 존재한다는 말은 아니다. 오히려 그와 정반대다. 하나님의 통치의 미래에 대한 희망은 현재 존재하는 그 어떤 정 치 구조나 법률 질서도 의와 평화를 인간들 사이에 수립해야 하는 과제를 완전히 실행하지 못한다는 경험에서 시작된다. 하나님 나라에 대한 관계 는 정치 질서의 **과제**에 놓여 있는 것이지, 그 과제의 실현에 놓여 있는 것 이 아니다.

---

[162] 정치 권력자들에게, 나아가 구체적으로 이방 제국의 권위적 관청에게 굴복하라고 권고한 사도들이 그리스도인들에게 요청하는 것(롬 13:1ff.)은 어쨌든 이와 같은 관 계, 즉 의와 평화를 보증하는 기능을 행사하는 가운데 하나님 나라의 미래에 대해 정치권력이 갖는 다소간에 불완전한 관계에 근거한다. 이에 대해 다음을 보라. U. Wilckens, *Der Brief an die Römer* 3 (Rom 12-16), 1982, 32ff.38ff., 그리고 작용사에 대해서는 43-66.

이러한 사태에 대한 그리스도교적인 판단은 어쨌든 그렇게 말한다. 하지만 우선 인류의 문화사를 바라볼 때, 이 사태는 매우 다르게 보인다. 왜냐하면 옛날의 모든 문화는 인간 사회의 정치적 질서와 법적 질서가 자신의 신들을 통해 근거되고 정당화된다고 이해했기 때문이다.[163] 그런 문화들의 통치 체계는 신들의 통치(theokratisch)라는 특성을 갖는다. 그 문화권의 왕들은 신성 자체의 통치의 이 세상적 대리자의 역할을 맡는다. 그 결과 대부분의 문화들 안에서 사회의 정치적 질서와 법적 질서는 우주 질서와 밀접하게 연관되고, 정치적 통치의 과제는 공적 문화의 과제와 마찬가지로 사회적 삶을 우주 질서와 일치시키고 유지하는 것이었다. 이러한 문화들 안에서 하나님의 통치는—물론 자연 안에서 한 해의 순환에 따른 주기적 갱신이 필요하기는 했어도—철저히 현재적 현실로 이해되었다. 하나님의 통치는 신화가 보고하는 초시간적 사건에 근거한다고 이해되었고, 다른 한편으로 신적 통치는 법률 질서를 무너뜨리려는 외부의 적들과 내부의 경향에 반대해서 언제나 또다시 자신의 힘을 주장해야만 했다.

이스라엘 왕정 시대의 사람들은 하나님의 통치와 정치 질서의 관계에 대해 그와 비슷하게 생각했던 것으로 보인다. 이것은 다른 어느 곳보다 예루살렘에 해당한다. 이스라엘은 가나안 종교들로부터 유래한 결합, 곧 한편으로 정치적·법적 질서와 다른 한편으로 왕권을 인도하는 신들에 대한 믿음에 근거했던 우주적 질서 사이의 결합을 늦어도 독자적인 국가 형성으로 건너가는 시기에 이르러서는 이스라엘의 하나님께 넘겨주어야만

---

[163] 다음의 요약을 보라. E. Voegelin, *Die neue Wissenschaft von der Politik* (1952), 독일어판 1959, 83f. 정치권력의 이러한 재현 기능 및 그것의 세속화된 형태와 연관된 문제에 대한 인간학적인 해석에 대해 나의 책을 참고하라. *Anthropologie in theologischer Perspektive*, 1983, 453ff. (그곳에 인용된 쪽 번호는 독일어판에 따라 수정될 필요가 있다.)

했다.[164] 그때 우주론적인 신화는 영원부터 존속하는 하나님의 우주 통치에 대한 "상황 묘사"로 대체되었고,[165] 하나님의 통치의 사회적 국면은 이스라엘의 역사 안에서 이방 민족들의 침입을 극복한 것과 관계되었으며, 특별히 하나님이 자신들을 선택하셨다는 것과 하나님께서 주신 땅을 정복하는 경험과도 관계되었다.[166] 하지만 고대 근동의 다른 문화들에서와 마찬가지로 이스라엘에서도 왕은 하나님의 통치의 이 세상적 대리자로 간주되었다(시 2:7; 비교. 삼하 7:14). 이것이 하나님께서 여전히 이스라엘의 본래적인 왕이라는 사실을 변경시키는 것은 아니다.[167] 이사야는 자신의 소명 환상 가운데 야웨께서 왕으로서 보좌에 앉으신 것을 보았다.[168] 하지만 이것이 다윗의 후손들을 하나님의 왕권 통치의 이 세상적 대리자들로 보는 것을 방해하지는 않는다. 이 관점은 특별히 이사야 9:1ff.의 메시아적 예언 안에서 표현된다(비교. 사 11:1ff.).

예루살렘에서 다윗 왕조가 몰락했을 때, 예레미야는 야웨의 통치의 지상적인 대리 기능이 정복자인 바빌론 왕 느부갓네살에게 넘겨진 것을 보았다(렘 45:1ff.). 얼마 후에 제2이사야는 페르시아의 고레스가 땅의 세계에 대한 야웨의 통치를 대신할 다가오는 새로운 대리자라고 선포했다.[169]

---

164 J. Jeremias, *Das Königtum Gottes in den Psalmen. Israels Begegnung mit dem kanaanaisehen Mythos in den Jahwe-König-Psalmen*, 1987, 13.

165 J. Jeremias, 같은 곳, 15-50. 특히 시편 93편과 29을 참고하라.

166 시편 47:4f. 비교. 시편 68:7ff., 특히 신명기 33:5, 또한 출애굽기 15:1-18. 이와 관련하여 다음의 자료를 보라. J. Jeremias, 같은 곳, 50-106, 특히 55f. 또한 나의 책의 설명을 보라. 『조직신학』 II, 675.

167 시편 74:12, 그리고 시편 5:3; 68:25; 84:4; 145:1에 나오는 "나의 왕"이라는 호칭을 비교하라.

168 이사야 6:1ff., 특히 6:5; 비교. 33:17ff.; 미가 4:7.

169 역사적 맥락을 통한 이 본문의 해석에 대해 다음을 보라. K. Baltzer, Das Ende des Staates Juda und die Messias-Frage, in: R. Rendtorff und K. Koch, Hg., *Studien zur Theologie der alttestamentlichen Überlieferungen* (G.v. Rad zum 60. Geb.), 1961, 33-43. 특히 아래의 각주 172에 인용된 코흐(K. Koch)의 논문을 참고하라.

반면에 신명기 사가는 과거를 뒤돌아보며 이스라엘 민족 안에서 인간적 왕권을 수립하는 것이 자기 백성을 다스리시는 하나님의 유일무이한 왕권을 참칭하는 것으로 보았다.[170] 이런 배경에서 이 세상적인 제국의 통치를 거부하는 비판적 전환은 이미 준비되었는데, 이것은 다니엘에게서 공개적으로 드러났다(단 2:31-45). 바빌론 제국도, 페르시아 제국도, 또한 이에 뒤따라온 알렉산드로스의 "분열된" 왕국도 마찬가지로, 하나님의 통치의 대리자로서 땅 위에 의와 평화를 수립하는 기능[171]을 지속적으로 성취할 수는 없었다. 그래서 하나님의 의로우심을 믿는 믿음으로부터 하나님 자신이 도래하여 통치하시는 미래의 왕국에 대한 기대가 형성될 수밖에 없었고, 그 왕국은 혼돈의 바다로부터 올라온 약탈하는 짐승의 모습을 한 세상의 왕국과는 달리, 진정한 인간적 특성들을 지닌 것으로 묘사된다.[172]

고대 근동의 그 외 문화들과는 달리 포로기 이후의 이스라엘은 하나님의 세계 통치의 대리자가 될 수 있는 정치 권력적 법정으로서의 왕권을 더 이상 소유하지 못했다. 유대 민족은 자신들의 하나님의 유일무이한 왕권에 대한 신앙을 고백했는데, 이것은 하나님의 의로우신 뜻을 전승된 형태의 모세 율법의 세부 사항 안에 보존하는 것과 관계되어 있었다. 그럼에도 불구하고 하나님의 왕권이 모든 민족의 현실적 통치를 통해 계시되는

---

170 사사기 8:23; 사무엘상 8:7; 12:12. 크라우스에 의하면 신명기 사가는 이미 다윗 왕조와 그 역사를 넘어 야웨의 직접적인 왕권이라는 옛 전통을 계승하고 있다. H.-J. Kraus, *Die Königsherrschaft Gottes im Alten Testament*, 1951, 104.

171 시편 99:4의 맥락에 대해 J. Jeremias, 같은 곳, 117ff.를 보라. 이방 민족의 신들에 대한 비판과 관련하여 시편 82:2ff.를 참고하라.

172 다니엘 7:13의 의미에서 사람의 아들이 등장하는 것이 혼돈의 바다에서 올라오는 왕들의 짐승의 형태들과 유비를 이루면서 네 왕국들 가운데 마지막인 본질적 형태를 지닌 왕국의 특성을 나타낸다는 사실을 코흐가 어느 정도 설득력 있게 묘사했다. K. Koch, Spätisraelitisches Geschichtsdenken am Beispiel des Buches Daniel, in: *Historische Zeitschrift* 193, 1961, 1-32, 특히 23f. 이에 대한 나의 설명을 비교하라. Über historische und theologische Hermeneutik, 1964, in: *Grundfragen systematischer Theologie* 1, 1967, 123-158, 특히 153.

사건은 계속 변경되는 이 세상 제국의 지배에 굴복해야 했던 이스라엘에게는 종말론적 희망의 미래로 밀려났다. 이와 비교할 때 그리스도교 교회에게는 바로 그 미래가 예수의 사역과 역사를 통해 도래했다는 것이 교회 자체의 실존적 토대가 되었다. 하나님 나라의 미래가 예수의 인격 안에서 현재 안으로 돌입했을 때 유대적 전승의 한계는 돌파되었고, 그 한계는 이제 교회에게 단지 예수 안에서 이미 시작된 성취를 바라보는 약속으로서만 여전히 의미를 갖게 되었다. 하나님의 미래가 현재에 도래하는 것은 인간 세상의 통치 질서를 상대화하지만, 그 질서의 자리에 의와 평화를 궁극적으로 실현하는 것은 아니다. 의와 평화는 유대 민족이 하나님의 통치의 완성을 기대했던 것과 마찬가지로 그리스도인들도 기대하는 것이다. 바로 그 통치의 완성을 그리스도교 공동체는 그리스도의 재림과 연결해서 기대한다. 하나님의 통치가 예수의 사역과 역사 안에서 도래한 것처럼, 그 통치의 완성도 오로지 하나님 자신으로부터 도래할 것이다. 그렇다면 교회는 하나님의 통치의 미래에 대한 예기적 표정으로서 존재한다. 그 자체로서 교회는 의와 평화라는 특징을 갖는 공동체 안에서 인간의 사회적 규정이 완성되는 희망을 창출하는 공간을 열어두고 있다.[173] 그곳에서는 인간이 인간을 지배하는 통치에 근거한 모든 국가 형태와 법체계들이 제거될 것이며, 모든 개인에게 궁극적 구원에 참여하는 길이 이미 현재적으로 수여될 것이다.

예수의 식탁 만찬에서, 또는 교회에 속한 지체가 됨으로써 그리스도의 몸이 되는 예식에서 성례전을 통해 하나님의 통치에 참여하는 것이 인간적 삶의 문제와 관계되는데, 이것은 그 참여가 사회적 공동 삶의 정치적·법률적 질서의 문제와 관계되는 것과 같다. 성만찬 축제에서 형성되는 교회의 성례전적 공동체성은 인간의 사회적 규정의 완성된 형태를 미리 자

173　이에 대해 나의 설명을 비교하라. *Die Bestimmung des Menschen. Menschsein, Erwählung und Geschichte*, 1978, 23ff. (Die gesellschaftliche Bestimmung des Menschen und die Kirche).

신 안에 표현해야 한다. 그 결과 모든 인간적인 국가 질서와 법률 질서는 사실 그 자체에 있어(*ipso facto*) 의문시된다. 다시 말해 교회의 실존 자체와 그것의 예배적 삶의 실행이 그 질서들—군주제이든 과두정치제이든 민주체제이든 관계없이—과 논쟁하며, 스스로 인간의 사회적 삶의 최종적인 적절한 형태를 구현하는 것이다. 하지만 교회의 성례전적 삶 속에서 인간의 사회적 규정의 그러한 완성은 단지 표징의 형태로 실현되며, 중심적으로는 성만찬 축제 안에서 실현된다. 하지만 교회의 예배 안에서 표징으로 표현되는 하나님의 통치가 개별 그리스도인들의 삶과 그들이 살아가는 세상의 공동체들 위에 아무리 빛을 비춘다고 해도, 그것을 통해 성만찬의 성례전적 표징 안에서 표현되는 완성된 인간적 공동체 곧 하나님의 통치 안에 있게 될 미래의 공동체가 세상 안의 인간적 관계들 안에 미리 앞서 실현되는 것은 아니다. 그렇지 않다고 말한다면 교회는 주님의 재림을 더 이상 기다릴 필요가 없을 것이다. 하지만 교회는 하나님의 통치와 관련된 자신의 잠정적 성격을 의식하는 가운데, 다시 말해 사태 자체와 표징을—비록 표징이 가리키는 사태 자체가 **표징의 형태 안에** 이미 현재한다고 해도—구분하는 가운데 재림을 기다린다.

이런 맥락에서 그리스도교를 통해 각인된 서구의 문화적 전통 안에서는 국가와 교회의 분리가 뚜렷한 특징이 되었다. 이 구분은 먼저 정치적·법률적 질서가 사회적 본질로서의 인간 규정의 궁극적 형태를 아직은 구현하지 못하고 있다는 의식에 근거한다. 여기서 정치적·법률적 질서는 모든 경우에 공적 용무를 인지하는 권한을 이러저러한 방법으로 자율성을 갖게 된 소수의 개인들에게 맡기고 이들이 사회의 나머지 인간들을 관리하는 질서, 곧 인간이 인간을 지배하는 특성을 갖는 질서로 이해된다. 국가와 교회의 분리는 또한 다음의 의식에도 근거한다. 인간 규정의 바로 그 궁극적 형태는 오직 하나님의 직접적인 통치를 통해 사람들의 마음속에 실현되며, 그곳에 이르는 길은 교회의 성례전적 삶 안에서 각각의 개인들에게 이미 현재적으로 개방되어 있지만, 단지 성례전적 표징 안에서 약속되는 구원의 표징과 그것을 믿는 믿음의 형태 안에서만 개방되어 있다는 의식이다. 영적인 것과 세상적인 것의 구분, 그에 따라 현재 세상의 정치 질서 및 문화적으로 형성된 삶과 영적인 것 사이의 구분은 그리스도교의 종말론적 의식에 근거한다. 그 구분은 그러한 종말론적 의식의 근거 없이는 유지될 수 없다.[174] 이 사실을 보여주는 것은 예를 들어 이슬람이나 유대교와 같은 다른 문화들 안에서 종교와 공공질서를 비교하는 것만이 아니다. 인간 존재를 구성하는 것이 무엇인지의 질문이 사적인 삶을 형성하는 자의성에 전적으로 위임될 수 없다는 것은 쉽게 통찰할 수 있는 원칙적인 이유들로부터 알 수 있다. 왜냐하면 사회의 공적 제도들(혹은 하부 체계들), 예를 들어 국가, 법질서, 경제, 교육기관, 예술진흥 등이 정보 혹은 여가를 담당하는 부서와 마찬가지로 각각의 구체적 형태를 적법하게 갖추기 위해서는, 그 형태를─종교적인 것은 아니라고 해도─인간 본성 혹은 인간의 자연적 욕구들에 대한 전제들로부터 도출해야 할 필요가 있기 때문이다. 현대 산업사회의 세속주의는 그리스도교적으로 규정되며 발전한 문화의 특징인 궁극성과 잠정성 사이의 구분, 곧 교회와 세속 문화 사이의 구분으로부터 유래했지만, 그러나 세속주의의 이러한 기원은 급진적인 변화를 겪을 수밖에 없었다. 궁극적인 것과 잠정적인 것 사이의 구분은 **전체적으로는** 그리스도교적인 현실 이해에 근거했지만, 그러나 또한 국가 질서의 세속성과 이 세상 삶의 그 밖의 영역에도 해당한다. 전통적·그리스도교적 이해에 놓인 이러한 삶의 영역들의 세속성과 비교할 때, 다소간에 그리스도교적인 기원으로부터(그에 따라 또한 영적인 것과 세상적인 것 사이의 구별과 순위로부터) 벗어나려고 결심한 현대 세속주의적 사회 이해는 점점 더 이데올로기화 되어갔다. 현대 세속주의의 이데올로기적인 특성은 그 사이에 널리 자명하게 여겨지게 된 인간 본성에 대한 특정한 전제에 근거하는

174　이하의 내용에 대해 나의 책을 참고하라. *Christentum in einer säkularisierten Welt*, 1988, 특히 32ff.

데, 이 전제에 따르면 종교적 삶의 주제는 모든 경우에 단지 이차적일 뿐이다.[175] 이렇게 이데올로기적으로 각인된 세속주의에 대해 그리스도교는 새롭고 근본적인 비판을 담은 관계를 설정해야만 했다. 그리스도인들과 교회는 현대사회의 세속주의가 단순히 과거의 연속, 곧 대체로 그리스도교적으로 각인된 문화로 파악되는 맥락 안에서 영적인 것과 대비되는 세상적인 것의 제한된 속성과 세속성의 연속이라고 생각한다면, 그것은 환상에 빠지는 것이다. 그리스도인들과 교회의 그런 태도는 그들 자신이 세속주의적 현대성이 제기하는 도전을 충분히 파악하지 못했다는 사실을 알려주었으며 지금도 알려주고 있다. 이러한 도전을 전제하는 동시에 그리스도교는 자신의 유한성을 아는 인간이 가진 진정 세속적인 인문주의 계기들을—인문주의가 현대의 사회적·문화적 삶 속에서 형성된 것처럼—이 세상적인 삶의 세속성에 대한 그리스도교적인 이해 안으로 수용해야만 했고(물론 궁극적인 것과 잠정적인 것, 영적인 것과 세상적인 것 사이의 구분 속에서), 예를 들어 현대 세속주의에 대한 성직자로서의 반응에 더 이상 머물러 있을 수 없었다. 그런 반응은 개인의 이성적 자율성과 사회적 기관들을 성직자들의 통치 요구에 굴복시키기를 원하는 것이었다. 오히려 그리스도인들과 교회는 자신의 고유한 유한성을 의식하는 인간의 이성적 자율성을 옹호하는 입장에서, 그렇기에 또한 신적 비밀이 인간의 유한한 현존재를 구성한다는 주장의 옹호자로서 행동해야만 한다.

모든 경우에 교회는 국가적 법률 질서와 그 범위 안에서 전개되는 공적 문화에 대하여 표징의 역할을 수행한다. 그것은 교회 자체의 단순한 현존재를 통해, 나아가 자신의 예배적 삶 안에서, 이 세상 질서를 상대화시키는 인간 규정의 완성 곧 미래의 하나님 나라 안에 있게 될 그 규정의 완

---

175 인간에 대한 상(像)을 그와 같이 협소화시킨 것을 폭로하는 것, 그리고 종교적 주제가 삶이 성취하는 모든 영역에서 인간의 자기이해를 구성한다는 중요한 의식을 재건하는 것은 나의 연구 주제였다. 참고. *Anthropologie in theologischer Perspektive*, 1983.

성에 대한 표징이 되어야 하는 역할이다. 그 역할로부터 개인의 삶은 물론 공적 삶에도 영향을 미치는 교회의 작용들이 시작되고, 특수한 경우에는 그리스도교의 문화적 작용의 특성, 곧 영적인 것과 세상적인 것 사이의 구분과 상호작용의 순서를 갱신하기에 이른다. 그럼에도 불구하고 영적인 것과 세상적인 것의 차이를, 그리스도교적인 자유를 정치적으로 실현하라는 요청과 또한 사회적 삶 속에서 하나님 나라를 실현하라는 요청을 통해 근본적으로 극복하는 일은 그리스도인 혹은 교회의 과제가 될 수 없다.

종교개혁이 제기한 그리스도교적 자유의 원칙을 세상 안에서 실현하는 것과 관련해서 헤겔은 근대의 세계사적인 과제를 내다보았다. "종교개혁과 함께…새로운 마지막 깃발이 올려졌고, 그 주위에 민족들이 모여든다. 그것은 자기 자신의 곁에 머무는 자유로운 정신의 깃발, 곧 진리 안에서, 오직 진리 안에서만, 자기 자신 곁에 머무는 정신의 깃발이다. 이제 종교개혁에서 시작되어 우리에게 이르는 시대가 해야 할 일은 다름이 아니라 바로 그 원칙을 세상 속에 수립하는 것이었고, 그 외에는 아무것도 해야 할 일이 없었으며, 그러나 그 일은 그 원칙이 자유의 형식인 보편성을 반드시 획득하게 되는 방식으로 행해져야 했다."[176] 그래서 헤겔에 의하면 종교개혁 이후에는 원칙적으로 다음의 사실이 타당하다. "종교와 국가는 이제부터는 서로 조화를 이루며 일치한다. 왜냐하면 양자는 동일한 업무를 갖기 때문이다. 세상이 종교와 진정으로 화해하는 일이 임박해 있다."[177] 칸트와 달리 헤겔은 이렇게 생각했다. 종교개혁에서 시작된 근대사 안에서 교회와 국가의 구분은 소멸할 운명으로 규정되었다는 것이다. 사태를 이렇게 바라보는 관점은 신학의 영

---

176   G. W. F. Hegel, *Vorlesungen über die Philosophie der Weltgeschichte* (PhB 171) hg. G. Lasson (1919) 1976, 881.

177   G. W. F. Hegel, 같은 곳, 882. 여기서 우리는 왜 헤겔이 자신의 법철학에서 교회와 국가의 구분에 대한 체계적 서술의 자리를 할애하지 않았는지 이해할 수 있게 된다.

역에서는 우선 리차드 로테에 의해 수용되었다.[178] 이 관점의 계속된 영향력은 에른스트 트뢸치를 거쳐 오늘에 이르렀으며, 그는 이렇게 주장한다. 현재의 문화적 세계에 대해 "절대성"의 계시는 인격성의 이념 내지는 인권 안에서 찾아져야 한다는 것이다.[179] 이같은 이해는 개신교주의에서 지역을 통치하는 교회 기관이라는 토양 위에서—국가 질서가 자신이 공식적으로 그리스도교와 그것의 문화 작용에 근거하고 있다고 이해하는 한—어느 정도 타당성을 가졌던 것으로 보인다. 그러나 최소한 1918년 이후의 독일에서 그것은 더 이상 사실이 아니다. 그리스도교적인 뿌리로부터 자신을 분리시킨 세속 국가 안에서 인권의 이해와 적용은 이제는 두말할 필요도 없이 그리스도교 정신의 표현으로 여겨지지 않는다. 인권이 인간 규정으로부터 흘러나와 현재의 모든 질서를 넘어서는 보호 권리로서 국가질서의 전체주의적 요구에 맞서 자신의 기능을 성취하는 곳에서, 인권 그 자체는 모든 구체적인 국가법 질서가—비록 국가법 질서도 인권에 호소하여 스스로를 정당화한다고 해도—단지 잠정적인 성격만을 갖는다고 증언한다. 왜냐하면 모든 국가법 질서는—비록 그것이 민주정치적 정당성을 갖고 있다고 해도—인간적인 통치 질서에 그치며, 인간이 다른 인간을 지배하는 통치 법규만을 표현하기 때문이다. 그 결과 그런 지반에서 실현될 수 있는 혹은 실제로 실현된 정의는

---

178   R. Rothe, *Theologische Ethik*, 2.Aufl. V, 1871, §1168 (397f.). 여기서 로테는 명시적으로는 헤겔이 아니라 피히테를 인용한다. 로테는 "종교개혁이 본래적인 교회를 없애버렸다"(각주 398)는 사상이 근원적으로는 피히테로부터 유래한다고 보았다. 로테와 관련하여 다음 내용을 비교하라. H.-J. Birkner, *Spekulation und Heilsgeschichte. Die Geschichtsauffassung Richard Rothes*, 1959, 100ff.

179   E. Troeltsch, *Die Soziallehren der christlichen Kirchen und Gruppen*, 1912, 978f. 이에 대해 다음 문헌을 보라. T. Rendtorff, *Theologie in der Moderne. Über Religion im Prozeß der Aufklärung*, 1991, 102f., 특히 104ff. 인격성의 이념과 인권을 결합시키는 것에 대해 트뢸치의 후기 저작을 참고하라. E. Troeltsch, *Naturrecht und Humanität in der Weltpolitik*, 1923. 그 핵심 내용과 관련해서 또한 나의 논문을 비교하라. Christliche Wurzeln des Gedankens der Menschenwürde, in : W. Kerber, Hg., *Menschenrechte und kulturelle Identität*, 1991, 61ff.

언제나 구체적인 제약을 갖는다. 국가의 법 질서가 아직은 하나님 나라의 정의를 실현하지 못하고 실현할 수 없다는 사실을 기억하게 해주는 것은 바로 인권이다. 그렇기에 예를 들어 레오나르두 보프(Leonardo Boff) 등의 해방신학의 상상은 허상에 그친다. 그것은 교회로부터 시작되는 혁명적 행위가 하나님 나라의 정의와 그 나라 자체를 사회적 실천 속에서 실현할 수 있다고 상상했다. 그런 상상들은 타락한 이 세상 안의 인간적 본성이 지닌 파멸적 성격을 냉철히 고려하는 일을 소홀히 했고, 또한 하나님 나라가 인간의 손이 아니라 오로지 하나님 자신에 의해서만 도래할 수 있다는 사실도 간과했다. 비명과 절규를 야기하는 불의를 제거해야 하는 곳, 그리고 인간 존중과 법률 상태의 개선이 문제되는 곳에서 교회와 그리스도인들이 침묵해서는 안 된다는 것은 물론 확실하다. 그러나 그런 모든 개선은 다만 인간적인 법질서가 지닌 잠정적 특성의 테두리 안에서만 성취될 뿐이고, 하나님의 통치의 궁극적이고 전면적인 정의를 확고히 세울 수는 없다. 나아가 세속화된 국가 안에서 (위에서 인용했던 헤겔의 말을 적용한다면) 인간들이 자유로운 정신의 깃발 아래서 자기 자신 곁에 머무는 것은 사실이지만, 그러나 그렇다고 해서 그들이 **진리 안에서** 자기 자신 곁에 머문다는 뜻은 아니다.

예배드리는 삶을 통해 교회는 소멸하는 이 세상의 한가운데서 하나님 나라 안에 있게 될 미래의 화해 공동체에 속하는 인간의 궁극적 규정에 대한 표징이며, 그 규정을 지시한다. 공동체는 하나님과 화해되고, 그것에 근거해서 인간들 서로에 대해서도 화해하는 공동체를 뜻한다. 그리스도인들과 교회의 현존재로부터 인간들의 공동 삶을 위한 화해의 작용은 이미 이 세상 안에서 시작될 수 있다. 그러나 그리스도교의 믿음은 아직 미래에 있는 그리스도의 재림에 직면해서 이 세상 안의 공동 삶에 담긴 모든 인간적 질서의 잠정적 성격을 지속적으로 의식하며, 하나님 자신에 의한 하나님 나라의 궁극적 실현과의 간격도 의식한다. 국가 곁에 있는 특수 공동체로서 교회의 존재적 필연성은—비록 국가 질서의 실제적인 내용 곧 정의와 평화 안에 있는 인간들의 공동 삶이 하나님 나라 안에서 자신의 궁극적 완성을 발견하게 될 것이라고 해도―그러한 실제적인 간격에 기초하고 있다. 특수한 공동체로서의 교회의 실존은 국가 질서의 형태 안에서 공동체적 인간 규정의 개별적 실현을 지속적으로 불완전한 모습으로 제시한다. 국가와의 구분 안에서 개별 시민들과의 관계를 통해 교회는 다름이 아니라 국가 질서 그 자체의 인간화(Humanisierung)에 봉사하게 된다. 왜냐하면 교회의 현존재를 통해 국가는 자신의 질서가 공동체로서의 인간 규정의 궁극적 실현과 다르다는 점을 끊임없이 기억하게 되고, 그 결과 개인들에 대한 국가적 요청은 제한되기 때문이다. 이 사실은 그러한 구분과 그 구분의 기능이 국가의 편에서 인정되는 경우에도 타당하지만, 그 인정이 아직 일어나지 않는 경우에도 타당하다. 다만 후자의 경우에 교회의 존재는 전자의 경우와는 다르게 진술되어야만 할 것이다. 말하자면 그것은 국가와 그것의 법질서의 자기이해에 대한 근본적 비판의 형태로 표현될 것이다.

이러한 설명은 중심 내용과 관련해서 루터 신학의 전통 안에서 하나님이 행하시는 두 왕국 혹은 두 "정부"의 구분 및 상호관계로 논의되었던 주제를 수용한다.[180] 하지만 여기서의 설명은 그 주제에 대한 통상적인 취급과는 다른데, 이곳의 설명이 영적 영역과 세상적 영역의 제도적인 구분을 그리스도교의 문화사적인 특성과 그것의 문화 형성 작용으로 이해한다는 점에서 다르다. 국가와 교회의 구분이라는 그리스도교적인 의미로 이해되는 세상 정부가 다른 문화들(예를 들어 이슬람 문화) 안에도 두말할 필요도 없이 존재한다고 전제할 수는 없다. 국가 질서라는 사실성은 인류의 사회적 역사 안에서 사회화가 진전되는 어떤 단계부터 매우 일반적으로 등장하며, 우리는 그 질서

---

180   루터의 주제를 발전시킨 것과 관련해서 H.-J. Gänssler, *Evangelium und weltliches Schwert, Hintergrund, Entstehungsgeschichte und Anlaß von Luthers Scheidung zweier Reiche oder Regimente*, 1983. 몇 가지 새로운 해석에 대해서는 138ff.를 보라.

를 또한 매우 일반적으로 신적 보존 의지의 표현으로 평가할 수 있다. 하지만 국가 질서와 그것의 토대로서의 종교 사이의 관계는 다른 문화들 안에서는 그리스도교의 역사 안에서 나타났던 것과 다른 형태로 형성되었다.[181] 이미 비잔틴 제국이 주교들의 권위와 황제권 사이의 대립이라는 특성을 보여주었다. 이것은 그리스도교 이전의 로마 제국의 제도 안에서는 전례가 없는 것이다. 서구 중세 시대에 그런 대립은 그리스도교적 삶 안에서 세상 권력과 영적 권력의 구분이라는 상응하는 형태로 나타났고, 종교개혁의 두 왕국론은 이같은 관찰방식을 계승했다. 하지만 두 개의 정부를 구분할 때, 세상 정부의 편에서는 다음의 사실을 충분히 의식하지 못했다. 그것은 영적 권력과 세상 권력의 구분이 역사적으로 볼 때 오직 그리스도교의 지반 위에서만 발전했다는 사실, 그리고 그 구분이 그리스도교의 특수한 전제와 결합되어 있다는 사실, 곧 그리스도교의 종말론적 의식 및 교회 개념에 대한 그 의식의 본질적 중요성과 결합되어 있다는 사실이다.[182]

교회와 국가의 구분은 그에 상응하는 법률 관계를 갖는다. 왜냐하면 국가의 질서는 본질상 법질서이기 때문이다. 그렇기에 국가를 인간 공동체의 삶에 속한 한 가지 잠정적 형태로 상대화시키는 것은 그에 따른 법질서를 갖추는 일도 포함한다. 그러나 바로 법과 정의를 제한 없이 실현하는 것은 하나님의 통치를 기다리는 희망의 내용이다. 이 통치는 교회의 예배 안에서 지금 이미 표징으로 나타나고 있다. 그러므로 국가의 법질서는 그리스도교의 관점에서 볼 때 단순히 잠정적인 의미만을 갖는다.[183] 왜냐

181 나의 책을 비교하라. *Anthropologie in theologischer Perspektive*, 1983, 463f. 국가의 문화사적인 근원에 대해서는 같은 곳, 445ff.에 있는 E. R. Service 등의 각주를 보라.

182 이에 대해 나의 논문을 보라. Luthers Lehre von den zwei Reichen und ihre Stellung in der Geschichte der christlichen Reichsidee, in : A. Hertz u. a., *Gottesreich und Menschenreich. Ihr Spannungsverhältnis in Geschichte und Gegenwart*, 1971, 73 - 96, 특히 86ff.

183 칸트의 도덕성과 적법성의 구분(*Kritik der praktischen Vernunft*, 1788, 126ff. 등등) 그

하면 그 질서는 하나님이 원하시고 또한 인간들과 그들의 공동체적인 삶을 향해 요청하시는 의로운 법에 대한 종말론적 전망 안에서 평가되기 때문이다. 사태를 이렇게 바라보는 관점은 율법과 복음의 구분을 통해 표현된다. 그 구분의 형태는 법과 종교가 결합된 유대교적인 형태와 그리스도교적인 종말론적 의식이 서로 분리된 것과 관련되어 있다. 이와 같은 복잡한 내용은 그리스도교의 자의식에 대한 의미와 관련해서, 또한 그리스도교 안에서 일어난 그것의 해석사적인 관점에서 특별히 상세한 논의를 필요로 한다.

3. 율법과 복음

옛 민족과 문화의 역사 안에서 국가의 통치 질서와 함께 법 질서도 종교와 특별히 밀접한 관계를 가졌다.[184] 물론 법이 상호성의 원칙에 따라 종교와 독립적인 인간학적 뿌리를 갖는 것은 사실이다. 그러나 개인들과의 관계 안에서 그 원칙을 따를 경우에 그 법의 보호자와 그것의 위반에 대한 징벌의 보증인으로서 신성의 권위가 필요하게 된다. 관습과 법률 공표 안에서 상호성의 원칙을 사회적 상호작용의 특수한 상황들에 적용함으로써 구체화하는 것, 그리고 왕 또는 특별히 지명된 법 제정자들이 법전을 편찬

리고 그 구분이 칸트의 교회와 국가의 구분(*Die Religion innerhalb der Grenzen der bloßen Vernunft*, 1793, 2.Ausg, 1794, 137ff.)에 대해 갖는 근본적인 의미를 비교하라. 물론 칸트는 하나님의 종말론적인 의로움의 의지와 인간의 법 질서 안에서 그것이 단지 잠정적이고 불완전하게 실현되는 것 사이를 구분하는 자리에 구조적으로 사고된 법과 도덕 사이의 구분을 위치시킨다.

184 다음의 논문을 통해 나도 최근의 활발한 논쟁에 참여했다. "Christliche Rechtsbegründung," in : A. Hertz, u.a, Hgg., *Handbuch der christlichen Ethik* 2, 1978, 323 - 338, 특히 "법과 종교"에 관한 단락인 327 - 332. 또한 나의 설명을 비교하라. *Anthropologie in theologischer Perspektive*, 1983, 451ff.

하는 것[185]은 신성의 권위, 신적 기원, 혹은 특별한 신적 소명과 신적 영감 등을 필요로 한다.

정치적 통치 질서와 법 질서에 신성을 통해 권위를 부여하는 것은 흔히 그 두 가지 질서가 우주의 질서에 상응한다는 주장과 결합되어 있었다. 이 사상은 이스라엘 안에서도 찾아볼 수 있고(시 19편; 119:64; 119:89ff.), 후기 유대교에서 토라와 하나님의 지혜를 동일시하는 것(비교. 지혜서 24:23ff.)으로 계속 전승되었다. 지혜는 하나님의 창조의 시초와 중재자로 파악되었다. 하지만 우주의 질서와 일치한다는 주장은 이스라엘 안에서는 하나님의 법의 기원에 속하지 않는다. 법을 하나님의 법으로 확신하는 유대적 믿음의 정당성은 오히려 근원적으로는 이스라엘이 선택되었다는 전통을 통해 주어졌거나, 혹은 이집트로부터의 구출과 땅의 수여에 기초해서 야웨가 이스라엘의 소유권을 주장한 것을 통해 주어졌다. 621년에 유다 왕 요시야가 신명기 법을 공표했을 때, "이스라엘인들의 삶의 넓은 영역"[186]이 포괄적으로 법 질서 아래 놓이게 되었다. 그러나 이것은 바빌론의 경우처럼 하나님께 의지하여 왕이 직접 권위를 부여한 것이 아니었고, 오히려 모세를 통해 계시되고 그가 중재했던 하나님의 율법 수여[187]에 대해 백성

---

185 전자와 관련된 예는 다음 논문에서 볼 수 있다. W. Pannenberg und A. Kaufmann, *Gesetz und Evangelium*, SBAW 1986/2, 5f.(수메르의 왕인 움마무[Umammu]와 리피트-이쉬타르[Lipit-Ischtar], 그리고 바빌론의 함무라비[Hammurabi von Babylon]가 언급된다). 특별한 소명을 받은 법률 제정자인 이스라엘의 모세뿐만 아니라, 또한 그리스 전승의 법률 제정자(Nomotheten)인 아테네의 솔론(Solon von Athen)의 작업을 예로 들 수 있으며, 보다 덜 전설적인 크레타의 미노스(Minos von Kreta)와 스파르타의 리쿠르고스(Lykurg von Sparta)도 여기에 속한다. 초기 이스라엘과 그리스에서 법률 제정자가 등장한 배경은 서로 다르지만, 그럼에도 불구하고 양자의 공통점은 그것이 왕이 없는 사회와 관계되어 있었다는 사실이다.

186 K. Koch, Art. Gesetz I, in: *TRE* 13, 1984, 40-52, 인용은 47.

187 이런 배경에서 코흐(Koch, 같은 곳, 45)가 포로기 이전의 근본 상태를 특정하기 어려운 계약의 책(출 20:22-23, 33)에 대해 다음과 같이 말한 것은 신명기에도 해당한다. "구원사의 근본 사실로서의 시내 계약과의 관계를 통해 율법 수여와 법적인

에게 보고한 것이었다. 후대에 개정된 신명기는 제사장들의 제의 실행으로부터 빌려온 표현 곧 "바로 이 토라"(이 율법, 신 1:5; 비교. 4:44)를 특징적으로 사용하는데,[188] 이 용어의 사용은 포로기 이후에 오경 전체로 확장되었다. 이 과정을 거쳐서 후대의 다양한 종류와 형태의 율법 구문들과 그것들을 하나로 묶은 법전의 기원은 시내산의 상황으로 소급되었고, 모세가 수용한 동시에 하나님이 제정하신 것으로 여겨졌으며, 하나님 자신이 내리신 지침으로 묘사되었다.[189]

　이런 일이 일단 일어난 후 그 율법 구문들은 더 이상 개정되거나 다른 것으로 대체될 수 없었고, 단지 해석될 수 있을 뿐이었다. 비록 개별 율법 구문들은 그 안에서 규정된 내용들과 함께 대체로 특정한 역사적 상황에 기원을 두고 있었고 그에 따른 특수한 여건들의 제약을 받고 있었지만, 그 구문들은 그러한 정황이 변화했을 때도 같이 변화하거나 제거될 수 없었다. 왜냐하면 그 구문들은 하나님께서 시내산에서 영원히 유일회적으로 선포하신 신적인 법으로 통용되었기 때문이다. 그 사이에 중요한 계명들의 숫자뿐만 아니라, 세부적인 실천을 위한 해석의 필연성도 증가했다. 전통에 의해 확정되고 고정된 이스라엘의 법 전승은 토라의 형태를 이루면서 유대 민족의 특수한 국가적 전승이 되었다. 하지만 그것은 모든 인간을 다스린다는 어떤 신의 법 의지에 대한 보편타당한 표현이 아니었다.

　이러한 사태와의 관련성 안에서 비로소 하나님의 의로운 법이 예수의 메시지 안에서 새롭게 근거되었다는 사실의 완전한 의미가 드러난다.

실천은 미래에―메소포타미아에서처럼―어떤 일반적인 신성이 아니라, 오히려 최고 신성과 (왕의 어떤 중재적인 개입 없이) 직접 결합할 것이다.

188 　K. Koch, 같은 곳, 47. 토라는 원래 제사장이 "정결" 혹은 "불결"에 대한 결정을 내리는 용어였다(레 14:57; 비교. 렘 18:18). 하지만 이미 8세기에 호세아가 이 용어를 법률적 내용에 대한 하나님의 개별 지시를 의미하는 것으로 사용했고, 그 후에 많은 상세한 규정들을 포함해서 하나님이 지시하시는 포괄적인 삶의 질서를 뜻하게 되었다.

189 　비교. *Handbuch der christlichen Ethik* 2, 1978, 332ff.

그 근거는 하나님의 종말론적 미래로부터, 나아가 그 미래가 예수의 메시지 안에서 현재 안으로 돌입했다는 사실로부터 성취되었다. 제10장에서 제시했던 것처럼,[190] 하나님께서 인간들에게 의로움을 요청하신 것에 대한 예수의 해석은 통상적인 유대적 관점과는 달랐다. 그 차이는 하나님 사랑과 이웃 사랑에 집중된 율법의 내용에 의한 것이라기보다는, 그 내용의 최종 근거 때문이었다. 예수는 율법이 전승되어온 권위에 근거해서 논쟁하지 않았다(물론 그 권위를 청중들에게 환기시키기는 했다). 예수는 자신의 진술을 하나님의 미래가 사람들에게 요청하는 것에, 그리고 그 미래가 예수 자신의 등장 속에서 돌입했다는 사실에 근거시켰다. 이로써 예수는 구약성서의 하나님의 법의 핵심을 과거 역사의 구체적 사건들로부터 생긴 세부 규정들의 껍질로부터 해방시켰다. 예수는 구약성서 안의 도처에서, 또한 토라에 대한 유대교적 해석 안에서 그 핵심을 통찰했던 것이다. 그 결과 유대적인 하나님의 법을 인류에게 보편타당한 내용으로 인식할 수 있는 가능성이 열렸다. 유대 민족에게만 특수하게 유효하다는 피상적 판단에 반대해서 유대교의 법 전승에 대하여 보편-인간적 의미를 요청한 것은 이미 헬레니즘 유대인들의 율법 해석이 예수 이전에, 예수와 더불어, 예수 이후에 시도했던 일이었다. 하지만 이 시도는 모든 세부 사항과 함께 율법 전승에 담긴 하나님의 권위를 언제나 전제하고 있었다. 하나님이 요청하시는 의로운 법의 인식은 예수의 해석을 통해 전통의 그런 외적 권위로부터 해방되었으며, 전승된 율법에 근거해서 유대인들이 예수를 배척했기 때문에 그리스도인들은 하나님이 행하신 예수 부활의 빛 안에서 율법 전승이 붕괴한 것으로 이해하게 되었고, 바울이 처음으로 이 모든 결과를 분명히 드러냈다(갈 3:13).

　이제 그리스도인들에게 율법의 권위는 복음을 통해 해체되었다. 이 해체의 의미는 무엇인가? 율법은 최종적으로 단지 구원의 길에 그치며,

---

190　『조직신학』 II, 573ff.를 보라.

예수 그리스도 안에 나타난 표현 곧 하나님께서 의로운 법을 원하신다는 표현(롬 10:4)은 될 수 없는가?[191] 혹시 복음 자체는 하나님의 율법을 해체하는 새로운 토라로 이해되고, 그래서 율법과 다른 기능을 갖는 것이 아닌가? 그렇다면 의로운 법을 원하시는 하나님의 의지는 이제 어디서 계속해서 표현되는가? 이것들은 그리스도교 신학사 안에서 오늘에 이르기까지 논란이 되고 있는 질문들이다. 이와 관련해서 우리는 예수의 복음을 통해 율법에 보편적·인간적 의미가 주어진 것, 그리고 사도들의 그리스도 선포를 통해 유대교 율법이 전승의 권위로부터 벗어나게 된 것을 이해해야 한다. 나아가 이 이해를 위해 최소한 그리스도교적 사고가 해석해온 율법과 복음의 관계를 서술하는 역사의 중요한 국면들이 파악되어야 한다. 그 국면은 예를 들어 바울의 이해, 복음을 새로운 법(*nova lex*)로 보았던 고대와 중세의 해석, 그리고 종교개혁의 율법과 복음의 교리 등이다. 바울의 이해와 그 이후의 이해 사이의 차이점, 그러나 또한 바울 자신의 진술 안에서 나타나는 애매한 표현과 해결되지 않는 의문들은 그 자체로 계속해서 새롭게 발전되며 이해되어왔다. 오늘 우리가 그 중심 주제들을 새롭게 수용해야 하는 과제는 필연적이다. 이 과정에서 법(Recht) 개념을 유대교적인 율법(Gestz) 개념으로부터 구분하는 것이 유익하다. 유대교적 율법은 하나님의 계시로 소급되고, 그것의 결과인 법 전승들도 계시를 통해 권위를 부여받았다. 이 사실을 통해 우리는 다시 한번 양자를 구분하게 될 것이다. 하지만 우리는 또한 복음과 법 질서(국가 법을 포함한 질서)의 상호관계가 그리스도교 역사 안에서 뚜렷한 특징이 되는 구분, 곧 교회와 국가의 구분의 뿌리라는 것도 알게 될 것이다.

---

191   그리스도가 율법의 마침(*telos*)이라는 바울의 진술의 모호한 의미에 대해 다음을 보라. U. Wilckens, *Der Brief an die Römer* 2, 1980, 221ff.

a) 바울의 구원사적인 율법 이해

루터는 율법과 복음의 종교개혁적인 구분을 "그리스도교 안에서 일어난 최고의 예술"이라고 말했는데, 그것은 바울에게로 소급된다(WA 36,9,28f.). 하지만 이미 하르나크가 바울 자신은 그 두 가지 개념을 그 어디서도 명시적으로 서로 관련짓거나 대립시키지 않았다고 주장했다.[192] 바울은 율법을 믿음(롬 6:14f.)과 대립시키고 또한 영(7:6; 비교. 8:2)과도 대립시켰지만, 그러나 결코 복음과 대립시키지는 않았다. 비록 갈라디아서 3:2이 영의 원천으로서 "율법의 행위"와 대립하는 믿음의 소식(*akóe pisteos*)이 중심 의미에서는 복음과 동일시될 수 있다고 해도, 그렇게 말할 수 있다. 바울은 이 맥락에서 강조점을 그 소식의 형식이 아니라, 믿음의 새로운 현실성 곧 은혜와 영의 현실성 위에 둔다. 이 현실성은 율법을 그것의 행위로부터 분리시킨다. 계속되는 본문의 맥락에서 몇몇 구절들(고전 9:20-23)은 율법과 복음이라는 두 가지 개념을 결합시키는데, 여기서 바울은 복음의 선포가 율법에 관한 논쟁을 넘어서는 것이라고 표현한다. 이 논쟁은 다른 어떤 지평 위에서 움직이고 있다는 것이다. 종교개혁 안에서 율법에 대한 바울의 진술들이 복음에 대한 진술들과 결합한 결과, 양자가 인간에게 대한 서로 다른 형태의 말 건넴으로서 대립하게 되었던 것은 사도 바울의 질문이 아닌 다른 질문이 제기되었기 때문이다. 하나님의 요청으로서의 율법과 죄 용서의 약속과 권면으로서의 복음이 서로 대립하게 된 것이다. 이와 달리 정작 바울에게 중요했던 것은 한편으로 율법과 관련되고, 다른 한편으로 그리스도의 믿음과 관련되는 양자의 구원사적 현실이었다. 율법과 복음은 하나님의 역사적 행동의 구분되는 두 시대(Epochen)로서 서로 결합되어 있다는 것이다. 그리스도의 오심을 통해 율법의 시대는 끝났다(갈 3:24f.; 롬 10:4).

...

[192] A. v. Harnack, *Entstehung und Entwickelung der Kirchenverfassung und des Kirchenrechts in den zwei ersten Jahrhunderten*, 1910, 218. 여기서 좀(R. Sohm)에 대한 비판을 보라.

...

게르하르트 에벨링은 율법에 관한 중요한 논문에서 바울의 율법 개념이 구속사적으로 각인되어 있음을 강조했다. 거기서 그는 단 한 가지의 상위 개념에 주목했는데, 바울은 그 개념을 통해 율법과 율법을 해체하는 믿음, 은혜, 영의 새로운 현실들을 서로 관계시키고 대비하고 또한 통합할 수 있었다는 것이다. 그것은 계약(언약)이라는 개념이며, "옛" 계약과 "새" 계약의 대립으로 표현된다(갈 4:24ff.; 고후 3:6).[193] 바울이 의미하는 율법은 인간을 향한 하나님의 의지 내지는 요청이 무시간적으로 유효한 어떤 형태를 취한 것이 아니고, 오히려 일종의 "실증적인 역사적 실체"다. 다시 말해 그것은 구약성서적인 율법 혹은 ― 일반화하자면 ― 율법으로 파악된 구약성서 전체를 가리킨다.[194] 이 사실과 바울이 "성령의 법"(롬 8:2), "믿음의 법"(롬 3:27), 또한 "그리스도의 법"(갈 6:2)을 유비로 말할 수 있었다는 것은 서로 모순되지 않는다. 여기서 중요한 것은 "어떤 목적을 위해 구성된 대조적인 상"[195]이며, 이것은 그리스도 안에서 모세의 율법과 다른 어떤 것이 등장해서 그 율법이 끝났음을 표현한다. 바울에 의하면 율법 안에서 표현되는 인간에 대한 하나님의 요청이 보편적이며, 그래서 (최소한 개별적인 경우에)[196] 율법의 의도(롬 2:14)는 사실 비유대인들에게도 관계된다는 것은 바울의 율법 개념이 구약성서적 율법의 역사적 실체와 동일하다는 것과 대립하지 않는다. 이방인들에게는 "자기 자신이 율법"이 된다고 해도,

193 G. Ebeling, Erwägungen zur Lehre vom Gesetz (1958), in : ders., *Wort und Glaube* I, 1960, 255 – 293, 특히 266.

194 G. Ebeling, 같은 곳, 272 ; R. Bultmann, *Theologie des Neuen Testaments*, 1953, 255f. 레이제넨(H. Räisänen, *Paul and the Law*, 1983, 16ff.)은 그 근본 의미를 확정적으로 설명하지만, 율법의 행위(갈 4:5f.; 5:1)를 이방인들에게 확장시켜 적용하기 위해 그 개념이 "전략적으로 훨씬 넓은 차원을 가정하고 있다"는 사실도 바르게 제시한다. 또한 다음 문헌을 보라. E. P. Sanders, *Paul, the Law, and the Jewish People*, 1983, 81ff.

195 G. Ebeling, 같은 곳, 269. H. Räisänen, 같은 곳, 52에서 로마서 3:27과 8:2을, 77ff.에서 갈라디아서 6:2과 고린도전서 9:20f.를 각각 비교하라.

196 U. Wilckens, *Der Brief an die Römer* 1, 1978, 133.

나아가 그들에게는 율법의 행위가 "마음속에 새겨진다"(롬 2:15)고 해도,[197] 그들에게 "율법이 없다"는 사실은 변경되지 않는다. 여기서 율법에 대한 바울의 진술과 사고를 넘어서는 어떤 질문이 제기되고 있음이 틀림없다. 그럼에도 불구하고 사도 바울의 율법 이해가 구속사적으로 각인되어 있다는 사실은 그 질문의 영향을 전혀 받지 않는다.

모세의 율법은 바울에 의하면 그리스도 안에서 끝났다(롬 10:4). "마침"(telos)이라는 단어는 이 진술에서 그리스도가 율법이 (하나님의 섭리 안에서) 향하고 있는 최종 목적을 지칭한다고 이해될 수 있다. 이 생각은 그리스도의 나타나심과 함께 율법의 시대는 지나갔다는 사실을 나타낼 수 있으며, 어쨌든 배제하지는 않는다. 그 사실이 어쨌든 후자의 목적의 관점이 주로 강조하는 것이다.[198] 왜 율법은 그리스도의 오심과 함께 종말에 도달

---

197   이 구절은 율법에 대한 사도 바울의 다른 모든 구절과 구별되는 유일하고 독특한 구절이다. 이 구절에서 연상되는 스토아적·자연법적 사고로부터 우리는 바울이 전체적으로 자연법적인 율법 개념을 생각했고 이 생각이 그가 율법을 철저히 실증적·역사적 의미로 진술한 것을 덮고 있다는 결론을 도출해서는 안 된다. 또한 로마서 2:14에서도 바울은 이방인들의 **행위**와 율법이 요청하는 행위들 사이의 유비를 말하고 있으며, 모든 인간의 마음속에 동일하게 새겨져 있다고 말해지는 어떤 보편적인 법(Nomos)이 유대교적 율법 안에서 역사적 현상의 형태를 취했다는 식으로 말하지 않는다. 바울이 그렇게 논쟁할 수 있었다는 것은 레이제넨이 율법 개념을 "진자운동"(Oszillieren)이라는 부른 것(위의 각주 194를 보라)과 관계가 있다고 보아야 한다. 그 밖에 보른캄의 논문을 비교하라. G. Bornkamm, Gesetz und Natur, in : ders., *Studien zu Antike und Urchristentum* (Ges. Aufsätze II), 1959, 93-118, 특히 98ff. 보른캄은 110f.에서 바울의 진술과 필론의 진술의 차이를 강조하지만, 하나님의 율법에 대한 이방인들의 "지식"(99, 107 등등)이 사도 바울의 조심스런 어법을 넘어선다고 주장한다. 바울이 율법의 행위(!)가 그들의 마음속에 새겨져 있다고 말할 때(롬 2:15), 이것은 단순히 이방인들이 율법을 행하는 것을 명확하게 언급하며, 반면에 이방인들의 본성으로부터 흘러나오는 그런 행위의 근저에 놓인 지식이라는 의미는 단지 암묵적으로만 표현되고 있다는 것이다. 비교. H. Räisänen, 같은 곳, 26.

198   다음을 보라. E. P. Sanders, *Paul, the Law, and the Jewish People*, 1983, 38ff. 또한 H. Räisänen, *Paul and the Law*, 1983, 53-56. 빌켄스는 바울에게서 종말의 관점 외에 또한 목적의 관점이 고려되어야 한다고 주장한다. U. Wilckens, *Der Brief an die*

했는가? 왜냐하면 예수 그리스도 안에서, 다시 말해 그의 대리적 대속의 죽음(롬 3:25) 안에서 하나님의 계약(언약)의 의가 입증되었기 때문이다. 그 죽음에 상응할 수 있는 것은 오로지 인간의 믿음이며, 율법의 행위가 아니다(3:22). 그렇기에 인간은 이제는 오직 믿음을 통해서만 하나님 앞에서 의로울 수 있고(3:28; 비교. 갈 2:16), 율법의 행위를 통해서는 그럴 수 없다. 예수 그리스도 안에서 나타난 하나님의 행동을 믿기를 거부하는 사람에게는 율법을 지키는 모든 행위가 아무 소용이 없다. 왜냐하면 그는 하나님의 의에 순종하기를 거부한 것이며, 그 의에 자기 자신의 행위를 통해 상응하려고 하기 때문이다(롬 10:3). 바로 이러한 상황에서 유대 민족이 하나님의 계약(언약)에 대한 자신의 신실함을 입증하려고 하는 행위의 의를 굳게 붙드는 것은 하나님의 계약(언약)의 의와 반대되는 자신의 "고유한" 의가 되어 버린다.[199] 왜냐하면 하나님의 의는 그리스도의 대속적 죽음을 통해 입

Römer 2, 1980, 222f.

199 U. Wilckens, 같은 곳, 220f. 그리고 특히 E. P. Sanders, 같은 곳, 37ff. 또한 샌더스의 설명(Sanders, 같은 곳, 30ff.)에서 바울이 율법의 성취를 통한 자기 의의 "자랑"(롬 3:27; 비교. 3:17.23)을 비판한 것에 대한 불트만(Bultmann, *Theologie des Neuen Testaments*, 1953, 260f., 264, 비교. 237f.)의 해석에 반대하는 논증을 보라. 샌더스에 의하면 유대교인인 자기 자랑에 대한 바울의 비판에서 핵심은 유대인들의 선택된 민족으로서의 우월감이다. 이에 대해 빌립보서 3:9에 대한 샌더스의 주석(Sanders, 같은 곳, 140)과 또한 케제만과의 논쟁(155ff.), 그리고 유대인들의 율법적 경건에 대한 불트만의 해석을 비판하는 레이제넨의 논증을 보라. H. Räisänen, 같은 곳, 169-177. 또한 다음을 보라. U. Wilckens, 같은 곳, 215. 빌켄스의 비판은 또한 로마서 7:7-13에 대한 보른캄의 해석에도 해당한다. 이 구절은 율법의 성취를 통한 자기 칭의에 근거해서 "자기 의를 추구하려는 열심" 안에 죄에 물든 탐욕의 동기가 놓여 있다고 전제한다. Bornkamm, *Das Ende des Gesetzes. Paulusstudien*, 1952, 55. 또한 휘브너의 관련된 설명도 참고하라. H. Hübner, *Das Gesetz bei Paulus. Ein Beitrag zum Werden der paulinischen Theologie*, 1978, 65.68f. 불트만과 보른캄에 기초한 휘브너의 설명, 곧 율법의 경건을 인간적 행위의 의의 자기자랑의 표현으로 보는 설명은 샌더스, 레이제넨 등에 의하면 수정될 필요가 있다. 휘브너에 대한 샌더스의 비판을 참고하라. Sanders, 같은 곳, 32f.

증되었고, 그 결과 인간은 그 의와 오직 믿음을 통해 상응할 수 있으며, 오직 믿음을 통해 하나님 앞에서 의로울 수 있기 때문이다.

믿음으로부터 오는 그러한 의가 유대 전승 안에서도 낯선 것이 아니라는 증거로 바울은 아브라함의 예를 든다. 창세기 15:6에 따르면 아브라함은 하나님의 약속을 믿음으로써, 의로 여김을 받았다(롬 4:3; 비교. 갈 3:6). 하나님을 믿는 것은 성서적 증언에 따르면 하나님 앞에 서는 인간의 의로움과 관련해서 율법의 행위보다 더욱 중요하다. 아브라함의 할례는 믿음 이후에 비로소 뒤따라온다(롬 4:10ff.). 그렇기에 바울에 의하면 아브라함의 참된 자손은 믿음으로 살아가는 사람들이다(갈 2:7; 비교. 롬 4:16f.).

그러나 아브라함이 율법에 상응하는 행위가 아니라 믿음을 통해 하나님 앞에서 의롭게 되었다면, 왜 하나님은 율법을 주신 것일까? 그것도 "사람이 이를 행하면, 그로 말미암아 살리라"(레 18:5)라는 말씀과 함께 말이다. 바울은 율법과 결합된 이 약속의 말씀을 여러 번 인용했다(갈 3:12; 롬 10:5). 여기서 바울은 분명 하나님 앞에서의 의가 율법의 행위와 결합되어 있다는 것을 의식하고 있었다(롬 2:13). 나아가 하나님 자신이 율법을 의와 생명에 이르는 길로서 주시지 않았는가? 바울은 이 질문과 관련하여 구약성서와 유대교의 믿음에 대한 오늘의 이해와 연관될 수 있는 대답을 하지 않았다. 다시 말해 율법은 하나님 앞에서의 의로움의 **근거**에 전혀 도움이 될 수 없고, 하나님의 계약(언약)을 통해 근거된 하나님과의 연합의 관계 안에서 하나님의 백성의 지체로서 **보존되는 것**[200]을 도와줄 뿐이라는 식으로 대답하지 않았다. 율법 자체의 권위를 이스라엘과 맺으신 하나님의 계약(언약)에 두는 것은 철저히 아브라함의 믿음의 의와의 연속성 안에서 이해되어야 한다. 바울이 아브라함을 보며 그가 할례를 의로움의 징표로 받았다고 말했다면(롬 4:11), 왜 그는 율법 전체와 하나님의 백성의 지체들이 그것을 보존하는 것을 하나님의 계약(언약)을 믿음으로 수용하는

---

200   G. v. Rad, *Theologie des Alten Testaments* I, 1957, 192-202, 특히 195ff.

것의 징표로 파악할 수 없었겠는가? 이 질문은 오직 다음의 사실을 정확하게 이해할 때 대답될 수 있다. 원시 그리스도교 시대에는 물론이고 에스겔의 메시지(18:1ff.)가 전해졌던 포로기 시대에 이미, 개인들이 하나님과의 연합인 구원에 참여하는 것은 하나님의 백성에 실제로 소속되어 있음을 통해 주어지는 것이 아니라 개별 개인이 토라의 요청에 응답하는 행위에 달려 있었다는 사실이다. 이에 따라 쿰란이나 에세네 공동체는, 또한 세례 요한도, 하나님의 백성의 대다수 지체가 비행에 빠져 있기에 오직 남은 자들만 구원받은 공동체로 모일 수 있다고 여겼다. 개인은 그 공동체에 가입해야 한다는 것이었다. 개인은 회개의 행위—세례 요한의 경우처럼—를 통해 미래의 심판에서 벗어나기를 구해야 하며, 그렇게 해서 하나님의 통치의 구원에 참여할 수 있다는 희망을 얻어야 한다. 이 상황[201]을 바라볼 때 아마도 다음의 사실이 비로소 이해될 수 있을 것이다. 바울은 하나님이 자기 민족에게 율법을 주신 것을, 아브라함의 믿음의 의라는 의미로 이해될 수 있는 하나님과의 계약(언약)의 연합 안에서 백성들이 보존되고 그 연합에 귀속된다는 보증으로 파악하지 않았다는 사실이다. 어쨌든 바울은 사실상 믿음의 의를 자기 동족의 율법적 경건에 대한 **대안**으로 말했다(갈 2:16; 롬 4:14; 10:3-10). 이렇게 말하게 된 것은 그들이 예수 그리스도 안에서 일어난 하나님의 새로운 행동에 대한 믿음을 거부했기 때문이었다. 이 이해가 바울의 율법 비판 전체의 출발점을 형성했다.[202] 그러나 바울은 예수 그리스도 안에서 일어난 하나님의 화해의 행동에 근거한 새로운 상황을 지시하는 것으로 만족하지 않았다. 다시 말해 **이제부터는** 하나님 앞에서의 의를 위해 그리스도의 소식을 믿는 믿음만 요청되고 계약의 신실함의 표징인 율법을 엄격히 지킬 필요는 없다는 식으로 말하지 않았다. 오히

201   J. Becker, *Johannes der Täufer und Jesus von Nazareth*, 1972.

202   E. P. Sanders, 같은 곳, 68f., 138. 그리고 동일저자, *Paul and Palestinian Judaism. A Comparison of Patterns of Religion*, 1977, 442-447. 여기서 샌더스는 불트만 외 몇 사람(R. Bultmann u.a. "The solution as preceding the problem")과 논쟁을 벌인다. 레

려 바울은 인간이 율법과 계명의 성취를 통해 하나님 앞에서 언젠가 의롭게 되고 약속된 생명에 참여하게 된다는 생각과 논쟁을 벌였다. 율법의 행위를 통해서는 아무도 하나님 앞에서 의롭게 될 수 없다(갈 2:16; 롬 3:20)는 것이다. 여기서 결정적인 것은 어떤 시대의 그 누구도 율법을 모든 세부사항들에 있어 성취한 적이 없다는 사실이다(갈 3:10). 이것은 물론 율법의 세부적 조항들이 전혀 성취될 수 없다는 것을 뜻하지는 않는다.[203] 하지만 그 성취와 결합된 생명의 약속은 어떻게 해도 율법의 성취를 통해서는 도달될 수 없으며, 도달한다면 그것은―아브라함의 경우와 같이―믿음에 의한 것이다. 바울이 이러한 판단을 예수 그리스도가 등장하기 이전의 시대에도 적용하게 된 결정적인 동기는 틀림없이 아브라함이라는 인물에 대

이제넨(H, Räisänen, 같은 곳, 23)도 샌더스의 의견에 동의하며 율법 아래 처한 인간의 상황에 대한 바울의 서술을 평가한다("the solution is for Paul clearer than the problem," 비교. 또한 108).

203 샌더스는 갈라디아서 3:10-12에 대한 주석(같은 곳, 20ff.)에서 대다수의 주석가들이 주장하는 해석, 곧 바울이 율법을 성취될 수 없는 것으로 여겼다는 해석에 이의를 제기했다(22f.). 샌더스가 중요하게 생각한 것은 바울이 빌립보서 3:6에서 자신이 유대인으로서 율법을 지킨 것에 대해 솔직담백하게 말한다는 사실이었다(Sanders, 23). 이에 대해 휘브너는 "모든 인간이 예외 없이 죄 아래 있다"는 갈라디아서 3:10의 말씀을 반대 사례로 제시했다. 왜냐하면 그 구절에 인용된 신명기 27:26에 따르면 율법의 저주 아래 있는 자는 "모두" 그 계명들을 충족하지 못했기 때문이다. H. Hübner, Gal 3:10 und die Herkunft des Paulus, *KuD* 19, 1973, 215-231, 인용은 218. 이에 대해 샌더스는 이렇게 항의했다. 랍비적 문헌과 그 밖의 유대교 문헌 안에서 "모든 사람이 이러저러한 때에 죄를 범한다는 것"은 일상적인 말이었지만, 그렇다고 해서 그것이 율법이 지켜질 수 있는 가능성을 의심한다는 뜻은 아니었다는 것이다. 율법의 위반에 대해서는 참회하는 길과 율법 자체가 제시하는 대속의 가능성을 이용하는 길이 있었다(28). 레이제넨은 이 문제에서 샌더스에 반대하는 쪽을 택했다. 왜냐하면 그는 어쨌든 갈라디아서 3:10(또한 5:3)은 율법 **전체**가 **모든** 세부규정들에서 성취될 수 없다는 것을 말한다고 생각하기 때문이다. 그는 이것이 앞선 단락 전체를 요약하는 로마서 3:20을 통해서도 확증될 수 있다고 본다(같은 곳, 95f.). 하지만 레이제넨은 모든 세부규정에 관련된 율법의 총체적 성취와 마찬가지로 또한 율법의 총체적 위반이라는 것도 율법에 대한 유대교적 순종이라는

한 이해에서 비롯되었을 것이다. 왜냐하면 바울에게 하나님 앞에서의 의로움은 메시아의 등장 이후에 비로소 가능했던 것이 아니라, 이미 그 이전부터 언제나 율법의 행위가 아닌 믿음을 통해 얻어진다는 점이 분명했기 때문이다. 이러한 믿음은 아브라함 이래로 언제나 이미 그리스도 안에서 일어날 하나님의 미래 행위와 관계되었다. 이제 그 미래 행위로부터 바울 사도의 메시지가 유래한다. 왜냐하면 아브라함에게 주어졌던 약속이 이제 예수 그리스도와 관계되며(갈 3:16), 그 약속과 결합된 축복이 예수 안에서 이미 성취되었기 때문이다(3:8).

이 사실을 통해 바울이 직면하고 있다고 느꼈던 날카로운 질문이 설명된다. 율법 및 그와 결합된 생명의 약속은 왜 주어졌을까? 바울은 이 질문에 대답하기 위하여 몇 가지 요점을 발전시킨다. 이것들은 서로 완전히 조화되지 않고,[204] 오히려 긴장과 모순을 포함한다.

갈라디아서 3:19에 따르면 율법은 하나님 자신을 통해 직접 주어진 것이 아니라, 천사를 통해 주어졌다. 이 말에는 율법의 권위를 약화시키려는 의도가 틀림없이 포함되어 있다. 율법은 하나님의 직접적인 의지의 표현이 아니고, 그래서 변경 불가능한 궁극적 표현도 아니라는 것이다. 그러나 이 말이 율법이 하나님 자신으로부터 직접 유래한다는 기원도 부정

표상에 대한 과장된 해석임을 인정한다(같은 곳). 나아가 그는 이방인들과 또한 바울 자신(빌 3:6)이 율법을 실제로 성취한다는 진술(롬 2:27)이 율법 성취의 불가능성에 대한 바울의 근본 주제와 해소될 수 없는 모순 관계를 표현한다는 사실도 인정해야만 했다.

[204] 이에 따라 샌더스의 판단(E. P. Sanders, 같은 곳, 81)은 상세한 논의의 결론(70ff.)으로서 상대적으로 온화하다. 반면에 레이제넨은 바울의 진술의 도처에서 모순을 발견하며(132f.152f., 비교. 앞선 65.69f., 또한 96.103ff., 그리고 1-15쪽의 서문의 설명도 보라), 휘브너는 갈라디아서와 로마서의 진술 사이에 대립되는 요소가 오직 율법에 대한 바울의 교리가 발전되었다고 전제할 때만 해소될 수 있다고 생각한다. 이에 대해 샌더스는 이렇게 말한다. 사도 바울이 자신의 모든 세부적 진술에서 체계적인 사상가였다고 말할 수는 없지만(144f.), 그러나 그의 사고의 본질적인 내용과 관련해서는 체계적이었다고 볼 수 있다(147f.).

하는 것일까?[205] 율법의 수여에 참여했던 천사들은 마귀들이었다는 말일까?[206] 율법의 계시를 천사들이 중재했다는 생각이 유대교 문헌들에 나오기는 하지만, 강조점은 다른 곳에 있었다. 그래서 그런 기록에도 불구하고 하나님이 여전히 율법의 근원으로 생각될 수 있다.[207] 그러나 어쨌든 바울은 율법이 하나님의 의지의 궁극적이고 지속적인 형태라고 생각하지는 않았다. 이것은 갈라디아서 3:19이 율법의 유효 기간이 이미 끝났다고 말하는 것에서 알 수 있다.[208] 왜냐하면 하나님께서 이전부터 이미 그리스도의 나타나심과 그를 통해 실현될 믿음의 의(갈 3:24)를 목표로 삼고 계셨기 때문이다.[209]

그렇다면 율법의 계시는 무슨 목적을 가지고 있을까? 갈라디아서 3:19에 따르면 율법은 범죄함을 깨닫게 하기 위해 주어졌다. 이것은 어떤 의미로 이해되어야 할까? 죄를 막기 위함일까?[210] 이것이 율법의 목적에

---

205 슐리어가 그렇게 주장한다. H. Schlier, *Der Brief an die Galater* (1949), 1951, 109.118f. 그렇다면 역사적인 율법과 그리스도 안에서 계시된 하나님의 의지의 암묵적인 동일성이 어떻게 "바로 그 점을 통해" 주장될 수 있는지(119) 이해하기 어렵다.

206 H. Hübner, *Das Gesetz bei Paulus. Ein Beitrag zum Werden der paulinischen Theologe*, 1978, 28f. 레이제넨은 이에 반대한다. H. Räisänen, 같은 곳, 131f.

207 H. Räisänen, 같은 곳, 130. 천사들의 참여에 대해서는 131ff.를 보라.

208 H. Räisänen, 같은 곳, 132. 이곳은 그러한 특징에 대한 휘브너(Hübner, 같은 곳, 29)의 해석에 반대한다. 이와 관련해서 율법의 계시에 담긴 삼중 의도라는 휘브너의 가정에 대해서는 레이제넨과 샌더스도 반대한다. Räisänen, 153f., 그리고 E. P. Sanders, 같은 곳, 67f.

209 이 점에서 샌더스는 율법에 대한 바울의 다양한 논의 전체에 걸쳐서 거의 일관적이라고 할 수 있는 요점을 바르게 보고 있다. E. P. Sanders, 같은 곳, 78. 휘브너의 "발전"의 주제에 대한 샌더스의 비판(같은 곳, 67f.), 그리고 그가 갈라디아서와 로마서의 율법 이해의 근본적 공통점을 열거한 것(148 f.)을 보라.

210 슐리어(H. Schlier, 같은 곳, 107)는 바울에게서 이런 견해를 지지하는 어떤 요점을 발견하지 못한다. 그러나 어쨌든 갈라디아서 3:23이 간수의 이미지를 사용해서 율법의 기능을 해석하고 있다면, 그런 상상도 암묵적으로 포함되어 있다고 말할 수 있다. 비교. H. Räisänen, 같은 곳, 145.84. 거부하는 진술(140)에도 불구하고, 사실상 레이제넨의 주장은 다른 방향을 가리키는 로마서(5:20)에 근거하고 있다.

대한 규정이라면, 그 규정은 어쨌든 바울에 의하면 성공적인 것으로 입증되지는 못했다. 그렇다면 율법에 대한 하나님의 의도는 다른 어떤 것이었음이 틀림없다. 그것은 범죄함을 자극하려는 것일까?[211] 하지만 이것은 갈라디아서 3:19에서 말해지지 않는다. 오히려 로마서 4:15, 그리고 그 어느 곳보다 5:20이 그렇게 말한다("율법이 들어온 것은 범죄를 더하게 하려 함이라").[212] 하지만 이 견해는 다음 사실과 반대될 수밖에 없다. 로마서의 그런 진술(또한 7:13)은 죄의 사실성을 이미 전제하고 있기에, 죄는 율법을 통해 처음으로 일으켜졌을 수 없다는 사실이다.[213] 율법을 통해 죄가 증가한다는 것, 그것의 결과로서 죽음이 효력을 발생하게 된다는 것[214]에 대해서는 다른 의견이 있을 수 없다. 이 사실은 갈라디아서보다는 로마서에서 더욱 강하게 강조되었다. 비록 갈라디아서가 진술하는 죄의 감옥에 대한 간수로서의 율법의 기능(갈 3:23)이 죄에 사로잡힌 죄인의 존재가 그 결과인 죽음에 매여 있다는 사실을 확실히 포함한다고 해도 그렇게 말할 수 있다. 이 맥락은 로마서에서 비로소 명확하게 표현된다. 그러나 다음의 사실은 갈라디아서와 로마서 모두에서 분명하다. 율법은 그리스도가 나타나

---

211 다음을 보라. H. Hübner, 같은 곳, 27(그리고 71). 또한 Schlier, 같은 곳, 106f. 그러나 슐리어의 주석은 다시 로마서의 진술들(롬 5:20; 7:7ff.; 7:13)로 되돌아간다.

212 휘브너는 이런 내용을 오해했다. 그래서 그는 갈라디아서 3:19 안에서 율법을 통해 범죄의 원인을 제공한다는 생각을 읽어냈고(위를 보라), 로마서는 그 생각을 약화시켰다고 보았다. 그래서 로마서는 그 후로는 거룩하고 의롭고 선한 율법(롬 7:12)이 단지 죄의 인식으로만 인도한다(롬 3:20)고 말하는 반면에, 갈라디아서에서 율법은 죄를 직접 불러일으킨다고 말해진다는 것이다. 이러한 논지는 바울의 율법 이해가 갈라디아서로부터 로마서로 발전했다는 휘브너의 결정적인 주장(같은 곳, 62.71f.)을 위해 반드시 필요한 것이다. 그렇게 주장하면서 휘브너는 로마서 4:15은 물론(72f.), 5:20도 약화시켰다(73). Paraptoma라는 단수형은 명시적으로 "증가한다"를 의미함에도 불구하고, 휘브너는 "범죄 행위들"의 증가(73)가 아니라, 단지 "범죄 행위들에 대한 의식"(74)이 증가한 것을 뜻한다고 보았다.

213 U. Wilckens, *Der Brief an die Römer* 1, 1978, 328f.

214 로마서 4:15에 대해 U. Wilckens, 같은 곳, 318f.을 보라. 비교. 롬 7:10; 고후 3:6f.

실 때까지 사람들을 감옥에 가두어야 한다. "하나님이 모든 사람을 순종하지 아니하는 가운데 가두어 두심은 모든 사람에게 긍휼을 베풀려 하심이로다"(롬 11:32; 비교. 갈 3:22f.).

하지만 율법은 생명의 약속(갈 3:12; 롬 10:5; 비교. 7:10)과 결합되어 있지 않은가? 사람들은 바로 이 점에서 죄인과 관련된 율법의 기능과 조화될 수 없는 바울적 사고의 성향을 발견했다.[215] 생명의 약속은 인간의 율법 행위를 통해서가 아니라 예수 그리스도의 파송[216]을 통해 주어진다. 율법의 구속사적인 기능은 하나님의 섭리 안에서 태초부터 이 파송과 궁극적으로 연관되어 있다(갈 3:21f.). 그래서 바울은 자신이 율법을 폐기한다는 비난(롬 3:21f.)을 일축했다. "그럴 수 없느니라. 도리어 율법을 굳게 세우느니라." 어떤 점에서 율법을 굳게 세우는가? 약속이 그리스도를 목표로 향한다는 점에서! 이에 따라 로마서의 이어지는 장들은 아브라함의 이야기를 보고하는데, 그것 자체가 "율법" 안에서 그리스도를 향한 약속으로 해석된다. 갈라디아서 3:8도 이러한 근본적인 사고를 진술한다. "하나님이 이방을 믿음으로 말미암아 의로 정하실 것을 성경이 미리 알고 먼저 아브라함에게 복음을 전하되 '모든 이방인이 너로 말미암아 복을 받으리라' 하였느니라." 율법은 "성서" 곧 그리스도의 오심에 대한 예언자적인 예언으로 "굳게 세워진다."[217] 하지만 그분의 오심을 지시하는 율법은 그리스도의 나타나심과 함께 종말에 도달했다. 왜냐하면 약속된 생명은 이제 믿음을 통해 얻기 때문이다.

"율법의 마침"(롬 10:4)에 관한 말씀은 모든 세부규정을 포함한 율법 전체를 향한 것이다. 그 말씀은 예를 들어 제의적 규정에만 해당하는 것이 아니고 또한 도덕적 계명들에도 적용된다.[218] 그럼에도 불구하고 바울

---

215   H. Räisänen, 같은 곳, 152ff.

216   U. Wilckens, 같은 곳, 249f.

217   참고. 로마서 3:31. 비교. H. Räisänen, 같은 곳, 69f.

218   고린도전서 6:12과 관련된 H. Räisänen, 같은 곳, 42-50, 특히 48f.를 보라. 이 구절

은 이렇게 기대한다. 그리스도 안에서 자기사랑에 대하여 죽은 그리스도
인들은 율법이 요청하는 의를 영을 통해 성취한 것이며(롬 8:4), 그래서 적
어도 암묵적으로는 율법의 도덕적 요청들과의 일치가 나타난 것이다. "사
랑은 율법의 완성이니라"(롬 13:10; 비교. 갈 5:14).[219] 이 진술은 율법의 마침
이라는 말과 모순될까? 오히려 후자를 통해 전자의 의미가 설명되고 있는
것은 아닐까? 율법은 단지 그것이 죄를 정죄한다는 기능과 관련해서만 그

에서 바울은 여기서 다뤄지는 도덕적 주제의 관점에서도 마찬가지로 그리스도인들
의 자유를 근본적으로 확증한다. 레이제넨은 고린도후서 3:7에 따르면 율법의 죽이
는 문자는 돌판에 쓰였는데, 이것이 모세가 받은 십계명의 돌판을 암시한다는 점을
가리킨다(25). 여기서 레이제넨은 바울의 진술 안에 나타나는 율법의 폐기라는 근본
관계를 샌더스보다 더욱 강하게 강조하고 있다. 샌더스에 의하면 바울에게서 폐기
된 것은 실제로는 할례, 식사규정, 특정한 날과 절기를 지키는 것뿐이었다. 비록 바
울은 율법의 이런 측면들과 아직 계속해서 유효한 그것의 도덕적 계명들 사이를 명
확하게 구분하지 않았지만, 샌더스는 구분했다고 말한다(같은 곳, 100ff.).

[219] 율법의 요청들이 레위기 19:18의 사랑의 계명에 집약되는 것에 대해 Sanders, 같
은 곳, 95를 보라. 또한 유대적 비유들(특히 Hillel)의 질문에 대해서는 Räisänen, 같
은 곳, 33f.를 보라. 레이제넨 자신의 바울 이해에 따르면 그리스도인들이 실제로 율
법을 성취한다는 주장(113f.)은 유대인들이 성취하지 못했다는 주장(114, 117)과 마
찬가지로 과장된 것이다. 샌더스도 이와 비슷하게 판단한다. Sanders, 같은 곳, 80. 휘
브너는 한편으로 로마서 13:8-10과 다른 한편으로 갈라디아서 5:14에서 사랑을 통
한 율법의 질적 성취(같은 곳. 37ff.)를 구분하려고 한다. 갈라디아서 5:14의 질적 성
취는 갈라디아서 5:3에서 바울이 불가능하다고 보았던 성취 곧 계명의 총합으로서
의 율법의 양적 성취와 대비된다. 로마서 13:8-10에서 바울은 율법 전체에 대한 양
적 및 질적 파악의 차이가 더 이상 어떤 역할을 하지 않고, "모세의 토라를 성취하
는 것만이 현실적으로"(76) 중요하다고 논증한다. 비록 그 성취가 도덕법을 지향하
는 "축소된" 의미라고 해도 그렇게 말할 수 있다(78). 샌더스는 갈라디아서 5:14과
5:3에 대하여 휘브너가 특별히 자연법(nomos) 표상을 질적 성취의 전형으로 설명하
는 것을 스토아적인 법(nomos) 개념을 지시하며 비판했다(115, 각주 4). 그럼에도 불
구하고 우리는 휘브너가 율법의 요청의 질적인 총괄개념을 개별 계명들의 총합으
로서의 율법 표상으로부터 구분한 것을 어느 정도 올바른 것이라고 평가할 수 있다.
비교. H. Hübner, Das ganze und das eine Gesetz. Zum Problemkreis Paulus und die
Stoa, KuD 21, 1975, 239-256.

리스도 안에서 끝난 것일까?[220] 혹은 구원의 공동체 안으로 입장하는 조건[221]이라는 기능만 끝난 것이고, 공동체의 지체들에게 도덕적 행동을 요청하는 기능으로서는 여전히 유효한 것이 아닐까? 자신의 훈계의 근거를 제시할 때 바울은 보통 율법 규정들의 권위를 언급하지 않았고, 오히려 율법이 실천적으로 지시하는 내용을 믿는 자들과 그리스도의 연합으로부터 이끌어내려고 시도했다.[222] 그리스도를 통해 얻은 자유(갈 5:1)는 자기욕망을 추구하는 구실이 되어서는 안 된다. 그리스도인들은 그리스도와의 연합을 통해 그런 욕망에 대해 이미 죽었다. 그리스도의 영은 율법과 반대되지 않는 행위들 안에서 나타난다(갈 5:22f.; 롬 8:1ff.). 그러나 그 행위들은 그리스도인들에게는 율법의 문자들이 아니라 영을 통한 그리스도와의 연합에 근거한다.

이 지점에서 바울의 논쟁은 율법의 해석 혹은 그것의 새로운 근거, 즉 예수께서 선포하신 하나님의 의로운 법과 접촉한다. 다시 말해 율법은 예수를 세상에 보내신 하나님의 사랑에 의해 새로운 근거를 갖게 되며, 하나님과 연합하기를 원하는 사람은 바로 그 사랑에 참여해야 한다.[223] 바울과 마찬가지로 예수께서도 전승된 율법의 권위에 대해서는 논쟁하지 않았다. 그 결과 하나님의 사랑의 계시 안에서 인간에 대하여 하나님의 법을 요청

---

220 U. Wilckens, *Der Brief an die Römer* 2, 1980, 222.

221 E. P. Sanders, 같은 곳, 113f.

222 이 내용에 대한 유익한 설명은 다음과 같다. H. v. Campenhausen, Die Begründung kirchlicher Entscheidungen beim Apostel Paulus. Zur Grundlegung des Kirchenrechts, *SHAW* 1957/2, 1957.

223 이에 대해 『조직신학』 II, 573ff.를 보라. 바울이 부활 이전의 예수의 선포에 대해 무엇을 알고 있었는지 판단하기란 매우 어렵다. 그러나 여기에—비록 바울이 예수가 요구하는 하나님의 법의 새로운 근거에 의존했다고 말할 수는 없어도—바울과 부활 이전의 예수 사이의 주목할 만한 내용적 연관성을 볼 수 있다. 율법을 질적·총체적으로 성취하는 것에 대한 바울의 사고를 예수의 윤리와 가까운 이웃 사랑을 통해 이해하는 것이 휘브너의 경우(위의 각주 219)처럼 스토아 사상과의 관계를 통해 이해하는 것보다 더욱 자연스럽다.

하는 이유는 유대교적 문서 전통이 유대교의 율법 전통의 핵심으로 묘사하는 내용과 일치하게 되었다.

물론 이러한 사실이 바울 서신의 도처에서 아무런 오해 없이 분명히 나타나는 것은 아니다. 로마서 13:8-10을 그 자체로만 생각한다면 (13:14과 8:1ff.를 생각하지 않고서) 오해를 불러일으킬 수 있는데, 율법이 최소한 도덕적 계명들 안에서 그리스도인들도 문자적으로 구속할 수 있다는 오해다. 바울을 이렇게 오해하는 것은 고린도전서 7:19과 같은 구절에서도 일어날 수 있다. 여기서도 오직 계명을 지키는 일만 문제가 되기 때문이다. 다른 한편으로 사도적 권고들도—영의 자유를 잠시 뒤로 미룬다면—새로운 율법 곧 "성령의 법"(롬 8:2)이라고 생각될 수 있다. 모세의 율법 그 자체와 관련해서도 로마서(1:32; 2:26; 5:16; 그리고 18:8,4)에 나타나는 법의 요청(dikaioma)의 진술이 아마도 암시하는 구분, 곧 문자적인 율법 전승과의 구분에 대한 명시적인 표현은 없다. 이와 관련된 것은 한편으로 특수한 유대적 법 전통으로서의 율법과 다른 한편으로 모든 인간에게 타당한 하나님의 법 의지의 표현으로서의 율법 사이를 구분하는 오류다. 후자의 표현은 율법 개념 대신에 "하나님의 법"(dikaioma)이라는 용어를 사용하는 로마서 1:32과 2:26에 함축되어 있을 것이다. 다른 한편으로 유대적 율법의 문자만이 저주의 기능을 갖는가, 아니면 저주하는 기능은 죄와 죽음 사이의 내적 관계에 상응하는 넓은 영역에 적용되는가? 다시 말해 죄를 저주하는 율법의 기능은 그리스도의 나타나심 이후에도 "그리스도 안"에 있지 않은 모든 사람에게 적용되는가? 대답은 다음의 진술을 통해 암시된다. 율법은 그리스도 예수에게 속한 사람들(갈 5:23f.), 그리고 영의 인도하심을 받는 사람들(갈 5:18)을 대적하지 않는다는 진술이다. 그렇다면 다른 모든 사람에게 율법의 저주는 계속해서 유효한가? 그렇다면 그 대답은 율법의 마침으로서의 그리스도의 오심이라는 획기적 사건과 어떤 관계에 놓이는가? 그분은 단지 믿는 자들에 대해서만 율법의 마침이고 세상에 대해서는 그렇지 않은가? 새로운 아담의 출현과 함께 인류 전체가 객관적으로 새로운 상황에 들어선 것이 아니며, 율법의 마침이라는 말씀도 그 상황에 속하는 것이 아닌가?

율법에 대한 바울의 진술들은 이와 같이 많은 질문을 향해 열려 있다. 그 진술에 담긴 많은 현실적이거나 피상적인 모순들은 그리스도교적인 사고의 역사 안에서 언제나 또다시 보다 더 정확한 설명을 요청하는 도전으로 작용해왔다.

b) 새로운 율법으로서의 복음?

예수를 새로운 모세로 보는 "유대인 - 그리스도교"적 해석에 따라 예수 그리스도는 곧바로 "이방인 - 그리스도교" 교회 안에서도 "새로운 율법"의 창시자로 이해되었다(바나바서신 2:6). 이것은 옛 계약(언약)과 새 계약의 다른 일련의 유형론적인 대조에 상응하며, 예를 들어 교회를 새로운 이스라엘로, 마리아를 새로운 하와로, 그리고 예수 자신을 새로운 아담으로 파악한다. 이와 같은 방식으로 율법의 종말에 관한 바울의 교리는 그리스도인들에게도 반포된 새로운 율법의 표상, 곧 바울이 성령의 법(롬 8:2) 혹은 그리스도의 법(갈 6:2)이라고 부른 법의 표상과 결합되었다.[224] 초기 그리스도교 신학은 이 새로운 법의 내용을 우선적으로 복음서 안에서, 말하자면 유대적인 하나님의 법에 대한 예수의 해석 안에서, 특히 산상수훈과 요한복음 13:34의 "새 계명" 안에서 찾았다. 이러한 해석은 구약성서적인 율법이 이성의 계명으로 축소된 것으로 파악되었다. 이성의 계명은 이미 구약성서 안에 담겨 있었고 십계명으로 요약되었으며, 인간의 이성적 본성을 통해 인간들에게 심겼고, 또한 구약성서의 율법을 날카롭게 해명하고 확장했다고 생각되었다.[225] 이 견해의 근거는 예수 그리스도에 대한

---

224 더 많은 참고 자료들을 H. Merkel, Art. Gesetz IV, in: *TRE* 13, 1984, 75 – 82, bes. 78f. aus Tertullian에서 보라.

225 Justin, *Dial. c. Tryphon* 47,2는 도덕적 계명의 대상을 "본성에 상응하는 영원한 의로운 행동"이라고 불렀다. Irenäus, *adv. haer.* IV, 13,1에 따르면, 예수의 율법 해석을 통

다음과 같은 믿음이었다. 예수 그리스도는 인간의 형태로 나타나신 신적 로고스이며, "인류 전체"가 그에 대한 "참여 지분"을 갖는다. 그 결과 이성에 따른 삶을 살았던 모든 인간—그리스인들 가운데서 예를 들자면 소크라테스 혹은 헤라클레이토스—은 별다른 문제없이 그리스도인으로 불릴 수 있었다.[226] 이러한 바탕에서 생각한다면, 인간 예수는 자신의 율법 해석을 통해 로고스의 순수한 교리를 재건했다고 말할 수 있을 것이다. 율법의 다른 규정들, 곧 사람들이 나중에 제의법과 재판법으로 구분했던 규정들은 금송아지 숭배 이후에 추가된 내용들로 파악되었다.[227] 그것들은 "자유의 신약성서"를 통해 지양되었다. 반면에 "자유롭고 보편적인 자연 계명들"은 첨예화되고 확장되었다.[228] 이레나이우스에 따르면 그것들은 복음의 내용, 곧 지금은 율법과 대비되지만 핵심적 상태 곧 사랑의 이중 계명에서는 율법과 일치한다.[229]

"새로운 율법"은 이와 같이 스토아 철학의 자연법칙의 재건과 완성으로서 등장한다. 우리는 이러한 관찰 방식이 바울, 특히 그의 양심의 목소리에 대한 주장과 접촉점을 갖는다는 사실을 거의 반박할 수 없는데, 양심의 목소리는 로마서 2:14f.에 따르면 이방인들도 본성에 따라 율법이 요구하는 것을 알고 있다는 사실을 입증한다. 바울의 이러한 암시는 2세기 그리스도교가 구약성서의 율법 자체를 자연법적 가르침의 빛에 비추어 재해석하는 길을 준비하였으며, 여기서 도덕적 계명들과 그 밖의 규정들 사이가 명확하게 구분되었다. 물론 "성령의 법"(롬 8:2)에 대하여 사도 바울은 스토아 학자들의 이성법에 대한 이해와 다르게 이해했다. 바울에 의하면 그

해 자연법에 상응하는 율법의 계명들이 확장되고 풍성해졌다(비교. 13,4). 16,1에서 예시되듯이 여기서 우선적으로 문제되는 근거는 십계명이다.

226   Justin, *Apol.* 46.

227   Irenäus, *adv. haer.* IV, 15,1f.; 비교. Barn 4,8; 14,3f.

228   Irenäus, *adv. haer.* IV,16,5.

229   Irenäus, *adv. haer.* IV,12,3. 율법과 복음의 비교에 대해 또한 IV,9,1을 보라.

리스도인들의 삶을 지배하는 것은 "율법이 아니라 은혜"(롬 6:14)다.

자연법 개념을 하나님의 계명의 총괄개념으로 심화시킨 사람은 바로 아우구스티누스다. 그는 자연법에 대한 인식을 예수의 가르침을 통해 정화하고 완성시켰으며, 또한 자연법 개념을 하나님 사랑에 관한 자신의 가르침을 통해 보충했다. 사랑은 우리로 하여금 율법을 성취하도록 하기 위해 하나님이 은혜로 수여하신 능력이라는 것이다. 이제 사랑은 율법의 **대상**(Gegenstand)에 그치지 않는다. 오직 하나님과 의에 대한 사랑의 능력으로부터 율법은 성취될 수 있다.[230] 로마서 5:5에 따르면 사랑은 성령을 통해 우리 마음속에 부어졌다.[231] 요한1서 4:7이 말하는 것처럼 사랑이 하나님으로부터 온다면, 우리가 선한 의지와 그에 상응하는 행위를 우리 자신으로부터 갖고 행한다는 펠라기우스의 주장은 잘못된 것이다. 나아가 선한 의지는 하나님이 우리에게 부어주신 긍휼의 **사랑**(caritas)과 동일하다.[232] 하나님이 부어주셨기 때문에 그 **사랑**(caritas)은 은혜다. 사랑은 믿음을 통해 매개되며 율법을 성취한다. 왜냐하면 사랑은 율법의 목표이기 때문이다. 그래서 사랑은 율법의 성취다.[233] 이 내용으로부터 다음의 사실도 유추된다. 은혜 혹은 사랑 그 자체는 **믿음의 법**(lex fidei) 내지 "새로운 율법"으로 파악되며,[234] 이것은 토마스 아퀴나스가 이해한 것과 같다.[235]

복음을 "새로운 율법"으로 파악하고 평가하는 작업은 그 평가와 함께 율법에 대한 바울의 진술들의 구속사적인 관찰방식이 계속된다는 사실을 고려하면서 시작되어야 한다. 율법과 복음은―후대의 종교개혁 신학에서

---

230   Augustinus, *Expositio epist. ad Gal* 43 (MPL 35,2136f.). 비교. *Epist.* 188,3(MPL 33,849f.).

231   Augustinus, *Enchirision ad Laurentium* 31,117 (CCL 46,112).

232   Augustinus, *De gratia chr.* 1,21,22 (MPL 44,370f.).

233   Augustinus, *Enn. in Ps* 31,72,5 (CCL 38,227f.).

234   Augustinus, *De spir. et litt.* 27,29 (MPL 44,218f.).

235   Thomas von Aquin, *S. theol.* II/1, 106,1. 비교. U. Kühn, *Via caritas. Theologie des Gesetzes bei Thomas von Aquin*, 1965, 192ff.

그랬던 것처럼―일차적 노선에서 유형적·구조적으로 구분된 다음에 서로 연결된 것이 아니라, 구속사 안에서 순차적으로 연결된 시대에 대한 지칭으로 나타났다. 여기서 그리스도의 계시라는 새로운 시대는―바울의 경우와 달리―옛 계약(언약)의 이름과 동일한 이름 곧 율법이라는 이름을 포함한다. 이렇게 된 것은 유형론적 상응이라는 사고형태 때문이었다. 그 사고에서 새것은 물론 옛것과 대립되었지만, 그럼에도 불구하고 대립적 상응을 통해 옛것과 동화되었다. 어쨌든 아우구스티누스와 토마스 아퀴나스는 그런 대립의 계기를 너무도 뚜렷이 강조한 결과, 복음의 "법규화(율법화)"라는 비난은 부적절한 것으로 보이게 되었다. 복음의 새로운 "율법"은 아우구스티누스와 토마스에 따르면 더 이상 사람들에 대한 어떤 도전이 아니고, 오히려 사람들의 마음속에 작용하는 성령의 능력 그 자체였다.[236]

초기 그리스도교 신학은 복음과 구약성서적 율법 사이의 관계 해명에 있어서 헬레니즘 유대교가 발전시킨 토라의 해석을 계승했다. 그 해석은 토라를 인간의 본성에 적절하고 하나님의 지혜로부터 나온 윤리적 표현으로 이해했다. 초기 신학은 다음과 같은 점에서 알렉산드리아의 필론이 애쓴 것보다 더욱 타당하게 되었다. 자연법을 넘어서는 토라의 제의적 규정과 사법적 규정들을 비유대교적 문화 세계에 적용하기 위해 성가신 알레고리적 곡해에 예속시키는 것이 아니라, 그 규정들이 예수 그리스도를 통해 추월되고 제거되었다고 쉽게 선언한다는 점이다. 이와 연관된 고대 자연법 이론의 그리스도교적인 수용은 철학적 일신론의 수용과 함께 그리스도교의 사고에 매우 중요한 유익이 되었는데, 그것이 그리스도교 선교의 메시지가 보편적 타당성을 갖는다는 주장의 기초를 마련해주었기 때문이다. "교육을 받은 그리스도인들이 그런 자연법을 창조질서, 십계명의 내용, 나아가 그리스도교 도덕법과 그리스도 안에서 성육신하신 로고스의 구성요소로 보았을 때", 그 자연법은 바로 그리스도교 교리로서 등장하게

236　비교. U. Kühn, 위의 책, 192f. Thomas von Aquino, 예를 들어 *S. theol*. II/1, 1061 ad 2.

되었다. 그와 동시에 국가 질서와 국가법에 대한 관계와 관련된 "보편적 근거와 비판적 규칙"도 함께 주어졌으며,[237] 여기서 원 상태의 순수한 자연법과 인간의 죄악성 아래서 그 법이 파괴되어 실현된 것 사이는 구분되어야 했다. 현재의 세계 곧 사유 재산과 그것의 보호, 또한 사회적 불평등과 국가 권력이 필수가 된 세계에서 서로에 대한 인간들의 공격을 통제하기 위해 그 구분은 필요했다.[238]

에른스트 트뢸치의 판단에 따르면 "상대적인" 자연법이라는 그리스도교적인 개념―상대적인 이유는 그것이 타락한 창조세계 안의 인간의 죄성을 통해 파괴되었기 때문이다―은 "교회의 본질적이고 문화적인 교의이며, 그 자체로서도 최소한 삼위일체나 다른 중심 교의들과 마찬가지로 중요하다."[239] 비록 삼위일체론과의 비교는 과도하다고 보일 수 있어도, 그리스도교적 자연법 이론의 광범위한 중요성은 종교개혁을 넘어서는 그리스도교적 사고의 역사 안에서 의심할 수 없는 부분일 것이다. 자연법 이론은 계몽주의가 시작할 무렵에 새로운 자연법 사고를 통해 속박에서 풀려났는데, 새로운 사고는 자유와 자기실현에 대한 개인적인 요청들

---

237 E. Troeltsch, *Die Soziallehren der christlichen Kirchen und Gruppen*, 1912, 158.

238 E. Troeltsch, 위의 책, 162ff.

239 E. Troeltsch, 위의 책, 173. 트뢸치는 그리스도교적인 자연법 교리가 "학문적 이론으로서는 빈약하고 혼동을 주는 것"으로 보였음(같은 곳)에도 불구하고 그런 결론에 도달했다. 또한 트뢸치는 개신교 신학자들이 절대적 자연법이―현대의 자유주의적인 자연법 안에서 그 법의 르네상스가 일어나는 것과 관련해서―죄를 통해 파괴되었다는 주제의 중요성을 이해하지 못하는 것에 대해 탄식했다. 개신교 신학자들에게는 "국가와 사회의 그리스도교성이 너무도 자명한 것이어서" 그들은 그것의 전제조건들을 통찰할 수 없었다는 것이다(같은 곳, 각주 77). "고대-스토아적 법의 요소들이 속박을 벗어나 독립적으로 되어 마침내 자유주의로 건너가는 과정"(같은 곳)에 대해 개신교 신학이 비판적 논쟁을 벌이지 못했던 이유는 그렇게 설명되었다. 그 과정에 대한 트뢸치의 설명은 O. v. Gierke, *Johannes Althusius und die Entwicklung der naturrechtlichen Staatstheorieen*, 1980에서 볼 수 있다.

에 기초한 것이었다.[240] 그 이후에 무엇보다도 19세기의 역사적인 법 학파는―다양한 자연법 개념의 역사적 제약성을 증명했을 때―엄격하게 보편 타당한 자연법 이론의 가능성을 의심하게 되었다. 이러한 비판의 반향은 개신교 신학자인 칼 바르트의 질문에서 뒤늦게 울려 퍼졌다. 그것은 자칭 창조 질서에 근거하고 있다는 자연법의 내용이 어떻게 인식될 수 있는지의 질문이었다.[241] 에밀 브룬너는 이렇게 바르게 말했다. 인간의 피조 본성에 속하는 인간적 내용은 "어떻게든"(irgendwie) 필연적으로 자기 자신을 의식하는 존재인 인간 의식에 도달하게 된다.[242] 그러나 그렇게 가정한다면, 각각의 시대적 인지가 발생하는 역사적인 장소와 관련해서 많은 종류의 수정을 허용해야 할 여지를 남기게 된다. 그 결과 그리스도의 계시가 인간의 피조적 본성을, 또한 그와 연관된 법의 주제를 적절하게 이해하는 탁월한 장소라는 주장이 성립될 수 있어야 하는 것이다.[243]

자연법 이론들 안에 남아 있는 진리의 계기들은 다음의 사실에 근거를 두고 있다. 인간의 공통 본성에 대한 질문과 또한 사회적 삶의 인간학적인 근본 조건들에 대한 질문은 인간 자신에게 결코 회피될 수 없는 것으로서 언제나 또다시 제기된다는 사실이다. 이러한 근본 조건들은 상호성의 조건 아래 있는 사회적 행위의 근본 규칙에 대한 질문과 함께 자연법의

---

240 이에 대해 브룬너의 간략한 설명을 보라. E. Brunner, *Gerechtigkeit. Eine Lehre von den Grundgestzen der Gesellschaftsordnung*, 1943, 109. 브룬너는 여기서 "개인주의적인 일면적 협소화"를 간파하는데, 이것은 그리스도교의 본질인 "공동체 이념"을 소홀히 한 결과라고 할 수 있다.

241 K. Barth, *KD* III/4, 1951, 21.

242 E. Brunner, 위의 책, 106.

243 제2차 세계대전 이후의 시기에 개신교 신학 안에서 법의 그리스도교적인 근거를 찾으려는 노력, 그리고 그와 관련된 법률가들은 이런 배경에서 볼 때 자연법 이론들의 변형으로 이해될 수 있다. 그런 노력들을 E. Wolf, Art. Christliches Naturrecht, in : *RGG* 3.Aufl. IV, 1960, 1359-1365, bes. 1364f.와 또한 그곳에 인용된 문헌들을 비교하라.

주제가 되었다.[244] 상호성(Gegenseitigkeit) 자체에 관한 사고—이것은 황금율로 표현되며 칸트의 범주적 명령형의 근거다—는 모든 자연법의 중심적 사고를 표현한다.[245] 타자에게 상해를 입히는 것을 금지하는 특별한 규정들 혹은 계약을 반드시 지켜야 한다는 계명이 아마도 그런 상호성의 사고에서 유래했을 것이다. 자유와 평등은 완전한 상호성의 조건으로 이해될 수 있다. 물론 그것들 자체로는 타자 관계의 근본적 사실성인 연대성을 아직은 포함하고 있지 않고, 그래서 자연법 사상의 인간학적인 토대가 될 수 없다. 정의의 이념도 마찬가지로 이 기능을 충족시키지 못한다.[246]

정의의 이념에 대해서는, 어쨌든 *suum cuique*(각자에게 합당한 것)의 형태 안에서, 상호성 외에 또 다른 전제가 규범적인데, 이것은 소질과 업적에 따른 인간의 실제 불평등성이라는 전제다. 정의에 있어 중요한 것은 상호성의 원칙을 개인들의 불평등의 상황에 적용하는 것이다. 그러나 사회적 상호관계의 인간학적인 근본 조건에 대한 모든 진술은 개인과 공동체 사이의 관계가 어떻게 평가되는가에 달려 있다.[247] 그 진술들은 그때마다 주도적인 인간의 자기이해를 통해 제약된다. 여기서 법의 인간학적 근거

---

244 이에 대해 나의 책, *Anthropologie in theologischer Perspektive*, 1983, 436f.를 보라. 또한 인간적 행위의 모든 사회적 제도화의 토대인 개인 관계들의 상호성(399f.)에 대한 서술을 보라.

245 이것은 이미 아우구스티누스의 사상이었다. Augustinus, *De ordine* II,8,25 (CCL 29,121): In omni vero contractu atque conversatione cum hominibus satis est servare unum hoc vulgare proverbium. Nemini faciant quod pati nolunt. 다음과 비교하라. *Ennaratio in Ps* 118, sermo 25,4 (CCL 49,1749f.) 그리고 in Ps 57,1. ...manu formatoris nostri in ipsis cordibus nostris veritas scripsit. Quod tibi non vis fieri, ne facias alteri (CCL 39,708).

246 E. Brunner, 위의 책, 101f.는 자연법 이념이 모두에게 각자의 특수성 안에서 마땅히 귀속되어야 하는 것을 허락하는 규범의 의미(*suum cuique*)에서 정의의 이념과 동일하다고 본다.

247 이에 대해 나의 책, *Anthropologie in theologischer Perspektive*, 1983, 411ff.에서 한편으로 고대와 그리스도교의 자연법 안에서, 다른 한편으로 현대의 자연법 안에서 나타나는 소유의 제도화에 대한 서로 다른 판단을 보라.

로 가능한 변수들의 범위에는 그리스도교적인 법-신학도 속한다. 이 신학
은—전통적인 그리스도교적 자연법 이론처럼—인간의 피조성의 관점에
서 고려되는 실제적인 죄성과 긴장을 이룰 뿐만 아니라, 또한 아버지께 대
한 예수 그리스도의 아들 관계에 참여하도록 되어 있는 인간 규정을 통해
서도 영향을 받는다. 이 점은 여기서 계속 서술하기 어렵고, 다만 다음의
사실만 언급하려고 한다. 자연법 주제를 그런 식으로 계속 끌고 가거나 갱
신하는 것은 새로운 법(*nova lex*)이라는 개념의 전통적인 기능을 성취하지
못한다는 것이다. 이 개념은 복음 개념과 동일시될 수 없고, 루터의 자연법
이해와 같이 하나님의 율법의 등가물 곧 시간의 흐름과 관계없이 인간에
게 언제나 동일하게 요청되는 율법으로 여겨질 수도 없다. 그 이유는 단순
히 법(내지는 자연법)의 모든 인간학적 근거의 형태가 역사적으로 제약되어
있다는 것에 놓여 있지 않으며, 구체적인 법과의 관계에 있어 그 법의 추
상적 보편성에, 무엇보다도 복음이 율법의 형태를 갖지 않는다는 사실에
놓여 있지도 않고, 또한 자연법의 인간학적 보편성에 놓여 있지도 않다. 비
록 더 좋고 새로운 법의 형태를 만들기 위한 추진력이 계속해서 자연법으
로부터 흘러나온다고 해도 그렇게 말할 수 있다.

　　복음을 그리스도교적 자연법 전통의 의미에서 "새로운 법"(*nova lex*)
으로 이해하는 것에 처음으로 반대한 것은 루터적 종교개혁의 관점에서
그 법과 관련된 복음의 특성을 오해해서 생긴 주장이었다. 다시 말해 복음
은—율법과 달리—요청으로서가 아니라 율법의 유죄 선고로부터 풀려나
게 하는 선언으로서 인간과 만난다는 오해다.[248] 물론 종교개혁의 교리에
따르면 그때 하나님의 법(의)이 요청하는 구속력이 포기되는 것은 아니다.
오히려 죄 용서의 선언은 인간으로 하여금 자유로운 마음으로, 또한 업
적의 의를 추구해야 한다는 두려움 없이, 하나님의 뜻을 행할 수 있게 해

248　　이에 대해 아래의 148f.의 비판적인 진술과 『조직신학』 제II권, 772ff., 특히 780ff.를
　　　　보라.

준다. 그런데 바로 이것은 또한 영과 은혜의 사역이라는 특징을 갖는 새로운 율법으로서 복음의 교리가 말하는 것이다. 이 점에서, 복음 개념의 규정 및 기능과 관련된 차이를 도외시한다면, "새로운 율법"(nova lex)의 학설에 대한 종교개혁의 반대는 사실 흔히 추정했던 것처럼 아주 큰 것은 아니었다.

　　그 사이에 다른 한 가지 문제가 나타났다. 그것은 복음을 새로운 율법으로 이해하는 것에 부담을 줄 뿐만 아니라, 나중에 드러날 것처럼, 믿는 자들을 통한 율법의 성취라는 종교개혁적 이해 안에서 아무런 해법도 발견할 수 없는 문제였다. 만일 복음 혹은 그 작용을 율법의 성취로 이해한다면, 그리고 그 성취에서 율법(도덕법 혹은 자연법의 의미에서)을 무엇이 타당한 성취인지를 결정하는 척도로 여긴다면, 그때 사랑으로부터 생성되는 삶에서 가능한 창조적 자유와 다양성은 소홀히 여겨질 수밖에 없다. 결과적으로 율법의 이러저러하게 지향하는 방식이 특정한 행동의 모범적 양식을 그리스도인들에게 제시하게 된다. 고대와 중세의 교회가 고대 자연법의 "자연주의적" 도덕성에 의존했을 때, 그런 일이 일어났다. 하나님의 미래를 신뢰하고 창조자 하나님의 세상 사랑에 참여하는 삶은 다음의 사실을 통해 율법으로 전승된 이스라엘의 하나님의 의로운 법 아래서 사는 삶과 구분된다. 그 삶이 완전히 정해진 법의 형태, 곧 단번에 영원히 확정된 형태에 결정적으로 혹은 불변적으로 속박되어 있지 않다는 사실이다. 이 구분은 확정된 법 규범들을 지향하는 다른 모든 행동에도 해당한다. 사랑의 환상(Phantasie)은 각자 특수한 상황에 적절한 새로운 행위 형태들을 만들어낼 수 있다. 물론 그 환상은 보통 함께하는 공동 삶의 확증된 형태들의 테두리 안에서 움직인다고 해도 그렇게 말할 수 있다. 율법은 **하나의** 매우 특정한 행위 형태에 묶여 있다. 사랑은 의로운 법을 갱신하는 능력을 갖고 있다. 사랑은 매우 예외적인 상황 안에서─공동체적 삶의 관계를 파괴하는 일 없이─새로운 해법과 행동방식을 개발할 수 있다는 점에서 그렇다. 이때 새로운 해법과 행위는 그 상황에 더 나은 정당성을 부여할 수 있다. 모든 경우에 통일성 안에서 규정되는 율법적 삶의 형태와 사랑은 다양한 창조적 가능성을 가지고 서로 대립한다. 그렇기 때문에 사랑은 율법이 균열을 남기는 곳, 즉 율법에만 의존하는 사람들이 그 규정으로 예견하지 못하는 상황이 벌어질 때 활동한다. 이것은 강도 만나 쓰러진 사람을 지나쳐 갔던 제사장과 레위인의 경우에서 읽을 수 있다. 그러나 그를 이전에 알지 못했던 사마리아인은 바로 그 상황에서 그의 이웃이 되어 주었다 (눅 10:25ff.; 특히 10:36).

공식 문장으로 표현된 율법은 전승된 삶의 질서를 확고히 다지는 데 도움을 주는 경향을 보이는 반면에, 사랑은 탄력적이며 새로운 상황에 새로운 해법을 가지고 응답할 수 있다. 물론 이 차이가 양자의 원칙적인 대립의 근거인 것은 아니다. 오히려 사랑은—본성상 공동체성을 목표로 하기에—대상을 지속적으로 배려하며, 공동 삶의 새롭고 지속적인 형태들을 산출하는 것과 함께 또한 기존 질서를 보존하고 유지하려는 경향도 보인다. 하지만 사랑은 때로는 보편타당하다고 여기는 규범도 기꺼이 어길 준비가 되어 있다. 그 규범이 어떤 긴급한 구체적 상황에 비추어 정당하지 못한 것으로 평가될 때(막 2:23ff. 및 병행구절) 그런 일이 일어난다. 사랑의 이러한 창조적 본성이 오해되는 것은 사람들이 예수의 율법 해석과 사랑의 이중 계명을 언급하면서 구약성서의 율법이 새로운 그리스도교적 율법을 통해 폐기되었다고 생각할 때다. 모든 율법은 과거 어느 때 생겨난 삶의 형태를 지속적으로 유지하려 하고, 나아가 어떤 규정이 계속해서 척도가 된다고 스스로 판정을 내리며, 그 결과 새로운 상황들은 인과적 확장과 해석 아래 지배될 수밖에 없다. 이와 대조적으로 사랑의 작용은 자유의 특성을 갖는다. 자유는 미리 일반적으로 확고히 규정한 것을 마지 못해 동의하는 대신에 "기꺼이" 행한다는 그것만을 의미하지는 않는다. 자유는 행위의 **양식**만이 아니라 **내용**에까지 도달하여 적용된다. 비록 사랑도 이미 주어진 규정들에 대한 지향을 멸시해서는 안되지만, 그 규정들에 대한 동의는 언제나 자유로운 행위로 머문다. 왜냐하면 그 규정들이 모든 상황에서 맹목적으로 지켜야 하는 법칙은 아니기 때문이다. 사랑에게는 각각 새로운 상황이 모두 자신의 창조적 능력에 대한 호소가 된다. 이 점에서 사랑은 어떤 법규를 단순히 따르는 것과 대조된다.

예수는 전승된 이스라엘의 하나님의 법을 자신의 종말론적 메시지 안에서 계시되는 하나님의 사랑으로부터, 또한 그 안에 근거하는 하나님 사랑과 이웃 사랑의 계명으로부터 해석할 수 있었는데, 그 과정에서 유대교적 율법의 본질적 내용을 손상하지 않았다. 왜냐하면 이스라엘의 하나님의 법은 언제나 이미 자기 백성과 맺으신 하나님의 계약(언약) 안에, 그리고 하나님의 사랑 안에 뿌리를 두고 있었고, 하나님과의 연합과 백성들의 공동체성 안에서 민족의 지체들을 보존하는 것을 목표로 했기 때문이다. 이와 비슷한 것이 모든 법에 적용되어야 한다. 물론 이스라엘의 하나님의 법이—좋은 법과 나쁜 법 사이의 대략적인 구분을 도외시한다면—법의 일반적 본질에 대해 모범이 된다는 가정 아래서 그렇게 된다. 모든 법은— 비록 대부분은 제한되어 있지만—상호관계에 놓이는 역할 및 지위와 관련해서 사람들이 승인하는 행위들에 근거를 둔다.[249] 여기서 타자를 인격으로서 포괄적으로 인정하는 것은 사랑의 근본 특성이다. 사랑과 법 사이의 연관성은 특별히 승인의 행위가 지속적인 관계를 마련한다는 사실을 통해 주어지는데, 여기서 생기는 지속적인 관계는 변경된 상황들에 적응해야 할 필요가 있다.

법의 관점이 변경된 상황에 적응하는 일은 이스라엘의 역사 안에서 유목민의 삶으로부터 농경 문화의 삶으로 건너가는 과정에서 요청되었고, 그 결과 이스라엘 후기의 법 전승의 큰 부분이 생성되었다. 특별히 조건적인 성문법 조항들을 예로 들 수 있는데, 그 조항에 따라 판결이 계속해서

---

249 이에 대한 상세한 내용을 나의 논문에서 보라. Christliche Rechtsberündung, in : A. Hertz u. a., Hgg., *Handbuch der christlichen Ethik* 2, 1979, 332ff., bes. 336f. 그리고 Zur Theologie des Rechts (1963), 개정원고 in : *Ethik und Ekklesiologie*, 1977, 11 – 40, bes. 37ff.

실행되었을 것으로 추정된다. 이러한 판결 자료들이 법 전승 속으로 통합되는 일은 그렇게 후대에 첨가되어 발전된 규정들이 이미 시내산에서 계시된 모세의 하나님의 법의 근원적 상태에 속한다는 허구적 가설의 도움을 받아 발생했다. 이러한 허구적 가설은 하나님의 법이 언제나 동일한 형태를 가져야만 한다는 숙명적 전제에 기초하고 있었다. 이 전제가 숙명적인 것은 그것이 법 전승의 생동하는 산출력을 부정했고, 그 결과 그것을 후대에 고착화시킬 씨앗을 내포하고 있었기 때문이었다. 그렇게 고착화된 법 규정은 예수의 종말론적인 메시지로부터 새롭고 독립적으로 생성되는 사랑의 자유와 충돌할 수밖에 없었는데, 이 충돌은 특히 안식일 계명에서 발생했다(눅 6:1-11).

예수는 구약성서의 하나님의 법을 하나님 사랑(신 6:5)과 이웃 사랑(레 19:18)이라는 두 가지 계명으로 요약했다. 이것은 유대적 율법 해석에서 이미 예수보다 앞서 혹은 그의 곁에서 행하여졌던 것이다(막 12:28-34). 그러나 사랑은 일차적으로 계명이 아니라 살아 있는 현실이며, 세상에 대한 하나님의 사랑으로부터 시작되는 추진력 곧 인간을 사로잡아 하나님의 운동 안으로 편입시키는 추진력이다. 이러한 작용이 일어나지 않는다는 것은 말하자면 본성을 거스르는 것이며, 예수의 악한 종의 비유(마 18:22-35)에서 읽을 수 있다. 창조자 하나님의 선하심에 참여하는 것은 그 선하심에 감사하는 인식의 자연스러운 결과다. 이와 대조적으로 사랑을 명령하는 것, 그리고 사랑을 어떤 명령의 성취로서 실행한다는 것은 그 자체가 모순이다. 왜냐하면 사랑의 모든 지향에는 자유로운 자발성이 본질적이기 때문이다. 사랑이 동기를 부여하는 능력으로서 명령이나 그에 따른 복종과 전혀 다른 종류라는 사실은 펠라기우스와 논쟁했던 아우구스티누스의 통찰인데, 이것은 아직도 유효하다. 사랑은 은혜의 선물이고, 인간으로 하여금 창조자 하나님의 선하심과 그분의 구원하는 사랑에 인간 자신이 행위를 통해 상응하며 그것에 참여하도록 만든다. 그래서 바울은 사랑을 은사(Charisma)라고 표현했고, 사랑이 하나님의 영을 통해 우리 마음속에 부어진다고 말할 수 있었다(롬 5:5). 사랑의 머무름에 대한 요한1서의 진술은 중요한 것이 인간의 행동이 아니라 우리가 운동하는 힘의 장, 곧 하나님으로부터 와서 우리를 그분과 결합시키는 힘의 장임을 강조한다.

그렇다면 그리스도교 안에서 율법의 새로운 형태들은 어떻게 생겨날 수 있을까? 출발점은 아마도 다음의 사실에 놓여 있을 것이다. 사랑의 자유로부터 삶의 구체적 형태와 형식들이 생기며, 그 가운데서 특히 공동체의 삶을 지속적으로 보존하는 형식과 규칙들이 생성된다는 사실이다. 믿음과 하나님에 대한 사랑으로부터 구체화되는 행동 규정들과 지침들 곧 주님을 신뢰하고 교회의 사도적 원천을 신뢰하는 행동 규정들과 지침보다, 그리스도인들의 삶에 지속적으로 더 타당한 규범이 될 수 있는 것이 무엇이겠는가? 이 사실은 이미 예수의 말씀이 전승되고 계속 형성되는 가운데, 예를 들어 마태복음 18:15ff.에서 관찰되며, 또한 구체적 상황에 주어지는 사도들의 지침에서도 볼 수 있다. 그 지침들은 교회의 삶 속에서 권위를 지닌 채 남아 있었다. 그런 많은 규정과 지침들은 우선 믿음과 성령의 수용에 기초한 삶의 맥락 안에 머물라는 경계선 긋기나 훈계로 말해지지만, 그것들은 대부분 요청이나 계명의 형식을 취한다. 또한 하나님 사랑과 이웃 사랑도 성취되어야 할 계명의 목적으로 취급된다. 그 과정에서 사랑을 모든 율법과 구분하는 것, 곧 상황을 창조적으로 지배할 수 있는 자유가 쉽게 시야에서 간과된다. 사랑은 하나님의 사랑에 대한 예수의 종말론적 메시지로부터, 예수 그리스도의 죽음 안에서 일어난 하나님의 화해의 행동과 믿음을 통한 화해의 수용에 대한 사도적 복음으로부터, 그리고 예수 그리스도의 모범을 향하는 것으로부터 생성되는 사랑이다. 다가오는 심판, 곧 각자의 행위에 따른 심판(고후 5:10)의 기대 안에서 율법의 성취는 축복을 위한 불가피한 길로 보일 수 있다. 물론 세례를 통해 주어지는 그보다 앞선 죄의 용서가 그 축복을 위한 출발점을 형성한다. 그 불가피성에 대해 아우구스티누스를 기억할 필요가 있다. 모든 그리스도교 행위의 원천인 사랑은 오직 은혜의 선물로서만 받을 수 있다는 기억이다.

또한 각자의 모든 행위에 앞서 그리스도교적 삶을 지속적으로 규정하는 믿음의 선물도 생각해야 한다. 믿음이 우선권을 갖는다. 복음의 선포는 이 점을 언제나 또다시 기억해야 한다. 하지만 이것의 결과가 정적(靜寂)의 태도, 곧 자신의 삶을 더 이상 믿음의 내용에서 시작하는 사랑의 역동성 안으로 이끌지 않는 태도인 것은 아니다.

c) 율법의 요청과 복음의 선언

루터가 바울이 언급했던 율법을 우선 구속사적인 맥락에서 "옛" 율법으로 파악하지 않았던 것은 종교개혁적인 율법 이해에서 새로운 일이었다. 루터는 율법을 복음을 통해 대체된 유대교의 토라와 동일시한 것이 아니라, 구조적으로 철저히 절대적인 "법"으로 이해했다. 루터는 그리스도교 교회 안에서 바울이 서술했던 율법의 특성에 대체로 구조적으로 상응하는 현상이 나타났다는 사실을 직시했다. 그 현상에서 내용상 문제가 된 것은 할례와 음식 규례가 아니고 순례와 참회였다. 하지만 양쪽의 공통 요소는 타당한 규범에 상응하는 업적을 통해 의를 추구한다는 것이었다. 그래서 루터는 바울이 구원의 길로서는 거부했던 율법 안에서, 그리스도인들에게 구원사의 특정한 기간에 제한되었던 유일무이한 율법인 유대교적 토라만이 아니라, 또한 모든 민족에게서 서로 다른 역사적 의복을 입고 나타났던 요소도 발견했다. 다시 말해 유대교적 토라는 루터에게 모든 인간을 구속하는 그런 법의 특별한 유대적 형태였을 뿐이었다. 루터는 그러한 일반화될 수 있는 율법 이해의 근거를 바울에게서 발견했다고 생각했는데, 이것은 사실 바울의 단지 부차적인 사고 안에서만 찾을 수 있는 것이었다. 그것은 말하자면 이방인들이 자신들의 행위를 통해 그 율법에 대한 앎을 증언한다(롬 2:14ff.)는 사고다. 바울과 달리 루터는 이 지점에서 자연법에 대한 스토아적인 사고를 암시하며, 이 사고가 율법에 대한 모든 바울적 진술의 이해를 위한 토대가 된다고 생각했다. 그 결과 루터는 자연법을 모세 율법의 핵심인 십계명과 동일시한다.[250] 이로써 루터는 전통적·교회적 율법의 사고의 지반 위에서 움직인 셈이 되었는데, 그 사고는 변증론자들과 이레나이우스 이래로 발전된 것이다. 하지만 루터는 자연법의 사고를 성령의 "새로운 법"과 결합시키지 않았고, 바울이 말했던 죄를 고소하는 율법과 결합시켰다. 이 결합의 근거는 루터가 복음 개념의 의미에 대한 자신의 주석적 통찰 때문에 그 개념을 더 이상 율법과 연관시킬 수 없었다는 사실이다. 그래서 언제 어디서나 타당한 순수한 자연법이라는 사고가 은혜 및 믿음과 대립되는 바울적 율법 개념의 쪽에 전적으로 위치하게 되었다. 이제 이렇게 일반화된 율법 개념과 비슷한 것은 마찬가지로 일반화된 율법의 사고 곧 인간을 죄인으로 특징짓는 경향의 율법이다. 이 경향은 하나님 앞에서 율법과 일치하는 행위에 의존해서 스스로를 의롭게 하려는 시도를 뜻한다. 나아가 이 모든 것과 관계되어 있는 것은 루터가 율법과 복음의 관계를 우선적으로 구원사의 연속적인 두 시대의 순서로 더 이상 생각하지 않았다는 사실이다. 게르하르트 에벨링은 여기서 루터와 바울 사이의 "가장 놀라운 차이"를 다음과 같이 바르게 통찰했다. "유일회적이고 다시 되돌릴 수 없는 순서 대신에 종교개혁적 도식은 말하자면 독특한 동시적 동반 관계를 만들어냈는데, 이것은 영원한 전환으로 생각되었으나 실제로는 전환이 아니라는 의혹을 받았다.…종교개혁적인 공식은…

---

250 바울의 율법 개념을 루터가 확장시킨 것에 대해 G. Ebeling, Erwägungen zur Lehre vom Gesetz (1958), in: *Wort und Glaube* 1, 1960, 255-293, bes. 286ff.를 보라. 십계명의 강조에 대해서는 P. Althaus, *Die Theologie Martin Luthers*, 1962, 218f.를 보라. 하나님의 율법과 자연법 사이의 관계에 대해서는 아래의 각주 265와 R. Seeberg, *Lehrbuch der Dogmengeschichte* IV/1 (1933) 5.Aufl. 1953, 255f.를 보라. 루터가 이 이해에서 "단순히 스콜라주의자들을 뒤따랐다"(256)는 제베르크의 주장은 루터가 율법 개념에 대립하여 복음을 제한함으로써 율법 개념이 제약되고 변경되었다는 점을 놓치고 있다. 왜냐하면 스콜라주의자들에게 자연법을 지향하는 하나님의 율법 개념은 (옛) 율법과 복음의 차이의 너머에 있기 때문이다. 비교. R. Seeberg, *Lehrbuch der Mengeschichte* III, 4.Aufl. 1930, 449ff.

새 계약(언약)을 **향한**(zum) 이러한 전환으로부터…새 계약(언약) **안에 있는**(in) 존재 구조를 이끌어냈다."[251]

루터는 복음과 율법을 이같이 구조적으로 규정하고 대조하는 특성을 흔히 공식으로 요약했고, 거기서 본질적 특징들은 언제나 동일했다. 이미 1516/1517의 갈라디아서 강의에서 그는 이렇게 말한다. "복음과 율법은 본질적으로 다음과 같이 구분된다. 율법은 행해야 할 것과 행하지 말아야 할 것, 아니 이미 행해진 것과 행하지 않고 버려둔 것이 무엇인지를 설교한다. 그렇기 때문에 율법은 오직 죄의 인식만을 불러일으킨다. 그러나 복음은 죄가 용서받았다는 것, 모든 것이 이미 그리스도를 통해 성취되고 행해졌다는 것을 설교한다. 율법은 '네가 빚지고 있는 것을 갚아라'라고 말하는 반면에 복음은 '너의 죄가 네게서 사해졌다'라고 말하기 때문이다."[252]

이러한 진술들로부터 율법과 복음의 구분(그리고 관계)에 대한 루터의 "삶의 자리"(Sitz im Leben)를 어디서 찾아야 하는지가 분명히 알려진다. 그 자리는 아마도 참회의 상황일 것이다. 그것은 수도사 루터와 중세 후기에 살았던 대부분의 사람들에게 참회의 상황, 즉 흔히 고해성사로 알려졌던 상황이다. 참회의 거울인 율법 곧 본질적으로는 십계명이 참회자들에게 죄를 인식하고 비통함을 느끼기 위한 자기성찰의 안내자가 되었다. 율법의 이와 같은 "사역"은 루터에 의하면 본질적으로 "신학적인" 사용이다.[253]

---

251 G. Ebeling, 위의 책, 269f. 하지만 교의학적 서술 안에서 율법과 복음의 관계에 대한 대부분의 논의는 유감스럽게도 에벨링이 제시하는 문제를 비켜 지나간다.

252 M. Luther, WA 57,59f. zu Gal 1,11 ; 비교. WA 2, 466,3 – 7. Evangelium et lex proprie in hoc differunt, quod lex praedicat facienda et omittenda, immo iam commissa et omissa ac impossibilia fieri et omitti (ideo solam peccati ministrat cognitionem) Evangelium autem remissa peccata et omnia impleta factaque. Lex enim dicit 'Redde quod debes' Evangelium autem 'Dimittuntur tibi peccata tua' (*In epistolam Pauli ad Galatas commentarius*, 1519).

253 M. Luther, WA 40/1, 480f. 율법의 정치적 "사용-"과 영적 "사용" 사이의 루터적 구분에 관한 상세한 내용을 P. Althaus, 위의 책, 220f.에서 보라. 또한 참고. G. Ebeling, Zur Lehre vom triplex usus legis in der reformatorischen Theologie (1950), in : *Wort*

이 작업이 완료되었을 때, 복음은 죄를 용서하는 선언과 함께 등장할 수 있다. 복음은 상한 양심에 대한 위로이며, 고해성사 안에서 사제가 선언하는 면죄의 문구이기도 하다. 고해성사의 자리에서 발생하는 율법과 복음의 이 순서는 일정한 규정 없이 흔히 반복되었으며, 종교개혁적 칭의론의 가장 흔한 서술 형식을 위한 준거 틀을 형성했다. 이 사실은 아우크스부르크 신조(CA)의 칭의 조항을 옹호하는 멜란히톤의 설명들에서 특히 분명히 나타난다. 그는 이렇게 말했다. "올바른 참회를 위해 율법만 설교하는 것으로 충분하지 않다는 사실은 확실하다. 왜냐하면 율법은 양심을 놀라게 할 뿐이기 때문이다. 그것에 복음이 추가되어야 한다. 이것은 죄가 업적 없이 그리스도로 인해 사해진다는 사실, 그리고 우리가 믿음을 통해 죄의 용서에 도달한다는 사실을 뜻한다."[254] 멜란히톤에 의하면 여기서 죄의 용서를 수용하는 것은 칭의와 동일하다.[255]

참회의 실행에 대한 이러한 종교개혁적 이해가 중세 서방교회에서 통상적이었던 고해성사의 형태와 구별되는 차이는 예수 그리스도 자신의 약속 혹은 복음의 약속이 사제가 행하는 사면의 공식문구의 자리를 대신했다는 데 있다. 개신교 목사는 더 이상 독립적인 법률적 전권자로서 교권(敎權)을 행사하지 않고, 다만 그리스도 자신의 약속에 근거한 용서 곧 복음의 내용을 형성하는 용서를 선포할 뿐이다.[256] 죄의 용서를 수용하는 믿음은 직접 예수 그리스도 자신의 말씀으로 향한다. 그래서 개신교회의 역사 안에서 복음의 공적 선포는—사제 앞에서의 고해성사와 사면의 자리

---

und Glaube *und Glaube* 1, 1960, 50 – 68, bes. 58ff.

254   Ph. Melanchthon, *Apologie* IV §257, 비교. §62 (BSELK 210,45ff. 그리고 172,37 - 39).

255   Ph. Melanchthon, 위의 책, IV §76 zu Ps 32,1. Consequi remissionem peccatorum est iustificari... (BSELK 175,31f.).

256   1517년의 주제 6과 38이 이미 그렇게 말한다(WA 1,233 그리고 235). *Resolutiones*, 1518 (WA 1, 538f., 595)의 비슷한 진술을 비교하라. 이와 관련해서 트리엔트 공의회의 참회 교리(DS 1685 그리고 1709)에서 사제의 법률 행위(actus iudicialis)에 대하여 계속되는 주장을 주목하라.

를 대신해서 — 죄 용서의 선언이 될 수 있었다. 그것이 공적인 고해의 집회의 틀 안에서 일어나는가, 아니면 율법과 복음의 순서에 따라 설교학적으로 구성된 선포의 형태 안에서 일어나는가는 관계가 없었다.

율법과 복음의 구분에 관한 루터의 가르침은 계속해서 신학에 공헌했했는데, 다름 아니라 복음의 해방시키는 작용과 율법의 기능들 사이의 구조적인 차이를 명확하게 설명했다는 점에서다. 그러나 이 차이에 대한 정확한 규정은 중세 후기의 참회의 심성(心性)과 고해성사에 대한 시대적 논의에 예속되어 있었다. 그래서 그 규정은 율법과 구분되는 믿음의 자유에 대한 바울의 진술들과는 아주 깊은 차이를 보였다. 그 자유는 그리스도교적인 실존 전반의 근본적 규정을 뜻한다. 사도 바울의 가르침이 바울 자신이 직면했던 것과는 다른 상황과 문제의 국면에 적용될 때, 루터의 진술들은 성서의 증언에 근거한 중심적 비판을 필요로 하게 된다. 그 가르침이 참회의 주제에 적용될 때, 복음의 성서적 개념[257]과 율법에 대하여 바울이 가르친 의도들이 적절하게 표현되었다고 말할 수 있을까?

루터의 복음 개념에 대해 다음의 사실이 비판적으로 언급되어야 한다. 그 개념이 죄 용서의 선언에 집중한 것은 참회론과 논쟁한다는 관점에서 이해될 만하지만, 복음의 폭넓은 성서적 개념을 바르게 평가하지는 못했다는 사실이다. 한편으로 우리는 루터의 진술들 안에 죄 용서의 주제가 예수의 메시지 안에서 나타나는 방식으로 나타나지 않는다는 것[258]을 아쉬워 한다. 다른 한편으로 우리는 죄 용서의 기초가 가까이 다가온 하나님의 통치, 그 통치에 대한 예수의 통고, 그리고 믿는 자들이 그 소식을 수용했다는 것에 근거를 두고 있다는 사실을 결코 놓쳐서는 안 된다. 가까이 다가온 하나님의 통치를 신뢰하는 자들에게 죄의 용서는 이미 현재하며, 그 용서를 통해 결정된 하나님과의 연합 안에 하나님과의 모든 분리는 제

---

257   예수 전승과 바울에 있어 복음의 개념에 대해 『조직신학』 제II권, 772ff.를 보라.
258   비교. 제II권, 572f.

거되었다. 이것이 "세리들과 죄인들"이 구원에 참여하는 것, 그리고 예수의 메시지의 전승 안에서 죄 용서가 개인에게 직접적으로 선언되는 것에 대한 근본적인 맥락이다. 마가복음 2:5과 누가복음 7:48이 예수 자신의 권위적인 말씀이든지, 아니면 예수께서 소외된 자들에게 향하신 사건이 함축하는 바를 후대에 표현한 것이든지 관계없이 그렇게 말할 수 있다. 죄 용서의 선언은 특별히 마가복음 2:5의 관점에서 사실상 예수의 치유 사역에 대한 요약으로 이해될 수 있다. 하지만 이 사실은 우리가 하나님의 통치에 대한 예수의 선포 안에 놓인 그 치유의 전제들을 함께 고려할 때, 그리고 죄 용서의 선언이 또한 그것의 근원적인 맥락 안에서 이해될 때, 비로소 타당하다고 말할 수 있다. 그때 죄 용서의 말씀을 하나님의 의의 요청과 대립시키는 것은 불가능하다. 예수의 메시지의 종말론적 지평 위에서 다가오는 하나님의 통치가 인간에게 **요청**하는 것(Anspruch)과 죄의 용서를 **선언**하는 것(Zuspruch)은 서로 밀접하게 결합하는데, 바로 이 순서로 결합한다. 루터는 이러한 핵심 관계를 제1계명에 대한 자신의 진술에서 인지했다. 여기서 제1계명은 율법만이 아니라 복음의 총괄개념이다.[259] 그러나 율법과 복음의 루터적 대립 안에서 이러한 사태와 그것이 예수의 메시지와 갖는 관계는 보통 나타나지 않는다. 하나님의 의의 의지적 표현으로서의 율법에 대해 죄의 용서를 고립시켜 강조하는 것은 예수의 메시지[260]를 삭감하는데, 바울적인 복음에 대해서도 그렇게 말할 수 있다. 루터가 죄 용서의 선언을 복음에 집중시킨 것은 그리스도의 대속의 죽음에 근거한 사도 바울의 화해의 메시지와 매우 가깝다. 그러나 예수 그리스도의 죽음과 부활에 관한 사도적 복음의 맥락에 있는 그리스도의 대속의 죽음에 관

---

259 비교. P. Althaus, 위의 책, 231f. 또한 G. Heintze, *Luthers Predigt von Gesetz und Evangelium*, 1958, 113-37. 이 주제에 대해 칼 홀(Karl Holl)이 야기한 논쟁과 관련된 일관성 있는 자료들을 참고하라(특히. 121ff.).

260 믿음을 모든 선한 행위의 원천으로 설명하는 루터의 서술이 갖는 설득력에도 불구하고(이미 1520, WA 6, 202-276, bes. 204-216에 나오는 선한 행위들에 대한 설

한 진술의 토대는, 그리고 예수 그리스도를 새로운 아담과 하나님의 아들로 보는 바울의 가르침에 대한 그 메시지의 관계는 루터의 복음 개념 안에서 불가피하게 배후로 물러날 수밖에 없었다. 이것은 루터가 복음 개념을 고해성사 및 참회 상황과의 관계 안에서 생각함으로써, 율법에 대한 복음의 근본적인 대립을 지향했기 때문이었다.

루터는 단지 죄의 인식으로만 이끄는 율법의 부정적 기능을 주장하기 위해 바울을 인용했다(롬 3:20). 그러나 루터는 이 사고를 개인주의화했다. 바울의 율법 이해와는 대조적으로, 이미 언급한 것처럼, 루터의 이해는 율법 개념의 구속사적인 규정으로부터 물러선다는 특징을 갖는다. 그러나 구속사적 지평이 루터에게서 전적으로 사라진 것은 아니다. 루터는 율법과 복음 사이의 형식적인 구분을 또한 신약성서와 구약성서의 구속사적인 구분에도 적용했다. 그러나 바로 그렇게 하는 중에 루터는, 예를 들어 1523년의 구약성서에 관한 서문 안에서, 그런 형식적 구분에 우선성을 부여했다. 그 구분은 루터로 하여금 한편으로 구약성서 안에서 복음의 특징들을 발견하고, 다른 한편으로 신약성서 안에서 복음과 함께 율법을 발견할 수 있게 했다. 그러나 바울에게서 때때로 등장하는 형식적인 구분, 곧

교에서 그렇게 말한다), 어떻게 죄의 용서에 집중하는 복음에 대한 신뢰가 그런 원천적 작용을 불러일으킬 수 있는지는 여전히 불확실하다. 이 사실은 우리로 하여금 제1계명에 대한 믿음이 루터의 말처럼 복음의 총괄개념이라는 죄 용서에 대한 믿음과 어떻게 관련되는지의 질문으로 되돌아가게 한다. 리츨이 믿음과 행위의 관계가 루터적 종교개혁 안에서 주장되기는 했어도 양자가 통일된 근거를 갖지는 못했다고 말했을 때, 그는 틀림없이 옳았다. A. Ritschl, *Die christliche Lehre von der Rechtfertigung und Versöhnung* III, 3.Aufl. 1888, 11. 리츨은 여기서 놓친 율법에 대한 관계를 올바르게도 하나님 나라에 대한 예수의 메시지를 언급함으로써 회복시키려고 했다. 그러나 그는 여기서 예수가 통고한 "나라"(Basileia)의 종말론적인 성격을 인식하지 못했다. 그래서 그는 하나님의 통치가 예수의 메시지의 시작점으로만이 아니라 또한 인간적 행위들을 통해 수립해야 하는 목적으로 서술했다. 리츨에 의하면 그 목적 안에서 하나님의 목적 곧 예수의 파송의 목적과 피조물로서의 인간 규정은 일치한다.

율법의 요구(롬 10:5)와 그 사도가 선포했던 "믿음의 말씀"(10:8) 사이의 구분은 철저히 구속사적인 구분에 봉사하는 것이었다. 구속사적인 구분은 예수 그리스도와 함께 동터 온 은혜의 시대와 또한 그와 함께 종말을 맞은 율법의 통치 시대 사이의 구분을 뜻한다. 복음을 "새로운" 율법으로 보는 스콜라적인 가르침을 통해 이같은 구속적 관찰방식을 계속 유지하는 가운데, 루터는 율법과 구분되는 복음의 차이를 올바르게 인식했다. 그러나 루터는 자신의 편에서 복음의 새로움을 참회를 실행하는 문제들에 제한하면서 단지 죄 용서의 선언으로만 해석했기 때문에, 그에게 율법에서 복음으로 가는 순서는 언제나 또다시 새롭게 성취되어야 하는 전환으로 보였다. 인간에게는 하나님께로 돌이키는 참회가 언제나 또다시 필요하다는 것이었다. 예수 그리스도를 통해 등장한 종말론적 전환이 갖는 궁극적으로 구속사적인 성격은—바울도 그리스도를 율법의 마침이라고 불렀을 때 (롬 10:4) 그 전환에 대해 말하고 있다—루터에게서 제거된 것은 아니지만 (왜냐하면 용서는 그리스도로부터 비로소 가능하기에), 그러나 실제로는 언제나 또다시 새롭게 성취되어야 하는 전환들의 순서 안으로 해소되었다.

이 사실에서 드러나는 루터와 바울의 차이를 에벨링이 탁월한 명확성과 날카로움으로 표현했다(위의 각주 251을 보라). 그러나 에벨링은 예수의 죽음과 부활에서 성취된 종말론적 전환에 대한 바울의 생각을 루터가 변형시킨 것 혹은 (그의 주장으로는) "체계적으로 해석"[261]한 것을 올바른 것으로 여겼다. 왜냐하면 바울의 그 생각은 바울이 제시하는 문헌 안에서 그 이후에는 더 이상 확인될 수 없기 때문이었다. "바울의 그런 전환을 서술해주는 구속사적인 도식은 오늘날 어떻게 현재적으로 이해될 수 있는가라는 어려움에 봉착한다. 종말론적 전환이 이같이 구속사적인 도식과 동일시된다면, 그것은 더 이상 계속해서 전달될 수 없다. 그 전환은 그 점에서 불가피하게 과거의 것이 되

---

261   G. Ebeling, *Wort und Glaube* 1, 1960, 291.

어 버린다. 그것이 새로운 역사적 시기의 시작으로 이해된다고 해도 마찬가지다. 그 전환의 종말론적인 성격은 πίστις(믿음) 곧 그리스도 안에서 도래한 믿음이 계속해서 오고 있는 중일 때만, 다시 말해 그리스도 안에서 발생한 전환이 믿음 안에서 실제로 발생할 때만, 보존될 수 있다.…그렇기 때문에 단순한 시간 순서의 차이가 이제는 두 시대 안의 존재적 차이가 된다."[262] 이 차이는 말하자면 세례를 통해 원칙적으로 과거가 된 죄인들의 실존, 그리고 믿음을 통해 붙든 미래 곧 그리스도 안에서 이미 나타난 새로운 생명의 미래 사이의 차이를 뜻한다. 이 논쟁의 핵심은 구속사적인 시대 전환으로서의 종말론적인 전환은 더 이상 전달될 수(tradierbar) 없다는 주장으로 이끈다. 그러나 이 주장은 근거가 있는 것인가? 종말론적인 전환이 "불가피하게 어떤 과거의 것"이 될 때, 왜 그것은 그 전환의 핵심을 손상하는 것이 되는가? 만일 과거의 것이 된 종말론적 사건이 이미 추월된 것이 된다면, 그것은 종말론적인 것이라는 개념에 담긴 궁극적 성격과 일치할 수 없다. 이미 바울이 예수의 십자가와 부활 안에서 일어난 종말론적 전환을 과거에 등장한 사건으로 뒤돌아보았다. 그러나 바울에게 그 과거는 그와 동시에 또한 미래, 즉 우리에게 "아직" 나타나지 않은 믿는 자들의 미래를 의미했다. 여기서 믿는 자는 믿음과 희망을 통해 미래의 구원을 선취함으로써 상이한 시대들 안에서 살아갈 뿐만 아니라, 또한 역사 자체의 진행 안에서 그 역사의 종말론적인 미래가 이미 예수 안에서 사건으로 발생했다. 그 결과 예수의 십자가와 부활에 대한 기억은 믿는 자로 하여금 예수 안에서 이미 나타난 새로운 생명에 참여하게 될 그 자신의 고유한 미래의 기대로 건너가게 한다. 과거의 역사가 된 예수 그리

---

262   G. Ebeling, 위의 책, 292. 에벨링은 계속해서 일련의 주목할 만한 루터의 문구들을 제시한다. 그 문구들은 두 시대 안에 놓인 믿는 자들의 실존을 동시에 표현하며, 믿음을 통해 그리스도 및 그분의 미래와 결합(롬 8:9)한 믿는 자들의 아직 "육체 안에 있는" 삶(갈 2:20)에 관한 바울의 진술들에 대한 일종의 실존적 해석이라고 말할 수 있다. 그러나 바울은 "육체 안"에 있는 믿는 자들의 현재적·시간적 삶을 루터처럼 (WA 40/1, 526,2f.) 율법 아래 있는 삶으로 특징짓지 않는다(아래를 보라).

스도의 십자가와 부활의 사건이 이미 바울에게 그랬던 것과 마찬가지로 우리에게도 그와 동시에 우리 자신의 고유한 미래에 대한 예기와 보증이 되는 한, 그 사건이 얼마나 먼 과거에 발생했는가 하는 것은 전혀 중요하지 않게 된다. 그 사건 이후로 얼마나 긴 시간이 흘렀는지는 단지 양적인 관점에 해당할 뿐이다. 종말의 선취로서의 구원 사건의 양적 구조에 대한 관점에서는 왜 그 선취가 구속사적으로는 전달될 수 **없는가** 하는 점이 통찰될 수 없다. 오히려 정반대다. 예수의 십자가와 부활이 특정한 시간에 현실적으로 발생한 사건이라면, 그래서 하나님의 구원의 미래가 현실적으로 인류 역사 안으로 진입하고 "육체 안으로 왔다"(요일 4:2)면, 그때 이러한 종말론적인 전환은 인류 역사의 진행 안에서 바로 그 역사의 종말에 이르기까지 바로 구속사적으로 계속 전달될 수(tradierbar) 있는 것이다.

이 사실은 구속사 전체에 대해서만이 아니라 개별 그리스도인의 삶의 역사에 대해서도 실존적으로 적용된다. 여기서 세례의 유일회성이 세계사의 종말론적인 전환의 유일회성에 상응한다. 세례 받는 자를 예수 그리스도와 결합시키는 세례를 통해 그의 삶 안에서 종말론적 전환이 표징으로서 효력을 발생하는데, 그것은 예수 그리스도를 통해 인류의 역사 안에 등장한 종말론적 전환과 동일하다. 세례의 경우에 이 전환은 우리에게 어떤 지나간 과거의 사건이 된다. 그러나 그 전환이 과거로 사라지는 것은 아니다. 왜냐하면 우리의 세례는 우리 개인의 삶의 미래를 선취했기 때문이다. 세례는 우리의 미래의 죽음을 선취적으로 그리스도의 죽음과 결합시켰고, 그 결과 그리스도의 부활에 참여하는 희망을 우리에게 열어주었다. 세례 사건의 이러한 선취 구조 때문에 그리스도인들의 개인적 삶의 역사는—그 사건의 유일회성을 손상시키지 않고서—세례에 이르는 성장을 계속한다. 이것은 루터가 언제나 또다시 우리에게 긴급하게 묘사했던 것이다. 세례 안에서 우리에게 성취된 것의 완전한 형태는 믿는 자에게는 언제나 미래이며, 그것도 그의 삶과 대립하는 미래다. 이와 같이 세례는 그리스도인들의 개인적 삶의 역사를 통일시키는 근거를 제공한다. 이것은 예수 그리스도의 십자가와 부활의 구원 사건이 교회사의 시작이 되었던 방식과 비슷하다. 에벨링의 주장과 반대로 양자에 대하여 다음의 사실이 타당하다. 역사 안에 현실적으로 등장한 종말론적 전환은, 인간의 역사가 계속해서 진행되는 한, 다름이 아니라 구속사적으로 해석되고 전달될 수밖에 없다. 그 전환의 구속사적인 성격을 확고히 붙들지 않는다면, 에벨링도 역시 말했던 "그리스도 안에서 발생한 전환"은 그것이 발생한 존재 안에서 그때그때마다 발생하는 전환(이것은 에벨링 자신도 날카롭게 강조했던 요점인데,[263] 위의 각주 251을 보라)은 아닌 셈이 되며, 그래서 그것은 전혀 중요하지 않은 전환이 되고 종말론적 전환이라고는 더욱 말할 수 없게 된다.

종교개혁은 그리스도의 오심과 함께 우리의 역사 안에 등장한 구속사적인 전환 그 자체를 문제 삼지는 않았다. 오히려 종교개혁은 그 전환을 전제했다. 그 점에서 종교개혁은 바울적 관점의 근본 사고와 그것을 넘어서서 그리스도교 전체의 성육신 신앙 안에 충실히 머물렀다. 그럼에도 불구하고 율법과 복음에 관한 종교개혁의 교리 안에서 종말론적 전환의 궁극적 성격은 결과적으로 율법에 대한 신학적 이해와 관련해서 전개되지 못했다. 그래서 그 전환은 율법 신학의 범주 안에서 인간이 참회 안에서 언제나 또다시 하나님께로 향할 필요가 있다는 실제적 요청의 배후로 퇴각했다. 하지만 이런 결함이 루터 신학 전체에 부담을 준 것은 아니다. 이것은 사람들이 루터 신학 안에서 율법과 복음을 구분하는 근본 의미가 강조된 것과 관련해서 사람들이 추측하는 것과는 다르다. 오히려 세례 신학 안에서 루터는 획기적인 방식으로 개별 그리스도인들의 삶에 대한 종말론적 전환의 궁극적 성격을 분명히 표현했는데, 이것은 바로 세례와 참회의 관계에 대한 그의 통찰을 통해 일어났다. 여기서 루터는 참회를 세례 안에서 성례전적으로 단번에 영원히 성취된 것을 매일 뒤따라 성취하는 것

---

263   G. Ebeling, 위의 책, 292.

으로 이해하고 그렇게 가르쳤다.[264] 그러므로 바울이 말한 대로 그리스도의 오심과 함께 등장한 전환의 궁극적 특성은 루터 신학 안에서 복음과 율법의 대립에 영향을 주지 않았다. 왜냐하면 루터는 바울과 달리 육체 안에 있는 그리스도인들의 삶의 성취를 율법에 굴복한 삶으로 이해하지 않았기 때문이다. 바울도 또한 "육체 안에" 있는 그리스도인들의 삶이 아직도 여전히 율법 아래 있다고 말하지 않았고, 오히려 믿는 자는 자신의 이 세상의 삶을 영을 통해 규정되도록 해야 하며(갈 5:18), 여기서 믿는 자는 더 이상 율법 아래서가 아니라 은혜 아래서 살아가게 된다(롬 6:12-14)고 말했다.

이 점에서 성서적 증언에 근거하여 루터적 교리 진술들을 개정할 것이 요청된다. 우리는 다음의 사실을 타당하게 여겨야 한다. 복음에 대한 바울의 가르침 안에서 율법이 은혜로 나아가는 전환이 단번에 영원히 발생했으며, 바로 그 전환을 통해 교회의 현존재와 역사를 위한 공간이 열렸고, 또한 세례 안에서 개별 그리스도인들의 삶의 연속성의 근거도 마련되었다는 사실이다. 율법에서 복음으로 나아가는 종말론적 전환은 교회 안에서 용서의 선언을 통해 언제나 또다시 발생하는 것이 아니고, 예수 그리스도 안에서 단번에 영원히 발생한 것이다. 그 발생이 교회사의 근거이며, 그 전환이 세례를 통해 모든 개별 인간의 삶에 귀속되어 그리스도인으로서의 새로운 정체성을 구성한다. 교회가 복음의 선포와 예배 축제를 통해 교회 자체의 근거가 되는 그 사건을 언제나 또다시 기억함으로써 그 사건은 교회에 지속적으로 현재하며, 언제나 또다시 새롭게 현재가 된다. 이에 상응하여 세례 받은 자는 언제나 또다시 자신의 세례를, 그래서 언제나 또다시 용서의 선언을 기억할 필요가 있다. 그러나 개별 그리스도인과 교회는 그 과정에서 언제나 이미 저 역사와의 관계 안에 위치한다. 그것은 율법에서 복음으로 나아가는 종말론적인 전환 안에서 예수 그리스도의 구원 사건을

---

264   이것은 나중에 더 정확하게 설명하고 논의할 것이다.

통해 시작점을 얻고 삶의 원천을 갖는 역사다. 율법에서 복음으로 나아가는 종말론적 전환은 다른 한편으로 세계사의 넓은 맥락과 관계되며, 그 안에서 등장하는 주역들의 의도에 반대하여 하나님의 미래를 향해 인도되는 세계사적인 운동 곧 하나님의 세계 통치의 운동과 연관된다. 교회사, 그것과 함께 삶의 길, 또한 모든 개별 그리스도인들의 실존 문제는 언제나 이미 그 운동 안에 포함되어 있다. 오직 이러한 틀 안에서 루터와 그보다 앞선 아우구스티누스의 다음과 같은 경험은 적절히 평가될 수 있고, 반드시 그렇게 평가 되어야 한다. 그것은 교회의 삶 속에서 바울이 폐기되었다고 선언했던 길, 곧 율법의 의의 길에 대한 유비들이 등장한다는 경험이다. 이런 종류의 잘못된 전개와 그 필연성—이것들에 대한 복음의 자유는 마땅히 존중되어야 한다—은 어쨌든 다음의 사실로 나아가서는 안 된다. 복음과 율법의 관계 규정에서 종말론적·구속사적 지평이 퇴색하며, 그 결과 율법과 복음의 구분이 최종적으로 언제나 또다시 적용되어야 하는 설교학적 규정으로 축소된다는 사실이다.

율법과 복음의 구분을 참회의 성향을 장려하고 갱신하는 선포의 봉사에 반복적으로 적용한 것은 제3의 비판적 숙고의 대상이 될 수밖에 없는 문제들을 야기했다. 제1의 비판점이 종교개혁의 교리들과 예수의 하나님 나라의 메시지 사이의 관계에 대한 것이었고, 제2의 비판은 율법의 마침에 대한 바울적 주제에 대한 것이었다면, 제3의 비판은 종교개혁적 교리 자체 안에서 율법 개념의 이해로부터 등장한 내적 난제와 관련되어 있었다.

d) 그리스도인의 율법으로부터의 자유와 하나님의 의로운 의지

루터에게 율법의 효력은 교회 안에서 멈추지 않으며, 그 효력이 "옛" 사람을 고소하는 기능으로 모두 소진되는 것도 아니다. 율법은 하나님의 영원한 의지의 표현으로서 또한 그리스도인들에 대해서도 여전히 긍정적 기능을 갖고 있다. 이 사실은 이미 율법에 대한 루터의 자연법적 해석으로부터 알려진다.[265] 루터는 그 해석에—전통과 달리—복음 개념을 포함시키지 않았고, 그래서 복음을 자연법 안에서 표현된 영원한 하나님의 의지의 가장 순수하고 완전한 형태로 이해할 수 없었다. 그래서 루터는 율법 그 자체에게—복음과 구분되면서—아직도 지속되는 그러한 기능을 추인해야만 했다. 1537–1540년에 친구였던 아그리콜라와 이같은 율법 폐기에 관한 논쟁을 벌이는 가운데 루터는 그리스도인들에게 율법을 설교해야 할 지속적인 필연성을 오해의 소지 없이 분명히 밝혔고, 이것은 일상의 참회로 이끌기 위한 것만이 아니라 또한 성화의 진전을 위한 것이었다.[266] 그러나 루터는 거듭난 자들을 위한 율법의 사용을 규정하는 교리 부분을 아직은 전개하지 않았다. 그 교리는 멜란히톤이 비로소 준비했고,[267] 한편으

---

265 이미 1519년의 짧은 갈라디아서 주석 안에 모든 시대에 동일한 율법, 곧 모든 인간에게 알려져 있고 모든 이의 마음속에 쓰여 있는 황금율(비교. 마 7:12)로서의 율법이라는 표현이 있다. 루터는 이것을 율법의 성취로서의 사랑(롬 13:10)이라는 바울의 용어와 결합시켰다(WA 2, 580). 루터에 따르면 이러한 핵심 요소에 많은 민족이 서로 다른 법을 덧붙였는데, 그 법들은 변하여 사라진다는 특징을 가졌다. 그러나 저 핵심 요소는 계속 존재하며, "모든 인간의 마음속에 그치지 않고" 작용한다(비교. WA 39/1, 356 These 34f., September 1538). 이 견해를 토마스 아퀴나스의 것과 비교해보면 유익할 것이다. 토마스에 의하면 자연법의 보편적 근본 명제는 언제나 특수하고 구체적인 적용을 필요로 하는데, 이것은 구약성서 안에서 하나님께 대한 관계를 위한 제의법과 또한 사람들 사이의 관계를 위한 일반법들이 실행했던 경우와 같다. 비교. U. Kühn, *Via caritatis. Theologie des Gesetzes bei Thomas von Aquin*, 1965, 179 ff., 187ff.

266 W. Joest, *Gesetz und Freiheit. Das Problem des Tertius usus legis bei Luther und die neutestamentliche Parainese* (1951) 2.Aufl. 1956, 55–82, bes. 74ff., 또한 앞선 72ff.의 자료들을 보라.

267 Ph. Melanchthon, *Loci praecipui theologici* 1559, CR 21, 719. W. 요에스트에 의하면 우리는 루터에게서 본래적 의미에서 거듭난 자들을 위한 율법의 사용을 말할 수 없다(위의 책, 132f.).

로는 칼뱅에서,[268] 다른 한편으로는 교회일치 신조[269] 안에서 형태를 갖추었다.

율법 폐기를 주장하는 대적자들과 논쟁했을 때 루터는 옳았다. 신약성서 특히 바울 서신들의 증언에 따르면 사실상 그리스도인은 도덕 행위의 일에 있어 단순히 자기 자신에게 위임되어 있지 않기 때문이다. 그리스도인은 사도적 보혜사[270]의 수용자이며, 바울이 그리스도 안에 있는 새로

---

268 J. Calvin, *Institutio chr. rel.* (1559) II, 7,12에서 칼뱅은 믿는 자들을 위한 율법의 사용을 특별히 강조한다. Tertius usus, qui et praedpuus est, et in proprium legis finem proprie spectat, ergo fideles locum habet, quorum in cordibus vim viget ac regnat Dei Spiritus (CR 30, 261). 비교. W. Niesei, *Die Theologie Calvins* (1938) 2.Aufl. 1957, 94f. 또한 이 주제에 관한 개혁교회의 신앙고백 문서들의 진술을 J. Rohls, *Theologie reformierter Bekenntnisschriften von Zürich bis Barmen*, 1987, 238ff.에서 보라.

269 *SD* VI, 7ff. (BSELK 964-969). 여기서도 하나님의 율법은 언제나 동일한 것으로 유지되며(§15, 966), 그래서 또한 그리스도인들에게도 기준이 된다는 사실이 강조된다. 물론 믿는 자들은 율법이 규정한 것을 자유의지로 행하며(§6, 964), 성령이 그러한 순종의 능력을 주신다(§11f., 965f.). 이것은 아우구스티누스의 사고와 매우 가까우며, 또한 중세기 교리와도 비슷하다. 다만 자연법(*nova lex*)의 자리에서 하나님의 율법이 말해지고 있을 뿐이다.

270 신약성서 안에서 나타나는 보혜사의 다양한 형태들에 대한 간략한 개관을 슈나켄부르크의 논문에서 읽을 수 있다. R. Schnackenburg, *LThK* 8, 1963, 80f. 바울이 말하는 파레네제(Paränese, 위로자) 혹은 파라클레제(Paraklese, 보혜사)에 대해 특별히 다음 문헌을 참고하라. H. Schlier, Vom Wesen der apostolischen Ermahnung nach Römerbrief 12:1-2 (1941), 개정판: 동일저자, *Die Zeit der Kirche. Exegetische Aufsätze und Vorträge*, 2.aufl. 1958, 74-89. 또한 확장된 논문: H. Schlier, Die Eigenart der christlichen Mahnung nach dem Apostel Paulus, in: *Besinnung auf das Neue Testament. Exegetische Aufsätze und Vorträge* II, 1964, 340-57. 나아가 P. Stuhlmacher, Christliche Verantwortung bei Paulus und seinen Schülern, *Ev. Theol* 28, 1968, 165-86, 그 밖에도 위의 각주 222에 인용된 캄펜하우젠(H. v. Campemhausen)의 논문도 보라. 베드로전서의 보혜사(Paränese)에 대해 L. Goppelt, *Der erste Petrus brief*, 1978, 155ff., 특히 163-179, 또한 182ff., 199ff.를 보라. 슐리어는 1964의 책, 340f.에서 훨씬 빈번하게 사용된 보혜사(Parakese)의 표현이 위로자(Paränese)보다 선호되어야 하는 설득력 있는 근거를 제시하며, 그 선택을 옹호했다.

운 존재를 해석하는 근거로 삼은 것은 바로 그 보혜사였다. 새로운 존재는 그리스도인들의 기준이며, 그래서 또한 그리스도교적 행위를 정하는 규범들의 변경, 수정, 새로운 형성을 위한 기준이기도 하다. 이같은 보혜사(Paraklese)는 긍정적으로는 삶의 도움으로, 그러나 또한 하나님의 심판에 직면해야 하는 경고나 위협으로 표현되었다. 바로 이 점에서 보혜사와 율법은 서로 비슷하다. 그렇지만 사도적 지시를 율법이라고 부르는 것은 잘못이다. 왜냐하면 그 지시는 단지 그리스도 안에 있는 존재에 대한 해석이기 때문이다.[271] 그 지시에서 그리스도께서 율법의 자리에 서시며, 그래서 그리스도에 관한 말씀이 율법의 마침으로서 그 지시의 토대가 된다. 그 지시의 명제들을 사도의 독립적 권위에서 나온 변경 불가능한 확정문으로 이해하고 그다음에 새로운 율법으로 파악하는 것은 오해하는 것이다. 그 지시들의 권위는 오직 예수 그리스도 자신의 권위다. 사도적 보혜사의 지시를 거부하는 것은 결코 자의적으로 자유로운 일이 아니며, 그렇게 거부하기 위해서는 예수 그리스도 안에서 계시된 하나님의 사랑으로부터 오는 적법한 근거가 필요하다. 그럼에도 불구하고 율법의 차이는 여전히 존재한다. 율법은 하나님의 의지의 고정된 표현이며, 이와 대조적으로 사랑은 삶의 상황들이 요청하는 것들에 대한 다양한 창조적 대답들을 원칙적으로 전개할 수 있다. 이에 상응하여 이미 신약성서 안에 그리스도 안에 있는 존재에 대한 해석으로서 삶에 적용되는 다양한 지시들이 있다. 물론 그 다양성은 그리스도의 사랑의 통일성 안에 모두 함께 머문다.

---

271 이에 대해 슐링어를 논의하는 E. Schlink, Gesetz und Parakiese, in : Antwort. *Karl Barth zum siebzigsten Geburtstag* am 10. Mai 1956 , 1956, 323–35, bes. 32f.을 보라. 다른 견해로서 G. Ebeling, *Dogmatik des christlichen Glaubens* III, 1979, 272을 보라. 에벨링은 바울의 위로자(Paränese)를 십계명, 잠언의 지혜, 산상수훈 등과 함께 "율법의 해석"이라고 부른다. 여기서 에벨링은 사도 바울의 위로자 혹은 보혜사를 믿는 자들이 그리스도와 연합한 결과에 대한 진술(롬 12:1; 갈 5:13; 빌 2:5)로 다루지는 않는다.

칼 바르트는 일반적인 율법 규정들의 결의론적인 적용에 반대해서(KD III/4, 1951, 5-15) 자신의 특수 윤리의 과제를 그리스도 안에 있는 인간 존재가 인간에게 요구하는 것(Inanspruchnahme)의 해석으로 이해했다. 이것은 올바른 것이고, 사도적 지시 조항의 특성과 정확하게 일치한다. 바르트는 인간에 대한 이 요구를 은혜의 일로, 그렇기에 그 작용을 인간의 자유로운 순종의 일로 이해할 수 있었다(KD II/2, 618ff.). 이 이해 안에서 특수 윤리는 바르트에 의하면 그러한 요구의 사건을 단지 "가리키는 것"이며(III/4, 15f., 30f.), "…지시 또는 많은 **지시들**이다. 이것들은 다양한 형태를 통해 모든 사람을 하나님의 계명과 선한 인간적 행위의 인식으로 나아가도록 점차 안내한다"(위의 책, 33). 하지만 당혹스럽게도 바르트는 윤리의 이러한 성령론적인(parakletische) 기능을 율법 개념과 결합시킨다. 여기서 율법은 그가 "복음의 형식과 형태"라고 부른 것이다(II/2, 564ff., 567). 이와 같이 율법을 "은혜의 계명"(584)으로 이해하는 것은 거듭난 자들에 관련된 율법의 기능(tertius usus legis, 율법의 제3의 효용)에 대한 종교개혁적 진술들과 연관되며, 특별히 칭의와 성화의 관계에 대한 칼뱅적 이해와 상응한다. 이 점에서 바르트는 전통적인 루터교적 율법 교리에 반대하고 있다. 루터적 율법론은 복음의 요구보다 **앞서는** 율법의 고소하는 기능을 강조한다. 그러나 핵심에서 신약성서의 보혜사(Paraklet)를 예수 그리스도와 연합된 믿는 자들의 공동체로부터 전개되는 결과들로 보는 바르트의 뛰어난 통찰은 우리를 **율법의 제3의 효용**에 대한 구(舊)정통주의적 교리에 대한 논쟁을 넘어서는 곳으로 인도한다. 유감스럽게도 율법 개념을 그리스도교적인 보혜사의 의미로 사용한 것이 이 사실을 감추어버렸다.[272]

율법 개념에 대한 종교개혁의 논의는 중세 신학과 마찬가지로 율법과 그리스도 안에 있는 존재에 대한 해석으로서의 그리스도교적인 보혜사사이를 구분하지 않았다. 그 이유는 지금은 과거의 것이 된 성서 해석에서

---

272   이에 대해 E. Schlink, 위의 책, 333f.를 비교하라.

찾을 수 없고, 오히려 우선 신학적 율법 개념과 자연법 개념의 연결에 놓여 있다. 자연법을 인간에 대한 하나님의 영원한 의지의 규범적 표현으로 이해한다면, 율법의 마침으로서의 그리스도에 대한 바울의 진술의 중요성은 완전하고 타당하게 평가될 수 없게 된다. 그에 따라 그리스도인도 율법을 성취해야만 한다. 이때 구원은 율법의 행위가 아니라 믿음으로만 도달할 수 있다는 사실을 아무리 강조한다고 해도, 그와 반대되는 결론, 곧 율법의 성취(비록 그것이 믿음의 작용이라고 해도) 없이는 아무도 구원에 참여할 수 없다는 결론을 피할 수 없게 된다. 신학적 율법 개념이 자연법과 동일시되고, 자연법이 그 내용에서 하나님의 영원한 의지와 동일시 될 때, 그 결론은 결코 회피할 수 없다. 율법 안에서 공표되는 하나님의 영원한 의지에 맞게 행동하지 않는 그리스도인은 루터의 견해에 따르면 미래의 심판에 처해지며, 심판은 인간의 행위에 따라 판결을 내릴 것이다(고후 5:10).[273] 루터에 의하면 그리스도인들에게도 계명을 지키는 것이 그리스도와의 결합 안에 머물고 미래의 구원에 참여하기 위한 조건이 된다.[274] 영원한 법(lex aeterna) 혹은 자연의 법(lex naturae)으로서의 율법이 최후의 심판에서 인간의 행위를 심판하는 기준이라면, 그때 인간에게 행위의 의가 반드시 있어야 할 것으로 생각된다. 비록 그 인간이 세례의 은혜 및 그와 결부된 죄의 용서에 근거를 두고 있다고 해도 그렇다. 그렇다면 인간이 율법의 행위들이 아니라 오직 믿음으로 의롭게 된다고 확실히 주장할 수 있을까?

이 난제는 하나님의 영원한 의지가 자연의 법 안에서 표현되는 영원한 법으로 이해되지 않고, 오히려 사랑과 동일하게 이해되는 경우에만 회피될 수 있다. 그것은 율법의 성취이지만, 그럼에도 불구하고 스스로 율법

273 　이에 대해 O. Modalsli, *Das Gericht nach den Werken. Ein Beitrag zu Luthers Lehre vom Gesetz*, 1963을 보라. 바울에 대해 예를 들어 W. G. Kümmel, *Die Theologie des Neuen Testaments nach seinen Hauptzeugen*, 1969, 203ff.를 비교하라. 또한 E. Lohse, *Theologische Ethik des Neuen Testaments*, 1988, 70ff., bes. 82f.를 보라.

274 　비교. M. Luther, WA 2, 466.

의 성취의 형식이 되려고 하지 않는 사랑을 뜻한다. 루터에게 그런 관점의 단서를 찾을 수 있는데, 그것은 그리스도인들의 율법으로부터의 자유를 진지하게 여긴다. 루터의 1519년의 짧은 갈라디아서 주석이 그렇게 말한다. 그리스도는 "율법의 행위들을 폐기시키셨고, 그 결과 우리가 행동하든지 아니든지 동일하다. 그것들은 강제하는 것이 아니다." 루터는 계속해서 이렇게 말한다. 올바른 그리스도인은 "모든 일에서 사정에 따라 행동하든지 혹은 행동하지 않든지 전적으로 동일하고 편견이 없다.…그것을 사랑으로부터 행한다면, 그는 전적으로 옳다. 그러나 그를 사로잡은 두려움으로부터 어쩔 수 없이 행했다면, 그는 그것을 그리스도인으로서가 아니라 인간적인 연약함으로부터 행한 것이다."[275] 이러한 사고는 율법으로부터 벗어나는 진정한 자유로 인도한다. 그러나 하나님의 영원한 의지가 자연법과 동일하다는 이해는 하나님의 의지에 대한 순종을 율법으로부터의 자유라는 사상과 하나로 결합하는 것을 허용하지 못한다.

개신교주의의 역사 안에서 그리스도의 뒤따름이라는 사상이 출구를 제공했다. 그리스도를 뒤따르는 길 위에서 그리스도를 믿는 믿음을 통해 얻는 자유, 곧 하나님과의 연합 안에 있는 자유는 사랑 안에서 활동한다. 이미 1606년에 요한 아른트는 그리스도인으로서 인간의 자유에 관한 루터의 저술을 언급하는 가운데 그리스도교적인 삶의 자발성(Spontaneität)을 다음과 같이 묘사했다. 그리스도인은 그리스도를 믿는 믿음을 통해 자유롭게 된다. 왜냐하면 "하나님의 사랑의 영이 그를 해방하였고, 육체의 욕망으로부터 정결

---

275 M. Luther WA 2, 477f.: Postquam enim Christus advenit, legis opera sic abrogavit, ut indifferenter ea (478:) haberi possint, non autem amplius cogant...; 479,1ff.: Igitur Christianus verus...ad omnia prorsus indifferens est, faciens et omittens, sicut ad manum sese res vel obtulerit vel abstulerit...quod si ex charitate facit, optime facit, sin ex necessitate aut timore urgente, non christianiter sed humaniter facit.

하게 만들었기 때문이다."[276] 그러므로 의인들에게는 디모데전서 1:9에 따라 어떤 율법도 주어지지 않는다. "왜냐하면 살아있는 참된 믿음은 모든 것을 자발적으로 행하고 인간을 새롭게 만들고 마음을 정화시키고 이웃을 열정적으로 사랑하며, 미래의 것을 희망하고 바라보기 때문이다."[277] 아른트에 의하면 율법은 "긴급하고 강제적인 법"으로서 폐기되었다. 그리스도인에게는 "그리스도교적인 삶의 아름다운 규정"이 있다(같은 곳). 이 규정은 믿음으로부터 자발적으로 생성되는 사랑이다. 그런데 이 규정이 이제 자연법과 동일한 것으로 여겨진다.[278] 그래서 그리스도를 뒤따르는 그리스도인의 윤리적 자발성의 사상은 경건주의와 그리스도교 계몽주의의 발전 과정 안에서 보편적 자연법이나 도덕법 개념으로부터 풀려나와 독자적 노선을 취하기에 이르렀다.[279] 인간이 낯선 어떤 율법에 속박된다는 것은 미성숙함의 표현으로 보였다.[280] 사랑은 어떤 타율적인 계명의 성취가 아니라 그리스도교적으로 형성된 인간성이 지닌 내면성의 표현으로 파악되며, 이 인간성은 인간성 전반의 갱신을 뜻한다. 자연법(*lex naturalis*) ─ 이것 안에서 사람들은 영원한 신적 율법의 표현을 발견했다 ─ 을 지향했던 전통적·신학적 율법 개념의 자리에 이제 현대 개신교주의적 윤리에서는 신율에 토대를 두는 인간 자유의 자율성의 가르침이 대신 등장했다. 이와 함께 앞으로는 의와 법을 자유 그 자체의 사상으로부터 도출해야 하는 과제가 생겼다. 칸트에게서 이 과제는 개

---

276   J. Arndt, *Vier Bücher vom wahren Christentum* (1606) 1,25. 이 문장은 슈트루엔제의 편집본에서 인용되었다. A. Struensee, ed., *Johann Arndts...Sechs Bücher vom wahren Christentum nebst desselben Paradisgärtlein*, 1760, 75.

277   J. Arndt, 위의 책, 11,4 (1950).

278   J. Arndt, 같은 곳. 그리고 위의 책, 1,26 (78). 사랑의 뿌리로서의 믿음에 대해서는 1,24 (72)를 보라.

279   F. W. Graf, Art. Gesetz VI. Neuzeit, in : *TRE* 13, 1984, 90-126에서 인용된 제믈러(J. S. Semler)의 진술을 비교하라. 그것은 그리스도인들이 보편적 자연법과 도덕규정들로부터 해방되는 것에 관한 진술이다(103).

280   F. W. Graf, 위의 책, 103. "An die Stelle der orthodoxen usus-Lehre tritt eine Lehre von der falschen Gesetzesbindung."

인적 자유를 이성의 보편적 자율성 안으로 지양시키는 대가를 치르며 수행되었다. 마찬가지로 헤겔과 슐라이어마허는 개인적 자유 안의 보편성과 특수성의 결합을 인간의 도덕적 공동체의 삶을 서술하는 주도 사상으로 삼았으며, 의와 법을 그 공동체를 실현하는 영역으로 관찰했다. 슐라이어마허는 의를 도덕 공동체 안에서 개인들이 맺는 교제의 표현으로 파악했고,[281] 반면에 헤겔은 의의 개념에 있어 법의 형태 안에 있는 보편성, 곧 시민 사회를 지배하는 특수성의 원칙보다 앞서는 보편성에게 우선권을 부여했다.[282] 개인들의 특수성과 평형을 이루는 조정은 헤겔에게 잠정적으로는 권력("경찰")이라는 관점 아래서 주제가 되었고, 도덕적인 국가 개념 안에서 비로소 실현 가능한 것으로 여겨졌다.[283] 그 결과 슐라이어마허만이 아니라 헤겔에 있어서도 법의 추상적 보편성이 상대화되었는데, 특히 헤겔에게는 국가의 이념을 위해 그렇게 되었다. 국가에 대한 헤겔의 기대가 과도한 것이라고 여기는 사람은 사회적 삶 안에서 법의 추상적 보편성보다 앞선다는 의의 관계들의 일시적인 성격을 강조하는 쪽으로 기운다. 그리스도교 신학에 대해서는 후자의 관점이 중요하다. 왜냐하면 그 관점은 하나님의 의로운 의지를 법 개념으로부터 구분하는 것을 허용하기 때문이다. 그 관점에 따르면 그 의지가 국가라는 도덕적 공동체 안에서 생겨나오는 일은 없다(헤겔에게서 이 일이 발생했다). 국가 자체는 그리스도교적인 관점에서 하나님의 의로운 의지의 단지 잠정적인 실현일 뿐이다. 그 의지는 오직 하나님 나라 안에서 궁극적으로 실현될 수 있다.

---

281 F. Schleiermacher, *Grundriß der philosophischen Ethik*, hg. A. Twesten 1841, 60ff.(또한 55f.). F. W. Graf, 위의 책, 109ff.에서 인용된 슐라이어마허의 진술을 비교하라. 그것은 윤리의 근거를 율법 개념에 두는 것을 비판한다.

282 G. W. F. Hegel, *Grundlinien der Philosophie des Rechts* (1821), hg. J. Hoffmeister (PhB 124a), 1955, §211.

283 G. W. F. Hegel, 위의 책, §229 그리고 §260.

그리스도인의 의무인 하나님의 의지에 대한 순종은 하나님의 의로운 의지가 율법 및 자연법의 형태와는 다르다는 전제 아래서만 가능한 것으로 보인다. 그렇기 때문에 하나님의 영원한 의지를 도덕적으로 해석하고, 법의 의로운 관계들의 외적 적법성과 구분해서 양심 안에서 스스로 알려지는 개인들의 도덕적 의와 관련시키는 것은 충분하지 않다. 왜냐하면 아무리 도덕적 의식이라고 해도 개인에게는 내용에서 자연법 전통의 표상에 상응하는 법의 형태 안에서만 타당하기 때문이다. 하나님의 의로운 의지는 하나님 관계에 기초한 인간 공동체를 실현시키는 방향을 취한다. 그 의지는 인간 공동체를 형성하는 현실 속에서, 다시 말해 인간 공동체에게 지속적인 형태를 부여하는 도덕과 법의 관계성 안에서 우선적으로 외화(外化)한다. 하나님의 의로운 의지를 율법의 형태와 구분하는 것은 다음의 사실을 전제한다. 의와 법은 마땅히 구분되며, 법은 모든 의로운 행위와 의에 대해 더 이상 구성적인 것으로 여겨지지 않고, 오히려 의의 보존과 재생에 봉사하는 이차적·보조적 기능으로 이해된다는 사실이다. 이에 따라 다음과 같은 이해가 가능해진다. 하나님의 의로운 의지를 불변적으로 이해하지만, 그럼에도 불구하고 그 의지와 율법의 형태와의 동일성을 단지 잠정적인 것으로 이해하는 것, 다시 말해 구약성서적인 계약(언약) 민족의 역사 안에서 (또한 다른 문화들 안의 유비들과 함께)[284] 나타난 특수한 현상으로 이해하는 것이다. 물론 이 현상은 예수 그리스도에 의해 폐기되었다. 여기서 의의 개념은 **사랑**과 **법**(율법) 사이를 중재하는 개념을 형성한다. 사랑은 다른 사람들을 받아들이고 사람들 사이의 공동체성을 인정하려는 동기를 가리키며, 법은 본질상 의로운 공동체성을 보존하는 보편적 규범에 봉사한다.

의는 법보다 더 오래되었다.[285] 의의 뿌리는 도덕에, 다시 말해 사회적

---

284 그와 같은 유비들은 법 안에서 표현되는 의로운 사회 질서의 기초를 신들의 권위에 두는 것에 기초한다. 그런 유비는 또한 Heraklit, *fg.* 114에서도 표현된다.

285 이에 대하여 나와 카우프만이 함께 출판한 자료를 참고하라. A. Kaufmann & W. Pannenberg, Gesetz und Evangelium, 1986 (*SBAW* 1986/2), 25-48, bes. 26ff. 카우프

삶 속에 반영된 개인적 행위의 상호성의 형태들에 놓여 있다. 재판에서 판결을 선언하는 것은 그 의와 관련되어 있다. 그것은 의가 위반되는 경우나 무엇이 의로움인지에 대한 논쟁을 통해 위협당하거나 파괴된 공동체를 재건한다. 재판은 동일한 경우에 동일한 판결을 내려야 하기에, 법적 판결의 실행에 기초해서 점차 조건적인 정의의 규정들이 형성된다. 이것은 상황에 따른 법규이며, 의로운 공동체의 모든 지체에게 적용되는 성문 규정들 곁에서 법의 공식적 형성을 위한 시작점이 된다. 법은 의에게 ─의의 공통성을 의식하는 사회의 통일성에─봉사하는데, 동일한 것을 동일하게 취급하고 다른 성질의 것은 다르게 구분함으로써 이루어진다.[286] 이러한 기능 안에서 불가피하게 법은 도덕을 통해 유지되고 개관할 수 있는 삶의 영역을 넘어서는 영역인 의의 통일성으로 나아가며, 그곳 즉 관습을 통한 개별자의 엄격한 속박이 느슨해지는 곳, 개인주의가 증가하는 곳, 그래서 인간들이 올바른 것을 스스로 행하지 않는 곳에서 법은 관철된다. 요약하자면 법은 구체적인 사회 안에서 인간 공동체를 위한 보편적 조건의 총괄개념으로 이해된다. 이와 비슷하게 자연법의 법률 형태는 보다 더 높은 수준의 보편성의 단계에서 사회적인 공동 삶 전체에 대한 조건을 형성했다.

보편성 ─이것을 통해 법 규범은 공동체의 구체적인 삶 안에서 의와 공의에 봉사한다─의 형식 안에 법의 제약성과 약점이 동시에 놓여 있다.[287] 보편성 때문에 법은 개인의 특수한 경우를 바르게 고려하지 못한다. 양자를 중재하는 것이 법적 판결의 과제다. 이미 아리스토텔레스에

만은 다음의 사실을 제시한다. 이미 토마스 아퀴나스에게서 법(*lex*)과 구분되는 의(*ius*)는 "어떤 규범적 상태가 아니고, 바른 행위를 위한 추상적 도식"도 아니다. 의는 "오히려…바른 행동 그 자체이며, 구체적 상황에서 내려지는 바른 결정"을 가리킨다 (36 zu *S. theol.* II/2, 57, 1). 반면에 홉스(Hobbes)에게서 의(ius)는 일면적으로 주관적 의로움의 의미로 파악되었고, 그 점에서 자유의 사상에 가깝지만 법과는 더욱 날카롭게 구분된다(같은 곳, 27).

286 A. Kaufmann, 같은 곳, 42f.
287 A. Kaufmann, 같은 곳. 42. 같은 곳, 19의 나의 설명을 비교하라.

의하면 법은 자신의 보편성에 근거하는 일면성 때문에 선(*epieikeia*)을 통한 보충과 수정을 필요로 한다.[288] 따라서 법은 혼자서는 완전한 정의를 구현할 수 없다. 법의 원천, 곧 특수한 경우에 놓인 타자들을 인정함으로써 공동체를 이루려는 의지 안에서 찾아질 수 있는 그 원천은 법이 선에 의해—그것을 넘어서서 은혜를 통해[289]—보충되는 가운데 특별히 명확하게 등장한다. 공동체의 지속적인 원천으로서 사랑이 의의 근거가 되며, 사랑만이 홀로 의를 완성한다. 이와 달리 추상적 보편성 안에 있는 법은 인간들 사이에 의로운 공동체를 궁극적으로 결정하는 형식이 될 수 없는데, 그 공동체의 완성은 하나님 나라에 대한 유대적 및 그리스도교적 희망의 내용이다. 이러한 종말론적 희망은 개인적인 것과 보편적인 것의 상호침투를 포함한다.[290] 또한 법도 자신의 방식으로, 즉 개인적인 특수성들을 보편적 규정에 굴복시킴으로써 그 희망에 봉사한다. 그러나 의와 정의의 완성은 법의 가능성들과 그 적용을 넘어선다.

법이 불가피한 것은 이 세상 안에 있는 인간 공동체가 불완전한 상태에 있다는 표현이다. 이 세상에서 사람은 모두 다른 사람들을 기꺼이 수용하는 것이 아니며, 의로운 것을 스스로 행하지도 않는다. 이와 비슷한 논리가 개별 시민들이 법을 따르도록 강제하는 국가 권력에도 해당한다. 그러나 하나님 나라 안에 있는 인간 공동체의 종말론적인 완성을 위해서는

---

288 Aristoteles, *Nikomachische Ethik* V, 14, 1137b 10ff.

289 A. Kaufmann, 같은 곳, 45ff.에서 카우프만은 은혜를 복음의 세속적 유비로 파악하며 (비교. 25), 은혜를 법으로부터 구분할 뿐만이 아니라(Karl Engisch, 46처럼), 또한— 헤겔과 함께(*Grundlinien der Philosophie des Rechts*, §132)—의의 영역 전체로부터 구분한다. 여기서 은혜가 넘어진 자들의 재사회화를 목표로 한다면(48), 또한 그 은혜는 의와 마찬가지로 공동체의 보존 및 재건과도 연관되어 있다. 법 규범들의 적용에 있어 은혜는 여기서 틀림없이 선과 구분된다. 왜냐하면 은혜는 보편적 규범을 개인적으로 적용하는 것이 아니라, 의롭다는 판결을 받은 자들에게만 전적으로 유효하기 때문이다.

290 예수 그리스도 안에서 성육신하신 신적 로고스 사상과의 관계에 대하여 나는 각주 287에서 언급된 문헌에서 설명했다. 또한 『조직신학』 II, 133ff.를 비교하라.

법도, 국가 권력도 필요하지 않다. 예수 그리스도가 법(율법)의 마침이시다. 왜냐하면 그분 안에서 하나님의 통치의 종말론적인 미래가 이미 현재가 되었기 때문이다. 인간이 그 미래 안에서 나타난 하나님의 사랑과 선하심에 참여할 때, 모든 개인 안에 올바른 것을 행할 충동이 불러일으켜진다. 그리스도인인 믿는 자는 사실 법을 필요로 하지 않으며, 오히려 경우에 따라 사도들의 지시를 필요로 한다. 이 지시는 자유의 사용으로 인도한다. 이 자유는 그리스도인이 그리스도 안에서 갖는 것이며, 세상에 대한 하나님의 사랑에 참여하는 것과 분리될 수 없다. 그러나 하나님 나라의 미래가 예수 그리스도 안에서 이미 동터왔지만 그 밖의 인류에게는 아직 여전히 미래인 것처럼, 마찬가지로 그리스도인도 아직—비록 그의 죽음이 세례를 통해 이미 표징적으로는 앞서 발생했다(롬 6:2f.)고 해도—이 세상의 사멸적인 생명 곧 "사망의 몸"(롬 7:24) 안에서 살아간다. 그리스도인이 이 소멸적 세상에 사로잡혀 있는 한, 그는 세상의 사회, 민족, 국가들의 시민으로서 그곳의 법에 굴복해야 한다.[291]

그렇다면 율법(법)의 마침이란 성립하지 않는 것일까? 그리스도께서 율법의 마침(롬 10:4)이라는 바울의 공식은 우선 선택된 민족을 위한 하나님의 의지의 표현인 모세 율법과 관계된다. 이 공식은 모세 율법이 하나님의 의로운 의지의 궁극적 형태라고 말하지는 않는다. 여기에 예수 그리스도 안에서 일어난 율법의 마침이라는 명제로 표현되는 시대를 구분하는

---

[291] 이것은 종교개혁적 율법 교리의 용어로는 다음과 같이 말해진다. 법의 정치적 유용성(*usus politicus legis*)은 세상 안에 있는 그리스도인들의 삶에도 적용된다. 여기서 율법과 복음의 구분이 세상의 정부와 영적 통치 사이의 구분과 관계된다. 법의 정치적 유용성의 논의에 있어 유일한 실수는 그 유용성의 근저에 놓인 표상 곧 법의 통일성을 인간에 대한 하나님의 의의 요청의 불변하는 총괄개념(자연법의 형태의 개념)으로 생각하는 표상이다. 이와 대조적으로 위의 설명은 의로운 삶 전체에서 나타나는 법의 현상이—법 자체와는 구분되면서—죄와 죽음의 소멸적 세상에 속한다는 사실에 근거를 두고 있다. 그 현상이 아무리 그렇게 규정된 세상 안에서 의의 보존과 재건에 봉사한다고 해도 그렇게 말할 수밖에 없다.

중요성이 놓여 있다. 백성들의 의의 전통을 궁극적·불변적인 하나님의 의지와 동일시하는 것은 예수 그리스도의 나타나심과 함께 그를 믿는 자들에 대해서는 궁극적인 것과 잠정적인 것 사이의 구분을 통해 해체되었다. 법(율법)은 잠정적인 것이 되었고, 소멸하는 세상에 속한 것이 되었다(고후 3:11, 13). 이와 비슷한 논리가 열방 세계 사이의 법과 국가에도 해당한다는 것은 자연스럽고 올바르다. 이에 비해 궁극적인 것은 예수 그리스도의 메시지와 역사 안에서 동터온 하나님 나라의 현실이다. 이 현실은 물론 이 세상 안에서는 아직 완성되지 않았다. 그렇기에 그 현실 곁에 인간들의 공동 삶, 국가, 그리고 법의 잠정적 질서의 형태들이 계속 존속하고 있다. 그럼에도 불구하고 예수 그리스도 안에서 이미 등장한 하나님 나라의 궁극적 현실의 시작은 복음의 선포, 세례, 그리고 예수의 종말론적인 만찬의 축제를 통해 역사 안에서 현재한다. 궁극적인 것과 잠정적인 것의 구분은 국가와 국법에 대한 교회의 대면 안에서 표현된다. 여기서 예수 안에서 이미 시작된 종말론적 현실은 교회 안에서 단지 표징의 형태로서만 현재한다. 그렇기에 교회 곁에 국가 질서와 그것의 법은 아직은 여전히 계속해서 존속해야 한다. 하나님 나라 안에 있는 미래의 인간 공동체의 표징인 교회는 자신에게서 시작되는 작용력을 통해 이 세상을 하나님 나라로 변화시킬 능력을 갖고 있지 않다. 그러나 교회는 예배의 삶을 통해—사람들의 마음과 사회적 삶 속에—하나님의 미래를 향한 희망의 공간을 열어주며, 개인들에게 지금 이미 자신의 구원에 참여하고 있다는 확신을 중재해준다.

제13장   메시아 공동체와 개인

Die Gemeinde des Messias und der einzelne

I. 개인과 예수 그리스도의 연합 및 믿는 자들의 공동체인 교회

우리는 하나님 나라를 교회의 현존재와 그 안에 현재하시는 하나님의 영의 특수한 형태에 대한 지평으로 서술했고, 또한 정치적 공동체 및 이것이 법 질서 및 교회와 맺는 관계를 이해하기 위한 좌표 틀로 서술했다. 그다음 과제는 교회의 내적 구조에 대한 설명이다. 교회의 내적 구조는 어떤 경우든 교회가 믿는 자들의 공동체라는 사실을 통해 결정된다. 그와 함께 공동체로서의 교회가 자신의 지체들인 믿는 개인들에 대하여 갖는 관계가 즉시 질문된다. 교회는 믿음을 가진 개인들의 결속을 통해 형성되는가? 아니면 거꾸로 개인들의 믿음은 언제나 교회를 통해 이미 중재된 것으로 생각해야 하며, 그래서 교회가 개별 그리스도인보다 앞서는 우선권을 갖는가? 만일 예수 그리스도를 믿는 개인들의 공동체가 아니라면, 교회는 도대체 무엇인가? 교회가 모든 점에서 개인의 믿음보다 앞선 것으로 생각될 수 없다는 것은 명백하다. 다른 한편으로 교회 공동체가 개별 그리스도인들을 믿음으로 들어가게 만드는 어떤 이차적 존재라는 생각도 잘못이다. 믿음 그 자체의 내용이, 또한 교회의 선포, 가르침, 예배적 삶을 통해 그 믿음이 중재된다는 사실이, 그 잘못을 명확하게 드러내어 보인다.

교회론 전체를 관통하는 이러한 질문의 영역에 접근하는 길은 하나님의 통치의 미래에 대한 관계—이것은 교회의 본질을 구성하는 요소다—로부터 열린다. 하나님의 통치에 대한 희망은 내용상 정치적으로 규정된다. 왜냐하면 하나님 나라는 인간의 사회적 규정을 평화와 의를 특징으로 하는 공동체로 완성하기 때문이다. 그러나 가까이 다가온 하나님의 통치에 대한 예수의 선포는 하나님 나라의 희망에 담긴 이러한 정치적 내용에도 불구하고 개인들에게로 향하며, 해방을 위한 어떤 정치적 프로그램을 선포하지 않는다. 오직 개인들—예수의 외침에 따라 자신의 삶의 모든 관심사를 가까이 다가온 하나님의 통치에 굴복시킨 개인들—의 믿음 안에서 그 통치의 미래는 이미 현재한다. 이에 따라 교회의 선교 메시지와 예배의 선포도 우선적으로 개인들을 향하며, 개인의 구원을 목표로 삼는다. 구원은 예수 그리스도와의 연합을 통해 각 개인에게 주어지며, 복음과 성례전을 통해 중재된다. 교회는 이스라엘 민족처럼 지체들이 세대의 고리로 연결되는 출생 공동체로 형성되는 것이 아니고, 본질상 믿음과 세례를 통해 거듭난 개인들의 공동체다. 복음을 믿는 믿음 안에서 그리스도와 연합한 공동체는 믿는 자들을 묶어 교회 공동체를 형성하며, 그 안에서 하나님 나라의 미래 공동체가 선취적 표징으로서 이미 현재하며 나타난다. 여기서 교회(각 개인들의 그리스도와의 연합을 통해 매개되는 믿는 자들의 공동체인 교회)는 자신의 활동을 개인의 구원에 집중시킴에도 불구하고 여전히 그들의 주님[1]의 메시아적 공동체로서 존속하고, 그 자체로서 하나님의 백성이며, 하나님이 전체 인류의 구원을 위해 선택했고 세상 안으로 보내신 공동체다. 그렇기 때문에 이 책의 14장은 지금 각각의 교회 공동체의 경계선을 넘어 인류 전체와 관계되는 교회의 선교적 맥락을 선택(예정)과 파송의 관점에서 다시 다루게 될 것이다. 그 맥락의 토대는 교회의 현존재의 기초를 구성하는 관계, 즉 하나님의 통치의 미래에 대한 관계에 놓여 있다. 하지만 우선 여기 13장에서는 개인들이 예수 그리스도와 함께 하

---

1   "메시아 공동체"라는 표현은 제2차 바티칸 공의회(LG 9)가 교회에 대한 설명의 시작점에서 선택한 "메시아의 백성"으로 이해하면 보다 더 정확할 것이다. 이 용어는 바로 직전에 등장한 사고, 즉 교회가 이스라엘과 대비되는 "새로운" 하나님의 백성이라는 사고를 전제한다. 하지만 이 책의 14장에서 우리는 신약성서에서 사용되지 않은 이 용어에 대해 비판할 것이다. 여기서 하나님의 백성이라는 개념이 교회를 넘어서는 포괄적 개념인지, 또한 그것이 공회 자체가 나중에(LG 13) 말하는 것처럼 단수형으로 사용되어서는 안 되는 것인지의 문제는 열려 있다. "메시아 공동체"는 더 넓은 하나님의 백성의 내부에 있는 특수한 공동체로서의 교회일 수도 있다. 여기서 메시아 공동체로서의 교회는 틀림없이 하나님의 백성이다. 그러나 이 요청을, 마치 교회의 역사적 경계선이 또한 종말론적인 하나님의 백성의 경계선인 것처럼, 배타적으로 이해할 필요는 없다.

는 공동체, 그리고 교회 안에서 이루어지는 그들의 결집 사이의 관계를 정확하게 서술해야 한다. 교회의 주제가 앞으로 인도하는 관점을 형성할 것이기에, 우리는 교회를 믿는 자들의 공동체로 이해하는 것으로부터 시작한다.

1. 믿는 자들의 공동체와 그리스도의 몸인 교회

교회를 믿는 자들의 모임(*congregatio*)으로 서술하는 것은 종교개혁적 교회 개념의 근본 특징이다. 이와 관련해서 루터는 사도신경의 "거룩한 공교회"(*sanctorum communio*)라는 표현 형식을 취한다. 루터는 이 표현이 후대에 제3조항의 본문에 추가되어 교회를 언급하는 바로 그다음의 위치에 놓였다는 사실을 알고 있었으며, 바로 그 이유에서 그것을 교회 개념에 대한 해석으로 이해했다. 루터는 이에 대해 사람들이 일반적으로 동의한다고 생각했다.[2] 루터는 *communio*라는 단어를 모임 혹은 공동체의 의미로 사용했고, 여기서 이 단어의 의미는 교회(*ecclesia*)와 일치한다.[3] 이에 상응

---

2   M. Luther, WA 2, 190,20‒25. Totus mundus confitetur, sese credere ecclesiam sanctam Catholicam aliud nihil esse quam communionem sanctorum, unde et antiquitus articulus ille, sanctorum communionem non orabatu, ut ex Ruffini symbolo exposito videre licet, sed glossa aliqua forte ecclesiam sanctam Catbolicam exposuit esse Communionem sanctorum, quod successu temporis in text um re latum nunc simul oratur. 이와 동일한 내용이 1529년의 대교리문답(Großen Katechismus) II, 45에서 간결하게 언급된다(WA 30/1, 189,6 ff. = BSELK 655f.).

3   루터의 대교리문답을 참고하라(Großer Katechismus BSELK 656f.). 여기서 루터는 이렇게 분명히 말한다. *Communio*라는 단어는 일반적인 공동체(Gemeinschaft)가 아니라 믿는 자들의 공동체(Gemeine)를 뜻한다(657, 1‒3). 그럼에도 불구하고 거기서 어떤 것에 공동으로 참여한다는 관점이 배제될 수 없다(비교. 657, 34f.). 그러나 그 관점이 특별히 강조되지는 않았다. 비교. R. Althaus, *Communio sanctorum. Die Gemeinde im lutherischen Kirchengedanken I. Luther*, 1929, 37ff.

하여 아우크스부르크 신조(CA)도 *communio*라는 단어를 모임(*congregatio*)[4]으로 대체했으며, 7항(CA 7)의 독일어 본문에서 "성도"(Heilige)를 "믿는 자"(Gläubige)로 해석했다. 이에 따라 8항(CA 8)은 교회를 "모든 믿는 자들과 성도들의 모임"(congregatio sanctorum et vere credentium)이라고 부른다. 이 해석은 이미 스콜라 신학자들에게서도 발견된다. 그렇기에 그것은 종교개혁자들이 갱신한 것이 아니었다.[5]

거룩한 공교회(*communio sanctorum*)이라는 표현이 처음으로 추가된 것은 400년 경 세르비아에 있는 르메시아나 니케타스(Niketas von Remesiana)의 비숍에게로 거슬러 올라간다.[6] 그 사람은 이 문구를 아마도 갈리아 남부에서 취했을 것이고, 거기서 사도신경 안에 첨가했을 것이다.[7] 이 문구는 분명히 처음부터 이중 의미를 가졌던 것으로 보인다. 한편으로 이 문구는 교회를 거룩한 사람들의 공동체라고 부르는데, 이것은 유대교의 족장들에게서 시작하여 구약성서의 예언자들과 신약의 사도들 및 순교자들을 거쳐 현재에 이르는 시대를 거쳐온 공동체를 가리킨다. 이와 연관된 것은 더 큰 공동체, 곧 각각의 시대에 살아 있는 그리스도인들이 서로 함께하는, 그리고 모든 시대의 그런 성도들과 함께하는 공동체다. 거룩한 공교회(*communio sanctorum*)라는 표현 형식의 이러한 개인적인 의미 곁에서 이미 초기에 특별히 동방교회가 사용한 언어 안에서 그 소유격을 거룩한 것과 "맞닿은"(am) 공동체(곧 거룩한 것 [*sancta*]에 참여하는 거룩한 자들[*sanctum*]의 의미)로 이해한 해석이 있었다. 388(혹

---

4   CA 7. 비교. Luther, BSELK 656, 19ff.

5   Y. Congar, Die Wesenseigenschaften der Kirche, in : *Mysterium Salutis* IV/1, 1972, 375f.는 특별히 토마스 아퀴나스의 증빙을 지시한다. 그 가운데 토마스의 사도신경에 대한 해석이 있다.

6   DS 19. J. N. D. Kelly, *Altchristliche Glaubensbekenntnisse. Geschichte und Theologie*, dt. 1972, 173f.381ff.를 보라. 또한 비교. DS 27—29.

7   J. N. D. Kelly, 위의 책, 382.

은 396)년 테오도시우스 황제의 칙령에서 이 해석이 나타난다.[8] 그것의 중심 내용은 우선 성만찬에 참여하는 것을 생각하고 있었다. 그러나 이 단어를 이렇게 해석하는 사상은 라틴적 중세 시대와 종교개혁에서 개인적 해석의 배후로 밀려났다. 개인적 해석의 의미는 그 문구의 표현을 친교 공동체(communio) 혹은 믿는 자들의 모임(congregatio fidelium)으로 이해했다. 성도(거룩한 자)의 개념을 이렇게 해석하는 것에 대해 바울의 언어가 증빙이 될 수 있었다. 바울 서신들에서 믿는 자들은 언제나 또다시 "부르심을 받은 성도"(롬 1:7; 고전 1:2) 또는 단순히 성도(고후 1:1; 빌 1:1; 비교. 골 1:2; 엡 1:1)라고 말해진다. 그들은 세상으로부터 선별되어 하나님과 연합한 자들이다.

교회를 "신앙심을 가진 자들(Gläubigen)의 모임"으로 부르는 것은 쉽게 오해를 불러일으킬 수 있다. 교회의 중심 문제는 개별 그리스도인들을 결속하거나 통일시키는 것이라는 오해, 그래서 마치 그리스도인으로서 개인적 존재 자체가 교회 안의 그리스도인들의 공동체의 근거가 되는 것과 같이 생각하는 오해다. 누구보다도 슐라이어마허가 개별 그리스도인들과 교회의 관계에 대한 특별한 개신교적 의미의 해석에서 그렇게 오해했다. 개신교주의는 "교회에 대한 개인들의 관계를…그 개인의 그리스도에 대한 관계에 종속시킨" 반면에, 가톨릭적인 이해에 따르면 "거꾸로 그리스도에 대한 개인들의 관계를 그 개인의 교회에 대한 관계에 예속"시켰다는 것이다.[9] 슐라이어마허의 이런 대안은 그리스도에 대한 믿는 자의 직접적인

---

8   J. N. D. Kelly, 위의 책, 382와 386.

9   F. Schleiermacher, *Der christliche Glaube*, 2.Ausg. 1830, §24 (시작명제), 비교. §106,2. 물론 슐라이어마허도 "모든 거듭난 자들이 언제나 이미 그 안에서 자신을 발견하는 공동체"에 대하여 말했다(§113, 시작명제). 그러나 그것은 단지 "구원을 필요로 하고 기다리는 자들"로 구성된 "외적 공동체"로서의 교회일 뿐이다(§113, 2). 반면에 교회의 내적 공동체는 거듭난 자들이 서로 도달하여 접촉하는 곳에서 일종의 연합이 그들 사이에서 필연적으로 생성된다는 사실에 기초한다(§113,1). 이와 같이 슐라이어마허는 교회의 일반적인 개념을 윤리로부터 도출한다. 그 결과 "두 경우 모두에서

관계를 강조했지만, 종교개혁의 이해를 바르게 재현하지는 못했다. 이 사실은 이미 종교개혁자들이 교회를 믿는 자들의 "어머니"라고 부른 진술들에서 읽을 수 있다.[10] 그러나 교회를 "신앙심을 가진 자들의 모임"으로 서술하는 아우크스부르크 신조의 교회 조항은—그 맥락에 맞게 읽고 이해한다면—슐라이어마허와 다른 그림을 제시한다.

아우크스부르크 신조 7항(CA 7)에 따르면 교회는 신앙심을 가진 개인들의 자의적인 통일체가 아니다. 오히려 그것은 공동체, 곧 복음이 순수하게(pure) 가르쳐지고 성례전이 그 제정된 취지에 맞게(recte) 거행되는 공동체다.[11] 그러므로 그리스도인들이 서로 함께하는 공동체는 복음의 가르침과 성례전을 통해 근거되고 매개된다. 이 사실은 말씀과 성례전이 본래 모든 개인이 그리스도와 이루는 연합과 관계된다는 점에서 위에서 인용한 슐라이어마허의 표현 형식에 상응한다. 말씀과 성례전은 한 분 주님과 연합을 이루게 하며, 믿는 자들을 교회 공동체로 결집시킨다. 바로 이와 같이 예수 그리스도께서는 교회 안에서 믿는 자들과 만나신다. 말씀과 성례전은 교회 안에서 가르쳐지고 시행되며, 오직 교회 안에서만 "순수하게" 가르쳐지고 성례의 본래 취지에 맞게 수용될 수 있다. 그러나 거꾸로 말해질 수는 없다. 다시 말해 교회가 말씀의 선포와 성례전 집전에 권위를 부여한다는 사실이 그 자체로 이미 복음의 적절성을 보증한다고 말할 수는 없다. 가르침의 순수성과 성례전의 본래 취지에 맞는 집전은 아우

교회는 공동체이기는 하지만, 그것은 단지 인간의 자유로운 행위로부터 생성되며 오직 그런 행위들을 통해서만 존속할 수 있는 공동체다"(§2,2).

10   위의 96의 각주 153을 보라.

11   마이어와 쉬테는 이 논문에 대한 논평에서 다음의 사실을 바르게 강조한다. 그것은 "본질적으로 중요한 관계절이며, 이것 없이는 교회의 본질이 적절하게 서술될 수 없다." H. Meyer/H. Schütte, *Confessio Augustana. Bekenntnis des einen Glaubens. Gemeinsame Untersuchung lutherischer und katholischer Theologen*, 1980, 179. 또한 다음의 저서도 보라. W. Eiert, *Der christliche Glaube. Grundlinien der lutherischen Dogmatik* (1940) 4.Aufl. 1956, 405.

크스부르크 신조 7조항(CA 7)에 따르면 교회의 통일성, 즉 교회 공동체를 위한 유일한 조건을 형성한다. 이 목적을 위해 공통된 교회 행정이나 모든 종교 예식과 관습에 관한 합의가 필요한 것은 아니고, 오직 복음의 가르침과 성례전의 집전에 관한 합의만 필요하다. 물론 그 합의 안에는 복음의 가르침과 성례전 집전이 위탁되어 있는 교회의 직무, 곧 말씀 관리의 직무 (*ministerium verbi*, 비교. CA 5)에 대한 합의도 포함되어 있다.[12] 그러나 교회의 통일성이 복음의 가르침과 본래 취지에 맞는 성례전 집전에 대한 합의와 같은 것도 포함한다면, 그때 그리스도인들 각자의 지역적인 결합을 그것만 따로 떼어 이미 "교회"라고 부를 수는 없다는 사실은 어쨌든 명확해진다. 모임의 지체들이 오직 복음의 순수한 가르침의 선포와 본래 취지에 맞는 성례전의 집행을 통해 모였을 때만 그것은 교회가 될 수 있다. 이것은 각 지역의 작은 교회가 드리는 예배 안에서 시대를 관통하는 교회의 보편적 통일성이 등장한다는 것을 뜻한다. 그 통일성은 교회의 사도적 근거, 즉 옛 그리스도교의 순교자들 및 성도들과 이루는 공동체성에 놓여 있다. 왜냐하면 사도적 복음의 순수한 가르침과 근원에 충실한 성례전의 집전이 시대를 관통하는 교회의 통일성을 이루고, 그와 동시에 믿는 자들의 각각의 지역적인 모임을 그리스도의 교회로 특징짓기 때문이다.

믿는 자들의 공동체를 말씀과 성례전을 통해 중재하는 것은 "거룩한 공교회"(*communio sanctorum*)라는 표현의 개인적 의미를 성례전적 의미와 결합한다. 성례전적 의미는 "거룩한 것" 즉 말씀과 성례전의 거룩한 수여에 참여하는 것을 뜻한다.[13] 이같이 거룩한 것에 참여하는 것은 다름이 아

---

12 루터교 신학은 이 문제에 대해 다르게 판단하는 질문을 제기한다. 우리는 나중에 이 문제로 돌아가 다시 다룰 것이다. 우선 비교. H. Meyer und H. Schütte, 위의 책, 184-190, bes. 188f.

13 H. Meyer/H. Schütte, 위의 책, 180. W. Elert, *Abendmahl und Kirchengemeinschaft in der alten Kirche besonders des Ostens*, 1954, 13f.에서 이 국면이 강조되는 내용을 또한 비교하라.

니라 자신의 말씀과 성례를 통해 믿는 자들에게 현재하시는 예수 그리스도께 참여하는 것이다. 그분을 통해 믿는 자들은 그리스도의 몸과 연합하고 통일된다. 교회를 구성하는 관계, 즉 믿는 개인들이 말씀과 성례전 안에 현재하시는 주님과 이루는 연합 관계, 그리고 그것에 기초해서 그들 서로와 이루는 공동체 관계는 무엇보다도 우선 성만찬에서 표현된다. 성만찬 축제 안에서 예수 그리스도께서 현실적으로 현재하신다는 맥락에서 비로소 그리스도의 몸인 교회에 대한 이해가 보다 더 정확하게 설명될 수 있다. 그러나 다음의 사실은 여기서 앞서 말할 수 있다. 교회를 그리스도의 몸이라고 부르는 것은 단순한 은유(Metapher)가 아니다. 그것은 교회의 본질에 대한 성서적인 상이다.[14] 나아가 그리스도의 몸으로서의 교회라는 표상이 나타내는 실재주의로부터 만들어진 해체될 수 없는 결합, 곧 믿는 자들과 그리스도의 결합과 그들 서로에 대한 결합은 교회를 믿는 자들의 공동체로, 나아가 하나님의 백성으로 이해하는 데 근본적이다. 교회가 믿는 자들의 공동체인 것은 오직 각각의 개인들이 동일하신 한 분 주님께 참여한다는 토대 위에서만 가능하다. 교회 개념에 대한 성만찬의 특별한 의미, 곧 교회사 안에서 언제나 또다시 등장했던 그 의미[15]는 믿는 자들이 성만찬의 축제에서 공동으로 예수 그리스도께 참여하는 가운데 서로 함께 이루는 공동체의 근거가 성례전적 표징의 방식으로 성취되고 묘사된다는 사실에 기초한다. 물론 믿는 자들의 공동체로서의 교회에 근본적인 결합의 근거, 곧 각각의 개인들이 예수 그리스도와 결합하는 근거가 성만찬 안에서 일어나는 그리스도의 몸과 피에 참여하는 것을 통해 비로소 마련되는 것은 아니다. 그 근거는 복음에 대한 믿음 안에서 신앙고백과 세례를 통해

---

14   J. Ratzinger, Art. Kirche II, in : *LThK* 6, 1961, 172 – 183, 176. 라칭어에 의하면 교회가 또한 하나님의 백성이라는 특수한 의미에서 비로소 교회를 그리스도의 몸으로 보는 이해가 말해질 수 있다. 동일저자, *Das neue Volk Gottes. Entwürfe zur Ekklesiologie*, 1972, 97.

15   이에 대해 각주 13에서 언급된 엘러트의 진술을 보라.

예수 그리스도와 결정적으로 결합되는 것에 놓여 있다. 믿는 자들의 그리스도와의 연합과 믿는 자들 서로에 대한 연합의 내적인 일치는 다른 어느 곳보다 성만찬의 축제에서 가장 명확하게 표현된다.[16]

교회를 머리이신 그리스도를 통해 지체들의 믿음과 사랑의 통일성 안에서[17] 하나로 결합한 친교 공동체(communio)로 보는 종교개혁적 이해는 교부 시대의 교회까지 거슬러 올라가고 나아가 신약성서에 뿌리를 둔(고전 10:16f.; 엡 4:15f.) 전통 안에 서 있다. 그 이해에 따르면 교회는 각각의 장소에 모인 작은 교회들이 드리는 예배 축제 안에서 우선적으로 실현된다. 여기서 중요한 것은 특수하게 고립된 개교회가 결코 아니다. 오히려 예수 그리스도 자신이 현재하시는 모든 지역의 예배 축제 안에서 그리스도인들이 이루는 세계적 규모의 전체 공동체가 언제나 등장한다. 왜냐하면 예수 그리스도는 전체("보편적인" katholische) 교회가 있는 곳에 계시기 때문이다.[18] 모든 그리스도인은 믿음과 세례를 통해, 그리고 성만찬을 받음으로써 예수 그리스도의 몸의 지체가 된다. 그렇기에 예수 그리스도께서 실제로 현재하시는 각각의 예배 안에서, 특별히 성만찬 안에서, 그리스도교 전체가 함께 현재한다. 그렇기에 거꾸로 작은 지역 교회들(Gemeinde)끼리 서로 결합한 공동체는 개별적인 지역 교회들의 통합 즉 그리스도의 하나의 보편적인 교회(Kirche)의 현상 형식 및 형태로서의 통합(Integrität)에 속한다. "이

---

16 루터도 또한 성만찬과 교회 개념 사이의 이러한 특별한 관계를 강조할 수 있었다. 이에 대해 알트하우스의 설명을 보라. P. Althaus, *Communio sanctorum. Die Gemeinde im lutherischen Kirchengedanken I. Luther*, 1929, 75f. 또한 동일저자, *Die Theologie Martin Luthers*, 1962, 275-278. 이것은 1519-1524년 루터의 저술들 안에서 거룩한 공교회의 성례전으로서의 성만찬("als Sakrament der communio sanctorum"(275, 각주 110)에 관한 논평이다. 그 내용은 특히 거룩하고 참된 그리스도의 몸과 형제성의 고귀한 성례전에 관한 그의 1519년의 설교들(WA 2, 742-758)에서 나타난다.

17 M. Luther, Großer Katechismus 11,51 (BSELK 657).

18 Ignatius von Antiochien, *Smyrn*. 8,2.

와 같이 교회(Kirche)는 하나의 친교 공동체이며(communio), 이 공동체는 지역 교회들의 네트워크로 구성된다."[19] 그러므로 교회(Kirche)는 일차적으로 중앙 지도부를 지닌 보편적 기관이 아니다. 하나의 교회의 실재는 말씀과 성례전을 중심으로 모인 작은 지역 교회들 안에서 나타나며, 작은 지역 교회들은 거꾸로 하나인 큰 공동체를 형성한다.[20] 교회의 이러한 기초 구조가 개별 공동체를 넘어서는 공동의 지도적 기관 및 그것의 시찰 과제와 연결되기 때문에, 종교개혁 시대에 그 이상의 어떤 것은 추구되지 않았던 것으로 보인다. 하지만 루터교회 안에서 감독들로 구성된 시찰 기관이 필요하다는 점은 인정되었고, 개혁교회의 전통 안에서는 개교회를 넘어서

---

19 가톨릭교회와 루터교회의 연합에서 출발한 로마 가톨릭교회 및 개신교-루터교 공동 위원회의 공동 견해는 이 진술에 근거해서 이해될 수 있고, 다음의 문서에서 확인된다. *Einheit vor uns. Modelle, Formen und Phasen katholisch-lutherischer Kirchengemeinschaft*, 1985, 5 (S. 10). 루터교의 입장에 대해 참고. P. Brunner, Die Einheit der Kirche und die Verwirklichung der Kirchengemeinschaft (1955). in: 동일저자, *Pro Ecclesia. Gesammelte Aufsätze zur dogmatischen Theologie* I, 1962, 225-234. 그리고 동일저자, Koinonia. Grundlagen und Grundformen der Kirchengemeinschaft (1963), in: *Pro Ecclesia. Gesammelte Aufsätze zur dogmatischen Theologie* II, 1966, 305-322.

20 이것은 진 마리 틸라르의 교회론의 근본 사상이다. J.-M.R. Tillard, *Église d'Églises. L'ecclésiologie de communion*, Paris 1987. 교회에 대해 이와 원칙적으로 비슷한 견해를 루터가 이미 1519년의 라이프치히 논쟁에서 주장했다. 이에 대해 비교. R. Slenczka, Ecclesia Particularis — Erwägungen zum Begriff und zum Problem, in: *KuD* 12, 1966, 310-332, bes. 322ff. 물론 루터는 거기서 "개별적이고 특수한 혹은 단독" 교회의 완전한 자율성을 강조했다(323). 비록 그가 이 교회를 "특정한 장소에 위치하며 특정한 상황 안에 놓여 있고 다른 교회들 및 교회 연합과 이루는 공동체 곧 실천적이고 각각에게 동일한 권리를 부여하는 큰 공동체로 이해했다고 해도 사정은 달라지지 않는다(324). 슬렌츠카는 이와 동일한 견해가 후터(L. Hutter)와 게르하르트(J. Gerhard)에게서도 나타난다는 점을 지적했다(325f.). 그는 후터에게서 특수한 개별교회의 표상이 루터의 보이지 않는 교회 혹은 참된 교회의 은폐성의 사상과 연관된다는 사실도 제시하는데, 후자의 교회는 말씀과 성례전 안에서 볼 수 있게 나타난다(325).

는 지도부의 공의회 형태를 취하는 경향이 보이기는 했다.

교회 개념에 대한 최근의 논의에서 ─ 교회와 성만찬의 관계에 대한 니콜라우스 아프나시브스와 베르너 엘러츠[21]의 논문에서 시작되면서 ─ 교회를 작은 지역교회들의 성만찬 예배의 친교(koinonia)로 보는 이해가 점점 더 주목받게 되었다. 이것은 특별히 제2차 바티칸 공의회 이후의 로마 가톨릭신학에 해당한다.[22] 라칭어에 의하면 동방 정교회 신학자들의 성만찬 신학이 촉발한 가톨릭의 친교 ─ 교회론(communio ─ Ekklesiologie)이 교회에 대한 제2차 바티칸 공의회 교리의 본래적인 중심 부분이 되었고,[23] 발터 카스퍼는 그 교리

21 N. Afanassiev, *La Cène du Seigneur*, Paris 1952 (러시아어), W. Eiert, *Abendmahl und Kirchengemeinschaft in der alten Kirche hauptsächlich des Ostens*, 1954. N. Afanassiev 에 대해 비교. P. Plank, *Die Eucharistieversammlung als Kirche. Zur Entstehung und Entfaltung der eucharistiesehen Ekklesiologie Nikolaj Afanasievs* (1893 ─ 1966), 1980.

22 다음의 개관을 보라. H. Döring, Die Communio ─ Ekklesiologie als Grundmodell und Chance der ökumenischen Theologie, in: J. Schreiner/K. Wittstadt, Hgg., *Communio Sanctorum. Einheit der Christen ─ Einheit der Kirche (Festschrift Scheele)*, 1988, 439 ─ 469. 되링은 이 관점의 중요성을 동방 정교회(451ff.) 및 영국 성공회 (458ff.)와 대화하는 가운데 상세하게 다루며, 결론적으로 그 내용이 교회일치 운동 안에서 공동 ─ 교회론(Communio ─ Ekklesiologie)에 대해 갖는 의미를 확정한다. "그것은 공통의 근본 모델이다"(469). 이 명제가 로마 가톨릭교회의 공식 교리 안으로 수용된 상태에 대해서는 교황청의 신앙회의가 친교(Communio)로서의 교회의 몇 가지 측면에 대해 가톨릭교회의 감독들에게 보낸 편지(vom 28.5.1992 in: *Osservatore Romano* 22 Nr. 25 vom 19. Juni 1992 Beil. XXIII)을 보라. 이 명제는 그 사이에 교회의 본질에 대한 교회일치적인 상호이해에 대하여 근본적으로 중요해졌다. 로마와 동방 정교회 사이(아래의 각주 29), 그리고 로마 가톨릭교회와 성공회 사이(비교. ARCIC II: Church as Commimion, in: *One in Christ*, 1991, 77 ─ 97)의 대화만이 아니라, 또한 로마와 세계교회협의회 사이(Sechster Bericht der Gemeinsamen Arbeitsgruppe des ökumenischen Rates der Kirchen und der römisch ─ katholischen Kirche, 1990, 31 ─ 47: Die Kirche: lokal und universal)의 대화에서도 중요한 자료가 되었다.

23 J. Kardinal Ratzinger, Die Ekklesiologie des Zweiten Vatikanums, in: Internationale katholische Zeitschrift "*Communio*" 15, 1986, 41 ─ 52, 44. 이어지는 단락에서 이렇게

의 "완전한 실현"이 또한 교회들 사이의 교회일치 대화도 포함하는 미래의 과제라고 보았다.[24] 성만찬 축제로부터 전개되는 교회론에 관한 명제는 교회의 기초적 실현 형태로서의 지역교회 전반에 대한 강조를 포함한다. 이 점은 칼 라너가 이미 1961년에 강조했던 것이다.[25] 라칭어에 의하면 그것은 "친목(Kollegialität) 교리의 내적·성례전적 근거"의 표현이며, 이것은 제2차 바티칸 공의회가 전개한 것과 같다.[26] 하지만 라칭어는 특수하게 로마-가톨릭적으로 변경한 내용을 지시하는데, 이 내용에서 공의회는 그 근본 사상을 수용했다. 이 사실은 다음의 진술에서 볼 수 있다. 그리스도의 교회는 "믿는 자들의 모든 올바른 지역교회 안에 진실로 현재한다. 지역교회들은 신약성서 안에서 그들의 목자와 결합된 가운데 그 자체가 또한 교회라고 불린다."[27] "그

말해진다. "성만찬은 교회의 시작이다. 왜냐하면 성만찬은 사람들을 서로에 대해서만이 아니라 또한 그리스도와 결합시키며, 그렇게 해서 사람들을 교회로 만들기 때문이다. 그와 동시에 성만찬은 교회에게 그것의 근본적인 구조를 제공한다. 교회는 성만찬 공동체 안에서 살아가는 것이다"(같은 곳). 참고. 동일저자, *Zur Gemeinschaft gerufen. Kirche heute verstehen*, 1991, 72ff.

24 W. Kasper, Kirche als communio. Überlegungen zur ekklesiologischen Leitidee des Zweiten Vatikanischen Konzils, in : F. Kardinal König, Hg., *Die bleibende Bedeutung des Zweiten Vatikanischen Konzils*, 1986, 64. Die Kirche als Sakrament der Einheit, in : Internationale katholische Zeitschrift *"Communio"* 16, 1987, 2-8, 5f.에 있는 이 주제에 대한 카스퍼의 설명을 비교하라.

25 K. Rahner/J. Ratzinger, *Episkopat und Primat*, 1961, 26f. 또한 비교. E. Lanne, Die Ortskirche : ihre Katholizität und Apostolizität, in : *Katholizität und Apostolizität. Theologische Studien einer gemeinsamen Arbeitsgruppe zwischen der Römisch-katholischen Kirche und dem Ökumenischen Rat der Kirchen* (KuD Beih. 2) 1971, 129-151, 130f.

26 J. Ratzinger, 같은 곳(각주. 23), 44.

27 LG 26. Haec Christi Ecclesia vere adest in omnibus legitimis fidelium congregationibus localibus, quae, pastoribus suis adhaerentes, et ipsae in Novo Testamento ecclesiae vocantur. 여기서 칼 라너는 자신의 주석 안에서 라칭어와는 다른 뉘앙스를 발견하며, 다음과 같이 확정한다. 이 단락은 관점의 수정, 곧 그렇지 않았더라면 전체 교회 그 자체(I장과 II장) 및 그 구조(직무, 백성 등)로부터 교회를 지

들의 목자와의 결합"과 올바름에 대한 강조는 교회가 단순히 "성만찬의 축제를 여는 모든 지역교회 안에 전적으로" 현재하지는 않는다는 것을 의미한다.[28] 사실 이 강조와 함께 "빛의 백성"(Lumen Gentium)의 친교 교리를 전체적으로 규정하는 "계층적 친교"(communio hierarchica)[29]라는 근본 사상이 이미 예배 공동체의 지역교회적 상황에 대한 서술과 함께 시작되었으며, 그 점에서 목자와의 결합은 로마 가톨릭적 이해 안에서 교황에게까지 이르는 제도적 계층 구조를 함축하게 되었다. 사물을 이렇게 바라보는 방식은 라칭어가 다음과 같이 표현하는 중요한 진리를 포함하고 있다. "그리스도는 도처에 계신다. 그러나 그분은 또한 도처에서 오직 한 분이시다. 그렇기 때문에 나는 오직 통일성 안에 계신 한 분 주님만을 가질 수 있다. 바로 그분 자신이시다. 그분은 자신의 몸인 타자들과 결합하는 가운데 그 통일성을 성만찬을 통해 언제나 새롭게 고치신다. 그렇기 때문에 성만찬을 축제하는 작은 교회들이

_____

나치게 일면적으로 서술했을 관점의 수정을 의미한다(*LThK Erg*. Bd.I, 1966, 242). 그 결과 "말씀과 제단의 공동체에 대한 (교회일치에 대해 고도로 중요한) 교회론의 가능성이…열리며, 적절한 것으로 인정된다"(같은 곳, 243f.).

28 J. Ratzinger, 같은 곳, 45.

29 LG 22. 이곳의 "계층적 친교"(communio hierarchica)의 친교적 성격에 대해 Nota explicativa praevia Nr. 2 (*LThK Erg*. Bd.I, 1966, 354)를 비교하라. 친교(communio)라는 표현은 교회 구조에 대한 다른 진술들 안에서 특별히 주교들이 교황과 이루는 연합에 관계된다(LG 25, Abs. 1 & 2). 신실한 자들의 친교(communio fidelium)는 교회일치 강령(Ökumenismusdekret, UR 2)에서 말해지는데, 그 내용은 또한 LG 13 안에서도 하나님의 백성이라는 주제의 범주로 말해진다. 성만찬에 근거한 교회론 안에서 이러한 근본적인 중심 내용은 확실히 더욱 상세한 설명을 필요로 할 것이다(비교. H. Döring, 같은 곳, 446f.). 각주 22에서 인용된 편지 곧 로마의 신앙 회합이 쓴 편지의 §7 이하에 있는 이와 유사한 진술들을 비교하라. 여기서 한편으로 모든 성만찬 축제 안에 각각 현재하는 "전체 교회"와 다른 한편으로 그것의 대표기관 즉 로마의 감독을 정점으로 하는 감독회의 안에서 나타나는 대표기관 사이가 구분되어야 한다. 이를 위해 감독의 직무가 성만찬 예배로 모인 공동체적 교회와 연결된다는 점이 반드시 강조되어야 한다. 이것은 동방 정교회도 뮌헨에서 열린 (로마 가톨릭교회와 함께하는) 공동위원회 제2차 총회에서 확인한 내용이다(Una Sancta 1982, 334 – 340).

서로 결합하는 통일성은 성만찬 교회론에 외적으로 추가되는 것이 아니라 내적 조건이 된다."[30] 우리는 이 사실에 동의할 수밖에 없다. 그것은 (비록 라 칭어가 그렇게 의도하지는 않았다고 해도) 다른 교회들의 지체들에게 그리스도교 의 존재를 인정할 수밖에 없는 오늘날 분리되어 있는 교회의 그 어떤 곳에서 도 성만찬의 분리된 축제를 통해 한 분 주님의 현재가 완전히 실현되지는 못 한다는 것을 뜻한다." 그러나 "계층적 친교"라는 관점에서 교회의 현실성을 작은 지역교회들의 예배로부터 이해하는 것이 역전되는 위험이 등장한다. 곧 그리스도교적 서구의 전통이 된 것처럼 보편적 교회와 그것의 정점인 교 황으로부터 교회를 이해하는 역전이다. 이 위험은 "계층적 친교"가 하나님 의 생명의 통일성 안에 있는 삼위일체 인격들의 연합을 모사(摹寫)하는 방식 으로 이해되는 경우에 특별히 날카로워진다. 그 경우 계층 질서의 정점은 아 버지에 비유되며, 아들은 아버지께 영원히 예속된다.[31] 이에 대해 우리는 다 음과 같이 말해야 한다. 성만찬의 친교로부터 전개되는 교회의 친교-구조가 실제로 삼위일체의 연합과 관계가 있다고 가정한다고 해도, 전체 교회의 결 합에서 우리를 위한 그리스도의 십자가의 죽음에 대한 기억을 상기(想起)시 키는 교역자(사제)는 아버지의 인격이 아니라 **그리스도의 인격** 안에서 행동 하는 것이다. 그가 그리스도께서 제정하신 말씀을 단순히 반복만 한다는 점 에서 그렇게 말할 수 있다. 성만찬은 교역자와 아버지 하나님 사이에 유비가 있다는 근거를 제공하지 않는다. 오히려 그 제의 및 그것과 관련된 공동체 전 체는 아버지께 대한 예수 그리스도의 아들 관계 안으로 편입된다.[32] 이 사실 은―만일 우리가 그것을 성만찬 사건으로부터 서술하려고 한다면―또한 전체 교회에 대해서도 적용해야 한다. 그러므로 라칭어의 생각, 곧 개별적 성 만찬 공동체가 전체 교회와의 연합―그로부터 또한 교회적 삶의 다양한 수

---

30   J. Ratzinger, 같은 곳, 46.

31   W. Kasper, Die Kirche als Sakrament der Einheit, in: Internationale katholische Zeitschrift "*Communio*" 16, 1987) 5f. 비교. 7f.

32   이에 대해 이 책의 490f.와 506ff.를 보라.

준에서 역할을 맡는 교역자(사제)들과의 연합—을 포함한다는 생각은 긍정적으로 받아들여야 한다. 이러한 문제 상황에 대한 보다 더 정확한 설명은 신학과 교회일치적 대화가 아직 해결하지 못한 과제다.[33] 왜냐하면 전체 교회가 개별 공동체 안에서 행사할 수 있는 권한의 자리라는 주제 전체가 그와 관련되어 있기 때문이다.

교회들의 친교 공동체(*communio*)에 대한 옛 교회의 이해에 따르면 작은 지역교회들의 연합은 각각 그것을 대변하는 교역자들이 서로를 인정할 때 나타나게 되며, 특히 그들이 공의회로 모일 때 그렇게 된다.[34] 여기서 지역교회들의 연합은 마치 지역교회들이 어떤 후원 기관에 부가적으로 결속되는 것처럼 이해되어서는 안 된다.[35] 지역교회로서의 개교회는 언제나 이미 단일한 그리스도의 교회가 현시된 형태다. 단일한 그리스도의 교회는 많은 지역교회로 구성되어 비로소 형성되는 것이 아니다. 거꾸로 지역교회들이 연합한 큰 공동체는 한 분 주님 안에 있는 통일성, 곧 그 교회들에게 미리 앞서 주어져 있고 성만찬 축제 안에서 특별한 방식으로 현재하는 통일성에 근거한다.

말씀과 성례전 안에서 발생하는 "그리스도의 현재"의 결과인 교회의 통일성은 우선 은폐된 실재이며, 오직 믿음만이 인지할 수 있다. 이 실재 자체는 바로 그 믿음이 볼 때 세례 및 성찬과 구분되지 않는다. 세례와 성찬을 통해 모든 개인은 자신이 예수 그리스도에게 속해 있다는 것, 그에 따라 또한 그리스

---

33   각주 22에서 언급된 되링의 논문 마지막 부분에 나오는 그의 판단을 비교하라. Döring, 같은 곳, 469.

34   지역교회들의 연합을 나타내는 공의회의 성격에 대해 다음 문헌을 비교하라. J. Zizioulas, *Being as Communion, Studies in Personhood and the Church*, 1985, 133ff.,240ff. 세계교회협의회에서 있었던 이 개념의 논의에 대해 참고. A. Keshishian, *Conciliar Fellowship. A Common Goal*, 1992.

35   이에 대해 Y. Congar, in : *Mysterium Salutis* IV/1, 1972 (위의 각주 5), 398ff.를 보라.

도의 몸의 다른 모든 지체들과 긴밀히 결합되어 있다는 것을 확신하게 된다. 그러므로 교회의 통일성의 영적 실재는 개별교회들의 예배 안에 현재하며, 그 예배와 구분될 수 없다. 만일 구분된다면, 어떤 망상으로의 도피가 될 것이다.[36] 루터가, 특별히 초기에, 교회를 비가시적인 영적 공동체 혹은 그리스도 안에 은폐된 공동체라고 말했을 때,[37] 그는 교회의 통일성을 세계교회의 위계 질서 구조와 동일시하는 것에 반대했다.[38] 그러나 루터가 단일한 교회가—예수 그리스도 자신처럼—개별 공동체의 예배 안에 현재하는 것에 반대했던 것은 결코 아니었다. 복음이 크게 선포되고 성례전이 축제로 거행되는 모든 예배 안에서 예수 그리스도를 통해 거룩해진 교회, 즉 사도들로 소급되고 사도적 파송 안에서 보편적인 단일 교회가 출현한다.[39] 단일 교회가 각각의 장소에 있는 모든 개별 교회의 예배 안에 영적으로 현재하는 것에는

---

36   그래서 멜란히톤은 자신의 『신학개론』(Loci praecipui theologici, 1559, CR 21 , 825)에서, 그리고 조금 덜 명확하게는 이미 『변증론』(Apol. 7,20; BSELK 238, 17ff.)에서 교회의 은폐성을 플라톤적 이념의 의미로 이해한다든가 플라톤적인 관념 국가(civitas Platonica)로 보는 종교개혁의 잘못된 견해에 반대했고, 교회의 가시성을 강조했다. 물론 그는 다른 한편으로 교회를 외적인 관리조직(politia externa)으로 보는 것(BSELK 235, 57 등등) 혹은 "외적 표징의 사회조직"으로 보는 것(societas externarum rerum ac rituum)도 거부했다(같은 곳, 234, 27f.). 교회가 실재하는 장소로서의 예배적 삶은 『변증론』(Apologie)보다 『신학개론』(Loci)에서 더욱 명확하게 표현된다.

37   특별히 라이프치히의 유명한 낭만주의자들에 반대해서 로마의 교황권에 대해 논의한 1520년의 저작을 보라. WA 6, 296f. 여기서 루터는 "두 개의 교회"를 구분한다, 하나는 영적이고 내적인 교회이고, 다른 하나는 몸이고 외적인 그리스도교성이다. 비교. U. Kühn, Kirche, 1980, 24ff. 여기서 퀸은 K. Holl, Die Entstehung von Luthers Kirchenbegriff (1915), in : ders., Gesammelte Aufsätze zur Kirchengeschichte I. Luther, 1921, 245 - 278, 252ff.와 달리 후기 루터에게서 "두 개의 교회" 사이의 구분을 더 이상 발견할 수 없다는 사실을 지적한다(같은 곳, 27).

38   P. Althaus, Die Theologie Martin Luthers, 1962, 253. 멜란히톤의 진술에 대해 위의 각주 36을 비교하라.

39   니케아와 콘스탄티노폴 신조에 나오는 교회의 네 가지 술어는 이번 장의 IV부분에서 상세하게 논의될 것이다.

지역교회들이 서로 자신들의 연합에 기여해야 할 의무가 수반된다. 그 결과 교회들의 연합 안에서 모든 믿는 자의 영적 통일성은 예수 그리스도 안에서 가시적인 표현 형태를 갖게 된다.[40] 이로부터 다음의 결과가 도출된다. 예수 그리스도의 교회의 원칙적 비가시성이란 말해질 수 없고, 비가시적 교회와 교회의 모든 구체적인 제도와 기관을 대립시키는 것, 그에 상응하여 역사적 ·구체적 교회 연합을 평가절하하는 것[41]도 맞지 않다.[42] 무엇보다도 지역교회 들의 예배 안에서 그리스도의 몸으로서의 교회의 통일성이 그리스도와 함께 은폐된 가운데 현재하는 것은, 진정으로 예정된 자들의 비가시적인 공동체 라는 표상으로부터 귀결되는 아우구스티누스의 이중 예정론과 구분되어야 한다. 아우구스티누스에 의하면 예정된 자들은 예수 그리스도의 교회에 궁 극적으로 속해 있지 않은 지체들과 함께, 혼합된 결속체(corpus permixtum) 안 에 숨겨져 있다.[43] 창세 전에 하나님의 결의(Ratschluß, 작정) 안에서 예정된 자 와 배척된 자가 구분되었다는 생각은 그리스도의 구원하는 현재가 예배하는 공동체의 모든 지체에게 효력이 있는 것인지에 대해 교회사 안에서 끊임없

---

40 P. 브룬너가 이러한 중요한 통찰을 서술했다. **"땅 위의 하나님의 교회들의 교제 (Koinonia)는 통일성 곧 예수 그리스도의 영적인 몸 안에서 지속적으로 실현되 는 파괴될 수 없는 교회의 통일성에 상응한다."** P. Brunner, Die Einheit der Kirche und die Verwirklichung der Kirchengemeinschaft, 1955, in : Pro Ecclesia. Gesammelte Aufsätze zur dogmatischen Theologie I , 1962, 225 – 234, 231.

41 누구보다도 E. 브룬너가 신약성서의 교회를 "제도적 교회" 및 그것의 다양한 역사 적 형태들과 대립시켰다. E. Brunner, Dogmatik, Bd.III, Die christliche Lehre von der Kirche, vom Glauben und von der Vollendung, 1960, 46ff. 하지만 그는 "이중(보 이는/보이지 않는) 교회의 개념은 거부했다(같은 곳, 45). 이 개념은 아우구스티누 스의 예정론의 토대 위에서 츠빙글리와 1536년의 『기독교 강요』의 젊은 칼뱅이 주 장한 것이다. 이에 대해 비교. A. Ganoczy, Ecclesia ministrans. Dienende Kirche und kirchlicher Dienst bei Calvin, 1968, 142ff. 칼뱅이 후에 교회의 가시성을 강조한 것에 대해 U. Kühn, 같은 곳, 58ff.를 참고하라.

42 이에 대해 U. Kühn, 같은 곳, 164ff.에 있는 "이중 교회 개념의 아직 해결되지 않은 문제"에 대한 논의를 비교하라.

43 이를 지지하는 논증을 Augustin, De doctr. chr. III , 32,45, CSEL 80, 106f.에서 보라.

는 의심을 불러일으켰다. 반면에 그리스도인들의 공동체가 성만찬에서 일어
나는 예수 그리스도 자신의 현재 안에서 그분과 함께 현재한다는 사상은 그
현재의 구원하는 효력이 모든 믿는 자에게 해당한다는 것을 이미 전제하고
있다.

교회들의 연합은 외적 현상의 형태(Erscheinungsform), 곧 교회의 통일
성의 필연적인 현상 및 그 결과다. 그러나 그 연합이 교회의 통일성과 직
접 동일한 것은 아니다. 교회의 통일성은 역사적으로 실현된 교회들의 모
든 연합보다 앞서며, 이미 그 연합의 근저에 놓여 있고, 지역교회의 예배적
삶 안에 도래하는 그리스도의 현재에 근거를 두고 있다. 이 통일성은 지역
교회들의 통일성에 봉사하는 지역적 및 초지역적 기관들 안에서 표현되
며, 모든 그리스도인의 범 세계적 연합을 대표하는 기관에 도달한다. 이 기
관은 교황을 정점으로 하는 로마 가톨릭교회가 소유한다고 주장한다. 하
지만 그 기관을 모든 교회, 즉 지금 로마와 분리되어 있는 그리스도교 교
회들까지도 수용할 수 있는 형태로 발전시키고 변형하는 일은 아직 이루
어지지 않았다. 어떻든 그 기관들이 통일성의 토대라는 것도 아직은 타당
하지 않다.[44] 우리가 말할 수 있는 것은 단지 그 기관들이 각각의 지역교회

---

[44]   성만찬에 근거한 교회론의 의미에서 생각한다면, 지금까지 로마 가톨릭 교리와 신
        학 안에서 통상적으로 사용되어온 어법은 개정될 필요가 있다. 그것은 교황을 교회
        의 통일성의 원칙과 토대(*principium et fundamentum*)라고 말하는 어법(LG 18 및
        23, 비교. DS 3051f.), 마찬가지로 또한 감독들을 그들이 맡은 부분 교회들의 통일
        성의 원칙과 토대라고 말하는 어법을 뜻한다. 교회 그리고 그것의 통일성의 원칙과
        "토대"는 오직 예수 그리스도 자신이시다(고전 3:11). 교회의 기관들은 바로 그 통
        일성에 봉사해야 한다. 여기서 만일 그리스도인들의 통일성의 토대가 그 기관들에
        놓여 있다고 생각된다면, 그런 통일성은 이미 오래 전에 회복될 가능성 없이 상실된
        셈이다. 그런 생각은 역사의 흐름 속에서 바로 교회의 높은 지위의 교역자들이 드
        물지 않게 교회 분열을 초래했다는 엄정한 사실에 직면하게 된다. 에베소서 2:20은
        건축물로서의 교회의 상을 변형시켜서, 그 건축물이 사도들과 예언자들의 토대 위
        에 지어졌다고 말한다. 이 진술은 고린도전서 3:11의 의미에서 사도들과 예언자들

의 예배적 삶 안에 언제나 이미 현재하는 통일성의 보존에 봉사한다는—
혹은 (역사적 경험에 따르면 항상 그와 반대이기는 했지만) 마땅히 봉사해야 한다
는—사실, 그리고 통일성의 외적인 형태를 드러낸다는 사실이다. 교회의
통일성이라고 믿어지는 교회 연합을 표현하는 모든 형태의 토대는 언제나
그리스도의 몸의 통일성을 드러내는 현실, 곧 지역교회들의 예배 안에서
교회의 한 분 주님께서 현재하시는 가운데 각각의 지역에 주어지는 현실
이어야 한다.

여기서 "지역교회"라는 명칭이 교회적 삶의 기본 통일성에 대해서 정확하게
무엇을 의미하는지의 질문이 제기된다. "지역교회"라고 말할 때, 말씀의 선
포와 성만찬을 위해 모인 공동체가 예배드리는 장소를 말하는가, 아니면 한
사람의 감독에게 귀속된 관할 구역을 가리키는가? 초기 그리스도교 시대
에 이런 문제는 없었다. 감독이 총회장으로서 지역 공동체의 장로 회의를 주
관했고, 그들의 예배도 지도했기 때문이다.[45] 그러나 이어지는 몇백 년에 관
할 구역의 범위가 커졌다. 감독의 교회와 지역 공동체가 모든 곳에서 항상 같
지는 않게 되었다. 이미 전통이 된 사상 즉 감독의 구조를 지닌 교회라는 사
상은 여전히 감독의 교회 내지 관할 구역들을 기본적인 통일성의 단위로 바
라보았고, 그것들의 연합이 교회의 통일성을 표현한다고 여겼다. 그러나 이
제 교회론에 새로 추가된 사고가 교회의 현실성이 우선적으로 성만찬 예배
의 장소에 주어지는 것으로 보았을 때, 그렇게 규정된 지역교회의 개념은 이
제는 당연히 감독에게 귀속되는 관할 구역과 동일시될 수 없게 되었다. 교회

　　의 그리스도에 대한 증언이 바로 그 토대를 마련하는 기능을 갖는다고 이해되어
　　야 한다. 이때 그리스도는 그 건축물 전체를 지탱하는 마침돌로 생각된다. 비교. H.
　　Schlier, *Der Brief an die Epheser* (1957) 6.Aufl. 1968, 142f.

45　　E. Lanne, Vielfalt und Einheit : Die Möglichkeit verschiedener Gestaltungen des
　　kirchlichen Lebens im Rahmen der Zugehörigkeit zu der gleichen Kirche, in :
　　Katholizität und Apostolizität (KuD Beih. 2), 1971, 110‒128, 115.

개념을 성만찬 예배로부터 전개하는 사고는 필연적으로 다음의 경향을 나타
내게 되었다. 교회의 현실을 오늘날 익숙한 것과 같이 우선 사제 혹은 목사가
이끄는 지역 공동체 예배와 그곳에서 말씀과 성례전을 중심으로 모인 공동
체로 보려는 경향이다. 이것은 감독 구조를 가진 교회를 모든 교회의 친교 연
합(communio)의 토대로 보는 전통적인 근본 사고와 다르다(물론 감독도 자신의
중앙 대교회에서 예배를 인도한다는 점은 변하지 않는다). 장로들과 감독들로 구성
된 기관들의 본래적 통일성과 목사직의 주교(主敎)적 성격이 새롭게 강조되
었다고 해도 상황은 변하지 않는다. 제2차 바티칸 공의회의 교회 헌법은 이
문제에 대한 결정적인 해명을 제시하지 못했다. 공의회가 그리스도의 교회
는 지역의 예배 공동체 안에 "진실로 현재"한다(LG 26, Abs, 1)는 주제, 이와 함
께 모든 적법한 성만찬 축제는 감독(비숍)의 지도 아래 있다는 고도로 허구적
인 가정을 제시했다는 점에서 그렇게 말할 수 있다.[46] 이 지점에서 감독과 장
로들 혹은 목사들로 구성된 기관들의 근본적인 통일성에 대한 옛 질문이 성
만찬에 근거한 교회론과 관련하여 다시 한번 시급해졌다.[47] 칼 라너는 자신
이 이미 통찰했던 문제, 곧 지역의 예배 공동체와 관련된 교회론의 새로운 사
고라는 문제에 대하여 말하자면 교회의 "차원들과 자기성취들"이 교회의 주
(主)교구의 지반 위에서 비로소 실현될 수 있다는 설명을 내어놓았는데,[48] 이
것은 매우 만족스러운 것은 아니다. 한편으로 성만찬 예배가 교회의 개념에
대해 척도가 되는 출발점을 형성해야 한다는 점에서, 다른 한편으로 감독의
기관이 실제로는 지역적인 지도기관이 되었다는 점에서 그렇게 판단할 수
있다.

---

46 LG 26, 2.Abs. Omnis autem legitima Eucharistiae celebratio dirigitur ab Episcopo.

47 이에 대해 아래의 653 - 659, 또한 631ff.를 보라.

48 K. Rahner, in F. X. Arnold u. a.(Hgg.): Handbuch der Pastoraltheologie I, 1964,
174f. 비교. H. Döring, Die Wiederentdeckung der Ortskirche in der katholischen
Ekklesiologie, in: *Orthodoxes Forum. Zeitschrift des Instituts für Orthodoxe Theologie
der Universität München* 2, 1988, 239 - 257.

2. 믿는 자의 공동체를 중재하는 공동 신앙고백

믿는 자 개인은 그들 모두에게 공통된 예수 그리스도와의 연합, 곧 복음의 선포와 성례전을 통해 매개되는 연합을 통해 교회로 모인다. 이것이 모든 경우에 믿는 자들이 이루는 공동체의 객관적 근거다. 그런데 이렇게 근거된 관계, 곧 믿는 자들의 공동체에 대해 믿는 개인들이 갖는 관계는 믿는 자들 자신의 입장인 주관성 안에서 어떤 형태로 발생하는가? 쉽게 떠오르는 대답은 단순히 믿음 그 자체를 지시하는 것이다. 그러나 믿음은 그 자체로는 사람들을 개인으로 분리시키고, 예수 그리스도와 그분 안에서 계시되신 하나님께 대한 개인적 관계에 전적으로 집중한다. 오직 믿음의 내용의 공통성을 통해서 비로소 개인은 자신이 믿는 자들의 공동체에 속해 있다는 것을 내적으로 의식하게 되며, 단순히 외적인 교회 소속 상태 너머로 나아가게 된다. 그런데 믿는 자들은 믿음의 내용에 공통적인 요소가 있다는 것을 어떻게 확신하는가? 인간 본성에 속한 친교의 성향과 그와 관련된 공유 욕구를 지시하는 것으로 충분한가?[49] 의심할 바 없이 그리스도교 교회의 삶의 맥락 안에서 일어나는 종교적 사회화와 소통은 그런 확신에 동의한다. 그러나 그 확신이 결정적으로 발생하는 곳은 공동의 신앙고백이다. 신앙고백은 우선 개인의 행위이며, 그 행위를 통해 개별적인 믿는 자는 자신의 믿음을 공적으로 공표한다. 공동 신앙고백의 가능성은 고백의 공적 성격에 기초를 두며, 그 고백은 다른 사람의 고백에 동의하는 것으로 완성된다. 이러한 공동 신앙고백 안에서 믿음의 공통성에 대한 확신이 목적에 도달한다. 이 과정에서 물론 모든 참여자에게 동일한 말은 어느 정도까지는 동일한 것을 의미한다는 사실이 전제되어야 한다. 이에 대한 의심은 물론 근거가 있는 것이기는 하다. 그러나 공동으로 고백된 믿음 안에서 의견일치를 시험하고 증명하는 것은—그것에 대한 충분히

---

49   F. Schleiermacher, *Der christliche Glaube*, 2.Ausg. 1830, §113이 그렇게 지시한다.

납득할 만한 이해가 있는 경우에 ─ 언제나 또다시 오직 공동의 신앙고백을 통해서만 확인될 수 있다.

교회 공동체에 대한 공동 신앙고백의 근본적인 중요성은 교회의 예배적 삶에서 행사되는 신앙고백의 기능 안에서 표현된다. 여기서 공동 신앙고백은 한편으로 세례와, 다른 한편으로 성만찬과 긴밀히 결합된다. 세례에서 예수 그리스도에 대한 신앙고백은 세례자가 교회의 신앙고백을 수용하는 표지로서 세례를 받는 것으로 대체되고, 유아세례의 경우에는 부모나 대부모가 아기를 위해 그 수용을 대리할 수 있다. 또한 개인적인 신앙고백을 공동체가 수용하는 형태를 취할 수도 있다. 공동체는 그 개인의 고백이 공동체의 믿음과 일치할 때, 그것을 수용할 수 있는 것이다. 그 밖에도 유아세례의 경우 유아 대신에 다른 사람이 수행한 신앙고백을 나중에 세례 받은 자 자신이 확증하는 것이 필요하다. 이것은 견진 성사의 행위와 관련된다. 이러저러한 형태 안에서 믿음의 개인적인 고백은 세례와 함께 교회에 소속되기 위한 조건이다. 이 사실은 성만찬 축제에 앞서 공동체가 공동 신앙고백을 영적 친교로 허락하는 조건으로 반복하는 것을 이해할 수 있게 해준다. 거꾸로 교회사 안에서 신앙고백의 일치에 의문을 제기하는 다른 신앙고백이나 교리적인 차이에 대한 의심, 또한 신앙고백과 합치하지 않는 삶을 영위하는 것은 성찬 공동체로부터 배제되는 파문의 결과를 낳기도 했다.[50]

예배적 삶과 관련된 신앙고백의 형태는 교회사 안에서, 특히 4세기 이전의 시대에는, 언제나 동일한 것은 아니었다. 원시 그리스도교가 시작되던 시기에 대해서는 단지 간접적인 증빙들만 있다. 성만찬의 경우에 그러한 증빙이

---

[50] 이에 대한 요약으로 옛 교회의 성찬과 교회 공동체에 대한 엘러트의 설명을 보라. W. Elert, *Koinonia. Arbeiten des Ökumenischen Ausschusses der Vereinigten Evangelisch-lutherischen Kirche Deutschlands zur Frage der Kirchen- und Abendmahlsgemeinschaft*, 1957, 57-78, bes. 64f., 66ff.

주어지는 것은 오직 다음의 때, 곧 원시 그리스도교의 성만찬 축제와 관련이 있는 아람어의 외침인 마라나타(고전 16:22)를 높여지신 주님이 성만찬 안에 현재하시는 것에 대한 환호로 분명히 이해할 때,[51] 그리고 그러한 환호에서—"주님 예수"(롬 10:9; 고전 15:3; 비교. 빌 2:11)라는 외침과 비슷하게—신앙고백의 성격을 인정할 때다.[52] 세례의 경우에 그런 종류의 증빙은 다소 많은 편이다. 물론 여기서도 원시 그리스도교적인 세례의 신앙고백의 어떤 본문이나 단편이 문장으로 전승된 것은 없고, 그것의 형태[53]에 관한 다른 어떤 확실한 지시도 발견되지 않는다. 어느 정도 확실하게 추론해볼 수 있는 것은

---

51 이러한 외침은 최초 공동체까지 소급되며, 우리는 그 의미를 확실히 이해할 수 없다. 이 외침은 그리스도의 종말론적 재림에 대한 기도로 이해될 수도 있다(계 22:20은 그렇게 이해한다). 그러나 "주를 사랑하지 않는" 모든 사람은 배제될 것(고전 16:22; 비교. 디다케 10:6)이라는 것은 성만찬 안에 현재하시는 주님과의 관계를 암시한다. K. G. Kuhn, in : *ThWBNT* 4, 1942, 474f.

52 캄펜하우젠은 이 점에 대해 의심했다. H. v. Campenhausen, Das Bekenntnis im Urchristentum, *ZNW* 63, 1972, 210–253, 225. 그러나 리터는 그에 대해 한(F. Hahn)의 견해를 수용하면서 캄펜하우젠이 거기서 환호와 신앙고백 사이를 지나치게 엄격하게 구분했다고 바르게 지적했다. 참고. A. M. Ritter, *TRE* 13, 1984, 400. 최종적으로 판단하자면 바울은 로마서 10:9에서, 마찬가지로 또한 바울 이전의 찬송인 빌립보서 2:11에서 "고백하다"와 "신앙고백"이라는 단어를 환호의 행위에 대해 명시적으로 사용하고 있다. 원시 그리스도교의 환호에 대해 K. Wengst, Glaubensbekenntnis(se) IV, *TRE* 13, 1984, 396f.를 비교하라. 체계적 관점으로부터 예배 찬송가들의 신앙고백적 성격을 분석한 웨인라이트의 저서를 참고하라. G. Wainwright, *Doxology. The Praise of God in Worships Doctrine and Life. A Systematic Theology*, 1980, 182ff.

53 참고. J. N. D. Kelly, *Altchristliche Glaubensbekenntnisse. Geschichte und Theologie*, dt. 1972, 36–65, bes. 46ff. 특히 G. Kretschmar, *Die Geschichte des Taufgottesdienstes in der alten Kirche,* 1964/66 (Leiturgia 5, 1970, 1–348), 49ff. 신약성서에서 세례의 신앙고백이 나오는 유일한 명시적 구절은 사도행전 8:37에서 궁정 내시가 세례를 받는 경우인데, 이 구절은 단지 서방의 문서 전승 안에서만 발견된다. 그래서 그것은 원본에는 없었을 것으로 추정된다(Kelly, 46f.와 다른 견해다). 어쨌든 우리가 알 수 있는 것은 이미 이레나이우스 이전에 사람들은 이 구절에서 세례의 신앙고백에 관련된 내용을 숙고하지 못했다는 사실이다.

히브리서(4:14; 비교 3:1)에서 확고하게 표현된, 한때 행하여졌던 신앙고백이 세례의 신앙고백과 연관될 수 있다는 사실이다.[54] 또한 주님 예수께 대한 바울의 고백의 말씀(롬 10:9)도 세례의 신앙고백을 암시하는 것으로 이해될 수 있다.[55] 그 이후의 시대부터 교회의 삼위일체적 믿음에 관련된 세례의 질문들이 전승되었다.[56] 반면에 세례받는 사람과 관련해서 선언하는("법률적 선언"의) 신앙고백은 4세기 이후에 비로소 예시될 수 있다. 그러나 세례에서 행하여지는 신앙고백 형태의 이같은 변화 안에서 원시 그리스도교로부터 존속해온 고백과 세례의 밀접한 관계는 조금도 달라지지 않았다. 세례를 받는 사람은 신앙고백을 통해 교회의 믿음에 동의하며, 자신이 예수께 속하게 되었음을 결정적으로 선언한다.[57] 이것은 그가 세례 그 자체의 행위 안에서 예수께 대한 귀속 관계를 수용하는 것과 마찬가지다. 그러나 신앙고백의 이와 같은 결정적인 성격은 과거에 다른 맥락에서, 특별히 성만찬의 축제에서 실현된 신앙고백이 하나님과 그분의 계시[58]를 찬송하기 위해 기억되고 반복되고 강화된다(비교. 히 13:15)는 사실을 배제하지 않는다. 이것은 신앙고백이 대체로 자기계시 안에서 행동하시는 하나님께 영광을 돌린다는 점에서 찬송에 가깝다

---

54 G. Bornkamm, Das Bekenntnis im Hebräerbrief (1942), in : *Studien zu Antike und Ur- Christentum. Ges. Aufsätze* Bd. II, 1959, 188 – 203. 또한 벵스트의 판단을 참고하라. K. Wengst, *TRE* 13, 1984, 394.

55 U. Wilckens, *Der Brief an die Römer* 2, 1980, 227. 이에 반대되는 견해로는 H. v. Campenhausen, 같은 곳, 231. 그 밖에도 몇십 년 전에 확산되었던 신약학자들의 경향, 곧 원시 그리스도교의 문서들 안에서 세례의 신앙고백의 단편을 확인하려는 경향은 지금은 대체로 사라졌다. 그런 경향에 대한 비판으로 R. P. C. Hanson, *Tradition in the Early Church*, 1962, 69를 보라.

56 이에 대해 J. N. D. Kelly, 같은 곳, 46ff.를 보라.

57 G. Bornkamm, 같은 곳, 192.

58 비교. G. Bornkamm, 같은 곳, 194. 보른캄에 의하면 신앙고백 행위의 결정적인 성격은 기억을 통한 그 고백의 현재화와 강화를 배제하지 않는다. 각주 52에서 인용된 신앙고백과 찬송 사이의 긴밀한 내적 관계에 대한 웨인라이트(G. Wainwright)의 설명을 다시 한번 비교하라.

는 사실과 유사하다.

그리스의 법률 언어에서 "일치 관계"(Homologie, 상동)[59]의 의미와 유사한 하나의 결정적인 요소가 그리스도교적 세례의 신앙고백의 특징을 형성한다. 그 요소는 신앙고백을 그리스도교 믿음에 특수한 것으로, 나아가 그 믿음을 종교 세계 안에서 따로 구분되는 독특한 것으로 만든다. 이것은 이스라엘의 종교에 대해서도 독특하다. 구약성서 안에 이러한 특수한 의미의 신앙고백 현상은 없다. 왜냐하면 유대인들이 이스라엘의 하나님께 속한다는 것은 그 하나님이 선택하신 백성에 속하는 것 내지는 그 하나님이 백성과 맺으신 계약(언약)에 기초하며, 개인적인 신앙고백에 기초하는 것이 아니기 때문이다. 반면에 그리스도인들은 세례 행위와 개인적 신앙고백을 통해 예수 그리스도와 그리스도인들의 공동체에 속하게 된다. 넓은 의미에서 생각한다면 경건한 유대인도 틀림없이 자기 백성의 하나님께 "신앙고백 한다." 그러나 이것이 하나님과 그분의 백성에 속한다는 근거는 아니며, 그 소속의 부분적 근거도 의미하지 않는다. 오히려 그 고백은 하나님께 대한 그 백성의 충성을 표시하며, 백성이 빚지고 있는 찬양 곧 그분이 행하신 것들에 대해 찬양을 드리는 것을 뜻한다. 하나님께 합당한 영예를 돌려드리는 것은 물론 죄 고백의 종교적 의미에 속한다.[60] 이와 대조적으로 그리스도교적인 신앙고백은 고대의 법률 언어인 "일치 관계"(Homologie)에 상응한다. 이 단어는 어떤 법률 관계가 계약상 체결되었다는 구속력 있는 공적 선언의 특성을 갖고 있다.[61] 세례와 관련된 신앙고백도 이와 비슷한 기능을 갖는다. 그러므로 신앙고백이 구약성서 안에

---

59   G. Bornkamm, 같은 곳, 192. 이곳의 각주 9의 증빙들을 보라.

60   예를 들어 여호수아 7:9을 비교하라. 70인 역에서 "*jadah*"(알다)을 번역할 때 *homologeo*를 보다 덜 사용하고 그 단어의 파생어 중 하나인 *exhomologeisthai*가 많이 쓰였다는 사실에 주목할 필요가 있다. 참고. O. Michel, in: *Th WBNT* 5, 1954, 203f.

61   G. Bornkamm, 같은 곳, 192.

서 이미 동일한 종류의 내용을 갖는다는 주장은 틀린 것이다.[62] 나아가 그리스도교 신앙고백의 형태와 기능은 새로운 종류의 종교적 현상을 표현하는데, 그것은 오직 예수 곁에 놓인 그 기원으로부터만 이해될 수 있다.[63]

예수께서 자신에 대한 신앙고백과 결합시켜 말씀하신 희망은 여러 가지 비전 안에서 전승되어왔다.[64] 마태복음(10:32f.)의 표현과 비교할 때 누가복음의 이 구절은 말씀의 원천과 관련해서 우월한 신빙성을 갖는다. 왜냐하면 여기서 사람의 아들과 그의 미래의 심판이 예수께 대한 사람들의 현재의 판단과 서로 상응하기 때문이다. "누구든지 사람 앞에서 나를 시인하면 인자도 하나님의 사자들 앞에서 그를 시인할 것이요, 사람 앞

---

62 예를 들어 폰 라트가 신명기 26:5-9에다 구속사적인 "크레도"(Credo, 신조)라는 이름을 붙이고, 이 본문이 "철두철미 신앙고백"이라고 주장했다. G. v. Rad, *Theologie des Alten Testaments* I, 1957, 127, 비교. 177ff. 그리스도교 신앙고백 본문의 제2조항의 "구속사적인" 내용에 대한 먼 유비가 이 개념의 도입을 정당화할 수 없다. 폰 라트가 그 용어를 사용하는 방식은 프로크쉬에게서 유래한다. O. Procksch, *Das Bekenntnis im Alten Testament*, 1936; 비교. 동일저자, *Theologie des Alten Testaments*, 1950, 629-632. 다른 한편으로 헤르만 궁켈이 이미 "곤경으로부터 건져내는 구원자 야웨께 대한 **신앙고백**을 감사 찬송의 주제로 설명했다. H. Gunkel, *Einleitung in die Psalmen* (hg. J. Begrich), 1933, 272.

63 이상하게도 보른캄은 예수께 대한 신앙고백과 관련된 예수 자신의 말씀을 정확하게 관찰했음에도 불구하고(비교. 각주 64), 그 말씀이 구약성서의 *todah*(그는 이것을 독자적으로 연구했다)와 다른 점을 강조하지 않았다. G. Bornkamm, Lobpreis, Bekenntnis und Opfer. Eine alttestamentliche Studie (1964), in: *Geschichte und Glaube* I (*Gesammelte Aufsätze* III), 1968, 122-139. 물론 예수께 대한 신앙고백도 구약성서적인 (하나님) 찬양의 요소를 틀림없이 포함하고 있다. 그러나 그것은 법정적 증언—이것은 재판의 상황과 유사하다—이라는 특수한 의미도 갖고 있으며, 그와 함께 자신의 메시지와 사역에 대해 예수가 하나님의 권위를 요구한 것의 진리성에 관한 논쟁에서 예수의 편을 들고 있다. 이것에 대한, 그리고 예수께 대한 신앙고백의 근거가 되는 기능과 관련된 구약성서적인 유비들, 곧 고백자의 종말론적인 구원 참여를 가능케 하는 구약의 유비들은 정확하게 어디 있는가?

64 이어지는 내용을 보른캄의 다음 논문과 비교하라. G. Bornkamm, Das Wort Jesu vom Bekennen (1938), in: *Geschichte und Glaube* I, 1968, 25-36, bes. 31ff. 누가복음 12:8f.의 신빙성 문제에 대해서는 그곳의 25f.의 각주를 보라.

에서 나를 부인하는 자는 하나님의 사자들 앞에서 부인을 당하리라"(눅 12:8f.). 이 어록의 양쪽 부분이 예수께로 소급될 수 있다면,[65] 이 말씀은 그 리스도교 신앙고백의 초기 역사에 위치할 것이다. 히브리어 *hodah*(찬양 하다)와 이것의 아람어 등가어, 곧 그리스어 *homologeo*의 근저에 놓인 단어 는 예수의 이러한 말씀들 안에서 매우 특수한 뉘앙스를 취한다. 그것은 말 하자면 예수의 메시지와 인격에 관한 논쟁에서 공적으로 예수를 "편든다" 는 의미를 가리킨다.[66]

이와 같이 그리스도교 신앙고백의 개념은 예수의 사역과 인격에 관한 공적 논쟁에서 예수의 편을 든다는 의미를 갖고 있다. 여기서 예수를 편 드는 것은 그분에게 지속적으로 귀속되는 근거가 되는 동시에 또한 점점 더 예수에 대한 가르침의 진술들과도 결합되었다. 왜 그렇게 되었는지에 대하여 설명이 필요하다. 우선 그리스도교 신앙고백은 언제나 예수께 대 한, 또한 그분 안에서 계시되신 하나님께 대한 인격적 참여의 성격을 가지 고 있었다는 사실을 확정해야 한다. 그것은 일차적으로 예수께 대한 교리 를 수용하는 문제가 아니었던 것이다.[67] 이 점의 강조가 중요하다. 왜냐하 면 "신앙고백"이라는 단어는 개혁교회 안에서 우선 교회적 교리의 요약을

---

65   Q 문서와 달리 마가복음 8:38은 단지 부정적인 통고만을 전한다. "누구든지…나와
      내 말을 부끄러워하면, 인자도 아버지의 영광으로 거룩한 천사들과 함께 올 때에 그
      사람을 부끄러워하리라." 비교. 누가복음 9:26.

66   H. v. Campenhausen, Das Bekenntnis im Urchristentum, *ZNW* 63, 1972, 210-253,
      212f.

67   H. v. Campenhausen, 같은 곳, 211. "그리스도교 신앙고백은 본래부터 믿음에 본질
      적인 전승의 내용과 교리적 진리를 열거하는 것이 아니다. 오히려 그것은 하나의 신
      적인 대상, 곧 예수의 인격을 간결하고 오해의 소지 없이 지칭하는 것이다. 그 대상
      을 긍정하는 것이 개별 그리스도인들을 그리스도인으로 만들며, 그들을 모든 비-그
      리스도인으로부터 구분한다. 비교. v. Campenhausens, 같은 곳, 214의 설명을 비교하
      라. 이것은 *homologein*의 원래의 그리스도교적인 의미로부터 요한문서의 *martyrein*
      에 이르는 상세한 설명이다. 또한 그의 *Die Idee des Martyriums in der alten Kirche*,
      2Aufl. 1964, 20ff.를 참고하라.

가리키게 되었기 때문이다. 반면에 라틴적 교회는 "믿음의 고백"(*professio fidei*)으로서의 신앙고백 행위를 단순히 신앙 자체의 고백과 결합시켰으며, 동방 정교회와 마찬가지로 그것을 신조(symbolen) 혹은 단순히 "믿음"(Glauben)이라고 불렀는데, 여기서 고백(*confessio*)이라는 표현은 죄를 고백한다는 의미를 내포하고 있었다.

고백의 행위는 단지 간접적으로만 교리의 내용들과 관계된다는 통찰이 개신교적인 믿음 이해에 다가왔다. 그것이 직접 관계되는 것은 예수 자신의 인격과 그분 안에서 계시되신 하나님이며, 이것은 예수의 이름을 옹호하는 모든 것의 진리성에 관한 논쟁 안에서 발생한다는 것이다. 신앙고백의 행위에 약속되는 구원 작용은 그 행위와 결합된 신학적 통찰들과는 단지 이차적·간접적으로만 관계가 있다. 이런 통찰은 물론 조야하고 막연한 것일 수 있다. 하지만 그 행위의 핵심은 예수를 편드는 것이다. 그러나 편드는 행위가 예수와 결합할 수 있는 자체의 힘을 갖고 있지는 않다. 그 힘은 예수 자신이 주신 약속, 곧 예수와 관계를 맺는 사람이 예수께 신앙고백을 할 수 있도록 해주는 그 약속으로부터 온다. 왜냐하면 사람의 아들—예수의 말씀은 사람의 아들의 미래에 관한 것이다—은 동방 교회의 그리스도교적 인식에 따르면 다름이 아니라 부활하신 자 그리고 높여지신 자이기 때문이다. 그리스도인들이 예수께 신앙고백을 할 때 본질적으로 누구에게 신앙고백을 하는지에 대한 신학적 성찰은 자기고백 안에서 일어나는 예수 자신의 인격과의 결합과 비교한다면 부차적인 것이고, 나아가 거의 주변적인 것으로 보일 수 있다. 이것은 물론 신앙고백에서 관계를 맺는 대상이 정말로 예수라는 사실에 어떤 의심도 없다는 조건에서 타당하다. 신학적 성찰이 예수의 이름이 무엇을 대변하는지를 명확하게 드러내는 정도에 따라, 그 성찰은 신앙고백과 예수의 인격 사이의 관계를 지시할 수 있게 된다.

예수께 대한 신앙고백을 교리적으로 확장하는 전개의 출발점이 여기에 놓여 있다. 이 전개는 이미 부활과 직접 이어진 시대에 시작되었다고 추정할 수 있다. 예수의 지상에서의 선포와 사역을 통해 규정되었던 상황과는 달리, 부활 이후에는 예수의 이름을 말하고 그에게 신앙고백하는 사람들이 정말로 십자가에 못 박히고 부활하신 나사렛 예수를 가리키고 있는지를 구분할 기준이 필요했다. 부활 이전의 상황에서 그런 기준은 불필요했다. 예수 자신이 자신에 대한 신앙고백을 수용하는 것으로 충분했다. 다른 사람들은 그것을 통해 그 고백이 예수께 속하는지 여부를 알 수 있었다. 부활 이후의 시대에는 예수의 제자들과 그들이 형성한 예수를 선포하는 공동체가 그 기능을 행하게 되었다. 교회의 선포에 동의하는 것, 그리고 예수를 메시아와 주님으로 축제적으로 선언하는 예배에 참여하는 것이 이제 예수의 이름에 대한 개인적 신앙고백이 교회가 선포하는 십자가에 못 박히고 부활하신 주님 그리스도에 대한 것인지를 판단하는 기준이 되었다. 그래서 바울은 이렇게 말한다. "네가 만일 네 입으로 예수를 주로 시인하며, 또 하나님께서 그를 죽은 자 가운데서 살리신 것을 네 마음에 믿으면 구원을 받으리라"(롬 10:9). 죽은 자 가운데서 부활하신 예수를 믿는 믿음의 언급은 여기서 예수를 주님으로 믿는 신앙고백에 더해지는 부가적 요소가 아니라, 그리스도인들이 예수를 주님으로 고백하는 바로 그 내용을 상세하게 규정하고 설명하는 요소[68]로 이해되어야 한다.

로마서의 이 말씀 안에서 원시 그리스도교의 신앙고백이 교리적 고백으로 발전되는 시작점이 인식될 수 있다.[69] 예수를 주님으로 고백하는 것은 우선 부활의 소식과의 관계를 통해 상세하게 규정된다. 죽은 자들 가운데서 부활하신 예수가 교회가 주님으로 부르는 바로 그분이다. 그렇기에 그를 십자가에서 죽으신 자 그리고 부활하신 자로 고백하지 않는 예수에 대한 모든 신앙고백은 그의 정체성을 간과하는 것이다.

---

68 U. Wilckens, *Der Brief an die Römer* 2, 1980, 227 (zu ὅτι).

69 H. v. Campenhausen, 같은 곳, 223f.와는 다른 견해다. 왜냐하면 그는 "주님 – 환호"
    와 Homologie 사이의 내적인 관계가 바울의 명시적인 언어사용(위의 각주 52를 보
    라)과 배치된다고 보고, 그것을 문제로 삼기 때문이다.

바울에게 있어 부활 사건이 예수의 정체성을 해명하는 것처럼, 또한 요한1서 4:15에서 "하나님의 아들"이라는 칭호도 그렇게 해명한다. "누구든지 예수를 하나님의 아들이라 시인하면, 하나님이 그의 안에 거하시고 그도 하나님 안에 거하느니라." 이 서신의 다른 구절에서 로고스의 성육신에 관한 요한적 진술은 그리스도교 신앙고백의 대상인 예수의 정체성에 대한 해명 안으로 수용된다. "예수 그리스도께서 육체로 오신 것을 시인하는 영마다 하나님께 속한 것이요…"(요일 4:2).[70]

여기서 우리는 4세기에 최종적으로 선언적인 신앙고백의 형태에 이르게 되는 길의 첫 걸음을 인식할 수 있다. 그 고백 형태의 그리스도론적 부분은 예수의 역사의 본질적 자료들을 요약한다. 그 고백 형태는 그리스도교적 세례의 신앙고백의 역사 안에서 아버지 그리고 창조자 하나님께 대한 신앙고백을 통해 보충되었으며, 다른 한편으로 성령 및 교회와 미래적 완성과 관련된 그의 사역에 대한 고백을 통해 보충되었다. 전자의 보충은, 그리스도교가 유대교 전승의 영역을 넘어서면서 세계의 창조자이신 한 분 하나님께 대한 믿음을 더 이상 자명한 것으로 전제할 수 없게 되었을 때, 필연이었다.[71] 성령을 포함시킨 것은 세 부분으로 구성된 세례공식인 마태복음 28:19에서 이미 예시되어 있다. 테르툴리아누스와 히폴리투

---

70   여기서 후대의 그리스도교 신앙고백의 공식 구문(특히 제2조항)에서 관습이 되는 형식이 이미 등장한다. 그것은 특징적인 주요 내용을 예수의 이름과 분사로 연결하는 형식이다. 또한 우리는 다음의 사실도 주목해야 한다. 이 말씀에 따르면 영의 신빙성에 대한 기준은 그리스도께 대한 신앙고백이다. 이것은 고린도전서 12:3과 비슷하며, 순서는 거꾸로 될 수 없다.

71   이런 확장이 주저하는 태도로 일어났다는 사실을 캄펜하우젠이 강조한다. H. v. Campenhausen, 같은 곳, 215f. 다른 한편으로 켈리는 두 부분으로 구성된 믿음의 고백형식(명시적으로 Homologie라고 지칭되지는 않지만)이 이미 내적 근거를 가지고 초기 그리스도교 문헌 안에서 나타났다는 사실을 지시한다. J. N. D. Kelly, 같은 곳, 26ff. 이것은 세 부분으로 구성된 신앙형식이 이미 마태복음 28:19 외에 또한 고린도전서 12:4-6, 고린도후서 13:13, 베드로서 1:2 등에서 이미 나타나는 것과 마찬가지다. Kelly, 같은 곳, 28f.를 보라.

스로부터 전승된 삼중 질문도 그에 상응한다. 그것은 세례 후보자에게 세례를 실행할 때 아버지와 아들과 성령에 대한 믿음을 질문한다.[72] 다른 한편으로 세례 예식을 위한 삼중 구조도—후대의 선언적인 세례 예식 신앙고백과 마찬가지로—2세기 이래로 타당한 믿음의 규칙에 대한 척도였던 삼위일체 형식에 상응한다. 물론 여기서 오늘의 우리는 확고하게 고정된 도식 혹은 특별히 세례의 신앙고백이나 세례 교리문답과 관련하여 그리스도교 믿음의 내용을 요약하여 진술하는 도식을 엿볼 수는 없다. 그런 도식의 보다 더 정확한 형태는 4세기까지는 가변적이었다.[73] 선언 형식을 가진 세례의 신앙고백이—고대의 세례 문답에서 이미 그랬던 것처럼—삼위일체론의 구조에 따라 구성되었다는 사실은 그것이 교회의 믿음에 대한 개요였음을 가리킨다.

그런 개요를 세례 예식에서 사용했다는 것은 세례 행위와 연관된 세례 받는 자의 신앙고백이 이제는 더 이상 예수의 인격에 대한 직접적·인격적 관계가 아니라는 사실을 의미한다. 그 고백은 그리스도께 대한 교회의 신앙고백에 동의한다는 것과 그것의 삼위일체론적 믿음의 수용을 뜻했다. 이것은 부활 이후의 상황에서 생긴 최종 결론이다. 이것은 예수 그리스도의 공동체가 자신의 그리스도 신앙고백과 함께 예수께 대한 신뢰할 수 있는 개인적 신앙고백을 판단하는 기준이 된 상황을 뜻한다. 기원으로부터 생각할 때 그리스도교의 신앙고백은 우선 예수 그리스도께 대한 개인적 참여의 표현이었고, 그다음에 또한 그분에 관한 교리의 진리에 대한, 그리고 그분의 사역과 역사 안에서 계시되신 하나님께 대한 참여의 표현이었다. 이것은 이후에도 계속 그러했다. 그럼에도 불구하고 믿는 자들이 신앙고백의 내용에 대해, 다시 말해 믿는 자 자신이 서 있는 자리를 묘

---

72   J. N. D. Kelly, 같은 곳, 49ff.

73   이에 대한 리터의 설명을 소개된 문헌들과 함께 보라. A. M. Ritter, *TRE* 13, 1984, 402ff. "개인적인 신앙고백" 안에서 구체화되는 신앙의 규칙에 대한 408ff.의 설명도 참고하라.

사하는 내용에 대해 동의하는 것은 여전히 예수 그리스도와 맺는 관계와 예수 그리스도 자신을 통해 그 신앙고백을 수용하는 행위의 신빙성과 정체성을 보증한다. 왜냐하면 믿는 자들이 주님과 연합하는 공동체는 그분의 "몸"으로서 예수 그리스도께 함께 속하며, 예수 그리스도는 그분 자신의 교회로부터 분리된다면 신빙성 있는 신앙고백의 대상이 되실 수 없기 때문이다. 이렇게 해서 그리스도교 신앙고백의 역사 안에서 개인적 신앙고백과 교회의 신앙고백 사이의 관계가 뒤바뀌게 되었다. 그 결과 교회의 믿음이 개인들이 개별적으로 수행한 신앙고백을 규정하게 되었다. 그러나 이것이 그리스도교 신앙고백의 근원적 의미를 왜곡했다는 간접적 증거는 아니다. 교회의 믿음이 개인의 신앙고백에 대한 척도가 된다는 것은 예수의 인격과 가르침의 우선성, 그리고 모든 개인적인 믿음과 신앙고백보다 앞서는 사도적 복음의 우선성의 표현과 결과이기 때문이다. 이른바 예수께 신앙고백하는 것에 대한 기준이 되는 교회의 교리는, 말하자면 그리스도교의 사도적 메시지 안에 있는 그 근원과 일치해야 한다는 조건 아래 있다. 그래서 교회의 교리는 그 교리가 상응한다고 주장하는 성서적 증거로부터 오는 설명적 해석을 통한 지속적 검증이 필요하게 된다.

이것은 신앙고백 자체의 개념과 기능에도 해당한다. 예수께 대한 신앙고백 안에서 알려지는 참여는 심판의 미래에 직면해서 종말론적·궁극적 특성을 갖는다. 그 참여가 예수께서 요구하는 진리성을 확증하고, 이와 동시에 그분께 고백하는 자들이 구원에 참여하는 것도 결정할 것이다. 다른 한편으로 신앙고백이 수행되는 상황은 아직은 종말론적 심판 그 자체는 아니다. 오히려 그 상황은 현재의 세계 시간의 잠정성이라는 특성을 갖는다. 이 잠정성의 계기는 신앙고백이 수행되는 형태에도 적용된다. 이 계기는 또한 개인들의 신앙고백과 마찬가지로 교회의 공동체적 신앙고백에도 해당한다. 예수의 메시지 및 역사의 종말론적인 지평과 그와 함께 주어진 긴장, 곧 하나님의 통치의 미래가 아직 멀리 있다는 것과 그럼에도 불구하고 그것이 "이미" 현재를 규정한다는 주장 사이의 긴장은 결과적으로 또한 교회에 대해서도 그것의 삶과 가르침의 형식이 잠정적임을 알려 준다. "우리가 지금은 거울로 보는 것 같이 희미하나 그때에는 얼굴과 얼굴을 대하여 볼 것이요, 지금은 내가 부분적으로 아나 그때에는 주께서 나를 아신 것 같이 내가 온전히 알리라"(고전 13:12). 이 사실은 개인에게와 마찬가지로 믿는 자들의 공동체에도 해당한다. 그렇기에 개인과 교회 공동체 모두는 언제나 자신의 믿음에 대한 보다 더 깊은 가르침을 필요로 한다. 그것은 하나님의 종말론적 미래 안에서만이 아니라 또한 이미 이 세상 안에서 필요하다. 그리스도인들의 공동체는 그러한 가르침을 오직 자신의 믿음과 신앙고백의 근원으로부터만 얻을 수 있다. 그 가르침은 예수 그리스도 안에서 발생한 하나님의 계시로부터, 그렇기에 또한 결정적으로는 그분에 대한 사도적 증언의 언제나 새로운 연구로부터 얻을 수 있다. 그 가르침은 변화무쌍한 시대적 양식들로부터, 다시 말해 세계 경험의 진보들 그 자체로부터는 얻을 수 없다. 오히려 그 가르침을 얻었을 때 세계와 인간에 대한, 또한 전승된 본문들의 해석에 대한 새로운 인식을 함께 얻게 된다. 성서의 증언들은 인간과 세계의 현실성에 대한 새로운 경험과 변화무쌍한 이해의 빛 안에서 언제나 반복해서 읽어야 한다. 그 증언들은 언제나 그 이해의 내용으로부터, 다시 말해 역사 속에서 형성된 교회적 교리에 대한 전통적 해석 및 검증과의 관계 안에서만 바르게 읽을 수 있다. 그때 교회의 교리와 그리스도에 대한 신앙고백의 내용을 새롭게 규정하는 결정적 진보가 가능하게 된다.

이와 같은 의미에서 교회, 교회의 교리, 교회의 신앙고백은 언제나 또다시 개혁(Reform)과 종교개혁(Reformation)을 필요로 한다.[74] 물론 이 개념은 초기

---

74 이러한 종교개혁적인 사고는 로마 가톨릭교회 역시 제2차 바티칸 공의회에서 수용한 것이다. 교회 갱신(*renovatio*)의 과제에 관한 교회일치 헌장은 이렇게 말한다. "그리스도께서는 순례의 도상에 있는 교회를 부르시고, 끊임없는 개혁으로 진리를 향해 인도하신다. 개혁은 인간적이고 지상적인 교회의 기관이 언제나 필요

의 어떤 기준이 되는 원상태로 "되돌아가는 것"으로 이해해서는 안 된다. 개혁과 종교개혁은 그리스도교의 의미에서 예수의 등장과 사역 안에서 가까이 다가온 하나님의 통치 사건 안에 있는 교회의 근원과 관계된다. 왜냐하면 이 사건들이 교회가 인류 전체와 함께 나아가고 있는 미래를 동시에 형성하기 때문이며, 바로 그 점에서 교회의 근원과 관계된다. 교회의 개혁은 그리스도교의 신앙고백과 마찬가지로 종말론적 사건인 예수 그리스도의 역사와 관계되어 있다. 그렇기에 교회는 자신의 고전적인 초기 상태를 뒤돌아볼 뿐만 아니라 또한 앞을 내다본다. 이것은 예수 그리스도의 인격과 역사 안에 놓인 자신의 근원을 숙고함으로써 하나님이 통치하시는 미래를 내다보는 것이다. 높여지신 주님의 미래와 맺는 관계 안에서 교회의 가르침과 신앙고백의 형태는 언제나 잠정적이며, 그렇기에 개혁될 수 있다.

역사적 경험의 공개적인 과정 안에서 형성된 교회적 가르침의 형태가 변경 가능하고 변경을 필요로 한다는 사실을 알게 되었을 때, 교회는 공동의 주님께 대한 개인적 신앙고백을 실행하는 것과 연관되어 나타나는 형태들, 곧 개별 지체들이 갖는 믿음의 의식의 다양한 형태들에 대해 인내할 수 있게 해준다. 종말론적인 궁극성 안에서 행해지는 신앙고백의 행위는 언제나 자신의 믿음의 의식에 놓인 이러저러하게 제한된 상태를 넘어서게

로 하는 것이다"(Ecclesia in via peregrinans vocatur a Christo ad hanc perennem reformationem qua ipsa, qua humanum terrenumque Institutum, perpetuo indiget, UR 6). 물론 우리는 이러한 멋진 진술이 가톨릭교회의 헌법이 확정하는 제1차 바티칸 공의회의 공식 문장과 어떻게 관련되는지 질문하게 된다. 그 문구에 따르면 교황이 결정한 교리는 **변경될 수 없다**(LG 25, 비교. DS 3074). 교황의 가르침의 직무 또한 신적 진리라는 보화를 이 세상의 그릇 안에 담고 있는 순례하는 교회에 속한 것이 아닐까? 이 표현은 사도 바울이 그리스도인들의 현재적 삶에 대해 매우 일반적으로 말한 것이다(고전 4:7). 혹은 위에 인용한 공의회의 표현을 빌리자면 교회는 언제나 인간적이고 이 세상적인 기관의 형태를 갖고 있지 않을까? 이에 대해 아래의 665f.와 각주 995를 보라.

된다. 그러나 바로 그 이유에서 개인의 고백과 마찬가지로 교회적 신앙고백과 관련된 교리적 진술 형태의 공개성과 개정 가능성은 그 신앙고백 자체가 변경 가능하다는 것을 의미하지 않는다. 나아가 예수 그리스도께 대한 신앙고백은 본질상―그것이 하나님의 종말론적 미래에 직면해서 수행되기 때문에―계속해서 결정적(definitiv)이며, 그 의도에서는 포괄적이다. 이에 대한 한 가지 예로서 "하나님과 세계 전체에 대하여 한 항목씩 순서대로 고백하기 위한" 루터의 결단을 인용할 수 있다. "죽음에 이르기까지, (하나님이 도와주셔서) 이 세상과 이별할 때까지, 그래서 우리 주 예수 그리스도의 심판의 보좌 앞에 설 때까지, 나는 그 고백 안에 그대로 머물 것이다."[75]

개인의 고백처럼 전체로서의 교회의 고백도 의도에 있어서는 이와 마찬가지로 결정적(definitiv)이다. 여기서 교회의 고백은 단지 고백 형태의 표현 방식에 있어서만 개인의 고백과 구분된다. 왜냐하면 개인적인 고백도―그것이 신빙성 있는 것이라면―언제나 전체 교회의 고백이기 때문이다. 그러나 전체 교회를 대변하는 것으로서 말해지고 그 자체로서 교회적 신앙고백이 진술되는 형식을 전체로 표현하는 고백은 특별히 존귀한 속성을 갖는다. 381년의 교회일치적인 니케아-콘스탄티노폴 신조가 교회의 믿음의 의식에 대해 갖는 독특한 중요성은 바로 그 사실에 근거하고 있다.[76] 왜냐하면 바로 이 신조 안에서 교회의 믿음을 그리스도교 전체에

75　WA 26, 499, 20-23.

76　이에 대해 나의 논문들을 보라. Die Bedeutung des Bekenntnisses von Nicaea-Konstantinopel für den ökumenischen Dialog heute, in: *Ökumenische Rundschau* 31, 1982, 129-140; 또한 동일저자, Das Bekenntnis in der lutherischen Tradition (1981), in: *Schritte zur sichtbaren Einheit, Lima 1982, Sitzung der Kommission für Glauben und Kirchenverfassung* (Beih. z. Ökum. Rundschau 45), hg. Hans-Georg Link 1983, 118-124, bes. 121ff. 이 논문은 1980년 신앙과 직제 위원회에서 소책자로 남긴 토론에 대해 기고한 것이다. 그 토론은 그리스도교 믿음의 공통적인 신앙고백을 위한 노력이 그 위원회가 회원인 교회들에게 제시하는 새로운 신앙고백의 형태를 목표로

대하여 포괄적이고 결정적인 구속력을 갖는 형태로 공언한다는 주장이 처음으로 제기되었기 때문이다. 이 주장은 그 당시의 교회들에 대해서만이 아니라 또한 이어지는 몇 백년 동안 계속 반복해서 인정되었다. 그 결과 그리스도교 교회들은 장엄한 예식들에서, 또한 매 주일 예배에서도 자신들의 믿음을 이 신조의 말씀을 통해 고백했다. 그 고백은 전체 교회가 자신의 믿음과 신앙고백 안에서 하나가 되었다는 눈에 보이는 표징이었다. 381년의 신조보다 앞서 발전된 여러 가지 세례의 신앙고백의 형태들이 있었는데, 이것들은 각기 지역적인 권위만을 가지고 있었다. 로마 공동체에서 형성된 사도신경도 그것들에 속한다고 생각될 수 있다. 그런 형태들도 마찬가지로 전체 교회의 믿음을 요약해서 표현하려고 시도했다. 그러나 그것은 그리스도교 전체를 대변하고 그것에 의무를 부과하겠다는 요구는 아니었다. 이런 요구는 콘스탄티노플 신조의 고유한 특징이다. 이 신조는 자신의 고유한 방식으로는 그리스도의 교회와의 관계에 있어 종말론적으로 결정적인 것(eschatologisch definitiv)이었는데, 이것은 개인적인 신앙고백이 개별적 그리스도인의 삶과의 관계에 있어 그랬던 것과 마찬가지다. 그래서 그 요구는 미래의 모든 세대의 교회들에게로 확장되었다. 이 본문을 변경하거나 다른 것으로 대체하려고 한다면, 우리가 동일한 하나의 교회 안에 여전히 머물러 있는지의 의문이 불가피하게 제기된다. 381년, 콘스탄티노플 공의회의 교부들이 그 하나의 교회를 위해 그리스도교 전체의 믿음을 대리하며 공표했다. 이것이 올바른 것이었다는 사실은 그 신조가 그 이후 수백 년에 걸쳐 보편적으로 수용되었다는 점에서 드러난다. 그렇기 때문에 그 본문은 해설될 수는 있지만—사실 그 본문은 많은 관점에서 해설을 필요로 한다—다른 것으로 대체될 수는 없다. 왜냐하면 후대의 그 어

삼아야 하는지, 아니면 니케아-콘스탄티노플 신조의 해석에 머물러야 하는지에 관한 것이었다. 후자는 리마 회의에서 결정된 것이다. 이와 같은 두 가지 노선을 취하는(bilateral) 현재의 교회일치적인 노력에서도 "니케아 신조"를 교회의 믿음에 대한 구속력 있는 형태로 공동으로 승인하는 문제가 흔히 첫걸음이었다.

떤 좋은 문구도 수세기에 걸쳐 그리스도교적인 믿음의 정체성의 표징으로서 그와 동일한 대변의 기능을 성취하지 못했기 때문이다. 또한 우리는 니케아 - 콘스탄티노플 신조를 동일한 수준의 권위를 가지고 일부분을 첨가하거나 보충할 수도 없다. 이미 451년의 칼케돈 공의회가 그렇게 생각했고, 자신의 고유한 가르침을 니케아 - 콘스탄티노플 교부들의 믿음에 굴복시키고자 했다. 칼케돈 공의회는 자신의 가르침의 진술을 381년 이후에 등장한 교리 논쟁을 결정하기 위해 니케아 - 콘스탄티노플의 교리를 적용한 것으로 생각했던 것이다.[77] 후대의 동방의 공의회들도 서방과 유사한 과정을 거쳤다. 그들은 자신들의 신앙고백문의 서두에 니케아 - 콘스탄티노플 신조를 인용했고, 그 신조는 수백 년에 걸쳐 교회가 믿음으로 이루는 공동체성의 표징을 의미했다. 트리엔트 공의회는 그 신조를 확고하고 유일무이한 토대(fundamentum firmum et unicum)로 지칭했다. 그 토대 위에서 모든 믿는 자들은 반드시 일치해야 한다는 것이었다.[78] 또한 루터의 종교개혁도 1530년의 자신의 아우크스부르크 신앙고백을 옛 교회의 그 신조에 대한 해석으로 이해했다.[79] 여기서 종교개혁자들은 물론 사도신경을 전면에 내

---

[77] DS 300, Conciliorum Oecumenicorum Decreta, 3.ed. Bologna 1973, 83ff.

[78] DS 1500. 서방 교회에서 이 표징은 믿음으로 이루는 공동체성의 표징이었지만, 카롤링 왕조 이래로, 결정적으로는 11세기 이래로 그 신조의 제3조항의 성령의 아버지로부터의 발출에 관한 고백에 "또한 아들로부터"(filioque)를 일방적으로 도입함으로써 왜곡되었다. 그 결과 변경된 신조는 이 이후에 서방 그리스도교와 동방 그리스도교 사이에서 분열의 표징이 되었다. 참고.『조직신학』I, 513ff. 또한 가노치와 슬렌츠카(A. Ganoczy/R. Slenczka)가 filioque의 문제에 대해 밝힌 입장을 나와 K. Lehmann이 편집한 다음의 책에서 참고하라. Glaubensbekenntnis und Kirchengemeinschaft. Das Modell des Konzils von Konstantinopel (381), 1982, 74-79, 또한 80-99.

[79] 각주 76에서 언급된 나의 두 번째 논문(Das Bekenntnis in der lutherischen Tradition, 118ff.)을 참고하라. G. Kretschmar, Die Bedeutung der Confessio Augustana als verbindliche Bekenntnisschrift der Evangelisch - Lutherischen Kirche, in : H. Fries u.a.: Confessio Augustana - Hindernis oder Hilfe?, 1979, 31 - 77, bes. 49f. 를 보라. 또한 그 책 259 - 279에 있는 나의 논문을 참고하라.

세웠다. 그 당시에 사람들은 사도신경을 사도들이 작성한 것으로 생각하고 있었고, 옛 교회의 신앙고백 형식들 가운데 가장 오래되고 근원적인 것으로 여기고 있었으며, 이른바 니케아 신조와 비교해서 단순히 지역적인, 말하자면 로마의 영향력 아래 있는 서구 그리스도교의 영역에 제한된 의미만 갖는다고 생각하지 않았다. 이러한 평가는 오늘의 관점에서 수정되어야 한다. 교회일치를 위한 현재의 노력은 니케아-콘스탄티노플 신조의 탁월한 권위 위에서 다시 새롭게 숙고되어야 한다. 그 신조는 그리스도교의 모든 부분에서 가장 널리 보편적으로 수용되었다. 그러므로 이와 같은 교회일치적 신앙고백의 전체 그리스도교적인 권위라는 관점에서 볼 때 1) 동방 교회, 2) 라틴적 서구 교회, 3) 종교개혁의 교회들의 서로 다른 유형의 교단별 교리의 진술들은 하나의 동일한 교회적 신앙고백의 서로 다른 해석의 전통들로 파악될 수 있다. 이 교회들은 바로 그 본문 안에서 서로에 대한 차이를 이해하고 소통하기 위한 토대를 가질 수 있는 것이다.

　　니케아-콘스탄티노플 신조를 교회의 믿음과 교회적 신앙고백의 통일성을 위한 표징으로 평가하는 것이 그 신조가 형성된 역사적 상대성에 대한 의식을 배제하는 것은 아니다. 제2조항이 그리스도의 선재에 대해 여러 번 언급하는 것은 아리우스주의와의 논쟁이 남긴 명확한 흔적이다. 그리스도가 영으로부터 탄생했다는 언급은 381년에 325년의 니케아 신조의 본문에 추가되었는데, 이것은 대부분의 세례의 신앙고백에 뒤따라왔던 절차 곧 그리스도의 탄생, 죽음, 부활을 그분의 지상에서의 여정의 중요한 단계들로 명명하는 절차에 상응할 뿐만 아니라(이것은 그분의 인간적 현실성으로부터 도피하는 모든 영지주의적인 성향에 반대된다), 또한 그 추가의 배후에는 381년의 공의회가 영의 신성에 대해 가졌던 관심이 놓여 있다. 이와 대조적으로 예수의 메시지와 지상의 사역에 대해서는 어떤 언급도 없다. 제3조항에는 성만찬뿐만 아니라 칭의에 대한 언급도 빠져 있다. 그러므로 그 신조가 그리스도교 교리의 완전한 내용을 진술해주지는 않는다. 그럼에도 불구하고 그 신조는 그리스도교 믿음의 전체를 요약하고 있다. 그 신조는 후대의 그리스도인들에 의해—그들이 그 신조의 어법들 안에서 표현된 의도에 동의했을 경우에—자신들의 믿음을 요약한 진술로 긍정되고 선언 되었다. 그러나 그들은 여기 혹은 저기에 서로 다른 강조점을 두기도 했다. 예를 들어 예수의 영으로부터의 탄생을 그의 근원이 하나님의 영에 있다 는 것으로 이해하기는 했지만, 남성성의 개입이 없는 수태에 영이 함께 참 여했다는 진술로 이해하지는 않았다. 그 신조의 본문은 언제나 또다시 성 서적 증언의 빛 속에서 상세하게 해석될 필요가 있다. 그러나 표현 형식이 지닌 모든 제약을 넘어서 그 본문은—아버지 하나님과 성령의 사역과 관 련된—예수 그리스도께 대한 교회의 신앙고백을 위한 구속력 있는 표현 으로 남아 있을 것이다.

3. 성령 안에서 개인들과 예수 그리스도의 직접적인 관계와 교회 의 복음 중재

예수 그리스도에 대한 신앙고백은 그분께 귀속되고 그분의 몸과 연합 을 이루는 주관적 조건이다. 이 신앙고백에 대한 논의는 개인들의 신앙고 백의 행위로부터 각 개인이 동의하는 교회의 신앙고백으로 인도된다. 물 론 신앙고백은 최종적으로는 개인들이 인격이신 예수 그리스도께 인격적 으로 참여하는 일이기는 하지만, 그것은 성 금요일과 부활 이후의 시대에 오직 개인들이 교회의 선포, 찬양, 기도, 고백에 전적으로 동의한다는 사 실을 통해서만 실현될 수 있었다. 이 사실로부터 그리스도인의 개인적 존 재가 교회와 맺는 관계에 대한 질문이 다시 제기된다. 하지만 이제 이 질 문은 더욱 날카로운 형태를 취한다. 그것은 예수께 대한 개별 개인들의 관 계가 어떻게 교회에 의해 중재되어 믿음과 신앙고백의 행위 안에서 개인

들이 예수 그리스도와 직접적인 관계를 맺게 되는가에 대한 질문이 된다.[80]

우선 논란의 여지가 없는 것은 다음의 사실이다. 모든 개별 그리스도 인들에게—어쨌든 최초의 제자들의 세대 이후에는—예수 그리스도를 아는 지식, 그리고 세례와 관련해서 그분께 대한 믿음과 신앙고백을 통해 일으켜진 그분의 죽음 및 삶과의 연합은 예수의 메시지와 사역, 그분의 역사, 그리고 그것들이 모든 인간에 관련되며 갖게 되는 의미에 대한 그리스도 교적인 전승을 통해 중재된다는 사실이다. 그리스도교 교리가 복음의 선포를 통해 전승되어온 과정은 그 전승이 교회 안에서 제도화되었다는 사실로부터, 그리고 그 목적을 위해 뒤따라온 확고한 제도적 전달 형식들이 형성되었다는 사실로부터 분리될 수 없다. 그런 전달 형식으로는 설교, 교리문답, 또한 교리의 다른 형태들이 생각될 수 있다. 모든 개별 그리스도 인이 자신의 믿음을 개인적으로 증언하라는 부르심을 받았고 능력을 얻었으며 의무를 지게 되었다는 것은 틀림없다. 그러나 그런 개인적인 증언이 들려지는 곳이라면 그 어디서나 이미 교회(마 18:20), 곧 믿는 자들의 공동체가 생성되는 중이다. 여기서 교회는 그런 종류의 모든 개인적 사건보다 앞서며, 그것을 둘러싸고 있다. 예배 드리는 공동체 안에서 교회는 자신의 완전한 형태를 갖추게 된다. 그러나 그 과정은 그때 언제나 이미 개별 그리스도인들의 정규적인, 따라서 제도적인 협력 작용과 연관된다.[81] 여기서 공동 예배를 위한 예배 질서와 누가 그것을 인도할 것인지를 결정하기 위해 시간을 배분하고 확정하는 질서가 필요하게 된다. 그것은 목회와 자선의 봉사를 위한 질서이며, 또한 교리문답과 선교적 선포를 위한 질서이기도 하다. 그리스도교 교리의 전승—그것이 예배적 선포를 통한 것이든지

---

80 여기서 제기되는 이와 같은 형태의 질문 영역은 지금까지 교의학에서, 나아가 근본주의 신학 안에서도 좀처럼 논의의 대상이 되지 못했다.

81 제도 혹은 어떤 행위의 제도화에 대해 나의 책을 참고하라. *Anthropologie in theologischer Perspektive*, 1983, 386–404, bes. 391ff. 제도화와 함께 이미 공동체 관계의 법적 형태를 위한 토대가 주어진다. 위의 책, 452f.를 보라.

교리문답과 선교를 통한 전승이든지 관계없이―은 전체 교회의 과제다. 물론 그 교회는 지역교회들과 교회적 삶의 지역 기관들의 협력 작용 안에 있는 교회다. 왜냐하면 바로 거기서 그리스도교적인 믿음과 신앙고백의 일치가 발생하기 때문이다.

　　그런데 전승이 실행되는 과정에서 교회는 전승된 내용의 진리를 이미 전제하며, 또한 그 진리성에 관하여 논쟁하며 등장한다. 그러나 그 역할은 선포와 전승을 수용하는 자들에게 언제나 또다시 그 내용이 진리임을 확증시켜주는 것에 달려 있다. 교회는 그 내용을 인간의 그 밖의 모든 경험 및 확신과 연관시켜야 한다. 그 과정에서 교회는 개인들의 의식 속에서 소신을 주장할 뿐만 아니라 새롭게 조명하는 빛을 다른 모든 분야에 비출 수 있게 된다. 그 결과 다른 모든 경험과 판단은 그리스도교 믿음의 빛 안에서 새로운 전망을 가지고 등장하며 그와 함께 수정된다. 비록 교회의 선포와 교리가 우선은 권위에 근거해서 수용되지만, 그것들은 적절한 터득(Aneignung)의 과정을 거치기만 한다면 수용자들에게서 열매를 맺을 수 있게 된다. 그 과정은 전승의 내용과 그것이 제기하는 진리성의 요구에 대한 각 개인의 고유한 판단의 자유와 관련되어 있다. 전승의 진행 과정에서 우선 전제되는 그 내용의 진리성은 언제나 또다시 수용자의 편에서 새로운 확증과 검증에 의존하는데, 이것은 수용자가 전승의 중심 내용에 대하여 자신의 고유한 관계를 획득하는 것을 가능하게 해주며, 그와 함께 판단력을 갖게 된 전통의 수용자들에게 중재 과정 자체에 대한 어느 정도의 내적 독립성의 근거를 마련해준다(전승의 내용은 어쨌든 그 중재 과정을 통해 그 수용자들에게 처음으로 도달한다). 이제 전승의 수용자가 중심 사태에 대해 그와 같은 고유한 관계를 얻고 그와 함께 전통 및 그것의 제도적 중재 과정으로부터 독립성을 획득한다는 사실은 반드시 전승의 진행 그 자체의 목적이 되어야 한다. 선포와 가르침을 통한 그리스도교적 전승도 바로 그때―전승과 가르침을 통해 수용자가 중심 내용에 대해 자신의 고유하고 독립적인 관계를 획득할 때―목적에 도달한다. 그때 그것은 직접성의 관계이며,

이 관계로 인해 수용자는 중재 과정을 망각하게 될 수 있다(비교. 요 4:42). 그리스도인들이 성령의 사역으로서 경험하는 그 직접성은 예수 그리스도를 믿는 믿음의 특징이 되는데, 이것은 예수 그리스도를 안다는 지식의 의미에서가 아니라 오히려 개인적인 삶의 관계라는 직접성을 가리킨다. 믿는 자들은 예수와 직접적인 관계를 갖는다. 모든 개인은 믿음 안에서 예수와 연합하기 때문이다.

전승의 중심 내용에 대한 관계의 직접성(Unmittelbarkeit)은 그 전승의 중재 과정에 대한 비판적 성찰의 출발점이 될 수 있다. 이것은 중재되어야 하는 진리 자체의 터득(Aneignung)에 봉사하는 것이다. 진리가 중재되는 형태가 바로 그 진리를 방해해서는 안 되며, 오히려 마땅히 봉사해야 한다. 복음의 가르침을 교회가 중재하는 과정에 대한 그런 비판적 성찰의 가능성은―이것은 신학 안에 특수한 방식으로 제도화되어 있다―그런 성찰을 실행하는 사람이 전통의 대상과 스스로 맺는 관계가 바로 그 전통의 중재를 통해 가능해진다는 사실에도 불구하고 여전히 지속된다. 그 비판은 전통의 중심 내용 자체에 반대하는 것이 아니라, 오히려 그 내용을 향한 부르심을 받는다. 그것은 그 내용의 중재 과정에서 이러저러한 부적절한 형태의 특성들로 향하라는 부르심이다. 그래서 그 비판은 예수를 향한 부르심 아래 있는 그리스도교적인 교회 비판이 된다. 이런 비판은 교회를 위한 봉사로 이해될 수 있고, 많은 (때로는 낯설게 보이는) 경우에 교회를 자체의 중심으로 소환하는 봉사의 일로서 수용될 수 있다. 이런 종류의 비판은 또한 그리스도교 전통의 과정 및 교회 안에서 이루어진 그것의 제도적 형태와는 다소간에 거리를 두고 대면한다. 극단적인 경우에 전승의 중심 내용 자체에 대해서는 논쟁하지 않으려고 비판적 경계선을 넘어서지 않는 입장에서, 교회 밖에 놓인 그리스도교의 관점으로부터 원칙적인 교회 비판이 행해질 수도 있다.[82] 이와 같이 제도적 교회와 멀어져 대면하는 그리

---

82   누구보다도 렌토르프가 이 현상을 서술했다. T. Rendtorff, *Christentum außerhalb der*

스도교가 처음부터 존재했는데, 예를 들어 수도원의 특정한 형태들을 생각할 수 있다. 그런 그리스도교는 비록 교회의 특성을 갖지 않았음에도 불구하고 스스로 그리스도교에 속한다고 이해했다. 교회적 삶의 현상적인 외부 모습이 드러내는 갖가지 부족함은 언제나 계속해서 그런 비판의 단서를 제공했다. 그럼에도 불구하고 교회와 멀어진 개인들이 대규모로 등장하는 현상(세속적 삶을 영위하는 수도원주의와는 다른 현상이다)으로서의 그리스도교적 존재가 근세의 특징이 되었다. 이것은 그리스도교가 서로를 비난하는 교단들로 분열되는 스캔들을 통해 일어났으며, 그것으로부터 생긴 방식 곧 종교적 신앙고백을 사적인 일로 취급하는 방식에 의해 더욱 육성되었다. 그 결과 개인의 주관성이 종교의 배타적인 장소로 등장했고, 교회의 종교 공동체는 그에 비해 어느 정도 이차적인 것으로 보이게 되었다. 교회와 거리를 두는 그리스도인의 존재의 이같은 근세적 형태는 예수 자신의 메시지와 사역의 실행이 개별 인간을 향하고 있다는 사실과 그분이 자기 민족의 제도화된 종교와 거리를 두었다는 사실을 통해 정당성을 확증할 수 있었다. 그러나 그렇게 개인주의화된 "예수 경건성"은 다음의 사실을 너무 빨리 경솔하게 지나치고 있다. 예수의 사역에는 제자 그룹을 만드는 일이 속한다는 사실, 열둘을 하나님의 백성에 상징적으로 귀속시킨다는 사실, 그리고 예수의 성만찬이 미래의 하나님 나라에 속한다는 사실이다. 무엇보다도 그런 개인주의화된 "예수 경건성"은 부활 이후에 예수께 속하는 것이 교회를 통해 중재되었다는 사실의 원칙적 중요성을 생각하지 못한다. 그런 경건은 자신의 고유한 특성인 역사적 제약을 진지하게 고려하지 못하며, 자신에게 고유한 종교적 발전과 믿음을 미래 세대로 계속해서 전하는 일, 나아가 그리스도교의 정체성 자체의 이해를 위한 교회의 중요성을 소홀히 여긴다. 그런 경건은 그리스도인들의 공동체가 그리

Kirche. Konkretionen der Aufklärung, 1969. 또한 나의 논문을 참조하라. Christsein ohne Kirche, in : *Ethik und Ekklesiologie. Gesammelte Aufsätze*, 1977, 187 – 199.

스도의 몸의 지체에 속한다는 사실, 그 공동체를 지원하기 위해 모든 개별 그리스도인이 각각 특수한 은사에 따라 부르심을 받았다는 사실을 염두에 두지 않는다. 그러므로 자신을 원칙적으로 교회 밖에 위치시키는 개별 그리스도인의 존재는 그리스도교 믿음의 정체성에 속한 본질을 단지 부분적으로만 실현할 수 있고, 교회적 그리스도교의 완전한 형태는 다른 어떤 방식으로 실현되고 생동한다는 사실에 지속적으로 의존하게 된다. 교회로부터 멀어진 그리스도인들은 그 형태에 거의 기여할 수 없다. 그럼에도 불구하고 교회로부터 멀어진 개인주의적 그리스도인의 존재 형태는―교회를 원칙적으로 외면하는 극단적 형태는 아니라고 해도―서로 다른 등급과 명암으로 등장했고, 이 형태들은 그리스도교의 역사적 실재에 속하며, 특히 근세 서구의 경우에 그렇다. 그 형태들 안에서는 교회의 삶에 대한 조용한 비판이 있었는데, 이것은 좀처럼 밖으로 드러나지는 않았다. 이에 대해 교회적 삶은 그런 외부자들에게 가능한 기여를 위해 어떤 공간도 제공하지 못했으며, 그들의 영적 갈망을 충족하지도 못했다. 우리는 그런 비판이 언제나 저속한 것이었다거나, 비판의 대상이 되었던 교회적 실천이 도처에서 복음의 사명으로 규정되고 지배된 것이었다고 말할 수 없다. 그렇기에 교회 밖에 존재하는 그리스도교 혹은 예배 공동체인 교회적 삶과 부분적으로 거리를 두는 어떤 그리스도교의 사실성은 받아들여져야 한다. 이 사실성은 한편으로 더 큰 개방성을 향한 도전이며, 그와 동시에 그들을 포함하는 공동체적 삶의 그리스도교적 중심에 대한 성찰로 인도한다.

믿는 자의 그리스도와의 관계의 직접성에 대한 고전적인 형태는, 종교개혁 안에서 발생했던 것처럼, 교회와 멀어진 그리스도교라는 근대적 문제에 아직 도달하지 못했다. 그것은 종교개혁이 제기한 **믿는 자들의 만인 제사장직**이라는 주제다. 루터는 이 사상을 베드로전서로부터 읽어냈다. 이 서신은 그리스도인 전체를 하나님의 백성만으로 말할 뿐만 아니라 "왕 같은 제사장"(벧전 2:19)이라고 부른다. 루터는 믿는 자들이 그리스도의 제사장과 왕의 직무에 참여하는 것에 관한 이러한 진술을 주석했다.[83] 그는 여기서 그리스도교적 자유의 사상을 발견했다. 왜냐하면 그리스도인들은 다른 모든 것을 탁월하게 능가하는 그리스도의 이러한 이중적인 지위에 참여함으로써, 그 밖의 다른 어떤 것에도 예속되지 않기 때문이다.[84] 그러나 파울 알트하우스는 다음과 같이 바르게 말했다. 루터는 "모든 믿는 자들의 제사장직이라는 말에서 단지 '개신교적으로' 하나님께 대한 직접성(Unmittelbarkeit) 곧 하나님 앞에서 어떤 인간적인 중재자도 없다는 의미로 그리스도인들의 자유를 이해한 것에 그치지 않았다. 오히려 그는 그 말을 지속적으로 '복음적으로' 이해했는데, 이때 직접성은 형제들과 세상을 위해 하나님 앞으로 나아갈 수 있는 권한(Vollmacht)을 뜻한다." 그러므로 루터의 사상은 종교적 개인주의가 아니라 "바로 영적 공동체(communio)로서의 공동체적 현실성"을 포함하고 있다.[85] 사실 믿는 자들의 만인 제사장직은 루터에 의하면 모든 그리스도인이 다른 사람을 위해 기도하려는 목적으로 각각 하나님 앞에 나설 수 있다는 것, 그리고 모두가 각각 다른 사람에게 하나님에 대하여 가르칠 수 있다는 것을 뜻한다.[86] 바로 이 점에서

---

83   M. Luther, *De libertate christiana*, 1520, 15 : Hinc omnes in Christo sumus sacerdotes et reges, quicumque in Christum credimus(누구든지 그리스도를 믿는 사람은 그리스도 안에서 왕 같은 제사장이다), WA 7 , 56 , 37f.. 루터의 『독일 기독교 귀족에게 고함—기독교계의 상태 개선에 관하여』(1520)에 따르면 모든 그리스도인들은 세례를 통하여 제사장으로 헌신되었다(WA 6, 407, 22ff.). 여기서 루터는 베드로전서 2:9 외에 요한계시록 5:10을 근거로 제시한다. 또한 비교. WA 6, 564. 하지만 믿는 자들의 만인 제사장직이라는 사상은 종교개혁이 발견한 것은 아니었고, 교회 안에서 이미 긴 전통을 가진 것이었다. 이 책 407쪽의 각주 821에서 인용된 R. Dabin의 저서를 참고하라.

84   M. Luther, WA 7,58,4. Ex iis clare videre potest quilibet, quo modo Christianus homo liber est ab omnibus et super omnia...

85   P. Althaus, *Die Theologie Martin Luthers*, 1962, 270ff., 인용된 문장은 271.

86   이미 『그리스도인들의 자유에 관하여』(*De libertate christiana*)에 따르면 만인 제사장직은 우선 서로를 위해 기도할 수 있는 권한과 서로를 향해 선포할 수 있는 권한을 포함한다. ...per sacerdotium digni sumus coram deo apparere, pro aliis orare et nos

루터의 저서에 있는 만인 제사장직의 사상은 하나님과의 관계의 직접성에 기초한 그리스도인의 자유 곧 이 세상의 다른 모든 권위나 권력에 대해 내적인 독립성을 갖는 자유로부터 이웃 사랑의 봉사로 이끈다. 그러나 모든 개인 그리스도인들이 하나님과의 관계에서 갖는 직접성의 사상은 루터가 말하는 신앙인의 만인 제사장직 사상에 독특성 특성을 부여한다. 이 특성은 안수받은 성직자가 배타적인 중재자 역할을 주장하는 것과, 교회의 제도적 직위가 그 주장에서 유래하는 통치권의 요청을 최고로 날카롭게 비판한다.[87] 그래서 루터는 모든 개별 그리스도인에게 교회의 성직자들의 가르침에 대해 판단할 수 있는 권리와 의무를 주었다.[88] 성직자는 복음의 말씀에 대한 봉사자로서 믿는 자들을 성서의 중심 내용과의 관계에서 독립성에 도달할 수 있는 길로 인도해야 한다. 그렇게 할 때 성직자는 자기 업무를 수행하게 된다. 자기 자신을 전승의 중심 내용에 봉사하는 가운데 소멸하는 하나의 요소로서 이해하지 않는 어떤 중재적 권위, 그래서 그 중재를 수용하는 자들을 최종적으로 그 중심 내용과 그것의 진리에 대한 직접성의 관계를 얻게 해주지 않는 권위는 자신이 중재하는 바로 그 내용에 봉사하는 대신 오히려 그것을 방해하게 된다. 여기서 중재하는 권위 자체가 자신이 중재해야 하는 중심 내용의 자리를 차지하게 되는 위험이 생긴다. 이와 같이 믿는 자들을 권위에 예속시키는 경향에 반대해서 개인의 하나님과의 관계의 직접성이—교회를 통한 모든 중재와 무관하게—강조되었는데, 이것은 종교개혁에서 비로소 시작된 것이 아니고 이미 중세 후기의 경건과 신학의 다양한 조류 속에서 나타났던 것이다. 예를 들어 신비주의

---

invicem ea quae dei sunt docere (WA 7, 57,25f.).

87 『교회의 바빌론 포로』(De captivitate Babylonica ecclesiae, 1520)에서 루터는 신앙인의 만인 제사장직으로부터 다음과 같은 결론을 내린다. 교회의 사제직을 맡은 사람은 오직 그 직무(ministerium)에 있어 다른 신앙인들과 구분되며, 나아가 이 구분도 그들의 동의에 따른 것이다. nullum eis esse super nos ins imperii, nisi quantum nos sponte nostra admitteremus (WA 6, 564,8f.).

88 WA 5,68,21f.; 비교. WA 11, 408ff.

안에서, 토마스 브래드워딘(Thomas Bradwardine)의 중세 후기의 아우구스티누스주의 안에서, 또한 선택된 자들 개인이 각각 자유롭게 하나님에 의해 수용되는 것으로부터 둔스 스코투스와 윌리엄 오컴의 구원론에 이르는 교리 안에서 이미 나타났다.

　믿는 자들의 만인 제사장직 사상은 제2차 바티칸 공의회를 통해 가톨릭교회의 교리를 구성하는 한 부분으로 뒤늦게 승인되었다.[89] 여기서 우리는 제2차 바티칸 공의회가 종교개혁의 관심사를 수용하는 많은 사례들 가운데 하나를 본다. 특별히 이 사례는 사제직의 성례전 형태(*sacerdotium sacramentale*)를 말하면서, 교회의 이러한 사제직을 믿는 자들 전체에게 공통적인 사제직과 구별하는 것을 의도적으로 포기했다는 점에서, 종교개혁의 관심사를 수용했다고 볼 수 있다. 후자도 말하자면 세례를 통해 성례전적인 근거를 가지고 있는데, 이것은 루터가 이미 강조했던 것과 같다. 물론 그 공의회는 루터가 강하게 강조했던 관점을 받아들이지는 않았다. 그것은 하나님과 복음에 대한 관계에 있어서 믿는 자들의 보편적 제사장직을 근거로 삼는 독립성의 관점이다. 이 독립성은 위계 질서의 교회적 제사장 직무와 관련하여 믿는 자들이 각각 교회 성직자들의 직무 수행에 대해 스스로 비판적인 판단을 내릴 수 있는 능력과 권한을 부여한다. 하지만 루터의 이 관점이 완전히 배제된 것은 아니었다. 왜냐하면 공의회는 안수받은 교회 직무와 믿는 자들의 공동체가 서로 연관되고 의존해 있다는 점을 강조했기 때문이며, 나아가 다른 무엇보다도 이 명제는 교회의 성직자들의 활동과 가르침이 믿는 자들의 무리를 비판적으로 동반해야 하며, 또한 그 활동과 가르침은 공동체의 수용에 의존하고 있다는 사실을 포함하기 때문

89　루터가 제시한 바로 그 성서 구절(계 1:6; 5:9f.; 벧전 2:9f.)을 언급하면서 가톨릭교회의 그 헌장은 "모든 믿는 자의 제사장직"(Sacerdotium...commune fidelium)에 대해 말한다(LG 10, Abs.2). 이것은 교회의 사제 직분(sacerdotium ministeriale seu hierarchicum)과 구분되지만, 그러나 그것과 마찬가지로 그리스도의 사제직에 대한 참여에 기초해 있으며, 그래서 양자는 서로 관련되어 있다(ad invicem...ordinantur).

이다.

개인 그리스도인들이 예수 그리스도 그리고 하나님과의 직접성의 관계를 갖는다는 종교개혁 사상의 주석적 근거는 모든 믿는 자에게 공통적인 제사장직에 대한 신약성서의 진술들에 놓여 있는데, 이것은 이제 문제가 있는 것으로 판단되어야 한다. 물론 루터가 그 진술들을 "제사장"(sacerdos)[90]이라는 명칭을 그리스도교 안의 특수한 영적 지위에 한정시킨 것에 대한 비판의 근거로 삼은 것은 이해할 수 있고 또 정당하다. 그러나 다른 한편으로 베드로전서 2:9은 개인들이 하나님과 맺는 관계만이 아니라, 하나님의 백성 및 왕 같은 제사장으로서의 그리스도교 공동체를 가리킨다. 이것은 이스라엘을 유일무이한 계약(언약)의 백성으로 탁월하게 구분했던 기능이었다.[91] 그 사상에 대한 종교개혁적 해석으로 인도해주는 가교(架橋)는 하나님의 백성 전체에게 속한 제사장적인 기능이 또한 그 구성원인 모든 개인에게도 귀속되어야 한다는 추론이었다. 그러나 이 추론은 베드로전서의 시야에도, 그에 상응하는 요한계시록(1:6; 5:9f.)의 시야에도 놓여 있지 않다. 그 추론의 중요한 토대는 루터가 그 구절들을 믿는 자의 자유에 대한 바울의 진술과 연관시켰을 때 비로소 주어졌다.[92] 여기서 루터는 확실한 주석적 근거 위에 서 있고, 올바르게도 그리스도교 자유에 대한 바울의 진술 곧 고린도전서 3:21의 "모든 것이 너희 것"이라는 것과

---

90   "제사장"(Priester)이라는 단어는 본래 그리스어 단어인 "장로"(Presbyter)로 소급되지만, 또한 "사제"(sacerdos)라는 의미도 갖게 되었다. 왜냐하면 장로들(그리고 감독들)은 교부 시대의 교회 이래로 구약성서의 제사장에 전형적으로 상응하는 새 계약(언약)의 제사장으로 이해되었기 때문이다.

91   L. Goppelt, *Der Erste Petrusbrief,* hg. F. Hahn, 1978, 152f. 고펠트에 따르면 여기서 핵심은 "교회가 역사 안에서 다른 것들 곁에 있는 정치적 규모로서" 서 있다는 것이 아니라, "왕 같은 제사장"으로서 하나님 및 그분의 종말론적 왕권 통치와 관련되어 있다는 사실이다.

92   『그리스도인들의 자유에 관하여』(*De libertate christiana*) 16에서 루터는 그런 관계를 제시했다. 그는 믿는 자들의 왕 같은 제사장직을 그리스도교적인 자유의 표현으로 파악했다(WA 7, 58; 비교. 위의 각주 84).

같은 구절을 근거로 제시한다.[93] 모든 믿는 자들이 하나님과 직접성의 관계를 갖는다는 사상, 마찬가지로 또한 그것에 근거를 둔 고유한 독립적 판단의 능력(살전 5:21; 빌 1:9f.; 비교. 고전 2:15)은 의심할 바 없이 매우 핵심적이고 성서적인 권리다. 하나님의 자녀들의 자유에 대한 바울의 진술(롬 8:21ff.)만 기억해도 이것은 충분하다. 그것은 죄와 죽음의 권세로부터 벗어나는 자유이며, 예수 그리스도와의 연합을 통해 믿는 자들에게 주어지는 자유다. 이 자유의 가장 깊은 내적 본질은 아들 됨에 놓여 있다. 아들 됨은 바울이 자유의 상태(갈 4:5)로서 율법 아래 노예가 된 상태와 대립시킨 것(갈 4:5-7)이다. 아버지께 대한 예수 그리스도의 아들 관계에 참여함으로써 그리스도인들은 아버지와 자유롭게 교제하게 되며, 예수의 말씀과 같이 그분 자신들의 아버지(Abba)라고 부를 수 있게 된다.[94] 자유 그리고 하나님과의 관계의 직접성은 서로 일치한다.

그리스도교적인 자유는 믿는 자들 안에서 행하시는 성령의 사역이다. "주의 영이 있는 곳에 자유가 있다"(고후 3:17). 그러나 이 사역은 성령께서 창조세계 전체에서, 특히 생명의 왕국 안에서 행하시는 다른 많은 사역들 가운데 하나가 아니다. 믿는 자들의 자유는 하나님의 영이 그들 안에서 **활동** 하시는 것만이 아니라, 나아가 그들에게 지속적으로 **주어져 있다**는 사실의 표현이다. 이 사실은 믿는 자들이 아버지께 대한 예수의 아들 관계에 참여하는 것에 기초하고 있다. 왜냐하면 영은 오직 아들에게만 아무런 유보와 제약 없이 주어졌기 때문이다(요 3:34).[95] "그러므로 아들이 너희를 자유롭게 하면 너희가 참으로 자유로우리라"(요 8:36). 죄의 노예 상태로부터, 그와 함께 율법의 노예 상태로부터(갈 4:5f.), 그리고 죽음의 소멸적 권세로부터(롬 8:21) 자유롭게 된다. 왜냐하면 하나님의 영은 모든 생명의 원

---

93   WA 7, 57 (*De libertate christiana* 15).

94   루터는 바울의 바로 이 진술을 믿는 자들의 만인 제사장직의 표현으로 인용한다. WA 7, 57,30 (*De libertate christiana* 16).

95   비교. 앞선 12장의 1b(36-43).

천으로서, 영 자신이 지속적으로 주어지는 믿는 자들에게 하나님의 영원한 생명과 죽은 자들로부터의 부활에 참여할 것을 보증하시기 때문이다 (롬 8:11).

믿는 자들을 아버지께 대한 아들의 관계 안으로 받아들임으로써 그들에게 지속적인 은사로서 주어지는 영은 그들을 해방시키며, 자유의 근거를 마련하신다. 그러나 이 자유는 이렇게 할 수도 있고 저렇게 할 수도 있는 자유가 아니다. 인간의 그런 "형식적" 자유도 물론 무제약적인 것은 아니지만 어느 정도까지는 압박과 충동으로부터 멀어질 수 있는 능력에 기초하고 있다.[96] 하지만 그런 자유는 실제로는 불쌍한 자유일 뿐이며, 자유라는 이름을 지닐 자격도 없는 것이다. 왜냐하면 그 인간은 선(자기 자신을 위한 선 및 모두를 위한 선)과 결합되지도 않고 그것으로부터 힘을 얻는 것도 아니고, 오히려 선과 "다른 것만을 행할" 뿐이며,[97] 그 결과 자신의 참된 자아 존재로부터 소외되기 때문이다. 참된 자유는 오직 하나님과 자기 자신으로부터 소외된 인간이 하나님과 화해하는 곳, 그래서 또한 자신의 고유한 정체성으로부터의 소외가 극복되는 곳에서만 획득될 수 있다. 그곳에서 인간은 바로 자기 자신에게 선한 것과 확고히 결합될 수 있으며, 그 결과 참된 자유는 다른 모든 것으로부터 독립된 것이 되고, 그런 다른 것들과 정말로 "다른 것"이 될 수 있다. 이러한 참된 자유는 아버지께 대한 예수의 아들 관계에 믿음으로 참여함으로써 도달될 수 있다. 그때 하나님과의 관계 안에 있는 인간의 피조적 규정, 곧 인간의 참된 정체성이 실현된다. 영원하신 하나님과의 연합 안에서 믿는 자들은 자신의 유한한 현존

---

[96] 『조직신학』 II 456f.를 보라. 또한 아래의 각주 97에서 언급된 나의 논문 294f.를 참고하라.

[97] 이것은 물론 오직 다음의 조건 아래서만 가능하다. 그 자체로 선한 것은 그것을 선택하는 자에게 선으로 인식되지 않으며, 나아가 그에게는 다른 어떤 것이 매력적인 것으로서 "그 자신에게 선한(좋은) 것"으로 보인다는 조건이다. 이 내용에 대해 나의 논문을 참고하라. Sünde, Freiheit, Identität. Eine Antwort an Thomas Pröpper, in : Theologische Quartalschrift 170, 1990, 289-298, bes. 292f.296f.

재, 두려운 이웃, 이 세상의 권세들에 대한 염려로부터 해방된다. 영은 그러한 자유를 선사하신다. 그와 함께 영은 인간들을 그들 자신의 고정된 자아로부터 풀어놓고 그 자아의 유한성 너머로 고양시키실 뿐만 아니라, 또한 그들 곁에 머물며 그들에게 영 자신을 지속적으로 수여하신다. 그 결과 그들은 영을 통해 예수 그리스도의 아들 되심에 참여한다(롬 8:13f.).

영의 은사는 예수 그리스도의 신적 파송에 대한 인식 안에서 그의 아들 되심을 통하여 하나님께 대한 믿는 자들의 직접성의 관계의 근거가 된다. 여기서 믿는 자들은 그분의 아들 되심 안으로 수용된다. 동일한 영은 그와 동시에 그리스도의 몸의 통일성 안에서 믿는 자들의 공동체의 근거도 되신다. 그리스도의 영이 다스리시는 그곳에서 믿음의 자유는 믿는 자들의 공동체에 반대하는 일이나 그것을 보존해야 하는 의무에 반대하는 일에 오용될 수 없다. 거꾸로 그리스도의 영의 통치 아래서 복음의 중재는 성직 계급의 통치 형태를 수용할 수 없다. 그 형태는 믿는 자들을 하나님께 대한 직접성의 관계라는 참된 자유로 이끄는 것이 아니라 오히려 예속 상태에 머물게 한다.

이와 같이 이 장의 첫째 단원(13.I) 전체는 교회 개념 안에서 일으켜진 공동체와 개인 사이의 긴장, 그와 함께 그 긴장의 인간학적 근거를 이루는 사회와 개인적 자유 사이의 긴장이 영의 작용을 통해 지양되고 화해된다는 주제로 건너간다. 이 긴장은 교회 안에서 하나님 나라의 미래가 출현하는 가운데 최소한 표징적으로는 지양되는 것을 경험한다. 이러한 의미에서 다음 단락(13.II)은 개별 그리스도인들 사이에서 활동하시는 영의 보편적인 근본 형태를 믿음과 희망과 사랑을 통해 다룰 것인데, 그 결과 교회의 삶 속에 놓인 개별 그리스도인의 장소도 동시에 인식될 수 있다. 성령의 사역은 개인들을 탈자아적으로 그들 자신의 특수한 존재 너머로 고양시킬 뿐만 아니라, 그와 동시에 그들을 그리스도의 몸 안에서 이루어지는 공동체의 경험으로 이끈다. 이 경험이 개별 그리스도인들을 다른 모든 그리스도인과 결합시킨다. 여기서 중요한 것은 개별 그리스도인들의 개인성이 교회의 사회적 단체성 안에서 지양된다는 것이 아니다. 오히려 여기서 "자신의 외부 곧 그리스도 안에 있는 자아"(extra se in Christo)의 실존으로 고양되는 것은 개인들로 하여금 그리스도 안에 있는 자신들의 자유를 확신하게끔 할 뿐만 아니라, 나아가 그들을 믿는 자들의 공동체라는 자리로 옮겨 놓는다는 사실을 드러낸다. 개인들만이 아니라 또한 교회도 자신의 예배적 삶 안에서 "자신의 외부 곧 그리스도 안에 있는 자아"를 갖게 된다. 이 점에서 비로소 교회는 스스로를 "영 공동체"(Geistgemeinschaft)로서 입증한다.

교회 개념을 올바로 정의하기 위한 20세기의 노력 가운데 파울 틸리히의 공헌이 특별한 지위를 차지한다. 틸리히는 교회론을 바로 교회로부터 구분되는 "영 공동체"의 기준 아래 위치시켰다는 점에서 그렇다. 틸리히는 영 공동체를 생명의 근원으로서의 영의 창조 신학적인 기능과 연관시켰다. 삶의 경로들 안에서 일으켜지는 상호 대립적인 경향이 하나님의 영의 사역을 통해 화해되고 지양된다는 것[98]이 틸리히의 개인주의적 구원론뿐만 아니라, 그의 공동성과 교회의 개념까지도 규정했다. 삶의 과정들 안에서 일어나는 상호 대립의 경향은 앞에서는 "모호성"으로 묘사되었다. 이것은 살아 있는 것들의 자기통합과 분열, 자기창조적 역동성과 자기파괴성, 그리고 자기초월과 세속화 사이의 모순적 형태 속에 있는 "모호성"을 의미한다.[99] "신적인 영이 인간의 영(정신) 안에서 현현한다는 것"은 틸리히에 의해 탈자아적 황홀경에 사로잡힌 존재로 표현되었다.[100] 바로 이 현현이 개별 인간들 안에서 황홀경에 사로잡힌 존재로서의 믿음을 그리스도 안에서 출현한 새로운 존재로 형성함으로써 그 모호성을 극복하며, 이와 함께 "애매하지 않은 삶의 초월적 통일성"

---

98 P. Tillich, *Systematische Theologie* III (1963) dt. 1966, Teil IV : Das Leben und der Geist, bes. 176ff.

99 P. Tillich, 같은 곳, 42 - 130.

100 P. Tillich, 같은 곳, 135.

을 향한 개방성도 창조된다.[101] 이러한 통일성 안으로 "받아들여진 존재 상태"를 틸리히는 사랑이라고 부른다.[102] 이것에 이어서 "하나님의 영이 역사적 인류 안에서, 특히 예수 그리스도의 등장 안에서[103] 현현하는 것"에 대한 숙고를 마친 후에 틸리히는 비로소 은폐된 영 공동체의 존재를 주장하기에 이른다. 틸리히는 이 공동체의 개념을 성서의 오순절 기사와 연결하기는 하지만, 역사적인 교회들과는 구분하려고 한다.[104] 여기서 틸리히는 믿는 자들의 공동체에 주어지는 은사로서의 영에 대한 성서적 증언을 바르게 평가하지 못했다고 말할 수 있다. 에클레시아라는 신약성서의 명칭은 틸리히와 에밀 브룬너가 주장하는 것처럼 그리스도교 교회의 역사적 형태와 대립하지 않으며,[105] 오히려 그것의 시초의 역사적인 형태를 표현한다. 하나님의 백성과 그리스도의 몸인 교회에 대한 성서적 진술들도 그 형태와 관계된다. 위르겐 몰트만은 "교회는 영의 종말론적 피조물로서 역사적인 그리스도 공동체"[106]라

---

101   P. Tillich, 같은 곳, 153ff., 인용은 156. 틸리히는 믿음의 개념에 대한 내용적인 정의를 형식적인 정의로부터 구분한다. 내용적(materiale) 정의는 그리스도 안에서 출현한 새로운 존재와 관련되어 있고, 형식적 정의는 "모든 종교와 문화들 안에서 나타나는 서로 다른 종류의 믿음들"을 포괄하는 것이며, 틸리히가 "존재와 의미 안의 무제약적인 것에 사로잡힌 존재"라고 부르는 것이다(155), 이 구분에도 불구하고 틸리히는 양자를 실제로는 통일된 하나로 다룬다(156). 여기서 믿음의 동의적 계기는 시간과 공간 안에 있는 객체에 관련되는 것이 아니라 "우리에게 무제약적으로 관여하는 것에 대한 우리 자신의 관계"에 관련된다(158). 그 결과 예수 그리스도도 단순히 믿음의 대상을 넘어서는 존재로서 나타나며, 믿음의 동기와 상징을 넘어서는 그 이상의 존재로서 등장한다.

102   P. Tillich, 같은 곳, 160ff.

103   P. Tillich, 같은 곳, 165ff., 171 – 176.

104   P. Tillich, 같은 곳, 178f. 교회라는 단어는 틸리히에 의하면 "오직 종교의 애매함과의 연관성 안에서만 사용될 수 있다"(176f., 비교. 179). 비록 틸리히가 말하는 교회는 다양한 형태로 영 공동체를 나타낼 수 있다고 해도 그렇다(181). 그래서 교회와 영 공동체에 대한 그것의 관계는 하나님의 영의 현재와 종교의 모호성을 서술하는 이어지는 장에서 중점적으로 다루어진다(191 – 281).

105   P. Tillich, 같은 곳, 177. 비교. E. Brunner, *Dogmatik* III, 1960, 37.

106   J. Moltmann, *Kirche in der Kraft des Geistes*, 1975, 49. 이에 대한 이유는 몰트만의 표

고 바르게 말했다. 역사적 경건과 종말론적 경건은 그 공동체 안에서 서로 결합하며, 양자는 부서지고 찢긴 교회의 모든 역사적 형태에도 불구하고 가현설적으로 서로 분리되어서는 안 된다. 교회는 바로 자신의 역사적 현실성 안에서 "영 공동체"로 인정되어야 한다. 물론 영 공동체로서의 교회는 자신의 역사적 현존재의 사회적 형태와 단순히 동일시되지 않는다. 이것은 틸리히와 에밀 브룬너, 그리고 "이중적 교회 개념"에 대한 다른 옹호자들의 이해에 속한 진리의 한 가지 계기다. 교회는 오직 그것이 "그리스도 안"에 있을 때만 영 공동체일 수 있다. 이 점에서 "우리 자신의 외부에서"(*extra nos*) 존재한다는 사실은 교회에도 해당하며, 또한 개별적인 믿는 자들에게도 적용된다. 이것은 교회의 예배적 삶 안에서 발생하는데, 나중에 우리는 이것을 더욱 상세히 제시할 것이다. 그렇기에 교회는 단순히 사회적 단체가 아니며, 예배적 삶 속에서의 영 공동체다. 비록 교회의 사회적 형태 역시 예배를 통해 규정된다고 해도, 그렇게 말할 수 있다. 그러므로 영을 "공동체성의 원칙"이라고 부른 것은 오류이며,[107] 또한 영을 교회의 "공동의 영"으로 서술하는 것도 틀린 것이다.[108] 영이 교회 안에 현재하는 것은 영혼이 몸에 깃드는 것과 다르다. 왜냐하면 교회는 하나님의 영의 몸이 아니라 그리스도의 몸이기 때문이다.[109]

현대로 말하자면 그리스도 공동체로서의 교회가 "성령 안에서" 발생하기 때문이다. 그렇다면 "영이 바로 이 공동체다"라고 이어지는 문장은 수정이 필요한 것처럼 보인다. 글자 그대로 이해한다면 그 문장은 교회가 삼위일체의 본질적 구성요소라고 선언하는 셈이 되기 때문이다. 이에 대해 한스 큉이 바르게 말했다. "영은 교회가 아니다." 오히려 영은 하나님의 영으로서 교회와 대립하여 서 있다. Hans Küng, *Die Kirche*, 1967, 208. 몰트만이 교회를 "영의 피조물"이라고 지칭한 것은 큉으로부터 유래하는 것으로 보인다. 비교. H. Küng, 같은 곳, 181-244.

107 참고. Y. Congar, *Der Heilige Geist* (1979/80) dt. 1982, 167. 하지만 콩가르는 이러한 지칭의 오류를 스스로 알아차렸고, 그래서 앞의 각주에서 인용한 한스 큉의 진술에 동의했다(172).

108 F. Schleiermacher, *Der christliche Glaube*, 2.Ausg. 1830, §121.

109 참고. Y. Congar, 같은 곳, 174. 그러나 불과 2쪽 앞에서 콩가르는 성령이 교회에 영혼을 불어넣는다는 생각을 중요한 요점으로 강조했다(172). 이런 사고는 일련의 교

영이 교회에 주어지는 것은 오직 교회가—믿음과 찬양과 성례전의 축제 안에서—"그리스도 안에" 있을 때뿐이다. 그리고 교회가 그리스도 안에 있게 되는 것은 교회를 초월하는 영의 사역 곧 공동체를 공동체 너머로 이끌어 고양시키는 사역을 통해서다. 영의 작용 방식의 탈자아적 황홀경의 성격[110]은 교회 안에서 일어나는 영의 활동과 현재를 이해하려고 할 때 반드시 고려되어야 한다. 그 성격에 함축된 초월성 곧 교회와의 관계 안에서 영의 **초월성**은, 영이 교회에게 은사로서 수여되는 한, 교회에 대한 영의 특수성과 대립하지 않는다. 왜냐하면 인간에게 작용하여 믿음을 생성시키는 영의 **사역**은 영이 믿는 자들에게 **수여되는 것**과 그와 함께 그들을 예수 그리스도에게 참여할 수 있는 아들의 지위에 위치시키는 것에 이미 전제되어 있기 때문이다. "그리스도 안에서" 영은 교회에게 수여된다. 이때 교회는 영의 사역을 통해 공동체로서의 이 세상적인 형태 너머로 고양된다. 그렇기에 교회 공동체의 "우리"는 자동적으로 영의 장소, 곧 영이 교회에 내주하는 장소가 되지는 않는다.[111] 오히려 그 장소는 오직 예배의 실행 안에서 예수 그리스도께로 고양되어 그분과 하나가 된 교회적인 "우리"에게만 해당한다. 이 점에 주의하지

부들(특별히 요한네스 크리소스토모스, 맹인 디디모스, 아우구스티누스)에게서, 그리고 또한 LG 7 Abs, 6에서도 언급된다(그곳에서 제시된 참고자료들을 보라). 만일 우리가 교회 안에 현재하시는 영에 대한 인간학적인 비유를 찾는다면, 인간의 영혼 안에 임재하시는 영의 초월성과 내재성으로 시작하는 것을 비교점으로 삼아 접근하는 것이 최선일 것이다. 비교. 『조직신학』 II, 332ff., bes. 339ff. 물론 여기서 영이 지속적으로 주어지는 것은 구원의 질서와 아직 완성되지 않은 창조의 현실성 사이를 구분한다.

110 이에 대해 카스퍼와 자우터의 공저를 보라. W. Kasper/G. Sauter, *Kirche — Ort des Geistes*, 1976, 26ff. 카스퍼는 거기서 주어지는 창조질서와 구원질서의 밀접한 일치를 성령론 안에서 바르게 강조한다(35).

111 카스퍼는 "교회라는 믿음 공동체의 우리"를 "바로 그 장소 곧 신학의 초월적 가능성의 조건"이라고 설명했다. W. Kasper, 같은 곳, 43. 하지만 이 지점에서 그 설명은 카스퍼 자신이 교회의 경험적인 현재 형태와 종말론적 완성 사이의 구분을 강조한다는 의미에서 몇 가지 수정을 필요로 한다. 물론 종말론적 완성은 교회의 예배적 삶 안에 이미 현재한다(43ff.).

않으면, 흔히 올바르게 이 세상적으로 규정된 교회적 "우리"에 대한 믿는 자 개인의 자유는 상실된다. 거꾸로 영의 사역의 탈자아적 황홀경의 형태(영이 교회 안에 내주하는 조건 그리고 그와 함께 그 내주의 통일성의 조건으로서 보존되는 구분 곧 그리스도 및 영과 교회의 역사적 형태로부터의 구분이라는 근본적인 요소)에 주의한다면, 개별적인 믿는 자들이—그들이 믿는 자로서 영을 통해 그리스도와의 연합으로 고양되었다는 한에서—교회의 잠정적 형태를 바르게 비판하는 기능을 가질 수 있는 공간을 열어준다. 이것은 교회 공동체가 세례 받은 지체들이 "육체에 따른" 삶으로 되돌아가는 것을 바로잡는 활동을 해야 하는 것—아마도 우리는 오늘의 그리스도교의 많은 교회들 안에서 교회의 참회 규율이 몰락해가는 현실에 직면해서 이렇게 말해야 할 것이다—과 마찬가지다. 이 모든 질문에 대해 성령론이 영의 교회론적인 기능을 바르게 서술하기 위해 종말론적인 미래가 교회의 삶 안에서 예기적으로 현재한다는 관점에서 창조론과 종말론을 서로 결합시켜야 한다는 사실은 타당하다. 여기서 개인과 사회 사이의 대립이 또한 교회론의 인간학적인 과제에 속하는데, 그 대립 안에서 죄의 인간성이 하나님의 영에 대해 갖는 관계가 파괴되며 이 파괴의 지양이 성서의 종말론적인 희망의 중심 주제를 형성한다. 종말론적인 희망은 교회 공동체 안에서—물론 우선은 표징적인 성례전의 형태 안에서—지금 이곳의 형태를 획득한다. 거기서 공동체의 교회와 그의 개별적인 지체들은 이 세상적인 깨어진 삶에 여전히 참여하고 있다. 개인과 공동체 사이의 대립이 지양되는 것은 영이 교회 안에서 하나님의 영원한 아들이신 예수 그리스도께 영광을 돌려드릴 때, 그 결과 교회 안에서 언제나 또다시 등장하는 개인들 사이의 차이, 그리고 개별 그리스도인들과 그리스도인들의 사회적 단체로서의 교회 공동체 조직 사이의 차이가 상대화될 때만 가능하다.

그러므로 영의 사역은 개별 그리스도인들 안에서만이 아니라 교회의 삶 속에서도 탈자아적(ekstatisch)이다. 영의 사역은 교회를 예배 안의 중심으로 이끌고, 그곳으로부터 빛을 발하며 일상의 삶으로 나아가게 한다. 이 과정에서 교회는 영과의 관계를 통해 모든 관점에서 다른 공동체 형식들로부터 구분된다. 왜냐하면 하나님의 영은 모든 생명체 안과 특별히 인간의 영혼 안에서 활동하시는 것처럼, 또한 그들의 공동체의 형성 과정에서도 일하시기 때문이다. 영의 사역의 탈자아적 성격은 모든 공동체 안에서 표출되는데, 공동체의 개별 지체들은 공통된 일에 헌신함으로써 하나가 된다. 물론 그런 공동체의 영 안에서 하나님의 창조적인 영은 다소간에 깨어진 방식으로 활동하실 수밖에 없다. 개인들을 하나로 묶는 공통된 일은 대부분 세속적인 것이다. 그러나 그렇지 않은 경우, 예를 들어 결혼, 가족, 민족, 국가와 같은 자연적인 공동체의 형태들에서도 영의 작용의 탈자아적 특성은 단지 제한적으로만 실현된다. 왜냐하면 이런 공동체 형성의 독립성 안에서는 공동체의 지체들을 하나로 묶는 일 자체가 스스로 형태를 취하기 때문이다. 하지만 이것은 상징적-성례전적으로 규정된 공동체, 곧 교회라는 영 공동체에서는 경우가 다르다. 영 공동체는 자신 안에서 표현에 도달하는 하나님의 통치의 "일"(Sache)을 자신 밖에 두고 있다. 하나님 나라가 교회에 현재하는 것은 오직 "우리 밖"(extra nos)을 선포하는 사건 안에서다. 그것은 "예수 그리스도 안에"를 뜻하며, 성례전의 표징적 형태 안에서 우리와 모든 인간을 위해 하나님으로부터 발생하는 사건이다. 바로 그 선포를 통해, 오직 그렇게 해서 교회에게 하나님의 영이 종말의 시간의 은사로서 수여된다.

이상의 내용을 다음과 같이 요약할 수 있다.

1. 성령은 개인들이 하나님과 맺는 직접성의 관계를 중재하신다. 성령은 인간을 예수 그리스도의 아들 되심에 참여하도록 고양시키며, 지속적 은사로서 그리스도교적인 자유를 선사하신다. 자유 안에서 우리는 신뢰할 수 있는 하나님을 우리의 아버지로 부를 수 있게 된다(롬 8:15). 왜냐하면 영은 우리가 하나님의 자녀들이라는 확신을 주시기 때문이다(8:16).
2. 성령은 믿는 자들을 서로 결합시켜 그리스도의 몸의 공동체로 형성

하신다. 성령은 그들에게 은사로서 지속적으로 현재하심으로써 그 공동체를 교회로 만드신다(고전 12:13). 성령은 아버지께서 보내신 자이신 예수 그리스도께 영광을 돌려드림으로써, 또한 복음의 선포와 성만찬의 축제 안에서 교회에 현재하신다. 이 과정을 통해 성령은 믿는 자들을 아들의 아버지와의 연합 안으로 이끄시며, 그들을 그 연합 안에 견고히 세우신다(요 17:21f.).

3. 교회 안의 믿는 자들의 공동체는 믿는 자들이 영을 통해 그들 자신 너머 곧 그리스도 안에서 이루어가는 공동체다. 이것은 개별 그리스도인이 믿음을 통해 그리스도와의 연합으로 고양된 후 영에 충만하여 움직임으로써 자기 자신 너머 곧 그리스도 안에 있게 되는 것과 같다. 거꾸로 예수 그리스도의 미래는 영을 통해 믿는 자들에게 그들의 개인적 및 공동체적인 구원의 미래로서 이미 현재한다(롬 8:23; 비교. 8:11; 고후 1:22; 5:5). 이와 같이 교회 공동체는 하나님 나라 안에서 새로워진 인류의 종말론적인 공동체를 표징으로 미리 앞서 서술한다.

그러나 다음의 질문이 남는다. 자신의 본질을 자기 자신 안이 아니라 **자기 자신 밖**(*extra se*)에 두는 공동체는 어떻게 이해되고 서술되어야 하는가? 이 질문에 명확하게 대답하려면, 우선 개별 그리스도인들을 믿음, 희망, 사랑을 통해 그들 자신 너머로 고양시키는 과정이 정확하게 서술되어야 한다(II). 그다음에 교회 공동체가 공동체적·예배적 삶을 통해 맺는 지체들과의 관계 속에서 스스로를 표현하는 과정이 제시되어야 한다(III).

II. 그리스도인 개인에 대한 영의 기본적 구원 작용

모든 현상적 형태 안에서 하나님의 영의 사역은 탈자아적 성격을 갖는다. 우리는 이 진술로부터 어떤 비이성적인 열광적 상태의 상상을 제거해야 한다. 탈자아성(Ekstase)은 피조물이 자신의 외부에 있는 동시에 고도로 자기 자신 곁에 머물 수 있다는 사실을 의미한다. 이 사실은 생명 현상의 탈자아적 구조에 근거한다. 모든 생명체는 자기 자신 밖에서—말하자면 자신의 주변세계 안에서 그리고 그 세계에 의존하여—존재함으로써 자기 생명을 실현한다.[112] 또한 인간 생명의 단계에서도 영은 개인들을 그들의 특수성과 유한성 너머로 고양시킴으로써 생명력을 부여하신다. 살아 있는 생명체의 자기초월적 자발성은 단지 그것의 뒷면일 뿐이다. 좁은 의미에서 "영적"으로 지칭되는 인간 행위와 체험 형태들 또한 체험의 주체인 "나"에 대해서는 탈자아적 특성을 갖게 된다.[113] 이 특성은 아마도 예술적 영감의 생산적·영적 경험에서, 혹은 갑작스럽게 떠오르는 어떤 통찰의 조명에서 가장 강렬할 것이며, 또한 조금 전까지 극복될 수 없을 것으로 보였던 답답한 속박으로부터 벗어나는 내적 자유의 체험에서도 나타날 수 있다. 이런 일은 매우 일반적으로 근본적 신뢰, 곧 한 인간이 항상 실망함에도 불구하고 언제나 또다시 자신의 주변 세계와 세계 전체를 향해 자신을 개방하게 되는 근본적 신뢰[114]에도 해당하며, 또한 예수 그리스도 안에서 우리와 만나주시는 하나님께 대한 믿음의 신뢰에 무엇보다도 특수한 방식으로 적용된다. 이 믿음은 인간을 자신의 특수성 너머로 고양시킨다.

---

112   『조직신학』 II, 80f.을 보라. 비교. 240ff.

113   『조직신학』 II, 348ff.

114   이에 대해 나의 책을 비교하라. *Anthropologie in theologischer Perspektive*, 1983, 219ff., 특히 68ff.

여기서 하나님은 자신의 궁극적 미래의 빛으로서 그 인간에게 권능과 함께 현재하시며, 동시에 그를 하나님 자신의 영원한 구원에 대해 확신하도록 만드신다. 이와 함께 믿는 자들 개인은 자신의 고유한 특수성 너머로 고양되는 사건을 통해 다른 사람들과 결합되어 공동체를 형성한다. 이 공동체의 공통적인 장소는 믿음의 "자기 자신 밖"(*extra nos*) 곧 한 분 주님을 믿는 믿음이다. 이 공동체가 하나님께 대한 공동의 찬양 안에서 영을 통해 탈자아적인 통합을 이루는 것은 개인들 사이의 소외와 또한 그와 함께 개인과 사회 사이의 대립이 지양되기 시작하는 예감일 수 있다.

1. 믿음

믿음은 진리와 관계하는 태도(Sichverhalten) 가운데 한 가지 형태다.[115] 이 점에서 믿음은 인식(Erkenntnis) 및 앎(Wissen)과 비교될 수 있다. 히브리어에서 진리(*emet*)라는 표현과 믿음(*he'emin*)이라는 표현은 같은 어원에서 유래하며 언어적으로 서로 일치한다. *Emet*(진리)가 어떤 항구적인 것, 그래서 그 위에 건축할 수 있을 정도로 신뢰할 수 있는 토대를 의미하는 것처럼, *He'emin*(믿음)도 항구적인 어떤 것 안에서 자신을 굳게 세워가는 신뢰, 그리고 그것을 통해 신뢰자 자신이 확고함과 항구성을 얻는 신뢰를 가리킨다. 그러나 하나님과 그분의 말씀 및 사역만이 홀로 제한 없이 항구적이고 신뢰될 수 있다(비교. 시 111:7f.; 119:90f.; 146:6 등등). 그렇기에 항구적이기를 원하는 자는 반드시 하나님 안에서 자신을 굳게 세워가야 한다. 이것이 이사야가 아하스 왕에게 준 말씀의 근저에 놓인 논리다. "만일 너희가 굳게 믿지 아니하면, 너희는 굳게 서지 못하리라!"(사 7:9) 이와 유사하게

---

115   상세한 내용에 대해 나의 논문을 보라. Wahrheit, Gewißheit und Glaube, in: ders, *Grundfragen systematischer Theologie* 2, 1980, 226-264, bes. 229ff.

예수께서도 하나님의 미래 위에 건축하고 자신의 삶을 그것으로부터 결정되도록 하는 사람을 반석 위에 집을 지은 사람에 비유하셨다(마 7:24f.).

이스라엘의 믿음이 그러했던 것처럼, 그리스적 사유 안에서도 앎(Wissen)은 진리에 대한 적절한 관계로 여겨졌다. 앎에서 중요한 것도 불변적 항구성으로 파악된 것이다.[116] 물론 이것은 다음의 사실을 전제한다. 우리가 감각으로 도달할 수 있는 현실, 곧 가변적이고 미혹될 수 있는 현실의 배후에는 언제나 동일한 것으로 지속되고 불변적인 어떤 것이 이미 은폐되어 있다는 사실이다. 참된 것은 여기서 무시간적으로 자기 자신과 항상 동일한 것으로 생각된다. 반면에 고대 이스라엘에서 진리 개념은 시간과 연관되어 있었다. 무엇이 참으로 항구적이고 그래서 최종적으로 진리인지는 미래가 입증한다는 것이다.

사물의 진리가 갖는 의미와 관련해서 시간과 맺는 상이한 관계가 이스라엘이 인식 및 앎과 비교해서 믿음을 더 높게 보는 평가의 배후에 놓여 있다. 인식과 앎은 현재적인 것 혹은 지금까지 이미 경험된 것을 지향하지만, 믿음은 미래를 신뢰하며 미래로 지향한다. 최종적으로 지속될 것이 무엇인지를 미래가 가르칠 때 비로소, 진리와의 관계는 결정적으로 믿음에게 다가온다. 여기서 미래의 것과 함께 어떤 새로운 것이 결합되어 있다는 사실이 전제된다. 그 새로운 것은 아직은 확실히 알 수 없는 것이다. 그러므로 참으로 항구적인 것에 접근할 수 있는 관문이 될 수 있는 앎의 가능성은 제한되어 있다. 반면에 믿음은 이 경계선을 넘어선 곳으로 나아가기를 감행한다. 그러나 이것은 믿음에게 알 수 있는 것과 알 수 없는 것이 무관하다고 말하는 것은 아니며, 믿음 자체도 앎 곧 자신에게 문제가 되는 그 진리에 대한 시초적인 앎을 필요로 한다는 사실을 부정하지도 않는다. 이스라엘의 믿음도 인식과 앎을 자신의 본질적 계기로서 포함하고

---

116   바로 이 점에 히브리적 진리 이해와 그리스적 진리 이해의 공통 핵심이 놓여 있다. 나는 이 사실을 이미 1962년에 강조했다. Was ist Wahrheit?, in: *Grundfragen systematischer Theologie* 1, 1967, 202-222, 205.

있다. 왜냐하면 그 믿음도 행동하시는 하나님을 "알고 수용하는 것"(Zur-Kenntnis-Nehmen)을 전제하기 때문이다. 하나님의 현실성은 모든 경우에 오직 믿음의 행위를 통해서만 파악되는 것은 아니다. 오히려 처음에는 조상들이 꿈과 환상을 통해 하나님을 보는 일이 있었다. 그러나 그렇게 보는 것이 그 자체로 본래적인 하나님 인식을 매개한 것은 아니었다. 그 인식을 위해 사람들은 하나님과 관계를 맺어야 했고, 그 결과 하나님의 역사적인 인도하심을 통해 그분의 권능을 경험했으며, 거꾸로 그 경험들은 언제나 새롭게 바로 그 하나님과의 신뢰할 수 있는 관계의 근거가 되었다. 이집트로부터 탈출한 자들이 갈대 바다에서 그들을 쫓는 자들로부터 기적적으로 구원받는 이야기가 최종적으로 말하는 것은 그들이 이렇게 예시된 하나님의 권능에 근거해서 바로 그 야웨 하나님과 그분의 종 모세에 대한 신뢰를 구축했다는 사실이다(출 14:31). 이와 비슷하게 신명기 안에서도 하나님의 인도하심을 경험하는 구원사는 땅의 소유로 이끌었는데, 이 경험은 백성들이 그것에 근거해서 야웨를 자신들의 하나님으로 인식해야 한다는 하나님의 요청으로 받아들여졌다(신 4:35ff.; 7:9). 탈출 이야기와 달리 여기서는 하나님의 미래의 행동과 그에 따른 믿음의 개념에 관련된 명시적인 언급이 빠져 있다. 우리는 여기서 신명기를 넘어서서 다음의 관계를 파악할 수 있어야 한다. 그것은 여기서 요청되었지만 그러나 백성의 역사적 행위 안에서 (그에 뒤따라오는 행위 규정 전체를 고려한다고 해도) 적절하게 실현되지 못한 하나님 인식과, 미래의 하나님의 행동을 통해 비로소 완성되는 하나님 인식 사이의 관계다. 후자의 하나님 인식은 호세아(2:8; 4:1f.; 13:4f.; 2:20)와 그러한 궁극적 하나님 인식을 불러일으킬 하나님의 행동을 통고했던 포로기 예언들 안에서 시야에 등장했다. 그 결과 신적 진리에 대한 역사적 차원이 더욱 개방되었으며, 그 진리 안에서 믿음 개념이 중심적 기능을 획득했다. 우리는 이 사실을 E문서 기자들(예를 들어 창 15:6)과 이사야에서 관찰할 수 있다.

여기서 믿음은 언제나 자신이 신뢰하는 진리(자신이 지속적으로 관여하는 진리)에 대한 초기 지식에 의존한다. 또한 이것은 그리스도교 믿음의 이해에도 해당한다. 예수 자신이 가까이 다가온 하나님 나라(*basileia*)에 직면해서 믿음을 가지라고 외친 것도 유대 전통의 하나님 이해, 곧 제1계명에 집중되고 유대적 하나님의 신성한 질투에 대한 이해를 전제하고 있다. 바울에게도 그리스도와의 연합을 통해 보증되는 미래 구원에 대한 믿음은 부활하신 주님의 비소멸성에 대한 지식(앎)에 근거한다. "만일 우리가 그리스도와 함께 죽었으면 또한 그와 함께 살 줄을 믿노니, 이는 그리스도께서 죽은 자 가운데서 살아나셨으매 다시 죽지 아니하시고 사망이 다시 그를 주장하지 못할 줄을 앎이로라"(롬 6:8f.; 비교. 고후 4:13f.). 바울에 의하면 예수 자신의 부활의 사실성이 믿음의 대상인데(롬 10:9f.), 그러나—이것은 뒤에 설명될 것이다—그 믿음이 말하자면 역사적으로 전달된 소식을 수용한다는 의미에서 그렇게 된다. 그럼에도 불구하고 그 안에는 그리스도교적인 신뢰라는 의미의 믿음을 하나님께서 이끌어오시는 미래에 근거시키는 어떤 지식도 포함되어 있다. 이와 비슷하게 요한도 예수 그리스도에게서 얻는 하나님의 사랑의 인식이 그분을 믿는 믿음의 근거라고 말한다(요일 4:16). 물론 요한은 거꾸로 믿음에 뒤따르는 인식을 바르게 말할 줄 알았다(요 6:69). 믿음은 자신에게서 출발하여 새로운 인식으로 인도된다(비교. 요 10:38). 이것은 특별히 그리스도의 재림 및 하나님 나라의 완성과 결부되어 있는 궁극적·종말론적 인식에 해당한다. 그러므로 믿음은 시초의 인식으로부터 더 깊어진 인식을 지나 궁극적으로 하나님 주시(注視)라는 완성된 인식에 이르는 도상에 놓인 중간 규정으로서 나타난다.

여기서 믿음은 단순한 지식의 수용이 아니며, 어떤 교리에 대한 동의도 아니다. 결정적으로 중요한 것은 믿음이 시간과 관계된다는 것이며, 하나님이 이끌어오시는 미래, 그래서 하나님 자신과 관계된다는 것이다. 성서 주석과 관련해서 루터의 가장 중요한 공헌은 아마도 그가 믿음의 시간 구조와 신뢰 행위(하나님의 약속의 말씀에 상응하는 행위)로서의 본질, 그리고 그와 연관된 하나님께 대한 직접성의 관계를 성서 본문들 안에서 재발견하고 그것들로 신학적 결실을 맺었다는 사실일 것이다. 그렇기에 종교개혁적 말씀의 의미 안에서 믿음은 우선 신뢰(*fiducia*)를 의미한다. 물론 더욱 상세하게 관찰한다면 그 안에 앎(*notitia*)과 동의(*assensus*)가 배제된 것이 아니라 전제되어 있다는 사실이 드러날 것이다.

이러한 평가가 맞다면, 또한 다음과 같이 말할 수 있다. 루터는 전통적인 믿음 개념을 거부한 것이 아니라 심화하고 확장했다. 믿음이 하나님 자신과—동의함으로써 이해하는 진리의 중심적 내용을 넘어서서—개인적 (인격적) 관계를 맺는다는 사실을 중세기의 라틴 스콜라주의도 몰랐던 것은 아니었지만, 그러나 그 관계는 직접적인 믿음의 행위보다는 간접적인 동기를 갖는다고 생각했다.[117] 이에 대해 루터는 믿음과 하나님 간의 관계를 약속의 개념을 통해 믿음의 구체적 대상 및 내용과 연관시켰다. 하나님의 약속을 파악하는 것과 하나님 자신에 대한 신뢰는 분리될 수 없이 일치한다. 믿는 자는 하나님을 신뢰하는데, 이것은 그가 그분의 약속이 자신에게 관여되는 것을 인정한다는 뜻이다.

새로운 가톨릭 신학도 믿음을 신적인 "당신"(Du)를 향하는 인격적 신뢰의 행위로 파악했다. 이로써 가톨릭 신학은 루터의 믿음 이해에 매우 가까워졌다.[118] 그러나 인격적 관계와 믿음의 중심적 진술 내용 사이의 결

117　여기서 믿음을 동의로 보는 아우구스티누스의 정의를 언급하는 것으로 충분할 것이다("cum assensione cogitare" *De praed. sanct*. 11,5, MPL 44, 963, 6f.). 이 해석은 토마스 아퀴나스에 의해 인용되었다. 토마스의 해석에 따르면 믿음과 관련된 지성은 앎과 구분되면서 의지를 통해 동의를 향해 움직인다. *S. theol*. II/2, 1,4, 또한 2,1. 여기서 의지는 최고 선이신 하나님을 향하며, 이 운동은 내적 본능의 방식으로 일어난다. 참고. M. Seckler, *Instinkt und Glaubenswille nach Thomas von Aquin*, 1961, 94ff. 이 점에서 하나님은 언제나 믿음의 최초의 "형식적 객체"이시다. II/2, 1,1, 2,2. 그 객체로 인해 어떤 것을 믿을 수 있게 된다. 물론 믿음의 내용들은, 소재라는 관점에서 본다면, 다양하고 대부분 하나님 자신과 동일하지 않지만, 그분을 향해 배열되어 있다.

118　특별히 비교. H. Fries, *Fundamentaltheologie*, 1985, 18ff. ("Der Glaube als personaler Akt"). 개인적 인물에 초점을 맞추는 믿음 이해의 이와 같은 중요한 출발점은 J.

합은 아직도 여전히 충분히 해명되지 않았다.[119] 이것은 다른 방식으로 개신교 신학에도 해당한다. 개신교 신학은 드물지 않게 약속의 믿음과 사태 자체에 동의하는 지식을 서로 배제하는 대립적인 것으로 다루었고, 그다음에 후자와 대립하는 전자를 선택했다.[120] 그래서 종교개혁이 이해한 믿음에 대한 숙고는 믿음 자체의 본질 구조를 다양하게 파악하기 위한 방법으로 생각될 수 있다. 그것은 단순한 역사적 연구를 훨씬 넘어서는 것이며, 사태 자체의 평가에 있어 미리 앞서 교파적인 전망에 제한되거나 협소화된 서술이라고 말할 수도 없다.

Mouroux, *Ich glaube an dich. Die personale Gestalt des Glaubens*, 1951이었다. 또한 참고. C. Cirne-Fima, *Der personale Glaube. Eine erkenntnis-metaphysische Studie,* 1959. M. Seckler, Art. Glaube, in : Fries, Hg., *Handbuch theologischer Grundbegriffe* I, 1962, 528-548, 540f. W. Kasper, *Einführung in den Glauben*, 1972. 그리고 B. Welte, *Was ist glauben? Gedanken zur Religionsphilosophie*, 1982.

[119] 예를 들어 프리즈(H. Fries)가 신뢰라고 서술한 신적 "당신"에 대한 인격 관계(같은 곳, 19, 또한 22f.)는 하나님의 자기알림의 경험을 통해 일어나는 구체적·역사적 중재 안에서 주제화되지 못했고, 단지 "믿음의 진술"의 일반적인 전제로 파악되었다. 하나님의 인격적 현실성에 대한 신뢰로 인해 "우리는 그 인격이 진술한 것과 세부적으로 표현한 것을 긍정"(같은 곳, 23)하게 된 것이다. "중심 내용의 진술"(같은 곳)에 대한 믿음의 동의를 움직이게 하는 하나님 관계의 기능에 대한 토마스 아퀴나스의 이해가 여기서 여전히 배후에 놓여 있는 것으로 보인다.

[120] 우리는 이 문제를 아래에서 보다 더 정확하게 다룰 것이다. 노이너(P. Neuner)는 "신학적 인식의 주관적 원칙으로서의 믿음"에 관한 자신의 논문에서 우리는 두 가지의 일면적인 견해를 거부해야 한다고 바르게 강조했다. 하나는 "교리주의적 혹은 개념주의적 믿음 이해"다. 이 이해에 따르면 믿음은 인간의 자연적인 인식 능력을 벗어나는 어떤 명제들을 단순히 진리라고 여기는 것이며, 그 진리는 권위와 함께 받아들여야 한다. 다른 한 가지 견해는 "믿음을 단지 개인적인 신뢰 관계로 본다. 그것은 객관적 진리의 지반 위에서 어떤 공동체를 세우는 인식 운동을 그 자체로부터 시작하지 않는다." 그래서 그것은 "어떤 문서화할 수 있는 그리고 문장들로 말할 수 있는 진리"를 포함하고 있지 않다. W. Kern/H. J. Pottmeyer/M. Seckler, Hgg., *Handbuch der Fundamentaltheologie* 4, 1988, 31-67, 65.

a) 신뢰로서의 믿음

1509/1510년 페트루스 롬바르두스가 쓴 글에 대한 주변적 주석에서 루터는 믿음에 관한 히브리서 11장의 구절에서 나타나는 믿음과 희망 사이의 밀접한 관계에 주목했다.[121] 이 구절은 그후에도 루터에게 언제나 근본적 진술로 남아 있었다. 그러나 루터는 그 당시와 그후 오랜 기간 동안 믿음을 매우 전통적으로 이해해서 일차적으로 동의(assensus)로 보았다.[122] 여기서 믿음의 동의하는 행위는 루터에게 있어 이미 초기부터 하나님과 직접 관계되었다. 믿음은 하나님이 옳으시다는 것, 특별히 우리에게 심판의 판결을 내리실 때 옳으시다는 것에 동의함으로써, 하나님을 경외한다.[123] 젊은 루터는 이 사실로부터 다음과 같은 사고를 발전시킨다. 믿음은 하나님이 행하시는 일을 옳다고 인정함으로써 하나님과 하나가 되며, 그분 안에 숨겨져 보호를 받는다.[124] 이러한 생각의 가장 광범위한 전개는 예정의 서술과 관계된 1515/16년 루터의 『로마서 강해』에서 발견된다. 하나님이 자신을 배척하실 수 있다는 가능성에 직면해서도 하나님의 뜻에 자신을 맡긴 사람은 하나님 곁에 숨겨져 보호를 받는다. 왜냐하면 그렇게 전적으로 하나님의 뜻에 굴복할 수 있는 사람이 하나님으로부터 분리된다는 것은 불가능하기 때문이다.[125]

---

121   M. Luther, WA 9, 91,7ff. 비교. R. Schwarz, *Fides, Spes und Caritas beim jungen Luther unter besonderer Berücksichtigung der mittelalterlichen Tradition*, 1962, 50 – 66. 또한 W. v. Loewenich, *Luthers Theologia crucis* (1929) 4.Aufl. 1954, 112 – 115. 히브리서 11:1에 대한 루터의 견해가 변화한 것에 대해 그곳의 106f.를 보라.

122   M. Luther, 같은 곳, 92, 23ff.

123   M. Luther, WA 4, 172f. 비교. H. J. Iwand, *Glaubensgerechtigkeit nach Luthers Lehre*, 1951, 11ff.

124   M. Luther, WA 3,289f. 참고. WA 56, 226,4ff., 또한 비교. 23ff.

125   M. Luther, WA 56, 391,13ff.: impossibile est, ut extra Deum maneat, qui in voluntatem Dei sese penitus proiecit. Quia vult, quod vult Deus, ergo placet Deo. 또한 비교. *De lib. Christiana*, 1520, 11: Ubi autem deus videt, veritatem sibi tribui et fide cordis nostri se honorari tanto honore, quo ipse dignus est, Rursus et ipse nos

믿음의 동의라는 사상과 관련하여 루터는 믿음을 신론에 관련시키는 것이 아니라 사역과 심판 안에 계신 하나님 자신과 관계시켰다. 이로써 루터는 믿음이 하나님 그리고 하나님과 함께하는 공동체에 대해 갖는 직접성의 관계에 대답할 수 있는 이해에 도달했다. 이 생각이 후기 루터에 이르러 변화했다는 생각은 오직 믿음의 동의가 점점 더 하나님이 인간을 생각하신다는 구체적 표현으로서의 약속의 말씀과 관계되었음을 전제할 때만 가능하다. 루터는 이미 『로마서 강해』에서 이렇게 말한다. 믿음과 희망은 서로 관계되어 있고, 희망은 믿음 안에서 그것을 붙드는 자에게 다가오지만, 거꾸로 믿음만이 홀로 약속의 말씀에 상응하는 동의와 수용의 길이다.[126] 여기서도 믿음을 하나님의 심판과 말씀에 대한 동의로 보는 루터의 근본적 이해가 관철되고 있다. 이미 1520년에 우리는 이렇게 읽는다. 약속하시는 하나님을 굳게 믿는 영혼은 그것을 통해 하나님이 진실하고 의로우시다고 여기는 것이며, 그분께 합당한 최고의 영예를 돌려드리는 것이다.[127] 바로 그런 믿음이 제1계명의 성취다.[128] 이제 이 믿음에서 중요한 것은 약속의 말씀 안에서 자신을 구체적으로 알려주시는 하나님이다. "믿음의 객체는 더 이상 일반적으로 보이지 않는 것이 아니며, 구체적인 말씀이다.…이전에 믿음은 루터에게서 희망과 동일시되었던 반면에, 이제 그는 믿음의 본질을 하나님의 약속을 향한 신뢰 안에서 발견한다."[129] 이와 함께 기대의 계기가 하나님이 인간을 구원하시려는 의도와 결합한다.[130] 약속을

---

honorat, tribuens et nobis veritatem et iustitiam propter hanc fidem (WA 7, 54,21ff.).

126   WA 56, 46,15: ratificat promissionem (zu Röm 4:17). 비교. WA 56, 45,15: fides et promissio sunt relativa.

127   M. Luther, *De libertate christiana* 11: Sic anima, dum firmiter credit promittenti deo, veracem et iustum eum habet, qua opinione nihil potest deo praestantius tribuere (WA 7, 54,l.). 같은 장에서 인용된 문장을 위의 각주 125에서 비교하라.

128   M. Luther, 같은 곳, c.13 (WA 7, 55f.).

129   W. v. Loewenich, 같은 곳, 105f.

130   이에 대해 M. Luther, WA 1, 172, 15ff.; 6, 209f.를 보라.

수용하는 믿음은 동의로서 필연적으로 이미 신뢰(*fiducia*),[131] 말하자면 하나님께서 그리스도를 통해 우리에게 은혜를 베푸신다는 사실을 신뢰하는 것이다.[132]

이 점에서 루터의 믿음 개념은 라틴적 스콜라주의가 통상적으로 믿음을 교회 교리의 신적 권위에 대한 동의로 해석하는 것으로부터 돌아선다. 물론 토마스 아퀴나스는 믿음의 동의하는 행위를 진리로 여겨지는 교리 내용(내용적인 객체)과 관련시켰을 뿐만이 아니라, 또한 최고 진리로서 믿음의 형식적 객체이신 하나님 자신과 관련시켰다(위의 각주 117을 보라). 그렇기에 토마스에 의하면 참된 믿음의 동기는 의지를 움직여 동의로 향하게 만드는 하나님에 대한 사랑이어야 한다(*S. theol.* II/2, 4,3). 우리는 의지가 최고선이신 하나님께 연관된다는 빛 안에서, 다시 말해 하나님께 대한 사랑 안에서 교회 교리의 권위를 긍정하게 된다. 여기서 교회의 교리는 하나님의 인격적 현실성과 단지 간접적으로만 결합한다. 교회의 교리 그 자체는 인간에게 건네시는 하나님의 인격적인 말씀의 형식이 아니다. 이런 경우는 약속의 말씀에 해당하기 때문에, 자신의 내용적 객체인 약속과의 관계 안에 있는 믿음은 하나님 자신과 직접적인 관계를 갖는다. 아우구스티누스의 *adhaerere Deo*(하나님께 매달리는 것) 혹은 *credere in Deum*(하나님을 믿는 것)[133]은 이제 *fiducia promissionis*(약속을 신뢰하는 것)이 된다. 여기서 하나님에 대한 사랑은 더 이상 믿음의 동의를 다른 어떤 것에 향하게 하는 동기가 아니다. 오히려 믿음은 직접적으로 하나님과 그분의 말씀을 향한다. 이 점에서 믿음의 내용적 객체와 형식적 객체는 일치하게 된다. 그래서 믿음은 토마스처럼(*S. theol.* II/2, 4,3) *fides caritate formata*(자비를 통해 형성된 믿음)으로 서술되지 않고, 오히려 *fiducia*

---

131   WA 40/1, 228,33.

132   WA 42, 564, 5f.

133   Augustin, Enn. in Ps 77,8: Hoc est ergo credere in Deum, credendo adhaerere ad bene cooperandum bona operanti Deo (CCL 39,1073).

promissionis(약속의 신뢰)라고 말해진다. 하나님의 은혜는 약속(*promissio*)의 말씀 안에서 직접 수용되며, 약속과 분리된 어떤 성례전적 매개를 통해 수여되지 않는다.

멜란히톤에게서 믿음이 하나님 자신 및 그분의 말씀과 하나라는 루터의 근본 사고를 찾으려는 시도는 소용이 없다. 하지만 멜란히톤은 다음 사실에서는 루터에 동의한다. 약속에 대한 신뢰로서 믿음은 약속의 말씀에 유일하게 적합한 형식, 곧 약속의 수용자인 인간이 그 약속을 수용하는 형식이다.[134] 믿음은 우리가 하나님께 바치는 사역으로서 그 자체로 가치 있는 사역인 것은 아니다. 믿음이 정당한 것은 오직 그것만이 홀로 약속을 수용하는 적절한 형식이기 때문이다.[135] 그렇기에 약속과 그것을 신뢰하는 믿음은 짝을 이루는 상관개념이다.[136] 칼뱅도 이 상응을 자신이 내린 믿음의 정의의 중심에 위치시켰다. 물론 신뢰(*fiducia*)라는 표현은 단지 드물게만 사용되었고, 칼뱅의 서술에서는 하나님의 약속의 인식(*cognitio*)으로서의 믿음에 대한 일반적으로 유지된 논의의 배후로 물러섰다고 해도 그렇게 말할 수 있다.[137] 다른 한편으로 멜란히톤도 믿음 개념을 신뢰의 행위에

---

134   자신의 글 『신학개론』(*Loci praecipui theologici*, 1559)에서 멜란히톤은 로마서 4:20에서 나타나는 약속과 믿음의 상관관계에 대해 말한다. Vult ergo nos assentiri promissioni. Id assentiri revera est haec fiducia amplectens promissionem (CR 21, 745f.). 이와 같이 하나님의 약속에 대한 신뢰는 믿음 개념에 대한 결정적 규정이다 (비교. 그곳의 749ff., 또한 *Apol.* IV,80, BSELK 176, 21f.). 또한 초판인 *Loci*, CR 21, 167을 참고하라.

135   Melanchthon, *Apol.* IV, 56: ···fides non ideo iustificat aut salvat, quia ipsa sit opus per sese dignum, sed tantum, quia accipit misericordiam promissam (BSELK 171, 13-16). 비교. IV,86 (178, 38f.).

136   *Apol.* IV,50 (BSELK 170, 28). 비교. IV,324 (222,22).

137   J. Calvin, *Inst. chr. rel.* (1559) III,2,7: Nunc iusta fidei definitio nobis constabit, si dicamus esse divinae erga nos benevolentiae firmam certamque cognitionem, quae gratuitae in Christo promissionis verdate fundata, per spiritum sanctum et revelatur

제한하지 않았고, 오히려 그 행위를 특별히 약속에 적절한 동의(*assensus*)의 형식으로 파악했다. 여기서 동의는 언제나 이미 동의하는 대상에 대한 앎 (*notitia*)을 전제한다.

b) 믿음과 앎

종교개혁자들은 하나님의 약속에 대한 신뢰의 특징을 갖는 믿음을 언제나 또다시 어떤 사태에 대한 단순한 앎의 의미로 그 개념을 이해하는 것과 구분하여 대립시켰다. 그런 앎은 대상과 거리를 두며 그것에 인격적으로 참여하지 않고서도 발생할 수 있다. 그래서 멜란히톤은 믿음이 구원의 사실을 단순히 관조하는 앎(*otiosa cogitatio*)이 아니라고 말했다. 그런 "믿음"은 말하자면 하나님 없는 자와 마귀들[138]이 갖는 것이며, 그런 한에서 그들은 하나님의 아들의 성육신, 십자가, 부활의 사실들을 이를 갈며 시인할 수밖에 없다. 이러한 표현은 흥미롭다. 왜냐하면 그것은 종교개혁 시대의 사람들이 구원 사건들에 대해 얼마나 의심하지 않았는가를 보여주기 때문이다. 이미 아우크스부르크 신조도 이와 비슷하게 표현했다. 이 신조의 20항에서 이렇게 말해진다. 믿음이라는 단어는 단순히 역사적 사실들에 대한 앎—이것은 하나님 없는 자들과 마귀들도 갖고 있다—을 가리키지 않는다(non significat tantum historiae notitiam). 오히려 그 단어는 역사

---

mentibus nostris et cordibus obsignatur (CR 30, 403). *fiducia*라는 표현은 III,2,11 zu Gal 4,6에서 나온다(같은 곳, 406). 이 표현은 초기 개혁주의 신학의 믿음의 정의에서 보다 큰 역할을 담당한다. 반면에 후기 개혁주의 교의학자들은 *fiducia* 안에서 단지 칭의의 작용만을 생각했다. 참고. H. Heppe, *Die Dogmatik der evangelisch-reformierten Kirche*, neu hg. E, Bizer, 1958, 425f., 비교. 410.

138 Melanchthon, *Apol.* IV,64 (BSELK 173, 65) 그리고 249 (otiosa notitia, qualis est etiam in diabolis, 209, 10f.). *Loci communes*, 1521에서 멜란히톤은 이렇게 서술했다. 저주받은 자들조차도 경험의 사건들의 강요 아래서 역사적인 믿음을 보유한다 (Damnati vero, non ut dent gloriam verbo dei, credunt. Sed experientia coacti, quae certe fides vocari non potest). 여기서 본래적인 것은 믿음이 아니라 일종의 의견 (Meinung)이다(...nunc prorsum non fidem, sed opinionem appello). CR 21, 162.

를 믿을 뿐만 아니라(non solum) 또한(sed etiam) 역사적 사건의 효력, 즉 죄의 용서까지 믿는 믿음을 가리킨다(CA 20,23). 여기서 주의해야 할 것은 구원의 믿음이 역사적인 앎과 결코 배타적으로 대립하지 않는다는 사실이다. 이것은 현대적 해석 안에서 드물지 않게 발생했던 잘못된 생각이다.[139] 나아가 **단순한** 역사적 앎 그 자체는 충분하지 않다고 흔히 말해진다. 왜냐하면 그런 앎에는 그 역사의 더욱 깊은 의미의 내용이 결여되어 있고, 역사가 인간의 구원에, 그와 함께 모든 개인에게 개별적으로 도달하는 효력을 갖고 있지 않기 때문이다. 그렇기 때문에 단순한 역사적인 앎은 신뢰의 관여(fiducia)를 통해 보충될 필요가 있다. 이 관여는 예수의 역사가 지닌 "효력"(Wirkung)의 본래적 의미, 곧 죄의 용서를 포함한다.[140] 역사에 대한 단순한 외적인 앎은 역사적인 믿음의 근거를—말하자면 하나님의 역사적 행동 안에서 그 역사와 결합되어 있는 목적 규정의 관점에서—완전하게 파악하지 못한다. 이것은 세상의 구원을 위해 그 역사에 담긴 약속을 의미한다. 멜란히톤은 그 의미를 어느 정도까지 죄의 용서와 동일시했다. 예수의 역사의 본래적인 의미를 위해, 즉 그 역사의 약속의 의미를 위해, 그 역사에 대한 앎은 바로 그 역사 안에서 행동하시는 하나님께 대한 신뢰로 반드시 건너가야 한다.

　　루터는 이 질문에서 멜란히톤과 다르게 판단하지 않았다. 루터의 견해에 따르면 역사의 믿음은 없어도 되는 것이 아니며, 하물며 파괴적인 것

139　특히 고가르텐이 이 점을 날카롭게 전개했다. F. Gogarten, *Die Wirklichkeit des Glaubens. Zum Problem des Subjektivismus in der Theologie*, 1957, 139. 동일저자, *Entmythologisierung und Kirche*, 3.Aufl. 1953, 103. "…뿐만 아니라, 또한 …까지도"라는 종교개혁의 공식은 고가르텐과 다른 이들에게서 "이것 또는 저것"이라는 양자택일의 표현으로 다듬어졌다. 이 표현은 전승된 내용에 대한 역사적 신뢰성에 대해 단지 질문만 하는 것도 더 이상 허용하지 않는다(같은 곳, 76).

140　CR 21, 176.743. 비교. *Apol*. IV,51 : Itaque non satis est credere, quod Christus natus, passus, resuscitatus sit, nisi addimus et hunc articulum, qui est causa finalis historiae : remissionem peccatorum (BSELK 170, 33 - 37).

은 더욱 아니다. 그러나 그 믿음 혼자만으로는 구원의 수용을 위해 충분하지 않다. 여기서 루터는 무엇보다도 예수의 역사가 지닌 약속의 의미를 개인적으로 터득해야 하는 필연성을 강조한다. "'나의 것'(터득)이 그것에 추가되면, '나의 것'이 없었을 때와는 다른 믿음이 된다."[141] 루터는 이렇게 말할 수 있었다. 역사적인 앎은 아직은 본래적 의미에서 믿음이 아니고, 단지 우리를 믿음의 **대상** 앞으로 데려가기만 한다.[142] 그러나 이러한 기능을 가진 역사적인 앎은 어쨌든 믿음에 있어 없어서는 안 되는 전제다. "… 그래서 결론은 이렇다. 우리가 저 역사를 잊는다면, 근본이 사라지는 것이다."[143]

특별히 마지막에 인용된 루터의 진술은 성서적 역사에 관한 종교개혁 시대의 논쟁 상황이 17-18세기에 역사비평학이 시작된 이래로 형성된 논쟁과 얼마나 다른지를 잘 보여준다. 루터는 성서의 보고들과 중심적인 구원 사실들의 역사성이 그 누구도 진지하게 문제 삼을 수 없는 것이라는 점을 전제하고 있었다. 그렇기에 루터는 그 역사 안에서 행동하시는 하나님을 전심으로 신뢰함으로써 그 역사의 약속의 의미를 주관적으로 터득하는 것에 집중할 수 있었다. 근대에 이르러 이와 반대로 그 당시에 아직 모든 면에서 자명한 것으로 전제되었던 성서적 역사의 근거는 성서 문헌에 대한 역사비평학적 주석을 통해 많은 점에서 논란거리가 되었다. 루터가 강조했던 약속하시는 하나님께 대한 신뢰의 필연성은 그 당시와 마찬가지로 오늘날도 틀림없이 유효하다. 그러나 근세에 일어난 영적 논쟁의 발화점은 루터 시대까지는 논란의 여지가 없었던 구원의 믿음의 역사적 근거로 옮겨져 있었다. 루터와 같이 말하자면, 만일 믿음을 떠받치고 있는 "근거가 사라진다면", 그 집은 바위가 아니라 모래 위에 지어진 것이며

---

141   WA 29, 197,12. 참고. WA 27, 105,11f.
142   WA 56, 172f. 비교. WA 7, 215,1-22 그리고 2,527,4ff., 또한 458,21f. WA 9,49,5f., 453, 13-18, 472,5-16.
143   WA 29,657, 3f. 비교. 657, 16f.

(마 7:26f.), 나아가 공중에 뜬 것이다. 허무한 것을 신뢰하는 자는 반드시 그 자신도 무로 돌아가게 될 것이다(욥 15:31).

c) 믿음과 역사적 지식

루터는 본래적 의미에서의 믿음, 곧 말씀 안에서 혹은 예수의 역사가 지닌 약속의 의미 안에서 만나게 되는 하나님에 대한 신뢰를 논쟁의 여지가 없는 단순한 역사적 지식으로부터 구분했다. 물론 그 역사적 지식은 믿음의 전제이기는 하다. 반면에 옛 교회와 중세 신학자들은 구원의 사실에 대한 동의를 믿음 개념에 대한 논의의 중심에 위치시켰다. 이 점에서 그 신학자들은 그리스도교적 믿음의 역사적 근거에 대한 근대적 논쟁의 주제에—믿음 개념에 대하여 종교개혁이 공헌한 것보다—더욱 가까이 다가가 있었다. 그러나 그들이 권위의 원칙에 비추어 역사적 판단을 내리는 방향을 취한 것은 근대의 역사적 논의와 분명한 차이를 드러낸다.

믿음의 동의에 대한 옛 교회의 설명의 출발점은 믿음을 사도적 구원소식의 수용으로 보는 바울의 이해에 근거한다.[144] 사도적 소식, 즉 하나님께서 예수를 죽은 자들 가운데서 다시 살리셨다는 그 "사실"에 대한 동의는 바울에 의하면 예수를 주님으로 고백하는 구원이 효력을 갖는 조건이다(롬 10:9). 알렉산드리아의 클레멘스는 스토아적 인식론 용어의 도움을 받아 동의로서의 믿음 개념을 발전시켰다.[145] 아우구스티누스는 이 사

---

144 이에 대해 R. Bultmann, in : *ThWBNT* VI, 1959, 209ff.를 보라.

145 *Strom* II, 8,4 (MPG 8,939, 11 – 13), 비교. II,27,2. 이곳의 II,28,1에서 믿음은 스토아적인 예기의 범주와 함께 "확실한 파악에 앞서 선취적으로 이해하며 수용하는 것"이라고 말해진다. 그 모든 진술의 배후에는 히브리서 11:1이 놓여 있다. 또한 *Strom* V,3,2에서 믿음은 이성적 동의(synkatathesis)라고도 말해진다. 이것은 바실리데스 (Basilides)가 믿음을 존재론적으로 해석한 것과 대립한다. 이에 대한 상세한 내용에 대해 나의 책, *Grundfragen systematischer Theologie* 2, 1980, 238ff., bes. 240을 보라. Synkatathesis는 스토아적 인식론의 중심 개념이다. 비교. M. Pohlenz, *Die Stoa. Geschichte einer geistigen Bewegung* I, 1959, 91 (zu Chrysipp), 비교. II (4.Aufl. 1972),

상을 이어받아 이후의 라틴 스콜라주의에 규범이 되는 방식으로 믿음을 동의와 결합된 사유(*cum assentione cogitare*)로 정의했다.[146] 여기서 믿음의 동의는 수사학적 사고방식에 상응하며, 교리의 내용과 중재하는 권위적 법정을 대상으로 향한다.[147] 양쪽의 관점에서 아우구스티누스의 믿음은 최종적으로 하나님과 관계된다. 하나님은 다른 모든 내용의 근거가 되는 대상이시다(*credere Deum*). 이러한 내용을 보증하는 교회의 권위의 배후에도 하나님 자신의 권위가 있다(*credere Deo*). 여기서 하나님께 충성하는 것, 곧 하나님께 대한 믿음은 단순한 권위에 대한 믿음을 넘어선 곳으로 인도한다.[148] 그러나 아우구스티누스에게서 믿음 개념과 짝을 이루는 상관개념은 우선 언제나 믿음이 의지하고 있는 권위다. "우리가 통찰하는 것은 이성에 빚지고 있으며, 믿는 것은 권위에 빚지고 있다."[149] 여기서 권위는 이후의 교육학적인 통찰로 인도하는 기능을 가지며, 그다음에는 독립적인 이해를 촉발시킨다. 이것은 아우구스티누스에 의하면 하나님 인식에도 해당한다. 그러나 권위적 중재로부터 독립적으로 벗어나서는 결코 통찰될 수 없는 내용이 있다. 아우구스티누스는 고대 전체가 그랬던 것처럼 모든 역사적 지식이 그런 내용에 속한다고 보았다.[150] 왜냐하면 그 지식은 언제

53.

146 Augustin, *De praed. sanct.* 11,5 (MPL 44, 963, 6f.).

147 믿음과 권위에 대한 아우구스티누스의 진술의 배후에 고대 수사학이 놓여 있다는 사실에 대해 K.-H, Lütcke, *"Auctoritas" bei Augustin*, 1968, 49ff., 60ff.

148 Augustin, *Sermo* 61,2 (MPL 38, 409f.). 종교개혁의 교의학은 믿음의 이러한 세 가지 양식을 인식, 동의, 신뢰(*notitia, assensus, fiducia*)라는 세 가지 계기와 연결시켰다. D. Hollaz, *Examen theol. acroamaticum* (Stargard 1707), Neudruck 1971, p.III sect. II, c.7 q.3; p.282.

149 Augustin, *De utilitate credendi* 11,25: Quod intelligimus igitur, debemus rationi: quod credimus, auctoritati...(MPL 42, 83,40f.).

150 Augustin. *De div. quaest.* q.48: Alia sunt quae semper creduntur, et numquam intelliguntur, sicut est omnis historia, temporalia et humana gesta percurrens (CCL 44 A,75,1-3). 더 많은 자료를 Lütcke, 184ff.에서 보라.

나 보고된 소식들에, 최종적으로는 사건들을 보았다고 주장하는 목격자들에 의존하기 때문이다. 그리스도교의 믿음은 자신의 역사적 내용 때문에 결코 전적으로 독립된 앎으로 건너갈 수 없다. 예수 그리스도의 역사에 대한 지식은 언제나 권위적 교리에, 최종적으로는 언제나 사도적 목격자들에 의존한다.

그리스도교 교리의 근거가 되는 역사적 사건들이 권위를 가지고 중재된다는 것은 종교개혁자들에게는 자명했다. 물론 종교개혁은 후기 중세 시대와 마찬가지로 권위의 문제를 하나님의 영감을 받은 성서 개념에 집중시켰다. 사람들은 성서를 읽을 때 인간적 권위가 아니라 영감을 주시는 하나님의 권위와 직접 관계한다고 믿었다.[151] 그래서 믿음 개념은 오직 그 권위와만 관계되었다. 그 결과 역사적 지식이 권위적 증언에 의존한다는 보다 더 일반적인 사태는 그에 비해 배후로 물러서게 되었다. 성서의 신적 권위가 이러한 측면을 함께 덮어버린 것이다. 이에 상응하여 믿음 개념의 측면에서는, 성서의 역사적 내용에 대한 믿음의 관계가 하나님께 대한 믿음의 관계에 예속되는 것으로 보였다. 특별히 멜란히톤이 믿음 개념을 신뢰의 계기에 한정시키는 경향을 보인 반면에, 종교개혁 이후의 신학은 거기에 전제된 역사적 지식을 용어론적으로 재차 믿음의 개념 안으로 편입시켰다.[152]

근대 역사비평학적 성서 연구의 발전이 그리스도교의 믿음과 교리가 그것의 역사적 근거와 맺는 관계에 대해 얼마나 깊은 균열을 만들어냈

---

151   이미 알렉산드리아의 클레멘스가 다음과 같이 확신하는 것을 비교하라. 그리스도인들은 예수의 역사에 대한 그들의 지식을 어떤 인간적 권위로부터가 아니라, 하나님의 로고스 자신에 힘입어 얻는다는 것이다. *Strom* II, 9,6; MPG 8,941).

152   참고. Ritschl, *Dogmengeschichte des Protestantismus* II/1, 1912, 499 zu M. Chemnitz. 켐니츠의 *Loci theologici* (1591)이래로 믿음 개념을 인식, 앎, 동의(*notitia, assensus, fiducia*)의 세 부분으로 분석하는 것이 지배적인 경향이 되었다. 비교. D. Hollaz, Examen theoL acroamaticum (Stargard 1707), Neudruck 1971, p.III sect. II, c.7 q.13 (299f.).

는가 하는 것은 오직 다음의 사실을 통찰하는 경우에만 이해될 수 있다. 그 균열이 성서적 증언의 인간성, 그리고 사유 및 표현 방식에 있어 그와 연관된 차이들, 긴장들, 시대적 제약들을 더욱 강하게 시야로 옮겼을 뿐만 아니라, 무엇보다도 보고된 내용들의 역사성에 대한 판단을 이제는 원칙적으로 그것에 규범이 되는 질문 곧 그것을 전승시킨 사람들(또한 성서 저자들)의 일반적 신뢰성 혹은 비신뢰성을 묻는 질문으로부터 분리시켰고, 나아가 그 역사성의 판단을, 세부적인 경우를 역사적으로 판단하고 전체 맥락을 역사적으로 재구성하는 문제로 만들었다는 사실이다. 모든 역사적 지식이 보고된 내용 혹은 그것을 전승시킨 사람들의 권위에 의존하는 한, 그에 상응하는 기준들이 현존함으로써 그런 권위와 그 권위를 통해 전승된 것을 인정하는 일은 철저히 이성적인 것으로 여겨질 수 있었다. 그러나 계몽주의는 과거에 대한 지식이 전승된 것들의 권위에 의존해야 한다는 필연성을 새로운 역사학과 과거를 비판적으로 재구성하는 역사학적 원칙으로 대체했다. 그 결과 모든 종류의 보고들은—믿을 만하든지 않든지 관계없이—역사학자가 행하는 비판적 분석의 단순한 소재가 되었으며, 다른 한편으로 그 분석의 역사적 재구성은, 모든 유보조건 아래서, 이제는 학문적 통찰이라는 지위를 요구하게 되었는데, 이 지위는 지금까지 권위에 제약된 것으로 여겨졌던 역사적 지식에 대한 단순한 믿음 혹은 의견의 낮은 수준과는 대립하는 것이었다. 이 사실은 역사적 지식의 권위적인 중재가 이제부터는 단지 교육학적인 지도라는 의미에서만 수용할 수 있다는 것을 의미했다. 역사적 사실을 권위가 최종적으로 보증한다는 주장은 이제부터 이성이 받아들일 수 없는 것이 되었다. 이것은 교회 교리의 진리 주장에 대하여, 그리고 또한 성서가 전달하는 사실들을 권위적으로 보증한다는 성서의 권위에 대한 개신교의 전통적 이해에 대해서도 피할 수 없는 결과를 가져왔다. 이를 통해 그리스도교 교리의 원천과 관련된 교단적 대립은 상대화되었다. 왜냐하면 권위적 중재의 그 두 가지 형식은 성서의 역사적 내용에 대한 판단에 있어 더 이상 최종적 구속력을 가질 수 없게 되었기 때문이다. 과거에 권위적으로 중재되었던 역사적 지식의 종속성은 과거의 지식 전반에 대해 포기하지 않으려는 사람이면 모두가 감내해야 하는 불가피한 일이었다. 그래서 교회 교리의 권위 요청은 성서 안에 놓인 그것의 모든 토대와 함께 일반적인 신뢰의 테두리 안에 놓여 있었다. 그러나 이제부터 성서적 전승들의 역사적 형태는 오직 역사적인 판단 과정에 참여함으로써, 그래서 자유로운 통찰의 형태 안에서만 보편적으로 확정될 수 있게 되었다. 이 확정은 오직 확률적 판단의 형태 안에서, 그래서 역사 연구와 토론의 계속되는 발전에 따라 개정이 가능하다는 유보조건과 함께 일어날 수 있다.

그리스도교 신학이 이러한 새로운 조건 아래서, 특별히 그리스도교 교리의 역사적 토대의 관점에서도, 여전히 자신의 교리의 근거의 권위적 형태를 굳게 붙든다면, 그것은 이전의 모든 세기에서와는 달리 이성과의 근본적 대립에 빠져들게 된다. 그러나 역사적 지식(*notitia historica*)의 이해에서 일어난 변화를 구원의 믿음의 전제와 토대로서 받아들인다면, 그 신학은 권위와 결합되어 있는 이해 곧 그리스도교의 역사적 토대에 대한 전승된 지식의 이해와 관련된 일련의 근본 개념들과 가정들을 반드시 변경시켜야 한다. 이에 첫 번째로 속하는 과제는 성서 영감설의 교리 혹은 어쨌든 성서의 신적 영감과 함께 성서의 무오류성 및 모든 세부사항의 총체적 일치성이 주어졌다고 간주하는 그 교리의 형태다. 만일 그런 원칙이 포기된다면, 그래서 인간들의 문서로서의 성서의 성격이 그것의 개별 진술들의 다양성, 상호 대립성, 원칙적 오류 가능성과 함께 완전하게 제시된다면, 그때 성서 안에서 전승된 구원의 사실들의 내용과 관련해서—역사비평학이 자신의 작업을 모두 행했을 때—도대체 무엇이 남아 있을 수 있을 것인가 라는 우려스러운 질문이 제기된다. 이에 상응하는 불안이 그런 역사적 지식의 확률적 판단에 기초한 믿음의 이해와 관련해서 확산될 수밖에 없었다. 과거에는 그리스도교 교리 전승의 토대에 대한 권위적인 확신—최종적으로는 성서 저자들에게 영감을 부으신 하나님 자신의 권위에 의존하는 확신—이 믿음의 진리 의식에게 그것의 대상 및 내용과 관련해서 확고한 입장을 부여했었다. 하지만 이제 믿음은 불확실성에 빠지지 않았는가? 혹은 최소한 역사적 지식의 제각각의 맥락에 예속되어 자신의 독립성을 빼앗긴 셈이 되지 않았는가? 그렇다면 교회의 교리는 믿음의 역사적 토대를 권위적으로 보증할 수 있는 확실한 근거를 빼앗긴 후 어떻게 형성될 수 있는가?

이런 심각한 문제에 직면해서 대부분의 신학이 변화된 상황에 바르게 대처하기 위해 다른 길을 찾았던 것은 이해할 만한 일이다. 개신교 신학은 믿음의 핵심, 곧 하나님을 신뢰하며 헌신하는(*fiducia*) 구원의 믿음(*fides salvifica*)이라는 핵심 개념으로 물러나는 것이 가장 낫다고 생각했다. 회심의 경험에서 이 퇴각은 이미 구(舊)개신교주의의 구원의 질서(*ordo salutis*) 교리 안에 자리를 잡았던 것으로 보였다. 이 교리는 부르심, 거듭남, 회심, 성화의 주제들을 서로 연결하는 구원의 믿음에게 독자적인 확실성의 토대를 가질 수 있게 해주었다. 이렇게 해서 사람들은 이러한 그리스도교적 믿음의 경험의 역사적 특성들이 부차적인 것이라고 선언하거나, 아니면 그런 역사적 가정들의 개연성을 믿음의 경험의 증거(證據) 자체 위에 근거시키려는 시도를 하게 된다. 어쨌든 사람들은 믿음의 경험의 핵심이 그리스도교 믿음의 전승의 내용과 진리의 확실성을 바로 자기 자신으로부터 마련하는 데 있다고 선언함으로써, 합리적 성서 비판의 파괴적 작용을 막을 수 있을 것으로 기대하게 되었다.

두 갈래 길의 두 번째는 각성 신학의 영향을 받은 새로운 개신교 신학이 자주 취했던 방향이었다. 이에 대한 접촉점은 우리 안에 내주하시는 성령의 증언, 곧 믿음의 주관적 확실성의 원칙에 관한 구개신교주의적 교리가 제공했다. 다비트 홀라츠는 이 생각을 이미 1707년에 믿음의 역사적 토대에 대한 믿음 자체의 앎까지 확장했다. 그는 신적 권위에 근거한 역사적 믿음(*fides historica*)을 단순히 인간적인 전승자들의 권위에 기초한 역사적 판단들로부터 구분했던 것이다.[153] 홀라츠에 의하면 후자와 같은 종류의 역사적 믿음에는 또한 마귀들과 하나님 없는 자들도 도달했는데, 이것은 루터교 신앙고백 (CA 20,23-26)이 진술하는 것과 같다. 이 점에서 홀라츠는 종교개혁의 이해로부터 벗어난다. 왜냐하면 종교개혁의 이해에 따르면 참된 구원의 믿음은 오직 다음의 사실을 통해 마귀와 하나님 없는 자의 역사적 믿음으로부터 구분되기 때문이다. 그것은 믿음이 예수 그리스도의 고난과 부활의 사실성 외에 또한 이 사건이 지닌 구원의 의미 즉 죄의 용서를 믿는다는 사실이다. 여기서 전제되는 역사적 사실성은 또한 하나님 없는 자도 인정하는 것이다(위를 보라). 그러나 홀라츠에게 있어 역사적인 앎은 더 이상 구원의 믿음의 전제로서의 기능을 행사하지 않고 오히려 그 믿음 안으로 병합되며, 이것에 의해 세상의 역사적인 앎으로부터 구분된다. 각성 신학은 이러한 길을 한 걸음 더 나아갔다. 그 신학은 믿음의 역사적 지식을 바로 믿음의 경험에 근거시키고, 그와 함께 모든 역사적 비판에 맞서 스스로를 보호하려고 시도했던 것이다.[154] 역사학 곁에서 이러한 믿음의 근거의 역사적 현실성에 독립적으로 접근하는 길의 출발점은 특별히 에르랑엔 신학에 의해 계속해서 확장되었다.[155] 이 길은 특징적인 방식으로 발터 퀴네트와 만났다. 그는 예수의 부활에 대한 그리스도교 지식뿐만 아니라, 예수의 역사성에 대한 지식 전체를 믿음 위에 기초시키려고 했다. 왜냐하면 "믿음은 주님이신 예수께서 살아 계신다는 확신이기 때문이다. 그렇기에 믿음은 또한 나사렛 예수라는 인간의 역사적 실존을 안다."[156] 구원자의 현존재에 대한 확신이 그리스도인들의 믿음의 의식 안

153　D. Hollaz, *Examen theol. acroam.* IV, Stargard 1707, 300 (p. III, sect. II, c,7 q. 14): Notitia fidei non est naturalis. 비교. 280 (ib. q,2): Fides historica...est duplex: Una auctoritati humanae, altera revelationi divinae innititur.

154　J. Müller, *Dogmatische Abhandlungen*, 1870, 44f., 비교. 35.

155　J. Chr. K. Hofmann, *Weissagung und Erfüllung im alten und im neuen Testamente* 1, 1841, 33ff., bes. 39. 이에 대하여 Hofmann, *Selbstanzeige im mecklenburgischen Kirchenblatt* 1844/45 (*RE* 3.Aufl. 8, 1900, 239에서 인용됨)을 보라.

156　W. Künneth, *Glauben an Jesus? Die Begegnung der Christologie mit der modernen Exi*

에 근거되어 있다는 사상은 이제 슐라이어마허에게서 발견되며, 그의 그리스도론의 근거를 마련하는 맥락의 구성요소가 되었다. 슐라이어마허에 의하면 구원의 의식은 오직 구원받은 자들의 공동체(죄의 삶과 구분되는 새로운 "공동 삶") 안에서만 발전될 수 있다. 이러한 의식과 관련해서 구원자는 그런 새로운 총체적 삶의 창시자로 규정된다.[157] 왜냐하면 그 총체적 삶은 어디선가 어떤 역사적 시작점을 가져야 하기 때문이다. 그러나 슐라이어마허는 믿음의 의식을 예수의 역사에 속한 세부적 특성들의 역사성에 대한 보증으로 주장하지는 않았다. 그는 그리스도의 고난이 믿음의 의식을 통해 보증되는 구원자 개념의 "원시적(primitiv) 요소"(§101,4)라고 여기지 않았고, "그리스도의 부활과 승천의 사실성"에 대해서는 더욱 그렇게 생각하지 않았다(§99). 이와 같이 슐라이어마허의 저작은 믿음의 의식 안에서 성서적 그리스도의 역사적 현실성이 보증된다고 보았던 각성 신학의 논쟁을 위한 출발점이 되었다. 그러나 슐라이어마허는 결정적으로 근대 신학의 그와 다른 발전의 노선을 예견했다. 이 신학은 성서적 전승들의 역사적 내용이 믿음에 대해서는 중요하지 않다고 보았는데, 왜냐하면 하나님과 그분의 행위에 관한 모든 언급은 오직 믿음의 진술로서, 그래서 하나님의 현존재에 대한 이해의 **표현**으로서 이해될 수 있다고 보았기 때문이다. 20세기 신학 안에서 이러한 이해는 믿음이 역사가 아니라 케리그마와 결합되어 있다는 확신과 특별히 관련되며 등장했다. 루돌프 불트만 외에 특별히 프리드리히 고가르텐이 그런 의미로 말했다. 고가르텐은 믿음의 모든 내용을 하나님께서 자신을 믿음에게 전하시는 바로 그 말씀으로 소급시키려고 했다.[158] 그러나 사태가 이렇게 된다는 것

stenz, 1962, 286. 이에 대한 비판으로 G. Ebeling, *Theologie und Verkündigung. Ein Gespräch mit Rudolf Bultmann,* 1962, 139을 보라.

157 F. Schleiermacher, *Der christliche Glaube* (2.Ausg. 1830) §91,2 und §88,1. 이후의 본문에서 괄호의 표기는 이 저서를 가리킨다.

158 F. Gogarten, *Entmythologisierung und Kirche*, 3.Auf. 1953, 24f., 비교. 103, 또한 76. 위의 각주 139를 참고하라.

은 다시 한번 단지 믿음의 진술로 드러날 수밖에 없다. 그 진술이 믿음의 모든 역사적 근거를 거부한 결과, 케리그마 신학 자체가 바로 자신이 반대하기 위해 나섰던 믿음의 주관주의에 사로잡히게 되었다. 여기서 고가르텐은 루터를 잘못 인용한다. 루터는 구원의 믿음을 그것의 역사적 사실성을 단순히 인정하는 것과 구분했지만, 그럼에도 불구하고 여전히 그 역사적 사실성을 구원의 믿음의 토대로 인정했던 것이다.

근대의 두 가지 경향은 믿음의 대상을 믿음의 행위 안으로 후퇴시켜 폐기하는 것, 아니면 믿음의 행위에 근거시키는 것이었다. 이 경향에 맞서 그리스도교 신학은 그리스도교의 믿음이 자신의 토대와 그 자신 전체를 하나님의 역사적 계시 안에 두고 있음을 굳게 확신했다. 그 결과 하나님이 자신을 계시하신 역사적 사실에 대한 앎(*notitia*), 그리고 하나님께서 그러한 주어진 사건 안에서 우리에게 계시되셨다는 사실에 대한 동의(*assensus*)는 그리스도교 믿음의 신뢰(*fiducia*)에 대한 불가결한 전제들이 되었다. 이로써 믿음의 행위의 심리학적인 동기에 대한 질문이 이미 대답된 것은 아니다. 믿음의 행위에 있어 예수의 역사에 대한 지식은 결코 결정적인 것이 아니다. 믿음의 동의의 동기는 차라리 인간 실존이 하나님의 비밀과 말로써 표현될 수 없는 관계를 맺는 넓은 범주 안에 근거하고 있다고 말할 수 있는데, 그 비밀은 인간 실존이 실행되는 장소를 둘러싸며 지탱한다.[159] 그 비밀은 개별적 경우에 따라 매우 상이하게 묘사될 수 있으며, 결코 죄의 경험 및 용서의 약속이라는 모델로 협소화되어서는 안 된다. 예수의 역사

---

[159] 이것은 믿음의 분석(*analysis fidei*)에 대하여 로마 가톨릭신학이 논의했던 주제의 범주에 속한다. 이 논의는 하나님 사랑을 통해 믿음의 동의가 동기를 얻는 것에 대한 토마스 아퀴나스의 주제(위의 각주 117을 보라)에 기초해서 시작되었다. *analysis fidei*에 대해 다음의 논문을 비교하라. R. Malmberg, in: *LThK* 1, 2.Aufl. 1957, 477 - 483. 그 내용에 대하여 위의 각주 117에서 인용된 제클러의 저서를 보라. 이 책의 본문에서 표현되는 중심 내용은 칼 라너의 논지에 의존하고 있다.

에 대한 지식에서 중요한 것은 일차적으로 믿음의 심리학적인 동기가 아니라, 그 지식이 예수 그리스도 안에서 계시되신 하나님을 믿는 믿음의 신뢰가 적합하고 타당한 근거를 가질 수 있다는 논리적 조건이 될 수 있다는 것이다. 그 지식에 대한 동의를 매개하는 교회의 소식, 즉 예수의 인격적 정체성과 결합된 역사적 사실 안에서 하나님께서 자신을 우리에게 계시하셨다는 소식에서 중요한 것도 마찬가지로 바로 그것이다. 여기서 그 지식과 동의는 그 자체로서 주제화되거나 혹은 그것의 문제성을 통해 파악될 필요가 없고, 오히려 각각의 그리스도교적 믿음의 행위에 있어 예수 그리스도 안에서 계시되신 하나님께 대한 신뢰의 전제로서 함께 규정되어야 한다.

개혁주의 신학 안에서 전통적으로 믿음의 행위를 앎, 동의, 신뢰라는 논리적으로 연속된 세 가지 계기로 분석하는 것은 알브레히트 리츨 이래로 다소간 격렬한 비판의 대상이 되었다. 리츨은 멜란히톤의 1521년의 『신학개론』(Loci) 초판(위의 각주 138을 보라)을 참고하여 믿음 개념을 하나님께 대한 신뢰에 제한시켰으며, 앎과 동의를 신뢰의 믿음과 결합시켜 파악했다. 하지만 이 결합은 루터와 멜란히톤의 후기 진술(이미 『변증론』 IV)이 이미 명시적으로 표현했던 것이다. 멜란히톤은 그 결합 안에서 믿음의 개신교적 이해가 가톨릭적인 이해와 혼합되어 있다는 중세기적 잔재 혹은 결과를 발견했다.[160] 빌헬름 헤르만은 이 비판을 전적으로 동의(assensus) 개념에 집중시켰다. 그는 앎이 믿음의 앞선 조건이라는 것은 인정했다. 그러나 그것은 예수의 "사실성" 곧 그의 "내적인 삶"을 아는 것으로서 어떤 교리에 대한 지식으로 이해될 수 없고, 그래서 동의와 결합될 수 없다고 말했다.[161] 헤르만의 제자인 칼 바르트는 이에

---

160   A. Ritschl, *Fides implicita. Eine Untersuchung über Köhlerglauben, Wissen und Glauben, Glauben und Kirche*, 1890, 84ff.

161   W. Herrmann, *Der Verkehr des Christen mit Gott im Anschluß an Luther dargestellt* (1886), 5.Aufl. 1908, 180, 비교. 173–190, bes. 177f.

반대했다. 바르트는 루돌프 불트만과 마찬가지로 예수의 사실성을 단지 케리그마의 말씀 안에서 만날 수 있다고 생각했다. 이에 따라 바르트는 바로 동의(assensus)의 개념을 전면에 내세웠다. 물론 그것은 헤르만이 거부했던 어떤 교리에 대한 동의라는 의미는 아니었다. 그것은 하나님의 말씀에 마땅히 상응하는 순종의 승인을 가리키는 용어였다. 여기서 바르트는 헤르만과는 달리 "승인"(Anerkennen)이라는 강력한 개념을 만들어냈다. 승인하는 대상에 대한 앎은 결코 그 승인보다 앞설 수 없다. 이에 따라 바르트는 믿음 개념의 전승된 세 가지 계기들의 순서를 명확하게 바꿨다. 옛 교의학의 의미로 말하자면, 우리는 "먼저 assensus(동의, 승인)를 말하고, 그다음에 비로소 인식(notitia)을 말해야 한다."[162] 믿음의 대상에 대한 인식(Erkennen)은 승인(Anerkennen)의 결과로서 비로소 생성된다. "다른 어떤 앎도, 어떤 종류의 인식과 고백도 승인보다 앞설 수 없다. 오히려 믿음의 모든 인식과 고백은 승인 안에 포함되어 있고, 승인이 본래적·근원적으로 순종의 자유로운 행동이라는 사실의 결과로서 가능하다."[163] 그러나 우리는 전혀 알지 못하는 어떤 것을 승인할 수 있을까? 바르트는 자신의 이해를 위해 바울이 특징적으로 믿음을 순종으로 부르는 것(롬 1:5)을 인용했고, 이 점에서 자신이 불트만에 가깝다는 사실을 바르게 인정했다.[164] 그러나 바울이 믿음을 복음의 사도적 권위에 대한 **맹목적**

---

162 K. Barth, *KD* IV/1, 1953, 848.

163 K. Barth, 같은 곳. 이러한 전제 아래서 바르트는 믿음과 결합된 인식과 앎의 필연성에 대한 설득력 있는 논의를 시작할 수 있었다. 같은 곳, 특히 854를 보라.

164 그러나 바르트는 불트만(또한 헤르만)에 대하여 단지 부정적인 의미, 곧 믿음의 행위가 성서 본문들 혹은 교회의 명제들을 참된 것으로 간주하는 것에 근거하지 않는다는 의미에서만 동의한다고 말했다(*KD* IV/1, 850). "성서가 증언하고 교회가 선포하는 살아 계신 주님 예수 그리스도께서" 믿음의 순종의 대상이라는 긍정적인 사실에서는 그들과 의견이 일치하지 않는다는 것이다. 참고. Bultmann, *Theologie des Neuen Testaments*, 1953, 310ff. 그곳의 312쪽에서 바르트(같은 곳, 848)가 믿음을 "자유로운 순종의 행동"이라고 말한 것이 글자 그대로 수용되고 있다. 그러나 불트만은 특징적이게도 그 행동이 "의심으로부터 보호되어야 하며…일종의 성취여야 한다"(311)고 말한다. 그러나 그 성취는 맹목적 순종이 지성을 희생시킨다는 것을

순종으로 규정했을까? 불트만 자신도 들음으로부터 생기는 믿음(롬 10:17)
이 "그렇기 때문에 필연적으로 **앎**(인식)을 포함한다"고 말했다. 이렇게 본다
면 바울도 "때로는 앎이 믿음의 근거가 된다"고 말했을 수 있다.[165] 그러나
왜 바울은 겉으로만 그렇게 말한 것으로 보일까? 소식을 듣는 것이 실제로
는 앎(인식)을 불러일으키고, 그다음에 그 앎(인식)으로부터 믿음의 신뢰가 자
라난다고 말할 수는 없을까? 바울이 믿음의 "순종"에 대해 말했을 때, 이 과
정 전체를 가리켰다고 생각할 수는 없을까? 불트만에 의하면 사태는 이렇게
진행될 수 없다. 왜냐하면 "선포의 말씀은 역사적 사건들에 대한 보고가 아
니며, 객관적 사태에 대한 어떤 가르침 곧 실존의 변화 없이 진리로 받아들
일 수 있는 가르침이 아니기 때문이다. 말씀은 바로 케리그마, 말 건넴, 요청,
약속이며, 하나님의 은혜의 행동 그 자체다. 그러므로 말씀을 수용하는 믿음
은 곧 순종, 승인, 고백이다."[166] 불트만에 의하면 그렇기 때문에 바울도 실제
로는 우리에게 보이는 것과 달리 앎과 지식이 믿음의 근거라고 말하려고 하
지 않았고, 다만 가끔 그런 경우가 성립된다고 말한 것이다. 그러나 믿음을
선포의 권위적 주장에 대한 맹목적 순종으로 이해해서는 안 되지 않을까?
오히려 믿음을 믿는 자의 현존재의 가능성들뿐만 아니라 그와 만나는 현실
성을 이해하는 믿음으로, 그것들을 선포의 내용에 대한 앎을 통해 이해하고
그 앎이 중재하는 진리에 순종하는 긍정을 통해 이해하는 믿음으로 파악해
야 하지 않을까? 이미 오토 베버가 이 점과 관련해서 바르트와 불트만을 전
적으로 따르려고 하지 않았던 것은 충분히 이해할 만하다. 하지만 베버도 믿
음을 믿음의 내용에 대한 앎이나 동의에 근거시키는 것을 회피하려고 시도
했다. 베버는 순종의 계기 대신 신뢰를 처음에 위치시켰고, 그렇게 해서 분명

뚜렷이 의미하지 않을까? 특별히 그 순종이 마치 "자유로운 행동"인 것처럼 헌정될
때는 더욱 그렇지 않을까?

165 R. Bultmann, *Theologie des Neuen Testaments*, 1953, 313. 이 부분은 로마서 6:8f. 그리
고 고린도후서 4:13f.에 대한 주석이다.

166 R. Bultmann, 같은 곳, 314.

히 드러나거나 직접 언급하지는 않았지만 리츨의 이해로 되돌아갔다. 베버에 의하면 믿음은 신뢰로부터 확신에 도달하며, 확신(믿음의 확신)으로부터 순종과 사랑을 건너 앎에 도달한다.[167] 베버는 믿음이 사태를 참으로 여기는 행위에 근거한다고 생각할 때, 믿음의 인격적 특성과 말씀 안에서 우리와 만나시는 하나님의 인격적 사역이 오인된다고 본다.[168] 물론 베버는 말씀에 호소하는 것이 앎(인식) 없이 인간에게 도달할 수 없다는 점을 인정한다. "믿음은 자기 자신으로부터 살아갈 수 없다. 믿음은 말 건넴 곧 외부의 말씀을 필요로 하며, 이 점에서 앎(notitia)을 필요로 한다."[169] 그러나 여기서 앎은 단지 신적 "당신"이 건네시는 말씀에게만 향하는가? 말씀을 통한 이러한 말 건넴이 그 말씀의 내용과 분리될 수 있는가? 그리스도교의 메시지에 대해 그 소식의 말 건넴은 그것의 내용을 통해, 다시 말해 예수의 십자가와 부활의 소식을 통해 믿음에 도달한다는 사실은 타당하다. 그러므로 구원이 약속되어 있는 믿음에 도달하는 것은 그 내용의 앎을 통해, 즉 하나님이 그를 죽은 자들 가운데서 일으키셨다(롬 10:9)는 "사실"에 대한 동의를 통해 중재되는 것이다.

믿음은 신뢰의 인격적 행위로서 최종적으로는 오직 하나님께만 관계된다. 그러나 하나님께 대한 믿음의 인격적 관계는 하나님의 역사적 자기 계시와 그것에 대한 앎을 통해 중재된다. 바로 이 점에서 믿음은 자신의 완전한 규정을 획득한다. 이렇게 해서 하나님을 믿는 그리스도교적 믿음은 하늘의 아버지를 믿는 동시에 그의 아들 예수 그리스도를 믿는 믿음이

---

167 O. Weber, *Grundlagen der Dogmatik* II, 1962, 296-313.

168 O. Weber, 같은 곳, 300. 여기서 베버는 믿음을 "나-그것-관계"에 근거시키는 경우에 생기는 표현, 곧 앎과 동의를 앞세우는 표현에 반대한다. 프리즈(H. Fries)는 믿음을 일차적으로 인격적으로 이해하는 것과 비교하는 유익한 분석을 제시했다. 위의 각주 118f.를 보라.

169 O. Weber, 같은 곳, 302. 또한 300. 마지막 부분에서 베버는 이렇게 덧붙인다. 이 경우에 앎(notitia)은 "나-그것-관계"(Ich-Es-Verhalten)가 아니다. 왜냐하면 말씀 안에서 "당신"이 우리와 만나기 때문이다.

된다. 예수는 우리를 위해 죽음과 죄를 극복하신 분이다. 물론 이미 아브라함이 자신의 믿음을 통해 하나님 앞에서 의롭다 하심을 얻었다(창 15:6). 그러나 아브라함이 믿었던 약속은 바울에 의하면 그리스도의 오심을 향한 것이었다(갈 3:8; 비교 롬 4:11). 그러므로 아브라함의 믿음도 이미 암묵적으로는 그리스도-믿음이었다. 왜냐하면 그가 믿은 하나님은 세상의 구원을 위해 자기 아들을 보내심으로써 자신의 약속을 성취하실 분이었기 때문이다(비교. 요 8:56). 모든 믿음은 아브라함의 믿음과 유비를 이룬다. 하나님께 대한 모든 참된 믿음은 예수 그리스도가 오시기 전에도, 또한 교회의 그리스도 선포가 효력을 갖는 영역 밖에서도 이미 암묵적으로 교회의 그리스도-믿음과 관계되어 있다. 그리스도-믿음은 역사 속에서 인류의 구원을 위해 행동하시는 하나님께 대한 믿음의 완전한 형태다. 그리스도교적 믿음은 자신의 이러한 규정을 자신의 토대가 되는 하나님의 역사적 자기계시와 그것에 대한 앎을 통해 획득한다.

하나님과의 관계에서 믿음이 역사적 경험과 그것의 중재에 의존한다는 것은 믿음이 살아 계신 하나님께 의존하고 있다는 것을 보여준다. 하나님은 피조물의 현존재 안에서 파악될 수 없는 근거이실 뿐만 아니라, 창조 전체의 구원자와 완성자이시다. 바로 이러한 역사성 안에서 믿음의 본질적 속성이 완전히 드러난다. 여기서 참된 하나님 믿음은 그와 동시에 원초적 신뢰의 거짓된 구체화와 맞선다(인간은 이미 원초적 신뢰 안에서 살고 있고, 그 결과 피조적 권세들을 향하게 된다). 믿음의 무흠성은 우선 믿음이 자기 자신으로부터가 아니라 주어진 하나님의 현실성으로부터 살아간다는 사실을 뜻한다. 이것은 이스라엘의 역사 안에서, 그리고 그 역사의 나사렛 예수 안에서의 종말론적 완성 안에서 일어난 그분의 계시로부터 살아간다는 것을 뜻한다. 믿음이 그 내용의 진리와 현실성의 보증이라는 사실을 인정한다면, 그때 믿음은 사실 자신의 모든 내용을 지탱하는 근거로 선언된다. 이와 함께 믿음의 본질의 급진적 역전이 등장한다. 왜냐하면 믿음의 본질은 자기 자신이 아닌 타자로서의 하나님을 신뢰한다는 데 있으며, 그래서 자기 실존의 근거를 "자신의 외부"(*extra se*)에 두고 있다는 데 있기 때문이다. 오직 하나님의 현실성과 그분의 역사적 계시가 믿음의 행위 주체에게 명확하게 제시될 때만, 믿는 자는 자기 자신이 아니라 하나님을 신뢰한다는 사실을 확신할 수 있게 된다. 이같이 하나님과 그분의 계시가 믿음의 근거로서 앞서 주어져 있다는 사실은 믿음의 주관적 실행에서 믿음의 신뢰와 하나님 및 그분의 계시에 대한 앎 사이의 구분을 통해 표현된다. 계시는 인류 역사의 공적 성격 안에서 그러한 믿음의 신뢰의 근거로서 주어져 있다.

물론 이미 역사적 사건들—교회의 선포에 따르면 이 사건들 안에서 하나님은 자기 자신을 계시하셨다—에 대한 앎은 모든 역사적 지식과 마찬가지로 최선의 경우에도 개연적이며, 그것이 주장하는 사실성은 사실은 물론 그 사실에 속한 의미와 관련해서도 많은 종류의 비판에 노출되어 있다. 그래서 고트홀드 에브라힘 레싱 이래로 역사적 지식은 그리스도교적 믿음의 확신의 토대로서는 언제나 불완전하다고 판단되어왔다.[170] 그러나 우리는 다음의 사실을 분명히 밝혀야 한다. 하나님께서 인간의 역사 세계 안에 개입하신다는 확신, 그리고 그 역사 속 사건들의 매우 특정한 순서 안에서 자신을 계시하신다는 확신은 모든 역사적인 앎을 둘러싸는 상대성과 잠정성 없이는 얻을 수 없는 것이다. 이 사실은 특별히 예수 그리스도에 관한 그리스도교 전승 안에서 주장되는 많은 사건들의 특이한 성격을 고려할 때 더욱 분명해진다. 여기서 제기되는 역사적이고 철학적인 이의제기는 오직 논증의 영역을 거칠 때만 바르게 취급할 수 있다. 다시 말해 그리스도교적 믿음의 신뢰에 전제된 역사적 인식 자체를 믿음의 일로 선언하고, 그와 함께 모든 비판으로부터 벗어나는 것으로 여기는 방식으로는 그런 이의제기들을 바르게 다룰 수 없다. 그런 식으로 대처하면 믿음은 자기 근거의 곡해에 빠질 것이고, 그 결과 믿음에 앞서 주어진 역사

---

170   G. E. Lessing, *Über den Beweis des Geistes und der Kraft*, 1777. "역사의 우연한 진리들은 결코 이성의 필연적 진리들의 증명이 될 수 없다"(*Lessing's Werke*, hg. Chr. Groß, 16. Theil 12).

적 근거를 바르게 의식할 수 없을 것이다. 모든 역사적 지식을 권위로 중재하는 시대가 끝난 이래로 우리가 믿음의 역사적인 근거를 바르게 의식할 수 있는 것은 오직 우리가 그 의식과 결합된 역사적-주석적 지식의 상대성을—믿음의 역사적 토대를 언제나 또다시 검증하고 그것의 이미 현존하는 서술들을 필요한 곳에서 개정할 준비와 함께—수용할 때다. 믿음의 내용의 확실성에 대한 전통적인 이해도 그때 개정이 필요하게 된다. 믿음 자체의 진리 의식도 믿음의 대상에 대한 우리의 지식의 상대성과 잠정성에 공간을 부여해야 한다. 이 사실은 많은 그리스도인에게 아직 익숙하지 않다. 그러나 반드시 알아야 할 것은 그렇게 할 때 믿음의 진리에 대한 확신이 파괴되는 것이 아니라 오히려 강화된다는 사실이다. 왜냐하면 그렇게 할 때 그리스도교적 의식은 하나님께서 자신을 인류와 결합시키신 역사적 현실성의 본래적 특성을 향해 개방되기 때문이다. 역사적 지식의 한계성과 잠정성은 긴 시대에 걸쳐 그리스도교적 사유를 지배했던 교리주의, 즉 절대적 진리를 스스로 주장하는 교리주의에 반대해서 그리스도교적 믿음에게—하나님의 궁극적 미래의 이편에 있는 믿음 자체의 잠정적 상황 안에서—자신의 본래적 본질에 대해 더욱 깊이 숙고할 수 있는 기회를 부여할 것이다. 믿음의 대상 자체에 대한 확신과 관련되는 것처럼 그리스도인들의 하나님 신뢰는 또한 다음과 같은 냉철한 확신의 근거가 된다. 그것은 어떤 역사적 비판도 하나님의 계시의 진리를 파괴할 수 없다는 확신, 나아가 예수의 역사에 대한 비판적 주석과 재구성의 결과들로부터 하나님의 계시의 진리가—그 계시가 정말로 예수의 역사 안에서 사건으로 발생했다면—언제나 또다시 등장한다는 확신이다. 그럼에도 불구하고 그 과정에서 언제나 또다시 필요한 것은 교회의 믿음의 전승들 안에서, 나아가 이미 성서 본문들 자체 안에서 믿음의 근거가 되는 하나님의 계시의 내용을, 그것을 서술하는 시대적으로 제약된 형식들로부터 구분하는 일이다. 빌헬름 헤르만이 도입한 구분, 곧 믿음의 근거와 믿음의 사고(Gedanken) 사이의 구분이—비록 이 구분은 헤르만이 제시한 형태로 받아들여지지 않고 있지만—계속해서 중요한 이유는 바로 그 사실에 놓여 있다.

d) 믿음의 근거와 믿음의 사고

역사 의식과 역사 해석학의 발전은 역사적 체험과 전승 과정 안에서 일어난 그 체험의 언어적 표현 형식의 시대적 제약에 대한 통찰을 이끌어 냈다. 그 결과 모든 역사적 증언과 해석들이 각각의 관점과 상대성을 갖는다는 사실이 드러났다. 빌헬름 딜타이와 에른스트 트뢸치의 저작들 안에서 이러한 통찰의 원칙적 중요성이 후대에 표준이 되는 방식으로 서술되었다.[171] 이 통찰은 또한 그리스도교적 믿음의 역사적 대상, 예수의 인격과 역사에 대한 원시 그리스도교의 증언들, 또한 그것에 근거한 후대의 모든 교리적 진술과 역사 서술에도 해당한다. 그러나 통상적인 역사적 상대성은 대상의 정체성, 곧 다양한 증언과 해석이 서로 관련되면서 상대성 자체를 평가하는 기준이 되는 정체성을 배제하지 않는다. 물론 여기서 자신의 대상에 대한 해석의 차이는 제3의 장소에서 비로소 결정될 수 있다는 사실에 주의해야 한다. 이 점은 해석되어야 하는 본문과 사태들을 언급하는 가운데 앞선 해석들의 적합성을 의문시하는 새로운 해석과 관련해서 특히 주의해야 한다. 그 자체로만 본다면 모든 해석은 사태 자체를 묘사한다고 주장한다. 이것은 모든 진술 명제가 자신이 언급하는 사태의 진리성을 주장하는 것과 마찬가지다. 어떤 해석자가 자신의 진술의 고유한 관점과 수정 가능성을 의식적으로 염두에 둔다고 해도, 그는 대상—그의 진술에 해당하며 믿음에게 그것이 의지하고 있는 근거와 함께 주어져 있는

---

171 나의 논문 "Über historische und theologische Hermeneutik" in: *Grundfragen systematischer Theologie* 1, 1967, 123-158을 참조하라. 이 논문은 그 통찰이 신학에 대해 제기하는 문제점을 우선적으로 딜타이(Dilthey)의 사상을 수용하며 다루었다. 또한 나의 책, *Wissenschaftstheorie und Theologie*, 1973, 105-177을 보라. 이 부분은 에른스트 트뢸치(Ernst Troeltsch)의 저작과 관련되어 있다.

대상—의 진리성을 향한 그의 의도를 결코 배제하지는 않는다. 이것은 이 중의 의미에서 타당하다. 즉 해석이 그 대상과 일치한다는 것에 대하여, 그리고 대상이 되는 사태 자체가 영향력을 미치는 영역에 대하여 타당하다. 후자의 의미에서 요한이 서술하는 그리스도는 자기 자신을 "진리"로, 말하자면 만물의 근거가 되고 만물을 지탱하고 요약하는 하나님의 진리(emet)와 하나라고 지칭한다(요 14:6). 이 진술은 종말론적 의식에 철저히 상응하는데, 예수 자신은 그 의식과 함께 등장하셨다. 그러므로 예수의 인격과 역사에 대한 모든 해석은 그 대상을 적절하게 해석했다는 주장과 함께 예수 자신의 등장을 규정하는 진리 주장과 관계되며, 그리스도교적 믿음은 바로 그 진리가 예수의 부활을 통해 확증되었다는 데 근거한다. 이에 따라 모든 믿는 자들의 진술은 그들의 믿음의 근거로부터 살아간다. 믿는 자는 자신의 역사성을 의식하고 있고, 자신의 믿음의 근거인 구원 사건의 진리성에 대한 지식이 그 역사성을 통해 제약되어 있다는 원칙적 한계도 알고 있다. 믿는 자는 또한 자신의 믿음을 지탱해주는 근거에 대한 자기 이해의 일반적 잠정성과 수정 필요성도 예견하고 있다. 물론 이것이 믿음의 근거 자체의 궁극적 진리, 곧 반복될 수 없는 하나님의 미래의 돌입으로서 예수의 역사의 종말론적 성격과 결합되어 있는 진리를 해치는 것은 아니다. 그리스도교적인 삶의 현재가 예수 그리스도 안에서 이미 돌입한 하나님의 궁극적 미래—우리는 그 미래의 완전한 성취를 아직은 기다리고 있다—로부터 구분된다는 의식은 사도 바울이 우리의 지식의 부분적인 특성에 관한 묘사(고전 13:12)에서 이미 말한 적이 있다. 여기서 일차적으로 믿음이 자신의 본래적 근거와 대상에 대하여 아는 지식이 생각되어야 한다. 원시 그리스도교적 종말론으로부터 흘러나온 사도 바울의 그러한 통찰은 인간적 경험과 그 내용의 해석이 갖는 역사적 상대성에 대한 현대적 의식에 수렴한다. 그러나 이 의식은 과거에 사도 바울 자신에게서와 마찬가지로 오늘날도 철저히 믿음의 확신 곧 예수 그리스도 안에서 하나님의 궁극적 진리와 결합되어 있다는 확신과 조화될 수 있다. 그 진리는 우리의 이해는 물론 현재 세계의 모든 지식을 넘어서는 것이다.

　바로 이 문제가 빌헬름 헤르만이 자기 방식으로 믿음의 근거와 믿음의 사고를 구분하며 고려했던 것이다. 믿음의 대상인 예수 그리스도의 역사적 현실성은 그 무엇으로도 능가되지 않는 하나님의 진리를 포함하고 있다. 그리스도인들은 믿음의 사고를 통해 바로 그 믿음의 대상을 표현해 왔다. 하지만 믿음의 사고는 하나님의 진리와 달리 역사적으로 상대적이고 시대적으로 제약되어 있으며, 반복 가능하다.

　이 주제와 근본적으로 관련된 논문에서 빌헬름 헤르만은 믿음과 선포의 "내용"에 대해서도 말했다. 그 내용은 믿음의 근거와는 구분되어야 한다는 것이다.[172] 후기에 펴낸 저서들 안에서 헤르만은 그 내용을 파악하고 표현하는 사고, 곧 "믿음의 사고"(Glaubensgedanken)에 대하여 더욱 정확하고 오해의 소지가 없게 말했다.[173] 여기서 구체적으로 중요한 것은 헤르만이 마르틴 켈러와는 달리 부활하시고 높여지신 그리스도에 대한 사도들의 선포를 믿음의 근본적 대상에 대한 원시 그리스도교적 해석으로 이해했다는 사실이다. 다시 말해 그는 그 선포를 "우리의 믿음의 (최종적) 입장과 근거"로 이해하지 않았다.[174] 오히려 믿음의 근거는 "역사적 그리스도…곧 우리에게 그의 인격적 삶의 권능을 통해 하나님이 우리에게 미치는 작용을 우리로 하여금 경험할 수 있게 해 준" 그리스도라는 것이다.[175] 이처럼 헤르만은 믿음의 사고—"이것 안에서 그리스도인은 자신이 놓여 있는 새로운 현실성을 의식하게 된다"—를 믿음의 근거와 혼동하는 것과 투쟁했다. 그는 그 사고를 마치 스

172　W. Herrmann, Der geschichtliche Christus der Grund unseres Glaubens, *ZThK* 2, 1892, 232-273, 248. 헤르만이 믿음의 근거와 내용을 구분한 것에 대해 비교. W. Greive, *Der Grund des Glaubens. Die Christologie Wilhelm Herrmanns*, 1976, 98-105.

173　W. Herrmann, *Der Verkehr des Christen mit Gott* (1886), 5.Aufl. 1908, 31ff., 37.

174　각주 172에 인용된 W. Herrmann의 논문, 250을 보라.

175　W. Herrmann, 같은 곳, 263. 이에 대해 비교. W. Greive, 같은 곳, 101f., 또한 136ff.

1. 믿음　│　261

콜라적-가톨릭적 믿음의 법칙인 것처럼 보았다. "구원받은 어떤 다른 사람의 생각들이 나를 구원할 수는 없다." 믿음의 근거는 유일무이하게 홀로 "인간 예수"만이다.[176] 그래서 헤르만에게는 예수의 부활에 대한 사도들의 소식마저도 믿음의 근거에 속하지 않고, 믿음의 표현 곧 예수의 제자들의 믿음의 사고에 불과했다.[177] 이 이해에 반대했던 사람은 마르틴 켈러만이 아니었다.[178] 헤르만처럼 알브레히트 리츨의 신학의 편에 섰던 튀빙엔의 교의학자 테오도르 헤링도 예수의 부활은 반드시 믿음의 근거로 생각되어야 한다고 주장했다.[179]

헤르만에게 가해진 비판은 믿음의 근거를 믿음의 사고로부터 명확하게 구분하는 것이 어렵다는 것을 보여준다. 그럼에도 불구하고 헤르만의 구분이 정당하다는 것에는 의심의 여지가 없다. 하지만 그 구분은 다르게 규정되어야 한다. 헤르만은 모든 믿음의 사고들의 배후에 놓인 믿음의 근거를 그 자체로서, 즉 어떤 혼합의 영향도 받지 않은 채로 파악할 수 있다고 주장했다. 이에 대해 우리는 믿음의 근거, 곧 예수의 인격과 역사는 언

---

176 W. Herrmann, *Der Verkehr des Christen mit Gott*, 5.Aufl. 1908, 31,33,37.

177 이에 대해 W. Greive, 같은 곳, 106ff.를 보라, 여기서 그라이베는 헤르만이 주저인 *Die Religion im Verhältnis zum Welterkennen und zur Sittlichkeit*, 1879, 387ff.를 발표한 다음 시기에 나온 그의 진술들을 모아서 제시한다.

178 소위 사실사적 역사의(historische) 예수와 역사적(geschichtliche)·성서적 그리스도에 관한 켈러의 1892년의 논문이 중심 내용에서 이미 헤르만과 관계되어 있다. *Der sogenannte historische Jesus und der geschichtliche, biblische Christus*, 20f. 1896년의 개정판에서 켈러는 그런 주장에 반대하며 명시적으로 헤르만과 논쟁한다(149-206, 특히 192). 1953년에 볼프(E. Wolf)가 발행한 켈러의 새로운 개정판의 40f.를 참고하라.

179 Th. Häring, Gehört die Auferstehung Jesu zum Glaubensgrund?, *ZThK* 7, 1897, 331-351, bes. 337ff., 341f. 헤링의 비판은 직접적으로는 막스 라이슐레를 향한 것이었다. Max Reischle, Der Streit über die Begründung des Glaubens auf den "geschichtlichen" Jesus Christus, *ZThK* 2, 1897, 171-264, bes. 201ff., 221ff. 그러나 중심 내용에서 그 비판은 라이슐레를 따르고 있었던 헤르만에 대한 것이다.

제나 단지 특정한 해석의 형태 안에서만, 다시 말해 믿음의 사고가 중재하는 가운데서만 파악될 수 있다는 사실을 말해야 한다. 먼저 주어져 있는 해석들에 대한 비판적 성찰이 있을 때 비로소 (믿음의 근거인) 믿음의 대상과 그것에 대한 비판적 해석의 형태들은 서로 나눠질 수 있다. 그러나 여기서 믿음의 근거는 오직 새로운 해석의 형태로서만 옛것 곧 불충분하게 보이는 해석들과 대립할 수 있다. 이에 대한 인상적인 예는 도덕적 숭고함을 표현하는 "예수의 인격"에 관한 헤르만 자신의 이해다. 헤르만은 이러한 상을 논쟁의 소지가 없는 역사적 사실로, 나아가 예수 자신의 역사적 현실성의 핵심으로 여겼다. 하지만 이 상은 헤르만 자신의 사고의 후기 국면에 이르러서는 요한네스 바이스로부터 시작된 주석적 이해, 곧 예수의 메시지를 점점 더 철저히 종말론적으로 각인된 것으로 가르친 이해에 직면하여 비역사적인 것으로 입증되었다.

특정한 해석 형태를 참된 것, 다시 말해 적절한 것으로 여길 때, 그 해석이 주장하는 것은 그것의 대상과 일치하고, 그런 의미에서 그것의 역사적 현실성에 대한 적절한 서술이라고 관찰된다. 거꾸로 어떤 이유에서 사실이라고 전승된 것이 더 이상 사실로 인정될 수 없는 경우에—헤르만에게는 예수의 부활이 그러했다—그 해당되는 부분의 전승은 단순한 해석에 지나지 않는 것으로 보이게 된다. 이로부터 부차적으로 다음의 결과가 나온다. 여러 가지 서로 다른 해석들은, 마치 그 사실성이 변경되는 해석의 영향을 받지 않는 것처럼, 오직 사실의 **의미**(Bedeutung)에만 관계되지는 않는다는 결론이다. 오히려 서로 다른 해석들에 있어 사실들은, 비록 그 해석들 안에서 용해되어버리지는 않는다고 해도, 최소한 다르게 묘사된다. 사실과 의미 사이의 구분은 믿음의 근거와 믿음의 사고 사이의 구분과 유비를 이루면서 각각의 해석의 도구에 속한다. 어쨌든 이미 전승의 역사적·해석학적 관계를 통해 깊은 영향을 받은 해석들의 유형들에 관한 한, 확실히 그렇게 말할 수 있다.

사건의 의미(Bedeutung)는 사실의 해석(Deutung)을 통해 파악된다. 사실과 의미의 구분 속에서 해석 대상의 정체성에 대한 해석들(전통적이거나 낯선 혹은 드물게는 본래적인 해석들)의 역사성과 잠정성의 의식이 나타난다. 이러한 의미에서 믿는 자도 또한 믿음의 근거(믿음에 귀속되는 궁극적 성격과 함께)와 믿음의 그때마다의 인식의 잠정성 사이의 구분을 의식할 수 있게 된다. 이를 통해 믿는 자 각자에게 고유한 믿음의 인식은 다른 인식들과 마찬가지로 원칙적으로 상대화되며, 그 결과 그것은 단순한 믿음의 사고가 된다. 이와 함께 다원주의적인 신학 교리의 형성이 적법한 것이 된다. 그럼에도 불구하고 해석의 상대성과 고유한 관점이 믿음의 본래적 인식이 주장하는 진리의 정당성에 대한 확신을 해친다고 생각할 필요는 없다. 이 점에서 그 확신은 설득력 있게 제시될 수 있는 이유들에 기초하고 있다고 말할 수 있다.

해석의 다원성은 각각의 해석이 자신과 관계되는 사실의 의미와 무관하게 파악되어도 좋다는 뜻은 아니다. 의미는 사실 자체에 고유한 것이며, 해석을 통해 생성되는 것이 아니다. 이 점은 어떤 해석이 철저히 해석된 사실의 참된 의미를 놓칠 수 있고, 그렇게 해서 새로운 해석의 시도를 위한 기회가 된다는 통찰을 통해 드러난다. 거꾸로 다수의 해석들 안에서 해석되는 사태 자체의 의미는, 해석들이 사태 자체에 비추어 측정되면서 일어나는 갈등들 안에서 그 사태가 갖는 의미의 계기들이 등장하는 정도에 따라 타당성을 획득한다. 이런 과정을 통해 해석들의 상호 투쟁 안에서 의미가 전개—바람직한 경우로는 진보적으로 전개—되는 가운데 사태 자체에 다가가게 된다. 이 경우에 해석 사건은 해석되는 사태에 외적인 것이 아니며, 오히려 그 사태가 본래의 속성을 가지고 등장할 수 있게 해준다. 이러한 의미에서 마르틴 켈러는 사도들의 그리스도 소식이 예수에 대해 갖는 관계를 파악했고, 그에 따라 사실사적 역사의(historische) 예수에 대한 질문과 또한 믿음의 근거 및 믿음의 사고에 대한 헤르만의 구분에 맞서

"성서에 따른 역사적(geschichtliche) 그리스도"를 주장할 수 있었다.[180] 켈러가 이 주장을 작용사(Wirkungsgeschichte)[181]의 원칙을 통해 정당화한 것은 어쨌든 충분하지 않고, 사태와 해석, 믿음의 근거와 믿음의 사고 사이의 비판적 구분에 마땅히 주어져야 하는 정당성을 충분히 인정하지 못했다. 역사적 인물의 형태로부터 시작되는 모든 "작용"이 똑같은 독특성을 남기는 것은 아니다. 어떤 역사적 인물의 고유한 독특성이 거꾸로 그것의 작용들에 의해 은폐되는 경우도 허다하다. 이와 동일한 경우가 그런 인물의 형태를 직접 경험한 해석들에도 해당된다. 해석 가운데 단지 특정한 역사적 인물에게 독특한 의미를 명백히 드러내는 것만이 켈러의 의미에서 그 인물과 분리될 수 없이 결합된 것으로 인정될 수 있다. 이 사실은 사도들의 그리스도 메시지와 관련해서 원시 그리스도론에 대한 오늘의 전승사적 연구의 관점에서도, 그리스도론적인 칭호의 역사는 물론 그리스도의 높여지심과 선재의 표상에 대한 오늘의 관점에서도 주장될 수 있다. 여기서 믿음의 근거와 믿음의 사고 사이의 구분, 그리고 예수의 역사적 현실(해링에 의하면 이것에는 부활 사건도 포함되어야 한다)과 원시 그리스도교 안의 그리스도론의 역사 사이의 구분은 이미 전제되어 있다. 이러한 발전 안에서 등장한 모든 그리스도론적 표상은 균일하게 예수의 인격과 역사[182]에 독특한 의

---

180   M. Kähler, *Der sogenannte historische Jesus und der geschichtliche, biblische Christus*, 1892, 21(=Wolf 1953, 42). "부활하신 주님은 복음서 배후에 있는 역사의 (historische) 예수가 아니라, 오히려 사도들이 설교했던 신약성서의 그리스도이시다"(20=Wolf, 41).

181   M. Kähler, 같은 곳, 19(=Wolf, 37ff.)은 이렇게 주장한다. 한 인간이 "역사적인 실체"(geschichtliche Größe)인 것은 그가 자신의 계속 지속하는 작용의 원인자와 실행자라는 사실에 한해서다(37). 그러므로 어떤 중요한 인물의 형태와 관련된 참된 역사성은 후대가 뚜렷이 느낄 수 있고 보존할 수 있는 인격적 작용이다(Wolf, 38). 예수의 경우에 이것은 "그의 제자들의 믿음"이었다(Wolf, 39).

182   예수의 인격에 대한 인식은 그의 역사와 밀접하게 결합되어 있고, 오직 이 맥락에서만 그 인격의 고유한 특성이 이해될 수 있다. 이것은 예수(부활하신 자 그리고 높여지신 자)의 인격을 그의 과거의 역사로 환원시킨다는 뜻이 아니다. R. Slenczka,

미를 적절히 표현한 것으로서 타당성을 인정받을 수 있다. 그 결과 믿음의 근거 자체의 개념이 변화한다. 아버지께 대한 예수의 아들 관계의 서술로서 선재 사상이 불가피하다면, 믿음의 근거는 최종적으로 선재하는 하나님의 아들과 동일하다. 하나님의 아들은 예수 그리스도 안에서 인간이 되셨다. 이에 상응하여, 신약성서의 정경사가 종결된 시기를 넘어서, 삼위일체론이 4세기의 삼위일체 교리에 이르기까지 발전한 것도 예수의 인격을 그 역사에 독특한 의미라는 맥락에서―다양한 그리스도론적인 해석들 사이의 모든 논쟁을 통하여―해명한 것으로서 마땅히 인정되어야 한다. 최종적으로 삼위일체 하나님께서 스스로를 믿음의 근거로서 나타내신다. 비록 삼위일체론으로 이끄는 그리스도론적 토론의 역사는 우선 믿음의 사고와 관계되어 있었다고 해도 그렇다. 그 사고가 역사적인 맥락에서 독특한 의미를 가진 예수의 인격에 대한 적절한 설명인지 아닌지는 자체적인 측정 기준에 따라 검증되어왔다. 이제 이러한 해석사의 결과가 적절한 것으로 평가된다면, 예수의 역사 안에서 행동하시는 삼위일체 하나님 자신이―예수의 역사적 현실성의 최종적·실제적인 근거로서―믿음의 근거라고 판단할 수 있다.

또한 그러한 시각에서도 예수의 역사적 형태가 지닌 의미, 그리고 그의 인격 안에 현재하는 신성이 지닌 함축적 의미에 제각기 도달했던 이해들의 역사적 제약성과 각각의 관점에 대한 비판적 의식은 마땅히 보존되어야 한다. 그 의식은 믿는 자들이 현재 거하는 세계 상황의 종말론적 잠

Geschichtlichkeit und Personsein Christi. Studien zur christologischen Problematik der historischen Jesusfrage, 1967, bes. 303ff., 346f. 모든 인간에게 인격과 역사는 일치한다. 왜냐하면 인격의 정체성은 그것의 역사를 통해 정의되기 때문이다. 비교. 나의 책, *Anthropologie in theologischer Perspektive*, 1983, 494ff. 이 내용은 다음의 저서에 기초한다. H. Lübbe, *Geschichtsbegriff und Geschichtsinteresse. Analytik und Pragmatik der Historie*, 1977, 146ff. 그렇기에 부활하신 주님 예수 그리스도는 다름이 아니라 역사적인 나사렛 예수시다. 그분이 자신의 역사이신 것은 그 역사가 하나님의 영원에 대하여 현재인 것과 같다. 이와 같이 그분은 인격 안에서 믿음의 근거이시다.

정성의 지식에 적절한 것이다. 그러나 믿음이 예수의 인격과 관련되고 그 인격을 신뢰함으로써, 그 믿음은 예수의 인격과 역사에 대한 그것의 고유한 인식이 각각의 상황에서 갖는 잠정적 형태를 넘어선다. 그 결과 믿음의 인식은 믿음의 대상을 전반적으로 통찰하는 것에, 나아가 그리스도교적 선포의 신뢰성에 확신을 더해주는 것에도 불가결한 것이 된다. 인식 자체의 이와 같은 성취 과정은 자신의 그러한 대상의 본질적 속성을 더 많이 의식할수록 그만큼 더 단순한 인식의 입장을 넘어 경배로 나아가게 된다.[183]

그러나 믿음이 단지 믿음의 사고, 즉 잠정적이고 개정을 필요로 하는 형태로서 파악된다면, 어떻게 "믿음의 근거"—역사적 현실성 안에 있는 예수 자신 내지 그 안에서 자신을 계시하시는 삼위일체 하나님—는 믿음에 대한 충분한 근거가 될 수 있는가? 이것은 영원한 지복을 단순히 "근접"이라는 흔들리는 지반 위에 근거시키려는 시도가 아닌가?[184] 우리가 신뢰의 행위를 행하는 도처에서 우리에게 신뢰로 관여해오는 그 신뢰 가능성에 대한 우리의 앎은 단지 잠정적인 지식에 근거하고 있을 뿐이다. 신뢰의 행위 안에서 우리는—그러한 잠정적 지식을 통과해 신뢰의 대상으로 나아가며—글자 그대로의 의미에서 우리 자신을 신뢰할 뿐이다. 신뢰의 행위 안에서 우리는 말하자면 자신의 현존재의 행복한 미래를 우리가 신뢰를 부여하는 그 대상에게 위탁하는 것이다. 그 미래 안에서 다소간의 근거를 가지고 우리는 우리가 신뢰하는 대상 내지 인격이 스스로를 신뢰할 가치가 있는 존재로 입증할 것이라고 가정하고 기대한다. 이 사실은 우리가 특정한 관점에서, 다시 말해 제한적으로 신뢰하는 곳만이 아니라, 또한 그 신뢰의 행위가 우리 삶 전체에, 삶의 완전성에, 미래에 완성될 그 삶

183   비교. Basilios von Caesarea, *ep.* 234,3 : ex operationibus cognitio, ex cognitione autem adoratio (MPG 32, 870).

184   참고. S. Kierkegaard, *Abschließende unwissenschaftliche Nachschrift zu den Philosophischen Brocken*, 1846, SV VII, 501 = Ges. Werke hg. E. Hirsch 16/2,286.

의 안녕과 구원에 관계되는 곳에서도 타당하다. 종교적 믿음은 그러한 무제한적인 신뢰다. 왜냐하면 제한 없이 신뢰할 수 있는 대상은 오직 하나님밖에 없기 때문이다. 하나님은 우리의 현존재 전체를 권능으로 다스리며, 그것의 창조자이시다. 모든 유한을 능가하는 그런 포괄적 신뢰의 기대 안에 놓인 미래의 선취가 이제 예수의 역사의 구조에 상응한다. 왜냐하면 그역사 안에서—예수의 죽은 자들 가운데서의 부활 안에서, 그러나 또한 이미 가까이 다가온 하나님 나라의 선포 안에서, 그리고 그 나라에 근거를둔 그의 권능의 사역들 안에서—하나님의 미래와 세상의 구원이 "예기적"으로 현재하기 때문이다. 그렇기에 예수의 역사는 내용적으로 규정된그것의 구조 안에서 약속의 형태를 갖는다(믿음은 이 약속에 상응한다). 그렇기에 그분 자신에게 독특한 역사적 현실성과 관련된 예수의 인식은 믿음의 행위로 건너가는 사태의 근거가 될 수 있다. 여기서 믿음은 우리의 인간적 인식의 상대성을 해치지 않은 채 예수를 통해 아버지께로 향한다. 예수의 인식은 현재하는 모든 것을 능가하는 종말론적 구원의 미래에 직면할 때, 비로소 완전히 밝게 드러나게 될 것이다. **약속**과 **믿음**의 구조적인상응은 이미 종교개혁자들의 믿음의 신학 안에서 다음의 주제, 곧 약속으로 인식된 예수 그리스도의 역사에 대해서는 오직 **신뢰**(*fiducia*)만이—왜냐하면 오직 이것이 약속을 약속으로서 받아들이기 때문에—고려될 수 있을 뿐이라는 주제의 근거가 되었다. 이에 대해서는 예수의 역사 안에 그런약속의 의미가 사실상 본래적으로 속해 있다는 사실, 그리고 여기서 중요한 것은 하나님 자신의 약속, 즉 예수 그리스도 안에서 모든 인간에게 타당한 바로 그 약속이라는 사실이 전제되어 있다. 믿음의 확신은 바로 이사실에 근거한다.

e) 믿음의 구원 확신[185]

구원의 확신에서 중요한 것은 경험의 대상들과 관련된 확신만이 아니라, 언제나 또한 자기확신이다. 왜냐하면 하나님의 약속—이에 대해서는 앞으로 서술할 것이다—에 근거를 두는 확신은 믿는 자들 자신의 구원 및 그들의 자기존재의 무결성(Integrität)과 관계되기 때문이다.[186] 믿음의 확신이 곧 구원의 확신이기 때문에, 그 확신에서 중요한 것은 이론적인 것이 아니라 본질상 실천적인 확신이다. 왜냐하면 우리는 우리 자신의 고유한 자기존재의 무결성에 대해 일정한 거리를 두고 관계를 맺을 수 없기 때문이다. 오히려 그 관계에서 우리의 삶의 실행은 언제나 이미 이 주제와 연결되어 있다. 그럼에도 불구하고 구원의 확신이라는 주제는 대상들에 대한 이론적 관계 외에 이론적인 자기확신의 요소도 포함한다. 이것은 그런 자기확신이 그들이 체험한 직접성을 해치지 않고서도 사실상 대상의 경험을 통해 중재되고 수정될 수 있는가라는 질문과 결합되어 있다.

구원의 확신으로서 믿음의 확신이 각자 자기존재의 무결성에 대한 우리의 관심과 맺는 관계는 그 자기확신이 "자아"(Ich)의 자기경험 혹은 자기관조에 근거할 수 있다는 뜻이 아니다. 오히려 자기확신은 믿음의 확신으로서 하나님의 약속과 관계된다. 구체적인 인간들에게 개인적으로 말해지는 이 약속은 그들이 그 약속을 개인적으로 적중되는 것으로서 수용함으로써 그들 속에 있는 구원의 확신의 근거가 된다. 종교개혁 신학은 하나님의 약속에 대한 믿음을 그러한 확신과 분리될 수 없는 것으로 이해했다. 왜냐하면 하나님의 말씀에 대해서는—이 말씀이 그런 것으로 이해되는 경우에—어떤 의심도 허용될 수 없기 때문이며, 그 결과 (암묵적으로) 약속의 수용자들에게 그들이 들은 구원을 확신하라는 약속 자체의 **명령**이 하

---

185 이하 서술되는 내용에 대해 나의 책의 상세한 논의를 참고하라. "Wahrheit, Gewißheit und Glaube" in: W. Pannenberg, *Grundfragen systematischer Theologie* 2, 1980, 226-264, bes. 248ff.

186 구원의 개념에 대해서는 『조직신학』 II, 681f.를 비교하라.

나님의 약속의 본질에 속하게 된다. 이것은 약속의 수용자가 처해 있는 상태가 실제로 어떤지와는 무관하다.[187]

그러므로 종교개혁적인 믿음의 구원의 확신은 그리스도인들의 특정한 은혜의 상태에 대한 자신의 판단에 근거를 두지 않는다. 이것은 반대자들이 종교개혁의 교리를 오해한 것이다. 또한 트리엔트 공의회도 그렇게 오해했다. 공의회는 종교개혁의 진술들을 어떤 다른 좌표체계 안에서, 말하자면 인간이 자신의 고유한 은혜의 상태를 확신할 수 있는지의 질문에 대한 스콜라적 논쟁들의 맥락에서 읽었다. 그래서 트리엔트 공의회는 인간이 자신에게서 죄가 사해진다는 것을 단호히, 그리고 자신의 연약함에도 불구하고 믿어야 한다는 교리를 정죄했다.[188] 공의회의 파문은 아마도 95개의 주제를 설명한 루터의 1518년의 "면죄부 해설서"(Resolutiones)의 진술에 관련되었을 것이다. 거기서 이렇게 말해진다. 어떤 사람이 자신에게서 죄가 용서된다는 사실을 확신하지 못한다면, 그는 어떤 용서도 받지 못한 것이다.[189] 그 공의회가 이른바 참람한 구원의 확실성을 정죄했을 때, 그것이 루터의 가르침의 본래 의미에 적중하지 못했다는 사실은 오늘날 가톨릭 신학자들도 인정하고 있다.[190] 오토 헤르만 페쉬는 이렇게 선언한다.

---

187   M. Luther WA 40/1, 589 : Ideo nostra theologia est certa, quia ponit nos extra nos : non debeo niti in conscientia me...sed in promissione divina, veritate, quae non potest fallere.

188   칭의 교리에 관하여 Kanon 13은 이렇게 말한다 : Si quis dixerit, omni homini ad remissionem peccatorum assequendam necessarium esse, ut credat certo et absque ulla haesitatione propriae infirmitatis et indispositionis, peccata sibi esse remissa : an. s. (DS 1563).

189   M. Luther, WA 1, 541 : Donee autem nobis incerta est, nec remissio quidem est, dum nondum nobis remissio est, immo periret homo peius nisi fieret certa, quia non crederet sibi remissionem factam.

190   최근의 예로서 페쉬가 있다. O. H. Pesch, *Hinführung zu Luther*, 1982, 116ff. (Lit). 루터의 교리에 대한 로마 가톨릭의 판단이 개정된 것에 관한 중요한 문헌으로서 A. Stakemeier, *Das Konzil von Trient über die Heilsgewißheit*, 1947을 보라. 또한 참

"트리엔트 공의회는 루터가 거부하는 바로 그것을 거부했다. 그것은 인간 **안에서** 은혜를 확신하는 것이다." 그 공의회가 정죄한 것은 "루터의 참된 교리가 아니라 그것에 대한 잘못된 해석"이었다.[191]

이와 같이 믿음의 구원 확신은 인간의 자기경험이나 자기확신에 근거할 수 없다. 오히려 루터에 의하면 인간 자신의 인격이 믿음을 통해 새롭게 구성된다.[192] 믿음의 구원 확신을 통해 얻는 것은 특수한 주제와 관련된 특별한 확신이 아니다. 오히려 거기서 중요한 것은 인간 자신의 인격 존재를 구성하는 확신이다.[193] 믿음의 구원 확신에 관한 종교개혁적 교리의 이와 같은 근본적 의미를 게르하르트 에벨링은 데카르트의 확실성과 비교하며 발전시켰다. 데카르트는 자기확실성(확신)을 다른 모든 확실성의 근거로서의 "나는 생각한다"(*cogito*)로 소급하여 근거시켰다.[194] 어쨌든 데카르트의 "나는 생각한다"도 흔히 사람들이 이해하듯이 모든 확실성의 최종 근거가 아니고, 단지—이미 아우구스티누스에게 있어 그랬던 것과 비슷하게[195]—하나님 개념을 목표로 하는 논증의 출발점에 불과하다. 또한

고. St. Pförtner, *Luther und Thomas im Gespräch. Unser Heil zwischen Gewißheit und Gefährdung*, 1961.

191   O. H. Pesch, 같은 곳, 125.

192   M. Luther, WA 39/1, 283, 18f.: fides facit personam. 이에 대해 비교. G. Ebeling, *Lutherstudien, II Disputatio de Homine* 3. Teil, 1989, 205, 또한 그 단락 전체인 192-207. 비교. W. Joest, *Ontologie der Person bei Luther*, 1967.

193   이 견해는 타당하다. 비록 루터 자신은, 에벨링이 같은 곳 207에서 언급하는 것처럼 "인간이 인간학적인 측면에서 일반적인 유용성을 얻을 수 있는 결정적인 새로운 인격의 각인"까지 나아가지는 않았다고 해도 그렇게 말할 수 있다.

194   G. Ebeling, Gewißheit und Zweifel, in: *Wort und Glaube* II, 1969, 138-183. 특별히 172쪽은 루터에 있어 믿음을 통한 인격의 구성을 설명한다.

195   *De lib. arb.* II, 3ff.에서 아우구스티누스는 자신의 신 존재 증명을 인식하는 의식인 자아 존재의 자명성으로부터 전개했다. 아우구스티누스에 의하면 그 자명성은 다음의 사실에 근거한다. 만일 의식이 존재하지 않는다면, 의식이 속임을 당하는 일이 도무지 있을 수 없다는 사실이다: si no esses, falli omnino non posses (II,3,7; MPL 32,1243). 이 논증은 그가 학문적 회의주의와 논쟁을 벌인 결과였고(*Solil.* II,1,1), 그

생각하는 자아에 대한 최종적인 확실성도 데카르트의 『명상록』의 논증 과정 안에서 무한의 이념과 함께 비로소 자신의 근거에 도달한다. 그 이념은 세 번째 명상에서 이렇게 말해진다. 무한의 이념은 우리의 의식의 존재가 갖는 다른 모든 내용의 근저에 놓여 있다. 왜냐하면 우리는 모든 유한한 대상을, 자신의 고유한 자아마저도, 단지 무한이 제약되어 있는 것으로서만 사유할 수 있기 때문이며, 그 결과 "무한 개념은 유한 개념보다 선행하며, 다시 말해 하나님 개념은 나의 개념보다 특정한 방식으로 선행한다."[196] 그러므로 자아의 자체 확실성은 하나님의 이념에 의존한다. 왜냐하면 자아의 생각 그 자체는 이미 무한의 이념을 전제하고 있기 때문이다. 또한 데카르트에게 있어서도 자아의 확실성은 자기 자신 안에 근거하고 있지 않다. 그러나 루터와 달리 데카르트는 자아(das Ich)가 역사 안에서 계시되신 하나님을 통해 구성된다고 생각하지 않았다. 루터의 견해에 의하면 인간이 죄로 자아를 상실한 이후에 그의 자아는 예수 그리스도를 믿는 믿음을 통해 재구성될 필요가 있으며, 그때 비로소 참된 자기 확실성은 가능해진다.

우리가 루터와 데카르트의 이러한 차이의 이유를 묻는다면, 이미 중기 중세기까지 거슬러 올라가는 과정, 곧 계시의 믿음에 대해 철학적 이성이 스스로를 독립시키는 과정을 추적하게 된다. 이 과정은 종교개혁 이후의 시대에 교파들이 투쟁하는 가운데서 날카로운 단계로 진입했다. 루터는 여전히 이러한 경향에 맞서 비판적으로 대립했다. 그는 신학자로서 일반적 및 공적으로 인정되는 성서의 권위를 토대로 삼아 행동했다. 여기서

의 후기 저작들에서 다시 등장한다. *De civ. Dei* XI,26: Si enim fallor, sum. Nam qui non est, utique nec fallipotest; ac per hoc sum, si fallor; 비교. *De trin.* X,10. 이미 바로 이 이유만으로도 데카르트가 "나는 생각한다"를 철학의 출발점으로 삼은 후에, 자신이 정한 신 개념의 새로운 근거를 철학에 대한 자신의 새롭고 독창적인 공헌으로 여기지 않았다는 주장은 믿을 수 없는 것이 된다.

196 R. Descartes, *Meditationes de prima philosophia* (1641) III,24.

성서는 인간에게 믿음의 확실성을 제공하는 하나님 자신의 말씀이었다. 그러나 17/18세기에 이르러 성서는 계시의 실증적 원천이 되었고, 교파의 교회들은 그것의 신적 권위를 서로 대립되는 방식으로 사용했으며, 교파의 그런 갈등을 통해 성서의 보편적인 구속력은 크게 흔들렸다. 그래서 데카르트는 신 개념으로부터 구성되는 자아를 실증적 계시와의 모든 관계로부터 신중하게 분리시켜야 할 것으로 보았다. 계시의 지식을 전달해야 한다는 실증적 종교들의 요구는 얼마 지나지 않아 존 로크에게 있어 명시적으로 이성의 판단에 굴복했다. 이성의 원칙들과 조화를 이루는 것이 신뢰성의 척도가 되었다. 여기서 사유하는 자의 자아 확실성에 근거하는 이성의 자기 확실성이 전제되었다. 그런 자기 확실성의 독립성은 로크에게서 예비되었고, 칸트에 의해 의식의 모든 내용의 가능성을 제약하는 "나는 생각한다"의 통일성에 관한 주제를 통해 완성되었다. 그러나 이전의 데카르트는 그와 다르게 자아 확실성 자체가 이미 무한의 사유를, 그와 함께 하나님의 현실성을 모든 유한의 조건으로서 전제한다는 사실을 통찰했다.

데카르트와 그 후계자들의 이러한 사상을 관철시키는 데 따라오는 어려움에도 불구하고, 그의 출발점에 대한 재고는 인간 실존의 확실성의 근거를 묻는 신학적 질문에 대해 어쨌든 간접적·제한적으로는 도움이 된다. 왜냐하면 데카르트는 자아와 자아의 확실성을 하나님이 아니라 세계 경험에 대하여 독립시켰고, 그와 함께 하나님에 의해 구성되는 인간적 주체성을 전달하는 모든 구속사(이것 자체도 언제나 세계사에 속한다)에 대해 독립시켰기 때문이다. 그렇기에 그리스도교 신학은 데카르트의 세계 없는 자아 확실성을 로크에서 시작하여 현대 분석철학에 이르기까지 발전한 경험주의를 통해 비판적으로 해체하는 일에 마땅히 관심을 가져야 한다. 감각이 수용한 인상들을 모든 앎의 최종 원천으로, 그에 따라 감각적 확실성을 모든 확실성 일반의 토대로 입증하려는 시도가 성공하지 못했다면, 오늘날 다음의 사실이 전반적으로 타당한 것으로 인정되어야 한다. 자아 확실성은 시초에 형성된 세계 경험으로부터—이 경험이 사회적 주변 환경을 바라보는 관점이든지 아니면 시간과 공간 안의 사물들의 세계에 관련되었든지 관계없이 — 분리될 수 없다는 사실이다.[197] 이 맥락에서 비로소 신학적 사고 안에서 하나님 관계로부터 주체성과 그것의 확실성의 근거가 구속사적으로 중재된다는 사실이 재고될 수 있다. 독일 관념 철학, 특히 헤겔 철학이 이에 대한 선구자적 출발을 감행했다. 하지만 그 철학에 전제되는 자의식과 대상 의식의 관계 규정은 오늘날에도 여전히 문제로 남아 있다.

민음의 확신(확실성)이라는 우리의 특수한 주제에 대하여 왜 이렇게도 넓은 범위의 설명이 필요한가? 왜냐하면 민음의 확신은 단순히 여럿 중 하나의 특수한 주제에 그치지 않기 때문이다. 이 문제가 그런 식으로 다루어지면, 그에 대한 충분한 설명과 근거를 제시할 기회가 처음부터 제한된다. 민음의 확신은 오직 그 주제와 함께 일반적인 확실성(확신) 전체의 가능성이 다루어질 때, 충분히 말해질 수 있고, 그것의 수용도 지적으로 정당화될 수 있다. 이 사실은 특별히 게르하르트 에벨링이 적절히 인식했다. 그러나 칼 하임이 이미 1916년 이래로 반복적으로 수정하고 마침내 깊이 개정한 자신의 책『민음의 확신』(Glaubensgewißheit)에서 이 주제를 그 확신을 얻는 법에 대한 질문의 단서로서 바르게 다루었다. 여기서 하임은 다른 모든 확실성이 기초한 근거의 불확실성을 입증하는 방법을 취했고, 독자들이 최종적으로 하나님에 대한 민음과 허무주의 사이의 "결단" 앞에 서 있다고 보았다. 이러한 서술 과정은 이러저러하게 결단하는 자아의 자기 확실성을 이미 전제하고 있다. 여기서 에벨링은 보다 더 깊이 통찰했다. 민음의 확신(확실성)에서 중요한 것은 자아 확실성(Ichgewißheit) 자체의 구성이라는 것이다.

세계 경험의 영역에서 확실성(확신)의 상태에 도달하는 것에 대한 연

---

197   이에 대해 나의 책의 설명을 보라. *Anthropologie in theologischer Perspektive*, 1983, bes. 199-217(4장과 5장).

구는 자기 확실성을 구성하는 질문에 대하여 단지 제한적인 공헌만 할 수 있다. 그러나 그 연구는 자아가 세계로부터 고립될 수 없다는 점에서 불가결하다. 신학은 자아의 자기 확실성을 구성하는 데 행사하는 세계 경험의 역할을 경시할 수 없다. 왜냐하면 그 경험은 믿음의 행위에서 개인적 정체성을 새롭게 구성하는 구속사적인 중재의 범주를 형성하기 때문이다. 게르하르트 에벨링은 이 문제를 상세히 다루지 않았다. 왜냐하면 확실성의 주제에 관한 그의 서술은 사유하는 의식(cogitatio) 안에 장소를 갖는 데카르트적 확실성과, 확실성을 양심(conscientia)에 근거시킨 루터의 견해를 대비시키는 데 초점을 맞추었기 때문이다.[198] 그러나 에벨링은 양심의 확실성에서 중요한 것은 "하나님의 확실성, 구원의 확실성, 세계의 확실성"이라고 명시적으로 설명한다. 여기서 세계 확실성의 계기는 인간이 자신의 외부에서 만나는 구원 사건에 의존해 있다는 사실과 관련된다.[199] 세계 경험의 영역 안에서 우리가 어떻게 확실성에 도달하는가 하는 것은 에벨링의 진술에서 아직 해명되지 않았다. 여기서 우리는 이 질문의 대답을 단순히 재차 양심에 떠넘기지 않도록 조심해야 한다. 그렇게 하는 것은 확실성에 도달하는 질문을 건너뛰는 것일 뿐만 아니라, 또한 다시 한번 인간 자신을

---

198 각주 194에 언급된 에벨링의 논문을 보라(*Wort und Glaube* II, 1969, 163). 에벨링의 *Dogmatik des christlichen Glaubens* I, 1979, 132f.가 믿음의 확신에서 중요한 것은 "단순히 지식의 확실성"이 아니라고 말할 때, 그 대립은 날카로워진다. 왜냐하면 "믿음은 자의적인 대상들"과 관계하는 것이 아니라…믿음의 근거와 그것의 해명, 그래서 또한 믿는 자 자신의 "실존적 근거"와 관계되기 때문이다.

199 *Wort und Glaube* II, 1969, 166.174. 마지막 단락에서 에벨링은 예수 그리스도 안에서 일어난 구원 사건의 "외부적 특성"(Externität)의 중요성을 강조한다. "이 특성은 루터의 칭의 이해에 결정적으로 중요하다." 그는 이렇게 덧붙인다. "외부에 있는 말씀의 중요성 안에서 믿음의 확신의 포괄적 역사 관계가 인식될 수 있다." 이와 비슷하게 그는 자신의 교의학에서도 예수 그리스도에게 관계되는 확신과 그 결과로서 얻는 자기 자신과 관계된 확신 사이를 구분한다. G. Ebeling, *Dogmatik des christlichen Glaubens* II, 1979, 157.

확실성의 근거로 지시하는 셈이 된다.[200]

믿음의 확신(확실성)과 세계 경험의 맥락 안에서 확실성이 생성되는 것과의 관계는 거의 연구되지 않았다. 이것은 예수 그리스도 안에서 일어난 구원 사건에 대한 확신이 교회적 교리와 성서의 권위를 통해 충분히 보증된 것으로 보였다는 사실과 관계가 있다. 그러나 근대의 권위 비판은 그렇게 근거된 확실성의 토대를 흔들었고, 양심 안에서 일어나는 성령의 증거를 인용함으로써 그 권위를 재건하려는 시도는 흔히 신학적 주관주의의 형식을 수용했지만, 그것은 인간이 구원 사건을 통해 자신의 주관성에 포로로 갇힌 것으로부터 해방되어야 한다는 사실을 더 이상 타당하게 제시할 수 없었다. 인간의 양심 안에서 일어나는 성령의 증언에 대한 교리에 포함된 진리는 그렇게 주관주의적으로 단축된 경로로부터 보호받아야 했다. 하지만 이것은 오직 세계 경험을 확실성의 생성에 대한 이해 안으로 편입시킬 때 일어날 수 있다.

이 주제에 대하여 오늘날까지도 여전히 중요한 신학적 공헌은 존 헨리 뉴먼의 믿음의 동의에 이르는 길에 대한 연구다.[201] 뉴먼은 우리가 우리의 판단들 안에서 도대체 어떻게 확실성에 도달할 수 있는지의 질문으로부터 시작했다. 철학적 전통 안에서 지배적이었던 전략과는 반대로 뉴먼

---

200   그렇기 때문에 종교개혁의 확신(확실성) 이해를 "양심의 확신"이라고 부르는 것은 전적으로 좋은 일은 아니며, 어떻든 오해의 소지는 남아 있다. 에벨링은 앞서 언급한 논문에서 우리의 외부(*extra nos*)에 있는 그리스도 사건에 근거하는 믿음의 확실성에 대한 루터의 언급을 인용했는데, 이것은 "양심의 확신"이라고 부르는 것이 문제가 있는 것으로 보이게 만든다. 루터는 이렇게 말한다: non debeo niti in conscientia mea, sensuali persona, opere, sed in promissione divina, veritate, quae non potest fallere. WA 40/1, 589, 8—10. 이것은 Ebeling, *Wort und Glaube* II, 1969, 172, 각주 109에서 인용된다.

201   J. H. Newman, *An Essay in Aid of a Grammar of Assent* (1870), 개정판 1973. 뉴먼의 많은 저작들에 대해 특히 D.A. Pailin, *The Way to Faith. An Examination of Newman's Grammar of Assent as a Response to the Search for Certainty in Faith*, London 1969를 비교하라.

은 그 질문의 대답을 우리의 인식의 원천으로의 회귀를 통해 얻어내려고 하지 않았다. 그는 감각의 수용, 모든 경험보다 선행하는 지성(Verstand)의 기능, 우리의 이성 등을 확실성의 원천으로 간주하지 않았다. 오히려 뉴먼은 우리의 판단이 처음부터 확실성과 결합되어 있지 않다고 생각했다. 그 확실성은 우리의 경험과 판단들에 대한 성찰의 과정을 통해 확고해진다는 것이다. 단순한 주장은 이미 진술되는 순간에 그것의 내용에 대한 의심과 불일치한다. 그 결과 후속적인 성찰과 의심, 또한 계속되는 연구들이 결코 배제될 수 없게 된다. 계속해서 뉴먼은 이렇게 말한다. 이 과정에서 개별적인 판단이 다른 판단들과 연결되면서 더 큰 맥락 속에 위치하게 될수록, 그만큼 더 그 판단은 "정신적 안정"(repose of mind)에 가까워지는데, 이것을 확실성(확신)의 상태로 부른다.[202] 우리는 이러한 길을 거친 끝에 최종적으로 더 이상 결코 변경될 수 없는 "무오류의" 판단들에 도달할 수 있다는 뉴먼의 주장을 그대로 따를 필요는 없다.[203] 그 밖에도 세계 경험의 영역에서 확실성이 생성되는 것을 이해하기 위해서는 자아 및 그것의 정체성 규정의 자기 확실성의 문제와의 관계, 그리고 또한 하나님의 확실성과의 관계를 정확하게 고려해야 한다. 그러나 개별 경험들이 더 큰 맥락 안에 놓임에 따라 우리의 판단이 점점 더 확고해지고 확실해지는 과정을 뉴먼은 대체로 바르게 서술했다. 이미 모든 단순한 진술 명제 속에 포함되어 있는 잠정적 진리의 확실성—뉴먼은 이것을 아직은 확실성이 아니라 단순한 동의라고 지칭하는데 왜냐하면 "확실성"이란 그에게는 궁극적인 것이기 때문이다—은 그렇다면 궁극적 진리에 대한 예기를 형성한다. 궁극적 진리는 모든 개별적으로 참된 것들의 그물망의 근거가 되고 그것들을 자신 안에 포함한다.

---

202   J. H. Newman, 같은 곳, 204. 이에 대한 나의 설명을 비교하라. *Grundfragen systematischer Theologie* 2, 1980, 260f.

203   J. H. Newman, 같은 곳, 221ff.에 관한 나의 설명을 *Grundfragen systematischer Theologie* 2, 1980, 261, 각주 79에서 보라.

뉴먼과 달리 헤겔은 확실성을 진리 의식의 단지 잠정적인 형태로 파악했다. 진리 의식은 **개념** 안에서 비로소 자기 자신에 대한 완전한 진리에 도달한다는 것이다. 이와 같은 용어상의 차이에도 불구하고 헤겔과 뉴먼은 진리를 인식하기 위해서는 경험과 성찰의 어떤 길, 즉 어떤 과정이 필요하다는 점에서 서로 일치한다. 헤겔의 『철학 백과사전』은 사물에 대한 이러한 시각을 하나님 의식과 믿음의 개념에도 적용했다. "절대 정신의 주관적 의식은 본질적으로 그 자체 안에서 과정이며, 그 과정의 직접적·실체적 통일성은 믿음, 곧 객관적 진리에 대한 **확신**으로서의 영의 증언 안에 있는 **믿음**이다."[204] 믿음과 그 확실성은 여기서 진리에 대한 예기로서 특징지어진다. 진리는 경험 과정의 결과로서 그것의 궁극적 형태를 개념 안에서 갖게 될 것이다. 그 경험 과정은 뉴먼도 다른 방식으로 모든 개별자를 전체 안에 포함시키는 진보적 배열, 곧 "전체로부터 전체로"[205]의 진행으로서 염두에 두었던 것이다. 이 과정의 모든 단계에서 절대자의 "객관적 진리"가 예기적으로 현재하는 것을 헤겔은—그것이 하나님 인식에 관계되는 한—"영의 증언 안에 있는 **믿음**"이라고 부른다. 한편으로 믿음 곧 전체 현실성에 대한 절대적 진리의 예기인 것은 다른 한편에서는 그 전체성을 구성하고 성취하는 영의 자기표명으로 묘사된다.[206]

---

204   G. W. F. Hegel, *Encyclopädie der philosophischen Wissenschaften* (1817) 3.Ausg. 1830, 개정판, hg. J. Hoffmeister, PhB 33, §555. 나의 책, *Grundfragen systematischer Theologie* 2, 1980, 255, 각주 62에서 이 단락번호(§555)는 실수로 빠져 있다. 그곳에서 언급되는 §413은 헤겔이 자아를 "자기 자신의 확실성"으로 이해한 것에 대해 단지 보충적으로만 서술한다.

205   J. H. Newman, 같은 곳, 301ff.

206   헤겔의 의미에서 믿음은 그 과정에서 이성의 이해하는 인식에 예속된다. 믿음은 "그때 말하자면 이성이 최종적으로 이해하는 진리에 대한 예기적 확실성이다. 그러므로 이성이 비로소 믿음을 객관적 진리에 대한 확신(확실성)으로서 정당화할 수 있다. 그러나 이성이 과연 매번 그런 최종적 이해에 도달하는가? 그때 이성의 개념 자체는 예기에 머물지 않는가? 이 경우에 이성 자체의 이해는 믿음의 확신에 근거하게 된다. 이 확신은 결코 종결되지 않은 채 파악되는 객관적 진리에 대한 증언으

게르하르트 에벨링이 확실성의 장소로 이해한 양심은 위의 숙고들로부터 사람들이 추정하는 것만큼 그렇게 멀리 떨어져 있지 않다. 에벨링은 이렇게 말한다. "…양심에서 중요한 것은 전체성이다. 왜냐하면 그것은 최종적으로 타당한 것에 대한 질문이기 때문이다. 그렇기 때문에 현실성 전체로서의 세계에 대한 질문은 양심과 관계되는 질문이며, 이것은 인간 자신에 대한 질문이 양심에 적중하는 질문인 것과 마찬가지다. 이러한 두 가지 질문은 그러나 재차 하나님께서 극단적 의미에서 질문으로서, 전체 곧 최초 및 종말을 묻는 질문으로서 등장하신다는 사실로부터 분리될 수 없다."[207] 에벨링에게서 이런 맥락 안에서 실행되는 양심과 이성(내지 "나는 생각한다")의 대비는 물론 근본적 구분의 성격을 요청할 수 없다.[208] 왜냐하면 양심의 개념 자체는 근원적으로 자의식의 한 가지 형태라고 생각될 수 있기 때문이며,[209] 다른 한편으로 에벨링이 주장한 관계 곧 양심이 현실성 전체를 묻는 질문에 대해 갖는 관계는 오직 감정 및 이성과 관련해서만 생성될 수 있기 때문이다. 여기서 감정은 인간이 현실성 전체에 대해 갖는 주제화되지 않은 관계이며, 이성은 모든 경험 안에 있는 무제약적인 통일

로부터 살아간다." 나의 책, *Grundfragen systematischer Theologie* 2, 1980, 259.

207 G. Ebeling, Theologische Erwägungen über das Gewissen, in: 동일저자, *Wort und Glaube* I, 1960, 429–446, 434. 자신의 교의학(*Dogmatik des christlichen Glaubens* III, 1979, 39-45)에서 에벨링은 성서가 말하는 "정점의 확실성"에 대해 말했다. 이 확실성은 종말론의 관점에서 "전체성"에 관계되며(40), "미래와 현재가 서로 섞이는 상호관계"라는 특징을 갖는다(44).

208 에벨링의 많은 논증들은 마치 그런 근본적 구분을 요청하고 있다는 인상을 준다. 예를 들어 위의 각주 198에서 인용된 구절을 보라. 그러나 다른 곳에서 에벨링은 "이미 이성의 개념, 특히 사유의 개념"은 인간에게 인간 존재로서 문제되는 것을 포괄할 수 있다는 사실을 인정했다. *Dogmatik des christlichen Glaubens* I, 1979, 152. 그 결과 양심과 이성 사이의 갈등은 단지 죄인들의 이성 오용과의 관계 안에서만 유발된다(같은 곳, 156).

209 이것은 내가 이미 나의 책, *Grundfragen systematischer Theologie* 2, 1980, 259f.에서 주장했던 것이며, 그 사이에 더욱 상세하게 서술되었다. 나의 책, *Anthropologie in theologischer Perspektive*, 1983, 286-303, bes. 286f.를 보라.

성에 대한 주도적 질문 아래서 그 관계를 주제화하는 것이다. 에벨링이 양심을 전체성 및 궁극적 타당성에 대한 질문과 관계되는 것으로 서술한 것은 그렇다면, 일반적으로 표현하자면, 인간은 자신의 자기존재 안에서 언제나 이미 고유한 자기존재의 전체성(그래서 또한 자신의 구원)과 관계되어 있으며(이 전체성은 모든 구체적인 개별 경험을 넘어서는 자신의 세계 전체와 관련되어 있다), 그 점에서 또한 세계와 자아의 근원이자 완성자이신 하나님과도 관계되어 있다는 것을 말한다(비록 그런 존재에게 "하나님"이라는 단어가 흔히 사용되지 않는다고 해도 그렇다). 그러나 인간과 세계는 하나님이라는 표상으로부터 비로소 전체로서 표현되어 시야로 옮겨질 수 있다.

세계와 인간이 현실성 전체에 대해 갖는 관계―에벨링은 이 관계를 양심의 서술을 위해 요청했다―는 근원적으로는 감정의 현상에 대해서도 입증된다. 감정 안에서 인간은 근원적으로 자신의 삶 및 세계 전체와 관계된다.[210] 양심에서 중요한 것은 이러한 근원적 현상의 특수한 수정이다. 이것은 말하자면 감정 안에 포함된 자기관계가 양심 안에서 표현된다는 것을 의미한다. 이 점에서 양심은 감정과 달리 이미 자의식의 한 가지 형태이며, 자의식의 근저에는 감정 안에서 주어져 있는 세계와 관련된 고유한 삶의 전체성이 주제화되지 않은 현재로서 놓여 있다. 삶의 전체성에 대한 감정의 관계는 고유한 삶 및 세계 현실성에 대한 선취하는 의식과 주제화 되지 않은 의식으로서 서술된다. 감정의 그 관계 안에서 이 두 가지 영역은 아직은 서로 분리되어 있지 않다. 그 의식은 삶의 전체성이 종결되지 않았다는 이유에서 비주제적이다. 왜냐하면 그 의식은 이해하는 개관의 형식을 갖고 있지 않기 때문이다. 이렇게 해서 감정은, 이미 슐라이어마허가 슈테펜스의 견해를 수용하며 말했던 것과 같이, 모든 개별적 삶의 순간 안에서 나눠지지 않은 현존재가 직접 현재하는 것으로 서술되었다.[211]

---

210   이에 대해 나의 책, *Anthropologie in theologischer Perspektive*, 1983, 237ff.를 보라.

211   F. Schleiermacher, *Der christliche Glaube* (1821) 2.Ausg. 1830, §3,2. 이에 대해 나의 책, *Anthropologie in theologischer Perspektive*, 1983, 240ff.의 설명을 보라.

삶의 모든 순간, 모든 체험은 이로부터 개별 사건들 속에서 선취되는 삶 전체(Lebensganz)의 외적 표현으로 묘사된다. 이것은 빌헬름 딜타이의 해석학의 근본 사상이었다. 개별적 체험은 오직 선취하며 현재하는 삶 전체와의 관계 안에서 자신의 의미를 갖는다. 이에 따라 개별적인 삶의 순간들의 의미는 우리의 삶의 역사적 진행 속에서 변화하게 된다. 왜냐하면 개별 체험들의 장소는 우리 삶의 전체성 안에서 언제나 또다시 새로운 전망을 갖고 출현하기 때문이다.[212]

우리가 행하는 모든 명제적 주장 혹은 판단 행위가 진리인지 아닌지의 확실한 결정은 삶 전체와 세계 전체의 맥락에 대한 예견을 통해 제약된다. 왜냐하면 우리의 주장에 대한 확증은 그 예견에 예속되고, 모든 개별 진리는 다른 모든 진리와 일치해야 한다는 조건 아래 놓이기 때문이다. 그렇기 때문에 진리는 최종적으로는 오직 하나다. 그 진리가 비록 개별 진리

---

212 이와 관련하여 나의 논문을 보라. Über historische und theologische Hermeneutik, in : *Grundfragen systematischer Theologie* 1, 1967, 123-158, bes. 142ff. 또한 이 주제에 대한 나의 설명을 비교하라. *Wissenschaftstheorie und Theologie*, 1973, 78ff. 체험된 모든 개별 의미의 준거 틀과 가능 조건으로서의 전체 삶이 일차적으로 주제화되지 않은 현재 상태에 대하여 나는 거기서 "의미 전체성"(Sinntotalität)이라는 용어를 사용했다(104, 200ff., 216ff. 등등). 이것은 포괄적 해석의 구도를 위한 것이 아니라, 오히려 감정 안에서 **비주제화**되고 그래서 **무규정적**으로 현재하는 삶의 전체성을 표현하기 위한 것이다. 이 현재는 그런 해석의 구도는 물론 체험된 모든 개별 의미에 대해서도 감정 안에 이미 현존하고 있다. 에벨링은 "의미 전체성"이라는 용어를 매우 다르게 "보편자 안으로 밀고 들어와서 전체 구조를 구성하는 총체적 의미"라는 뜻으로 사용했다. G. Ebeling, *Dogmatik des christlichen Glaubens* III, 1979, 208. 이것은 의미의 해석을 위한 것이다. 그 결과 에벨링은 "의미 전체성"을 "이상"(Ideal)으로 말한 셈이 되었고, 이상은 올바르게도 "유토피아"로 표현되었다. 우리는 현실성 전체의 의미에 대한 최종 해석에 도달할 수 없다. 왜냐하면 인간의 삶은 언제나 이미 그들을 둘러싼 비주제화된 의미 전체성, 그래서 어떤 해석을 통해서도 완전히 재현할 수 없는 의미 전체성 안에서 움직이고 있기 때문이다. 의미의 경험 전체에 대한 형식적 가능 조건으로서의 이러한 사태는 삶이 언제나 긍정적 관점에서 "의미 있는 것"으로 체험되어야 한다는 요청을 함축하고 있지는 않다.

들 안에서 그리고 그것들의 관계를 통해 현시된다고 해도 그렇게 말할 수 있다. 이에 따라 판단의 확실성은 언제나 단지 잠정적 및 예기적인 것에 그치고, 계속 진행되는 경험의 과정 안에서 일어나는 검증에 의존하며, 그에 따라 언제나 공허하고 허무한 것으로 입증될 위험에 노출되어 있다.

이와 유사한 것이 믿음의 확실성에도 해당한다. 믿음의 확실성은 하나님의 확실성으로서 언제나 예기적인 특성을—예기 안에서 함께 일어나는 선취 곧 각각의 삶과 세계의 현실적 완성에 대한 선취 때문에—갖는다. 그래서 믿음의 확실성도 계속 진행되는 경험의 과정과 긴장 관계 안에 놓이며 또한 시험에 노출된다. 이것은 한편으로 하나님의 현실성과 믿음의 역사적 근거와 관련해서, 다른 한편으로 믿음의 대상과 관계하는 자신의 고유한 주관성과 관련해서 나타나는 시험이다. 이러한 두 번째 국면은 루터가 시험에 빠진 경험에서, 이와 비슷하게 이 주제에 대한 중세기의 진술에서도, 전면에 나타난다.[213] 믿음의 진술들 자체—이 진술들 안에서 믿음의 역사적 근거가 파악된다—와 관련하여 진리의 확실성이 겪는 시험은 믿음의 전달이 권위의 원칙을 지향하는 가운데 은폐된 채로 남아 있었다. 근세에 이르러 믿음이 겪는 시험의 이런 형태는 더욱 큰 영향력을 행사하며 등장했다. 여기서 문제는 단순히 믿음을 저버리는 유혹이 아니었고, 오히려 그보다 더 넓은 의미에서 하나님으로부터 오는 시험이었다. 왜냐하면 그것은 진리를 위하여 믿음의 근거에 대한 관습적인 판단을 반드시 수정한다는 필연적인 시험이기 때문이다. 하나님 표상의 부적절한 형태들에 대한 비판 외에 예수 그리스도의 인격과 역사 안에 있는 믿음의 근거에 대한 역사적 및 신학적 진술들의 의문성이 그 시험에 속한다. 그러나 그런 의문성이 믿음의 확실성과 반드시 대립하는 것은 아니다. 왜냐하면 그런

---

213   이에 대해 *TRE* 2, 1978, 691-708에 있는 "시험"이라는 표제어(II - IV)에 대한 슈바르츠와 바인트커(R. Schwarz/H. Beintker)의 논문과 거기서 인용된 문헌들을 참고하라. 루터에 대해서는 나의 논문을 보라. Der Einfluß der Anfechtungserfahrung auf den Prädestinationsbegriff Luthers, in : *KuD* 3, 1957, 109-139, bes. 109ff.

의문성은 인간의 구체적 역사 안에서 일어나는 하나님의 자기알림의 본질적인 한 구성요소이기 때문이다. 믿음의 확신이 자신의 대상과 관련해서 겪는 시험은 계속 진행되는 경험과 인식의 과정 안에 있는 유한한 사태에 대한 인간적 진술들이 확실한 진리인지를 의문시하는 것과 다음의 사실을 통해 구분된다. 삶과 세계의 전체성에 대한 관계가 믿음에 현재하는 것은, 유한한 사태를 파악하는 우리의 인식에 대한 진리 주장들의 경우에 그 관계가 현재하는 것과는 다른 방식이라는 사실이다. 말하자면 전자의 현재는 세계와 우리 자신의 현존재의 근원과 완성자이신 하나님께 대한 명시적인 관계 아래서 발생하는 것이다. 그렇기 때문에 믿음은 자신의 대상의 인식을 의문시하는 시험을 기꺼이 수용해야 한다. 그것은 하나님 자신을 통해 믿음 자체의 앎이 부분적인 것이 될 수밖에 없다는 시험이다. 이 시험의 수용은 믿음의 확신의 근거에 대한 계속되는 가르침을 받아들일 준비가 되어 있을 때 가능하다.

그러므로 예수 그리스도의 복음에 관한 교회의 설교가 어떻게 그분의 역사 안에서 공표된 하나님 자신의 약속으로 들려질 수 있는지, 그래서 그 설교가 직업적인 대변자의 인간적인 종교성이나 권위 주장의 다소간의 낯선 표명으로 들리지 않을 수 있는지의 물음은 언제나 또다시 새로운 해명의 시도를 필요로 한다. 예수 그리스도 안에 있는 하나님의 약속을 알아차릴 수 있기 위해서는—믿음은 그 약속에 의존한다—현재의 역사적 및 신학적 통찰의 수준 위에서 우선 약속의 개념을 죄 용서 너머로, 곧 설교자들이 선포할 권한을 위임받았다고 생각하는 죄 용서의 확약에 대한 배타적 관계 너머로 확장하는 것이 필요하다. 예수 그리스도의 이름으로 죄 용서를 선언하는 것은 예수의 메시지와 역사가 지닌 약속의 구조에 기초한 보다 더 포괄적인 근거를 필요로 한다. 죄 용서는 다음의 사실에 근거해서 주어진다. 하나님의 통치와 새롭고 영원한 생명의 미래가 하늘 아버지의 아들로서의 예수의 인격 안에서 죽은 자들의 부활로부터 우리에게 이미 우리의 역사적 세계 안에 현재한다는 사실, 그리고 예수를 통해 복음의 선포 안에서 다른 모든 인간에게 도달한다는 사실이다. 죄 용서는 단순히 구원의 부정적 측면일 뿐이다. 긍정적 측면은 하나님의 통치의 수용과 그 통치에 따른 새로운 생명의 수용에 놓여 있다. 예수 그리스도의 사역과 역사 안에서 동터온 이러한 구원의 미래의 시작은 죄 용서(즉 하나님으로부터 분리된 모든 것의 제거)를 **포함한다**. 그렇기 때문에 하나님의 약속과 그 약속이 매개하는 구원은 죄의 용서라는 개념으로는 "전체를 나타내는 부분"(*pars pro toto*)만을 요약할 수 있었는데, 이것은 매우 제한된 일면만 강조한다. 오늘날 죄 용서라는 개념은 구원의 총괄개념의 이러한 제한된 기능 안에서는 거의 이해되지 않는다. 이와 반대로 하나님의 통치와 예수 안에서 이미 사건으로 발생한 새로운 생명에 관한 말씀이 인간 일반의 구원 가능성에 대한 선포로 들려진다면, 동시에 그 말씀이 세계 전체의 미래와 본질에 대한 타당한 진술로서 들려진다면, 그때 예수의 역사가 지닌 약속의 구조는 실제로 세계와 우리 생명의 창조자와 주님이신 하나님의 약속으로 이해되고 인지될 수 있다.

그 과정에서 세계와 각각 고유한 삶의 전체성에 대한 관계가 믿음의 행위 안에 포함될 필요가 있다. 여기서 그 관계는 믿음과 신앙고백의 구체적 대상과 근거 안에서 감정이라는 비주제화된 방식으로 믿음의 행위에 주어진다. 그 관계는 하나님 개념의 함축적 의미에 대한 이성적 숙고와 같은 방식으로 주제화될 필요는 없다. 어쨌든 그 관계는 하나님을 세계의 창조자, 화해자, 구속자로 부르는 신앙고백의 언어 안에서 암시적으로 현존한다. 이성적 숙고는 감정 안에서 (비록 희미하지만) 전체로서 현재하며, 종교적 표상 안에서 나타나는 그 어떤 것을 결코 완전히 파악하지 못한다. 감정을 따른다면 우리는 예수의 역사 안에서 세계와 우리의 생명의 완성이 이미 시작되었고, 그 완성이—비록 아직은 고통과 죽음을 통해 잠정적이기는 해도—우리의 믿음에 현재한다는 것을 반드시 긍정해야 한다. 하나님에 관한 사고 안에서 예수의 역사를 통해 일어난 하나님의 행동에 대한 진술들 안에 포함된 그런 함축적 의미를 감정에 따른 방식으로 긍정하지 않는다면, 믿음의 행위는 성취될 수 없다. 그러나 그와 같이 복음이 감정을 따르는 방식으로 선포된다면, 그때 우리는 그것을 하나님 자신의 약속으로 들을 수 있다. 이 사건이 발생하면, 예수 그리스도를 신뢰하는 믿음이 하나님이 우리에게 주신 것이라는 사실은 명확해지며, 그것에 기초해서 우리는 그리스도 안에 있는 하나님의 진리를 믿는 믿음에 대하여—그 믿음에게 계속해서 노출되는 모든 시험에도 불구하고—확신을 가질 수 있게 된다.

2. 희망

믿음은 하나님의 약속에 근거하며, 하나님과 그분의 약속에 대한 신뢰로 이해된다. 하지만 믿음은 희망 없이 존재할 수 없다. 약속은 희망의 근거다. 믿음과 희망의 관계는 신뢰로서의 믿음의 본질을 숙고할 때 규명된다. 한편으로 신뢰에게 주어지는 인격적(혹은 중립적) 대상에 대한 자기 신뢰가, 다른 한편으로 신뢰의 대상이 신뢰하는 자의 생명에 대하여 호의적이라는 사실을 지속적으로 입증해줄 것이라는 기대의 형태를 가진 미래 연관성이 믿음과 희망의 관계 안에 놓여 있다. 이런 측면에서 볼 때 신뢰는 희망을 포함한다. 반면에 신뢰가 자신이 신뢰하는 대상과의 관계에서 자기 자신 밖으로 나아가는 일은 희망의 개념 안에 필연적으로 포함되어 있지 않다. 그 일은 단지 희망의 특수한 형식이며, 믿음에서 자라나서 희망의 근거가 되는 형식이다. 희망 그 자체에 속하는 것은 단지 삶의 불완전성에 대한 의식인데, 삶 속에서 이미 현존하는 것은 가능한 성취를 향한 기대와 결합되어 있다. 또한 이 점에서 희망 안에도 자신을 넘어서서 나아가는 계기가 놓여 있다고 말할 수 있다. 이것은 믿는 자가 자신을 넘어서서 자신이 신뢰하는 대상을 향해 나아가는 것과 비슷하다. 믿음의 본질 안에 있는 탈자아적 계기는 희망의 주제가 어떻게 믿음의 행위 안에서 함께 파악될 수 있는지를 이해할 수 있게 해준다. 여기서 믿음과 희망 둘 다를 이른바 원초적 신뢰의 표현으로 보는 사람도 있을 것이다. 원초적 신뢰는 출생 때부터 인간의 행위 안에서 작용하는 것이다.[214] 그러나 이러한 원초적 신뢰 혹은 근본적 신뢰는 아직은 본래적 의미에서 신뢰라고 할 수 없다. 왜냐하면 그것 안에서 자아와 주변 환경 사이의 구분이 아직 형성되지 않았기 때문이며, 그래서 타자에 대한 자기신뢰로서의 신뢰나 현재 상태와 구분되는 삶의 성취에 대한 희망은 아직 특징적인 프로필을 획득할 수 없기 때문이다.

　　믿음과 희망의 밀접한 관계에 대한 모범적인 사례는 아브라함의 믿음에 대한 바울의 서술이다. 창세기 15:6은 하나님이 믿음을 아브라함의 의로 여기셨다고 말한다(롬 4:3). 바울이 로마서 4:19-21에서 이 구절을 인용한다. 아브라함은 이삭이 태어날 것을 약속하신 하나님을 경외했고 "자기 몸이 죽은 것 같음"에도 불구하고 그 약속을 의심하지 않았다. 바울의 이런 설명 바로 앞에는 간결한 확증이 서술된다. 아브라함은 "바랄 수 없는 중에 바라고 믿었다"(4:18). 여기서 약속하시는 하나님께 대한 믿음의 신뢰로부터 희망을 구분하는 것은 오직 그 신뢰 안에 함축된 하나님께 대한 자기관계가 희망 곁에서 주제화된다는 사실이다. 희망은 약속의 내용을 향하는데, 약속은 믿는 자들 자신에게 다가오는 구원의 미래다. 이 구분은 믿음으로부터 필연적으로 발생한다. 왜냐하면 믿음은 하나님의 **약속**에 의존하며, 믿는 자가 약속을 자기 자신에게 적중하는 것(*pro me*)으로 긍정할 때 비로소 구원의 믿음일 수 있기 때문이다. 이와 같은 자기관계는 믿음의 행위 안에서 하나님의 말씀으로서의 약속이 말을 건네거나 혹은 대면하는 표현으로 파악되며, 약속된 좋은 구원을 바라보는 희망 안에서 주제화된다.

　　그러므로 성서적 희망 곧 그리스도교적 희망은 믿음에 근거한다. 그

214　　이에 대한 나의 설명을 보라. *Anthropologie in theologischer Perspektive*, 1983, 219ff.

렇기 때문에 시편 안에서 기도하는 자의 희망은 언제나 또다시 하나님을 향한다.[215] 지속 능력이 있는 희망은 인간의 고유한 생명력으로부터 유래하지 않고 소멸하는 것에 의존하지 않는 희망, 곧 하나님을 향하며 그분께 근거를 두는 희망이다. 이와 비슷한 것이 그리스도교의 희망에도 해당한다. 희망은 자신의 토대를 우리 자신의 외부에, 말하자면 예수 그리스도 안에 둔다(엡 1:12; 딤전 1:1). 그리스도인들은 이사야가 백성들에게 약속했고 예수 그리스도 안에서 시작된 희망(롬 15:12)에 성령의 능력 안에 있는 믿음을 통해 참여한다(비교. 롬 15:13; 비교. 갈 5:5). 성령은 그리스도인들을 탈자아적으로 예수 그리스도와 결합시키며, 그 결과 이제 그 영광을 향한 희망이 그리스도와 함께 **우리 안에** 현재하며(골 1:27), 우리는 그리스도 안에서 지금 이미 희망을 향해 구원을 받았다(롬 8:24). 그리스도교적인 희망은 아브라함의 희망과 마찬가지로 약속의 하나님 안에 토대를 두고, 그리스도의 나타나심과 함께 열방을 위해 아브라함에게 주어진 약속(롬 4:18)이 이미 역사적으로 시작되었다는 사실을 내다본다.

믿음과 밀접한 관계 안에 있는 그리스도교적 희망은 그것의 고유한 속성에 있어 다른 방식으로 근거된 인간적 희망들로부터 구분된다. 이 사실은 희망의 내용이 인간적 경험에 따라 기대하거나 열망하는 모든 것을 능가한다는 점에서 나타난다. 아브라함은 그의 나이에 어울리는 모든 희망을 거역하면서, 다시 말해 그가 인간적 경험의 모든 유추에 따라서는 사라로부터 아들을 더 이상 기대할 수 없다는 냉철한 현실을 거역하면서 믿었다. 그는 그럼에도 불구하고 하나님의 약속을 믿었으며, 그 약속으로부터 아들이 탄생할 것이라는 희망을 가졌다. 이와 마찬가지로 그리스도인들은 인간적 경험에 따른 그 밖의 다른 모든 유비와 맞서면서 예수의 부활

---

215   시편 25:2; 26:1b; 28:7; 31:15; 32:10; 56:5; 62:9; 91:2 등등. 이런 구절들에서 예외없이 *batach*라는 용어가 사용된다. 이 용어는 70인역에서 *elpizein*으로 번역되었다. 이 단어는 독일어로는 흔히 "신뢰하다"(vertrauen)로 재번역되었다. 이러한 번역의 가능성은 신뢰와 희망 사이의 내적 유사성의 표현이다. 비교. R.

안에서 그들에게 약속된 구원 곧 죽음을 넘어서는 새로운 생명의 구원을 믿는다(벧전 1:3; 비교. 1:13). 여기서 그리스도인들의 희망은 최종적으로 하나님 자신 및 그분의 영원한 생명과의 연합을 향한다(1:21).

희망이 이미 현존하는 것을 넘어 아직은 볼 수 없는 것을 향해 나아간다는 사실(롬 8:24f.; 비교. 고후 5:7; 히 11:1)은 모든 희망에 적용된다. 그래서 희망은 본질적으로 인간 존재에 속한다. 인간의 삶은 자기초월의 특성을 갖는다. 이 특성은 인간에게 각각 현재의 존재 및 소유에 대한 불만족 의식이 가득 차 있다는 사실에서 분명해지며, 최소한 모든 이 세상적인 것의 무력함과 소멸성을 알고 있다는 의미에서 드러난다. 인간은 미래의 본질 실현을 향한 도상에 있다.[216] 그 실현은 지금 현존하는 모든 것을 능가하게 될 것이다. 그렇기에 인간은 언제나 새로운 희망들로 채워진다. 혹은 인간은 희망과 절망 사이에서 흔들린다. 그렇다면 인간의 희망의 성향은 어디에 근거해야 할까? 그 희망은 어디서 멈출 수 있을까? 에른스트 블로흐는 희망의 원천이 자연의 현실성 자체의 과정적 속성 안에 놓여 있다고 말했다. 물질이 가능한 실재의 총괄개념이라는 점에서,[217] "다가올 것이 내재해 있는 씨앗"이라는 점에서, 그리고 실재적인 예기의 토대라는 점에서 그렇다는 것이다.[218] 물질 과정의 경향들과 잠재력 안에 놓인 압박하는 "아직 – 아니"[219]는 블로흐에 의하면 생명, 굶주림, 꿈의 존재론적인 기초를 형

Bultmann, in: *ThWBNT* 2, 1935, 518. 하지만 *elpizein*이라는 그리스어는 히브리어 *he'emin*(glauben)의 표현이 될 수 없다. 이것은 *batach*라는 히브리어가 *pisteuein*이라는 그리스어로 번역될 수 없는 것과 마찬가지다.

216 G. Marcel, *Homo viator* (1944), 독어판, 1949. 이 주제에 대한 나의 설명을 비교하라. *Grundfragen systematischer Theologie* 2, 1980, 91f. 또한 *Anthropologie in theologischer Perspektive*, 1983, 233.

217 E. Bloch, *Das Prinzip Hoffnung*, 1959, 225f.

218 E. Bloch, 같은 곳, 274, 또한 273.

219 E. Bloch, 같은 곳, 357ff. 블로흐가 말하는 "아직 – 아니 – 존재의 존재론"(Ontologie des Noch –Nicht –Seins)에 대해 블로흐의 튀빙엔 시절의 저서를 비교하라. E. Bloch, *Einleitung in die Philosophie* (1963/64), 1970, 212 f., bes. 217ff.

성한다. 그러나 물질 과정의 경향들과 잠재력 안에는 생성과 마찬가지로 소멸도 근거를 두고 있으며, 단순하게만 가능한 것의 불확실성이 희망하는 자들을 실망으로 위협한다. 그렇기 때문에 그리스 고전에서 희망은 미심쩍은, 최소한 모호한 사물로 통했다. 희망은 너무도 쉽게 미혹된다는 것이다. 그래서 헤시오도스는 희망을 악한 것으로 여겼고, 핀다르도 비슷하게 표현했다.[220] 다른 한편으로 플라톤은 『필레보스』(Philebos)에서 희망을 근본적으로 긍정적인 것으로, 즉 희망은 선한 미래와 영혼이 관계하는 것의 표현으로 평가했다.[221] 플라톤은 선을 향한 희망을 말하자면 죽음에 직면해서도 바른 것으로 여겼다.[222] 그러나 이와 같은 플라톤적인 희망은 현존하는 것으로부터 획득될 수 있는 미래적 전망들에 더 이상 근거하고 있지 않다. 그 근거가 영혼불멸에 대한 플라톤의 확신일 것이라고 생각하지 않으려면, 그렇게 말할 수밖에 없다.

유대교 및 그리스도교의 희망은 하나님과 그분의 약속에 근거를 둔다는 점에서 현재의 경험될 수 있는 여건들로부터 외삽법(外揷法)으로 도출되는 희망들과 대립한다. 이것은 위르겐 몰트만이 바르게 강조한 바 있다.[223] 물론 몰트만은 초기 저술에서는 약속(그리고 그것에 근거한 희망)이

---

220 Hesiod, *Op*. 498ff. Pindar에 대해서는 비교. O. Lachnit, *Elpis. Eine Begriffsuntersuchung*. Diss. Tübingen 1965, 50f. 이에 대한 요약을 링크의 "희망"이라는 표제어에 대한 논문이 제공한다. H.-G. Link, Hoffnung, im *Hist.WB Philos*. 3, 1974, 1157-1166, 1157.

221 Platon, *Phileb*. 33c-34c, 39a-41b.

222 Platon, *Phaid*. 64a.

223 J. Moltmann, Methoden der Eschatologie, in: *Zukunft der Schöpfung*, 1977, 51-58; 그의 논문 Hoffnung und Entwicklung, 같은 곳, 59-67에서 이 관점이 설명되었다. 이보다 앞선 몰트만의 논문으로서 참고. *Hoffnung und Planung, Perspektiven der Theologie*, 1968, 251-268. 몰트만의 이러한 비판은 중심 내용에서 에른스트 블로흐가 말하는 희망의 근거에 대한 거부를 포함한다. 물론 몰트만은 그 거부를 블로흐와의 명시적인 논쟁에서 표현하지는 않았다. 몰트만의 그 거부가 블로흐가 희망의 근거를 "자연 과정의 내재력과 잠재력"에 둔 것을 향한다는 사실은 몰트만이

"현재 경험할 수 있는 현실성"[224]과 대립하는 모순의 계기를 지나치게 개괄적·일면적으로 설명했다. 만일 약속이 인간의 현존하는 현실과 단지 모순되는 것으로만 해석되고 그 안에 현실에 대한 아무런 긍정적인 관계도 없다면, 그것은 전혀 **약속**이라고 말해질 수 없다. 그때 약속과 위협 사이의 구분은 확인되지 않을 것이다. 이 구분은 약속 그 자체가 그것의 수용자가 처한 현실과의 긍정적인 관계 안에 있다는 사실에 달려 있다. 이것은 로마서 4장의 아브라함의 사례에도 해당한다. 왜냐하면 아들과 유산의 약속은 소원, 즉 아브라함이 오랜 기간 동안 가졌고 그것이 성취되지 못했어도 다른 어떤 대안을 찾을 수 없었던 소원에 상응하는 것이었기 때문이다. 현재 경험할 수 있는 현실과 약속 사이의 모순은 아브라함의 경우에는 그의 소원이 사라에게 자연적인 출산의 시기가 이미 오래전에 지나버렸다고 생각될 만큼 대단히 늦게 성취된다는 사실에 의해 제한된다. 그러므로 아브라함의 예는 약속이 어떤 점에서 인간의 경험적 현실과 모순된다고 이해될 만한 단서를 제공하지 않는다. 오히려 하나님의 약속은 인간의 삶 속 깊은 곳에 놓인 희망을 마주 향해 다가오는데, 물론 이해할 수 없는 방식으로 온다.[225] 하나님의 약속은, 열려 있지만 그 목표는 아직 불확실한 인간적 노

1964년에 쓴 『희망의 신학』의 내용 안에서 나타난다. 약속은 "실재로서-가능한 것의 역사적인 대기실 안에서 선취되고 그 공간을 조명하는 것에 그치지 않는다. 오히려 하나님의 약속의 말씀으로부터 '가능한 것' 그리고 그와 함께 '미래적인 것'이 생성되며, 그 결과 그것들은 실재로서-가능한 것 혹은 실재로서-불가능한 것을 넘어선다. 약속이 미래를 조명할 때, 그 미래는 어떻게든 현실적인 미래 안에 이미 내재해 있는 것이 아니다." *Theologie der Hoffnung*, 75f. 비교. E. Bloch, *Das Prinzip Hoffnung*, 1959, 225f.

224   J. Moltmann, *Theologie der Hoffnung*, 1964, 13f, 비교. 93 등등. 게르하르트 자우터는 자신의 박사학위 논문에서 종말론과 원형론(Protologie), 그리고 창조와 종말 사이의 상응을 더 낮게 논술했다. G. Sauter, *Zukunft und Verheißung. Das Problem der Zukunft in der gegenwärtigen theologischen und philosophischen Diskussion*, 1965, 158-177. 이것은 창조가 이미 약속의 상태(*status prommissionis*)에 있다고 이해한다(174).

225   이것은 그리스도교의 부활의 희망에도 해당한다. 이 희망은 예수의 부활로 깨어나

선을 취하며 이것을 완성되지 않은 현재를 넘어서 미래의 본질적 실현으로 이끈다. 이미 태초로부터 인간의 창조자이신 하나님의 약속이 그 노선을 실현하며, 그것을 대상과 관련해서 상세화하고, 경우에 따라 방향을 바꾸기도 하지만, 그것이 옛것으로 되거나 공허하게 되는 일은 없다. 하나님의 약속의 부르심은, 만일 그것이 인간의 가장 깊은 내면에 도달하여 그의 참된 결핍과 마주치지 않는다면, 그것의 의미 곧 약속으로서의 의미를 상실하게 될 것이다.[226] 인간이 자신의 가장 깊은 본래적 소원을 성취하기 위해 하나님과 그분의 약속에 의존해야 한다는 사실은 여기서도 전혀 변하지 않는다.

인간은 자신의 구원 곧 자신의 현존재의 전체성과 완성, 또한 자신의 규정과 일치하는 정체성, 참으로 자기 자신이 되는 것 등을 자신의 행위를 통해 스스로 산출할 수 없다. 이성을 가진 사람이라면 그런 구원을 삶의 우연성으로부터 기대하지 않을 것이다. 완성 곧 구원에 대한 희망은 정상적으로 진행되는 세계의 테두리 안에서 자기 자신의 행동에 의해 가능한 모든 것을 능가한다. 이 점에서 "바랄 수 없는 중에 바라는 희망"(평범한 인간 경험으로부터 정당화되는 모든 희망을 거역하는 희망)이 중요하다. 이 희망은 오직 "죽은 자를 살리시며 없는 것을 있는 것으로 부르시는" 하나님(롬 4:17; 비교. 고후 1:9)께만, 다시 말해 겉으로 보기에는 도달될 수 없는 것처럼 보이는 것을 가능하게 만드는 심판의 법정에만 근거를 둘 수 있다. 이런 법정에 근거를 두는 희망은 이를테면 포기하여 불확실성 속으로 떨어

심이라는 약속의 구조에 근거한다(부활이 인류 전체를 위한 새로운 생명의 시작으로 이해되어야 한다는 점에서 그렇다). 이 희망은 또한 유대교적인 부활의 희망과도 관계가 있다. 유대교도 이러저러한 형태로서 인류 전체로 확장되는 죽음 이후의 삶에 대한 희망을 표현하고 있었다. 예수의 부활을 바로 이 관점에서 생각할 때 우리는 그리스도교의 희망을 외삽법(Extrapolation)으로 묘사할 수 있다. 물론 이것은 일반적으로 도달할 수 있고 반복될 수 있는 경험에 기초한 것이 아니라, 오직 부활이라는 특이하고 놀라운 사건으로부터 그렇게 말할 수 있는 것이다.

226 비슷한 내용을 나는 이전에도 말했다. 참고. *Thesen zur Theologie der Kirche*, 1970, 54.

지지 않고 오히려 약속으로 가득 차 있다고 바르게 말할 수 있는 형태로 일어나는 희망의 자기알림의 사실성과 마주 대면한다. 그런 약속은 세상의 모든 진행 과정과 인간적 행위가 도달할 수 있는 모든 것을 넘어선다. 바울은 그 약속이 예수의 십자가와 부활 안에서 표현되었다고 보았다. 왜냐하면 이 사건의 영향력은 모든 인간적 상황을 새로운 빛 속으로 옮겨 놓으며, 그 결과 십자가에 못 박히신 자 그리고 부활하신 자에 대한 믿음을 통하여 모든 인간이 예수에게서 이미 출현한 구원의 미래 곧 하나님 나라 안에서 새로워진 인간성의 미래에 참여할 수 있기 때문이다.

믿음은 인간을 죄와 죽음의 순환적 얽힘으로부터 건져내며, 그를 예수와 결합시켜서 그분의 영에 참여할 수 있게 한다. 그렇기 때문에 믿는 자는 자신이 결합되어 있는 그리스도 안에서—즉 "자기 자신 밖에 존재하는" 믿음의 탈자아성 안에서—죽음을 넘어서는 희망을 획득한다. 이 점에서 인간적 희망의 자아 중심적인 구조가 동시에 극복된다. 여기서 그리스도인들은 각각의 고유한 인격만을 위해 희망하지 않는다. 그런 희망은 너무도 자주 다른 사람들의 희망을 희생시키는 방향으로 나아간다. 그리스도인들은 그리스도 안에서 인류의 보편적 희망에 참여한다. 여기서는 물론 개별 인간의 요구도 고려되고 충족되겠지만, 그러나 이것은 개인들의 특수성을 능가하는 하나님 나라의 구원의 현실이라는 큰 틀에서 발생한다. 그리스도인은 믿음을 통해 이기심에 사로잡혀 자신의 행운만을 추구하는 행태로부터 벗어나게 되며, 그 결과 자신의 인격적 삶의 성취를 바로 그리스도의 몸과의 연합 안에서, 또한 하나님 나라 안에서 인류를 위해 일하는 가운데 발견한다.

이와 같은 사태는 그리스도교적 희망의 본질적 속성을 이해하는 데 결정적이다. 하지만 놀랍게도 이 사태는 희망에 대한 신학적 서술 안에서 그다지 상세히 전개되지 않았다. 그 이유는 희망의 개념과 사실상 근본적인 관계를 갖는 희망하는 사람 자체가 그 통찰에 방해가 되었기 때문일 것이다. 1962년에 이르러서도 요셉 피퍼는 "희망의 개념에는 단지 우리가 스스로 희망할 수 있다는 사실만이 속한다"라고 썼다.[227] 물론 그는 이렇게 덧붙이기는 했다. 희망의 그런 자기관계는 사랑을 통해 "무자아적으로 사랑받는 '다른 자아'"로까지 확장된다. 이와 관련해서 피퍼는 토마스 아퀴나스를 인용했다. 토마스는 『질문과 논쟁』(Quaestio disputata)에서 희망에 대해 이렇게 말한다. "희망을 통해 사랑으로 이끌리는 사람은 그 순간부터 더욱 완전한 희망을 갖게 된다."[228] 불완전한 사랑, 즉 자신의 고유한 자아의 욕망만을 추구하는 모든 것(amor concupiscentiae)은 하나님을 향할 때 그와 결합된 하나님을 향한 희망을 통해 완전한 사랑으로 변화한다. 완전한 사랑은 카리타스(caritas)인데, 토마스는 이것이 아리스토텔레스적 친구 사랑(amor amicitiae)의 개념 안에서 사용되는 것을 발견했다. 그것은 하나님을 그분 자신을 위해 사랑하는 것을 뜻한다.[229] 루터는 이런 견해에 대하여—물론 그는 가브리엘 비엘에 의한 다소 다른 형태로 만나기는 했지만—이미 초기의 강의에서 격렬하게 반대했다.[230] 루터는 논쟁의 핵심에서 이렇게 강조한다. 이 반대는 그가 스콜라신학에 대한 논쟁(1517)에도 취했던 입장이다. 그것은 욕망이 희망을 통해 "바

---

227   J. Pieper, Art. Hoffnung, in : H. Fries, Hg., *Handbuch theologischer Grundbegriffe* 1, 1962, 704.

228   Thomas von Aquin, *De spe* 3 ad 1 : ...cum aliquis ex spe iam ad caritatem introductus fuerit, tunc etiam perfectius sperat, et castius timet, sicut etiam et firmius credet (*Quaestiones disputatae* II, Marietti 1949, 809). 그러므로 아퀴나스에게는 "사랑을 통해 형성되는 믿음"(*fides caritate formata*)만이 아니라, 또한 그와 유사한 "사랑을 통해 완성되는 희망"도 있다. 참고. *S. theol.* II/1, 62 a 4.

229   Thomas von Aquin, *De spe* ad 3 resp.: ⋯in via generationis et temporis...spes introducit ad caritatem ; dum aliquis per hoc quod sperat se aliquod bonum a Deo consequi, ad hoc deducitur ut Deum propter se amet. 참고. *Summa theol.* II/2, 17, 8. 또한 여기서도 희망 그 자체는 자기관계적인 것으로 서술된다. quia ille qui sperat, aliquid sibi obtinere intendit. 그러나 그 희망은 참된 하나님 사랑으로 인도된다(같은 곳, 17,3). Aristoteles, *Eth, Nic.* 1155b 30-35를 비교하라. 이미 아리스토텔레스도 친구 사랑이 자기사랑으로부터 생긴다고 생각했다. 같은 곳, 1168 a 5-36.

230   참고. R. Schwarz, *Fides, Spes und Caritas beim jungen Luther*, 1962, 342-357.

로 잡힌다"는 것, 즉 자기사랑이 하나님 자신을 위한 하나님 사랑으로 변화될 수 있다는 것이 거짓이라는 입장이다.[231] 그 대신에 루터는 믿음을 통한 인간의 회개에 대해서 말했다. 믿음이 인간을 자기추구로부터 건져내며, 그를 "그 자신의 외부에"(*extra se*) 위치시킨다는 것이다. 스콜라 전통이 대상과 하나가 되는 능력만을 사랑에게 부여했던 반면에,[232] 루터에 의하면 인간은 믿음을 통해 자기 자신으로부터 벗어난다.[233] 믿음이 자기사랑을 대신할 수 있을 때—자기사랑은 하나님을 향할 때도 여전히 자기추구에 머문다—참된 하나님 사랑을 생성시킬 수 있게 되며, 루터에 의하면 그때 참된 희망이 믿음과 결합된다. 믿는 자의 영혼은 희망을 통해 하나님의 미래 안으로 옮겨진다. 믿음이 희망을 욕망의 자기추구적인 노력들과 분리시켰기 때문에, 믿음에 근거한 희망은 처음부터 참된 하나님 사랑에서 시작된다.[234] 그럼에도 불구하고 루터에게서도 그리스도교적인 희망은 하나님을 향한 개인의 희망일 뿐만 아니라 세상 전체 즉 하나님 나라를 향한 희망이며, 개인의 구원을 향한 희망은 오직 그 희망에 포함되어 있을 뿐이라는 사상은 나타나지 않는다.

그러한 사상은 주목할 만하게도 위르겐 몰트만의 희망의 신학에서도 전개되지 않았다. 거기서 몰트만은 그리스도교적인 희망에 대하여 믿음과 마찬가지로 그리스도론적인 중재를 통한 이해를 제안했다. 하나님의 구원 계획—지금은 계시된 하나님의 비밀(*mysterion*)—은 골로새서 1:27에 따르면 "그리스도가 너희 안에 계시고 그분이 영광의 희망"이라는 사실에 놓여 있다(비교. 딤전 1:1). 그러나 그리스도는 하나님의 백성의 메시아이며, 이를 넘어 열방의 구원자이시다. 그렇기 때문에 그리스도는 이러저러한 개인들의 희망이실

---

231 M. Luther, *Disputatio contra scholasticam theologiam,* These 23 : Nec est verum quod actus concupiscentiae possit ordinariper virtutem spei. WA 1, 225, Z. 11f.

232 참고. R. Schwarz, 같은 곳, 219ff.

233 여기서 루터는 "황홀경에 사로잡힘"(*raptus*)이라는 신비주의적 표상을 사용했다. 이것은 인간을 자기 자신의 외부로 옮겨 놓는 것이다. WA 56, 307,14, WA 7, 69,14. 참고. R. Schwarz, 같은 곳, 308f.

234 참고. R. Schwarz, 같은 곳, 322ff.

뿐만 아니라, 또한 "열방의 세계 안에서(골 1:27: *en tios ethnesin*) 실행되는 하나님의 구원 계획의 영광의 나라"이시다. 오직 이러한 메시아 예수와의 결합을 통해서—이 결합은 세례 안에서 발생한다(골 2:12f.)—개별 그리스도인들은 그 영광에 참여한다(3:4).

그러므로 그리스도교의 희망은 개인이 자기 자신만을 위해 품는 희망이 아니다. 오히려 예수 그리스도의 믿음이 일으키는 희망의 중재는 인간을 자기 자신에 사로잡힌 상태로부터 분리하며, 그를 자신의 고유한 자아 너머로 고양시킨다. 이같이 믿음은 희망의 근거가 된다. 희망은 자신의 형편에만 관심을 갖지 않고, 세계 안에서 행해지는 하나님의 일과 결합된다. 이 일은 인류 전체의 구원을 목표로 하며, 단지 그 큰 틀 안에서 또한 믿는 자의 자아도 함께 포괄한다.

그리스도교의 희망이 인류 전체와 관계된다는 점은 죽음 이후의 삶에 대한 루트비히 포이어바흐의 비판과 논쟁할 때 매우 중요하다. 1828년 에르랑엔 대학교의 박사학위 논문과 2년 후 출판된『죽음과 불멸에 관한 사상』(*Gedanken über Tod und Unsterblichkeit*)에서 포이어바흐는 죽음 이후의 삶에 대한 그리스도교적 희망의 소위 **이기주의**(Egoismus)를 비판했다. 그는 그 희망이 주로 불멸 신앙이 축소된 한 가지 형태라고 보았다. 포이어바흐에 의하면 불멸 교리는 죽음에 직면해서도 자신을 놓아 보내지 못하고 이성의 보편성 안으로 소멸되기를 거부하며 지속적으로 자기를 추구하는 자아의 강경한 비타협적 태도의 표현일 뿐이다.[235] 그리스도교적 희망이 전통적으로 다루어진 방식을 생각한다면, 포이어바흐의 이러한 비판에 이유가 전혀 없다고 할 수는 없다. 18세기에 개인적 종말을 보편적 종말론으로부터 분리시키고 전자

---

235   참고. P. Cornehl, *Die Zukunft der Versöhnung, Eschatologie und Emanzipation in der Aufklärung, bei Hegel und in der Hegelschen Schule*, 1971, 219ff.

를 개인의 영혼불멸로 환원시킨 것[236]은 그런 표상이 과도한 이기주의의 표현이라는 비판에 직면할 수밖에 없었다. 그리스도교의 종말론적 희망이란 그런 이기적 요구의 표현과 투사에 불과하다는 비난과 맞설 수 있는 것은 오직 개인적 종말과 보편적 종말의 일치, 그리고 하나님 나라와 죽은 자들의 부활의 일치에 대한 숙고뿐이다.

  그리스도교적 희망이 인류 전체를 향해 개방된 공간을 가질 때, 개인에 대한 특수한 그리스도교적 관심도 오해의 소지 없이 타당하게 진술될 수 있다. 그 관심의 근원은 길을 잃은 모든 개인을 향한 하나님의 사랑(눅 15)을 가르치는 예수의 메시지 안에 있다. 잃어버린 자들에 대한 하나님의 사랑은 개인에 대한 특별한 지칭의 근거가 되는데, 이 지칭은 그리스도교 이전의 고대에는 들어본 적이 없는 것이다. 자신만의 특수성을 지닌 모든 개인은 이제부터 무한히 소중한 존재다. 왜냐하면 하나님의 영원한 사랑의 대상이기 때문이다. 이것은 현대적 인권의 그리스도교적 뿌리다. 그러나 하나님의 영원한 사랑은 홀로 있는 개인 그 자체에게만이 아니라, 하나님 나라 안에 있는 인간들의 공동체에게로 향한다. 이 공동체는 창조 역사 안에 있는 하나님의 길의 목적을 형성한다.
  그리스도교적 희망의 내용은 오직 하나님의 영원한 생명과 연합하는 가운데서만 도달할 수 있는 구원이다. 이것은 개인적 현존재와 마찬가지로 인간의 공동체적 현존재 안에 있는 삶의 무결한 통합성과 전체성을 뜻한다. 개인적인 것은 공동체적 현존재 없이는 가능하지 않다. 개인은 타자들 없이는 자신의 현존재의 전체성 안에 놓여 있는 정체성에 도달할 수 없다. 인간의 사회적 규정은 모든 개인이 자신의 감해지지 않은 정체성을 획득할 수 있을 때만 실현될 수 있다. 그러나 인간의 개인적 및 사회적 규정의 그런 통일성은 유한할 뿐만 아니라 많은 점에서 제약되어 협소해진

---

236   P. Cornehl, 같은 곳, 29 – 52.

삶의 현재 조건들 아래서는 완전히 실현될 수 없다. 자연 혹은 사회의 악, 곧 개인들과 인간 집단 전체에게 서로 다른 규모로 해를 입히는 악은 최선의 경우라 해도 세력이 다소 감소하거나 그 결과가 약해질 수 있을 뿐이고, 완전히 제거될 수는 없다. 무엇보다도 개인들의 자기추구가 그런 식으로 추구되지 않았더라면 아마도 도달될 수 있었던 공동선의 촉진 수준을 언제나 또다시 방해한다. 그렇기 때문에 몇몇 개인들의 일반적인 사안과 관심사가 모두 각자의 자리에서 다른 모든 사람과 대립하며 인지되고 관철되는 한, 그리고 개인들이 공동선이 요청하는 것에 대하여 자발적으로 동의하지 않는 한, 인간의 개인적 규정과 사회적 규정의 통합은 이루어질 수 없다. 그 통합은 하나님이 모든 인간의 마음속을 통치하시고 그들 모두를 서로 함께하는 공동체로 움직이셔서 더 이상 인간이 인간을 통치하는 일이 불필요해질 때 비로소 실현될 수 있을 것이다. 그러나 현재 세상 안에서 하나님께서 개인들의 마음속을 통치하시는 일은 여기저기서 알려지기는 해도 보편적인 상태로 실현되어 있다고 말할 수는 없으며, 그 통치는 인간들의 행위에 의해서도 실현되지 않는다. 왜냐하면 인간의 힘으로 그 통치를 실현하려는 모든 시도는 최선의 의도를 가졌다고 해도 단지 그것의 본질의 왜곡에 그칠 것이기 때문이다.

개인에게 그의 현존재의 전체성은 죽음을 넘어서는 미래로부터만 기대될 수 있다. 죽음은 개인적인 삶을 단절시키며, 최선의 경우에도 그 삶을 그 속에서 의도되었던 전체성의 한 단편으로 만들며, 이것은 주변 세계와 후세의 기억 속에 남는다. 그러나 인간의 본질이 모든 개인의 총체성으로서의 인간성 안에서 실현되는 것도 오직 죽음을 넘어서는 공동의 미래로서만 생각될 수 있다. 이 미래는 모든 시대의 모든 개인이 참여하는 어떤 사회적 상태다. 이것은 유한한 미래 안에 있는 어떤 완전한 사회라는 유토피아와는 구분된다.

이처럼 그리스도교의 희망은 본질적으로 종말론적 희망이다. 이 희망은 이 세상에서의 삶과 현재의 세계 상태를 넘어선다. 이 희망의 정확한 내용은 종말론의 단원이 서술해야 할 과제다. 그러나 죽음을 넘어서는 인간적 삶의 완성을 바라보는 종말론적인 희망은 세계 내적인 희망들을 배제하지 않으며, 오히려 그 희망들에게 방향을 제시하고, 이 세상 삶의 조건들 아래서 도달될 수 있는 것들의 한계에 대한 냉철한 의식 안에서도 그 희망들에게 용기를 준다. 오직 그런 냉철한 의식 안에서 우리는 현실적으로 가능한 것들도 자유롭게 바라볼 수 있다. 궁극적 완성에 대한 희망이 많은 희망들 안에 있는 삶에 비로소 의미를 부여하고, 그 희망들이 최종적으로 환상에 지나지 않는 것으로 보이지 않게 할 수 있다. 종말론적 희망은 현재의 삶에 빛을 비추고 그 삶을 절망으로부터 보호하며, 또한 그 삶이 유한한 희망의 목적들을 환상적으로 과대평가하거나 나아가 절대시하지 않도록 막아준다. 이 사실은 이 세상 안에서 개인적인 삶의 성취에 대한 희망들에게, 마찬가지로 사회적 질서와 기관들의 개선에 대한 희망들에게도 타당하다. 이러한 두 가지 영역 안에서 더 나은 삶의 조건들을 위해 노력하는 것은—물론 우리가 도달할 수 있는 것의 한계에 대하여 냉철하게 숙고해야 하지만—깊은 의미를 지닌다.

그리스도교의 교회일치 운동 안에서 종말론적 희망과 세계 내적인 희망들 사이의 관계에 대한 질문이 1970년대에 열정적으로 논의되었다. 그러한 범 세계적인 토론의 결과는 1978년 인도의 뱅갈루루(Bangalore)에서 작성된 문서인데, 이것은 최근까지도 논쟁의 대상이 되고 있다.[237] 거기서

---

[237] 신앙과 직제의 뱅갈루루 보고서. Bangalore 1978. Sitzung der Kommission für Glauben und Kirchenverfassung. Berichte, Reden Dokumente, hg. G. Müller - Fahrenholz 1979, 51 - 60. 이미 그 회의 이전에 에드문트 슐링크는 1954년 에반스톤에서 개최된 제2차 WCC 총회의 개최 주제("그리스도, 세상을 위한 희망")를 공동 주도했으며, 그 토론에 비판적인 공헌을 했다. 참고. E. Schlink, "Rechenschaft über die ökumenische Hoffnung," *Ökum. Rundschau* 26, 1977, 352 - 358. 여기서 슐링크는 그리스도인들의 "큰 희망"이 세상의 "작은 희망들" 뒤편으로 퇴각하는 것에 대해 경고했다(354). 뱅갈루루에서 주어진 이 경고는 유감스럽게도 거의 듣는 사람을 발견하지 못했다. 비교. R. J. Neuhaus/W. Pannenberg, Faith and Disorder at Bangalore,

그리스도인들의 종말론적인 희망이 소위 그보다 더 긴급하다는 세계 내적인 희망의 목적들의 배후로 물러나면서 나타나게 된 결과들이 제시되었다. 그러나 목적을 그렇게 설정할 때 나타나는 것은 흔히 특정 그룹의 특수한 이해관계뿐이다. 그때 서로 다른 많은 희망의 상들이 서로에 대한 갈등 속에 빠지며, 한편으로는 자신을 미화하고 다른 한편으로는 남을 비방하는 위험이 생긴다. 오직 종말론적 희망만이 모든 그리스도인을 하나로 결합시킬 수 있다. 그리스도인들의 하나 됨을 위해서도 그와 같이 서로 다른 세계 내적인 희망의 목적들을 종말론적 희망에 예속시키고 언제나 또다시 종말론적 희망에 비추어 평가할 필요가 있다.

3. 사랑

희망과 사랑은 일치한다. 다른 사람들과 함께 오직 그들 자신을 위해 희망할 수 있는 사람만이 또한 그들을 사랑할 수 있다. 이것은 사랑의 대상을 소유하려는 이기적 갈망(*amor concupiscentiae*)이 아니라, 타자가 그 자신의 특수한 인간적 규정을 실현하는 길을 나아가도록 도와준다는 의미에서 사랑하는 것(*amor amicitiae*)이다.[238] 희망으로부터 사랑의 판타지(Phantasie)와 그것의 창조적 충동이 살아난다. 다른 사람들을 위한 희망이 없다면 사

---

in : *Worldview* 22, 1979, 37 – 40.

238   이러한 두 종류의 사랑의 구분은 본질적으로는 아우구스티누스적이지만(비교. *De doctr. chr.* III,10,16, CSEL 80, 89, 12ff.: *caritas-cupiditas*), 용어상으로는 아리스토텔레스의 우정으로서의 사랑 개념에 기초한 아리스토텔레스적 스콜라주의로부터 유래한다(philia : *Eth. Nic.* 1155a–1163 b). 비교. Thomas von Aquin, *S. theol.* I,60,3 resp. 우정으로서의 사랑 개념, 그리고 그것과 사랑의 다른 형태들과의 구분에 대하여 토마스는 명시적으로 아리스토텔레스를 인용한다. *S. theol.* II/2, 23,1c. 참고. 위의 각주 229에서 인용된 니코마코스 윤리학; *Eth. Nik.* in : *S. theol.* II/1,26,4 resp ; 그리고 Aristoteles, *Rhetorik* II,4,1380 b 35f.

랑은 연민이나 단순한 선행이 되며, 사랑과 결부된 인격적인 접근이 결여된다. 또한 사랑이 없는 희망은 협소해진 이기적인 요구가 되거나 무력한 소원의 상으로 도피하게 된다. 하지만 그리스도교적인 희망은 사랑에게 날개를 달아준다. 그리스도교적 믿음의 본질에 대한 통찰이 더 이상 자아에 매이지 않은 희망의 개념으로 인도하는 것처럼, 종말론적 희망과 세계 내적인 희망들 사이의 관계로부터 이제 그리스도교적 사랑의 개념으로 접근하는 길이 열린다. 왜냐하면 그리스도교적인 의미에서 사랑은 우선 인간학적 현상인 것이 아니고 그런 현상에 그치지도 않으며, 오히려 자신의 출발점을 하나님의 현실성 안에 두기 때문이다. 하나님의 현실성은 믿음이 의존하는 토대이며, 또한 희망의 근거를 형성한다.

a) 하나님 사랑과 이웃 사랑

믿음과 희망의 영을 통해 인간을 하나님께로 고양시키는 것―이 고양은 믿는 자들의 "새로운 존재"를 그 자신의 외부 곧 그리스도 안에 그리고 (그리스도를 통해) 하나님 안에 기초시킨다―은 이미 하나님에 대한 사랑을 내포한다. 이 사랑은 예수 그리스도의 파송 안에서 인간에게 예시된 하나님의 사랑에 대한 응답이며, 세상을 향한 하나님의 사랑의 역동성에 참여하도록 인도한다. 믿음과 희망의 탈자아적 특성―이것은 인간을 예수 그리스도 안에서 계시되신 하나님의 존재 안에 위치시킨다―은 사랑 안에서 완성된다. 왜냐하면 믿는 자는 사랑을 통해 하나님의 고유한 본질에 참여하고 그분과 결합되기 때문이다. "사랑 안에 거하는 자는 하나님 안에 거하고, 하나님도 그의 안에 거하시느니라"(요일 4:16).

하나님이 사랑이라는 것은 요한1서만 말하는 것이 아니다(4:8; 4:16). 또한 바울도 "사랑의 하나님"(고후 13:11)을 말한다. 요한과 바울의 그런 진술 안에서 하나님이 어떻게 예수 그리스도의 파송 안에서, 그의 메시지와 역사 안에서 하나님 자신의 본질적 특성을 알리셨는지를 표현한다. "하나님의 사랑이 우리에게 이렇게 나타난 바 되었으니, 하나님이 자기의 독생

자를 세상에 보내심은 그로 말미암아 우리를 살리려 하심이라"(요일 4:9; 비교. 요 3:16). 요한1서는 우리를 향한 하나님의 사랑 안에 놓인 사랑의 근원을 아들의 보내심을 통해 강조한다(4:10). 사랑은 하나님으로부터 나오는 능력이다. 그것은 일차적으로는 인간의 행위가 아니다. 그러나 사랑은 인간을 사로잡아 그 인간을 활동하도록 만든다. 그래서 요한1서는 하나님 안에 있는 사랑의 근원을 강조한 다음에 곧바로 이렇게 말한다. "…하나님이 이같이 우리를 사랑하셨은즉, 우리도 서로 사랑하는 것이 마땅하도다"(4:11). 이것은 단순한 도덕적 결론이 아니다. 여기서 중요한 것은 믿음을 매개로 하나님을 향한 탈자아적 고양 안에 "머무는 것"이다. 이 고양은 하나님 편에서 본다면 하나님이 영을 통해 믿는 자 안에 거하시는 신적 존재다. "만일 우리가 서로 사랑하면 하나님이 우리 안에 거하시고, 그의 사랑이 우리 안에 온전히 이루어지느니라"(4:12). 이 내용의 핵심은 요한복음이 말하는 예수의 "새 계명"에 상응한다. "내가 너희를 사랑한 것 같이 너희도 서로 사랑하라"(요 13:34). 여기서도 중요한 것은 단순한 도덕적 요청이 아니며, 예수의 사랑 안에 "머무는 것"(요 15:10), 곧 어떤 존재 영역 안에 잔류하는 것이다. 사랑 안에 머무는 것은 요한복음 17:21ff.에 따르면 믿는 자들이 서로 하나가 되는 것, 그래서 예수 그리고 아버지와 하나가 되는 것이다.

이와 동일한 내용이 바울에게서는 어느 정도 다르게 표현된다. 로마서 5:5이 하나님의 사랑이 우리에게 주어진 성령을 통해 우리 마음속에 부어졌다고 말할 때, "하나님의 사랑"이라는 소유격 표현은 엄격하게 주어이신 하나님 자신에게 관계된다. 여기서 중요한 것은 하나님께 대한 인간의 사랑이 아니다.[239] 핵심은 하나님이 우리를 사랑하신 그 사랑이며, 이 사랑은 우리에게 주어진 성령을 통해 우리에게 전해졌다. 성령이 우리 안에서 우리를 향한 하나님의 사랑을 증언하시며(롬 8:16), 그 사랑이 효력을 나

239　비교. U. Wilckens, *Der Brief an die Römer* 1, 1978, 293.

타내도록 하신다(갈 5:22; 비교 5:6). 이와 같이 바울에 의하면 하나님 자신의 사랑은 하나님으로부터 오는 권능으로서 믿는 자들 안에 현재하고 작용한다. 이를 통해 그 사랑은—이것이 로마서 5:5의 핵심이다—믿는 자들이 하나님과 연합되었다는 것을 확증한다. 사랑과 성령의 결합은 바울에 의하면 하나님으로부터 시작되고 복음의 소식을 통해 매개되는 사건이 가진 권능의 특성을 명확하게 드러내는데, 믿는 자들은 그 권능 안으로 인도된다.

이와 비슷하게 예수 자신도 이미 하나님의 사랑에 대하여 말한 것으로 보인다.[240] 인간을 향한 하나님의 사랑은 잃어버린 자를 찾으려는 시도에서 특별히 강조되며 표현된다(눅 15). 이 사랑은 인간들을 역동적으로 움직이며, 인간들은 그 사랑에 참여하게 된다. 하나님께서 햇빛을 선한 자와 악한 자 위로 비추어 주시듯이, 또한 비를 의로운 자와 불의한 자 위에 내려주시듯이, 믿는 자들은 원수를 사랑해야 하며 자신을 박해하는 자들을 위해 기도해야 한다(마 5:44f.). 하나님께서 우리를 용서하신 것처럼, 우리 또한 우리에게 빚진 자들을 용서해야 한다. 악한 종의 비유(마 18:23-25)가 말하듯이 하나님으로부터 오는 용서는 용서받은 자가 그것을 이웃들과의 관계에 계속 적용하지 않는다면, 왜곡될 수 있다. 주기도문의 다섯 번째 기도(마 6:12)에서 이 사태는 거꾸로 말해진다. 기꺼이 용서할 자세를 갖추었다는 것이 기도하는 자가 하나님께 용서를 간구할 수 있는 조건 혹은 척도가 된다. 요한복음의 표현도 정확하게 이에 상응한다. 이웃 사랑은 우리를 향한 하나님의 사랑 안에 "머물기" 위한 조건이다. 용서하는 자세를 갖추라는 권고 안에서 중요한 것은 이웃 사랑과 원수 사랑이 하나님과 연합하는 영역으로부터 벗어나지 않는 것이다. 믿는 자는 사랑을 통해 사실상 하나님의 고유한 본질과 사역에, 세상을 향한 그분의 사랑의 운동에 참여한다. 그렇기 때문에 바울은 고린도전서 13:13에서 사랑이 성령의 은사들

---

240   이에 대해『조직신학』 II, 572f.를 보라.

가운데 가장 큰 것이라고 말한다. 왜냐하면 사랑은 하나님 자신과의 연합을 매개할 뿐만 아니라, 이미 그 자체가 그 연합 안에 있기 때문이다.

이 모든 진술에서 하나님께 대한 인간의 사랑은 언급되지 않는다. 말해지는 것은 인간에 대한 하나님의 사랑, 그리고 이웃과 원수를 향한 인간의 사랑이다. 사랑에 대한 신약성서 진술들의 주도적 경향은 플라톤-아우구스티누스적인 에로스의 의미에서 하나님을 향해 상승하는(anabatisch) 사랑이 아니고, 하나님과 함께 세상을 향해 하강하는(katabatisch) 사랑이다. 이것은 아가페[241]라는 성서적 이해의 사랑이며, 에로스와 구분되고 또한 아리스토텔레스의 우정으로서의 사랑(philia)과도 다르다. 우정의 상호성은 양편에게 동등한 요소를 요청하지만, 그 요소는 하나님과 피조물의 관계에서는 근원적으로 존재하지 않는다. 아가페는 "선사하는 사랑"이다. 니체는 이 사랑을 매우 아름답게 묘사했지만, 상호 동등한 입장을 그리스도교적인 사랑의 개념 안에서 표현함으로써 틀린 것이 되었다.[242] 아가페의 "하강하는" 의미는 특히 요한 서신 안에서 명시적으로 표현되었다. "사랑은 여기 있으니, 우리가 하나님을 사랑한 것이 아니요, 하나님이 우리를 사랑하사 우리 죄를 속하기 위하여 화목제물로 그 아들을 보내셨음이라"(요일 4:10). 몇 구절 뒤에 이렇게 계속된다. "우리가 사랑함은 그가 먼저 우리를 사랑하셨음이라"(4:19).[243]

---

241 아가페의 개념은 특별히 니그렌이 상세하게 설명했다. A. Nygren, *Eros und Agape. Gestalt wandlungen der christlichen Liebe* I, 1930, bes. 45-137. *Agapao*(사랑하다)라는 단어가 이미 70인역에서 하나님의 사랑을 지칭하는 *ahab*의 번역어로 사용되었지만, 그것은 또한 하나님께 대한 인간의 사랑을 가리키기도 한다. 비교. E. Stauffer, in: *ThWBNT* 1, 1933, 34-55, 39.

242 F. Nietzsche, *Also sprach Zarathustra* (1883/85) I, 22(비교. 1,16). 니체에 관한 니그렌의 설명을 참고하라. Nygren, 같은 곳, 48ff. 니그렌에 의하면 니체는 그리스도교적인 사랑을 "통상적인 이타적 사랑과 혼동했다"(48). 하지만 니그렌 자신도 때때로 "선사하는 사랑"이라는 니체의 표현을 사용한다(1,53 등등).

243 어떤 필사본은—명백하게도 핵심을 놓치면서—인간의 하나님에 대한 사랑이라는 생각을 첨가했다(우리가 **하나님을** 혹은 **그분을** 사랑하자…). 이것은 이 장의 앞 부

물론 요한의 진술은 하나님을 사랑하라는 신명기의 계명(신 6:5)을 전제한다. 이 계명은 예수께서 가장 큰 계명이라고 부르시며 이웃 사랑의 계명과 묶으신 것이다(막 12:29f.). 그러나 이웃 사랑의 계명은 믿는 자들에게는 마치 자명한 것처럼 부차적으로 말해진다. "하나님을 사랑하는 자는 또한 그 형제를 사랑할지니라"(4:21). 바울의 견해도 이와 비슷하다. 로마서 8:28과 고린도전서 2:9, 8:3에서 인간의 하나님 사랑은 철저히 믿는 자의 특성으로 말해진다.[244] 바울과 요한 모두에게서 하나님께 대한 인간의 사랑은 아들의 보내심 안에서 입증되는 세상을 향한 하나님의 사랑 곁에서, 그리고 이웃 사랑을 통해 그 사랑에 참여하는 것 곁에서 어떤 독자적인 주제로 형성되지 않는다. 이러한 견해는 예수께서 신명기 6:5을 인용해서 하나님에 대한 사랑을 가장 큰 계명으로 지칭하셨다는 사실에 직면해서 어떻게 설명될 수 있을까? 혹은 예수께서 정하신 하나님 사랑과 이웃 사랑의 계명과의 밀접한 관계는 하나님에 대한 사랑이 이웃 사랑과 더 이상 구분될 수 없고 이웃 사랑 안에서 해소된다는 것을 의미할까?

고대의 신학적 전통 안에서 하나님에 대한 사랑은 독립적인 주제로 다루어졌고, 내용으로는 이웃 사랑보다 앞서는 우선권이 주어졌다. 이 내용과 관련해서 서구 신학에서 고전이 된 묘사는 아우구스티누스가 제공했다. 그는 하나님을 추구하는 플라톤적 에로스 사상의 의미에서 하나님에 대한 사랑을 최고선으로 해석했다.[245] 거기서 하나님 사랑(amor Dei)는 하나님의 향유(frui

---

분에서 서술된 하강의 경향과 대립된다.

244 로마서 8:29에 관하여 비교. U. Wilckens, *Der Brief an die Römer* 2, 1980, 163. 바울에게서 하나님께 대한 인간의 사랑이 드물게 언급되는 것에 대하여 참고. E. Stauffer, 같은 곳, 51.53.

245 참고. J. Mausbach, *Die Ethik des heiligen Augustinus* I, 1909, Kapitel 2 und 4, bes. 174ff.; 또한 비교. H. Arendt, *Der Liebesbegriff bei Augustin. Versuch einer philosophischen Interpretation*, 1929, 7–11. 또한 G. Combès, *La charité d'après saint Augustin*, 1934.

Deo) 안에서, 하나님을 그분 자신을 위해 사랑하는 것[246] 안에서 완성된다. 이웃 사랑은 그 이웃을 **하나님을 위해** 사랑해야 한다는 숙고[247]를 매개로 해서 하나님 사랑으로부터 도출된다. 이 점에서 아우구스티누스는 이웃 사랑을 철저히 하나님의 인간 사랑에 참여하는 것으로 생각했다. 그러나 그 참여의 동기는 아우구스티누스에 의하면 신약성서와는 전혀 다른 지반 위에서, 말하자면 최고선이신 하나님께 대한 상승적 사랑으로부터 자라난다. 라틴 스콜라주의도 이와 비슷하게 생각했다. 주도적인 스콜라 신학자들 사이에서는 하나님 자신을 위해 하나님을 사랑하는 것이 인간이 자신의 행복을 추구하는 것(최고의 행복을 내려주시는 하나님을 추구하는 것)으로부터 시작될 수 있는지, 혹은 그것이 정의(무한한 선이신 하나님께 마땅히 속해야 하는 정의)의 의미에 기초할 수 있는지[248]에 대한 질문에서 견해 차이를 보이고 있었다. 한 가지는 토마스 아퀴나스의 고전적인 이해였고,[249] 다른 하나는 둔스 스코투스의 입장이었다.[250] 두 사람에게서 그리스도교적인 사랑은 하나님을 향한 유일한 행

---

246   Augustin, *De doctr. chr.* I,4,4: Frui est enim amore inherere alicui rei propter se ipsam. CSEL 80,10,5; 비교. *De fide et symbolo* 9, 19. 아우구스티누스에 의하면 오직 하나님의 은혜를 통해서만 하나님 향유에 도달할 수 있다. 그렇기 때문에 니그렌에 의하면 아우구스티누스는 에로스와 아가페를 결합시켰지만(같은 곳, II, 1937, 271 - 376, bes. 279ff.340ff.), 그러나 그 결합은 자체로 통일성을 이루는 개념에 도달하지 못했다.

247   Augustin, *De doctr. chr.* I,33,37 (CSEL 80, 28,21ff.). 비교. III,10,16: Caritatem voco motum animi ad fruendum deo propter ipsum et se atque proximo propter deum (CSEL 80, 89,12f.). 이 주제에 대하여 또한 Nygren, 같은 곳, II, 366ff.를 보라. "이것이 신약성서가 말하는 이웃 사랑과 다르다는 사실은 분명하다"(367).

248   루셀로는 이 차이를 하나님 사랑에 대한 "육체적인" — 왜냐하면 인간의 자기사랑으로부터 시작되기 때문에 — 이해와 "탈자아적"(ekstatisch) 이해 사이의 대립으로 설명했다. R Rousselot, *Pour l'histoire du problème de l'amour au moyen âge*, 1908, 7ff.56ff.

249   Thomas von Aquin, S. *theol.* II/2, 23 - 27, 비교. 17 a 8. 여기서 토마스는 희망이 하나님 사랑으로 인도한다고 말한다. 또한 19 a 7에서 비슷한 내용이 두려움에 대해서 주장된다. 또한 *Quaestio disp. De caritate*를 보라.

250   J. Duns Scotus, *Sent.* III, d.27, d.28 q 1 - 2. 이에 대한 개정판은 아직 출간되지 않

위로 이해되었고, 이웃 사랑은 그것에 간접적으로 포함되었다.[251] 사랑의 행
위는 언제나 일차적인 객체로서 하나님을 향하며, 단지 우연적으로만 이웃
을 향한다.[252] 토마스와 마찬가지로 스코투스에게 있어서도 사랑이 최종적으
로 하나님을 향한다는 것은 이웃을 그 자체를 위해 사랑할 수 있도록 만들지
는 않는다. 사랑에 대한 이런 이해의 토대는 그것이 선을 향한다는 데 있다.
하나님 사랑은 반드시 일차적으로 하나님 자신을 향해야 한다. 왜냐하면 하
나님이 객관적인 최고선이시기 때문이다.[253] 그렇다면 하나님의 사랑은—비
록 하나님이 넘쳐 흐르는 자신의 선하심을 통해 피조적 현존재의 원인이 되
신다고 해도—일차적으로는 자기사랑인가? 그래서 피조물들은 그분의 자
기사랑에 단순히 포괄될 뿐인가?[254] 하나님은 그분의 피조물을 피조물 그 자

왔다. 그리고 동일저자, *Opera Omnia* (ed. Wadding - Vivès) 15, 1844, 354ff.376ff. 참
고. J. Klein, *Die Charitaslehre des Johannes Duns Skotus*, 1926, 3ff. 또한 Sent. III, d.27
q.un. n.2 (356f.).

251   Thomas, *S. theol.* II/2, 23, 5는 카리타스를 하나님 사랑과 이웃 사랑을 포괄하는 유
일한 미덕으로 말한다. 그러나 두 가지 사랑의 행위는 각각의 특성을 갖는데, 왜냐하
면 이웃 사랑은 하나님을 위해 행해지기 때문이다(25 a 1). Duns Scotus, *Sent.* III, d
28, q.1 - 2 n. 2 (379).

252   Duns Scotus, 같은 곳, 379 n. 3이 명확하게 그렇게 말한다. quasi omnino accidentale
objectum. 하나님 사랑이 이웃 사랑으로 연장될 수 있는 근거는 둔스 스코투스에 의
하면 하나님이 우리가 하나님을 사랑하기를 원하시고 또한 그분과 함께 그분이 사
랑하시는 피조물을 우리도 사랑하기를 원하시기 때문이다. *Sent* III, 28, q 1 - 2 resp,
n.2, 같은 곳, 378. 토마스도 이와 비슷하게 말한다. caritas diligit Deum ratione sui
ipsius ; et ratione eius diligit omnes alios in quantum ordinantur ad Deum (De can
a 4). 그다음에 이렇게 이어진다: Quod proximus non diligitur nisi ratione Dei (ib.
ad 1).

253   아우구스티누스는 이렇게 말했다. 하나님이 우리를 사랑하실 때, 그것은 그분 자신
을 목적으로 설정하는 수단이다. Non ergo fruitur nobis, sed utitur (*De doctr. chr.*
I,31,34 CSEL 80,27,16). 물론 그것은 그분의 선하심과 관련되어 있다. deus vero ad
suam bonitatem usum nostrum refert (ib.32,35 CSEL 80,27,19f.). 비교. H. Arendt,
같은 곳, 68 - 72.

254   Thomas von Aquin, *S. theol.* I,20,2.

체를 위해서 사랑하실 수는 없는가? 바로 이것이 아가페로 규정된 사랑의 의미가 아닌가? 그렇다면 바울 및 요한의 진술의 의미에서 하나님의 사랑에 대한 참여로 파악되는 그리스도교적인 사랑은 이웃을 이웃 그 자체를 위해 사랑할 수 없다는 말인가?

하나님의 사랑을 자기사랑으로 이해하는 것은 이웃 사랑을 하나님 사랑에 예속시키는 것과 마찬가지로 사랑을 선을 향한 **추구**로 파악한 결과이다. 이러한 서술을 긍정한 사람은 또한 그 결과, 곧 단지 최고선만이 자기 자신을 위해 사랑할 수 있다는 결과에도 반드시 동의해야 한다. 이 결과를 회피하기 위해서는 사랑이 본질상 선을 향한 추구라는 사실이 맞는지가 논의되어야 한다. 실제로 베네딕도 교단의 신학자 빅토르 바르나흐가 사랑을 선을 향한 추구와 지고의 선이신 하나님을 향한 추구로 보는 구조적 서술에 대해 비판했는데, 이 비판은 막스 셸러[255]가 예비한 후에 니그렌이 행했던 에로스의 자기중독적인 구조에 대한 비판과 많은 점에서 일치한다. 자발적으로 "내면으로부터" 생성되는 인격적 사랑은 "직접적으로 **선**과 관계되지 않고, 오히려 사랑받는 대상의 **존재**와 관계되며, 나아가 그의 유일회적인 인격 존재이며 교환불가한 '당신' 곧 사랑이 그 자체로서 긍정하고 후원하려고 추구해야 하는 '당신'과 관계되는 것이다." 여기서 바르나흐에 의하면 사랑은 소위 추구의 대상이라는 "어떤 선에 의존하는 것이 전혀 아니다." 그렇기 때문에 "오직 선을 통해 규정되는 것을…사랑이라고 지칭하는 것은 옳지 않다."[256] 비록 바르나흐가 명시적으로 강조한 것은 아니지만, 이와 같은 진술의 결과는 아우구스티누로부터 유래하여 통상적으로 통용되던 사랑 개념의 목적론적 구

---

255   M. Scheler, *Wesen und Formen der Sympathie, Ges. Werke* 7, 6.Aufl. 1973, 164ff.

256   V. Warnach, Art. Liebe, in : H. Fries, Hg., *Handbuch theologischer Grundbegriffe* 2, 1963, 54-75, 70. 또한 바르나흐 자신의 저작을 보라. Warnach, *Agape. Die Liebe als Grundmotiv der neutestamentlichen Theologie*, 1951, 192ff.460ff. 사랑의 자발적인 그리고 "동기가 없는" 성격에 대한 니그렌의 설명을 비교하라. A. Nygren, 같은 곳 I, 58f.74ff. 그러나 V. Warnach, *Agape*, 195ff.는 이 점에 대해 비판적이다.

조 분석을, 그리고 그 분석이 근거를 제공한 이웃 사랑에 대한 하나님 사랑의 우위를 개정한 셈이 되었다. 그래서 바르나흐는 로마서 5:5의 그리스도교적 사랑을 "하나님 사랑에 참여하는 것 혹은 함께 성취하는 것"으로 이해했다. "그 사랑을 통해 하나님 자신이 고유한 존재를 본질적으로 완성하신다"는 것이다.[257]

사랑에 대한 인격적 해석은 물론 문제를 포함하고 있는데, 이 문제는 고대 교회와 중세의 가르침의 방식에 부담을 주지 않았다. 아가페로서의 하나님의 사랑이 본질적으로 타자를 향한 것이라면, 하나님은 불가피하게 타자에 의존하게 된다고 생각해야 하지 않을까? 하나님이 우선적으로 자기 자신을 최고선으로서 사랑하신다면, 이 문제는 생기지 않는다. 그러나 하나님의 사랑에 대한 인격적 해석은 그 사랑을 삼위일체적으로 사고할 때 그 문제를 회피할 수 있다. 아버지의 사랑은 영원 전부터 아들에게 향하고 오직 아들 안에서 또한 다른 피조물들을 향하며, 피조물들은 아들의 매개를 통해 현존재 안으로 등장하는데, 그 현존재 안에서 아들이 재차 형태를 취한다는 것이다. 이러한 의미에서 이웃 사랑은 창조세계를 향해 확장되고 그 세계를 포함하는 사랑 곧 아들에 대한 아버지의 사랑에 참여하는 것으로 이해될 수 있다.

그리스도교적인 사랑이 본질상 세상을 향한 하나님의 사랑에 "참여"하는 것이라면, 하나님 사랑과 이웃 사랑이 도대체 구분될 수 있는가? 이 질문이 필연적이다. 그때 참된 하나님 사랑은 바로 세상을 향한 하나님의 사랑에 참여하는 것이 되지 않는가? 그때 우리는 바로 이웃 인간인 '너'를 향한 깊이 안에서 동시에 하나님도 사랑하는 셈이 되지 않는가?[258]

---

257   V. Warnach, Art. Liebe(위를 보라), 71. 비교. 하나님의 아가페에 대한 니그렌의 설명을 비교하라. A. Nygrens, 같은 곳 I, 109. 여기서 니그렌은 하나님의 아가페가 이웃 사랑 안에서 "단순히 계속 진행"할 뿐이라고 말한다.

258   참고. K. Rahner, Über die Einheit von Nächsten und Gottesliebe, in: *Schriften zur Theologie* VI, 1965, 277-298, 292ff. 카리타스(사랑)의 행위의 통일성(위의 각주

20세기 개신교 신학의 많은 목소리는 위의 두 가지 질문에 긍정적으로 대답하는 경향을 보였다. 그것은 마가복음 12:29-31을 참된 하나님 사랑을 이웃 사랑과 동일시한다는 의미로 해석하여 하나님 사랑이 이웃 사랑으로부터 구분되는 자신만의 주제를 더 이상 형성하지 않는다는 이해였다. 특별히 초기의 변증법적 신학자들이 그런 의미로 주장했다. 칼 바르트는 1922년 자신의 『로마서 강해』 2판에서 보이지 않는 신적 "당신"이 구체적인 이웃들 안에서 우리와 만나며, 하나님께 대한 우리의 사랑은 이웃과의 관계에서 결정된다고 판단했다.[259] 동일한 사고는 프리드리히 고가르텐에게서도 발견되며,[260] 에밀 브룬너는 1927년에 이렇게 말했다. 사랑은 아래를 향한, 인간을 향한 하나님의 운동이며, "인간은 믿음을 통해 그 사랑 안으로 받아들여진다"는 것이다.[261] 니그렌도 이러한 이해를 공유했으며, 다음과 같이 적절하게 판단

251을 보라)의 스콜라적 주제를 다음과 같이 적용했다. 하나님 사랑이 우선 이웃 사랑의 함축 및 그것의 "초월적" 근거로 파악되어야 한다는 것이다. "범주적-명시적 이웃 사랑은 하나님 사랑의 일차적인 행위이며, 그것은 이웃 사랑 그 자체로서 초자연적 초월성 안에 계신 하나님을 비록 비주제화된 형태이기는 해도 현실적으로 항상 대상으로 가진다. 또한 명시적인 하나님 사랑도 현실성 전체를 향한 신뢰-사랑의 개방에 의해 수행되는데, 그 개방은 이웃 사랑 안에서 발생한다(295). 여기서 라너가 하나님 사랑을 이웃 사랑으로 환원시키는 것은 분명히 아니다. 오히려 그는 명시적인 하나님 사랑의 행위를 거짓 외관, 곧 단지 주변적인 중요성만 가진 예외적 현상만을 표현한다는 외관으로부터 해방시키고 있다. 하나님은 "침묵 속의 파악 불가능성"(297)으로서 인간들 사이의 관계 속에서—그것이 아무리 세속적이라고 해도—활동하고 계신다. 그렇기 때문에 하나님 사랑의 명시적인 행위 속에서 이웃 인간들과 함께하는 모든 인간적 삶이 항상 가지고 있는 관심사도 주제화되는 것이다. 하지만 다음의 질문이 남아 있다. 언제 그리고 왜 이러한 관계는 또한 자기 자신에 대해서도 **반드시** 주제화되어야 하는가?

259   K. Barth, *Der Römerbrief*, 4. Abdruck der Neubearbeitung 1926, 478 zu Röm 13,8.

260   Fr. Gogarten, *Ich glaube an den dreieinigen Gott. Eine Untersuchung über Glauben und Geschichte*, 1926.

261   E. Brunner, *Der Mittler. Zur Besinnung über den Christusglauben* (1927) 4.Aufl. 1947, 550. 불트만은 브룬너의 설명에 동의하면서 그것을 인용했다. R. Bultmann, Das christliche Gebot der Nächstenliebe, 1930, in : *Glauben und Verstehen* 1, 1933, 229-

했다. 니그렌에 의하면 바울은 "하나님께 대한 인간의 관계를 표현할 때, 아가페 개념을 옆으로 제쳐놓았다."[262] 바울은 이 경우에 다른 단어, 즉 "믿음"을 사용하여 서술했다는 것이다.[263] 칼 바르트는 1955년에 자신도 참여했던 이러한 초기 입장을 자기비판적으로 뒤돌아보며,[264] 자신과 그 당시의 신학적 동료들이 이 문제에서 너무도 순진하게 알브레히트 리츨(그리고 칸트)의 견해를 따랐다고 말했다. 실제로 리츨은 하나님 사랑이 한편으로 믿음으로부터, 다른 한편으로 이웃 사랑으로부터 구분된다는 생각을 거부했고,[265] 경건주의와 또한 중세 가톨릭 신학이 규정한 믿음과 사랑의 관계도 비판했다. 그러나 리츨이 거기서 하나님 사랑이 이웃 사랑 안으로 해소되어야 한다고 말하려 했던 것은 아니었다. 오히려 리츨의 중심적 의도는 한편으로 하나님께 대한 인간의 종교적 관계와 다른 한편으로 도덕적 행위의 총괄개념으로서의 사랑 사이를 조심스럽게 구분하려는 것이었다.[266] 리츨은 이웃 사랑을—비록 그가 이 사랑이 하나님 나라의 목적과 관계된다고 생각하기는 했어도—아직은 신적 아가페의 "하강적" 운동에 참여하는 것으로 파악하지 못했다. 사랑의 이중 계명의 통일성을 주장하면서 하나님 사랑을 이웃 사랑과 동일시하고, 믿음을 인간이 세상을 향한 신적 사랑의 운동에 참여하는 것으로 서술했던 것은 리츨이 아니라 변증법적 신학자들이었다.[267] 이와 같이 그

244, 243.

262   A. Nygren, *Eros und Agape* I, 1930, 105. 그러나 니그렌은 "하나님 사랑 혹은 이웃 사랑"에 대한 대안이 잘못된 것이라고 설명했다(119). 왜냐하면 이웃 사랑은 "단순히 인간적인 것이 아니라 하나님 자신의 고유한 생명이 넘쳐 흐르는 것"이기 때문이다 (120). 이 주제에 대해 아우트카의 설명을 보라. G. Outka, *Agape. An Ethical Analysis*, 1972, 47ff.

263   A. Nygren, 같은 곳, 106.

264   K. Barth, *KD* IV/2, 1955, 901ff.904f.

265   A. Ritschl, *Die christliche Lehre von der Rechtfertigung und Versöhnung* III, 2.Aufl. 1883, 258ff., 551ff.

266   비교. 아래의 각주 272.

267   E. Brunner, *Das Gebot und die Ordnungen. Entwurf einer protestantisch-theologischen*

들의 강조점은 리츨을 넘어선 것이었다.

　　하나님 사랑과 이웃 사랑을 동일시하는 것은 흔히 그리스도교에 대한 도덕적 해석으로 이끈다. 그때 하나님과의 관계는 독립된 주제로서 사라지게 되며, 이웃 인간성 안에서 전적으로 해소된다.[268] 이에 반하여 칼 바르트는 신약성서가 하나님에 대한 사랑과 믿는 자들의 예수 사랑을 말하고 있다는 사실을 바르게 기억했다.[269] 예수의 메시지 안에서 하나님 사랑의 계명은 첫 번째 위치를 차지하며(막 12:29f.), 이것은 이웃 사랑보다 앞선다. 하나님 사랑이 이웃 사랑 안에서 해소된다는 것은 예수의 말씀과 관련해서는 전혀 말해질 수 없다. 이에 대하여 이미 예수의 말씀에서도 하나님 사랑의 계명은 사실 인간의 다른 모든 관심사보다 앞서는 가까이 다가온 하나님의 통치에 대한 믿음의 요청과 동일시되는 것이 아닌가를 묻는 물음은 올바른 것이다. 바울도 매우 바르게 **믿는 자들**을 하나님을 사랑하는 자들이라고 지칭했다(롬 8:28; 비교. 고전 2:9; 8:3). 믿음의 개념은—그것

Ethik (1932), 4.Aufl. 1978, 116f. 리츨과 비슷하게 브룬너도 인간의 하나님 사랑을 믿음과 동일시했지만, 다음과 같이 덧붙였다. "하나님을 진정으로 사랑한다는 것은 그분의 사랑을 받아들이는 것이다(116f.). 이것은 "**하나님 자신**이 우리를 그분의 사랑으로 사로잡고, 우리를 통해 **그분의** 사역을 행하신다"는 것을 뜻한다(117). 하나님 사랑은 이웃 사랑 안에서 재차 표현된다. 왜냐하면 "하나님을 사랑해야 한다는 유일한 의무는 또한 이웃을 사랑해야 한다는 다른 의무이기 때문이다(같은 곳). 비교. F. Gogarten, *Die Verkündigung Jesu Christi: Grundlagen und Aufgabe*, 1948, 112ff. 여기서 하나님께 대한 믿음과 이웃 사랑의 결합이 바르게 강조되었으며(112), 이것은 "신앙과 불신앙이 오직 유일하게 이웃 관계를 통해 결정된다"는 사실을 의미한다(115). 바로 이것이 "예수의 사랑의 계명의 깊은 의미"라는 것이다(같은 곳). 그렇다면 하나님 사랑의 의미는 이웃 사랑 안에서 전적으로 해소되는가?

268　참고. H. Braun, Die Problematik einer Theologie des Neuen Testaments (1961), in: 동일저자, *Gesammelte Studien zum Neuen Testament und seiner Umwelt*, 1962, 324-341, bes. 341.

269　K. Barth, *KD* IV/2, 1955, 896-909, bes. 902f. 비교. V. Warnach, *Agape*, 1951, 196ff.426ff.

이 완전한 의미에서 신뢰로서 파악된다면—인간에게 요청되며 창조자에 대한 피조물의 관계에 적절한 하나님 사랑을 사랑이라는 다중적 의미의 단어보다는 더욱 특수하고 명확하게 지칭할 수 있지 않을까?

이와 같은 의미에서 알브레히트 리츨의 결정이 이해될 수 있다. 그것은 하나님께 대한 인간의 적절한 관계에 대하여 믿음 개념을 선호하고 그리스도교적인 사랑의 개념을 이웃 사랑에 제한하겠다는 결정이다. 이에 대한 토대는 믿음 자체가 하나님께 대한 인간의 관계에 상응하는 하나님 사랑의 형태라는 그의 판단이다.[270] 그렇기 때문에 하나님을 향한 사랑에 대하여 말하는 성서 구절들을 인용하는 것은 리츨에 대한 반박이 되지 않는다. 그에 대한 반박은 예수가 확정하고 나아가 특별히 강조했던 하나님 사랑의 신명기적 요청이 믿음보다 더 많고 그와 다른 내용을 포함하고 있다는 사실을 입증하는 경우에 가능할 것이다.[271] 이와 관련해서 우리는 자연스럽게 묻게 된다. 왜 우리는 이 자리에서 용어상의 구분과 결정을 필요로 하는가? 왜 우리는 하나님께 대한 인간의 믿음과 마찬가지로 사랑도 제2계명의 대상이라고 말해서는 안 되는가? 그런 구분에 대한 리츨의 관심은 "그리스도교를 종교로 만드는 특성들과 그리스도교의 도덕적 목적을 지칭하는 특성들이 서로 혼동되지 말아야 한다"는 것이었다.[272] 이 점에서 리츨은 자신이 종교개혁의 후계자라고 생각했는데, 이것은 어느 정도 정당한 것이었다.

---

270   A. Ritschl, 같은 곳, 98ff.

271   둔스 스코투스에 의하면 만물을 넘어서는 하나님 사랑은 희망만이 아니라 또한 믿음과도 구분되는 미덕이다. Duns Scotus, *Sent*, III d 27 q. un. n.2, Opera, Omnia ed. Wadding - Vivès 15, 355 : quia actus eius non est credere. 그러나 이러한 이유가 설득력을 갖게 되는 것은 믿음(*credere*)을 단지 동의(*assensus*)의 의미에서만 이해하고 신뢰(*fiducia*)의 의미에서 이해하지 않는다는 조건 아래서다. 후자의 이해는 의심할 바 없이 사랑을 포함한다. 아직 고려되어야 할 남은 문제는 신뢰의 행위 안에서 사랑이 충분히 및 완전히 표현되는가 하는 것이다.

272   A. Ritschl, 같은 곳, 101.

루터는 자주 하나님께 대한 인간의 관계를 요약해서 믿음의 개념으로, 그리고 이웃 인간에 대한 관계를 사랑으로 특징지었다. 이것은 1520년의 그리스도교인의 자유[273]에 관한 저술에서만이 아니라 후대에도 나타난다. 1535/38년의 갈라디아서 주석에서 루터는 믿음이 하나님에 대한 사랑을 통해 완성된다는 토마스적 교리에 반대하여 "우리는 사랑의 자리에 믿음을 위치시킨다"라고 말했다.[274] 이러한 대립의 이유는 명백하게도 루터의 전제, 곧 사랑(caritas)은 언제나 (또한) 이웃 사랑을 의미하고 인간의 사역에 귀속되며, 그래서 의롭게 하는 믿음과는 구분되어야 한다는 전제에 놓여 있다. 이와 반대로 토마스 아퀴나스는 "사랑을 통해 형성되는 믿음"(fides caritate formata)이라는 자신의 명제 안에서 하나님 사랑을 믿음의 동기라고 생각했다. 루터도 다른 맥락에서는 하나님과의 관계 안에서 믿음과 사랑이 밀접하게 결합된다고 주장했는데, 특별히 그가 믿음을 제1계명의 성취로 다룰 때 그렇게 했다. 그리스도인의 자유에 관한 논문에서 오직 한 분이신 하나님만 경외하라고 요청하는 제1계명은 믿음을 통해 성취된다고 말해진다. 왜냐하면 인간은 하나님의 (그분의 약속 안에 있는) 진실성과 선하심을 경외하지 않고서는, 하나님을 경외할 수 없기 때문이다. 이 경외는 행위가 아니라 오직 믿음을 통해 일어난다.[275] 이것이 "믿음 혹은 행위"라는 양자택일을 의미한다면, 루터가 같은 해에 선한 행위들에 관한 논문에서 믿음은 "제1계명의 사역"[276]이라고 서술한 것이 고려되어야 한다. 왜냐하면 믿음의 신뢰를 통해 인간은 하나님

---

273   M. Luther, WA 7, 69, 12ff. Concludimus itaque, Christianum hominem non vivere in se ipso, sed in Christo et proximo suo...in Christo per fidem, in proximo per charitatem.

274   M. Luther, WA 40/1, 228, 27f. Nos autem loco charitatis istius ponimus fidem.

275   De lib. chr. 13. ···deus coli non possit, nisi tribuatur ei veritatiset universae bonitatis gloria, sicut vere tribuenda est. hoc autem opera non faciunt, sed sola fides cordis. Non enim operando sed credendo deum glorificamus et veracem confitemur. WA 7, 56, 2–5.

276   WA 6, 209, 34f. 앞선 24줄 이하의 내용을 비교하라.

을 처음으로 자신의 하나님으로서 인정하게 되기 때문이다. 그렇게 "하나님을 경외하는 신뢰"는 "사랑과 희망을 동반한다." 계속해서 루터는 이렇게 말한다. "그렇다. 우리가 바르게 관찰한다면, 사랑이 가장 처음의 것, 혹은 최소한 믿음과 동등한 것이다. 하나님이 내게 호의를 베풀고 은혜로우시다는 것을 생각하지 못했다면, 나는 그분을 신뢰할 수 없었을 것이다. 그렇게 생각했기 때문에 나는 그분을 진심으로 신뢰할 수 있게 되었고 모든 선한 것을 그분께 돌려드리게 된 것이다."[277] 여기서 루터가 말하는 사랑은 놀랍게도 믿음 그 자체의 조건 혹은 구성요소로서 나타난다. 이에 대해 루터는 이렇게 말한다. 사랑에서 중요한 것은 선한 사역들 안에서 행해지는 이웃 사랑이 아니고 오히려 하나님께 대한 사랑인데, 이것은 하나님의 약속으로부터 오는 것이다. 믿음이 사랑을 통해 형성된다는 표상과의 유사성[278]이 여기서 간과될 수 없다. 다만 하나님께 대한 사랑은 루터의 서술에 따르면 지고선 혹은 최고 진리로서의 하나님께 대한 인간의 관계로부터가 아니라, 하나님의 약속과 구체적으로 대면할 때 생성된다. 이것은 물론 지고선과 최고 진리이신 하나님께 대한 피조물인 인간의 근본 관계를 배제하지 않으며, 오히려 그 관계가 죄인인 인간에게서 파괴되고 왜곡되었다는 사실, 그리고 약속과의 대면 안에서 비로소 갱신된다는 사실을 전제한다. 어떻든 제1계명의 성취로서의 믿음은 또한 하나님 사랑을 내포한다. 이것은 루터가 다른 곳에서도, 특별히 그의 요리문답에서 말한 바 있다. 1529년의 소교리문답에서 제1계명에 대하여 이렇게 말해진다. "우리는 하나님을 모든 사물보다 먼저 두려워하고 사랑하고 신뢰해야 한다."[279] 제1계명의 성취―다른 곳(특히 대교리문답[280])에서

---

277 WA 6, 209, 38 ; 210, 5-9.

278 Thomas von Aquin, *S. theol.* II/2,4,3. 이 표상에 대한 설명은 4,1에서 전개된다.

279 BSELK 507, 42f.

280 BSELK 560ff. 여기서 무엇보다도 하나님께 대한 신뢰의 근거를 이루는 것은 "하나님이 유일하고 영원한 선"이라는 사실이다(563, 12f.). 이 사실은 토마스 아퀴나스가 말하는 "사랑을 통해 형성되는 믿음"(*fides caritate formula*)의 표상을 서술할 때 근거가 되는 사태와 유사하다. 참고. *S. theol.* II/2,4,3.

는 오직 믿음에게만 귀속되는 성취—는 여기서는 "두려워하고 사랑하고 신뢰한다"는 삼중적 표현으로 묘사된다. 이러한 삼중 표현은 대교리문답 안의 제4계명에 대한 서문에서 다시 등장한다. 이 서문은 앞선 세 가지 계명을 뒤돌아보며 "인간은 전심을 다하고 모든 생명을 다하여 하나님을 신뢰하고 두려워하고 사랑해야 한다"는 서술이 제1계명의 요청이라고 설명한다.[281] 여기서 알 수 있는 것은 하나님을 두려워하고 사랑하는 것이 믿음 자체의 내적 구조에 속한다는 사실이다. 하나님을 두려워하는 것, 그것은 하나님을 하나님으로, 즉 숭고함과 권능 안에 계신 창조자로 인정하는 것, 우리의 생명이 모든 순간에 그분께 의존한다는 것을 인정하는 것, 그리고 그 앞에서 그 어떤 것도 은폐되어 있을 수 없는 심판자로 인정하는 것을 뜻한다. 또한 사랑도 하나님을 그분의 신성 안에서 인식한다. 사랑은 하나님이 우리의 하나님이 되시도록 한다. 하나님을 신뢰하는 행위 안에는 두 가지가 모두 전제된다. 말하자면 하나님을 그분의 신성 안에서 인정할 때, 한편으로 그분은 자신의 신성 안에서 우리를 무한히 능가하시지만 다른 한편으로 그럼에도 불구하고 그와 동시에 그분은 우리의 하나님이 되시려 하신다는 것이다. 이와 같이 약속의 하나님께 대한 신뢰는 하나님의 진실성과 선하심에 대한 승인을 필연적으로 포함한다. 루터는 이 승인을 『그리스도인의 자유』에서 믿음의 일로 지칭했다 (위의 각주 275를 보라). 하나님을 두려워하는 것과 하나님을 사랑하는 것은 루터에게서 믿음이 하나님을 신뢰하는 것과 분리될 수 없이 결합되어 있다.

믿음은 단순히 하나님께 대한 사랑과 같지 않다. 오히려 믿음은 사랑을 전제로서 내포한다. 이 점에서 믿는 자들에 대하여 실제로 "그들은 하나님을 사랑한다"고 말해질 수 있다. 그러나 믿음의 신뢰의 행위는 그 자체로만 본다면 사랑의 모든 계기를 포함하고 있지는 않다. 왜냐하면 사랑

---

281   BSELK 586, 37-39. 소교리문답과 비교할 때 세 가지 단어의 순서가 달라진 것은 생성이나 서열의 성격을 가진 순서를 그로부터 유도해서는 안 된다는 것을 경고한다.

은 결합할 뿐만 아니라—이것은 신뢰가 신뢰받는 대상과 스스로 결합하는 것과 마찬가지다—또한 다른 것을 인정할 수 있는 능력이기 때문이다. 이를 통해 사랑은 연합을 가능케 하며, 이 점에서 사랑은 믿음의 행위와 동일하다기보다는 오히려 믿음 안에 있는 삶에 대한 전제와 조건의 틀이라고 할 수 있다. 물론 사랑이 단지 믿음의 전제에 그치는 것은 아니다. 왜냐하면 신뢰는 사랑 안에 있는 풍요로운 상호성에 이르는 출입구를 마련하기 때문이며, 신뢰 자체가 이미 그러한 상호성 안의 한 가지 계기인 것이다.[282]

　　바울은 이러한 관계의 다면성을 아들 됨의 사고를 통해 암시했는데, 믿는 자들은 영을 통해 아버지께 대한 예수의 아들 관계에 참여할 지분을 수용함으로써 아들 됨 안으로 받아들여진다(롬 8:14-16; 갈 4:5f.). 믿음이 그곳에 도달할 수 있도록 매개한다. 왜냐하면 믿음은 우리를 우리 자신의 고유한 자아 너머로 고양시켜 예수 그리스도와의 연합으로 이끌며, 이 연합은 아들의 자유 안에서 아버지께 대한 그의 관계에 참여하는 것을 포함하기 때문이다. 믿음이 아버지께 대한 아들 관계 안으로 (그와 함께 아버지와 함께하는 아들의 사랑의 연합 안으로) 건너가는 것을 중재하는 방식은 믿음의 행위 자체가 이미 아버지께 대한 아들 관계를 획득하는 방식이다. 왜냐하면 예수를 신뢰하는 자는 그를 통해 아버지께 대한 신뢰에 도달하기 때문이다. 거꾸로 아들 관계는 예를 들어 믿음을 뒤편으로 버리지 않으며, 오히려 그 관계 자체가 믿음을 통해, 말하자면 아버지의 사랑에 대한 아들의 신뢰를 통해 특징지어진다. 아들은 그 사랑으로부터 자유 안에서 아버지께 순종하는 것이다.

282　여기서 하나님 사랑과 예수 사랑에 대한 신약성서적 진술들이 소홀히 여겨지는 것(위의 각주 269를 보라), 또한 알브레히트 리츨이 하나님 사랑과 믿음을 동일시한 것(위의 각주 270을 보라)에 반대하는 칼 바르트의 염려가 중요한 의미를 갖는다. 그러나 바르트의 주장이 설득력을 가지려면, 그가 소홀히 한 증명 곧 하나님께 대한 사랑이 믿음의 행위에서 시작되지 않는다는 사실의 증명이 요청된다.

이와 같이 믿음이 하나님께 대한 사랑을 포함한다는 사실은 매우 큰 체계적 중요성을 갖는 사태다. 왜냐하면 그 사실을 통하여 아버지께 대한 예수의 아들 관계에 참여하는 우리의 고양이 인간을 향해 하강하는 하나님의 아가페 운동의 사상 안으로 포함될 뿐만 아니라, 또한 하나님의 사랑 자체에 대한 이해가 그것이 상호성의 계기(즉 아리스토텔레스적 우정의 사랑)에 공간을 부여한다는 의미에서 수정되기 때문이다.[283] 그와 함께 신적 아가페에 대한 단순한 일신론적 이해로부터 삼위일체적 이해로 나아가는 진전이 성취된다. 삼위일체는 바로 삼위일체적 위격들 사이의 상호관계들—이 관계 안에서 각각의 위격은 모두 다른 위격들의 영광을 추구한다—의 관점에서 사랑의 표현과 형태로 입증되며, 그 사랑은 신적 생명을 형성한다.[284] 그런데 하나님과 인간 사이에 그런 관계의 상호성이 전혀 없다면, 그래서 인간은 믿음 안에서 다만 하나님의 사랑의 수용자로서 하나님 앞에 설 뿐이라면, 하나님의 사랑이 인간의 마음속에 부어졌다(롬 5:5)고 어떻게 말할 수 있겠는가? 그러므로 하나님과 인간 사이의 관계에도 상호성의 계기가 속한다. 물론 인간이 하나님을 사랑한다는 것은 언제나 하나님 자신의 존재인 사랑이 피조물들 안에서 일으키는 작용으로 이해되어야 한다. 그러나 그렇게 창조적이고 화해시키는 하나님의 사랑은 또한 피조물이 하나님을 자유 안에서 사랑하는 것을 가능하게 만드는데, 이 일은 피조물이 아버지로서의 하나님과 관계를 맺음으로써 일어난다.

---

283 이것은 아가페의 상승하는 방향만 일방적으로 강조하는 니그렌의 이해에 대한 수정을 의미한다. 참고. A. Nygren, *Eros und Agape* I, 1930, 185 – 187 등등. 그 강조는 니그렌으로 하여금 신약성서에서 사용된 언어들과는 반대로 하나님의 사랑에 대한 인간의 응답이 아가페 개념 안에 포함되는 것을 비판적으로 판단하도록 만들었다(106f.). 니그렌이 말하는 것처럼, 만일 하나님의 사랑에 대한 인간의 응답에 아가페 개념을 특징짓는 자발성이 없다면(같은 곳), 우리는 바울이 하나님께 대한 아들 됨의 관계—믿는 자들은 이 관계 안으로 수용된다—를 자유의 개념을 통해 특징적으로 묘사한 것(갈 4:5; 비교. 롬 8:21)에 대하여 놀랄 수밖에 없을 것이다.

284 이에 대해 『조직신학』 I, 683 – 686, 특히 688f.를 보라.

우리는 하나님이 우리에 대하여 하나님이 되시도록 함으로써, 하나님을 사랑하게 된다. 이것은 예수께서 아버지를 예수 자신에 대하여 하나님이 되시도록 한 것과 마찬가지다. 하나님을 **우리의** 하나님, **우리의** 아버지가 되시도록 할 때, 우리는 우리의 신뢰를 그분께 두게 된다.

신적 사랑에 대한 삼위일체적 이해는 지금까지 미뤄놓았던 질문에 대한 대답을 가능하게 해준다. 믿음을 구성하고 포괄하는 하나님 사랑은 이웃 사랑과 어떤 관계를 갖는가? 이웃 사랑이 하나님 자신인 사랑의 운동에 대한 참여로 이해되어야 한다는 것은 앞에서 이미 제시되었다. 이와 비슷한 결과가 이제 하나님께 대한 사랑에 대해서도 주어지며, 그 점에서 하나님께 대한 사랑 안에서 아버지께 대한 아들의 관계가 출현한다. 그 두 가지 관계 안에서 인간은 신적 사랑의 운동 안으로 포괄되는데, 그러나 각각 다른 관점에서 그렇게 된다. 하나님으로부터 수용한 사랑에 대한 응답 곧 성령을 통해 가능해진 응답으로서의 하나님께 대한 사랑 안에서 인간은 하나님의 내재적 삼위일체의 생명에, 다시 말해 아버지, 아들, 영의 연합의 상호성에 참여하게 된다. 이웃 사랑을 통해 인간은 세계의 창조, 화해, 완성을 향한 삼위일체 하나님의 운동에 참여하게 된다. 경륜적 삼위일체의 사역들이 내재적 삼위일체의 생명의 결과로서 수행되는 것처럼, 이웃 사랑도 하나님 사랑으로부터, 다시 말해 이웃 사랑의 행위들보다 앞서는 믿음으로부터 수행된다. 그러므로 하나님 사랑과 이웃 사랑은 전적으로 구분되는 두 가지의 현실에 관계되는 것이 아니라, 오히려 하나의 동일한 하나님의 사랑에 인간이 참여하는 두 가지 국면인 것이다. 바로 그 하나님의 사랑이 로마서 5:5에 따르면 성령을 통해 믿는 자들의 마음속에 부어졌다.

이런 의미에서 라틴 스콜라주의는 하나님 사랑과 이웃 사랑의 내적 일치성을 바르게 주장했다. 이 주제 안에 포함된 의도는 그리스도교적인 사랑의 삼위일체적인 근거로부터 긍정적으로 평가될 수 있는데, 이 평가를 통해 (알브레히트 리츨이 염려했던 것처럼) 믿음과 행위의 구분이나 의롭게 하는 믿음이 이웃 사랑의 행위보다 우선한다는 것이 의문시되지는 않는다. 인간은 신적 사랑의 경륜적 삼위일체의 사역에 참여할 수 있기 전에 이미 믿음을 통해 아들됨에, 또한 바로 그 신적 사랑에 참여할 수 있는 위치에 놓인다. 경륜적 삼위일체가 없는 내재적 삼위일체란 있을 수 없는 것처럼, 이웃 사랑의 행위가 없는 믿음도 있을 수 없다.

하나님 사랑과 이웃 사랑이 일치한다는 주장에서 스콜라 신학은 그 구조를 충분히 해명하지는 못했다. 왜냐하면 스콜라 신학은 그 일치가 삼위일체 신학적으로 매개된 것으로 생각하지 못했고, 그래서 하나님을 향한 사랑의 방향을 이웃을 향한 방향과 단일한 관점 아래서, 말하자면 인간이 신적 사랑의 운동에 참여하는 서로 다른 형태들로서, 결합시킬 수 없었기 때문이다. 이와 관련해서 또한 믿음도—사랑과 전적으로 구분되는 (비록 하나님 사랑을 통해 움직이기 시작한다고 해도) 미덕으로 다루어지는 대신에—하나님 사랑의 서술 안으로 함께 편입되었어야만 했다. 그러나 우선적으로 성령을 통해 믿는 자들의 마음속에 부어진 하나님의 사랑은 (비록 로마서 5:5의 이 표현이 주체로서의 하나님과 관계된다고 해도) 피조적 영혼에 귀속되는 어떤 미덕의 습성이 아니며, 오히려 성령을 통해 믿는 자들 안에 거주하는 신적 사랑 그 자체다. 중세 중기의 전성기 스콜라 신학 전체는 이러한 사태를 오해했고, 그래서 창조자와 피조물의 구분이 희석된다는 염려로부터 사랑(caritas)이 성령과 동일하다는 페트루스 롬바르두스의 주장을 거부한 후에 인간의 마음속에 부어진 사랑을 초자연적 은사로 파악했으며, 그럼에도 불구하고 그 사랑을 성령의 사역과 연결시켜 온갖 방식으로 다루면서 인간의 피조적 존재 상태에 귀속시켰고, 그런 틀 안에서 논의했다(아래의 "b. 사랑과 은혜" 단락과 비교하라). 믿음, 희망, 사랑이 이루는 역동성의 탈자아적인(ekstatisch) 근본 특성은 이제 피조물이 하나님께 참여하는 것을 그분의 초월성을 손상하지 않고 사고할 수 있도록 해주는데, 그것은 바로 피조물이 "자기 자신 밖 곧 그리스도 안에 있는 자아"(extra nos in Christo)를 통해 신적 생명에 **탈자아적으로** 참여한다는 표상을 뜻한다. 이것은 어떤 의미에서 사랑(caritas)과 성령의 동일성에 관한 페트루스 롬바르두스의 교리를 중세 스콜라주의 비판자들의 면전에서 복권시키는 것을 포함한다. 물론 그것은 믿음의 탈자아적 구조에 대한 성찰을 통해 자격을 갖추게 되며, 일반적인 영적 생명이 중심을 자신의 외부에 두는 특성에 상응한다. 이미 초기 루터가 롬바르두스의 견해에 공감했고,[285] 그 견해를 탈자아적 참여라는 의미로 파악했다. 그러한 이해에서 성령을 통한 영감이 믿음, 사랑, 희망의 행위들의 인간적인 완전성과 자유로운 자발성을 해친다고 생각할 필요는 없다. 냉철하게 생각한다면, 영감의 탈자아적 경험은 우리가 영적으로 행동할 자유를 제한하는 것이 아니라 오히려 상승시키는 것이다.

하나님 사랑과 이웃 사랑의 풀릴 수 없는 상호관계라는 삼위일체적 해석은 성령을 통해 믿는 자들 안에서 활동하는 하나님의 아가페와, 미와 선을 갈망하고 추구하는 사랑의 형태인 에로스 사이의 관계를 다시 한번 새로운 빛 속으로 옮겨 놓는다. 비록 에로스적 사랑이 그리스도교적 의미의 하나님 사랑과 동일하지는 않지만, 그것에 대한 신학적 평가와 판단은 이웃 사랑보다 앞서는 동시에 그것을 동반하는 하나님 사랑의 본질적 속성과 정당성에 대한 질문과 밀접하게 관련되어 있다. 그리스도교적인 사랑의 개념이 이웃 사랑에 제한되었던 곳에서 플라톤적인 에로스가—아가페의 하강하는 성향과 반대된다는 이유에서—신학적으로 가장 날카롭게 거부되었던 것은 결코 우연이 아니다. 그러나 인간에게 요청되고 아버지께 대한 예수의 아들 관계 안에서 실현되는 하나님 사랑을 삼위일체적 인격들의 연합 안에서 아버지로부터 시작되는 사랑의 상호성의 표현으로 인식한다면, 에로스적 사랑에 대한 (그 개념의 포괄적 의미에서) 다양한 판단이 가능하게 된다. 선과 완전성을 향한 에로스적 추구의 "상승하는" 성향

---

285   비교. R. Schwarz, *Fides, Spes und Caritas beim jungen Luther unter besonderer Berücksichtigung der mittelalterlichen Tradition*, 1962, 26f.

은 그때는 어쨌든 아가페로서의 사랑에 대한 그리스도교적 이해와 원칙적으로 대립한다는 주장과 논쟁할 필요가 없게 된다. 오히려 우리는 플라톤적인 에로스의 "상승하는" 성향 안에서—비록 거리는 멀다고 해도—마찬가지로 아버지께 대한 아들의 사랑으로서의 성서적 하나님 사랑의 상승하는 성향과의 유사성을 인정해야 한다. 이때 양자 사이의 참된 구분이 처음으로 날카롭게 시야에 등장한다. 그것은 자신이 갈망하는 목적을 아직 알지 못하면서 그것을 추구하는 사랑, 그리고 하나님과 그분의 사랑을 확신하면서 그것에 응답하는 믿는 자의 사랑 사이의 구분이다.

이와 함께 다음의 질문이 제기된다. 갈망하며 추구하는 에로스의 사랑 또한 사랑의 상호성의 한 가지 형태일 수 있지 않은가? 그 사랑은 어둠 속을 더듬고 꿈꾸며 자신의 고유한 본질에 대하여 아직도 깨닫지 못한 응답, 곧 자신의 목적을 확실히 알지 못하며 무규정성을 지향하는 추구를 통해 피조물이 창조자의 사랑에 제시하는 응답이 아닌가? 그런 추구 속에서 아마도 신적 대상은 어떤 상실된 성취와 같이 갈망의 대상이 되고 있지 않은가? 창조자와의 관계가 피조물의 존재의 본질적 구성요소라면, 피조물은 비록 창조자를 거역하는 독단적 독립성의 상태에 있을 때조차도 자신의 규정의 목적이신 하나님과의 연합에 관계되어 있는데, 그러나 이 관계는 아직은 무규정성을 향한 갈망의 어두운 형태 안에 머물러 있다. 바로 이것이 플라톤의 설명에 따르면 에로스적 사랑의 특성이다. 에로스의 추구는 불쌍하다. 그것은 자신이 갈망하는 지복으로부터 분리되어 있음을 안다. 바로 그렇기 때문에 에로스는 온갖 미혹하는 가상의 성취들을 통해 그것을 바라는 것이다. 그렇다면 에로스의 추구는 삼위일체적 인격들의 서로에 대한 관계들 속에 있는 영원한 자기구분의 혼동된 메아리인 셈이다. 하나님의 사랑은 자기구분의 관계 속에서 영원한 형태를 갖는다.

아우구스티누스는 선과 완전성을 향한 에로스적 갈망을 우선 인간학적인 방식으로 그리스도교의 하나님과 관계시켰다. 반면에 그리스 교부들, 특별히 위(僞)디오니시오스 아레오파기타[286]와 막시무스는 창조자와의 연합을 향한 피조물의 에로스적 갈망을 우주 전체를 지배하는 탈자아적 역동성으로 파악했으며, 이 역동성은 삼위일체의 서로에 대한 비움의 순환관계(Perichorese)에 대한 참여로서의 그리스도교적 사랑 안에서 더욱 상세하고 완전해진 형태를 취하게 되었다.[287] 그리스 교부들은 여기서 사랑의 상이한 형태들을 서로 대조하여 에로스와 아가페의 대립에 이르는 본질적 경향을 넘어섰다. 왜냐하면 자신의 온갖 깨어진 작용을 통해 창조 전체를 지배하는 사랑의 통일성은 하나님 자신이 사랑이라는 그리스도교적 진술에 대한 불가결한 조건이기 때문이다. 세계가 하나님이 창조하신 것이고 그분의 사랑이 모든 우주적 과정을 지배하지 않는다면, 어떻게 하나님이 사랑이실 수 있겠는가?

창조 신앙은 에로스적 사랑의 다양한 형태 안에서 그것이 도처에서 깨어져 있음에도 불구하고 여전히 하나님의 사랑이 현재하고 작용한다는 가정을 정당화한다. 이것은 아버지의 사랑에 대한 아들의 응답을 뜻하는데, 이 응답은 하나님께 대한 피조물들의 관계 안에서 때로는 무척 거리가 멀고 때로는 비교적 명확한 메아리를 발견하며, 그것의 완전한 형태는 아들의 성육신 안에서, 아버지께 대한 예수의 관계 안에서 출현한다. 아버지께 대한 아들의 관계 안에서 에로스적 추구의 특징이었던 목적의 무규정성이 밝게 드러나며, 그와 결합되어 있던 아픔의 갈망의 자리에 아버지의 사랑과 그분과의 연합의 확실성이 등장한다. 비록 에로스적 사랑이 하나님과 연합한 아들의 관계를 표현하기에는 결함이 있지만, 그럼에도 불구하고 그것은 죄의 현상 형태인 이기적 갈망과 동일시되어서는 안 된다. 오히려 욕망은 에로스가 왜곡된 것으로 이해되어야 한다. 에로스적인 매혹은 탈자아적 현상이다. 물론 그것은 인간의 이기심에 의한 온갖 종류의 왜

286　Dionysios Ps.-Areopagita, *De divinis Nominibus* 4,13 (MPG 3, 711).

287　참고. L. Thunberg, *Microcosm and Mediator. The Theological Anthropology of Maximos the Confessor*, 1965, 444ff., 448ff.

곡과 도착(倒錯)에 노출되어 있다. 그러나 에로스는 그런 것들로부터 시작되지 않으며, 오히려 창조자의 경배로 인도할 수 있다. 물론 에로스적 사랑의 탈자아적 황홀(Ekstatik)은 그것이 하나님을 향한다고 해도[288] 자아 중심적인 모든 갈망을 극복했다는 보증이 되지는 않는다. 사랑의 이기적 왜곡을 극복하여 그 자신이 사랑이신 하나님과의 연합에 이르는 것은 에로스의 황홀경 안에서 일어나지 않고, 많은 관점에서 비교될 수 있는 인간적 희망의 길 위에서 일어나지도 않는다.[289] 그것은 인간을 자신의 자아에 사로잡힌 상태로부터 벗어나게 하고, 그를 자신이 신뢰하는 대상인 그리스도 안에 위치시키는 믿음을 통해 일어난다. 그 결과 그는 아들의 아버지와의 연합에 참여할 수 있게 된다. 그러나 믿음 그 자체에 대해서는 우리에게 다가오는 하나님의 사랑과 이것에 의해 인간 안에 일깨워지는 응답의 사랑이 구성요소가 된다. 여기서 중요한 것은 은혜이며, 믿음은 은혜에 의존한다.

b) 사랑과 은혜

성령은 믿는 자들 안에서 활동하신다. 그 활동 안에서 믿는 자들이 고양되어 하나님의 생명에 참여하는 일이 발생한다. 이러한 성령의 활동은 전통적인 신학 언어 안에서 특별한 의미로 "은혜"로 지칭되었다. 여기서 중요한 것은 죄의 면제라는 의미에서 "은혜를 입는 것"이 아니라, 인간이 피조적 존재 상태로부터 은혜의 하나님과의 연합으로, 또한 그분의 세상을 향한 움직임에 대한 참여로 고양되는 것이다. 이와 같이 동방의 고대교회의 은혜론 안에서 은혜는 하나님과의 동화(同化, homoiosis theo)를 통해 일

---

288 이 주제의 중요성에 대한 다음의 논문을 보라. Bernhard von Clairvaux, Abaelard, Richard von St. Viktor, V. Warnach, Art. Liebe, in: H. Fries, Hg., *Handbuch theologischer Grundbegriffe* 2, 1963, 63.

289 이에 대해 위의 각주 229를 보라. 참고. Thomas von Aquin, *S. theol.* II/2, 17, 8.

으켜지는 하나님께 대한 참여로 이해되었다.[290] 아우구스티누스는 특별히 사랑(caritas, Liebe)을 하나님을 향한 그러한 존재적 고양과 그분을 통한 운동이라는 의미에서 은혜로 이해했으며,[291] 이로써 라틴적 중세기에 은혜론의 전개를 위한 길을 제시했다. 여기서 은혜가 인간에 대한 하나님의 자비로운 향하심으로부터 시작된다는 사실은 언제나 인정되었다. 그러나 은혜는 "대가 없이" 주어지며(롬 5:15), 믿음과 함께 선사되는 하나님 앞에서의 의의 형태로서 인간에게 도달한다(5:17). 그 과정에서 하나님이 사랑으로 우리에게 향하시는 것이 믿는 자들이 수용하는 은혜의 선물과 어떤 관계에 있는지의 문제는 신학사에서 완전히 설명되지 못했다.

라틴 스콜라주의 안에서 아우구스티누스의 은혜 사상이 계속해서 전개되었을 때, 은혜와 성령의 관계에 대한 질문이 중심에 있었다. 페트루스 롬바르두스는 성령이 로마서 5:5이 말하는 것처럼 믿는 자들의 마음속에 부어진 하나님의 사랑이라고 주장했다.[292] 그러나 스콜라주의 신학자들 대다수는 그 주장에 반대했다. 이에 대해 우선 두 가지 논쟁이 예시될 수 있다.[293] 첫째는

---

290 이에 대해 프란젠의 논문을 보라. P. Fransen, in : *Mysterium Salutis* IV/2, 1973, 633 – 641. 여기서 중요한 것은 아들의 성육신의 목적으로서 인간의 신성화에 대한 이레나이우스와 아타나시오스의 진술이다. 참고. K.C. Felmy, *Die orthodoxe Theologie der Gegenwart. Eine Einführung*, 1990, 141ff. 또한 비교. A. Theodorou, Die Lehre von der Vergottung des Menschen bei den griechischen Kirchenvätern, in : *KuD* 7, 1961, 283 – 310, bes. 293ff.

291 *In Ioann.* 82,4 (MPL 35, 1844), *De spir. et litt.* 4,6. 아우구스티누스의 서술 안에서 은혜 개념은 흔히 일반적인 의미를 갖는다. 비교. A. Niebergall, *Augustins Anschauung von der Gnade*, 1951, bes. 143ff.178.196ff. 또한 R. Lorenz, Gnade und Erkenntnis bei Augustinus, *ZKG* 75, 1964, 21 – 78.

292 Petrus Lombardus, *Sent.* 1 d 17,2 (*Sententiae* in IV *Libris Distinctae* I, 1971, 142, 4 – 14).

293 이하의 내용에 대해 참고. J. Auer, *Die Entwicklung der Gnadenlehre in der Hochscholastik* I, 1942, 86ff.(롬바르두스의 교리에 관하여), 95ff.(사랑의 행위를 가능케 하는 피조물의 습성을 가정하는 이유에 관하여), 그리고 111ff.(소위 "회심 논쟁"

하나님 자신이 인간 안으로 들어가실 때 그분이 인간의 영혼의 구성요소가 되실 수는 없다고 우려하는 논쟁이다. 이것은 사랑(*caritas*)을 미덕으로 이해하는 경우다. 성령을 통해 인간 안으로 부어진 것은—사람들은 이렇게 말했는데—하나님의 창조되지 않은 본성과 구분되어야 한다. 비록 거기서 인간의 피조적 본성을 능가하는(이 의미에서 "대가 없이" 수여되는) "초자연적" 은사, 즉 인간의 영혼을 하나님과의 연합으로 옮겨 놓는 은사가 묘사된다고 해도, 그렇게 구분되어야 한다. 이 구분과 함께 피조된 은혜(*gratia creata*)를 인간 영혼의 초자연적 특성화로 보는 교리를 위한 토대가 놓였다. 두 번째 중심적 논쟁은 피조적 은혜에 대한 다음과 같은 특징적 가정에 관한 것이다. 즉 불변의 하나님이 죄인들에게 진노하셔서 인간에 대한 어떤 새로운 판결을 내리신다면, 또한 **인간의 편에서도** 무엇인가가 변해야만 한다는 것이다. 그러나 이 변화는 인간이 스스로 불러일으킬 수 없다. 그렇게 된다면 펠라기우스주의에 빠질 것이다. 그렇기에 그 변화는 오직 선사되는 방식으로 주어져야 한다. 그것은 초자연적인 은사의 전달을 통해 일어난다. 은사는 그리스도의 공로를 통해 획득된 것으로서 인간에게 선사되고, 인간의 영혼에 장식품을 달아 그를 하나님의 눈앞에서 사랑받을 만한 존재로 만든다. 그런데 어떻게 우리는 영혼에게 이런 방식으로 선사된 사랑(*caritas*)이 지속적인 은사라고 생각할 수 있는가? 거기서 그 은사와 영혼의 관계는 존재를 적절히 규정하는 것으로 생각될 수 있는가? 이 질문에 대하여 스콜라 신학은 영혼에 수여되는 **습성**(*habitus*, 습관)이라는 개념을 통해 설명했다.[294] 여기서 중요한 것은 개별 행위들의 근저에 놓인 지속적인 "태도" 혹은 입장이다. 이런 종류의 태도 혹은 습관들은 아리스토텔레스에 의하면 보통은 같은 종류의 행동을 빈번하게 반

에 관하여; 121). 회심 논쟁에 따르면 인간에 대하여 불변하는 하나님의 입장이 변경됨에 따라 인간의 영혼 안에서도 초자연적 은혜의 선물을 통한 변화가 필요하다.

294 이 습성이 의지의 영적 능력과 결합되어 있는지, 아니면 영적 능력의 근저에 놓인 영혼의 실체와 직접 연결된 것인지(토마스 아퀴나스의 견해다)의 질문과 다양한 대답은 여기서는 생략하기로 한다.

복함으로써 얻어진다.[295] 아리스토텔레스는 이런 방식으로 미덕을 갖춘 자와 악인이 생긴다고 보았다. 이와 비슷하게 스콜라 신학도 사랑을 영혼 혹은 의지의 미덕을 갖춘 근본 태도로 이해했고, 이것은 습관을 통해 생기는 것이 아니라(*habitus acquisitus*) 하나님으로부터 주어진다고 보았다(*habitus infusus*).

종교개혁은 은혜에 대한 이러한 이해에 반대했다. 루터는 이미 자신의 초기의 시편 강의에서 은혜를 자비로운 향하심과 하나님의 사랑(*favor dei*)으로 보는 성서적 이해에 주목했다.[296] 1515/1516년의 로마서 강의에서 루터는 더 나아가 은혜에 대한 그러한 인격적 이해(*gratia personalis*)를 인간에게 수여되는 은사라는 표상과 결합시키려고 시도했고, 양자를 동일시했다: "Gratia Dei" autem et "donum" idem sunt, sc. ipsa Iustitia gratis donata per Christum(하나님의 은혜는 은사와 동일하며, 다시 말해 그것은 그리스도를 통해 주어진 의의 은혜다).[297] 그러나 1521년의 라토무스에 반대하는 논문 안에서 루터는 은혜를 하나님의 사랑(Huld, *favor dei*)으로 보는 이해와 영혼에 전달된 속성(*qualitas animi*)이라는 표상을 양자택일로 대립시켰다.[298] 같은 해에 멜란히톤은 자신의 『신학개론』(*Loci*) 초판에서 은혜 개념을 배타적으로 하나님의 사랑(Huld)으로 서술했다: favor ; miserkordia, gratuita benevolentia dei erga nos(사랑, 즉 연민, 은혜, 자비는 우리를 위한 하나님의 사역이다).[299] 멜란히톤은 이를 위해 특별히 로마서 5:15을 인용했는데, 여기서 바울은 은혜(*charis*)와 은사들(*charismata*)을 구분한다. 루터는 바로 이 구절을 자신의 로마서 강의에서 은혜와 은사의 동일성이라는 의미로 해석했다. 그러나 멜란히톤은 이 두 가지 개념을 분리했고, 은혜 개념을 신적 사랑(Huld)의 개념에 제한했다. Gratiam

---

[295] Aristoteles, *Eth. Nie.* 1104 a 27 - 1104 b 28, bes. 1114 a 11ff.

[296] M. Luther, WA 3,25f.

[297] M. Luther, *Vorlesung über den Römerbrief* 1515/16, I, 1960, 356 zu Röm 5:15 (=WA 56, 318, 28f.).

[298] WA 8,106,10 - 13.

[299] CR 21,157 - 159, 인용은 159.

vocat favorem dei, quo ille Christum complexus est et in Christo et propter Christum omnes sanctos(은혜는 하나님의 사랑을 부르는데, 사랑을 통해 모든 성도는 그리스도 안에서 그리고 그리스도에 힘입어 연합을 이룬다).[300] 그와 비슷하게 1530년에도 멜란히톤은 아우크스부르크 신조를 변증하는 가운데 은혜 개념을 부어진 은혜-습성이라는 표상과 반대로 "우리를 향한 하나님의 자비"(*misericordia Dei erga nos*)로 바꾸어 표현했는데, 이것은 하나님의 약속 안에서 주어지고 믿음으로 붙들 수 있다.[301]

하지만 그런 대립은 성서적 진술에 비추어볼 때 정당하지 않으며, 멜란히톤은 이 문제와 관련해서 후에 입장을 수정했다(아래의 각주 307을 보라). 물론 구약성서는 사랑(*charis*)에 대응하는 용어로 *chesed*를 사용한다. 이것은 그리스어로는 *charis* 외에 또한 *eleós*로도 표현될 수 있었지만,[302] 언제나 하나님의 인격적 향하심의 의미로, 특별히 "연합 관계, 즉 하나님의 계약(언약)의 사랑을 확증한다"는 의미로 하나님께 적용되었다.[303] 그러나 *charis*의 의미 범위는 그것을 넘어서서 바울이 고린도후서 8:1과 고린도전서 1:4에서 예시하는 선물이라는 의미의 호의 제공도 포함한다. 여기서 바울은 하나님이 고린도인들에게 예수 그리스도를 통해 은혜를 선사하신 것에 대하여 감사하고 있다. *Charis*라는 단어는 환유법적으로는 수령한 선물에 대한 **감사**도 표현할 수 있다(롬 6:17; 7:25 등등).[304] 그렇다면 자신의 로마서 강의에서 루터가 로마서 5:15에서 은혜와 선물이 동일하다고 확정했던 것은 주석으로서 바른 판단이었다. 물론 루터는 여기서 그리스도 자신이 믿는 자들에게 전달되는 선

---

300   Ph. Melanchthon, CR 21, 158 (11,8 - 10).

301   Ph. Melanchthon, *Apol.* IV, 381 (BSELK 231f.).

302   참고. R. Bultmann, in : *ThWBNT* 2, 1935, 474ff.

303   W. Zimmerli, in : *ThWBNT* 9, 1973, 372f. 오랜 본문들 안에서 *chesed*와 구분되는 자발적인 "향하심"(*chen*)도 그리스어에서는 마찬가지로 *charis*로 번역되었다.

304   참고. H. Conzelmann, in : *ThWBNT* 9, 383ff.

물이라고 보았다.[305] 이것은 오늘날의 주석적 통찰과 일치한다.[306] 이에 대해서는 아래에서 보다 더 정확하게 다룰 것이다. 어떻든 은혜의 의미와 은사의 밀접한 관계에 대하여 사도 바울은 자신의 서신의 같은 장의 시작 부분에서 매우 명확하게 말했다. 거기서 하나님의 사랑이 우리에게 주어진 성령을 통해 우리 마음속에 부어졌다(롬 5:5)고 말해진다. 이 맥락—말하자면 우리로 하여금 확고한 입지를 갖게 해주는 "은혜"에 대하여 말하는 로마서 5:2—은 성령의 선물, 그리고 성령을 통해 우리 마음속에 부어진 하나님의 사랑에 대한 진술이 똑같이 은혜 개념과 연관될 수 있다는 점을 제시한다. 이것은 하나님이 인간에게 인격적으로 향하신다(favor dei)는 의미의 "인격적 은혜"(gratia personalis)를 인간에게 전달된 은혜의 선물의 표상과 더 이상 대립시킬 수 없다는 것을 뜻한다. 오히려 양자는 서로 일치한다. 멜란히톤은 후대에 출간된 자신의 『신학개론』(Loci, 1599)에서 그런 대립을 재차 포기했다. 이제 은혜 개념은 호의(favor, 사랑)만이 아니라 또한 선물(donum)도 의미한다. 이것은 말하자면 성령을 통해 선사된 것을 뜻하며, 그리스도를 위해 약속된 하나님의 긍휼과 분리될 수 없이 결합되어 있다.[307]

이로써 스콜라적인 은혜 개념에 대한 종교개혁 초기의 비판은 포기되었는가? 전적으로 그렇지는 않다. 후기 멜란히톤은 인격적 향하심과 호의의 사고 그 자체만으로는 바울적인 은혜 이해를 표현하지 못한다는 것을 인정했다. 은혜는 하나님과 인간의 대면에만 속하는 것이 아니라 인간 그 자체를 사로잡으며, 그에게 은사로서 점유된다. 물론 그 결과가 어떤 피조적 은혜의 수용이 되는 것은 아니다. 오히려 멜란히톤은 지금 죄의 용서 혹은 "은혜의 수용"(acceptatio gratuita)과 성령의 은사 사이의 관계를 강조하고 있다(같은 곳). 사실 은사로서의 은혜도 하나님 자신과, 말하자면 "우리 자신에게 주어진 성령"(롬 5:5)과 동일한 은혜다. 또한 이 사실은 성령이 우리 마음속에 부어주

---

305   M. Luther, *Vorlesung über den Römerbrief* I, 1960, 356 (WA 56, 318, 20–32).

306   참고. U. Wilckens, *Der Brief an die Römer* 1, 1978, 322f. zu Röm 5:15

307   Ph. Melanchthon, CR 21, 752, 24–27.

신 사랑에도 해당한다. 왜냐하면 여기서 중요한 것은 하나님 그 자신이신 사랑이기 때문이다.[308] 중기 스콜라 신학자들이 크게 강조했던 염려, 곧 하나님이 인간의 피조적 현실성의 구성요소가 되어버린다는 염려는 어쨌든 여기서도 아직은 제거되지 않았다. 이 문제는 초기의 종교개혁 신학을 동요하게 하지는 않았던 것으로 보인다. 왜냐하면 아직은 주어진 성령과 동일한 은혜가 아니라 단지 그것의 작용들, 즉 그 은혜가 인간 안에 불러일으키는 "새로운 동인"[309]이 인간적 현실성의 구성요소로 여겨졌기 때문이다. 그러나 영 자신을 선물로 보는 표상은 그분의 내주의 특성에 대한 어떤 해명을 요청하지 않는가? 17세기의 루터교 교의학은 인간의 영혼 안에 머무는 성령의 내주를, 의롭게 된 자들이 하나님과 하나가 되는 "신비적 합일"(unio mystica)을 통해 정확하게 규정하려고 시도했다.[310] 이 연합은 형식적 의미에서 실체적으로 하나가 되는 것이 아니라, 단지 하나님이 인간의 영혼 안에 작용하며 현재하시는 것을 뜻한다.[311] 그러나 이러한 신비적 합일의 본래적 특성은 실제로는 제시되지 못했고, 인간의 영혼 안에서 일어난다는 신적인 것과 인간적인 것의 상호 순환(Perichorese)[312]의 표상을 통해서도 해명되지 못했다. 왜냐하면 거기서 사람들은 믿음의 탈자아적 구조로부터 출발하지 않았기 때문이다.

믿음의 탈자아적 구조가 비로소 하나님의 영과 믿는 자들의 마음속에 부어진 신적 사랑이 인간의 피조적 현실성을 구성하는 부분이 되지 않

---

308 이것은 로마서 5:5에도 해당한다. 왜냐하면 "하나님의 사랑"이라는 표현의 소유격은 "주격-소유격"이고 신적 사랑 자체의 행위를 의미하기 때문이다. 바로 그런 사랑이 믿는 자들의 마음속에 부어졌다.

309 Ph. Melanchthon, CR 21, 760, 26-30. 후대의 루터교 교의학은 성령의 갱신하는 은혜(gratia Spiritus Sancti renovans)를 성화의 원천으로 말했다. 예를 들어 비교. D. Hollaz, Examen theol. acroam., Stargard 1707 p.III, theol. sect. I, c.10, vol. II, 506ff.

310 D. Hollaz, Examen III, I, Kap. 9 (vol. II, 485ff.).

311 D. Hollaz, 같은 곳, q. 12 (vol. II, 494ff.).

312 D. Hollaz, 같은 곳, Prob. d. (vol. II, 497).

는다는 사실을 분명히 밝힌다. 하나님의 영은 인간에게 선물(은사)로서 주어지며, 영을 통해 하나님의 사랑이 그들의 마음속에 부어지는 것이다. 오직 예수 그리스도를 믿는 자들에게만 그 선물이 주어진다. 믿음은 그렇게 해서 하나님의 영을 통해 생기는 것에 그치지 않는다. 이것은 창조 안의 모든 생명 현상이 영의 사역으로 소급되는 것과 마찬가지다. 오히려 믿는 자는 예수 그리스도에게서 나타나는 새로운 생명의 종말론적 현실성 안에서 영을 수용하는데, 영은 그에게 지속적으로 소유되는 선물이다. 이와 동시에 믿는 자는 믿음을 통해 자기 자신의 외부 곧 그리스도 안에서 살아 있다. 믿음을 통해 일어나는 예수 그리스도를 향한 이러한 탈자아적인 고양의 전제 아래서 비로소 또한 거꾸로 말할 수도 있다. 그것은 "그리스도가 우리 안"에 계신다는 것(롬 8:10; 비교. 갈 2:20), 그리고 그분과 함께 하나님의 사랑(롬 5:5ff.) 곧 예수의 죽음과 부활 안에서 나타났고 그리스도의 상(Bild)을 향해 우리를 내적으로 갱신하는 사랑이 우리 안에 거한다는 것이다. 그리스도의 상 안에서 하나님의 형상을 향한 인간의 규정이 출현했다(비교. 골 3:10).

믿는 자의 영혼 안에서 일어나는 영의 작용들과 성령 자신의 내주가 일치한다는 것은 오늘날의 가톨릭 신학 안에서도 중세 전성기 이래로 가톨릭적 은혜론을 지배했던 노선보다 더욱 강하게 강조되고 있다.[313] 피조된 은혜(은혜의 선물을 위한)를 수용한다는 것은 포기되지는 않았지만. 성령의 피조되지 않은 은혜 그리고 영혼 안에서의 성령의 내주와 밀접하게 결합된다.[314] 칼 라너는 여기서 한 걸음 더 나아가 이렇게 논증했다. 인간의 미래의 영광 안에

---

313   참고. M. de La Taille, Actuation créée par l'acte incréé, *Recherches des Sciences Religieuses* 18, 1928, 251 – 268. 그리고 특별히 K. Rahner, *Schriften zur Theologie* I, 1954, 347 – 376, bes. 352. 비교. P. Fransen, in : *Mysterium Salutis* IV/2, 1973, 732f.

314   참고. I. Willig, *Geschaffene und ungeschaffene Gnade. Bibeltheologische Fundierung und systematische Erörterung*, 1964, bes. 283ff.

서 "은혜를 입은 피조적 영에게 하나님이 자신을 전달하는 것"이 가능하다면, 그리고 "그 영이 하나님과 구분되는 피조적 특성 혹은 실재(Entität)로서 물질적 인과관계에 의해 창조된 것이 아니라 (형식적 인과관계와 유사한, quasi-formalursächliche) 인간에게 주어지는 하나님의 자기전달이라면, 이러한 사상은 지금까지 신학 안에서 통용되었던 것보다 훨씬 더 명확하게 은혜에 적용될 수 있다."[315] 그러나 인간에게 주어지는 하나님의 "형식적 인과관계와 유사한" 자기전달에서 예수 그리스도를 믿는 믿음을 통한 은혜의 중재는 무엇을 의미하는가? 라너는 이 문제를 다루지 않았다. 그러나 우리는 바로 그와 같은 방식으로 그의 사상을—이것은 교부신학과 동방 교회의 신의 표상들과 어느 정도 유사한 느낌을 준다—성서적으로 구체화할 수 있다. 왜냐하면 인간은 믿음을 통하여 예수 그리스도와 결합되며, 그 결과 그분 안에서 아버지께 대한 관계 안에 있는 아들 됨의 "형식"에 참여하기 때문이다.[316]

믿는 자들이 성령을 통해 자신에게 부어진 하나님의 사랑에 참여하는 것은 반드시 예수 그리스도를 믿는 믿음과 그의 죽음 및 부활의 구원사건에 대한 참여를 통해 중재된다고 생각되어야 한다. 왜냐하면 예수 그리스도의 역사 안에서 하나님은 인간에게 그분 자신의 은혜(롬 3:24)[317]와 사랑(롬 5:8)을 입증하셨기 때문이다. 이 점은 전통적 은혜론 안에서 너무도 적게 주목되었다. 은혜가 믿는 자들에게 전달되는 현재 사건은 역사적 과거로서의 예수의 역사로부터 분리되어 그 자체로 독립적인 것으로 서술될

315   K. Rahner, Natur und Gnade, in: 동일저자, *Schriften zur Theologie* IV, 1960, 209-236, 220. 또한 참고. G. Philips, *L'Union Personnelle avec le Dien vivant. Essai sur l'origine et le sens de la grâce créée*, 1974, bes. 263f.,275ff.

316   믿는 자들이 양자로 받아들여져서 그리스도의 아들 됨에 참여한다는 바울 사상이 동방 교회의 신론에 대하여 갖는 의미와 관련해서 다음 문헌을 비교하라. V. Lossky, *Die mystische Theologie der morgenländischen Kirche*, 1961, 206ff.

317   하나님의 이러한 은혜는 예수 그리스도의 대속의 죽음 안에서 믿는 자들에게 일어난 그분의 구원의 행동과 일치한다. E. Ruckstuhl, Art. Gnade III, *TRE* 13, 1984, 468.

수 있는 과정, 곧 그러한 인간적 내면성의 과정으로 이해되어서는 안 된다. 그렇게 잘못 이해하면 그 과정은 어쨌든 예수의 역사와 인과적으로 결합되어 있는 셈이 되며, 결과적으로 예수의 죽음은 하나님이 은혜로서 인간에게 향하시는 사건에 공헌하는 원인이 되어버린다. 그렇지 않다. 오히려 하나님의 은혜에서 중요한 것은 예수의 역사 안에서 입증된 하나님의 성향과 사랑이다. 믿는 자들이 그 사랑에 참여할 수 있는 것은 오직 그들이 예수의 역사 안으로 포괄될 때뿐이다. 바로 이 사건이 믿음을 통해 일어난다. 믿는 자는 예수를 신뢰함으로써, 아버지께 대한 예수의 아들 관계에 참여할 수 있게 된다. 영은—영을 통해 믿는 자는 "그리스도 안에" 있고 그래서 또한 "그리스도께서도 우리 안에" 계신다—하나님의 사랑이 우리 마음속에 부어지도록 중재하시는 바로 그 동일한 영이다.[318] 은혜는 예수 그리스도와 구분되어 인간에게 주어지는 어떤 능력이나 특질이 아니며, 오히려 예수 그리스도 자신이다(위의 각주 305를 보라). 여기서 예수 그리스도는 하나님의 사랑의 선물(롬 8:32)이며, 믿는 자들은 영을 통해 그분과 "동일한 형태"로 지어져 간다(롬 8:29). 이와 동시에 그들은 아버지께 대한 그분의 아들 관계 안으로 포괄되며, 그 결과 하나님과 화해되고 세상을 향한 하나님의 사랑에 참여할 수 있도록 해방된다.

c) 그리스도교의 기도

사랑에 관한 교리가 기도의 신학을 위한 교의학적 장소인지는 분명하지 않다. 교의학의 저술에서 기도는 매우 다양한 맥락 안에서 서술되었다.[319] 이에 대하여 신학 전통이 제시하는 확정된 장소는 없다. 기도 안

---

[318] 그렇기 때문에 (그리고 이 의미에서) 로마서 5:1-11은 하나님의 "은혜"와 "사랑"이라는 표현이 "최종적으로 동일한 것"이라고 말한다. E. Ruckstuhl, 같은 곳, 469.

[319] 벵커르트의 개관을 보라. H. Benckert, Das Gebet als Gegenstand der Dogmatik, in : Ev. Theol. 15, 1955, 535-552, bes. 541ff. 참고. M. Plathow, Geist und Gebet, in : KuD 29, 1983, 47-65. 또한 G. Müller, Art. Gebet VIII, TRE 12, 1984, 84-94.

에서 하나님 관계의 전부가 집중되고[320] 구체화된다는 사실은 신론이 기도의 경험에 기초하여 서술된다는 것을 암시한다.[321] 이때 어쨌든 기도가 이미 하나님과 그분께 대한 지식을 전제한다는 사실이 인정되어야 한다.[322] 그렇다면 신론이 기도보다 앞선다는 것, 기도가 성령론의 맥락에서 다루어져야 한다는 것은 올바른 이해다. 왜냐하면 영이 비로소 인간에게 기도할 수 있는 능력과 용기를 주기 때문이다. 이것은 일반적인 의미에서 이미 종교의 근본 현상[323]으로서의 기도에 해당하지만, 특별한 방식으로는 믿는 자들에게 주어지는 영의 은사에 기초한 그리스도교적인 기도에 해당한다.

기도가 성령론의 맥락에 속한다면, 우선 중요한 것은 개인들이 참여하고 있는 종교 공동체의 기도가 아닌지, 그리고 개인들의 기도가 거기서 중심에 놓여 있지 않은지의 문제가 먼저 설명되어야 한다. 이 문제는 그리

320　G. Ebeling, *Dogmatik des christlichen Glaubens I*, 1979, 208. 비교. 동일저자, Das Gebet (1973), in : *Wort und Glaube* III, 1975, 405 – 427, bes. 422 : "기도는 인간의 근본적 상황을 하나님과의 관계를 통해 결정적으로 규정한다." 여기서 물론 "하나님 관계의 대상은 세계와의 관계 안에 있는 인간이다"(423).

321　참고. G. Ebeling, *Dogmatik des christlichen Glaubens I*, 1979, 192 – 210.

322　G. Ebeling, 같은 곳, 194. 그럼에도 불구하고 에벨링은 기도의 상황에 대한 관계를 "기준이 되는 해석의 지시"로 보고 그것을 신론에 적용했으며, 이에 따라 자신이 "전통적인 교의학의 진행 방법으로부터 본질적으로 벗어났음"(193)을 의식했다. 다시 말해 이것은 전통적인 신론 안으로의 "형이상학적 승차"를 뜻한다(208). 그러나 기도 안에서 하나님이 이미 전제된다면(위의 본문을 보라), 그때 기도(그리고 기도의 교리)와 신론의 관계는 바로 이러한 전제의 성격을 통해 규정되어야 한다. 이것은 신학적 신론의 근거를 서술하는 작업에서 종교철학적인 질문과 형이상학적인 질문들을 통상적 방식으로는 제대로 다룰 수 없다는 것을 의미한다. 이 사실은 종교적인 하나님 이해(철학적 이해와 다른 이해?)와 기도가 밀접하게 관련되어 있다는 사실을 배제하지 않는다. 왜냐하면 각각의 하나님 이해가 기도의 실행의 가능성과 그것의 형태에 대해 근본적이기 때문이다. 이것은 또한 그리스도교에도 해당한다. 하나님께 기도하는 관계를 가능케 하지 못하고 기도하도록 용기도 주지 못하는 어떤 하나님 이해는 종교적 삶과 아무런 관계도 갖지 못할 것이다.

323　이에 대해 하일러의 광범위한 현상학적 연구가 중요하다. F. Heiler, *Das Gebet. Eine religionsgeschichtliche und religionspsychologische Untersuchung*, 1918, 5.Aufl. 1923.

스도교적인 기도의 특수성으로 인도한다. 다종교의 세계 안에서, 또한 고대 이스라엘 안에서[324] 개인 기도는 거의 전부 공동체적으로 실행되는 문화적 삶 속에 포함되어 있었던 반면에, 그리스도교에서는 하나님 앞에서 기도자가 개인화된다는 점이 특징적이다.[325] 이 특성은 예수 자신의 메시지와 행위로 소급된다. 예수께서 다른 사람들에게 은밀한 중에 기도할 것을 요구했던 것(마 6:6)과 마찬가지로, 그분 자신도 한적한 곳으로 나아가 기도하셨다고 보고된다(막 1:35 병행구절; 마 14:23 병행구절; 눅 5:16; 비교. 9:18,28; 막 14:35 병행구절). 이것은 모세 혹은 엘리야와의 관계를 암시하는데, 하지만 그것은 무엇보다도 아버지께 대한 관계에서 나타나는 아들의 직접성의 표현이며, 이 직접성을 통해 예수는 다른 모든 인간과 구분된다. 그런데 믿는 자들은 예수의 아들 됨에 참여함으로써(롬 8:15) 아버지께로 나아갈 수 있는 바로 그 직접성을 획득한다. 이에 상응하는 것으로 원시 그리스도교에서 행한 개인의 은밀한 기도가 생각될 수 있다. 마찬가지로 바울도 기도하는 자가 혼자 조용한 곳으로 가는 것(고전 7:5)이 자명하다고 여겼다. 물론 그리스도 안에서는 개인기도 외에 예배 공동체의 공동기도도 있었다. 개인이 그리스도의 아들 됨에 참여할 때 그가 다른 믿는 자들과 함께 연합되는 것처럼, 또한 개별 그리스도인의 기도도 교회에서 전승되어온 기도 전통의 내용들과 형식들로부터 생명을 얻는다. 이에 해당하는 것은 예수의 기도, 주기도문, 이스라엘의 기도 전통과의 관계 등이다. 이것들에서 강조점은 기도자가 하나님께 대한 인격적(개인적) 관계에 놓인다는 것이다. 하나님께 대한 기도자의 직접성과 관련된 이러한 특수한 강조는 기도를 개인적 그리스도인들 안에서 일어나는 성령의 활동들과의 관계 안에서 다루는 것이 적절하다는 것을 암시한다.

바울에 의하면 믿는 자 개인이 하나님을 아버지로 부를 수 있게 해주

---

324   H. Graf Reventlow, *Gebet im Alten Testament*, 1986, 295ff.

325   G. Ebeling, 같은 곳, 201. 여기서 에벨링은 매우 일반적인 의미로 이것이 기도라는 단어 자체에 대해 특징적이라고 주장한다.

고 그에게 그럴 용기를 주는 것은 아들 됨이라는 영의 종말론적 은사다(롬 8:15,26; 갈 4:6). 영이 믿는 자들을 예수의 아들 됨에 참여시킴으로써, 믿는 자는 "예수의 이름 안에서" 아버지께 기도할 수 있게 된다. 이 기도에는 요한복음 14:13에 따르면 들으심이 약속되어 있다.[326] 바로 여기에 기도할 수 있는 능력과 믿는 자들 안에서 활동하시는 성령의 모든 근본 작용 사이의 관계, 말하자면 한편으로 그 능력과 믿음 그 자체와의 관계, 다른 한편으로 그 능력과 희망과의 관계가 놓여 있다. 이 관계에서 믿음은 하나님께 대한 고백 및 찬양과 결합되어 있고, 희망은 믿는 자가 자신을 위해 기대하는 미래와 관련될 뿐만 아니라 또한 다른 이들을 위한 간구 안에서 표현된다. 그 능력과 사랑의 관계는 매우 특정한 이유에서 특별히 밀접하다.[327] 믿는 자가 성령을 통해 참여하는 하나님의 사랑에 상호성의 계기가 속한다는 것은 위에서 이미 제시되었다. 이 상호성은 말하자면 그것의 영원한 근본 형태를 삼위일체 인격들이 상호작용하는 순환(Perichorese)으로부터 취한다. 그렇기 때문에 믿는 자들이 하나님의 사랑에 참여하는 것은 단순히 세상을 향한 그 사랑의 운동에만 참여하는 것, 즉 믿는 자들을 서로 결합시키는 형제 사랑을 포함하는 이웃 사랑에만 참여하는 것이 아니다. 오히

---

326 비교. 15:16 그리고 16:23f. 또한 아버지께서 "예수의 이름으로" 영을 보내신다는 사고도 참고하라(비교. 요 14:26). 교부들의 이해도 이에 상응한다. 그리스도인들의 기도의 정규적 형태는 아들 안에서 성령을 통해 아버지께로 향한다는 것이다. Basilius, *De spir. S.* 16-21, MPG 32,93-105. 바실리오스는 이에 더하여 기도 가운데 아들 그리고 영을 부르는 것이 정당하다고 보았다. 이에 대해 참고. G. Wainwright, *Doxology. The Praise of God in Worship, Doctrine and Life. A Systematic Theology*, 1980, 100, cf. 229. 이러한 전통과 관련된 오리게네스의 중요성에 대해 비교. Wainwright, 같은 곳, 52f.94. 삼위일체적으로 실행된 세례가 기도의 대상을 삼위일체 전체로 확장하는 것에 대해 갖는 의미가 서술된다. 같은 곳, 96ff.

327 사랑을 서술하는 부분은 또한 슐링크의 교의학에서도 기도를 다루는 장소다. 하지만 그는 여기서는 단지 간구로서의 기도만 논의했다. 왜냐하면 "감사와 경배"는 다른 곳에서 서술되기 때문이다. E. Schlink, *Ökumenische Dogmatik*, 1983, 451ff. 또한 비교. K. Rahner, *Von der Not und dem Segen des Gebetes*, 1949, 22f.44ff.

려 그 참여는 우리를 향한 하나님의 사랑에 대한 응답으로서의 하나님께 대한 사랑에 참여하는 것이다. 우리를 향한 하나님의 사랑에 대한 응답으로서의 하나님 사랑의 최우선적인 표현은 기도다. 기도 안에서 우리가 하나님에게서 사랑의 선물로서 받은 아들 됨이 표현된다. 아들 됨은 우리로 하여금 하나님을 우리 아버지로 부를 수 있게 하는데, 예수께서 그렇게 행하셨고 우리도 그의 이름 안에서 그렇게 할 수 있다.[328] 갈라디아서 4:6에 따르면 기도 안에서 하나님의 사랑에 응답할 수 있는 능력 안에서,[329] 다시 말해 아버지께 대한 관계에서 상호성을 가질 수 있는 능력 안에서 아들 됨과 결합된 **자유**가 입증된다.[330] 믿는 자들은 자신들을 하나님의 영으로 채우는 신적 사역의 역동성 안으로 단순히 흡수되는 것이 아니다. 그들은 아들 됨에 참여함으로써 하나님 앞에서 독립된 주체성을 수여받는다. 이 주체성은 아버지와의 관계 안에서, 그렇기에 또한 모든 피조적 현실성과의 관계 안에서 자유로운 자발성으로서 나타난다. 기도는 이러한 자발성의 신적 원천에 특별히 적절한 표현 형태다. 여기서 아버지께 말을 건네는 기도와 다른 이들을 위한 간구가 밀접하게 결합된다. 그 결과 하나님 사랑과 이웃 사랑의 관계가 바로 그리스도교적인 기도 안에서 구체적으로 등장

---

328 로마서 8:16; 갈라디아서 4:6. 이 구절들은 예수의 기도와 주기도문을 생각하게 하지만, 어떻든 예수께서 하나님을 아버지로 부르신 것을 가리킨다. 비교. U. Wilckens, *Der Brief an die Römer 2*, 1980, 137.

329 이 점에서 뫼싱어는 그리스도교적인 기도를 예수 그리스도 안에서 나타난 하나님의 자기계시로 바르게 묘사했다. R. Mössinger, *Zur Lehre des christlichen Gebets. Gedanken über ein vernachlässigtes Thema evangelischer Theologie*, 1986, 105ff.113ff. 그러나 그는 믿는 자들이 아버지께 대한 예수의 아들 관계에 참여하는 것이 그 기도에 대한 근본적인 전제라는 점은 다루지 않았다. 비교. G. Ebeling, *Dogmatik des christlichen Glaubens I*, 1979, 202.

330 켈러는 하나님의 자녀 됨을 특별히 명확하게 그리스도교적인 기도의 토대로 인식하고 강조했다. M. Kähler, *Die Wissenschaft der christlichen Lehre*, 1883, 2.Aufl. 1893, 516-520=§§ 647-651. 또한 그는 거꾸로 "아들의 영이 자극하는 **기도**의 자유로운 용기" 안에서 자녀 됨의 "특징적인 표현"을 발견했다(408, §503).

한다.

하나님께 말을 건네는 명시적인 형식의 실행에만 관계된다면, 기도는 그리스도교적인 실존에 대하여 중심적 의미를 가질 수 없을 것이다. 왜냐하면 하나님께 말을 건네는 그런 명시적인 형식은 특정한 시대와 장소에서 언제나 남아 있기 때문이다. 그러나 그리스도인들은 쉬지 말고 기도하라는 권면을 받는다(살전 5:17; 비교. 엡 6:18).[331] 우리가 무엇을 기도해야 할지 알지 못할 때, 성령께서 "말할 수 없는 탄식"(롬 8:26)으로 우리를 위해 다가오신다. 이와 같은 쉬지 않는 기도에서 중요한 것은 믿는 자들의 모든 개별 행위를 관통하는 지속적 태도인데, 믿음의 삶은 바로 그 태도로부터 생명력을 얻고자 한다.[332] 명시적으로 형식화된 기도는 그렇게 하지 못한다. 명시적 형식의 기도와 관련해서 예수는 짧게 할 것을 요구했다. 왜냐하면 하늘에 계신 아버지의 돌보심이 많은 단어의 사용을 불필요하게 만들기 때문이다(마 6:7f.). 그러나 하나님과의 관계 안에 있는 믿는 자의 삶의 특성인 끊임없는 기도는 언제나 또다시 하나님께 대한 말 건넴의 명시적 형식으로 건너가야 한다. 그것이 하나님을 향한 개인적 기도든지 혹은 공동체의 예배적 기도든지 관계없이 그렇다. 기도가 없다면 하나님의 사랑에 대한 믿는 자들의 자유로운 응답, 곧 하나님께 말을 건네는 기도 안에서 표현되는 응답은 쇠약해지며, 또한 하나님 사랑과 결합된 이웃 사랑의 의식도 그렇게 된다. 왜냐하면 이웃 사랑은 기도를 통해 하나님께 대한 믿는 자의 관계 속으로 포괄되기 때문이다. 이것은 세상을 향한 그분의 사랑

---

331 그리스도인들은 물론 이미 경건한 유대인들에게도 해당하는 쉬지 않는 기도의 주제에 대하여 참고. K. Berger, Art. Gebet IV, in: *TRE* 12, 1984, 47-60, 55. 일상적 기도의 형태로서 "항상 기도하기"에 대해 특별히 페쉬의 설명을 보라. O. H. Pesch, *Das Gebet*, 1972, 54ff. 이와 밀접한 맥락 안에서 페쉬는 짧은 기도를 다룬다(60ff.).

332 이로부터 죌레는 예수께서 기도의 시간적 및 공간적 한계를 제거하신 것을 바르게도 말했다. D. Sölle, Art. Gebet, in: H. J. Schultz, Hg., *Theologie für Nichttheologen. ABC protestantischen Denkens*, 1963, 118ff.121. 뫼싱어가 이 생각을 받아들여 계속해서 전개했다. R. Mössinger, 같은 곳, 108ff.

에 참여하는 것을 뜻한다. 기도는 이웃 사랑의 실행이 단순히 인간의 도덕적 행위가 되지 않도록 보호해준다.

믿는 자들의 마음속에 부어져 아버지께 대한 아들의 자발적인 사랑 안에서 믿는 자의 응답을 찾는 하나님의 사랑 안에 놓인 기도의 근거는 그리스도교적인 기도를 다른 종교들로부터 수용한 기도의 형태들로부터 구분한다. 이 점에서 그 근거는 일반적·인간학적 토대와는 뚜렷이 대비된다. 인간의 본래적 속성이라 할 수 있는 기도하려는 충동[333] 안에서—비록 인간이 그 충동에 압도되어버릴 수 있다고 해도—세상 안에 현존하는 모든 것을 넘어서면서 인간의 삶과 세계를 보호하고 구원하고 치유할 수 있는 특정 현실성에 자신이 의존하고 있다는 의식이 나타난다.

인간의 기도는, 프리드리히 하일러가 강조했던 것처럼, 인간학적으로 볼 때 특별히 간구 기도의 형태 안에서 근원적인 형태로 소급된다. "기도하려는 근원적 동기"는 하일러에 의하면 "원시인"에게서 지속적으로 **"구체적 곤경의 상황"**을 암시한다. 그것은 개인의 기초적 생존의 관심사 혹은 집단이 심각하게 위협받는 상황이다. 가뭄과 굶주림의 위기, 폭풍우에 의한 생명의 위협, 적이나 야생 동물의 공격, 질병과 전염병, 그리고 또한 범죄와 고소 등을 예로 들 수 있다. 하일러에 의하면 그런 상황에서 인간의 "전적인 무력함"과 더 높은 힘들에 "완전히 예속"되어 있다는 의식이 등장하며, 이것이 인간의 제한된 자기도움의 가능성에 직면해서 기도로 이끌게 된다.[334] 이것은 물론 비제의적인 기도에만 해당한다. 제의 안에서는 신성을 찬양하는 찬송이 앞서며, 그것이 감사와 간구로 흘러간다.[335] 그 밖에

---

333 참고. A. Hardy, *The Biology of God. A Scientist's Study of Man the Religious Animal*, London 1975. 1979년에 출간된 독일어판 제목은 다음과 같다. *Der Mensch—das betende Tier. Religiosität als Faktor der Evolution*.

334 F. Heiler, *Das Gebet*, 1918, 5.Aufl. 1923, 41.42.

335 하일러에 반대해서 라초브가 그렇게 주장했다. C. H. Ratschow, in : *TRE* 12, 1984, 32. 비교. R. Mössinger, 같은 곳, 34. 이에 대한 하일러의 반론은 기도를 들으신다는 경험이 이미 신성이 인간의 경외와 숭배를 원한다는 확신이 생성되는 근저에 놓여

도 감사―감사할 일은 그것이 향해질 수 있는 수신자를 찾는다―의 감정
은 간구의 기도에서 표현되는 곤경의 경험과 마찬가지로 기도의 근원적
동기를 인간학적으로 표현할 수 있다.[336]

제의적 기도에서는 자연스럽게 신성의 경배와 찬송 형태의 기도가 앞
선다. 이것은 주로 우주론적으로 각인된 신의 표상들로 규정된 제의 형태
들에만이 아니라 또한 고대 이스라엘에도 해당한다. 여기서 하나님의 역
사적 행동과 관계된 주제가 찬송 안에 수용될 수 있었다.[337] 그 주제로는
탄원, 요청과 간구, 또한 감사 등을 들 수 있다. 후기 유대교의 종말론적 기
대의 맥락에서 감사의 기도는 더욱 강하게 강조된다. 많은 유대교 본문들
에 따르면 감사 기도는 미래 세계에서 기도의 유일한 형태로 남게 될 것
이다. 이와 비슷하게 원시 그리스도교의 기도 신학 안에서도 감사의 주
제가 전면에 위치한다. 이것은 특별히 바울에게 해당하는데, 공관복음서에
서 전승된 기도에 대한 예수의 진술들이 철저히 간구의 기도와 관계된다
는 사실과 대립되는 긴장을 형성한다.

복음서 안의 증빙들을 수용하면서 프리드리히 슐라이어마허는 그리스도교
적인 기도를 예수의 이름으로 행하는 간구의 기도로 특징지었다.[338] 이에 반

있다는 것이다. 같은 곳, 43f. 그 확신과 감사의 동기가 그다음에 연결된다. 같은 곳,
44f., 비교. 389ff.

336 참고. D. Henrich, Gedanken zur Dankbarkeit, in: R. Löw, Hg., OIKEIΩΣIΣ.
Festschrift für Robert Spaemann, 1987, 69-86.

337 H. Graf Reventlow, *Gebet im Alten Testament*, 1986. 레벤틀로프는 찬송을 설명하는
가운데 찬송과 감사찬양을 서로 다른 종류로 구분하는 베스터만(C. Westermann)에
반대하는 궁켈(H. Gunkel)의 주장에 동의했다. 그러나 그는 "보고하는 찬양"과 "서
술하는 찬양"을 구분했다(123). 어쨌든 레벤틀로프는 그럼에도 불구하고 감사의 제
물을 헌정하는 것과 관련된 감사찬양의 독립적 기능을 확정했다(208ff.).

338 F. Schleiermacher, *Der christliche Glaube*, 1821, 2.Ausg. 1830, §146f. §146,1에서 슐라
이어마허는 "최고의 성취를 향한 소원이 하나님 의식과 내적으로 결합"되는 기도를
"앞선 노력들의 결과"에 대하여 "순종 혹은 감사"하는 기도와 명시적으로 구별했다.

대하여 알브레히트 리츨은 바울을 인용하면서 이렇게 주장했다. 오히려 "감사를 통하여 하나님을 인정하는 것"은 "기도의 일반적 형태"로 보아야 하며, 간구하는 기도는 "하나님께 대한 감사 기도가 변경된 것"으로 생각될 수 있다는 것이다.[339] 말하자면 바울은 모든 간구가 "감사함으로 하나님 앞에 드려지기"를 원했으며(빌 4:6), 쉬지 않는 기도의 요청과 다음의 권고를 결합시켰다고 한다. "범사에 감사하라. 이것이 그리스도 예수 안에서 너희를 향하신 하나님의 뜻이니라"(살전 5:18). 리츨에 의하면 모든 간구는 주기도문 안에 아버지로서의 하나님께 대한 말 건넴을 통해, 그와 함께 감사의 주제를 통해 포함되어 있다.[340] 그러나 이 주장이 설득력이 있는가? 어쨌든 예수의 기도의 첫 번째 간구는 "카디쉬"(Quddiš)라는 단어와 연결되면서 "하나님의 약속과 궁휼에 대한 신뢰의 표현"이며, 하나님으로부터 이미 시작된 종말론적 전향 곧 기도하는 자들이 자신의 간구와 함께 그 안에 위치하게 되는 전향 안으로 들어선다.[341]

예수 그리스도 안에서 일어난 하나님의 구원의 행위에 대한 감사는 특별히 빌립보서 4:6에서 제시되는 것처럼 바울에게서 모든 그리스도교적인 기도의 출발점과 테두리를 형성한다. 골로새서는 특별히 강조하면서 주님 예수를 통해 아버지 하나님께 감사하라고 요청한다(골 3:17; 비교. 1:12; 2:7). 이곳의 중심 내용에서 로마서 8:15f.와 갈라디아서 4:6의 바울

---

339 A. Ritschl, *Die christliche Lehre von der Rechtfertigung und Versöhnung* III, 2.Aufl. 1883, 597f.

340 A. Ritschl, 같은 곳, 599f.

341 J. Jeremias, *Die Verkündigung Jesu* (*Neutestamentliche Theologie,* Erster Teil) 1971, 2.Aufl. 1973, 192f. 미래 세계—여기서는 동시대의 유교적 견해에 따르면 오직 감사의 헌신만이 존재하게 될 것이다—에 대한 예기로서의 예수의 기도 안에서 "감사가 주도적이라는 것"(같은 곳, 186)에 대한 반대 의견은, 만일 대다수의 주석가들의 판단과는 반대로 마태복음 11:25f.를 예수 자신의 진정한 말씀으로 간주하지 않는 한 (예레미아스, 185f.가 그렇게 간주한다), 거의 말해질 수 없을 것이다.

적 진술 사이의 밀접한 관계가 드러난다. 두 구절은 믿는 자들을 영을 통해 하나님을 아버지로 부를 수 있는 아들 됨의 지위로 나아가게 하는 내용이다. 그러나 바울에 의하면 아들의 파송 안에서 입증되는 아버지의 사랑에 대한 대답으로서가 아니라 오히려 이미 피조물로서 인간은 하나님께 감사하며 그것을 하나님 찬양 안에서 표현해야 할 의무를 지고 있다. 그러나 실제로 인간은 "하나님을 영화롭게도 아니하며 감사하지도 아니하고, 오히려 그 생각이 허망하여지며 미련한 마음이 어두워"졌다(롬 1:21).

하나님께 대한 감사와 하나님을 영화롭게 하는 것은 일치한다. 그래서 송영과 그 뒤에 바로 따라오는 찬송의 형태는 그리스도교적인 기도에 있어 근본적이다.[342] 그러나 원시 그리스도교의 찬양은 철저히 그리스도론적으로 각인되어 있다. 그리스도교적 송영은 아들을 파송하는 아버지의 행동을 찬양하며 영을 통해 아버지를 영화롭게 한다. 그것이 삼위일체론적 송영인 것은 그 안에서 구원의 행동에 대해 하나님께 감사하는 것이 그 행동 안에서 계시된 신성에 대한 경배 안으로 고양되기 때문이다. 그 고양은 지금 여기서 이미 새 창조 안에서 완성될 공동체의 종말론적 하나님 찬양을 선취한다.

그리스도교적인 기도의 신학 안에서 기도의 출발점과 동기로서의 감사에 대한 강조가 계속 유지되어온 이유[343]의 적지 않은 부분은 예수의 성만찬(고전 11:24; 막 14:23)과 연관된 감사가 예배의 중심이 되는 그리스도

---

342 슐링크는 이로써 그리스도교 교리의 형성을 위한 맥락이 주어졌다는 사실을 자신의 중요하고 유익한 논문에서 강조했다. E. Schlink, Die Struktur der dogmatischen Aussage als ökumenisches Problem, in : KuD 3, 1957, 251 – 306, bes. 253ff. 슐링크에 의하면 여기서 감사는 하나님께 대한 경배와 찬양으로 건너간다(254). 또한 웨인라이트(G. Wainwright, 같은 곳)도 위의 각주 326에서 인용된 시리아 – 야곱파 예배에 대한 서문(Einleitung zur syrisch – jakobitischen Liturgie)에서 같은 맥락을 지시했다(38). 웨인라이트의 전체 저작은 송영과 교회적 교리의 관계를 서술한다. 그리스도교적인 찬양에 대해서는 그곳의 198ff.를 보라.

343 뫼싱어가 인용한 자료들을 비교하라. R. Mössinger, 같은 곳, 121ff.

인들의 기도를 규정했다는 사실로 소급된다. "성만찬" 안에서 창조의 선물들에 대한 감사는 인간의 구원을 위한 아들의 파송과 그를 통해 선사된 영원한 생명에 대한 감사와 결합한다.[344] 교회에서 규모가 큰 감사 기도로서의 성만찬은 그리스도교적 기도의 다른 모든 주제도 포함한다. 하나님께 대한 감사와 경배의 일치 외에도 특별히 거기서 감사와 회상의 밀접한 결합이 강조된다. 회상은 하나님의 구원의 행동들에 대한 유대교적 기억의 근거였다. 교회의 성만찬의 회상에서 특별히 중요한 것은 그리스도의 죽음에 대한 "기억"인데(고전 11:24f.), 이 기억 안에 구원의 역사 전체가 포괄된다. 구원의 역사는 그리스도의 화해의 죽음과 부활 안에서 정점을 이룬다.

감사와 경배의 토대 위에서 간구의 기도도 기도에 대한 그리스도교적 이해 안에서 다루어질 수 있다. 복음서에서 전승된 기도에 대한 예수의 말씀들이 직접 간구의 기도와 관련된다면, 그것에는 믿음, 그리고 그와 함께 감사 및 경배를 통해 표현되는 하나님과의 연합이 언제나 이미 전제되어 있다. 이에 상응하여 간구의 기도로 형식화된 예수의 기도는 하나님과 땅에서 완성될 그분의 나라를 향한 간구와 함께 시작한다. 그다음에 일용할 양식, 죄의 용서, 타락의 유혹으로부터의 보호에 대한 간구가 이어진다. 그리스도교적인 간구의 기도 안에서 소원들, 염려, 인간적인 간청 등은 창조를 향한 하나님의 목적에 예속되며, 그 목적 안에 배치된다. 예수 자신에 대한 기도가 이에 대한 안내가 된다. "나의 원대로 마시옵고, 아버지의 원대로 하옵소서"(막 14:36 병행구절). 여기서 피조물의 곤경과 필요가 창조자의 목적과 행위 안에서 공간을 차지할 수 있다는 사실(눅 12:22-31 병행구절)이 언제나 전제된다. 물론 그것들이 실제로 어떤 자리를 차지하는지는 인간적인 상상과 이해를 넘어설 것이다. 예수께서 하나님의 들으심을 약속하신(막 11:24 병행구절) 간구의 기도는 어쨌든 믿는 자들의 기도이며, 그

344　이미 *Did.* 10,1-4에서 그렇게 말해진다.

자체는 하나님의 뜻에 기꺼이 순종할 준비가 되었을 때 실행되는 기도다. 이것은 성령을 구하는 기도를 들으신다는 약속과의 관계도 말해준다(눅 11:13). 예수께서 말씀하신 기도의 들으심에 대한 그 밖의 조건들, 특별히 다른 사람의 죄 용서에 대한 준비(막 11:25; 비교. 마 6:12-14f.)도 이와 관련되어 있다.[345] 다른 사람을 용서하지 않는 사람은 세상을 향한 하나님의 사랑의 역동성으로부터 탈락하며, 그래서 "예수의 이름으로" 신뢰 가운데 아버지를 부를 수 있는 능력(요 14:13 등등)을 갖지 못한다.

이것은 간구하라는 모든 격려에도 불구하고 기도가 최종적으로는 하나님의 뜻에 대한 순종에 도달한다는 것을 의미하지는 않는가? 그렇다면 간구란 본질적으로 불필요한 것이 아닌가?[346] 이것은 명백하게도, 기도하라는 격려가 이미 제시하는 것처럼, 하나님 나라의 완성보다 앞선 인간적 삶의 상황의 시간성과 관련되는 경우가 아닌가? 오직 이러한 상황 안에서만 하나님 나라의 도래에 대한 주기도문의 처음 세 가지 간구는, 이와 함께 또한 다른 간구들도 의미가 있다. 믿는 자들의 역사적 상황 안에서, 이와 함께 기도하는 자 자신에게 닥쳐오는 위협의 상황 안에서 열리는 미래 개방성은 간구하는 자에게 공간을 열어준다. 간구의 기도 안에서 믿는 자는 자신의 미래의 불확실성에 직면해서도 하나님을 붙든다. 그렇기 때문에 예수께서는 염려를 질책하시고 간구하라고 격려하신다. 이에 대하여 또 다른 두 번째 이유가 있다. 하나님은 간구하라고 격려하심으로써 피조물로 하여금 세상 안에서 하나님 나라를 펼치는 일에 참여하도록 하신다. 하나님 나라는 이 세상을 넘어서는 어떤 운명 곧 그것의 시초부터 불변적

---

345 이에 대해 그리고 예수께서 말씀하신 기도의 들으심의 다른 조건들에 대해 베르거의 논문을 보라. K. Berger, Art. Gebet IV, in: *TRE* 12, 1984, 52f. 또한 비교. H. v. Campenhausen, Gebetserhörung in den überlieferten Jesusworten und in der Reflexion des Johannes, *KuD* 23, 1977, 157-171.

346 기도의 들으심의 요한적 이해에 대한 캄펜하우젠의 설명을 비교하라. H. v. Campenhausen, 같은 곳, 165ff., 특히 비판적 결론의 숙고에 대해 168ff.

으로 고정되어 있는 운명과 같이 다가오지 않는다. 영원은 만물이 완성될 미래에 비로소 전적으로 완전히 시간 안으로 진입할 것이며, 그때 시간 그 자체는 지양될 것이다. 그리로 향한 길이 모든 세부적인 것에 고정되어 있는 것은 아니다. 모든 유한한 현재와 관련된 미래 개방성은 현실적이며, 환상이 아니다. 그렇기에 믿는 자들은 그분의 나라의 미래를 향한 하나님의 길 위에서 행동과 기도로써 함께 사역하라는 부르심을 받는다. 그러나 믿는 자들이 자신의 행위를 통해 하나님 나라를 이끌어낼 수 있는 것은 아니다. 오직 하나님 자신만이 그것을 하실 수 있으며, 오직 그분의 예지만이 믿는 자들의 다양한 인간적 행동들이 그 목적과 연결되어 효력을 가질 수 있을지를 아신다. 그렇기 때문에 인간적 행위의 한계를 의식하는 가운데서도 간구의 기도는 인간이 하나님 나라의 전개에 참여하는 최고의 형식이며, 그 과정에서 간구의 기도는 재차 믿는 자들의 행위를 위한 추진력과 안내자가 된다.

예수께서 등장하고 사역하는 종말론적 상황 안에서 감사와 경배는 그의 메시지와 그것의 믿음의 수용에 자명하게 포함된 것으로 여겨졌으며, 계속해서 명확히 드러나지 않은 채 남아 있었다(비교. 마 11:25; 눅 17:18).[347] 이와 대조적으로 예수의 역사를 뒤돌아보는 사도적 선포와 교회의 시대에 하나님께 대한 감사와 경배는 인류의 구원을 위한 아들의 파송이라는 하나님의 행동과 관련되며 의식의 중심으로 옮겨졌다. 여기서 그리스도교적 명상과 명상적 기도가 자리를 잡는다. 여기서와 마찬가지로 또한 성만찬의 회상에서 창조의 주어진 상태와 구원사의 일치가 중요한 주제를 형성한다.[348] 이와 함께 개인과 교회의 간구하는 기도는—특별히 중재 기도의 형태 안에서—어떤 이차적인 일이 되지 않았으며, 오히려 중재 기도의

347　참고. R. Mössinger, 같은 곳, 122.

348　참고. H. U. v. Balthasar, *Das betrachtende Gebet*, 1955. M. Nicol, *Meditation bei Luther*, 1984. 니콜의 저서는 기도에 이르는 길로서의 명상이 종교개혁의 그리스도교 안에서도 고향의 권리를 철저히 주장할 수 있음을 제시한다.

틀에 속하게 되었다. 이 과정에서 예수 그리스도 안의 신적 구원의 행동에 대한 기억은 아직 미래에 놓인 하나님 나라의 완성의 전망으로, 그와 함께 간구의 기도로 건너가게 되었다. 이것은 교회의 성만찬 예식 안에서 회상과 "성령의 도래를 위한 기도"(Epiklese)의 내적 관계에 상응하는 결과다.[349]

이와 같이 믿음과 그리스도교적 희망의 탈자아적 특성─이 특성은 하나님의 사랑의 운동에 참여하는 가운데 믿는 자들의 현재 안에서 자신의 목적에 도달한다─은 그리스도교적인 기도의 확증적 성취다. 이것은 기억, 명상, 경배의 연관성 안에서 드러난다. 이것들을 통해 하나님께 기도하는 자는 스스로 일어나고 자신의 고유한 목적들의 특수성을 뒤로 넘기며, 그와 동시에 자신의 본래적 현존재를 하나님의 손으로부터 감사하며 받아들인다. 하나님을 향한, 그리고 우리 자신에 대한 그분의 행동의 목적을 향한 고양은 그리스도교적인 간구의 기도를 규정하며, 또한 기도하는 자가 자신의 인간적 곤경, 탄원, 결핍을 넘어서도록 인도한다. 그 고양은 들으심에 대한 확신의 근거가 된다. 그 고양은 다름이 아니라 그리스도교적인 기도에 속하는 중재의 중요성 안에서 표현된다. 그리스도인의 희망이 세상의 완성을 향한 하나님의 종말론적 미래가 동터오는 빛 속에서 다른 이들을 위한 희망과 연관될 때만 자신의 적절한 자리를 가질 수 있는 것처럼, 또한 자신의 고유한 안녕을 위한 개인의 간구도 오직 인류를 위한 하나님의 구원 의지와 연관될 때만 자신의 정당성을 갖는 것이다. 이 사실은 주기도문의 간구 안에서 이렇게 표현된다. "우리"의 일용할 양식, 그리고 "우리"의 죄의 용서를 기도해야 한다. 오직 그런 기도, 즉 하나님 나라의 종말론적 완성을 지향하는 하나님의 의지를 향해 자신을 고양시키는

---

349 교회의 성만찬 예배 안에서 회상과 성령의 도래를 위한 기도가 일치한다는 것은 매우 일반적인 그리스도교적 기도에 대한 숙고, 그러나 특별히 간구 기도의 이해에 대한 신학적 숙고에 있어서 중요하다. 이 중요성을 벤츠가 제시했다. G. Wenz, Andacht und Zuversicht. Dogmatische Überlegungen zum Gebet, *ZThK* 78, 1981, 465-490, bes. 472f.

기도만이 예수의 이름으로 행해지는 기도이며, 하나님의 들으심을 확신할
수 있다.

4. 하나님의 자녀 됨과 칭의

믿음은 예수 그리스도와 결합한다. 이와 동시에 믿는 자는 그분 및 그
분의 메시지와 역사 안에서 주어진 구원의 약속을 신뢰한다. 그런데 예수
그리스도와의 연합은 아버지께 대한 그의 아들 관계에 참여하는 것을 포
함한다. 이것이 "하나님의 자녀 됨"[350]이며, 믿는 자들에게 미래의 "유산",
말하자면 예수 그리스도에게서 이미 나타난 새로운 생명의 확신으로 주어
진다.[351] 하나님께 대한 관계 안에서 아들 됨 혹은 자녀 됨은 바울에 의하
면 하나님을 아버지로 부르는 것에서 표현된다. 그 부름에서 우리는 하나
님께 대한 신뢰의 표현과 또한 우리를 향한 하나님의 사랑에 대한 응답으
로서 그분께 대한 사랑의 표현을 엿볼 수 있다. 그러나 믿는 자들은—예수
의 아들 됨에 상응하여(빌 2:5)—아버지의 사랑을 단지 자기 자신만을 위
해 받아들이는 것이 아니다. 믿는 자들이 하나님의 사랑 안에, 그래서 또한
하나님과의 연합 안에 머물 수 있는 것은 오직 그들이 그 사랑을 다른 이
에게 계속 전할 때다(눅 11:4; 비교. 6:36; 마 5:44f.). 이처럼 믿는 자들은 아
들의 아버지와의 사랑의 연합 안으로 포괄되며, 마찬가지로 또한 세상을
향한 하나님의 아들의 순종의 길로 포괄된다. 다르게 말할 수도 있다. "무

---

350   하나님의 자녀 됨의 개념은 "아들 됨"과 구분되지 않는다. 두 단어 모두는 그리스어
      에서 일반적으로 같은 단어인 *hyos*(아들)를 의미한다. 하나님의 자녀 됨이라는 표현
      은 믿는 자들이 입양된 아들 됨(*hyothesia*)을 예수의 영원한 아들 됨으로부터 구별하
      기 위해 사용되었다.

351   로마서 8:17. 영원한 생명을 향한 희망의 이러한 기능은 바울에게서 그 밖에도 일반
      적으로는 예수 그리스도와, 특수하게는 그분의 죽음과 연합하는 결과로서 나타나며,
      세례를 통해 실행된다(롬 6:8; 비교. 8:11; 고후 4:10ff.; 빌 3:10).

룻 하나님의 영으로 인도함을 받는 사람은 곧 하나님의 아들(들)이라"(롬 8:14). 그러므로 하나님의 자녀 됨은 그리스도교적 실존의 총괄개념이다. 자녀 됨의 개념 그 자체는 단지 바울에게서만 나타나는 것이 아니다. 이 생각의 출발점은 최소한 예수 자신에게서 발견된다. 그것은 하나님의 아들(들)이라 일컬음을 받을 것(마 5:9)이라는 약속이 주어지는 화평케 하는 자에 대한 축복 안에서, 그리고 하나님처럼 원수를 사랑하는 자들(눅 6:35)에게 주어지는 비슷한 약속들 안에서 발견되며, 또한 예수께서 하나님의 통치에 대한 인간의 관계와 관련해서 아버지의 보살핌을 어린아이와 같이 신뢰하라고 말씀하시는 모범적 의미 안에서도 발견된다. "누구든지 하나님의 나라를 어린아이와 같이 받아들이지 않는 자는 결단코 거기 들어가지 못하리라"(눅 18:17=막 10:15).

하나님의 자녀 됨이라는 사고의 포괄적 의미는 근대 개신교 신학 안에서 특별히 강조되었다. 17세기의 구(舊)개신교주의 신학이 아들 됨으로의 입양 안에서 칭의의 작용을 통찰했던 반면에,[352] 슐라이어마허는 그 입양을 칭의와 동일시했으며, 어떻든 하나님의 아들 됨 안에서 죄의 용서라는 부정적 측면

---

352 참고. A. Ritschl, *Die christliche Lehre von der Rechtfertigung und Versöhnung* III, 2.Aufl. 1883, 70ff. §15의 내용은 게르하르트, 바이어, 아메시우스와 관련된다(J. G. Gerhard; W. Baier; W. Amesius). 또한 참고. H. E. Weber, *Reformation, Orthodoxie und Rationalismus* II: *Der Geist der Orthodoxie*, 1951, 40f. 이것은 크벤슈테트, 쾨니히, 홀라츠에 관한 것이다(J. A. Quenstedt, J. F. König, D. Hollaz). 이와 반대로 구 개혁주의 신학 안에서 하나님의 자녀 됨으로의 입양은 칭의와 구별되지 않는 거듭남과 직접 일치했다. 안드레아가 유아세례의 효력에 관하여 1586년 묌펠가르트에서 행한 종교적 논의를 참고하라(J. Andreä beim Religionsgespräch zu Mömpelgard 1586; O. Ritschl, *Dogmengeschichte des Protestantismus* IV, 1927, 131f). 또한 루터교 교회일치 신조(Konkordienformel)도 생각해볼 수 있다. SD III,4, BSELK 916, 6; 9, 917, 23; 16, 919, 17; 32, 925, 20. 물론 거기서는 칭의와 동일시되는 하나님의 자녀 됨의 의미가 계속해서 설명되지는 않았다.

곁에서 칭의의 긍정적 내용을 파악했다.[353] 매우 주목할 만하게 칼 바르트도 이와 비슷하게 판단했다.[354] 그러나 바르트는 슐라이어마허와는 반대로 칭의의 판결을 인간의 회심에 근거시키지 않았고, 오히려 하나님의 판결 안의 무죄방면과 연관시켰다. 알브레히트 리츨도 칭의와 하나님의 자녀 됨으로의 입양이 같은 것을 의미한다고 보았고 후자의 표상의 특수성을 영원한 생명과의 관계 안에서 강조했는데,[355] 이와 함께 양쪽 표상을 결합하는 하나님의 의지적 결단의 관점도 강조되었다.[356] 이들 이후의 시대에 이르러 비로소 하나님의 자녀 됨의 사고는 하나님 앞에 선 그리스도인들의 현존재 구조에 대한 배타적 핵심어가 되었고, 그 결과 칭의의 용어는 그 단어의 배후로 물러났다. 이것은 예수 자신의 메시지에 집중한 것과 관련이 있다. 요한네스 바이스는 "하늘 아버지의 사랑과 보살핌에 대한 의식" 안에 있는 하나님의 자녀 됨을 예수의 의미에서 인간이 가질 수 있는 "최고로 현재적인 인격적 선"으로 지칭했다.[357] 그것은 하나님 나라의 미래와 구분되면서 최고로 "현재적인" 선이라고 말해진다. 그러나 바이스는 가까이 다가온 종말과 함께 예수의 미래적 전망을 시대적으로 제약된 것, 곧 계속 진행되는 세계사에 의해 추월된 예수의 메시지의 특성으로 간주했기 때문에 이렇게 말할 수 있었다. "예수의 설교 안에서 보편적으로 타당한 것, 그리고 마땅히 우리의 조직신학의 핵심

---

353 F. Schleiermacher, *Der christliche Glaube*, 1821, 2.Ausg. 1830, §109. 슐라이어마허에 의하면 "죄의 용서는 그 자체로서는 단지 부정적 영역의 지양"이며, 아직은 "전적인 지복(至福)을 지칭하지 못한다"(§109,1). 슐라이어마허는 신앙고백의 문서들 안에서 하나님의 자녀 됨의 이와 같은 "긍정적 요소들"을 확인하지 못했다. 그래서 그는 앞의 각주에서 언급한 교회일치 신조를 간과했고, 그 결과 그에 상응하는 성서적 진술들에 대해서도 보충 설명이 필요하다고 보았다(1.c.).

354 K. Barth, *Kirchliche Dogmatik* IV/1, 1953, 668ff. 칭의는 "하나님의 이러한 긍정적 사역 안에서 완성"되며, 우리는 "죄의 용서"라는 표현으로 마치 모든 것을 말할 수 있는 것처럼 생각해서는 안 된다(668).

355 A. Ritschl, 같은 곳, III, 90f.92, 비교. 74.

356 A. Ritschl, 같은 곳, III, 91.

357 J. Weiß, *Die Predigt Jesu vom Reiche Gottes*, 1892, 2.Aufl, 1964, 245.

을 형성해야 하는 것은 하나님 나라에 대한 예수의 이상이 아니라 바로 하나님의 자녀 됨이다…."[358] 몇 년 후에 아돌프 하르나크는 이에 상응하여 자신의 『그리스도교의 본질』 안에서 하나님의 아들 됨을 예수의 하나님 나라의 메시지가 인간에 대하여 갖는 중요성의 총괄개념으로 묘사했다. "영원한 것이 등장하고, 시간적인 것은 목적을 위한 수단이 된다."[359] 이미 하르나크에게서도 하나님 나라의 주제가 하나님의 자녀 됨의 사고 안에서 단순히 소멸되는 것이 아니라, 오히려 그 사고의 전제를 형성한다는 사실을 알 수 있다. 20세기에 계속해서 전개된 신학도 하나님의 통치의 미래성과 그것이 임박했다는 주제가 원시 그리스도교의 특별한 기대가 점차 약화되어갔을 때도 결코 쓸모없는 것이 되지 않았다는 사실을 명확하게 제시했다.

그렇다면 그리스도인들의 하나님의 자녀 됨은 칭의와 어떤 관계인가? 칭의론의 명시적 형식은 하나님의 자녀 됨과는 달리 오직 바울신학만의 특수한 주제다. 이와 연관된 강조, 즉 하나님 앞의 인간과 그가 하나님의 은혜에 의존하고 있다는 것에 대하여 믿음이 갖는 결정적 의미의 강조는 그와 반대로 신약성서의 모든 증언 안에서 발견된다. 바울적 칭의론은 이런 사고에 대하여 가장 날카롭게 강조되는 자신의 공식적 표현을 제시했다. 그러나 그것의 언어 형태는 그리스도 안에서 선사된 하나님의 구원에 대한 원시 그리스도교의 유일한 진술 형식은 아니었다. 이 점에 대해서는 예수 그리스도 안에서 나타난 생명과 신적 진리의 빛[360]에 대한 요한적 진술 방식을 생각해보기만 하면 된다. 예수 그리스도 안에서 일어난 하나님의 구원의 행동은 신약의 모든 문서의 중심 주제다. 칭의론은 바로 이

358 　J. Weiß, 같은 곳, 246.

359 　A. v. Harnack, *Das Wesen des Christentums*, (1900) 1902, 40 – 45, 인용은 45.

360 　참고. W. G. Kümmel, *Die Theologie des Neuen Testaments nach seinen Hauptzeugen*, 1969, 253f.

주제를 설명하는 다른 형태들 중의 하나였을 뿐이다.[361] 바울에게도 칭의론은 그의 신학의 다른 모든 것을 규정하는 유일한 중심은 아니었다. 오히려 바울에게 그 중심은 예수 그리스도였다.[362] 그의 죽음과 부활 안에서 하나님이 인류 전체의 구원을 위해 행동하셨다는 것이다. 갈라디아서와 로마서의 칭의론은 확실히 사도 바울의 반유대교적 투쟁의 교리인 것만이 아니었고, 오히려 그의 신학의 체계적 구상과 관련되어 있었다. 다시 말해 그 칭의론은 구원을 종말론적 미래에 귀속시키는 것과 관계가 있는데, 그 미래와 비교할 때 칭의론은 미래의 구원에 대한 그리스도인들의 유력한 현재적 기대를 가리킨다.[363] 바로 이 점에서 칭의의 진술은 그리스도인들이 아들 됨의 지위에 놓인다는 사고와 접촉한다. 그러나 후자의 사고는 미래의 "유산"에 대한 관계를 이미 포함할 뿐만 아니라, 또한 아들이신 예수 그리스도의 연합과 아버지께 대한 그분의 아들 관계에 참여하는 것도 표현한다. 그 밖에도 아들 됨의 사고는 요한적 구원 이해의 성육신적 관점과의 관계도 포함하는데, 이 관점은 교부들과 동방 교회적 작용사의 이해에 대해서도 중요하다. 다른 한편으로 칭의론은 자신을 원시 그리스도교의 구원 이해의 다른 모든 형태와 구분하는 한 가지 비판적 기능을 갖게 되었는데, 그 기능은 칭의론의 특수한 역사적 작용들에 대하여 기준이 되었다.

예수 그리스도 안에서 믿음을 통해 도달할 수 있는 구원을 신학적으로 설명하기 위한 원시 그리스도교적인 단서들은 다양하다. 바로 이 다양성이 현재 그리스도교의 교회일치적 상황까지 이르는 그리스도교의 역사

---

361   푈만이 이 점을 바르게 제시했다. H. G. Pöhlmann, *Rechtfertigung. Die gegenwärtige kontroverstheologische Problematik der Rechtfertigungslehre zwischen der evangelisch- lutherischen und der römisch-katholischen Kirche*, 1971, 39ff.

362   H. G. Pöhlmann, 같은 곳, 43 ff., bes. 45.

363   『조직신학』 II. 685f.를 보라. 칭의와 최후의 심판에서 하나님의 판결 사이의 이러한 종말론적 관계는 또한 루터에게서도 칭의에 관한 진술들의 지평을 형성했다. 이 점에 대해 페터스가 바르게 강조했다. O. H. Pesch/A. Peters, *Einführung in die Lehre von Gnade und Rechtfertigung*, 1981, 120ff.

안에 그토록 풍부한 구원 이해의 형태들이 있었다는 사실을 이해할 수 있게 만든다. 이러한 사태는 구원 이해의 그런 특정한 형태들 중의 하나만을—그것이 칭의론일 수도 있다—홀로 적법한 것으로 여기면서 그것이 없으면 순수한 그리스도교적 믿음이 현존하지 않는다는 식으로 확정해서는 안 된다는 경고를 준다. 오히려 그리스도교적인 구원 이해의 상이한 형태들은 각각의 등장에서 동반되었던 어떤 일면성을 교정해줄 수 있다.[364]

그리스 교부학에서 그리스도를 통해 인류에게 열린 구원은 우선적으로 요한적 사고의 노선에서, 그리고 특별히 로고스의 성육신 및 그를 통해 근거된 인간의 하나님과의 연합과 관련해서 해석되었으며,[365] 이러한 해석 방식은 동방 교회 안에서 오늘에 이르기까지도 지배적이다. 바울의 칭의론은 오직 서구 그리스도교 안에서만 구원 이해에 대한 중심적 의미를 가졌다. 그러나 서구에서도 아우구스티누스와 그의 스승인 암브로시우스의 바울 연구를 통하여,[366] 또한 무엇보다도 칭의론의 비판적 기능이 펠라기우스주의와 논쟁하는 가운데 그 의미를 획득했다. 그럼에도 불구하고 아

---

364 이 문제에 대한 슐링크의 논문이 길을 제시한다. E. Schlink, Die Methode des dogmatischen ökumenischen Dialogs, *KuD* 12, 1966, 205–211, bes. 206f. 비교. H. G. Pöhlmann, 같은 곳, 37ff.

365 참고. A. Theodorou, Die Lehre von der Vergottung des Menschen bei den griechischen Kirchenvätern, *KuD* 7, 1961, 283–310.

366 이미 칼 바르트가 이것을 강조했다. K. Barth, *KD* IV/1, 1953, 584f. 이에 더하여 바르트는 "순교자들의 시대"의 그리스도교는 명백하게도 칭의론 없이도 자신의 믿음이 가장 중심이라는 것을 알 수 있었다(584). 또한 참고. J. Baur, *Salus Christiana. Die Rechtfertigungslehre in der Geschichte des christlichen Heilsverständnisses* I, 1968, 13ff. 이 문제를 다루면서 바우어는 고대 교회의 전통에서 어떤 결핍된 것을 확정하려는 의미에서 작업했으며, 그 과정에서 개신교 신학자들의 "자기비판적 사고"(13)에 결핍된 것을 특별히 명확하게 보충하지는 못했다. 이런 결핍은 바울적 칭의론에 대한 개신교적 이해 자체에 대하여, 그러나 또한 다양한 성서적 증거들 안에 놓인 그 이해의 장소에 대해서도 틀림없이 적용될 수 있을 것이다. 이 적용은 그리스도교적 구원 이해의 바로 이 특별한 표현 형태에 대하여 성서의 증언 전체를 두말할 필요도 없다는 듯이 증빙으로 제시하는 개신교적 경향과는 반대된다.

우구스티누스에게 바울적 칭의론의 작용은 제한적이었다. 칭의가 하나님으로부터 시작되는 은혜 혹은 사랑(caritas)의 변화시키는 효력에 예속되었기 때문이다.[367] 이로써 아우구스티누스는 라틴적 중세기의 구원 이해와 은혜 신학에 결정적인 초석을 놓았다. 종교개혁도 칭의론의 순수한 바울적 의미에 대한 더욱 깊은 이해로 나아갔음에도 불구하고, 아우구스티누스로 소급되는 연결로부터, 곧 인간의 칭의와 갱신의 연결된 표상으로 기울어지는 경향으로부터 완전히 해방될 수 없었다. 루터도 가장 이른 시기에 칭의의 진술을 믿음의 행위 안에서 성취된 그리스도와의 연합과 연결시켰다. 반면에 멜란히톤과 그의 학파의 칭의에 대한 "법률적" 해석은 그리스도의 공로에 근거한 신적 판결의 행위라는 의미에서—이것은 교회일치 신조 안에서 더욱 날카롭게 표현되었다(SD III, 11ff.)—인간의 도덕적 갱신과는 모든 점에서 구분됨에도 불구하고 언제나 바로 그 도덕적 갱신을 보충적으로 필요로 하는 입장에 머물러 있었다.

믿는 자들이 자신들이 신뢰하는 그리스도와 이루는 탈자아적 연합은 루터에게서 칭의 이해를 위한 토대를 형성했다.[368] 여기서 루터의 출발점은 믿음의

---

367 누구보다도 바우어가 이 점을 바르게 강조했다. J. Baur, 같은 곳, 21-32, bes. 22ff. 물론 아우구스티누스가 이미 칭의와 믿음의 관계를 강조했다. *de Spir. et Litt.* 13,22, MPL 44, 214f. 아우구스티누스에게서는 무엇보다도 칭의와 그리스도 공동체 사이의 관계에 대한 진술이 발견되는데, 이것은 후대에 아우구스티누스파 수도사였던 루터가 수용했다. 그에 속하는 것으로 루터가 즐겨 표현했던 사고인 "복된 교환"이 있다. 시편 22:1(불가타역 21:2)에 대한 주석 안에서 아우구스티누스는 "나의 허물의 말들"(*verba delictorum meorum*, 원래 히브리어 본문에서는 "나의 탄원의 말들")을 그리스도께서 우리의 허물을 그분 자신의 것으로 만드셨다는 사실과 관련시켰다: quia pro delictis nostris ipse precatur, et delicia nostra sua delicta fecit, ut iustitiam suam nostrum iustitiam faceret (Enn. in Ps 21,11,3, CCL 38,123). 이와 같이 종종 잘못된 번역이 깊은 의미를 지닌 사상의 시작이 될 수도 있다.

368 이것은 최근의 루터 연구에서 오랫동안 주도적이었고 핀란드 루터연구자들이 매우 강하게 옹호해왔던 경향에 정면으로 반대되는 관점이다. 핀란드 학자로는 특별

행위에 대한 이해인데, 이 행위는 믿는 자들로 하여금 그 자신을 벗어나 그리스도 안에 위치하게 한다. 이미 1515/16년의 로마서 강의에서 우리의 모든 선은 우리의 외부 곧 그리스도에게 있고, 그래서 우리는 단지 믿음과 희망을 통해 그리스도께 참여할 수 있다고 말해진다.[369] 여기서 말해지지 않은 전제는 믿음과 희망이 우리의 외부에 있는 존재 상태에 참여한다는 사실이다. 1519년의 두 가지 의에 관한 설교에 따르면 믿는 자들의 의는 그들이 믿음을 통해 그리스도에게 의존하며, 그래서 (그들 자신의 외부에서) 그분과 하나가 되며, 그 결과 또한 그분의 의에 참여한다는 데 있다.[370] 일 년 후에 루터는 갈라디아서 강의 안에서 바울의 주제의 근거에 대하여 우리는 그리스도를 믿

히 마네르마를 들 수 있다. T. Mannermaa, *Der im Glauben gegenwärtige Christus. Rechtfertigung und Vergottung. Zum ökumenischen Dialog*, 1989. 또한 비교. G. Ebeling, *Lutherstudien* II *Disputado de homine* 3, Teil, 1989, 174-176, 459f. 이 부분은 루터의 믿음 이해에서 "그리스도와의 연합"(*unio cum Christo*)이 중요하다는 점을 설명한다. 또한 참조. W. v. Loewenich, *Luthers Theologia crucis*, 1929, 4.Aufl. 1954, 134ff. 여기서 뢰베니히는 믿는 자의 자아와 그리스도 사이에 여전히 남아 있는 구분을 강조한다. 마네르마는 주로 루터의 1535년의 대 갈라디아서 주석에 의존한다. 믿음과 그리스도와의 연합에 놓이는 칭의론의 근거는 루터의 종교개혁 이전 시기까지 소급될 수 있다. 여기서 마네르마가 "실재-존재적"(real-ontisch, 48 등등)이라고 주장한 현재, 곧 믿는 자들 안에서의 그리스도의 현재가 어떻게 본래적으로 더욱 정확하게 이해될 수 있는지의 질문이 해명된다. 이 점에 대한 벤츠의 비판적 질문과 비교하라. G. Wenz, *Theol. Revue* 86, 1990, 469-473, 470f.

369 M. Luther, *Vorlesung über den Römerbrief* 1515/1516 I, 1960, 276 zu Röm 4,7 : … Extrinsecum nobis est omne bonum nostrum, quod est Christus. Sicut Apostolus dicit : "qui nobis factus est a Deo Sapientia et Iustitia et sanctificatio et redemptioc" [l.Cor 1:3]. Que omnia in nobis sunt non nisi per fidem et spem in ipsum (WA 56, 279, 22-25). 이미 로마서 4:7의 주석(같은 곳, 258=WA 56, 268f.)에서 우리는 우리 자신의 외부에서, 말하자면 하나님의 판결 안에서 의롭게 된다고 말해진다. 비교. H. J. Iwand, *Rechtfertigungslehre und Christusglaube. Eine Untersuchung zur Systematik der Rechtfertigungslehre Luthers in ihren Anfängen*, 1930, 28-31.

370 M. Luther, WA 2, 146, 12-15. 비교. W. v. Loewenich, *Duplex Iustitia. Luthers Stellung zu einer Unionsformel des 16 Jahrhunderts*, 1972, 2f.

는 믿음을 통해 의롭게 된다(갈 2:16)는 주제를 언급했다. 그리스도를 믿는 자는 믿음을 통해 그분과 하나가 된다는 것이다.[371] 동일한 것이 1517년의 히브리서 강의에서는 다른 말로 표현된다. 믿는 자들은 그리스도의 상으로 변화하며, 이를 통해 세계의 상들로부터 벗어난다.[372] 믿음이 우리는 "탈자아적으로" 옮겨 우리의 외부에 계신 그리스도 안에 위치시킨다는 것은 도처에 전제되어 있다. 루터는 이후에도 우리의 구원의 근거는 우리 밖에 계신 그리스도 안에 있다는 점을 강조했다.[373] 그러나 믿음이 우리를 "우리 외부에"(extra nos)에 계신 그리스도 안으로 옮긴다는 바로 그 사실을 통하여 그리스도는 또한 우리 안에 계신다. 1518년, 자신의 하이델베르크 논쟁의 주제 26에서 루터는 이렇게 설명했다. 그리스도는 믿음을 통해 우리 안에 계시며, 그래서 그분을 통해 우리도 모든 계명을 성취하게 된다.[374] 같은 해의 95개 조항에 대한 결의문(Resolutionen)은 이렇게 말한다. 믿음을 통해 근거되는 그리스도와의 영적 하나 됨은 또한 믿는 자에게도 속하며, 거꾸로 믿는 자의 죄는 그리스도를 통해 흡수된다.[375] 이것은 인간의 죄와 그리스도의 의 사이의 아우구스티누스적인 교환의 사상이다(위의 각주 367을 보라). 이 사상은 루터에게서

---

371   M. Luther, WA 57 (Gal), 69, 25 : per fidem efficiatur unum cum Christo.

372   M. Luther, WA 57 (Hebr), 124, 12 - 14 : 아버지 하나님께서 그리스도를 표징과 원형으로 만드셨는데, cui adherentes per fidem transformarentur in eandem imaginem ac sic abstraherentur ab imaginibus mundi(그를 믿는 자들은 그리스도의 상으로 변화하며, 이를 통해 세계의 상들로부터 벗어난다).

373   WA 40/1, 589, 7f. (1531). 또한 참고. WA 38, 205, 28f. 그리고 WA 39/1, 83, 24f.

374   WA 1, 364, 22 - 26 : fides iustificat...Sic enim per fidem Christus in nobis, imo unum cum nobis est. At Christus est iustus et omnia implens Dei mandata, quare et nos per ipsum omnia implemus, dum noster factus est per fidem. 우리 안에 계신 그리스도의 이러한 측면에 관하여 J. Iwand, 같은 곳, 31 - 37을 보라. 그 측면이 "우리 외부"(extra nos)의 그리스도에 근거한다는 것에 관해서는 G. Ebeling, 같은 곳, 143을 보라.

375   WA 1, 593, concl. 37 : ···omnia merita Christi sint etiam sua per unitatem Spiritus ex fide in ilium. Rursum omnia peccata sua iam non sint sua sed Christi per eandem unitatem, in quo et absorbentur omnia.

는—아우구스티누스의 시편 주석에서처럼—그리스도의 중재 기도에 근거
하지 않았고, 오히려 믿는 자들과 그리스도의 하나 됨에 근거했다. 여기서 하
나 됨은 믿음을 통해 일으켜지며, 루터가 기꺼이 신부(新婦) - 신비주의의 언
어로 묘사했던 것이다.[376] 그러므로 루터에 의하면 믿음의 의는 그리스도와
그분의 의에 대한 참여에 근거하며, 이 참여는 믿음을 통해 완수된다. 여기서
의는 단순히 구원의 좋은 복들에 속한 하나다. 믿는 자들은 그리스도와의 결
합을 통해 그 복들에 참여하는데, 지혜, 성화, 생명, 구원 등이 그것에 속한다.
믿음 안에 있는 그리스도인의 실존 전체는 "그리스도 안에" 있는 존재로 서
술될 수 있다. 여기서 계속해서 근본적인 것은 "우리의 외부"(extra nos)에 주
어져 있는 그리스도의 존재이며, 그래서 또한 그리스도와 믿는 자 사이의 구
분이다. 오직 믿는 자가 이 구분을 인정하고 믿음의 행위의 자기초월성을 통
해 자기 자신 너머에 계신 그리스도 안에서 살아갈 때, 바로 그 이유에서 또
한 그리스도께서도 그 사람 안에 거주하시는 것이다.

　　루터는 믿음과 그리스도의 연합이 칭의에 대하여 갖는 근본적 중요성
을 후대에 이르러서도 강조했다. 특별히 1535/36년의 갈라디아서 주석을 예
로 들 수 있다. 그러나 루터의 많은 후기 진술들 안에서는 하나님이 믿음을
의로 **여기신다**는 사상(바울의 어법을 이어받는 사상; 예를 들어 롬 3:26; 4:23f.; 비
교 4:6,11) 혹은 믿는 자들을 위한 그리스도의 의의 전가(imputatio)라는 사상이
전면에 나섰다.[377] 이러한 "법정적" 표현 방식이 칭의의 근거가 되는 믿는 자

376　예를 들어 *De libertate christiana*, 1520, c.12 (WA 7, 54f.).

377　죗값을 계산하지 않고 그리스도의 의로 산정한다는 루터의 진술들에 대해 H. J.
　　　Iwand, 같은 곳, 55 - 76을 보라. 그러나 여기서 이러한 "법정적" 표현 방식과 그리스
　　　도와의 연합 안에 있는 칭의의 존재적 근거 사이의 관계가 충분히 명확하게 제시되
　　　지 않았다. 페터스는 루터의 칭의론을 전가 사상으로부터 설명했다. O. H. Pesch/A.
　　　Peters, *Einführung in die Lehre von Gnade und Rechtfertigung*, 1981, 130f. 그리고 그
　　　곳의 각주 34. 반면에 페터스는 믿는 자와 그리스도의 하나 됨에 대한 루터의 진술
　　　들을 칭의 자체의 토대라기보다는 후기 루터교 교의학의 의미에서 칭의와 성화 사
　　　이의 "연결고리"로 이해했다(167).

와 그리스도와의 연합이라는 관점으로부터 설명될 수 있을까? 아니면 그것은 그 관점의 곁에서 그것과는 독립적으로 경쟁하는 표상으로서 서야 할까?

루터는 인간에게 내려지는 하나님의 판결로서의 칭의에 대한 "법정적" 서술, 그리고 믿는 자와 그리스도와 연합의 효력을 나타내는 칭의의 "존재적" 서술 사이의 내적 관계에 대해서는 드물게 진술했다. 이에 관한 가장 중요한 진술은 1535년의 대 갈라디아서 주석 안에 있다.[378] 믿는 자가 그리스도의 의에 존재적으로 참여하는 것은 **그 자신 너머**에 계신 그리스도와의 하나 됨에 근거하기 때문에, 이 사태가 **자기 자신 안에** 있는 인간의 경험적 현실과 어떤 관계를 갖는지의 물음이 제기된다. 여기서 말해질 수 있는 것은 그리스도와의 믿음의 연합과 믿는 자들에 대한 그분의 의가 갖는 시초적 효력뿐이다. 그러므로 경험적 현존재 안에 있는 믿는 자가 믿음을 통해 자신의 외부(*extra se*)에 계신 그리스도 안에서 소유하는 의에 참여할 수 있는 것은 오직 그리스도 안에 있는 그의 존재가 그의 경험적 현존재의 상태와 관련해서 그에게 전가됨을 통해서다.

이로써 겉으로는 역설처럼 보이는 루터의 인간에 대한 진술 곧 "의인인 동시에 죄인"(*simul iustus et peccator*)이 이해될 수 있게 된다.[379] 그리스도 안에 있는 믿는 자의 인간 존재는—비록 루터가 이 점과 관련해서 의 안에서 자라는 성장을 말하기는 했어도—그의 경험적 현존재 안에서는 결코 완전히 발생하지 않는다.[380] 이 해석이 없다면 그 공식은 크게 오해될 수 있다. 그 공식은 어떤 의혹, 곧 칭의를 하나님의 판결 행위 안에서 일어나는 그리스도의 의의 전가로 보는 표상 전체에 반대하여 일으켜지는 의혹에 대한 증빙으로

---

378 M. Luther, WA 40/1, 233f. 그리고 363f.366f.371. 이에 대해 T. Mannermaa, 같은 곳, 62-66을 보라.

379 이 공식은 루터에게서 『로마서 강의』 이후부터 나타난다(WA 56, 272, 17). 예를 들어 참조 P. Althaus, *Die Theologie Martin Luthers*, 1962, 211ff. 가톨릭적 관점에 대해 비교. O. H. Pesch, *Hinführung zu Luther*, 1982, 190ff.

380 특별히 에벨링이 이 점을 강조했다. G. Ebeling, 같은 곳, 425ff. 그러나 그 밖에 예를 들어 알트하우스도 그 점을 통찰했다. P. Althaus, 같은 곳.

손쉽게 변질될 수 있다. 그것은 은혜와 칭의에 대한 이러한 이해에 따르면 인간 자신 안에서는 아무것도 변하지 않는다는 의혹이다.[381] 이것이 루터의 의견이 아니라는 사실은 그의 다음 진술에서 밝혀진다. 그것은 믿는 자가 "자신의 외부"(extra se)에 계신 그리스도 안에서 획득하는 새로운 정체성이 그가 경험에 근거하여 알 수 있는 삶의 현실성에 대하여 미치는 작용에 관한 진술이다. 물론 이 작용은 이 세상의 삶에서는 언제나 미완성으로 머물며, 칭의의 전제가 아니라 단지 결과만을 묘사할 수 있다.

인간에 대한 의의 선고로서의 종교개혁적 칭의론에 대한 비난, 즉 칭의가 죄인에게 무죄를 선고하는 하나님의 심판의 행위를 통해 일어나는 단지 "그리스도의 의의 외적인 산입(算入)"에 불과하며 "인간의 내면의 상태에서는 아무것도 변화하지 않는다"[382]는 비난은 얼핏 보기에도 루터보다는 멜

---

381 그 의혹은 명백하게도 트리엔트 공의회가 전가 교리에 대해 내린 파문(칭의론에 관한 can. 11, DS 1561)과 또한 "오직 믿음"을 거부(can. 9, DS 1559)하는 근거가 되었다. 반면에 이 주제에 대한 루터의 판단, 즉 그리스도 자신의 의가 믿는 자의 의라는 판단은 믿음의 탈자아적 구조라는 루터의 표상과 관련해서 어떤 이해도 얻지 못했다(can 10, DS 1560). 탈자아적 구조는 믿는 자의 자아를 초월하고 자신의 정체성을 그가 신뢰하는 대상 안에서 확고하게 하는 행위를 뜻한다. 이에 대해 다음의 자료를 보라. K. Lehmann & Pannenberg, Hgg., *Lehrverurteilungen-kirchentrennend?* I, 1986, 53-55. 특히 can. 9 그리고 믿음 개념의 질문에 대해서는 그곳의 56-59. 또한 참고. O. H. Pesch zu can. 9-11, "Die Canones des Trienter Rechtfertigungsdekretes": Wen trafen sie? Wen treffen sie heute?, in: K. Lehmann, Hg., *Lehrverurteilungen-kirchentrennend?* II, 1989, 243-282, 255ff., 특히 257의 각주 32. 이와 관련해서 괴팅엔 신학과가 발표한 견해(D. Lange, Hg., *Überholte Verurteilungen? Die Gegensätze in der Lehre von Rechtfertigung, Abendmahl und Amt zwischen dem Konzil von Trient und der Reformation—damals und heute*, 1991, 54f., 56-58, 69)는 이에 해당하는 가톨릭의 교리와 종교개혁적 주제들을 잘 연결시켰지만, 그러나 그 당시에 논쟁했던 문구들과 개념들을 투쟁하는 양편의 입장을 고려해서 구분하여 이해하지는 못했다.

382 R. Diekamp, *Katholische Dogmatik nach den Grundsätzen des heiligen Thomas* II, Aufl. 1930, 507. 비교. M. Schmaus, *Katholische Dogmatik* III/2, 3. und 4. Aufl. 1951, 94. 또한 유익한 문헌으로 H. Hasler, *Luther in der katholischen Dogmatik. Darstellung seiner*

란히톤에 해당한다. 왜냐하면 루터가 칭의를 믿음의 그리스도와의 연합에 근거시킨 것이 멜란히톤에게서는 아무런 역할도 차지하지 않았기 때문이다. 멜란히톤에게 있어 칭의의 행위는 최소한 시작 부분에서는 순수하게 법정적으로 생각되었던 것으로 보인다. 어떻든 초기 멜란히톤에게 인간에 대한 하나님의 판결 행위는 그것이 인간의 행위와, 다시 말해 믿음과 관련된다는 점에서 단지 외적인 것만은 아니었다. 마찬가지로 아우크스부르크 신조의 칭의 조항 안에서도 인간이 그리스도에 힘입어 믿음을 통해 의롭게 된다고 말해지는데,[383] 그러나 그것은 하나님이 그리스도의 구속의 행동(복음의 내용이다)에 대한 믿음을 그들에게 의로 여기신다(산입하신다)는 방식을 통해 일어난다.[384] 이에 따르면 칭의는 그리스도의 공로(즉 우리를 위한 그분의 희생적 죽음)에 근거하고 있는(propter Christum) 하나님의 법률적 행위다. 그리스도 때문에 하나님께서는 그리스도의 공로를 우리를 위한 약속으로 파악하는 믿음을 의로 여기신다.[385] 여기서 멜란히톤이 법정적으로 생각했던 믿는 자들에 대한 의의 선고는 인간이 실제로 그 자신 안에서 의롭게 되는 것과 밀접하게 결합되어 있었다. "의롭게 하다"라는 단어는 이러한 내적인 측면도 포함하며, 그 단어는 성서 안에서 그런 양쪽의 의미로 사용된다는 것이다.[386] 물론 멜란

Rechtfertigungslehre in den katholischen Dogmatikbüchern, 1968.

383 CA 4 : Item docent, quod homines..gratis iustificenturpropter Christum per fidem, cum credunt se in gratiam recipi et peccata remitti propter Christum...(BSELK 56).

384 CA 4는 다음의 진술과 함께 끝난다: Hane fidem imputat Deus pro iustitia coram ipso (같은 곳).

385 CA 4에서 나오는 변증이 그에 상응한다: …propter Christum propitiatorem iusti reputemur, cum credimus nobis Deum propter Christum placatum esse (*Apol.* IV, § 230, 비교. §§86, 89,214,221,307f.,362, 또한 252.

386 Melanchthon, *Apol.* IV, 72 (BSELK 174, 37-40). 이 구절은 오해의 단서가 되었다. 왜냐하면 그 단어에 따르면 의롭게 만드는 것이 의의 선고의 근저에 놓여 있기 때문이다. Et quia iustificari significat ex iniustis iustos effici seu regenerari, significat et iustos pronuntiari seu reputari. 비교. 각주. 3 in BSELK 174. 또한 그곳의 158의 각주 2에서 인용된 문헌들을 보라. 그 밖에도 지금은 특히 참고. V. Pfnür, *Einig in der*

히톤은 의롭게 만드는 효력을 죄의 용서와 관련시켰고, 예를 들어 그것의 결과인 갱신이나 성화와 관련시키지 않았다.[387] 그럼에도 불구하고 칭의가 의롭게 만드는 효력을 이미 포함한다는 주제는 칭의 행위의 순수한 법정적 해석—만일 이 해석이 하나님 앞에서 선 인간의 의로움의 근거로 이해된다면—이 인간의 실재적인 갱신의 표상을 통한 보충에 의존하게 된다는 사실을 제시한다. 그렇지 않다면 하나님의 판결 행위는 인간에게 사실상 외적인 것으로 머물 것이기 때문이다. 반면에 칭의를 믿음과 그리스도와의 연합의 표현으로 보는 루터의 칭의 서술에 대해서는 그런 항변이 도달하지 못한다. 왜냐하면 인간은 믿음의 행위 안에서 **전적으로** 그리스도 안에 있으며, 이에 근거하여 또한 "자기 자신 안에서" 새로워지기 때문이다. 물론 루터의 진술과 관련해서 다음의 질문이 제기된다. "우리 자신의 외부 곧 그리스도 안"에 있는 존재, 그리고 믿는 자 그 자신 안에 있는 존재라는 두 가지 측면은 어떻게 하나의 동일한 인간의 서로 일치하는 국면으로 이해될 수 있는가? 이 어려운 질문은 다음에 다루기로 한다.

트리엔트 공의회는 칭의를 은혜를 통한 인간의 내적 변화 과정으로 서술함으로써, 종교개혁과 맞섰다.[388] 그 서술은 그 변화 과정의 전제로서

Rechtfertigungslehre? Die Rechtfertigungslehre der Confessio Augustana (1530) und die Stellungnahme der katholischen Kontroverstheologie zwischen 1530 und 1535, 1970, 178ff.

387 *Apol.* IV, 77f. (BSELK 175, 33ff.). IV , 114는 명확하게 표현한다: prim hac fide iusti reputa mur propter Christum, quam diligimus ac legem facimus, etsi necessario sequitur dilectio (BSELK 183, 42-45).

388 트리엔트의 칭의 교시를 다룬 최근의 문헌들에 대한 개관을 페쉬가 제공한다. O. Pesch, Die Canones des Trienter Rechtfertigungsdekretes : Wen trafen sie ? Wen treffen sie heute ?, in : K. Lehmann, Hg., *Lehrverurteilungen - kirchentrennend?* II, 1989, 243-282, 245f.(각주 2). 가톨릭교회의 입장에서 예딘의 근본적인 역사적 서술과 한스 큉의 해석이 있으며, 페쉬가 다시 한번 강조되어야 한다. H. Jedin, *Geschichte des Konzils von Trient* II, 1957. H. Küng, *Rechtfertigung—Die Lehre Karl Barths und*

시작하고, 거기서 작용하는 요소들을 고려하는 가운데 다양한 예비 단계들로 건너가며(DS 1520-1528), 의롭게 만드는 사랑(*caritas*)의 은혜의 부어짐에 도달한다. 이 사랑은 로마서 5:5에 따르면 의롭게 된 자들의 마음속에 성령을 통해 부어진다(DS 1530). 여기서 인간은 죄의 용서와 함께 예수 그리스도─그는 예수 그리스도의 지체가 된다─를 통해 믿음, 사랑, 희망을 수용한다.[389]

칭의 사건에 대한 트리엔트 공의회의 서술과 종교개혁적인 진술 사이의 대립은 심원하다. 여기서 칭의가 복음의 약속에 대한 믿음의 관계 안에 자신의 장소를 갖는 반면에, 교회의 가르침의 선포를 믿음 안에서 수용하는 것은 그 공의회에게는 단지 성례전적 은혜를 통한 칭의를 수용하기 위한 준비 단계에 불과하다. 그럼에도 불구하고 다음의 사실이 간과되어서는 안 된다. 루터(또한 칼뱅[390])와 마찬가지로 트리엔트 공의회에서도 믿는

---

  eine katholische Besinnung, 1957, 105-266. O. H. Pesch & A. Peters, *Einführung in die Lehre von Gnade und Rechtfertigung*, 1981, 169-209. 개신교의 편에서는 우선 (H. A. Oberman의 비판에도 불구하고) 근본적인 저술로 뤼케르트를 들 수 있다. H. Rückert, *Die Rechtfertigungslehre auf dem Tridentinischen Konzil*, 1925. 오버만의 비판에 대한 뤼케르트의 대답을 참고하라. Rückert, in: *ZThK* 68, 1971, 162-194. 또한 참고. P. Brunner, Die Rechtfertigungslehre des Konzils von Trient, 1963, in: 동일저자, *Pro Ecclesia. Ges. Aufsätze zur dogmatischen Theologie* 2, 1966, 141-169. 그리고 W. Joest, Die tridentinische Rechtfertigungslehre, in: *KuD* 9, 1963, 41-69.

389 DS 1530: Unde in ipsa iustificatione cum remissione peccatorum haec omnia simul in fusa accipit homo per Iesum Christum, cui inseritur: fidem, spem et caritatem. 이 교령에 이어지는 문장(DS 1531)이 제시하듯이, 여기서 세례 이전에 교회의 메시지로부터 생기는 믿음(DS 1526)이 세례의 은혜의 수용(희망 및 사랑과 함께)을 통해 비로소 완전해지며, 그 결과 그는 그리스도와 완전히 하나가 될 수 있다. 이것이 그 교령의 부정적 표현에 담긴 긍정적 내용이다. Nam fides, nisi ad eam spes accedat et caritas, neque unit perfecte cum Christo, neque corporis eius vivum membrum efficit (DS 1531).

390 칼뱅도 믿음을 통해 그리스도 안에 지체로서 포함되는 것이 칭의에 결정적으로 중요하다고 보았다. Calvin, *Institutio chr. rel.* 1559, III, 14, 6: inserimur in illius communionem, CR 30, 568, 19, 또한 bes. III, 11, 10; CR 30, 540f. 믿는 자가 그리스

자가 그리스도의 지체가 되어 그분 안으로 포괄되는 것은 그의 칭의와 관련해서 결정적으로 중요했다. 이러한 공통점이 그 당시의 대립을 오늘의 관점으로부터 광범위하게 상대화하여 그 사건에 관한 다양한 해석들이 존재했음을 밝힐 수 있다. 서로에 대한 너무도 많은 오해와 잘못된 판단들이 그 사건의 해석과 연관되어 있었던 것이다.[391] 이러한 관점이 칭의 사건에 대한 공의회의 서술에 들어 있는 결함들을 밝히 드러내는 작업을 배제하는 것은 아니다. 그러나 그 관점은 칭의의 중심 내용에 대한 종교개혁적인 서술(혹은 올바르게도 서로 구분되는 여러 가지 서술들 가운데 이것 혹은 저것)을 결정적인 것 혹은 모든 비판을 벗어나는 선험적인 것으로 여기려는 시도는 배제한다.[392] 또한 종교개혁의 칭의론도—인간에 대한 의의 선언에 관한 멜란히톤의 해석이나 루터교 교회일치 신조의 전가 이론만이 아니라 또한 루터의 진술들도—성서적 증언들의 빛에서 볼 때 비판을 필요로 하는 내

도의 신성과 본질적으로 하나가 된다는 오시안더(Osiander)의 주제에 반대하여 그와 논쟁을 벌였음에도 불구하고, 칼뱅은 그리스도와의 합일을 매개하는 영을 고려하지 못했다. III,11, 5; CR 30, 536, 18-21. 비교. W. Kolfhaus, *Christusgemeinschaft bei Johannes Calvin*, 1939, 36ff., 54ff., bes. 57ff. 이에 더하여 콜프하우스는 칼뱅이 칭의에 대한 순수한 법정적 해석을 제시하지 않았다는 비난으로부터 칼뱅을 변호했어야 했다.

391 문제를 그렇게 보는 관점이 다음의 미국의 전집에서 표현되는 논쟁을 결정했다. *Justification by Faith*, Lutherans and Catholics in Dialogue VII, ed. G. Anderson, 1985. 또한 참고. K. Lehmann/W. Pannenberg, Hgg., *Lehrverurteilungen— kirchentrennend?* I, 1986, 35-75. 나의 논문을 비교하라. Die Rechtfertigungslehre im ökumenischen Gespräch, *ZThK* 88, 1991, 232-246.

392 믿음이 붙드는 "우리 밖 곧 그리스도 안"에 있는 칭의라는 루터의 교리에 대해 바우어가 그렇게 선택했다. J. Baur, *Einig in Sachen Rechtfertigung?*, 1989. 바우어에 대한 비판을 보라. U. Kühn/O. H. Pesch, *Rechtfertigung im Disput. Eine freundliche Antwort an Jörg Baur*, 1991, 101f., 106ff. 아마도 우리는 루터의 믿음 신학을—바우어와 앞에서 제시한 나의 논문이 그렇게 했던 것처럼—더 나은 신학적 접근으로 평가할 수 있을 것이다. 그럼에도 불구하고 우리는 루터의 서술도 성서적 증언들의 관점에서 비판될 필요가 있다는 점을 인정해야 한다.

적 곤란성과 결함을 가지고 있다.

먼저 우리가 트리엔트 공의회의 몇 가지 모호한 진술들(DS 1554 그리고 1557)에도 불구하고 1) 죄인의 무능력에 관한 반(anti)펠라기우스적인 진술들을—이것으로부터 하나님과의 연합이 재건된다—그 공의회의 의도를 표현하는 타당한 것으로 인정한다면, 나아가 2) 우리가 칭의에 대한 준비 과정과 칭의 자체에서 나타나는 은혜의 다양한 형태들에 대한 진술을 인간이 예수 그리스도 안에서 계시되고 그의 영을 통해 중재되는 하나님의 의 안으로 지체로서 포함된다는 관점으로부터 읽고 그리스도 및 영의 사역과 구분되는 어떤 피조적 은혜 – 현실성의 주장으로 읽지 않는다면, 마지막으로 3) 우리가 의지의 자유와 그것의 작용을 이러한 칭의의 과정에서 은혜를 통해 규정되는 것으로 이해하고 그것을 은혜와 독립적인 것으로서 은혜를 보충하기 위해 등장하는 요소로 이해하지 않는다면,[393] 그때 공의회의 교리와 종교개혁적 칭의론의 다양한 해석 사이의 중심적 차이는 한편으로 믿음의 의미에 대한 서로 다른 평가가 될 것이고, 다른 한편으로는

---

[393] P. 브룬너의 조심스런 설명을 보라. P. Brunner, Die Rechtfertigungslehre des Konzils von Trient, in : 동일저자, *Pro Ecclesia. Ges. Aufsätze zur dogmatischen Theologie* 2, 1966, 141 - 169, bes. 143ff.(그 교시의 Canon 7의 질문), 150ff.(공의회의 은혜의 이해), 159ff.(의지의 자유의 기능). 이것은 공의회의 공문서를 고려하면서 그 교령의 세부적 진술의 의미를 해석한다는 점에서 다른 개신교적 해석들과는 다르다. 이에 대해 요에스트는 "신학적 논쟁의 본래적인 문제"는 공의회가 인간에게 수여되는 의를 "인간에게 고유하게 귀속되는 의, 곧 인간이 그것의 담지자가 되는 방식으로 인간에게 내재하는 의"로 본다는 데 있다는 점을 통찰했다. 그런 의는 그리스도의 의와 명확하게 구분된다는 것이다. W. Joest, *KuD* 9, 1963, 50 ; 비교. bes. DS 1560. 만일 우리가 공의회의 공식 문서를 칭의 사건에 대한 결정적 서술로서 읽는다면, 우리는 요에스트처럼 판단해야 할 것이다. 그 문서를 그리스도의 은혜가 인간에게 단지 외적으로 머무는 것으로 생각되어서는 안 된다는 의도의 표현으로 읽는다면(DS 1529), 그때 우리는 P. 브룬너, 같은 곳, 150f.에서 말해진 것 외에 공의회의 몇 가지 진술들이 신학적으로 불충분하다고 항의해야 한다. 비록 그 진술들이 스콜라주의 은혜론의 전통적 언어의 한계를 인정한다면 이해될 수 있는 것이라고는 해도, 그렇게 해야 한다. 각주 391에서 언급된 나의 논문, 242f.를 참고하라.

칭의의 이해에서 그리스도 안에 지체로서 포함되는 사건의 성례전적 매개
에 대한 평가가 될 것이다.

인간이 자신의 의지의 자유를 통해 칭의의 은혜와 그것의 수용에 대한 준비
단계에 참여한다는 트리엔트 공의회의 진술들이 반드시 "새로운 특성들을
지니게 된 독립적 주체"[394]라는 표상을 가리킬 필요는 없다. 오히려 그렇게
서술되는 과정에서 인간은 자신의 바로 그 자유 안에서 은혜를 통해 규정되
고 운동하는 것으로 이해되어야 한다.[395] 그 결과 그 과정에서 인간 자신은 과
거 존재와 동일한 주체로서 머물지 않는다. 그러나 이 내용은 공의회의 본문
에서 불분명하게 사용된 "자유의지"(*liberum arbitrium*)라는 표현 때문에, 해명
되기보다는 오히려 숨겨졌다.[396]

우선 믿음의 칭의에 대한 질문이 논의되어야 한다. 이 논의가 제시하
는 결론의 테두리 안에서 믿음과 세례의 관계가 자연스럽게 시야에 들어
오게 된다.

칭의에서 믿음의 역할을 그것의 시작에 제한시킨 것은[397] 이 주제에

---

394   J. Baur, *Einig in Sachen Rechtfertigung?*, 1989, 60, 비교. 53, 56.

395   P. Brunner, 같은 곳, 159ff. 여기서 브룬너는 인간이 자유 안에서 참여하는 것에 대
한 공의회의 진술을 그렇게 해석했다. 그 해석에서 근본적인 것은 자유의지가 죄의
속박을 스스로 "벗어날" 수 없다는 사실이다(143, 159f.). 이 내용 및 공의회의 자유
개념과 관련해서 H. Küng, 같은 곳, 180 - 188을 보라.

396   마르틴 켐니츠는 칭의의 준비 과정에서 의지가 은혜와 함께 작용한다는 공의회의
진술을 거기서 의지가 자신의 자연적인 능력으로부터 활동한다는 식으로 오해했다.
Fingunt gratiam divinam tantum movere et excitare liberum arbitrium, quod deinde
ex naturalibus suis viribus possit illa praeparatoria inchoare et praestare [Examen
Concilii Tridentini (1565) 1578 , hg. E. Preuss 1861, 181f.=pars 1, loc.IX, sect. 1,15].
그것은 틀림없이 공의회 교부들의 견해가 아니었다. 그 오해는 아마도 "자유의
지"(*liberum arbitrium*)의 불분명한 표현을 통해 일어났을 것이다.

397   DS 1532는 믿음을 통한 인간의 칭의라는 바울의 표현 공식(롬 3:22)에 대하여 마치

대한 성서적 진술의 관점에서, 특히 칭의에 대한 바울의 진술에 비추어볼 때 트리엔트 교령(敎令)의 가장 심각한 결함으로 지적할 수 있다. 왜냐하면 바울은 매우 분명하고 아무런 제한 없이 하나님의 의가 예수 그리스도를 믿는 믿음을 통해 우리에게 도달했으며(롬 3:22), 의 가운데 계신 하나님이 예수 그리스도를 믿는 믿음을 통해 의롭게 된 자들에게 의를 선언하셨다(3:26)고 말하기 때문이다. 바울이 믿음의 의와 믿는 자의 칭의에 대한 진술들에서 사용한 믿음의 개념에 대한 트리엔트 공의회의 이해는 성서 주석의 지원을 거의 받지 못한다. 그 이해는 믿음을 칭의의 "시작"에 제한하고, 그다음에 칭의의 완성을 성령을 통해 믿는 자의 마음속에 부어지는 사랑에 귀속시킨다. 하지만 바울은 이 사랑을 그와 다른 맥락에서 말했으며(롬 5:5), 칭의와 관련시키지 않았다.[398] 바울에 의하면 믿음 자체가 하나님 앞에서 유효한 칭의다. 왜냐하면 우리는 예수 그리스도를 믿는 믿음을 통해 그분 안에서 입증된 하나님의 계약의 의에 상응하며, 그와 동시에 그의 안에서 완성된 대속 곧 우리를 위한 죄 용서의 대속을 수용하고, 그렇게 해서 하나님께 의로움을 돌려드리기 때문이다. 오늘날 로마 가톨릭 신학자들은 공의회가 이 점에서 믿음의 칭의에 대한 바울의 진술들을 이해하지 못했거나 최소한 바르게 평가하지 못했다는 사실을 점점 더 많이 인정하고 있다.[399] 공의회가 주석적으로 잘못된 판단을 내린 것을 이해할 수 있다. 왜냐하면 사람들은 바울의 진술을 스콜라주의 은혜론이라는 안경을 쓰고 읽었기 때문이다. 그러나 그것은 잘못된 판단이었다.

바울이 믿음을 "인간의 구원의 시작"(*humanae salutis initium*), 다시 말해 "모든 칭의의 토대와 뿌리"(*fundamentum et radix omnis iustificatiouis*)로 말한 것처럼 해석했다.

398 Chemnitz, *Examen Concilii Tridentini*, 1565, hg. E. Preuss, 1861, loc. VIII, s.3 n. 2f. (164ff.). 후대의 루터교 교의학자들도 이 내용을 의식했다. 예를 들어 J. A. Quenstedt, *Theologia did.-polemica sive Systema Theologicum* III, 1715, c.8 qu.l (760).

399 O. H. Pesch/A. Peters, *Einführung in die Lehre von Gnade und Rechtfertigung*, 1981, 151-195. 그리고 J. Trütsch/J. Pfammatter, in: *Mysterium Salutis* I, 1965, 822.

바울은 "의롭게 한다"는 단어를 어떤 의미에서 믿음에 대하여 사용했을까? 이 점에서도 종교개혁의 주석은 공의회보다 올바르다고 할 수 있다. 바울이 사용한 *dikaioun*(의롭게 하다)이라는 단어는 "의롭다고 선언하다"를 뜻하며,[400] 인간의 윤리적 혹은 신체적 변화의 의미에서 "의롭게 만든다"는 뜻이 아니다. 이러한 의의 선언에서 중요한 것은 최후의 심판에서의 하나님의 판결인데, 이것은 예수 그리스도와의 결합으로 인해 지금 이미 믿는 자들에게 내려진다. 물론 그 판결에 근거한 종말론적 구원에 대한 기대는 바울에 의하면 그리스도의 재림에 이르러서야 비로소 해소될 것이다.

판결의 행위로서 "의롭게 한다"는 단어의 의미에 비추어볼 때, 칭의가 성서적 의미에서 인간을 죄인으로부터 어떤 의인으로 변화시키는 과정의 표현이 아니라는 사실이 드러난다. 이것은 하나님의 구원에 참여한다는 목적을 향한 죄인의 변화 과정이 전혀 없다는 뜻이 아니다. 다만 그러한 과정의 서술이—트리엔트 공의회가 그렇게 서술했던 것처럼—죄인이 **믿는 자**로 변화한다는 것에 전적으로 할애되어서는 안 되는 것이다. 왜냐하면 바울에 의하면 하나님 앞에서의 의를 만드는 것은 믿음이기 때문이다. 그 밖에도 그러한 변화 과정은 "칭의"로 말해져서도 안 된다. 어쨌든 바울적 언어의 의미에서는 그렇게 말해질 수 없다. 왜냐하면 그 단어는 의의 선언을 뜻하기 때문이다.

이 사실은 또 다른 결과를 초래한다. 그것은 종교개혁 신학 안에서—비록 루터가 때때로 비슷하게 암시하기는 했지만[401]—유도되지 못했다. 의를 **선언하는 것**은, 우리가 바울을 따른다면, 믿는 자의 의의 근거로 생각될 수 없고 오히려 후자의 의를 이미 전제한다. 로마서 3:26에 따르면 하

---

400   이 단어의 의미에 대해 G. Schrenk, in : *ThWBNT* 2, 1935, 219f.를 보라.

401   참고. WA 40/1, 233f., 364ff., bes. 229, 22-32. 비교. T. Mannermaa, *Der im Glauben gegenwärtige Christus*, 1989, 63.

나님은 믿음에 근거해서 의롭게 된 자를 의롭다고 **선언하신다.**[402] 이 사실은, 하나님이 유대교적 의미에서 "하나님 없는 자" 곧 말하자면 옛 계약의 민족에 속하지 않고 하나님 앞에서 율법의 행위로도 의롭지 않은 자를 의롭다고 선언하신다는 것(롬 4:5)을 통해서도 전혀 변하지 않는다. 왜냐하면 그 선언은 믿음에 근거해서 발생하기 때문이다. 율법의 의미로 하나님이 없는 자가 믿음을 통해 하나님 앞에서 의롭게 되는 것이다. 믿는 자를 의롭다고 선언하는 하나님의 판결은 그러므로 사람들이 말하는 것처럼 의의 술어를 전혀 의롭지 못한 어떤 주어와 결합시키는 "통합적" 판단이 아니다.[403] 오히려 믿는 자는 자신의 믿음으로 인해 하나님 앞에서 의롭다고

---

402   오직 예수를 믿는 믿음에 의해 의롭게 된 자만이 하나님께서 자신의 의로움에 상응하는 의인으로 인정하시는 자이다. U. Wilckens, *Der Brief an die Römer* 1, 1978, 198.

403   참고. A. Ritschl, *Die christliche Lehre von der Rechtfertigung und Versöhnung* III, 2.Aufl. 1883, 76ff. 의라는 술어는 리츨이 바르게 말하는 것처럼(77) "죄인 개념 안에 이미 포함되어 있지 않고" 오히려 예수 그리스도 안에서 나타난 하나님의 약속을 수용하는 믿는 자의 개념 안에 있다. 리츨은 로마서 3:22-25에 주석적으로 가장 자연스러운 해석을 너무 빨리 지나쳐 버린다. 그것은 바울이 3:22의 믿음에 관하여 3:26에서 "하나님이 의롭다고 선언하시는 대상"으로 말한다는 점이다. 같은 곳, II, 2.Aufl. 1882, 324. 로마서 4:9과 4:5에 대하여 그가 애써 수고한 설명(324f.)도 그것에 대한 어떤 결실을 맺지 못한다. 죄인의 칭의가 "통합적" 판단이라는 주제는 큰 환영을 받았다. 왜냐하면 그것은 하나님의 은혜의 자유 곧 칭의 사건의 창조적 성격을 표현하는 듯이 보였기 때문이다. 푈만의 상세한 설명을 비교하라. H. G. Pöhlmann, *Rechtfertigung. Die gegenwärtige kontroverstheologische Problematik der Rechtfertigungslehre zwischen der evangelisch-lutherischen und der römisch-katholischen Kirche*, 1971, 352-358. 푈만 자신은 거기서 루터교 신앙고백 문서들, 나아가 트리엔트 공의회의 교시 안에 나타난 칭의 판결에 대한 "통합적" 해석을 대변했다. 물론 우리는 트리엔트 공의회가 주장했던 것과 같은 하나님의 긍휼의 그런 자유를 옹호해야 한다. 그러나 우리는 그 자유를 이미 예수 그리스도의 대속의 죽음 안에서 발생한 "하나님의 의의 행위적 계시" 안에서(U. Wilckens, 같은 곳, 188 zu Röm 3,21ff.), 또한 믿음의 갱신을 위한 영의 작용 안에서도 볼 수 있다. 그러나 고립되어 그 자체로 관찰되는 판결의 행위 안에서는 그 자유를 볼 수 없다. "하나님의 의의 행위적 계시"를 통해 죄인의 상황은 실제로 변화한다. 그러나 의를 선언하는 판결은 단지 그 선언의 결과 내지 믿음 안에서 그것을 수용하는 것에만 해당한다. 로마서 3:22에 대

여겨지며, **그렇기 때문에** 의롭다고 선언된다. 이 판결은 철저히 "분석적" 이다. 다시 말해 그 판결은 그것이 관계하는 사태에 상응한다. 그러나 죄인이 이미 의롭게 되기 시작한다는 사실이 그 자체로 그의 도덕적 갱신을 선취하는 방식으로 상응하는 것이 아니라,[404] 오직 믿는 자로서의 그에게 내려지는 판결로서 상응한다. 어쨌든 예수 그리스도 이후에는, 그러나 또한 아브라함의 사례에 따라서도 (롬 4) 하나님 앞에서는 믿음의 의 외에 다른 어떤 의도 없다. 물론 이것은 믿음이 인간의 행위로서 하나님의 눈에 그 자체로 가치 있는 업적이라는 뜻은 아니다.[405] 믿음이 하나님 앞에서 인간

한 로마서 3:26의 관계는 그 선언이 그 자체로 본다면 푈만의 주장처럼 "일으켜 세우는 판결"(H. G. Pöhlmann, 같은 곳, 359ff.)이라는 사실을 확증해주지 않는다.

[404] 이미 소키누스주의자들와 아르미니우스주의자들이 전개했던 그런 이해(비교. A. Ritschl, 같은 곳, III, 78f.)는 또한 칸트의 종교 저술에서도 나타나며(*Die Religion innerhalb der Grenzen der bloßen Vernunft*, 1793, 2.Aufl. 1794, 99f. 각주), 리츨로부터 올바르게도 개신교주의의 법정적 칭의론과 조화될 수 없다는 비판을 받았다. 칼 홀이 루터 자신은 칭의를 "분석적" 판단의 의미로 생각했다는 주장을 펼쳤을 때, 이 문제에 대한 자극은 더욱 커졌다. Karl Holl, *Die Rechtfertigungslehre im Licht der Geschichte des Protestantismus*, 1906, 9. 그리고 동일저자, Die Rechtfertigungslehre in Luthers Vorlesung über den Römerbrief mit besonderer Rücksicht auf die Frage der Heilsgewißheit, 1910: *Ges. Aufsätze zur Kirchengeschichte 1, Luther*, 1921, 91-130, 103 그리고 그곳의 각주 2. 칼 홀은 그 주장을 위해 루터의 명확한 진술들을 인용했지만, 거기서 중심적으로 중요한 것은 믿음이 그리스도와 이루는 탈자아적 하나 됨에 근거하는 그리스도의 의에 대한 참여를 시간 안에서 진행되는 그리스도인들의 삶에 적용하는 것이라는 점에 주목하지 않았다. 어쨌든 이 자리에서 위에서 이미 언급된 문제, 곧 믿음 안에서 "자신의 밖"(*extra se*)에 새롭게 구성되는 믿는 자의 자아가 경험적 자아와 어떻게 하나가 되는지의 질문에 대한 루터적 이해의 문제가 명확하게 드러난다.

[405] 이미 멜란히톤의 변증학이 CA(아우크스부르크 신조) 4에 반대했다. 믿음이 하나님 앞에서 우리의 의다. videlicet non, quia sit opus per sese dignum, sed quia accipit promissionem. Melanchthone, *Apol*. IV, 86, BSELK 178, 38f. 우리의 의는 그 기초를 예수 그리스도의 대속의 죽음에 둔다(롬 3:24f.). 그 죽음으로부터 멜란히톤이 말하는 죄 용서의 약속의 근거가 놓인다. 믿음은 그 약속을 붙드는데, 그렇게 약속을 붙드는 믿음이 비로소 하나님 앞에서 우리의 의가 되는 것이다.

을 의롭게 만드는 것은 그것이 그리스도에 대한 믿음으로서 그리스도 안에서 일어난 하나님의 구원의 행동, 특별히 그의 대속의 죽음에 근거하는 죄의 용서를 스스로 수용하기 때문이다. 이것은 과거에 아브라함이 자신에게 주어진 하나님의 약속을 믿음 안에서 수용했던 것(롬 4:1-22)과 같다. 이러한 믿음이 하나님이 믿는 자에게 의—그의 "칭의"—를 선언하실 때, 그 대상을 형성한다.

종교개혁 신학 안에서 칭의론의 발전은 멜란히톤이 의의 선언 즉 칭의의 "법정적" 행위를 점점 더 믿음의 의의 출발점으로—믿음의 의를 그 행위에 대한 전제로 인식하는 대신에—생각했다는 사실을 통해 방해를 받았다. 멜란히톤의 1535년의 『신학개론』(*Loci*)은 칭의 행위의 법정적 의미를 죄의 용서와 마찬가지로 의의 선언에 관계시켰다. 이로써 "동시에"(*simul*, 죄인인 동시에 의인)는 우리의 갱신을 위한 성령의 은사와 결합되었다.[406] 그리스도로 인한 (*propter christum*) 하나님의 판결의 법정적 행위로부터 믿음의 의를 유도하는 것은 그 판결의 의가 인간 자신의 현실성과 어떻게 관계되는지의 질문을 필연적으로 동반한다. 이에 대해 멜란히톤은 요한1서 3:5과 베드로전서(1:3 등등)의 거듭남(*regeneratio*)의 표상을 인용했다. 이 표상은 이미 『변증론』에서 칭의와 동일시되었고,[407] 그 결과 이 개념은 의의 선언이라는 정확한 바울적 사고를 넘어서 어떤 효력을 나타내는 계기 즉 거듭남으로 건너갔다. 『변증론』안에서 거듭남은 아직은 죄의 용서 자체에 근거해 있었고, 그와 연결된 갱신 (*renovatio*) 곧 성령을 통한 인간의 새로워짐과는 구분되었다. 이와 대조적으로 『신학개론』(*Loci*)에서는 1535년 이래로 칭의 개념을 순수하게 법정적으로 사

406　CR 21, 421f. 1559년 판(이곳의 742)은 거의 글자 그대로 동일하다.

407　*Apol.* IV, 117 (BSELK 184, 9-11): sola fide iustificemur, hoc est, ex iniustis iusti efficiamur seu regeneremur. 여기서 거듭남 자체가 재차 죄의 용서에 놓여 있다(같은 곳, 72, BSELK 174, 42f.). 그리고 믿는 자들은 거듭난 자들로서 성령을 받으며(같은 곳, 126, BSELK 185, 43f.), 자신의 삶을 갱신하게 된다.

고했으며, 그에 따라 거듭남(regeneratio)의 개념은 요한3서를 인용하는 가운데 성령의 작용을 통한 인간의 회개(conversio)와 그 결과로서 일으켜지는 새로운 운동(novos motus)을 의미하게 되었다. 새로운 순종은 예나 지금이나 그 운동을 뒤따라야 한다.[408] 거듭남(regeneratio)은 『변증론』 IV에서와 같이 더 이상 믿는 자에게 주어진 성령의 은사보다 앞서지 않는다. 그러나 요한복음 3:5은 사실 그와 반대로 말한다. 우리가 『변증론』 IV의 72 등등에 비추어 생각한다면, 인간의 갱신의 시작은 이제 칭의 개념 안으로 흡수된 것처럼 보이며, 그래서 그 개념은 이제 칭의 사건이 효력을 나타내는 측면을 묘사하고 있다. 이렇게 해서 생겨난 불분명함이 루터교 교회일치 신조[409]에 영향을 주어 갱신과 대립되는 거듭남을 그것의 결과로서의 갱신에 제한되도록 만들었고, 그 결과 거듭남만이 칭의의 행위에 속하게 되었다. 이제 칭의가 믿는 자에게 그리스도의 의를 전가하는 하나님의 판결로 서술되기 때문에,[410] 이에 따라 거듭남도 인간 안에서(혹은 아직 그 안에서)가 아니라 하나님의 판결 안에서 발생하는 어떤 것으로 보이게 되었다. 물론 그것은 믿음 안에서 수용되는 것이다.[411] 이와 같이 그 자체 안에 폐쇄된 구상적 개념에 대하여 그리스도의 공로의 전가 사상이 결정적으로 중요하다. 그 사상과 비교되면서 이제 **믿음**을 의로 여기는

---

408 CR 21, 760, 26-29: Cum autem Spiritus sanctus in illa consolatione novos motus et novam vitam afferat, dicitur haec conversio regeneratio, Ioan.3, et sequi novam obedientiam necesse est….

409 SD III, 18f. (BSELK 920).

410 SD III, 25 (BSELK 922, 33-36). 죄인을 위한 그리스도의 공로의 전가 (Zurechnung)라는 사상은 루터에게로 소급된다. 이 사상은 예를 들어 대 갈라디아서 주석(WA 40/1, 40ff.)에서 발견되지만, 핵심 내용은 또한 1515/1516년의 로마서 강의에서도 찾을 수 있다(WA 56, 276, 21.): iustitia Dei imputetur credentibus, 참고. 284, 20ff. 이 사상은 믿음을 의로 여기는 것(Anrechnung)과 달리 바울로부터 온 것이 아니다. 멜란히톤은 그 사상을 거의 이용하지 않았지만, 공로의 의의 전가 (imputatio iustitiae gratuita)라는 사상을 로마서 4:4으로부터 도출해내려고 수고했다. CR 21, 752, 38f.

411 SD III, 19f. (BSELK 920f.).

사상은 배후로 물러났고, 그 결과 그것은 트리엔트 공의회의 SD III, 25에서
는 전혀 언급되지 않았다. 비록 칭의 개념에 속하는 요소들에 관한 그 서술에
서 성령의 성격은 언급되지 않았지만, 그럼에도 우선 성령을 통해 칭의의 믿
음을 발화시키는 **회개**는 언급되었고, 그 뒤에 성령을 통한 인간의 갱신과 성
화가 이어졌다.[412] 이러한 구상 안에서 믿음은 하나님의 칭의의 판결을 수용
하는 것으로 보이는데, 반면에 바울에게서는 하나님의 칭의의 판결이 믿음
을 대상으로 갖는다고 말해진다.

　　루터교 교회일치 신조의 법정적 의의 선언을 믿음의 의의 근거로 보는
독립적인 관점은 안드레아스 오시안더의 교리에 대한 앞선 논쟁과 관계가
있었다.[413] 오시안더는 믿음의 그리스도와의 연합을 믿음의 의의 근거로 보
는 루터의 사고를 "우리 밖"에 있는 그리스도의 의에 참여한다는 의미로 이
해하지 않았고—이것은 믿는 자의 경험적 자아에 대한 전가를 보충적으로
필요로 한다—오히려 하나님의 본질의 의가 말씀을 통하여 "우리 안"에 거
주하는 것으로 이해했다. 이 거주는 믿음을 하나님의 의로 여기는 것을 통해
하나님의 인정을 받는다.[414] 이미 멜란히톤이 이에 반대하여 믿음의 탈자아

412　　SD III, 41 (BSELK 927f.).

413　　참고. M. Stupperich, *Osiander in Preussen* 1549 - 1552, 1973, 110 - 362. 또한 동
　　　　일저자, Zur Vorgeschichte des Rechtfertigungsartikels in der Konkordienformel,
　　　　in : M. Brecht/R - Schwarz, Hgg., *Bekenntnis und Einheit der Kirche. Studien zum
　　　　Konkordienbuch*, 1980, 175 - 194.

414　　루터의 대 갈라디아서 주석의 해석은 1989년에 마네르마에 의해 다시 한번 큰 주
　　　　목을 받게 되었다(위의 각주 368을 보라). 이것은 히르쉬의 앞선 작업을 이어받은
　　　　것이다. 참고. E. Hirsch, *Die Theologie des Andreas Osiander und ihre geschichtlichen
　　　　Voraussetzungen*, 1919. 히르쉬는 오시안더와 루터, 특히 초기 루터와의 유사성을 설
　　　　명했다. 이미 루터에게서도 그리스도가 믿는 자들 안에 거주하심으로써 믿는 자
　　　　들이 하나님의 본질과 그들 자신의 의에 참여한다는 사상이 때때로 나타난다. WA
　　　　40/1, 441, 참고. Mannermaa 28f., 비교. 31f. 믿음의 의가 믿음을 의로 여기는 것의
　　　　근거에 이미 놓여 있다는 오시안더의 주제(Stupperich 1973, 112f., 비교. 198f., 200f.)
　　　　에 대하여 루터가 지지해주는 요소도 있다(위의 각주 401을 보라). 그 요소에서 믿
　　　　음의 그리스도와의 연합이 믿음을 의로 여길 수 있는 토대였다.

370 │ **제13장** II. 그리스도인 개인에 대한 영의 기본적 구원 작용

적 구조에 대한 루터의 이해와 믿음이 "우리 밖"에 계신 그리스도와 이루는 연합에 대한 그의 직관을 믿음이 의로 전가되는 토대로서 받아들이지 않았고, 오히려 믿음의 의를 칭의의 "법정적" 판결 행위로부터 이해했다. 그래서 멜란히톤에게는 그리스도께서 믿는 자들 안에 거주하시는 것이 성령의 수여와 결합된 칭의의 **결과**로 보였다.[415] 루터교 교회일치 신조의 결단도 바로 이 노선 위에 놓여 있다. 그리스도 그리고 그분과 함께 삼위일체 전체가 믿는 자들 안에 거주하시는 것은 죄의 용서에 근거한 믿음의 의의 **결과**라는 것이다.[416]

오시안더와 그의 반대자들이 대립했던 원인은 오시안더의 주장처럼 그 반대자들이 그리스도께서 믿는 자들 안에 거주하신다는 교리 전체를 반대한 것이 아니었고, 오히려 그들이 그리스도의 거주와 믿음의 의로서의 전가 사이의 순서 관계를 역전시킨 것이었다. 반대자들은 그리스도(그리고 삼위일체 하나님)가 믿는 자들 안에 거주하는 것을 **결과**로 보고, 오시안더처럼 의의 선언의 **근거**로 삼지 않았던 것이다. 이 질문에서 오시안더는 루터만이 아니라 또한 바울의 우선성, 곧 믿는 자들에 대한 의의 선언보다 앞서는 믿음 그 자체의 우선성(롬 3:22-26)을 자기편으로 끌어들였다. 그러나 오시안더가 자신의 교리를 위해 싸우는 중에 이 핵심은 오시안더의 주제, 곧 믿음의 의가 하나님의 영원한 본질적 의와 동일하다는 주제에 관한 논쟁의 배후로 사라져 버렸다.[417] 이 점에서는 오시안더에 대한 비판이 정당하다. 왜냐하면 믿음의

---

415   CR 7, 894, 비교. 780. 또한 참고. M. Stupperich, 1973, 246, 261. 이것은 멜란히톤이 명시적으로 죄의 용서를 그리스도께서 믿는 자들 안에 거주하시는 것보다 앞세우는 내용을 다룬다(CR 7, 783f.). 이에 대해 멜란히톤은 삼위일체 신학적인 근거를 제시하려고 시도한다. 이 근거는 "또한 아들로부터"(filioque)와 관련해서 주어지는 성령에 대한 아들의 우선성에 기초한다(Stupperich, 같은 곳, 260).

416   SD III, 54: Sed inhabitatio Dei sequitur antecedentem fidei iustitiam, quae nihil aliud est, quam remissio peccatorum…(BSELK 933, 12f.).

417   이에 반대하여 루터교 교회일치 신조(Konkordienformel)는 다음과 같은 주제를 확정했다. 그리스도는 자신의 인격의 통일성 안에서, 즉 양성에 따라, 그리고 아버지께

의는 바울에게 있어 하나님의 의에 대한 **상응**으로 생각되었고, 그래서 그리스도께 참여한다는 것은 우선적으로 아버지께 대한 인간 예수(그리고 **그 안에**서 영원한 아들)의 관계와의 연합으로 이해되어야 하기 때문이며, 여기서 언제나 자기구분—아버지로부터, 또한 아버지께서 자신의 계약의 의를 계시하신 예수 그리스도로부터의 자기구분[418]—의 계기는 보존되기 때문이다.

의를 선언하는 법정적 행위로부터 믿음의 의를 도출한 것은 어떻게 하나님의 판결 안에 근거한 의가 실제로 인간에게 도달하는가, 그래서 그 의가 현실적으로 주어지게 되는가라는 불가피한 질문을 던졌다. 하나님의 판결 행위가 인간에게 단순히 외적으로만 타당하지 않고 그에 대한 창조적 판결로서 이해될 때, 이 질문은 불가피하다. 회개의 주제에 집중했던 종교개혁적인 칭의 논의가 복음의 설교를 지시함으로써 이 질문에 대답했던 것은 자연스럽다. 그 논의는 율법의 요청과 대비되는 그리스도로 인한 인간의 칭의의 신적 판결을 죄의 용서로서 선포하고, 이를 통해 믿음을 일깨웠다. 죄 용서의 약속에 대한 믿음의 길 위에서 목표는 그리스도의 화해 사역을 말씀 선포 안에서 일어나는 영의 사역을 통해 수여하는 것(Zueignung)에 그치지 않는다. 오히려 그와 함께 믿는 자들이 자신의 편에서 그렇게 선언된 의를 터득하는 것(Aneignung)이 시작된다. 하나님의 판결의 "우리 밖"(*extra nos*)에서 시작되는 길은 (믿는 자의 주체성이 언제나 이미 포함되어 있는 루터적 믿음의 "우리 밖"과는 달

대한 자신의 완전한 순종의 성취 안에서, 우리의 의이시다. SD III, 56; BSELK 933f. 비교. n. 63, BSELK 935, 30ff.

418 예수 그리스도와의 연합, 그리고 믿는 자들의 자기구분 곧 아버지로부터만이 아니라 또한 아들로부터—아들은 예수의 역사 속에서 계시되었다—의 자기구분은 믿는 자들의 아들과의 하나 됨을 배제하지 않으며, 오히려 믿는 자들의 자기구분 곧 아들로부터 스스로를 구별하는 바로 그 자기구분 안에서 하나 됨이 표현된다. 하나 됨은 아들을 통해, 그리고 그의 아버지와의 연합의 영광을 통해 성령의 능력으로부터 발생하며, 하나님과 서로에 대한 피조물의 타자성의 (또한 고유한 독립성의) 생성 원칙으로서 표현된다. 비교. 『조직신학』 II, 71ff. 80f.

리) 그 내용에 대한 주관적 확신을 통한 보충을 요구한다.[419] 교회일치 신조의 그림자 안에서 루터교 정통주의 신학은 이 문제를 해결했다기보다는 건너뛰었다. 전가 사상의 전개에 대한 크벤슈테트의 올바른 수정이 그 점을 명확하게 보여준다. 물론 그리스도께서 우리를 의롭게 하심으로써, 그분이 우리에게 효력 있는 의라고 말해진다. 그러나 이것은 어떻게 발생하는가? 믿는 자의 형식적인 의(*iustitia formalis*)는 그리스도의 의가 그에게 전가됨으로써 성립한다.[420] 이로써 다음의 질문이 제기된다. 어떻게 이와 같은 신적 판결의 내용이 믿는 자들 자신에게 실재가 되는가?[421]

---

419 바우어는 이 문제를 너무 가볍게 다루었다. J. Baur, *Salus Christiana. Die Rechtfertigungslehre in der Geschichte des christlichen Heilsverständnisses* I, 1968, 70f. 그 결과 루터교 신학이 후기에 이르러 경건주의의 요구, 즉 구원의 수용에 경험적 측면이 포함되어야 한다는 요구 쪽으로 향했던 것은 바르지 못한 것이었다.

420 J. A. Quenstedt, *Theologia did. - pol. sive Systema Theol.* (1685), Leipzig 1715, III c. 8 s.2 qu.4 obi. dial. 19 : Christus est nostra iustitia **effectiva**, quia nos iustificat ; Est nostra iustitia **obiective**, quia fides nostra in ipsum fertur ; Est nostra iustitia formaliter, quatenus eins iustitia nobis imputatur (787). 나는 여기서 고립된 주체 규정과 또한 "칭의 안에서 고립된 객체성"이 어떻게 회피될 수 있을지 알지 못한다. 이것은 또한 바우어의 판단이었다. J. Baur, 같은 곳, 79. 크벤슈테트가 믿음을 단지 칭의의 도구로만 보고 칭의 판단의 대상으로 설정하지 않았다는 사실도 이 진술과 반대된다. 크벤슈테트도 그리스도와 죄인 사이에 "놀라운 교환"(*admirabile commercium*, Baur, 같은 곳, 80)이 일어난다고 말한다. 그러나 이것은 루터와는 다른 의미를 갖는다. 그것은 말하자면 (J. Hülsemann의 인용을 따르자면) 의가 전가되는 대상과 그 의를 소유하는 기관의 상태 사이의 결합(coniungens obiectum imputationis, et conditionem organi illud apprehendentis)을 뜻한다. Quenstedt, 같은 곳, c. 8 s.l th. 18 Nota, 754. J. Baur, 같은 곳, 80, 각주 89에서 인용됨.

421 베버는 이 통찰에 내포된 문제를 적절하게 지적했다. 그것은 "…의는 오직 전가 안에만 있다. 그렇기에 실재의 의가 추가되어야 한다." H. E. Weber, *Reformation, Orthodoxie und Rationalismus* II, 1951, 70. 베버는 "하나님의 행동들의 객관적인 순서"와 믿음의 삶의 주관적 국면들이 해체되는 것(같은 곳, 65), 나아가 "이원론"과 "경합"에 대해서도 바르게 말했다(70). 이 문제는 오직 구개신교주의 교의학의 루터교적 유형 안에서만 그와 같이 날카롭게 등장하기 때문에, 이어지는 본문의 설명은 그 유형에 한정될 것이다. 그와 구분되는 개혁파 정통주의 교리의 능동적 및 수동적

루터교 정통주의 교의학은 17세기 후반에 이르러 구원의 수여 및 구원의 수용의 행위적 순서(*ordo salutis*)[422]에 대한 숙고를 통해 이 질문에 대답하려고 시도했다. 여기서 다비트 홀라츠는 하나님의 행위의 관점에 초점을 맞추어 앞으로 인도했다. 소명의 은혜 위에 회개의 은혜가 뒤따라오며, 여기서 회개는 회개시키는 신적 행위의 의미에서 배타적인 "타동사"로서 이해된다.[423] 회개의 행위 다음에 성령의 사역으로서의 거듭남이 이어지는데, 이것은 믿음의 매개로 인간의 칭의와 입양을 목표로 한다.[424] 여기서 거듭남과 칭의는 오직 하나님의 행위로서만 유효하며, 그때 비로소 인간이 능동적으로 참여하는 사건으로서 갱신이 된다.[425] 요한 빌헬름 바이어에게 있어서는 그와 반대로―거듭남은 그렇게 생각되었지만―회개는 하나님만이 홀로 실행하실 수 있는 행위로 생각되지 않았다. 왜냐하면 성서에서 회개는 인간이 스스로 돌이키는 것("자동사")로 증언되기 때문이었다.[426] 바이어에 의하면 믿음으로 인도하는 회개 뒤에 칭의가 뒤따라온다. 칭의 그 자체는 인간 안에 어떤 내적인 변화도 동반하지 못하며, 오직 하나님 앞에서 그 인간의 의만 일으켜낸다. 여기서 칭의의 대상은 이미 회개한 자 혹은 거듭난 자다. 바이어는 하나님이 물론 하나님 없는 자(롬 4:5)를 의롭게 만드신다고 설명하지만, 그러나 하나님 없는 자 그 자체(*quatenus impius est et matet*)를 그렇게 하시는 것이 아

칭의 이해에 대해 베버의 설명을 참고하라. Weber, 같은 곳, 94-98.

[422] 제베르크에 의하면 이 용어는 부데우스로부터 왔다. R. Seeberg, Art. Heils Ordnung in : *RE* 3.Aufl. 7, 1899, 593-599, 594. 참고. J. F. Buddeus, *Compendium Institutionum theologiae dogmaticae*, 1724, Iv, 5 p. 622, 또한 3, 619.

[423] D. Hollaz, *Examen theol. acroam.* II, Stargard 1707, III s.l c.6 qu.l (371). 비교. J. A. Quenstedt, 같은 곳, c7 s.l th.5 (700f.).

[424] D. Hollaz, 같은 곳, 410 (c.7 q.l), 비교. 440 (c.7 q.23). 크벤슈테트에게서 이 관계는 거꾸로다. 즉 거듭남이 회개보다 앞선다.

[425] D. Hollaz, 같은 곳, 441 (Prob.e).

[426] J. G. Baier, *Compendium Theologiae Positivae,* secundum editionem anni 1694 ed. E. Preuss 1864, 410 (III c.4, 16). 비교. c.4,28 (424f.) und 35 (433).

니라, 그가 회개해서 거듭났다는 조건 아래서 의롭게 하신다.[427] 예나 출신의 바이어의 이러한 이해는 요한 프란츠 부데우스로 이어져 심화되었다.[428] 거듭난 자들의 믿음은 여기서 칭의 판결의 **대상**이며, 단순히 이 판결의 결과에 그치는 것이 아니다. 여기서 우리가 칭의론으로부터 멀어지고 있는 것이 아니다.[429] 오히려 우리는 믿음의 의의 사실성이 의의 선언보다 앞서는 로마서 3:21-26의 바울적 사고의 순서에 새롭게 근접하고 있다. "칭의"가 의의 선언의 법정적 의미를 갖는다는 것은 종교개혁으로부터 지속된 통찰이었다. 그러나 믿음의 의 자체에 대한 칭의의 관계는 멜란히톤 이래로 바울을 벗어나는 방식으로 결정되었으며, 그와 동시에 사람들은 그리스도의 공로의 "전가"라는 마찬가지로 바울을 벗어난 사고의 도움을 받아 의의 선언 안에서 믿음의 의의 근원을 찾았다.[430] 그 결과는 잘못된 "객관주의"였다. 이것이 틀린 것은 하나님의 판결 행위와 관계된 규정 곧 "우리 밖"에 있는 믿음의 의의 규정 때문이다. 이것은 믿는 자와 그리스도의 신비적 합일의 교리를 다시 살려낼 수 없었다.[431] 왜냐하면 이 합일 자체가 이제 하나님의 판결 행위의

---

427 J. G. Baier, 같은 곳, III, c.5, 1ff. (445 ff.), 또한 특별히 12 (458f.). 바이어는 이렇게 덧붙인다. Alias enim Deus "odit operantes iniquitatem" Ps V,5 (459).

428 J. F. Buddeus, *Compendium Institutionum Theologiae Dogmaticae*, 1724, 685f. (IV,4, 2): Cum autem vox iustificare...non aliter, quam in forensi significatione adhibetur, atque eiusmodi actum denotat, quo Deus hominem peccatorem, sed regenitum, adeoque vera fide meritum Christi adprebendentem, innocentem et ab omni reatu peccatorum liberum...pronuntiat. 비교. ib. 9 (694f.). 여기서 믿음은 단지 칭의의 수단에 그치는 것이 아니라 오히려 동기(*causa impulsiva*)라고 판단되어야 한다.

429 바우어가 부데우스(같은 곳, 111-116)의 이해를 서술하면서 그렇게 판단했는데, 이것만 아니었더라면 유익한 서술이 되었을 것이다.

430 그리스도의 공로의 전가라는 사상이 성서적이지 않다는 사실은 이미 파프가 바르고 정확하게 제시했다. Chr. M. Pfaff, *Institutiones Theologiae dogmaticae et moralis*, 1720, 496. 바우어는 이 내용을 언급했으나, 이 관점의 광범위한 중요성을 바르게 평가하지는 못했다. J. Baur, 같은 곳, 120. 이에 대해 이 내용을 강조한 사람은 제믈러였다. J. S. Semler, *Versuch einer freiern theologischen Lehrart*, 1777, 563.

431 H. E. Weber, 같은 곳, 40ff. 베버는 그리스도와의 신비적 연합에 대한 정통주의적

결과와 인간에 대한 그 행위의 작용으로―루터와 같이 그 행위의 근거로 이해되는 대신에―이해되었기 때문이다. 칭의 사상의 법정적 의미에 대한 통찰의 결과는 믿음의 의의 생성과 법정적 판결 행위를 구분하고 후자의 판결을 전자의 생성에 예속시키는 것이어야 했다. 이것이 반드시 주관주의적 체험 신학으로 인도한다고 생각할 필요는 없다. 그리스도의 메시지의 말씀과 세례를 통한 회개와 믿음의 중재,[432] 또한 믿음 자체의 행위 안에서 그에 상응하는 그리스도의 치유의 "우리 밖"(*extra nos*)에 주목하는 경우에 체험 신학으로 이끌리지 않게 된다. 이것은 루터적인 "의인인 동시에 죄인"(*simul iustus et peccator*)을 수용했던 부데우스가 줄곧 제시했던 철저한 입장이었다. 그는 이 명제를 믿음의 의가 그 믿음이 의존하는 대상인 그리스도 안에 놓여 있다는 의미로 이해했다.[433] "우리 밖"(*extra nos*)을 잘못하여 하나님의 판결의 행위에 집중시킨 것, 특별히 그리스도의 공로의 전가라는 사상―이것은 성서보다는 안셀무스의 화해론에 더 가깝다―으로부터 위험이 나타났다. 이러한 표상 덩어리에 대한 소키누스-아르미니우스주의적 비판의 표현 아래서,[434] 그

<hr />

교리와는 달리 "옛 루터교적 관점에 따르면 그리스도와의 합일이 칭의의 근거이고 칭의를 자체 안에 포함한다"는 사실을 바르게 기억해냈다(41).

[432] H. E. Weber, 같은 곳, 67.

[433] Buddeus, 같은 곳, IV,4, 3: 인간을 그 자체로만 본다면 모든 인간은 하나님의 판결 안에서도 죄인이다. At in sponsore Christo considerati, aliam merito sententiam exspectant (686). 왜냐하면: In sponsore Christo non aliter homines considerari possunt, quam prout meritum eius vera fide adprehenderunt, eaque ratione iustitiam eius sibi facere propriam, quae adeo est **iustitia fidei**, seu, quam per fidem in Christum habemus, Phil 111,9 & δικαιοσύνη θεου, **iustitia Dei**, hoc est, quae sola Deo placet, vocatur; Rom III,21,26. 바우어가 이 진술에 적절히 주목했더라면, 그는 부데우스가 효력에 있어 전적으로 주체를 지향했다고 판단하지 않았을 것이다. J. Bauer, 같은 곳, 114.

[434] 도덕적 삶과 관계가 있는 낯선 업적들을 의로 여길 수 있다는 표상에 대한 소키누스주의적 비판(G. Wenz, *Geschichte der Versöhnungslehre in der evangelischen Theologie der Neuzeit* 1, 1984, 119ff.)은 또한 낯선 의의 전가에 근거한 의의 선언이라는 표상에도 적중했다. A. Ritschl, *Die christliche Lehre von der Rechtfertigung und Versöhnung*

리고 결코 실행된 적이 없는 칭의 사상과 인간의 윤리적 갱신과의 결합의 결과로서, 강조점이 인간의 종교적 - 윤리적 주관성 위로 옮겨졌다는 위험이다. 이 위험은 슐라이어마허[435]에게서는 어쨌든 종교적 및 윤리적 삶의 주제 사이의 구분을 여전히 보존하는 가운데 발생했으며, 반면에 믿음의 의의 근원으로서의 하나님의 법정적 판결 교리의 갱신은 알브레히트 리츨에게서 아이러니하게도 그 교리와 윤리적 주관성 간의 결속을 더욱 강화시켰다.[436] 이

I, 2.Aufl. 1882, 328f. 물론 소키누스주의자와 아르미니우스주의자들은 의의 전가와 의로 여김이라는 개념을 버리지는 않았다. 그러나 그 개념들은 더 이상 그리스도의 공로와 관계되지 않았고, 자신의 고유한 불완전한 의를 의로 여기는 것과 관계되었다. A. Ritschl, 같은 곳, III, 2.Aufl. 1883, 78. 파우스투스 소키누스에 의하면 긍휼 가운데 계신 하나님은 믿는 자들의 순종을—비록 불완전하기는 해도—타당한 것으로 여기신다(같은 곳, 각주 1). 이런 생각은 계몽주의 신학 안에서 1768년 그리스도의 행동적 순종에 대한 퇼너(J. G. Töllner)의 저작 이래로 계속해서 관철되었다. 참고. A. Ritschl, 같은 곳 1, 394f. 1777년에 그뤼너는 자신의 저서에서 법정적 칭의 개념을 전적으로 포기했다. J. F. Grüner, *Institutiones theologiae dogmaticae*. 이에 대해 참고. Ritschl, 같은 곳, 415. 같은 해에 제믈러는 조심스럽지만 근본적으로 동일한 노선을 준수했다. J. S. Semler, *Versuch einer freiem theologischen Lehrart*, 1777, 564ff., 567. 칸트는 신학적 합리주의 안에서 소키누스주의적 논쟁과 해법을 더욱 결정적으로 받아들였다. 참고. I. Kant, *Die Religion innerhalb der Grenzen der bloßen Vernunft*, 1793, 2.Aufl. 1794, 94f.102.

435 F. Schleiermacher, *Der christliche Glaube*, 2.Ausg. 1830, §109. 시작 명제가 단지 칭의는 하나님과의 관계 안에서만 이미 구원자에 대한 믿음을 가지고 있는 사람 자신과도 관계된다고 확정하는 반면에, §109,2의 설명에서 "새로운 인간은 더 이상 죄의 길을 다니지 않고 그것에 저항하며 죄를 낯선 것으로 여기는데, 바로 그 점에서(!) 죄의식은 지양된다."

436 리츨은 멜란히톤이 그의 아우크스부르크 신조(CA)를 위한 『변증론』에서 칭의를 아직도 여전히 인간으로 하여금 하나님의 계명을 성취할 수 있게 하는 능력으로 이해한다는 점에서, 그를 칭찬했다. 그러나 그 후에 리츨 자신은 물론 루터교 신학 전체가 칭의 이해에 있어 믿음과 도덕성의 연결을 시야에서 잃어버렸다(같은 곳 1, 348, III,170). 그 결과 "어떤 실천적 목적 - 관계가 제시되지 않은 채" 칭의의 사고는 이해될 수 없는 것이라고 말해졌다(III, 172). 리츨은 바로 그 목적 - 관계를 칭의와 하나님 나라의 윤리적 목적 사이에 관계를 설정함으로써 회복시키려고 했다. 그는 이 사태를 다음과 같이 파악했다. 죄를 의식함으로써 하나님으로부터 소외된 인간

에 대하여 종교개혁의 근본 통찰은 오직 믿음의 예수 그리스도와의 연합만이—그 어떤 다른 이차적 목적도 갖지 않은 채—믿는 자와 관련된 하나님의 칭의 판결의 대상이 된다고 확정했다.[437] 삶의 실행을 위한 믿음의 결과들도 여기에 틀림없이 포함되지만, 그러나 하나님 앞에 선 인간의 의는 그런 결과들이 아니라 오직 믿음에 놓여 있다.

의의 선언으로서의 칭의가 믿는 자의 하나님 앞에서의 의를—이 의를 공포함으로써—이미 전제한다면, 그리고 후자의 의도 예수 그리스도와 결합한 믿음에 근거해 있다면, 이제 계속해서 제기되어야 할 질문은 믿음이 예수 그리스도께 참여한다는 것이 어떻게 더욱 정확하게 이해될 수 있는가 하는 것이다. 로마서 3:21-26에 따르면 여기서 중요한 것은 믿음을 통해 수용하는 참여, 곧 예수의 죽음의 대속 작용에 대한 참여(3:25)다. 우리는 이 진술을 그리스도의 대속의 죽음에 근거된 화해에 대한 바울적 직관과 관련시켜서 봐야 하는데, 이 직관은 "화해의 사역"이라는 사도적 선교의 메시지로서 온 세상에 전해질 것이다(특히 고후 5:18-21).[438] 이 소식

은 죄 용서를 통해 하나님 나라의 목적을 향한 활동에 다시 참여할 수 있게 되며(같은 곳, 81), 그 활동은 예수께서 기초를 놓으신 공동체와 관련된다(같은 곳, 129f.).

437 칭의 사고의 이러한 그리스도론적인 집중을 칼 바르트가 인상 깊게 갱신했다. 바르트는 예수 그리스도를 우리를 위해 심판당하신 자, 그러나 또한 우리의 의를 위해 부활하신 자로 묘사했고, 그분 안에서 우리는 하나님의 무죄 선고에 참여하게 된다. Karl Barth, *KD* IV/1, 1953, 573-718. 여기서 외적인 전가를 위한 그 어떤 공간도 남아 있지 않다. 왜냐하면 믿는 자는 단지 그리스도 안에서 하나님의 무죄 선고에 참여하기 때문이다(634ff.). 다른 한편으로 이 자리에서 바르트는 화해 개념에서 이미 질문했던 것과 같이(『조직신학』 II, 708f., 736ff.) 여기서 특수한 다른 한 인간이 한 분 예수 그리스도 곁에 공간을 갖고 머물 수 있는지를 묻는다(비교. Barth, 같은 곳, 616. 그리고 679-703의 "오직 믿음으로"에 대한 해석을 보라). 의롭다고 선언되는 것은 바울에 의하면 믿음이다. 믿음은 하나님 앞에서 예수 자신에게 주어지는 의뿐만 아니라, 또한 인류와의 관계 안에서 예수에게서 계시되는 하나님의 계약의 의도 붙잡는다.

438 비교. 『조직신학』 II, 716ff., bes. 728f., 또한 702ff. 이곳에서 사도의 화해 사역과 그리

을 받아들임으로써 그것을 믿는 자들은 "하나님의 의"가 된다(5:21). 그러나 이것은 어떤 점에서 예수 자신과의 연합을 포함하는가?

고대까지, 나아가 예수 자신에 이르기까지 소급되는 원시 그리스도교 전통에 따르면 예수께 대한 신앙고백은 그분과의 깨어질 수 없는 연합의 근거가 된다. 이 연합은 사람의 아들의 미래의 심판 안에서도 그대로 존속할 것이고(눅 12:8), 그렇게 고백하는 자가 종말론적 구원에 참여하도록 도와줄 것이다(위의 13장 I.2를 보라). 제자들은 뒤따름의 의미에서 예수와 "함께"한다는 사실에 상응하여, 또한 그들은 예수의 길과 운명을 공유한다.[439] 이와 같이 예수와 함께하는 존재는 부활 이후에 선교 활동을 통해 확장된 공동체와 관계되었다. 이 관계 안에서 사도적 선교 메시지가 선포한 신적 행동 곧 예수 그리스도 안에서 일어난 하나님의 행동을 믿는 믿음의 기능이 이해될 수 있다. 바울에 의하면 예수를 주님으로 말하는 신앙고백은 구원의 희망의 근거가 되는데, 이 구원은 하나님이 예수를 죽은 자들로부터 깨우셨다는 "사실"(daß)을 믿는 믿음과 결합되어 있다. 바로 그 믿음을 통해 인간은 하나님 앞에서 "의롭게" 된다(롬 10:9f.; 비교. 4:24). 이것은 한편으로는 예수 그리스도께 대한 개인의 전적으로 개인적(인격적) 관계를,[440] 다른 한편으로는 사도적 선교의 선포로부터 생성되는 교회와 그것에게 공통적인 사도적 믿음의 신앙고백에 함께 귀속되는 관계를 포함한다.[441] 개인 관계와 교회적인 공동체 관계가 서로 분리되어서는 안 된다. 그렇기 때

스도의 죽음 안에서 일어난 하나님의 화해의 행동 사이의 관계를 보라.

439 참고. U. Wilckens, *Der Brief an die Römer* 2, 1980, 60ff.

440 R. Bultmann, in : *ThWBNT* 6, 1959, 211f.

441 이 점에서 리츨은 칭의는 교회와 관계가 있다고 바르게 말했다. A. Ritschl, *Die christliche Lehre von der Rechtfertigung und Versöhnung* III , 2.Aufl. 1883, §22, bes. 115ff., 129f. 그러나 이 관계는 칭의 개념과의 "밀접한 관계"로 주장되어서는 안 된다(50). 물론 칭의가 하나님의 행위의 구원사적 계획(롬 8:30) 안에 자신의 자리를 갖는 것은 사실이다. 그러나 의의 선언은 믿는 자들 개인에게 관계되며, 미래 구원에 대한 개인의 요청권을 확증한다.

문에 믿는 자의 예수 그리스도와의 연합에 대한 사도들의 말씀들 안에서 믿음과 세례는 가장 밀접하게 관련된다. 사도 바울은 예수 그리스도를 믿는 믿음을 통해 그분과 결합되었으며, 그 결과 그분의 고난에 참여한다는 것을 알고 있고, 또한 미래에 그분의 부활의 생명에 참여할 것이라는 희망도 갖고 있다(빌 3:9-11). 동일한 작용이 로마서 안에서 세례에 귀속된다(롬 6:3ff.). 그것은 그리스도의 죽음과 부활 안에서 그분의 운명과의 연합으로 포괄되는 것이다. 특별히 율법을 제거하는 믿음의 구원사적 도래에 대하여 말하는 갈라디아서 3:23ff.는 믿음과 세례가 그러한 작용[442]의 관점에서 서로 일치한다는 것을 제시한다. 이와 동시에 그리스도와의 연합은 믿음의 작용으로서(3:26) 세례와의 관계 아래서(3:27) 근거되고 해명된다.

믿음과 세례의 밀접한 결합은 이제는 또한 믿는 자들의 칭의와 관계된다. 왜냐하면 그리스도의 대속의 죽음의 작용—믿는 자들이 이 작용을 수용했을 때 로마서 3:25에 의하면 하나님 앞에서 그들이 가질 의 곧 하나님이 의의 선언을 통해 확증해주실 그들의 의의 기초가 놓인다—으로서의 죄 용서는 일반적인 원시 그리스도교적인 확신에 따르면 세례를 통해 개인에게 수여되기 때문이다.[443] 이로써 세례는 칭의의 근거가 되는 맥락에 속하게 된다.

이와 비슷한 것이 거듭남의 관점에서도 말해질 수 있다. 거듭남은 종교개혁 신학 안에서 칭의와 거의 동일시되었다(위의 각주 407을 보라). 거듭남은 요한복음(3:5)과 디도서(3:5)에서 세례 안에서 일어나는 성령의 작용으로 파악되며, 베드로전서 1:3에서도 세례를 암시하는 것으로 보인다.[444] 디도서에서 세례는 믿는 자들에게 하나님의 은혜를 통해 수여되는 의에 대한 지시와 명확하게 결합되고 있다(딛 3:7).

이러한 구절들로 미루어볼 때, 세례와 칭의의 관계가 종교개혁 교회

---

442   참고. U. Wilckens, *Der Brief an die Römer* 2, 1980, 52-54.

443   이에 대한 많은 참고문헌이 U. Wilckens, 같은 곳, 50에 요약되어 있다.

444   참고. L. Goppelt, *Der Erste Petrusbrief*, 1978, 95.

들 안에서 칭의론이 발전하는 과정 중에 아무런 역할도 하지 못했다는 사실을 지적하는 것은 매우 놀랍게 느껴진다. 물론 루터에게 있어 이 방향을 향한 단서가 어느 정도 인식될 수 있고, 그래서 그의 세례론은 직접 "그의 구체적 형태의 칭의론"[445]이라고까지 말해질 수 있었다. 그러나 또한 루터도 칭의와 세례의 관계에 대하여 근본적으로 말하지는 못했으며, 예를 들어 세례에서 중요한 것이 칭의의 근본적 성취라는 의미를 밝히지는 못했다. 이 의미는 칭의 개념에 영향을 주었어야만 했으며, 그 결과 회개를 세례를 회상하는 것으로 보는 루터의 이해와 철저히 비교되었어야 했다. 하지만 이미 멜란히톤에게서 칭의 주제와 세례 사이의 관계는 시야에서 사라졌다. 이에 대해 트리엔트 공의회는 올바르게도 세례를 칭의의 교령(Dekret)의 중심으로 옮겨 놓았다. 만일 종교개혁 신학도 이렇게 했더라면, 오직 믿음에 의한 칭의 교리는 그렇게 심하게 오해되지 않았을 것이다. 왜냐하면 세례는 전통적으로 "믿음의 성례전"(sacramentum fidei)으로 여겨졌기 때문이다. 믿음의 의에 대한 죄 용서의 근본적 의미도 세례와의 관계를 통해, 그러나 또한 칭의와 입양의 관계 곧 아버지께 대한 예수 그리스도의 아들 관계 안으로 믿는 자들이 입양되는 것과의 관계를 통해 더욱 분명히 강조되었어야 했다. 다름이 아니라 **그리스도 안에 있는** 믿는 자들의 존재와 **이 세상적 현존재 안에 있는 그들의 실존** 사이의 관계는 오직 세례와의 관계를 통하여 현실적으로 설명될 수 있다. 다른 한편으로 세례와의 관계를 서술하지 않았기 때문에 칭의와 거듭남 혹은 하나님의 자녀로의 입양 사이의 관계는 종교개혁 신학이 이 주제를 의식적으로 세례 사건 속에 놓인 그것의 성례전적 근거로부터 분리시킨다는 의혹을 키울 수밖에 없었다.

이미 멜란히톤이 반대자들의 의혹 제기에 맞서 "오직 믿음으로"를 변호해

---

445   P. Althaus, *Die Theologie Martin Luthers*, 1962, 305.

야 했다. 그것은 "오직 믿음으로" 때문에 신뢰의 믿음이라는 주관적 행위가 교회적 선포의 말씀과 성례전으로부터 분리되고 있다는 의혹이었다.[446] 멜란히톤은 믿음과 하나님의 약속의 말씀 사이의 관계는 사실상 명확하게 서술했지만, 의롭게 만드는 믿음과 성례전 특히 세례와의 관계는 그렇게 하지 못했다. 트리엔트 공의회에서 칭의 주제가 세례에 집중되었던 것도 그때 마르틴 켐니츠로 하여금 이 주제와 관련된 공의회의 결의에 대한 거대한 분량의 연구인 "엑사멘"(Examen) 안에서 세례 문제를 다루도록 하지는 못했다. 후대의 구(舊)루터주의 교의학자들이 세례를 간혹 칭의와 관련해서 언급하기는 했지만, 그것은 예외 없이 어린아이의 구원의 상태에 대한 관점에서 다루어졌다. 예를 들어 홀라츠는 아이들이 세례를 통해 참으로 거듭난다고 말했다. 그럼에도 불구하고 거듭남에 관한 일반적인 설명은 세례에 대하여 언급하지 않았으며, 그래서 마치 성인 그리스도인들의 거듭남이 세례와 관계없이 발생할 수 있다는 인상을 주게 되었다.[447] 프란츠 부데우스도 거듭남을 세례가 아니라 회개와 결합시켰다.[448]

---

446   *Apol.* IV, 74: Excludimus autem opinionem meriti. Non excludimus verbum aut sacramenta, ut calumniantur adversarii (BSELK 175, 3-6).

447   J. A. Quenstedt, *Systema theol.* III c.6 s.2q 2 (같은 곳, 695f.). D. Hollaz, *Examen theol. acroam.* II, Stargard 1707, 426 (III s.l c.7 qu.l3c), 420f.(qu.9), 비교. 427f.(qu.14). 세례는 소명과 관련해서 언급되지는 하지만(c.4 qu.7, 330f.), 그러나 복음을 통한 소명의 특별한 비유(*quasi vestita*)로서만 말해진다. 바이어는 세례를 복음의 말씀 곁에서 믿음의 도구적 원인으로 언급하며, 다음과 같이 말한다: Saltem respectu infantium, qui per baptismum concipiunt fidem(아이들에 관한 한 세례를 통해 믿음이 자란다). J. G. Baier, *Compendium Theologiae Positivae* 1694, hg. E. Preuss 1864, III, 3, 11, p.392. 부데우스에 의하면 성인들은 오직 성령을 거역하지 않는다는 조건 아래서만 거듭나게 된다: ex infantibus autem omnes eos, qui baptizantur. J. F. Budeus, *Compendium Institutionum Theologiae Dogmaticae*, 1724, IV , 3,23; 650. 그러므로 아이들은 거듭날 수 있지만, 회개하는 일은 일어날 수 없다(§28, 653). 반면에 성인들에게는 세례가 아니라 회개가 거듭남의 장소다.

448   J. F. Buddeus, 같은 곳, 652f. 이미 J. A. Quenstedt, 같은 곳, c.6 s.1 th.9 (687)도 비슷하게 말한다.

오늘날 개혁교회의 신학은 로마 가톨릭교회의 신학과 마찬가지로 양편의 신앙고백적 대립 안에서 전통적 방식으로 다루어진 칭의 주제의 한계성을 점차 의식하고 있다. 양편 각각의 신앙고백 교리의 유형은 믿음의 의에 대한 바울의 진술과 비교할 때 상당한 결함을 지니고 있다. 트리엔트 공의회의 교리 교시가 세례를 통해 거듭난 자들의 하나님 관계에 대한 믿음의 결정적인 중요성을 불충분하게 고려했다면, 종교개혁의 측면에서는—루터는 예외로 하고—칭의와 세례의 관계에 대하여 꼭 필요한 만큼 주의를 기울이지 않았으며, 믿음의 의를 바울과는 반대로 의의 선언의 행위에 근거시키려고 했다. 이러한 신학적 결함에 직면해서 양측의 교회들은 자신의 교리와 다른 상대편의 이해를 복음을 근거로 해서 정죄할 수 있는 아무런 이유도 갖지 못한다. 마치 자신의 교리만이 복음(혹은 사도 바울의 신학)과 완전히 일치하는 것처럼 주장할 수 없게 된 것이다. 오늘의 관점에서 칭의론의 차이는 신학 학파 사이의 대립으로 판단되어야 하고, 두 학파는 예수 그리스도와의 연합을 구원에의 참여에 대한 결정적 요소로 서술하려고 시도해야 하며, 이 실행에서 양편은 성서의 증언을 통해 스스로를 수정할 필요가 있다.

이 사실은 신약성서 안에서 믿는 자들의 구원에의 참여에 대한 다른 서술들과 비교되는 바울적 칭의 용어의 신학적 위상에 대한 질문에도 해당하는데, 무엇보다도 믿는 자들이 거듭나고 아버지께 대한 예수의 아들 관계 안으로 입양된다는 사고와 관련해서 그렇다. 칭의 표상에 대한 그런 다른 서술들을 바울의 용어에 반드시 **예속**시켜야 할 이유는 없으며, 오히려 바울에게서도 믿음의 그리스도와의 연합은 칭의의 판결 안에 이미 전제되어 있고, 그 전제 아래서 아버지께 대한 아들 관계 안으로 입양되는 것으로서 전개되었다. 여기서 구원에 참여하는 것에 대한 서로 다른 서술들을 **동등한 입장**에서 서로 연결하려는 시도가 있어야 한다. 이 시도는 그 서술들이 모두 세례와 관계를 갖는다는 사실을 숙고할 때 비로소 성공할 수 있다. 세례 안에서 인간의 거듭남이 성령을 통하여 발생한다. 믿는 자의 하나님의 자녀 됨도 세례에 근거를 두며(갈 3:26f.; 비교. 요 1:12f.), 영원한 생명의 "상속"(벧전 1:3f.)에 대한 희망과 결합되어 있는데, 이것은 바울에게서도 믿는 자의 아들 됨에 속한다(갈 4:7; 롬 8:17). 믿음의 의에 관한말씀도 바로 그 사건과 관계된다(갈 3:24-26; 비교. 딛 3:7). 세례는 그러므로이 모든 해석의 공통 배경이 되는 좌표를 형성한다.

세례와 믿음을 통해 예수 그리스도와 결합된 자들에게 주어지는 의의선언은 다른 한편으로 거듭남으로 파악된 사건 내지 그 사건의 결과의 서술에 대해서는 단지 부분적인 기능만을 갖는다. 바울은 의의 선언을 하나님과 화해된 존재 혹은 하나님과의 평화(롬 5:1)로 지칭했다. 이러한 서술은 아버지께 대한 예수의 아들 관계에 대한 참여로서 훨씬 더 깊은 의미에도달한다. 의의 선언은 화해된 존재를 확정하기 위한 한 가지 계기에 불과한데, 그 존재가 없다면 아버지 하나님께 대한 믿는 자들의 아들로서의 관계는 말해질 수 없다. 그러나 아들 됨은 거듭남의 결과로서 하나님께 대한 새로운 관계의 본래적 내용을 형성한다. 이것은 또한 믿음의 그리스도와의 연합에도 해당한다. 이것은 우선적으로는 틀림없이 예수의 십자가와부활의 길과 함께 하는 운명적 연합일 것이다. 그러나 그 연합의 핵심은아버지께 대한 예수의 아들 관계에, 그와 함께 하나님의 내재적 삼위일체의 생명에 참여하는 것이다. 죽은 자들로부터의 부활로부터 오는 영원한"생명"의 상속에 대한 희망도 바로 그 사실에 근거한다. 믿는 자들과 자신에게 신앙고백 하는 자들이 그 희망을 확신하도록 만드는 전권을 예수께서 주장할 수 있었던 것은 그분이 아버지의 영원한 아들이시며 믿는 자들을 아버지와 함께하는 그분 자신의 영원한 연합 안으로 이끌어 포함시킬수 있기 때문이다. 이 과정에서 인간을 아버지께 대한 예수의 아들 관계안으로 받아들이는 것은 인간을 창조하신 하나님의 의도의 완성으로 이해된다(골 3:9f.).[449] 왜냐하면 아들 됨과 함께 인간은 "새 인간"을 덧입으며,

---

[449]   참고. 『조직신학』 II 2, 398ff., 531ff., 550ff., 그리고 이미 252f.

하나님이 처음부터 의도하셨던 것처럼 말하자면 "의와 진리의 거룩함"(엡 4:24)으로 옷 입기 때문이다.

그렇다면 믿는 자들에 대한 하나님의 의의 선언이라는 의미에서 칭의 진술이 갖는 특별한 기능은 무엇인가? 이 진술은 믿는 자들(그렇지만 아직 완전하지는 않은 자들)로서의 세례받은 그리스도인들이 지금 이미 종말론적 구원에 참여하고 있다는 확신을 준다. 이 확신은 세례받은 자들이 아들 됨에 참여한다는 것과도 관계되어 있다. 그러나 믿음을 명시적으로 하나님 앞에서의 의의 형태로 선언하는 칭의의 진술은 그와 동시에 믿음을 인간의 모든 시도로부터 구분한다. 그 시도는 자신의 능력으로부터 자신의 행위를 통해 하나님 및 자기 자신과 혹은 하나님 없이 단지 자기 자신과만 화해하려는 것을 뜻한다. 믿음을 통한 인간의 칭의에 대한 바울적 교리의 이와 같은 비판적 및 논쟁적 기능이 교회사 안에서 비판적 지점에 놓인 칭의의 주제를 활발하게 논의되도록 만들었다. 그러한 비판적 원칙으로서의 기능은 아직도 여전히 타당한 의미를 갖고 있다.[450] 물론 그리스도 안에서 믿음에 현재하는 구원에 대한 서술이 칭의라는 용어를 필요로 하지 않는다는 점에서(이것은 신약성서 전체의 증빙으로부터 주어지는 결과다), 그리고 그 서술이 믿음의 의라는 공식 문구를 넘어서야만 한다는 점에서 그렇다. 믿음의 의라는 공식 문구는 그리스도교적 삶 전체가 믿음 안에 있는 삶이라는 사실과 확고히 결합되어 있다. 믿음은 인간을 그 자신 너머에 계신 예수 그리스도와의 연합으로, 그와 함께 또한 희망과 사랑으로 인도한다. 여기서 하나님의 사랑의 생명에 참여하는 것은 언제나 믿음의 탈자아성

---

450 브라아텐은 파울 틸리히의 관점을 수용하면서 칭의론의 의미를 이 점에서 바라보았다. C. E. Braaten, *Justification. The Article by which the Church Stands or Falls*, 1990, 41-62, bes. 60ff., 73. 여기서 브라아텐도 "칭의라는 단어는 중요한 것이 아니다"(82)라고 말했다. 다른 한편으로 그는 칭의와 관련된 미국의 루터교-가톨릭 문서들 안에서 믿음이 "사랑이나 순종과 같은 다른 어떤 것에 의해 완성될 수 있는 종류의 과정"으로 서술됨으로써, 그 원칙이 손상되었다고 보았다(119). 참고. *Justification by Faith*, Lutherans and Catholics in Dialogue VII, ed. H. G. Anderson u.a., 1985, 107.

(Ekstatik)에 의해 수행되며, 오직 그렇게 할 때만 믿음이 인간의 자아관계 안으로 역전되어 들어가는 일이 방지될 수 있다.

III. 교회의 삶에 현재하는 그리스도의 구원의 표징 형태

개별 그리스도인들이 예수 그리스도와 이루는 연합은 교회를 통해 중재된다(위의 13. I 을 보라). 오직 메시아 공동체의 지체로서 개별 그리스도인은 "그리스도의 몸"에, 즉 예수 그리스도 자신에게 참여할 수 있다. 그러나 바로 교회의 중재를 통해 개별 그리스도인들은 예수 그리스도와의 직접성의 관계에 도달한다(13. I 3). 영을 통한 예수 그리스도와의 연합의 직접성—이 안에서 하나님과 화해하는 사건이 목적에 도달한다—은 근본적으로 믿음, 희망, 사랑(13.II)으로서 스스로를 완성한다.

믿는 자들이 거듭나는 사건은 신약성서의 증언에 따르면 세례 안에서 발생한다. 이로써 개인들이 예수 그리스도와 이루는 믿음의 연합이 교회를 통해 중재된다는 것이 다시 시야로 들어온다. 중재는 교회가 선포하는 복음에 의존하는 믿음 자체의 개념에서 이미 작용하고 있다. 세례는 그러한 개인으로서의 그리스도인들의 새로운 실존을 구성하는 행위다. 세례를 믿음으로 받아들일 때, 개인들의 그리스도교적 삶은 자체의 구체적인 형태를 발견한다. 세례에 뒤따라오는 거듭남의 수용 과정은 그리스도인들의 삶 전체에 걸쳐서 진행된다. 언제나 또다시 새롭게 실행되어야 하는 그리스도인들의 회개, 예수 그리스도 안에서 자신을 계시하신 하나님을 향하는 것, 그것과 함께 그 개인 자신의 실존 곧 세례의 행위에 근거한 그리스도 안에 있는 새로운 실존 등이 그 수용 과정에 속한다. 그러나 또한 믿는 자의 자기 이해 안에서 그것들을 확고히 다지고 결정적으로 확정하는 것도 그에 속한다.

이와 같이 세례를 개인들의 거듭남의 사건으로 생각함으로써, 개인들의 삶의 실행을 넘어서서 교회적 삶의 맥락을 향하여 시야가 확장된다. 세례가 세례받는 자를 교회 공동체 안에 지체로서 편입시키는 것이라면, 세례는 교회 공동체의 토대가 된다. 세례의 실행이 교회적 행위라는 사실도 이에 상응한다. 세례를 줄 수 있는 것은 교회의 공적 교역자만인지, 혹은 예외적인 경우에 일반 그리스도인들도 집전할 수 있는지의 문제와 관계없이, 세례를 주는 자는 반드시 모든 그리스도인의 포괄적 공동체로서의 교회의 이름으로 세례를 집전해야 한다. 바로 그 공동체가 세례의 행위를 통해 한 사람의 새로운 지체를 얻는 것이다.

세례를 통해 교회 공동체 안에 지체로서 편입되는 것은 그 개인이 예수 그리스도 안에 심겼다는 사실의 부차적 결과다. 이에 상응하여 믿는 자들의 공동체는 성만찬의 참여와 관련되는데, 이 참여는 개인들로 하여금 예수 그리스도와의 연합을 확신할 수 있게 해준다. 성만찬은 모든 교제하는 자들이 한 분 주님이신 예수 그리스도께 참여하는 것, 그리고 그 참여에 근거한 교회 공동체를 구체적으로 표현한다. 이와 같은 표현의 행위라는 관점은 그리스도교적인 예배 안에서 성만찬의 실행의 특징을 형성하며, 이런 성만찬 예배 전체는 하나님을 찬양하는 종말론적인 하나님의 백성의 잠정적 묘사라고 말할 수 있다.

세례와 마찬가지로 성만찬에서도—그러나 일차적으로는 세례에서—중요한 것은 언제나 개인들이 예수 그리스도와 연합한다는 것이다. 세례에서는 그 연합을 위한 유일회적 근거가 중요하며, 예수의 만찬에 참여할 때는 그 안에서 보존되는 그에 대한 확신이 중요하다. 그런 점에서 예수의 만찬에 참여하는 것은 세례를 통해 구성되는 그리스도인의 새로운 실존을 수용하는 개인적 역사에 속한다.

세례와 성만찬은 표징의 행위들이며, "하나님의 가까움의 표징"이다.[451] 양자는 표징으로서 그것들이 묘사하는 것을 불러일으킨다. 그러나 양자는 단지 표징의 형태로서, 나아가 오직 표징의 지반 위에서만 그렇게

---

451   이 제목을 통해 슈나이더는 성례전의 본질을 깊은 의미로 표현했다. Th. Schneider, *Zeichen der Nähe Gottes. Grundriß der Sakramententheologie*, 1979.

불러일으킬 수 있다. 이것은, 스스로 드러나듯이, 믿는 자들의 예수 그리스도와의 연합이 우리 자신의 외부에 계신 예수 그리스도—표징 행위는 이분을 가리키며 믿음도 이분에 의존한다—안에 근거되어 있다는 사실과 관계되어 있다. 그렇기 때문에 양자는 교회 및 그 지체들의 삶 안에서 오직 표징적으로만 실행된다. 물론 세례와 성만찬의 표징 행위를 통해 믿는 자들의 삶과 공동체적 삶 안에서 현실적인 효과를 불러일으키는 것은 표징 자체가 아니라 표징의 대상이다. 세례와 성만찬의 표징성이 현실적으로 실현됨에 따라 믿는 자들이 구원에 참여하는 현재적인 형태는 그것의 미래적 완성의 형태와 구분된다. 후자는 심판과 창조의 완성을 위해 교회의 주님이 재림하실 때 완성될 교회 공동체의 형태를 가리킨다.

　신학적 전통은 효력이 있는 표징의 본래적 형태, 곧 믿는 자와 교회의 삶 속에서 매우 중요한 의미를 갖는 형태를 성례전 개념을 통해 지칭해 왔다. 우리는 이 단락(13.III)을 성례전 개념과 그것의 교회적 표징 행위에 적용하는 것에 대한 논의로서 마치게 될 것이다. 신비 혹은 성례의 개념을 이 행위들에 적용하는 것은—신약성서가 예수 그리스도를 하나님과 그분의 의지가 지닌 비밀의 총괄개념으로 말한다는 사실을 생각한다면—교회와 반대되는 것이 아니라 오히려 화해 사건의 특성 아래서 유대인과 이방인의 대립을 극복하는 가운데 생겨난 교회(위의 단락 12.2.b를 보라)를 포함한다. 성례전 개념이 세례와 성만찬의 표징 행위들에 어떻게 적용되는지를 이해하고 판단하기 위한 물음의 논의에서, 신약성서가 후대에 성례전으로 지칭한 것은 세례도 성만찬도 아니고 오히려 결합의 신비라는 개념을 지닌 혼인이었다. 이러한 매우 특징적인 사실이 숙고되어야 한다.

1. 세례와 그리스도교적인 삶

a) 그리스도교적 정체성을 구성하는 세례

인간이 받는 세례는 시간의 흐름 속에 있는 그의 모든 사건이 그렇듯이 하나의 개별적인 사건이다. 그러나 거듭남의 사건으로서 세례는 육체적 탄생과 마찬가지로 지속적인 효력을 갖는다. 한번 세례받은 자는 이후로는 결코 세례받지 않은 자가 될 수 없다. 세례받은 존재라는 사실은 잊힐 수 있을지 모르지만, 세례를 받음으로써 일어난 일은 망각 속에서도 여전히 지속된다. 그때 일어난 사건은 일어나지 않은 것이 될 수 없다. 이 사태는 아우구스티누스에게로 소급되는 지속적 "성격"의 교리에서 표현되는데,⁴⁵² 이것은 동전에 주조된 상이 동전에게 수여되듯이, 세례받은 사람에게 세례를 통해 수여된다. 세례받은 모든 사람은 지속적으로 그 혹은 그녀의 이전 존재와 다른 존재가 된다. 이 사실은 세례와 함께 세례명이 주어지며, 그 이름이 이제 세례를 받은 인격과 결합된다는 것에서 표현된다.

세례를 통한 거듭남 혹은 인격의 새로운 구성은 세례받은 자가 예수 그리스도와 함께, 그래서 또한 삼위일체 하나님과 함께 결합된다는 내용을 가지며, 그 결과 그 혹은 그녀의 인격 존재가 지속적으로 하나님과의 관계를 통해, 그것도 구체적으로 아버지께 대한 예수의 아들 관계에 참여하는 것을 통해 구성된다는 내용을 갖는다. 이것은 세례받은 자가 예수 그리스도의 "이름"으로 혹은 아버지와 아들과 성령의 이름으로 세례를 받는다는 사실(마 28:19)을 통해 발생한다. 예수의 이름으로 혹은 초기 교회에서 흔히 그랬던 것처럼 삼위일체 하나님의 이름으로 세례를 행하는 것은 일종의 양도 행위다.⁴⁵³ 세례받은 자는 이제 더 이상 자기 자신에게 속

---

452 이에 대해 참고. B. Neunheuser, *Taufe und Firmung*, *Handbuch der Dogmengeschichte* IV/2, 1956, 48ff. 또한 R. Schulte, Die Umkehr(Metanoia) als Anfang und Form christlichen Lebens, in : *Mysterium Salutis* 5, 1976, 117‒221, bes. 162f., 192ff.

453 이에 대해 참고. E. Schlink, *Die Lehre von der Taufe* (Leiturgia V), 1969, 39ff. 또한 R.

하지 않고, 하나님(롬 6:10) 내지는 예수 그리스도(롬 7:4)께 속한다. 이것이 세례를 인장(印章, Giegel)으로 이해했던 근원적인 의미(고후 1:22)[454]다. 인장은 다가올 세계 심판 안에서 세례받은 자의 종말론적인 구원의 확증인 동시에 또한 그의 선택과 희망의 표징이다.

처음에 시행된 그리스도교의 세례에서 삼위일체적 세례 문구의 사용보다 예수의 이름으로 주는 세례가 앞서 행해졌다(롬 6:3; 갈 3:27; 비교. 고전 1:13-15).[455] 특히 사도행전은 세례의 그 형식을 증언한다(행 2:38; 8:16; 10:48; 19:3-5). 그러나 그 형식은 중심 내용에서 후대에 대체적으로 수용되었던 세례 행위의 삼위일체적 형식에 대한 대안이 아니었다. 이미 예수의 부활 이전의 메시지 안에서 아버지와 영은 예수 자신과 밀접하게 결합되어 있었고, 그리스도론적인 세례 문구가 마태복음 28:19의 삼위일체적 공식 문구로 변해가는 과정은 "그렇게 먼 길"이 아니었다.[456] 예수의 이름으로 주는 세례는 세례받는 자를 언제나 이미 영원한 아버지의 아들과 결합시켰으며, 그로 하여금 그분의 영에 참여할 수 있게 해주었다.

세례받은 그리스도인은 예수 그리스도와의 결합을 통해 그리스도의 죽음의 열매에 참여하며, 그분의 부활 안에서 나타난 새롭고 영원한 생명 곧 죽음을 극복하는 생명에 참여한다. 그래서 세례는 원시 그리스도교의 초기로부터 **죄의 용서** 곧 예수의 죽음의 화해시키는 효력과 결합되었으

Schulte, in : *Mysterium Salutis* 5, 1976, 145ff.

454   G. Kretschmar, *Die Geschichte des Taufgottesdienstes in der alten Kirche*, 1970 (Leiturgia V), 36ff.

455   참고. Wilckens, *Der Brief an die Römer* 2, 1980, 48-50. 이것은 캄펜하우젠의 항의에 응답한다. H. v. Campenhausens, Taufe auf den Namen Jesu? in : *Vigiliae Christianae* 25, 1971, 1-16. 또한 비교. G. Kretschmar, 같은 곳, 32ff.

456   U. Wilckens, 같은 곳, 50.

며,[457] 다른 한편으로 종말론적인 **영의 수여**와도 결합되었다.[458] 영을 통해 예수의 부활의 새로운 생명은 세례받은 자에게 이미 현재하며, 그의 미래적 완성이 보증된다. 죄의 용서가 그리스도의 죽음과 연합한 결과로서 나

---

457 사도행전 2:38, 비교. 22:16, 그리고 고전 6:11(세례를 통해 죄를 씻음). 죄의 용서를 예수께 대한 믿음과 관계시켜 말하는 사도행전의 다른 구절들(10:43; 13:28; 26:18)도 세례의 의미를 내포하고 있을 수 있다. 비교. J. Roloff, *Die Apostelgeschichte übersetzt und erklärt*, 1981, 208 zu 13:38. 세례와 죄 용서의 결합에 대하여 그 밖에도 에베소서 5:26f.; 베드로전서 3:21(비교. 벧후 1:9), 그리고 히브리서 10:22을 보라. 바울적 진술과 바울 이후의 진술도 여기서 속한다. 그 구절에 따르면 세례받은 자는 그리스도의 죽음과의 결합을 통해 죄에 대하여 죽었다. 세례와 죄의 용서가 일치한다는 것은 마가복음 1:4과 병행구절의 세례 요한의 세례에서 이미 주장되었다. 그러나 이 구절과 대립되는 것으로는 이미 신약성서 안의 마태복음 3:11과 사도행전 19:4 곧 (죄의 용서 없이) 단순히 회개의 세례만을 말하는 구절들과 요세푸스(Josephus, Ant 18, 117)의 증언이 있으며, 그 결과 이 구절의 마가복음의 진술은 그리스도교적으로 채색된 것으로 관찰될 수 있다. J. Jeremias, *Neutestamentliehe Theologie Erster Teil: Die Verkündigung Jesu*, 2.Aufl. 1973, 52. 의심할 바 없이 회개의 행위로서의 요한의 세례는 미래 심판 안의 구원과 관계되었지만(비교. 눅 3:7), 그러나 그것이 세례 안에서 그 미래의 구원이 이미 현재적으로 선취되고 있다는 의미는 전혀 아니었다. 이 의미는 그리스도교적 세례 안에서 그것이 예수의 죽음과 관계되면서 비로소 가능해졌다. 또한 참고. J. Becker, *Johannes der Täufer und Jesus von Nazareth*, 1972, 38. 그리고 H. Thyen, *Studien zur Sündenvergebung im Neuen Testament und seinen alttestamentlichen und jüdischen Voraussetzungen*, 1970, 131–145, bes. 138ff. 티엔은 그리스도교 안에서 예수의 죽음과의 관계를 통해 마련된 죄의 용서의 새로운 근거에 대해서만 말한다(152–194).

458 사도행전 2:38; 19:5f., 비교 10:44ff. 여기서는 이미 발생한 영의 수용 이후에 세례가 뒤따라왔다고 말해진다. 에디오피아 궁내 대신(행 8:38f.)의 세례와 디다케 7:1–4에서 성령의 수여가 명시적으로 언급되지 않는다는 사실로부터 그리스도교 세례의 초기 형태에 영의 수여가 없었다는 결론을 내릴 수 있는지의 문제는 여기서는 열어두어야 할 것 같다. 참고. G. Kretschmar, 같은 곳, 23f. 바울이 받았던 세례(행 9:18)에서도 영의 수여와 수용에 대해서는 보고되지 않는다. 그러나 바울은 세례에 대해 말하는 자신의 서신들 안에서는 영의 수여와 수용을 자명한 것으로 전제한다. 고린도전서 12:13의 세례와 관련된 내용과 그 밖에 2:12; 로마서 5:5; 8:9.11.15 등등을 참고하라.

타나는 구원의 효력이라면, 영의 수여는 죽은 자들의 부활로부터 나타난 생명의 선취(vorschuß, 선금; 고후 1:22; 5:5; 비교. 롬 8:23)다. 죄 용서는 교회의 신앙고백 안에서 세례 행위와 계속해서 결합되었다.[459] 그러나 이미 원시 그리스도교는 영의 수여 안에서 종말론적 구원의 효력 있는 표징으로서의 그리스도교 세례—특별히 요한의 세례와 구분되는 가운데—의 다양한 특징들을 인식했다(행 1:5; 11:16; 19:1-6).

세례에 근거하는 연합, 곧 그리스도인들이 예수의 죽음 및 부활과 연합하는 것은 바울 이래로—바울 이전은 아니라고 해도—죽음과 부활 안에 있는 예수의 운명에 대한 현실적인 참여를 의미했다(롬 6:3ff.).[460] 이때 세례의 물은 단지 죄를 "씻음"(예를 들어 고전 6:11)만이 아니라,[461] 또한 죄인의 죽음을 의미한다. 이미 사도 바울이 그렇게 하지는 않았지만,[462] 어쨌든 후대의 교회는 이러한 사고를 침례 예식 안에서 표현했다. 카이사레아의 바실리오스에 의하면 "우리는 세례를 통하여 그리스도의 무덤을 본받는다."[463] 그리고 사도 헌장(Apostolische Konstitutionen) 안에서는 이렇게 말해진다. "세례는 그리스도의 죽음의 자리에서 주어지며, 물이 무덤을 대신한다.…물에 잠기는 것은 함께 죽는 것이고, 물 위로 올라오는 것은 함께

---

459 니케아-콘스탄티노플 신조에서 교회는 "죄의 용서를 위한 하나의 세례"를 고백한다(DS 150, 비교. 41, 42, 46, 48). 신앙과 직제 위원회의 이 고백에 대한 교회일치적 해석은 이 진술을 올바르게도 죄 용서와 칭의의 주제 전체를 위한 신학적 장소로서 다루었다(*Gemeinsam den einen Glauben bekennen. Eine ökumenische Auslegung des apostolischen Glaubens, wie er im Glaubensbekenntnis von Nicaea-Konstantinopel (381) bekannt wird. Studiendokument der Kommission für Glauben und Kirchenverfassung,* 1991, 98ff., Nr. 252-256).

460 참고. U. Wilckens, 같은 곳, 50f., 또한 11ff., 23f.

461 비교. 사도행전 22:16; 히브리서 10:22; 요한계시록 1:5. 참고. A. Oepke, In: *ThWBNT* IV, 1942, 305ff. 또한 G. Kretschmar, 같은 곳, 45ff.

462 크레취마르는 이 생각에 반대한다. G. Kretschmar, 같은 곳, 17.

463 MPG 32, 129 B.

부활하는 것이다."[464] 이미 바울에게서 세례는 그리스도의 죽음의 상과 "동일 형태"(*homoioma*; 롬 6:5)를 뜻한다. 여기서 세례받은 자는 예수의 죽음과 결합됨으로써, 그의 미래의 죽음은 세례 안에서 표징적으로 미리 선취되었다. 그 결과 그는 미래에 그리스도의 부활의 생명에 참여하게 될 것이라는 확신을 갖게 되며, 그것의 담보물인 영—모든 생명의 창조적 근원으로서의 영—이 세례받은 자에게 지금 이미 수여되었다(롬 8:23).

세례받는 사람이 예수의 죽음 및 부활과 현실적으로 결합한다는 생각은 세례 행위에서 그가 예수 그리스도께 양도된다는 주제를 설명해준다. 그것은 예수 자신에게로 소급되는 부르심 곧 그를 뒤따르라는 부르심과 연결되는 방식으로 발생한다. 뒤따르라는 예수의 부르심이 그리스도교 세례의 근거에 놓여 있다는 사실, 또한 그 부르심이 그리스도교 선교의 선포를 통해 변화된 형태의 세례로의 초대와 함께 계속되고 있다는 사실은 마태복음 28:19로부터 도출된다. 이 구절은 모든 민족의 사람들을 "제자로 삼으라는" 확장된 세례 명령이다. 이 사실은 예수께서 세례를 제정하셨는지의 질문과 관련해서 더욱 정확하게 설명되어야 한다. 세례받는 자들이 예수와 운명적으로 결합된다는 표상의 내용에 관하여 여기서 우선 한 가지 계기가 중요하다. 예수의 길을 뒤따랐던 제자들은 자신의 고유한 삶을 예수의 길과 일치시키면서 성장했다. 비록 제자들이 십자가의 죽음 혹은 순교자의 죽음을 반드시 겪어야 하는 것은 아니지만, 그래도 각자의 죽음은 예수의 죽음과 연결되었으며, 그 결과 제자의 고유한 삶과 죽음에 대리적 의미가 주어졌다. 제자의 길 전체는 예수의 약속 아래 있다. "누구든지 사람 앞에서 나를 시인하면 인자도 하나님의 사자들 앞에서 그를 시인할 것이요"(눅 12:8).[465] 물론 그 결합은 상호적인 것이지만, 그러나 제자들

---

464   III,17,1f. G. Kretschmar, 같은 곳, 174에서 인용되었다.

465   세례의 수용은 최소한 암묵적으로 언제나 이미 예수 그리스도께 대한 신앙고백의 계기와 결합되었다. 비록 원시 그리스도교가 세례를 주는 예식에서 세례받는 자의 개인적 신앙고백이 항상 행해졌던 것은 아니었다고 해도 그렇다(위의 제12장 2단락

에게는 어쨌든 각자 자신을 예수께 결합시켜야 한다는 점이 요구되었다. 믿는 자가 바로 예수의 죽음을 통해 해방되어 각자 고유한 개인적인 길, 곧 하나님과 인간에게 봉사하는 자로서의 특수한 소명의 길을 갈 수 있게 되었지만, 그럼에도 불구하고 그는 삶과 죽음에서 더 이상 그 자신에게 속한 것이 아니라 오히려 예수 그리스도께, 그리고 그분을 통해 아버지께 속한다. 예수 자신도 아버지께서 주신 사명에 자신의 삶을 헌신했다. 믿는 자가 예수께 속한다는 것은 예수께서 죽음에 머물러 계시지 않고 부활하신 자로서 아버지의 통치에 참여하도록 높여지셨다는 사실을 전제한다. 그래서 예수는 그분의 교회와 그분의 모든 개인 제자들을 다스리신다. 그러나 이것은 예수 자신의 이 세상의 길과 무관하게 일어나지 않고, 그분의 역사를 지나쳐서 일어나지도 않는다. 오히려 그것은 믿는 자들이 바로 그분의 이 세상의 길과 결합됨으로써 일어난다. 믿는 자들은 자신의 개인적 삶의 경험 속에서 어떤 특별한 형태가 예수의 역사 및 길과의 결합을 수용하는 것인지를 배운다. 예수께서 살아 계시고 그리스도인들은 세례를 통해 그분과 결합되어 있기 때문에, 그들 각자는 죽음에 이르는 도상에서도 홀로 있지 않으며, 그 마지막 길을 가면서도 예수에게서 이미 나타난 새로운 생명을 전적으로 신뢰한다.

세례는 표징 행위의 형태로서 죽음과 부활 안에 계신 예수 그리스도께 속하게 되는 근거가 된다. 그러나 표징의 기능에 속하는 것은 표징이 그것으로 지칭되는 사태를 가리킨다는 사실만이 아니다. 어떤 사람이 그 표징이 가리키는 방향을 따른다는 사실도 그에 속한다. 이와 함께 비로소 표징의 기능은 성취된다. 세례의 경우에 이 일은 믿음을 통해 발생한다. 이것의 의미는 믿음에 관한 루터의 서술로부터 명확하게 통찰된다. 루터는 믿음을 믿는 자 자신의 외부에 주어진 어떤 것에 그 자신을 굳게 결합시키

의 각주 53을 보라). 제자 됨의 동기와 예수 그리스도께 자신을 양도한다는 세례 예식의 의미는 세례에서 신앙고백이 근본 역할을 행한다는 기본 내용을 포함한다. 이것은 그리스도교적인 세례가 포함된 예배의 역사 안에서 발전된 것이다.

는 것으로 설명했다. 예수 그리스도께 신앙고백하고 그분을 신뢰하는 믿음은 그분 및 그분의 길과의 결합을 실현하며, 이 결합은 세례를 통해 표징적으로 묘사된다. 여기서 표징 행위로서의 세례는 단지 예수께 대한 믿음과 고백의 가시적이고 공적인 표현에 그치지 않는다. 물론 성인의 세례의 경우에 그런 면이 있는 것은 사실이다. 세례를 받을 때 일어나는 그보다 더 중요한 의미는 아무도 자기 자신에게 스스로 세례를 줄 수 없다는 사실에서 나타난다. 표징의 행위로서의 세례는 객관성의 특징을 갖는데, 이것의 의미와 내용은 그 자체로서 세례받는 자를 요청하고 있다. 세례는 이러한 의미와 내용에 상응하는 행위를 세례받는 자에게 요청하는데, 이것은 충족되지 못할 수도 있다. 그렇기 때문에 세례는 단지 믿는 자의 주관성의 표현이 아니고—물론 세례가 가리키는 것은 믿음 안에서 충분히 수용될 때만 세례받는 자에게 완전히 실현되기는 하지만—그 이상의 어떤 것이다.

세례의 표징 행위 안에서 세례받는 자는 그리스도의 죽음 안으로 함께 장사된다(롬 6:4). 그 자신의 미래의 죽음은 표징적으로 선취되면서 그리스도의 죽음과 결합된다. 이것은 원시 그리스도교가 침례 방식을 사용했던 것에서 특별히 명확하다. 세례가 아직 남아 있는 이 세상 삶의 길 전체에 대하여 갖는 관계가 그 선취적 결합에 근거하게 된다. 그 길은 그것의 미래적 종말로부터 바라볼 때 전체로서 시야에 들어오게 된다. 이에 따라 세례와 죽음 사이에서 진행되는 그리스도인의 삶의 역사는 세례에서 표징적으로 선취된 사건을 뒤따라 성취하는 것이 된다. 그리스도교적인 삶은 세례로부터 그리스도와 함께하는 죽음의 과정으로 펼쳐지며, 이와 동시에 영을 통하여 새로운 인간 곧 부활하신 자의 생명이 그리스도인 안에서 이미 효력을 나타낸다(롬 6:9ff.).

이와 함께 세례 행위의 유일회성의 더욱 깊은 의미가 제시된다. 세례받는 자가 미래의 죽음을 선취하는 것은 세례를 아직 남아 있는 삶의 길 전체와 관계시킨다. 이것은 이미 세례의 성취를 통한 양도 사상 안에서 암시되었다. 그렇기 때문에 세례는 본질상 일회적이고 반복될 수 없다. 인류의 구원사에서 죽음으로부터 부활에 이르는 예수 그리스도의 전환이 유일회적·비가역적이고 그래서 반복될 수 없는 것처럼, 각각 개별적인 그리스도인의 개인적 삶 속에서 일어나는 세례의 경우도 그와 마찬가지다. 이것은 세례의 표징이 개인적 그리스도인의 삶의 총괄개념으로서 그 삶의 역사적 진행 과정 위에 서 있으며, 이와 동시에 그 새로운 삶의 통일성의 토대를 그의 개인적 특성 안에 마련해준다는 것을 의미한다. 이것은 세례에서 받은 새로운 고유한 이름이 가리키는 의미다.

세례가 세례받은 자의 죽음 및 그의 삶의 과정 전체와 미리 앞서 관계됨으로써 갖게 되는 예기적 의미는 그리스도교 신학의 역사 안에서 단지 단초를 제공하는 방식으로만 시야에 들어왔다.[466] 특히 서구 신학 안에서 이 사태는 여러 가지 이유에서 즉시 배후로 사라졌다. 그러나 여기서 한 가지 발전이 있었는데, 그것은 세례를 아직도 그리스도인의 존재의 시작으로 보았고 그 존재의 시작의 국면에 속한다고 여겼다는 사실이다. 그러나 이러한 시작의 국면은 그리스도인의 삶 전체를 더 이상 포괄하지 못하며, 오히려 뒤따르는 국면들에 의해 추월되고 만다. 세례와 견진이 분리된 것도 이런 방향으로 작용했다.[467] 원래는 세례에 속했던 예식인 기름부음과 안수도 독자적인 성례전적 행위로 독립했으며, 유아에게 점점 더 많이 세례를 주었던 4세기 이래로 삶의 후대의 국면에 속하는 것으로 배열되

---

466 Klemens von Alexandrien, 특히 *Paidagogos* 1–3에서 각성, 입장, 완성, 불멸의 일련의 계기들을 보라. 또한 참고. Origenes. 이에 대해 비교. B. Neunheuser, *Taufe und Firmung*, Handbuch der Dogmengeschichte IV/2, 1956, 28.30ff.

467 G. Kretschmar, 같은 곳, 236는 이미 밀라노의 암브로시우스에게 근원적으로는 하나의 "제의구조"였던 것이 세례에 속한 다양한 개별 제의들로 분리되었다는 사실을 제시했다(한편으로 특히 침례가, 다른 한편으로는 기름부음과 안수와 같은 "세례 이후"의 개별 제의들). "세례의 여러 부분의 행위들"은 암브로시우스에게 있어 자체 안에 폐쇄된 하나의 통일성이 아니라 "서로 순서로 열거되는 하나님이 규정하신 예식들"로 이해되었다(같은 곳, 비교. 267f.).

었다. 이로부터 그리스도교적인 삶이 세례를 넘어서 계속 진행된다는 인상이 생겼는데, 일차적으로는 혼인예식과 성직 안수가 세례 이후에 계속되는 요소로 보였다. 교회의 고해성사 기관이 제도적으로 발전함에 따라 세례는 다른 방식으로 그리스도교적 삶 속에 멀리 놓인 단순한 시작점으로 밀려났다. 세례 이후에 범한 죄 때문에 세례의 은혜가 상실되기 때문이었다. 이것이 세례와 구분되는 참회, 면죄, 혹은 유아기의 믿음으로부터 멀어진 자들의 복음을 향한 새로운 돌이킴 등을 통해 은혜에 재차 도달하는 것을 그리스도교적 삶의 중심에서 등장하도록 만들었다.

그리스도인이 걷는 이 세상의 삶의 길 전체에 해당하는 세례의 중요성을 숙고할 때, 한편으로 참회와 세례의 관계, 다른 한편으로 견진과 세례의 관계에 대한 보다 더 정확한 논의가 필요해진다. 견진 성사의 독립성과 유아세례로서의 세례의 실행 사이의 밀접한 관계 때문에 이 두 가지 주제를 함께 논의하는 것이 추천할 만하다. 마지막으로 원시 그리스도교가 병자에게 기름을 붓던 관습 역시 세례와 견진은 물론 참회와도 관계가 있었다. 이것은 라틴적 중세 시대 이래로 독립적인 성례전으로 파악되었다. 이 관습은 죄 용서의 선언을 통해 참회의 성례전과 비슷해졌고, 기름부음의 예식을 통해 세례 및 견진과도 비슷해졌다. 우리는 교회일치적 의미 때문에 그 주제에 주목해야 한다. 그다음에 예수께서 세례를 제정하셨는지의 질문을 다루며, 세례와 관련된 단락 전체를 마치게 될 것이다.

b) 세례, 돌이킴, 참회

마태복음은 예수의 메시지를 다음과 같은 외침으로 요약했다. "회개하라, 천국이 가까이 왔느니라"(마 4:17). 복음서 저자는 이와 글자 그대로 동일한 회개를 부르는 요청으로서 앞에서는 세례 요한의 특징적인 메시지를 제시했다. 사실 예수는 회개로 부르는 외침과 함께 세례자의 메시지를 계속 전했을 뿐만 아니라, 나아가 호세아(12:7; 14:2f.) 이래로 하나님의 백성에게 그들의 하나님께 돌이키라고 외쳤던 예언자적 전통 안에 섰다. 역대기는 이스라엘의 예언자 현상이 대체로 백성들에게 회개하라고 외치는 하나님의 부르심을 통해 움직였다고 해석한다(대하 24:19). 실제로 회개를 필요로 하는 사람들은 하나님의 백성만이 아니라 하나님께 대하여 스스로를 높이고 그분을 외면했던 모든 사람이다. 이들이 모두 하나님께로 돌이켜야 하고, 죽음의 권세에 빠진 타락으로부터 구원받아야 한다. 타락은 자신들의 창조자를 외면한 결과다. 이와 같이 그리스도교적 선교는 하나님께로의 회개 혹은 돌이킴의 외침을—이제는 한 분이시고 홀로 참되신 하나님 곧 이스라엘과 예수 그리스도의 하나님을 향하라는 의미에서—열방의 세계에 들려지도록 했다(살전 1:9; 눅 24:47; 행 17:30; 26:20). 이 과정에서 하나님께로 돌이키라는 외침은 예수 그리스도의 이름으로 세례를 받으라는 요청과 결합되었다(행 2:38; 비교. 히 6:1f.). 하나님께로 돌이키는 것과 예수의 이름으로 세례받는 것의 결합은 무엇을 의미할까? 그리고 그것의 근거는 무엇이었을까?

마태는 예수의 메시지가 지닌 회개의 모티프(주제)를 똑같은 문구로서 앞에서는 세례 요한의 메시지에 대해 사용했다. 그러나 예수의 메시지의 맥락에 담긴 모티프는 다른 기능을 가지고 있었다. 요한에게서는 임박한 최후 심판에 직면해서 구원과 죄 용서의 희망이 그 근거였다면, 예수의 사역 안에서 회개로의 외침은 그 자신 곧 예수의 등장으로—그의 외침을 듣고 믿음으로 받아들인 자들에게—동터온 하나님 나라의 구원의 미래의 소식에 근거하고 있었다. 마가복음에서는 이렇게 말해진다. "때가 찼고 하나님의 나라가 가까이 왔으니 회개하고 복음을 믿으라"(1:15). 하나님의 통치의 현재와 그것의 구원에 대한 선언, 곧 자신의 모든 것을 규정하는 미래를 믿음 안에서 전심으로 신뢰하게 된 사람들을 향한 선언은 이제 듣는 자들로 하여금 하나님을 향한 돌이킴으로 움직이게 만든다. 이 과정에서 믿음 그 자체가 이미 돌이킴이고, 그것이 요한의 회개의 세례의 자리에 선다. 하지만 이것은 예수의 사역 안에서는 더 이상 계속되지 않고, 어쨌든 중요성에 있어 전적으로 후퇴한다. 원시 그리스도교가 예수의 죽음과 부활 후에 세례를 다시 받아들였으며, 이제는 그것을 예수의 이름으로 실행했다는 사실은 세례의 근원과 동기를 광범위하게 어둠에 잠기게 만들었다. 그 사실은 어쨌든 하나님의 통치와 구원의 현재가 예수의 등장과 함께 시작되었고, 그래서 그분께 속하는 자는 구원을 보장받은 것으로 여겨졌다는 것과 관계가 있다. 세례는 개인적 인격들을 제자 됨과 뒤따름의 관계 속으로 부르시는 예수 자신의 말씀을 대신했다. 요한에게서 시작된 그 원천으로부터 세례는 회개의 행위라는 중요한 내용을 동반했다. 그러나 회개는 이제 예수 그리스도 안에서 일어난 하나님의 구원 행위에 대한 사도적 소식을 믿음으로 받아들이는 것으로서 그분의 이름으로 주어지는 세례 행위를 통해 성취된다.

그러므로 하나님께로 돌이킴 혹은 전향은 세례 행위와 다른 어떤 것, 즉 세례보다 앞서거나 혹은 그것을 뒤따르는 것이 아니고, 오히려 돌이킴과 세례는 일치한다. "믿음에 - 도달 - 하는 것"과 세례는 분리될 수 없다. 왜냐하면 믿음 안에서 사도적 소식을 신뢰하는 사람은 세례를 통하여 비로소 "객관적으로" 영원히 유일회적인 예수 그리스도와의 연합, 그와 함께 예수 그리스도의 화해의 죽음에 근거하는(롬 3:25) 죄의 용서(행 2:38)를 수여받기 때문이다. 그러므로 세례 없이 복음을 믿는 것은 아직은 완전한 의미에서 그리스도교적 구원의 믿음이 아니다. 그런 믿음은 아직은 인간이 스스로 자기 자신에 대한 주관을 실행하는 가운데서 발생한다. 반면에 그리스도교적 믿음은 세례의 행위를 통해 새로운 주체가 된다. 물론 그 변화의 과정에서 인간은 자신의 과거 존재와 여전히 관계되어 있다고 해도 그렇게 말할 수 있다.

원시 그리스도교에서 회개와 세례가 매우 가까이 일치했다는 것은 신약성서 안에서 ─요한계시록을 제외한다면─ 이미 세례를 받은 그리스도인과 관련해서는 회개가 거의 말해지지 않는다는 사실에서 제시된다. 그들에게 회개는 세례 안에서 영원히 유일회적으로 발생했다. 요한복음 안에서 회개의 주제는 대체로 빠져 있으며, 그 자리에는 인간에게 필요한 거듭남의 사상이 등장했는데, 거듭남은 물과 영을 통하여(요 3:5) 즉 세례를 통하여 발생한다. 거듭남의 표상 안에서 세례와 결합된 회개의 유일회성이 강화된 표현에 도달한다. 나아가 히브리서에서는 이렇게 말해진다. "빛"을 받고서(히 10:32) "진리를 아는 지식"(10:26)에 도달한 후에 "짐짓 죄를 범한 자"에게는 더 이상 속죄의 가능성이 없다(같은 곳; 비교. 6:4-6; 12:17). 하지만 이것이 모든 그리스도인이 주기도문 안에서 소리 내어 기도해야 하는 용서의 간구와 모순을 이룰 필요는 없다. 이 간구는 자신 편에서 다른 사람을 기꺼이 용서할 수 있는 자세와 연관되어 있다. 그런 자세에 대한 기대는 마태복음의 공동체의 질서를 위한 지침(18:15ff.)과 이에 상응하는 야고보서의 서술(5:19f.; 비교. 3:2) 안에서도 표현된다. 요한1서는 공동체의 지체들에게서 허물이 등장하는 것을 이미 일반적으로 확산된 현상으로 관찰하고 있다(1:8-10). 바울은 경솔함으로 인해 과실을 범한 자를 부드러운 훈계로 권면할 것(갈 6:1)을 권고하며, 자신의 질책으로 방향을 바꾼 고린도 사람들을 말하자면 "구원으로 인도하는 회개"(*metanoia*)를 이룬 자들로 불렀다(고후 7:10). 그러나 바울은 공동체에서 반드시 배척되어야 할 결과를 초래하는 행동방식도 말했다(고전 5:9-13). 죄의 특성과 넓이에 관한 그러한 구분의 배후에는 최종적으로 한편의 무지 내지 태만의 죄, 그리고 다른 한편의 "고의로" 하나님을 비방하는 신성모독(민 15:30) 사이의 유대교적인 구분이 놓여 있다.[468] 심각한 범죄로 인해 교회 공동체로부터 배척되었던 자들을 다시 받아들이는 교회적 참회 절차가 제도화된 것, 참회의 실행이 참회 행위들의 반복을 허용하기까지 발전한 것, 그리고 모든 그리스도인에게서 나타나는 가벼운 실수들에 이르기까지 고해성사와 참회를 연장함으로써 참회 절차를 공동체의 모든 지체들에게 일반화하는 것 등과 결부되어, 그 결과로서 세례에 대한 참회의 독립이 발생했다. 유아

468　구약성서 안의 그러한 구분에 대하여 참고. R. Rendtorff, *Studien zur Geschichte des Opfers im Alten Israel*, 1967, 199-203.

세례의 확산은 이 분리를 촉진했다. 이제 참회는 세례와는 별개로 독립적인 것이 되어 더 이상 예외적인 것으로 느껴지지 않게 되었다. 이와 같이 참회는 하나님의 임박한 종말의 심판 안에서 구원을 추구하던 중세 그리스도인들의 삶 속에서 중심과제가 되었다.

형식적인 참회의 절차는 2세기 이래로 우선 예외적 경우로서 존재했다. 이와 함께 개인적인 지체가 공동체 전체에 부담을 주는 중한 죄를 범한 경우에, 이와 같은 공적인 죄의 고백에 따라 다시 한번 참회하고 교회와 재차 화해하는 가능성이 그에게 주어질 수 있었다. 처음에 이러한 예외적인 참회의 절차는 "2차 참회"[469]라고 불렸고, 그리스도인들에게 세례가 참회, 돌이킴, 거듭남의 근본 사건이라는 점을 상기시켰다. 6세기에 이르러 그런 "2차 참회"가 일회적이라는 근본 명제는 포기되었고, 여러 번 반복되는 참회 절차와 죄인이 반복적으로 교회와 다시 화해하는 가능성이 열렸다.[470] 이와 관련되어 세례와의 관계, 즉 회개와 죄 용서의 본래적·근본적 사건으로서의 세례에 대한 관계가 느슨해진 것은 중세 초기에 공동체 앞에서 행해지던 공적인 참회 절차가 사적인 고해성사와 사면으로 건너감으로써 더욱 강화되었다. 그런 고해성사와 사면은 아주 가벼운 죄들에게로, 그와 함께 원칙적으로 교회의 모든 지체들에게로 확장되었던 것이다. 동방과 서방 모두 수도원 제도로부터 시작된 참회 제도의 이와 같은 변화는 한편으로 죄인들이 그 자신의 시민적 명망의 손상을 입지 않도록 보호해주었고, 참회를 쉽게 만들어서 개인이 하나님 앞에 설 때 형성되는 양심과 그 양심에 대한 탐구를 일반적으로 심화

469　Hermas, *mand.* IV,3,1−6; Tertullian, *De paenitentia* VII,1,10.12 (paenitentia secunda); Klemens Alex. *Strom.* II, 57,1; 58,2. 이에 대해 참고. B. Poschmann, *Paenitentia secunda. Die kirchliche Buße im ältesten Christentum bis Cyprian und Origenes*, 1940.

470　참고. H. Vorgrimer, Der Kampf des Christen mit der Sünde, in: *Mysterium Salutis* 5, 1976, 349−461, 410.

시키는 쪽으로 인도했다. 다른 한편으로 그 변화는 죄 및 죄인들의 교회와의 재-화해라는 교회 공동체에 해당하는 차원[471]—원래는 이것 때문에 과거에 특별한 교회적 참회 절차의 제도화가 이루어졌다—이 이제는 배후로 밀려났다. 중세 전성기 스콜라주의에 따르면 사제들이 용서의 선언을 통해 선언하는 사면은 우선적으로 하나님께 대한 개인의 사적 관계에 해당했다.[472] 교회와의 평화를 재건하는 일은 성례전이라는 본래적 "사태"의 단지 부차적 결과로서만 고려되었던 것이다.[473]

루터가 내면화된 참회의 성향을 다시 세례와 연관시킨 것, 그리고 참회를 세례 안에서 유일회적으로 실행된 인간의 회개와 거듭남을 매일의 삶 속에서 수용해야 하는 과제로 서술한 것은 루터 신학의 가장 중요한 공헌에 속한다. 그러나 그 과정에서—루터는 그 자신도 개인적으로 참여했던 교회적 고해성사와 사면의 관습을 개인적 양심의 일로 보았기 때문에—공적인 죄인이 참회하고 교회와 재차 화해하는 문제는 뚜렷한 규정 없이 남아 있었다. 루터는 그 관습을 교회의 자체적 규율에 맡겼고, 그 규

---

471 이에 대해 비교. H. Vorgrimier, 같은 곳, 364ff. 이것은 신약성서가 말하는 악덕의 목록을 제시한다. 또한 특별히 K. Rahner, Das Sakrament der Buße als Wiederversöhnung mit der Kirche (Schriften zur Theologie VIII, 1967, 447-471). 이것은 참회가 참회자의 교회 관계에 미치는 영향력을 서술하며, 이 주제에 관한 제2차 바티칸 공의회의 진술들에 기초한다(LG 11; PO 5). 참회의 역사와 참회-예전 신학에 대한 라너의 개별 연구들(Schriften zur Theologie XI, 1973) 안에서 키프리아누스와 오리게네스에 이르는 참회의 발전 과정에서 발생한 문제를 다루는 단락들이 반복적으로 발견된다.

472 토마스 아퀴나스는 죄 용서를 한편으로는 (초기 스콜라주의를 지배했던 견해에 따라) 회개(혹은 참회의 미덕)의 작용으로, 그러나 원칙적으로는(principalius) 사면의 작용으로 생각했다. S. theol. 111,86,6; 비교. 84,3. 또한 참고. H. Vorgrimier, 같은 곳, 415.

473 H. Vorgrimier, 같은 곳, 418f. 이렇게 해서 "죄 용서의 교회적 측면은 점점 더 저 개인주의의 뒤편으로 물러났다. 개인주의는 일차적으로 하나님과 개인 사이의 관계에 관심을 가졌다"(419).

율과 참회와의 관계를 신학적으로 성찰하고 교회적 삶의 질서 안에서 결실을 맺게 한 것은 루터주의라기보다 개혁주의였다.[474]

루터는 이미 교회의 바빌론 포로에 관한 자신의 1520년의 저작 안에서 세례와 참회의 밀접한 관계를 강조했다. 이 관계는 95개 조항의 제1항에 따르면 그리스도인의 삶 전체를 보증한다:[475] 당신이 한번 성례전적 세례를 받았다고 해도, 우리는 계속해서 믿음 안에서 세례를 받아야 하며, 그래서 다시 살기 위해 죽는다는 것은 우리에게 언제나 또다시 타당한 일이 된다.[476] 여기서 세례 행위의 유일회성과 그리스도교적인 삶의 길 전체에 대한 그 행위의 관계는 서로 일치하는 전체로서 나타난다. 이에 상응하는 것이 1529년의 소교리문답에서 세례에 대하여 말해진다. 세례가 의미하는 것은 "옛 아담이 우리 안에서 매일의 회개와 참회를 통해 질식하고 모든 죄 및 악한 욕망과 함

474　J. Calvin, *Inst. chr. rel.* 1559, IV, 12, 1 - 28. 칼뱅은 이 주제를 깊이 통찰하는 논의 안에서 교회의 규율의 목적을 성만찬을 세속화로부터 보호하는 것 외에 또한 선이 악의 나쁜 사례들을 통해 감염되지 않도록 보호하는 것으로 보았다. 이를 통해 공적인 죄인에게서 그들의 악행에 대한 수치를 이끌어내어 그들을 참회로 이끌어야 한다는 것이었다(12,5 : ut eos ipsos pudore confusos suae turpitudinis poenitere incipiat, CR 30,908). 징계(공동체로부터 추방하는 것으로부터 파문과 죽음에 이르는 징계)에 대해 비교. H. - J, Goertz, art. Kirchenzucht, in : *TRE* 19, 1990, 176 - 183, 178. 루터교의 측면에서 교회의 규율은 아우크스부르크 신조(CA 28,21) 안에서 감독 직무가 행사하는 사법적 권력으로 여겨졌으며, 그 권력은 "사람의 힘이 없이 말씀을 통해"(sine vi humana, sed verbo) 행사된다(BSELK 124, 9). 그러나 그 권력은 개혁주의 편이 아니라 세상의 권위 기관에 의해 일방적으로 인수되고 행사되었다. Goertz, 같은 곳, 180f. 이를 통해 교회의 규율은 개신교주의 안에서는 올바르게도 나쁜 평판에 빠지고 말았다.

475　WA 1,233. 이어지는 주제들은 이렇게 덧붙인다. 이 진술들이 관계되는 것은 성례전적 참회도 아니고, 내적인 참회의 성향도 아니다. 왜냐하면 그런 참회들은 육신을 죽임으로써 외적으로 표현되어야만 하기 때문이다. 비교. *Resolutiones*, WA 1, 530ff.

476　WA 6,535, 10f.: Ita semel es baptizatus sacramentaliter, sed semper baptizandus fide, semper moriendum semperque vivendum.

께 죽은 것이며, 그와 함께 새로운 인간이 매일 일어나고 부활하는 것이다. 새 인간은 하나님을 향한 의로움과 정결 안에서 영원히 살 것이다."[477] 대교리문답은 그러한 과정에서 연속되는 것을 더욱 강하게 강조하며, "세례의 능력과 사역"에 대하여 말한다. 여기서 중요한 것은 "옛 아담을 죽이는 것이며, 그에 따라 새 인간이 부활하는 것인데, 이 양자는 우리 삶에 걸쳐서 우리 안에서 발생해야 한다. 말하자면 그리스도교적인 삶은 다름이 아니라 매일 행해지는 세례이며, 이것은 과거 한때 시작되었지만, 이 점에서 언제나 진행되고 있다."[478] 루터는 이렇게 말한다. 그런 과정에서 옛 사람은 "죽을 때까지 매일 약해지는 반면에"[479] 새로운 인간은 우리 안에서 자란다. 두 가지 요리문답은 그러므로 한편으로는 참회를, 다른 한편으로는 성화를 매일 갱신되는 세례의 수용 과정과 결합시킨다. 특별히 참회는 루터의 관점에서는 다름이 아니라 세례 안에서 유일회적으로 발생한 사건을 일생에 걸쳐 수용하는 것이었다. "참회란 옛 사람을 가장 심각하게 공격함으로써 새로운 삶 안으로 들어서는 것이 아니고 다른 무엇이겠는가? 그렇기에 만일 당신이 참회하며 살고 있다면, 당신은 세례 속으로 들어가는 것이다. 세례는 그런 새로운 삶을 단지 의미만 하는 것이 아니라 실제로 일으켜내고 발전시키고 추진한다. 왜냐하면 바로 그 삶 안에서 은혜와 영과 능력이 주어지며, 옛 사람은 억압되고 새 사람이 경험되고 강해지기 때문이다. 그렇기에 세례는 항상 주어지고 있다. 사람이 그것에서 벗어나 죄를 짓는다고 해도, 우리는 항상 옛 사람을 뒤로 던져버리는 길로 다시 들어설 수 있다."[480]

로마서 6:3-14에 근거한 이와 같은 세례 이해, 곧 세례가 그리스도인

---

477 WA 30/1,312=BSELK 516, 32-38.

478 WA 30/1,220=BSELK 704, 28-35. 그리스도인은 매일 "옷을 입듯이" 또한 언제나 세례 안으로 "들어가야" 한다(707, 22f.).

479 BSELK 705, 30f.

480 WA 30/1, 221=BSELK 706, 3—17. 이 문구의 직전에 이렇게 말해진다. 참회는 "본래 다름이 아니라 세례다."

의 삶의 길 전체와 관계된다는 이해를 통해 루터는 서구 신학에서 발전되어 온 참회와 세례 사이의 전통적 관계와 맞선다. 구체적으로 루터는 히에로니무스의 견해에 반대한다. 그것은 그리스도인의 심각한 죄를 통해 세례의 은혜가 상실되며, 참회는 말하자면 좌초한 죄인에게 처음 구원(세례)이 폐기된 이후에 그를 이차적으로 구원하는 판자라는 견해다.[481] 스콜라주의 신학은 이러한 상을 사적인 고해성사와 참회의 제도에 적용했다. 토마스 아퀴나스도 이 질문에 독자적인 논문을 헌정했다. 이 점에서 그는 좌초한 배를 다음과 같이 해석했다. 첫 번째 구원의 판자는 배 자체를 묘사하고, 반면에 두 번째 것은 단지 좌초한 배로부터의 구원에만 관계된다.[482] 루터의 비판은 바로 이 해석을 향한다. "세례의 효력이 사라졌기 때문에, 그것은 우리에게 아무 소용도 없다고 한다. 그러나 이것은 바르게 말해진 것이 아니다. 왜냐하면 배는 부서지지 않기 때문이다. 배는…하나님이 정하신 질서이며, 우리가 가진 사물과 같지 않다." "우리가 탈선하고 실족하는 일은 물론 일어나지만, 우리는 넘어졌다가도 즉시 일어날 수 있으며, 보라! 그는 다시 배로 헤엄쳐가서 배를 붙든다. 그는 다시 배 안으로 들어가서 그가 처음 시작했던 그곳으로

---

481   Hieron, *ep*. 130,9, MPL 22,1115 : Illa quasi secunda post naufragium miseris tabula sit. 비교. *ep*. 8,6, *ep*. 122,4, 147,3 (MPL 22, 1046, 1197). 또한 Comment. in Jesaiam 1,2 c.3, 8-9 (MPL 24,65f.). 좌초한 배의 상은 테르툴리아누스에게로 소급된다. 그는 죄를 배의 좌초에 비유했고 거기서 인간들은 세례를 통해 구원받는다고 말했다. 그래서 우리는 다시 한번 폭풍우 치는 바다속으로 모험을 감행하려고 생각해서는 안 된다는 것이다(*De paen*. 7 ; vgl. 4). 이와 같은 항해와 관련된 테르툴리아누스의 상징에 대해 비교. H. Rahner, *Symbole der Kirche. Die Ekklesiologie der Väter*, 1964, 455-458. 하지만 테르툴리아누스는 참회를 "이차적 구원의 판자"라고 말하지는 않았다.

482   Thomas von Aquin, *S. theol*. III, 84,6 : Nam primum remedium mare transeuntibus est ut conserventur in navi Integra : secundum autem remedium est, post navim fractam ut aliquis tabulae adhaereat : Ita etiam primum remedium in mari huius vitae est quod homo integritatem servet : secundumautem remedium est, si per peccatum integritatem perdiderit, quod per poenitentiam redeat.

간다."[483]

트리엔트 공의회는 세례와 참회의 전통적인 관계 규정에 대한 루터의 비판과 참회와 세례를 하나로 보는 그의 주제를 거부했다(DS 1702). 공의회가 받은 인상 혹은 염려는 올바른 것이 아니었을까? 그것은 종교개혁 신학의 관점에 따르면 세례 이후에는 전혀 고해성사나 참회가 필요하지 않다는 인상과 염려다. 이것은 다음의 정죄 받은 주장을 통해 암시된다. 세례 이후에 범해진 모든 죄는 단순히 세례를 생각하는 것과 그것을 신뢰하는 것에 의해 이미 사면을 얻었거나 아니면 용서받을 수 있는 사소한 것으로 변화했다는 주장이다.[484] 세례와 참회를 묶어서 보는 루터의 관점을 거부한 것이 그런 염려와 관계가 있다면, 그것은 사태의 중심에서 근거가 없는 것이다. 왜냐하면 **첫째**, 루터는 세례 안으로 매일 "들어가 붙드는 것"(hineinkriegen)과 옛사람을 "익사시키는 것"을 죄에 대한 철저하고 진정한 회개(contritio)로 이해했고, 이것을 인간의 행동이 아니라 율법과 복음을 통해 그에게 주어지는 하나님의 사역으로 파악했기 때문이다. 인간은 그 사역을 단지 "수동적으로" 고통스럽게 경험하며 믿음 안에서 받아들일 수밖에 없다.[485] **둘째**, 루터는 아우크스부르크 신조(CA 11과 12)와 마찬가지

---

483 M. Luther, WA 30/1, 221f.=BSELK 706f. 참고. WA 6, 529, 24-32.

484 DS 1623 : sola recordatione et fide suscepti baptismi.

485 초기 루터의 "회개와 양심의 가책"(contritio et compunctio)에 대해 비교. R. Schwarz, *Vorgeschichte der reformatorischen Bußtheologie*, 1968, 272ff.(J. v. Staupitz에 대해서는 또한 151ff.). 참된 회개의 "수동적" 성격에 대한 강조와 관련해서 참고. Schmalkaldische Artikeln (BSELK 437, 30f.). 또한 비교. WA 6, 544f.; 39/1, 276f. 또한 WA 1,322,9f.: Contritio vera non est ex nobis, sed ex gratia dei. 초기 스콜라주의 신학자들도 대부분 회개(contritio)를 철저히 "하나님이 선사하시는 돌이킴"으로 이해했고, 회개 그 자체에게 하나님의 용서의 표현을 부가시켰는데, 이 용서는 물론 사제를 통한 공식적인 용서의 선언 없이 내려진 것이었다. 참고. H. Vorgrimler, *Buße und Krankensalbung. Handbuch der Dogmengeschichte* IV/3, 1978, 129f. 루터도 이와 비슷하게 판단할 수 있었다. WA 1, 540, 8ff. 물론 그 판단에 대한 전제가 있었다. 그

로 세례받은 그리스도인들에게도 고해성사와 참회가 필요하다는 점을 확정했다.[486] 하지만 루터는 이에 대하여 실제로 타당한 이유를 제시할 수 없었다. 왜냐하면 그 점은 믿음의 삶의 내면성 안에서도 실행될 수 있는 것, 곧 옛 아담을 매일 익사시키는 것을 넘어서는 일이기 때문이었다. 루터는 믿음을 진지하게 여기는 모든 그리스도인에게 고해성사와 사면이 필요하다고 단순히 전제했다. 여기서 중요한 것이 참회의 교회적 측면, 곧 죄인이 교회와 다시 화해하는 것이라는 점—교회 안에서 그리스도는 그에게 현재하고 교회는 모든 왜곡된 면에도 불구하고 그리스도의 몸이기 때문에—을 루터는 거의 의식하지 못했던 것으로 보인다. 고해성사와 사면의 사건은 루터에게서 전적으로 용서하시는 하나님께 대한 개인의 관계에 집중되었다. 이 점에서 루터는 이미 중세기의 참회 신학이 강하게 강조했던 경향을 뒤따른 셈이 되었다. 그 결과 루터는 중세 신학의 영향력이 큰 전통적 노선에 따라 사면의 순수한 선언적 성격을 강조했는데, 이 선언은 하나님의 용서를 중세 신학의 이해와는 달리 사제의 사법적 결정에 따라 나눠주는 것을 의미했다.[487] 그래서 루터는 다른 한편으로는 고해성사의 강

것은 사면을 향한 소원이 이미 복음에 대한 믿음 안에 내포되어 있다는 전제였다(아래 각주의 B. Lohse의 두 번째 논문의 367ff.를 보라).

486 참고. B. Lohse, Beichte und Buße in der lutherischen Reformation, in : K. Lehmann, Hg., *Lehrverurteilungen - kirchentrennend?* II, 1989, 283 - 295. 루터의 개인적 입장에 대해서는 동일저자, Die Privatbeichte bei Luther (1968) in : B. Lohse, *Das Evangelium in der Geschichte. Studien zu Luther und der Reformation*, 1988, 357 - 378.

487 95주제의 6항이 이미 그렇게 말한다 : Papa non potest remittere ullam culpam nisi declarundo et approbando remissam a deo (WA 1, 233 th.6, 비교. th.38, 235). 초기 스콜라주의 신학자들 가운데 캔터베리의 안셀무스, 아벨라르두스, 페트루스 롬바르두스(IV. *Sent*, d. 17 c.l)와 같은 저명한 인물들도 사면의 선언적 해석을 옹호했고, 13세기의 알렉산더 헤일즈(Alexander von Hales)와 알베르투스 마그누스도 이에 동참했다(이에 대해 비교. H. Vorgrimier, *Buße und Krankensalbung*, 130f.). 이 견해와 루터 사이의 유사성은 클라인(L. Klein)의 사상을 뒤따랐던 로제에 의해서는 어느 정도 과소평가되었다. B. Lohse, *Privatbeichte*, 367f. 루터가 크게 강조했고 사면을 향한 소원 안에서 이미 작용한다는 복음에 대한 믿음은 초기 스콜라주의자들도 사실

제적 필연성을 언제나 주장했다. 고백의 과정 그 자체에 대해서도, 또한 고백하는 자의 잘못된 행위의 범위와 관련해서도 필연적이라는 것이다. 양쪽 모두의 경우에 오직 개인의 양심이 척도가 되며,[488] 이것은 여기서 개인과 하나님 사이의 직접적 교제에 관련된다고 해도 적절하다. 로마 가톨릭교회가 이에 대해 고해성사의 완전성과 사면의 사법적 성격을 주장할 때,[489] 여기서 죄가 재발한 그리스도인의 참회와 재 – 화해의 교회적 중요성의 맥락이 강조되는 것은 아니다. 그 결과 고해성사의 규칙성 및 완전성과 고해 신부의 사법적 결정이 강제성, 나아가 영적 지배의 주장으로 느껴졌던 것에는 이유가 없지 않았다.

세례와 참회를 결합시키는 루터의 관점에 대한 트리엔트 공의회의 거부는 교회가 시작했던 근원에서 양자가 하나였다는 사실, 나아가 세례 자체가 예수 그리스도 안에서 자신을 계시하신 하나님께 대한 믿음으로 돌이키는 참회의 근본적 행위였다는 사실을 간과했다. 트리엔트 공의회의 교부들이 이 점을 간과했다는 것은, 만일 그렇게 하지 않았더라면 그들의 본래 노선 위에서 칭의를 세례와의 관계 안에서 다룰 수 있었을 것이기 때문에, 그만큼 더 놀랍다. "2차 참회"의 제정으로 이끌었던 역사적 발전의 결과가 그 교부들에게 너무 자명한 것으로 보여서, 세례의 결정적 성격에 대한 곤경이 가득한 모순은 그들에게 거의 의식되지 못했다. 이것은 옛 교회가 재차 범죄한 사람들을 위해 "2차 참회"를 제정했던 것이 틀렸다고 말하지 않는다. 오히려 거기서 중요한 것은 세례 안에서 유일회적으로 근거된 그리스도인의 존재 구조를 재건하는 것이며, 세례를 넘어서는 어떤 것

상 전제하고 있었던 것이다.

488 루터의 대교리문답 안에 있는 이와 관련된 진술(BSELK 725f., 730, 14ff.)에 대하여 참고. B. Lohse, *Beichte und Buße*, 287f. 또한 동일저자, Die Privatbeichte bei Luther, 같은 곳. 376.

489 DS 1709 (참회론에 대해서는 can.9). 참조. K. Lehmann und W. Pannenberg, Hgg., *Lehrverurteilungen – kirchentrennend?* I, 1986, 69f.

과 관계된 것이 아니라고 말한다. 세례의 반복 불가능성을 확신하면서 그리스도교는 언제나 사태 자체가 그러하다는 의식을 보존해왔다. 그것은 루터가 참회와 세례 사이의 내적 관계를 로마서 6장으로부터 주석한 것이—그가 이것을 바울과 함께 그리스도인의 삶 전체의 길에 적용함으로써—중심 내용을 본래적으로 명확하게 제시했다는 의식이다.[490]

스콜라주의 신학자들은 세례의 반복 불가능성의 근거를 위해 루터와 마찬가지로 로마서 6:3ff.를 인용했다. 이에 대해 토마스 아퀴나스는 그리스도께서 오직 한 번 죽으셨기 때문에 세례도 반복될 수 없다고 말했다.[491] 루터와 달리 토마스는 그리스도의 죽음을 바라보는 세례를 바울과 함께 그리스도인의 미래의 죽음의 선취로서 해석하지 않았고, 그래서 그에게 남아 있는 이 세상의 삶 전체에 관계되는 것으로 이해하지도 않았다. 그럼에도 불구하고 그런 관계는 세례를 통해 수여된 상실될 수 없는 특성에 관한 상상 안에 여전히 존재하고 있었던 것으로 보인다. 그렇다면 세례는 그것의 행위를 통해 지칭되었을 뿐만 아니라 또한 성취된 거듭남의 사건으로부터 정말로 분리될 수 있을까? 그럴 수 없다면 하나님으로부터 오는 거듭남의 은혜도 세례받은 자의 이 세상의 삶의 길 전체와 반드시 관계되어야 하는 것이 아닐까? 우리가 스콜라주의와 함께 은혜를 비록 초자연적인 실재이지만 또한 피조적인 것, 즉 성례전을 통해 영혼에 부어지며 영혼에 부착되는 것으로 이해한다면, 죽음

---

490   비교. K. Lehmann/W. Pannenberg, Hgg., *Lehrverurteilungen – kirchentrennend?* I, 1986, 67: "지속적으로 유효한 은혜의 약속에 대한 종교개혁의 관심사는 스콜라주의적 용어로는 세례 안에서 수여되는 '지워지지 않는'(*indelebilis*) 성격에 대한 표현이다…". 그래서 이렇게 질문하게 된다. 그렇다면 "하나님으로부터 주어진 파괴되지 않는 세례로 은혜를 통해 되돌아가는 것으로 이해되고 성취되는 참회는 사실 정죄되어야 할 가치만을 지닌 것인가?"(72)

491   Thomas von Aquin, *S. theol.* III, 66,9: Secundo, quia in morte Christi baptizamur, per quam morimur peccato et resurgimus in novitate vitae. Christus autem semel tantum mortuus est Et ideo nec baptismus iterari debet.

의 죄가 범해졌을 때 이러한 은혜의 상태가 상실된 상태를 의미한다는 생각과 인간이 죄를 범하는 동시에 은혜 안에서 하나님 곁으로 수용된다는 것이 양립할 수 없다는 생각은 자연스럽다. 그렇게 잘못 생각할 때 치러야 할 대가는 거듭남으로서의 세례가 그리스도인의 삶 전체에 대해 갖는 중요성을 상실한다는 것, 그래서 세례는 실패한 시작이 되며 나중에 참회 안에서 새롭게 받아들이는 은혜에 대한 단순한 형식적 조건이 되어버린다는 것이다. 이에 반대하여 루터는 세례에 근거한 현실 곧 새롭고 개인적인 그리스도교적 삶의 현실(Wirklichkeit)을 믿음의 그리스도와의 연합과 마찬가지로 하나님의 행위를 통해 인간의 외부에 설정된, 그러나 세례 행위의 형태로서 설정된, 그래서 개인에게 관계된 실재(Realität), 곧 "새로운 인간"의 개인적 구체화로서 이해했다. 옛사람은 그 새로운 인간 안으로 끌려 들어가서 흡수된다. 이와 같이 세례로부터 새로운 인간은 우리 안에서 성장하고 증가하며, 반면에 옛사람을 소멸한다. 그리스도교적인 삶은 우리 내면에서 새 사람과 옛사람이 벌이는 투쟁에 놓여 있다.[492] 파울 알트하우스는 이 점과 관련하여 바울과의 차이를 확인해야 했다. 바울에 의하면 옛사람은 세례 안에서 이미 죽었는데, 루터는 "이미 발생한 유일회적 사건이 아니라 오히려 지속적으로 발생하게 될 사건"을 시야에 두고 있었다는 것이다.[493] 이것은 세례를 참회 속으로 흡수시켜 해소해버리는 심각한 결과를 초래하는 오해였다. 이렇게 하는 대신에 알트하우스는—루터가 그렇게 했던 것처럼—참회를 그 구체적인 인간을 위해 세례 안에서 영원히 유일회적으로 발생한 것의 계속되는 수용으로 이해했어

---

492 참고. 루터의 대교리문답. BSELK 704, 28ff., 706, 6ff., 707, 14ff.

493 P. Althaus, *Die Theologie Martin Luthers*, 1962, 306. 이어서 알트하우스는 이렇게 말한다. "바울에서 우리는 현재완료(Praeteritum praesens)와 만나는데(롬 6장과 골 3장의 부정과거 시제 형태를 보라), 루터에게 있어서는 영구적 현재형(Praesens perpetuum)과 관계한다. 이것은 완전한 전체로서는 아직 발생하지 않은 상태를 가리킨다." 그러나 알트하우스가 못 보고 놓친 현재완료형은 이미 루터의 『교회의 바빌론 포로』(*De Captivitate Babylonica Ecclesiae*), 1520에서 발견된다: Ita semel es baptizatus sacramentaliter, sed semper baptizandus fide (WA 6, 535, 10).

야만 했다.

"과거 어느 시점"(einmal)에서 완성된 세례 행위 안에서 새로운 삶의 배가 그리스도인에게 유일회적으로 준비되었다. 그리스도인도 그 은혜로부터 탈락할 수 있지만(비교. 갈 5:4), 그러나 그는 언제나 또다시 그 안에 도달한다. 세례는 "언제나 변함없이" 우리의 삶 위에 머물러 있다.[494] 이러한 현재완료형은 그리스도인이 매일 그것을 새롭게 받아들여야 한다는 필연성과 결합되어 있다. 왜냐하면 세례 안에 근거하는 그리스도인의 새로운 정체성은 세례의 표징 안에서 옛사람의 "외부"에 설정되지만, 육체적으로는 구체적으로 그에게서 성취되었기 때문이며, 그 결과 그의 삶은 새 정체성 안으로 흡수되어 바로 그것으로 변화되어야 하기 때문이다.

이와 같이 그리스도교적 삶을 세례 사건으로부터 해석하는 것은 로마서 6:3ff.의 사도 바울의 명시적인 진술들을 넘어선다. 바울이 이 구절에서 죽음과 부활을 오직 세례 그 자체의 "성례전적" 행위로부터—비록 세례받는 자의 삶 전체와 관계된다고 해도—말한다는 점에서 그렇다. 그럼에도 불구하고 이러한 사태의 역전, 곧 그리스도교적인 삶을 세례 안에서 표징적으로 묘사된 것을 뒤따라 성취하는 것으로 보는 사상의 역전은 바울의 의도에 상응한다. 갈라디아서 5:24도 마찬가지로 탐욕을 "십자가에 못 박는 것"을 그리스도께 속한 자들의 활동으로, 그것도 부정과거(Aorist) 시제로 세례의 행위를 연상시키면서[495] 말한다. "십자가에 못 박는 것"은 육신의 탐욕과 현재 벌이는 투쟁 안에서 확증되는 사태 관계를 의미한다(갈 5:15f.). 또한 로마서 6:12ff.에서도 사도 바울은 그리스도인들에게 동기를 부여하는 요청, 곧 세례 안에서 발생한 것을 그들이 살아가는 삶 속에서 진지하게 여기라는(비교. 고후

---

494   BSELK 706,13.

495   H. Schlier, *Der Brief an die Galater*, 11. Aufl. 1951, 192f.

4:16) 요청을 명확하게 본다. 직설법과 명령법 사이의 바울적 긴장은 세례의 직설법에 근거하는 그리스도 안의 존재가 세례받은 자의 삶의 도상에서 자동으로 실현되지 않는다는 사실을 전제한다. 오히려 그 존재는 삶의 도상에서 되찾아져야 하는 어떤 것으로서 그 삶과 대립한다. 루터의 해석은 이 긴장을 세례받은 그리스도인들이 그리스도의 죽음과 연합한다는 바울의 사상 안으로 받아들인다. 그 결과는 한편으로 성례전적 행위 안에서 종결된 사건이며, 다른 한편으로는 그 사건이 그리스도인의 삶의 과정에서 여전히 성취되어야 한다는 사실이다.

옛사람의 자아 중심성과 비교되는 세례받은 자의 새로운 정체성 곧 탈자아성(Exzentrizität)은 루터의 칭의론과 정확하게 상응한다. 탈자아성은 다음의 사실과 관계가 있다. 루터교 교리에 따르면 유전죄는 인간의 경험적 현실 안에서 세례를 통해 전적으로 제거되지 않았고, 오히려 세례를 통해 거듭난 자에게 더 이상 전가되지 않는다는 사실이다. 이것은 이미 아우구스티누스가 말했던 것이다.[496] 트리엔트 공의회는 이와 반대로 세례를 통하여 본래적 의미에서 죄라고 말해질 수 있는 모든 것이 제거되었다고 주장한다.[497] 이 질문에서 양측은 각자의 방식으로는 옳다. 세례에 근거한 그리스도인의 새로운 정체성은 그 자체로서 실제로 죄가 없다. 그리스도 안에서 거듭난 자들에게는 저주받아야 할 그 어떤 것도 없다(롬 8:1). 그러나 이러한 새로운 실재는 세례 안에서 표징으로 선취된 우리의 죽음과 실제로 마주칠 때까지는 아직은 이기심으로 규정된 옛사람의 실재와 결

---

496 *Apol.* 11,35 - 37 (BSELK 153f.). 비교. WA 2, 160, 33, 또한 410ff. 위에서 언급한 멜란히톤의 『변증론』이 *De nupt. et concup.* 1,25에서 특별히 강조하며 인용한 아우구스티누스의 진술은 이렇게 말한다. 죄는 세례 안에서 용서받았지만, 더 이상 존재하지 않는 것은 아니며, 다만 죄 안에서 더 이상 전가되지는 않는다(non ut non sit, sed ut in peccatum non imputetur ; CSEL 42, 240, 17f.).

497 DS 1515.

합되어 있다. 후자의 실재에 대해서는 하나님께서 세례를 통해 그것을 더이상 거듭난 자들에게는 죄로 전가하지 않으신다는 사실이 적용된다. 또한 트리엔트 공의회의 교리도 세례받은 자 안에 여전히 탐욕이 남아 있다고 말한다(각주 497). 우리가 이러한 사실성을 세례를 통해 거듭난 자의 무죄한 현실성과 함께 하나의 동일한 지평 위에서 바라보려고 할 때, 세례받은 자 안에서 발생하는 영과 육의 갈등(갈 5:16ff.)을 묘사하는 바울의 진술들을 불가피하게 약화시키는 해석에 도달하게 된다. 그런 갈등이 없다면, 왜 사도 바울은 세례받은 자들에게 그들의 지체를 죄(!)의 지배에 내어주지 말라고(롬 6:12f.) 권면했겠는가? 루터는 아우구스티누스의 용어에 사로잡혔지만, 그럼에도 불구하고 로마서 6:12 및 7:7f.에 호응하면서 욕망을 단어의 본래적 의미에서 죄로 파악했다.[498] 그렇기 때문에 루터는 이미 이 세상의 삶 안에서 세례받은 자의 죄가 전적으로 제거되었다는 것을 인정하지 않았다. 그러나 그 죄는 세례에 근거하는 정체성 곧 거듭난 자들의 새로운 정체성에 굴복하게 되며, 그 결과 더 이상 그를 지배하지 못한다(롬 6:12). 이러한 새로운 정체성 **그 자체**가 무죄하다는 사실은 또한 종교개혁 신학도 로마서 8:1에 직면해서 논쟁할 수 없을 것이다. 이러한 새로운 정체성은 이 세상 삶 안에서 아직 우리 앞에 놓여 있는 죽음의 예기에 기초해 있다. 그 때문에 이 세상 삶의 진행 속에서 옛사람은 아직도 여전히 몸 및 영혼과 함께 새 사람에 의해 "흡수"되는데, 이것은 우리가 최후의 심판의 날에 세례의 "표징" 안에서 이미 성취된 것을 완전히 회복하고 충족하게 될 때까지 계속될 것이다.[499]

그러므로 루터는—세례의 결과로서 단순히 죄로 여겨지지 않는다는 교리에 대한 트리엔트 공의회의 정죄가 암시하는 것처럼 보이는 것과

---

498 이 질문과 관련된 용어적 특성에 대한 더 많은 교단적 차이, 곧 은혜, 믿음, 칭의 등의 다양한 개념들 전체와 관계된 차이에 대하여 다음의 설명을 보라. K. Lehmann und W. Pannenberg, Hgg., *Lehrverurteilungen – kirchentrennend?* 1, 1986, 50ff.

499 비교. M. Luther, WA 6, 535.

는 달리―인간을 현실적으로 변화시키는 세례의 작용을 과소평가하거나 논쟁하지 않았다. 또한 루터는 세례 안에서 성취된 거듭남의 완료된 성격[500]을 의심하지도 않았다. 루터의 교리는 다만 세례 사건의 성례전적인, 즉 표징적인 성격을 타당하게 제시했다. 성례전이 성례전적 표징의 방식으로 행사되는 작용력을 가지고 있고, 이 작용을 직접적인 물리적 인과관계와 혼동하지 말아야 한다는 사실은 로마 가톨릭교회의 성례전 신학에게도 낯설지 않은 관점이다. 이로부터 주어지는 세례의 이해와 관련된 결론은 다음과 같다. 세례의 행위 안에서 성취된 인간의 거듭남은 물론 성례전적 표징의 지평 위에서 이미 결정적으로 실현되었지만, 그럼에도 불구하고 세례받은 자들이 이 세상의 삶을 살아갈 때는 아직도 믿음을 통해 받아들이는 일이 필요하다. 이것은 세례의 사건이 유일한 한순간 안에 폐쇄된 것이 아니라, 세례받은 자의 이 세상의 삶이 전개되는 과정 전체 안에서 발생해야 한다는 것을 뜻한다.

그것을 위해 규칙적으로 세례를 다시 기억하는 일이 공동체의 예배에 속하고, 사적인 행위들 속에서 개인들을 인도하게 된다. 예배의 시작 부분이 특별히 그 회상을 위해 적합한데, 그 부분은 로마 전통의 영향을 받은 예배의 식 안에서 죄의 고백(Confiteor)을 포함한다. 이 고백은 세례에 대한 기억의 테두리 안에서 행해진다. 왜냐하면 그것이 신학적으로 적절하며, 또한 그렇게 해서 예배에 참여한 사람은 하나님으로부터 분리된 죄인이 아니라 세례받은 그리스도인으로서 말 건넴을 받기 때문이다.[501] 그 밖에도 교회력 안의 특정한 절기들(예를 들어 고난절로부터 부활절의 기간)이 그 회상에 적합하다. 또한 병자와 망자를 위한 특별한 목회 상담도 세례가 그리스도교적 삶의 길 전체에 대하여 갖는 근본적 의미에 관한 의식을 새롭게 하는 데 도움이 될 수

---

500   예를 들어 BSELK 516, 20ff.(Tit 3,5.8)을 보라.

501   나의 책을 참고하라. *Christliche Spiritualität. Theologische Aspekte*, 1986, 48 – 58 (Christsein und Taufe), bes. 51f.

있다.[502]

이로써 참회의 주제는 어떤 의미에서 그리스도교적인 삶에 대한 이해 안으로 통합되었다고 할 수 있다. 왜냐하면 세례의 행위 안에서 성취된 돌이킴은 그와 동시에 세례받은 자의 삶의 진행 전체로 펼쳐지는 시간적 연장을 소유하기 때문이다. 이 의미에서 매일 행해지는 참회는 그리스도교적 삶의 어떤 재난과만 관계되는 것이 아니라, 오히려 그 삶의 정상적인 실행의 특성이다. 바로 그 이유에서 세례 이후의 범죄라는 특수한 주제, 곧 고대 교회에서 특수한 참회 절차의 제정을 요청했던 주제는 그것으로도 아직은 전혀 접촉되지 않았다. 그런 탈선은 세례받은 자가 삶 속에서 짓는 죄가 또다시 지배력을 갖게 되는 곳에서 일어난다. 이와 같은 사태의 본성에 놓여 있는 것은 그런 탈선이 언제 그리고 어떤 형태로 일어나든지와 관계없이 그것이 교회적 삶 속의 공적 요소가 된다는 사실이다.[503] 이와 함께 그런 탈선은 교회에 대하여—그것이 이전에 이미 탈선한 자의 편에서 그랬던 것처럼—말하자면 그리스도의 몸인 공동체의 균열을 뜻하게 된다. 그 균열은 본성적으로 그리스도의 몸으로부터의 분리를 일으키며, 분리는 교회 공동체의 입장에서는 출교의 행위로 확정된다. 이와 같은 상황에 직면해서 그리스도의 몸의 공동체인 교회와 다시 화해할 수 있는 가능성에 대한 질문이 제기된다. 이 주제는 정상적인 교회적 삶의 수행 안에서 세례와 참회의 일반적인 관계를 설명했던 루터의 서술과 동일하지 않다. 여기서 필수적인 구분은 이미 중세기의 사적 고해성사의 실천 안에서 불명

---

502 프리더 슐츠는 이 주제를 1986년 풀다(Fulda)에서 열린 루터교회 예배학 컨퍼런스(Lutherischen Liturgischen Konferenz)에서 명시적으로 다루었다. Frieder Schulz, Das Taufgedächtnis in den Kirchen der Reformation.

503 죄가 사적인 삶 안에 은폐되어 머무는 한, 그것은 그와 결부된 모든 위선에도 불구하고 어떤 의미에서 아직은 통제되고 있는 셈이다. 죄가 되돌아와서 다시 인간의 삶에 대한 지배권을 획득할 때, 그것은 사적 삶에 제한되어 있던 상태를 (그 죄 자체를 암시하는 온갖 영리한 규칙들에도 불구하고) 돌파하는 경향을 보인다.

확해졌다. 그 구분은 죽음의 죄―이것은 모든 경우에 고해성사를 필요로 한다―와 태만의 죄를 구분하는 것으로는 단지 불충분하게만 표현된다. 왜냐하면 죽음의 죄라는 개념 안에서 그런 구분의 특성으로서의 교회적 차원이 빠져 있기 때문이며, 다른 한편으로 이미 캔터베리의 안셀무스가 중세기 그리스도인들의 의식 속에 깊이 각인시켰던 것처럼 하나님 앞에서는 모든 죄가 무한히 중한 것이기 때문이다. 오늘의 상황에서도 사적인 고해성사의 제도는 세례 이후에 탈선하여 죄에 의해 지배당하는 삶으로 다시 빠져드는 특수한 문제를 적절하게 대처할 수 없다. 이 자리에서는 18세기 이래로 사적 고해성사를 예외로 간주해온 종교개혁의 교회들에게만이 아니라, 또한 오늘의 로마 가톨릭교회에게도 공개적인 문제가 존재한다. 사적인 목회 상담적 권고와, 죄의 권세가 다시 지배하는 삶의 노선에 빠진 사람이 교회와 다시 화해하는 과제는 서로 다른 주제다. 비록 목회 상담적인 권고가 또한 재-화해를 예비하는 과정에서 어느 정도의 역할을 할 수 있다고 해도 그렇다. 교회와 재차 화해해야 한다는 필연성은 그리스도교적 삶의 예외적 경우로서 다시 명확하게 이해되어야 하며, 그에 상응해서 다루어져야 한다. 이 점에서 전통적 주제들인 참회와 교회 규율(혹은 금지령)은 서로 연결될 수 있다. 물론 이런 예외적인 경우도 개별 그리스도인들이 각각의 삶의 여정 전체에 걸쳐서 세례 안에서 표징으로 묘사되고 성취된 돌이킴과 참회를 뒤따라 성취한다는 일반적인 틀에 속한다.

c) 세례와 믿음 (유아세례, 견진, 병자 안수)

믿음과 세례는 일치한다. 믿음이 십자가에 못 박히신 자 그리고 부활하신 자와 이루는 연합(빌 3:9-11)은 세례에 근거한다(롬 6:3ff.). 다른 한편으로 믿음이 "오는 것"과 그것의 의(갈 3:23f.)는 세례 사건에서 절정에 도달한다. 왜냐하면 세례가 아버지께 대한 예수의 아들 관계에 참여하는 것을 중재하기 때문이다(3:26f.). 원시 그리스도교의 선교에 관한 오랜 보고들 안에서 복음의 설교는 규칙적으로 세례를 주제로 삼았다.[504] 헤르마스의 목자가 말하듯이 세례는 "믿음의 인증"이다.[505] 세례를 받는 것은 교회의 선교적 선포를 받아들였고 믿음에 도달했다는 사실을 제시한다. 다른 한편으로 세례의 의미는 믿음 안에서 터득되고 보존된다. 이처럼 세례는 이중 의미에서 "믿음의 성례전"[506]이다. 세례와 믿음의 관계는 고대 교회의 선교의 실천과 신학 안에서 우선 믿음이 앞서고 세례는 뒤따른다는 식으로 표현되었다. 이것은 이미 에티오피아의 재무 장관에게 베풀어진 세례 이야기(행 8:37)에서 나타난다. 이것이 아마도 테르툴리아누스가 세례를 "믿음의 성례전"(sacramentum fidei)라고 불렀던 근원적 의미일 것이다. 세례 받는 자의 입장에서 세례는 그의 믿음의 증거와 고백이다. 세례를 받는 것은 믿음의 내용에 대한 가르침을 전제하는데, 고대 교회에서 그것은 교리 문답의 시행을 뜻했다.

유아세례가 등장하면서 사정은 달라졌다. 젖먹이에게 세례를 베푸는 것을 3세기의 키프리아누스와 오리게네스는 이미 옛 사도들이 시행했던 것이라고 말했지만, 로마의 히폴리투스—2세기 말 이전을 뜻한다—는 그 말을 확신하지 못했다.[507] 새롭게 전향한 자가 "그의 집 전체"와 함께 세례

---

504 참고. G. Kretschmar, *Die Geschichte des Taufgottesdienstes in der alten Kirche* (Leiturgia V), 1970, 49. 이것은 누가의 사도행전부터 요한계시록의 사도들의 행동에 이르는 진술들을 요약한다.

505 Hermas Sim.IX, 93, 5. 이 표현은 테르툴리아누스와 바실리오스에게서 발견된다. Tertullian, *De paen.* 6,16 (SC 316,168); Basilius, *Schrift gegen Eunomius* 3,5 (MPG 29,665 C).

506 Tertullian, *De an.* 1,4 (CCL 2,782,28f.). 이 용어는 암브로시우스와 아우구스티누스 이래의 라틴 스콜라주의 안에서 흔히 사용되었다. 비교. Thomas von Aquin, *S. theol.* III,66,1 ad 1. 그것은 또한 트리엔트 공의회의 칭의 교령에서도 나타났다. 참고. DS 1529.

507 이 문제에 대하여 2세기 내내 벌어졌던 열띤 논쟁의 자료들을 슐링크가 요약해 주었다. E. Schlink, *Die Lehre von der Taufe*, 1969, 110f. 또한 참고. G. Kretschmar, 같은 곳, 81ff.

를 받았다는 사도행전의 진술(행 18:8; 비교. 10:2; 11:14; 16:33)은 젖먹이의 세례와 관련해서는 어떤 확실한 단서를 주지 않는다. 이 구절은 단지 믿음이 그리스도의 소식으로 향하는 것이 언제나 개인의 고독한 결단이 아니었고, 이미 초기부터 가족 전체의 일일 수 있었음을 보여준다. 3세기 이래로—임종 시 세례를 주는 것과 함께—확산되었던 유아세례 관습의 기원은 거기에 놓여 있다고 추정된다. 유아세례에 반대해서 테르툴리아누스는 어린아이는 아직 독립적인 인식과 결단을 할 수 없다고 항의했다.[508] 그러나 유아세례의 반대자인 그조차도 그 관습을 개혁된 것으로 거부하지 않았고, 믿음, 고백, 세례의 연관성을 해친다고 책망하지도 않았다. 왜냐하면 그는 고린도전서 7:14에 근거해서 그리스도인인 부모를 둔 어린아이가 부모를 통해 함께 정결해진다고 보았기 때문이다.[509] 이 관습은 4세기에 이르러 로마서 6:3ff.에 근거하여 등장한 해석 곧 세례가 세례받는 자를 그리스도의 죽음 및 부활과 결합시키는 신비적 사건이라는 해석을 통해 더욱 강화되었다. "만일 세례가 우선 그리스도와 함께하는 죽음, 그리고 물과 성령으로 새롭게 태어나는 것이라면, 세례받는 자의 서약은 하나님의 그런 행동과 동일한 지반 위에 설 수 없다." 오히려 세례와 믿음의 관계는 이제 "세례 사건 자체 안에서 세례받는 자에게 수여되는 하나님의 말씀을 순종하면서, 나아가 이해하면서 받아들이는 것"으로 파악된다.[510]

---

508 Tertullian, *De bapt.* 18 (MPL 1,1221).

509 K. Aland, *Die Säuglingstaufe im Neuen Testament und in der alten Kirche. Eine Antwort an Joachim Jeremias*, 1961, 40ff.

510 암브로시우스와 아우구스티누스에 대해 G. Kretschmar, 같은 곳, 266,267. 그 전제들에 대해서는 앞선 174ff., 또한 169를 비교하라. 아우구스티누스에 의하면 유아세례 시에 그 부모와 교회의 다른 지체들이 아이를 대리하면서 믿고 고백한다. 이것은 세례를 통해 씻어지는 죄가 다른 사람들로부터 왔다는 것과 비슷하다. Augustin, *Contra duas epist. Pelag.* I,22. MPL 10/1, 570. 아우구스티누스는 부모가 믿지 않는 경우라 하더라도 유아세례를 막을 결정적인 방해요소가 되지 않는다고 보았다. *ep.* 98,2 MPL 33,360.

아우구스티누스 이후의 서구 교회에서 유아세례를 위한 가장 중요한 근거는 유전 죄의 교리였다. 418년의 카르타고 공의회는 어린아이에게 죄의 용서를 위한 세례를 주는 것이 필요하며, 세례가 없다면 어린아이는 하늘나라로부터 배제된 채 머문다는 결정을 내렸다.[511] 유아세례의 이러한 근거는 로마 가톨릭교회와 신학만이 아니라 루터주의 종교개혁 교회에 대해서도 모범이 되었다.[512] 개혁주의 교리 안에서 이 관점은 그다지 큰 역할을 하지 않았다. 왜냐하면 개혁주의는 성례전을 일반적으로 단지 상징, 곧 성례전 없이도 말씀 안에서 죄 용서에 도달할 수 있게 하는 은혜의 상징으로 보았기 때문이다.[513] 그럼에도 불구하고 개혁교회들도 유아세례를 계속 시행했다. 왜냐하면 그곳에서 세례는 하나님의 은혜의 계약 안으로 받아들여지는 것으로 이해되었고, 이것은 성인들뿐만 아니라 유아들에게도 유효하다고 이해되었기 때문이다.[514] 칼 바르트가 비로소 유아세례를 베푸는 것을 개혁교회적 개신교주의의 한 부분 안에서, 그러나 또한 그 영역을 훨씬 넘어서까지, 뒤흔들어 놓았다.[515] 세례받는 자의 믿음과 자유로운 고백

---

511   DS 223, 224.

512   CA 9,1-3는 유아세례가 구원에 필수적이라고 공표하며(*necessarius ad salutem*, BSELK 63,1ff.), 재세례파를 정죄했다. 왜냐하면 그들은 어린아이들이 세례 없이도 구원받을 수 있는 가능성을 가르쳤기 때문이다.

513   참고. 하이델베르크 교리문답, 1563, 질문 66.

514   하이델베르크 교리문답, 질문 74. 비교. J. Calvin, *Inst. chr. rel.* 1559 IV , 16,5f. 여기서 칼뱅은 유아세례를 옛 계약 안의 할례에 대한 유형론적인 상응으로 보았다(같은 곳, 16,3ff.20f,, 또한14,21). 세례와 믿음의 필연적인 관계는 개혁교회의 전통 안에서 칼 바르트에 이르기까지 유아세례에 대한 반대로 여겨지지 않았다. 왜냐하면 사람들은 성령을 신뢰했고, 성령이 이미 유아들에게도 미래의 믿음의 씨앗을 불러일으킬 수 있다고 생각했기 때문이다. 참고. Calvin, 같은 곳, IV, 16, 20, 비교. 18. 그리고 H. Heppe/E. Bizer, *Die Dogmatik der evangelisch-reformierten Kirche*, 1958, 496f. 칼뱅은 유아세례를 위하여 — 루터가 *Taufbüchlein* (BSELK 539, 35ff.)에서 말하는 것과 비슷하게 — 마태복음 10:14f.에 나오는 어린이에 관한 예수의 말씀을 인용했다. *Inst. chr. rel.* 1559, IV,16, 7.

515   K. Barth, *Die kirchliche Lehre von der Taufe*, 1943. 여기서 바르트는 세례가 반드시

을 세례의 실행을 위한 앞선 조건으로 보는 바르트의 비판은 핵심에서 올바른 것일까? 아니면 유아세례의 실행은 그와 반대로 세례의 본질에 적합한 것이라고 변호할 수 있을까?

이 질문은 바르트의 **논쟁**에 대한 비판을 통해서도 아직은 제거되지 않았다. **신앙고백에 따른 세례**의 요구는 바르트보다 이미 오래 전에 믿음의 세례를 실행했던 교회들이 주장했던 것이다. 그 요구는 바르트가 그것에 동의하지 않았을 때도 여전히 중요한 의미를 보유했다. 『교회교의학』 IV/4에서 성령세례와 물 세례를 구분한 것이 충분한 성서적 근거를 갖지 못한다는 것은 쉽게 제시될 수 있다. 원시 그리스도교 안에는 물 세례와 구분되는 이른바 "성령세례"는 없었다. 물로 실행되고 보통은 영의 수여와 결합되는 오직 하나의 세례만 있었다.[516] 양자가 일치한다는 것은 그리스도교적인 세례와 요한

세례받는 자의 자유로운 신앙고백의 표현 형태를 취해야 한다고 요구했다(40). 『교회교의학』 IV/4에서 바르트는 성령세례와 물 세례를 구분함으로써 그런 입장을 더욱 강화했는데, 여기서 물 세례는 단순히 믿음을 통한 인간의 순종의 행위로 묘사되었다. 비교. E. Jüngel, Karl Barths Lehre von der Taufe, in: *Barth-Studien*, 1982, 246-290, bes. 256ff. 츠빙글리 및 칼뱅에 대한 바르트 세례론의 관계와 관련해서 E. Schlink, 같은 곳, 122ff.를 보라.

516 마가복음 1:8 및 병행구절의 물 세례와 성령(그리고 불)세례의 대립적 구분은 복음서 저자의 의미에서는 그리스도교적인 세례와 다른 요한의 세례를 특징짓는 것이다. 이와 비슷하게 사도행전도 (안수를 통한) 영의 수여와 관련된 세례 곧 예수의 이름으로 베풀어지는 세례를 요한의 물 세례와 대립시켰다(행 19:1-7). 고넬료의 이야기(행 10)에서 고넬료와 그에게 속한 사람들이 베드로의 설교를 들었을 때 이미 성령을 받았으며, 베드로는 그들에게 즉시 물 세례를 주는 것을 망설이지 않았다고 보고된다(10:44ff.). 그러나 여기서 성령을 받는 것이 성령세례라고 지칭되지는 않는다. 사도행전 11:16에 따르면 베드로는 오직 그 사건을 되돌아보면서 부활하신 자의 말씀 곧 사도행전 1:5처럼 영을 통한 세례를 통고하는 말씀을 기억한다. 칼 바르트가 『교회교의학』 IV/4, 1967, 33에서 인용한 여섯 군데의 신약성서 구절들 가운데서 사도행전의 이러한 두 군데의 말씀은 그리스도교 안에서 물 세례와 구분되는 성령세례를 말하는 그의 주장을 유일하고 진지한 논쟁으로 관찰될 수 있게 한다. 다른 네 군데의 증빙 구절은 다음과 같다. 고린도전서 12:13은 세례 안에서의 영의 작

의 세례 사이의 다른 구분과 관련되어야 한다. 말하자면 전자는 **예수의 이름으로** 주어지는 세례이며, 세례받는 자를 예수와 결합시키는 것이다. 그런데 예수의 종말론적 현실성은 영으로 충만한 것이다. 그래서 바울은 이렇게 말했다. "누구든지 그리스도의 영이 없으면 그리스도의 사람이 아니라"(롬 8:9). 원시 그리스도교 전체가 그렇게 가르쳤던 것처럼, 만일 물 세례를 통해 영이 수여되지 않는다면, 그리스도교적 물 세례는 세례받는 자를 예수와 결합시키지 못한다. 물 세례가 세례받는 자를 예수 그리스도와 유효하게 결합시킨다고 해도 그것이 단순히 인간적인 순종의 행위에 불과하다면, 물 세례는 영을 수여하시는 하나님의 행위와 대립적으로 비교될 수 없다. 순수하게 인간적 행위에 불과한 것이 그만큼의 효력을 나타낼 수도 없다. 세례에 대한 바르트의 주제의 성서적 토대가 의심스럽다고 해도, 그의 핵심적인 질문은 여전히 유효하다. 개인적인 신앙고백을 세례의 전제로 보는 바르트의 이해의 타당성 때문만이 아니라, 모든 외관으로 보아 또한 원시 그리스도교의 실행도 그의 이해에 상응하기 때문이다.

유아세례가 옳으냐 그르냐의 질문은 단순히 특수한 질문이 아니다. 오히려 이 질문의 결정에 따라 세례 전체의 본질과 세례 및 믿음의 관계에 대한 각각의 이해가 결과로서 나타난다. 만일 세례를 단지 한 인간이 믿음

용에 대하여 말한다. 그러나 여기서도 물 없는 세례라는 상상은 암시되지 않는다. 마가복음 1:8과 요한복음 1:33은 세례 요한의 말씀인데, 그의 물 세례와 성령세례의 구분은 그리스도교적인 세례를 통해 추월되었다(비교. 행 2:38). 이것은 사도행전 19:2이 제시하는 것과 같다. 그러나 사도행전 1:5의 성령세례의 통고는 세례 요한의 표현(눅 3:16)을 수용하고 있다. 이것은 명백하게도 누가가 전통 안에서 예수 자신의 말씀에 해당하는 표현을 발견할 수 없었기 때문일 것이다. 참고. J. Roloff, *Die Apostelgeschichte*, 1981, 22. 그러나 베드로가 이 말씀을 사도행전 11:16에서 받아들인 것은 바로 물 세례와 성령세례의 일치를 목표로 한 것이었다. 사도행전 2:38과 19:2ff.에 따르면 누가는 그 일치를 그리스도교 세례의 일반적인 실행의 특징으로 보았다. 여기서 영은 명백하게도 보통은 안수를 통해 수여된다(19:6; 비교. 8:17; 그러나 8:39은 다르게 묘사한다).

으로 전향하는 것의 표현과 공적인 표명으로 이해한다면, 그때 유아세례는 반드시 거부되어야 할 것이다.[517] 이와 반대로 세례가 어떤 작용, 곧 그 이전에 이미 믿음으로 돌이킨 사람이 스스로 만들어낼 수 없고 단지 수동적으로 받아들일 수밖에 없는 작용을 중재한다면—이것은 말하자면 세례받는 자가 예수의 운명과 결합하는 것을 뜻한다—그때 사태는 명백하게도 신앙고백에 따른 세례를 옹호하는 사람이 흔히 주장했던 것보다 훨씬 더 다층적으로 된다. 세례는 아무도 자기 자신에게 스스로 세례를 줄 수 없다는 사실에서 이미 우선적으로 인간 곧 세례받는 자의 행동으로 이해될 수 없다.[518] 세례는 다른 사람이 세례받는 자에게 실행해야 한다는 것 외에도, 또한 소명 아래서 신적 사명에 따라 행해져야 한다. 바로 이 점에, 다시 말해 그것의 제도적 장치에, 세례의 적법성이 놓여 있다. 이 조건이 충족된다면, 그때 세례의 실행은 비록 인간의 행동을 통해 매개된다고 해도 핵심에서는 세례받는 자에 대한 하나님 자신의 행동이 될 것이다. "왜냐하면 하나님의 이름으로 세례를 받는 것은 인간에 의한 것이 아니고 하나님 자신에 의해 세례를 받은 것이기 때문이다. 그렇기 때문에 세례는 비록 인간의 손을 통해 발생한다고 해도, 그럼에도 참으로 하나님의 고유한 사역이다."[519] 물론 세례가 믿음 없이 구원을 일으킬 수 없다는 것은 확실하다. 세례는 어떤 방식으로든 항상 세례받는 자의 믿음과 관계된다. 그러나 "…나의 믿음이 세례를 만들어내는 것이 아니라, 오히려 세례를 받아들인다."[520] 이 사실은 믿음과 신앙고백이 세례의 실행보다 앞설 때도 여전히 타당하다. 이미 예수 그리스도께 신앙고백하는 사람도 세례를 통해 자

---

517   E. Schlink, 같은 곳, 122.

518   크레취마르는 이렇게 말했다. 그리스도교적인 세례는 유대교의 침례와 달리 "단순한 자기 세례가 아니며", 오히려 요한의 세례가 전제했던 것처럼 "다른 사람이 그에게 실행해야 하는 것"이다(같은 곳, 18).

519   M. Luther, Großer Katechismus IV,10 (BSELK 692f.=WA 30/1, 213). 비교. WA 6, 530, 16–25.

520   M. Luther, Großer Katechismus IV,53 (BSELK 701,41f.=WA 30/1, 218).

신의 믿음의 "인증"을 얻으며, 이 인증은 그의 삶을 손상하지 않은 채 예수 그리스도의 죽음 및 부활과 결합하며, 그래서 이 사건의 효력은 그리스도인의 삶이 한 걸음씩 나아갈수록 자신의 세례받은 존재와 세례의 의미를 기억함으로써 얻어지는 세례의 터득(Aneignung)을 통해 각인된다는 사실에서 나타난다.

이와 같은 사태는 신학 안에서 한편으로 세례의 행위 안에서 성취된 인증, 다른 한편으로 세례의 내용의 신앙적인 터득 사이의 구분을 통해 설명되었다. 세례의 인증 곧 세례받는 자가 삼위일체 하나님의 이름 안에서 예수 그리스도께 귀속되었다는 인증은 신앙에 의한 이후의 성취보다 앞선다. 그 인증은 세례의 터득이 믿음 안에서 아직 일어나지 않았다고 해도, 여전히 유효하게 존속한다. 그래서 예를 들어 세례는 반복될 수 없다. 그러나 세례가 그것을 받아들이는 자의 구원을 위한 효력을 이미 제의적인 실행을 통해 나타내는 것은 아니다. 그 효력은 그것이 믿음 안에서 터득될 때 비로소 나타난다. 루터는 1520년에 이 주제의 기초를 마련했다. 새 계약의 성례전은 그것이 언제나 약속의 말씀과 결합되며, 반드시 믿음 안에서 붙들어야 한다는 점에서 옛 계약의 그것과 구분된다는 것이다. 새 계약의 성례전의 현실성 전체는 믿음에 달려 있다. 그것은 단순히 성례전적인 완성에 놓여 있지 않다. 그래서 우리는 성례전이 아니라, 성례전 안에서 지칭되는 것에 대한 믿음이 의롭게 한다고 말해야 한다.[521] 그렇기 때문에 믿음의 세례에 있어 그 세례와 결합된 약속에 대한 믿음이 가르쳐져야 한다.[522] 루터는 스콜라 신학자들이 이 점을 소홀히 했다고 꾸짖었다.[523] 그러나 실제로 토마스 아퀴나스와 같은 스콜

---

521   M. Luther, *De capt. babyl. eccl.* : ···tota eorum efficatia est ipsa fides, non operatio. Qui enim eis credit, is implet ea, etiam si nihil operetur. Inde proverbium illud, "Non sacramentum, sed fides sacramenti iustificat" (WA 6, 532, 27 - 29).

522   M. Luther, 같은 곳, 529.

523   M. Luther, 같은 곳, 530. 비교. 토마스 아퀴나스와 도미니크 수도회 신학자들에 대

라 신학자는 세례가 일으키는 구원의 효력을 수용하는 데 있어 믿음의 불가
결성을 가르쳤다. 물론 토마스는 세례의 실행을 통해 세례받은 자에게 일으
켜지는 지속적인 "특성" 곧 하나님을 향한 권리로서의 특성과 세례를 통해
수여되는 칭의의 은혜 사이를 구분했다.[524] 세례를 통해 전달되는 인증은 단
지 칭의 사건의 성례전적 표징일 뿐이다. 칭의 사건은 세례받는 자의 영혼 안
에서 성취되어야 하며, 오직 믿음을 통해 세례를 터득함으로써 실제로 발생
한다. 세례받은 존재라는 표징을 통해 지칭되는 의 곧 믿음을 통하지 않고서
는 도달할 수 없는 의는 상실될 수도 있는 반면에, 세례받은 존재와 결합된
세례받았다는 특성은 상실되지 않는다.[525] 루터와 토마스 사이의 구분은 핵
심에서는 그다지 크지 않다. 비록 루터가 "특성"이라는 표상을 받아들인 것
은 아니지만, 그러나 이 표상의 중심 내용은 대교리문답의 전체적인 틀 안에
서 표현되었다. 세례는 "언제까지나…누군가 그것으로부터 탈선하거나 죄를
범하는 것과는 관계없이…존속할 것이다."[526]

세례가 성례전적 표징의 행위로서 그 표징이 가리키는 것에 대한 세

한 비판적인 논술을 보라. Luther, *Schmalkaldische Artikeln* 1537 (BSELK 450 , 2f.).
이에 대해 참고. L. Grönvik, *Die Taufe in der Theologie Martin Luthers*, 1968, 90ff. 이
것은 브룬너의 사상을 계승했다. R. Brunner, *Pro Ecclesia* I, 1962, 138－164, bes. 149f.

524 Thomas von Aquin, *S. theol*. III,68,8. 토마스는 세례가 일으키는 구원의 효력에 대하
여 믿음이 불가결하다는 이유를 로마서 3:22에서 찾았다. 그것은 하나님의 의는 예
수 그리스도께 대한 믿음을 통해 온다(Iustitia Dei est per fidem Jesu Christi)는 구절
이다.

525 *S. theol*. III,66,1. 여기서 지속적인 "세례의 특성"은 내적인 의의 성례전적인 표징
(signum sacramentale interioris iustificationis)으로 말해진다. 그것의 상실 불가성에
대해 비교. ib. ad 1 그리고 III,63,5. 그러나 여기서 그 이유는 다르다.

526 BSELK 706, 13－15. 이 점에서 대교리문답 안에서 강조점의 이동이 나타난다.
1520년 루터의 진술과 비교해볼 때 믿음의 수용 행위보다 세례 안에서 일어나는 하
나님의 행동의 우선성이 이제는 훨씬 더 강조된다. 이에 대해 비교. L. Grönvik, 같은
곳, 102ff. 그러나 양자 사이에 대립은 없다. 왜냐하면 루터가 지금 성례전의 의롭게
하는 작용이 믿음 없이 나타난다고 말해지는 않기 때문이다.

례받는 자의 믿음을 목표로 하지만, 그 믿음을 필연적 방식으로 전제하지는 않는다면(왜냐하면 모든 경우에 믿음은 세례를 단지 수용할 수만 있기 때문이다), 그렇다면—오직 그때만—세례 행위의 본질로부터 유아들과 젖먹이에게 베푸는 세례는 근본적으로 허용될 수 있다. 세례 행위의 본질적 속성은 그때도 어쨌든 그런 실행에 반대되는 쪽으로 효력을 발생하지 않는다. 그 실행에 우선 반대되는 사실, 곧 가장 초기의 그리스도교도 먼저 복음을 선포하고 그다음에 믿음을 얻는 사람에게 세례를 주었다는 사실은 초기의 그리스도교 선교가 바로 중점을 성인들에게 두었다는 점을 통해 설명될 수 있다. 세례가 세례받는 자의 의지와 그의 확신을 거역하여 주어질 수 없다는 사실은 명백하다. 의지, 판단력, 확신 등이 각각의 특수한 경우에 발전되어 있다는 전제 아래서 그렇게 말할 수 있다. 그러나 세례가 그런 것에 기초하는 것은 아니다. 이미 세례를 받은 사람에게서도 그런 모든 인간학적인 요소들은 변하지 않고 존재한다. 그럼에도 불구하고 그의 생명에 대한 하나님의 확실한 약속은 "언제까지나…존속할 것이다." 세례가 "은사"로 이해되어야 한다면, 다시 말해 그것의 수용이 어떤 특정한 수준의 인간적 판단력과 결단 능력에 예속된 것이 아니고 단지 세례에 맞서는 저항이 없어야 한다는 것과 원칙적으로 준비되어 있어야 한다는 것만을 전제한다면, 세례가 유아들에게 금지되어야 할 이유가 무엇이겠는가? 성인들은 그들의 믿음의 진실성을 보증하는 문제에서 정말로 유아들과 전적으로 다른 상황에 놓여 있다고 말할 수 있는가? 누가 자신의 믿음이 지속될 것이라고 보증할 수 있는가? 성인들이 긍정적인 준비를 했다는 것 외에 정말로 더 많은 것을 가지고 있는가? 이제 이러한 전제들의 관점에서 실제로 테르툴리아누스와 같은 고대 교회의 비판가가 유아세례를 옹호하며 주장했던 것을 숙고해 보아야 한다. 그것은 말하자면 그리스도인인 부모를 둔 아이들이 고린도전서 7:14의 의미에서 그 부모를 통해 함께 거룩해질 수 있다는 주장이다. 이것은 아마도 현대적 정신성의 개인주의와는 심각한 갈등을 일으킬 것이다. 그러나 사회적 그물망 안에 있는 인간적 현실에 있어서는 개인에 대한 추상적 관찰보다는 오히려 더 올바른 것일 수 있다. 특수한 기준에서 이것은 도움을 필요로 하고 감수성에 예민한 상황에 있는 아이들에게는 타당할 수 있다. 이 점에서 예수 자신도 자신이 선포한 가까이 다가온 하나님의 통치를 향한 개방성을 보았다(막 10:14f.). 여기서 중요한 것은 일반적인 인간학적 사정이다. 이것은 그리스도인인 부모를 둔 아이들의 특수한 상황과는 구분되지만, 그 상황의 토대가 된다. 또한 그 사정도 유아세례에 찬성하거나 반대하는 이유에 대한 숙고에서 함께 고려되어야 한다. 이런 의미에서 유아세례의 관습을 이어온 교회적 전통이 이른바 "어린이 복음"이라는 마가복음 10:14을 인용해온 것이 완전히 틀린 것이라고 할 수는 없다. 물론 거기서 세례는 언급되지 않는다. 요약하여 말하자면 어린아이에게 있어—특별히 그리스도인인 부모를 둔 아이들에게 있어—비록 세례를 거부하는 판단력과 의지를 확고히 형성할 능력은 아직 없다고 해도, 그것을 넘어 그들이 무제한의 신뢰를 향한 긍정적 준비가 되어 있다는 점을 고려할 수 있어야 한다. 그 신뢰의 본래적 대상은—물론 그 아이는 아직 알 수가 없지만—오직 예수의 파송 안에서 자신을 계시하신 참 하나님이시다.

루터는 성령이 어린아이의 믿음(*fides infantium*)을 불러일으켰을 가능성에 대하여 숙고했다. 그것은 아이의 어린 나이에 상응하면서 중심에서 (비록 명시적이지는 않지만) 하나님을 향해 개방된 믿음 곧 신앙적 신뢰의 변형이라는 것이다. 많은 비평가는 이것을 탈선한 것으로 정죄했지만, 마지막 숙고의 관점에서 우리는 그렇게 판단할 수 없다.[527] 물론 유아적인 신뢰는 아직은 먼 훗날 형성될 구조, 즉 앎(*notitia*)과 동의(*assensus*)를 통해 매개되는 하나님 신뢰의 구조는 아니다. 그래서 그것은 아직은 예수 그리스도께 대한 명시적 믿음

---

[527] 예를 들어 브링켈의 저서(Brinkel, *Die Lehre Luthers von der fides infantium bei der Kindertaufe*, 1958)에 대한 P. 알트하우스의 비평(*ThLZ* 84, 1959, 866–869)을 보라.

일 수는 없다. 그러므로 어린아이가 세례 시에 하나님의 말씀의 "말 건넴"을 받는 것에 응답한다는 의미의 믿음[528]에 대해서는 말하지 않는 편이 좋을 듯하다. 그와 반대로 제1계명에 대하여 루터가 설명했던 의미에서 "진심어린 마음의 신뢰와 믿음"[529]이라는 것을 말하는 편이 훨씬 나을 것이다. 여기서 중요한 것은 말하자면 인간학적인 상수들인데, 이것들은 파울 알트하우스가 요청했던 "고의성" 곧 그것을 통해 성인들이 "하나님의 약속을 수용하는 개인적인 행위"를 사실상 특징짓는 고의성[530]과는 다른 것이다. 그럼에도 불구하고 그런 인간학적 상수들은 초기 유아기의 삶의 국면에서 부정될 수 없다. 알트하우스는 루터가 대교리문답에서 어린이의 믿음을 세례의 전제로 다루지 않았다고 바르게 말했다.[531] 매우 일반적으로 말해서 믿음이 세례를 만드는 것이 아니라 단지 수용한다는 것은 루터의 규정에도 잘 상응한다. 그러나 바로 이 의미에서도 루터는 세례받은 아이의 믿음을 "명제화"(postuliert)하지 않았다. 오히려 대교리문답은 단지 "그 아이가 믿게 될 것이라는 마음과 희망" 안에서 세례받는 장소로 데려올 수 있다는 것만 말한다. 그 희망은 "하나님께서 그 아이에게 믿음을 주시라는" 간구와 결부되어 있다.[532] 이것은 명제가 아니다. 오히려 그것은 인간적 판단보다 앞서서 그 아이와 직접적 관계 안에 계시는 하나님의 영의 가능성들을 존중하며 행해지는 진술이다. 젊은 사자가 먹이감을 찾기 위해 하나님께 울부짖고(시 104:21), 어린 까마귀도 하나님께 도움을 청하는 울음소리를 낸다(욥 38:41). 그들을 들으시는 하나님은 또한 인간인 아이의 마음과 접촉할 어떤 수단과 길을 가지고 계시지 않을까?

---

528   K. Brinkel, 같은 곳, 75.

529   M. Luther, Der Große Katechismus I, 2 (BSELK 560,16f.).

530   P. Althaus, 같은 곳, 868.

531   P. Althaus, 같은 곳, 867.

532   BSELK 702, 45 – 47.

이 모든 설명으로부터 모든 인간이 젖먹이로서는 아무런 구별 없이 세례를 받아야 한다는 결론이 내려지는 것은 아니다. 이것은 심지어 유전 죄 교리로부터도 필연적 결과가 될 수 없다. 물론 미래의 하나님 나라에서는 세상의 모든 지역으로부터 많은 사람들—전혀 세례받을 수 없었던 낯선 문화들에 속했던 사람들—이 와서 아브라함, 이삭, 야곱과 함께 같은 식탁에 앉게 될 것이다(마 8:11 및 병행구절들). 이 지점에서 유아세례의 반대자들이 아우크스부르크 신조를 통해 그 교리를 정죄했던 것은 수정을 요청한다. 라틴어로 표현된 그 신조의 9조항(CA 9)은 이렇게 말한다. 재세례파는 정죄되어야 하는데, 왜냐하면 그들은 어린아이들이 세례를 받지 않고서도 축복에 이를 수 있다고 말하기 때문이다. 이러한 정죄의 근거는 마태복음 18:14과 맞지 않는다. 왜냐하면 이 말씀은 세례와 관계된 것이 아니기 때문이다. 요한복음 3:5도 다르게 말한다. 이 말씀은 어린아이의 상황과 관계되지 않으며, 어린아이에 대한 예수의 축복의 말씀(막 10:14f.)을 세례의 조건과 결부시키려고 하지도 않고, 오히려 성인들의 눈앞에 그들이 필연적으로 거듭나야 한다는 사실을 제시할 뿐이다. 유전 죄의 교리로부터 도출되는 잘못된 표상 곧 세례받지 않은 아이들은 영원한 구원으로부터 배제된다는 표상은 신약성서의 전체 증언과 일치하지 않는다. 이것은 이런 의미가 된다. 우리는 믿음을 세례의 전제로 보는 견해, 그리고 그것에 근거한 유아세례에 대한 비판을 신학적으로 문제가 있는 것으로 판단해야 한다. 우리는 이미 그렇게 설명해왔다. 그러나 유아세례 자체는 세례를 실행하는 유일하게 가능한 형태로 이해되어서는 안 된다. 그렇게 한다면 초기 그리스도교가 실행했던 세례들의 대부분을 무효로 만드는 결과가 초래될 것이다. 그렇기 때문에 그와 유사한 정죄들은 이 자리에서 포기되어야 한다. 아무리 모든 교회가 세례에 대한 그런 질문에서 통일된 실행 형태에 큰 관심을 갖는다고 해도 그렇게 해야 한다. 교회를 분리시키는 효력은 이미 세례받는 사람에게 재차 세례를 줄 때 나타난다. 왜냐하면 그와 함께 이미 받은 세례의 사실 그 자체(*ipso facto*)가 무효가 되기 때문

이다.[533]

유아세례 외에 성인 세례, 곧 중년이나 노년에 이르러 비로소 그리스도교의 메시지를 들었거나 받아들인 사람들에게 세례를 주는 가능성도 충분히 고려될 수 있다. 양쪽 형태의 세례는 나란히 실행될 수 있다. 그러나 유아세례를 옹호하면서 이렇게 말할 수 있다. 아이 때 세례를 받은 사람의 삶 속에서 예수 그리스도 안에 있는 하나님의 은혜의 부르심과 그의 삶에 대한 하나님의 요구가 그 사람의 모든 고유한 체험과 노력보다 언제나 이미 앞서 있다는 사실이다. 인생의 후반기에 이르러서야 비로소 이 사실을 깨닫고 자신의 세례를 의식적으로 받아들이게 된 사람도 하나님께서 한 인간의 삶의 모든 고유한 길과 잘못된 길들보다 앞서서 처음부터 그 삶 전체를 아들 안에서 하나님 자신과 이루는 연합으로 규정했고 그 안으로 받아들이셨다는 사실을 축복으로 느낄 수 있다. 이러한 숙고는 그리스도교적인 가정 안에서 아이를 이른 시기에 세례를 받게 하려는 결정에 중요한 의미를 갖는다. 다른 사람이—일차적으로 부모가—그 아이를 위해 대리하면서 아이가 자기 자신을 스스로 책임질 수 있을 때까지 아이의 평안한 삶과 발전을 위한 책임을 떠안는다는 것은 그 아이의 삶의 상황에 속하는 중요한 일이다. 이것은 먹이고 입히고 건강을 돌보는 일과 함께 시작하며, 종교적 삶을 발전시키는 일을 포함하고, 나아가 어린아이를 위한 최초의 관련 인물(보통은 어머니)로서 잠정적으로 그의 무제한의 의존과 한계 없는 신뢰의 대상이 되어주는 일도 필요하다. 반면에 어린아이의 이른 시기의 종교 교육은 하나님만이 무제한으로 신뢰할 수 있는 유일한 분이고 인

---

533 이 질문과 관련해서 다음의 사실이 중요하다. 믿는 자들에게 세례를 주는 교회들이 다른 교회들의 신도들을—그 개종자들이 스스로 세례를 받은 것으로 이해하고 있을 때—재차 세례를 주는 일 없이 받아들일 준비가 되어 있다는 사실이다. 그러나 일정한 조건을 갖춘 세례가 실행되는 경우에는 교회일치의 문제가 발생한다. 이 문제는 침례교회에만 해당하는 것이 아니고, 오히려 이른바 이교적 세례를 인정하지 않는 몇몇 정교회에서 나타난다.

간이 무한히 의존하며 지지할 수 있는 대상으로서 부모의 제한된 가능성과 구분되어야 한다는 점을 가르칠 과제를 갖는다.[534] 이런 관점을 취한다면 2세기 이래로 증언되어온 고대 교회의 이해, 곧 미성숙한 아이들의 세례에서 그들을 책임지는 성인들이 대리적으로 믿음의 고백을 한다는 이해는 현대적 주관주의의 시각이 실제로 느끼는 것보다 덜 낯선 것일 수 있다. 물론 믿음을 대리하는 신앙고백은 그때 아이를 종교적으로 양육해야 할 의무를 포함한다. 이 의무가 그 아이의 미래의 믿음을 보장하는 것은 아니다. 이것은 인간이 자신의 고유한 미래의 믿음을 확신할 수 없는 것과 마찬가지다.

어떻든 미성년 아이에 대한 세례는 모든 경우에 특별한 수준에서 후에 성년의 믿음을 통해 세례의 의미를 독립적으로 터득하게 될 것이라는 기대를 지시한다. 세례받는 사람이 자신의 믿음을 터득하는 것은 모든 정황에서 세례를 향해 나아가는 것을 뜻한다. 세례의 성례전적 표징과 그것에 근거한 세례받은 존재의 지속적인 작용은 세례받은 자의 개인적인 믿음을 목표로 한다. 세례 사건을 통해 발생한 인간의 거듭남과 칭의는 바로 그 개인적 믿음 안에서 완전히 실현된다. 세계교회협의회에 속한 신앙과 직제 위원회의 리마 선언은 1982년에 다음과 같이 바르게 강조했다. 세례와 믿음의 본질적 관계는 세례 실행의 차이를 통해 영향을 받지 않는다. "스스로 대답할 수 있는 사람이 세례를 받을 때, 개인적인 믿음의 고백은 세례 예배에 통합되는 한 부분을 형성한다. 유아가 세례를 받을 때, 그런 개인적인 대답은 이후의 먼 시점으로 미루어진다."[535] 여기서 개인적인 신

---

534 이에 대해 나의 책을 보라. *Anthropologie in theologischer Perspektive*, 1983, 223f. 비교. H.-J. Fraas, *Die Religiosität des Menschen. Ein Grundriß der Religionspsychologie*, 1990, 112f.176ff.

535 *Taufe, Eucharistie und Amt,* Konvergenzerklärungen der Kommission für Glauben und Kirchenverfassung des Ökumenischen Rates der Kirchen. 세례에 대한 William H. Lazareth und Nikos Nissiotis, 1982, Nr. 12의 서문을 보라.

앙고백은 물론 세례의 행위에 속한다. 신앙고백이 나중에 행해진다는 것은 그것이 세례와 구분되는 것, 추가적인 어떤 것, 혹은 세례를 보충하는 사건으로 보아야 한다는 뜻이 아니다. 그렇게 본다면 그 고백은 거듭남과 칭의의 발생과 같은 것이 될 것이다. 오히려 그 고백은 과거 시점에 성취된 세례를 거듭남과 칭의의 사건을 통해 승인하는 것으로 생각되어야 한다.

점점 더 유아세례로서 실행되는 세례 행위는 개인적 신앙고백과 시간 간격을 두고 멀어졌다. 개인적 신앙고백은 세례를 통해 일으켜진 예수 그리스도 및 삼위일체 하나님과의 결합에 대한 세례받은 사람의 고백이다. 유아세례와 개인의 고백 사이를 분리하는 이러한 시간 간격은 서구 그리스도교 안에서 중세 초기 이래로 우선 다른 이유로부터 생겨난 독립된 예식인 **견진**에서 표현을 발견했다. 여기서 중요한 것은 원래는 세례의 "예식 절차"에 속했던 안수와 기름부음의 행위다.

십자가의 성호 형태로 기름을 붓는 행위는 이미 5세기에 위탁(*consignatio*) 혹은 견진(*confirmatio*)으로 말해졌다. 세례 행위 전체의 적법성을 확증했기 때문에 기름부음의 행위는 고대 교회의 세례 실행에서 감독의 권한에 두어졌다.[536] 감독이 세례를 확증하는 것은 특별히 중요한 의미를 지녔다. 그것은 세례받은 사람이 교회에 속한 지체가 되었고 이제 성만찬에 참여하는 것이 허락된다는 근거였기 때문이다. 세례받은 사람이 그리스도의 기름부음(고후 1:21; 요일 2:20.27) — 이것은 그리스도 혹은 메시아의 칭호에 본질적 구성요소다 — 에 참여했다는 "인증"으로서 행해지는 기름부음과 십자가의 성호 안에서 사람들은 안수 행위의 결과로서 일어나는 성령의 전달의 표징을 보았다. 그래서 기름부음과 안수 행위는 바로 세례 실행의 정점으로 여겨졌다. 동방 정교회 안에서 이런 맥락은 오늘에 이르기까지도 보존되어 있다. 이와 반대로 서구 그리스도교 안에서는

---

536   G. Kretschmar, art. Firmung, in : *TRE* 11, 1983, 192–204, 195.

중세 초기에 이미 기름부음과 안수 행위는 바로 그것이 감독의 직무에 예속된다는 이유에서 세례 예식으로부터 분리되었고, 그렇게 제외된 나머지 부분들은 사제들에 의해 실행되었다. 세례 행위를 완성하는 예식으로부터 이처럼 분리된 이유는 감독의 직무가 변화했기 때문이었다. "감독의 직무는 지역 공동체를 인도하는 것으로부터 한 구역을 돌보는 것으로 변화했다."[537] 이제 감독은 모든 세례 예식에 참석할 수 없게 되었고, 반면에 세례는 유전 죄 교리 때문에 출생 후에 가능한 한 빨리 실행되어야 했다. 감독이 행하는 기름부음과 안수 행위는 담당 감독이 그 해당된 공동체를 방문할 수 있을 때까지 연기되었다.

그러므로 기름부음과 안수 행위가 견진이라는 독자적인 예식으로 독립한 것은 처음에는 세례받은 사람이 나중에 자신의 세례를 확증하는 것과는 아무 관계도 없었고, 단지 감독이 행해야 하는 확증과만 관계가 있었다. 그러나 후속 문제가 나타났다. 그것은 독립한 견진의 신학적 근거와 의미에 대한 질문이었다. 이와 관련해서 세례받는 사람이 세례 예식 때의 신앙고백을 자기 의지로서 수용하는 것이 그 예식의 본질적 성격에 속하는지의 문제도 나타났다.

우선 숙고되어야 할 것은 세례 예식이 성례전에 포함되는 것 자체가 문제가 있는 것이었다는 사실이다. 왜냐하면 이를 위해 요청되는 신약성서의 근거들이 충분히 제시될 수 없었기 때문이다.[538] 토마스 아퀴나스가

---

537   G. Kretschmar, 같은 곳, 197. 세례 실행의 정규적 형태로서의 유아세례와의 관계에 대해서는 199를 보라.

538   이 지점에서 신학이 얼마나 곤란한 상황에 처하게 되는지는 알렉산더 헤일즈가 절망적으로 추정하는 제안에서 잘 드러난다. 그는 견진의 성례전이 845년에 모 주교회의(Synode von Meaux)에서 제정되었다고 제안했다. 반면에 보나벤투라는 사도들이 제정했다고 가르쳤고, 토마스 아퀴나스는 오직 하나님 자신만이 성례전을 제정할 수 있다고 주장했다. 이에 대해 G. Kretschmar, 같은 곳, 198을 보라. 그러나 여기서 제시된 요약된 알렉산더의 주장은 아래의 각주 740에서 제시된 자료의 의미에서 수정되어야 한다.

이를 위해 인용했던 구절[539] 즉 요한복음 16:7의 영의 약속은 우선 원시 그리스도교의 증언들에 따르면 영의 수여는 통상적으로 세례와 결합되어 있었다는 이유만으로도 특별히 견진의 제정에 관한 것으로는 타당하지 않다.[540] 신약성서 안에서 독립적인 행위로서의 견진의 제정은 말해지지 않는다. 그래서 1520년에 루터는 토마스 아퀴나스가 제시했고 후대의 스콜라주의가 인정했던 기준 곧 성례전의 성립 근거로서 하나님의 제정이 요청된다는 기준에 따라 견진의 성례전적 성격을 올바르게도 의문시했다.[541] 그러나 루터는 여기서 기름부음과 안수가 원래는 세례의 실행 절차에 속했다는 것을 알지 못했다. 그가 만일 알았더라면, 종교개혁적인 전제 아래서 견진성사의 성례전적 성격과 관련해서 어떤 다른 판단이 생각될 수 있었을 것이다. 물론 그것은 견진을 완전히 독립된 성례전으로 인정하는 것은 아닐 것이며, 견진성사를 세례의 성례전적 특성에 참여하게 한다는 의미의 판단이었을 것이다. 그런 해석의 출발점은 현재의 가톨릭 신학이 그 자신이 계속해서 승인해왔던 불가능성 곧 신약성서를 통해 견진을 독립된 성례전적 행위로 입증하려는 시도의 불가능성에 직면했을 때, 제공되었다.[542] 바로 이 방향에서 우리는 이 문제에 존속하는 교단적 차

539　Thomas von Aquin, *S. theol.* III,72,1, ad 1.

540　누가의 사도행전 안에서 이 규칙은 바로 여기서 보고되는 그것의 예외들(8:15f.; 10:44.48; 비교 19:2ff.)을 통해 확증된다. 이미 그보다 앞선 영의 수용 이후에 물 세례가 베풀어지든지, 아니면 단순한 물 세례 다음에 안수를 통해 영이 전해진다(참고 8:15f.). 이에 대해 비교. J. Roloff, *Die Apostelgeschichte*, 1981, 135. 또한 참고. Th. Schneider, *Zeichen der Nähe Gottes. Grundriß der Sakramententheologie*, 1979, 111. 그리고 S. Regli, Firmsakrament und christliche Entfaltung, in: *Mysterium Salutis* 5, 1976, 297-347, 302. 여기서 다음의 저서가 인용된다. J. Amougou-Atangana, *Ein Sakrament des Geistempfangs? Zum Verhältnis von Taufe und Firmung*, 1974, 84-96, 또한 272ff.

541　WA 6, 549f.

542　참고. H. Küng, Die Firmung als Vollendung der Taufe, in: *Theol. Quartalschrift* 154, 1974, 26-47, 36. 또한 J. Amougou-Atangana, 같은 곳, 281f.

이에 대한 상호이해를 가장 잘 기대할 수 있다. 가톨릭 신학자들이 최근에 흔히 주장하는 다른 견해, 곧 교회가 특정한 개별 성례전적 행위를 통해 하나의 원(原)성례전을 구체화할 수 있는 경쟁력 있는 능력을 가져야 한다는 주장[543]은 어쨌든 개신교의 입장에서는 받아들이기 어렵고, 또한 토마스 아퀴나스의 요청과도 모순되는 것이다. 토마스는 모든 개별 성례전의 승인을 위해서는 그것이 하나님에 의해 제정되었다는 증명이 요청된다고 주장했다. 여기서 결정적인 것은 "성례전"이라는 명칭이 아니라, 오히려 그에 해당하는 행위 자체의 근거인 것이다.

견진이 독립한 결과로서 제기되는 다른 신학적 질문은 세례와 구분되는 그 예식의 특수한 효력에 대한 질문이다. 옛 교회의 세례 행위에서 사람들은 성령이 전해지는 것이 기름부음 및 안수와 결합되어 있다고 생각했다. 견진 행위가 독립적인 것이 된 후에 그런 관계적 순서는 유보조건 없이는 더 이상 유지될 수 없게 되었다. 그렇게 하지 않으면 세례는—신약성서의 증언들과는 반대로—영의 전달이 없는 단순한 물 세례가 되어 버릴 것이기 때문이었다. 그래서 견진은 믿음 안에서, 그리고 성령과 그 은사들에 대한 참여 안에서 그 수용자를 **강하게** 만든다는 기능에 그쳤다. 중세 초기 이래로 믿음의 독립적 증언으로 파송한다는 사고가 견진의 사고와 결합되었다.[544] 그다음에 이러한 견해는 개신교적 관점으로 수렴했는데, 그것은 종교개혁 시대에 견진의 성례전적 특성에 대한 루터의 거부에도 불구하고 개신교회들로 하여금 견진성사를 갱신하도록 인도했던 관점이었다.[545] 유아세례의 실행은 성년이 된 이후에 세례받은 사람이 세례의 신

---

543 참고. K. Rahner, *Kirche und Sakramente*, 1960, 37ff., 특별히 견진에 대해서는 41ff. 비슷한 자료로서 다음을 보라. R. Schulte, Die Einzelsakramente als Ausgliederung des Wurzelsakramentes, in : *Mysterium Salutis* 4/2, 1973, 46 - 155, bes. 137f. 견진에 적용하는 문제에 대하여 Regli, 같은 곳, 318을 보라.

544 비교. G. Kretschmar, 같은 곳, 197f., bes. zu Alkuin ep. 134.

545 이러한 발전은 루터가 아니라 츠빙글리와 부처(Bucer)로부터 시작되었다. 참고. G. Kretschmar, 같은 곳, 200f. 또한 K. Dienst, art, Konfirmation I, *TRE* 19, 1990, 437ff.

앙고백을 개인적으로 수용하는 것이 필요하게 만들었으며, 세례받은 사람이 세례를 주관적으로 수용해야 하는 이 필연성은 교회의 입장에서는 세례받은 사람을 가르쳐서 믿음에 이르도록 해야 하는 의무와 상응한다. 바로 그 믿음을 향해 그 혹은 그녀는 세례를 받은 것이다. 바로 개신교회 안에서—특별히 경건주의를 통해서—견진은 교회의 지체들의 삶 속에서 중요한 교회적 직무 행위들 가운데 하나가 되었다.[546] 그와 달리 견진의 신학적 근거와 의미는 계속해서 미결 문제로 남았다. 견진성사가 본래는 세례의 제의 절차에 속해 있었다는 사실의 재발견, 그리고 그와 함께 주어지는 세례와의 내적 연관성[547]에 대한 숙고는 그 문제에 대한 새로운 출발점을 제공한다.

견진은 세례와의 내적 일치성 안에서 세례받은 자의 삶의 길 전체에서 세례와의 관계를 표현하는 것으로서 이해된다. 루터는 다른 관점들 중에서 세례 안에서 표징적으로 성취된 것을 삶의 역사에 걸쳐—말하자면 참회와의 관계 안에서—전개한다는 점을 강조했다. 그러나 세례와 참회의 관계에 관한 루터의 서술은, 오늘날 인식될 수 있는 것처럼, 세례와 견진의 일치 관계와 매우 특징적으로 유사하다. 세례 안에서 선취된 옛사람의 죽음이 그리스도인의 삶의 역사 안에서 세례를 터득해가는 과정을 통해 매일 뒤따라 성취되어야 하는 것처럼, 또한 세례받은 자가 예수 그리스도와 삼위일체 하나님께 자신을 "양도하는 것"도 믿음과 신앙고백을 통해 개인적으로 터득되어야 한다. 세례받은 자의 이 세상의 삶의 길 전체를 그것의 종말로부터 예기하는 세례의 표징성은 그리스도교적인 삶의 진행 속에서 한 걸음씩 실제로서 회복되어야 한다. 이 사실은 참회에만 해당하는 것이 아니라 또한 세례를 믿음으로 터득하여 개인적 신앙고백의 독립

---

546 이 주제에 대하여 참고. D. Rössler, *Grundriß der Praktischen Theologie*, 1986, 220 – 223, 그리고 496ff.

547 제2차 바티칸 공의회(SC 71) 이래로 로마 가톨릭교회 안에서 세례와 견진을 결합시켜 보는 새로운 관점에 대하여 비교. G. Kretschmar, 같은 곳, 201f.

성에 도달하는 것에도 해당한다. 유아세례의 실행은 세례를 독립적인 믿음과 신앙고백 안에서 그렇게 개인적으로 수용하는 것이 공동체의 공적인 모임 안에서 공표될 것을 요청하는데, 바로 이것이 견진에서 일어난다는 것이다.[548] 그것이 예배적 행위의 형태를 갖는다는 사실이 이미 거기서 단지 세례를 수용하는 인간의 편에만 관련된 행위가 일어나는 것이 아니라는 표현이다. 오히려 세례받은 자는, 그러한 독립적인 믿음과 신앙고백에 도달할 수 있기 위해, 세례에서 수여된 성령을 통해 일어나는 강화를 필요로 한다. 이 점에서 견진(Konfirmation)에 대한 개신교적 이해는 견진성사 (Formung)에 대한 가톨릭 신학의 이해와 조화를 이룰 수 있다. 개인적 믿음과 신앙고백에 대하여 성령의 도우심에 의존해야 한다는 표징은 개신교의 견신례에서 행해지는 안수를 통해서도 실행된다. 하지만 기름부음은 그렇게 행해지지 않는다. 왜냐하면 옛교회의 기름부음의 관습이 그리스도의 칭호와 결합되어 있었다는 의식, 그리고 그 결과 예수 그리스도와 이루는 연합의 표징으로서의 기름부음의 상징성은 개신교회 안에서 거의 사라졌기 때문이다.

종교개혁으로부터 생성된 교회들 안에서 기름부음의 상징에는 한 가지가 빠져 있었다. 그것도 또한 원시 그리스도교로 소급되고 특별히 로마 가톨릭 교회 안에서 성례전으로 여겨졌던 예식인데, 바로 "병자를 위한 기름부음" 이다.[549] 여기서 병자를 위한 기름부음이 단지 기름부음이라는 외적 특성을 통해서만 견진성사와 관계가 있는 것은 아니다. 양자 사이에는 더 깊은 관계가 있는데, 그것은 말하자면 양자의 경우에 기름부음을 받는 자가 성령의

---

548   이에 따라 미국의 루터교 찬양집(1979) 안에서 견신례는 **세례의 확증**으로 지칭되 었다(p. 198ff.).

549   이에 대해 참고. J. Feiner, Die Krankheit und das Sakrament des Salbungsgebetes, in : *Mysterium Salutis* 5, 1976, 494–550. 또한 H. Vorgrimier, art. Krankensalbung, in : *TRE* 19, 1990, 664–669.

도움을 통하여 강화된다는 점에서 그렇다. 이러한 강화는 견진성사의 경우에 일회적 형태를 가진 세례에 상응하여 계속되는 삶의 진행 전체와 관련해서 일어나며, 병자를 위한 기름부음의 경우에는 병자가 특별히 도움과 위로를 필요로 하는 긴급 상황에서 일어난다. 마가복음(6:12f.)은 공관복음서 전체에서 보고되는 파송 곧 예수께서 제자들을 병자들의 치유를 위해 보내시는 파송과, 제자들이 치유 활동에서 병자들에게 기름을 발라주어야 한다는 지시를 결합시켰다. 이것은 고대에 그 밖의 경우에도 널리 알려졌던 사용법인데, 사람들은 그것이 병자의 치유에 효력이 있다고 믿었다. 야고보서도 원시 그리스도교의 관습, 곧 장로들이 병자를 방문했을 때 그를 위해 기도하고 기름을 발라주었던 관습을 증언한다(5:14f.). 이 관습은 교회 안에서 보존되었고, 죄의 용서(약 5:15)와 결합된 후에 임종자를 위한 참회의 예식이 되었다. 이것은 12세기 이후에는 "마지막 기름부음"으로 지칭되었다. 루터는 이에 대해 비판한다. 야고보서 5:14f.는 임종자만이 아니라 일반적인 병자와 관련되며, 병세가 호전되고 완전히 나으리라는 희망과 결합되어 있다는 것이다. 또한 그것에는 성례전이 그리스도의 명령에 의해 명시적으로 제정되어야 한다는 요청도 빠져 있다. 하지만 루터가 그 예식 자체에 반대한 것은 아니었고, 다만 야고보서의 본문에서 기도와 죄의 용서가 중심적 역할을 맡고 있다는 점을 제시하려 했다.[550] 트리엔트 공의회가 그 제의의 성례전적 특성을 고수하며 그것이 마가복음 6:13의 예수 그리고 그것을 공표한 야고보에 의해 암묵적으로 제정되었다고 주장했던 반면에(DS 1695. 1716), 개신교회 안에서는 목사가 병자를 방문하여 기름을 바르는 예식 없이 그를 위해 기도하는 것만 관습이 되었다. 로마 가톨릭교회에서도 오늘날에는 이 예식의 역사와 신약성서적 근원에 관한 더 나은 지식을 얻은 결과로서 병자에게 기름을 바르는 것은 "새로운 통찰 안에" 놓이게 되었다. 제2차 바티칸 공의회도 임종자에게

---

550   M. Luther, *De capt. babyl. eccl.* 1520, WA 6, 567ff., bes. 570f. 비교. J. Calvin, *Inst. chr. rel.* IV, 19,18 - 21.

반드시 기름을 발라야 한다는 규정을 포기했으며(SC 73ff.), 이로써 실질적으로 야고보서 5:14f.를 잘못 인용했다는 루터의 비판을 받아들인 셈이 되었다. 이 예식이 예수 자신에 의해 제정되었다는 증명에 대해서는 오늘의 가톨릭 신학 안에서는 트리엔트 공의회의 교시가 공언했던 것보다는 조심스럽게 판단되고 있다. 그 밖에도 그런 기름부음의 맥락에서 "믿음의 기도"(약 5:15)가 갖는 중심적 의미도 더욱 강하게 강조되고 있다.[551] 또한 여기서도 우리는 루터의 비판에서 특별히 중심적인 요소가 사실상 고려된 것을 볼 수 있다. 요한네스 파이너는 "병자를 위한 병상의 **기도**"를 "병자에게 행하는 성례전적 예식의 중심 요소"라고 부르며, 이로부터 개신교 목회자도 병자를 방문해서 기도할 때 "용서하고 도와주는 하나님의 은혜를 구하고 병이 낫기를 간구"해야 한다고 판단했다. "그것은 하나님의 뜻을 따르는 것"이며, 야고보서의 가르침에 따르면 공동체의 책임자가 "일차적으로 그렇게 행해야 한다." 비록 개신교 측에서는 그 기도에 동반되는 기름부음의 상징이 없다고 해도 관계없다.[552] 다른 한편으로 기름부음의 예식에 대하여 종교개혁의 편에서는 명시적으로 반대할 특별한 이유가 없다. 우리가 그 예식의 의미를 감각적으로 인지되면서 성령의 도우심을 알리는 그런 상징적 행위를 통해 병자들을 편안하게 하고 강하게 한다는 데서 찾는다면,[553] 로마 가톨릭교회가 이 예식을 확고히 유지하는 것에 반대할 필요가 없는 것이다. 루터도 기름부음의 그런 기능을 타당한 것으로 인정했기 때문에 더욱 그렇다. 견진성사에서 나타나는 기름부음의 예식에 대한 유비는 세례받은 사람이 일생에 걸쳐 성령의 도

---

551 이에 대해 참고. K. Lehmann/W. Pannenberg, Hgg., *Lehrverurteilungen – kirchentrennend?* I, 1986, 133 – 140, bes.136ff. 이로써 로마 가톨릭 교리와 실천이 "개신교의 본질적 비판의 요점을 고려했다"(138)는 것이 명시적으로 확정되었다. 그러므로 이 내용에 대한 종교개혁의 반박이나 그에 대한 가톨릭교회의 정죄(DS 1718)는 유효하지 않은 것이 되었다.

552 J. Feiner, 같은 곳, 534.547.

553 트리엔트 공의회는 병자들을 위한 죄의 용서와 함께 바로 이것이 그 성례전의 효력이라고 주장했다. DS 1696: et aegroti animam alleviat et confirmat. 비교. DS 1717.

우심에 의존한다는 표현으로 평가될 수 있다. 그 의존은 삶의 유혹 및 위기와 맞서 싸우는 가운데 세례의 신앙고백을 언제나 또다시 새롭게 성취하기 위해 필요하다.

견진 후보자가 견진 예배에서 세례의 신앙고백을 수용하는 것은 믿음의 독립적인 터득 과정의 종결이 아니라 시작을 의미한다. 그들은 그리스도인으로서 그 믿음을 향해 세례를 받았다. 경험적 자료는 많은 젊은 이가 바로 견진 이후에 그리스도교적인 믿음으로부터 멀어지는 시기로 들어섰다는 사실을 제시한다. 그래서 사람들은 청소년기의 시작을 견진성사의 실행을 위한 시점으로 잡는 것이 바른 선택인지 의심하게 되었다. 견진이 결정적으로 견진받는 자가 믿음의 신앙고백을 수용하는 것으로 이해될 때, 그 의심은 올바른 것이었다. 한 개인에게 믿음과 그의 개인적 정체성의 관계가 최종적으로 어떤 형태로서 형성될 것인가 하는 것은 청소년기의 시작점에서는 누구도 미리 말하거나 보증할 수 없다. 그에 대해서는 또한 삶의 시간이 많이 경과한 국면에서도 보증되지 않는다. 그렇기 때문에 견진 예식의 중심 주제는 독립적인 신앙고백이 아니라 성령을 통한 축복과 강화라고 이해되어야 한다. 그들은 성령을 이미 세례 때에 받았다. 이러한 관점 아래서 또한 견진의 시점도 청소년기의 시작으로서 충분히 선택될 수 있다. 성년이 된 자가 자신의 세례를 기억함으로써 성령의 축복을 받고 강화된다는 주제는 견진 예식의 형식에서(다름이 아니라 그와 연관된 설교에서) 강하게 강조되어야 한다. 세례와 마찬가지로 견진도 개인의 독립적인 믿음과 고백에 기초할 수 없다. 그렇게 이해하려고 한다면, 견진의 서약은 어떤 인간도 감당하기 어려운 무거운 짐이 될 것이다. 견진에서 믿음의 고백을 독립적으로 수용하는 것은 이제야 겨우 최종적으로 마련된 세례의 정규적 특성을 위한 토대와 같은 것이 아니다. 유아세례를 적법하게 성취하기 위한 전제에는 삶의 후기 국면에서도 독립적인 믿음이 결코 그 삶 전체를 예수 그리스도와 결합시키는 세례의 근거가 될 수 없다는 통찰이 속해 있다. "만일 인간이 자신의 믿음에 근거해서 세례를 받는다면, 모든 것은 불확실해진다. 왜냐하면 우리는 그 사람이 내일도 계속해서 믿을지 알지 못하기 때문이다. 사람은 어제 옳다고 믿었던 것을 내일은 의심하게 될 수 있다."[554] 이것은 루터가 그 당시의 유아세례 비판자들과 벌였던 가장 중요한 논쟁들 가운데 하나였다. "우리가 세례를 받기 위해서는 반드시 믿어야 한다는 것은 참된 사실이다. 그러나 우리는 우리 자신의 믿음에 근거해서 세례를 받아서는 안 된다. 믿음을 가지고 있다는 것과 그 믿음을 신뢰한다는 것, 나아가 그것에 근거해서 세례를 받는다는 것은 전혀 다르다."[555] 자신의 믿음을 신뢰하는 사람은 단지 자기 자신을 신뢰하는 것이며 하나님을 신뢰하는 것이 아니다. 이것은 또한 견진에도 적용된다. 견진은 단지 믿음을 일생에 걸쳐서 터득해가는 과정의 한 단계일 뿐이다. 그에 대해 루터는 이렇게 말했다. "세례에 부족한 것은 아무것도 없지만, 믿음에는 언제나 무엇인가 부족하다. 왜냐하면 우리는 믿음에 관해서는 일생에 걸쳐 배워도 충분하지 않기 때문이다."[556]

세례는 믿음을 통해 터득될 필요가 있지만, 믿음도 세례를 필요로 한다. 세례를 통해 믿는 자들에게는 그들이 개인적으로 예수 그리스도께 속한다는 지속적인 약속이 주어진다. 루터는 1529년에 자신의 대교리문답에서 "저 영리한 것 곧 새로운 정신"을 반박했다. 그것은 성례전과 같은 "외적인 일" 없이도 "믿음이 홀로 구원"할 수 있다고 주장하는 정신이었다. "눈먼 인도자는 믿음은 어떤 것 곧 자신이 믿어야 하는 것, 자신이 붙들고 그 위에 서서 발로 디뎌야 하는 것을 반드시 가져야 한다는 사실을 보지 않으려고 한다." 그러나 "그들이 하나님의 말씀과 질서로 한 몸이 되고 자신들의 이름을 그것에 부착하게 할 수 있게 하는 것"은 바로 세례의

554   L. Grönvik, *Die Taufe in der Theologie Martin Luthers*, 1968, 142.

555   M. Luther, WA 26, 164f. (*Von der Wiedertaufe*, 1528).

556   M. Luther, 같은 곳, WA 26, 166, 2–4.

"물"이다.[557] 모든 개별 그리스도인의 믿음에 미치는 세례의 지속적인 영향력에 대한 루터의 이러한 유사한 진술들을 진지하게 수용하고 그것의 완전한 중요성을 바르게 평가하려고 시도한다면, 이로부터 루터 신학 전체의 이해를 위한 넓은 범위의 결과들이 도출된다. 믿음에 의한 칭의에 관한 그의 모든 진술은 말하자면 믿음 그 자체만에 대한 진술이 아니라, 오히려 반드시 세례를 터득해가고 뒤따라 성취해가는 믿음에 대한 진술로 읽어야 하는 것이다. 루터가 그렇게 강조했던 관계 곧 하나님과 그리스도의 약속이 믿는 자의 자아에 대하여 갖는 관계는 세례로부터 비로소 그것의 완전한 신뢰를 획득한다. 세례가 비로소 그리스도인에게 자기 자신을 하나님의 약속의 수령자로 이해할 수 있는 권리와 확신을 준다. 믿는 자들을 사로잡는 그리스도의 의는 다름이 아니라 세례를 통해 그들에게 전가되는 아들 됨의 의다. 이와 같이 세례가 그리스도인들의 삶 속에서 칭의를 얻는 구체적 장소이며, 믿음은, 단지 그것이 "우리의 일생에 걸쳐서" 세례 안에 근거한 우리의 새로운 정체성을 터득해간다는 조건 아래서, 또한 그 장소가 된다.

　　루터가 언제나 그렇게 명시적으로 말했던 것은 아니었다. 그렇게 했더라면 루터의 칭의론은 중세 스콜라주의의 칭의 및 믿음 이해와 내용상 더욱 명확하게 연결되며 강조될 수 있었을 것이다. 스콜라주의는 칭의를 세례의 작용으로, 믿음을 그런 구원 작용의 조건으로 이해했다.[558] 많은 노선으로 진행된 루터의 "믿음에 의한 칭의"에 관한 진술들은 그 믿음이 실제 상황에서 이미 오랜 과거의 사건인 세례와 마치 아무 관계도 없는 것처럼 읽혀서는 안 된다. 이러한 판단은 스콜라 신학의 발전 과정에서 참회론이 세례론의 자리를 대신해서 칭의 주제의 논의를 위해 점점 더 선호하는 장소가 되었다는 사실에 상응한다.[559] 이것은 루터의 사고가 발전하

557　BSELK 696, 26 – 28, 31 – 35, 그리고 38 – 40.

558　예를 들어 Thomas von Aquin, *S. theol.* III, 68, 8 ; 비교. 66,1.

559　이런 논의들은 IV. *Sent* d 17에 대한 *Sentenzenkommentaren*에서 발견된다. 이에 대한

는 출발점이기도 했다. 비록 루터는 1520년에 이미 참회를 세례와 밀접하게 연결하고 세례의 터득으로 서술했지만, 그럼에도 불구하고 그로 인한 결과는 칭의 과정의 이해와 관련해서는 단지 드물게만 표현되었다. 칭의에 있어 중요한 것이 세례의 유일회적인 성취이고 일생에 걸친 그것의 터득 과정이라는 사실은 종교개혁의 신학자들의 논쟁 속에서 전혀 분명하지 않았다. 그렇기 때문에 믿음에 의한 칭의는 마티아스 플라키우스에게서는 실제 현실적으로,[560] 루터교 교회일치 신조 안에서는 추상적·법정적으로 해석되었으며, 후기 정통주의 안에서는 점점 더 돌이킴의 행위, 곧 세례로부터 시간적으로 멀어졌고 그 사이에 발생한 죄들의 간섭을 받은 행위로 해석되었다. 칭의론이 루터의 세례론으로부터 분리된 것은 다음의 사실에 대하여 책임이 있다. 믿음 안에서 약속을 터득해가는 것이 17세기 이래로 점점 더 전적으로 믿음의 경험의 주관성 안에서 실행되는 과정으로 서술되었고, 그것을 넘어서 믿는 자의 정체성이 "그의 외부에 계신 그리스도 안에서"(extra se in Christo) 구성된다는 루터의 사고가 상실되었다는 사실이다.[561] 그 결과 18세기 개신교 신학이 인간적 주체성의 독립화[562]로 흐른 현대적 경향과 맞서기 위해 필요로 했던 종교개혁적 주제들의 타당성과 저항력은 결정적으로 약화되었다.

인간의 인격적 정체성이 어떻게 자신이 관여할 수 없는 법정을 통해

요약으로 참고. J. Auer, art. Rechtfertigung V. Dogmengeschichte, in *LThK* 8, 2.Aufl, 1963, 1037-1042, bes. 1039f.

[560] 말하자면 복음을 선포하는 각각의 행위와 관련되었다. 리츨의 설명과 비교하라. Ritschl, *Dogmengeschichte des Protestantismus* IV, 1911, 486ff. 이것은 계속 진행되는 회개(poenitentia continua)에 대한 플라키우스의 교리를 설명한다(450). 계속 진행되는 회개는 죄의 용서를 구하는 기도 안에서 모든 순간에 새롭게 실행되어야 한다. 그래서 칭의의 주관적인 수용은 리츨의 판단에 따르면 "무수한 양으로 쌓이며 계속해서 스스로 반복하는 개별 행위들로 분산된다"(493).

[561] 바그너의 설명을 참고하라. R. Wagner, Buße (VI), in : *TRE* 7, 1981, 473-487.

[562] 이에 대한 예로서 에벨링이 제기한 문제를 들 수 있다. H. Ebeling, ed., *Subjektivität und Selbsterhaltung. Beiträge zur Diagnose der Moderne*, 1976

구성된 후 자신에 대한 의식 속에서 외부로부터 주어지는지, 그럼에도 불구하고 그와 동시에 어떻게 그것이 자유로운 자기성취로 이해될 수 있는지의 물음에 대한 그리스도교적인 해법은 그리스도교적 세례론을 통해 주어졌다. 왜냐하면 세례를 통하여 인간의 새로운 정체성이 "자기 자신의 외부" 즉 자아의 직접적이고 "자연적인" 자기-친숙성 그리고 자아에만 집중된 자기-확실성의 외부에 기초를 두게 된다. 이러한 정체성은 그와 동시에 삶의 역사적 과정 전체에 걸쳐서 터득되고 계속해서 성취되어야 한다. 인간의 정체성의 이와 같은 그리스도교적인 새로운 근거는 세계경험을 통해 매개되는 자아-동일성의 다른 많은 형태들[563] 가운데 하나로 설명될 수 있다. 그렇다면 세례와 관계되는 그리스도교적인 정체성 의식은 완전히 단수적인 혹은 강제적으로 공리화된 정체성 형성의 예외적인 경우, 다시 말해 자칭 모든 경험보다 앞서 주어진다는 자아-확실성과 반대되는 정체성의 경우가 아니다. 오히려 거꾸로 세계 경험을 통해 매개되지 않은 선험적 자아확실성을 수용하는 것은 개인의 삶의 역사 속에서 일어나는 그것의 실제적 구성과정과는 분리된 추상물로 판단되어야 한다. 그러므로 세례를 통해 새로운 정체성이 근거되는 것은 이 사고의 급진적 의미에서 자아확실성 자체의 재구성으로 이해되어야 하는 것이다. 세례는 일반적 사태를 예시한다는 의미에서 어떤 주어진 개인성의 상태에 대한 묘사가 아니다. 오히려 그것은 성례전적 표징의 형태 안에서 그 인격을 실제로 새롭게 구성하는 것이다. 여기서 세례는 세례받은 사람의 삶의 역사 전체를 그것의 종말로부터 표징적으로 예기하며, 이런 예기로서 세례는 믿음 안에서 그것의 내용이 계속해서 터득되고 재차 성취되도록 기대된다. 이와 같은 재성취는 그 자체가 오직 세례로부터만 가능하며, 모든 순간에 그것은 세례를 통해 주어진 성령의 작용임을 알아야 한다. 다른 말로

---

563   이에 대한 상세한 설명을 나의 책에서 보라. *Anthropologie in theologischer Perspektive*, 1983, 213f., 또한 189ff., 243ff.

표현하자면, 세례를 터득하고 재차 성취하는 것은 **그리스도인**, 곧 세례 행위 안에서 새롭게 구성된 주체인 것이다. 이 주체는 자칭 모든 경험의 근저에 언제나 앞서 놓여 있고 자신의 내용의 변화 속에서도 자신과의 동일성을 여전히 유지한다는 어떤 주체가 아니다. 왜냐하면 세례를 통해 믿는 자는 예수 그리스도의 죽음 및 부활과 결합되었고, 동시에 그리스도의 영은 그리스도인들에게 예수를 기억나게 하며(요 14:26; 16:13ff.), 그들에게 세례를 통해 근거된 그들 자신의 고유한 정체성을 확신시키기 때문이다. 여기서 믿는 자의 새로운 주체성은 친숙한 자아에 근거해서 모든 비-자아와 대립하는 자아동일성의 형태가 아니다. 오히려 그런 자아동일성의 구조는 영을 통해 아버지께 대한 아들의 관계에 참여함으로써 변경된다.

세례를 그런 방식으로 인격을 새롭게 구성해가는 것으로, 그리고 믿음을 세례를 재차 성취하는 가운데 그것을 터득해가는 과정으로 정의할 수 있기 위한 전제는 물론 세례가—루터의 표현처럼—"하나님의 사역"[564]이라는 사실이다. 세례 그 자체는 인간적 터득보다 앞설 뿐만 아니라, 인간 자신을 창조 안에 근거된 자연적 규정과 일치하는 상태로 옮겨 놓으며, 그래서 그를 그 본성으로부터 소외되지 않도록 한다. 이렇게 해서 그리스도인의 새로운 인격적 정체성이 세례를 통해 생성되는 것은 인간으로서의 참된 정체성의 획득으로 이해될 수 있다. 이것은 거듭남으로서의 세례의 작용, 곧 성례전적 표징의 형태 안에서 세례받는 자의 정체성을 새롭게 근거시키는 세례의 작용이 세례가 하나님이 **제정하신 것**이라는 사실에 전적으로 의존하고 있음을 의미한다. 루터와 마찬가지로 토마스 아퀴나스에게서도 세례와 믿음의 관계 규정은 다음의 전제에 놓여 있었다. 세례에서 중요한 것은 긴 세월로 인해 존중받아야 하는 교회적 제의만이 아니라, 오히려 그것이 하나님의 계명과 제정이라는 전제다. 이 전제는 바른 것이 아닐까?

---

564   M. Luther, Großer Katechismus, BSELK, 692f.

d) 세례의 제정과 세례 예식의 상징성

하나님이 제정하셨는지, 또한 그것이 증명 가능한 것인지의 물음은 단지 세례와 관련해서만 제기된 것이 아니다. 신학적 전통에 따르면 그런 특성은 이른바 성례전들을 그 밖의 다른 교회적 예식들로부터 구분한다. 이 문제는 아직 여기서 논의하지 않을 것이다. 일반적인 성례전 개념은 성례전이라고 지칭되는 중요한 예식들을 서술한 다음에 비로소 설명될 것이다. 이 순서는 성례전 신학 자체의 역사에 상응한다. 세례와 성만찬은 그것들이 성례전으로 지칭되기 전에 이미 다른 예식들과 함께 교회의 삶 속에 있었고, 교회의 예배적 삶 속에서 차지했던 그것들의 특별한 지위는 이른 시기부터 세례는 물론 성만찬도 직접적으로 예수 그리스도 자신에게로 소급되었다는 사실과 결부되어 있었다. 이것은 오직 세례와 성만찬의 경우에만 의심의 여지 없는 성서적 근거를 갖는 것으로 보였기 때문에, 종교 개혁은 성례전 개념을 이 두 가지 예식에 제한했다.

세례의 경우에 그 근원이 예수 자신의 지시에 있다는 것은 분명하고 의미깊게 전승되었던 것으로 보인다. 그 근원은 말하자면 부활하신 자의 세례 명령인데, 마태복음 28:19에서 보고된다. "가서 모든 민족을 제자로 삼아 아버지와 아들과 성령의 이름으로 세례를 베풀고, 내가 너희에게 분부한 모든 것을 가르쳐 지키게 하라." 루터는 이 말씀을 언제나 또다시 세례를 제정하는 근본적 말씀으로서 인용했다.[565] 그는 이 말씀을 세례와 결합된 약속의 말씀인 마가복음 16:16과 연결했다. "믿고 세례를 받는 사람은 구원을 얻을 것이요, 믿지 않는 사람은 정죄를 받으리라."[566]

역사비평학적 성서 해석의 토대에서 위의 두 구절과 관련해서, 비록

---

[565]   참고. Der Große Katechismus IV,3 BSELK 691, 22-30 (WA 30/1, 212). 또한 Der Kleine Katechismus, BSELK 515, 25-34. 비교. L. Grönvik, *Die Taufe in der Theologie Martin Luthers*, 1968, 68ff.

[566]   M. Luther, Kleiner Katechismus, BSELK 516, 6-9. 비교. Großer Katechismus, BSELK 691, 32-35. 이에 대해 참고. L. Grönvik, 같은 곳, 94ff.

서로 다른 이유이기는 해도, 심각한 문제가 나타난다. 그래서 두 구절이 그리스도교적 세례의 근원이 예수 자신에게 있다는 것을 이의 없이 확정할 수 있을지는 의심스럽게 되었다. 마가복음 16:16은 2세기가 되어서 마가복음 본문에 추가시켜 확장된 마지막 장에 속하며, 그보다 오랜 필사본에는 빠져 있다. 그러므로 이 말씀은 사람들이 **2세기에** 세례를 부활하신 자의 명령으로 소급시켰다는 사실만 증언한다. 또한 마태복음 28:19도 전승사적 관점에서 후대의 말씀인 것으로 보인다. 물론 여기서 마태복음이 삼위일체적 세례 형식과 결합된 그리스도인들의 세례를 부활하신 자가 주신 사명으로 소급시킨다는 것은 분명하다. 그러나 이미 불명확한 것은 그 구절이 단순히 문학적 서술 형태에 그치는 것인지, 아니면 세례의 근원에 대한 역사적 관련성에 따른 진술이었는지의 문제다. 마태복음 28:19이 세례의 역사적 근원에 관한 주장으로서 부활하신 자의 명시적인 사명으로 받아들여졌고, 그래서 이 주장이 설득력이 있다고 고려한다면, 그때 우리는 원시 그리스도교 안에서 세례의 실행이 널리 퍼져 있었다는 사실에 직면해서 다른 본문들 안에도 이 근원의 흔적이 남아 있다고 기대해야 할 것이다. 하지만 그런 흔적은 존재하지 않는다. 이와 관련해서 누가복음과의 비교가 특별히 중요하다. "누가는 세례의 제정에 대하여 가장 강한 관심을 가지고 있고, 또한 부활하신 분이 주신 사명의 말씀을 상대적으로 많은 곳에서 묘사하지만, 누가복음은 세례 명령을 담고 있지 않다." 만일 누가가 부활하신 자의 그런 명령을 알고 있었다면, 이것은 정말로 이해할 수 없는 일이 된다. 그러나 "누가는 원시 그리스도교적 전승의 넓은 스펙트럼 안에서 그가 소급할 수 있었을 만한 그 어떤 예수의 세례 명령도 발견하지 못했다."[567] 물론 다음의 가능성도 배제할 수 없다. 마태복음 28:19은 오랜 옛날의 어떤 특수한 전승에 기초해서 누가가 우연히 몰랐을 수도 있고, 그

---

567   G. Lohfink, Der Ursprung der christlichen Taufe, *Theol. Quartalschrift* 156, 1976, 35 - 54, 특히 38.

래서 그 구절은 복음서 저자인 마태 자신이 자유롭게 창작한 문구가 아닐 수 있다. 그러나 이러한 사건의 진행을 사실로 받아들인다고 해도, 우리는 원시 그리스도교의 세례 실행 전체에 대한 그 사건의 사실상 근본적인 의미에 직면해서 다음의 사실이 특별히 이상하다는 것을 발견한다. 그것은 그 소식이 원시 그리스도교적 전승 속에서 단지 어떤 동떨어진 부차적 노선에서만 들려지고 보존되었으며, 그 결과 예를 들어 성만찬이 예수를 통해 제정되었다는 것과는 정반대로 누가에게는 알려지지 않을 수 있었다는 사실이다. 이러한 곤란성은 세례 명령이 "부활하신 자의 말씀으로서 부활 그 자체와 마찬가지로 역사적인 확정 가능성으로부터 벗어나 있다"[568]는 방책을 통해서도 제거되지 않는다. 마태복음 28:19f.의 전승사적인 문제, 곧 신약성서의 전체 맥락 안에서 이 소식이 고립된 채 등장한다는 문제는 그리스도교적인 부활 전승 안에서 어떤 유사한 병행구절도 갖지 않는다. 예수의 부활에 관한 한, 전승의 오랜 연대의 자료 혹은 멀리 떨어진 다양한 지역의 자료로서는 어떤 희망적인 것도 남아 있지 않다. 그러나 마태복음 28:19f.에서는 사정이 다르다. 이 말씀은 그리스도교적 세례와 십자가에 못 박히신 자의 부활의 결합에 대한 마태복음의 증언으로서, 그리고 삼위일체적 세례 형식에 대한 가장 초기의 증빙으로서 매우 중요하다. 그러나 이 구절이 여기서만 홀로 고립되어 등장하는 말씀으로 확정된다면, 그것은 예수 자신에 의해 세례가 제정되었다는 그리스도교적 교리를 충분히 지원할 수 없을 것이다. 다행히 이것은 사실이 아니다. 그리스도교적 세례가 그 근원을 예수 자신에게 두고 있다는 가정을 지원하는 역사적으로 견고한 토대가 있다. 그것은 예수 자신이 세례 요한에게서 세례를 받으셨다는 사실이다. 이 사실은 그리스도교적 세례론의 역사 안에서 올바르게도 중요한 역할을 담당했다. 사람들이 세례의 제정에 대하여 마태복음 28:19을 인용했을 때도 비슷했다.

---

568   E. Schlink, *Die Lehre von der Taufe*, 1969, 28, 비교. 30.

이레나이우스는 그리스도교적 세례에서 실행된 기름부음을 예수 자신이 요한의 세례를 받으실 때 성령의 기름부음을 받으신 사건으로 소급시켰다. 예수께서 세례를 받으실 때 성령이 그에게 내려와 기름을 부었으며, 그 결과 그를 "그리스도"로 취임시켰다. 그래서 우리는 그의 기름부음의 충만함으로부터 마찬가지로 성령의 기름부음을 받아 구원에 이르게 된다(Iren. *adv. haer*, III.9,3). 물 세례의 정결케 하는 능력을 예수의 세례로 소급시키는 것은 위의 사고보다 더욱 큰 영향력을 갖는다. 이미 안디옥의 이그나티오스는 예수께서 세례를 받으신 것은 자신의 고난을 통해 물을 "정결"케 하기 위함이었다고 말했다(Ign. *Eph*. 18, 2). 예수의 세례를 통해 세례를 주는 물이 거룩해진다는 생각은 테르툴리아누스(*c. Iud.* 8)와 아우구스티누스[569]에게서 나타나며, 이 생각을 받아들이면서 페트루스 롬바르두스[570]는 토마스 아퀴나스와 마찬가지로[571] 예수께서 요단에서 받으신 세례를 세례의 처음 제정 행위로 파악했다. 여기서 토마스는 마태복음 28:19f.가 암시하는 것처럼 세례가 예수께서 고난받으신 이후에 제정되었는지를 묻는다. 그리고 대답한다. 세례의 능력(*virtus sacramenti*)은 오히려 예수 그리스도 자신의 세례라는 사실로부터 나온다. 그

---

[569] Augustin, *sermo* 135, 4 (MPL 39, 2012). 또한 비교. Klemens Alex. *Paid*. 1, 6. 여기서 그리스도의 세례는 일반적 방식으로 우리의 세례의 원형으로 다루어진다(GCS 12, 104ff., bes. 105, 19f.). 오리게네스도 누가복음과 요한복음에 대한 자신의 주석에서 이와 비슷하게 말했다. 참고. B. Neunheuser, Taufe und Firmung, in: *HDGIV*, 2b, 1956, 32.

[570] Petrus Lombardus, *Sent*. IV,3,6 (*Sententiae in IV Libris Distinctae* II, 1981, 248, 8-12). 여기서 롬바르두스는 여러 가지 가능성을 논의한 후에 세례가 제정된 시점을 다음과 같이 결정한다. Commodius ergo dicitur iustitutio facta quando Christus a Ioanne baptizatus est in Iordane, quod dispensavit non quia mundari voluerit, cum sine peccato fuerit; sed quia contactu mundae carnis suae vim regenerativam contulit aquis, ut qui postea immergeretur, invocato nomine Trinitatis, a peccatis purgaretur. 그곳의 각주 4에서 인용된 암브로시우스의 문장(CCL 14,67)과 누가복음 3:21의 "백성들의 세례"에 관한 주석(CCL 120,83)을 비교하라.

[571] Thomas von Aquin, *S. theol*. III, 66,2. 여기서 토마스는 자신의 논증("하지만"; sed contra)을 위해 위의 각주 569에 인용된 아우구스티누스의 문장을 언급한다.

러나 이 성례전을 실행해야 하는 필연성은 예수의 부활 이후에 존재한다. 왜
냐하면 고난의 사건과 함께 옛 계약은 끝났고, 세례 안에서 인간이 그리스도
의 죽음 및 부활과 동일한 형태로 되는 사건도 부활의 사건 이후에 비로소
발생할 수 있기 때문이다.[572] 토마스는 이렇게 덧붙인다. 예수께서 요단에서
받으신 세례가 이미 그것의 능력을 그분의 고난으로부터 얻는다. 왜냐하면
그 세례는 그분의 고난을 앞서 예고하기 때문이다.[573]

루터도 예수의 세례가 그리스도교의 세례에 대하여 갖는 의미를 크게 강조
했다. 대교리문답에서 루터는 세례의 실행에서 일어나는 말씀과 물의 결합
을 예수의 세례로 소급시켰다.[574] 루터의 설교에서는 이렇게 말해진다. 그리
스도는 자신의 세례를 통해 우리를 위해 거룩해지셨다.[575] 이것은 이그나티
오스에게로 소급되는 옛 교회의 표상 곧 예수의 세례를 통해 세례의 물이 거
룩해졌다는 표상을 암시한다. 이 표상은 이 주제에 대한 토마스의 의미 깊
은 진술의 배후에도 놓여 있었다. 1541년의 루터의 세례 찬송[576]은 예수의 요
단의 세례를 그리스도교적 세례 제도의 제정으로 묘사한다. "거기서 그분
은 물로 우리의 죄를 씻고 그분 자신의 피와 상처로 쓰라린 죽음을 질식시
키기 위해 우리에게 세례를 제정해 주려고 하셨다. 그것은 새로운 생명을 의
미한다."[577] 우리는 이러한 내용이 세례의 제정에 대한 루터의 진술들 안에
전제되어 있다고 생각해볼 수 있다. 그러나 루터는 세례 제정의 행위 그 자

---

[572] Thomas von Aquin, 같은 곳: Sed necessitas utendi hoc sacramento indicta fuit
hominibus post passionem et resurrectionem. Tum quia in passione Christi terminata
sunt figurata sacramenta, quibus succedit baptismus et alia sacramenta novae legis.
Tum etiam quia per baptismum configuratur homopassioni et resurrectioni Christi...

[573] Thomas von Aquin, 같은 곳, ad 1: ···etiam ante passionem Christi baptismus
habebat efficaciam a Christi passione, inquantum eam praefigurabat...

[574] BSELK 695,13-20.

[575] WA 37,271,14-18.

[576] Christ unser Herr zum Jordan kam, *EKG* 146.

[577] 비교. WA 35,468, 36,469,5.

체에 대해서는 오직 마태복음 28:19f.만을 제시했다.[578] 아마도 거기서 예수의 명시적인 말씀과 명령을 발견할 수 있었기 때문일 것이다. 그러나 위에서 제시한 것과 같이 이 본문에 대한 역사비평학적인 평가 및 그리스도교적인 세례가 생성되는 역사와 관련된 이 본문의 주변적 위치라는 관점에서 생각한다면, 이 구절의 중요성은 오늘 우리에게는 훨씬 약해질 수밖에 없다.[579]

예수께서 요단에서 세례 요한으로부터 세례를 받으신 것은 예수의 역사와 관련해서 역사성이 거의 의심되지 않는 드문 자료에 속한다. 물론 복음서가 서술하는 세례 과정의 모든 세부사항에 대하여 그렇게 말할 수 있는 것은 아니다. 예수의 세례에 관한 전승과 그것을 이야기하는 형태는 명백하게도 이미 초기부터 한편으로는 아들의 칭호를 예수의 세례로 소급시키려는 그리스도론적인 관심을 통해, 다른 한편으로는 교회의 세례 실행을 통해 점점 더 큰 영향력을 행사하고 뚜렷한 구조를 갖추게 되었다. 이미 원시 그리스도교적 전승이 예수의 세례를 그리스도교적 세례의 원형으로 이해했다.[580] 이것은 특히 세례를 영의 수용과 결합시킨 것에 해당한다.

루돌프 불트만은 원시 그리스도교의 세례 실행과 결합된 영의 전달이 예수의 세례의 전승으로 소급되었다고 추정했다. 하지만 이런 가정에서 이해하기 어려운 점이 있다. 어떻게 원시 그리스도교가 세례와 영의 전달의 결합에 이르렀는가 하는 것이다. 세례와 영의 수용이 원시 그리스도교의 초기부터 서로 일치했다고 가정한다면—이것은 바울에게 이미 전제되며[581] 사도행

---

578   반대 주장으로 L. Grönvik, 같은 곳, 71을 보라. 또한 비교. 68f.

579   이미 칼 바르트가 예수의 세례를 "그리스도교적인 세례의 본래 근거"(den eigentlichen Grund der christlichen Taufe)로 지칭하며, 그것이 "마태복음 28:19의 말씀 안에서 바로 그 자체로서 알려지고 문장으로 구성되었다"고 말했다. Karl, Barth, *KD* IV/4, 1967, 57.

580   참고. R. Bultmann, *Die Geschichte der synoptischen Tradition*, 4.Aufl, 1958, 267ff.

581   U. Wilckens, *Der Brief an die Römer* 2, 1980, 131.136f. 이것은 베르거의 주장과 반

전의 묘사(2:38)에서도 볼 수 있다[582] ─ 그렇다면 그리스도교적 세례를 요한의 세례로부터 구분하는 이런 특성의 출발점은 예수 자신에게 있다고 추정해야 한다. 영의 "부어짐"의 종말론적 사건(행 2:33; 비교. 2:17=욜 2:28)은 예수의 부활 안에서 돌입한 하나님의 종말론적 구원의 현실에 대한 경험과 결합되어 있고 그 경험으로부터 이해되어야 한다는 것은 확실하다. 그러나 이로부터 두말할 필요도 없이 영의 부어짐과 세례와의 연관성이 이해되는 것은 아니다. 이 연관성은 예수의 사역 안에 있는 카리스마적 은사와 예수의 세례 안에 있는 그 은사의 원천을 되돌아 가리킨다. 예수 자신이 영의 은사자(Charismatiker)였다는 사실에 대해서는 많은 증빙 자료가 있으며,[583] 이 사실은 예수의 사역 전체를 규정했던 확신과 자연스럽게 결합한다. 그것은 예수자신의 등장 안에서 하나님의 종말론적 통치가 시작되었다는 확신이다(비교. 특히 마 12:28 및 병행구절). 그러나 요한에게서 받은 예수의 세례가 그 자신의 공적 사역의 시작점이 되었다는 점에서 여기서도 예수의 카리스마적인 파송 의식의 근원을 추정할 수 있다.[584] 그렇다면 이로부터 원시 그리스도교의 특징인 세례와 영의 수용의 연결이 설명된다. 이에 대한 다른 설명은 상당히 이해되기 어려울 것이다. 마가의 세례 이야기(막 1:9-11)의 세부사항들은 후대의 각색에 속할 것이다. 특히 시편 2:7을 인용하는 하늘의 음성과 하나님의 영을 비둘기로 표현하는 감각적인 묘사가 그렇다. 그럼에도 불구하고 요단

대된다. K. Berger, *TRE* 12, 1984, 185. 베르거는 물 세례와 근원적으로 구분되는 영의 세례가 있었다고 가정하는데, 최근에 이에 대한 반론이 있었다. 참고. Wilckens, 같은 곳, 51f.

582 이 구절에서 사도행전의 저자는 그리스도교적 세례의 일반적인 경우를 보고 있다. 이와 달리 우리는 예를 들어 요한의 세례(19:3)처럼 단순히 물 세례만 주는 다양한 사례도 읽을 수 있고, 혹은 영의 전달 없이 예수의 이름으로 베푸는 세례(8:17)도 언급된다.

583 참고. J. Jeremias, *Neutestamentliche Theologie,* Erster Teil : Die Verkündigung Jesu, 1971, 2.Aufl. 1973, 82ff.

584 J. Jeremias, 같은 곳, 58-62. 큄멜도 조금 조심스럽게 이와 비슷하게 판단했다. W. G. Kümmel, *Die Theologie des Neuen Testaments nach seinen Hauptzeugen,* 1969, 28f.66.

의 세례와 영 은사자로서의 예수를 결합시키는 것은 예수의 세례에 관한 전승의 근원적인 핵심 내용에 속한다.[585]

아버지께 대한 예수의 관계 안에서 예수의 아들 됨의 의식도 세례로 소급되는가? 어쨌든 바울도 이미 영의 수용과 하나님께 대한 그리스도인의 아들 신분의 일치 관계를 알고 있었다. 아들 됨의 관계는 하나님께 드리는 기도에서 하나님을 아버지(Abba)로 부르는 것(갈 4:6; 롬 8:15)을 뜻하며, 이런저런 방식으로 예수께서 가르치신 하나님께 드리는 기도의 말로 소급되는데, 이것은 주기도문에서 나타난 것과 같다. 세례, 영의 수용, 아버지로서의 하나님께 드리는 말 건넴 사이의 관계, 또한 그 안에 최소한 암묵적으로 포함된 하나님께 대한 아들 됨의 사상 등은 원시 그리스도교적인 세례 실행으로부터 눈길을 예수 자신의 세례로 향하도록 뒤돌아 가리키고 있다.

예수 자신이 요한의 세례를 베풀지 않았다는 사실은 그의 메시지의 독특한 특성의 표현으로 이해되어야 한다. 예수의 메시지는 단지 임박한 심판에 직면해서 회개하라는 외침이 아니었고, 오히려 하나님의 통치가 구원의 현재로서 가까이 다가왔다는 소식의 선포였다.[586] 그럼에도 불구하고 예수가 자신에게 베풀어지도록 허락했던 요한의 세례는 예수의 본래적 자기이해 속에서 전혀 제거되지 않았다. 오히려 예수의 자기이해가 그 자신이 받았던 세례의 사실에 의해 지속적으로 규정되었음을 지시하는 자료들이 있으며, 이것은 예수가 참회 행위로서의 요한의 세례의 의미와 내용

---

585   예레미아스(J. Jeremias, 같은 곳, 61)의 생각처럼 이것은 아마도 이사야 42:1의 의미로 이해될 수 있을 것이다. 비교. 사 61:1(눅 4:18).

586   참고. Th. Schneider, *Zeichen der Nähe Gottes*, 1979, 83. 오직 요한복음(3:22f.; 4:1)에서만 예수와 그 제자들이 세례를 준 것이 보고되는데, 대부분의 주석가들은 공관복음서의 전통 전체가 이 점에 대해 침묵하고 있다는 점을 고려해서 그것이 역사적 관련성이 있다고 여기지 않는다.

을 향해 새롭게 지향했음을 뜻한다. 공관복음서 전통 안에서 이 방향을 지시하는 두 가지 말씀이 있다. 하나는 다가오는 영광 안에서 예수의 좌우편의 높은 자리에 앉게 해달라는 세베대의 두 아들의 욕망에 대한 예수의 대답이다. 이에 대해 예수께서는 우선 반대 질문을 던진다. "내가 마시는 잔을 너희가 마실 수 있으며, 내가 받는 세례를 너희가 받을 수 있느냐?"(막 10:38)[587] 두 번째로 언급되는 말씀은 Q 문서에 속한다. "내가 불을 땅에 던지러 왔노니, 이 불이 이미 붙었으면 내가 무엇을 원하리요. 나는 받을 세례가 있으니 그것이 이루어지기까지 나의 답답함이 어떠하겠느냐?"(눅 12:49f.)[588] 이 두 가지 말씀을 예수 자신의 말씀으로 확증할 수 있다면, 우리는 그 안에서 단지 임박한 예수의 고난의 길에 대한 어두운 암시만을 이해해서는 안 되고, 오히려 그것들을 예수께서 요한에게서 받으신 세례와 관련시켜야 한다. 예수 자신도 요한에게서 받으신 세례를 임박한 자신의 순교에 대한 기대와 결부시키셨다. "그러한 침례를 통과하는 자로서—그것 안에서 희생제물로 바쳐진 자로서—그는 이 땅 위에 불을 붙일 수 있다…"[589] 이 의미는 결코 사소한 것이 아니다. 그것은 바로 바울에서 만

---

587 루돌프 불트만은 이 말씀을 "사건으로부터의 예측"(*vaticinium ex eventu*)이라고 판단했다. R. Bultmann, *Die Geschichte der synoptischen Tradition*, 4.Aufl, 1958, 23. 그러나 이것은 최선의 경우라고 해도 세베대의 아들들의 미래에 놓인 순교의 운명에 적용될 때만 타당할 것이다. 이와 관련해서 슈니빈트의 다음과 같이 생각했다. 마태복음 20:22f.의 버전에서는 세베대의 아들들의 종말과 관련해서 명백하게도 다르게 진행되는 사건들을 전망하며, 마가복음의 본문에 있는 세례의 언급이 빠져 있다는 사실로 미루어볼 때, 마가복음 10:38f.은 후대의 첨가가 없는 본문으로서 예수 자신에게로 소급될 수 있는 말씀이라 할 수 있다는 것이다. J. Schniewind, *NTD* 1, 1952, 142.

588 W. Grundmann, *Das Evangelium nach Lukas*, 1961, 271에 따르면 이 말씀은 "진정한 예수의 말씀인 것같은 인상"을 준다. 왜냐하면 예수 자신에 대한 정결케 하는 침례가 기대되고 있기 때문이다. 이것은 마가복음 10:38f.가 말하는 것과 같다. "순교는 구원하고 정결케 하는 능력을 가지고 있다"(270).

589 W. Grundmann, 같은 곳, 270.

나는 것과 같은 그리스도교적 세례에 대한 후대의 이해, 곧 세례가 예수의 죽음과 부활에 참여하는 것이라는 이해가 예수께서 요한에게서 받으신 세례의 의미에 대한 예수 자신의 이해에 상응하며, 거꾸로 예수께서 나아가신 순교에는 "세례"의 의미가 상응한다는 사실이다. 이로부터 그렇지 않았더라면 수수께끼로 남아 있었을 한 가지 사실이 이해될 수 있게 된다. 그것은 고난과 부활 사건 이후 세례가 바로 자신의 죽음과 부활 안에 계신 예수와 연합하는 상징이 되었으며, 원시 그리스도교 안에서 이 기능으로 갱신되었다는 사실이다. 세베대의 아들들을 향한 예수의 말씀(막 10:38f.)은 그 출발점을 알려준다. 물론 거기서는 예수의 제자들이 그분과 함께 참여하게 될 순교라는 피의 세례만이 언급된다. 그러나 피의 세례라는 표상은 그 자체가 이미 요한의 참회의 세례를 계승하면서 순교에 기초하고 있다. 이렇게 이미 예수께서 자신과 제자들에게 임박한 순교를 요한에게서 받으신 물 세례와의 관계 안에서 보았다면, 그것으로부터 순교자의 피의 세례라는 표상을 확정하는 것 외에 원시 그리스도교 안에서 물 세례를 다시 수용한 것도 이해될 수 있다. 여기서 물 세례는 요한의 세례와 비교할 때 새로운 것이며, 예수 곁에서 중재된 의미를 통해 주어졌다.

예수의 세례는 그러므로 사실상 그리스도교적인 세례의 "근거"(칼 바르트)로 이해되어야 한다. 이것을 넘어서서 그 세례 안에는 또한 예수와 함께 죽는다는 그리스도교적 세례의 의미도 근거되어 있다. 그럼에도 불구하고 세례의 실행을 다시 시작하는 걸음은 명백하게도 부활 이후에 행해졌고, 마태복음 28:19은 이러한 사태 관계를 표현하는 것으로서 관찰된다. 이에 대해 마가복음 10:38f.가 말하는 것을 넘어서서 다른 한 가지의 주제가 요청되는데, 이것은 예수의 부활의 빛 속에서 비로소 주어졌다. 부활 사건의 전망으로부터 예수의 죽음은 구원 사건으로 묘사되었으며, 그 결과 이제야 비로소 예수의 순교적 죽음과의 연합 곧 세례의 성취에 근거하는 연합이 세례받은 자를 위한 미래적 구원의 보증으로서, 말하자면 부활하신 자의 생명에 참여하는 희망의 보증으로서 타당하게 되었다. 그리스도인이 예수의 운명과 연합하는 것이 언제나 순교의 형태를 취했던 것은 아니다. 초기 그리스도교 안에서 순교자의 피의 세례는 모든 그리스도인이 받는 물 세례와 구분되었다.[590] 이것은 예수께서 제자들에게 예수 자신의 십자가가 아니라 그들 각각의 십자가를 지라고 말씀하셨다는 점에서, 십자가를 지고 뒤따르라는 예수의 말씀(눅 9:23; 14:27 및 병행구절; 막 8:34)에 상응한다. 자기 십자가를 진다는 것은 하나님으로부터 받은 각자의 특수한 소명과 파송의 결과를 뜻한다. 이런 의미에서 생각한다면 예수의 십자가와 죽음에 참여한다는 것은 다른 모든 것을 각자가 자신의 상황에서 받은 바로 이 특수한 하나님의 소명에 예속시키는 것이다. 이것은 예수 자신이 다른 모든 것을 아버지로부터 받은 파송의 소명에 예속시키고 그 소명을 위해 죽음까지도 받아들였던 것과 같다. 그렇기 때문에 세례를 받고 예수의 죽음 안으로 들어가는 것은 인간의 개인적인 특수성들을 물론 변경시키고 새로운 발화점으로 옮기기는 하지만, 그러나 그것들을 소멸시키는 것이 아니라 오히려 새로운 형태들을 갖추어 방출하는 것이다. 이것은 아들 됨의 자유 안에서 표현된다. 세례받는 자는 아들의 지위를 영과 함께 수용하는데, 그것이 그에게 능력을 주어 그 자신의 특수한 소명을 따라 독자적인 길을 갈 수 있게 하고, 예수께서 행하신 것처럼 그 결과를 스스로 짊어질 수 있게 한다. 여기서 이러한 길은 다양하게 서로 구분되는 가운데서도 분리되어 진행되지 않는다. 예수의 파송이 하나님의 통치의 선포에, 그리고 제자들의 공동체 안에서 그 통치를 묘사하는 것에 봉사했던 것처럼, 또한 개별 그리스도인도 예수의 세례를 통해 하나님의 통치를 위한 증언에 각각 특수한 공헌을 하도록 교회 공동체 안에서 부르심을 받는다.

예수의 파송이 하나님 나라와 제자들의 공동체 안에서 나타나는데, 그 표현으로부터 세례의 기능이 이해될 수 있다. 이것은 세례가 믿는 자들

---

[590] 크레취마르에 의하면 이러한 분화는 2세기 말 이후에 일어나기 시작했다. G. Kretschmar, *Geschichte des Taufgottesdienstes*, 143.

을 지체로 삼아 교회를 구성해가는 기능이다. 예수와의 연합은 그들을 교회의 지체로 만든다. 왜냐하면 그들은 예수처럼 하나님의 통치의 증인이 되도록 부르심을 받았기 때문이다. 하나님의 통치는 표징적 잠재성 안에서 그분의 제자들의 공동체를 통해 표현된다. 그러나 하나님의 통치라는 사태를 표현하는 것은 이제는 세례가 아니라 성만찬의 기능이다.

2. 성만찬과 그리스도교 예배

a) 성만찬의 근원과 의미

성만찬 축제는 원시 그리스도교의 가장 이른 시작부터 그리스도교적 예배의 중심에 위치했고, 예배에 특별한 성격을 부여했다.[591] "빵을 떼는 것"(행 2:42.46 등등)에서 원시 그리스도교 공동체는 십자가에 못 박히고 부활하신 그들의 주님과의 식탁 공동체를 계속해나가는 것으로 의식했다. 예수의 제자들은 예수께서 죽음에 넘겨지기 전날 밤에 자신과의 연합을 공동식사를 통해 계속 이어가라고 부탁하셨고, 자신들이 그렇게 할 권한을 예수 자신으로부터 받았다고 알고 있었다. 더 나아가 누가(24:30f.41; 또한 행 10:41)와 요한(21:13)은 부활하신 자가 제자들에게 나타나셔서 그들과 함께 식사하셨다고 보고한다.

예수께서 고난받기 전날 저녁에 주신 권면, 곧 그와 함께하는 식탁 공동체를 또한 그분 자신의 죽음 이후에도 이어가라는 권면의 전승(특히 고전 11:24f.)은 그리스도교적 성만찬 축제 및 그와 함께 일반적인 그리스도교 예배의 토대를 형성한다. 이런 의미에서 성만찬 축제가 예수 자신에 의해 "제정"되었다는 사실은 근본적인데, 이것은 세례의 경우보다 더욱 직접적이다. 그러나 바로 그 이유에서 예수와 제자들이 함께한 마지막 만찬에 대

---

591   G. Kretschmar, art, Abendmahlsfeier I, *TRE* 1, 1977, 231.

한 신약성서의 보고들은 그것의 구성에 있어 "부활 이후 성만찬의 원인론 (原因論, Ätiologie)"의 기능을 가진 본문으로 광범위하게 함께 규정되었다(F. Hahn). 이것은 체포와 수난 직전에 제자들과 함께했던 예수의 마지막 만찬의 역사적인 본래 특성과 진행과정이 더 이상 확실하게 재구성될 수 없음을 뜻한다. 그래서 교회의 성만찬이 예수께서 바로 그 고별 식사 자리에서 지시하신 말씀에 따라 "제정"되었다는 전통적인 이해는 오늘날의 역사학적 판단에 따라서는 어려움에 부딪치게 되었다. 물론 이 어려움은 세례의 경우와는 다른 곳에 놓여 있다. 세례는 예수 자신의—나아가 부활하신 자의—명시적인 지시에 관한 원시 그리스도교의 전승 속에서 단지 주변적 노선으로 보고되는 반면에, 예수와의 식탁 공동체를 계속할 수 있는 권한은 이미 바울에게서(고전 11:24f.)와 또한 누가에서도 비슷하게(22:19) 명시적으로 증언되며, 요한을 제외한 모든 복음서는 바로 그 마지막 만찬에서 주어진 예수의 말씀을 보고한다. 문제는 상이한 보고들이 중요한 세부사항들에서 서로 어긋나고 있다는 데 놓여 있다.

마가(14:22-24)와 마태(26:26-28)가 서술하는 예수의 고별 만찬에서는 예수와의 이별 후에 만찬 축제를 계속하라는 명시적 명령이 빠져 있다. 빵의 말씀과 잔의 말씀도 개별 보고들 안에서는 서로 표현이 다르다. 그래서 예수께서 바로 그 만찬의 현장에서 말씀하신 것의 정확한 원문을 확실히 확정할 수 없다는 불가능성 때문에 오직 그 말씀에 근거해서 교회의 성만찬 축제가 예수에 의해 제정되었다고 말하는 것은 가능하지 않다. 또한 예수의 고별 만찬 자체의 고유한 특성에 대해서도 논쟁이 있으며, 특별히 그것이 유월절 시기에 행해졌는지 아닌지의 물음과 관련해서 그렇다.

이와 같이 교회의 성만찬 축제의 근거를 찾기 위해서는—세례의 경우와 마찬가지로—또한 여기서도 예수 전승 전체를 되돌아보아야 하며, 거기서 확실한 판단을 위해 충분한 토대를 얻어야 한다. 십자가 사건 직전에 제자들과 함께했던 예수의 마지막 만찬에 관한 전승은 반드시 그분의 지상 사역에서 있었던 지난 시간의 식탁 만찬과 관련지어 평가되어야 한다. 오직 그렇게 할 때만 예수의 마지막 만찬의 의미는 그분의 메시지 및 파송과의 전체적 맥락 안에서—앞에서 언급된 그 사건의 진행 과정과 관련된 불확실성과 상관없이—보다 더 명확하게 파악될 것이며, 이러한 토대 위에서 그다음에 예수의 고별 만찬 및 그곳에서 주신 말씀들의 전승과 결합된 특수한 요소들이 언급될 수 있을 것이다. 이렇게 할 때 비로소 교회의 성만찬 예배의 근원을 예수 자신에게 두는 교회적 의식을 위한 충분히 넓고 비교적 확실한 역사적 토대가 마련될 수 있을 것이다.[592]

예수 전승에서 예수가 참여했던 식탁 축제에 관한 보고들[593]은 매우 중요한 위치를 차지한다. 그 밖에도 마가복음 8:1-10(비교. 마 6:30-44)에서 보고되는 수천 명이 먹는 기적의 식사가 있었고, 또한 예수 자신이 대접하는 주인인 식탁 모임도 있었다. "제자들과 함께하는 식사"에 관한 특별한 보고[594]는 찾아볼 수 없는 반면에, 그를 따르는 자들이 요한의 제자들처럼 단식하지 않고 오히려 "먹고 마신다"(눅 5:33)는 공격을 받은 것은 보고된다. 예수 자신도 대적자들로부터 세례 요한과 비교되면서 "먹기를 탐하고 포도주를 즐기는 사람"(눅 7:34)으로 비하되었다. 단식을 통해 밖으로 나타나는 경건이 그에게 없다는 것에 더하여 예수는 "세리들 및 (다른) 죄인들"과 함께 식사를 함으로써 부정해졌다(같은 곳; 비교. 눅 15:2; 또한 5:29f.). 이런 비난은 예수가 베풀거나 혹은 참여했던 식탁들이 예수 자신

---

592   퀸도 비슷하게 말했다. U. Kühn, Art, Abendmahl IV (Das Abendmahlsgespräch in der ökumenischen Theologie der Gegenwart) in : *TRE* 1, 1977, 145-212, 199. 또한 참고 J. Moltmann, *Kirche in der Kraft des Geistes. Ein Beitrag zu einer messianischen Ekklesiologie*, 1975, 268ff. 몰트만은 여기서 "제정"(Einsetzung)이라는 단어를 완전히 포기하기를 원한다(275, 277). 하지만 이것이 정당화될 수 있는 것은 두 가지 경우뿐이다. 첫째는 바울과 누가에게서 전승된 예수의 성만찬 반복 명령이 그렇게 글자 그대로 주어진 예수의 지시와 관련되지 않는다는 의미에서 역사적 진정성을 박탈당하는 경우이며, 둘째는 그 명령이 바로 마지막 만찬에서 주어진 예수의 행위와 진술의 암묵적 의미구조와 상응한다는 점이 부정되는 경우다.

593   막 14:3; 눅 7:36ff.; 막 2:15 및 병행구절.

594   H. Patsch, *Abendmahl und historischer Jesus*, 1972, 36f.

의 등장과 그의 제자들의 행위에 매우 특징적 요소였다는 사실, 그리고 예수가 다른 사람의 초대를 따를 때 그 초대한 사람과 기꺼이 친분의 연합을 이루는 것을 허락할 준비가 되어 있었다는 사실(막 2:16; 눅 15:2)을 보여준다. 이것은 특정한 경우에는 거치는 것으로 느껴질 수 있었는데, 왜냐하면 예수께서 스스로 참여함으로써 수여하거나 혹은 수용하신 식탁 공동체는 예수 자신이 선포했던 하나님 나라의 현재의 표징인 동시에 그 나라의 미래의 구원 공동체 안으로 그 밖의 참여자들을 초대하는 표징이었기 때문이다. 마가복음 2:17은 이렇게 제시한다. 예수께서 식탁 공동체를 베풀거나 혹은 수용하심으로써, 인간을 하나님과 그분의 구원으로부터 분리시키는 모든 것이 지양되었다. 그것은 바로 죄의 용서다. 그 결과 식탁 공동체는 하나님 자신과의 연합의 현실적인 상징이 되고 하나님 나라의 미래에 참여하는 것이 되었다. 예수의 비유 안에서 잃어버린 아들을 다시 받아들이는 것이 아버지가 그에게 베푼 잔치로 표현된다는 사실에 담긴 깊은 의미가 간과되어서는 안 될 것이다.[595]

유대교 전통은 하나님 나라 안에 있는 공동체의 종말론적 미래를 만찬(연회)의 상으로 그렸다(사 25:6; 에녹서 62:14).[596] 예수의 주변 환경에서도 이러한 상은 흔했다. 사람들은 하나님의 통치의 만찬에 참여하게 될 자에게 복이 있다고 말했다(눅 14:15). 비슷하게 예수 자신도 하나님 나라 안에 있게 될 미래 공동체를 식탁 공동체로 말했다.[597] 여기서 만방이 시온으로 참배하러 올 것이라는 예언자적인 상(사 2:2ff.; 22:30)은 다가오는 하나님 나라 안에서 모든 민족이 밀려들어 족장들과 함께하는 식탁 공동체에 참

---

595 누가복음 15:22f. 비교. G. Delling, Art. Abendmahl II (Urchristliches Mahl - Verständnis) in : *TRE* 1, 1977, 47 - 58, 49.

596 후기 유대교의 증빙에 대해 비교. H. L. Strack/P. Billerbeck, *Kommentar zum Neuen Testament aus Talmud und Midrasch* IV/2, 1924, 1146 - 1165. 이러한 상은 랍비 문서에서도 발견된다. 예를 들어 M. Esth. 1:14: "우리 하나님이 미래에 의인들에게 베푸실 만찬에는 끝이 없다"(같은 곳, 1137).

597 참고. H. Patsch, *Abendmahl und historischer Jesus*, 1972, 139ff.

여하게 될 것이라는 상으로 바뀌었다(눅 13:29; 비교. 22:30). 또한 예수의 비유 안에서 하나님의 통치 안에 있게 될 인간들의 미래 공동체는 만찬, 특히 결혼식 만찬의 상으로 묘사되었다(눅 12:35ff.; 비교. 마 25:10). 결혼식 만찬(마 22:1-10) 혹은 친구들과 벌이는 큰 잔치(눅 14:16-24)는 예수의 고유한 파송과 관계된다. 예수를 통해 하나님 나라의 만찬으로 부르시는 하나님의 초대가 전해지는데, 그러나 이 초대는 원래 정해졌던 손님들에 대해서는 거부된다. 그래서 그들의 자리에 시내의 거리와 골목에서 불려온 가난한 자들, 몸 불편한 자들, 시각 장애인들, 신체 장애인들이 초대되며, 이들이 그 만찬에 참석한다. 아마도 이 비유는 근원적으로 "세리들 및 죄인들"과 식사를 같이했던 예수께 대한 논쟁을 암시할 것이다. 어쨌든 이 비유에서 예수 자신이 베푼 만찬의 시간은 명백히 매우 의식적으로 하나님 나라의 종말론적 공동체의 표징적 선취와 묘사를 의미한다. 이것이 사실이라면 그러한 만찬의 시간에서 중요한 것은 그 중심에 놓인 예수의 상징적 행위, 곧 가까이 다가온 하나님의 통치와 구원에 집중하고 그것을 볼 수 있게 묘사하는 행위다. 다름이 아니라 그러한 메시지의 수용과 결합되고 그 수용을 통해 주어지는 죄의 용서—이것은 인간을 하나님으로부터 분리시키는 모든 것을 제거한다—가 식탁 공동체에서 일어난다. 예수께서 그 일을 실행하시고 감각적으로 표현하셨다.

하나님의 통치 안에서 주어지는 구원을 묘사하는 식탁 공동체에서 일차적으로 중요한 것은 하나님과의 연합(공동체)이며, 그와 동시에 만찬에 참석한 사람들이 함께 이루는 공동체다. 예수께서 이 세상에 머무신 시간 동안의 진술들에서 이 국면은 특별히 부각되지 않는다. 유대교의 희망은 미래의 구원 공동체를 계약 민족의 공동체에 상응하는 형태 곧 그 공동체의 종말론적 완성으로 기대했으며, 그것은 때로는 이스라엘의 의인들에게만 제한되기도 했고 때로는 만방의 의인들에게 열린 포괄적 공동체를 뜻하기도 했다. 이에 대한 예수의 진술들도 그러한 기대의 틀 안에서 움직였다. 물론 그 틀은 예언자적 비판의 형태 곧 위협을 의미할 수도 있다. 종말론적 만찬의 공동체에는 외부로부터 온 많은 사람이 허용될 것이다. 그들은 만방의 세계로부터 오며, 본래 이스라엘 민족에 속하지 않은 의인들일 것이다. 반면에 계약 민족의 백성들 곧 "그 나라의 아들들"(마 8:12)은 쫓겨날 것이다. 하지만 이 말씀이 계약 민족의 **모든** 백성이 배척될 것이라는 의미로 이해될 필요는 없다. 이 말씀이 가혹한 것임은 틀림없다. 그렇다면 계약 민족과 종말론적 구원 공동체 사이의 상응은 사라진 것일까? 어쨌든 예수의 이러한 말씀 안에서 계약 민족은 다른 공동체 곧 미래의 하나님 나라 안에 있게 될 종말론적 식탁 공동체에 의해 대체되지는 않았다. 그러나 바로 그렇게 대체되는 것이 제자들과 함께한 예수의 마지막 만찬에서 일어난 일이 아닐까? 원시 그리스도교의 보고에 따르면 예수는 잔을 건네는 것을 (새) 계약(렘 31:31f.) 개념과 연결하지 않았는가?(막 14:24 및 병행구절; 고전 11:25) 예언자들의 약속에 따르면 예수께서 해체하신 옛 계약(언약)의 자리에 종말론적이고 궁극적인 새 계약(언약)이 등장하지 않았는가? 물론 새 계약(언약)과 관련된 예언자적인 기대 안에서 중요한 것은 단지 바로 그 동일한 백성이 계약(언약)의 관계를 새롭게 구성하는 것이다.

잔으로 건네진 포도주를 예수의 피에 담긴 계약(언약)의 상징으로 해석하는 것은 예수와 함께한 식탁 공동체를 출애굽기 24:11의 의미에서 계약(언약)의 만찬으로 특징짓는다. "그들은 하나님을 뵙고 먹고 마셨더라." 예수의 고별 만찬이 전승이 보존한 세부적 특성들에 있어 구약성서적인 계약(언약)의 만찬과 같지 않다는 정황[598]은 이러한 보고에 담긴 원천적인 계약(언약) 사상에 반대할 만한 결정적인 근거가 되지는 않는다. 계약 개념이, 형태상으로는 계약의 만찬이 아닌 만찬 시간 그 자체에 계약의 특성을 부여하기 위해, 해석의

---

598   패취가 아알렌에 반대하며 이 점을 강조했다. H. Patsch, 같은 곳, 24; S. Aalen, Das
      Abendmahl als Opfermahl im Neuen Testament, in: *Novum Testamentum* 6, 1963,
      128-152. 성만찬 전승의 근원이 계약(언약) 사상인 이유에 대해 참고. E. Schweizer,
      in: *RGG* 3.Aufl. 1, 1957, 13f.

도구로서 사용될 수 있다. 만찬의 진행에 대해서는 거의 언급되지 않기 때문에 그것의 성격이 계약(언약)의 만찬인지 혹은 유월절 만찬[599]인지에 대해서는 명확한 결론을 내리기 어렵다. 그러나 공관복음서들은 예수의 마지막 만찬을 명확하게 유월절 만찬으로 이해하려 한다.[600] 그러므로 빵과 잔과 함께 주신 예수의 해석의 말씀들을 이해하기 위한 틀은 미리 결정되어 있는 특정한 유대교적 만찬의 의미와 형태 안에서가 아니라, 오히려 앞서 행해졌던 예수 자신과 제자들의 실제 만찬에서 찾아져야 한다. 이것은 예수의 마지막 만찬에서 빵과 잔에 대하여 주신 그분의 해석의 말씀이 임박한 그분의 순교를 내다보는 특수한 의미와 결합되어 있다는 사실을 배제하지 않으며, 오히려 이 사실은 다른 어떤 근거, 곧 예수께서 자신의 임박한 폭력적 죽음을 고려하고 있었다는 것에 근거해서 받아들여져야 한다.[601]

그러한 해석의 말씀의 본래 형태에 대해서는 논쟁이 벌어졌으며, 명확하게 제시될 수 없었다. 그래서 마지막 만찬과 관련된 몇 가지 표현 양식의 서로에 대한 전통사적인 관계에 대한 질문도 원시 그리스도교적 성만찬 전승의 테두리 안에서는 확실히 결정될 수 없다. 이것은 특별히 잔과 관련된 말씀에 해당한다. 바울(그리고 누가)에게서는 계약(언약) 사상이 전면에 위치한다. 반면에 마가와 마태에 의하면 잔의 수여는 예수 자신의 피이며, 빵이 예수의 몸이라는 말씀과 병행된다. 이렇게 해서 상태를 갖추게 된 빵의 말씀과 잔의 말씀의 병행은 예수의 성만찬 말씀에 대한 마태와 마가의 표현 형식이 전승의 후기 단계를 나타낸다는 가장 중요한 정황 증거가 된다. 이 증거는 빵의 말씀과 잔의 말씀의 형태가 서로 유사하게 비교된다는 특징을 갖는데,

---

599 패취도 예수의 마지막 만찬을 유월적 만찬으로 파악했다. H. Patsch, 같은 곳, 34-36.

600 참고. F. Hahn, Zum Stand der Erforschung des urchristlichen Herrenmahls, in: *Evangelische Theologie* 35, 1975, 553-563, 557. 또한 동일저자, Die alttestamentlichen Motive in der urchristlichen Abendmahlsüberlieferung, in: *Ev. Theologie* 27, 1967, 337-374, 342f., 비교. 352ff.

601 이에 대해 『조직신학』 II, 713을 보라.

이 특성은 그 표현 형식이 그 말씀을 예식에서 사용했다는 것과 관계가 있을 수 있다.[602] 바울과 누가에게 전승된 본문 형태의 중심적인 어려움은 양쪽이 잔을 나누며 수여되는 계약을 "새 계약(언약)"으로 지칭한다는 데 있다. 예레미야 31:31ff.에서 약속되는 "새 계약"은 한편으로 모세 계약(비교. 출 24:8)과 달리 피 흘리는 희생제물을 필요로 하지 않지만, 반면에 예수의 잔의 말씀은 자신의 피로 체결되는 계약(언약)에 대하여 말한다.[603] 다른 한편으로 "새 계약"에서 "새로운"(kainè)이 "계약"(diathèkè)에 첨가된 것이—마가와 마태가 제공하는 그 말씀의 표현 형식에서 그 단어가 빠진 것보다—본문 전승의 과정에서 보다 더 쉽게 설명될 수 있다(말하자면 해석을 위한 추가로서)는 인상을 준다. 물론 그렇다면 "새" 계약(언약)은 바울과 누가의 표현 형식에서 처음 말해진 것으로 여겨져야 한다.[604] 이 표현의 근원을 이렇게 정하려는 주장이 유지되려면 예수의 피와 관련된 맥락을 이차적인 추가[605]로서 배제해야 하는데, 이것은 너무 과격한 조치인 것으로 보인다. 나아가 그렇게 된다면 잔의 말씀은 예수의 죽음과 아무런 관계도 없는 셈이 되고, 새 계약의 사상은—그 동기부여를 예수의 죽음과의 관계와 함께 빵에 관한 말씀에서 찾으려고 하지 않는 한—어떤 동기부여도 주지 못하는 것이 되어버린다. 하지만 빵에 관한 말씀은 만찬의 시작에 위치한다. 반면에 잔에 관한 말씀은 바울(고전 11:25)과 누가(22:20)의 본문에서는 끝에 있다. 그래서 예수의 죽음 내용을 돋보이게 하기 위해서는 그 자체로 독립적으로 받아들여야 한다. 잔에 관한 바울과 누가의 표현 형태를 다른 본문과 비교해서 원본이라고 가정할

602 　참고. H. Patsch, 같은 곳, 82.

603 　비교. V. Wagner, Der Bedeutungswandel von ברית חדשה bei der Ausgestaltung der Abendmahlsworte, in : *Evangelische Theologie* 35, 1975, 538 - 544, bes. 543f. 또한 비교. F. Hahn, in : *Ev. Theologie* 27, 1967, 367 - 373. 이것은 성만찬 전승에서 나타나는 계약(언약) 사상의 의미를 설명한다.

604 　H. Patsch, 같은 곳, 86f. 패취는 이로부터 너무 성급하게 마가의 전승이 가장 오랜 것이라는 결론을 내렸다(비교. 84).

605 　바그너가 그렇게 제안한다. V. Wagner, 같은 곳, 543f.

때 생기는 곤란성은, 여기서 "새"계약(언약)으로 언급되는 계약의 명시적인 특성이 잔에 관한 바울 및 누가적 말씀의 다른 특성들과 함께 후대의 이차적 확장이라는 사실을 받아들일 때 사라진다.[606] 물론 다음의 사실에 유의해야 한다. 신학 교육을 받은 사도는 "새 계약"과 피를 나란히 병렬시킬 때, 자신에게 전승된 성만찬(고전 11:25) 말씀의 형태 안에서도, 또한 자신의 독립적인 신학적 표현과 관련해서도 걸림이 되는 어떤 문제를 가졌던 것으로 보이지 않는다(비교. 고후 3:6; 갈 4:24과 고전 10:16; 롬 3:25; 5:9). 그렇다면 "새 계약"과 피가 서로 어울리지 않는 관계라는 상상은 단지 현대 주석가들에게만 해당하는 것이 아닐까? 만일 하나님께서 예수를 통해 "새 계약(언약)"을 수립하셨다면, 그를 위해 예수를 십자가의 죽음에 이르도록 하셨다면, 하나님 자신이 양자를 결합하신 것이 아닐까? 사도 바울에게 명백히 양립할 수 있다고 보인 것이 그것을 말씀하시는 예수 자신의 입에서는 양립할 수 없는 것이었다고 추정될 필요는 없다. 어쨌든 예수의 운명을 통해 양자는 결합했다. 그 결과 이제 예수 안에서 등장한 종말론적 완성의 현재—이것은 새 계약(언약)의 사상에 상응하며 예수께서 제자들에게 남겨주신 것이다[607]—는 출애굽기 24:8의 유비에 따라 하나님 자신에 의해 피의 희생과 결합되었다. 이를 통해 만찬은 출애굽기 24:11과 유비를 이루면서 계약(언약)의 만찬의 의미를 갖게 되었다. 물론 그 진행 과정은 출애굽기의 경우와는 판이하게 달랐다.

이와 같은 결과는 다음의 사실을 통해 견고해진다. 제자들과 함께하는 고별 만찬에서 주어진 예수의 잔에 관한 말씀에 대한 바울 및 누가적 문구에서 나타나는 계약(언약) 사상은 예수 전승의 전체 맥락 안에서 매우 특이

---

606   만찬을 반복하라는 명령과 관련해서 그 말씀을 원본으로 가정할 때 생기는 문제점에 대해 H. Patsch, 같은 곳, 79를 보라. 또한 참고. L. Goppelt, *Theologie des Neuen Testaments* 1, hg., J. Roloff, 1975, 269f.

607   누가복음 22:28-30에 대하여 아래의 각주 608을 보라. 또한 참고. W. Grundmann, *Das Evangelium nach Lukas*, 1961, 8.Aufl, 1978, 402-405. 여기서 원시 그리스교 안에서 확산되었던 표상 곧 제자들이 높여지신 분의 통치에 참여했다는 표상(고전 4:8; 6:2; 딤후 2:12 등등)에 대한 이 말씀의 관계가 다루어진다.

한 유일한 것이 아니라는 사실이다. 누가복음 22:28-30의 말씀은 예수의 제자들이 그분의 "유혹들" 내지 "시험들"(peirasmoi) 안에서 그분과 함께 머물렀기에 예수께서 그들에게 주시는 약속과 함께 마친다. "내 아버지께서 나라를 내게 맡기신 것 같이 나도 너희에게 맡겨, 너희로 내 나라에 있어 내 상에서 먹고 마시며 또는 보좌에 앉아 이스라엘 열두 지파를 다스리게 하려 하노라." 이 말씀과 매우 밀접한 관계가 있다는 이유[608]에서 사람들은 예수의 마지막 만찬에서 잔을 계약(언약) 사상으로 해석한 것이 역사적 신빙성이 있는 것으로 간주했다. 이와 비교할 때 누가복음 22:20과 마가복음 14:24의 대속의 진술은 그 사상의 이차적 확장으로 보아야 한다. "자신의 피 흘림 안에서" 예수가 당한 폭력적인 죽음은 새 계약(언약)을 위한 계약의 희생제물이라는 것이다. 대속의 주제는 피 흘리는 희생제물의 표상과 쉽게 연결될 수 없었다.[609] 이것은 빵과 관련된 말씀의 초월(超, hyper) - 형식과 연결되기 어려운 것과 마찬가지다(아래 내용을 보라). 그래서 성만찬의 축제와 성만찬 제의의 형태화는 그리스도의 죽음을 대속으로 이해했던 원시 그리스도교의 해석에 대한 출발점과 "삶의 자리"(Sitz im Leben)였을 수 있다.[610] 그렇기 때문에 대속의 주제는 아직은 예수의 만찬의 근원적 상황으로 소급되어서는 안 된다.

빵의 말씀에 관한 바울과 누가(고전 11:24; 눅 22:19)의 표현 형태에서 "너희를 위하여 내어주는"이라는 어법은 마지막 만찬의 근원적 상황 안에서 대속 사상을 내포하고 있다고 생각될 필요는 없으며, 오히려 아마도 단지 예수와 제자들 간의 연대성의 사고, 그와 함께 공동식사를 통해 수여되는 예수의 제자들과의 연합의 견고함만을 표현할 것이다. 어쨌든 이 내용은 보다 더 단순하고 대체로 원천적이라고 판단되는 마가의 빵의 말씀의 형태(14:22)에 적용된다. 이로써 그보다 앞서 예수께서 땅 위에서 실행하신 만찬과의 관계가

---

608   누가복음 22:28-30. 이 부분은 한(Hahn)의 판단에 따르면 "근본적 상태에서 역사적 신빙성이 있다." F. Hahn, in : *Ev. Theol.* 1975, 560.

609   F. Hahn, 같은 곳, 560.

610   참고. H. Patsch, 같은 곳, 169.

인식될 수 있다. 빵 안에서 예수 자신(그리고 그분과 함께 하나님의 통치)이 제자들에게 현재하며, 그렇게 해서 그들을 그분 자신과의 연합 안으로 받아들인다. 오늘날의 연구는 "몸"이 아람어 단어인 "구프"(gwf)의 표현인데 "인간 신체의 한 부분이 아니라 전인을 가리킨다"는 것에 대체로 동의한다.[611] 잔의 말씀은 그와 함께 주어진 약속 너머까지 멀리 나아간다. 그 말씀은 계약의 사고를 통해 예수의 인격적 현재와 결합된 하나님의 통치가 제자들에게 지속적인 은사로서 현재할 것을 약속하며, 그와 함께 그 통치에 참여자들의 공동체도 지속적으로 형성되기 시작한다.

고난 직전 예수의 마지막 만찬은, 또한 여기서도 만찬이 예수의 참여를 통해 다가오는 하나님의 통치의 표징적 선취가 된다는 점에서, 이전까지 실행된 예수의 만찬과 연속선상에 있다고 할 수 있다. 만찬 축제의 이러한 근본 의미와의 내적인 연속성은 마가복음 14:15 및 병행구절에 나오는 예수의 종말론적 전망 안에서 표현된다.[612] 그 말씀은 다가오는 하나님의 통치에 대한 종말론적 전망에 상응하는데, 이 전망은 예수의 만찬의 실행 전체의 특징이다. 다른 한편으로 그 말씀은 예수께서 제자들과 함께했던 이 세상의 식탁 공동체와 이별하신다는 것을 공표하며, 그와 함께 잔의 말씀 속에서 주어진 그분 자신의 임박한 순교에 대한 암시를 재차 수용한다. 그럼에도 불구하고 그들이 서로 떼는 빵 안에서 예수는 그들에게 계속해서 현재하실 것이다. 이것은 제자들이 예수의 부활의 빛 안에서 비로소 다시 기억하게 될 약속이며, 예수께서 죽음에 머물러 계실 수 없다는 사실로부터 현실적인 능력을 얻는 약속이다. 빵과 결합된 약속 곧 그분이 현재하실 것이라는 약속은 아직은 글자 그대로의 의미에서 마지막 만찬의

---

611   F. Hahn, 같은 곳, 559.

612   누가(20:18)는 이 말씀을 빵의 말씀 앞에 위치시키며 첫 번째 잔을 건네는 것과 연관시켰다. 그 결과 빵에 뒤따르는 잔은 두 번째 잔인 것처럼 보이며, 만찬 사건의 순서는 유월절 식사의 순서와 비슷해졌다. 참고. F. Hahn, 같은 곳, 557.

축제를 넘어서는 곳을 명시적으로 가리키지 않는다. 그러나 왜 예수는 아직 자신이 살아서 현재하는 동안 빵을 떼는 가운데 자신이 현재할 것이라고 약속했는가? 이 약속은 받아들인 빵과 함께 그 말씀을 수용하는 사람에게 만찬과 그들을 떠나는 예수의 고별 너머까지 도달하는 한 가지 요소를 포함하고 있다. 그 약속은 새 계약(언약)의 사고와 관계된 잔의 말씀의 관점에서 행해지는 신약성서의 처리 방식의 특성(비교. 다시 한번 눅 22:28-30)을 획득한다. 하나님은 예수의 피를 통해 새 계약(언약)을 인정하실 것이며, 잔을 건네고 받는 것을 통해 그 계약 체결은 완성될 것이다.

여기에 예수의 죽음을 넘어서 계속된 그분과 제자들의 연합(공동체)의 근거가 놓여 있다. 그러므로 우리는 예수의 마지막 만찬의 행동 안에서 교회적 성만찬 예식의 근원만이 아니라 또한 교회 자체의 근거도 발견한다.[613] 실제로 예수의 마지막 만찬은 예수의 사역과 교회의 생성 사이의 관계에 대하여 결정적 의미를 갖고 있다. 예수의 제자들이 하나님의 옛 백성으로부터 구분되는 독자적인 공동체로 구성된 것은 열둘의 부르심(막 3:13ff.)의 때가 아니었다. 왜냐하면 이스라엘의 열두 부족의 대표자로서의 열두 제자는 하나님의 옛 백성으로서 예수의 파송의 대상으로 묘사되었기 때문이다.[614] 반대되는 이유이기는 하지만 마태(16:18f.)의 전승에서 예수께서 베드로에게 하신 "반석의 말씀"도 교회 설립의 행위로 관찰될 수 없다. 왜냐하면 이 말씀은 *ekklesia*(교회)의 의미를 이미 전제하고 있고, 그것이 베드로에게 교회 설립에 대한 뛰어난 지위를 귀속시키기 때문이다.[615] 새 계

---

613   참고. F. Kattenbusch, Der Quellort der Kirchenidee, in : *Festgabe A.v. Harnack*, 1921, 143-172, 169. 또한 비교. K. L. Schmidt, Die Kirche des Urchristentums, in : *Festgabe für Adolf Deissmann*, 2.Aufl. 1932, 258-319, 295.

614   위의 제12장 2a.를 보라.

615   비교. W. G. Kümmel, *Kirchenbegriff und Geschichtsbewußtsein in der Urgemeinde und bei Jesus*, 1943, 20ff. 또한 참고. B. Forte, *La chiesa nell' eucharistia*, 1975, 35. 비록 우리가 대다수의 주석가들과는 반대로 베드로에 대한 반석의 말씀을 부활 이후에 형성된 것으로 판단하지 않는다고 해도, 이 사실은 타당하다. 예를 들어 보른캄이 오스

약의 사고는 그럼에도 불구하고 예수의 마지막 만찬의 틀 안에서 사실상 지속되는 공동체를 구성한다. 이 공동체는 이제는 새로운 방식으로, 말하자면 유형론적으로 옛 계약 및 옛 "계약의 백성"과 관계되며, 그러나 그와 동시에 그것들로부터 구분된다. 여기서 중요한 것은 "어떤 굳게 폐쇄된 단체"[616]가 아니고, 수적으로 고정되지 않고 열려 있는 공동체, 곧 지속적으로 계속 반복되는 만찬에 참여하는 공동체다. 이것은 예수의 만찬에 참여하고 그를 통해 서로 함께 친교 모임을 결성해가는 사람들의 공동체다. "계약"(언약) 개념은 지상에서 예수가 이미 실행했던 앞선 만찬 안에 이미 놓여 있었던 어떤 것을 명시적으로 드러낸다. 여기서 계약 개념은 한 걸음 더 나아간다. 그 개념은 "새 계약"(언약)의 이러한 공동체를 옛 계약의 백성으로부터 구분한다. 그러나 이 구분은 우선 옛 "계약의 백성" 내부에서 실행된다. 여기서 교회는 아직은 조직을 갖춘 단체로서 구성되지 않으며, 단지 표징 행위의 지반 위에 있다. 교회의 존재는 우선 하나님의 통치가 현재하는 표징으로서의 만찬의 상징 행위에, 그리고 그것에 근거한 모든 인간 공동체의 완성에 놓여 있다. 이와 같이 예수의 고별 만찬 안의 깊은 곳에 놓였던 요소는 부활 이후에 영의 부어짐을 통해 결정적으로 실현되었다. 이것은 성만찬 축제 자체에 대해서도 타당하다. 부활하신 주님이 영을 통해 현재하심으로써 교회의 성만찬 예배는 단순한 기억의 식사 그 이상이 되었다. 교회의 현존재는 사실상 "하나님의 사역…곧 십자가에 못 박히신 자의 부활 안에, 그리고 종말론적인 영의 수여 안에 있는 사역"을 통해 가능해진다.[617] 그럼에도 불구하고 교회의 토대는 예수의 고별 만찬과

카 쿨만에 반대해서 그렇게 판단했다. G. Bornkamm, Enderwartung und Kirche im Matthäusevangelium, in : *Festschrift Charles Harold Dodd*, 1954, 222-260, 254f.; O. Cullmann, *Petrus*, 1952, 214. 오히려 교회 설립은 예수의 마지막 만찬의 상황에 관련되는 것으로 봐야 한다. 참고. R Kattenbusch, 같은 곳, 169.

616   W. G. Kümmel, 같은 곳, 37. 이것은 F. Kattenbusch, 같은 곳, 169에 반대하는 견해다.

617   H. Patsch, *Abendmahl und historischer Jesus*, 1972, 149.

2. 성만찬과 그리스도교 예배 | 469

결합된 새 계약(언약)의 사고 안에 놓여 있다. 이러한 새로운 계약은 그러나 우선적으로 조직된 공동체의 형태로 실현되지 않으며, 오히려 예수의 만찬의 표징 행위의 지반 위에서 실현된다. 그렇기 때문에 옛 계약의 공동체 곧 옛 계약 민족은 새 계약에 의해 단순히 대체되지 않는다. 오히려 옛 계약은 하나님의 통치의 만찬 안에서 자신의 완성을 발견한다.

교회의 존재에 본질적인 것은 그것의 조직 형태가 아니라 예수의 만찬의 표징 행위다. 만찬은 영의 수여를 통해 근거된 확실성 안에서 벌이는 교회의 축제다. 주님의 만찬을 기념하는 공동체로서 교회는 하나님 나라 안에 있게 될 공동체를 향한 인류의 종말론적인 규정의 표징과 도구다. 이러한 규정이 예수의 만찬의 실행 안에 이미 현재했기 때문에—오직 그 때문에—그 규정은 또한 교회 안에서도 현재한다. 그렇기 때문에 교회는 우선적으로 그것의 예배적 삶 안에서 자신의 본질을 구성하는 것, 말하자면 "종말론적 공동체"이며, 하나님의 통치의 미래 안에 있게 될 종말론적 인류 공동체의 미리 앞선 표현이다. 교회의 예배는 자신의 고유한 현존재의 근거를 예수의 만찬의 축제 안에서 표현한다. 그 안에서 교회는 자신의 현존재를 "자기 밖에"(*extra se*) 두며, 말하자면 특정한 구조—또한 법률적 구조—를 지닌 자신의 조직 형태로 구성되고, 그 점에서 지속될 수 있는 토대를 갖춘 공동체가 된다. 이것은 개인적 그리스도인의 정체성이 "자신의 외부에 계신 그리스도 안에"(*extra se in Christo*) 근거를 두고 믿음을 통해 파악되는 방식과 매우 가까운 유비를 이룬다. 그 정체성은 세례 안에서 표현되며, 세례를 통해 바로 그 개별 인격의 지속적 정체성이 된다. 개별 그리스도인에게도, 교회에 있어서도 그러한 표징적 표현에서 중요한 것은 단순한 외적인 예시 곧 표현되는 사태에 단지 이차적으로 귀속되는 예시가 아니다. 오히려 표현의 매개를 통해 사태 자체가 비로소 근거를 갖게 된다. 세례를 통해 우리는 그리스도의 지체가 되고 그분의 몸이 되며, 성만찬의 축제는 교회 공동체를 갱신하고, 이와 동시에 자신의 주님의 만찬 안에 있는 자신의 근거를 표현하고 뒤이어 성취한다. 성만찬 축제가 벌어지는 곳에는 언제나 그리스도교 교회가 있다. 그렇기 때문에 교회는 자신의 형태를 일차적으로는 지역 공동체들의 예배적 삶 안에서 취하며, 그 형태는 예배 드리는 장소를 통해 지역 공동체들로 정의되고, 이렇게 지역으로 묶인 예배적 삶 안에 전 세계적인 공동체 곧 동일한 주님의 만찬을 기념하고 그를 통해 서로 결합하는 지역 교회들이 뿌리를 내린다.

이것은 예수의 만찬의 본질적 의미로부터 도출된 광범위한 결론이며, 이 의미는 교회의 성만찬만이 아니라 교회의 존재 그 자체에 해당한다. 여기서 근본적인 것은 그리스도인들에게 예수 그리스도와의 연합 곧 각자가 서로 빵과 포도주의 형태 안에서 서로를 받아들이며, 서로와 함께하는 공동체로 결합되어 그리스도의 몸의 통일성을 이룬다는 사실이다. 이에 대해 바울은 말한다. "우리가 축복하는 바 축복의 잔은 그리스도의 피에 참여함이 아니며, 우리가 떼는 떡은 그리스도의 몸에 참여함이 아니냐? 떡이 하나요 많은 우리가 한 몸이니 이는 우리가 다 한 떡에 참여함이라"(고전 10:16f.). 사도 바울은 이 생각을 다음과 같이 확장한다. 한 몸의 개별 지체들은 각각 특별하고 서로를 보충하는 은사들과 기능들을 가지고 있다는 것이다(고전 12:14-27). 여기서 그는 주님의 만찬을 세례에 대한 기억과 연결한다. 세례는 모든 개인을 그리스도의 몸 안으로 지체로서 포함한다. "우리가 유대인이나 헬라인이나 종이나 자유인이나 다 한 성령으로 세례를 받아 한 몸이 되었고 또 다 한 성령을 마시게 하셨느니라"(고전 12:13). 그러므로 세례는 다름이 아니라 주님의 만찬으로서 이미 그리스도의 몸의 통일성에 관계된다. 세례가 개별 그리스도인의 정체성의 근거가 되는 것처럼, 그를 그의 개인적 특수성과 함께 또한 교회의 공동체성 안에 배치하는데, 공동체성은 성만찬의 축제 안에서 표현된다.

물론 교회가 성만찬에서 기뻐하는 것은 자신의 고유한 공동체만이 아니다. 이런 일이 벌어지는 곳에서는 교회의 예배적 삶의 왜곡이 발생한다. 성만찬 축제의 중심에는 예수 그리스도가 계셔야 하는데, 그분은 그분의 만찬에 참여하는 모든 개인에게 현재하여 그와 연합을 이루리라는 약속을 주신다. 이로부터 그리스도인들이 이미 어떤 방식으로든 서로 결합되어 있다고 느끼는 공동체는 언제나 또다시 수정과 갱신을 필요로 하게 된다. 여기서 그리스도께서 교회의 예배 안에서 적절하게 관리되며 거행되는 성만찬의 중심에 서 계시는 것처럼, 그분이 현재하시는 형태에 대한 바른 이해를 묻는 질문은 성만찬 신학의 중심을 형성한다.

b) 성만찬의 시행 말씀과 그리스도의 임재

성만찬에서 빵과 포도주는 어떻게 그리스도의 몸과 피가 되는가? 현대의 주석가들은 이렇게 가르쳤다. 거기서 중심은—특별히 빵의 관점에서—예수 그리스도의 나눠지지 않은 인격적 현재라는 것이다. 신학 전통은 이 통찰에 이르는 길을 애써 발견해야 했다. 날카로운 갈등의 문제는 우리가 시행 말씀(Einsetzungsworte)을 상징적이 아니라 문자적으로 받아들이려고 할 때 생긴다. 이것은 12세기의 라틴적 중세기에 베렝가리우스(Berengar)와의 논쟁 이후 "성체(聖體) 변화설"이 등장했을 때 일어난 일이다. 지금은 이렇게 질문해야 한다. 빵 및 포도주와 함께 제공되는 두 가지 은사가 실제로 서로—말하자면 하나는 그리스도의 몸으로, 다른 하나는 그리스도의 피로—구분되는가? 혹은 두 가지 형태는 하나의 동일한 은사 곧 한 분이시고 나눠질 수 없는 주님과 관계되는가? 신학 안에서는, 빵의 말씀이 우선 그리스도의 몸에 관계되지만 그러나 몸의 현재는 그리스도 전체와 관계되며 그래서 그분의 피를 자체 안에 포함한다는 의미에서, 후자의 이해가 지배적으로 되었다. 이에 상응하는 사고가 거꾸로 성만찬의 포도주에도 해당한다. 성만찬에서 자연스럽게 일어나는 "병존"(konkomitanz)에 기초해서 우리는 각각의 두 요소 모두를 통해 몸과 피로서의 그리스도 전체를 수용한다.[618]

---

618   비교. J. Betz, Eucharistie als zentrales Mysterium, in : *Mysterium Salutis* IV/2, 1973, 185‒313, 236f. 또한 참고. Thomas von Aquin, *S. theol.* III, 76,2,3.

유감스럽게도 1415년의 콘스탄츠 공의회에서 이러한 중요한 신학적 통찰은 평신도들이 빵의 형태를 통해 이미 그리스도 전체를 수용했다는 이유로 그들에게 잔을 주지 않는 것을 정당화하는 데 사용되었다.[619] 루터의 종교개혁은 "병존"의 이와 같은 실천적 적용을 거부했지만, 그러나 두 가지 형태 각각에서 그리스도 전체를 수용한다는 그 교리 자체를 거부한 것은 아니었다.[620] 루터는 두 가지 형태 모두에서, 곧 빵만이 아니라 또한 잔에서도 영적 친교를 인정할 것을 요구했는데, 이것은 오직 성만찬의 적합한 관리를 위한 것이었다. 이를 위해 루터는 옛 교회의 실행(또한 아우크스부르크 신조 22항)을 예시했다. 루터의 이러한 요청—이것은 종교개혁의 중심적 요구이기도 하다—은 이미 1520년에 교황의 칙서 Exsurge Domine(주여 일어나소서)가 정죄한 루터의 명제 안에 포함되었다. 트리엔트 공의회는 성만찬이 두 가지로 제정되어 있다는 것이 모든 믿는 자가 의무적으로 두 가지 형태의 만찬을 받아야 함을 의미한다는 견해를 명시적

---

619   DS 1199: firmissime credendum sit et nullatenus dubitandum, integrum Christi corpus et sanguinem tam sub specie panis quam sub specie vini veraciter contineri. 트리엔트 공의회는 이러한 이해를 더욱 강화했다(DS 1733).

620   M. Luther, WA 2, 742, 24-26; WA 6, 139,20ff. 그리고 특히 Schmalkaldische Art. III, BSELK 451, 3ff. 비교. H. Graß, *Die Abendmahlslehre bei Luther und Calvin. Eine kritische Untersuchung*, 1940, 37-50. 루터와 달리 칼뱅은 "함께 임재"의 교리 그 자체에 반대했다(*Inst. chr. rel.* 1559, IV, 17,47). 하지만 그 거부를 통해 표현된 사고 즉 성만찬의 은사 안에서 지속적으로 그리스도 전체가 인격 안에서 현재하신다는 사고는 칼뱅 자신의 교리에 본래적으로 상응하는 것이었다. 이에 대해 참고. J. Rohls, Coena Domini. Die altreformierte Abendmahlslehre und ihre Wandlungen, in : M. Garijo-Guembe/J. Rohls/G. Wenz, *Mahl des Herrn. Ökumenische Studien*, 1988, 105-221, 158f. 루터교적 이해에 대해서는 같은 책 안의 다음 논문을 보라. G. Wenz, Für uns gegeben: Grundzüge lutherischer Abendmahlslehre im Zusammenhang des gegenwärtigen ökumenischen Dialogs, 223-338, 258ff. 벤츠의 이 논문은 J. Rohls, 같은 곳, 142ff.의 주장을 암묵적으로 수정한다. 이것은 루터교 신학이 "우선적으로 몸과 피라는 두 가지의 구분되는 재료에 관심을 두고 있다"는 주장에 대한 골비처 (H. Gollwitzer)의 반박을 수용한 것이다(Wenz, 같은 곳, 142, 144f.).

으로 반대했다(DS 1727, 1731). 이러한 논쟁적 질문을 수용하는 관점에서 서술한 것은 두 가지 만찬의 요소 모두에, 즉 빵만 받을 때도 그리스도 전체가 현재한다는 것에 대한 의혹을 불러일으켰다(비교. DS 1733). 하지만 루터적 종교개혁의 측면에 그런 의심은 없었고, 영적 친교의 수여가 두 가지 모두의 형태로 이루어져야 한다고 요청할 이유도 없었다. 오히려 중요한 것은 교회 내지는 교회의 직무를 맡은 교역자가 성만찬 축제에서 그것의 제정과 함께 주어진 그리스도의 명령에 예속되어 있어야 한다는 것이었다. 그렇기 때문에 아우크스부르크 신조는 성찬의 분배를 빵의 형태에 제한하는 것은 "하나님의 계명을 거역하여 도입된 관습"이라고 말했다.[621] 오늘날 이 비판은 날카로움을 상실했다. 이유는 제2차 바티칸 공의회의 예식 헌법의 예외 규정을 통해 두 가지 형태로 이루어지는 영적 친교가 허용되었기 때문이라기보다는, 오히려 1967년에 로마 교황청 예식 집회가 거룩한 영적 친교는 "그것이 두 가지 형태로 받을 경우 더욱 명확한 표징"[622]이 된다고 선언했기 때문이다. 로마 가톨릭교회와 개신교-루터교회의 공동 회의는 1978년의 문서 "성만찬"(Das Herrenmahl)에서 다음과 같이 확정했다. "가톨릭 신자와 루터교 신자는 빵과 포도주가 성만찬의 완전한 형태에 속한다는 것을 공동으로 확신한다." 이에 따라 이 문제에서 남아 있는 차이는 "교회를 분리시키는 어떤 성격을 더 이상 갖고 있지 않다"라고 바르게 말해졌다.[623]

---

[621]   CA 22, 9 : consuetudo contra mandata Dei introducta (BSELK 86,1f.).

[622]   Instructio de cultu mysterii eucharistici 1967 n. 32 (AAS 59, 1967, 558 ; 비교. CIC 925).

[623]   Gemeinsame römisch-katholische/evangelisch-lutherische Kommission : *Das Herrenmahl*, 1978, n. 64. 융만은 이미 1966년에 제2차 바티칸 공의회의 예식 헌법(SC 55)에 대한 자신의 주석에서 이렇게 말했다. "두 가지 형태로 시행된 영적 친교는 의심할 바 없이 성례전적 표징의 완전성에 속하며, 주님이 맡기신 사명에 상응한다." J. A. Jungmann, *LThK Erg.bd.* : Das Zweite Vatikanische Konzil I, 1966, 58. 비교. K. Lehmann/W. Pannenberg, Hgg., *Lehrverurteilungen-kirchentrennend?* 1, 1986, 116.

빵뿐만 아니라 포도주에서도 완전하고 나눠지지 않는 그리스도께서 현재하신다는 가르침은 핵심에서 이미 오늘날 인격적 현재라고 부르는 이해를 포함하고 있다. 인격적 현재는 성만찬의 요소 안에서 몸과 피의 물적 현재라는 이해와 구분된다. 이 주제에 관한 중세기와 후대의 교단적 논쟁들의 중심에는 빵과 포도주 안에서 일어나는 그리스도의 현재가 바로 그 "요소들"의 존재론적 정체성과 어떤 관계를 갖는가라는 질문이 놓여 있었다.[624] 이 질문은 성만찬 안에서 일어나는 그리스도의 현재의 형식과 본질적 속성에 대한 질문과 똑같지는 않지만, 그러나 회피될 수 없다. 왜냐하면 빵에 대하여 그것은 그리스도의 몸 "이다"(ist, 고전 11:24 및 병행구절)라고 말해지기 때문이다.[625] 그러므로 그것은 그것의 과거의 존재 곧 다른 빵과 똑같은 단순한 빵조각이 "아니다"(kein...ist). 성만찬 축제 안에서 축제에 참여하는 자들을 만찬의 빵(그리고 포도주)과 결합한다는 의미에서 "변화"가 발생하는데, 또한 빵과 포도주 자체의 관점에서도 마찬가지로 변화가 발생한다. 그렇지 않다면 그 예식은 "이것은 나의 몸이다"라는 그리스도의 말씀을 말할 수 없을 것이다. 그런데 그 변화가 정확하게 어떻게 이해되어야 하는지의 문제가 성만찬 교리의 역사 안에서 논쟁이 되었고, 이 질문은 종교개혁 이후에는 교회를 분열시키는 교리적 대립의 단서를 제공했다.

---

624   베츠는 성만찬에서 일어나는 그리스도의 현재의 이러한 국면을 좁은 의미에서 "실재 현재"(Realpräsenz)로 이해하고 높여지신 주님의 "활동적 현재"(Aktualpräsenz)와 구분했다. 후자는 실재 현재 외에도 두 가지 국면을 더 가지고 있는데, 말하자면 "높여지신 그리스도의…인격적·영적 현재" 그리고 "그분의 유일회적인 구원 사역에 대한 상기(想起, anamnetisch)의 현재가 그것이다." J. Betz, 같은 곳, 267.

625   "이다"라는 단어는 빵의 말씀의 아람어 원문에는 없고 그리스어 번역에서 나온다. 아람어에는 그에 해당하는 조동사가 없기 때문에 "이것 – 나의 몸"으로 표현된다. 포도주와 그리스도의 피의 관계를 나타내는 정확한 유사어는 마가(14:24) 그리고 마태(26:28)의 성만찬 실행의 말씀에서 발견된다. 반면에 바울과 누가에서는 "잔은…" 예수의 피로 세워진 새 계약(언약) "이다"라고 말해진다(고전 11:25; 눅 22:20).

빵과 포도주가 그리스도의 현재를 통해 "변화"한다는 것에 대해서는 이미 예루살렘의 키릴로스와 니사의 그레고리오스가 언급했으며,[626] 서구에서는 밀라노의 암브로시우스가 그것에 대해 말했다. 동방에서는 사람들이 그 변화를 성육신의 유비에 따라 로고스가 성만찬의 요소들 안으로 들어가는 것으로 생각했던 반면에, 암브로시우스는 그리스도의 말씀인 성만찬 시행의 말씀을 신적 창조의 말씀의 능력으로 기술했고, 그 능력이 그 말씀이 말하는 것을 불러일으킨다고 생각했다.[627] 이러한 사고는 중세기 교리의 출발점에서 성만찬의 "형식"이 되었고, 그 변화는 사제가 그리스도의 말씀을 공표하는 순간에 발생한다는 생각으로 발전했다.[628] 그 결과 중세 초기에 사람들은 대체로 그 변화를 통해 성만찬의 두 가지 요소가 그리스도의 몸과 피의 상징이 된다고 이해했다.[629] 그러나 투르의 베렝가리우스와 대립하면서 1059년에 마침내 실재적인 해석이 관철되었다(DS 690, 비교. 700). 이런 상황에서 신학은 성체 변화설(Transsubstantiation) 개념을 통해 그리스도의 몸과 피의 현재 및 먹고 마심과 결합된 극단적·실재적 상상을 막았고, 어떻게 빵과 포도주의 내적 본질의 변화에도 불구하고 외적 특성들이 그 변화 이후에도 여전히 인지될 수 있게끔 존속하는지를 이해할 수 있게 해주었다.[630] 이러한 새로

---

626 참고. G. Kretschmar, art. Abendmahl III/l. Alte Kirche, in : *TRE* 1, 1977, 79f.

627 Ambrosius, *De sacr*, IV, 14 - 17 (SC 25, 108 - 110).

628 이미 1079년 베렝가리우스의 신앙고백문 안에서 변화의 원인으로서 그리스도의 시행의 말씀 외에 또한 헌정의 기도가 언급된다. mysterium sacrae orationis (DS 700).

629 서구가 이해한 이와 같은 아우구스티누스적 상징주의에 대해 E. Iserloh, art. Abendmahl III/2. Mittelalter, in : *TRE* 1, 1977, 89 - 106, 90ff.

630 성체 변화설의 의도는 성만찬 요소들 안에서 일어나는 변화와 그리스도의 현재의 영적 성격을 보존하려는 것이었다. 참고. K. Lehmann/W. Pannenberg, Hgg., *Lehrverurteilungen - kirchentrennend?* I, 1986, 99. 이것은 요리센의 견해를 계승한 것이다. H. Jorissen, *Die Entfaltung der Transsubstantiationslehre bis zum Beginn der Hochscholastik*, 1965. 마찬가지로 이미 토마스 아퀴나스도 성만찬 안에서 그리스도의 참된 몸과 참된 피는 감각적 의미로 이해돼서도 안 되고, 지성적으로도 파악되어서도 안 되며, 오직 그리스도의 말씀에 대한 믿음을 통해 이해되어야 한다고 강조

운 의미의 용어는 1215년 라테라노 공의회(IV. Laterankonzil)에서 수용되었고 (DS 802), 그 이후에 교회적 구속력을 갖게 되었다. 여기서 우선 분명하지 않는 것은 그 정의의 효력이 어디까지 미쳤는가 하는 것이다. 보나벤투라와 토마스 아퀴나스(S. theol. III,75,2) 이후에 비로소 성례전 안에 현재하는 그리스도께서 그 변화를 통해 두 가지 요소의 실체 안으로 들어오신다는 공재설 (Konsubstantiation)의 사고가 교회의 가르침과 합치될 수 없게 되었다. 그러나 중세기 후기의 많은 신학자들—예를 들어 둔스 스코투스와 윌리엄 오컴—은 여전히 공재설이 이성 및 성서와 더 잘 조화를 이루며 그것들과 모순되지 않는다고 보고 있었다.[631] 이러한 논쟁 안에서 비로소 성체 변화설의 개념은 특정한, 또한 철학적으로도 정확한 변화의 상상(한편으로 성체 변화설과, 다른 한편으로 빵과 포도주의 실체가 소멸된다는 설과 반대되는 상상)과 동일시되었다. 이 상상은 다시 말해 변화 이후에 빵과 포도주가 그 자체로서 인지될 수 있는 특성들이 실체적 기초 없이 계속해서 존속한다는 것을 의미한다. 바로 이 결과 때문에 성체 변화의 상상은 계속해서 불합리한 것으로 거부되었다. 이른바 일반적으로 인지될 수 있는 특성들이 단지 어떤 실체와 관련해서만—비록 대상을 그것의 고유한 속성 안에서 특징짓기는 해도 단지 "우연적" 규정들로서—등장할 수 있다면, 성만찬의 변화 이후에 스스로 존속할 수 있는 어떤 우연성의 상상은 불가능하며, 이것은 다른 한편으로 빵과 포도주가 그리스도의 몸과 피의 본래적 특성으로 여겨질 수 있다는 상상이 불가능한 것과 마찬가지다.

성체 변화설에 반대하는 루터의 입장은 13세기 후반부 이래로 그 개념이 더 이상 성만찬 축제 안에서 일어나는 두 가지 요소들의 본질적 정체성의 변화를 단순히 가리키는 것이 아니었고, 오히려 그 과정을 다른 것들과 함께

했다: non sensu deprehendi potest, sed sola fide (S. theol. III,75,1). 1059년 로마에서 요구된 베렝가리우스의 신앙고백서(DS 690)는 이와 얼마나 다른가! 비교. Thomas von Aquin, 같은 곳, III,77,7 ad 3.

631 E. Iserloh, 같은 곳, 93f., 99-102.

설명하는 특정한 이론적 서술이었다는 사실과 관계가 있다. 루터는 오컴 학파가 선호했던 대안적 서술 곧 그 변화 과정을 성체 변화설로 보는 서술쪽으로 기울어졌고, 1520년에는 피에르 다이(Petrus d'Ailly)를 인용하면서 성체 변화설은 성서적으로도 맞지 않고 이성에 근거한 성서 진술의 석의에도 필연적이지 않다고 선언했다. 그러나 필연적인 성서적 근거가 없는 주장에 대해서는 많은 상이한 이견이 자유롭게 주장될 수 있다고 생각해야 한다.[632]

1551년 트리엔트 공의회는 종교개혁의 비판에 맞서 성체 변화의 개념이 성만찬의 요소들의 "변화"에 대한 적절한 표현이라고 변호했으며(DS 1642), 종교개혁이 말하는 공재설을 정죄했다(can.2, DS 1652). 여기서 교의의 본문은 중점을 성만찬 요소들의 "실체 전체"(*totius substantiae*)의 변화라는 사고에 두었다. 이에 상응하여 루터교 교회일치 신조(die Konkordienformel)도 성체 공재설을 파문했다.[633] 반면에 루터는 슈말칼트 논문에서 성체 변화설의 교의학

---

632   M. Luther, WA 6, 508, 20ff. 루터는 토마스의 견해에 대해 이렇게 말한다. 그것은 성서적 근거도 합리적 근거도 없이 부유하는데(sine scripturis et ratione fluctuat ; 비교. 509, 20f.), 성서적 진술 중에 합리적 근거를 갖지 않은 것은 없다(nulla scriptura, nulla ratione nititur). 이것은 루터가 이 교리를 거부했던 것이 그 비밀에 대한 합리적 설명을 제시하려고 시도했기 때문이 아니고, 오히려 다른 이유 가운데서도 그 교리가 이성과 모순되고 나아가 실체와 우연성에 대한 아리스토텔레스적인 진술과도 모순되었기 때문이라는 사실을 제시한다. 루터는 물론 이성과 반대되는 것을 기꺼이 믿을 준비가 되어 있었지만, 그러나 그것은 성서의 분명한 말씀들이 그렇게 강제할 때로 제한된다. 공재설에 대한 그 자신의 생각과 관련하여 그리스도의 인격 안에서 일어난 신성과 인성의 결합이 영향을 주었을 것이다(같은 곳, 510). 이에 대해 비교. Konkordienformel, SD VII, 37f. BSELK 983, 37ff. 벤츠는 루터의 그런 견해가 그리스도의 몸이 빵 안에서 공간을 포괄하게 된다는 생각으로 이끈다는 오해에 대해 반박했다. G. Wenz, 같은 곳, 264ff. 물론 루터가 자신의 많은 진술 안에서 그런 오해의 단서를 제공하기는 했다. 불운한 예로서 루터는 성만찬 시행의 말씀을 성서 말씀에 대한 제유(Synekdoche ; 사물의 한 부분을 통해 사물 전체를 가리키거나, 반대로 전체로서 부분을 가리켜 비유하는 것—역자 주)로 이해했다. 참고. Vom Abendmahl Christi 1528, WA 26, 444. 이에 대한 올바른 비판으로서 참고. J. Rohls, 같은 곳, 146f.

633   SD VII, 108, BSELK 1010, 16ff. 비교. Ep. VII, 22, BSELK 801, 5–12.

적 구속력을 거부하는 선에서 만족했다(BSELK 452, 1-7). 이와 비교해서 빵이 그리스도의 몸으로 "변화"한다는 상상은 이미 1530년에 멜란히톤에 의해 아우크스부르크 신조를 위한 변증론 안에서 긍정적으로 수용되었다(*Apol.* 10,2, BSELK 248, 15ff.). 1521년의 레겐스부르크 종교 대화에서 루터교인들과 로마 가톨릭 신자들은 성만찬 축제에서 두 가지 요소의 물리적 변화와 구분되는 "신비적" 변화의 사고를 서로 함께 이해했다.[634]

빵과 포도주의 변화를 성체 변화로 부르는 논쟁에 대한 판단은 그 표현이 루터가 비판했던(그리고 토마스주의자들에게 귀속되는) 교리, 즉 빵과 포도주의 우연적 존재가 그것의 근저에 놓인 실체 없이도 존속할 수 있다는 교리와 동일시될 수 있는지에 달려 있다. 실체와 우연적 존재(Akzidenz)의 구분과 상호귀속성이 아리스토텔레스적인 것이기 때문에, 그런 종류의 진술이 아리스토텔레스의 학설에 비추어 측정된 후 사상적 불완전성 때문에 거부된다고 해도 아무도 놀라지 않을 것이다. 그런데 칼 라너는 실체와 우연적 존재란 개념의 사용에도 불구하고 트리엔트 공의회의 교리적 정죄(DA 1652)에서 이렇게 주장했다. 교리에서 중요한 것은 실체와 우연적 존재라는 개념 언어가 아니라 오히려 성례전 안에서 그리스도의 현실적인 현재라는 것이다.[635] 성체 변화설은 단지 성만찬에서 다른 어떤 것(말하자면

---

[634] "신비적 변화로서의 전환은 물리적 전환과 같지 않다"(CR 4, 263f.). 변화의 개념은 개혁교회의 입장에서는 정죄되지 않았다. 그러나 예를 들어 베자는 **실체**의 변화가 아니라 그 요소들의 **사용**(Gebrauch)의 변화에 대하여 말했다. J. Rohls, 같은 곳, 154.

[635] K. Rahner, Die Gegenwart Christi im Sakrament des Herrenmahles, *Schriften zur Theologie* IV, 1961, 357-385, bes. 362ff., 369ff. 라너에 의하면 트리엔트 공의회는 성체 변화설의 근거를 그리스도께서 축사된 빵에 대하여 이것은 "나의 몸"이라고 말씀하셨다는 것에서 찾았다(369). 제2차 바티칸 공의회를 앞두고 로마 가톨릭 신학 안에서 벌어진 성체 변화설에 관한 토론에 대하여 다음 자료를 보라. E. Gutwenger, Das Geheimnis der Gegenwart Christi in der Eucharistie, ZKTh 88, 1966, 185-197. 또한 동일저자, Substanz und Akzidenz in der Eucharistielehre, ZKTh 83, 1961, 257-306. 나는 이 자료에 대하여 마르크바르트 헤어초크(Markwart Herzog)에게 감사

빵)이 아니라 그리스도의 몸이 바쳐졌다는 것만을 말한다. 그래서 그 점에서 중요한 것은 "글자 그대로 받아들여진 그리스도의 말씀에 대한 존재적 설명이 아니라 논리적 설명"이다.[636] 이것은 라너의 견해에 따르면 실체와 우연적 존재에 관한 아리스토텔레스적인 혹은 토마스적인 학설이 그 교리의 본질적 구성요소가 아니라는 사실을 의미한다.[637]

라너가 의도했던 의미에서 "실체"는 베풀고 수용하는 **어떤 것**(was)으로 말해진다. 이것은 단순히 빵이 아니고, 빵 그리고 그 밖의 어떤 다른 것도 아니며, 오히려 그것은 (물론 빵의 "형태" 안에서) 그리스도의 몸이다. 이것이 이미 아리스토텔레스적 실체 개념을 의미하고 있지 않을까? 왜냐하면 아리스토텔레스에 의하면 실체는 존재하는 어떤 것(was, *to ti estin*: *Met.* 1028 a 14f.), 나아가 그런 개별적인 것으로서(1037 b 27) 다른 모든 것과 구분되는 것(1038 b 10)이다. 이것은 아리스토텔레스에게 있어서는 물론 단지 실체 개념에 대한 서술의 출발점에 불과하다. 이 서술은 한편으로는 개별자가 대상들의 특정한 유(혹은 종)에 속하는 관계를 설명하기까지, 다른 한편으로는 모든 개별 규정들(우연적 존재들)의 기능, 토대(*hypokeimenon*: 1038 b 2)를 설명하기까지 진행된다. 실체 개념에 대한 이와 같은 특수한 아리스토텔레스적 상세 규정들과 관련하여 후대에 어려움이 등장했는데, 그것은 특별히 실체와 관계(Relation, 아리스토텔레스는 이것을 우연적 규정들로 여겼다) 사이의 연결(Verhältnis)이란 관점에서

한다.

636 K. Rahner, 같은 곳, 375.

637 K. Rahner, 같은 곳, 376f. 비교. 381f. 이것이 1215년 제4차 라테라노 공의회의 주장일 수 있는지의 질문이 제기될 수 있다. 어쨌든 여기서 실체 개념에 대한 보다 더 정확한 아리스토텔레스적인 형이상학적 진술은 그 당시 서구에 거의 알려지지 않았다는 사실이 고려되어야 한다. 비교. H. Jorissen, *Die Entfaltung der Transsubstantiationslehre bis zum Beginn der Hochscholastik*, 1965, 24ff. 트리엔트 공의회의 경우에 사정은 이와 달랐다. 그것에서 본질적인 관심사는 1215년 이래로 사용되어왔던 언어 규정을 종교개혁의 비판에도 불구하고 계속 유지하는 것이었다.

그 교리가 갖는 어려움이었다. 여기서 관계는 존재하는 어떤 것(*to ti estin*)으로서의 실체로부터 구분된다. 이 점에서 라너는 실체 혹은 실체의 변경에 관한 제한된 논의가 아직은 실체와 우연적 존재에 대한 특수한 아리스토텔레스적 학설을 내포하지 않고 있다는 것에 동의할 수 있었다. 이러한 가장 일반적인 의미에서도 어쨌든 여기서 "실체"로 지칭된 사태는 제거될 수 없다. 이 사태는 단지 특정한 철학 이론에 불과한 일거리가 아니다. 왜냐하면 모든 인간적 언어는 사물과 사태를 지칭할 때, 반드시 그것의 존재를 함께 말할 수밖에 없기 때문이다. 이 점에서 그러한 가장 일반적 의미에서의 실체 개념은 우선적으로 언어 논리와 관계되며, 아직은 그렇게 지칭된 것의 물리적 혹은 존재론적 설명과 관계되는 것은 아니다. 물론 대상들과 사태들에 대한 지명은 더욱 정확한 서술과 설명의 출발점이 될 수 있다. 그래서 라너는 이렇게 말한다. 이러한 의미에서 실체의 변화에 대한 주장은 사실상 단지 "글자 그대로 수용된 그리스도의 말씀에 대한 논리적 설명이며, 존재적 설명"은 아니다.

물론 이로써도 "이것은 나의 몸이다"라는 예수의 빵에 관한 말씀의 의미가 충분히 서술된 것은 아니다. 왜냐하면 "이것"이라는 대명사는 빵을 의미하기 때문이다. 여기서 예수의 말씀에 따라 베풀어지는 그분의 몸 혹은 인격(몸이라는 아람어 *gwf*는 본래 인격 전체를 뜻한다)의 현실성에 대한 빵의 **관계**가 암시된다. 빵은 시행의 말씀을 들음과 동시에 인지되며, 그때 그것의 존재는 더 이상 단순한 빵이 아니고 예수의 몸이다. 이러한 사태는 빵이 그리스도의 몸에 대한 "표징"이라는 표현으로 서술된다.[638] 모든 표징은 그것의 대상을 나타낸다. 여기서 표징의 기능이 없다면, 표징은 그 대상이 아닌 다른 어떤 것으로서 존재할 것이다. 그래서 일반적으로, 예를 들어 표지판에서, 표징은 표징되는 실재와 구분된다. 그러나 예수께서는 빵에 대하여 "이것은 나의 몸이다"라고 말씀하셨다. 여기서 표징과 실재는 하나

---

638   비교. Rohls, 같은 곳, 149f.

로 일치한다. 이것은 표징이 그것이 가리키는 실재를 **통고**(Anzeichen)하는 경우에 일어나는 일이다.[639] 붉은 아침노을은 날이 밝는다는 통고이며, 그것과 함께 실제로 날이 밝아온다. 이와 같이 예수의 메시지와 사역 안에서 그가 선포하는 하나님의 통치는 이미 현존한다. 그와 같이 예수께서 이 세상에서 만찬을 실행하셨을 때, 그 만찬이 표현하는 하나님의 통치가 예수의 참여를 통해 그곳에 이미 현재했다. 그와 같이 빵에 대한 예수의 말씀도 표징되는 실재가 표징 안에 현재한다는 것을 통고한다. 예수의 말씀이 단순히 "이것"이라고 표현하는 바로 그 빵 안에서 예수 그리스도 자신이 (그분과 함께 하나님의 통치가) 현재하신다. 그러나 그분이 거기서 어떤 초자연적인 "실체"로서 빵 안으로 들어오는 것(Impanation)이 아니라, 표징 안에서 그분의 현재가 통고되는 방식으로 현존하시는 것이다. 여기서 주목해야 할 것은 빵의 형태 안에서 그리스도의 몸이 음식으로 베풀어진다는 사실이다. 먹을 때 빵은 사라지지만, 그리스도의 몸은 사라지지 않는다. 오히려 만찬에 참여한 사람들은 그리스도의 몸의 지체가 된다. 이렇게 베풀어지고 수용된 그것은 그리스도의 몸이다. 표징된 대상이 자신을 내어주는 현재를 통해 소비되고 받는 자는 그것을 먹음으로써, 표징은 충족된다.

성체 변화를 예수의 만찬 행위의 표징적 성격에 대한 숙고를 통해, 그리고 성만찬 요소들의 의미의 변화(Transsignifikation)를 예수의 시행의 말씀을 통해 설명하려는 시도들도 비슷한 방향을 가리킨다. 이것은 프란츠 레엔하르

---

639   이러한 구분(아래의 각주 780을 보라)은 쇼넨베르크(P. Schoonenberg)의 견해와 연결된다. 그는 단순히 정보를 전하는 표징과 실현하는 표징을 구분했다. 참고. A. Gerken, *Theologie der Eucharistie*, 1973, 177. 그러나 표징되는 실재가 징후 안에 현재하는 것은, 위의 본문의 사례들이 제시하듯이, "몸 – 공간" 없이도 있을 수 있는 특별한 인격적 현재에 제한되지 않는다(Gerken, 177ff.). 그러나 표징과 실재가 일치하는 경우에(이것은 J. Rohls, 같은 곳, 150에서 설명된다), 실재는 단순히 표징과 "함께"(mit)가 아니라 표징 "안에서"(in) 현재한다. 표징과 실재는 단순히 병렬되는 것이 아니며, 같은 지반 위에 있는 것도 아니다.

트에게서 시작되어 데 바치오키의 가톨릭 신학 안에서, 어느 정도 후대에 특별히 피에트 쇼넨베르크와 에드바르트 스킬레벡스(Edward Schillebeeckx)에 의해 발전된 시도들이다.[640] 의미의 변화에서 중요한 것은 "의의"(Bedeutung)의 변화인데, 이것은 **실재의 정체성** 자체를 변경시킨다. 마치 어떤 사람에게 보내는 개인적 소식을 적은 종이가 더 이상 단순한 종이가 아니고 편지인 것과 같다.[641] 이러한 의미 변화와 본질 변경 개념의 관계는 그 논의의 진행 안에서 완전히 해명되지 않았다.[642]

그럼에도 불구하고 "의의"의 변화는 의심할 바 없이 표징이 가리키는 실재의 정체성의 변화, 곧 그것의 "실체"에 해당하는 변화와 관계된다. 이것은 근대 철학사 안에서 일어난 실체 개념의 발전이라는 관점에서 설명된다. 이 발전의 결과는 실체가 더 이상 그 자체의 고립된 존재, 곧 타자에 대한 모든 관계보다 논리적으로 우선한다는 존재의 의미에서 모든 변화하는 것의 동일한 지속의 토대로서 파악될 수 없다는 것이다. 왜냐하면 어떤 사태를 구성하는 모든 관계가 그것의 정체성과 본질 개념을 함께 규정하기 때문이다.[643] **본질의 관계성**의 적용 영역에 대해서는 독일의 토론 안에서는 베른

---

640 유용한 입문서로서 참고. J. Powers, *Eucharistie in neuer Sicht*, 1968, bes. 120 - 197.

641 이 예에 대해 참고. P. Schoonenberg, Tegenwoordigheit, in : *Verbum* 31, 1964, 395 - 415, 413. 비교. E. Schillebeeckx, *Die eucharistische Gegenwart. Zur Diskussion über die Realpräsenz* (1967) 2.Aufl. 1968, 79.

642 N. Slenczka, *Realpräsenz und Ontologie. Untersuchung der ontologischen Grundlagen der Transsignifikationslehre*, 1993. 여기서 슬렌츠카는 의미 변화에 대한 진술이 표징과 표징되는 것 사이의 관계에 대한 진술들 안에서, 그러나 또한 그리스도의 인격적 현재 곁에서 실제로는 실체 개념을 이미 여러 번 전제하고 있다는 사실을 입증했다 (200ff.; 비교. 165f.). 다른 한편으로 그는 국지적인 것으로 오해하며 파악한 실체 존재론—그는 이 존재론이 마치 단지 자연이나 물질세계의 존재 구역과만 관계되는 것으로 오해했다—을 그리스도의 현재의 비실체적인 규정과 대립시키려고 시도했는데, 이 규정은 의미 부여로 해석되는 표징 현상학의 지평 위에서 구상 - 개념으로 이해되었다.

643 이 문제는 신론의 맥락에서 본질 개념을 논의할 때 이미 다루었다. 『조직신학』 I, 592ff., 또한 572ff.를 보라. 실체 범주의 파악에서 변화는 특별히 칸트가 자신의 범주

하르트 벨테에 이어 알렉산더 게르켄이 논의했다.[644] 여기서 핵심은 의미 변화설을 위한 존재론적 토대인데, 이것은 성체 변화설의 사고에 대한 대안이 아니고 그것의 해석이다. 왜냐하면 표징, 의미, 해석은 관계 개념들이기 때문이다. 어떤 사물의 정체성(그것의 있는 그대로의 존재)과 본질이 그것 주변에 놓인 관계들에 의존한다면, 그때 그 정체성은 그런 관계 체계 혹은 맥락—이것에 의해 사태의 의미(딜타이의 의미 분석에 따른 의미)가 규정된다—이 변함에 따라 함께 변한다. 이로써 모든 사건과 모든 대상은 새로운 관계들 안으로 들어갈 때, 자신의 정체성의 새로운 규정을 향해 열린 상태가 된다. 이 사태는 이렇게 파악될 수 있다. 어떤 대상 혹은 사건의 "본질"은, 역사 과정 안에서 그것의 맥락이 아직 변화하지 않은 한, 아직은 결정적으로 규정되지 않은 것이다. 그러나 다른 한편으로 개별 대상(혹은 사건)은 이미 자신의 시간에 어떤 방법으로든 자신의 특수한 본질을 "소유"하고 있고, 그래서 또한 인간 경험과의 관계 안에서 이러저러하게 지칭되기 때문에, 어떤 사물의 현존재의 시간 속에서 아직 궁극적으로 나타나지 않은 그 사물의 본질에 대한 "예기"는 말할 수 있다.[645] 여기서 어떤 사물의 본질 내지 예기되는 본질 규정은 시간 안에서 여전히 변화한다는 사실이 반드시 인정되어야 한다. 그렇다면 성체 변화설은 어떤 불합리한 것이 아니라 오히려 일상의 진행 과정에 속하게 된다.[646] 물론 이것에는 유보조건이 있는데, 모든 피조 현실성의 궁극적인 실

목록 안에서 실체에 대한 전통적 개념을 우연성의 상관관계로 다루고, 그 양자의 관계를 관계성의 하위 그룹에 배치했다는 사실에서 인식된다. 이에 상응하여 헤겔도 자신의 본질의 논리학 안에서 실체를 우연성과 관련지어 논의했다.

644 A. Gerken, *Theologie der Eucharistie*, 1973, bes. 199ff. 근대의 실체 개념의 역사를 고려하면서 게르켄과 관련된 벨테의 설명의 핵심은 우리를 하이데거 철학의 특수한 단서에 묶인 속박으로부터 풀어 해방시켰고, 실체 개념을 더 큰 보편타당성을 가진 주제로 다룰 수 있게 해주었다.

645 이와 관련해서 개념과 예기에 대한 나의 설명을 보라. *Metaphysik und Gottesgedanke*, 1988, 66-79, bes. 76ff.

646 E. Schillebeeckx, 같은 곳, 88. 여기서 스킬레벡스는 인간이 "사실상 독립적인 '의미 변화'(Transsignifikationen) 안에서" 살아간다고 바르게 서술했다.

체 변화는 하나님의 종말론적 미래의 결과로서 비로소 발생할 것이라는 조건이다. 존재와 경험의 역사성이라는 관점 아래서 본질의 궁극적 특성, 곧 형상(eidos)이라는 플라톤의 사고를 무시간적 동일성으로 여기며 아리스토텔레스적인 실체 개념을 지속적으로 규정했던 그 궁극적 특성은 종말론적 미래로부터만 기대될 수 있다. 그곳을 향한 도상에서 사물의 의미와 자기 자신에 대한 인간의 경험은 잠정적인 것으로 머문다. 이것은 사물과 그 자신이 잠정적이고, 그래서 개정과 "의미 변화"(Transsignifikation)에 열려 있는 것과 마찬가지다. 그럼에도 불구하고 예수의 만찬 행위의 맥락에서 빵의 "의의"의 변화(Bedeutungswandel)는 먹도록 내어준 빵이 실제로 수용되어 먹는다는 점에서 궁극적인 것으로 생각될 수 있다. 왜냐하면 그와 함께 표징이었던 빵은 사라지고, 표징이 나타냈던 실재 곧 그리스도의 몸만 남기 때문이다. 그 몸은 받는 자들이 먹음으로써 그의 고유한 것이 되었고, 거꾸로 그것은 그들을 그분의 몸의 지체로 만든다. 바로 이 자리에서 종교개혁이 강조하며 설정했던 관계, 즉 예수의 현재의 약속이 성만찬 요소들의 **사용**(Gebrauch)에 대하여 갖는 관계가 제시되는데, 이것은 그 요소들 안에서 일어나는 예수 자신의 현재의 궁극적 특성의 적합한 이해를 위해 필요한 것이다.

성만찬에서 일어나는 그리스도의 현재가 그분의 시행의 말씀을 통해 예견되는 두 가지 요소들의 사용에 제한된다는 종교개혁의 주제(예를 들어 Luther WA 39/2, 147, 29)는 성만찬 축제의 맥락 밖에서 주어진 성체(聖體; 그리스도의 육체를 상징하는 성찬용 떡—역자 주) 안에도 그리스도께서 현재하신다는 가정에 반대하여 투쟁하는 공식이 되었다. 그런 장소로는 특별히 경배를 목적으로 하는 곳, 그리고 루터가 이른바 "구석자리 미사"(Winkelmesse, 묘지에서 사제가 가족을 대신하여 드리는 간단한 미사—역자 주)라고 부른 것이 있었다. 여기서 공동체는 성찬 없이 미사를 드렸으며, 사람들이 ex opere operato라고 부른 대속의 제의가 행해졌는데, 이것은 사제의 실행 능력에 따라 효력을 나타나는 산 자와 죽은 자를 위한 예식이었다.[647] 그러나 빵과 포도주 안에서 일어나는 그리스도의 현재가 오직 그것의 사용(*usus*)에만 제한된다는 루터적 규정에서 중요한 것은 그리스도의 현재를 "먹고 마시는 행위"에 제한시키자는 것이 아니었다(Leuenberger Konkordie 1973, §19). 물론 루터에 의하면 제단의 성례전의 핵심은 그리스도께서 빵과 포도주 안에서 수용되신다는 것이지만, 그러나 그분의 현재가 먹는 행위(*sumptio*)에 제한되는 것은 아니다.[648] 루터교 교회일치 신조는 명시적으로 이렇게 강조했다. 그리스도의 제정에 근거하여 성만찬 요소들을 사용하는 것(*usus a Christo institutus*) ― 그분의 현재의 약속이 이것과 관계된다 ― 은 신앙심 깊은 수용 혹은 먹는 행위만 의미하는 것이 아니고, 성만찬 축제 전체에 적용된다.[649] 그러므로 그리스도의 현재를 먹는 행위에 한정하는 견해에 대한 트리엔트 공의회의 정죄는 루터교 교리에는 해당하지 않는다.[650]

---

647 마지막 요점에 대해 각주 623에서 인용된 문서를 비교하라. *Das Herrenmahl*, 1978, 101-105, 참고. Luther, WA 6, 513; 특별히 Melanchthon, *Apol.* 13,18ff.(BSELK 295), 나아가 *Apol.* 24,9, 또한 12와 27(BSELK 351, 36; 352,21; 357,5ff.). "구석자리 미사"의 개념에 대해 참고. H. Graß, *Die Abendmahlslehre bei Luther und Calvin*, 1940, 107f.

648 이에 대해 특별히 그라스의 설명이 중요하다. H. Graß, 같은 곳, 110ff.114f. 또한 비교. *Das Herrenmahl* 88. 칼 라너는 성만찬의 실행이 먹는 것을 목표로 하고 있다는 사실을 트리엔트 공의회(DS 1643)를 인용하면서 강조했다. K. Rahner, *Schriften zur Theologie* IV, 1961, 383f.

649 SD 7, 86 (BSELK 1001, 15-20): Vocabula autem usus seu actio in hoc negotio proprie non significant fidem nec solam manducationem, quae ore fit, sed totam externam visibilem actionem coenae dominicae a Christo institutam.

650 비교. *Das Herrenmahl*, 88. 그다음의 89항은 실천적 결과와 관계된다. 이것은 그리스도의 현재가 그 "사용"에서(*in usu*) 어디까지 효력을 미치는가라는 첫째 질문으로 전개된다. 공동체 예배가 끝날 때까지인가, 아니면 성만찬에서 헌정된 두 가지 요소를 공동체의 예배로부터 옛 교회의 관습에 따라 공동체의 병든 지체들에게 가져가서 나누어줄 때까지인가? 이에 대해 비교. H. Graß, 같은 곳, 114f. bes. zu Luthers Aliening vom Herbst 1540 in WA, TR 5, 531. 둘째 질문은 성례전 안에 현재하시는 그리스도께 대한 경배와 관계된다. 이에 대해 루터적 종교개혁은 그것이

성만찬에서 빵과 포도주의 "의의" 변경(Bedeutungswandel)은 무엇에 근거하는가? 지금까지는 단지 그것이 시행의 말씀과 관계있다는 것만 명확히 말했다. 그런데 그 말씀의 기능은 무엇인가? 여기서 시행의 말씀은 예를 들어 의미 수여 혹은 의미 제정의 행위로서 이해될 수 있는가?[651] 그런 계기들도 또한 작용한다는 것에는 논쟁의 소지가 없다. 다만 문제는 그리스도께서 빵과 포도주의 요소 안에 현재하신다는 확신이 오직 그것에만 근거할 수 있는가 하는 것이다. 그런 경우에 그 요소들의 "의미 변화"(Transsignifikation)는 그것들이 표징으로 시행되었을 때 그와 관계된 기능적 변화(Transfinalisation) 전체와 함께 단순한 주관성으로, 즉 빵과 포도주라는 객관적 실재를 전혀 변화시킬 수 없는 주관성으로 축소되어버리는 것이 아닌가? 사실 성체 변화를 기능적 변화로 보는 해석이 예수의 성만찬 말씀에 대한 상징주의적인 해석을 방조해서 빵과 포도주에서 일어나는 그리스도의 현실적 임재에 대한 신앙고백을 해체해버린다는 의혹이 제기되었다.[652] 또한 교황 바오로 6세도 자신의 교서(Mysterium Fidei)에서 성체 변화설에 대한 상징주의적인 곡해에 대해 경고했다.[653] 그러나 본질의 변화는 "의의"의 변화가 단지 인간의 의도 안에서만이 아니라, 사태 자체 안에서 발생할 때, 일어날 수 있다. 그렇기 때문에 여기서 의미 부여라는 관점은 충분치 않다. 이 곤란성은 사람들이 예수의 말씀에 인간적 능

성만찬 예배의 틀 안에서 행해지는 한, 아무런 이의도 제기하지 않았다. 비교. SD 7, 126(BSELK 1016 n. 15 또한 Epit. 7, 19 BSELK 803) 그리고 루터의 견해에 대해서는 참고. H. Graß, 같은 곳, 110f. 셋째 질문은 축사를 받았지만 만찬이 끝난 후까지 먹지 않고 남은 나머지의 적절한 처리와 관계된다. 그것들은 축사자가 직접 먹거나 아니면 그의 감독 아래서 다른 사람이 먹어야 한다. 어쨌든 그 과정은 성만찬 행위의 존엄성에 따라 처리되어야 한다. 비교. Graß, 같은 곳, 113f. 또한 *Herrenmahl*, 89.

651 E. Schillebeeckx, 같은 곳, 90.

652 특별히 K. Rahner, 같은 곳, 378, 이와 반대되는 의견으로 비교. A. Gerken, *Theologie der Eucharistie*, 1973, 177-184.

653 AAS 57, 1965, 753—774, 독일어: Herderkorrespondenz 19, 1964/65, 653-661.

력이 아니라 신적 – 창조적 의미 부여의 능력을 귀속시켰을 때도 제거되지 않았다.[654] 그리스도의 신성에 대한 직접적인 언급, 곧 성만찬의 근원적 상황에 어울리지 않는 그런 언급은 불필요하다. 만일 시행의 말씀을 그 자체로 고립된 것으로 보는 것 아니라, 예수의 고별 만찬의 상황, 나아가 그분의 부활 이전의 사역 전체와 특히 그분의 지상에서의 만찬 실행의 맥락에서 관찰하려 한다면, 그런 언급은 불필요한 것이다. 그때 빵의 말씀과 관련되는 것은 우선 예수의 인격 및 그분의 만찬 참여와 결합된 하나님의 통치의 현재일 것이다. 이 현재는 바쳐진 빵 및 그것의 수용과 관련된다. 빵은 예수 자신을 대변하며, 그와 결합된 보증 곧 만찬 참여자들이 하나님의 통치에 참여한다는 보증을 나타낸다.

표징이 된 빵이 이러한 기능을 갖는 것은 우선 그것이 성만찬의 근원적 상황 안에서 예수 자신에 의해 배분되었을 때다. 그렇다면 이 기능은 예수가 없는 상황에서도 충족될 수 있을까? 다시 말해 예수의 고별 만찬에서 말해진 빵의 말씀은 바울과 누가에게 전승된 성만찬을 반복하라는 명령의 의미에서 그 만찬의 상황 너머까지 도달하려는 의도를 정말로 가지고 있었을까? 설사 가지고 있었다고 해도 불가피하게 다음과 같은 질문이 제기된다. 예수께서 체포되어 처형되신 후에 빵을 떼는 것을 통해 제자들에게 현재하려는 의도를 실현하실 수 있다는 사실에 대한 신뢰는 도대체 어디에 근거할 수 있을까? 십자가에서 죽으신 자에게 그런 신뢰를 둘

---

654 레엔하르트가 이미 그렇게 주장했다. F. J. Leenhardt, *Ceci est mon corps*, 1955, 31. 이 이해 안에 놓인 스킬레벡스의 "근본주의"(Extrinsezismus)에 대한 비판적 논의를 참고하라. E. Schillebeeckx, 같은 곳, 51. 레엔하르트의 사상은 루터의 "행동 말씀"(Tatwort)으로서의 시행 말씀의 이해에 상응한다. "thettelwort": WA 26, 283, 32f. 이에 대해 U. Kühn, Sakramente, *HSTh* 11, 1985, 55. 또한 G. Wenz, 같은 곳, 253. 루터의 이러한 이해는 교회일치 신조에서도 나타난다. Konkordienformel, SD VII, 77, BSELK 999, 17ff. 이러한 이해는 그리스도의 신성에 관한 교리의 관점에서 해석된 시행의 말씀들에 근거한다. 그럼에도 불구하고 성만찬의 근원적 상황은 그 교리를 전제하지 않고서 해석되어야 한다.

수는 없을 것이다. 예수의 부활이 비로소 예수께서 제자들이 떼고 먹는 빵의 형태 안에서 실제로 그들에게 현재하실 수 있는 권능을 가지고 계신다는 확신의 근거가 되었을 것이다. 그러므로 신약성서의 부활 보고 안에 부활하신 자가 제자들과 함께하는 만찬에 참여하시는 이야기가 보고되는 것은 결코 우연이 아닐 것이다.[655] 제자들의 모임에서 예수와 함께하는 만찬 공동체가 계속될 수 있었던 것은 오직 부활의 경험이라는 관점에서만 가능한 것일까? 어쨌든 그분이 제시하신 형태의 약속은 나눠지고 받아들여진 빵의 표징 안에서 이제는 그 약속에 대한 신뢰 안에서 만찬 공동체를 계속 행하라는 용기를 준다. 만찬 공동체는 주님 자신이 빵 조각 곁에서 제자들 모임에 현재하신다는 사실에 근거하는 확고한 기대 안에서 계속될 것이다. 그래서 주님의 만찬은 불가피하게 교회의 만찬 축제가 된다. 그럼에도 불구하고 교회의 성만찬 예배는 주님의 만찬으로 머문다. 왜냐하면 그 예배는 예수의 마지막 만찬과 거기서 말해진 예수의 말씀을, 또한 그분의 죽음을 기억하는 가운데 거행되기 때문이며, 그 기억에 자신의 근거를 갖기 때문이다. 또한 오직 부활하신 자만이 그분의 영을 통해 빵을 떼는 곳에 임재하겠다는 예수의 약속을 실현하실 수 있다는 것도 그 이유가 된다. 이렇게 해서 교회의 성만찬 예배 안에서 언제나 오직 예수 자신만이 자신과의 연합 안에서 일어나는 하나님의 통치에 참여하도록 초대하는 분이시다.

c) 교회의 성만찬 예식에서 예수 그리스도의 현재를 중재하는 것

성만찬 시행의 말씀에서 공표되는 예수의 현재의 약속은 만찬의 "요

---

655 특별히 누가복음 24:30f. 부활의 경험이 원시 그리스도교적인 성만찬 축제의 생성에 대해 갖는 관계에 대하여 쿨만의 설명을 보라. O. Cullmann, *Urchristentum und Gottesdienst*, 1950, 17ff. 쿨만의 비판은 한의 판단을 이어 받았다. F. Hahn, *Ev. Theol*, 35, 1975, 554. 또한 비교. L. Goppelt, *Theologie des Neuen Testaments* I, 1975, 268f. 교의학적 관점에 대해서는 퀸의 저서를 보라. U. Kühn, *Sakramente*, 1985, 268.276f.

소들" 곧 빵과 포도주에, 혹은 특별한 경우에는 빵에만 제한되지 않는다. 우리가 바울과 누가가 이해한 시행 말씀을 따른다면, 그렇게 된다. 오히려 그 약속은 나눠지고 받아들여진 빵과 함께 만찬의 축제 전체와 관계되며, 최종적으로는 만찬을 받는 자들을 목표로 한다. 교회의 성만찬 예배의 축제의 맥락에서 일어나는 그리스도의 현재는 배반당하시던 날 밤에 예수 자신이 제정하신 말씀과 그분의 죽음의 기억을 통해 중재된다. 그런 기억은 부활 신앙의 관점에서 일어나며, 그렇기에 예수 그리스도의 현재에 대한 간구 곧 그분의 영을 통해 시행의 말씀 안에서 약속된 그 현재를 실현시켜달라는 간구와 결합되어 있다. 그래서 기억과 예기가 성만찬 축제가 갖는 예식 형태의 특징이 된다. 이와 동시에 그리스도의 오심에 대하여 생각하고 간구하는 행위는 예수 그리스도의 죽음과 부활에서 일어난 하나님의 구원 행위에 대한 감사, 그리고 하나님의 통치의 만찬을 기념하는 공동체 곁에 현재하시겠다는 그분의 약속에 대한 감사의 표현이다. 기억과 예기의 표징 안에 있는 교회의 성만찬 축제는 바로 "감사 행위"로서의 예배이며, 여기서 예배 공동체는 아버지께 대한 예수의 감사를 수용하는데, 그 틀 안에서 빵과 포도주에 대한 시행 말씀이 공표된다.[656] 바로 성찬(Eucharistie)으로서의 주님의 만찬의 축제를 통해—감사 드리는 형태 안에서—교회는 또한 예수 자신의 만찬 행위를 뒤따라 실행하고, 나아가 그 안에서 표현되는 아버지께 대한 예수의 관계에 참여한다. 이 참여는 생각, 곧 기억의 회상(Anamnese)을 통해 중재된다.

---

[656] 그러므로 주님의 만찬을 단순히 성찬식(Eucharistie)이라고 부르면서 부적절하게도 교회가 이 예식의 주체인 것처럼 내세우고, 반면에 예수 그리스도께서 만찬 사건의 초대자이자 주체라는 사실을 소홀히 여기는 것은 옳지 않다. 세례, 성찬, 성직에 대한 리마 선언의 두 번째 부분에 대한 폴크의 비판을 보라. E. Volk, Mahl des Herrn oder Mahl der Kirche? Theologische Anmerkungen zu einem ökumenischen Dokument, in: KuD 31, 1985, 33-64, bes. 37f. 롤스도 비슷하게 말한다. J, Rohls, 같은 곳, 202. 나의 논문을 참고하라. Lima-pro und contra, KuD 32, 1986, 35-51, 41.

aa) 그리스도의 기억과 희생

그리스도를 기억하는 성만찬 축제가 빵과 포도주 안에서 일어나는 그리스도의 현재를 이해하는 것에 대하여 갖는 의미는 그리스도교적인 "제의 신비"(Kultmysterium)에 관한 오도 카젤의 논문이 발표된 이래로 열띤 토론의 대상이 되었다.[657] 주님의 만찬 축제의 기념적 성격은 이미 바울과 누가에게 전승된 반복 명령에서 명시적으로 강조되었다. 거기서는 이렇게 말해진다. "이것을 행하여 나를 기념하라"(고전 11:24; 눅 22:19). 바울은 이 말씀을 빵의 말씀에서만이 아니라 잔의 말씀에서도 전하며(고전 11:25), 주님의 만찬에서 그가 다시 오실 때까지 주님의 죽음이 "선포"되어야 한다고 덧붙인다. 사도 바울이 여기서 생각한 것이 만찬의 시행 말씀의 낭송인지, 혹은 만찬의 축제 자체인지, 아니면 어떤 추가적인 선포의 행위 곧 복음의 메시지의 설교로서 그리스도교 예배의 구성요소가 된 행위인지의 물음은 일단 보류해둘 수 있다. 어쨌든 확실한 것은 만찬과 결합된 "기억"이 그리스도의 대속의 죽음과 관계된다는 사실이다. 이곳의 사도 바울의 말씀들에게 중요한 것은 단순히 과거 사건에 대한 회상이 아니다. 그것은 지나간 것으로서 현재 살아 있는 사람들이 손댈 수 없는 것이다. 왜냐하면 바울에게 그리스도의 대속의 죽음은 지금도 여전히 움직이는 활동성이기 때문이다. "한 사람이 모든 사람을 대신하여 죽었은즉 모든 사람이 죽은 것이라"(고후 5:14). 이것은 바울의 세례 이해(롬 6:3ff.)뿐만 아니라 또한 만찬 축제에서 그리스도의 죽음에 대한 "기억"의 의미에 대해서도 중요하다. 왜냐하면 제의적 기억의 현재화하는 능력에 대한 확신은 이미 유대교적 전승 안에, 특별히 유월절의 기억 안에 깊이 뿌리를 내리고 있었기 때문이다.[658] 이 사실로부터 오도 카젤의 사고에 이르는 길은 그리

---

657   O. Casel, *Das christliche Kultmysterium*, 1932. 퀸이 이와 관련된 토론들에 대한 탁월한 개관을 제시했다. U. Kühn, Abendmahl IV, in: *TRE* 1, 1977, 145-212, 164ff. 또한 206-210의 풍부한 참고문헌 목록을 참고하라.

658   출애굽기 12:14; 13:3. 쇼트로프가 이 사고의 근거에 놓인 표상을 상세히 다루었다.

멀지 않다. 카젤은 그리스 교부들을 인용해서 그리스도교 예배, 특히 세례와 성찬을 폭넓게 예수의 죽음과 부활에 대한 제의적 표현과 "유월절 신비"(Passahmysterium)의 현재화로 이해했다. 여기서 성만찬의 기억에 대하여 결정적으로 중요한 의미는 그것이 단순히 주체가 인간인 인간적 기억에 그치는 것이 아니라, 오히려 예수 그리스도께서 그분 자신의 영을 통해 스스로 현재하시는 사건이라는 사실이다.

코트리브 죄닝이 카젤의 주제를 수용해서 계속 발전시켰으며, 성만찬 축제에서 고난의 기억(memoria passionis)을 통해 발생하고 영의 사역을 통해 중재되는 그리스도의 실제 현재의 의미를 심화시켰다.[659] 이 관찰 방식은 예배와 특히 성만찬에 관한 개신교 신학 안으로 수용되는 길을 발견했는데, 페터 브룬너[660]와 막스 투리안[661]이 그 중재자였다. 그 주제는 성만찬에 관한 많은 교회일치 운동의 문서들 안으로 수용되었고, 특별히 1982년 신앙과 직제 위원회의 일치 선언인 "세례, 성만찬, 직무"에도 반영되었다. 여기서 그리스도는 "그분이 우리와 창조 전체를 위해 성취하신 모든 것"이시며, 그분은 성만찬

W. Schottroff, *"Gedenken" im Alten Orient und im Alten Testament*, 2.Aufl. 1967.

659   G. Söhngen, *Christi Gegenwart in Glaube und Sakrament*, 1967. 카젤과 비교할 때 죄닝에게서 일어난 강조점의 이동과 가톨릭적 성만찬론 안에서 기억의 신학의 발전에 공헌한 그의 사상에 대하여 퀸을 참고하라. U. Kühn, 같은 곳, 168.

660   P. Brunner, Zur Lehre vom Gottesdienst der im Namen Jesu versammelten Gemeinde, in : *Leiturgia* I, 1954, 83 – 361, bes. 209ff.,229ff. 이어서 벌어진 브룬너와 에른스트 비처의 논쟁에 대해서는 위의 각주 620에 인용된 벤츠(Wenz)의 논문 242ff.261f.를 보라. 참고. Ernst Bizer, Lutherische Abendmahlslehre, in : *Ev. Theologie* 16, 1956, 1 – 18. 브룬너가 전개하고 다른 누구보다 프렌터가 수용했던 견해에 대하여 특히 코흐가 비판적 입장을 표명했다. O. Koch, *Gegenwart oder Vergegenwärtigung Christi im Abendmahl? Zum Problem der Repraesentatio in der Theologie der Gegenwart*, 1965.

661   M. Thurian, *Eucharistie. Einheit am Tisch des Herrn?* 1963, 157ff. 프랑스 가톨릭 신학권에서 이 주제는 특별히 틸라르에 의해 수용되고 전개되었다. J. M. R. Tillard, L'Eucharistie Päque de l'Eglise, 1964.

의 기억 안에 "현재하시고 우리에게 그분 자신과의 연합을 선사하신다"(11,6)라고 말해졌다. "그분의 재림과 완성된 하나님 나라를 미리 맛보는 것"도 그 기억과 결합되어 있다. 그 결과 성만찬의 기억은 그 선언의 11,7에 따르면 "현재화인 동시에 선취"다. 페터 브룬너에게 결정적이었던 것은 예배적 기억에서 인간의 기억 행위만이 아니라 그리스도의 영이 믿는 자들 안에서 행하시는 사역이었다. 요한복음 14:16에 따르면 영이 믿는 자에게 예수와 그 말씀을 기억나게 한다. 요한복음 16:13f.가 영이 예수를 "영화롭게"한다고 말할 때, 이것도 또한 그분에 대한 기억, 즉 말씀만이 아니라 또한 그분의 인격과 역사에 대한 기억을 전제한다.[662] 부활하신 자 자신이 영을 통해 활동하기 때문에, 브룬너는 이렇게 말할 수 있었다. "바로 이러한 예배적 기억을 통해 주님이 그분의 공동체 안에 현재하시며, 그 당시 그곳에서 그분 곁에서 그분을 통해 일어났던 모든 것이 다시 일어나게 하신다."[663] 세례, 성만찬, 직무에 관한 1982년의 리마 문서에서 이 내용은 그다지 명확하게 표현되지 않았다. 그리스도께서 영을 통해 성만찬에 현재하신다는 근거(11,4)는 그 문서에서 기억을 통한 그분의 현재화(11,6f.)에 관한 진술 곁에 기억 그 자체에 대한 영의 작용의 중요성을 주제화하지는 않은 채 함께 서술되어 있다.

성만찬의 기억(Anamnese) 안에서도 영의 작용은 탈자아적 고양의 형태로서 외적으로 표현된다. 이 고양은 신앙의 사유가 성취되는 가운데 발생한다. 그렇기 때문에 그 기억은 다음과 같은 외침으로 시작한다. "너희

---

662 비교. P. Brunner, 같은 곳, 210. 벤츠가 이에 전적으로 동의한다. G. Wenz, 같은 곳, 247. 참고. J. Zizioulas, L'eucharistie : quelques aspects bibliques, in : Zizioulas/J.M. Tilliard/J.J. van Allmen, L'eucharistie, 1970, 13 – 74. 지지울라스에 의하면 요한복음 14:26은 성만찬에서 일어나는 영의 활동에 대한 이해(24f.)에, 특히 성령의 현현(顯現, Epiklese)의 맥락에서 그 활동을 기억으로 이해하는 것(25)에 근본적인 구절이다.

663 P. Brunner, 같은 곳, 210. 그리스도 – 기억을 영이 일으키는 유일회적 구원 사건의 현재로 설명하는 이어지는 단락을 비교하라. 같은 곳, 210 – 214, 특히 237f.

의 마음을 들라!" 예배에 참석한 사람들은 믿음 안에서 그들 자신의 외부에, 즉 그리스도 곁에 있으며, 그와 동시에 그들은 주님의 고난과 죽음을 기억한다(gedenken). 오직 그들이 이 기억의 행위를 그들 자신의 외부 곧 예수 그리스도 곁에서 실행할 때만, 그들의 사유의 대상은 그들에게 현재한다. 그렇기 때문에 그 기억은 감사를 표현하는 방식으로 진행되는데, 여기서 창조세계를 선사하신 것에 대한 감사는 아들의 파송 및 그분의 화해의 죽음에 대한 감사와 결합된다. 감사는 성만찬 제정에 대한 기억으로 인도되며, 만찬의 시행에서 빵과 포도주는 그리스도의 현재의 매체가 된다. 시행의 말씀 자체는 그 기억의 한 부분이며, 기억의 틀 안에서, 그리고 그것의 정점으로서 낭송된다. 그러나 또한 만찬 행위 전체가 기억의 성격을 갖는다. 기억은 여기서 예식을 거행하는 형태 안에서 제의적 현재화의 의미를 갖는다.

성만찬 예식이 갖는 기억의 성격과 관련해서 가톨릭 신학에서 우선 중요한 것은 미사성제(聖祭, Meßopfer)에 대한 더 나은 이해다. 이것은 그리스도의 희생의 제의적 현재로 해석된다. 트리엔트 공의회가 미사성제를 과거에 십자가에서 바쳐진 그리스도의 희생의 재현(Repräsentation)으로 해석한 것(DS 1740)은 성만찬 예식 안에서 일어나는 기억의 실행과 관계되어 있었다. 이에 대해 미사성제에 대한 한 가지 새로운 해석이 나타났다. 이 해석에 따르면 종교개혁이 행한 비판 즉 미사성제를 성례전적 반복 혹은 그리스도의 희생의 보충으로 보는 견해에 대한 비판은 배제된다. 트리엔트 공의회가 십자가에서 일어난 그리스도의 희생의 유일회성을 이미 강조했다면(위의 설명을 보라), 이제 성례전적 헌신의 지반 위에서 이루어지는 그것의 상징적 반복이라는 외양은 다음의 사실을 통해 제거될 수 있다. 기억에서 중요한 것은 "터득"(Aneignung)이며, 십자가의 희생의 반복이 아니라는 사실이다. 이 사실은, 성례전적 "재현"이라는 사고가 제정된 그대로 시행되는 만찬 자체와 더 강하게 관계될수록, 그리고 기억의 관점에 더 강하게 예속될수록, 그만큼 더 명확해진다.

루터와 루터적 종교개혁은 미사를 희생으로 보는 견해 안에서 교황-교회가 성만찬에 대하여 저지르는 최악의 긴 오용의 사례를 읽어냈으며,[664] 이것은 점점 더 로마와 벌이는 논쟁의 중심 대상으로 다루어졌다. 1537년 슈말칼트 문서에서 루터는 이렇게 말했다. "교황의 미사는…가장 크고 경악케 하는 혐오스런 일"이다. 왜냐하면 그것은 "바로 그 주요 조항" 곧 인간이 오직 예수 그리스도를 믿음으로 의롭게 된다는 조항에 "직접적·폭력적으로 반대"되기 때문이다. 이런 일이 일어난 것은 "미사의 그런 희생 혹은 사역(악당들에 의해 행해지는 사역)이 인간을 여기서와 연옥에서 죄로부터 건져내는 데 도움을 준다"는 생각 때문인데, 그것은 "마땅히 그리고 반드시 하나님의 양이 행하셔야 하는 일이다…"(BSELK 416, 8-15). 미사성제에서 루터는 자신이 교황 교회와 맞서 싸우는 주제인 업적 칭의의 중심 사례를 목격했다(비교. 418, 5ff.). 그렇기 때문에 루터교 신앙고백 문서들은 종교개혁이 맞서 투쟁했던 다른 교리적 오용에 대한 것보다 훨씬 많이 미사성제의 교리와 실행에 반대하는 내용으로 가득 차 있다.[665] 이미 1520년에 루터는 미사가 "계약이 아니라 희생으로 이해되고 있다"라고 비판했다. 그러나 성례전은 진실로 계약의 표징, 말하자면 시행의 말씀들 안에서 약속되는 것의 표징이며, 성례전이 그 이해로부터 벗어날 때 미사를 "희생…곧 자신들이 하나님께 바치는 희생"으로 만들게 되는데, "이것은 의심할 바 없는 최악의 오용인 것이다."[666] 이로써 루터는 미사성제를 비판했던 종교개혁의 전 역사에 대한 현대적 연구의 확증을 암시한 셈이 되었다. 그것은 말하자면 미사성제의 신학과 실천 안에서 일어난 희생과 영적 친교(sacrificium과 sacramentum) 사이의 분리가 루터의 비판에 해당하는 사실관계를 만들어냈다는 확증이었다.[667] 기억의 관점 아래서 비로

---

664   M. Luther, WA 6, 512, 7f. : longe impiissimus ille abusus.

665   CA 24,21 (BSELK 93,5ff.), *Apol.* 24,60f. (BSELK 367,4 그리고 16ff.), Konkordienformel SD VII, 109 (BSELK 1010, 37-40) 등등.

666   M. Luther, *Sermon von dem Neuen Testament*, WA 6, 367, 365.

667   참고. E. Iserloh, art. Abendmahl III/3,2, in : *TRE* 1, 1977, 122-131, 124.

소 현대 가톨릭 신학은 만찬의 축제와 희생의 관계를 다시 의식하게 되었다. 이와 비교할 때 종교개혁 시대의 논쟁들 안에서 미사성제와 그리스도의 고난의 기억 사이의 관계는 오해되었으며, 그것도 가톨릭과 종교개혁 양편 모두의 논쟁적 주장에 오해가 있었다.

이미 고대 교회는 희생으로서의 성만찬 이해를 성만찬의 축제 안에서 그리스도의 십자가의 희생이 기억된다는 사실과 관련시켰다. 루터는 이 사실을 인지했고, 1517/18년의 히브리서 강의 안에서 그런 견해의 증인으로 크리소스토모스를 인용했다. 크리소스토모스는 이렇게 말했다. 우리가 희생을 드리는 것은 단번에 희생을 드리신 제물이신 분의 죽음을 기억하기 위해서다. 루터는 여기서 핵심이 독립적인 희생 행위가 아니라 오히려 그리스도의 희생에 대한 기억이라는 점을 읽어냈다.[668] 그리스도의 고난은 언제나 또다시 반복되어 기억되지만, 그분은 단 한 번 고난을 당하셨다. 그래서 루터는 성만찬을 그것의 시행에서 공표되는 약속에 대한 "기억의 표징"(sigum memoriale)으로 말했지만,[669] 그럼에도 불구하고 기억과 희생 사이를 구분했다. 루터의 대적자였던 엠저, 코흘로이스, 에크 등은 그 당시에 성체 변화 이후에 실제로 현재하시는 그리스도의 헌신으로서의 희생이 기억에 추가되어야 한다는 견해를 가지고 있었다.[670] 이 사태는 루터의 비판의 정당성을 확증하는 데 적합하다. "어떻게 당신들은 기억을 희생으로 만들 만큼 그렇게 대담합니까?"[671] 이와 반대로 카스파르 샤츠가이어와 카예탄 추기경은 희생 제물의 봉헌을 성만찬의 기억과 더욱 강하게 관계시켰다. 사제는 그리스도의 말씀을 공표할 때 말하자면 자신의 이름이 아니라 오직 "그리스도의 인격" 안에서 행동하기에, 또한 희생의 봉헌 자체도 그리스도의 과거 그때의

---

668   M. Luther, WA 57, 218, 1 : non tam oblatio quam moemoria est oblationis illius. 비교. Chrysostomos, *Hebr. kom.* 17,3 zu Hebr 9 : 25 (MPG 63,131).

669   WA6, 518, 10f.

670   E. Iserloh, 같은 곳, 125.

671   M. Luther, WA 8, 421, 18 ; 비교. 493, 23f.

희생과 분리된 것이 아니고, 오히려 그 희생제물 자체는 오직 반복되는 성만찬 축제 안에서 바로 그 유일한 희생제물의 현재가 된다는 것이다.[672] 트리엔트 공의회도 이 사태를 그와 비슷하게 서술했다. 미사에서 중요한 것은 그리스도의 한 번의 희생 및 그 작용의 표현과 증여라고 한다.[673] 그러나 공의회의 문구에 따르면 성례전적 형태(*ratio offerendi*)로 바쳐지는 희생은 십자가에서 유일회적으로 바쳐진 희생과 구분된다.[674] 그렇다면 성례전적 봉헌은 그리스도의 유일회적인 희생에 추가되는 것이 아닌가? 미사성제가 그리스도의 십자가의 죽음에 대한 기억과 동일하지 않다고 이해하는 것은 미사가 단지 감사와 찬양의 봉헌 혹은 십자가의 희생에 대한 단순한 기억이며 그 자체가 대속의 희생제의는 아니라는 이해를 정죄하고 있지 않는가?[675] 이러한 교리적 정죄는 특별히 츠빙글리를 향했다. 그는 기억의 만찬 안에서 성만찬을 그리스도의 희생의 현재로서 이해했다.[676] 그러나 그 정죄는 또한 멜란히톤이 『변증학』24,19 – 40에서 희생의 봉헌을 설명할 때 감사의 희생제의(롬 12:1의 의미에서)와 대속의 희생제의(BSELK 354 – 362)를 구분한 것에도 적중되었는데, 여기서 감사의 대상인 대속의 희생제의는 감사의 희생제의를 이미 전제하고 있다(354, 31 – 37). 성만찬과 미사의 교리에 대한 교단들의 대립은 종교개혁의

---

672 E. Iserloh, 같은 곳, 125f. 비교. Thomas von Aquin, *S. th*. III, 83,1 ad 1.

673 DS 1740 : 그리스도께서 그분 자신의 교회에게 남겨주신 것은 특수한 성만찬이다(eucharistische sacrificium). quo cruentum illud semel in cruce peragendum repraesentaretur eiusque memoria in finem usque saeculi permaneret, atque illius salutaris virtus in remissionem eorum, quae a nobis quotidie committuntur, peccatorum applicaretur.

674 DS 1743 : Una enim eademque est hostia, idem nunc offerens sacerdotum ministerio, qui se ipsum tunc in cruce obtulit, sola offerendi ratione diversa.

675 미사에 대한 교시인 can 3은 다음과 같이 말하는 자는 정죄받아야 한다고 말한다 : Missae sacrificium tantum esse laudis et gratiarum actionis, aut nudam commemorationem sacrificii in cruce peracti, non autem propitiatorium (DS 1753).

676 츠빙글리의 교리에 대해 참고. J. Staedtke, Art. Abendmahl III/3.1, in : *TRE* 1, 1977, 106 – 122, 113. 또한 참고. J. Rohls, 같은 곳(위의 각주 620), 121ff.

측면에서는 예배를—그리고 이것을 넘어 그리스도교적인 삶 전체를—로마서 12:1의 의미에서 하나님께 드리는 감사의 봉헌으로 이해하지만 대속의 희생제의로 여기지는 않는다는 사실에 놓여 있다. 이 점은 현재의 교회일치의 논의에서 아직도 주장되고 있다.[677]

츠빙글리와 달리 루터적 종교개혁의 성만찬론 안에서는 그리스도의 고난에 대한 기억이 중심적 역할을 담당하지 않는다.[678] 츠빙글리는 그리스도의 현실적 임재를 묻는 질문에서 높여지신 그리스도께서 하나님의 우편이라는 하늘의 장소에 육체적으로 묶여 있다는 상상 때문에 막혀 더 나아가지 못했다. 만일 그렇지 않았더라면 츠빙글리는 성만찬을 기억의 만찬으로 보는 자신의 이해를 현실적 임재의 문제와 결합시켰을 것이고, 그 결과 그는 순수한 공동기억(nuda commemoratio)이라는 주제 너머로 나아갈 수 있었을 것이며, 오히려 루터교도들보다 앞서 성만찬론의 문제 해결을 위한 길을 지시할 수도 있었을 것이다. 왜냐하면 츠빙글리도 기억을 만찬의 실행과 결합해야 한다는 것을 알고 있었기 때문이다. 이 관점의 적용 영역은 최근의 신학적 토론의 국면에 이르러서야 비로소 다시 발견되었다.

종교개혁 시대의 모든 논쟁이 드러내는 갈등의 입장 안에서 인식될 수 있는 제약들을 결정적으로 한 걸음 넘어설 수 있는 길은 성만찬 예배 전체를 기억으로, 그 기억을 이른바 성만찬 축제 안에서 일어나는 그리스도의 현실적 현재의 "장소"로 이해하는 것이다. 이것이 그리스도의 현실

---

677 참고. A. E. Buchrucker, Die Repräsentation des Opfers Christi in der gegenwärtigen katholischen Theologie, in : *KuD* 13, 1967, 273-296, 294f. 비교. R. Prenter, *KuD* 1, 1955, 53. 1978년에 개최된 로마 가톨릭 교회와 개신교-루터교의 공동 위원회는 공동문서인 "성만찬"(Das Herrenmahl)에서 이 문제에 대한 일치된 의견에 도달하지 못했다. 그래서 Nr. 57-60의 문서에서 양쪽 교단의 입장은 각각 따로 표현되어야 했다.

678 기억의 주제는 멜란히톤의 『변증론』에서는 단지 주변적으로만 나타나며, 그의 『신학개론』에서는 전적으로 빠져 있다. Melanchthon, *Apol.* 24, 38, BSELK 361,27ff.

적 현재가 기억을 통해 일으켜진다고 말하는 것은 아니다. 그렇게 되기 위해서는 예나 지금이나 예수의 시행의 말씀이 결정적이다. 그러나 시행의 말씀 자체는 기억의 맥락 속에 자신의 자리를 잡고 있으며, 그것도 중심에 위치한다. 시행의 말씀을 단순히 낭송하는 것도 아직은 빵과 포도주 안에서 그리스도의 현실적인 현재를 불러일으키지 않는다. 서구 그리스도교의 전통은 시행의 말씀을 고립시켜 관찰하는 경향으로 기울었으며, 그 결과 사제의 "변화시키는 권능"에 대한 과도한 상상에 도달했다. 오직 믿음의 기억, 곧 공동체와 예식이 하나로 결합하는 기억 안에서 예수 그리스도께서는 자신의 약속에 상응하여 제자들에게 빵과 포도주 안에서 현재하신다. 이 사건의 이해를 위해서는 시행의 말씀들과 성만찬의 기억 안에서 일어나는 그것의 맥락 외에 반드시 제3의 계기가 고려되어야 한다. 그것은 성령의 기능과 부르심이다. 성령께서 예수의 시행의 말씀 안에서 공표된 약속, 곧 그분이 현재하시리라는 약속을 실현시키시는 것이다.

bb) 성만찬 안에 현재하는 하늘로 높여지신 자의 몸

성만찬 축제 안에서 그리스도의 현재를 이해하기 위해서는 기억이 근본적으로 중요한데, 우선 이 중요성으로부터 우리가 성만찬 안에서 현재하신다고 주장하고 있는 예수 자신의 현실성의 이해를 위한 한 가지 결론을 이끌어내야 한다. 기억에서 중요한 것은 역사적 예수이며, 그분의 고난과 죽음, 그리고 제자 무리와 함께하신 마지막 만찬이다. 그러므로 성만찬 축제 안에서 일어나는 그리스도의 현재는 단지 높여지신 분이 기억의 말씀의 중재를 통해 하늘로부터 자신의 변형된 몸으로서 제단에 마련된 빵과 포도주의 "요소들" 안으로 내려오신다고 생각한다면, 어떤 관점에서도 적절히 사고되었다고 말하기 어렵다. 만찬에 현재하시는 주님은 십자가에서 죽으셨던 바로 그분이시다. 그분은 또한 부활하신 자시다. 그러나 바로 이분은 성만찬에서 오직 역사적인 곧 죽음을 향해 가셨던 주님에 대한 기억을 매개로 해서 그곳에 현재하신다. 우리는 이러한 사실을 예수의 고별 만찬의 근원적 상황으로부터 충분히 명확하게 읽을 수 있다. 이 사실은 "내 피로 세운 새 언약"(고전 11:25)이라는 잔의 말씀에서 암시되며, 이 말씀은 원시 그리스도교적 전승 안에서 매우 빨리 빵의 말씀과도 결합되었다(눅 22:19). 그렇다면 높여지신 분이 하늘의 몸으로서 빵과 포도주 안에 현재하신다는 전통적인 상상은 수정을 필요로 한다.

그리스도교 신학은 이미 초기부터 그리스도께서 성만찬에 현재하시는 것을 성육신의 유비를 통해 생각했다. 예수의 탄생에서 로고스가 하늘로부터 와서 육체를 취한 것처럼, 또한 그분은 제단 위에 놓인 빵과 포도주 안으로 오신다는 것이다. 이미 유스티누스(*Apol.* 66, 2)가 이런 이해를 전승된 관점으로 보고했고, 이레나이우스(*adv. haer.* IV, 18, 5 an)도 비슷한 생각을 말했다. 성만찬의 빵은 하나님의 부르심 이후에는 더 이상 통상적인 빵이 아니고 "두 가지 요소, 즉 땅 그리고 하늘의 요소로 구성된 것"이라고 말했다. 여기서 예수의 시행의 말씀은 신적 로고스를 구체화하는 것으로 파악되었는데, 로고스는 성령을 통해 육신이 되셨고 이제는 그와 유비를 이루는 방식으로 빵 및 포도주와 결합된다는 것이다.[679] 알렉산드리아의 신학, 특히 오리게네스는 여기서 빵과 포도주 안에 로고스가 현재하는 것을 높여지신 그리스도의 인격적 현재로 파악했고,[680] 그가 이와 관련된 영성주의와 무척 거리를 두었음에도 불구하고 이 생각은 후대에 지배적인 관점이 되었다. 이 관점은 루터와 츠빙글리 사이에 벌어졌던 종교개혁 시대의 논쟁들의 근저에 놓여 있었고, 양자 모두는 그것을 자명하게 전제되는 표상으로 여겼다. 단지 그것에 대한 더 정확한 파악만이 논쟁의 대상이었다.

---

679   참고. G. Kretschmar, art. Abendmahl III/l, in : *TRE* 1, 1977, 58 - 89, 67ff. 그리스도의 성만찬에서의 현재와 성육신 사이의 병행에 관한 더 많은 자료에 대해 참고. J. Betz, *Die Eucharistie in der Zeit der griechischen Väter* 1/1, 1955, 267 - 300.

680   G. Kretschmar, *TRE* 1, 1977, 68. 알렉산드리아의 키릴로스에 대해서는 79 - 81을 비교하라.

루터와 츠빙글리 사이의 논쟁에서 핵심은 높여지신 그리스도의 몸이 어떻게 하늘로부터 와서 성례전 안에 현재하실 수 있는지, 그리고 그것이 과연 가능한지의 물음이었다. 츠빙글리는 이것이 불합리한 상상이라고 보았다. 왜 냐하면 그리스도는 하나님 우편으로 높여지셨고, 그의 인간적인 몸은 그곳에 자리잡고 있기 때문이었다. 자신의 장소에 예속되지 않은 어떤 몸 혹은 신체는 츠빙글리에게는—또한 칼뱅에게도—상상할 수 없는 것이었다. 그렇게 된다면 신체의 개념 자체가 해체될 것이기 때문이었다. 그래서 츠빙글리와 그의 종교개혁의 추종자들은 성만찬 안에서 일어나는 그리스도의 몸의 현재에 대해 아무것도 말할 수 없었다.[681] 이에 대해 루터는 이렇게 논증했다. 그리스도의 인성은 신적 로고스와의 합일 때문에 신적 존엄성의 속성에, 그래서 또한 하나님의 편재성에도 참여했으며, 그 결과 그리스도(어쨌든 높여지신 그리스도)는 자신의 인성에 따라서도, 즉 몸으로서도, 성만찬의 요소들 안에 현재하실 수 있다는 것이다.[682] 칼뱅이 루터와 츠빙글리 사이를 중재하는 입장을 취했다. 칼뱅은 한편으로 그리스도께서 그 요소들 안에 현재하신다는 것을 거부하고 그 요소들을 단지 그리스도의 몸과 피의 표징(Zeichen)으로 보았다. 그러나 다른 한편으로 그리스도께서 성만찬 안에 그분의 인성의 측면에서도 믿음을 통해 파악될 수 있는 영적인 방식으로 현재하신다고 가르쳤다. 이 주장에서 결정적인 것은 칼뱅에 의하면 성령의 은폐된 사역이다. 거기서 그리스도의 변형된 육체가 우리 안으로 들어오는 것이 아니라, 단지 그분의 생명이 영을 통해 우리의 영혼 안으로 전달된다.[683] 하이델베르

---

681 이에 대한 쾰러와 롤스의 상세한 설명을 비교하라. W. Köhler, *Zwingli und Luther* I, 1924; J. Rohls, 같은 곳(위의 각주 620), 160ff. 이것은 후기 종교개혁 신학에 대한 내용이며, 특히 156f.는 공간적 제약이 신체 개념 자체를 해체한다는 종교개혁적 항의에 관한 내용이다.

682 여기서 정확하게 다룰 수 없는 루터의 편재론의 세부사항들에 대해 그라스의 특별히 훌륭한 서술을 참고하라. H. Graß, *Die Abendmahlslehre bei Luther und Calvin*, 1940, 50-79.

683 믿는 자들 안에서 일어나는 성령의 신비적 효력에 대해 칼뱅은 이렇게 말한다

크 교리문답도 이와 비슷하게 말한다. "우리가 이러한 거룩한 진리의 표징
을 그분을 기억하면서 몸의 입을 통해 수용하는 것이 참되고 현실적인 것처
럼, 또한 우리는 성령을 통해 그분의 참된 몸과 피에 참여하게 된다"(질문 79).
루터교도들은 이에 반대해서 교회일치 신조 안에서 그리스도께서 성만찬에
몸으로서 현재하신다고 계속해서 주장했다. 만일 그리스도의 몸이 "홀로 그
분의 능력과 작용에 따라서만 현재하고 참여자가 먹는다면", 성만찬의 빵에
서 일어나는 그리스도와의 연합은 "몸의 연합이 아니라 그리스도의 영, 능
력, 선행과의 연합"이라고 말해져야 할 것이기 때문이었다.[684] 이에 따라 그리
스도께서 승천 이후에 인성에 따라 하늘의 장소에 속박되어 계셔서 땅의 성
례전에 몸으로서 현재하실 수 없다는 개혁주의적 이해는 정죄되었다.[685] 종
교개혁의 양 교단을 구분하는 특수한 특징은 루터교의 "불경건한 자의 성
찬"(*manducatio impiorum*)의 교리였다. 이것에 따르면 믿지 않는 자도 성만찬에
서 그리스도의 몸을 받을 수 있다. 하지만 그것은 구원하는 것이 아니라 정죄
하는 것이 된다.[686]

　　성만찬론과 관계된 종교개혁 내부의 차이를 극복하는 것은 주석적 인식
을 통해 비로소 가능해졌다. 그것은 지시하는 말씀들, 특히 빵의 말씀에서 핵
심은 그리스도의 인격 전체의 현재이며, 특별히 그 현실성의 신체적 국면에
관계되지 않는다는 주석이었다. 그리스어 *soma*(몸) 개념에 거의 확실하게 담

(*Inst. chr. rel.* IV,17,31): ⋯nobis sufficit Christum e carnis suae substantia vitam in
animus nostras spirare, imo proprium in nos vitam diffundere, quamvis in nos non
ingrediatur ipsa Christi caro (IV,17,32; CR 30,1033).

684　　SD VII,55 (BSELK 989,43ff.), 참고. VII,11 (ib. 976, 20ff.). 교리적 정죄에 대해서는
VII,117 그리고 118 (ib. 1013,1 - 13).

685　　SD VII, 119 (BSELK 1013, 14ff.), 비교. SD VII,9 (976,6ff.).

686　　SD VII, 123 (BSELK 1015, 11ff.). 이에 대해 비교. Calvin, *Inst. chr. rel,* IV, 17,34. 여
기서 칼뱅은 그리스도의 몸과 피가 참된 신자 및 예정된 자와 마찬가지로 적합하지
않은 사람들에게도 주어질 수 있다고 말한다. 그러나 그들은 마음의 완고함 때문에
성찬의 은사를 받지는 못한다.

겨 있는 아람어 *gwf*(몸)의 의미에서 공표되는 빵의 말씀은 예수의 인격 전체의 현재와 전달을 의미한다. 이 사실은 우리가 잔의 말씀에서 바울 및 누가와 함께 성례전의 은사를 예수의 피를 통해 체결된 새 계약(언약) 안에서 인식하게 될 때 더욱 중요해진다. 이것은 마가처럼 예수의 피 그 자체에서 그 은사를 인식하는 것과 다르다. 그리스도께서 성만찬 안에서 인격으로서 현재하신다는 것에 대한 일치된 견해는 너무 일방적으로 요소들에 집중했던 중세 신학과 또한 루터교 종교개혁의 질문들을 결과적으로 상대화시켰다. 신체로서의 몸에 장소 예속성이 속하는지, 그래서 높여지신 그리스도의 변형된 몸도 하늘의 한 장소에 예속되어 있는지 혹은 그렇지 않은지의 질문은 예수의 **인격**에 집중함으로써 중요성을 잃었다. 다른 한편으로 그리스도의 "인격-현재"라는 사고는 개혁주의 신학자들 사이에서 만찬 축제에서 그리스도의 인격적 현재가 신앙심을 갖지 않고 들어온 자들에게 아무런 영향도 미치지 않을 수 없다는 것을 쉽게 통찰하도록 해주었다. 이것은 양측에게 가장 중요한 요소, 곧 개혁교회와 루터교회의 이해가 1957년의 아르놀츠하인(Anoldshainer) 주제에서 서로 접근할 수 있게 해준 요소였다. 결정적인 문구는 주제 4이다. "그분, 곧 십자가에서 죽으시고 부활하신 분이 모든 인간을 위해 죽음에 넘기신 그분의 몸 안에서 그리고 모든 인간을 위해 흘리신 그분의 피 안에서 그분이 약속하신 말씀을 통해 빵 및 포도주와 함께 우리에 의해 수용되신다…."[687] 그러나 이 문구는 그렇게 도달된 합의의 한계도 명확히 드러낸다. 그리스도의 자기전달이 빵과 포도주의 배분과 "함께"(mit) 결합되어 있다고 말해지지만, 그러나 그 자기전달과 그 만찬의 "요소들"과의 관계는 정확하게 서술되지 않았고, 빵과 포도주의 "성체변화"(Konsekration)에 대해서도 언급되지 않았다.[688] 이렇게 해서 아르놀츠하인의 합의는 루터보다

687　이에 대한 퀸의 서술을 보라. U. Kühn, in : *TRE* 1, 1977, 150f. 이것은 특별히 O. Weber에 관련된 내용이다. 또한 참고. U. Kühn, *Sakramente*, 1985, 282ff.

688　이것은 P. 브룬너가 비판하는 요점이다. P. Brunner, Die dogmatische und kirchliche Bedeutung des Ertrages als Abendmahlsgesprächs, in : *Gespräch über das Abendmahl*.

칼뱅에 근거해서 완성되었다. 그 당시에 이미 출간되었던 프란츠 레엔하르트의 저서들은 개혁주의 신학자(그 당시) 막스 투리안과 마찬가지로 주목을 받지 못했다. 레엔하르트의 저서들을 고려했다면, 표징 행위로 서술되는 만찬 사건의 테두리 안에서 빵과 포도주의 본질 변화라는 사고를 수용하는 것은 가능했을 것이다. 막스 투리안은 만찬의 행위 전체를 기억으로 이해하려는 시도들을 지지했었다.[689] 이들을 간과한 아르놀츠하인 주제 5는 가톨릭 교리의 관점에서 한 가지 논쟁에 한계를 두는 것으로 만족했다. 하지만 그것은 그리스도의 실재적 현재가 빵과 포도주 "안에"(in) 그리고 "그 아래에"(unter) 현재하는 것이라는 루터교와 가톨릭의 공통된 이해를 바르게 평가하지 못한 것이다. 비슷한 질문이 로이엔베르크 교회일치 신조 §19에서도 열려 있다. 여기서 "그리스도의 몸과 피 안에서 그분과 연합하는 것"은 오직 "먹고 마시는 행위"에만 관계되고, 빵과 포도주라는 "요소"와는 관계되지 않는다. 그래서 "성체변화"에 대해서도 말해지지 않는다. 그리스도의 현재의 표징으로서의 빵과 포도주의 의미에 대한 질문은 아르놀츠하인 주제들에서와 마찬가지로 여기서도 해명되지 않았다. 예수 그리스도께서 자신이 빵과 포도주에 현재하실 것을 약속하셨다는 사실이 무엇을 의미하는지 명확하지 않다. 이 질문에 대한 설명은 교회의 삶과 예배 안에서 성만찬이 차지하는 위치를 이해하기 위해서도 요청된다. 성만찬론에 관한 루터교회와 개혁교회 사이의 차이는 1957년과 1973년의 합의 문구를 넘어 계속되는 마무리 작업을 필요로 한다.

성만찬 안에서 예수 그리스도의 현재가 하늘로 높여지신 분이 빵과 포도주의 형태 안으로 직접 내려오는 것 —성육신과 유비를 이루면서— 으로 생각될 수 있다면(물론 이런 구상적인 비교는 제한된 진술 능력만 갖는다고

Die Arnoldshainer Thesen in der theologischen Auseinandersetzung, Berlin (EVA) 1959, 51 -75. 또한 참고. U. Kühn, *Sakramente*, 1985, 282(각주 109).

689 기억의 주제는 아르놀츠하인 주제들 안에서 부차적인 위치인 3,4에서 언급되었다.

해도), 나아가 그 현재가 예수의 지상에서의 역사와 고난에 대한 기억의 매개 안에서 발생한다면, 그때 그런 기억 안에서 시간 간격은 반드시 지양되어야 한다. 이것은 바로 그 사건으로부터 후대의 수백 년의 공동체를, 그러나 또한 이미 원시 그리스도교를 분리하는 시간 간격이다. 그 지양이 가능할 것인지의 문제는 자주 의혹의 대상이 되었다.[690] 그러나 최소한 부활하신 자 그리고 높여지신 자의 현재적 현실성은 역사 속의 예수와 동일하다는 사실이 인정되어야 하며, 그것도 우리 인간들이 이 세상의 시간적 삶에서 자신의 이전의 삶의 단계에서의 존재와—새로운 경험들 및 그것을 통해 제약되는 고유한 변화들에도 불구하고—동일하다는 방식이 아니라, 부활하신 분의 생명이 변형된 현실성 곧 그분의 이 세상에서의 삶의 역사가 하나님의 영원성에 참여함으로써 변형된 현실성이라는 점에서 동일한 것이다.[691] 공동체는 성만찬의 기억 안에서 그 현실성에, 또한 부활하신 자의 생명에 참여한다. 이 참여는 공동체가 믿음의 고양 안에서 죽음으로 향하는 예수의 이 세상의 길을 기억하고, 빵과 포도주의 표징 안에서—오직 이것을 통해—그분의 현재를 확신하게 되는 것을 뜻한다.

cc) 그리스도의 희생과 현재

예수의 만찬을 축하하고 수용하는 사람들은 빵을 떼고 먹는 것에서, 그리고 포도주 잔을 붓고 마시는 것에서 순교로 향하는 예수의 길에—그 길에 속한 모든 것과 함께—참여한다. 예수의 죽음이 대속의 희생제의의 성격을 갖는다는 사실이 그 길에 속한다는 점에서, 성만찬 축제 안에서 그분을 기억하는 공동체도 그 길에 참여한다. 멜란히톤이 감사의 희생제의

---

690   비교. U. Kühn, in : *TRE* 1, 1977, 166f., 159.

691   죽은 자들의 부활로부터 생성되는 새 생명과 죽음으로부터 부활하신 자의 시간적 현존재 사이의 관계는 이 책의 제15장(15,3 ; 15,5,6)에서 더욱 정확하게 논의될 것이다.

와 대속의 희생제의[692]를 구분한 것은 그 참여를 방해하지 않는다. 왜냐하면 그 구분은 믿는 자들이 예수 그리스도께 참여한다는 관점을 놓치고 있기 때문이다. 하지만 루터의 경우는 이와 다르다. 루터의 믿음 개념에서는 믿음이 신뢰하는 대상에 믿음 자체가 참여한다는 것이 특징적이며, 바로 "우리 외부"(extra nos)에 계신 그리스도의 현실성에 참여하는 것이 핵심이다. 루터의 칭의론에 매우 중요한 믿음의 이러한 구조는 성만찬 축제에서 행해지는 믿음의 기억에도 상응한다. 그리스도의 만찬에서 십자가로 향하는 예수 그리스도의 길 위에서 그분과 연합하는 것이 핵심이라면, 그리고 예수의 십자가의 죽음이 대속의 희생으로 이해되어야 한다면, 루터교의 믿음 이해도 다음의 사실에 대해서는 납득할 만한 이의를 말할 수 없게 된다. 그것은 성만찬을 믿음으로 실행하고 받아들이는 것이 그리스도의 희생의 "열매"에 대한 참여일 뿐만 아니라, 또한 그 희생의 완전한 성취에 대한 참여이기도 하다는 사실이다.[693] 믿음이 드리는 찬양과 감사의 제의는 그때 예수 그리스도 자신의 희생 안으로 "스스로-이끌려-들어가며"(Sich-hinein-ziehen-Lassen), 하나님께 대한 어떤 추가적인 봉헌이 아니다. 그런 추가적 봉헌의 표상에 대한 항의는 그 당시 미사성제의 교리와 실행에 대한 종교개혁적 비판의 핵심을 형성했다. 이와 함께 던져진 문제는 감사의 제의와 대속의 제의 사이의 구분을 통해서도 제압되지 않았다. 믿음이 드리는 찬양의 제의 또한 추가적 사역이라는 의미에서 오해될 수 있었다. 여기서 중요한 것은 성만찬 축제에서 공동체 내지 제의 집행자가 예수 그리스도 곁에서 "봉헌의 독립적 주체"로서 이해되어서는 안 된다는 사실이다.[694] 그리스도인들의 찬양과 감사의 제의도 "단지 믿음이 드리

---

692 Melanchthon, *Apol.* 24, 19-26 (BSELK 354-356). 참고. CR 21, 871-876 (*Loci praecipui theologici*, 1559).

693 비교. G. Wenz, 같은 곳, 247,261. 이것은 P. 브룬너와 E. 비처 사이의 논쟁을 다룬다.

694 이 사실은 이미 트리엔트 공의회도 인정한 것이다(DS 1743). 공의회는 희생제물과 "사제의 직무를 통해" 자기자신을 희생제물로 드리는 자의 하나 됨을 강조

는 찬양의 제의로서, 곧 예수 그리스도의 하나님 찬양에 참여함으로써, 아버지의 선하신 뜻을 발견할 수 있다. 예수 그리스도께 이렇게 참여하는 것은 언제나 그분의 십자가에서의 자기헌신에 참여하는 것이며, 이로써 참여자는 자신의 고유한 마음을 드리게 되며 그의 고유한 의지는 예수의 죽음 안으로 수용된다…".[695] 성만찬 축제는 "인간인 사제의 손을 통해 제단 위에서 우리에게 마주 놓인 거룩한 제물을 하나님께 바친다"는 의미에서 교회가 행하는 희생제의가 될 수 없다. 오히려 그 축제는 "교회가 예수 그리스도의 헌신 안으로 들어가는 것, 다시 말해 빵과 포도주의 표징 안에서 살아 있는 희생제물로서의 예수 그리스도를 통하여, 그분과 함께, 그분 안에서 우리 자신을 바치는 것"이다.[696] "왜냐하면, 다름이 아니라 그리스도의 몸과 피에 참여하는 바로 그것이 우리로 하여금 우리가 수용하는 것 안으로 건너가도록 만들기 때문이다."[697]

　　루터도 매우 비슷하게 말했다. 그것은 미사를 그리스도의 희생에 덧붙여지고 보충되는 인간의 희생과 사역으로 보는 오해와 오용에 반대해서 제기했던 논쟁과 직접적으로 유사한 진술이었다. 1520년, 루터는 신약성서 설교에서 우리가 로마서 8:32으로부터 다음의 사실을 배워야 한다고

했다. 이에 대해 참고. K. Lehmann/E. Schlink, Hgg., *Das Opfer Jesu Christi und seine Gegenwart in der Kirche. Klärungen zum Opfercharakter des Herrenmahles*, 1983, 236 (교회일치 작업 Nr. 4.5,1의 마지막 주제). 성만찬 축제에서 사제의 행위는 그 자신의 인격 안에서가 아니라 그리스도의 인격 안에서 행해지는 것이다.

695　K. Lehmann/E. Schlink, 같은 곳, 236 (주제 4.5.2).

696　같은 곳, 237 (주제 4.6.2). 이 지점에서 제2차 바티칸 공의회 이래로 로마 가톨릭교회 안에 도입된 성만찬 기도(Hochgebete)의 많은 문구들은 신학적 통찰에 도달하지 못하고 배후에 머물렀으며, 여전히 오해의 소지를 제공했다. 이에 대해 참고. H,-J. Schulz, Christusverkündigung und kirchlicher Opfervollzug nach den Anamnesetexten der eucharistischen Hochgebete, in : P.W. Scheele und G. Schneider, Hgg., *Christuszeugnis der Kirche. Festschrift Bischof Hengsbach* 1970, 91-128.

697　Leo d. Gr. *Sermo* 63,7 ; MPL 54,357 C ; LG 26에서 인용됨.

2. 성만찬과 그리스도교 예배　｜507

말한다. "우리는 우리가 그리스도를 희생제물로 드리는 것이 아니라, 그리스도께서 자신을 우리에게 희생제물로 바치신다는 사실을 배워야 한다. 이러한 방식을 따른다면 우리가 미사를 희생제의로 부르는 것은 받아들일 수 있는 것이며 나아가 유용한데, 미사 그 자체 때문이 아니라 우리가 그리스도와 함께 우리 자신을 희생제물로 드린다는 점에서 그렇다. 이것은 우리가 그분의 약속 안에서 확고한 믿음으로 우리 자신을 그리스도께 맡긴다는 것을 뜻한다. 오직 그분 자신과 그분의 중재를 통해 우리는 우리의 기도와 찬양과 희생제물을 가지고 하나님 앞에 설 수 있으며, 그분이 하늘에 계신 하나님 앞에서 우리를 위해 목사와 사제가 되실 것을 의심하지 않게 된다."[698] 이것은 마치 "내가 육체적이고 차안적인 목사를 미사 안에서 희생제물로 바치려고 할 때…그리고 그 목사가 나의 모든 곤경과 하나님 찬양을 짊어져야 한다고 느낄 때, 내가 열망하고 믿는 그리스도를 희생제물로 드리는 것과 같다. 이때 그분은 나를, 그리고 나의 찬양과 기도를 직접 취하실 것이며, 자기 자신을 통해 그것을 하나님께 전하실 것이다."[699] 이러한 문구는 루터의 입장을 분명히 나타낸다. 루터는 교회가 그리스도를 희생제물로 드린다는 생각을—다만 여기서 핵심은 믿는 자들이 그리스도께 참여한다는 것이고 어떤 보충적이고 추가적인 사역이 아니라는 전제 아래서—긍정적으로 수용할 수 있었던 것이다. 루터는 이러한 맥락에서 성만찬을 그리스도의 희생에 대한 기억으로 보는 해석을 사용하지 않았고, 오히려 그의 진술은 본질적으로 희생의 이해와 상응하는데, 이것은 오늘날 성만찬의 기억과 관련해서 논의되고 있다. 여기서 사제와 공동체는 하나다. 공동체는 믿음 안에서 사제가 자신의 행위와 언어를 통해 묘사하는 것을 따라 행한다. 사제가 묘사하는 것은 예수 그리스도 자신의 행동이며, 그분은 만찬으로 초대하시는 자이신 동시에 바로 그 점에서 자기 자

---

698   M. Luther, WA 6, 369, 3ff.

699   M. Luther, 같은 곳, 370, 1ff.

신을 드리시는 분이다.

이 지점에서 한 가지 부연 설명이 따라와야 한다. 예수의 만찬은 교회의 성만찬의 근원으로서 정말로 예수께서 자신을 희생으로 드리는 행위로 이해될 수 있을까? 있다면, 어떤 의미에서 그럴까? 만찬의 행위는 루터가 신약성서에 대한 설교에서 날카롭게 관찰했던 것처럼,[700] 하나님께 바치는 희생제의 행위의 형태가 아니라 오히려 식사의 형태를 취한다. 예수 그리스도는 먹을 것을 받아드는 우리에게 빵과 포도주의 형태 아래서 그분 자신을 전달하신다. 그러므로 만찬 행위는 하나님께 바치는 희생제물을 묘사하지 않고, 인간을 향한 방향으로 실행된다. 이렇게 해서 만찬 행위는 예수의 사역의 근본 특성, 곧 그분의 메시지에 상응한다. 그것은 사람들에게 하나님의 통치가 가까이 다가왔으며 그 통치의 구원에 참여하라고 알리는 소식이다. 이것이 예수께서 실행하신 만찬의 의미였을 것이다. 예수를 통해 다가오는 하나님의 통치는 지금 이미 구원으로 가득한 현재가 되었다. 여기서 예수는 만찬의 종말론적 상 안에서 다른 사람들을 자신의 공동체 안으로 받아들이며, 그와 동시에 그들을 하나님 나라 안에 있게 될 미래의 구원 공동체에 참여하도록 만든다. 이것은 예수의 마지막 만찬에도 해당한다. 그것은 특히 빵의 말씀에서 표현된다. 그러나 새 계약(언약)을 기억할 때도 핵심은 예수를 통해 매개되고 수여되는 전망(Anwartschaft), 곧 하나님의 통치의 종말론적 구원에 참여하게 된다는 전망이다. 예수의 지상 사역 전체의 의미였던 것은 그의 죽음을 통해 인증된다. 그에게 임박한 순교는 새 계약(언약)의 피에 관한 말씀을 통해 암시되며, 이것은 새 계약의 사고를 통해 표현되는 참여 곧 궁극적이고 영속적으로 구원에 참여하는 것의 근거가 된다. 이 사실은 예수의 죽음의 의미에 상응한다. 그 의미는 사람들—그는 이 사람들을 수용하셨다—을 향한 그의 종말론적 파송의 결과를 뜻한다. 그렇기 때문에 에드바르트 스킬레벡스는 바르게 말했다. 성

700　M. Luther, 같은 곳, 366.

만찬 축제의 근거는 "이웃 인간들을 위한, 그리고―이 점에서 또한―아버지께 대한 그리스도의 인격적인 자기헌신"이라는 것이다.[701] 아버지께 드리는 희생제물은 예수의 자기헌신뿐이다. 이것은 오직 아버지로부터 받은 파송에 대한 순종으로 표현되며, 이에 따라 신약성서 안에서 순종의 개념은 예수의 죽음의 해석에 대하여 중요한 의미를 갖게 되었다(롬 5:19; 히 5:8). 그러나 순종은 인간을 향한 예수의 "봉사"로 표현되며, 봉사는 예수께서 그들에게 하나님의 통치의 구원을 가져다주신다는 것을 뜻한다. 이러한 맥락에서 우리는 누가복음 22:27f.에서 보고되는 봉사에 관한 예수의 말씀을 이해할 수 있다. 누가복음은 그 말씀을 예수의 마지막 만찬과 결합했고, 여기서 그 복음서 저자는 그 말씀을 아마도 새 계약에 대한 지시의 해석으로 관찰했을 것이다. 새 계약은 예수의 피에 근거하고 만찬을 통해 체결되었다. 이 점에서 하나님의 화해의 행동은 예수 그리스도의 죽음에 구체적으로 귀속되었다.

성만찬이 희생제의로 말해진다면, 예수 자신의 만찬 행위는 반드시 희생제물의 표징적 성취로 이해되어야 한다. 예수의 희생에서 중요한 것은 직접 하나님께 드려지는 헌신이 아니라, 하나님의 통치 안에 현재하는 구원을 증언하기 위하여 예수 자신이 세상을 향한 아버지의 파송에 순종했다는 것이다. 그의 죽음은 바로 그 순종의 결과다. 예수의 파송의 목적, 곧 하나님의 통치의 현재가 만찬의 행위 안에서 표징의 형태를 취했기 때문에, 그의 마지막 만찬 안에서 헌정된 빵은 인간들 사이에서 하나님의 통치를 현재화하기 위한 파송에 대한 그분의 헌신이 될 수 있었고, 바쳐진 잔은 그러한 그분의 헌신을 그분의 죽음을 통해 인증하는 표징, 그리고 그 죽음에 근거하는 인간을 위한 하나님의 새 계약의 표징이 될 수 있었다. 이같이 성만찬은 특히 잔의 말씀을 통해 예수의 임박한 십자가의 죽음의

---

701   E. Schillebeeckx, *Die eucharistische Gegenwart*, 2.Aufl. 1968, 92. 또한 비교. Th. Schneider, *Zeichen der Nähe Gottes*, 1979, 167f. 이것은 "희생제의 사상에 대한 재해석"을 서술한다(167).

의미를 지시하고 있다. 식사와 희생은 성만찬에서 하나로 일치한다. 이것은 이스라엘 안에서 계약의 희생과 계약의 식사가 하나였던 것과 같은 경우다.

만찬은 예수 그리스도와의 연합을 제공하며, 또한 그분을 통한 하나님의 통치의 구원에 대한 참여 곧 하나님과의 연합을 제공한다. 이에 따라 만찬에 참여한 사람은 죄의 용서를 받는다. 이것은 지상 사역 동안에 행해졌던 예수의 만찬 축제의 의미와 내용에 이미 속해 있었던 것이다. 예수의 임박한 순교에 직면해서 이제 이러한 계기는 그분의 죽음과 결합되며, 이를 통해 더욱 깊은 의미를 갖는다. 이 의미는 예수의 성만찬 시행의 말씀의 전승 안에서 명시적인 문구로 표현될 수 있었다. 즉 "너희를 위한"이라는 빵의 말씀과 연결되거나, 혹은 잔의 말씀에서 말해진 예수의 피를 가리키는 해석의 도구가 되었던 것이다. 그 결과 예수께서 흘리신 피는 이제 단지 새 계약(언약)에 대한 인증에 그치지 않고, 만찬 공동체에 참여한 사람들을 위한 대속의 희생제물을 의미하게 되었다. 대속의 죽음 및 대속하는 죄의 용서라는 주제와 성만찬 전통의 결합은―비록 이 결합이 시행의 말씀의 근원적인 상태에 속하지는 않는다고 해도―예수의 만찬 행위와 그분의 임박한 죽음의 맥락 속에 이미 근거해 있다. 여기서 죄 용서의 주제는 예수의 시행의 말씀의 전승 안에서 만찬 사건에 대하여 계속 진행되는 해석에 속하게 된다. 그러나 그 주제가 그 사건의 근원적인 핵심 내용을 형성하는 것은 아니다. 오히려 그 핵심 내용은 예수와의 연합의 수여, 그리고 그분을 통해 하나님의 통치의 구원을 수여하는 데 놓여 있다. 죄 용서의 주제는 그 사실 안에 함축되어 있고 또 근거되어 있다. 하지만 그 주제가 예수와의 연합과 하나님의 통치 안에서 일어나는 구원과의 연합을 모두 설명하는 것은 아니다.[702] 죄 용서에서 중요한 것은 죄인을 하나님의

---

[702] 그래서 트리엔트 공의회는 성만찬에서 수여되는 은사를 죄의 용서에 제한하는 것을 올바르게 반대했다(DS 1655). 루터교 종교개혁은 루터의 *De capt. Babyl. eccl.* (1520) 이래로 성만찬의 은사와 능력을 일방적으로 죄의 용서에 집중해서 보려는 경향을

통치의 구원으로부터 분리하는 제약을 지양하는 것이다. 이를 넘어서 만찬의 참여를 통해 인간들―예수는 이들을 향해 파송되셨다―은 그분의 희생 안으로, 다시 말해 인간들을 위해 하나님의 통치를 증언하는 그분의 봉사 안으로 포괄되어 들어가며, 이를 통해 서로 함께 "그리스도의 몸"으로 결합된다. 이렇게 해서 하나님의 통치 자체가 그들 사이에서 살아 있는 현실이 된다.

dd) 그리스도의 현재와 성령

죽음으로 인증된 헌신, 곧 자신의 파송에 대한 예수의 헌신을 기억함으로써 만찬에 참여한 사람들은 하나님의 통치를 증언하기 위한 바로 그 파송 안으로 편입된다. 하나님의 통치는 예수의 사역 안에서 이미 현재했고 현재하며, 그래서 또한 바로 그 만찬에서도 현재한다. 하나님의 통치와 그것의 미래의 능력 안에서 부활하신 자로서 그분 자신이 그분의 공동체의 만찬 안에 현재하시며, 이를 통해 공동체를 예수의 지상 사역의 때로부터 분리하는 시간 간격은 지양된다. 이 지양이 단순히 그분에 대한 기억을 통해 발생하는 것은 아니다. 오히려 기억은 주님의 오심에 대한 **간구**로 건너가야 한다. 이것은 명백하게도 이미 원시 그리스도교의 예배에서 일어났던 일이다. "우리 주여, 오시옵소서!"(*maranatha*: 고전 16:22; 비교. 계 22:20)의 외침은 하나님 나라의 완성을 위해 높여지신 자의 종말론적 도래를 외치는 간구로서만이 아니라, 또한 다가오는 하나님 나라를 예기하는 만찬 공동체에서 그분이 도래하실 것을 원하는 간구로도 이해될 수

보였다(WA 6, 513, 34f. 그리고 517, 34f.). 그러나 루터는 대교리문답에서 죄의 용서 외에 또한 새 인간을 양육하고 강하게 하는 것을 성례전의 능력과 유용성으로 말할 수 있었다(BSELK 712ff.). 이에 대해 비교. U. Kühn, *Sakramente*, 1985, 56f.

있다.[703] 2세기에 이르러 이 외침의 자리에 로고스[704] 혹은 영[705]을 향한 외침이 들어왔다. 영을 통해 예수는 잉태되었고, 죽은 자들로부터 깨어나 부활하셨다.

성만찬 축제에서 영을 향해 외치는 의미에 대한 그리스 교부들의 신학적 진술들 안에서 무엇보다도 성육신과 평행하는 유사성이 나타났다.[706] 로고스가 영을 통해 예수의 인성과 하나가 된 것처럼, 빵과 포도주 안에서 일어나는 예수 그리스도의 현재화도 그렇다. 이러한 유비의 강조는 특별히 성육신 사건의 해석에 관한 교부학 논쟁의 맥락에서 이해될 수 있다. 그러나 여기서 성령강림기도와 예수 그리스도의 역사, 특별히 그의 죽음에 대한 기억 사이의 관계는 충분히 명확하지 않으며, 또한 교회의 성만찬 축제의 근원이 예수의 고별 만찬 안에 있다는 것도 충분히 설명되지 않는다. 성육신과의 유비는, 분리해서 다룬다면, 성만찬 안의 그리스도의 현재를—이미 위에서 논의한 것처럼—빵과 포도주 안에 강림하는 영의 작용으로서의 기억을 전적으로 도외시하고 생각하는 잘못된 방향으로 인도할 수 있다. 여기서 영을 향한 외침의 의미는 성만찬 축제의 맥락에서 적

---

703   마라나타에 관한 쿤의 논문을 참고하라. K. G. Kuhn, Maranatha, in: *ThWBNT* IV, 1942, 470-475.

704   Justin, *Apol.* I, 66,2에 대해 비교. J. Betz, *Die Eucharistie in der Zeit der griechischen Väter* 1/1, 1955, 268. Irenäus, *adv. haer.* V, 2,3도 로고스 성령강림기도(Logosepiklese)를 전제하고 있을 수 있다. 다른 견해로 G. Kretschmar, *TRE* 1,67f.를 보라. 이것은 C. 안드레젠의 주장을 이어받고 있다. 어쨌든 성령강림기도는 350년 경에 Euchologion des Serapion von Thumis 안에 기록되어 있다(각주 705에 인용된 W. Schneemelcher의 논문 74을 비교하라).

705   시리아 문서 그리고 특히 요한계시록의 사도의 행위로 소급되는 성령강림기도의 시작에 대해 비교. G. Kretschmar, 같은 곳, 68f. 그 기도는 또한 로마의 히폴리투스(Hippolyt von Rom)의 교회규례(SC 11, 53)에서도 발견된다. 이에 대한 상세한 설명으로서 참고. W. Schneemelcher, Die Epiklese bei den griechischen Vätern, in: *Die Anrufung des Heiligen Geistes im Abendmahl* (Beih. z. Ökumen. Rundschau 31, 1977), 68-94.

706   W. Schneemelcher, 같은 곳, 93f. 비교. 위의 각주 679ff.

절하게 파악된다. 그 외침은 일차적으로 영을 통한 예수 그리스도의 부활과 연관되고, 그와 함께 죽음으로 나아가는 주님에 대한 기억과도 관계될 때, 적절하다.[707] 성령강림기도를 기억과 결합함으로써 성만찬 예배 안에서 십자가에 못 박히신 자의 부활이 현재화하며, 이와 동시에 그분의 재림과 하나님 나라의 완성의 미래가 예기된다. 부활하신 자의 "영 – 현실성"(Geistwirklichkeit)이 믿는 자들 전체 위에 오직 영을 통해 현재하는 것처럼, 마찬가지로 그 현실성은 교회의 예배 안에서도 오직 그분의 영을 통해 살아 있는 현재가 된다. 그렇기 때문에 그리스도 교회의 예식 안에서는 올바르게도 영을 향한 외침이 있었고, 그 결과 영은—시행의 약속 안에서 말해진 그리스도의 약속에 따라—빵과 포도주의 형태 안에서 예수 그리스도로 하여금 우리에게 현재하시도록 한다.[708] 주님의 죽음에 대한 기억이 교회 안에서 언제나 이미 부활의 소식의 빛 안에서 일어나듯이, 또한 성만찬의 기억도 전적으로 이미 영의 사역에 의해, 그리고 그분의 도우심의 간구에 의해 지속된다.[709]

서구 그리스도교 안에서 성령강림기도는 중세 초기 이래로 약해졌다. 왜냐하면 암브로시우스와 아우구스티누스에서 시작된 빵과 포도주의 성체 변화설이 사제가 공표하는 그리스도의 시행의 말씀과 점점 더 배타적으로 연관되었기 때문이다. 20세기의 예식 – 역사에 대한 연구, 이와 결부된 제의 갱신 운동, 그리고 동방 그리스도교와의 새로운 교회일치적 대화가 서구 교회의 신학으로 하여금 서구에서는 오랫동안 망각되었으나 동방 교회에서는 보존되어온 성만찬 예배의 이러한 차원을 새롭게 숙고해보

---

[707]   모프수에스티아의 테오도로스(Theodor von Mopsuestia)는 성령강림 기도와 기억 사이의 관계를 그렇게 해석했다. 이에 대해 참고. J. Betz, in : *Mysterium Salutis* IV/2, 1973, 219f.

[708]   크리소스토모스 제의(Chrysostomosliturgie)에 관한 슈네멜허의 설명을 참고하라. W. Schneemelcher, 같은 곳, 77f.

[709]   지지울라스(J. Zizioulas)는 성만찬을 성령강림기도의 맥락에서 일어나는 기억으로 지칭한다. 위의 각주 662를 보라.

도록 이끌었다. 그 결과 1982년 리마 선언이 공표되었다. "성령이 성만찬에서 십자가에 못 박히고 부활하신 그리스도께서 우리를 위해 진실로 현재하시도록 하시며, 이와 동시에 시행의 말씀의 약속을 성취시키신다."[710]

성령강림기도와 성만찬 축제의 중요한 의미를 재발견한 것은 서구의 성만찬 신학을 많은 점에서 풍요롭게 만들었다. 우선 그 발견은 그리스도의 현재에 대한 협소한 상상, 곧 그분이 사제가 낭송하는 시행의 말씀의 공표에 따라 빵과 포도주에만 현재하신다는 상상에 작용했고, 그와 관련하여 사제가 특별한 변화의 권능을 갖는다는 상상과 맞섰다. 그리스도의 현재는 마치 예수 그리스도께서 사제의 행위에 속박되시는 것처럼, 인간적 행위를 통해 불러낼 수 없다. 이에 상응하는 것이 물론 기도 행위로서의 성령강림기도에도 적용된다. 성령강림기도 그 자체가 빵과 포도주 안에서 그리스도의 현재를 불러낼 수 있는 것이 아니다. 그것은 오직 그 기도의 대상이신 영 자신만이 행하실 수 있다. 바로 그것이 영을 향한 **간구**가 표현하는 것이다. 이 과정에서 성령강림기도가 말하자면 시행의 말씀과 경쟁 관계에 놓이는 것은 아니다. 왜냐하면 간구하는 내용, 즉 그리스도께서 빵과 포도주 안에 현재하시도록 만드는 영의 작용은 시행의 말씀을 그 작용의 완성으로서 대하며, 이때 간구는 들으심에 대한 신뢰 안에서 오직 그 완성을 향할 수 있을 뿐이기 때문이다. 예수 그리스도 자신의 말씀과 영[711] 사이에서 어떤 경쟁을 생각하는 것은 전적으로 잘못된 것이다.

---

710 Lima II (Eucharistie) 14-18, 인용은 14. 이미 1978년 성만찬에 관한 카톨릭-루터교 공동위원회의 문서에서도 이렇게 말해진다: "주님께서 우리에게 주신 모든 것, 그리고 우리에게 그것을 소유할 수 있는 능력을 주는 모든 것은 성령을 통해 우리에게 주어지는 것이다. 그것은 예식에서 특별히 성령을 향한 외침(성령강림기도) 안에서 표현된다"(n.21). 이 문구 안에서 성령강림기도는 한편으로 믿는 자들의 수용을 위한 성령의 도우심에 관계되고(비교. 또한 n.23), 다른 한편으로 빵과 포도주 그 자체의 수여와 관계된다("주님께서 우리에게 주시는 모든 것"). 예배에서 일어나는 일들의 통일성 안에서 하나는 다른 하나로부터 분리될 수 없다.

711 이것은 칸디어의 논문에 대해 비판적으로 말해질 수 있다. K. H. Kandier,

영은 곧 그리스도에 대한 회상 안에서 그분의 말씀을 기억하는 분이다. 그리스도의 말씀의 전권의 이해는 영을 배제하는데, 교회의 삼위일체적 믿음과 반대되는 "그리스도 일원론"으로 향하게 된다. 그런 견해는 예수의 부활의 의미 및 그분의 재림에 대한 희망—이 희망이 교회의 성만찬 축제를 생성시켰다—과도 상응하지 않는다.

성만찬 축제에서 행해지는 성령강림기도(부활하신 자의 영을 향한 외침으로서)의 기능, 그리고 거기서 상관관계로서 성취되는 기억의 기능[712]에 대한 숙고는 두 번째로 만찬에서 일어나는 그리스도의 현재에 대한 이해에 중요한 의미를 갖는다. 종말론적인 세계 변화의 능력 안에서—이 변화의 시작은 부활의 사건 안에서 영을 통해 효력을 나타내며 현재한다—죽음으로 나아가는 주님의 약속 곧 성만찬의 빵과 포도주 안에서 제자들과 함께하실 것이라는 약속이 성취된다. 부활하신 자와 십자가에 못 박히신 자

Abendmahl und Heiliger Geist. Geschieht Jesu Christi eucharistisches Wirken durch den Heiligen Geist?, *KuD* 28, 1982, 215-228, bes. 220ff. 그리스도가 빵과 포도주 안에 현재하시는 것이 믿는 자들과 그들의 공동체에 실제로 현재하시는 것과 비교할 때 갖는 특수성은 전자가 후자와 달리 직접적이라는 것 곧 영에 의해 매개되지 않는다는 것에 있지 않고, 오히려 성만찬에서 그리스도의 현재는 빵과 포도주 및 그것을 먹는 것과 결부되어 있다는 것, 그래서 그분이 빵과 포도주 안에서 우리에 의해 취해진다는 것에 놓여 있는데, 이것은 그 밖에 유사한 경우를 전혀 찾을 수 없는 것이다. 성만찬 안의 그리스도의 현재도 영과 관계가 있다는 것은 (Kandier, 같은 곳, 220에 반대하여) 바울이 고린도전서 10:3f.에서 "신령한 음식을 먹음"과 "신령한 음료를 마심"(비교. 고전 12:13)에 대해 말한다는 사실에서 이미 암시되었다. 바울에 의하면 우리 모두가 그것을 먹고 마셨다.

712 이 주제는 특별히 벤츠가 적절하게 서술했다. G. Wenz, Die Lehre vom Opfer Christi im Herrenmahl als Problem ökumenischer Theologie, in : *KuD* 28, 1982, 7-41, 37. "…예수의 과거는 그 자신으로부터 하나님 나라의 종말론적 미래성을 지시하며, 그 자체로서 그 미래를 예기하는 현재다. 성령강림기도 안에서 예수 그리스도의 과거의 이러한 종말론적 위엄이 명시적으로 인지된다. 성령강림기도는 그 기억을 자신 안에 견고히 간직함으로써 그것을 보존한다. 성령강림기도는 예수 그리스도에 대한 회상을 개방시켜 그분의 종말론적 영의 영광을 바라보도록 하며, 그렇게 해서 그 기억으로 하여금 오셨던 분의 미래를 추구하도록 만든다.

의 동일성 ─공동체는 회상을 통해 바로 그분을 기억한다─이 그 성취 안에서 사건으로 발생한다. 그러나 이것은 오직 믿음에게만, 예수의 시행의 말씀을 기억하고 그분의 재림에서 나타날 궁극적인 계시를 기다리는 믿음에게만 발생한다.[713]

이로써 성만찬에 대한 종교개혁 내부의 논쟁들 위로 다시 한번 빛이 비추어진다. 칼뱅이 가르쳤던 것처럼 그리스도는 공동체에게 그분의 영을 통해 현재하신다. 그러나 그분은 빵과 포도주의 요소들 안에서 공동체에 현재하신다. 왜냐하면 예수께서는 자신의 현재의 약속을 그 요소들 및 그 것을 먹는 것과 결부시켰기 때문이다. 그렇기 때문에 제자들과 헤어지는 시간에 예수를 통해 시행된 만찬에 대한 기억으로서의 회상(Anamnese)은 믿는 자들 사이에 그분이 현재하시는 매체 혹은 "장소"다.

물론 영이 성만찬 축제에서 성령강림기도를 통해 비로소 활동하기 시작하는 것은 아니다. 오히려 영은 예배의 감사기도와 회상의 과정 전체 안에서 이미 활동 중이며, 영을 통해 예수 그리스도께서 자신의 약속에 따라 공동체에 현재하신다(마 18:20). 그리스도께서 영을 통해 그분의 공동체 안에서 실제로 현재하시는 것은 예수의 죽음과 배반당하시던 밤에 일어났던 성만찬의 기원에 대한 기억을 예수 그리스도의 자기 현재화로 만들며, 이를 통해 그리스도의 활동적(aktual) 현재는 그와 동시에 빵과 포도주 안에 실재하는(real) 현재[714]의 근거가 되고, 실재하는 현재는 성만찬의 근원적

---

713 성만찬이 하나님의 백성의 **방랑하는** 상황, 곧 "이미" 발생한 그리스도의 처음 나타나심(부활)과 "아직 일어나지 않은" 세계의 완성을 위한 그분의 재림 사이의 상황에 속한다는 주제는 틸라르에 의해 반복적으로 강조되었다. 참고. J. M. Tillard, "eucharistie et l'eglise" in : J. Zizioulas, J. J. van Allmen, Hgg., *L'eucharistie*, 1970, 75 - 135, bes. 109ff., 119ff., 132f. 또한 비교. J. M. Tillard, *L'Eucharistie Pâque de l'église*, 1964. 그리고 이와 연결되는 설명으로서 A. Gerken, *Theologie der Eucharistie*, 1973, 76ff., 219.

714 활동적 현재(Aktualpräsenz)와 실재의 현재(Realpräsenz) 사이의 구분에 대해 참고. J. Betz, in : *Mysterium Salutis* 4/2, 1973, 267ff.(또한 위의 각주 624).

상황 안에서 빵과 잔의 나눔으로써 예수께서 말씀하신 약속의 말씀을 현재 공동체를 위해 실현한다.

영은 그리스도인들에게 능력을 주어 그들이 마음을 고양시켜 하나님께 감사할 수 있게 하신다. 왜냐하면 영은 모든 그리스도교적 기도의 능력이기 때문이다(롬 8:15). 그리스도인들이 아들의 희생 곧 아버지로부터 받은 파송을 신뢰하면서 자신의 생명을 바친 아들의 희생에 대해 하나님께 감사하고, 또한 스스로 그분의 희생 안으로 포함되도록 함으로써, 믿는 자들은 하나님께 자신의 고유한 현존재와 창조의 은사들에 대해서도 감사하게 된다. 왜냐하면 예수께서 자신과의 연합, 그리고 아버지께 대한 자신의 아들 관계와의 연합을 위해 자기 자신을 내어주시는 것은 빵과 잔에 대한 축사의 말씀 안에서 감사와 연관되어 있고, 감사는 유대교 관습에 따르면 빵을 떼는 것 및 잔의 축사와 결합되어 있기 때문이다. 창조의 은사들과 자신의 고유한 삶에 대한 감사는 하나님이 주신 소명에 대한 헌신 안에서 성취된다. 그 헌신은 하나님의 신성을 영화롭게 한다. 그러므로 그리스도의 희생에 참여하는 것도 오직 감사의 방식으로만 일어날 수 있다. 감사는 하나님이 주신 구원을 창조의 은사와 관련시킨다. 이를 통해 믿는 자는 하나님과 하나님 나라의 미래를 위해 봉사하는 가운데 자신의 고유한 육체적인 삶을 "살아 있고, 거룩하고, 하나님이 기뻐하시는 희생제물"로 드릴 수 있게 된다(롬 12:1). 그래서 믿는 자들은—십자가에 못 박히신 그리스도께서 영의 능력을 통해 새로운 생명으로 변화하신 것처럼(롬 8:11)— "마음을 새롭게 한다"(12:2). 그리스도인들은 그리스도의 바로 그 새로운 생명을 향해 나아가며, 이 죽을 몸이 하나님의 생명의 영으로 침투되어 죽음이 더 이상 없는 새로운 생명으로 "변화"될 것을 기다린다(고전 15:51ff.). 영의 변화시키는 사역은 성만찬의 요소만이 아니라 만찬의 실행 안에서 그 참여자들—종말론적 세계 변형을 표징으로 예기하는 가운데—에게 관계된다. 영을 향한 명시적인 간구는 예배 순서 중 여러 곳에서 행해진다. 왜냐하면 믿는 자들은 영 없이 자기 자신의 힘으로는 서로 축복할 수도 없고 스스로 변화할 수도 없기 때문이다. 그들은 자신의 삶을 하나님께 찬양의 제물로 바칠 수도 없으며, 그리스도께서 빵과 포도주에 현재하시도록 하는 것은 더더욱 불가능하다. 오직 하나님의 영만이 삶의 그러한 변화를 불러일으키실 수 있고, 그 변화를 통해 우리는—빵과 포도주와 함께, 그리고 그것들을 통해—예수 그리스도의 생명 운동 안으로 이끌려 들어갈 수 있다. 이 일은 성만찬 축제 안에서 표징적으로 성취된다. 이 축제에서 회상, 우리를 위한 은사로서 그리스도의 현재, 그분의 희생에 대한 우리의 참여가 동시에 일어나며, 이 모든 것은 영의 능력 안에서 감사의 말로 표현된다. 이것은 표징의 행위다. 세계와 우리의 삶이 영을 통해 완전히 변화하는 것은 아직은 미래의 일이다. 그러나 그 변화는 예수의 파송과 부활 안에서 이미 시작되었고, 성만찬의 표징 행위의 형태 안에서(또한 세례의 실행 안에서) 일어나는 그 변화의 현재는 효력이 있는 현재다. 성만찬 기도의 실행이 예배적 축제로부터 일상의 삶을 향해 빛을 비추는 것도 이에 속한다.

d) 성만찬과 교회 공동체

예수 그리스도와 함께하는 식탁 공동체는 다른 한편으로 그 참여자들을 서로 결속시켜 하나의 공동체로 만들고, 다가오는 하나님 나라 안에 있게 될 종말론적 공동체가 그 안에서 이미—표징적으로—현재하면서 표현되도록 한다. 그렇다면 성만찬과 교회 공동체는 내적으로 밀접하게 일치한다. 이 일치는 어쨌든 식사 안에서 주어지고 받아들이는 공동체적 사귐이 지속적인 공동 소속의 표징과 근거로 이해될 때 타당하게 된다. 이것은 예수의 고별 만찬에서 일어나는 경우다. 그것은 예수께서 배반당하시던 밤에 제자들과 함께하셨던 만찬이며, 예수의 잔의 말씀 안에서 그와 관계된 계약의 사고 때문에 그렇게 말할 수 있다. 새로운 계약(언약)이 새로운 계약의 백성을 구성하는 것이다. 그러므로 예수의 마지막 만찬은 전승에 따르면 공개된 식탁 모임으로 행해지지 않았고, 오직 제자들만을 위한 식사였다. 만찬의 참여자들이 예수와의 연합—이것은 만찬에서 표현된다—으로부터 지속적인 공동 소속의 근거를 갖게 됨으로써, 새로운 공동체가 구성된다. 그것은 교회다. 이것은 물론 부활 사건의 빛에서, 그리고 영의 능력 안에서 인식될 수 있다. 이렇게 해서 비로소 교회의 근거는 예수의 고별 만찬 안에서 효력을 발생하게 된다.

성만찬과 교회 사이의 밀접한 관계에 근거해서 만찬의 참여자들은 이미 일찍부터 그 만찬에 근거한 공동체 곧 그리스도인들이 서로 함께하는 공동체를 보존할 의무를 수용했다. 이 의무는 각각의 개별 공동체에 속한 지체들의 행위에도 적용되지만, 또한 같은 믿음을 고백하고 동일한 성만찬을 기념하는 서로 다른 지역 공동체들 사이의 관계에도 적용된다. 양쪽의 지평 위에서 바울과 고린도인들이 서술한 내용이 타당해진다. 그것은 성만찬에서 주님의 몸에 참여하는 것에 근거한 공동 소속성, 곧 주님의 몸인 그리스도인들의 공동 소속성에 대한 서술이다. "우리가 떼는 떡은 그리스도의 몸에 참여함이 아니냐? 떡이 **하나**요 많은 우리가 한 몸이니, 이는 우리가 다 **한** 떡에 참여함이라"(고전 10:16f.). 성만찬에 참여하는 사람들이 모두 결합되는 하나의 몸은 그리스도 자신의 몸이다. 이미 세례를 통해 모든 그리스도인은 그리스도께 속한 하나의 지체가 되었다. 성만찬 안에서 바로 그 점에 근거한 그리스도인들의 공동체가 현실적으로 표현된다. 하나님께서 모든 그리스도인을 통일된 하나의 몸으로 접합시키셨기 때문에, "몸 가운데서 분쟁이 없고 오직 여러 지체가 서로 같이 돌보게 하셨느니라"(고전 12:25). 그래서 고린도 교회 안에서 등장한 갈등에 직면하여 사도 바울은 이렇게 물을 수 있었다. "그리스도께서 어찌 나뉘었느냐?" 이처럼 불가능하게 보이는 것, 곧 그리스도인들이 다른 그리스도인들과 공동체를 이루기를 거부하는 것 또한 현실이다. 불가능하다는 것은 그들이 그리스도의 몸의 지체이기 때문이다. 종말론의 맥락에서 그에 대해 이렇게 말해질 수 있다. 그리스도의 몸에 관한 진술은 비유의 말씀에 그치는 것이 아니라 부활하신 그리스도의 영적인 현실에 관계된다.

만찬의 참여와 결부된 공동체적 의무는 성만찬의 오용에 대해 경고하는 사도 바울의 말씀과 결합된다. "주의 몸을 분별하지 못하고 먹고 마시는 자는 자기의 죄(심판)를 먹고 마시는 것이니라"(고전 11:29). 여기서 중요한 것은 빵 안에서 수용되는 그리스도의 몸이 세속 음식뿐만 아니라 그 개인 자신에게 홀로 주어지는 은사로부터도 구분되어야 한다는 사실이다. 예수 그리스도께 속한다는 것은 하나님과 하나님 나라에 대한 그분의 헌신에 참여하는 것이고, 그렇기에 또한 그런 방식으로 한 분 주님과 결합한 모든 사람이 이루는 공동체에도 참여하는 것이다. 이 양식의 특수성을 구분하는 올바른 수용은 받는 자의 자기검증에 상응한다. 사도 바울은 계속해서 아무도 "합당치 않게"(11:27) 먹고 마시지 않도록 요청한다. "우리가 우리를 살폈으면, (하나님의 최후의 심판에서) 판단을 받지 아니하려니와…"(1:31). 왜냐하면 그것은 만찬을 오용하는 행위에 대한 하나님의 심판을, 말하자면 지금 이미 우리 자신에게 실행되도록 하는 셈이기 때문이다.

옛 교회와 중세 교회는 여기서 말해지는 "합당하지 않음"을 도덕적으로 잘못된 행위라는 의미로 이해했다. 성만찬에서 빵과 포도주를 받는 자에게는 경건과 거룩함이 요구되었다. 거룩함은 반드시 도덕적 완전함을 의미하지는 않았지만, 하나님께 속해 있을 것과 세상의 행동방식과는 구별되어 있을 것을 포함했다. 이미 디다케도 이렇게 말한다. "거룩한 자는 들어와도 좋다. 그러나 그렇지 않은 자는 회개해야 한다"(*Did* 10,6). 이어서 세례받은 자 외에는 만찬을 받을 수 없다는 규정(9,5)은 마태복음 7:6의 지시와 같은 근거를 갖는다. "거룩한 것을 개에게 주지 말며…." 트리엔트 공의회도 "큰 경건과 거룩함" 없이는 아무도 만찬을 받아서는 안 된다고 권고했다(DS 1646). 이 권고는 거룩함을 이렇게 이해했다. 죽음의 죄를 의식한 사람은 "교회의 실천 규정"에 따라 성만찬 이전에 고해성사를 해야 하고 거기서 면죄를 받아야 한다는 것이다(DS 1647). 단순한 참회가 이 요구를 대체할 수 없다. 이것은 모든 성만찬 이전에 교회가 실시하는 정규적인 고해성사에 참여해야 한다는 것을 뜻한다. 그렇게 해야 사람이 스스로 의식할 수 없는 숨겨진 죽음의 죄가 거룩한 만찬의 수용을 방해하지 못할 것이다. 또한 아우크스부르크 신조도 고해에 대한 조항 안에서 성례전은 루터교회 안에서 "먼저 고해성사를 하고 면죄 받지 않은 사람들"에게는 주어지지 않는다고 말한다(CA 25).[715] 루터는 1523년에 성찬에 참여하는 사람에 대한 심문을 위해『미사 예식서』(Formula Missae)를 썼고, 멜란히톤도 쿠어작센에서 방문자들을 위해 그렇게 가르쳤다.[716] 물론 루터는『미사 예식서』에서 고해성사를 통한 죄의 제거보다는 믿음의 검증을 더 많이 생각했다.[717] 믿음의 심문은 매년 한 번 행해져야 한다. 루터는 성만찬을 앞두고 행해지는 사적인 고해성사와 면죄가 유용하다고 보았고 경시해서는 안 된다고 말했지만, 그것을 필수로 여기지는 않았다. 그리스도 자신이 그런 것을 명령하지 않으셨기 때문이다. 그러나 심각한 죄를 범한 사람은 목사가 그 사실을 알고 있는 경우에―그가 자신의 삶을 변화시켰다는 명확한 증거가 있기 전에는―성찬을 받는 자리에서 전적으로 배제되어야 한다.[718] 후에 트리엔트 공의회가 정죄한 견해, 곧 믿음만이 홀로 (여기서는 교회의 가르침을 수용한다는 의미에서) 성만찬 교제를 위한 충분한 준비라는 견해(DS 1661)는 루터가 가르친 적이 없다. 물론 루터는―거기서도 다시 한번 날카롭게―성만찬 교제 이전에 고해성사와 면죄가 필수라고 주장하지는 않았다. 루터교 교회일치 신조는 그와 반대로 트리엔트 공의회의 정죄에 맞서 "성찬의 자격은 참된 믿음만이 아니라 또한 인간의 고유한 준비

---

715   BSELK 97, 35—37: nisi antea exploratis et absolutis. 비교. CA 24, 6 lat (19, 91, 33f.).

716   WA 12,215,18ff.; WA 26,220,7 - 19. 참고. P. Brunner, in: *Leiturgia* 1, 1954, 337f.

717   WA 12,215,21f.: petentes non admittat, nisi rationem fidei suae reddiderint, et interrogati responderint, an intelligant, quid sit caena domini. 루터는 여기서 목사가 주의해야 할 점을 추가했다. 그것은 삶과 도덕에 비추어 그의 믿음과 지성을 검증하는 것이다(an vita et moribus eam fidem et intelligentiam probent, 216,9).

718   WA, 12,216,10ff.: ···si viderit aliquem...crimini manifesto infamem, prorsus ab hac cae na excludat, nisi manifesto argumento vitam sese mutasse testatus fuerit.

에도 놓여 있다"는 주장을 공개적으로 반박했다.[719] 그러나 여기서도 "하나님 없는 향락주의자와 하나님의 말씀을 조롱하는 자"가 성만찬에 참여하는 경우 최후의 심판에서 받을 정죄를 자신에게 앞당기게 된다고 말해진다.[720] 특징적인 것은 루터가 성만찬 교제 이전의 고해성사를 의무로 규정하는 것을 거부한 것(예를 들어 교회일치 신조에서)이 하나님의 계명을 "멸시하는 자들"에 대한 교회적 규율의 적용을 동반하지 않았다는 사실이다.

바울은 성만찬에 참여하는 것을 배제하는 "적합하지 않음"이 어디에 놓여 있다고 보았는가? 오늘의 바울 주석의 판단에 따르면 여기서 핵심은 성만찬에서 그리스도의 현재에 대한 바른 교리의 질문(그 만찬의 수용을 바울은 이미 전제하고 있다)이 아니며, 참여하는 개인의 도덕적 무결성도 아니다. 오히려 핵심은 그리스도의 몸에 대한 참여가 성만찬에 참여한 사람들의 친교 공동체를 형성한다는 것이며, 그래서 필연적으로 그들이 서로를 돌보는 공동체의 보존을 포함한다는 것이다.[721] 고린도전서 11:28이 요구하는 자기검증("자기를 살핌")도 일차적으로 개인의 도덕적 상태가 아니라 오히려 공동체의 균열에 관계된다. 공동체는 그리스도의 몸의 지체들 사이에서 반드시 존속해야 하는 것이다. 물론 그렇다고 해서 만찬 안에 현재하시는 주님께 대한 믿음의 근본적 중요성이 사소해지는 것은 아니고 (오히려 사도 바울은 이 중요성을 전제한다), 믿음과 삶의 실천 사이의 상응이 소홀히 여겨지는 것도 아니다. 바울도 이렇게 말한다. "만일 누구든지 주를

---

719   SD 7,124 (BSELK 1015, 29-32).

720   SD 7,123 (BSELK 1015, 23 f.). 비교. SD 7,60 (BSELK 991f.).

721   여기서는 성만찬과 교회에 관한 보른캄의 논문을 제시하는 것으로 충분할 것이다. G. Bornkamm, Studien zu Antike und Urchristentum, Gesammelte Aufsätze 2, 1959, 138-176. 여기서 고린도전서 11:29에 대해 이렇게 말해진다. "특수한 성격을 지닌 그리스도의 몸에 주목한다는 것은 다음과 같은 이해를 뜻한다. 그 몸은 우리를 위해 내어준 것이며, 성례전 안에서 수용되는 그리스도의 몸은 받는 자들을 공동체의 '몸'으로 결집시키고, 그들을 사랑 안에서 서로에 대해 책임지도록 만든다"(169).

사랑하지 아니하면 저주를 받을지어다"(고전 16:22). 또한 바울은 삶의 행위가 조야해서 예수 그리스도께 속하기 힘든 지체들을 공동체로부터 분리하라고 요구한다. "만일 어떤 형제라 일컫는 자가 음행하거나 탐욕을 부리거나 우상숭배를 하거나 모욕하거나 술 취하거나 속여 빼앗거든 사귀지도 말고 그런 자와는 함께 먹지도 말라"(고전 5:11). 그런 경우들에 사도 바울은 왜 성만찬으로부터 분리하고 배제하는 것이 바람직하다고 여겼는가? 고린도전서 11:29은 이렇게 대답한다. 위에 언급된 비행들은 그 개인 자신에게만이 아니라 공동체가 함께 살아가는 삶에도 해당한다. 그것들은 그리스도 안에 근거된 믿는 자들의 공동체에 균열을 일으킨다. 고린도전서 5:11에서 성만찬을 허락하는 전제는 만찬을 통해 수여되는 공동체적 친교 즉 예수 그리스도와 만찬의 동료들 사이의 친교이며, 그 밖에 추가적인 전제는 주어지지 않는다. 나아가 공동체의 의무는 성례전의 은사가 믿음 및 삶의 행위에 상응해야 한다는 중요성에 대한 이해를 포함한다. 양쪽 모두는 만찬 참여자들이 이루는 공동체에 대하여 중요하다. 여기서 중요한 것은 단순히 개인주의적으로 이해되는 자격 곧 그것이 있거나 없음에 따라 만찬의 허용이 결정되는 자격이 아니고, 만찬 공동체 자체가 함축하고 있는 의미다.

성만찬 참여의 이러한 함축적 의미는 지역 공동체 지체들의 서로에 대한 관계에만 해당하는 것이 아니다. 그 의미는 상이한 지역교회들 사이의 관계, 즉 단어 자체의 넓은 의미에서 교회 연합에도 해당한다. 많은 지역교회는 각기 자신의 편에서 그리스도의 하나의 몸의 지체이며, 성만찬 축제를 통해 서로 공동체를 이루어야 할 의무를 지고 있다. 이 의무는 물론 여기서도 믿음과 그리스도교적 삶의 수행의 근본 규칙이 서로 일치해야 한다는 조항에 예속된다. 개별 지역 공동체 안에서 공동체들이 서로를 교차적으로 인정하는 일은 복음의 교리와 성만찬 축제의 권한을 가진 직분자가 다른 지역교회들과 협력하는 가운데, 혹은 지역을 다스리는 교회 지도부의 상위기관을 통해 자신의 직무의 소명을 받는다는 사실을 통해 표현된다. 이러한 직무와 연관된 질문들은 나중에 상세히 설명될 것이다. 여기서는 우선 성만찬과 교회적 직무 사이의 관계를 지시하는 것으로 충분하다.[722] 이 관계는 각 지역 공동체의 경계선을 넘어서는 모든 그리스도인의 공동체적 의무에 근거를 두고 있다.

이 사태는 교회일치적 의미를 함축한다. 성만찬 축제에서 예수 그리스도께 속하는 모두가 함께하는 공동체가 보존되지 않는다면, 그곳에서는 성만찬의 본질에 근거하는 공동체의 의무에 저촉되는 일이 일어나고 있는 것이다. 그런 배경에서 아주 곤란한 질문이 제기된다. 그것은 성만찬의 식탁에서 서로를 혹은 일방적으로 상대를 배제하며 나타나는 그리스도교의 분열을 공동체 계명을 위배하는 표현으로 보아야 하지 않는가라는 질문이다. 아마도 결론은 예수 그리스도의 분리된 교회가 행하는 성만찬 축제 안에서 믿는 자들이 구원은 받겠지만, 언제나 또한 그리스도인들의 분열에 대한 심판이 현재한다는 사실일 것이다.

성만찬은 다른 방식으로 현존하는 어떤 인간적 공동체의 표현과 같지 않고, 특정한 하나의 교회의 공동체적 표현인 것도 아니다. 그것은 교회의 만찬이 아니고, 교회의 주님의 만찬이다. 예수의 초대—사제는 예수 대신(예수의 인격 안에서) 시행의 말씀을 낭송함으로써 이 초대에 봉사해야 한다—는 그분의 모든 제자에게 향한다. 이로부터 그리스도의 초대의 "개방성"이 말해져야 한다. 어떤 교회도 자신의 특수성 안에서 역사적으로 형성된 자신만의 공동체 안에 제한되어서는 안 된다.[723] 위르겐 몰트만은 바르게 말했다. "이 초대의 개방성이 아니라, 교회의 구속하는 규정이 십

---

722   이 관계는 특별히 가톨릭 신학자와 정교회 신학자들에 의해 강조되었다. 예를 들어 J. Zizioulas, 같은 곳, 31–43을 보라. 제2차 바티칸 공의회가 교회헌법의 진술 안에서 이 주제를 다룬 내용에 대해 참고. B. Forte, 같은 곳(각주 615), 315ff.

723   J. Moltmann, *Kirche in der Kraft des Geistes*, 1975, 271. 여기서 몰트만은 오토 베버와 나의 주제를 인용한다. O. Weber, *Grundlagen der Dogmatik* II, 1967, 678ff. 참조. 나의 책, *Thesen zur Theologie der Kirche*, 1970, These 85.

자가에 못 박히신 자의 면전에서 정당화되어야 한다."[724] 그런 배제를 정당화할 수 있는 어떤 이유가 도대체 존재할 수 있는가?

1970년에 내가 세례받은 모든 그리스도인이 ─ "성만찬을 통해 매개되는 예수와의 연합을 향한 의지가 전제될 수 있는 한"[725] ─ 만찬의 친교로 허용되어야 한다고 요청했던 반면에, 여기서 몰트만은 한 걸음 더 나아갔다. 몰트만은 성만찬 친교에 대한 허용을 제한하는 것 자체를 거부했다. "십자가에 못 박히신 자께서 그분의 만찬으로 부르시는 초대의 개방성은…그리스도교의 경계를 넘어선다. 왜냐하면 그 초대는 '모든 민족'에게, 그리고 우선 '죄인과 세리들'에게 향하기 때문이다."[726] 그러나 성만찬을 "예수와의 연합을 향한 의지가…전제될 수 있는" 사람들에게만 제한하는 것은 예수의 고별 만찬의 본래적 성격의 결과이며, 그 문구는 비록 의식적으로 넓게 이해한다고 해도 어떤 영향력 있는 의미를 함축하고 있지 않다. 교회의 성만찬은 예수께서 배반당하시던 날 밤의 고별 만찬처럼 제자들과 함께하는 만찬이며, 참여자들의 제자 됨을 이미 전제한다. 이것은 예수의 고별 만찬 안에서 "새 계약(언약)"이 수립되는 것과 함께 보아야 한다. 예수께서 지상에서 "세리와 죄인들"을 포함한 만찬을 실행하신 것과의 관계는 제자들의 영역이 예수의 제자가 되기를 원하는 모든 인간을 향해 원칙적으로 개방되어 있다는 점에서 유지된다. 또한 "세리와 죄인들" 곁에서도

---

724 J. Moltmann, 같은 곳, 272.

725 *Thesen zur Theologie der Kirche*, 1970, These 87.

726 J. Moltmann, 같은 곳, 272. 몰트만은 계속해서 이렇게 말한다. "그렇기 때문에 우리는 예수 그리스도의 초대를 단지 교회적으로만 개방된 것이 아니라 오히려 세상을 향해 개방된 초대"로 이해한다(273). 이에 대해 몰트만은 나의 *Thesen zur Theologie der Kirche*의 주제 81(These 81)을 언급한다. 여기서 "예수의 본래의 제자 그룹을 넘어서는 모든 인간을 향한" 개방성이 말해진 것은 사실이다. 그러나 이 진술은 성만찬 축제로 허용하는 실천에 관계된 것이 아니라 "죄인과 세리들"을 위한 예수의 식탁 공동체의 개방성 안에서 암시되는 후대 교회의 이방인 선교의 사명과 관계된 것이다.

예수와 함께하는 식탁 공동체를 통해 그분과의 연합을 향한 의지와 그의 인격 안에서 시작되는 하나님의 통치의 수용이 표현된다. 여기서 제자들과 이별할 때까지 지상에서 베풀어진 예수의 만찬은 옛 계약의 틀 안에서 실행되었으며, "세리와 죄인들"도 그 만찬에 속했다. 이에 대해 예수의 마지막 만찬은 새 계약의 공동체의 근거가 되었다. 예수와의 만찬에서 그분과의 연합을 구하는 사람은 반드시 새 계약의 공동체를 원해야 한다.

이 만찬에 참여하기 위한 제자 됨의 전제는 일차적으로 그 허락이 세례에 달려 있다는 사실이다(*Did* 9,5). 예수와의 연합을 향한 의지는 오직 세례에서 수용될 수 있고, 그곳에서 세례자는 자신의 삶 전체를 세례를 통해 삼위일체 하나님께 위탁했다. 이 일이 일어나지 않은 경우에 예수와의 연합을 향한 의지는 의심을 받을 수밖에 없다. 그 밖에도 그 경우에 생기는 예수와의 연합을 향한 의지의 진정성에 대한 의심은 그런 개인들이 살아가는 삶이 조야할 뿐만 아니라 교회 공동체에 불쾌감을 자극하는 방식이어서, 예수 그리스도께 소속되는 것 및 그분의 이름을 고백하고 그분과 결합된 공동체에 소속되는 것과 모순된다는 데 놓여 있다. 성만찬의 허용과 교회적 규율 사이의 관계는 오늘날 대부분의 그리스도교 교회들에서 다소간 소홀히 여겨지고 있으며, 이것은 복음에 적합한 성만찬 실행으로 나아가는 진보로 인정될 수 없다.[727] 복음과 뒤따름은 서로 일치한다. 믿음과 삶의 수행의 일치가 제자 됨에 대해 갖는 중요성이 진지하게 고려되지 않는 곳에서 복음을 통해 개방되는 구원에의 참여는 값싼 은혜가 될 것이고, 선포와 예배는 심리적 안정제가 되며, "민중의 아편"이 된다. 하나님께로 돌이키는 것이 사실상 예수의 만찬에 참여하는 **조건**이다. 이 조건은 물론 세례받은 그리스도인들에게서 그들의 세례를 통해 유일회적으로 성취되었으며, 그래서 그들은 자신들이 받은 세례의 의미를 때때로 기억하기

---

727   이것은 빙그렌의 견해와 대립된다. G. Wingren, in : *TRE* 1, 1977, 223. 옛 교회의 참회 규례의 제정 안에 놓인 교회와의 재화해라는 주제에 대해 401f.를 보라(제13장 III.1.b).

만 하면 된다. 그렇다면 성만찬 이전에 고해성사와 면죄를 일반적으로 요구하는 것은 올바르지 않다. 그 요구는 성만찬의 의미를 모호하게 만들어 참회의 경건의 그림자 속으로 퇴행시킬 수 있다. 그러나 바로 그 참회의 가책을 그리스도인들은 세례를 받음으로써 자신의 뒤편으로 던져버렸다. 성만찬에 속하는 것은 하나님의 통치 안에 있는 만찬 공동체의 기쁨인데, 물론 그것은 그리스도의 죽음, 또한 자신의 고유한 세례에 대한 기억과 결합된 기쁨이다. 세례를 통해 믿는 자들은 그리스도의 죽음과 결합되었고 죄악된 세상에 대해서는 죽었다. 주님의 식탁에 앉는 공동체에 어울리지 않는 조야한 비행들의 등장은 그리스도교 공동체 안에서 그 기쁨과는 반대로 배제되어야 하는 예외이며, 그렇게 다루어져야 한다.

성만찬 수여의 신학적 이해를 묻는 물음은 만찬 친교의 허용에 대하여 단지 하위의 역할만을 담당한다. 여기서 그리스도의 몸을 다른 식사들과 "구별"(분별)하라는 사도 바울의 요청(고전 11:29)으로부터 종종 과장된 결론이 이끌어내어졌다. 허용의 전제는 성만찬 안에서 예수 그리스도와의 연합이 추구되어야 한다는 것, 즉 만찬 안에 그리스도가 현재하신다는 것에 대한 믿음이며, 그 현재의 양식에 대한 이러저러한 신학적 해석이 아니다. 이와 연관된 질문들은 인간적 이해의 한계를 넘어선다. 이 한계는 신학적 설명이 확장될수록, 그만큼 더 명확해진다. 예를 들어 성만찬 축제와 예수의 시간 사이의 시간적 격차의 지양이 회상의 실행에서 어떻게 정확하게 이해될 수 있는지의 질문이 있고, 그 만찬의 종말론적 미래 내지는 높여지신 자의 현실성이 영을 통해 현재와 결합하는 것이 어떻게 설명되어야 하는지의 질문도 있다. 이런 질문은 시간과 영원의 관계에 관련된 모든 문제를 동반한다. 또한 그리스도의 현재의 육체성 및 성만찬의 수용에서 그에 대한 참여와 관련된 어려운 문제들도 여전히 남아 있다. 여기서 신학자는 언제나 또다시 단순한 믿음과 원칙적으로 구분되지 않는 상황에 위치하게 되며, 이것이 믿음이 이해를 포기해야 한다는 의미는 전혀 아니다. 언제나 근본적으로 참인 것은 믿음 안에서 파악한 것이 이해를 넘어선다는 것, 그리고 이 사실을 명확히 밝히는 것은 바로 신학적 이해라는 사실이다. 신학적 이해는, 비록 완결된 것은 아니라고 해도, 성만찬에 대한 교회의 선포와 교리에 대해서도 중요하다. 그러나 신학적 이해가 성만찬 수용의 전제인 것은 아니다. 이것은 예를 들어 어린이 성만찬의 물음에 대하여 중요하다. 아이가 만찬의 축제 안에서 예수께서 현재하신다는 것— 그것이 아무리 신비한 것이라고 해도—을 이해할 수 있는 한, 어린이 만찬은 아무 문제가 없다. 같은 이유에서 교단별로 서로 다른 교리적 전통은 일반적으로 만찬의 교제를 허락하는 것에 어떤 방해가 되지 않는다. 사람들이 성만찬 안에서 그리스도의 현재를 추구하고, 그 현재를 통해 근거되는 연합 곧 주님의 식탁에 참여한 사람들이 다른 모든 사람과 믿음 안에서 서로 함께하는 연합이 긍정된다는 점에서 방해가 되지 않는다.

e) 교회 예배에 속한 성만찬과 복음 선포

성만찬 축제와 복음 선포는 그리스도교 예배에서 원시 그리스도교의 시대 이래로 밀접한 관계 안에 있었다. 성만찬 축제가 원시 그리스도교 예배의 "핵심"을 형성했을 때,[728] 그것은 결코 복음의 선포 없이 행해진 것이 아니었다.

바울은 성만찬 제정을 보고하면서 잔의 말씀과 관련하여 다음의 요구를, 말하자면 주님의 말씀으로 후대에 전했다. "이것을 행하여 마실 때마다 나를 기념하라"(고전 11:25). 이어서 바울은 덧붙인다. "너희가 이 떡을 먹으며 이 잔을 마실 때마다 주의 죽으심을 그가 오실 때까지 전하는 것이니라"(11:26). 이와 같이 예수와 그의 죽음에 대한 기억에는 선포가 속하며, 공동체는 그 선포를 통하여 기억으로 인도된다. 이것은 만찬의 교제 행위 자체가 선포라는 사실을 배제하지 않는다. 그러나 성만찬 행위에 대한 그런 해석은 만찬 시행의 말씀과 그것에 함축된 의미에 근거한다.

---

728   F. Hahn, Art. Gottesdienst III, in : *TRE* 14, 1985, 28 – 39, 35.

그리스도의 죽음에 대한 선포는 만찬 축제에서 낭송되는 시행의 말씀을 통해 이미 발생하지만, 그 말씀에 제한되었던 것은 결코 아니다. 예수와 그의 죽음에 대한 "기억"은 성만찬 축제에서 그 만찬의 근거에 놓인 구원 사건에 대한 해석을—그 구원 사건에 근거한 만찬 축제 자체의 실행에 대한 해석과 함께—요청했다. 그런 해석은 원시 그리스도교의 예배 안에서 예언자들과 가르치는 자의 과제였고,[729] 거기서 원시 그리스도교 예언자들이 성만찬 축제에 참여했던 것은 그리스도의 재림을 통해 완성될 임박한 하나님 나라의 종말론적 기대와 관계가 있었다. 다른 한편으로 구약성서(딤전 4:13)를 읽는 것과 그 말씀을 그리스도에 대한 예언으로 해석하는 것은 원시 그리스도교의 성만찬 예배와 관련된 선포에서 본질적 역할을 하였다. 이를 통해 예수와 그의 죽음에 대한 기억은 옛 계약 아래 하나님이 행하신 역사의 기억으로 확장되었고, 그 역사의 예언자적 기능은 예수의 인격과 역사의 등장을 향하며, 그의 인격과 역사 안에서 재차 인류의 구원을 위한 하나님의 행동이 인식되도록 만든다. 구약성서 읽기에는 사도들의 편지로부터 읽는 것과 나중에는 복음서에서 읽는 것이 추가되었고, 그 안에서 주님 자신이 구약성서 해석의 권위적 법정으로 증언되었다. 그러나 처음에 선포는 원시 그리스도교적 예배의 틀 안에서 우선 구약성서 본문에 대한 그리스도론적 해석이라는 형태를 가졌다.[730] 복음의 선포는 어쨌든 교회의 예배에서만 행해진 것이 아니었다. 최소한 마찬가지로 근원적이고 교회에 근본적이었던 것은 믿지 않는 사람들 앞에서 공적으로 행하는 선교적 증언이었다. 세례의 가르침도 이에 더해졌다. 요리문답의 모든 형태도 복음의 선포였다. 예배 때 행하는 공동체적 설교는 그런 많은 선포 가운데 한 가지 형태였다. 그 설교의 특수성은 그것이 행해지는 예배의 맥락에 따라 결정된다. 보통 그 맥락은 교회가 처음 시작되었을 때부터

---

729   F. Hahn, 같은 곳, 34에 있는 참고자료들을 보라.

730   F. Hahn, 같은 곳, 33f.

성만찬 예배였다. 그 곁에 순수한 설교 예배와 기도 예배도 있고, 예를 들어 참회의 설교 혹은 설교자가 주도하는 예배도 있다. 그런 예배는 라틴적 중세기에 특별한 중요성을 획득했고, 또한 종교개혁의 시기에도 개혁주의적 예배 형태를 위한 시작점이 되었으며, 반면에 루터교는 "미사"를 그리스도교 예배의 표준 형태로 확정했다.[731] 성만찬 예배는 어쨌든 그리스도교의 역사 안에서 예배적 공동체-설교의 표준적 장소가 되었다. 그 장소에서 발생하는 설교는 성만찬 축제의 틀 안으로 합쳐지는데, 이 틀은 예수 그리스도 안에서 일어난 하나님의 구원 행동을 기억함으로써 주어진다. 설교는 다른 한편으로 이 틀 안에서 한 가지 특수한 기능을 갖게 되는데, 이것은 주님의 만찬 축제를 함께 규정한다.

성만찬 예식만이 아니라 설교도 구원 사건의 회상이다. 이 사실은 이미 본문의 결합에서 명확하며, 옛 교회들의 설교의 역사 안에서 그렇게 실행되었다. 거기서 각각 특수한 설교 본문은 구원 사건의 중심 주제로 들어가는 입구를 형성하는데, 그 사건은 특별히 성만찬의 기억의 대상이기도 하다. 거꾸로 성서 본문들에 대한 설교를 통해, 또한 예배 시간의 성서 읽기를 통해 그리스도의 죽음에 대한 회상의 틀은 구원의 역사 전체로 확장되며, 이 역사는 예수의 죽음과 부활에서 정점에 도달한다.

설교의 회상적 기능은 이제 하나님이 과거에 행하신 구원 사건을 기억 안으로 불러오는 것에 놓여 있지 않다. 그 회상은 성만찬의 회상과 함께 그 개념의 좁은 의미에서 언제나 하나님이 창조와 특별히 인류에게 행하신 행동의 종말론적 미래를 향한다. 그 시작은 성서 본문들이 증언하는 과거의 구원 사건 자체 안에 놓여 있다. 성서 안에서 증언된 인간과 함께

---

731 P. Cornehl, Art, Gottesdienst VIII. Evangelischer Gottesdienst von der Reformation bis zur Gegenwart, in : *TRE* 14, 1985, 54—85, 57f. 이 본문은 그리스도교 예배의 역사적 경과 속에서 일어난 설교의 기능과 이해의 변화에 대해서는 더 이상 다루지 않는다. 다음의 개관과 비교하라. A. M. Müller, Art. Homiletik, in : *TRE* 15, 526-565. 그리고 여기서 제시된 참고문헌을 보라.

하는 하나님의 길이 그 종말론적 완성과 갖는 관계—이것이 그 약속의 의미다—가 바로 과거의 구원 사건에 대한 사고를 위한, 또한 예수 그리스도의 메시지와 길을 기억하기 위한 근거를 형성한다. 그 길 위에서 하나님의 통치의 미래가 이미 시작되었다.

구원 사건에 대한 회상이 종말론적 방향을 향하는 자리에서 설교의 실행에서 이러저러하게 강조된 적용의 시도가 대신 등장했는데, 그것은 성서적 역사를 설교 청중의 상황에 "적용"하려는 시도였다. 이러한 적용에는—성서적 구원 역사의 종말론적 미래에 대한 관계의 관점 아래서 판단한다면—틀림없이 어떤 올바른 점이 숨겨져 있다. 그것은 말하자면 인간적 보편타당성의 어떤 핵심을 성서 이야기들 안으로 수용하는 것이다. 그럼에도 불구하고 설교론적인 적용은 구원 사건 자체에 근거하는 미래의 전망을 통해 매개되지 않은 채 진행되는 경우에는 쉽게 어떤 강제적 해석으로 치우치게 된다. 각각의 본문 설교의 내용을 구성하는 성서적 진술 혹은 역사가 직접적인 보편타당성을 가져야 한다는 그릇된 생각, 그래서 현재 설교를 듣는 청중의 상황이 그 진술 혹은 역사에 비유적으로 포함된다는 생각은 흔히 폭력적인 생각이며, 말하자면 본문에 관계되는 역사적 상황과 오늘의 공동체의 상황 사이의 차이가 그런 적용에서 마치 부차적인 것처럼 흐릿해질 때, 특별히 그렇게 된다. 설교적 적용 과정에서 본문 내용이 보편타당성을 갖는다는 잘못된 생각은 그때 본문의 외부로부터 본문 안으로 도입되는 것으로 보인다. 이런 잘못된 도입은 본문의 진술을 해석자의 시대 상황에 적용하려는 목적을 위해 억지로 맞추거나, 혹은 현재의 어떤 관심사에 봉사하도록 만드는 형식 안에서 발생한다. 그 관심사는 대개는 성서적 역사에 낯선 것이거나 혹은 단지 외적인 접촉점만 갖는 경우가 많다. 이런 위험은 회피되어야 한다. 성서적 역사는 자체에 고유한 미래 관계 즉 창조와 인류의 미래적 완성에 대한 종말론적 관계를 갖기 때문이다. 그 미래는 이미 예수 그리스도 안에서 시작되었고, 성서 본문들과 그 본문들이 증언하는 구원 사건이 현재에 대해 갖는 연관성을 매개하며, 그런 매개 역할을 통해 주목의 대상이 된다.

성서적 역사에서 중요한 것은 그 역사의 각각의 자리에서 주어지는 미래, 곧 하나님에 의해 세계와 인류가 완성되는 미래다. 그렇기 때문에 그 이야기들 안에서 어떤 것이 출현한다. 그것은 하나님 앞에 선 인간의 상황(그렇기에 또한 세계 안에 있는 인간적 삶의 문제성)을 모든 시대적 제약을 넘어 궁극적으로 특징짓는다. 성서적 진술과 역사 안에서 인간의 미래 규정이 표현되는 정도에 따라, 그것들은 후대에 속한 인간과 그들의 삶에 대해서도 어떤 결정적인 것을 말해줄 수 있다. 성서적 역사가 지닌 그런 종말론적 관계를—본문이 관계되는 상황의 역사성을 부정하지 않은 채—분명히 표현할 수 있는 주석은 청중으로 하여금 그 당시의 사건들과 그것들이 가리키는 미래 사이에서 하나님의 구원의 경륜의 맥락 안에서 자신의 위치를 찾을 수 있도록 해줄 것이다.

그리스도교적 설교는 복음의 설교로서 언제나 예수 그리스도 안에서 이미 사건으로 발생한 시작의 선언, 곧 인류를 위한 하나님의 미래와 그 통치가 시작했다는 선언이어야 한다. 그것을 선언함으로써 설교는 청중에게 자신을 하나님의 말씀 자체로 입증한다(살전 2:13). 그리스도교적 설교가 이러한 기능을 갖는 것은 오직 그것이 하나님의 말씀이 육신이 되신 역사적 구원 사건의 기억일 때만 가능하다. 예수의 역사는 하나님의 말씀이다. 말씀은 그 역사의 내용을 형성한다. 그러나 예수의 이러한 역사는 그 역사 안에서 이미 시작된 구원의 종말론적 미래 때문에 하나님 자신의 부르심으로서 현재의 공동체와 만나며, 설교자의 동시대인들은 그 미래를 향해 나아간다.

이 모든 점에서 예배적 공동체 설교는 복음의 선교적 선포와 근본적으로 다르지 않다. 그러나 후자가 아직 믿지 않는 사람들의 회개와 세례를 목표로 삼는 반면에, 공동체 설교에서는 성만찬 예배의 틀 안에서 청중들이 이미 수용하고 있는 믿음을 회상하여 확신시키는 것이 중요하다.

여기서 설교는 이중적인 통합의 기능을 갖게 된다. 한편으로 성공적인 설교를 통해 예배는 통일성을 이루게 된다. 서투른 설교의 경우에 예배는 그런 설교가 일으키는 분산시키는 작용과 맞서기 위해 찬양, 예식, 성만찬 축제 등을 필요로 하게 된다. 사태에 적절한 설교는 성서적 역사의 현재에 대한 연관성을 하나님의 미래의 빛 속에서 분명히 드러냄으로써, 공동체의 지체들을 그들의 삶의 상황과 함께 구원사의 맥락 속으로 이끌게 된다. 여기서 성공적인 설교는 찬양, 예식 기도, 성서 읽기, 교회적 신앙의 공동고백 등의 역동적인 작용 안에서, 예배 참여자들 위로 집중되어 그들을 사로잡고, 그들로 하여금 하나님을 향해 마음을 고양시킬 수 있게 한다. 이러한 역동성은 성만찬을 통해 예수 그리스도 안에서 수립되는 하나님과의 연합 안으로 믿는 자들이 편입되는 것에서 정점에 도달한다.

설교는 다른 한 가지 의미에서도 통합의 기능을 행사한다. 복음의 해석을 통해 설교는 자신이 향하고 있는 특수한 공동체의 지체들을 교회적 믿음의 통일성 안으로 통합한다. 이 믿음은 공동의 신앙고백 안에서 각각의 개별 지체가 스스로 반복하면서 터득해 나가는 믿음이다. 이러한 예배적 신앙고백이 단지 외적이고 형식적인 예식에 그치지 않게 되는 것은 설교에 달려 있다. 이를 통해 설교는 성만찬 축제가 소외된 비밀제의가 되지 않도록 보호한다. 자신의 만찬 안에서 모든 사람에게 현재하시는 한 분 주님께 대한 하나의 믿음을 통해 형성되는 모든 그리스도인의 전 세계적 결합을 대신해서 성만찬으로 모인 공동체는 자신만의 고유한 친교의 축제를 개최한다.

성만찬과 마찬가지로 설교도 교회 공동체와 관계를 갖는다. 그렇기 때문에 복음의 공적인 선포는 루터가 말한 것처럼 복음의 설교와 성례전을 통해 "통치된다."[732] 이것은 성만찬 축제의 최고 책임이 특별한 방식으로 교회의 통일성을 다지고 보존하도록 부르심을 받은 교회의 성직 기관

---

732   M. Luther, WA 6, 441,24f.

에 위임되어 있는 것과 마찬가지다.

3. 성례전 개념의 다중 의미와 특수한 경우인 혼례

a) 전통적 성례전 개념

오늘날 사용되는 용어에서 "성례전"이라는 단어는 요약하자면 일련의 예배 행위들, 더 정확하게는 상징적 혹은 "실재－상징적"(realsymbolisch) 행위들, 혹은－혼례의 경우와 같이－그런 행위를 통해 거룩해지는 삶의 실행을 가리킨다. 모든 경우에 예배 행위들과의 관계가 본질적이다.[733] 다른 한편으로 이러한 사태는－그것이 영적 직무와 혼례를 포함하려고 할 때－행위 개념을 통해서는 충분히 설명되지 않는다. 그래서 가톨릭 신학자들은 성례전을 "지체들의 근본 상황 안에서" 일어나는 교회의 "자기성취" 혹은 "근본적 성취"라고 표현하는 것을 선호한다.[734] 이 표현도 혼례에 대해서는 단지 제한적으로만 어울린다. 이 표현은 혼례의 영적 규정을 가리킬 수 있겠지만, 인간의 피조적 현실성에 토대를 두고 있는 혼례를 교회의 근본적 성취로 특징짓기는 어렵다. 양쪽 서술 안에서 그 밖에도 예수께서 제정하셨다는 것과의 명시적인 관계가 빠져 있다. 이 관계는 교회의 구속력 있는 교리에 따르면 성례전과 그 밖의 다른 예배 행위들 혹은 교회적

---

733 퀸이 성례전의 행위적 성격을 강조했다. U. Kühn, *Sakramente*, 1985, 306. 그는 성례
전을 "표징"으로 보는 전통적·아우구스티누스적 이해가 너무 적게 다루어졌다는
점을 밝혔다. 이 사실이 아마도 왜 성례전 개념이 "실재－상징적"(realsymbolische)
행위로서 세례와 성찬에 제한되었는지 설명해줄 것이다. 그러나 여기서 표징 혹은
상징(Paul Tillich)의 포괄적 개념도 다루어지며, 특별히 성례전과 교회 개념 사이의
밀접한 체계적 관계가 표현된다.

734 후자는 K. Rahner, *Kirche und Sakramente*, 1960, 36, 전자는 예를 들어 Th. Schneider,
Zeichen der Nähe Gottes. Grundriß der Sakramententheologie, 1979, 47ff., 33f. 여기서
라너가 재차 인용된다(48).

삶의 실행들 사이를 구분하는 기준이 된다. 그러므로 그런 특징적 표현은 성례전 개념의 정의에 도달하지 못했다. 그것은 단지 그 사태에 근접하는 표현일 뿐이다.

성례전으로 지칭되는 교회의 행위들과 삶의 실행들의 의미는 그런 명칭에 의존하지 않는다. 그 의미는 "성례전"이라는 이름을 통해 구성되지 않는다. 오히려 이름은 뒤따라오는 것이고, 그렇게 지칭되는 교회의 모든 행위와 삶의 실행에 공통된 것, 그리고 그것들을 다른 것들로부터 구분하는 것과 관련해서 그렇게 부를 뿐이다. 성례전 개념은 옛 교회에서 비교적 후대에 이르러 교회적 행위 및 삶의 실행들을 포괄적으로 가리키는 명칭으로 사용되었고, 중기 중세에 이르러 그 명칭은 바로 그러한 기능에 제한되었다. 일곱 가지 성례전은 12세기에 비로소 신학적 교의(敎義)로 확정되었고, 1274년 리용 공의회에서 공식 교리가 되었다. 후대에 "성례전"이라고 서술된 상징 행위들의 기원은 이보다 훨씬 과거로 거슬러 올라간다. 그것들은 원시 그리스도교 이래로 다소간에 명확히 인식될 수 있는 것으로서 현존했다.[735] 여기서 성만찬과 세례는 이미 원시 그리스도교에서도 예수 자신의 제정 혹은 명령에 따른 것으로 소급되었다. 그러나 이것들도 상당히 후대에 이르러서야 비로소 "성례전"으로 지칭되었다.[736] 그런 까닭에 가톨릭의 성례전 신학은 오늘날 이렇게 바르게 말한다. 우리는 "먼저 개념을 추구해서는 안 되고" 오히려 먼저 "사태 자체를 눈 앞에 파악해야 하며…." 그것이 개념적으로 어떻게 파악되는지와는 관계없이 그렇게 해야 한다.[737] 하지만 이것은 바로 개신교 측에서 이미 아우크스부르크 신조에

---

735 슐테가 그렇게 바르게 설명했다. R. Schulte, in : *Mysterium Salutis* IV/2, 1973, 93f.

736 성만찬의 경우에 그것을 성례전으로 부른 가장 오랜 증빙은 히폴리투스(Hippolyt)의 단편 안에서 발견된다. 이에 대해 참고. K. Prümm, "Mysterion" und Verwandtes bei Hippolyt, in : *Zeitschrift für katholische Theologie* 63, 1939, 207-225, 219. 세례는 테르툴리아누스 이래로 성례전으로 지칭되었다. Tertullian, *De bapt.* 1,1 : CCL 1, 277.

737 R. Schulte, 같은 곳, 95.

서 이 문제를 다룬 방식이기도 했다. 그 신조는 세례(CA 9), 성만찬(CA 10)과 고해성사(CA 11-12)를 다룬 후에 성례전(CA 13)의 요약된 개념과 또한 성례전의 숫자(*Apol.* 13)에 관한 질문도 서술했다.

성례전 개념이 그것으로 예시되는 행위들 혹은 삶의 실행들과는 독립적으로 나중에 추가된 요약적 지칭이라면, 교단 사이에 갈등을 일으키는 성례전의 숫자를 묻는 신학적 논쟁의 중요성은 상당히 감소한다. 또한 교회일치 운동의 관점에서도 우선 중요한 것은 해당된 행위 및 삶의 실행들이 교회적 삶의 중심 내용으로서 서로 다른 교회들 전체 안에 현존하고 있는지, 그리고 어떤 기준에서 각각의 내용의 이해와 관련된 일치점이 있는지의 문제다. 이에 비해 어떻게 지칭할지의 질문은 이차적인 문제다.[738] 성례전이 몇 개인가 하는 것은 말하자면 대체로 성례전 개념이 얼마나 넓게 혹은 좁게 이해되는가에 달려 있다. 특별히 신적 제정의 요청과 관련해서 그렇다.

13세기에도 몇 가지 성례전은 사도들이 제정한 것이라는 견해가 있었다.[739] 알렉산더 헤일즈는 견진성사가 845년에 모(Meaux) 주교회에서 제정되었다고 주장했다.[740] 이에 대해 토마스 아퀴나스는 오직 하나님 자신만이 성례전을 제정하실 수 있다고 주장했다.[741] 그러나 그도 이 생각을 폭넓게 적용하지는 않았다. 그래서 토마스는 새 계약(언약)의 성례전 곁에 옛 계약의 성례

---

738 E, Schlink, *Ökumenische Dogmatik*, 1983, 517.

739 Bonaventura, *Sent.* IV, d 23 a 1 q 2 (Opera Omnia IV, Quaracchi 1889, 590-592).

740 Alexander Halensis, *S. theol.* IV, q 28 membr. 1. 그의 저서(Alexandersumme) 제4부분은 개정판에는 아직 포함되지 않았고, 여기서는 1516년 리용판(fol. 103v.)을 인용한다. 일련의 다른 견해들을 논의한 후에 거기서 이렇게 말해진다. 견진은 주님이 제정하신 것도 아니고 사도들이 제정한 것도 아니다. 사도들은 성례전 없이 오직 성령의 견진만을 받았다. 견진은 오직 성령이 앞에서 말한 공의회를 통해 제정하신 것이다.

741 Thomas von Aquin, *S. theol.* III,72,1 ad 1, 비교. 60,1과 64,2.

전, 곧 예수 그리스도의 오심을 미리 가리키는 표징 행위들을 병렬시켰다(*S. theol.* III,60,3). 하나님의 아들의 성육신 이전에 살았던 사람들도 말하자면 오직 믿음을 통해서만 그리스도의 구원의 미래에 참여한다(III,61,4; 비교 3). 이와 마찬가지로 모든 성례전은 구원의 원인인 그리스도의 고난과 관계되며 (60,3), 새 계약(언약)의 성례전에는 그것을 넘어 그리스도 자신의 제정이 본질적이다(64,2 ad 1). 물론 토마스는 그 동시대인들과 마찬가지로 일곱 가지 성례전 모두가 성서에서 예수께서 제정하신 것으로 전승되지 않았다는 사실을 알고 있었다. 그러나 그는 그런 경우에는 사도적 전통에 근거해서 예수 그리스도 자신이 제정했다는 것을 주장할 수 있다고 생각했다.[742] 우리가 어떤 행위를 성례전으로 인정하기 위해 토마스가 요청했던 기준을 수용한다면, 그러나 프란체스코파 신학자들 및 그 이후 시대의 신학자들과 함께 그런 제정은 오직 성서에서 명시적으로 증언되는 경우에만 인정될 수 있다고 본다면, 우리는 성례전의 숫자를 줄여야 한다는 결론에 도달한다. 그렇다면 종교개혁이 세 가지(참회를 포함할 때) 혹은 세례와 성찬이라는 두 가지 성례전에 제한했던 것이 설명될 수 있다. 스콜라주의가 이미 가장 큰 혹은 주요한 성례전 (*sacramenta maiora aut principalia*)으로 부른 두 가지 행위에 제한하게 되는 것은 아우구스티누스의 말처럼 성례전의 본질인 말씀에 대하여,[743] 또한 그와 결합된 표징에 대해서도 예수 자신으로부터 유래하는 기원이 요청될 때다. 고해성사와 면죄에 대해서는—루터는 예수께서 이것들을 제정하셨다는 것이 마태복음 18:15ff.에 근거해서 확실하다고 여겼다(WA 6, 546)—표징이 없기 때문에 성례전으로 간주하는 것은 의심스럽게 보였다(572). 그러나 멜란히톤은 CA(아우크스부르크 신조) 11과 12항의 고해성사 혹은 참회를 성례전으로 간주했는데, 이어지는 CA 13항에서 성례전 개념이 논의됨에 따라 이 사실은

---

[742] *S. theol.* III,64,2 ad 1 : Et licet non sint omnia tradita in Scripturis, habet tamen ea ecclesia ex familiari apostolorum traditione. 참고. III suppl. 29,3.

[743] Augustin, in *Ioann.* 80, 3 : Accedit verbum ad elementum, et fit sacramentum (CCL 36, 529).

분명해진다. 자신의 『변증론』에서 멜란히톤은 이를 넘어 성직 안수와 혼례를 성례전에 포함시키는 것이 가능하다고 설명했다(Apol. 13,10 - 15; BSELK 293f.). 이러한 두 가지 사건 안에는 말하자면 하나님의 계명 및 이와 결합된 약속이 놓여 있는데, 이것은 멜란히톤에 따르면 성례전 수용을 위한 본질적 조건이다. 물론 약속은 혼례의 경우에 보다 더 육체적이고 이 세상적인 삶과 관련되어 있다(294,19f.). 멜란히톤이 참회 외에 성직 안수와 혼례까지도 성례전으로 인정할 준비가 되어 있었던 것은 그가 성례전적 표징의 개념을 루터보다 넓게 이해했기 때문이며, 하나님의 명령(mandatum Dei)에 근거하고 은혜의 약속(promissio gratiae)과 결합된 모든 예식(ritus)에 대하여 성례전이라는 명칭을 부여할 수 있다고 생각했기 때문이다(292,14ff.).[744] 여기서 예식 자체는 이미 성례전적 표징으로서 타당하다. 그러나 멜란히톤의 『변증론』은 일곱 개의 성례전을 거부했다(Apol. 13,1; 같은 곳, 291f.). 왜냐하면 견진과 임종의 기름부음은 하나님의 명령이 아니기 때문이다(n.6, 293, 12f.). 이에 대해 트리엔트 공의회는 일곱 가지 성례전을 주장했고, 이를 인정하지 않는 사람들을 정죄했다(DS 1601). 하지만 그 공의회는 성례전들 사이의 서로 다른 등급을 정하고, 전통적인 의미에서 세례와 성찬을 큰 성례전(sacramenta maiora)으로 인정했다(DS 1603). 그러므로 교단들의 입장은 이 문제의 핵심에서는 서로 멀리 떨어져 있지 않다. 특히 성례전으로 지칭된 예식 행위들이 개신교회 안에서도 (부분적으로 병자를 위한 기름부음을 예외로 한다면) 수용되었기 때문이다.[745] 가톨릭교회가 일곱 가지 성례전의 숫자를 고수하는 것과 관련해서 질문이 제기된다. 여기서 일차적으로 중요한 것은 교회적인 "언어 규정"인 진술인가,

---

744 멜란히톤의 성례전 개념에 대해 참고. U. Kühn, *Sakramente*, 1985, 77ff. 이 질문과 관련된 멜란히톤과 루터의 관계에 대해 비교. G. Wenz, *Einführung in die evangelische Sakramentenlehre*, 1988, 33ff.

745 병자를 위한 기름부음에 대해서는 이 책의 437f.를 보라. 개신교적 입장에서 기름부음의 예식은 빠져 있지만, 병자를 위한 방문과 기도가 배제된 것은 아니다. 성례전 개념과 숫자와 관련된 교단별 입장들의 관계에 대해 참고. K. Lehmann/W. Pannenberg, Hgg., *Lehrverurteilungen — kirchentrennend?* I, 1986, 77 - 88.

혹은 본래적 신앙의 진술인가?[746] 반면에 개신교의 측면에서 성례전의 숫자
는 『변증론』 13이 예시하는 것처럼 신앙고백의 문제가 아니었다. 멜란히톤
이 가장 강하게 강조한 것은 명백하게도 견진과 병자를 위한 기름부음에 대
한 유보였다. 여기서 중심 문제는 오늘의 지식의 관점에서 새로운 빛 속에서
서술될 수 있다. 한편으로 견진과 세례의 문헌사적인 일치와 관련해서(위의
431ff.를 보라), 다른 한편으로 세례가 계속되는 삶의 역사 곧 견진, 참회, 그리
고 병자와 임종을 앞둔 자에 대한 목회 안에서 구체화된다는 차원에서 새롭
게 서술될 수 있다.

b) 성례전 개념의 적용과 정당화의 어려움

현재 진행되는 신학적 토론의 상황에서 성례전 개념과 관련해서 예수
자신이 성례전을 제정하셨다는 증거를 요청하는 엄격한 종교개혁적 이해
는 세례와 성만찬의 경우에서도 난관에 부딪치고 있다. 예수 자신이 반복
적 행위를 명시적으로 명령하셨다는 것은 역사비평적 주석의 결과를 고려
한다면 어쨌든 성만찬에 대해서만 말할 수 있으며, 그것도 다수의 주석가
들의 견해에 반대하며 단지 바울과 누가에게서 전승된 반복 명령을 역사
적 신빙성을 가진 것으로 간주할 때만 가능하다. 성만찬 교리에서는 시행
말씀의 전승과 관련된 불확실성 때문에 부활 이전의 예수가 시행했던 만
찬을 배반당하시던 밤의 고별 만찬의 의미에 접근하는 해석의 도구로 삼
는 것이 최선이다. 사정이 이렇다면 세례와 관련해서 예수께서 그것을 제
정하셨다는 것은 단지 넓은 의미에서만 말해질 수 있다. 이것은 그리스도

---

746   트리엔트 공의회가 내린 교리적 정죄의 다양한 가중치에 대해서는 앞의 각주 745에
서 인용된 책 26쪽의 각주 1에서 언급되는 자료를 보라. 특별히 성례전의 보편적
개념에 대한 교리적 정죄에 관해서 참고. V. Pfnür, Verwirft das Konzil von Trient
in der Lehre von den Sakramenten die reformatorische Bekenntnisposition? Zur
Frage der Kenntnis der reformatorischen Theologie auf dem Konzil von Trient.
Untersuchung der Irrtumslisten über die Sakramente, in: W. Pannenberg, Hg.,
Lehrverurteilungen - kirchentrennend? III, 1990, 159 - 186, bes. 184ff.

교적 세례의 근거가 예수 자신에게, 말하자면 그분 자신의 세례와 그분의 고난에 대한 그것의 관계에 놓여 있다는 것을 의미한다. 마태복음 28:19의 특수한 전승은 세례가 신약성서 전체의 증언에 따라 부활하신 자에 의해 교회적 행위로 제정되었다고 주장할 만한 근거가 되기는 어렵다. 병자를 위한 기름부음(약 5:14)의 교회적 행위와의 차이는 이미 1530년의 멜란히톤에게 그렇게 보였듯이 오늘날에는 더 이상 근본적인 문제가 아니다. 비록 세례의 교회적 행위에서 중요한 것이 원시 그리스도교 전체 안에서 널리 행해졌던, 그리고 그리스도인의 존재에 근본적인 것으로 증언되었던 예식이었다고 해도, 이것은 병자를 위한 기름부음과 비교할 때 상당히 광범위한 전통이기는 했지만 그 자체로서는 단지 교회적 행위에 불과했으며, 그것이 부활하신 자의 명시적 지시를 통해 제정되었다는 것은 일반적으로 널리 통용되는 견해가 아니었다.

이러한 사태는 바로 세례와 성만찬이 신약성서 안에서 아직은 "성례전"(*mysteria*)으로 말해지지 않았다는 사실과 관계가 있고, 그 결과 교회적 행위들(혹은 삶의 실행들)을 요약해서 특징적으로 지칭한다는 전통적 기능을 지닌 성례전 개념은 대체로 문제가 될 수 있다는 인상을 준다. "성례전"으로 지칭되는 교회적 행위들의 어떤 공통적인 근본구조라는 가정은 개신교 신학에 대하여 결정적인 요점, 곧 예수 자신을 통해 명확하게 제정되었다는 점과 관련해서는 확증될 수 없을 것으로 보인다.[747]

이러한 외양은 가톨릭 신학 안에서 유력한 경향 곧 성례전 개념을 교회 개념으로 소급시키고 개별 성례전들을 교회의 "원(原)성례전" 혹은 "근

에드문트 슐링크는 우리가 모든 역사비평학적 판단과는 별개로 세례와 성만찬이 마태복음 28:19과 바울-누가적으로 전승된 반복 명령의 의미에서 예수 자신에 의해 제정된 것으로 믿어야 한다고 주장했다. E. Schlink, *Ökumenische Dogmatik*, 1983, 493. 비교. 동일저자, *Die Lehre von der Taufe*, 1969, 30. 그러나 이 주장은 성서적 진술들을 성서 그 자체로부터, 그리고 성서에 고유한 맥락으로부터 해석할 것을 요청하는 개신교 신학의 성서 원칙과 조화되기가 어려울 것으로 보인다.

본 성례전"의 근본적 실행으로 파악하는 경향[748]을 통해 겉으로는 확증되는 것처럼 보인다. 그렇게 되면 모든 개별적 성례전이 예수 자신으로부터 유래한다는 것을 입증하라고 요청하는 제정의 문제를 피해갈 수 있기 때문이다. 그런 입증의 요청은 과거에 토마스 아퀴나스가 규정으로 승격시키고 트리엔트 공의회(DS 1601)가 인정했던 것이지만, 최소한 몇 가지 경우에서 이미 심각한 어려움을 야기했다. 그래서 성례전 개념을 에베소서 3:3-10에 따라 우선 그리스도와의 연합 안에 있는 교회와 관련시키고, 그다음에 개별 성례전들을 그러한 "근원적 성례전"에서 파생된 것으로 파악하는 가능성이 짐을 덜어주는 것으로 느껴질 수 있었다는 것이 이해가 된다.[749] 그러나 개신교 신학은 이러한 탈선의 길로 나아가서는 안 되며, 모든 그리스도교 신학은 그런 유혹에 저항해야 한다. 왜냐하면 개별 성례전들이 각각 예수 그리스도 자신에게서 출발했다는 것의 입증은 토마스 아퀴나스가 바르게 강조했던 것처럼 필수 불가결하기 때문이며, 성례전이 전달하는 은혜는 그리스도교적 관점에서 오직 예수 그리스도를 통해 중재된다고 생각할 수밖에 없기 때문이다. 성례전의 이러한 기능을 확정하기 위해서는 오직 하나님 자신만이 예수 그리스도 안에서 새 계약(언약)의 성례전을 제정하실 수 있다는 사실을 확고히 붙들어야 한다.[750] 은혜와 화해의 원천이라는 성례전의 기능 안에서 예수 그리스도께서는 교회에 대하여

---

748 제멜로트(O. Semmelroth)와 칼 라너(K. Rahner)의 이러한 사상을 슐테가 수용하여 발전시켰다. R. Schulte, in : *Mysterium Salutis* IV/2, 1973, 47ff.

749 칼 라너는 개별 성례전들이 각각 예수를 통해 특별히 제정되어 유래했다는 주장이 일곱 가지 중 최소한 네 가지(혼례, 사제 안수, 병자를 위한 기름부음, 견진)의 경우에는 성서적으로 입증되기 어렵다고 보고, 그 대신에 성례전 개념을 교회 개념에 근거시킬 것을 주장했다. K. Rahner, *Kirche und Sakramente*, 1960, 38ff.

750 Thomas von Aquin, *S. theol.* III,64,2. 토마스는 같은 곳, ad 3에서 사도들이 특정한 경우에 성례전의 제정자가 될 수 있다는 가정에 대해 명시적으로 반대했다. …sicut non licet eis constituere aliam ecclesiam, ita non licet eis tradere aliam fidem, neque instituere alia sacramenta : sed per sacramenta quae de latere Christi pendentis in cruce fluxerunt, dicitur esse fabricata Ecclesia Christi.

그분 자신의 몸의 머리로서 지양될 수 없이 서 계신다. 이 사실은 에베소서가 그리스도와 그분의 교회를 구원의 비밀이라는 개념 안에서 서로 결합시킨다는 것을 인정할 때, 확고하게 주장할 수 있다.[751] 이 모든 내용은 교회가 예수 그리스도께 속한다는 것을 말하려 할 때, 교회가 그분께 참여하며 나아가 예수 그리스도로부터 시작하여 유대인과 이방인으로 구성된 교회 안에서 일어나는 화해 사건을 강조하려고 할 때, 인용될 수 있다. 하지만 우리는 예수 그리스도 자신이 교회 안에서 현재하시고 교회를 통해 매개되는 구원의 근거와 원천이시라는 사실을 확증하기를 피하고, 오히려 교회가 그분의 자리에 서도록 하는 일을 위해 그 내용을 인용해서는 안 된다.

이 자리에서 위의 제12장 2.b에서 다루었던 개신교적 비판 즉 현재 가톨릭 신학이 교회 개념을 "성례전화"하려는 것에 대한 비판이 정당성을 갖게 된다. 성례전 제정에 관한 질문에서 실제로 중요한 것은 그 제정의 근거는 오직 예수 안에 놓여 있으며, 교회에 두어질 수 없다는 사실이다. 예수 그리스도께 대한 믿는 자들의 직접 관계는 성례전의 수용에 근거하며, 이것은 교회의 "관리"에 의한 모든 중재와 무관하다. 그러나 현재 가톨릭교회의 성례전 신학이 보이는 경향에 대한 이러한 비판의 정당성은, 교회를 구원의 비밀로 보는 가톨릭 교회론에 대해 오직 예수 그리스도만이 하나님의 구원의 비밀이시며 그래서 유일무이한 성례전이라는 주제를 정면으로 대립시킬 때, 약화된다. 이러한 대안은 틀린 것이며, 신약성서가 말하는 구원의 비밀 개념, 특히 에베소서 3:3-10에 의해 정당화되지 못한다. 교회가 예수 그리스도 안에서 계시된 하나님의 구원의 비밀에 참여한다는 것은 다른 한편으로 예수 그리스도께서 교회의 근거이시며, 자신의 몸의 머리가 되신다는 사실을 지양하지 않는다. 오히려 정반대로 오직 예수 그리스도로부터만, 그리고 그분

---

751   이 책의 제12장 2.b, 특히 85ff.를 보라.

과 구분되어 그분을 대면할 때만, 교회의 성례전적 표징성은 적절하게 근거되고 이해될 수 있다. 그 표징성은 교회가 자체의 삶과 의미 안에서 믿는 자들을 하나님의 유일한 구원의 비밀이신 예수 그리스도께 참여하게 만드는 구원의 비밀의 특별한 장소임을 나타낸다.

개신교 신학 안에서 성례전이 예수 자신에 의해 제정되었다는 것이 역사비평학적으로 입증되기 어렵다는 사실은 가톨릭 측에서 행해진 것과 비슷하게 독특한 유비의 전략으로 이끌었다. 가톨릭 진영에서 성례전 제정을 예수의 인격이 아니라 교회로 소급시켜서 곤란함을 회피하려고 시도했다면, 개신교 진영에서 사람들은 성례전의 교리를 철회하여 영향력 있는 하나님의 말씀의 교리 안에 포함시키려는 경향을 보였다. 그 결과 성례전은 단지 말씀 자체의 한 측면만 표현하는 것이 되었고, 예수께서 성례전의 고유한 근거가 되신다는 문제는 중요성을 상실했다.[752]

그렇다고 해도 그리스도의 메시지의 말씀으로부터 어떻게 성례전의 "역사적 권위"가 근거될 수 있는지의 물음이 생긴다. 예수 그리스도에 의한 제정이라는 개념을 전적으로 포기한다고 해도, 성례전이 원시 그리스도교가 창조한 작품인지, 그래서—예수의 길과 "내적 연결"은 없다고 해도—결국 교회로 소급되는 것인지의 문제는 남아 있다. 여기서 예수와의 관계에 대한 그러한 서술은 너무 불확실해서 성례전과 관련해서 그것을 수용하는 사람들이—특히 성례전으로서의 특수성 안에서 수용할 때—그 대상이신 예수 그리스도와 직접 관계된다고 말하기가 어렵다. 이 기능은 복음의 말씀 사건 전체에 귀속된다. 성례전은 특수한 방식으로 말씀 사건에 참여하며, 게르하르

---

752   참고. G. Ebeling, Erwägungen zum evangelischen Sakramentsverständnis, in : *Wort Gottes und Tradition*, 1964, 217‒226, 218f., 225. 비교. 동일저자, *Dogmatik des christlichen Glaubens* III, 1979, 295‒325, bes. 315ff. 이곳의 내용은 제정의 문제를 다룬다. 이어지는 본문의 설명은 그 본문의 317과 관련된다.

트 에벨링에 의하면 그 사건을 "변형시키는 것"(Modifizierung)으로 이해되어야 한다.[753] 루터와 달리 에벨링은 여기서 약속이 빵 및 그것을 먹는 것과 강하게 연결된다는 것을 명확하게 말하지 않았는데, 그것은 약속이 세례주는 물과 연결되지 않는 것과 마찬가지였다. 이 연결은 복음의 청중이 세례의 결단 없이는, 또한 성만찬의 참여 없이는 그리스도의 지체가 될 수 없음을 뜻한다. 그러나 에벨링은 그와 다르게 성례전이 "말로 하는 말씀이 수여하는 바로 그 은사"를 수여하며, 단지 말씀과는 다른 방식으로 수여할 뿐이라고 강조했다.[754] 이러한 문구는 좋은 의도를 가지고 있기는 해도, 오해를 불러일으키기 쉽다. 말씀을 가진 자에게는 성례전이 필요하지 않다는 오해다. 어쨌든 그 문구는 성례전의 "적합성"(proprium)을 표현하기에는 충분치 않은데, 이 적합성은 복음의 선포가 선교적 선포로서 세례를 목표로 삼고 공동체적 설교로서 세례를 전제한다고 말하려면 반드시 받아들여야만 하는 것이다. 왜냐하면 세례를 통해 청중과 예수 그리스도와의 근본적인 결합의 근거가 마련되기 때문이다.[755] 에벨링의 서술에서는 루터적 종교개혁의 특징인 말씀과 성례전의 병렬이라는 자리에서 개혁주의적 전통에 고유한 성례전의 말씀에의 예속이 대신 등장하고 있다.[756] 물론 에벨링은 계속해서 만일 교회의 본질에서 성례전을 제거한다면, 가톨릭교회의 본질은 물론 개신교회의 본질마저

753　G. Ebeling, 1964, 218f.

754　G. Ebeling, *Dogmatik des christlichen Glaubens* III, 1979, 322.

755　또한 에벨링도 세례를 "믿는 자들이 그리스도께 자신을 양도하는 것"(같은 곳, 319)이라고 말한다. 그래서 세례는 "믿는 자들의 존재를 그리스도 안에 근거시킨다"(323). 이것은 구두로 전해지는 말씀의 은사를 넘어서는 것이 아닐까? 물론 말씀에서 은사는 그리스도 자신이지만, 그러나 아직 세례받지 않은 청중이 그 말씀을 통해 세례로 이끌리게(혹은 어쨌든 세례를 결심하게) 된다면, 그리고 이미 세례를 받은 자가 자신의 세례를 새롭게 확신하게 된다면, 그분은 단지 믿음 안에서만 수용되시는 것이다.

756　이 구분에 대해(에벨링과 관계없이) 비교. G. Wenz, *Einführung in die evangelische Sakramentenlehre*, 1988, 69, 비교. 47ff.

도 파괴될 것이라고 주장했다.[757] 이에 대한 반대질문은 이렇게 될 것이다. 그리스도교 교회의 생성은 성만찬과 세례 없이는 생각될 수 없다. 빵을 떼는 것이 예수의 제자들과 추종자들의 모임의 중심이었던 것처럼, 세례는 새로운 지체를 통해 그들의 영역을 확장시키는 일에 처음부터 근본적인 것이었다.

예수께서 성례전을 직접 제정했다는 주장이 세례와 성만찬의 기원에 관한 역사비평학의 연구를 통해 빠져들게 된 어려움에서 벗어나는 한 가지 다른 출구는 제정 개념을 넓게 파악할 때 생긴다. 그때 그 개념은 세례 명령 혹은 마지막 만찬에서의 반복 명령의 의미에서 예수께서 주신 명령에 기초할 필요가 없다. 그 대신에 성만찬과 세례는 바로 다음의 방식으로 예수께로 소급된다는 사실이 제시되어야 한다. 그것은 세례와 성찬이 원시 그리스도교 안에서 시작된 것이 예수의 행동과 역사 안에서 제시된 것을 부활 사건의 빛 안에서 새롭게 바라본 결과로 이해된다는 방식이다. 성만찬에서 이 관계는—위에서 제시한 것처럼—특별히 밀접하다. 그래서 반복의 명령은 예수의 고별 만찬에 고유한 의도의 명시적인 문구로서 부활하신 자와 함께하는 제자들의 식탁 공동체의 빛에서 파악될 수 있다. 그러나 세례의 경우에도, 스스로 나타나듯이, 그리스도인을 예수 자신의 세례 및 죽음과 연합한 자로서 규정하는 관계, 즉 그리스도교적 세례 실행의 근저에 놓이는 관계가 존재한다. 의심할 바 없이 원시 그리스도교 교회는 자신의 예배적 삶을 전개하는 가운데 세례와 성찬이라는 두 가지 행위를 형성하는 일에 참여했을 것이다. 그러나 교회는 그것을 수용하는 자로서 참여했으며, 이것은 교회가 신약성서 정경의 생성과 수용에 참여했던 것과 마찬가지다. 2세기에 신약성서 정경이 자신의 내용에 담긴 확고한 증거를 그리스도에 대한 증언의 원천으로 인정할 것을 교회에게 의무로서 요청했던 것처럼, 마찬가지로 원시 그리스도교에서 성만찬과 세례도 예수의

---

757   G. Ebeling, 같은 곳, III, 308.

제자들에게 그들의 주님의 역사에 대한 그 자신들의 경험으로부터 권위를 인정해줄 것을 끈질기게 요구했다. 이러한 의미에서 하나님 자신이 성만찬과 세례를 예수 그리스도를 통해, 그리고 성령의 능력 안에서 제정하셨다고 말할 수 있다. 그렇다면 제정의 맥락은 배타적으로 역사적 예수에 근거한다기보다는 삼위일체론적으로 구성된다. 제정의 기원이 예수의 인격에 속한다는 사실은 여기서도 여전히 유지되며, 무엇보다도 신적 제정이라는 사고도 그렇다. 세례와 성만찬은 물론 원시 교회가 창조한 것은 아니며, 단순한 인간적 고안물이 아니다. 오히려 그것은 하나님이 예수 그리스도 안에서 구원을 계시하신다는 맥락에서 하나님 자신이 제정하신 것이라고 말해야 한다.

이로써 세례와 성만찬을 "성례전"으로 지칭해야 한다는 결정이 내려졌는가? 우리는 방금 논의된 내용적 질문과 용어의 질문—비록 둘이 연관되어 있지만—을 구분해야 한다. 우리는 세례와 성만찬을 "성례전"으로 부르기 위해 원시 그리스도교에서 사용된 용어를 근거로 제시해서는 안 된다. 예수 그리스도 안에서 계시된 하나님의 구원의 비밀에 관한 논의에 그리스도론적으로 집중하는 것은 하나님의 유일한 성례전으로서의 그리스도와 교회의 "성례전적 표징" 사이의 구분을 시사한다. 이것은 이미 루터가 주석의 자료들에 근거해서 숙고했던 내용이다.[758] 최근에 칼 바르트와 에버하르트 윙엘이 그 사고를 이어받았고, 성례전 개념을 신약성서의 용어에 상응해서 단지 예수 그리스도에게만 적용하는 것을 변호했다.[759]

---

[758] 이에 대해 이 책 84쪽의 각주 130에서 언급된 루터의 진술을 보라. Luther, WA 6, 501, 86, 7f., 또한 551, 9-16.

[759] K. Barth, *KD* IV/2, 1955, 59 ; E. Jüngel, *Barth-Studien*, 1982, 295-331. 나 자신도 1970년(*Thesen zur Theologie der Kirche*, 38-40)에 세례와 성찬의 교리 안에서 성례전 개념을 포기할 것을 옹호했다. 왜냐하면 성서의 비밀(성례) 개념은 다른 방향을 지시하기 때문이다(These 98). 그러나 나는 1974년의 2판에서 나의 판단을 수정했다. 왜냐하면 성서적인 비밀(성례) 개념은 교회 개념과 함께 교회의 예배적 삶의 중심적 구성요소로서의 성례전들과의 관계를 함축하고 있는 것으로 보였고, 그 밖

그 결정을 받아들인다면, 우리는 교회적 삶의 구성요소로서의 세례와 성찬의 표징 행위들을 예수 그리스도 안에서 일어난 하나님의 행동로부터 날카롭게 구분하게 된다. 물론 그때도 세례와 성찬은 여전히 하나님의 그러한 행동에 응답하는 믿음의 순종의 표징과 표현으로서 남는다. 문제는 그 순종이 세례와 성찬의 내용에, 즉 신약성서의 증언에 따라 믿는 자들을 현실적으로 예수 그리스도와 결합시키는 행위, 아니 그들 안에서 예수 그리스도 자신이 그분의 영을 통해 믿는 자들을 그분 자신과 결합하고 그분 자신을 그들과 결합하는[760] 두 가지 행위의 내용에 정말로 적절한가 하는 질문이다. 그렇다면 세례와 성만찬의 내용은 유일무이한 그리스도 – 성례전(Mysterium)과의 밀접한 관계를 함축하고 있지 않으며, 그 관계는 거꾸로 에베소서 3:3 – 10에서 주장되는 참여 곧 그리스도 – 성례전에 대한 교회의 참여를 이해 가능하게 만들어주지 않는가? 그렇다면 세례와 성만찬을 통하여 유대인과 이방인으로 구성된 교회는 예수 그리스도 안에서 계시된 하나님의 구원의 비밀(성례전, Mysterium)에 이미 참여하고 있지 않은가? 여기서 세례와 성찬은 말씀 및 믿음과 경쟁하지 않고, 오히려 그것을 전제한다. 그러나 복음을 선포하는 말씀 곧 믿음 안에서 수용되는 말씀은 세례와 성만찬을 통해 성취되는 믿는 자들의 예수 그리스도와의 결합 안에서 자신의 목적에 도달한다.

에도 이미 신약성서에서 성례(Mysterien)라는 용어는 복수로 말해지기 때문이다. 물론 그것이 ─ 한 군데를 제외하고는 ─ 후대에 성례전이라고 부르는 것을 가리키지는 않는다.

760 게르하르트 에벨링의 멋진 서술을 비교하라. "세례는 믿는 자들이 자신을 그리스도께 양도하는 것이고, 성만찬은 그리스도께서 자신을 믿는 자들에게 양도하는 것이다." G. Ebeling, 같은 곳, III, 319. 그리스도께서 성만찬에서 빵과 포도주 안에 현실적으로 현재하신다는 것은 거꾸로 세례 받는 자가 세례를 받음으로써 자아 밖으로 나가서 그리스도 안에서 탈자아적 상태에 놓인다는 것에 상응한다.

c) 하나인 구원의 비밀과 다수인 성례전

하나님의 유일무이한 구원의 비밀(성례)이신 예수 그리스도[761]에 대한 신약성서의 진술들로부터 교회의 성례전들에 관한 후대의 개념들로 인도하는 어떤 내용적인 연관성이 있을까? 이미 신약성서가 사용했던 용어들 가운데서 예수 그리스도 안에서 계시된 하나님의 구원 계획에 관한 표상의 곁에 비밀들(성례전들)로 지칭되는 일련의 개별적 내용이 자리를 잡고 있다. 이에 속하는 것으로서는 이스라엘의 완고함이 갖는 구원의 의미(롬 11:25), 그리고 믿는 자들이 부활의 새로운 생명으로 변화하는 시기(고전 15:51)가 있다. 그래서 바울은 하나님의 "비밀들"이라는 복수형을 말할수 있었고, 그 자신이 바로 그 비밀들을 관리하기 위해 사도로서의 사명을 위탁받았다고 생각했다. 여기서 바울이 세례와 성만찬을 바로 그 비밀들(성례전들)로 지칭하지 않았다고 생각하는 것은 전적으로 시대착오적인 일이다. 오히려 중요한 것은 하나님의 역사 계획의 구성요소들인데, 그 계획전체는 예수 그리스도 안에 요약되고 지금 이미 선취적으로 계시되었다.[762]

이러한 역사 계획은 역사의 종말, 즉 역사의 결과로부터 계시된다. 그계획은 사건들과 사실들을 통해 진행되는 과정에서 유형론적으로 미래, 특별히 최종적인 미래와 관계되면서 스스로를 미리 드러내는데,[763] 그 계

---

761 이에 대해 이 책 85쪽의 각주 132ff.를 보라.

762 비교. 『조직신학』 제I권, 344ff. 비밀(*Mysterium*, 성례전)이라는 단어는 이미 바울에게서 복수형으로 쓰이기 때문에, 그 복수형이 교부들에게서 나타나는 것은 특별한 문제가 되지 않는다. 참고. K, Prümm, "Mysterion" von Paulus bis Origenes, in : *Zeitschrift für kath. Theologie* 61, 1937, 391 – 425, 402ff. 이에 대해 중요한 것은 비밀에 관한 바울의 사고, 즉 종말론적 완성을 목표로 하지만, 그러나 이미 예수 그리스도 안에서 계시된 하나님의 구원 계획에 관한 사고가 이레나이우스에게서 수용되어 계속 발전했다는 사실이다. 예를 들어 Irenäus, *adv. haer.* 5,36,3 그리고 *Epid.* II, 2,58,70 (K. Prümm, 같은 곳, 423).

763 참고. L. Goppelt, *Typos. Die typologische Deutung des Alten Testaments im Neuen*, 193. 동일저자, *Theologie des Neuen Testaments*, hg. J. Roloff, Teil 1 , 1975, 49f., bes. Teil 2, 1976, 385ff. 여기서 고펠트는 유형론적 해석이 역사 신학과 대립된다고 보았다. 그

획의 이러한 기능은 시간이 흐른 다음에 비로소 인식될 수 있다. 그래서 바울은 고린도전서 10:4에서 모세가 사막을 방랑하는 이스라엘 백성을 마시게 하려고(출 17:6) 물이 나오라고 두들겼던 바위를 유형론적으로 그리스도께, 그리고—만나를 먹는 것과 함께—성만찬에(고전 10:3) 연결시켰다. 바울 이후에도 비밀(*mysterion*, 성례전)이라는 표현은 그와 비슷한 사례들에 적용되었다(Justin, *Dial*. 44, 77 등등). 역사를 뒤돌아보았을 때 그런 사례들 안에서 종말의 완성을 향한 하나님의 역사 계획의 부분들이 인식될 수 있었기 때문이다.[764] 그런 유형론적 의미로 미루어 본다면 이미 에베소서 안에서 창조질서에 따른 인간 규정인 남자와 여자의 혼인 관계(창 2:24)가 그리스도와 교회의 연합을 미리 가리키는 가운데 "비밀"로 지칭된다(엡 5:32). 이것은 신약성서 안에서 비밀(*mysterion*)이라는 표현이 후대에 "성례전"으로 지칭될 사태와 관련되면서 등장하는 유일한 진술이다. 여기서 중요한 것은 유형론의 좌표계가 근저에 놓여 있다는 사실이다. 왜냐하면 이 사실을 통해 예수 그리스도를 하나님의 구원의 비밀의 총괄개념으로 말하는 골로새서와 에베소서의 진술들에 대한 그 표현의 관계가 드러나기 때문이다. 예수 그리스도 안에서 계시되는 신적 의지 곧 종말의 완성을 향

───────────

러나 우리는 그 해석은 실제로는 역사 신학에 봉사하는 도구로 평가해야 한다. 바울 서신에서도 유형론적 해석은 자연스런 방식으로 역사 신학의 출발점이 되고 있다. 바울의 비밀 개념이 "종말의 때에 관한 하나님의 비밀의 결의"(Goppelt, 387)만이 아니라, 또한 종말의 때와 관련된 의미 안에서 종말의 사건들보다 앞서는 역사 사건들도 포괄한다는 사실은 이미 로마서 11:25에서 충분히 명확하다.

764 여기서 특별히 중요한 것은 교부들의 비밀 개념의 그리스도교적 의미의 구성요소다. 이 개념은 영지주의적 용어의 의미로, 혹은 밀교의 용어와 유비를 이루면서 사용되기도 했다. 위의 각주 736에서 언급한 K. Prümm의 히폴리투스(Hippolyt) 논문, 208ff.와 215ff.를 참고하라. 여기서 비밀 용어의 두 가지 종류의 사용 사례가 총괄되어 있다. 세례와 성찬의 유형론적 해석에 대한 증빙과 관련해서 참고. R. Hotz, *Sakramente - im Wechselspiel zwischen Ost und West*, 1979, 38f. 여기서 홀츠는 바실리오스(Basilios)와 크리소스토모스(Chrysostomos)를 인용하지만, 그것을 단지 그리스 교부들의 플라톤주의에 대한 사례들로만 다룬다.

한 하나님의 역사 계획의 구원 의지는 그보다 앞서 진행되는 어떤 사건들과 사태들 안에서 자신을 통고하며, 그래서 그것들은 "비밀"이라고 지칭된다.

비밀(*mysterion*)이라는 표현은 사도 이후의 시대에는 예수 자신의 역사의 근본적인 사실들―그의 탄생, 십자가에서 죽으심, 부활―을 가리키는 데 사용되었다.[765] 이와 같이 비밀로 지칭되는 예수의 역사적 사건들은 전부 인류 역사의 미래적·종말론적 완성과 관계되어 있다. 그래서 그 사건들이 비밀이라고 불린 이유가 추정될 수 있다. 그것들은 구원의 미래를 지시하는 옛 계약의 사실들에 유형론적으로 상응하지만, 그러나 하나님의 구원의 결의에 따라 그리스도 안에서 만물이 "통일되며 함께 결합된다"(엡 1:10)는 사실과는 구분되기 때문이다. 하나님의 비밀의 다양성 안에서 중요한 것은 언제나 유일무이하고 동일한 구원의 비밀인데, 이것은 예수 그리스도 안에서 이미 선취적으로―비록 아직은 은폐된 방식이지만―출현했고, 그분을 통해 덮개가 벗겨졌다(롬 16:25f.).

하나님의 구원의 비밀은 역사의 진행 과정 안에서는 은폐되어 있고 그것의 종말에 이르러 드러날 하나님의 계획 곧 역사의 목표와 진행을 위한 신적 계획을 뜻한다. 이러한 하나님의 구원의 비밀에 대한 종말론적 표상과 역사 안에서 주어진 사건들에 대한 유형론적 해석을 결합시키는 것은 역사의 구원론적 목적의 예기적 계시를 뜻하는 예수 그리스도의 출현을 통해 가능하게 되었다. 이 결합을 통해 과거 사건들 안에서 암시되었던 구원의 미래를 지금 읽을 수 있게 되었다. 동시에 그 미래는 그리스도의 오심과 관계된 것으로 인식된다. 그러나 그 과정에서 예수 자신의 역사가 다가오는 구원의 완성의 앞선 표징으로서 나타난다. 이것은 2세기 말에서 3세기 초의 전환기 이래로 어떻게 세례와 성만찬을 비밀 혹은 성례전으로

---

765 Ignatios, *Magn.* 9,1 ; Justin, *Apol.* 1,13 그리고 *Dial.* 74, 91 ; Irenäus, *adv. haer.* V.32,1.

부르는 일이 시작되었는지를 이해하기 위한 우리의 작업 틀이다.[766] 세례와 성만찬을 통해 그리스도의 고난 안에서 성취된 종말론적 구원은 현재 접근 가능한 것이 되었다. 이에 따라 암브로시우스는 그리스도의 십자가를 세례의 구원하는 비밀이라고,[767] 키프리아누스는 성만찬을 주님의 고난과 우리의 구원의 성례전이라고 말했다.[768] 세례와 성례전은 그것들 자체 때문이 아니라, 그것들을 통해 우리의 구원을 위해 현재하는 그리스도의 고난 때문에 "성례전"으로 불린다는 사실이 중요하다.

성례전에 대한 교부들의 다층적인 표상은 토마스 아퀴나스의 유명한 정의 안에서 계속 반영되었다. 토마스는 성례전을 제시하고, 예측하며 (prognostisch), 공동으로 기억하는 표징이라고 정의했다.[769]

세 가지 측면 모두에서 중요한 것은 말하자면 그리스도의 고난이다. 우리는 그 고난을 기억하고, 그것이 우리 안에 미치는 효력을 수용하며, 그

---

[766] 위의 각주 736을 보라. 비밀(성례) 개념을 세례와 성찬으로 확장한 것은 의심할 바 없이 그리스도교를 밀교, 그것의 제의 이해, 그리고 밀의(비밀)의 이해와 유사한 지역으로 옮겨 놓았다. 이미 2세기에 유스티누스와 테르툴리아누스가 둘 사이의 유사성을 의식하고 있었다. Justin, *Apol.* 1,66; Tertullian, *De praescr. haer.* 40, CCL 1, 220f., 또한 *De bapt* 2, CCL 1, 227f. 그리스도교에서 세례와 성만찬을 비밀 혹은 성례로 부를 때 중요한 것은 — 이전에 흔히 생각했던 것처럼 — 그 용어를 밀교들로부터 빌려왔다는 것이 아니었다. 그런 주장에 대해 참고. R. Hotz, 같은 곳, 26ff. 그 사실은 그리스도교가 그 개념을 특수하게 발전시켰다는 사실로부터 밝혀진다. 그 개념은 한편으로는 묵시문학이 사용했던 용어, 다른 한편으로는 유형론적인 성서 해석과 관계되면서 발전했다.

[767] Ambrosius, *De sacr.* 2,2, 6: Ibi est omne mysterium quia pro te passus est. In ipso redimerisy in ipso salvaris (SC 25, 76).

[768] Cyprian, *ep.* 63,14: Dominicae passionis et nostrae redemptions sacramentum (MPL 4, 385 B).

[769] Thomas von Aquin, *S. theol.* III,60,3: ⋯sacramentum est et signum rememorativum eius quod praecessit, scilicet passionis Christi; et demonstrativum eius quod in nobis efficitur per Christi passionem, scilicet gratiae; et prognosticum, idest, praenuntiativum futurae gloriae.

것에 근거하고 있는 미래의 구원을 향해 나아간다.[770] 교부들이 비밀(성례)의 개념을 세례와 성만찬에 대해 사용하기 시작한 것과 라틴적 중세기의 성례전론 사이에는 물론 아우구스티누스가 도입한 해석 곧 성례전을 표징으로 보는 해석이 놓여 있다.

d) 표징으로서의 성례전

성례전 개념을 일련의 교회적 표징 행위들에 제한하는 것과 관련되면서 성례전을 표징으로 해석하는 것은 예수 그리스도 자신과 그분의 고난의 성례전적 특성을 하나님의 구원의 비밀로 보는 사고를 후퇴시켰다. 그 결과 성례전론은 표징의 행위들, 곧 그리스도의 고난 안에서 획득되는 은혜를 배타적으로 나눠준다는 행위들에 관한 교리가 되었다.[771] 표징이라는 추상적 개념의 지배적 기능[772]은 성례전과 유일무이한 하나님의 구원의 비밀 사이의 관계를 최소한 느슨하게 만들었다. 성례 개념은 표징 행위들을 가리키는 유(類)적 개념이 되었다.

아우구스티누스는 표징과 사태를 날카롭게 구분함으로써(*De doctr. ehr.* I, 4), 비밀(성례) 개념이 그렇게 발전되는 길을 예비했다.[773] 아우구스티누스의 플라

---

770   *S. theol.* III,61,1 ad 3: …passio Christi quodammodo applicatur hominibus per sacramenta.

771   어느 정도 다른 방향을 가리키는 호츠의 비판적 논의와 비교하라. R. Hotz, *Sakramente - im Wechselspiel zwischen Ost und West*, 1979, 60ff. 이것은 비밀(*mysterium*)과 성례(*sacramentum*) 표현이 서로 분리된 것을 다룬다.

772   이 내용에 대해 아우구스티누스를 인용할 수 있다: sacramentum, id est sacrum signum (*De civ. Dei* X,5). 아우구스티누스가 성례전 개념을 표징 개념에 근거시킨 것에 대해 참고. G. Wenz, *Einführung in die evangelische Sakramentenlehre*, 1988, 16-20.

773   CSEL 80,9,4f. 물론 아우구스티누스는 표징도 자신만의 방식으로는 사태라는 점을 인정한다. 그러나 표징은 아우구스티누스의 주장에 따르면 다른 모든 것과 구분되는 특수한 사물이다: Non autem omnis res etiam signum est (1,5).

톤적 지향성은 모든 사물에게 표징의 기능을 귀속시키거나, 혹은—현대적으로 말하자면—자기 자신을 넘어서서 하나님과 하나님의 구원 계획의 틀 안에 있는 세상을 지시하는 의미성을 귀속시킨 것을 쉽게 이해할 수 있게 해준다. 그렇다면 아우구스티누스의 표징론은 그때 비밀 개념과 결부된 유형론적–구속사적 관찰 방식을 플라톤 철학의 개념 언어로 옮겨 놓았다고 생각될 수도 있다. 그러나 표징과 사태 사이의 분리는 명백하게도 이것을 불가능하게 만든다. 아우구스티누스의 플라톤적 세계상 안에서 보이는 세계 전체는 하나님의 보이지 않는 세계를 지시하고 그리로 인도하는 기능을 가지고 있다(ib. I,9).[774] 그러나 이 기능은 죄인의 육체적인 눈에게는 숨겨져 있으며, 이런 은폐성은 하나님 자신이 이 세상으로 오시는 것에 대해서도 해당한다(ib. I,4; CSEL 80, 9). 그래서 그것은 보이는 것 너머를 가리키기에 믿음으로 파악해야 하는 설교와 가르침의 말씀을 필요로 한다.[775] 다른 한편으로 감각의 존재인 인간들은 인지될 수 있는 기반에 의존하고 있다. 그렇기에 인간들은 각각의 종교에서 보이는 표징 혹은 성례전에 참여함으로써 서로 함께 결합된다.[776] 이에 따라 말씀의 교리만이 아니라 성례전도 하나님과 구원의 보이지 않는 현실에 대한 표징이다. 표징은 보이는 하나님의 말씀이다.[777] 그러나 그 자체는 말씀에 의존해 있고, 그래서 말씀의 보이는 요소로서 등장하며, 그 요소를 성례전적 표징으로 만든다.[778]

---

774   같은 곳, 10,17ff. 아우구스티누스에 의하면 일부 사람들은 실제로 그러한 인식에 도달한다: 1,16, 같은 곳, 12, 8ff.

775   Augustin, ib. 1,25 (CSEL 14,24f.). 비교. *De magistro* 12f. (CCL 29,196–201).

776   Augustin, *Contra Faustum*, 19,11: In nullum autem nomen religionis, seu verum, seu falsum, coagulari homines possunt, nisi aliquo signaculorum vel sacramentorum visibilium consortio collingentur (MPL 42,355). 또한 비교. *ep.* 1387: (signa) quae cum ad res divinas pertinent, Sacramenta appellantur (MPL 33, 527).

777   Das Sakrament ist verbum visibile: *In Ioann.* tr. 80, 3 (CCL 36, 529); cf. *De catech. rud.* 26,50 (CCL 46,173f.), 또한 *Contra Faustum* 19,16 (MPL 42,356f.).

778   *In Ioann, tr.* 80,3: Accedit verbum ad elementum, et fit sacramentum (CCL 36,529).

성례전 개념이 그런 의미에서 표징으로 규정된다면, 바로 그것이 말씀의 표징 기능과 결합된다는 점에서 한 가지 비판적 성찰이 떠오르는데, 이것은 개혁주의 신학의 관점에서 게르하르트 에벨링이 표현한 바 있다.[779] 우리가 아우구스티누스와 함께 말씀을 표징 곧 자신과 구분되는 사태를 가리키는 표징으로 파악한다면, 그 표징은 "물론 사태를 지시하지만, 그러나 또한 사태로부터 멀리 떨어져 있게 된다." 사태와 표징의 이러한 구분은 말씀이 성례전적 표징 안에서 가시화되는 것을 통해 더욱 확고해진다. 말씀은 "성례전적 표징을 매개로 해서 가시적이 됨으로써 의심할 바 없이 자신의 표징 기능을 강하게 하고 인상적으로 만들며, 그러나 또한 의미성도 견고히 붙든다. 하지만 말씀 자체가 사건이라는 사실, 그리고 어떤 점에서 그런가 하는 것은 이제는 일종의 제의적 행위가 그런 가시화 과정에 속하게 됨으로써 은폐된다." 그 행위 자체가 단지 표징성에 그치지 않고 오히려 효력을 가지려면, 성례전 행위는 반드시 "말씀의 상황으로부터" 유래해야만 한다.

에벨링은 이러한 인용된 내용이 다음의 사실에 비춰볼 때 자명하다고 생각했다. 토마스 아퀴나스에 의하면(S. theol. III,61,3; 비교. 62,2) 성례전이 단지 약속의 성격만 갖고 오직 그리스도의 미래에 대한 믿음을 통해서만(per fidem futuri Christi adventus: 61,3 ad 2) 정당화될 수 있다는 것은 옛 계약의 성례전의 **한계**에 속하지만, 반면에 새 계약(언약)의 성례전은 그것이 표현하는 것을 스스로 불러일으킨다는 것이다(efficient quod figurant: 62,1 ad 1). 여기서 에벨링은 약속이 그리스도 안에서 발생한 성취에 근거해서 "구원의 효력의 직접적 원인"[780]을 통해 능가되었다고 본다. 그러나 그는 개혁주의 신학이 이 주장과 논쟁해야 한다고 생각한다. 왜냐하면 "직접적인 은사의 수여가 하나님의 약

---

779 G. Ebeling, Erwägungen zum evangelischen Sakramentsverständnis, in: *Wort Gottes und Tradition*, 1964, 217-226, bes. 219-221; 본문에서 인용된 내용은 220.

780 G. Ebeling, *Dogmatik des christlichen Glaubens* III, 1979, 310.

속을 능가할 수는 없기 때문이다." 오히려 효력을 미치는 말씀으로서의 약속 자체는 믿음 안에서 수용된 위로의 의미로 이해되어야 한다. "새 계약(언약)에서와 마찬가지로 옛 계약에서도 핵심은 동일하다. 다만 예수 그리스도께서 이미 오셨다는 사실을 통해 약속은 이제야 비로소 순수하게 약속으로 파악되며, 믿음도 이제야 비로소 순수하게 믿음으로 파악되고 체험된다." 그렇기 때문에 성례전은 예수 그리스도 자신과 구분되어 은혜의 작용을 일으키는 매개적 원인(도구)으로 파악되어서는 안 되고(참고. Thomas von Aquin, *S. theol.* III,62,1), 오히려 그분의 약속을 통해 "예수 그리스도께서 성례전 안에서 자기 자신을" 주신다고 생각해야 한다.[781]

아우구스티누스의 표징 개념과 스콜라주의 성례전론 안에서 일어난 그 결과에 대한 에벨링의 날카로운 비판은 개념성의 어느 정도의 한계를 설득력 있게 제시했다. 그러나 그 결과로서 성례전을 표징으로 보는 모든 해석이 에벨링의 비판의 희생양이 된 것은 아니었다. 아마도 표징 개념 자체가 아우구스티누스에 의해 지나치게 일면적으로 규정되었을 것이다. 또한 스콜라주의 성례전론도 아우구스티누스의 표징 개념에서 야기된 문제들 때문에 그 전체가 부정적 판결 아래 놓일 필요는 없다. 물론 개선할 점이 있다고 해도 교회의 예배 행위를 표징 행위로 보는 스콜라주의의 서술은 표징 행위 안에서 일어나는 구원의 현재와 아직 미래에 있는 구원의 완성 사이의 연속되는 간격을 최소한 가까이 연결하는 방식으로 파악할 수 있게 해주었다. 특별히 새 계약(언약)의 성례전과 옛 계약의 성례전 사이의 구분은—토마스 아퀴나스가 서술한 것처럼—그와 관련된 표상 곧 은혜를 중재하는 도구가 된다는 표상에도 불구하고, 또한 약속과 성취 사이의 구분의 표현으로 평가되어야 한다. 이 구분은 성육신 사건을 바라본다면, 어떤 신학도 논쟁거리로 삼을 수 없는 것이다. 예수 그리스도 안에서 하나님의 통치의 종말론적 미래가 이미 시작되었고, 세례와 성만찬이 예수 그리스도와의 연합을 수여한다는 점에서,

---

781   G. Ebeling, 같은 곳, 311.313.

성례전은 사실상 예수 그리스도를 예견하는 구약성서적 제의들과 동일한 지반 위에 서지 않는다. 에벨링이 그리스도께서 그분 자신의 약속을 통해 그분 자신을 주신다고 말했을 때, 그는 그 구분을 전적으로 수용해서 약속의 말씀에 대한 이해에 적용했다고 말할 수 있다. 바로 약속의 말씀이 자체의 관점에서 본다면 말씀과 (아직 미래에 놓인) 사태 내지 말씀과 성취 사이의 구분의 표현으로 관찰될 수 있는 것이다. 만일 약속의 말씀 자체가 벌써 약속된 그것을 수여한다면, 그것은 "약속"이라는 단어의 의미에 비추어볼 때 매우 이상하고 특수한 경우가 될 것이다. 이러한 맥락에서 말씀의 의미를 위로로 파악하기 때문에, 에벨링은 성례전이 단지 말씀 사건의 특정한 측면의 효력만을 매우 날카롭게 발생시킨다[782]고 말할 수 있었다. 그러나 세례와 성만찬이 정말로 말씀 사건, 곧 자체 안에 이미 구원의 현재를 내포하고 있는 말씀 사건의 외적 예시에 불과한가?

루터교적 종교개혁 안에서 성례전은 약속의 말씀을 통해 이미 판결이 내려진 구원을 단순히 볼 수 있게 예시하고 형태화하는 것으로 이해되지 않는다. 오히려 성례전의 시행은 여기서 계명의 성격을 갖는다. 이것의 의미는 복음의 선포를 통해 세례를 받기에 도달하지 못한 사람은 그리스도의 소식 자체가 지닌 약속의 의미를 아직 충분히 이해하지 못했고 믿음으로 수용하지도 못했다는 것이다. 종말론적 소식으로서의 그리스도의 메시지는 언제나 이미 인간이 자신을 예수 그리스도께 양도하는 것을 목표로 삼는다. 예수는 아버지께 대해 아들 관계에 계신 분이다. 이러한 양도는 세례를 통해 표현되고 완전히 실행된다. 예수의 소식을 들은 자가 세례를 받기로 결단하지 못했다면, 그런 양도는 일어나지 않는다. 이 점에서 세례는 말로 하는 선포와 그것을 듣는 것에다 어떤 것을 추가한다고 말할 수

---

782 G. Ebeling, Erwägungen zum evangelischen Sakraments Verständnis, 같은 곳(위의 각주 779를 보라), 224.

있다. 세례를 통하여 비로소 예수 그리스도 안에서 그분과의 합체가 발생한다. 이에 상응하는 것이 성만찬에도 해당한다. 이미 사도들의 그리스도 메시지 자체는 개인들만이 아니라 공동체의 설립을 목표로 하고 있었다. 공동체는 다가오는 하나님 나라의 잠정적인 표현이다. 또한 세례 안에서도 이 관계는 암묵적으로 현존하며, 그 점에서 세례는 개인이 교회의 지체가 되는 일의 근거가 된다. 그러나 세례받은 자가 공동체의 성만찬 예배에 참석하지 않는다면, 복음의 메시지와 개인적 세례의 그러한 의도는 적절하게 발생하지 못한 셈이 된다. 공동체의 성만찬 예배 안에서 개인들은 비로소 교회의 지체가 되기 때문이다. 성만찬에 참여하지 않는 사람은 사적으로는 그리스도교적 전승 및 믿음과 연결되어 있다고 느낄 수 있지만, 자신의 삶을 교회의 지체로서 실현하지는 않고 있다. 그 삶은 성만찬 축제 안에서 표현된다. 에벨링은 그리스도의 메시지의 약속의 의미와 성례전 사이에 매우 밀접한 관계가 있음을 바르게 말했다. 그러나 이 관계가 성례전이 말로 말하는 말씀의 외적 예시와 같은 어떤 것이라고 말하는 것은 아니다. 오히려 선포된 말씀이 지닌 약속의 의도는 성례전 안에서 비로소 잠정적 목표에 도달하며, 성례전 없이는 도달하지 못하는 것이다. 왜냐하면 선포를 듣는 자도 세례와 성만찬을 통해 구원의 비밀에 대한 완전한 참여를 수용하기 때문이다. 구원의 비밀은 그리스도를 그분의 교회와 하나로 결합한다. 여기서 교회는 그분 안에서 완성된 화해가 작용하는 영역이며, 하나님 나라의 미래가 구원의 비밀의 완성된 형태를 이끌어낼 것이다. 그렇게 결합된 관계는 세례와 성찬의 시행 말씀의 내용이 한편으로 복음 전체의 내용과 관계되지만, 다른 한편으로 복음의 특별한 약속의 형태를 갖는다는 사실로서 표현된다.[783] 이 형태는 매우 특정한 행위, 곧 물, 빵, 포도

---

783 이것은 어쨌든 성만찬에 해당한다. 이에 상응하는 것을 세례에 대해서도 주장할 수 있는 것은 오직 루터처럼 마태복음 28:19과 마가복음 16:16을 함께 묶어서 볼 때, 혹은 예수의 세례에 내포된 구원론적 의미로 되돌아갈 때―위에서 했던 것처럼― 뿐이다.

주와 결합된 세례와 먹고 마시는 행위를 가리킨다.

설득력 있는 이유에 근거해서 특별히 성만찬에서 시행의 말씀이 약속의 성격을 갖는다고 말할 수 있다고 해도, 만찬 사건 전체가 약속으로 서술될 수는 없다. 시행의 말씀들 안에 포함된 약속은 만찬 자체에서 일어나는 그리스도의 현재를 통해 성취된다. 이 성취는—위에서 제시한 것처럼—말씀 그 자체 안에 홀로 내재하는 능력으로만 이해될 수 없다. 물론 만찬은 전체로서 하나님 나라의 미래와 관련되는 가운데 약속의 의미를 갖지만, 그러나 그 미래는 예수 그리스도와 함께하는 만찬 축제 안에서 이미—물론 아직은 은폐된 채로—현재한다. 이에 상응하여 세례받는 자는 세례를 통해 그리스도의 죽음과 결합하며, 이를 통해 죽은 자 가운데서 부활하신 자의 새로운 생명을 향한 희망으로 거듭난다. 이 생명은 지금 이미 그에게 영의 수여를 통해 보증된다. 또한 여기서도 성취는 이미 현재한다. 왜냐하면 성만찬과 마찬가지로 세례도 예수 그리스도께 대해 참여 지분을 주기 때문이다. 그 참여 안에서 하나님의 약속이 성취된다. 비록 예수의 미래의 재림을 통해 성육신에서 성취된 사건이 궁극적 진리로 드러나고 완성되는 일은 아직 미래로서 머물러 있다고 해도 그렇게 된다. 그러므로 토마스 아퀴나스의 문장에 표현한 것처럼[784] 새 계약의 성례전들이 "그것이 표현하는 것을 불러일으킨다"(efficiunt quod figurant)라는 사실은 더 이상 반박할 수 없다. 그 작용이 어떤 방식으로 이해되어야 하는가의 문제는 물론 또 다른 질문이다. 어쨌든 그 작용의 효력은 표징 기능을 통해 매개되는데, 이 기능은 성례전의 시행을 통해 그것에게 부여되는 것이다.

세례와 성만찬에서 일어나는 그리스도와 하나님 나라의 성례전적 현재의 표징적 성격은 종말론적 구원의 완성과 긴장 관계를 이루는 그리스도교적 실존의 "아직 아니"의 표현이다. 아우구스티누스의 구분처럼 표징과 사태의 일면적 구분을 염두에 두는 표징 개념은 성례전의 표징적 성격

---

[784]   Thomas von Aquin, *S. theol.* III,62,1 ad 1.

을 서술하기에는 충분하지 않다. 중요한 것은 표징 안에 사태 자체가 현재한다는 것이다. 표징은 사태의 현재에 대해 "징후"(Anzeichen)로서의 기능을 행사한다.[785] 그렇다고 해서 표징과 사태 사이의 구분이 전적으로 해소되는 것은 아니다. 예수 그리스도의 역사 안에서 하나님 나라의 미래가 그것이 작용하는 상황과 구분되지만 그럼에도 불구하고 그 상황 안에 이미 현재했던 것처럼, 특별히 예수의 만찬의 실행 안에 하나님의 통치의 미래가 만찬 자체를 통해 표현되고 이미 그 만찬 안에 현재했던 것처럼, 또한 교회의 예배 안에서 시행되는 성만찬 축제에서도 그 현재는 발생한다. 물론 이제는 그 현재가 예수의 마지막 만찬과 그분의 죽음에 대한 기억을 통해, 또한 그분이 현재하시리라는 약속을 성취시키는 그분의 영에 대한 간구를 통해 매개된다. 이에 대한 유비는 세례의 표징 안에서 그리스도의 구원의 비밀이 현재한다는 것인데, 이때 세례받는 자는 예수의 죽음과 결합되고 그분의 부활을 희망하게 된다. 이러한 사건이 표징적이라는 사실은 그리스도의 현재가 지닌 은폐적 특성을 나타낸다. 이 은폐성에는 그와 반대되는 측면이 속하는데, 그것은 부활하신 자의 생명에 대한 참여가 그분의 희생 및 죽음과의 연합을 통해 매개된다는 측면이다. 표징이 그 표징 자체가 나타내는 사태를 가리킨다는 것, 그래서 자기 자신으로부터는 멀어져 있다는 것은 틀림없다. 그러나 세례와 성만찬에서 그것은 징후의 경우처럼 발생한다. 그래서 표징이 성취되는 순간에 사태는 표징과 동시적으로 현재한다.

그리스도의 구원의 비밀이 현재한다는 사실 때문에 성례전에 대해서는 이렇게 말해질 수 있다. 성례전은 "그것이 표현하는 것을 불러일으킨다." 그러나 게르하르트 에벨링도 바르게 강조했다. 여기서 중요한 것은

---

785 루터는 이 점을 신학적 언어와 철학적 언어를 구분하는 형태 안에서 표현했다. Signum philosophicum est nota absentis rei, signum theologicum est nota praesentis rei (WA TR 4,666 Nr. 5106). 하지만 이 구분을 개념적으로 정확하게 표현하기는 어렵다. 비교. 위의 482의 각주 639.

예수 그리스도와 구분되는 어떤 은혜의 작용이 아니고, 오히려 "예수 그리스도께서 성례전 안에서 자기 자신을 수여하신다는 사실이다."[786] 바로 이점과 관련해서 아우구스티누스적 표징 개념의 한계성은 스콜라주의의 성례전론 안에 특별히 숙명적인 영향을 미쳤다. 만일 표징이 그것이 가리키는 사태와 철저하게 구분된다면, 표징이 작용한 결과는 사태 자체의 현재안에서 발견될 수 없을 것이기 때문이다. 그래서 토마스 아퀴나스는 성례전적 표징이 우선적으로 관계되는 구원의 원인(res sanctificans)으로서의 그리스도의 고난을 그 원인으로부터 시작되는 결과적 작용으로부터 구분했다. 이 작용은 그 작용을 수용하는 현재적 형태와 그것의 미래적 완성의 관점에서 다시 한번 그 원인으로부터 구분된다. 그래서 삼중의 구분이드러난다. 첫째, 성례전은 그리스도의 고난이라는 과거 사건에 대한 기억의 표징이다. 둘째, 성례전은 그분의 은혜가 우리 안에서 작용하는 것에 대한 표징이다. 셋째, 성례전은 미래의 영광을 예기하는 표징이다.[787] 여기서토마스는 성례전 사건의 복합성과 다면성을 놀라운 방식으로 서술해준다. 그러나 그는 예수 그리스도의 유일무이한 구원의 비밀에 대한 회상적 참여라는 통일성 곧 성례전 사건들의 통일성을 제시하지는 못했다. 표징과사태의 추상적 구분은 더 나아가 성례전적 표징을 통해 지칭되는 은혜의작용이 성례전의 표징 기능에 추가되는 어떤 것으로서 등장한다는 결과를초래했다. 은혜의 수용자에게 은혜의 작용이 정말로 등장하는 것은, 토마스에 의하면 표징 자체의 능력이 아니라 오히려 하나님의 지시에 힘입은것이다.[788] 바로 이 점에서 아우구스티누스적 표징 개념의 한계가 그 개념이 성례전론 안에서 마땅히 수행해야 하는 과제와 관련해서 명확하게 나타난다.

예수 그리스도 안에서 계시된 하나님의 구원의 비밀에 대한 성서적

---

786   G. Ebeling, *Dogmatik des christlichen Glaubens* III, 1979, 313.

787   Thomas von Aquin, *S. theol.* III,60,3 (참고. 위의 각주 769의 본문).

788   Thomas von Aquin, *S. theol.* III,62,1 : divina ordinatione.

사고로부터 성례전적 계기들의 내적 통일성이 이해될 수 있다. 그 계기들은 아우구스티누스적 표징 개념에 의해 지배되었던 스콜라주의 성례전론 안에서는 단지 외적으로만 연결되었던 것으로 보인다. 하지만 그리스도의 구원의 비밀은 예수 그리스도의 과거 역사를 포함할 뿐만 아니라, 복음의 선포를 통해, 또한 세례와 성만찬을 통해 교회의 예배적 삶 안에 현재하며 교회 안에서 화해 사건의 통일성을 실현한다. 그렇기 때문에 특히 교회의 성만찬과 그 축제는 올바르게도 바로 그 유일무이한 구원의 비밀의 현상적 형식으로서 "성례전"으로 이해되고 지칭되었다. 그러나 또한 세례 안에서도—이 점에서 세례는 세례받는 자를 그리스도의 고난과 결합한다—동일한 구원의 비밀이 교회 안에 현재하고 작용하며, 나아가 세례 자체를 삶의 역사적 진행 안에서 빛나게 만드는 과제를 포함한다. 세례와 성만찬의 객관화된 표징 내용은 그리스도의 구원의 비밀이 바로 그 행위들 안에 현재한다는 관점에서 생각한다면, 그 행위들의 성취 및 수용과 분리될 수 없다. 그렇기 때문에 과거의 구원 사건과 현재의 은혜의 작용도 서로 분리되지 않는다. 오히려 그리스도의 구원에 대한 공동기억 혹은 회상은 그 자체가 그 고난의 현재를 매개한다. 왜냐하면 화해의 사건으로서의 과거의 구원 사건은 동시에 종말론적 구원의 미래를 동반하기 때문이다. 종말론적 구원은 회상의 실행 안에서 영을 통해 믿는 자에게 현재한다. 그러므로 구원 사건의 성례전적 현재, 그리고 수용자를 수용된 것 안으로 통합하는 그 현재의 능력은 고난의 역사 안에서 이미 시작된 종말론적 미래에 근거한다. 오직 그리스도의 고난의 사건이—부활 이전의 예수의 모든 길과 마찬가지로—하나님과 그분의 나라의 종말론적 미래 곧 예수의 부활 안에서 출현한 종말론적 미래의 시작에 의해 성취되었기 때문에, 그 고난 사건은 교회의 예배 안에서도 회상을 매개로 해서 현재할 수 있다. 회상은 종말론적 완성을 예기하는 구원 사건에 대한 기억으로서 필연적으로 영의 오심의 간구와 결합된다. 영은 과거에 예수의 부활 사건 안에서 그러하셨던 것처럼 이제는 믿는 자들 안에서 새로운 생명의 창조자이시다.

e) 성례전의 범주

그리스도의 비밀은 교회의 삶 안에서 단지 세례와 성찬이라는 두 가지 행위로서만 현실적으로 표현되는 것일까? 혹은 그 비밀은 교회의 다른 "삶의 실행들" 안에서도 비교될 수 있는 방식의 표징으로서 나타날 수 있는 것일까? 근본적으로 그 비밀은 교회적 삶 안의 도처에서, 즉 예수 자신이 현재하신다고 말해질 수 있는 방식으로 예수의 사역과 인격에 대한 관계가 인식될 수 있는 곳이라면 어디서나 발생할 수 있다. 예를 들어 우리는 마태복음 25:35-37에서 언급된 긍휼의 사역을, 혹은 마태복음 11:4f. 에서 제시되는 구원의 현재의 표징이라는 의미에서 복음 전도나 병자의 치유를 생각해볼 수 있다. 구원의 현재는 예수의 사역의 특정적인 측면이다. 이러한 행위들은[789]—비록 **제의적 표징 행위**는 아니라고 해도—의심할 바 없이 **성례전적 표징성**의 차원 안에 서 있다. 그 행위들은 다소간에 인간적 삶의 실행들의 모호성에 참여하고 있다. 그것들은 세례와 성만찬의 경우에 시행의 말씀에 근거하는 명확한 성례전적 표징성을 갖고 있지 않다.

그리스도의 구원의 비밀의 "성례전적" 현재라는 차원에 속한다고 주장될 수 있는 것으로서 특별히 복음 선포를 들 수 있다. 복음의 말씀은 종교개혁에게는 약속의 말씀이었고, 이 말씀 안에서 약속의 내용이 이미 현재하며 믿는 자에게 선언된다. 이것은 물론 모든 약속의 말씀에 해당하지는 않지만, 그러나 하나님의 통치의 미래에 대한 예수의 메시지에는 해당한다. 하나님의 통치는 예수의 말씀을 수용하는 자들에게 이미 시작되었다. 이와 비슷한 것이 부활의 소식에 관한 사도들의 복음에 대해서도 말

789　특별한 약속이 주어져 있는 행위들의 관점으로부터 멜란히톤은 『신학개론』의 1559년 마지막 판에서 성례전의 범위로서 기도, 인내, 고난, 기꺼이 용서함, 자선 등 등을 생각했다. Melanchthon, CR 21, 848f. 성례전을 세례, 성만찬, 면죄에 제한하는 이유로서 그는 이러한 "제의" 혹은 "예식"이 그리스도의 선언 안에서 제정되었다는 사실을 들었다(institutis in praedicatione Christi, 같은 곳, 849).

해질 수 있다. 그 복음 안에서, 또한 예수 자신의 메시지 안에서 하나님의 통치의 종말론적 완성은 이미 현재하는데, 그러나 매우 상이한 방식으로 현재한다. 예수의 메시지 안에서 그 종말론적 완성은 하나님의 제1계명의 능력으로서 현재하며, 또한 부활에 관한 복음의 소식 안에서 현재한다. 왜 냐하면 그 현재의 내용은 예수에게서 이미 등장한 종말론적 완성 곧 하나 님의 구원의 미래의 완성이며, 모든 인간의 구원에 이르는 입구를 자신 안에 포함하기 때문이다. 그것은 복음을 그 자체 안에 현재하는 구원의 선언으로 보는 종교개혁적 이해를 염두에 두어야 하는 근거가 되는데, 그것은 죄 용서의 선언이다. 약속의 말씀이 자신의 내용을 이미 동반한다는 사실은 구약성서의 약속들과 동일한 방식으로 말해질 수 없고, 오히려 구약의 약속들이 예수 그리스도 안에서 이미 성취되었다는 것을 전제한다. 종말론적 구원의 현실성의 현재에 의해 성취되는 복음의 말씀은 그 자체가 이미 성례전적이다.[790] 왜냐하면 말씀은 예수 그리스도 안에서 일어난 하나님의 구원의 비밀의 계시 사건과 화해 사건에 참여하기 때문이다. 복음의 말씀 자체의 성례전적 특성은 세례와 성만찬에 대해 "성례전"으로서의 특수성을 지양한다. 말씀의 성례전적 특성은 말씀 선포가 결과적으로 그것이 세례 및 삶의 역사를 통해 그 의미의 터득에 도달하는 곳, 또한 성만찬 공동체를 통해 교회의 삶에 대한 참여에 도달하는 곳에서 비로소 믿음 안에서 수용된다는 사실을 조금도 변경하지 않는다. 세례와 성만찬을 구분하는 의미는 그것들이 특수한 방식의 표징과 표징 행위라는 사실과 관계되어 있다. 그것들을 통해 그리스도의 구원의 비밀이 재현되는 동시에 전달되는 것이다.

---

790   G. Ebeling, 같은 곳, III, 297. 말씀의 성례전적 특성은 가톨릭 신학자들 사이에서 일어난 말씀의 신학의 갱신을 통해 두드러지게 강조되었다. 예를 들어 비교. K. Rahner, *Schriften zur Theologie* IV, 1960, 313-355 (말씀과 성만찬), 또한 동일저자, *LThK* 2.Aufl. 10, 1965, 1235-1238 Lit. (Art. Wort Gottes). 이와 관련하여 G. Ebeling, in: *Wort Gottes und Tradition*, 1964, 209ff.

성례전 개념이 용어상으로만―그리스도교 신학사 안에서 중세 이후에 그런 경향이 발생한 것처럼―교회의 예배적 삶 안의 일정한 종류의 표징 행위들에 제한된다면,[791] 그리고 근원적 엄격성 안에서 어떤 성례전이 명확하게 그리스도 자신에 의해 제정되었다는 사실에 대한 증거를 요구하는 좁은 종교개혁적 이해가 더 이상 유지될 수 없다면, 세례와 성만찬 이외에 더 많은 표징 행위들을 성례전 개념 안으로 포함시키는 것이 고려되어야 한다. 그 기준은 다음과 같아야 한다. 그러한 행위들을 통하여 그리스도의 구원의 비밀이 세례 및 성만찬과 비교될 수 있는 방식으로 믿는 자들에게 현재하고 도달하고 있는가라는 기준이다. 죄 용서의 선언(예수께서 예식으로 제정하신 것은 아니다), 병자의 축복, 또한 근원적으로 세례와 결합된 견진은 의심할 바 없이 그리스도의 구원의 비밀과 관계가 있으며, 성례전에 관한 모든 논의는 바로 그 비밀로부터 도출된다. 이러한 관계는, 그 행위들이 각각 독립적으로 직접적 방식과 반박될 수 없는 방식으로 예수 그리스도 안에서 현재하는 하나님의 구원의 표현으로 여겨질 만큼 특수한 것은 아니다. 그것들은 예수 자신의 행위에 근거한 예식 행위들이 아니다. 그러나 그 행위들은 전부 이러저러한 방식으로 세례 자체, 그리고 삶의 역사 속에서 실현되는 세례의 의미와 관련되어 있다. 그 행위들은 세례의 성례전적 특성에 참여하고 있는데, 그것들이 삶의 역사 속에서 실현되는 중요한 지점들을 명확하게 표현하고 매개한다는 점에서 그렇다. 그 지점들로는 세례-신앙고백의 독립적인 수용, 갱신되는 죄의 용서, 고난과 죽음의 그리스도와의 결합 등을 예로 들 수 있다.

성례전 개념은, 그것이 그리스도의 비밀의 부분적 측면에 적용되는 가운데 교회적 표징 행위들에 한정되었던 시초와 그 이후에도, 성례전으로 고려될 수 있는 모든 개별 경우에 동등하게 적용할 수 있는 유(類) 개념

---

[791]   성례전을 제의 혹은 예식으로 보는 멜란히톤의 개념 안에서 그렇게 제한된다(CR 21, 849).

이 아니었다. 성례전으로 지칭된 여러 가지 행위들은 동등한 지반 위에 있지 않았으며, 오히려 유비적 의미에서 성례전적이라고 말해졌다. 그것들이 동등하지 않았다는 것은 이미 세례와 성만찬 사이의 관계에서도 그러했고, 그것들이 매개하는 그리스도와의 연합의 형태와 관련해서도, 그리고 제정의 문제 곧 예수 자신에게 놓이는 그것들의 기원의 유형 문제와 관련해서도 그러했다. 이 점은, 종교개혁 이전의 교회가 성례전들로 지칭했던 그 밖의 경우들에 대해서는 세례 및 그리스도의 성만찬과 비교할 때 단지 유비적으로만 성만찬 개념을 적용할 수 있다는 사실에서 특별히 분명해진다. 그런 경우의 예로는 참회, 견진, 병자를 위한 기름부음이 있는데, 이것들은 직접적이 아니라 단지 간접적으로, 다시 말해 세례에 대한 관계를 통해서만 성례전으로 불릴 수 있고, 여기서 그 관계도 각각의 개별 경우에 따라 서로 매우 다르다. 마찬가지로 혼인과 교회적 직무에 대해서는 사정이 더욱 다르다. 이것들의 공통점은 두 가지가 하나의 행위가 아니라 지속적인 삶의 형태를 기반으로 해서 성례전이라고 말해진다는 것이다. 교회 직무의 경우에 어쨌든 성직 안수의 행위는 본질적인 반면에, 혼인의 경우에 교회에서 행하는 예식은 그것의 성례전적 특성에 본질적 조건으로 여겨지지 않는다.

f) 성례전의 넓은 범주에 속한 혼인

혼인을 성례전으로 이해하는 출발점은 에베소서 5:31f.이다. 여기서 인간이 남자와 여자로서 창조되었다는 것과 둘이 한 몸이 되어야 한다는 규정(창 2:24)에 관한 성서 진술에 대하여 이렇게 말해진다. "이 비밀이 크도다. 나는 그리스도와 교회에 대하여 말하노라!" 이 말씀을 인용하여 테르툴리아누스와 락탄티우스는 이미 혼례를 성례전으로 지칭했고,[792] 이것

---

[792] Tertullian, *adv. Marc*, 5, 18 (CCL 1, 719), 비교. *Exhort. cast*. 5 (CCL 2, 1023) 그리고 *De monogamia* 5 (CCL 2, 1235). Laktanz, *Epitome* 66은 성례전(*sacramentum*)이라는 표현을 깨지지 않는 신뢰의 맹세에 적용했다(MPL 6, 1080). 참고. Augustin, *De bono*

은 그 이후 수백 년 동안 지속되었다. 다만 그 지칭으로 표현되는 사태의 이해는 중세 중기와 그 너머까지 이르는 신학에게 상당한 어려움을 안겨 주었다.[793] 에베소서 5:32이 남자와 여자의 혼인의 결합을 말할 때, 그것이 창조에 근거한 남자와 여자의 자연적 규정의 표현 형식이며 그리스도인 들만의 혼인에 관한 것이 아니라면, 어떻게 은혜의 수단으로서의 성례전 개념이 혼인에 적용될 수 있을까? 그 밖에도 에베소서 5:32은 혼인 성례 에 대한 시행의 말씀으로 생각될 수 없다. 왜냐하면 그 말씀은 혼인 서약 의 예식과 관련된 것이 아니기 때문이다. 비밀(*mysterion*)이라는 단어는 여 기서 남자와 여자의 연합 그 자체가 아니라 그리스도와 교회의 연합에 대 한 그것의 관계를 가리킨다.[794] 비밀(*mysterion*)은 물론 그리스도와 교회 사 이의 연합과 단순히 동일하지 않다. 오히려 남자와 여자의 연합 곧 인간의 피조성에 속하는 연합은 예수 그리스도의 성육신 사건에, 그리고 그분과 교회와의 연합에 놓여 있다. 제3의 비유(*tertium comparationis*)가 이와 관련하 여 그리스도의 몸으로서의 교회라는 표상(엡 1:23; 비교. 5:23)을 통해—"한 몸"이 되어야 한다는 남자와 여자의 창조 질서의 규정에 상응하여—주어 질 수 있다.

여기서 혼인은 "성례전"으로 이해되고 있는가? 교회의 예배 행위라 는 이 단어의 후대의 의미에서는 틀림없이 그렇지 않다. 에베소서 5:32 안 에서 인간이 혼인으로 결합되어야 하는 남자와 여자로 창조되었다는 것 은 예수 그리스도로 이끄는 구원사에 대한 신적 "계획"의 한 부분으로 나 타난다. 이 계획은 그리스도의 나타나심을 통해 총체적으로 계시될 것

---

coniugali 7 (MPL 40, 378).

793 참고. J. Duss-von Werdt, in : *Mysterium Salutis* IV/2, 1973, 422-449, bes. 430ff.

794 이 구절의 주석에 대해 비교. H. Schlier, *Der Brief an die Ephesen Ein Kommentar*, 1957, 262f. 또한 참고. M. Barth, *Ephesians. Translation and Commentary on Chapters 4-6*, 1974, 643f., 734f. 그러나 마르쿠스 바르트는 성례전 개념이 발전되는 과정과의 관계를 고려하지 못했다. 이 점은 우리가 동의하기 어려운 그의 서술(같은 곳 744ff., 특히 748f.)에서 나타난다.

이다. 인간의 양성적인 이원성 안에서 하나님의 그런 구원 계획이 미리 암시된다. 그리스도의 비밀(비교. 엡 1:9f.)은 인류의 화해를 목표로 하며, 원시 그리스도교의 교회에서 일어난 유대인과 이방인의 화해 안에서 알려진다. 이 비밀이 이미 인간의 창조 안에서, 말하자면 바로 남자와 여자 간의 혼인의 연합으로 규정됨으로써 예비되었다는 것은 창조를 되돌아볼 때 인식된다. 이 점에서 에베소서가 말하는 혼인은 그리스도의 비밀의 구성요소이며, 그런 면에서 또한 "성례전적"이다. 에베소서 5:32은 3:4처럼 단순히 그리스도가 하나님의 비밀이라고 말하지 않고, 창세기 2:24에서 언급된 것이 말하자면 그리스도와 그분의 교회의 미래와의 관계 안에서 큰 비밀이라고 말한다. 여기서 창세기 2:24은 예수 그리스도와 그분의 교회 사이의 연합에 **유형론적으로** 관계된다.[795] 이것은—위에서 제시한 대로—초기 교부들 사이에서 널리 사용되었던 어법, 곧 개별적인 "비밀들"을 유일무이한 그리스도-비밀과 관계시켜 말하는 방식에 상응한다. 고대의 어법은 세례와 성찬을 성례전으로 지칭했던 최초의 흔적들보다 앞서고 있으며, 나아가 그런 흔적들이 등장하기 위한 전제들에 속할지도 모른다. 성

---

795 이처럼 슐리어는 창세기 2:24의 "유비적" 해석에 대하여 잘못 말한 다른 주석자들과 달리 바르게 설명했다. H. Schlier, 같은 곳, 262. 그러나 슐리어는 그 사실로부터, 그것과 함께 주어진 관계 곧 그리스도 안에서 계시된 것과 같은 하나님의 구원의 비밀의 통일성에 대한 관계를 결론으로 끌어내지는 않았다. 그리스도 안에서 계시된 하나님의 구원 계획이 그리스도를 미리 지시하는 옛 계약의 사건들 안에서 유형론적으로 이미 암시되고 있다는 생각은 이미 2세기의 사례들에서 나타난다(위의 각주 763ff.). 슐리어는 그리스도에 대한 유형론적 관계를 플라톤적으로 전환시켰는데, 다시 말해 그리스도와 교회의 관계를 선재 안에 근거된(255f.) "원형" 곧 남자와 여자의 관계의 원형으로 해석했다. 이 원형은 성적 관계 안에서 뒤따라 성취된다(262f., 특히 263의 각주 1). 물론 에베소서가 그리스도의 헌신을 그분의 봉사를 통해 생성된 교회에게 권고하는 것(엡 5:25; 비교. vgl. 5:2; 롬 4:25 등등)은 실제로는 남자들에게 자기 아내를 사랑하라는 모범적 권면으로서 제시된 것이다. 그러나 그 훈계는 그리스도의 역사와 그분의 화해의 죽음을 전제하며, 또한 인간의 창조와 그리스도의 미래 사이의 유형론적 관계도 이미 전제되어 있다.

레전 개념을 교회의 은혜의 수단과 표징 행위로 말하는 후대의 문구는 물론 에베소서 5:32에서 말해지는 사태를 바르게 표현하기에는 너무 협소한 것이다.[796] 중세 중기의 스콜라주의 신학자들이 혼인에 은혜를 매개하는 기능을 부여하기를 주저했던 것은 이해가 되는 일이다. 하지만 보나벤투라, 알베르투스 마그누스, 토마스 아퀴나스 등이 이 문제에 대해 긍정했고, 무엇보다도 성례전의 일반적 개념 때문에 그 기능을 인정해야 한다고 느꼈다.[797] 물론 혼인을 고린도전서 7:9에 따라 육체적 욕망과 맞서는 구원의 수단으로 보는 생각이 그 과정에 함께 작용하기는 했다(위의 각주 793을 보라). 트리엔트 공의회가 처음으로 종교개혁이 성례전의 일반적 개념을 결혼에 적용하는 것을 의문시한 것에 대한 반작용으로 혼인이 은혜를 매개한다는 사실을 구속력 있게 확정했다(DS 1801).[798] 그러나 거기서 칭의의 은혜를 명시적으로 말한 것은 아니었다.[799] 무엇보다 주의해야 할 것은 그 공의회도, 또한 중세기의 혼인 신학도 에베소서 5:32의 사실, 곧 이 구절이 그리스도인들만의 결혼을 말하는 것이 아니라 인간의 창조와 함께 주

---

[796] 이 점에서 루터는 1520년에 *De capt. Babyl. eccl.*에서 에베소서 5:32의 혼인을 그리스도와 교회의 형상(*figura Christi et Ecclesiae*)으로 해석하는 관점(WA 6, 553, 9)에서 다음과 같이 바르게 말했다. At figura aut allegoria non sunt sacramenta, ut nos de sacramentis loquimur (WA 6, 550,31f.). 그것은 말하자면 은혜의 수단으로서 하나님이 제정하신 표징이라는 것이다. 그러나 성서의 권위를 지향하는 신학은 통상적이 된 체계적 개념들(ut nos de sacramentis loquimur)을 성서에서 사용되는 어법을 통해 비판적으로 검증해야 한다.

[797] Thomas von Aquin, *S.c.G.* IV, 78: Et quia sacramenta efficiunt quod figurant, credendum est quod nubentibus per hoc sacramentum gratia conferatur, per quam ad unionem Christi et Ecclesiae pertineant.

[798] 공의회는 자연적인 사랑을 완성하고 혼인 당사자들을 성화시키는 은혜에 대해 말한다. 이것은 바울이 에베소서 5:25,32에서 "암시"한 것이다(DS 1799).

[799] 가톨릭과 개신교 신학자의 교회일치 위원회는 이렇게 확정했다. 혼인의 성례전 안에서 (또한 가톨릭 교리에 따라서도) 그리스도인들의 실존의 근거인 칭의의 은혜가 주어지지 않는다…는 사실에 대해서는 의견이 일치한다. *Lehrverurteilungen — kirchentrennend?* I, hg. K. Lehmann & W. Pannenberg, 1986, 147.

어진 인류학적인 사태에 대해 말한다는 사실을 직시하지 못했다.

루터적 종교개혁은 혼인 체결과 혼인의 지위가 "세상적인 일"로서 시민권의 범위에 속한다는 사실을 강조했지만, 그와 동시에 혼인이 하나님이 제정하신 것임을 인정했다.[800] 이와 비슷하게 멜란히톤도 이미 1530년에 혼인이 하나님이 제정하신 것이라고 말했다.[801] 그러나 혼인은 그리스도의 제정이 아니라 창조자의 계명에 근거하며, 그 계명과 결부된 약속은 새 계약(언약)의 영적 생명보다는 육체의 안녕에 해당한다(*Apol.* 13:14).

이러한 멜란히톤의 진술들에서 에베소서 5:32이 언급하는 사태는 고려되지 않았다. 물론 거기서도 창조 보고(창 2:24)로부터 인용된 구절이 선행한다. 그러나 즉시 뒤따르는 문장은 인간의 양성적 이원성의 창조적 현실과 혼인으로의 규정은 유형론적으로 예수 그리스도에 적용되며, 그분과 교회 사이의 관계와 관련된다. 이것은 비밀(*mysterion*)에 관한 논의의 대상이다. 스콜라주의 신학은 이 사태에 관하여 더 많이 숙고했고,[802] 멜란히톤은 『신학개론』의 후기 판본에서는 그런 이해로 되돌아갔다. 그는 이제 혼

---

800 Luther, *Traubüchlein* von 1529, BSELK 528, 6f. 그리고 530, 33. 제6계명에 대한 대교리문답의 진술을 비교하라. BSELK 612, 13-43 (n. 206-208).

801 CA 23,17 (독일어), BSELK 89, 26ff.

802 토마스 아퀴나스는 이렇게 말한다. 혼인은 원상태에서 제정되기는 했지만 성례전은 아니고, 인간 본성과 함께 주어진 사명이다. 혼인이 성례전인 것은 오직 그것이 그리스도와 교회의 미래적 연합에 대한 앞선 표징의 기능을 행할 때이다. *S. theol.* III,61,2 ad 3: matrimonium fuit Institut um in statu innocentiae, non secundum quod est sacramentum, sed secundum quod est in officium naturae. Ex consequenti tarnen aliquid significabat futurum circa Christum et Ecclesiam: sicut et omnia alia quae in figura Christi praecesserunt. 토마스는 그리스도와 교회에 대한 혼인의 유형론적 관계를 신약성서 안에 있는 구약성서의 유형론적 주석들의 나머지 사례들의 맥락을 고려하면서 바르게 평가했다. 그러나 그는 자신의 편에서, 혼인이 하나님의 의도 안에서 제정됨과 함께 주어진 유형론적 관계 곧 그리스도의 구원의 비밀의 미래에 대한 관계가 비밀(*mysterium*)이라는 명칭을 불러일으킨 원인이라는 사실을 통찰하지 못했다. 그래서 그는 *S.c.G.* IV, 78에서 혼인이 갖는 성례전적 특성과 은혜 수여의 작용을 그리스도인들 사이의 결혼에 제한했다. 비교. *S. theol.* suppl. q 42, 2. 3.

인이 성례전으로—비록 이 개념이 표징 행위들(ceremony)에 제한되기는 해도—말해질 수 있다고 설명한다.[803] 이 설명은 사실상 매우 중요한 핵심과 마주친다. 왜냐하면 중세 중기에 성례전 개념을 표징 행위들에 제한하는 것은 오직 그리스도께서 제정하신 예배 행위들만을 유효한 성례전으로 인정하는 경향으로 흘렀기 때문이다. 비록 *signum*(표징)이라는 개념이 표징 행위들 외에 본성에 따라 표징의 기능을 행사하는 어떤 사태에도 적용되는 것을 허용했지만, 그러나 그런 적용은 특이한 것에 그쳤고 그 점에서 혼인의 성례전적 특성은—비록 그것이 성서의 권위를 통해 거룩해졌다고는 해도—고대에 사용되었던 용어의 유물이 되었다.

에베소서 5:32의 성서적 언어에 직면해서 신학은 성례전 개념에 대한 그런 좁은 파악을 주장해서는 안 된다. 그렇게 한다는 바로 그 구절이 의미하는 핵심 내용을 배제하는 셈이 될 것이다.[804] 혼인은 다음의 의미에

---

803 Ph. Melanchthon, *Loci praecipui theologici* (1559), CR 21,849. 이러한 후기의 진술들 안에서도 멜란히톤은 혼인과 그 밖의 도덕적인 일들(*opera moralia*) 사이의 구분, 곧 유형론적인 관계를 통해 그리스도의 비밀에 근거되는 그 구분을 여전히 간과했다. 다른 도덕적인 일들이란 십계명에서 명령되고 그 성취는 약속들과 연관되어 있는 일들을 뜻한다(같은 곳).

804 멜란히톤은 이미 1530년에 이렇게 설명했다. "…그러므로 어떤 사람이 혼인을 성례전으로 부른다고 해도, 우리는 그에 대해 너무 지나치게 논쟁하지 않는다"(BSELK 294, 21-23) 이것은 그의 과거의 논쟁을 생각한다면 놀랄만한 양보라 할 수 있다. 그때 그는 혼인을 단지 하나님의 창조 질서로만 여겼고, 그리스도와 아무 관계도 없다고 생각했다. 물론 멜란히톤은 성례전 개념을 혼인의 경우에 사용하는 것은 예수 그리스도 자신이 제정하신 새 계약의 성례전들로부터 구분할 것을 요구했다. quae proprie sunt signa novi testamenti et sunt testimonia gratiae et remissionis peccatorum (같은 곳, 294, 22-25). 에베소서 5:32에 관련하여 『신학개론』이 고려하는 내용에서 멜란히톤의 다음과 같은 판단은 긍정적으로 수용되어야 한다. 혼인을 "성례전"으로 지칭하는 것은 예수 그리스도의 미래에 대한 그것의 유형론적 관계의 관점에서 비로소—물론 믿는 자들을 그리스도와 효력 있게 결합하는 세례 및 성만찬과는 구분되는 가운데—가능할 수 있다. 그리스도와의 효력 있는 결합은 혼인에 대해서는 말할 수 없는 것이다.

서 성례전으로 지칭될 수 있다. 그것은 인간이 이미 자신의 피조적 본성을 통해, 나아가 특별히 혼인의 연합을 향한 양성적 이원성의 규정을 통해, 예수 그리스도와 그분의 교회의 관계 안에서 계시되는 인간의 본래적 규정과 관련된다는 의미다.[805] 인간들이 양성을 통해 깨질 수 없는 삶의 연합을 이루는 혼인을 지향한다는 주장은 이미 그 자체가 특수하게 그리스도교적인 인간론적 진술이다. 이 진술은 예수의 이혼 불가의 말씀(막 10:9)에 기초한다. 비록 예수께서도 스스로 창세기 2:24을 언급하셨지만(막 10:6-8), 그 언급에 기초하여 추론된 결론에는 전혀 논쟁의 소지가 없다. 즉 중요한 것은 명백하게도 도처에서 자동적으로 실현되는 자연적으로 주어진 성격이 아니고 오히려 하나의 규정인데, 이것의 실현─인간의 본성 전체가 그런 것처럼─은 사회적 및 문화적 삶에 의존하고 있으며, 그렇기 때문에 그 실현은 실패할 수도 있다. 예수의 종말론적 소식의 빛 속에서 비로소 인간의 창조 안에 놓인 혼인 공동체의 불가분리성은 하나님 나라의 소멸되지 않는 공동체성을 향해 나아가는 인류 전체의 규정에 대한 지시로서 나타나며, 또한 선택된 민족에 대한 하나님의 신실하심의 비유로서 나타난다. 이 비유는 하나님의 통치를 증언하는 예수의 헌신적 봉사 안에서, 그와 함께 그 봉사로부터 생성되는 새 계약(언약) 공동체의 증언하는 봉사 안에서 최고로 잘 표현된다. 이 사실에 그리스도교와 일부일처제의 결합이 근거해 있다. 일부일처제는 사회학자 헬무트 셸스키에 의하면 "우리 서구 문화가 배태된 자궁과 그것의 정신적-영적 가치"가 되었다.[806] 일부일처제는 특별히 유대교 전통 안에서도, 고대 그리스-로마 문화 안에서도 존재하지

---

805 멜란히톤의 멋진 문구를 비교하라(CR 21,849) : Hunc amorem et hance στοργήν in marito honesto significat Paulus ideo inditam esse naturae, ut sit imago adumbrans verum amorem Christi erga sponsam Ecclesiam.

806 H. Schelsky, *Soziologie der Sexualität. Über die Beziehungen zwischen Geschlecht, Moral und Gesellschaft*, 1955, 34. 또한 나의 저서를 참고하라. *Anthropologie in theologischer Perspektive*, 1983, 426-431.

않았던 여성의 확실하고 확고한 사회적 지위의 근거를 마련했고, 상호성 안에서의 서로에 대한 차이를 넘어서는 헌신적 사랑에 기초한 양성평등의 출발점을 형성했다(비교. 갈 3:28). 특별히 에베소서 5:22-33에서 표현되는 이러한 규범은 그리스도교의 역사 안에서 도처에서 실현되지는 못했고, 완전한 형태로서 실현된 것은 드문 경우였다. 양성평등은 인간의 피조적 본성에 상응하는 것이지만, 엄격한 일부일처제의 요청과 함께 그것은— 셸스키가 말한 것처럼—"이상적 결혼"으로 머물렀다. 그러나 그것은 그리스도교의 문화적 작용사 안에서 규범적 의미를 획득한 이상이다. 왜냐하면 "결혼에서 성적 관계를 독점하는 상황에서 그 이상은 한 사람의 결혼 당사자를 근본적으로 자신만의 개인적인 추구, 특별히 성적 즐거움의 추구 너머로 이끄는 것을 지향하고, 남자와 여자 사이에 죽음을 넘어 지속되는 상호 귀속성과 운명적 통일성을 생성시키는 가운데 결혼의 토대와 인격의 완성으로서 정점에 이르기 때문이다." 그리스도의 비밀에 대한 관계를 근거로 하는 그리스도교적인 결혼 이해의 인간적 의미가 이보다 더 훌륭하게 서술될 수는 없을 것이다. 셸스키가 말하는 결론은 이렇다. "바로 그 일부일처의 요청이 인간의 양성성을 인간 실존 및 정신성의 가장 숭고한 높이로 주조하기 때문에, 그것이 실제로는 거의 실현되지 않았고 실현될 수 없는 것처럼 보이게 하는 모든 통계적 혹은 심리학적 증거들에도 불구하고, 우리의 문화 안에서 남자와 여자 사이의 관계에 대한 최종적인 요청으로서 지속적으로 결코 상실될 수 없는 것으로 남아야 한다."[807]

인간은 예수 그리스도 안에서, 또한 그분과 교회의 결합 안에서 계시되는 하나님의 구원의 비밀에 참여하도록 규정되어 있다. 이러한 인간 규정을 표현하는 결혼의 특성이 비혼에 머무는 사람들은 그 규정에 참여하지 못한다고 말하는 것은 아니다. 결혼은 단지 하나의 표징일 뿐이다. 그것

---

[807]   H. Schelsky, 같은 곳, 34. T. Rendtorff, *Ethik. Grundelemente, Methodologie und Konkretionen einer ethischen Theologie* 2, 2.Aufl, 1991, 68.

은 하나님과의 연합을 향한 인간 규정을 지시한다. 이 규정은 예수 그리스도와 그분의 교회 사이의 화해된 연합 안에서 계시되었다. 오직 결혼의 이러한 지시적 성격이 **믿음 안에서** 파악되고 긍정되는 곳에서만, 그리스도교의 부부들은 그들의 결혼 안에서 그리스도의 구원에 참여한다.[808] 결혼이 지시하는 바로 그것은 하나님과의 연합이다. 이 연합은 예수 그리스도를 통해, 그리고 그분과 그분의 교회 사이의 관계 안에서 실현된다. 이 연합을 향한 인간 규정은 개인의 비혼의 삶 속에서도 파악될 수 있다. 결혼으로 실현되는 것과 같은 이성적 연합을 향한 자연적 인간 규정의 실현을 포기하는 것은 오히려—그것이 하나님 나라를 위한 것일 때—특수한 소명의 표현일 수 있다(비교. 고전 7:32ff.).[809] 이것은 당연히 비혼이 단순히 문란한 성관계가 우월하다는 표현이 아닌 곳에서만 적용된다. 그리스도교적 관점에서 본다면 결혼은 성생활의 영역 전체에 대한 규범이 되며, 다른 모든 행동방식과 생활형식은 그 규범을 따라야 한다.

결혼의 규범성이 성생활의 영역 전체에 적용된다는 것은 그 규범을 벗어나는 어떤 행동방식에 대해서는 관용을 베풀지 말아야 한다는 뜻이 아니다. 그것은 단지 다른 행동방식과 현상들이 그 규범과의 관계에 비추어 측정되어야 한다는 것을 의미한다. 관용의 개념 자체는 언제나 이미 규범과 탈규범 사

---

808 그러므로 결혼은 스스로 은혜의 수단이 되지 못한다. 세례 및 성찬과는 달리 결혼은 그 자체가 가리키는 사태와는 구분되는 표징이다. 사태 자체는 결혼의 표징 안에 직접 현재하지 않는다. 사태는 결혼을 그 자체 너머를 향하도록 지시한다. 결혼의 이러한 유형론적인 표징성 안에서 사태 자체가 믿음으로 파악됨으로써, 결혼은 그리스도의 구원의 비밀에 참여한다.

809 루터교 신앙고백문 안에서 "처녀성"이라는 특수한 의미의 비혼은 말하자면 한 가지의 은사로서 인정되었다. 그것은 결혼의 상태보다 더 높은 수준이다(*Apol.* 23,38f., BSELK 340 f.). 종교개혁이 하나님이 창조하신 인간 본성에 적합하지 않은 것으로 거부했던 것은 오직 지속적 금욕에 대한 **서원**이었다. CA 23,7ff, 17; CA 27,18ff.; BSELK 87f., 89, 113ff.

이의 구분을 포함하고 있다. 이 차이가 없는 곳에는 관용의 자리에서 무관심이 대신 등장한다. 성적 행동방식에 대해 윤리 규정을 고수하는 것, 그렇게 해서 결혼의 규범성을 강조하는 것은 바로 그런 경향에 맞서기 위한 것이다. 이것은 동성애의 경우에도 해당한다. 개별 그리스도인과 개교회는 그들에게 관용을 베풀 수 있지만, 그러나 동성애의 결합을 결혼과 동일한 윤리적 가치와 권리를 갖는 것으로 인정하기는 어려울 것이다.[810]

종교개혁은 일부일처제 결혼을 창조에 근거한 하나님의 질서로 이해하지만, 예수 그리스도 안에서 계시된 하나님의 계시와 본질적인 관계를 갖지 않는다고 간주하는 경향을 보였다. 반면에 그리스도교로부터 출현한 현재의 세속 사회들 안에서 지속적 결합의 결혼은 마치 그리스도교적 삶의 증언인 것처럼 되었다. 어쨌든 일부일처제의 규범이 그리스도교의 문화적 영향력과 관련된다는 것은 명확하다. 그 규범은 인간의 사회화 과정에서 자연적으로 주어진 자기이해로부터 생긴 것이 아니다. 그렇기 때문에 혼인을 그리스도의 비밀과 관련시키는 에베소서 5:32에서 유래한 그리스도교적 전승의 진술들은 오늘날 실제로 새로운 의미를 갖게 되었다.

g) 성례전 논의에서 기준의 질문(요약)

성례전 개념은 역사 안에서―이미 제시한 것처럼―이미 초기부터 다중적 의미를 가졌다. 그 개념은 중심에서 하나님의 구원 계획, 곧 역사의 종말에서 모든 눈앞에서 드러나게 될 계획을 가리킨다. 그러나 그 계획

---

810 비교. T. Rendtorff, 같은 곳, 2, 69ff., bes. 70. 이 판단과 관련해서 중요한 것은 동성애가 일반적으로 절대적인 생물학적 결정성, 곧 취향과 성향에 대한 어떤 독립적인 태도를 더 이상 허용하지 않는 결정성을 의미하지 않는다는 사실이다(71). 이것은 이미 행위의 유연성에 관한 인류학적인 기초자료들에서 입증되며, 따라서 개별 경우에 삶의 역사적 진행을 통해 그 행위가 조건적으로 형성된 경우를 배제하지 않는다. 렌토르프가 언급한 문헌 가운데 로저를 참고하라. G. Looser, *Homosexualität - menschlich - christlich - moralisch*, 1980.

은 지금 이미 예수 그리스도 안에서 계시되었으며, 이 점에서 그것은 만물을 그분 안에 통일시키는(엡 1:10) 목표를 향해 나아간다. 예수 그리스도 자신이 하나님의 구원 비밀의 총괄개념이었기에, 하나님의 구원 계획의 개별적 구성요소들도 비밀들이라고 지칭될 수 있었다. 그런 요소로는 이스라엘이 교회의 이방 선교의 원인이 되기 위해 일시적으로 완악해진 것, 또한 그리스도와 그분의 교회의 구원 비밀을—인간이 결혼의 연합을 목표로 하는 양성적 이원성으로 창조되었다는 사실을 통해—유형론적으로 미리 앞서 묘사하는 것이 있다. 마지막으로 또한 그에 속하는 것은, 성서 시대 이후의 진술에 따른 것이지만, 그리스도께서 성만찬과 세례 안에서 믿는 자들에게 임재하시는 것이다.

신학이 취할 수 있는 최선의 방법은 성례전 개념의 이러한 다중적인 의미를 그대로 놔두는 것이다. 신학은 성례전을 좁게 파악한 범주를 주장해서는 안 된다. 같은 이유에서 신학은 많은 일, 즉 유일무이한 구원의 비밀에 속하지는 않고 이러저러한 의미에서 성례전으로 지칭되는 모든 것을 성례전과 동등한 수준에 위치시켜서는 안 된다. 어떤 일 또는 행위를 성례전으로 인정하는 것에는 반드시 일정한 한계가 있어야 한다. 성례전 개념의 역사로부터 이 한계는 어떤 일이나 행위가 예수 그리스도의 구원의 비밀에 속하는지, 그렇지 않은지가 입증됨에 따라 표시될 수 있다. 어떤 **일**(Sachverhalt)의 경우에는 그것이 그리스도의 구원의 비밀 안에 배치된 것 혹은 그 비밀에 속하는 것으로 증명될 수 있는지를 질문해야 한다. 어떤 행위(Handlung)가 성례전으로 지칭되는 경우에는 그 행위가 예수 그리스도 안에서 일어난 하나님의 행위에 근거하고 있는지, 그것이 세례의 경우처럼 그리스도 안에 있는 그리스도인들의 새로운 실존을 표징적으로 구성하는지, 믿는 자들을 그러한 그리스도와의 연합 안에서 유지하고 보존하는지가 증명되어야 한다. 마지막의 증명은 혼인이 그리스도의 비밀에 대하여 갖는 유형론적인 관계에 기초해서 어떤 의미에서는 그리스도교도인 예비부부의 결혼식에 대하여 말할 수 있는 것이다. 하지만 교회 전통은 혼인 그 자체와 달리 결혼식을 성례전으로 인정하지 않는다. 어쨌든 우리는 한편으로는 세례와 성만찬, 다른 한편으로는 성례전으로 지칭될 수 있는 다른 모든 행위 사이에 존재하는 엄격한 차이를 적절하게 고려해야 한다. 그 밖에도 성만찬 안에서 그리스도의 비밀 자체, 곧 믿는 자들의 예수 그리스도와의 연합에 근거하는 교회 공동체가 하나님 나라에 있게 될 만찬 공동체를 예기하며 표징적으로 표현한다는 사실을 통해, 성만찬 축제는 성례전으로 불리는 그 밖의 다른 행위들과—또한 세례와도—구분된다.

성례전으로 지칭되는 개별 행위들이 놓인 서로 다른 상황은 그것들의 제정에 관하여 논의할 때 명확하게 드러난다. 세례와 성찬의 제정과 관련된 질문은 이미 상세하게 논의되었다. 그 결과 이 행위들이 명시적으로 역사적 예수에 의해 제정되었다는 사실에 대한 정당한 의심에도 불구하고, 양자 모두의 경우에 충분한 이유로서 이렇게 말할 수 있게 되었다. 예수가 행하신 일과 역사는 그 중심에서 원시 그리스도교가 실천한 세례와 성만찬의 근거가 되었으며, 이에 따라 바울 – 누가적인 성만찬의 반복 명령과 마태복음 28:19의 세례 명령은—비록 이것들이 명시적 지시의 형태로서는 예수께로 소급될 수 없다고 해도—그런 근거의 맥락을 핵심에서 적합하게 표현하고 있다는 것이다. 성만찬 그리고—비록 똑같이 직접적이지는 않다고 해도—세례도 형태에 따른 것만이 아니라, 또한 제의적 행위로서도 예수께로 소급된다. 이것이 세례와 성만찬을 다른 모든 것, 즉 후에 "성례전"으로 지칭된 교회적 행위들로부터 구분한다.

교회의 참회 – 성례전의 범주에서 죄 용서를 선언하는 문제에서 용서의 권한을 제자들에게 넘긴다는 성서의 보고들(요 20:23; 마 18:18; 비교. 16:19)에도 불구하고, 참회의 예식이 예수를 통해 제정되었다고 말할 수 없다. 그 권한이 근원적으로 죄 용서에 관계되는지 혹은 단순히 규범적인 결단들에 관계되는지는 불명확하다.[811] 죄 용서가 제도화된 것은 원시 그

---

811   이에 대해 참고. J. Gnilka, *Das Matthäusevangelium* II. Teil, 1988, 65ff.

리스도교에서 세례와 결부되어 있었고, 그 제도는 후대에 이르러 세례 이후에 탈선한 그리스도인들을 위한 특별한 예식으로서 보충되어야 했다. 그러나 용서의 선언은 그 기원을 예수 자신에게 두고 있으며,[812] 용서를 선언하는 전권, 나아가 그렇게 해야 하는 의무가 그분의 모든 제자에게 부여되었다.

비슷한 것이 교회의 성직에도 해당한다. 복음서는 예수께서 제자들에게 전권을 주어 파송하시는 사건을 여러 번 보고한다. 이 맥락에서 "너희 말을 듣는 자는 곧 내 말을 듣는 것이요"(눅 10:16)라는 말씀을 이해할 수 있다. 이 말씀은 제자들에게 용서의 권한을 넘겨준 것과 함께 교회 기관의 전권에 대한 성서적 근거를 마련하는 데—특히 개신교에서[813]—중요한 역할을 했다. 트리엔트 공의회가 사제직의 기원을 마지막 만찬에서 예수께서 주신 반복 명령에서 찾는 반면에(DS 1764, 비교. 1762), 제2차 바티칸 공의회는 교회 성직의 기원을 예수께서 제자들을 부르신 사건으로 소급하고(LG 19), 하나님이 감독들을 교회의 목자들로 세우셨다는 주장에 대해서는 누가복음 10:16을 인용하는데, 이것은 아우크스부르크 신조가 교회 직무의 근거에 대하여 인용했던 것과 같다. 그러나 교회 성직자들과 다른 제자들 사이의 구분은 이 구절에서(또한 고전 11:24f.에서도) 말해지지 않는다. 오직 그 구분이 다른 방식으로—예를 들어 사도적 직무가 부활하신 자에게로 소급되는 것과 관련해서—근거된다고 전제할 때, 누가복음 10:16은 성직자들을 위한 전권 수여의 구절로 주장될 수 있다. 성직 안수의 행위가 예수에 의해 제정되었다는 식의 주장은 그 근거가 될 수 없다. 교회의 실행기관을 구원의 비밀—이것 안에서 교회는 예수 그리스도와 결합되어 있다—과 연관시키는 것이 이미 직무 수행을 위한 성직 안수의 행위에 일

---

812 예수께서 개인들에게 직접 죄 용서를 선언하셨다고 말하는 마가복음 2:5ff. 그리고 누가복음 7:47의 보고에 대해 주석적으로 근거가 있는 의심이 있다. 이에 대하여 『조직신학』 Bd. II, 573를 비교하라.

813 CA 28, 22 (BSELK 124,12), 비교. *Apol.* 7, 28 (240,45).

종의 "성례전적" 기능이 귀속될 수 있다는 사실을 전제한다. 성직 안수 문제는 다음 단락에서 논의하기로 한다(III.2.a를 보라).

교회의 성직에 대하여, 다른 방식으로는 또한 교회 안에서 형성된 "이차적"(세례에 추가적으로 요청된다는 의미에서) 참회 예식의 형태들에 대해서도, 우리의 결론은 이렇다. 예수의 메시지와 제자들에 대한 전권의 수여 사이에 어떤 내용적 관계는 있지만, 그러나 세례 및 성만찬과 비교할 만한 형태로서 참회와 성직이 예수 자신에 의해 제정되었다는 근거는 없다. 그러나 교회 안에서 살아 계신 그리스도의 구원의 비밀이 교회적 참회의 예식 안에서, 또한 교회가 수행하는 성직 안에서도, 자신의 표징적 표현을 발견했고 지금도 발견하고 있다는 사실에는 논쟁의 소지가 없다. 따라서 교회적 참회의 예식과 교회의 성직 수여 안에서도 예수 그리스도 자신의 권위가 표현된다고 말할 수 있고—물론 여기서 중요한 것은 교회의 자의적인 수립 행위가 아니다—양자를 모두 "성례전"으로 부르는 것에 대해 논쟁할 필요는 없다.

이와 비슷한 것을 병자를 위한 기름부음에 대해서도 말할 수 있을까? 이것의 기원과 근거는 틀림없이 예수의 구원 활동에서 찾아야 할 것이다. 그 구원 활동은 제자들에 의해 계속되었다. 그러나 예수께서 파송한 제자들이 다른 행위들에 더하여 또한 병자들을 고쳤다는 마가복음의 보고는 두말할 필요도 없이 예수 자신의 지시와 연결되지는 않는다. 어쨌든 그 보고에는 트리엔트 공의회가 주장한 이해(DS 1695)와는 반대로 어떤 교회적 예식의 "제정"에 관한 내용은 없고, 그것은 후에 야고보서(5:14)가 원시 그리스도교에서 사용된 것으로 증언했을 뿐이다. 그러나 병자를 위한 기름부음은 특별히 그리스도의 칭호와 세례를 기억나게 한다는 점에서 그리스도의 비밀과 역사적·내용적 관계를 갖는다. 그 결과 병자를 위한 기름부음은 그런 기능을 위한 철저히 표징적인 표현으로 이해될 수 있다.

견진의 경우에 사정은 달라진다. 중세 신학이 견진이 예수 그리스도에 의해 제정되었다는 것을 증명하려고 시도하다가 큰 어려움에 빠졌다는 것은 이미 앞에서 언급되었다. 토마스 아퀴나스(S. theol. III,72,1)가 영의 파송을 통고하는 요한의 말씀(요 16:7; 비교. 7:39)을 인용한 것은 거증 책임을 견디지 못하고 무너진다. 왜냐하면 원시 그리스도교는 영의 수용을 세례와 결합했고, 그와 구분되는 어떤 독립적인 견진 예식과 연결시키지 않았으며, 이런 맥락에서 이마에 기름을 붓는 어떤 예식에 대해서는 전적으로 침묵하고 있기 때문이다(참고. 요일 2:27). 사도행전 19:6 등등에서 영의 수여는 세례 실행과의 관계 안에서 사도들이 행하는 안수와 관련되어 있기는 하지만, 그러나 그것은 기름부음은 아니다. 그럼에도 불구하고 인정되어야 하는 것은 기름부음이 그리스도와의 결합의 상징인 것과 마찬가지로 또한 영의 전달의 상징으로서—기름부음을 받는 자에게는 절대적인 의미였다—고대 그리스도교가 실행한 세례 예식의 중심적 구성요소였으며, 세례 예식 체계의 한 부분으로서 어떻게든 세례의 성례전적 특성에 참여했다는 사실이다.

교회의 행위를 "성례전"으로 부르는 기준은 모든 경우에 그 행위의 내용의 기원이—반드시 그 행위 자체의 기원은 아니라고 해도—예수 그리스도에게 있는가, 나아가 그 행위가 그리스도의 비밀 곧 예수 그리스도와 그분의 교회를 하나로 묶는 비밀을 표징적으로 표현하는 기능을 가지고 있는가 하는 것이다. 우리는 이미 이 이유에서도 "성례전"으로 지칭되는 행위들의 숫자를 자의적으로 늘릴 수 없다. 구원의 비밀이 예를 들어 그리스도 안에 있는 교회의 통일성과 관계가 있다면(엡 1:10; 비교. 2:14), 성례전으로 지칭되는 행위들 곁에서 교회의 통일성도 시대를 건너 반드시 묘사되어야 한다. 다시 말해 우리는 예식들, 곧 그 기능이 그리스도의 비밀의 묘사로서 최소한의 그것의 단초를 (참회나 견진에서와 같이) 교회의 사도적 출발점 안에 두고 있는 예식들만을 성례전으로 불러야 한다. 이것은 물론 성례전으로 지칭된 개별 예식들의 경우에만 해당하는 것이 아니고, 특별히 성만찬 축제의 핵심 주변에서 성장함으로써 그리스도교적 예배의 특성을 각인했다. 그리스도교적 예배 안에서 교회는 그리스도와의 연합 안에서 하나님 나라 안에 있게 될 인류의 미래의 통일성에 대한 표징과 도구로 묘사된다. 이 점에서 그리스도교적 예배 전체는 성례전적 구조를 갖는다.

성례전이 그것의 기원을 예수 그리스도 안에 계신 하나님에 의한(혹은 하나님의 명령에 의한, *mandatum Dei*) 특수한 제정 행위에 두어야 한다는 요청은 그 자체로서 견고한 성서적 증거를 가진 것은 아니다. 그래서 종교개혁이 이 문제와 관련하여 용어에 대해서는 얼마든지 타협할 준비가 된 것처럼 행동한 것은 적절한 태도였다. 하나님의 제정에 대한 요청은 스콜라주의 신학 안에서 아우구스티누스적 표징 개념에 따른 성례전론의 근거와 결부된 제한들을 보충해주는 기능을 가졌다. 표징에 은혜의 효력이 귀속되는 것은 그것의 표징적 기능에 근거한 것이 아니고, 오직 그 기능과 결부된 하나님의 지시 때문이다. 종교개혁자들도 이 견해를 따랐으며, 스콜라 신학보다 더욱 엄격하게 적용했다. 그러나 개별 성례전들의 역사 안에서, 또한 초기 그리스도교의 비밀 개념과 그것이 구체화된 개별적인 비밀들에서도, 하나님의 지시와 표징은 외적으로 서로 분리된 관계에 있지 않았다. 성례전의 특수한 효력이 종말론적 구원의 형태로서의 구원 사건의 고유한 특성에 놓여 있다면, 그래서 영을 통해 현재가 되는 그것의 회상이 그것이 갖는 구원의 효력을 매개한다면, 바로 그 점에서 하나님의 명령(*mamdatum Dei*)은 이미 암묵적으로 작용하고 있는 것이다. 구원의 비밀, 곧 예수 그리스도 안에서 계시된 비밀은 그것의 보편적 구원의 의미로 선포되고, 그와 함께 기억되며, 마침내 그것의 종말론적이고 실존적인 의미 안에서 터득된다. 그래서 예수의 만찬 실행이 부활 사건이 각인시킨 인상 속에서 제자들을 통해 계속된 것은 사태의 중심에 근거한 일이다. 배반 당하시던 날 밤 예수의 마지막 만찬에서 명시적인 반복 명령이 있었는지 혹은 없었는지의 문제는 그 계속과 관계가 없다. 이와 유사한 것이 세례에도 해당하는데, 세례는 예수의 세례와 그분의 고난의 관계에 근거하며 예수께 대한 신앙고백을 인증한다. 여기서 이마에 기름을 붓는 것은 세례를 위한 안수의 공동기억의 기능에 참여하는 것이며, 이 일은 예수께서 세례를 받으실 때 성령의 "부어짐"을 받으신 것을 기억나게 한다. 또한 면죄, 성직 안수, 병자를 위한 기름부음도 유비적인 방식으로 각각의 경우와 상응하는 예수의 사역의 국면들에 대한 회상으로서 이해될 수 있다. 그 사역은 그런 기억 속에서 계속해서 작용하며, 언제나 또다시 새로운 인간을 사로잡으며 그를 화해의 구원론적 비밀 속으로 편입시키는데, 이 비밀은 예수를 그분의 교회와 결합하고 그 자체의 역동성은 인류 전체를 향해 있다. 화해 사건의 이와 같은 보편적 경향은 처음 아담과 반대되는 새 인간이신 예수의 아들 됨 안에서 중심적인 표현에 도달한다. 그래서 초기 교회는 창조에서 정해진 혼인의 결합을 향한 남자와 여자의 규정 안에서 하나님의 구원 계획의 목적에 대한 지시를 발견하는데, 그 계획은 그리스도의 교회를 그것의 주님과 결합하는 화해 사건으로 전개된다.

화해 사건은 죄와 함께 등장한 단절 곧 인간의 하나님과의 연합의 단절의 극복을 목표로 하며, 또한 인간 자신의 완성도 목표로 삼는다. 인간의 이러한 종말론적 미래가 예수 그리스도 안에서 이미—비록 십자가 아래 은폐되어 있기는 해도—시작되었기 때문에, 그 미래는 그리스도의 구원의 비밀에 대한 성례전적 회상 안에서 함께 현재한다.[814] 물론 예수 그리스도와 구분되는 은혜의 작용으로서가 아니라, 인간이 그리스도 자신 곧 새로운 인간의 상 안으로 건너가는 변화(롬 8:29; 빌 3:21; 비교. 고전 15:49)로서 현재한다.

화해 사건의 작용은 소멸하는 이 세상 안에서는 부분적이고 은폐되어

---

814 토마스 아퀴나스는 성례전이 죄로 인한 단절의 극복과 마찬가지로 하나님과의 관계 안에서 인간의 완성을 지향한다고 가르쳤다(S. theol. III,65,1). 에벨링은 후자의 규정을 잘못 판단하여 반대했다. G. Ebeling, *Dogmatik des christlichen Glaubens* III, 1979, 313. 에벨링은 마치 여기서 중심 문제인 예수 그리스도께 참여하는 것과 그분 안에서 십자가의 표징을 통해 시작된 세계의 종말론적 정점이 서로 구분되는 완성인 것처럼 잘못 판단했다. 만일 그런 식으로 주장한다면, 모든 그리스도교 신학에 대하여 반드시 "여기서 길이 갈라진다"라고 말해야 할 것이다(Ebeling, 같은 곳).

있다. 그 작용은 이 세상을 하나님 나라로 변화시키지 못한다. 개별 사건들에서도 그 작용은 아직 완성되지 못한 세계 안에 있는 인간적 삶의 모호성에 붙들려 있다. 그리스도인의 새로운 실존이 명확해지는 장소는 오직 우리의 자아 저편에 계신 그리스도 안이며, 믿는 자들이 하나님 나라의 만찬 공동체에 대한 표징인 세례와 성만찬을 통해 그분께 참여하는 표징적 형태 안이며, 전체로서 교회의 예배적 삶 안이며, 또한 다름이 아니라 찬양 한가운데서다.

이와 유사한 것이 교회 공동체에도 해당한다. 그 공동체 안에서도 하나님 나라의 구원 공동체는 표징의 형태로서 이미 현재하는 현실성, 말하자면 그들의 성만찬의 예배 안에서 무엇보다도 그 예배의 중심인 성만찬 축제 안에 현재하는 현실성이다. 교회의 삶의 조직적 형태도 그리스도의 구원의 비밀의 이러한 표징적 형태에 봉사해야 한다.

IV. 교회 일치의 표징과 도구인 감독기관

우리는 지금까지 교회를 예배 공동체로 살펴보았다. 예배는 사실상 교회의 삶의 중심을 형성한다. 예배 안에서 개별 그리스도인은 개인을 그의 자아 너머로 끌어올려 고양시키는 "탈자아적"(ekstatisch) 결합, 곧 예수 그리스도와의 결합을 통해 다른 사람과 함께 교회 공동체로 연결된다. 오직 예배 안에서 믿는 자들의 공동체는 하나님 나라 안에 있는 미래의 인간 공동체, 곧 영원히 하나님을 찬양하고 그분께 영광을 돌리는 공동체의 표징으로서 실현된다. 그러나 개별 그리스도인이 자신의 자아 너머의 그리스도 안에 존재하는 동시에 또한 세상, 곧 그리스도께서 그분의 영을 통해 현재하고 일하시는 이 세상 안에서 살아가야 하는 것처럼, 마찬가지로 믿는 자들의 공동체인 교회도 예배를 실행하는 가운데서, 또한 이 세상의 일상 안에서 실존한다. 이것이 의미하는 바는 다음의 제14장에서 구체적으로 서술할 것이다. 교회를 예배 공동체로 만드는 정체성, 그리고 개별 그리스도인을 세례받은 그리스도인으로 만드는 정체성은 물론 세상 속의 일상에서 확증되어야 한다. 그러나 그 확증으로부터 마치 그리스도교적인 삶의 본래적 현실성이 도출되는 것처럼 생각되어서는 안 된다.[815] 오히려 믿

---

[815] 주일과 평일의 대립이란 헤겔에게는 종교와 인간의 "그 밖의 의식" 사이의 이원적 분리의 상징이었다. G. W. F. Hegel, *Begriff der Religion*, hg. G. Lasson, PhB 59,11. 헤겔은 이 분리를 이미 민족 종교와 그리스도교에 대한 자신의 단편들 안에서 비판적으로 다루었는데, 그곳에서 "사적 종교"로서의 자신의 본래적 속성 안에서 그리스도교가 그리스적인 정치 종교에 따라 형성된 민족 종교의 이상과 대립하는 점에 대해 불평했다. 참고. *Hegels theologische Jugendschriften*, hg, H. Nohl, 1907, 19, 26f. 성숙한 헤겔은 종교개혁을 통해 시작된 근세에 이 대립이 지양되는 것을 볼 수 있을 것으로 믿었다. 그 지양은 화해와 그리스도교적 자유를 세상 안에서도 실현하는 것을 뜻한다. *Die absolute Religion*, hg., G. Lasson, PhB 63, 217ff. 비교. Hegel, *Vorlesungen*

음을 이 세상과 그 역사 안에서 실현하는 일은 끊임없이 세상의 모호성에 사로잡히게 된다. 비록 믿음이 세상에 미치는 작용 안에서 세상과 우리 삶의 변화—하나님 나라의 종말론적 미래에 비로소 계시될 변화—는 단지 은폐된 방식으로만 이미 시작되지만, 그럼에도 불구하고 예배적 삶은 그리스도교가 예배 밖에서 추구하는 현실에 대한 단순한 표현인 것은 아니며, 그런 의미에서 표징에 그치는 것도 아니다. 오히려 예배는 이 세상 안에 있는 교회의 본래적 현실이며, 이것은 세례가 하나님 앞의 인격으로서의 그리스도인의 정체성을 형성하는 것과 마찬가지다. 구원의 그러한 표징적 현재를 넘어서는 구체적 실현은 믿음의 세상적 확증의 영역 안에서는 언제나 파편적이고, 다소간 볼품이 없으며, 도상에 은폐되어 있다. 그 실현은 미래의 하나님 나라에 이르러서야 명확하게 계시될 것이다.

그러므로 예배의 삶은 교회의 명백한 형태다. 예배 밖에 있는 믿는 자들의 공동체의 다소간에 혼란한 현실은 그 삶에 대해 "잠재적 교회"로 지칭될 수 있는데, 이것은 어쨌든 파울 틸리히와는 다른 방식이다.[816] 여기서 중요한 것은 철저히 세례받는 그리스도인들, 그들의 결합된 조직과 기관이다. 그러나 그리스도의 교회로서 이러한 조직(Verband)은 오직 예배 안에서만 명확하게 드러난다. 어쨌든 이러한 "잠재적" 교회에 대해서도 그것의

über die Philosophie der Weltgeschichte, hg. G. Lasson, PhB 171 d, 881f., 887ff. 그러나 헤겔은 그 과정에서 그리스도교의 종말론적 의식이 현재의 세상과 그 질서에 대하여 형성하는 긴장을 일방적으로 해소해버렸다.

816 P. Tillich, *Systematische Theologie* III (1963) dt. 1966, 180f. 여기서 틸리히는 모든 문화 안에서 삶의 모호성을 극복하는 영-공동체의 잠재적 현재를 생각한다. 여기서 인간은 "그리스도이신 예수 안에서 나타난 중심 계시"와 아직 만나지 못했다(180). 반면에 그 현재는 그리스도교 교회 안에서 명백하게 드러난다(181). 여기서 틸리히의 구분은 양 측면이 모두 교회 자체에 적용될 수 있다고 부분적으로 수정한다면 수용할 수 있다. 다시 말해 교회는 오직 예배적 삶 안에서만 자신의 본질 개념에 따른 존재로서 명백히 드러난다. 이렇게 수정하는 이유들 가운데 하나를 말하자면 틸리히가 교회를 불명확하게도 "영-공동체"의 사상과 동일시하는 것을 막으려는 것이다. 같은 곳, 176f., 비교. 202ff.

지체들 안에서 믿음, 소망, 사랑을 통해 그리스도의 영의 능력이—때로는 명확하게 때로는 덜 명확하게—작용한다는 사실이 적용되며, 다름이 아니라 바로 그 교회가 예배를 위하여 모인 모임이다. 다른 활동들—교리문답과 구제와 선교 활동—과 마찬가지로 예배를 위해서도 믿는 자들의 공동체는 조직과 "질서"를 필요로 한다. 그 질서는 목회지도부의 직무를 통해 교회의 예배적 삶과 연결된다. 목회지도부의 과제는 서로 다른 교회들 안에서 각각 다르게 인지되며, 공동체의 지체들이 참여하는 각각의 종류와 규모 혹은 공동의 사안을 다루기 위해 그들이 선택한 대표자에 따라 인지된다. 여기서 교회 전체에게 주어진 사명, 곧 교회의 근거인 구원 사건에 대한 예배적 기억 안에서 복음을 선포하고 하나님을 찬양해야 하는 사명은 교회를 이끌어가는 일을 결정하는 권위로서 남아 있어야 한다. 그렇기 때문에 교회들의 서로 다른 모든 제도적 질서에도 불구하고 복음의 공적 가르침과 관련해서 하나의 교회에 귀속되는 직무는 또한 믿는 자들의 공동체의 예배 형태와 그 밖의 제도들에 대해서도 최종 책임을 질 수 있어야 한다. 말하자면 복음 선포와 성례전 축제로 진행되는 예배적 삶의 중심을 지향해야 하는 의무에 대하여 책임질 수 있어야 하는 것이다.

1. 믿는 자들의 공동 사명과 일치의 직무

교회의 삶에는 많은 직무와 봉사활동이 있다. 이것들은 다양한 과제들에 따른 것이지만, 또한 개인적 재능과 능력에 의한 것이기도 하다. 이것들은 그리스도의 교회와 교회적 과제들에 봉사하는 가운데 영적 은사(Charismen)로서 효력을 나타내게 된다.[817] 교회의 삶 속에서 성취되어야 하

817 　자연적 재능과 영적 은사의 관계에 대해 비교. G. Eichholz, *Erfahrung und Theologie des Heiligen Geistes*, 1974, 16. 하나님의 영이 이미 창조 안에서 생명, 특히 인간의 영적 생명성의 원칙으로서 활동했기 때문에 "자연적" 재능들과 "초자연적" 은사들 사

는 과제가 각각 상황에 따라 변하기 때문에, 은사들도 어떤 제한된 숫자에 확정되지 않는다. 새로운 필요가 있는 상황에서는 새로운 은사들이 출현할 수 있다. 바울이 고린도전서 12장에서 열거한 것은 완전한 목록이 아니고, 거기서 언급된 모든 것이 모든 시대에 걸쳐 교회적 삶에 필요한 것도 아니다. 그 밖에도 사도 바울이 그렇게 열거한 핵심은 그 은사들의 자발적 다양성을 해치지 않은 채 그리스도의 몸의 통일성을 보존하는 데 있다. 각각의 부분들은 그 몸의 지체들인 것이다(고전 12:12ff.; 12:27). 다양한 은사들은 다소간에 자발적으로 등장하지만, 공동체의 통일성에 봉사한다. 그 결과 "우리가 공동체 안의 특수한 **소명들**을 규정하기 위해서는 **전체 공동체의 소명**으로부터 출발해야 한다. 교회의 상이한 직무들은 교회의 하나의 **공통적 직무**를 전제하고 그것을 토대로 삼기 때문이다."[818] 모든 그리스도인의 공통 직무는 하나님의 통치를 증언하는 예수 그리스도의 파송을 계속 이어가는 것이다. "아버지께서 나를 보내신 것 같이, 나도 너희를 보내노라"(요 20:21; 비교. 17:18). 이 말씀은 누가복음 10:16과 마찬가지로 예수의 모든 제자에게 해당한다. "너희 말을 듣는 자는 곧 내 말을 듣는 것이요…"(비교. 요 13:20).[819] 루터가 강조했던 것처럼(아래의 각주 832를 보라) 성만찬 제정 때 주어진 반복 명령(눅 22:19)은 예수의 모든 제자에게 향한다. 예수의 파송을 계속 이어서 수행하는 것은 부활 이래로 불가피하게 예수 그리스도 안에서 하나님의 통치가 시작되었다는 증언의 형태를 취

이의 존재론적 대립을 주장해서는 안 된다. 오히려 그 구분의 원칙은 그리스도의 교회의 생명과 관련되어 있다. 그리스도의 교회의 생명에 기여하는 모든 재능은 고린도전서 12장이 말하는 은사들의 의미 안에서 지칭되어야 한다.

818 J. Moltmann, *Kirche in der Kraft des Geistes*, 1975, 327.

819 이 진술은 오늘날 가톨릭 신학자들도 인정하고 있다. 비교. B. D. Dupuy, *Theologie der kirchlichen Ämter*, in : *Mysterium Salutis* IV/2, 1973, 488 – 525, 490. 물론 뒤피는 교회의 성직자들에게 이 진술은 더욱 강하게(*a fortiori*) 적용된다고 덧붙인다(같은 곳). 그렇다면 안수받은 성직의 특수성을 공통으로 주어진 모든 사명의 내부에서 보다 더 정확하게 규정하는 것이 필요하다.

했다. 이에 따라 모든 그리스도인의 공통적인 소명은 예수 그리스도를 모든 인간을 위한 구원으로 증언하는 것이 되었다. "모든 인간은 예수 그리스도의 복음에 대하여 예언적으로 증언하고, 서로 함께 예배의 축제를 거행하며, 타자에게 봉사하도록 부르심을 받고 파송되었다."[820]

고대 교회와 중세 교회의 신학은 모든 믿는 자와 세례받은 자가 아버지에 의한 예수 그리스도의 파송에 참여하는 것을 제사장 및 왕과 같은 직무로 서술했다.[821] 믿는 자들의 만인 제사장직이라는 특히 베드로전서 2:9을 인용하는 종교개혁의 교리는 그러한 전통 안에 서 있다.[822] 믿음과 세례를 통해 예수 그리스도께 참여하는 것은 루터에 의하면 그분의 생명과 의에 대한 참여만이 아니라 그분의 직무들 곧 왕과 제사장 직무에 대한 참여도 포함한다.[823] 그리스도의 왕권에 대한 참여가 믿는 자들의 영적 자유 안에서 표현되듯이, 그리

---

820   Gemeinsame römisch-katholische/evangelisch-lutherische Kommission: Das geistliche Amt in der Kirche 1981, n. 13 (p. 17). 또한 직무에 대한 리마 선언의 비슷한 진술을 비교하라. Lima-Erklärung über das Amt (1982) n. 4.5.

821   Augustin, *De civ. Dei* XX, 10은 이렇게 말한다: …sicut omnes christianos dicimus propter mysticum chrisma, sic omnes sacerdotes, quoniam membra sunt unius sacerdotis (CCL 48, 720). 비교. Ambrosius, *De sacr.* IV,3 (SC 25, 106-108). 더 많은 자료들에 관하여 참고. P. Dabin, Le sacerdoce royal des fidèles dans la tradition ancienne et moderne, 1950, 69ff., 259ff., 507ff. 믿는 자들의 만인 제사장직과 특수한 성직의 관계에 대해 비교. H. de Lubac, *Betrachtung über die Kirche* (1953) dt. 1954, 90ff.

822   참고. Luther, WA (1520), 6,407f., 564,10ff. 비교. WA 8,422, 35-38, 물론 베드로전서 2:9에서 제사장과 같은 하나님의 백성이라는 사상을 통해 표현되는 것은 모든 개인적 그리스도인이 "성직"(제사장직)으로 부르심을 받았다는 것이 아니라, 오히려 하나님의 백성으로서의 전체 교회의 소명과 세상을 향한 전체 교회의 파송이다. 참고. L. Goppelt, *Der Erste Petrusbrief*, 1978, 151ff. 그러나 모든 개별 그리스도인은 바로 그러한 제사장(성직)적 소명에 참여한다. 비록 베드로 서신의 맥락에서 이 점이 강조되고 있지는 않다고 해도 그렇게 말할 수 있다.

823   이에 대해 특히 참고. Luther, *De lib. christiana*, 1520, 14f. (WA 7,56f.).

스도의 제사장직에 대한 참여는 세례받은 모든 사람이 기도 안에서 하나님 앞에 설 수 있고 다른 사람을 위해 간구할 수 있으며, 그들에게 하나님의 가르침을 선포할 자격을 가지고 있음을 의미한다.[824] 루터는 희생제물을 바치는 것을 믿는 자들의 만인 제사장직과 결합했는데, 이것은 로마서 12:1과 베드로전서 2:5의 의미에서 하나님과 이웃 인간에게 자신의 삶을 헌신하는 것을 뜻한다.[825]

모든 그리스도인이 예수 그리스도의 제사장직에 참여한다는 주장은 원칙적으로는 교단 사이에서 논쟁이 될 일이 아니다. 제2차 바티칸 공의회도 모든 세례받은 자의 공통된 제사장직을 가톨릭[826]교회의 헌법 안으로 받아들였고, 새롭게 강조했다. 이 사상에 대한 종교개혁의 특수한 어법은 그 사상으로부터 도출된 결과를 통해 비로소 생긴 것이다. 제사장직은 더 이상 교회의 성직자들을 평신도와 구분하는 것이 아니고, 오히려 "보편적-그리스도교적 범주"다.[827] 장로와 감독이 다른 그리스도인들과 구별되는 것은 사제직과 그와 관련된 영적 지위 때문이 아니라, 오직 교회 안에서 행하는 그들의 봉사와 업무 때문이다. 이에 따라 1520년 루터의 『독일 귀족에게 고함』은 이렇게 말한다. "모든 그리스도인의 지위는 참으로 영적이며, 그들 가운데 어느 누구도 특별히 구별되지 않는다. 구별되는 것은 업무뿐이다"(WA 6,407,13-15).

제2차 바티칸 공의회는 "제사장직"이라는 명칭을 교회 직무에 대해 확정했고, 그것을 "위계적인 것"으로서 모든 세례받은 자의 공통 제사장직으로

---

824 Luther, 같은 곳, WA 7,57, 25f.

825 WA 8,416,12-16 그리고 420,10-26의 루터의 진술에 대하여 비교. W. Stein, *Das kirchliche Amt bei Luther*, 1974, 129. 이 사상은 이미 루터의 시편 강의에서도 나타난다. WA 2, 236,2-7 (이에 대해 Stein, 같은 곳, 57).

826 LG 10. 그릴마이어의 주석을 참고하라. A. Grillmeier, Ergänzungsband I, in: *LThK*, 1966, 181f.

827 W. Stein, 같은 곳, 211. 1519년에 그 결과를 통해 처음 나타난 진술에 대하여 같은 곳, 50, 126f.를 참고하라(WA Br.I, 595,17-37).

부터 구분했다.[828] 그러나 공의회는 그 명칭을 그 밖의 다른 그리스도인들과 구분되는 영적 은혜의 상태, 곧 그것을 통해 사제가 그리스도께 다른 그리스도인들보다 더 가까이 있다는 상태의 주장과 결합시키지는 않았다. 오히려 제사장 개념(*sacerdotium*)을 교회의 성직에 대해서만 사용할 것을 확정했음에도 불구하고 그 성직은 오늘의 가톨릭 신학 안에서 철저히 강조되며 봉사로 서술된다.[829] 루터교 언어에서 봉사(*ministerium*)의 개념은 대부분 "직무"(Amt)라는 용어로 표현되었다. 왜냐하면 "직무" 안에서는 (신적) 소명을 받는 계기가 암시되기 때문이다. 이 계기는 봉사의 사고에서는 직접적으로 표현되지 않는다. 물론 봉사의 개념 안에는 신약성서적인 디아코니아의 전체 의미가 충분히 공명하고 있다. 어떤 용어가 선호되는지와 관계없이 결정적인

---

[828] LG 10. 그릴마이어는 자신의 주석에서 이렇게 언급했다. 교회의 봉사직무를 믿는 자들의 공통적 제사장직으로부터 구분하기 위하여 "성례전적" 제사장직이라는 표현이 고려되었지만 마지막에는 배척되었다. 왜냐하면 믿는 자들의 제사장직도 "성례전적 근거"를—말하자면 세례 안에서—가지고 있기 때문이다(182). A. Grillmeier, 같은 곳, 181f. 제사장 개념을 교회의 특수한 봉사 직무에 대한 특별한 지칭으로 보는 문제에 대하여 참고. H. Küng, *Die Kirche*, 1967, 493, 또한 451f. 교회의 직무들과 관련하여 목회 서신들 안에 사제(제사장) 개념이 없다는 것에 대하여 참고. Fries, *Fundamentaltheologie*, 1985, 435.

[829] 한스 큉만이 아니라 뒤피도 교회적 직무를 "봉사와 전권"으로 서술했다. 그러나 거기서 봉사의 개념이 앞서고 있다. H. Küng, *Die Kirche*, 1967, 458-521; 동일저자, *Wozu Priester? (Eine Hilfe)*, 1971, 27ff.; B. D. Dupuy, in: *Mysterium Salutis* IV/2, 1973, 489-492, 비교. 같은 곳, 514. 또한 A. Dulles, *Models of the Church* (1974), 1978, 171. 라칭어는 바울이 이해한 사도적 직무에 대하여 이렇게 말했다. "봉사가 직무의 기준이다." J. Ratzinger, *Das neue Volk Gottes. Entwürfe zur Ekklesiologie*, 1969, III. 여기서 중요한 것은 라칭어에 의하면 "그리스도의 몸의 계발"에 대한 봉사인데, 이것은 "화해의 일"로서 본질적으로는 "우선 말씀에 대한 봉사"다(같은 곳). 교회적 직무가 지닌 봉사의 성격을 규정하는 출발점은 제2차 바티칸 공의회의 진술에 놓여 있다. 공의회는 교회 헌장에서 "관리자 그리고 성직계급의…제사장"(Sacerdotium...ministerielle seu hierarchicum)에 대하여 말했다(LG 10). 여기서 봉사의 사고는 다양한 의미를 가진 성직 계급이라는 개념을 수정하며 상세히 규정하는 기능을 가지는데, 성직 계급은 또한 통치 질서로 파악되기도 한다.

것은 이 자리에서 교회적 직무 혹은 봉사(*ministerium*), 그리고 믿는 자들의 만인 제사장직 사이의 관계에 대한 가톨릭과 종교개혁의 이해 사이에 어떤 원칙적 차이도 없다는 사실이다. 공의회는 교회 봉사의 "위계적 사제직"에 대하여 그것이 믿는 자들의 일반적인 사제직과 단순히 등급이 아니라 본질에서(*essentia et non gradu tantum*) 구분된다고 말한다. 이때 그러한 본질적 구분은 바로 감독들과 장로들의 특수한 봉사 및 그와 결부된 전권 안에 놓여 있다고 보아야 하며, 어떤 특별한 은혜의 상태에 의한 것이 아니다. 가톨릭 교리에 따라 성직 안수에 수여되는 은혜는 직무적 은혜로서 성직자의 전권 및 기능과 관계되지만, 그러나 그를 모든 그리스도인에게 공통적인 예수 그리스도와의 결합보다 우위에 있는 어떤 인격으로 높이지는 않는다.[830] 후자의 견해는 종교개혁이 사제 개념을 교회에서 안수받는 성직자에게 제한하는 것에 대해 비판할 때 염두에 두었던 것이다. 모든 그리스도인은 세례를 통해 "사제"(Priester)이며, 그래서 모두 동등한 영적 지위를 갖는다.[831]

모든 그리스도인에게 공동 사명, 곧 믿음을 고백하고 복음의 소식을 계속 전하며 자신의 생명을 다하여 복음을 증언해야 하는 사명은 공동의 책임도 포함하는데, 그것은 그 모든 일이 믿는 자들의 예수 그리스도 안에서의 일치에 상응하여, 다시 말해 공동체적으로 발생해야 한다는 책임을

---

[830] 성직 안수를 통해 감독, 장로, 목사(Diakone, 집사)의 기능으로 수여되는 영의 은사들의 관계에 관하여 참고. B. D. Dupuy, 같은 곳, 507ff. 종교개혁이 투쟁했던 견해에 대한 비판적 평가로서 참고. H. Küng, 같은 곳, 453ff. "제사장직의 성례전적 개념"의 현 시대적 문제에 대하여 비교. A. Dulles, 같은 곳, 174f. 또한 H. de Lubac, 같은 곳, 93의 설명을 참고하라. "그리스도인이 그리스도의 은혜에 참여하는 것과 관련해서 감독과 사제의 성직은…본래 그 어떤 더 높은 가치도 갖지 않으며", 그리고 "믿는 자들이 사제라고 불릴 수 없는 것은, 많은 신학자가 주장했던 것처럼, 단지 그들이 저 제2의 사제직에 굴복했기 때문이다"(94). 이 문제의 핵심은 모두에게 공통적이고 능가될 수 없는 "내적 사제직"의 어떤 더 높은 등급이 아니고, 오히려 일부 사람들에게는 제한되어 있는 "외적 사제직"인 것이다.

[831] M. Luther, WA 6,407, 10ff. 참고. W. Stein, 같은 곳, CX 66f., 175.

뜻한다. 그리스도인의 공동 사명은, 만일 각자가 홀로 고립되어 ― 더 나쁜 경우는 다른 사람과 모순을 이루면서 ― 예수 그리스도를 독자적으로 증언하는 경우에는, 성취되지 않는다. 오히려 모든 그리스도인에게 주어진 사명은 자신이 공동의 사명으로서 성취될 것을 요청한다. 이러한 공동성은 믿음의 증언에서, 마찬가지로 성만찬의 축제에서도, 반드시 보존되어야 한다. 그러나 그 공동성은 저절로 생기지 않는다. 그것은 어떤 일반적인 공동성이 아니라 오직 예수 그리스도의 복음에 근거하는 공동성이다. 이 공동성은 교회의 다양한 지체들에게 언제나 주어져 있다. 그러나 그 공동성은 개인들이 공동체의 삶에 공헌하는 방법의 다양성과도 관계를 가져야 하며, 그래서 개별적 공헌들을 그리스도에 대한 증언의 일치성 안으로 통합시킬 수 있어야 한다. 이러한 통합의 기능을 성취할 수 있는 권위적 법정은 한편으로는 교회 지체들이 가진 공동의 믿음 의식에 의존하고, 다른 한편으로는 그 지체들에게 그리스도의 사명의 통일성을 대변한다. 바로 그 공동의 믿음 의식 자체가 그 사명에 근거하고 있으며, 그 사명으로부터 언제나 또다시 갱신되어야 한다.

루터는 이러한 복잡한 관계를 다음과 같이 서술했다. 한편으로 그는 모든 그리스도인에게 복음의 선포와 성례전 집전의 관점에서 동등한 권한(*potestas*)을 부여했으며,[832] 다른 한편으로 그런 동등성이 공동체의 공적 현실 안에서 ―

---

832 M. Luther, *De capt. Bab. eccl.* 1520, WA 6,566,27f. (본문은 아래의 각주 837을 보라). 이와 비슷한 것을 루터는 1521년의 *De abroganda missa privata*에서 말했다. 모든 그리스도인은 제사장(사제)의 일, 특별히 민중을 가르치고 그들을 위해 기도하는 일을 행할 수 있다는 것이다(WA 8, 422,35ff.). 이런 맥락에서 루터는 "너희 말을 듣는 자는 곧 내 말을 듣는 것이요"(눅 10:16)라는 그리스도의 말씀을 모든 그리스도인에게 관계시킨다. 예수께서 성만찬을 제정하실 때 주신 반복 명령(눅 22:19)도 루터에 의하면 단지 성직 수행자들의 특권 그룹만이 아니라 모든 그리스도인에게 주어진 것이다. 그래서 여기서 명령되는 그리스도의 기억도 다름이 아니라 바로 말씀의 선포인 것이다(*aliud nihil est quam praedicare verbum*). 이 선포는 바울에 의하면 이

즉 그들의 공동의 삶의 영역 안에서—모두가 똑같이 그런 봉사의 권한을 행사할 수 있다는 것을 의미하지 않는다는 사실을 강조했다.[833] 그런 권한의 행사를 위해서는 특별한 소명이 필요한데, 루터에 의하면 소명은 최종적으로 사도들에게로, 사도들의 소명은 예수 그리스도 자신에게로 소급된다. 하지만 그 강조는 루터가 그런 권한 행사를 위한 협력 작용과 공동 책임을 모든 그리스도인에게 귀속시키고, 그런 봉사의 업무가 교회 안에서 실제로 시행될 수 있게 했을 때 방해가 되지 않았다.[834]

이 주제에 대한 루터의 진술들은, 이미 1521년에 히에로니무스 엠저 (Hieronymus Emser)와 영국의 헨리 8세의 반작용이 예시하듯이, 오해의 소지가 전혀 없는 것은 아니었다. 루터에 대한 이 두 사람의 비평가는 루터의 믿는 자들의 만인 제사장직이라는 교리가 교회의 성직 제도와 직분을 전적으로 말살하려는 의도를 가졌다고 생각했다. 이에 대해 루터는 자신의 의도를 강조했다. 그 의도는 말씀의 선포와 성례전 집행의 기능을 공적으로 행사하기 위해서는 특별한 소명이 필연적임을 확고히 말하려는 것이었다. 그러나 루터가 아무리 자신의 의도를 밝혀도 믿는 자들의 만인 제사장직에 대한 그의 진술들의 맥락은 쉽게 이해되지 않았다. 그 맥락에 대해서는 개신교적 루터 해석과 교회적 직무의 신학 안에서 오늘날까지도 논쟁이 벌어지고 있다.

그 맥락은 흔히 루터가 "특수한 직무를 일반적인 것으로부터 유도해낸다"라고 묘사되었다. 이런 묘사에 규범적인 것은 바울의 고린도전서 14:40의 권고다. "모든 것을…질서 있게 하라." "이로부터 공동체는 한 개인에게 특별

미 먹고 마시는 일 자체를 통해 발생한다(WA 12,180f.).

[833] *De lib. chr.* 1520, WA 7, 58,20 : non tamen possumus nec, si possemus, debemus omnes publice servire et docere. 비교. WA 8, 253, 29f. : "모든 사람이 그런 권한을 행하고 행사할 수 있는 것은 아니다." 참고. WA 7, 647,7 - 11. 이 부분은 영국의 헨리 8세에 반대하는 내용이다. WA 10/2,220f. 비교. W. Stein, 같은 곳, 94 - 99.

[834] 이것은 루터가 말씀 및 성례전과 관련해서 강조한 일반적 전권(*potestas*) 가운데 가장 중요한 기능이다.

한 직무, 즉 말씀과 성례전에 대한 봉사의 소명을 주어야 한다"(WA 6, 440,30). "그 소명과 함께 공동체 전체와 모든 개인이 가지고 있던 전권이 한 개인에게 위임된다. 그는 공동체 가운데서 뽑힌 사람 혹은 상부 기관에서 지명한 사람이다."[835]

1974년, 볼프강 슈타인의 이와 같은 이해는 중요한 이유에서 반박되었다. 루터가 말씀의 선포와 성례전 집전과 관련해서 모든 개별 그리스도인이 동일한 권한을 갖는다고 말했다고 해도, 이 표현은 아우구스티누스적 전통으로 소급되는 용어를 통해 이해되어야 한다. 이 이해에 따르면 권한(*potestas*)은 "교회 전체에 주어진 사명으로, 이에 따라 믿는 자들 모두(*universitas fidelium*)의 소유"로 이해되어야 하며, 개인들 각자에게 주어진 권한, 그래서 각 개인이 자기 소견에 옳은 대로 사용할 수 있는 권한으로 이해되어서는 안 되는 것이다.[836] 그래서 루터는 전권과 그것의 사용을 구분한다. 후자, 곧 전권의 사용은 오직 공동체의 동의에 따라 허용된다. 그러므로 전권은 개별 그리스도인 전체로부터 자신만의 입장에서 행동할 수 있는 한 사람의 성직 수행자에게 위임된 것이 아니다. 만일 그렇게 위임되었다고 하면, 모든 개별 그리스도인은 그 전권에 참여한 것도 아닐 뿐만 아니라, 그 전권의 행사에 대해 개인은 어떤 통제도 할 수 없을 것이다. 루터는 이 점을 명시적으로 부정했다. 루터의 이해에 따르면 특정한 개인에게 그가 독립적으로(*singulariter*) 행사할 수 있는 전권이 주어지지 않았다. 전권은 전체(이에 따라 또한 모든 개별 지체)에게 위임되어 있는 것이다.[837]

835　P. Althaus, *Die Theologie Martin Luthers*, 1962, 280f. 알트하우스는 WA 12,189,24에 있는 루터의 고린도전서 14:40 주석을 언급한다.

836　W. Stein, *Das kirchliche Amt bei Luther*, 1974, 88f., vgl. 69f.

837　M. Luther, *De capt. Babyl. eccl.* 1520 : Esto itaque certus...omnes nos aequaliter esse sacerdotes, hoc est, eandem in verbo et sacramento quocunque habere potestatem, verum, non licere quemquam hac ipsa uti nisi consensu communitatis aut vocatione maioris. Quod enim omnium est communiter, nullus singulariter potest sibi arrogare, donec vocetur. WA 6, 566, 26ff. 또한 비교. WA 10/3, 215, 25ff. 험즈는 슈

루터에 의하면 복음의 선포와 성례전 집전의 사명과 권한이 공동체에게 위임되어 있다. 우리가 이 공동체를 사도 시대 이후의 전체 그리스도교로서 바르게 이해한다면, 루터의 진술들은 이해할 수 있게 된다. 그 직무의 공적 행사는—어쨌든 보통의 경우에는—사도들에게서 시작하여 그들의 후계자들을 거쳐서 현재에 이르기까지 계속 주어진 사명에 예속되어 있다.[838] 이것은 그리스도교 공동체 전체가 사도적 근거로부터, 그리고 그러한 사도적 기원에 충실하면서 행동해온 방식이다. 다른 한편으로 위의 근본적 사고에 근거해서 다음의 사실도 수용할 수 있다. "어떤 이유에서 직무 제정의 이러한 정규적 질서가 작동하지 않는 상황에서, 모든 세례받은 그리스도인은 복음 선포와 성례전 집전이 바르게 행해지는 것에 대해 염려해야 하는 권리는 물론 의무도 가지고 있다. 왜냐하면 교회는 이러한 사역을 행하지 않고서는 존재할 수 없기 때문이다."[839]

처음 시작되었을 때 교회는 공동체를 십자가에 못 박히고 부활하신 주님을 믿는 믿음 안에 보존하기 위한 사도적 권위[840]를 소중히 여겼다. 사

타인(Stein, 같은 곳, 90)에 반대하여 "세례받은 **모든** 사람이 원칙적으로 각각 교회가 공동으로 소유하는 권한을 요청하고 행사할 수 있고 그렇게 할 의무도 지고 있다"고 주장했는데, 이것은 틀린 것이다. E. Herms, Stellungnahme zum dritten Teil des Lima-Dokumentes "Amt," in : KuD 31, 1985, 65-96, 77. 이에 대해 나의 책을 비교하라. Das kirchliche Amt in der Sicht der lutherischen Lehre, in : Lehrverurteilungen - kirchentrennend? III, 1990, 286-305, 295ff.

838 WA 40/1, 59,14-24 (Großer Galaterkommentar 1535). 비교. WA 11,414,17-20.

839 Lehrverurteilungen - kirchentrennend? III, 1990, 296f. (각주 837을 보라).

840 롤로프(J. Roloff, art. Apostel etc. I, TRE 3, 1978, 430-445)에 의하면 예루살렘의 사도들(갈 1:17ff.)과 안디옥에서 파송된 순회 방랑하는 은사적 사도들, 곧 바울 및 바나바와 같은 이들은 구분된다(435f.). 예루살렘의 사도들(이들의 범위는 예수께서 부르신 열둘을 넘어선다)은 부활하신 자의 부르심과 파송에 근거한 사도들이었던 반면에, 원시 그리스도교의 순회 방랑하는 사도들은 부활 이전에 예수께서 제자들을 파송하신 전통을 현재 경험되는 종말론적 영의 사역의 지평에서 "새롭게 해석한 것"에 근거해서 결정되었을 것이다(436). 바울은 명백하게도 두 가지 개념을 결합

도적 복음의 소식으로부터 생성된 선교 공동체들에서 사도는—공동체
는 자신의 근거를 사도에게 두고 있다—공동체가 사도 자신으로부터 수
용한 교리를 보존하는 일에 대하여 표준적인 권위였다. 사도들의 죽음 이
후에 원시 그리스도교의 제2, 제3세대 안에서 그 권위적 기능의 유지와 관
련해서 아마도 불확실성의 국면이 있었던 것 같다. 그 당시 현존하는 교
회 직무자들이 두말할 필요도 없이 그 기능을 수용할 수 있는 위치에 있
지는 않았던 것으로 보인다. 순회 방랑하는 은사자들(복음 전하는 자들? 엡
4:11)[841]—이들 안에서 원시 그리스도교 사도의 유형이 계속 이어졌다—
은 공동체를 사도들로부터 수용한 믿음 안에 보존하기 위한 어떤 보증도
제공하지 못했고, 오히려 자신들의 편에서 그 규범에 따른 검증을 필요로
했다(비교. *Did.* 11f.). 이 일은 이미 사도 바울이 살아 있었던 시기에 고린도
에서 벌어졌다(고후 11). 많은 공동체 직무 수행자들, 한편으로 유대교로부
터 유래하는 장로 헌법이 정한 사람들, 다른 한편으로 바울이 언급한 것과
같은 각 지역의 교사들(고전 12:28; 롬 12:7; 비교. 엡 4:11), 또한 가정 공동체

했다. 그는 순회 방랑하는 사도직을—자신에게 주어진 그리스도의 현현을 인정하
는 가운데서 그리고 그 현현에 근거하는 사도적 부르심과 사명에 따라—예루살렘
사도들이 이해하는 사도 개념으로 이해했고, 그 결과 사도적인 부활의 증인들의 이
제는 종결된 일련의 노선(고전 15:8)에서 자신을 마지막 증인으로 여겼다(436f.).

841 순회 방랑하는 사도들에 대해 참고. G. Theißen, Wanderradikalismus, in : *ZThK* 70,
1973, 245 – 271. 또한 참고. J. Roloff, Art. Amt etc. IV, *TRE* 2, 1978, 509 – 533, bes.
515ff. 에베소서 4:11의 "복음 전하는 자"의 직무에 대해 비교. H, Merklein, *Das
kirchliche Amt nach dem Epheserbrief,* 1973, 345ff. 여기서 복음 전하는 자들을 사도
들의 지위 바로 아래의 방랑하는 선교자들로 분류하는 것(엡 4:11은 그들을 사도들
과 예언자들 다음의 세 번째 지위로 언급한다)은 저자의 판단에 따른 것으로 보아야
한다.

의 인도자들(Episkopen)[842] — "집사"(Diakone)도 이에 속한다[843] — 은 우선 명백하게도 사도의 기능을 계승하는 데 요청되었던 권위를 갖지 못했다. 목회 서신은 사도들이 스스로 후계자인 감독의 지위를 취했다는 상상을 유발하는 것처럼 보이기도 한다. 그러나 목회 서신이 — 오늘날 대다수의 주석가들이 수용하는 것처럼 — 바울이 직접 쓴 것이 아니라 바울의 죽음 이후 수십 년이 지난 후에 그의 이름으로 작성된 것이라면, 그런 상상은 허구로 입증된다. 그러나 바로 그런 유사(pseudonym) 바울 서신의 전통이 제3의 원시 그리스도교 전통 안에서 생성된 것이라면 — 복음서 문서의 생성과 유비를 이루면서 — 그것은 사도 바울의 개인적 권위와 결합된 그의 가르침을 굳게 붙들려는 노력, 또한 사도 이후의 시대에 문제가 되었던 문서 작성의 타당성을 나타내려는 노력이 표현된 것으로 이해되어야 한다. 여기서 목회 서신은 감독의 직무를 가정 예배에 한정된 것으로부터 풀어 한 지역의 공동체 전체를 관리하는 것과 관계시키는 경향을 보였고, 그 결과 가정교회는 확장된 가정 공동체로 파악되었으며, 그 안에서 감독에게는 이제 가르침의 직무가 주어졌다. 이와 함께 감독은 자신의 지역교회를 사도로부터 수용한 복음의 가르침 안에서 보존해야 할 권한을 갖게 되었다.[844] 이러한 확장된 해법은 2세기의 다른 모델들[845]에 대해 정당하게 지

842　이미 바울이 빌립보서 1:1에서 언급하는 "감독" 직무, 곧 이어서 목회 서신들(딤전 3:1; 딛 1:7)이 공동체 전체의 지도와 관계시키는 그 직무의 근원적 의미에 대하여 참고. J. Roloff, *Der erste Brief an Timotheus*, 1988, 171ff. 빌립보서 1:1의 "감독들"(*episkopoi*)이라는 복수형 표현은 그 당시에 전체 공동체를 주관하는 총감독이 없었다는 사실을 시사한다.

843　J. Roloff, 같은 곳, (1988) 174f. 또한 동일저자, Art. Amt etc. in : *TRE* 2, 1978, 522.

844　J. Roloff, 같은 곳, (1988) 175f., 177f. 비교. Did 15,1. 또한 H. Merklein, 같은 곳, 362ff., 특히 381. 이것은 에베소서 4:11의 "목자(목사)와 교사들"에 대한 설명이다.

845　예를 들어 이보다 더욱 강하게 장로들의 모임을 통한 공동체 인도를 지향했던 모델들이 있었다. 비교. J. Roloff, 같은 곳, (1988) 175 zu l.Pt 5:1-5; Apg 20:17.28. 클레멘스 서신, 헤르마스의 목자, 폴리카르포스에 대해서는 Roloff, 182를 보라. 여기서 안디옥의 이그나티오스가 "이러한 두 가지의 직무 구조를 갈등 없는 하나로 결

배적인 것이 되었다. 왜냐하면 이 해법은 가르침과 공동체 지도의 기능을 연결시킴으로써 일종의 제도를 설립했으며, 이 제도가 거짓 가르침을 통해 공동체의 통일성을 끊임없이 위협하는 위험과 맞서 과거에 사도들의 책임이었던 기능, 곧 그 사이에 달라진 정황 아래서 공동체를 지속적으로 복음의 가르침 안에 보존하는 기능을 성취할 수 있었기 때문이다.

교회 직무에 관한 교의학적 교의에 대하여 이러한 역사적 발전은 중요하고 많은 결실을 맺는 것이다. 이 관계가 의미하는 것은 **첫째**, 교회를 인도하는 감독 직무가 갖는 권위와 형태는 후계자들을 세우는 것과 관련된 사도들의 명령에 직접 근거하고 있지 않다. 클레멘스 서신(42,4)에서 이미 볼 수 있는 이러한 생각은 옛 교회의 감독 직무의 생성과정을 이상화한 것에 기초하고 있다. 하지만 그 생성과정은 역사적으로 매우 복잡하고 공적으로 매우 굴곡이 심하게 진행되어왔다.[846]

둘째, 그럼에도 불구하고 가르침의 권위와 지도적 기능이 감독의 직무 안에서 통합된 것은 핵심 내용에서는 사도적 직무의 한 가지 부분적 측면에, 다시 말해 공동체를 복음의 가르침 안에서 보존하기 위한 권위적 법

합시켰다"고 말해진다. 2세기의 발전에 대해서는 캄펜하우젠의 저서가 아직도 여전히 도움을 준다. H. v. Campenhausen, *Kirchliches Amt und geistliche Vollmacht in den ersten drei Jahrhunderten*, 1953, 91‐107. 롤로프의 판단에 따르면 이 발전은 감독 직무의 수립과 관련해서는 목회 서신의 단서들을 따르지만, 감독과 장로의 관계에 대해서는 그렇지 않다.

[846] 그런 이상화(Idealisierung)는 감독 직무의 기원이 예수 그리스도 자신과 그분의 사도들의 파송에 있다고 설명하는 LG 28의 서술에 기초를 두고 있다. "사도적 책임이 디도나 디모테와 같은 인물들에게로 건너갔다"는 라칭어가 발전시킨 생각은 감독 직무의 명확한 결정화(結晶化) 과정을 뜻하지만, 위에서 서술한 의미에서 세분할 필요가 있다. J. Ratzinger, *Das neue Volk Gottes. Entwürfe zur Ekklesiologe*, 1969, 116. 영적 직무를 열둘을 부르신 예수의 소명으로 소급하는 것에 대해서는 더욱 큰 우려가 제기된다. 그러나 라칭어는 이것이―비록 그도 열둘의 범위가 "본질적으로 상징적이며 종말론적 기능"을 갖는다는 것을 고려함(111)에도 불구하고―가능하다고 여긴다(109ff.). 열둘의 기능과 사도 직무 사이의 구분에 대하여 비교. J. Roloff, in: *TRE* 2, 1978, 511ff., 또한 *TRE* 3, 1978, 433f.

정으로서의 사도적 기능에 상응한다. 사도들이 감독들을 자신들의 후계자로 세웠다는 생각은 물론 역사적으로는 부적절하며, 초기 교회의 감독 직무가 생성된 역사를 이상화하는 상상이지만, 주요 내용에서는 그럼에도 불구하고 올바른 핵심을 포함하고 있다. 감독 직무의 생성에 대한 신학적 적법성과 그 직무가 교회 안에서 지속적으로 규범적 의미를 가졌다는 것은 그 직무가 사도적 직무와 연관된 책임 곧 공동체를 사도적 복음의 믿음 안에서 유지해야 하는 책임을 성취할 수 있었다는 사실에 근거한다. 물론 그 책임은 지역적 범위에 제한된다는 점에서 사도적 책임과는 다른 것이다. 사도의 책임은 전체 교회에 대한 권한, 혹은 바울의 경우에는 이방 그리스도교 전체를 대상으로 하는 권한이었다. 믿음 안의 통일성을 보존하기 위한 감독의 직무가 지역을 넘어 전체 교회에 행사되도록 허용한 것은 고대 교회의 감독 회의, 그리고 수석 대주교(Metropolitan) 혹은 교부들의 저작의 기능이었다. 그러나 이러한 기능 때문에 고대 교회의 감독 직무는 단지 공동체적 삶의 "질서"만을 표현한 것이 아니었다. 이것은 형식으로는 자의적이고 신학적으로는 중립적인, 다시 말해 근본적으로 다른 형태도 가능한 "질서"를 뜻한다. 공동체의 인도와 가르침의 결합 곧 감독의 직무 안에서 그 형태를 취한 결합은 오히려 교회 안에 고전이 된 해법이었다. 그것은 공동체를 사도적 복음의 믿음 안에서 보존하는 과제의 해법인데, 그렇게 함으로써 부활하신 자의 파송의 사명 안에 근거하는 것으로 인정받을 수 있었다.

셋째, 위의 내용과 다음의 통찰이 연결되어 있다. 사도적 복음은 감독 직무가 형성되는 과정에서 앞서 주어진 규범의 기능을 행사했다.[847] 그 규범은 홀로 그 직무에 적법성을 부여할 수 있는 것이었고, 감독들이 자신의 직무를 행사할 때 의존해야만 하는 것이었다. 그러나 그 규범은 감독의 가

---

[847] 이 점은 디모데와 바울의 관계에 대한 이상적 유형의 서술에서 표현된다. 딤후 1:5f.; 2:2-14; 3:10.14; 4:2; 비교. 딤전 1:11ff.18. 참고. J. Roloff, *Der erste Brief an Timotheus*, 1988, 179f.

르침의 권위 안에서 해체되지 않았으며, 그 권위와 더 이상 구분될 수 없는 것이 된다거나 그 권위를 평가하는 기준의 역할을 할 수 없게 되는 일은 일어나지 않았다. "가르침의 직무는 하나님의 말씀보다 우위에 있지 않으며, 오히려 그 말씀에 봉사한다…."[848] 복음의 말씀과 그 말씀에 대한 봉사가 서로 일치한다는 것은 물론 맞는 말이다. "고립되어 실체화된 어떤 말씀이란 존재하지 않는다."[849] 어쨌든 교회적 교리의 선포 안에서 그런 것은 없다. 그러나 말씀과 말씀에 대한 봉사의 관계는 사도의 경우와 이후 세대의 직무 수행자들의 경우에 있어 서로 다르다. 사도에 대해서는 어떤 의미에서 이렇게 말할 수 있다. "말씀은 직무 없이 존재하지 않는다. 말씀은 증인들과, 그리고 권능 및 파송과 결합되어 있다."[850] 바울은 "자신의" 복음(롬 2:16)을 자신의 인격과 철저히 구분하여 하나님의 복음으로 말했다(살전 2:2.8f.). 그는 그 복음에 봉사했고(롬 1:1; 비교. 1:9), 복음의 선포

---

848 하나님의 계시에 대한 제2차 바티칸 공의회의 헌장 DV 10이 그렇게 말한다. Magisterium non supra verbum Dei est, sed eidem ministrat, docens nonnisi quod traditum est…. 공의회의 이 문장은 가르침의 직무를 그보다 우위에 놓인 법정에 비추어 검증하라는 요구의 확증 그 이상의 성격을 가지고 있다. 그런 우위의 법정을 인정하는 것은 그 법정이 가르침의 직무의 행사와 구분된다는 것, 그와 함께 또한 그 직무가 주장하는 그 법정과의 일치성이 검증 가능하다는 것을 암묵적으로 포함한다.

849 J. Ratzinger, 같은 곳, 115, 비교. 111f. 물론 라칭어가 이 문구를 통해 삼위일체론의 로고스 개념에 반대하는 것은 아니다. 진군하는 로고스는 사실상 실체적(hypostatisch)이다. 이로부터 "교회에 대한 말씀의 독립성"은—또한 성육신하신 말씀에 대해서도—아무 문제 없이 성립될 수 있다. 그러나 이러한 영역 밑의 지반에서 말씀은 실제로 "파송과 봉사의 맥락 안에 놓인 자신의 자리"를 가지고 있다(Ratzinger, 111f.). 나사렛 예수와 그분의 역사 안에서 성육신하신 삼위일체 로고스 **곁에** 어떤 독립적으로 존재하는 말씀이란 없다.

850 J. Ratzinger, 같은 곳, 115. 이 진술의 의미는 사도가 자신의 메시지를 스스로 처분할 수 있다는 것이 아니다. 오히려 라칭어는 사도적 직무가 봉사 곧 "화해의 일"(고후 5:18)이고, "그러한 한 우선적으로 말씀에 대한 봉사"라는 점을 강조한다(같은 곳, 111). 비교. J. Roloff, Art. Apostel etc., in: *TRE* 3, 1978, 438f.

를 감히 그만둘 수 없었다(고전 9:16). 그러나 그 복음은 바울과 분리되지 않았다. 말씀의 기원은 오직 예수 그리스도의 역사 안에서 찾을 수 있다. 그러나 후대의 교회 직무 수행자들에게 사정은 다르다. 그들에게는 사도의 복음이 자신들의 봉사에 대한 규범으로서 이미 앞서 주어져 있었다. 복음은 신약성서의 정경적 문서 안에 포함되어 있었으며, 정경은 그와 동시에 감독의 직무가 형성됨에 따라 자신의 결정적인 형태를 얻었고 예수 그리스도 안에서 나타난 하나님의 계시에 대한 예언을 의미하는 구약성서의 권위와도 결합되었다. 그러나 복음의 사도적 규범은 자신의 편에서 사도 이후의 시대에 공동체를 믿음 안에서 보존해야 하는 사도적 직무에 상응하는 직무의 형성을 요청했고, 이것은 고대 교회의 감독 직무 안에서 형태를 획득했다.[851]

넷째, 공동체들을 복음에 대한 믿음 안에서 통일시켜야 하는 감독 직무를 위한 판단의 과정에서 다음의 결과가 나타난다. 그 직무는 자신의 편에서 복음에 매인 공동체의 믿음 안에 뿌리를 두고 있었으며, 다른 한편으로 공동체에 대해서는 복음과 예수 그리스도 자신의 권위를 대변했다. 바로 이 사실에 공동체들이 자신의 감독의 선출 과정과 그들의 지도력 기능의 행사에 참여해야 한다는 요청이 근거하고 있다.[852] 그 직무를 한 직무자에게서 다음 직무자에게로 계속 전달하는 것은 성직 안수를 받은 직무자가 그 과정에서 전체 교회의 대표자로서, 또한 복음의 선포라는 전체 교회와 관계되는 사명의 대표자로서 행동하는 한, 바람직한 일이다. 그러

---

851   이 직무를 행하는 자는 "사도적 가르침의 유산을 계속 이어나가야 할 책임을 지며, 새로 나타나서 본질상 어떤 전통적 의무에 매이지도 않는 거짓교리에 맞서 반드시 그 가르침을 변호해야 한다(딤후 4:3; 딛 1:10). 그의 직무 수행의 적법성은 이러한 사명에 대한 충성에 따라 서고 넘어진다." J. Roloff, *Der erste Brief an Timotheus*, 1988, 180.

852   이에 대해 비교. H. Küng, *Die Kirche*, 1967, 518f., 이미 515ff. 또한 참고. W. Stein, *Das kirchliche Amt bei Luther*, 1974, 92. 여기서 각주 122에서 인용된 문헌은 믿는 백성들이 그 직무 제정에 참여하는 문제와 관련된 것이다.

나 그 전달은 공동체의 믿음의 의식과 맞서는 독립적 "기관으로서의 교회"(Amtskirche)의 수립으로 향해서는 안 된다. 오히려 믿음의 의식은 복음과의 결합을 통해 직무 수행자들을 교정하는 작용을 행사할 수 있다. 공동체는 복음과의 관계에 있어 오직 각각의 감독의 사역과 권위에만 의존하고 있지 않다. 물론 복음의 말씀에 대한 봉사(눅 1:2)는 공동체를 가르치는 자로서의 감독들에게 특수한 방식으로 위임되어 있다. 공동체와 감독은 복음의 규범에 공동으로 복종한다는 점에서 서로 결합되어 있다.

부활 이후에 복음의 소식이 맡겨진 사도들의 직무, 그리고 사도 이후의 시대에 공동체들을 복음의 가르침의 통일성 안에서 유지해야 하는 사도적 기능을 행사하기 위해 형성된 감독의 직무 사이의 관계에 대한 질문과 관련해서 복잡한 역사적 자료들이 있다. 이 자료들은 아우크스부르크 신조 5항의 확정된 문구의 핵심적 정당성을 평가할 수 있는 토대를 형성한다. "하나님께서 설교의 직무를 제정하시고, 복음과 성례전을 베풀어 주시며," 이를 통해 "중재자가 되시는 성령을 주시며, 성령은 믿음을…일으키신다." 설교 직무(ministerium verbi)에서 중요한 것은 개별 그리스도인이 자신의 믿음을 증언해야 하는 개인적 의무가 아니고, 오히려 "정규적인 부르심"을 통해 위임되는 직무 곧 교회 안에서 공적으로 가르치고 성례전을 집전하는 직무(CA 14)다.[853] 하나님이 이 직무를 제정하셨다는 것은 다음의 전제 아래서 말해질 수 있다. 그 직무가 믿는 자들의 공동체 전체에 관계되며, 또한 그런 점에서 공동체를 복음의 믿음 안에서 가르치고 보존해야 하는 "공적 직무"가 복음 선포를 향한 사도들의 파송과 적절한 관계 안에 있으며, 그 결과 그 직무는 사도들의 생존 시기를 넘어서는 필연적 기능 곧 공동체를 과거에 수용한 복음에 대한 믿음과 그것의 계속되는 전파

---

853 덜레스와 린드베크가 그렇게 바르게 말했다. A. Dulles und G. Lindbeck, in: H. Meyer/H. Schütte, Hgg., Confessio Augustana. Bekenntnis des einen Glaubens. Gemeinsame Untersuchung lutherischer und katholischer Theologen, 1980, 139 - 167, bes. 149f.

안에서 보존해야 하는 기능의 표현으로 이해되어야 한다는 전제다.

19세기 루터교 신학에서 요한 프리드리히 빌헬름 회플링은 1850년에 하나님이 설교의 직무를 제정하셨다는 아우크스부르크 5항의 진술을 믿는 자들의 만인 제사장직과 관계된다는 주제로 발전시켰다. 이와 구분되며 그렇게 제정되지 않은 "정규적으로 정해진 교회 직무(직분)"는 그와 반대로 다른 모든 교회의 질서처럼 단지 인간적인 법에 기초한다. 회플링은 이러한 이해가 아우크스부르크 7항의 진술과 조화를 이룬다고 믿는다. 인간적 전통들과 인간이 수립한 예식의 일치는 교회일치를 위해 요청되지 않는다는 것이다.[854] 빌헬름 뢰에와 같은 회플링의 비판자는 회플링이 "구원의 질서"와 "교회의 질서"를 날카롭게 구분한 것에 이의를 제기했다. 이어서 뢰에는 1851년에 에베소서 4:11을 인용하며 이렇게 주장했다. 그리스도께서 사도들과 함께 시대를 관통하여 존속하는 교회 직분을 수립하셨고, 그 직분을 사도들에 의해 그 후계자들에게로, 또한 그들로부터 성직 안수(CA 14항의 의미에서)를 통해 계속 전해졌다는 것이다.[855] 에베소서 4:11이 말하는 직분들 가운데 어쨌든 사도 이후 시대까지 남은 것은 목사(목자) 및 교사뿐이다.[856]

---

854   J. W. F. Höfling, *Grundsätze evangelisch-lutherischer Kirchenverfassung*, 1850. 회플링의 입장에 대해 참고. H. Fagerberg, art. Amt etc., *TRE* 2, 1978, 574–593, bes. 587f. 이에 더하여 나의 문헌을 보라. Das kirchliche Amt in der Sicht der lutherischen Lehre, in : ders., Hg., *Lehrverurteilungen – kirchentrennend?* III, 1990, 286–305, 290.

855   W. Löhe, *Kirche und Amt. Neue Aphorismen*, 1851. 비교. Luther 인용은 위의 각주 838을 보라.

856   여기서 뢰에는 칼뱅의 판단을 따르고 있다. 칼뱅은 교회 질서의 성서적 근거를 찾는 노력에서 특별히 에베소서 4:11에 주목했고, 거기서 한편으로 사도 시대가 시작되는 시기에 제한되는 직분 곧 사도, 예언자, 복음 전하는 자의 직분과 다른 한편으로 모든 시대의 교회에 필요한 목사 및 교사의 직분을 구분했다. *Inst. chr. rel.* 1559, IV,3, 4 ; CR 30, 779f. 칼뱅의 직분론에 대해 참고. A. Ganoczy, *Ecclesia Ministrans. Dienende Kirche und kirchlicher Dienst bei Calvin*, 1968, 177–342. 에베소서 4:11이 말하는 원시 그리스도교의 직분의 질서가 고대 교회의 감독 직무로 발전해가는 역

회플링과 뢰에에 의해 생긴 논쟁, 곧 직무(직분)에 관한 아우크스부르크 신조의 진술들의 해석과 관련된 논쟁은 오늘에 이르기까지 잠잠해지지 않았다. 이 문제는 특별히 교회의 직무에 관한 리마 선언(1982)으로 야기된 논의에서 나타났다.[857] 그러나 회플링의 노선을 따르는 견해를 옹호하는 논증은 난관에 봉착했다. 교회의 직분에 해당하는 아우크스부르크 신조의 조항이 어떤 곳에서도 하나님이 주신 일반적 사명과 단순히 인간적인 법에 근거한 질서 사이를 명시적으로 구분하지 않는다는 난관이다. 후자의 경우는 감독직과 목사직을 교회의 직분으로 세우는 경우를 포함한다.[858] 아우크스부르크 신조 5항의 근저에 그런 구분이 암묵적으로 놓여 있을 수 있다는 주장은 그곳에서 교회의 직무를 "복음을 가르치고 성례전을 관리하는 것"(ministerium docendi evangelii et porrigendi sacramenta)으로 서술한다는 점에서 설득력이 없어 보이고, 또한 이 진술이 그 당시에 감독들과 목사들이라는 구체적 질서를 지닌 교회적 직무의 양쪽 모두와 관련되었다는 사실—이것은 이미 멜란히톤의 『호교론』에서 이미 말해진다—에 비추어볼 때도 설득력이 떨어진다.[859] 아우크스부르크 신조 5항의 중심 내용(비교. CA 28, 5)이 감독과 목사의 구체적인 교회 직무라면, 이러한 구체적 직무는 아우크스부르크 신조 7항의 진술 곧 복음의 순수한 가르침과 바른 성례전 관리—이것은 교

사에 대한 그의 숙고에서 칼뱅은 부처(F. Bucer)의 영향을 받았을 가능성이 있다. 참고. Ganoczy, 같은 곳, 211f. 칼뱅과 달리 로헤는 목사와 교사가 서로 다른 직분이 아니라 동일한 직분의 서로 구분되는 기능을 지칭한다고 보았다. 이에 대해 각주 854에서 인용된 나의 논문, 291쪽을 참고하라.

857 쿠겔만의 설명을 보라. L. Kugelmann, in : W. Pannenberg, Hg., *Lehrverurteilungen - kirchentrennend?* III , 1990, 264 - 285.

858 루터교 종교개혁은 오직 감독직과 장로직 사이의 구분과만 관련해서 여기서 중요한 것이 단순히 인간적인 법에 근거한 구분이라고 주장했다. 참고. 이미 CA 28, 30 (BSELK 125, 16f.), *Apol.* 14,1 (BSELK 296,17f.), 또한 Melanchthon, *Traktat de potestate Papae*, 60ff. (BSELK 489f.).

859 이 논증에 대한 보다 더 상세한 설명과 근거에 대해 각주 854에서 인용된 나의 논문의 297ff., 그리고 그보다 앞선 291ff.를 보라.

회의 통일성을 위한 충분조건이다—에 대한 진술을 이미 내포하고 있고, 그 래서 따로 인간적 전통과 예식들에 속하는 것으로 여길 필요가 없다. 이런 전통 및 예식들과 관련해서는 교회 일치를 위한 무조건적 일치가 요청되지 않는다.[860] 루터교 신앙고백서는 인간적인 법에 따라 교회 안에 세워진 질서라는 사상을 알고 있다. 그러나 이 관점은 감독과 목사의 영적 직무의 근거를 마련하는 일에는 해당하지 않는다. 오히려 그 관점은 감독과 목사가 하나님에게서 받는 자신들의 사명 외에 사법권(CA 28, 21f.)에 해당한다. 이것은 복음 선포와 성례전 집전, 반드시 필요한 예식과 예식 규정을 정하는 일, 또한 영적 직무의 서로 다른 등급의 생성(CA 28, 30)에 관련된 사법권을 뜻한다. 여기서 "감독과 목사들이 그 질서를 마련할 수도 있고, 그것을 교회 안에서 정규적으로 시행할 수도 있다"(CA 28, 53). 그리고 공동체들은 "사랑과 평화를 위해" 그 질서를 준수해야 한다(CA 28, 55). 이러한 질서의 사고는 감독과 목사의 교회적 직무와 그것의 신적 제정을 이미 전제하고 있고, 그 직무의 그런 기능들이 구분된다는 것과도 관계된다. 그런 기능들 안에서 그 직무는 자신

860 아우크스부르크 신조에 대한 교회일치적 관점의 주석으로서 참고. H. Meyer/H. Schütte, Hg., *Confessio Augustana. Bekenntnis des einen Glaubens*, 1980, 189. 다른 견해로서 참고. L. Grane, *Die Confessio Augustana. Einführung in die Hauptgedanken der lutherischen Reformation*, 1970, 69. 또한 W. Maurer, *Historischer Kommentar zur Confessio Augustana* 2, 1978, 165f.(이에 대해 각주 854에서 인용한 나의 논문 292ff. 를 보라). 이와 반대로 에드문트 슐링크는 올바르게도 이렇게 주장했다. E. Schlink, *Theologie der lutherischen Bekenntnisschriften*, 3.Aufl. 1948. 아우크스부르크 신조 7항 안에서 "영적 직무로부터 분리된 어떤 선포와 성례전 관리는 생각될 수 없다"(276). 이런 결론은 그 신조의 5항 및 14항과의 관계 안에서 주어진다. 이렇게 서술하는 가운데 슐링크는 그 신조 5항이 묘사하는 "예수께서 사도들을 부르신 소명 안에서" 영적 직무의 신적 제정을 보았다(325). "공적 설교의 직무는 도덕적인 질서 원칙의 요청에 의해 공동체가 창조한 것이 아니며, 오히려 하나님이 예수 그리스도의 명령과 약속을 통해 직접 세우신 것이다. 아우크스부르크 신조는 하나님이 제정하셨다는 만인 제사장직을 인간이 세운 제도인 공적 설교의 직무와 대립시키는 것을 허용하지 않았다. 만인 제사장직이 한 사람 목사의 인격으로 전가된다는 사상은 그 신조에는 낯선 것이다"(330). 비교. Schlink, *Ökumenische Dogmatik*, 1983, 591ff.

의 신적 기원 때문에—또한 하나님의 의의 법에 따라(CA 28, 21f.)—무제약적 권위를 갖게 된다. 그 권위가 정하는 규정들에 대해서는 그것의 전권은 물론 하나님의 사명과 관계되어 있지만, 그러나 그것의 내용은 인간의 법에 기초한 것이며, 그래서 변경될 수 있는 것이다.

루터적 종교개혁은 교회적 직무를 우선적으로 설교의 직무로 서술했다. 설교의 과제를 오랫동안 소홀히 하고[861] 제사장의 직무를 일차적으로 성만찬의 제의를 헌정하는 일에 관계시킨 과거의 직무 이해를 종교개혁이 수정하게 된 이유가 그 사실에 근거하고 있었다. 제2차 바티칸 공의회를 통해 그 당시의 대립은 오늘날 매우 무뎌졌다. 비록 그 공의회가—이미 트리엔트 공의회(DS 1752)와 마찬가지로—장로의 직무를 제사장(sacerdos)으로 부르는 것과 그런 지칭을 미사성제(聖祭)에 귀속시키는 것을 확정하지만(PO 2, 6, 7, 12 등등; LG 26 & 28), 또한 공의회는 감독직에 대한 장로직의 참여에 관한 그것의 교리에 상응하여 복음 선포를 제사장의 "첫째 과제"로 지칭했다.[862] 이로써 제2차 바티칸 공의회는 종교개혁의 중심적 요청을 받아들인 셈이 되었다. 나아가 미사성제를 그리스도의 유일무이한 희생에 대한 회상적 참여로 보는 더 진전된 신학적 이해(위의 493 - 500를 보라)는 이 자리에서 종교개혁 이래로 존속해온 교단적 차이가 오늘날 교단을 분리시킬 만한 사안이 아니라고 판단하고 있다. 이에 더하여 종교개혁의 측면에서도 교회의 직무가 단순히 설교의 직무로 이해된 적이

---

861   참고. M. Luther, WA 11, 411, 22 -30 (1523) 등등. 비교. W. Stein, *Das kirchliche Amt bei Luther*, 1974, 91ff., bes, 93.

862   PO 4 (*LThK* 보충판 III "Das Zweite Vatikanische Konzil" 1968, 157), 비교. 7 (같은 곳, 171). 감독들—"제사장이 그 곁에 서 있다"—의 설교 직무에 대해 참고. LG 21 (같은 곳, I, 1966, 217). 트리엔트 공의회는 자신의 개혁 법령 가운데 하나에서 복음의 선포를 감독의 주요 업무(*praecipuum episcoporum munus*)로 지칭했다. Sess. 5 Decr. super lect. et praed. n. 9; *Conciliorum Oecumenicorum Decreta*, ed. J. Alberigo etc., Bologna 1973, 669.

없다. 오히려 그 직무는 언제나 성례전의 시행을 포함하고 있었고, 그렇기에 그와 관련된 트리엔트 공의회(DS 1771)의 교리적 정죄는 종교개혁의 교회들에게 더 이상 해당되지 않는다.[863]

루터교 신앙고백서 안에서 공동체를 인도하는 것(Leitung)은 말씀 선포 및 성례전의 집전과 달리 공동체를 사도적 믿음 안에 보존한다는 의미에서 명시적으로 교회의 직무로 언급되지 않았다. 이 기능이 교회의 직무를 설교의 직무로 이해하는 것에서 암묵적으로 함께 말해졌다는 사실은 어쨌든 아우크스부르크 신조 28항과, 21항 이하에서 볼 수 있다. 그러나 이 사실이 전면에 있지 않다는 것은 확실하다. 이 사실은 츠빙글리의 경우에는 해당하지만, 부처와 칼뱅의 영향을 받은 개혁주의 교회 안에서는 사정이 달랐다. 설교자의 과제와 관련해서 목사(목자)의 직무가 강하게 강조되었고,[864] 교회적 삶의 구체적 질서를 인간의 법과 관련된 사안으로 여기는 루터교적 경향과 달리 개혁주의 교회는 그 질서의 신약성서적 근거를 추구했다. 그 질서는 1541년의 제네바 교회 규정에 따르면 목사, 교사(엡 4:11), 장로, 집사의 네 가지 직무로 규정되어 있고, 그리스도는 그 질서를 통해 자신의 교회를 다스리신다.[865] 칼뱅은 성서가 말하는 이러한 네 가

---

863   이에 대해 참고. K. Lehmann/W. Pannenberg, Hgg., *Lehrverurteilungen – kirchentrennend?* I, 1986, 159.

864   W. Niesel, *Die Theologie Calvins*, 2.Aufl. 1957, 200f.

865   에서(H. H. Eßer)에 의하면 이러한 네 가지의 교회의 지도적 직무는 제네바 교회 규정 안에서 감독의 직무를 배제한다. H. H. Eßer, Verwerfungen und Abgrenzungen innerhalb der Ämterlehre der Reformierten Bekenntnisschriften, in : W. Pannenberg, Hg., *Lehrverurteilungen – kir – chentrennend?* III, 1990, 237 – 263, 239, 이것은 제2 스위스 신조 17항(Conf. Helv. post. 17)을 참조한 것이다. 사실 제2 스위스 신조(Confessio Helvetica posterior)는 감독을 제사장보다 우위에 둔 트리엔트 공의회의 확정(DS 1776f.)을 거부했는데, 이를 위해 이미 루터교 측면에서 인용했던 히에로니무스의 보고, 곧 감독직과 장로직의 근원적 동등성에 관한 보고를 인용했다. 이에 대해 참고. J. Rohls, *Theologie reformierter Bekenntnisschriften*, 1987, 294. 또한 참고 J. Calvin, *Inst. chr. rel.* 1559 IV,4,2 (CR 30, 788ff.). 그러나 칼뱅은 감독의 칭호를 제사

지 직무를 감독, 장로, 집사(Diakon)라는 고대 교회의 삼중 직무 안에서 재발견할 수 있다고 생각했다. 왜냐하면 사람들은 교회와 목사를 장로 계열로부터 취했고, 감독의 칭호는 단지 장로 회의의 의장에게 주어졌기 때문이다.[866] 1550년 영국교회의 예배규칙서(Ordinal)는 이와 반대로 고대 교회의 삼중 도식이 목회 서신들로부터 직접 읽어낼 수 있는 것이라고 믿었다.[867]

원시 그리스도교 교회 안에서 직무의 발전에 대한 오늘의 관점이 칼뱅의 관찰 방식과 구분되는 것은 그 관점이 많은 성서 구절의 단순한 조합에 기초하고 있다는 데 있지 않다.[868] 오히려 그 구분은 한편으로 감독 및 집사 직무의 다양한 뿌리를, 다른 한편으로 장로직이 유대교 공동체 규례 안에 이미 있었다는 점을 직시했기 때문이며, 또한 이 두 가지 직무가 이 그나티오스적 삼중 직분의 도식 안으로 용해된 점을 고려했기 때문이다. 후자와 관련해서 감독직은 지역교회들을 사도적 믿음의 통일성 안에서 보존하는 사도적 기능을 떠맡고 계속 수행하는 데까지 높아졌다. 이를 통해 상당한 강조점이 감독직의 의미에 붙여졌다. 그러나 칼뱅의 특별한 공헌은 종교개혁적 성서 해석의 조건 아래서 단순히 사도적 권위가 사도들의 후계자들에게 전가되었다는 형식적 추정에 만족하지 않았다는 것에 그치지 않고, 더 나아가 고대 교회의 규정을 원시 그리스도교 안의 다양한 직무들과 결합하는 역사적 연관성을 질문했다는 데 있다. 무엇보다도 칼뱅

장의 칭호와 동등한 의미로 여기며 사용했다. IV,3,8 ; CR 30, 782.

866 *Inst. chr. rel.* (1559) IV,4,1f. (CR 30,788f.).

867 H. Faberberg, art. Amt etc. VII, in : *TRE* 2, 1978, 574ff. 576f.

868 J. Roloff, *Der erste Brief an Timotheus*, 1988, 188. 여기서 롤로프는 칼뱅에게서 "역사적으로 다양한 성서주의"를 엿볼 수 있다고 말한다. 역사적으로 다양하다는 것은 칼뱅이 다음의 사실을 인식했기 때문이다. 에베소서 4:11이 말하는 예언자들과 복음 전하는 자들이 교회가 시작하는 시기에 속하며, 반면에 목회 서신들의 장로/감독과 "핵심에서 매우 적절하게" 동일한 지위로 여겨지는 "목사(목자)들"은 지속적인 중요성을 획득했고, 그 결과 가르침의 과제를 갖게 되었다는 사실이다.

은 거기서 중요한 것이 설교의 과제만이 아니라 공동체적 삶의 질서와 그 규정이라는 사실을 바르게 통찰했다. 물론 그와 관련된 교회적 직무들의 다양한 기능은 선포 및 가르침과 매우 밀접하게 관련되어 있었다. 말하자면 그 기능은 후에 원시 그리스도교의 직무 질서의 발전이 예시하듯이 선포와 가르침의 과제에 근거하고 있었다.

영적 직무에 관한 근대의 교회일치 문서들 안에서 교리적 선포의 과제(그리고 성만찬 축제를 주관하는 과제)와 연관된 공동체 인도의 관점이 이전의 개혁주의 전통의 경우보다, 나아가 루터교의 경우보다도 더욱 강해졌다. 교회의 영적 직무에 대한 루터교/로마 가톨릭 국제회의(Dokument der lutherisch/römisch-katholischen internationalen Kommission, 1981)의 문서는 사도 이후 시대에 한 가지 특수한 직무가 "공동체들의 인도를 위해 필연적"인 것으로 예시되었다고 말한다.[869] 그것은 목사(목자)의 직무로서 "공동체 자체의 통일성 및 공동체들의 통일성에 대한 봉사"와 관련이 있다(27). 이로부터 성만찬 축제에서 정규 직무 수행자의 우선적 지위에 대한 가톨릭적 견해가 이해될 수 있다. 왜냐하면 성만찬 축제는 "하나가 되는 성례전"이기 때문이다(28). 그러나 루터교적 이해에 따른다 해도 "그 직무는 교회의 통일성에 봉사하는 것"이다(29).[870]

직무에 관한 리마-선언(1982)에서도 비슷한 진술을 만날 수 있다. 정규 직무의 매우 높아진 역할의 근거에 대하여 그곳에서 이렇게 말해진다. 교회는 "예수 그리스도께 근본적으로 의존하도록 지시해주고, 그것을 통

---

[869] *Das geistliche Amt in der Kirche*, 1981, n. 17 (p.20). 이하 본문에서 이 논문의 쪽수만 기재하기로 한다.

[870] 같은 곳, 31. 교회들은 "오늘날 공동으로 이렇게 말한다. 정규 직무 수행자들의 본질적이고 특수한 기능은 그리스도교 공동체를 말씀의 선포와 성례전 축제를 통해 모으고 양육하고, 공동체적 삶을…인도하는 것이다." 여기서 한편으로 공동체의 위임에 의해 직무의 근거가 주어진다는 생각이 거부되고(23), 다른 한편으로 교회의 직무를 통해 그리스도교적 자유가 억압될 위험도 통찰되며, 이에 대해 "공동체 전체"가 "직무의 전권 행사에 참여할 것"이 요청된다(24).

해 교회의 통일성의 다양한 은사와 관계를 표현하는 일에 대해 공적·지속적으로 책임을 져줄 인물들"을 필요로 한다는 것이다.[871] 이곳의 핵심에서 정규 직무자의 선포의 과제에 대한 어느 정도 익숙치 않은 문구가 등장하는데, 공동체의 인도를 위한 선포의 기능이 말씀에 대한 봉사와 결합되며 그 봉사에 근거하고 있다.[872] 그 밖에도 공동체의 "통일성을 위한 준거점"으로서의 그 직무의 기능은 그 밖의 "은사들" 및 봉사들과 비교할 때 특수한 것이라고 말해졌는데, 이 특수성은 그 직무가 특별한 성직 수여를 통해 강조되며 형성된 이유가 된다. 교회의 직무 자체가 많은 은사 가운데 하나이며, 교회 공동체를 양육하기 위한 영의 은사라는 사실은 틀림없다.[873] 바

---

[871] Taufe, Eucharistie und Amt, Konvergenzerklärungen der Kommission für Glauben und Kirchenverfassung des Ökumenischen Rates der Kirche, 1982, Teil Amt Nr. 8.

[872] 같은 곳, 13에서 그렇게 명시적으로 말해진다. 이에 대해 해설하는 본문은 다음과 같이 강조한다. "이러한 과제들은 배타적으로 정규 교역자를 통해서만 실행되지 않는다." 오히려 "(공동체의 지체들) 모두는 그 기능의 성취에 참여해야 한다." 이 문구는 리마 문서에 대해 흔히 제기되었던 비난, 곧 공동체 인도의 과제에서 공동체의 협력 작용이 고려되지 않았다는 비난을 정당하게 평가하지 않았다는 사실을 보여준다.

[873] 바울의 은사론은 최근에 교회의 직무에 관한 신학적 서술의 다양한 출발점이 되었다. 참고. J. Moltmann, *Kirche in der Kraft des Geistes*, 1975, 318ff.(성령의 심판 아래 있는 교회) 그리고 327ff.(공동체의 사명과 공동체 안에 있는 사명들). 여기서 몰트만은 "직무의 군주주의적 근거"(331)에 대해 반대한다. 몰트만에 의하면 그것은 안디옥의 이그나티오스에게 속한다. 핵심에서 몰트만은 믿는 자들의 만인 제사장직에서 출발한다. 하지만 그는 이러한 종교개혁적 용어가 함축하고 있는 의미에 대해 비판적 입장을 표명했고(328f.), 은사들에 대해 말하기를 선호했다. "메시아 공동체의 모든 지체는 각각 영적 은사자다"(323). 그러나 그리스도 안에서의 은사들의 통일성은 몰트만이 볼 때 다양하게 갈라진 특수한 경향들을 하나로 통합하는 직무—곧 사도 이후 시대에 형성된 감독 직무가 암시하는 것과 같은 직무—를 요청하지 않는다(335). 여기서 몰트만은 단지 공동체를 통한 사명의 위임만을 알고 있다(330f.). 다른 방식으로 슐링크는 바울적 은사론을 "특별한 파송"(600f.)에 근거하는 교회적 직무(603ff.)에 대한 자신의 서술의 출발점으로 삼는다. E. Schlink, *Ökumenischen Dogmatik*, 1983, 597ff. 뚜렷한 특징을 보이며 슐링크는 은사들에 대해 논의하기 전에 사도의 직무를 다룬다(591ff.). 물론 그도 사도의 직무 그 자체가

울은 사도의 직무도 은사들에 속하는 것으로 여겼다(고전 12:28). 그러나 이것이 사도의 직무가 다른 은사들과 동등하다는 뜻은 아니다. 그런 동등성의 사고는—그리스도의 몸의 모든 지체가 그 몸의 통일성을 이루기 위한 기능을 갖는다는 점을 별개로 생각한다면—바울적 은사론의 구성요소가 아니다. 어쨌든 바울은 은사들의 다양성을 강조했다. 그러나 사도적 직무의 특수성은—그리고 이것의 뒤를 이어 감독직의 특수성도—공동체의 지체들과 영이 그들에게 수여한 은사들의 온갖 다양성에도 불구하고 복음에 대한 믿음 안에 있는 공동체의 통일성을 위해 책임을 지는 것에 놓여 있다.

목사(목자)직의 특수성[874]은 종교개혁의 전통 안에서 그것의 공공성의 특성을 통해 부각되었다. 공적 가르침(*publice docere*)은 아우크스부르크 신조 14항에 따르면 정규적 소명(*rite vocatus*)을 필요로 하는 기능이다. 공공성의 관점에서 고려되는 전체와의 관계라는 사상은 개별 공동체만이 아니라 교회 전체에도 속한 것이다. 제2차 바티칸 공의회가 교회적 봉사의 직무에 대하여 그것이 등급에서만이 아니라 본질에 따라 믿는 자들의 만인 제사장직과 구분된다고 말했다면(LG 10), 이것은 설교 직무의 공적 성격에 대한 종교개혁의 강조

고린도전서 12:28에 따른 은사라는 사실을 강조한다. 하지만 슐링크에 의하면 사도의 직무가 다양한 은사들 가운데 제일 먼저 말해지는 것은 우연이 아니다(598). 사도들이 "교회를 세운 은사자들"이었던 것처럼(같은 곳), 마찬가지로 사도적 업무도 교회의 직무를 통해 계속해서 "선교적 교회의 토대를 마련하고 교회를 인도하는 것"이다(601). 이것은 "공동체를 인도하는 일"(602, 비교. 609)로서 공동체의 통일성을 이루는 목표(609)와 관계된다.

874 원시 그리스도교의 공동체 인도의 과제는 목사(목자, Hirten)의 상 안에서 모범적인 표현을 발견했다. 이에 대해 비교. J. Roloff, Die Apostolizität der Kirche und das kirchliche Amt nach dem Zeugnis der heiligen Schrift, in : *Beih. zur Ökumenischen Rundschau* 49, 1984, 48-61, bes. 58f. E. Schlink, 같은 곳, 609f., 611ff.(목자직과 교회)는 이러한 신약성서적 범위가 교회 직무의 교의학적 교리에 대해 갖는 근본적 의미를 강조했다.

와 상응한다. 공의회의 문구에서 문제가 되는 것은 오직 "전체"(tantum)라는 단어뿐이다. 왜냐하면 믿는 자들의 만인 제사장직과 구분되는 어떤 등급이란 있을 수 없고, 직무자 그 자신도 다른 그리스도인들보다 더 높은 단계에서 그리스도의 은혜에 참여하는 것이 아니기 때문이다(위의 각주 830을 보라). 오히려 교회 직무의 본래적 특성은 단순히 복음 선포를 위한 사명에 놓여 있지 않다. 이 사명은 전체 교회의 것이며, 그런 의미에서 그리스도교적 삶의 증언으로서 모든 개별 그리스도인에게 주어져 있다. 바로 이 기능이 행사하는 공공성만이 교회 봉사의 직무가 갖는 특수성에 속한다. 이 특수성은 예를 들어 직무자가 그리스도 대신에 행동한다(in persona Christi)는 사실에 근거한다. 이것은 1439년 피렌체 공의회에서 아르메니아 사람들을 위한 교황의 연합 칙서가 그런 대리를 성례전을 주관하는 사제의 직무에 대해 말했던 것과 같다(DS 1321, 비교. LG 21,10).[875] 모든 그리스도인이 믿음에 근거하여 예수 그리스도께 참여한다는 것 때문에 그분의 직무와 파송에도 참여한다고 가정하면, 그때는—루터가 1520년에 서술한 것처럼—모두가 말하자면 다른 또 하나의 그리스도가 되는 셈이다.[876] 그리스도의 파송, 특히 그분의 제사장 직무에

---

875 바로 이 개념 안에서 오늘날 사람들은 로마 가톨릭과 종교개혁의 직무 이해 사이에 놓인 대립의 근거를 양편의 입장으로부터 찾으려고 시도했다. 참고. P. E. Persson, *Repraesentatio Christi: Der Amtsbegriff in der neueren römisch-katholischen Theologie*, 1966. 가톨릭의 입장으로는 L. Scheffczyk, Die Christusrepräsentation als Wesensmoment des Priesteramtes, in: *Catholica* 27, 1973, 293-311. 이에 더하여 나의 논문을 보라 Ökumenisches Amtsverständnis (1974), 지금은 동일저자, in: *Ethik und Ekklesiologie*, 1977, 268-285, 277ff. 이 내용은 이미 멜란히톤이 명시적으로 서술했다. 직무 수행자들은 자신의 사명을 실행할 때 자기 이름이 아니라 그리스도의 인격을 대리한다(Melanchthon *Apol.* 7,28). Repraesentant Christi personam propter vocationem ecclesiae, non repraesentant proprias personas, ut testatur Christus: Qui vos audit, me audit (BSELK 240, 42-45). 또한 참고. M. Luther, WA 6, 530, 11ff., 19ff. 물론 이것이 그리스도의 대리라는 사상이 정규적 직무와 구분되는 본래적 특성을 구성한다는 뜻은 아니다(위의 본문을 보라).

876 M. Luther, *De libertate Christiana* 27, WA 7,66,3ff., 특히 27 (uniusquisque alteri Christus quidam fieri).

참여하는 것은 다른 사람들을 위해 그리스도를 대리하여 등장한다는 의미를 내포한다. 특수한 교회 직무에 대해 특히 중요한 것은 그 행위가 전체 교회의 이름으로 **그리스도의 인격 안에서**(*in persona Christi*) 공적으로 행해진다는 사실이다. 그 대리 행위는 특별히 성만찬 축제의 주관자를 통해 출현한다.[877] 공동체의 인도자인 사제는 공동체 전체를 대신하여 성만찬의 회상을 실행하며, 그때 공동체의 모든 지체는 그가 그리스도의 인격 안에서 빵과 포도주에 대한 예수의 말씀을 낭독할 때 그의 행위에 참여한다. 그러나 전체 교회에 위임된 사명을 예수 그리스도의 이름으로 공적으로 실행하는 일은 말씀의 선포에서도 일어난다. 그 선포는, 또한 죄 용서의 선언도 목사의 말로서만이 아니라 오히려 그리스도 자신의 말씀—그렇게 해서 또한 "하나님의 말씀"—으로 듣고 수용되어야 한다. 죄 용서는 직무자가 전체 교회에 위임된 예수 그리스도의 전권에 힘입어—그렇게 해서 그리스도를 대신하면서—선포하고 선언하게 된다.

전체 교회의 통일성에 관련되면서 예배 공동체의 자리에서 전체 교회를 대표하는 "공공성" 곧 교회적 설교의 직무와 교회 인도의 직무는 그 직무자가 자기 이름이 아니라 전체 그리스도교에 위임된 복음을 가르치는 사명의 권위 안에서, 그래서 또한 예수 그리스도 자신의 사명 안에서 행동한다는 사실을 의미한다. 이러한 특수한 의미에서 교회의 공적 직무자는 **그리스도의 인격 안**에서, 그와 동시에 전체 그리스도교의 이름으로, 그리고 사도들의 파송을 통해 전체 그리스도교에 주어진 사명의 이름으로 행동한다.

이 자리에서 수십 년 전부터 여성의 성직 안수를 도입하는 문제와 관련해서 몇몇 개혁주의 교회들 안에서 집중적으로 토론되었던 질문이 제기된다. 여

---

877   이 점에 대하여 직무에 관한 리마 선언 14항(주석과 함께)의 강조를 참고하라.

성들도 예수 그리스도의 이름으로 통일된 그리스도의 교회의 권한에 귀속되는 공적 직무를 예수 그리스도의 이름으로 수행할 수 있을까? 교회사 안에서 늦어도 4세기 이래로, 아마도 이미 3세기부터 여성들이 장로 직무의 안수로부터 배제되었고, 서구 그리스도교 안에서 그라티아누스 교령집이 영적 직무에 대한 모든 성직 안수의 형태로부터 여성을 배제하는 것을 교회법의 표준으로 정했던 반면에,[878] 원시 그리스도교의 증언들 안에 있는 증빙 자료는 그보다 복잡하다. 물론 바울은 고린도전서 14:34에서 여성들에게 공동체의 모임에서 침묵할 것을 요구했다(비교. 딤전 2:11). 이것은 여성들을 예배 인도에서 배제하는 의미도 포함한 것으로 보인다. 그러나 다른 한편으로 바울은 여성을 여집사(여목사, Diakonin, 롬 16:1f.), 여동역자, 집안의 여주인(롬 16:5; 비교 골 4:15), 여선교사(빌 4:2f.) 등으로 부른다. 나아가 어떤 유니아(Junia)라는 여인은 로마서 16:7에서 안드로니고와 함께 사도 그룹에 속한다고 여겨진다. 이 모든 여성들이 공동체의 모임에서 언제나 다만 침묵했을 것으로는 생각되지 않는다.[879] 오히려 고린도전서 14:34은 여자들이 남편에게 복종할

---

[878] 이에 대해 특별히 참고. L Raming, *Der Ausschluß der Frau vom priesterlichen Amt. Gottgewollte Tradition oder Diskriminierung? Eine rechtshistorisch-dogmatische Untersuchung der Grundlagen von Kanon 968 §1 des Codex Iuris Canonici*, 1973. 이에 대해 하우케의 포괄적 연구는 날카롭게 반대한다. M. Hauke, *Die Problematik um das Frauenpriestertum vor dem Hintergrund der Schöpfungs- und Erlösungsordnung*, 1982, bes. 471. 이 내용은 고린도전서 14:37f.에 근거하고 있다(그곳의 363-392를 비교하라). 여성 성직 안수에 대한 정교회의 거부에 대해 다음의 논문을 참고하라. N. Chitescu/G. Khodre, in dem Heft von Faith and Order: Zur Frage der Ordination der Frau (Hg. L. Vischer, 1964), 67-71, bes. 68ff., 72—75.

[879] M. Hauke, 같은 곳, 352-354. 여기서 하우케는 그 이상의 어떤 증거 없이 로마서 16:7에 대해 현대적 주석이 대체로 여성인 유니아를 "유니아노스"(Junianos, 남성 사도를 가리키는 이름)로 읽기를 결정했다고 주장한다. 이와 반대되는 견해로서 참고. U. Wilckens, *Der Brief an die Römer* 3, 1982, 135f. "여성 사도"인 유니아를 가정하는 경우에 "그녀의 과제가 공적 선포의 영역에 놓여 있다고 생각할 필요가 없다"(353)는 하우케의 계속되는 논증도 매우 설득력이 떨어진다. 이에 대해 하우케는 선포하지 않아도 되고 선포로 "파송"되지 않은 어떤 사도의 예를 들지 못했다.

것을 요구했던 특수한 상황의 지시로 파악될 수 있다.[880] 이 요구는 유대교
적 세계에서는 물론 원시 그리스도교의 그리스적 주변 세계에서도 당시로서
는 지배적이었던 상황(비교. 고전 11:3-10)과 관련이 있다고 볼 수 있다.[881] 그
러나 바울은 남자에게 예속된 여자의 일방적 복종이라는 관념을 "주님 안에
서" 타당한 상호성의 규칙을 통해 수정한다(고전 11:11f.). 이것은 갈라디아서
3:28의 근본 사고와 상응하는데, 이 구절에 따르면 예수 그리스도 안에 있는
연합이 사람들 사이의 그 밖의 모든 구분을, 또한 남자와 여자 사이의 계급적
구분을 지양한다. 바울에게 이런 상대화는 세례의 한 가지 결과였고(갈 3:27),
할례라는 옛 계약의 표징과 달리 양성 파트너 모두가 수용하는 것이었다. 모
두에게 공통된 세례로부터 다음과 같은 결과가 생긴다. 이 세상에 존재하는
사람들 사이의 불평등은 교회 안에서도 제거되지 않지만, 그러나 그것은 그
리스도의 사랑 안에 근거하는 사람들 사이의 쌍방 관계를 통해 극복된다. 이

하우케는 올바르게도 유니아의 경우에 그런 선포 활동을 가정한다면, 고린도전서
14:34과 디모데전서 2:11의 가르침 금지령이 "쉽게 이해될 수 없다"는 점을 언급
했다(353). 그러나 이 말씀은 사실 하우케의 주석과는 반대로 선포가 아니라 일반적
가르침에 대한 금지를 말하고 있다.

880 두마스가 여성 성직 안수의 문제에 관하여 인용된 논문에서 프롤을 언급하며 그렇
게 주장했다. A. Dumas, Heft von Faith and Order: Zur Frage der Ordination der
Frau, 34f. (위의 각주 878). R. C. Prohl, *Woman in the Church*, 1957. 이 문제와 관련
된 주석적인 문제에 대하여 많은 정보를 담고 있는 균형 잡힌 야노프스키의 개관을
보라. J. Chr. Janowski, Umstrittene Pfarrerin. Zu einer unvollendeten Reformation
in der Kirche, in: U. Greifenhagen, Hg., *Das evangelische Pfarrhaus. Eine Kultur-
und Sozialgeschichte*, 1984, 83-107, 88ff., bes. 90.

881 인간의 하나님의 형상성에 관한 창세기 1:26f.의 진술─바울은 이 구절을 고린도전
서 11:7에서 그 당시에 관행이었던 유대교적 주석에 따라 창세기 2:22-24과 결합
했다─을 남성에 제한하는 것에 대하여 나의 『조직신학』 II, 379f.를 보라. 이러한 창
세기 주석에 근거한 이해, 곧 남자와의 관계에서 여자가 열등하다는 견해는 교회사
에서 나타난 여성 사제직에 대한 부정적 입장의 근저에 놓여 있었다. 이에 대해 참
고. Raming, 같은 곳, 53ff. 그러나 오늘의 관점에서 볼 때 그 견해는 내용적으로 틀
린 것으로 판단해야 한다. 왜냐하면 창세기 1:26f.의 아담이라는 단어는 인간의 양
성 모두를 가리키는 종(種)의 존재를 지칭하고 있기 때문이다.

것은 그리스도교에 대해 근본적인 실상, 곧 여성이 남성과 동등한 지위로 해방되는 것과 관계된 실상이다. 이것은 타종교들과의 논쟁에서 특별히 중요한 의미를 갖는다. 사람들 사이를 분리하는 그 밖의 대립들의 지양을 통해 교회의 삶 속에서 하나님 나라 안에 있게 될 공동체를 향한 인간의 종말론적 규정이 통고된다. 오늘날에는 낡은 것이 되어 버린 근거에 기초한 여성의 교회 성직 안수로부터의 배제는 그 종말론적 규정과 어울리지 않는다. 교회를 인도하는 직무들에 여성을 임명하는 것에는 어떤 근본적인 장애물도 있을 수 없다. 여성이 예배에서 예수 그리스도를 대신하여(예수 그리스도의 인격 안에서) 행동하는 것은, 그 여성이 이 세상의 남성인 나사렛 예수만이 아니라 오히려 높여지신 그리스도를 대표한다는 사실을 생각한다면, 어떤 거치는 일로 보일 수 없다. 높여지신 그리스도의 "몸"은 사회적 지위, 국적, 인종의 대립과 마찬가지로 성의 대립도 극복한 상태에 있다.

교회적 사명의 실행에서 교회의 직무자들은 예수 그리스도의 이름으로, 그래서 또한 사도들에게로 소급되는 교회 전체의 대표자로서 행동한다. 이것은 직무자가 작은 지역교회에서 자신의 업무를 행하는 경우에도 해당한다. 그(혹은 그녀)는 바로 그 지역에서 전체 교회를 대표하며, 자신에게 주어진 그리스도의 사명을 행한다. 그렇기 때문에 모든 직무 수행자의 행위는 언제나 전체 교회의 통일성과 관계되어 있어야만 한다. 한편으로 그(혹은 그녀)에게 위임된 특수한 과제의 영역, 예를 들어 지역 공동체의 삶의 영역과, 다른 한편으로 전체 교회와 사도들로부터 시작하여 그리스도교의 역사를 통해 계속 작용하는 전체 교회적 파송 사이의 관계를 보존하는 것은 교회 직무의 매우 특수한 책임에 속한다. 개별 공동체 안에서 그 지체를 위한 복음의 가르침과 공동체의 인도라는 공적 사명을 부여받은 교회의 직무자는 전체 교회를, 그리고 예수 그리스도로부터 그분의 사도들을 통해 전승된 파송을 구체화하고 인격적으로 표현한다. 그렇기 때문에 직무 수행자 자신이 인격 안에서—직무에 대한 리마 선언이 말하듯이—"공동체의 삶과 증언의 통일성을 위한 준거점"[882]이다. 직무 수행자들에게 그런 기능이 부여되는 것은 그들 자신이 각각 사역하는 장소에서 교회의 통일성의 근거가 된다는 의미는 아니다.[883] 예수 그리스도만이 홀로 교회와 그 통일성의 토대이시다(고전 3:11).[884] 그러므로 교회의 직무자들은 예수 그리스도께 근거하는 그분의 교회의 통일성과 그분으로부터 시작되는 파송에 대해 단지 표징과 대리자가 될 수 있을 뿐이다. 그래서 공동체의 지체들은 그들을 보통 그렇게 경험하며, 혹은 공동체들은 자신의 목사들을 그렇게 보기를 원한다. 이것은 단지 사회 - 심리학적 사실에 그치는 것이 아니라 그리스도교적 믿음의 의식의 표현이다. 이 의식은 모든 신학적 성찰보다 앞서며, 많은 교회의 환원주의적 기관 신학자들과 맞선다. 개별 공동체들 안에서 직무자들이 갖는 권위는 그리스도의 파송과 그분 안에 근거하는 교회의 통일성에 대한 그들의 표징 및 대리자로서의 기능에

---

882   Taufe, Eucharistie und Amt, 1982, Amt 13 Kommentar. 영국 국교회와 로마 가톨릭의 공동 선언문을 참고하라. The Anglican - Roman Chatholic International Commission on Ministry, no 7 (1973); 독어. in: H. Meyer u. a., Hgg., Dokumente wachsender Übereinstimmung. Sämtliche Berichte und Konsenstexte interkonfessioneller Gespräche auf Weltebene 1931 - 1982, 1983, 151.

883   제2차 바티칸 공의회의 교회법의 문구, 곧 감독들이 각자의 부분 교회들 안에서 통일성의 원칙과 토대(principium et fundamentum)라는 문구(LG 23)는 매우 오해되기 쉽다. 왜냐하면 그것은 토대가 되시는 그리스도의 기능과 경쟁하기 때문이다. 이것은 전체 교회와 관련되는 교황에 대한 진술에도 마찬가지로 해당한다(같은 곳, 또한 LG 18).

884   W. Joest, Das Amt und die Einheit der Kirche, Una Sancta. *Zeitschrift für interkonfessionelle Begegnung* 16, 1961, 236 - 249에서 요에스트는 교회 직무의 어떤 형태도 "그 자체로서 교회의 통일성을 보증하지 못한다"(239)라고 바르게 강조했다. 그럼에도 불구하고 직무자들은—이것은 매우 특징적이게도 위의 문구에 따르면 요에스트가 부정하는 내용이다—"교회를 그것의 참된 근거와 본질 안에서, 다시 말해 그리스도 안에서 하나로 통일시키는 사명", 그리고 그들의 사역을 통해 그 통일성을 "보존하거나 수립"해야 하는 사명으로 부르심을 받았다(같은 곳). 이것이 항상 성공하지 못한다는 것은 별개의 문제다.

근거한다. 그들은 이 기능을 진실하게 행하는 만큼 권위를 갖게 된다. 하지만 이 일은 공동체의 통일성을 위한 "준거점"과 표징이 되는 목사의 현존재를 통해 일어나지 않고, 그들이 부르심을 받은 목적인 복음 선포와 목자로서의 직무 수행을 통해 일어난다.

2. 성직 안수와 사도 직무의 승계

교회 직무가 선포의 사명을 통해 믿음 안에 있는 교회의 통일성과 관계되어 있다는 것은 교회를 이끄는 직무의 본질에 속한다. 교회의 통일성은 직무자들을 통해, 특별히 성만찬 축제의 주관자를 통해 상징적으로 표현된다. 직무가 이렇게 이해된다면, 교회 직무의 가르침과 실천에 관련된 갈등들이 교회의 통일성을 위태롭게 하며, 나아가 그것의 상실을 초래할 수 있다는 사실이 쉽게 이해될 수 있다. 실제로 교회사 안에서 이런 일은 계속 반복해서 발생했다. 오늘의 그리스도교의 분열, 즉 서로 갈라져 완전한 공동체를 이루지 못하는 다수 교회의 분열도 바로 교회의 직무와 관련된 대립과 갈등으로부터 비롯된 것이다. 동방 그리스도교의 정교회와 로마 가톨릭교회 사이의 관계에서 그 대립은 단지 보편적 지도력의 직무에만 해당한다. 로마 가톨릭교회는 이 직무가 로마의 감독(교황)에게만 속한다고 주장한다. 이와 대조적으로 종교개혁 교회의 경우에는 그것의 교회적 직무 전반에 대하여 로마와 논쟁하고 있다.

이제 다음의 사실이 드러난다. 교회 직무의 본질과 사명에 대한 종교개혁 교회와 로마 가톨릭교회의 이해 사이에 본래적으로 극복될 수 없는 그 어떤 대립도 더 이상 존재해서는 안 된다. 제2차 바티칸 공의회의 판결에 따르면 그 대립은 우선 직무의 전달 곧 성직 안수와 관련되어 있으며, 이에 따른 로마의 관점에서 본다면 "성만찬 비밀(신비)의 순수한 본질"은 개신교회 안에서는 더 이상 순전히 보존되어 있지 않다.[885] 로마의 견해에 따르면—동방 교회도 비슷하게 판단한다—종교개혁 교회의 직무 안에서 교회의 통일성이 적절한 방식으로 나타나지 않고, 그 결과로 성만찬 축제에서 전체 교회와의 통일성, 즉 성만찬의 본질적 내용에 속하는 그 통일성이 결여되어 있다. 우리는 그 공의회의 교회일치 법령을 그렇게 해석하게 된다. 여기서 다뤄야 할 것은 결여(defectus)라는 표현 아래서 종교개혁 교회의 성직 수여 성례전이 단지 불완전하다는 것인지, 아니면 전적으로 무효라고 주장하는 것인지의 문제다. 어쨌든 로마 가톨릭교회의 시각에서 볼 때 종교개혁 교회의 직무를 손상시키는 결함은 직무 승계, 즉 성직 안수의 결함과 관계가 있다.

이 결함의 근거는 무엇일까? 그 결함은 종교개혁 교회가 성직 안수를 성례전으로 부르기를 거부했다는 것, 성직 안수 행위 자체의 불완전성, 성직 안수의 효력에 관한 다양한 견해들, 마지막으로 누가 성직 안수를 실행할 권한을 갖는지에 대한 다양한 대답 등과 관계되어 있을 수 있다. 우리는 마지막에 언급된 세부사항이 가장 결정적이라는 사실을 제시할 것이다. 그러나 그것은 반드시 넓은 맥락에서 관찰되어야 한다. 그보다 앞서 우리는 앞선 세 가지 요점을 다룰 것인데, 이를 통해 성직 안수에 대한 개신교적 이해의 긍정적인 측면도 서술할 것이다.

a) 성직 안수의 성례전적 성격과 완전한 실행

루터는 성직 안수를 성례전으로 부르기를 거부했다. 루터는 1520년에 이렇게 서술했다. 신약성서 안에 성직 안수와 관련된 어떤 은혜의 약속(promissio gratiae)도 없고, 나아가 그 행위 자체도 신약성서에서는 전혀 언

885　개신교회에 대한 제2차 바티칸 공의회의 교회일치 법령이 그렇게 말한다: propter sacramenti ordinis defectum, genuinam atque integrum substantiam Mysterii eucharistici non servasse (UR 22).

급되지 않는다는 것이다.[886] 루터의 이런 판단은 오직 그 당시의 성직 안수 행위의 표준적 형태를 고려할 때만 이해될 수 있다. 이 형태는 1439년 피렌체 공의회에서 아르메니아인들을 위한 교황 에우제니오 4세의 연합 칙서에서 확정되었다. 이에 따르면 성직 안수는 다음의 말씀과 함께 잔과 성반(聖盤, Patene)을 수여함으로써 완전히 실행된다: "교회 안에서 산 자와 죽은 자들을 위한⋯희생제물을 바치는 권한을 수령하라."[887] 이렇게 규정된 행위와 관련해서 루터는 신약성서는 그런 성례전을 알지 못한다는 가혹한 판결을 내렸는데, 이것은 전적으로 옳은 것이다. 그러나 루터는 목회 서신(특별히 딤전 4:14)[888]의 진술에 나오는 안수 행위와 기도에 대해서는 물론 그렇게 말할 수 없었을 것이다.

많은 사람은 1520년 『교회의 바빌론 포로』(*De Captivitate Babylonica Ecclesiae*)에서 성직 안수에 대한 루터의 비판이 교회의 성직 전체에 대한 거부 혹은 감

---

886 M. Luther, *De capt. Bab. Eccl*: Hoc sacramentum Ecclesia Christi ignorat, inventumque est ab Ecclesia Papae: non enim solum nullam habet promissionem gratiae ullibi positam, sed ne verbo quidem eius meminit totum novum testamentum (WA 6, 560,20‒23). 이에 대해 비교. W. Stein, *Das kirchliche Amt bei Luther*, 1974, 83f.

887 DS 1326: presbyteratus traditur per calicis cum vino et patenae cum pane porrectionem...Forma sacerdotii talis est: "Accipe potestatem offerendi sacrificium in Ecclesia pro vivis et mortuis⋯." 이에 대해 참고. K. Lehmann & H. Pannenberg, Hgg., *Lehrverurteilungen ‒ kirchentrennend?* 1, 1986, 160. 성만찬의 기구들을 전달하는 것 외에 서방 교회 안에서는 (동방 교회와는 달리) 10세기 이래로 그와 연관된 관습 곧 미래 사제들의 손에 기름을 바르는 관습이 등장했다. 참고. A.‒G. Martimort, *Handbuch der Liturgiewissenschaft* II, 1965, 38f. 이 관습은 후에 트리엔트 공의회에서 무시할 것도 아니고 불필요한 것도 아니라고 확증되었지만(DS 1775), 루터는 그것을 여러 번 논쟁의 대상으로 삼았다. WA 6, 561, 31; 563, 32f.; 566, 15f.; 비교. WA 38, 238, 13ff.; 253, 16 등등.

888 이에 대해 성직 안수에 대한 롤로프의 설명을 참고하라. J. Roloff, *Der erste Brief an Timotheus*, 1988, 263ff.

독들의 성직 안수 권리의 거부라고 이해했다. 그래서 영국의 헨리 8세의 반박문에서는 디도서 1:5에 따르면 바울 자신이 장로들을 세우기 위해 안수했다는 사실이 언급되었다. 1522년에 루터는 이에 대해 자신은 단지 성직 안수(ordo)가 세례 및 성만찬과 마찬가지로 성례전인지, 다시 말해 은혜의 표징과 결합된 약속에 근거하는지에 대해서만 논쟁했을 뿐이고, 직무자의 소명과 취임으로서의 성직 안수를 거부한 것은 아니었다고 대답했다.[889] 헨리 8세도 "장로들의 회에서 안수받을 때 전해진 은혜의 선물(charisma)"을 말하는 디모데전서 4:14을 성직 안수를 위한 신약성서적 증빙으로 인용했다. 오늘의 관점에서도 이것은 전적으로 옳다. 그러나 그 당시에 루터는 그 안수 행위가 교회가 성례전으로 부르는 성직 안수의 행위와 동일하지 않다고 대답했다(WA 10/11, 221,5-9). 이것은 1439년의 아르메니아인들을 위한 교황 칙서를 생각한다면 쉽게 이해될 수 있는데, 거기서 성직 안수 행위는 잔과 성반을 전하는 것에서 완성된다고 서술된다. 이미 1523년에 루터는 보헤미안 사람들에게 그들의 설교자는 기도와 안수로서 각자의 직무를 수행해야 하고, 직무를 위해 기도와 안수를 강화해야 한다고 조언했다.[890] 그러나 성서를 염두에 둔 이러한 예식은 그 당시의 루터에게는 로마 가톨릭교회의 성직 안수의 행위와 동일하지 않았다.

중세 교회는 안수 행위를 그것에 관한 성서적 증언[891]에도 불구하고

---

889   M. Luther, WA 10/II,220,34-221,5. 이미 1520년에 루터는 이렇게 서술했다: Non quod damnandum censeam eum ritum per tanta saecula celebratum (WA 6, 560, 24f.). 이 진술은 명백하게도 각주 887에서 언급된 예식과 관계된다. 참고. W. Stein, 같은 곳, 97ff.

890   M. Luther, *De instituendis minis tris Ecclesiae*, WA 12,191, 20ff.

891   디모데전서 4:14 외에 디모데후서 1:6과 사도행전 13:3을 참고하라. 이 예식은 안수를 통해 레위인을 세우는 예식(민 8:10)으로 소급되며, 원시 그리스도교가 선교 운동을 하던 시대에 유대교 안에서도 성직 수여의 예식으로서 행해졌다. 참고. E. Lohse, *Die Ordination im Spätjudentum und im Neuen Testament*, 1951. 또한 J.

성직 안수에 대한 특별한 예식 행위로 여기지 않았다.[892] 안수 행위는 다른 여러 가지 성례전에서도 등장하는 것이기 때문이었다. 1947년이 되어서야 교황 비오 12세는 성직 안수에 대한 예배학적 연구로부터 안수 행위를 성직 안수의 고유한 표징(혹은 내용, *materia*)으로 선언했으며, 반면에 잔과 성반(전통적인 기구들, *traditio instrumentorum*)의 전달은 주님 예수 그리스도의 뜻에 따른 그 성례전의 본질적 구성요소가 아닌 것으로 봐야 한다는 결론을 내렸다(DS 3858). 이로써 성직 안수에 대한 교회일치적 논의에 대한 새로운 정황이 마련되었다. 왜냐하면 루터적 종교개혁은 이미 16세기에 성서가 증언하는 모범에 따라 안수와 기도에 의한 성직 안수의 완전한 실행을 요구했고, 그것을 개신교 영역 안으로 도입했기 때문이다. 루터는 1523년 이래로 이런 의견을 표명했고,[893] 멜란히톤과 칼뱅까지도 그 논증을 수용했다. 멜란히톤은 1530년 아우크스부르크 신조 13항(CA 13)에 대한 변증서에서 종교개혁이 성례전으로서의 성직 안수를 거부하는 것은 단지 안수 행위를 레위 제사장직의 경우와 유사한 희생제물의 헌정으로 이해하고 그런 식으로 실행하는 것에 대한 반대일 뿐이라고 서술했다. "우리가 성직 수여의 성례전을 설교의 직무와 복음을 향한 소명의 성례전으로 이해한다면, 성직 안수를 성례전으로 부르는 것에는 아무런 어려움이 없다." 왜냐하면 하나님께서 설교의 직무를 제정하셨고, 그 직무에 "영광의" 약속을 주셨기 때문이다. "성직 수여의 성례전을 이해하려고 한다면, 우리는 또한 안수 행위를 성례전이라고 불러야 한다. 왜냐하면 교회는 마땅히 설교해야 하고 설교자(Diakonos)를 청빙해야 한다는 하나님의 명령을 받고 있기

Roloff, 같은 곳, 264ff. 여기서 롤로프는 70년 이후의 시기에 행해졌던 유대교 서기관의 직위 수여식과의 놀라운 유사성을 강조한다(264).

892 참고. L. Ott, *Das Weihesakrament, Handbuch der Dogmengeschichte* IV/5, 1969, 92ff., 또한 54ff. 예외에 대해서는 참고. Stein, 같은 곳, 194, 각주 65. 여기서 반 로숨의 저서가 인용된다. G. M. van Rossum, *De essentia sacramenti ordinis*, 1914, 51ff.

893 W, Stein, 같은 곳, 101. 슈타인의 같은 곳, 194ff.의 서술을 1535년 루터의 성직 수여 규칙문과 비교하라.

때문이다."⁸⁹⁴

성직 안수의 성례전적 성격에 대한 루터의 1520년의 논증과 관련된 멜란히톤의 1530년의 판단이 이후에 변화한 것은 멜란히톤이 여기서 성직 안수를 성서적 모범에 따른 안수와, 그리고 기도의 결과로서 제정되는 설교 직무와 결부시켰다는 사실을 통해 우선적으로 설명된다. 그는 잔과 성반의 전달을 통해 희생제의를 헌정할 자격을 갖춘다는 것에 대해서는 루터와 마찬가지로 비판적으로 판단했다. 그러나 루터가 1520년에 성직 안수는 하나님의 은혜의 약속(promissio gratiae)과 결합되어 있지 않다고 주장했던 반면에(WA 6, 560, 21f.), 멜란히톤은 그 약속이 주어져 있다고 보았다. 이런 차이는 여기서 루터가 잔과 성반의 전달과 손에 기름을 바르는 것을 염두에 두었다는 것, 혹은 루터가 성례전의 본질적 구성요소인 약속과 관련해서 예식의 수용자에게 개인적으로 직접 적용되는 구원의 선언을 생각했다는 것(비교. WA 6, 531ff.)을 통해서는 설명되지 않는다. 반면에 설교의 직무와 결부된 약속들은 직무 수행의 기능과 관계된다.

그러므로 루터교 신앙고백 문서들은 "성례전 개념을 직무에 적용하

---

894   *Apol.* 13,9 - 11 (BSELK 293f.). 또한 비교. Melanchthon, *Loci praecipui theologici* 1559 (CR 21, 852). 멜란히톤과 비슷하게 칼뱅도 성직 안수가 잔과 성반의 전달을 통해 특징지어지고 사제의 희생헌정의 봉사와 관계된다는 이해에 반대했다. Calvin, *Inst. chr. rel.* 1559 IV, 19, 28; CR 30, 1086; 이와 유사한 진술로서 이미 1539, CR 29, 1086도 있다. 성직 안수의 성례전적 성격의 질문에 대하여 칼뱅은 멜란히톤보다 주저하는 의견을 표명했다. 왜냐하면 여기서 중요한 것은 모든 믿는 자들에게 분배된 구원의 은사가 아니고 단지 특수한 기능을 소수의 사람에게 위임하는 예식이기 때문이었다. *Inst.* 1559 IV, 19, 28; CR 30, 1086. 그러나 칼뱅은 1543년 판에서는 (Martin Bucer의 영향을 받으면서) "손을 얹는 것"(impositio manuum)에 대하여 이렇게 말했다. "성직 수여에서 안수 행위가 진실로 적절한 성례전이라는 것에 동의해야 한다"(quam ut in veris legitimisque ordinationibus sacramentum esse concedo, CR 29, 1094 각주). 이에 대해 참고. A. Ganoczy, *Ecclesia Ministrans. Dienende Kirche und kirchlicher Dienst bei Calvin*, 1968, 266ff., bes. 270f.

는 것을 근본적으로 거부하지는 않았다."⁸⁹⁵ 물론 이 판단은 성례전 개념이 예식 수용자에게 주어지는 칭의의 은혜를 매개하는 행위에 제한되지 않는다는 사실을 전제한다. 혼인에 대한 논의, 그리고 에베소서 5:32이 증언하는 혼인과 그리스도의 비밀과의 관계에 대한 논의가 필연적으로 성례전 개념을 그리스도의 비밀에 대한 참여로부터 규정할 것과 그리스도의 비밀에 귀속되는 여러 가지의 다양한 방식에 공간을 허용할 것을 요청한다. 교회 직무는 혼인과 마찬가지로 세례 및 성만찬과도 비교될 수 있다. 이것들도 수용자들을 예수 그리스도 자신과 결합한다. 혼인의 경우와 달리 교회 직무를 위임하는 것에는 믿음과 세례를 통해 근거된 예수 그리스도와의 결합을 이미 전제한다. 이로부터 직무자의 증언은 다른 모든 그리스도인의 증언과 마찬가지로 언제나 이미 그리스도의 약속 아래 있다. "너희 말을 듣는 자는 곧 내 말을 듣는 것이요…"(눅 10:16). 그러나 이 약속은 (눅 22:19의 성만찬에서 기억하라는 예수의 명령과 마찬가지로)⁸⁹⁶ 모든 그리스도인에게 해당되며, 바로 이 이유에서 교회를 인도하는 직무를 위임하는 성직 수여에 권위적으로 인용될 수 없다. 후자는 단지 간접적으로만, 다시 말해 부활하신 자로부터 사명을 받은 사도들의 매개를 통해서만 예수 자신의 사명으로 소급된다. 그리하여 교회를 인도하는 직무는 공동체를 복음의 믿음 안에서 통일하는 사도들의 봉사를 계속하는 것이며, 그와 마찬가지로 부활하신 자가 주신 사명 아래 있다. 결과적으로 그 직무에게도 특수한 방식으로 "너희 말을 듣는 자는 곧 내 말을 듣는 것이요…"(눅 10:16)라는 선언이 적용된다. 자신의 직무를 예수 그리스도 자신의 권위 안에서 실행하는 직무자는 의심할 바 없이 그리스도의 구원의 비밀에 참여하며, 그것도 전체 교회와 함께 참여한다. 그의 특수한 기능과 사명은 사도들의 소명을

---

895 Gemeinsame römische-katholische/evangelisch-lutherische Kommission: Das geistliche Amt in der Kirche, 1981, n. 33.

896 트리엔트 공의회는 신약성서적인 사제 직무의 제정을 이 반복 명령과 관련해서 다루었다(DS 1752).

통해, 그리고 사도들의 봉사를 통해 성장해온 교회를 통해 매개된다. 그러나 그 직무자는 그 매개를 통해 그리스도의 사명과 소명에 대한 직접적인 관계 안에 서게 된다. 그리스도께서는—이것도 또한 다른 모든 믿는 자와 마찬가지로—모든 인간적 권위를 그리스도의 이름 안에서, 필요한 경우에는 비판적으로, 마주할 수 있는 능력을 주신다. 교회의 직무자를 다른 모든 믿는 자로부터 구분하는 것은 단지 그가 자신의 성직 안수에 근거해서 그 사명을 교회의 공적 현실 안에서 이행하도록 부르심을 받았다는 사실뿐이다. 모든 그리스도인에게 주어진 개인적 증언의 소명은 교회가 성례전으로 지칭하는 표징 행위, 말하자면 세례 혹은 특별히 근원적으로 그것과 결합된 견진의 행위를 통해 발생한다. 교회의 통일성에 대한 특별한 봉사의 과제를 갖는 사도적 파송에 참여하는 소명도 마찬가지로 표징 행위인 성직 안수를 통해 발생한다. 그러므로 이 행위 또한 구원의 비밀, 곧 그리스도와 그분의 교회를 결합하는 비밀의 구체화로서 성례전으로 불릴 수 있다. 물론 그 행위는 세례와는 달리 그 수용자들을 의롭게 만드는 은혜는 아니고 그들을 자녀 됨의 지위로 옮기도록 매개하지도 못한다. 오히려 그 행위는 세례를 통해 이미 근거된 소속, 곧 예수 그리스도와 그분의 교회에 대한 소속을 미리 전제하고 있다.

b) 성직 안수의 효력

로마 가톨릭교회의 교리에 따르면 성직 안수를 통해 은혜의 선물이 주어진다. 트리엔트 공의회는 이를 위해 디모데후서 1:6을 인용했다. 이 구절은 사실—디모데전서 4:14과 비슷하게—은사(Charisma)에 대해 말하는데, 이것은 안수를 통해 매개된다. 이러한 은혜의 선물, 곧 트리엔트 공의회가 성직 안수를 성례전으로 부르기 위해 그 근거를 마련했던 은사의 수여는 루터도 1522년부터 이미 문제 삼지 않았다.[897] 루터의 1535년의 성

---

897   WA 10/II,221, 8f.: Impositio manum tunc erat donatio visibilis Spiritus sancti.

직 안수 규례서에 따르면 안수와 결합된 성직 수여의 기도는 바로 안수받는 자를 위한 영적 은사의 간구와 관련되어 있다.[898] 1529년 루터의 설교는 이렇게 말한다. "우리는 어쩌면 두 가지 방식으로 성령을 받는다. 한 가지는 우리의 인격에 대해서, 다른 한 가지는 우리의 직무에 대해서다. 우리의 인격에 대해 성령은 항상 우리와 함께하지는 않으신다. 그러나 우리의 직무에 대해서는, 다시 말해 우리가 성령이 정하신 제도와 질서에 따라 복음을 설교하고, 세례, 사면, 성례전을 베풀 때, 성령은 언제나 우리와 함께하신다."[899] 물론 루터는 은혜의 선물을 수용자의 영혼에 각인되는 흔적(성격, *character*)으로 부르지는 않았다. 이것은 아리스토텔레스적 스콜라주의와 다른 루터의 은혜 이해와 관계가 있다. 세례의 관점에서 루터의 이해는 영혼 속으로 부어진다는 어떤 은혜를 이미 비판적으로 판단한다.[900] 세례와 믿음을 통해 일으켜진 변화는 루터에 의하면 하나님께 대한 인간의 관계에 적용되지만, 그러나 하나님께 대한 자신의 관계를 도외시하는 인간의 자기 자신 안에서의 존재에는 해당하지 않는다. 그래서 1439년 아르메니아인들을 위한 법령 안에서 구속력 있는 문구로서 표현된 교리, 곧 세례 및 견진과 유사하게 성직 안수를 통해 수여되는 "지울 수 없는 흔적"에 관한 교리(DS 1313: *character indelebilis*)는 루터에게 미심쩍은 것으로 보일 수밖에 없었다. 왜냐하면 그 교리에 따르면 성직 안수를 통해 수여되는 은혜의 선물은 세례 안에서 세례받는 자의 인격에게 약속되고 믿음 안에서 수용되는 구원의 은혜와 경쟁하고 이 은혜를 옆으로 밀어내는 것처럼 보였기 때문이다. 그래서 루터는 성직 안수의 작용으로 말해지는 "지울 수 없는 흔적"(*character indelebilis*)의 교리에 언제나 또다시 반대했고, 때로는 면직된 사

---

898   WA 38, 429,4-20; 비교. 427,19-34.

899   WA 28, 468,28-36, 이에 대해 참고. H. Lieberg, *Amt und Ordination bei Luther und Melanchthon*, 1962, 223. 또한 W. Stein, 같은 곳, 101.

900   WA 6, 535,2 (부어진 은혜, gratia infusa). 이 책의 326ff.를 참고하라.

제는 더 이상 사제가 아니라고 주장했다.[901] 트리엔트 공의회는 루터의 견해를 정죄했고, 성직 안수를 통해 각인된 흔적이 지속한다는 사상을 확정했다(DS 1774).

이러한 대립은 첫눈에는 상당히 심각한 것으로 보이며, 실제로 오랫동안 그렇게 평가되었다. 그러나 제2차 바티칸 공의회는 성직 안수와 결합된 은혜의 수여와 지속적으로 남는 특징적 표시(성례전의 흔적을 통한 표시)를 성직을 수여받는 직무자에게 주어지는 능력, 곧 그리스도의 인격 안에서 가르치는 자, 목자, 사제로서 행동할 수 있는 능력과 명확하게 관계시켰다(LG 21). 그러므로 직무자에게 그의 성직 안수를 통해 수여되는 은사는 그의 직무 기능과 관계되는 것이지, 그의 개인적인 은혜의 상태와 관계되는 것이 아니다.[902] 이것이 논쟁의 결정적인 요점이다. 이미 1439년 아르메니아인들을 위한 교황 칙령도 "지울 수 없는 흔적"의 교리를 단지 성직 안수가 반복 불가하다는 표현으로 다루었다. 또한 종교개혁의 교회들 안에서도 성직 안수의 반복은—한 공동체에서 성직 안수와 구체적인 설교 직무의 위임 사이의 밀접한 관계로 인한 불확실성의 국면이 지나간 후에—근본적으로는 일어난 적이 없다.[903] 로마 가톨릭의 흔적 교리를 "약속과 파송의 사고로부터" 안수받은 자에게 지속적으로 남는 특징적 표시로 이해한다면, 루터교 입장에서 그 교리를 반대할 필요는 없다. 왜냐하면 그 관점은 루터교회 안에서도 표현되기 때문이다. 성직 안수는 루터교회에서

---

901 WA 6, 408,22ff, 또한 567,18f.; 비교. WA 38,227,20ff.; WA 7, 663,16 - 18. 이에 대해
참고. W. Stein, 같은 곳, 71.90.

902 비교. 이와 반대되는 주장으로서 성직 안수가 "은혜를 창조하는 은혜"(*gratia gratum faciens*)를 수여하는지에 대한 토마스 아퀴나스의 질문을 비교하라. *S. theol.* suppl.
111,35,1. 여기서는 세례에서와 마찬가지로 성직 안수를 통해서도 수용자에게 그런
은혜가 전달된다고 명확하게 말해진다.

903 Das geistliche Amt in der Kirche, 1981, n. 38. 비교. W. Stein, 같은 곳, 196 - 200, 또
한 194. 이것은 Luther, WA 34/1, 432,1 - 10에서 언급되는 키프리아누스의 재안수의
주제를 서술한다.

도 두 가지 이유에서 반복될 수 없다. **첫째**, 교회적 직무로서의 소명은 "전체 교회를 위한 직무 취임과의 연관성 안에서" 주어진다. 다시 말해 소명은 특정한 개별 공동체에 대한 봉사만을 위한 것이 아니다. **둘째**, 성직 안수는 "루터교적 이해에 따라서도 일생동안 지속하며 시간적으로 제한 없이 실행"되는 것이다.[904] 성직 안수의 반복을 배제하는 일회적 실행은 오늘날 "지울 수 없는 흔적"이라는 로마 가톨릭 교리의 본래적 의미로 판단된다.[905] 세례받은 자가 한 번의 세례로 영원히 세례받은 자로서 남는 것처럼, 성직 안수를 받은 자도 모든 시간에 대하여 공적으로 교회의 직무로 부르심을 받은 자로서 남는다. 비록 그가 그 직무를 더 이상 수행하지 않거나, 혹은 그에게 그 수행이 금지되는 경우라고 해도 그렇다.

c) 교회 일치의 표징인 정경적 성직 안수

교회 직무의 본질에 대한 관점에서, 또한 성직 안수의 성례전적 성격, 실행, 작용과 관련해서 일으켜지는 교단적 대립들은 오늘날에는 극복될 수 있는 것으로 보이는 반면에, 누가 적법한 성직 안수를 베풀 수 있는가와 무엇보다도 그것에서 생기는 직무가 무엇인가를 평가하는 결과에 대한 질문은 개신교회와 그것의 성직 안수의 실행에 있어 여전히 난관을 겪고 있다. 이미 아우크스부르크 신조는 정규적 절차에 따라 소명을 받은 자(*rite vocatus*)만이 교회에서 공적으로 가르치고 성례전을 주관할 수 있다고 선언했다(CA 14). 이 선언은 1530년에 반대측 입장이 역질문을 던지는 계기가 되었다. 그 문구는 가톨릭교회의 교회법적인 성직 안수, 곧 오직 감독들만이 성직 안수의 권한을 갖는다는 의미에서 이해되어야 하는가? 이에 대해 멜란히톤은 자신의 『호교론』에서 루터교인들은—"감독들이 우리의 교리를 받아주고 우리의 성직자들을 수용한다면"—그러한 규정 자체의 타

---

904   Das geistliche Amt in der Kirche, 1981, n. 37.38.

905   1972년 말타 보고서가 이미 그렇게 말한다. Maltabericht, Das Evangelium und die Kirche n.6 = H. Meyer, u. a., *Dokumente wachsender Übereinstimmung*, 1983, 264.

당성을 기꺼이 인정할 준비가 되어 있다고 설명했다(*Apol.* 14,2 ; BSELK 297, 1 - 3). 감독이 목사보다 높은 지위라는 것, 그에 따른 교회적 직분의 "등급" 이 생기는 것, 또한 감독들만 성직 안수의 배타적 권한을 갖는 것 등은 종교개혁적 입장에서는 오직 인간의 법에 따라서만 구속력 있는 규정이며, 하나님의 법에 기초한 교회 질서의 규정으로 인정하지 않으려 한다.[906] 사람들이 1530년 아우크스부르크 신조의 토대 위에서 합의점을 찾지 못한 이후에, 루터교에서는 독자적인 성직 안수 규정을 도입하기로 결정했다.[907] 이 규정은 1535년 루터의 성직 안수 규칙서에서 확고한 틀을 취했다. 이에 대해 트리엔트 공의회는 1563년의 성직 안수의 법령 안에서 감독들의 배타적인 성직 안수 권한을 주장했고(DS 1768), 이에 반대하는 자들에게 파문을 내렸다. 그들은 견진과 성직 안수의 전권이 감독들과 함께 장로들에게도 공동으로 속한다고 보거나, 혹은 로마 가톨릭 교회법에 따라 성직 안수를 받지 않았고 "다른 어떤 곳으로부터 온"(*aliunde veniunt*, DS 1777) 장로들을 말씀과 성례전에 대한 적법한 봉사자(*ministri*)로 수용하는 사람들이었다. 단지 백성들로부터만 소명을 받은 자 혹은 세속 의회로부터 직무에 취임한 자들은 요한복음 10:1에 따라 도둑과 강도들로 여겨졌다(DS 1769).

종교개혁의 교회들이 감독이 주관하지 않는 성직 안수를 도입한 결과로서 감독들의 직무 승계의 단절을 초래했다는 것은 제2차 바티칸 공의회에서 그 교회들의 "결함"을 확정하는 데 중심적인 근거를 형성했다.[908] 몇몇 종교개혁의 교회들—영국 국교회와 스칸디나비아 루터교회—에서

---

906   *Apol.* 14,1 : nos summa voluntate cupere conservare politiam ecclesiasticam et gradus in ecclesia, factos etiam humana aucoritate (BSELK 296,16 - 18).

907   비교. Luther, *Von der Winkelmesse und Pfaffenweihe*, 1533. 여기서 특히 아우크스부르크 의회를 회상하는 부분을 참고하라. WA 38, 195, 17 - 24. 그 이전 시기에 비텐베르크에서 확실하게는 오직 한 번의 그런 종류의 성직 안수가 있었다고 알려져 있다. 그것은 게오르크 뢰러의 안수였다. W. Stein, 같은 곳, 190.

908   이에 대해 참고. K. Lehmann/W. Pannenberg, Hgg., *Lehrverurteilungen - kirchentrennend?* I, 1986, 166.

는 감독들의 직무 승계가 형식적으로 보존되기는 했다. 그러나 이 교회들도 더욱 깊이 종교개혁에 동참함에 따라 감독들을 통한 직무 계승을 표징으로 갖는 교회의 통일성은 상실되어 갔다. 신학적으로 중요한 것은 예를 들어 어떤 안수받은 감독이—비록 그 사이에 이교도가 되어버렸다고 해도—계속해서 성직을 수행하는 것인지와 같은 외적인 정황과 관련된 것이 아니고, 오히려 그 감독의 직무 수행의 행위가 전체 교회의 통일성을 보존하는 것인지의 문제다.[909] 바로 그렇기 때문에 종교개혁 시대에 감독의 성직 계승의 연속성이 단절되었다는 판단에 결정적으로 중요한 것은 루터교가 독자적인 성직 안수의 실천으로 건너간 것이 과연 그것이 직무와 관련해서 교회의 통일성을 무관한 것으로 여겼다는 의미인지의 문제인 것이다. 중요한 본문들을 검토했을 때, 이것은 전혀 사실이 아닌 것으로 드러났다. 종교개혁자들은 자신들이 감독의 성직 안수라는 규칙에서 벗어나게 된 것을 전통적 직무 신학의 원칙을 인용해서 정당화하려고 조심스럽게 시도했다.

종교개혁자들이 가장 먼저 독자적인 성직 안수의 실천을 도입하지 않을 수 없게 만드는 직접적 계기가 되었던 긴급 상황에 호소했다. 그 사이에 생성된 개신교 공동체들을 목사들이 돌보아야 했던 것이다. 그 교회들을 복음의 가르침 없이 버려둘 수는 없었다. 그래서 루터는 1523년에 이렇게 썼다. "이제 우리 시대에 어떤 감독도 복음의 설교자를 보내주지 않는 위급한 상황에 처해 있다. 그래서 여기는 디도와 디모데의 사례가 해당하지 않는다. 오히려 우리는 공동체 자체로부터 설교자를 청빙해야 한다. 그가 디도의 허가를 받게 될지 아닌지는 하나님이 결정하실 것이다."[910] 이

---

909   이것은 콩가르가 바르게 강조했다. Y. Congar, in: *Mysterium Salutis* IV/1, 1972, 555f.

910   M. Luther, WA 12, 413f., 또한 414,30ff. 비교. WA 12, 189,25ff. 참고. W, Stein, 같은 곳, 156.159f.171f. 슈타인의 다음과 같은 지적은 주목할 만한다. "여기서 중요한 것은 긴급 상황의 세례와 참회에 관한 중세기의 사고가 성직 안수 행위로 연장되었다는

와 유사하게 멜란히톤도 1537년에 다음과 같은 논증을 제시했다.[911]

그런 위급한 상황에 대처할 수 있는 가능성은, 루터에 의하면, 그리스도인들의 공동체가 복음의 말씀을 굳게 붙드는 곳에는 언제나 교회가 있다(WA 12,194f.)는 사실에 놓여 있다. 지역교회 안에 전체 교회가 현재한다. 이제 교회가 말씀의 선포 없이 존재할 수 없다(같은 곳, 191,16ff.; 비교 WA 38,253). 그렇기에 주교가 성직을 안수해준 직무자를 구할 수 없는 위급 상황에서는 모든 그리스도인 각자가 선포 과제를 책임지게 된다. 그 경우에 우리는 그런 방식으로 직무를 수행하게 된 자의 소명과 성직 안수가 하나님 자신에 의해 행해졌다고 굳게 믿어야 한다.[912]

물론 그런 식의 성직자 청빙 절차는 루터에게 직무 수여의 모범적인 경우가 아니었다. 오히려 루터는 모범적인 경우를 1531년 자신의 『대 갈라디아서 주석』(출간 1535)에서 서술했다. 이것은 부활하신 자가 직접 부르신 사도들의 소명과 직무를 그것에서 시작되는 후대의 모든 직무 수행자의 간접적인 소명과 구분한다. 그래서 사도들은 자신들의 학생인 디모데와 디도를 부르며, 이들도 감독들을 자신들의 후계자로 세운다(딛 1:5; 비교. 1:7). 이 감독들은 재차 다른 감독들과 후계자들에게 소명을 준다. 이에 대해 루터는 이 일이 우리의 시대에 이르기까지 일어났고, 세상 끝날까지 계속될 것이라고 말한다.[913] 그러므로 루터는 철저히 사도적 직무 계승 곧 사도들로부터 유래한 직무의 수행자인 감독들을 거쳐 연속되어온 길을 긍정했고, 나아가 그것을 불변적인 것으로 여겼다. 직무자를 그와 다른 방식으

점이다"(160, 각주 75).

911   Tract. 66f., BSELK 491,1ff.

912   M. Luther, WA 12,191,25f.: indubitata fide credendo, a deo gestum et factum esse.

913   WA 40/1,59,14–24. 마지막 문장은 이렇다: haec est generalis post Apostolos vocatio in orbe terrarum. Neque est mutanda.

로 취임시키기를 강요했던 루터 시대의 위급한 상황은 루터의 견해를 따른다고 해도 그런 보편적 규정을 조금도 변경시키지 않는다. 그래서 루터적 종교개혁은 독자적인 성직 안수 규정을 마련했던 1530년 이후에도 사도적인 직무 계승의 규칙을—상황에 따라 성직 안수의 전권이 감독의 직무에 귀속된다는 교회법을 불가피하게 벗어날 수밖에 없었음에도 불구하고—최대한 지키려고 노력했다. 성직 안수의 긴급한 규정이 도입된 이후에도 사도적 직무 계승은 직무자의 안수를 위한 근본 원칙을 통해 여전히 고려되었다. 그것은 이미 성직 안수를 받은 다른 직무자들—그것도 325년 니케아 공의회의 교회법 4조에 따라 최소한 3명의 직무자들—이 새로운 안수 행위에 참여해야 한다는 원칙이었다. 이에 대해 발터 카스퍼는 1971년에 개혁주의 교회 안에서 이루어지는 장로교적 성직 승계에 관하여 언급했는데,[914] 이것은 틀림없이 그 내용을 적절하게 특징지은 것이다. 그러나 본래적 핵심은 목사들이 목사들에게 행하는 "장로교적인" 성직 안수가 루터교의 입장에서도 감독 직무의 승계와 유사한 형식—비록 모범적 형식은 아니라고 해도—으로 이해될 수 있었다는 사실이다. 물론 이 이해는 감독과 장로의 직무가 기원에서는 하나였다는 사실에 근거한다.

이와 관련된 내용은 다음 단락(3,b)에서 더욱 상세히 다루기로 한다. 여기서는 종교개혁자들이 중세 시대의 직무 신학과 교회법의 중심 노선에 동의하는 가운데서 그런 성직 안수를 주장했다는 점을 확정하는 것으로 마치기로 한다. 여기서 특별한 역할을 담당했던 것은 디도서 1:5-7에 대한 히에로니무스의 주석이었는데, 이것은 그라티아누스 교령집 95,5(MPL 187, 448f.)을 통해 중세 교회법에도 영향을 주었다. 그래서 루터는 자신의 『사적 미사와 사제의 봉헌』(Von der Winkelmesse und Pfaffenweihe, 1533)에서 히에로니무스가 말한

---

914 W. Kasper, Zur Frage der Anerkennung der Ämter in den lutherischen Kirchen, in : *Theologische Quartalschrift* 151, 1971, 97-109, bes. 99ff.

대로 감독과 목사는 처음에는 "한 가지 일"이었다는 사실을 인용했다.[915] 루터는 계속해서 이렇게 말한다. 그러나 무엇보다도 그 당시 감독의 권한은 하나의 지역 공동체와 관련되어 있었다. "왜냐하면 각각의 도시는 지금 목사를 가지고 있는 것처럼, 그때는 감독을 두고 있었기 때문이다." 성 아우구스티누스는 "지금 비텐베르크가 우리의 목사를 두고 있는 것보다 더 큰 어떤 목사를 갖고 있지 않았다."[916] 목사의 직무와 감독 직무의 근원적인 일치가 갖는 의미는 루터에게 명확했다. 그것은 목사에 의한 목사의 성직 안수가 근본적으로 적법하다는 수긍이 가는 결론이었다. 하지만 루터는 교회법의 규정에 따라 교회를 감독하고 인도하는 상위 직무자에 의한 성직 안수를 선호했다.

이 문제에 대한 루터와 멜란히톤의 관심은 특별한 것이었다. 왜냐하면 그 관심으로부터 다음의 사실이 매우 분명히 드러나기 때문이다. 이 종교개혁자들은 직무 계승의 사상에 결코 거부하면서 맞서지 않았으며, 그 사상으로부터 성직 안수의 실행에 대해 유도되는 결론을 진지하게 수용했다.[917] 여기서 믿는 자들의 만인 제사장직으로부터 교회적 직무를 유도한다는 주장은 더 이상 성립되지 않는다는 사실이 다시 한번 확인된다. 교회의 정규 직무에서 중요한 것은 교회를 인도하는 사도들의 기능인 것이다. 물론 사도들의 직무는 어떤 의미에서 유일회적이고 반복 불가하지만, 바로 그 점에서 그 직무는 부활하신 자의 직접적인 파송에 근거하며, 뒤따르는 모든 시대의 교회에 대하여 근본적이고 표준적인 첫 증언 곧 십자가에 못 박히신 자의 부활에 대한 첫 증언, 그리고 또한 교회의 근거를 자체의 내용으로 갖는다. 그러나 사도적 복음의 선포와 그것의 선교적 확산을 통한 공동체의 인도는 계속되는 진행을 필요로 한다. 이러한 기능 안

---

915   WA 38,237,23. 비교. WA 2,228,5ff. 그리고 WA 25,17,12f.
916   WA 38,237,29.
917   비교. W. Stein, 같은 곳, 188f.

에서 교회적 직무는 사도들의 파송을 계속해나간다. 루터는 그것을 올바르게도 "사도의 직무" 그리고 "그리스도의 직무"로 지칭했다.[918] 비록 후대 교회의 직무자들의 소명이 사도들의 소명과 달리 부활하신 자의 직접적인 부르심이 아니라고 해도, 교회의 성직 안수가 그들을 "하나님이 제정하신 목사의 지위로 부르며, 그는 공동체를 설교와 성례전으로 다스려야 한다."[919] 그렇기 때문에 목사는 자신의 직무가 "자기 것이 아니고 그리스도의 직무라는 것"을 반드시 생각해야 한다.[920] 그렇기 때문에 또한 성직 안수의 행위에서 "우리 영혼의 감독"(벧전 2:25)이신 예수 그리스도 자신이 본래적 행위자이시고, 성직 안수의 기도에 따라 그분의 성령을 기도하는 자의 마음속에 보내신다.[921] "성직 안수는 우선적으로 높여지신 주님을 통해 발생하며, 그분은 성령을 통해 안수받는 자를 감동시키고 강하게 하고 축복하신다."[922]

사도적 계승의 개념에 관한 근대의 논의 안에서 다음의 통찰이 주도하게 되었다. 그 개념에서 일차적으로 중요한 것은 사도들의 가르침과 믿음 안에서 그들을 뒤따르는 것이며, 직무의 연속은 단지 이차적으로 중요하다는 통찰이다.[923] 직무의 연속은 이미 성직 안수를 받은 교회의 직무자

---

918 M. Luther, WA 38,241,14-21, 그리고 243,23. 또한 비교. P. Hauptmann, Die Bedeutung der apostolischen Sukzession für das kirchliche Amt nach der Lehre der Reformatoren, in : Ökum. Rundschau Beih. 49, 1984, 73-87, bes. 74ff.,77f.

919 M. Luther, WA 6, 441,24f.

920 WA 38,243,23. 이에 대한 로마 가톨릭의 관점을 비교하라. H. Döring, Grundriß der Ekklesiologie, 1986, 252.

921 WA 12,193,28ff.

922 Das geistliche Amt in der Kirche, 1981, n.34. 비교. Die Limaerklärung Taufe, Eucharistie und Amt, 1982, 111 (Amt) n. 40.

923 Das geistliche Amt in der Kirche, 1981, n.60f.; Taufe, Eucharistie und Amt, 1982, III,34-36. 또한 참고. Y. Congar, in : Mysterium Salutis IV/1, 1972, 557ff. 여기서 콩가르에 의하면 사도적 계승은 **"사도들로부터 전승되어온 교리의 보존을 통해 형식적으로 구성된다"**(557). 개신교의 측면에서는 에드문트 슐링크가 교회의 사도

들인 그리스도인들을 통해 생성되고, 전체 교회의 통일성을 사도적 믿음 안에서 표징적으로 표현한다. 왜냐하면 안수를 주는 직무자는 그리스도의 교회 전체의 대표자로서 예수 그리스도 자신으로부터 수용한 사도들의 사명을 계속 전달하기 때문이다. 일반적으로 교회 지도부의 높은 직무자가 성직 안수를 완전하게 실행함으로써 예비자는 교회 직무자의 자격을 갖게 된다. 어쨌든 모든 성직 안수 행위에 본질적인 것은 그것이 전체 교회의 통일성을 보존하는 가운데 발생해야 하며, 그 행위에 참여하는 직무자는 그 통일성을 대표해야 한다는 사실이다.

교회 직무의 전달이 안수 행위 안에서 표현되는 전체 교회의 통일성을 해치는 방식으로 발생하는 곳에서는 언제나 성직 안수의 유효성에 대한 논쟁이 벌어졌다. 이것은 로마 가톨릭의 입장이 종교개혁의 교회들이 실행하는 성직 안수에 대하여 제기하는 비난의 핵심이다. 그러나 종교개혁은 여기서 놓인 문제를 철저히 인지했고, 자신의 입장에서 성직 안수 실행에서 요청되는 그 통일성을 그 당시 상황의 조건들 아래서 가능한 한 고려하려고 노력했다. 만일 그 당시에 논쟁이 되었던 교리들이—아직 남아 있는 차이들이 교회를 분열시킬 만한 중요성을 상실했다는 점에서—오늘날 합의를 추구할 수 있게 되었다면, 종교개혁의 교회들이 로마 가톨릭교회로부터 기대하게 되는 것은 그 당시에 개혁자들이 타당하게 여겼던 위급한 정황, 그리고 그에 따라 종교개혁의 교회들 안에 세워진 직무들의 적법성을 인정할 수 있을 것이라는 사실이다. 그러한 해법은 물론 다음과 같은 전제 아래서만 생각될 수 있다. 개신교회들이 자신의 성직 안수의 실행을 루터교 신앙고백서의 의미에서 긴급 자구권(自救權, Notrecht)으로 이해

적 계승은 우선적으로 "사도적 메시지를 믿는 것"이며, 반면에 직무의 승계는 단지 "그 계승에 대한 표징"일 뿐이라는 사실을 매우 강조하며 말했다. E. Schlink, *Die apostolische Sukzession* (1957), in: *Der kommende Christus und die kirchlichen Traditionen. Beiträge zum Gespräch zwischen den getrennten Kirchen*, 1961, 160-195, 192, 194. 또한 참고. 동일저자, *Ökumenische Dogmatik*, 1983, 614-622.

한다는 전제이며, 그래서 예를 들어 믿는 자들의 만인 제사장직을 권한 위임을 통해 근거되는 직무적 권위의 원천으로 삼지 않는다는 전제다. 왜냐하면 그런 권위는 그때 직무와 성직 안수에 대한 대안적 개념으로 발전할 것이며, 그것은 로마 가톨릭교회가 대표하는 전통과 조화를 이룰 수 없을 것이기 때문이다. 다른 한편으로 종교개혁의 교회는 교회일치적 근거에서만이 아니라, 또한 자신의 성직의 본래적 이해를 위해서도 다음의 사실을 굳게 붙들어야 한다. 독립적이고 공적인 말씀의 선포와 성례전 주관을 그보다 앞서 완전하게 실행된 성직 안수의 조건과 반드시 결합해야 한다는 사실이다. 성직 안수의 자리에 교회 권력자 혹은 설교세미나 지도자가 수여하는 "사명"이라는 관료주의적 행위가 대신 등장해서는 안 된다. 복음의 말씀에 대한 봉사로서 실행되는 목자의 직무를 수여하는 성직 안수에서 중요한 것은 예수 그리스도 자신으로부터 시작되는 사명의 전달이다. 이 사명은 성직 안수를 받은 자가 교회의 기관들에 대하여 갖는 독립성의 근거가 된다. 그렇기에 성직 안수는 교회 기관의 지시 행위에 의해 대체될 수 없다. 마찬가지로 어떤 특별한 교회가 성직 안수를 당돌하게 자신의 제도로서 소유할 수도 없다. 성직 안수를 받은 모든 사람은 예수 그리스도 자신으로부터 그분의 교회의 통일성을 위해, 곧 복음의 가르침을 통해서 믿는 자들 전체를 위해 봉사하라는 소명을 받는다. 그래서 어떤 사람이 한 교회에서 안수와 기도를 통해 복음의 공적 선포와 성례전 집전에 봉사할 수 있는 성직자가 되었고, 종교개혁의 신앙고백에 따라 다른 교회의 업무를 시작했을 때, 그 다른 교회가 그에게 재차 성직 안수를 주는 일은 포기되어야 한다. 그때는 종교개혁의 신앙고백을 토대로 해서 업무를 수행해야 한다는 공적 의무를 밝히는 것으로 충분할 것이다. 그런 경우에 재차 성직 안수가 행해진다면, 그것은 해당 교회의 성직 안수를 단지 각각의 교회적 기관이 그들의 직무 수행자를 임명하는 기준에 불과한 것으로 만드는 셈이 될 것이다. 그렇다면 성직 안수는 예수 그리스도 자신으로부터 시작되어 개별교회들의 모든 차이를 넘어서는 파송, 곧 복음을 선포하고 공동체를 그분의 가르침에 대한 믿음 안에서 보존하라는 파송을 위해 봉사할 수 없게 될 것이다.

3. 교회의 통일성과 교회 지도 직무의 등급

복음의 공적 가르침의 사명에 동반되는 교회 인도의 직무를 교회의 통일성과 관련시키기 위해서는 이 주제에 대한 보다 더 정확한 논의가 요청된다. 교회의 통일성이 어쨌든 그리스도교의 역사적 현실 안에서 보존되지 못했다는 것은 명백하다. 교회 인도의 직무와 사명은 교단별 교회들로 분열된 그리스도교의 실제와 어떤 관계를 맺는가? 그러나 이러한 실제 사실이 교회 직무의 과제에 대해 체념하는 계기가 될 필요는 없다. 왜냐하면 그리스도교의 통일성은 모든 난관에도 불구하고 전적으로 상실된 것은 아니기 때문이다. 그 통일성은 예수 그리스도 자신 안에 근거를 두고 있고, 한 분이신 주님께 대한 믿음을 통해 분열된 그리스도교 안에서도 계속해서 존속한다. 그렇다면 그리스도교 전체에 속한 교회들에게 예수 그리스도 안에 있는 통일성은 미리 앞서 주어져 있는 동시에 과제로서 주어져 있다. 그 통일성은 믿음과 성례전 안에 있는 그리스도의 몸의 연합으로서 미리 앞서 주어져 있고, 예수 그리스도 안에 근거하는 통일성을 보존하고 갱신해야 한다는 의미에서 과제로서 주어져 있다. 후자의 과제는 교회를 인도하는 직무자들에게 위임되어 있는 통일성을 위한 봉사와 관련된다. 그런 봉사가 필요하다는 사실 자체가 이미 교회의 통일성이 존속하고 계속 유지되는 상태가—비록 그 통일성이 예수 그리스도 안에 근거되어 있고, 그 근거로부터 교회의 삶 안에서 언제나 또다시 갱신된다고 해도—결코 자명한 것이 아니라는 의미를 함축한다. 그런데 그 통일성을 위한 봉사는 교회의 통일성의 어떤 측면들에 특별히 주목해야 할까?

a) 교회의 본질적 속성

그리스도의 몸의 통일성은 믿는 자들 개인을 서로 결합하여 교회 공동체를 형성한다. 그러므로 통일성은 교회의 본질에 속한다(이 책의 82ff.; 179ff.를 보라). 콘스탄티노플 신조에 대한 "니케아적" 신앙고백(381) 안에서 교회의 통일성의 술어는 거룩함, 사도성, 보편성의 속성으로 결정되었다. 교회 개념의 이러한 네 가지 속성은 일정 부분 서로 겹친다.[924] 그러나 교회의 통일성이 어쨌든 제일 처음의 위치에 있다는 것은 우연이 아니다.[925] 왜냐하면 통일성은 믿는 자들이 한 분 주님이신 예수 그리스도께 참여함으로써 근거된 공동체로서의 교회의 존재와 함께 직접 주어지기 때문이다. 다른 세 가지 속성들은 예수 그리스도 안에 근거하는 교회의 통일성을 함축하고 있다고 이해된다.[926] 그러므로 통일성이 자신의 상세한 규정을 통해 거룩함, 사도성, 보편성으로 설명되는 것이다.

교회는 "거룩하다"고 말해진다. 왜냐하면 교회는 주님이신 그리스도께 대하여 거룩하기 때문이다. 이것은 이스라엘 백성이 하나님께서 자신과의 연합으로 선택하셔서 선별된 민족이 되었고, 이 점에서 그 지체들이

---

924 Y. Congar, Die Wesenseigenschaften der Kirche, in : *Mysterium Salutis* IV/1, 1972, 357 – 502, bes. 362ff.

925 또한 콩가르도 통일성의 논리적 우선성에 대하여 말한다. Y. Congar, 같은 곳, 363f. 그러나 그는 통일성이 교회의 거룩함과 분리될 수 없이 결합되어 있음을 강조한다. 우리는 거룩함을 "이미 건립되어 있는 교회적 존재에 자격을 부여하는 어떤 속성으로 다룰 수 없다"(364). 이것은 맞다. 하지만 단순히 거룩함을 (다른 속성들도 마찬가지인 것처럼) 교회의 적합성(proprium)으로 보아야 하며, 어떤 우연적 속성으로 다루어서는 안 된다는 것만을 말하고 있다.

926 교회의 이러한 네 가지 속성들 사이의 관계에 결정적인 것은 교회의 통일성이 언제나 예수 그리스도 안에 근거한 통일성으로 이해되어야 하며, 단지 믿는 자들이 서로 함께 이루는 공동체에 근거하는 것으로 생각되어서는 안 된다는 것이다. 비교. E. Schlink, Christus und die Kirche, in : 동일저자, *Der kommende Christus und die kirchlichen Traditionen*, 1961, 88 – 105, 95 ; 또한 참고. J. Moltmann, *Kirche in der Kraft des Geistes*, 1975, 363f.

사실상 자신의 선택을 거역하며 살아감으로써 저지르는 모든 죄에도 불구하고 "거룩한" 민족(출 19:6)[927]인 것과 비슷한 방식이다. 교회는 예수 그리스도 자신에 의해 그분을 향하여—또한 아버지를 향하여—거룩해졌다. 왜냐하면 그분이 "교회를 위해 자신을 주셨기" 때문인데, 이는 교회를 "물로 씻어 말씀으로 깨끗하게 하사 거룩하게" 하기 위함이다(엡 5:25f.). 높여지신 그리스도께서 세례를 통해 처음에 그분의 교회의 근거를 마련하셨을 뿐만 아니라, 또한 그분은 교회를 통해 인간들을 하나님을 향해 거룩하게 하는 일을 계속하신다. 그들은 세례 안에서 죄에 대하여 죽고, 그분의 몸의 지체로서 거룩한 교회를 세워간다. 개인적 삶에 있어서와 마찬가지로 교회 공동체에 대해서도 세례 안에서 성취되는 죄로부터의 정화는 삶의 주제이며, 이것은 교회를 그 역사 전체를 통해 동반하며, 언제나 새롭게 세상의 죄로부터 돌아서고 예수 그리스도와 더욱 깊은 연합을 이루는 방향으로 나아가도록 돕는다.[928] 이것은 개혁이라는 이름에 합당한 모든 교회 개혁의 주제다. 그 과정에서 예수 그리스도께 속한다는 것은 교회로 하여금 자기애를 그치고 세상과의 다툼으로부터 돌아서게 한다. 하지만 이것은 세상 안으로의 파송을 뜻하며, 예수 그리스도께서 세상 안으로 파송하신 것에 상응한다.

이 지점에서 교회의 거룩함은 사도성과 밀접하게 결합된다. 예수 그리스도 안에서 나타난 하나님의 계시의 보편적·궁극적 진리를 증언하라는 파송은 근원적으로 사도적 성격을 갖는다. 이에 따라 교회의 사도성은 일차적으로 인류 전체를 향한 사도들의 파송이 교회를 통해 계속된다

---

927 참고. Y. Congar, 같은 곳, 458-477, bes. 459ff.

928 LG 8도 교회에 대해 비슷하게 말한다. "교회는 거룩하지만, 끊임없이 정화를 필요로 한다. 교회는 언제나 참회와 갱신의 길을 계속해서 나아가야 한다." 이에 대해 참고. Y. Congar, 같은 곳, 470f., bes. 471의 각주 66. 종말론적 완성에 이르러서야 교회는 "완전한 신부"가 될 것이다. 교회를 그리스도의 신부로 부르는 것에 대해 비교. H. Fries, in: *Mysterium Salutis* IV/1, 229f.

는 사실을 의미한다.[929] 선교의 과제는 사도들의 시대와 함께 끝난 것이 아니다. 사도들의 파송이 계속되기 위해서는 사도적 기원 그리고 특별히 사도적 복음에 충실해야 한다. 그러나 사도들의 교회와 하나가 되는 것은 교회의 초기 시대의 상태들과 사상들에 집중하는 것에 놓여 있지 않다.[930] 파송과 지속적으로 결부되어 있는 중요한 요소는 역사적 경험의 새로운 지평 안으로 계속 나아가는 것이다. 교회가 적법한 권위로서 사도적일 수 있는 것은 오직 교회가 선교적 교회로서 전래되어온 사고와 삶의 형태를 기꺼이 변경할 준비가 되어 있는 때이며, 또한 언제나 또다시 자신의 근원으로부터 자신을 갱신할 때다. 이것은 그때마다의 시대정신에 순응하기 위한 것이 아니고, 오히려 예수 그리스도 안에 나타난 하나님의 계시의 종말론적 진리를 모든 시대에 대하여, 그리고 모든 새로운 세계 상황 안에서 비판적인 동시에 해방하면서 설명할 수 있기 위함이다.

교회의 사도성을 사도적 파송으로부터 이해하는 것은 모든 역사적 현재를 넘어 세계의 종말론적 완성을 가리킨다. 교회의 사도적 파송은 인류 전체를 하나님 나라 안에서 갱신하는 것을 목표로 한다. 그 갱신은 나사렛 예수의 인격과 역사 안에서 나타나 아들의 계시를 통해 이미 시작되었고, 인류가 아버지께 대한 관계에 참여하는 아들의 "상"(Bild)으로 변화함으로써 발생하는 하나님과 인류의 화해로서 성취된다. 화해 안에 포함된 교회적 선교의 보편성(Universalität)은 교회의 보편성(Katholizität)에 대해서도 본질적이다.[931] 보편성은 땅 전체로 확장된다는 "일반성"과 같지 않다. 또한 세계의 모든 교회를 포괄하는 어떤 기구도 아니다. 오히려 보편성의 사

---

929   나는 교회의 사도성이라는 속성의 이러한 의미를 1968년 세계교회협의회(WCC)와 로마 가톨릭교회의 공동작업 및 연구 내용에서 강조했다. 참고. *Die Bedeutung der Eschatologie für das Verständnis der Apostolizität und der Katholizität der Kirche.* 지금은 동일저자, *Ethik und Ekklesiologie*, 1977, 219-240, bes. 222 ff.

930   이미 2세기에 등장한 이런 사상적 경향에 대해 참고. R. L. Wilken, *The Myth of Christian Beginnings*, 1971.

931   각주 929에서 인용된 나의 논문에서 234ff.의 서술을 비교하라.

고는 교회의 종말론적 완성이라는 충만성으로부터 질적으로 이해되어야 한다(엡 1:23). 이 보편성은 역사의 각각의 현재 안에서 현시하는데, 각각의 구체적인 교회 공동체가 자신의 고유한 특수성을 넘어서 종말에 완전하게 회복될 그리스도의 충만을 향하여 개방될 때(엡 4:13; 비교. 골 1:19; 요 1:16) 현시한다. 참된 보편성의 왜곡은 어떤 교회가 자신의 고유한—실제로는 언제나 편파적인—교회법과 전통을 배타적으로, 다른 교회들과 스스로를 분리하면서, 자신만 홀로 보편적이라고 주장하는 곳에서 관찰될 수 있다. 진정한 보편성은 자신의 인식 형태와 삶의 형식의 잠정적 성격을 잊지 않으며, 그 점에서 타자와의 연합에 대해 항상 개방되어 있다. 이렇게 이해할 때 보편성은 교회의 통일성의 가장 포괄적인 측면이다. 보편성은 사도적 기원에 충실하며, 그리고 이전 시대의 모든 교회와 현재의 모든 교회로 구성되는 그리스도교와 연합하며, 또한 도래하는 하나님의 통치의 빛 안에 있는 그리스도교의 미래를 향해 자신을 개방하는데, 또한 비(非)그리스도교 세계도 하나님의 통치 안으로 나아가고 있다.

교회의 보편성의 속성이 이와 같이 그리스도의 충만과 그분 안에서 실현될 교회의 종말론적 완성으로부터 이해될 때, 한 가지 질문이 제기된다. 어떤 의미에서 현재의 교회는 지금 이미 "보편적"이라고 불릴 수 있는가? 그 대답은 교회의 보편성이 우선 각각 구체적인 공동체 안에서, 그것도 예배의 삶 안에서 출현한다는 것이다. 보편적 교회(katholikè ekklesia)의 표현에 대한 가장 오랜 증빙에 따르면, 그 교회는 그리스도께서 계신 곳이면 어디나 있다(Ign. Smyrn. 8,2). 이 진술은 이렇게 이해되어야 한다. 그리스도께서 현재하시는 모든 지역적 개별교회의 성만찬 예배 안에 보편적 전체교회가 함께 현재한다. 순교자 폴리카르포스에 대한 보고도 그와 비슷하게 말한다. 그것을 그를 "스미르나에 있는 보편적 교회"[932]의 감독이라고

---

932   *Mart. Polyc.* 16,2 (SC 10,264). 인용된 구절은 폴리카르포스의 제2빌립보 서신에 대한 지시에 속한다. 이에 대해 성만찬과 교회의 보편성에 관한 지지울라스의 설명을 참고하라. J. D. Zizioulas, in : Katholizität und Apostolizität, *KuD* Beih.2, 1971, 31 –

부른다. 폴리카르포스 자신도 "빌립보의 타향에 거주하는 하나님의 교회"에게 편지를 썼다. 보편적 교회는 예배로 모인 각각의 공동체 안에서 동일한 복음을 선포하고 동일한 성만찬을 축제한다는 사실을 통해 출현한다. 그 결과 공동체는 각각의 편파성의 한계를 넘어서 그 외의 다른 지역교회들과 친교 공동체(*koinonia*)를 이루게 된다. 그러므로 보편적 교회는 우선적으로 세계 전체에 걸쳐 모든 지역교회를 포괄하는 조직이나 관리 구조의 통일성을 의미하지 않는다. 오히려 보편적 교회는 지역의 개별교회들 안에서, 그리고 그들 서로가 이루는 연합 안에서 출현한다. 이 연합은 특별히 공동체 지도자들의 "공의회적"(konziliar) 공동체 안에서 표현되는 반면에, 거꾸로 감독이나 목사는 자신의 개별 공동체 안에서 전체 교회를 대표한다.[933]

교회의 보편성은 사도성, 거룩함, 통일성과 마찬가지로 본질적 특성이지만, 그러나 두말할 필요도 없이 교회의 인식 표지(*nota ecclesiae*)가 되는 것은 아니다. 그리스도의 몸으로서의 교회가 예수 그리스도에 의해 거룩해진 믿는 자들의 공동체 곧 깨질 수 없는 공동체라는 사실, 교회는 사도들의 파송을 계속 이어나가고 교회의 예배적 삶 안에 그리스도의 종말론적 충만이 이미 현재한다는 사실은 교회의 본질에 속한다. 믿음은 이 사실을 인식한다. 그러나 이 사실은 의심의 여지 없이 주어져 있는 여건으로서 경험적으로 확정되지는 않는다. 그래서 사람들은 어떤 특정한 교회에서 이러한 특성들이 의심할 바 없이 현존하고 있기에, 이 교회는 그 현존을 통해 참된 교회로 입증된다고 말할 수 없다. 오히려 통일성, 거룩성, 사도성, 보편성의 속성들은 교회적 현실성, 곧 "그 속성들을 확증하는 대신에 오히려 그것들과 완전한 모순 상태에 있는 현실성에 대해 말해진다. 그러나 교

50, bes. 31 각주 3.

933   지역교회와 보편성의 관계에 대해 참고. N. Nissiotis, Die qualitative Bedeutung der Katholizität, in : *Die Ostkirche im ökumenischen Dialog*, 1968, 86 – 104. 또한 참고 Y. Congar, in : *Mysterium Salutis* IV/1, 1972, 478 – 502, bes. 486f.

회의 통일성은 그렇게 급진적인 의문 속에 있다는 바로 그 이유에서, 그만큼 더 강조되면서 말해져야 한다. 마찬가지로 사도성도 뚜렷이 강조되어야 한다. 왜냐하면 사람들은 교회가 자신의 사도적 근원으로부터 얼마나 심각한 균열을 일으키고 있는지, 어떻게 그 균열을 불투명한 미래 속으로 밀고 나가고 있는지를 너무도 명확히 감지하고 있기 때문이다. 그러나 교회의 거룩함도 그것이 거룩하지 않다는 느낌이 뼛속 깊이 파고든다는 바로 그 이유에서 너무도 중요하다. 보편성의 문제 또한 교회가 너무도 강한 편파성의 경향을 보인다는 이유에서 교회를 발화점으로 옮겨 놓는다."[934] 게르하르트 에벨링은 콘스탄티노플의 교회일치 신조가 말하는 교회의 이러한 네 가지 속성을 올바르게도 "믿음의 속성"이라고 불렀는데, 이것은 반드시 "교회에 대한 꾸미지 않고 왜곡되지 않는 경험과 함께 생각되어야 한다."[935]

"순수한 복음이 선포되는 곳에서 우리는 그리스도교 공동체를 확실히 인식할 수 있다"[936]라는 종교개혁의 명제와 다투면서 가톨릭의 논쟁 신학은 16세기 이래로 381년 콘스탄티노플 신조가 열거하는 교회의 네 가지 본질적 속성(*proprietates*)을 참된 교회의 "표지"(*notae*)로 해석했다.[937] 사람들은 이렇게 말

---

934 G. Ebeling, *Dogmatik des christlichen Glaubens* III, 1979, 369f.

935 G. Ebeling, 같은 곳, 370, 비교. 352. "믿음의 속성"이라는 표제어는 369ff.에 있다.

936 M. Luther, "그리스도교 모임 혹은 공동체가 모든 학설을 판단할 수 있는 권리와 능력을 갖고 있다는 것"(Daß eine christlich Versammlung oder Gemeine Recht und Macht habe, alle Lehre zu urteilen etc.), 1523, WA 11,408, 8 – 10 ; 비교. WA 25,97,32f. 『호교론』 7,5와 7에서 멜란히톤은 루터의 이러한 진술과 제정 취지에 적합한 성례전의 주관이 참된 교회의 "외적 표지"(*externas notas*)라고 지칭했다(BSELK 234, 30f. ; 그리고 235,16). 이를 위해 멜란히톤은 에베소서 5:25과 니케아 신조를 인용했다. 이 인용은 『신학개론』의 후대 판본에서도 수용되었다. 예를 들어 참고. 1535, CR 21,506.

937 이에 대해 참고. H. Küng, *Die Kirche*, 1967, 313 – 320. 그리고 Y. Congar, 같은 곳, 357ff. 또한 H. Döring, *Grundriß der Ekklesiologie. Zentrale Aspekte des katholischen*

3. 교회의 통일성과 교회 지도 직무의 등급 | 643

했다. 종교개혁의 교회들과 반대로 로마 교회는 하나의, 거룩한, 보편적, 사도적 교회로서 입증되었으며, 반면에 종교개혁이 주장하는 참된 교회의 표지(notae), 즉 복음의 순수한 가르침과 그리스도의 제정에 상응하는 "올바른" 성례전 집전은 참된 교회와 거짓 교회의 구분을 위해 유용한 표지가 아니다. 왜냐하면 무엇이 참된 가르침이고 참된 성례전의 수여인지는 교회 자체의 권위가 비로소 결정할 수 있기 때문이다.[938] 그러나 오늘의 가톨릭 신학은 교회의 네 가지 속성이 정말로 주어져 있는 명확한 경험적 여건과 관련된 것인지, 또한 그 속성들이 교회 자체보다 더 나은 표지로서, 그래서 참된 교회와 거짓 교회 사이를 구분하기 위한 표지로서 봉사할 수 있는지를 의심하게 되었다.[939] 그래서 사람들은 교회의 속성을 본질적 특성 혹은 "차원들"(H. Küng)로 이해하는 쪽으로 되돌아갔다. 한스 퀑에 의하면 이 특성들은 복음의 순수한 선포와 올바른 성례전의 집전에 의존한다.[940] 그러나 이러한 선포와 집전은 "외적인 표지"라기보다는 오히려 교회의 본질적 특성을 형성하는데, 무엇이 복음의 내용이고 무엇이 바른 성례전의 집전인지의 문제는 결코 자명하지 않고 논쟁에 열려 있다는 사실에 직면해서 그렇게 말할 수 있다.[941] 물론 오늘의 가톨릭 신학자와 개신교 신학자들은 공동으로 이렇게 말할 수 있다. "그리스도인들 사이에 복음에 대한 신뢰는 믿음과 교회를 형성하는 가장 높은 기준이다." 그러나 그것이 내용에서 무엇을 의미하는지에 대해서는 "아직 완전한 일치"[942]가 없다. 그 결과 여기서는 참된 교회의 "외적 표지"에 대해

Selbstverständnisses und ihre ökumenische Relevanz, 1986, 167ff. 비교. H. J. Pottmeyer, Die Frage nach der wahren Kirche, in : W. Kern/H. J. Pottmeyer/M. Seckler, *Handbuch der Fundamentaltheologie* 3, 1986, 212 – 241, bes. 221ff.

938   H. Döring, 같은 곳, 169.

939   H. Döring, 같은 곳, 169f.; 본질적 특성과 구별되는 특별한 표지 개념의 인지 기준에 대해 참고. Y. Congar, 같은 곳, 358f.

940   H. Küng, 같은 곳, 319.

941   나의 책을 참고하라. *Thesen zur Theologie der Kirche*, 1970, 21.

942   H. J. Pottmeyer, 같은 곳, 222.

서는 말하기 어렵게 된다. 이에 대해 사람들은 공동으로 인정하는 성서의 권위를 지시하려고 했다. 그러나 성서도 마찬가지로 다성적이다. 복음과의 결속을 더욱 정확하게 다지기 위해 칼 라너는 사도성을 참된 교회의 특성과 기준으로 세웠다.[943] 그러나 이 기준은 자신의 편에서 먼저 복음에 근거해 있는 교회를 전제한다. 그러므로 결정적인 것은 복음의 내용에 대하여 합의해야 하는 과제다. 복음을 믿는 자들은 바로 그 복음 안에서 이미 교회의 참된 본질에 대한 기준을 가지고 있다. 그러나 외부자들은 그리스도교 교회의 역사적 현실이 교회 자체에 기대되는 통일성, 거룩함, 사도성, 보편성과 모순된다는 점에서 불가피하게 시험에 들게 된다. 또한 하나님 나라 안에서 일어날 인류의 미래적 완성의 표징으로서의 교회의 기능[944]도 교회에게 기대되는 본질적 속성과의 역사적 괴리와 세속화를 통해 너무 모호해졌고, 그 결과 교회는 자신의 자의식에 따라 마땅히 그래야만 하는 존재에 비추어서는 쉽게 인식

---

943 K. Rahner, *Grundkurs des Glaubens, Einführung in den Begriff des Christentums*, 1976, 336-357. 여기서 칼 라너는 교회의 사도성을 "근원에 대한 연속성"(342f.), "그리스도교의 근본 실체의 보존"(343), 그리고 믿는 자들의 주관성에 앞서 주어지는 객관적 권위의 원칙(344f.)으로 전개했다. 포트마이어(H. J. Pottmeyer, 같은 곳, 225)에 따르면 이것은 가톨릭 전통에도, 또한 현재의 교회일치적 상황에도 상응하는 "설득력 있는 제안"이다. 실제로 라너는 그 기준들을 세울 때, 그것들이 종교개혁의 교회들에게도 수용되어야 한다는 기대를 가지고 있었고(343), 이에 따라 아우크스부르크 신조 7항에서 언급되는 교회의 특성들을 동의하며 인용했다(344). 에드문트 슐링크도 라너와 비교할 만한 방식으로 사도성을 교회의 네 가지 속성들 가운데 강조되어야 하는 것으로 설명했다. 사도성 위에 "다른 세 가지가 어떤 의미에서 근거한다"고 말할 수 있다. 왜냐하면 사도들의 가르침은 "교회의 참된 통일성, 거룩함, 보편성이 무엇인지를 결정하는 척도"이기 때문이다. 이 척도를 통해 세상 안의 어디에 하나의 거룩하고 보편적인 교회가 존재하는지가 인식될 수 있다. E. Schlink, *Ökumenische Dogmatik*, 1983, 589.

944 라칭어는 교회에 관한 자신의 논문에서 표징으로서의 교회의 기능을 참된 교회의 인식 가능성의 질문에 새롭게 접근하기 위한 출발점으로 지칭했다. J. Ratzinger, in : *LThK* 6, 1961, 172-183, 180. 이 방향을 향한 질문을 다루기 위해 기초를 마련하려는 시도를 포트마이어가 제공한다. 참고. H. J. Pottmeyer, 같은 곳, 226-240.

될 수 없게 되었다. 그러므로 교회의 본질이 무엇인가 하는 것은 교회 자체로부터가 아니라, 오직 복음으로부터만 말할 수 있게 된 것이다.

특별히 현저하고 명백한 것은 교회의 통일성의 주장에 있어 교회에게 기대되는 본질과 그리스도교의 실제 상태 사이의 모순이다.[945] 이 모순을 간과하는 것은 우리가 교회의 통일성에 대한 "니케아" 신조의 진술을 오직 자신의 고유한 교단 공동체에만 관계시킬 때다. 그것은 마치 그 밖의 다른 모든 그리스도교 교회들로부터 자신의 교단을 분리하면서 다른 모든 교회에 속한 지체들을 그리스도의 몸의 통일성으로부터 철저히 배제해도 되는 것처럼 행동하는 것이다. 다른 교회들의 그리스도인들에 대한 그런 잘못된 판단은 교회들 사이의 교회일치적 관계, 더 나아가 로마 가톨릭교회와 정교회까지 포함하는 교회일치 운동의 발전된 현재 수준에서는 전혀 성취될 수 없고 일관성 있게 관철될 수도 없다.[946] 이로써 "하나가 되지 못한 그리스도교의 수치"[947]는 자신의 최종적 수준, 현재 무수한 그리스도인들의 믿음의 의식에게는 견딜 수 없는 수준에 도달했다. 한 분 주님을 믿는 믿음과 그분에 대한 삼위일체적 해석을 통해 교회 안에 함께 모인 우리가 서로를 그리스도교적 형제와 자매들로서 인정하며 대접한다고 하면서도, 어떻게 완전한 공동체를 이루기를 거부할 수 있을까? 물론 "필연적

---

945 G. Ebeling, 같은 곳, 371. 물론 에벨링은 그리스도의 몸의 통일성이 "모든 교회를 관통하는 온갖 교회 분열에도 불구하고 현실"이라고 말한다(373). 그래서 그는 "전체 교회의 통일성을 위한 교회일치적 노력"(375)을 어느 정도 주저하고 거부하면서 대면한다. 그는 그 과정에서 "사이비 통일성을 만들어낼"(373) 위험을 염려하고 있다.

946 이에 따라 로마 가톨릭적 입장에서 한편으로 제2차 바티칸 공의회는 자신의 교회법과 교회일치적 법령 안에서 (아직) 로마와 하나가 되지 않은 그리스도인들과 교회들 혹은 교회 공동체들에 대해 이단 개념을 더 이상 사용하지 않았다. 그러나 다른 한편으로 그 이후의 로마 당국의 직무적 진술들은 그 개념을 계속해서 사용한다. 참고. W. Huber, art. Häresie III, in : *TRE* 14, 1985, 341 – 348, 343.

947 E. Schlink, 같은 곳, 678 — 683.

인 분열"도 틀림없이 있다. 말하자면 예수 그리스도께 대한 믿음을 저버리는 경우다.[948] 원시 그리스도교는 유대교의 잘못된 가르침과 영지주의에 대하여 스스로를 분리해야 했고, 옛 교회도 아리우스주의에 대해 그런 필연적 분열을 실행해야만 했다. 그러나 교회사 안에서 등장했던 많은 분파들에 있어 그런 분리의 강제적 필연성은 대체로 덜 명확하다. 그런 분열의 사례로는 칼케돈 공의회(451)의 결과로서 등장한 대립들이 있고, 나아가 11세기의 서방과 동방 그리스도교 사이의 관계 단절이 있으며, 또한 종교 개혁 시대의 논쟁들로부터 나타난 분열도 이에 해당한다. 이러한 세 가지 사건들로부터 대체로 오늘날까지 서로 갈라진 그리스도교 교회들의 균열이 출현했다. 이러한 분열들이 정말로 예수 그리스도께 대한 믿음과 신앙 고백을 위해 불가피한 것이었으며, 지금도 그럴까? 혹은 우리는 여기서 단순히 교회사 안의 재난들 곧 너무도 광범위한 숙명적 결과를 초래했던 재난들과 마주하는 것은 아닐까? 그 재난들은 각각 그것에 참여했던 모든 이가 얽혀들었던 죄와 숙명으로 혼합된 결과가 아니었을까? 그런 균열은 근본적으로는 피할 수도 있었던 것, 아니 마땅히 피해야만 했던 것이 아닐까? 그래서 그것을 극복한 결과가 오늘날 제시되어야 하지 않았을까?

이러한 질문의 맥락에서 불가피하게 이단의 질문이 등장한다. 교회의 통일성과 그 통일성의 파괴에 대하여 이단 현상이 갖는 의미와 영향력은 무엇인가?[949] 방금 교회사적인 재난으로 언급된 세 가지 사건 모두에 참여한 자들은 서로를 이단으로 꾸짖었다. 여기서 그런 이단의 고소는 분열보다 앞서 행해지면서 분열의 계기를 제공했을 수도 있고, 아니면 이미 일어난 분열을 정당화하기 위해 나중에 고소하게 된 것일 수도 있다. 그런데 이단이란 무엇

---

948   E. Schlink, 같은 곳, 680.

949   주목할 만하게도 에드문트 슐링크는 위의 각주에 언급된 그의 저서에서 교회 분열의 문제를 서술할 때, 이단의 주제를 다루지 않았다. 잘못된 교리와 거짓 교사들의 개념만이 그 서술의 맥락에서 단지 부차적으로 등장할 뿐이다.

인가? 진리에 속한 믿음을 완고하게(*pertinax*) 거부하는 것인가?[950] 진리에 속한 믿음 **그 자체**를 정말로 거부한다면, 그것은 이미 필연적으로 배교 곧 그리스도교적 믿음을 저버린 것이 아닌가?[951] 사실 이단은 흔히 "완전한 불신앙을 목표로 하는…그리스도의 교회로부터의 분리"라고 기술되어왔다.[952] 그렇다면 이단의 위협적인 점은 본래적으로 믿음을 버린 (현실적이든지 다른 사람이 그렇게 추정하는 것이든지 아니면 두려움에서 나온 것이든지 간에) 배교라 할 수 있을 것이다. 그러나 다른 한편으로 사람들은 이단과 배교 사이를 구분하려고

---

950   참고. CIC 1983, can. 751 : Dicitur haeresis, pertinax, post receptum baptismum, alicuius veritatis fide divina et catholica credendae denegatio, aut de eadem pertinax dubitatio. 이단 개념은 한편으로는 교황에 대한 복종을 거부하는 소종파와 구분되고, 다른 한편으로는 그리스도교적 믿음에 대한 총체적 거부(*fidei christianae ex toto repudiatio*)로서의 배교와도 구분된다.

951   참고. K. Rahner, Was ist Häresie?, *Schriften zur Theologie* 5, 1964, 527 - 576, 543f. 여기서 라너는 전래되어온 이단 개념이 배교와의 구분과 관련해서 "불명확하다"(544)고 말한다. 새로운 CIC(앞의 각주를 보라) 안에서 라너가 불명확하다고 비판한 문구 곧 "그리스도교라는 이름의 유지"(*nomen retinens christianum*)를 단순히 삭제하는 것으로는 그 문제가 아직 완전히 해결되지 않는다. 그 문구는 여전히 그와 관련된 배교와의 구분 문제를 포함하고 있다.

952   참고. J. Brosch, art. Häresie, in : *LThK* 5, 1960, 6 - 8,7 : 이단은 "믿음의 결핍(의심)으로부터 생겨나와 완전한 불신앙을 목표로 하며, 개별 진리를 계시된 선한 진리의 조직체로부터 떼어냄으로써 그리스도의 교회로부터 스스로 분리하고, 자기 자신이 교회가 되려는 경향을 보인다." 비교. 동일저자, *Das Wesen der Häresie*, 1936, 110ff., bes. 112. 또한 참고. Y. Congar, 같은 곳, 447 : "모든 이단은 우리로 하여금 계시를… 인식하도록 해주는 진리 곧 하나님과의 관계의 진리를 거부한다." 여기서 이단은 예수 그리스도에 대한 신앙고백을 굳게 붙드는데, 이것은 오해에 의한 것이거나 아니면 순수한 기만이다. 칼 바르트(K. Barth, *KD* 1/2, 1938, 907)가 이 요점을 아만두스 폴라누스의 정의를 인용해서 기술했다(Amandus Polanus, *Syntagma theol. chr.* 1609, 3527). 이단에 대한 전래되어온 견해(Brosch도 포함한다) 곧 이단이 개별 진리를 고립시킨다는 견해는 CIC can. 751의 이단에 대한 정의 곧 이단은 믿음의 유일한 진리를 부정한다는 정의와 대립되며, 무엇보다도 (Congar의 표현과는 달리) 라너(위의 각주를 보라)가 강조했던 믿음의 분리 불가능성 및 신적 진리에 대한 관계와 합치하지 않는다.

했다. 이 구분을 위해 몇몇 믿음의 진리들에 대한 거부와 믿음 자체의 총체적 거부 사이의 양적인 구분은 충분하지 않다.[953] 왜냐하면 여기서 믿음의 진리의 유기적 통일성이 오해되기 때문이다. 그래서 칼 라너는 이단을 이렇게 설명했다. 그들은 믿음을 전혀 거부하려고 하지 않지만, "바로 그 믿음의 의지와는 반대로" 실제로는 계시의 진리 전체를 부정하는 사람들이다.[954] 그러나 이것도 이단으로 지칭되는 사람들이 처한 다양한 상황을 이미 전제하고 있다. 이단은 단지 형식적 문구, 곧 자신 의무로 속박되어 있지 않지만 믿음의 진리의 적절한 표현으로 인식할 수 있다고 여기는 형식적 문구만을 부정하는 것인가? 믿음의 진리의 시대적으로 제약된 문구에 대한 의심은 반드시 믿음의 진리 자체를 부정하는 것은 아니다. 그런 의심과 그런 종류의 문구에 대한 거부는 이단이라는 개념을 충족시키지 못한다. 그 밖에도 어떤 현상이 역사 속에서 이단적 교리로 특징지어진 이유도 대부분의 경우에 오직 혹은 일차적으로 교회 안에서 지배적인 교리적 규범을 **거부**했다는 것이 아니고, 다만 자신의 믿음의 내용을 새로운 문구로서 표현함으로써 그 규범으로부터 **벗어난 것**이었는데, 그 결과로서 전통적 표현의 문구를 거부할 수 있게 되던 것이다. 교회의 믿음과 합치될 수 없다는, 최소한 첫눈에(*prima facie*) 생기는 인상 외에, 때때로 이미 교부들이 이단을 인정할 때 사용했던 기능도 바로 그 사실에 놓여 있었다. 그 기능은 신학적 인식을 촉진하고 교회적 교리 자체의 발전에 공헌하는 기능이었다.[955] 이러한 측면은 교회의 법전인 CIC의 이단 정의 안에는 전혀 반영되지 않았고, 마찬가지로 라너가 결정적으로 정립

---

953 위의 각주 951에 있는 칼 라너의 논쟁을 참고하라.

954 칼 라너에 의하면 이단은 "언제나 자신의 의지와는 반대로 어떤 지성적 현존재 전체를 위협하는 가르침이다. 그 현존재는 유일한 동시에 전체인 계시 사건과의 관계에 근거하고 있는데, 이단도 그 계시 사건을 긍정한다는 점에서 그 가르침은 위협이 된다. Karl Rahner, 같은 곳, 529.

955 참고. Y. Congar, 같은 곳, 444 ff. 여기서 특별히 오리게네스와 아우구스티누스의 진술을 비교하라. 이 문제의 근본 의미에 대해 참고. K. Rahner, 같은 곳, 552f.

한 관점 곧 그리스도교 진리 전체에 대한 주관적 관점에도,[956] 또한 믿음의 인식의 역사적 성격에 관한 복잡한 문제에서도 반영되지 못했다. 마지막 측면은 믿음의 인식을 표현하는 문구가 시대적으로 제약된 것이라는 사실에 놓여 있을 뿐만 아니라[957] ─ 교회의 가르침의 직무라는 측면에서와 마찬가지로 개별 신학자의 입장에서도 ─ 겉으로는 서로 대립되는 것처럼 보이는 관심사와 중심 진술들이 그럼에도 불구하고 내적 핵심에서 서로 일치할 수 있다는 사실에 놓여 있다.[958] 물론 그런 일치는 대체로 후대에 이르러 비로소 인식되는 경우가 많다. 왜냐하면 새로운 관점은 일반적으로는 우선 지금까지 올바르고 타당하다고 여겨온 견해들에 대한 비판으로 제시되기 때문이다. 교리

---

956 마지막 관점은 위의 각주 950에서 인용된 정의에 따르면 자기 자신의 주장에 완고히(*pertinax*) 집착하는 요소에 숨겨져 있다. 토마스 아퀴나스는 아우구스티누스의 생각을 이어받으며 그런 완고함을 자만심으로 귀결시켰다. *S. theol.* II/2, 11,1 ad 2. 그러나 그 완고함은 또한 자신의 고유한 통찰에 반대하는 진술을 금지하는 엄격한 진리의 표현일 수도 있지 않은가? 비교. B. Lohse, Luthers Antwort in Worms, in: *Luther* 29, 1958, 124-134. 그래서 콩가르의 이단 지칭에는 문제가 있다. 콩가르에 의하면 어떤 사람이 자신이 교회 및 교회적 전통과 모순에 놓인다는 사실을 고려하지 않는 어떤 이론을 전개하기까지 자신만의 이념을 따를 때, 그는 이단이다(같은 곳, 432). 그러나 계시의 진리에 대한 더 나은 인식을 위해서는 그런 모순을 감수하는 일이 불가피할 수 있다. 물론 그 일은 복음 자체에 대한 모순이 아니며, 따라서 배교가 아니다.

957 참고. Y. Congar, 같은 곳, 452ff. 여기서 콩가르는 역사적 의식과 그것을 통해 강화된 지식 곧 모든 믿음의 인식의 잠정성에 대한 지식이 종말론적 완성의 이편에서 ─ 이 단들의 역사에 대한 관점에서만이 아니라 이단의 개념 자체와 관련해서도 ─ "사물에 대한 새로운 관점"을 향해 나아가도록 재촉한다고 바르게 서술한다.

958 Y. Congar, 같은 곳, 435. 콩가르는 이 통찰을 이미 파스칼에게서 발견한다. B. Pascal, *Penseés*, Nr. 862f. 451년 칼케돈 공의회 이전과 이후의 그리스도론적 대립 명제들이 이에 대한 고전적 사례를 예시한다. 이에 대해 참고. A. Grillmeier, Häresie und Wahrheit. Eine häresiologische Studie als Beitrag zu einem ökumenischen Problem heute, in: 동일저자, *Mit ihm und in ihm. Christologische Forschungen und Perspektiven*, 1975, 219-244. 그러나 비슷한 경우가 종교개혁 시대에 교회들이 서로에게 내린 교리적 정죄들의 많은 부분에도 해당한다. 참고. K. Lehmann/W. Pannenberg, Hgg., *Lehrverurteilungen-kirchentrennend?* I, 1986.

의 지배적 형태로부터 벗어나는 일이 없다면, 믿음의 이해에서 어떤 진보도 있을 수 없을 것이다.[959]

교회사를 갈라놓은 분열과 그 결과들을 새롭게 평가하고 극복하기 위해서는 이단 개념에 대한 새로운 정의, 곧 그 개념의 전통적 이해가 지닌 곤란한 점과 불충분성을 극복할 수 있는 정의가 불가피하다.[960] 이 과정에서 분파, 이단, 배교와 같이 추상적으로 분리된 현상들이 서로 얽혀 있다는 사실이 특별히 주목되어야 한다. **이단은 은폐된 배교, 곧 그 사상의 주체도 완전하게 의식하지 못하는 배교다.** 오직 이러한 중대한 비난이 반드시 제기되어야 하는 곳에서만 이단 개념이 적용될 수 있다. 다시 말해 그 개념이 교회의 교리적 규범에 대한 모든 개별적 탈선에 적용되어서는 안

---

959 슐라이어마허는 그런 벗어남을 각각의 교의학 작업 안에서 개인적 독특성의 표현으로서 정당하다고 옹호했고, 그로써 정통과 이단 사이의 대립을 상대화했다. F. Schleiermacher, *Der christliche Glaube* (1821), 1830, §25. 그러나 슐라이어마허는 "모든 표현의 독특성"이 공동의 교리를 "가장 밝은 빛 속에 드러내려는"(§25,2) 추구를 통해 반드시 바로 그 공동의 교리와 관련되어야 한다고 요구했다. 그렇게 하여 교의학은 그리스도교의 네 가지 "자연적인 이교들" 곧 구원의 사상이라는 그리스도교의 중심 사상의 조건들을 파괴해서 각기 다른 방향으로 흩어 놓는 이교들로부터 자신을 방어해야 한다(§22). 신학 안에서 이런 독특성을 정당화하는 것은 종교개혁과는 거리가 먼 것이었다. 물론 루터 자신의 고유한 신학이 그런 독특성에 대한 뛰어난 사례라고 해도 그렇다. 사람들은 "자기 생각에 적절한 것을 주장하는 것"(quae sibi propria mens suggerit, *S. theol.* II/2, II/1)이 이단의 뿌리라는 토마스 아퀴나스의 견해를 철저히 따랐다. 이 생각은 열광주의를 모든 잘못된 교리의 뿌리로 보는 루터의 사상 안에도 숨어 있다. 비교. J. Wirsching, Wahrheit und Gemeinschaft. Zur Frage der Häresie, *KuD* 30, 1984, 147 – 171, 152ff.

960 이 개념을 완전히 포기한다면, 그리스도교 메시지와 그것의 다양한 해석을 바르게 평가할 수 없게 될 것이다. 비교. J. Wirsching, 같은 곳, 163f.166f. 또한 J. Baur, Lehre, Irrlehre, Lehrzucht, 1974, in: 동일저자, *Einsicht und Glaube, Aufsätze*, 1978, 221 – 248, bes. 236ff.

된다.[961] 그런 중대한 비난이 제기될 때만 파문과 분열도 불가피해진다.[962] 다른 한편으로 이단은 교회로부터 분리되려는 경향 안에서 표현된다. 이것은 물론 이단의 정황 증거일 수 있지만, 그러나 그것만으로 충분한 증거는 아니다.[963] 그러므로 우리는 정통 교리에서 벗어난 교리 형태의 옹호자가 교회 공동체를 유지하고 보존하려는 준비가 되어 있는 경우에는, 그 준비가 되어 있지 않고 교리적 탈선이 교회의 공공성에 대한 스캔들을 일으키는 경우보다 훨씬 더 큰 관용을 베풀어야 한다.

분파와 이단의 다층적인 현상은 교회 인도의 직무가 가진 과제를 날카로운 빛 속에서 출현시킨다. 그 직무는 교회의 통일성을 예수 그리스도의 믿음 안에서 보존하고, 때로는 그것에 대한 지속적 위협에 직면해서 그 통일성을 재건해야 한다. 그 위협의 첨예한 외적 형태는 분파, 이단, 배교의 현상들 안에서 등장한다. 교회의 통일성에 대한 그러한 봉사는 오직 복음의 선포를 통해, 그리고 오직 공동체에게 성만찬 축제 안에서 예수 그리스도께 대한 믿음을 확신시킴으로써, 발생할 수 있다. 오직 복음이 선포하는 예수 그리스도, 오직 성만찬에서 수여되시는 예수 그리스도 안에서 교회는 자신의 통일성을 이룰 수 있다. 그분 안에서 교회는 거룩해지고, 사도들의 파송 및 가르침과 결합하며, 만물을 포괄하는 그리스도의 충만을 향

---

961 이것은 신앙고백을 예수 그리스도의 인격에 집중시키는 반전에 해당한다. 비교. 앞의 197ff.

962 E. Schlink, 같은 곳, 682. 슐링크는 "그리스도교 안에서 최종적으로 정당화될 수 있는 분열은 오직 그리스도에 대한 배교가 문제될 때뿐이며" 그래서 "다른 어떤 이유에 의한 분리는 하나님 앞에서 책임질 수 있는 일이 아니다"라고 바르게 판단했다. 참고. A. Dulles, Ecumenism and the Search for Doctrinal Agreement, in : 동일저자, The Reshaping of Catholicism. Current Challenges in the Theology of the Church, 1988, 227–245.

963 그래서 콘스탄티누스와 테오도시우스 이전의 고대 교회에서는 분파와 이단이 날카롭게 구분된 일이 드물었다. 비교. Y. Congar, 같은 곳, 411f.427, 그러나 이미 고전 11:18f.; 갈 5:20. 또한 참고. M. Elze, Häresie und Einheit der Kirche im 2.Jahrhundert, ZThK 71, 1974, 389–409.

해 개방된다.

b) 통일성과 지도 직무의 다양한 수준

교회의 지도하는 직무는 그 핵심에서 가르침의 직무다. 루터가 말한 것처럼 교회를 다스리는 것은 반드시 복음의 가르침이어야 한다.[964] 공동체 안에서 드물지 않게 서로 다른 방향을 추구하는 다양한 삶의 형태들은 언제나 또다시 복음과 성례전을 통해 예수 그리스도 안에 근거한 교회의 통일성 안으로 통합되며, 그와 동시에 정화되고 갱신된다. 그렇기 때문에 말씀에 대한 봉사와 복음의 가르침은 교회적 직무의 책임에 속하며, 교회의 역사적 분열 및 세속화, 그리고 교회에게 기대되는 하나의 거룩하고 사도적이고 보편적인 본질 사이의 모순을 가교하고 그분의 영이 주시는 능력과 은혜 안에서 그 모순을 극복하는 것도 그 책임에 속한다.

이러한 과제는 그리스도교와 교회의 삶 속의 다양한 영역에서 제기된다. 우선 지역 공동체의 지리적(lokale) 영역이 현존한다. 여기서 목사는 자신의 성직 안수에 근거하여 예수 그리스도에게서 시작되는 그분의 교회 전체의 파송을 대리하며, 그래서 또한 교회적 통일성도 대표한다.[965] 목사는 이러한 지역 공동체를 복음의 선포와 가르침을 통해 하나의 거룩하고 사도적이고 보편적인 교회의 연합 안에 보존한다. 그러나 교회의 통일성을 보존하는 과제는 다양한 지역교회와 교회의 포괄적 연합의 틀 안에서 그 통일성을 대표하는 직무자들 사이의 관계라는 관점에서도 나타난다. 이 과제는 지도적 위치의 직무자들과 개별 공동체의 다른 대표자들의 회합(Synoden, 노회)이 수행한다. 이러한 노회는 자신의 편에서 재차 지도— 이것을 무엇이라 부르든지 간에—를 필요로 하는데, 그것 또한 지속적으로 활동하는 것이어야 하며, 지역 노회의 회합들 사이의 연속성을 산출할

---

964   루터는 이렇게 말했다. "하나님께서 세우신 목사는 공동체를 설교와 성례전으로 다스려야 한다"(WA 6, 441, 24f.).

965   이에 대해 참고. 이 책의 525f.

수 있는 지도여야 한다. 그 밖에도 개별 지역을 넘어서는 지방(regional)의 영역(더 나아가 군이나 시도 단위의 영역)에서 통일성을 보존하기 위해서는 이 일을 업으로 삼는 직무자의 지속적인 노력이 필요하다. 교회사 안에서 이 과제는 특히 4세기 이래로 이전에 작은 마을만을 지도했던 감독들에게 주어지며, 점점 더 중요해졌다. 그와 동시에 작은 지역 공동체의 인도는 장로의 과제가 되었는데, 이 직무도 마찬가지로 심원한 변경을 겪었다. 그 결과 감독의 직무와 목사로서 활동하는 장로의 직무의 차이는 작은 마을을 책임지는 직무와 그보다 큰 지역을 담당하는 직무 사이의 차이가 되었다. 이 둘은 법적 권한의 영역과 범위만 서로 다른 것이다. 여기서 하나의 직무의 서로 다른 특성이 문제되고 있다. 이 점은 루터교적 종교개혁에서 특히 강조되었지만(CA 28; *Apol.* 14), 또한 로마 가톨릭교회도—물론 감독이 장로보다 우위에 있다고 계속 주장하기는 했어도—근본적으로 문제 삼지는 않았다(DS 1768 그리고 1776). 제2차 바티칸 공의회는 명시적으로 하나의 봉사 직무(*ministerium ecclesiasticum*)을 말했다. 이것은 다양한 단계로(*diversis ordinibus*) 행사되는데, "예로부터" 감독, 장로, 목사(집사)로 지칭되어왔다.[966]

한편으로 교회 직무를 작은 지역과 보다 더 큰 지방의 영역에서 수행하는 것에서, 다른 한편으로 직무의 전통적인 세 가지 분류 사이의 구분에서 중요한

---

[966] 제2차 바티칸 공의회는 이 문제와 관련해서 트리엔트 공의회보다는 소극적으로 표현했다. 트리엔트 공의회는 감독, 장로, 목사를 하나님의 지시(Anordnung)에 근거한 위계질서로서 삼중 등급의 직무라고 말했다(hierarchiam, divina ordinatione institutam, DS 1776). 어쨌든 그 당시에도 이미 이러한 세 가지 분류를 하나님의 "제정"(*divina institutio*)이라고 말하는 것은 회피되었다. 전통적으로 그렇게 지칭되었던 직무에 대하여 오늘날에는 하나의 직무의 서로 다른 실행 방식만 논의되고 있다. 이로써 제2차 바티칸 공의회의 진술은 루터교의 직무 이해의 출발점이 되었던 직무 신학의 전통적 진술에 매우 가깝게 다가선 셈이 되었다. 이 주제에 대하여 비교. Hubert Müller, *Zum Verhältnis zwischen Episkopat und Presbyterat im Zweiten Vatikanischen Konzil. Eine rechtstheologische Untersuchung*, 1971.

것은 그것들이 본래 서로 다른 주제라는 사실이다. 이 주제들의 차이는 감독의 직무가 보다 더 넓은 지역을 인도하고 감독하는 직무로 발전해간 결과로서 전자의 주제가 감독과 장로 사이의 구분과 연관된 반면에, 목사(집사)의 직무는 그 발전 과정에서 본래 가졌던 감독 직무와의 유사성(아래의 설명을 보라)을 상실했다는 사실에 있다. 그러나 감독들 혹은 장로들이 실행하는 지도적 직무의 내적 동일성은 사도 직후의 시대까지 소급된다.

원시 그리스도교 안에서 감독의 주요한 직무는 장로의 직무와 마찬가지로 지역 공동체에 대한 일이었다. 직무 명칭의 차이는 앞에서(595., 608f.) 언급했던 것처럼 그리스도교적 직무의 두 가지의 서로 다른 뿌리에 의해 설명된다. 그 뿌리는 한편으로 유대교적(그리고 유대인-그리스도교적) 공동체를 인도했던 장로들의 직무에, 다른 한편으로는 바울 공동체에 내려져 있었다. 바울 공동체로부터 근원적으로는 가정 공동체와 연관된 감독과 집사(목사)의 직무들(빌 1:1)이 유래했다. 바울 이후 이러한 두 가지 직무 규정을 결합하고 비교하려는 다양한 시도들 안에서 장로들 전체가 감독들(행 20:28; 비교. 20:17)로 혹은 감독하는 기능이 장로들에게 속한 활동 중 하나로(벧전 5:2) 표현되었으며,[967] 아니면 공동체 전체에 대한 관리자(*episkopos*) 기능이 장로들이라는 이름에 귀속되었다(딛 1:5-7; 비교. 딤전 3:1의 *episkopos* 그리고 5:17의 *presbyteroi*).[968] 2세기 중반에 폴리카르포스가 빌립보에 보낸 편지도 여전히 장로 그리고 집사(목사, Diakone)라는 용어만 알고 있다(2 Polyk 5:3; 비교 5:2; 6:1). 바울이 빌립보에 보낸 편지에서 언급되는 감독들(빌 1:1)은 어디로 갔을까? 그들은 이제 장로라고 지칭되는 것일까? 사도 교부들의 다른 서신들 안에서 장로와 감독이라는 칭호는 정확한 구분 없이(비교. 제1클레멘스 서신 42:4; 44:1; 44:5)[969] 사용된 것으로, 혹은 바울처럼 감독과 집사(목사)만 사용

---

967   참고. L. Goppelt, *Der erste Petrusbrief*, 1978, 318ff.

968   J. Roloff, *Der erste Brief an Timotheus*, 1988, 175f.

969   H. v. Campenhausen, *Kirchliches Amt und geistliche Vollmacht in den ersten drei Jahrhunderten*, 1953, 91ff.

한 것으로 보인다(*Did* 15:1). 2세기 중반에 안디옥의 이그나티오스가 처음으로 감독을 명확하게 장로 모임보다 우위에 두었고, 이것은 후에 표준이 된 감독, 장로, 집사(목사)의 삼중 직무와 관련되었다(Ign. *Smyrn* 8:1; 비슷한 경우로서 *Trall* 2:1-3). 여기서 집사(목사)는 아버지께 대한 예수 그리스도의 관계에 상응하여 감독이 파송한 자 혹은 감독의 대리자로 여겨졌다(*Trall* 3:1). 이것은 후에 로마에서 발생한 경우인 것으로 보인다. 비록 이그나티오스적인 직무 규정이 2세기 초 이래로 지배적으로 되었고[970] 이후에 감독과 장로는 전자는 넓은 지역, 후자는 마을 단위의 좁은 지역에 대한 권한을 갖는다는 것을 통해 구분되었지만, 여기서 감독과 장로의 직무가 일치한다는 옛날의 직관은 그대로 보존되었다. 이 직관은 우선 히에로니무스를 통해 중세까지 전승되었으며, 교회법에 대한 갈라디아 법령 안으로도 수용되었다.[971] 그것은 이어지는 세기의 스콜라주의 안에서 주도적 견해가 되었고,[972] 멜란히톤이 그 견해를 이어받는 논증을 아우크스부르크 신조에 대한 변증론(*Apol.* 14,1, BSELK 296,17f.)과 1537년의 논문(Tractatus de potestate Papae)에서 전개했는데(Tract, 60-65, BSELK 489f.), 이것은 루터가 슈말칼트(Schmalkaldischen) 논문에서 전개한 것과 비슷하다(11,4; BSELK 430,10f., 비교. 458,14f.). 트리엔트 공의회는 감독과 장로의 구분이 단지 인간의 법에 따른 구분일 뿐이라는 종교개혁의 이해

---

[970] 캄펜하우젠에 의하면 이것은 이미 2세기 말에 일어난 일이다. H. v. Campenhausen, 같은 곳, 183.

[971] Hieronymus Tituskommentar c.l (MPL 26,563 zu Tit 1,5); 그리고 ep. 146,1: cum Apostolus perspicue doceat eosdem esse Presbyteros quos Episcopos (MPL 22,1193). 이에 대해 참고. H. Müller, 같은 곳, 39f. 갈라디아 법령에 대해 그곳 42f,의 1,95,5를 보라: Presbyter idem est qu episcopus, ac sola consuetudine praesunt episcopi presbyteris (MPL 187,448 C f. 이 내용은 히에로니무스의 디도서 해석에 관한 것이다).

[972] 뮐러의 상세한 설명을 참조하라. H. Müller, 같은 곳, 42-53. 또한 비교. A.M. Landgraf, Dogmengeschichte der Frühscholastik III/2, 1955, 277-302. 중세 교황이 수도원장에게 성직 안수의 권한을 수여하는 것에 대한 콩가르의 서술을 비교하라. Y. Congar, *Heilige Kirche*, 1966, 288f.292f.

에 반대하여 감독이 장로보다 우월하다는 주제를 지지했으며, 이를 위해 감독, 장로, 집사(목사)라는 교회적 직무의 위계적 분류가 하나님의 지시(*divina ordinatione*)에 따른 표현이라고 주장했다(DS 1776). 제2차 바티칸 공의회는 이 주장을 갱신하지 않았고, 오히려 단지 하나의 직무의 서로 다른 행사에 대하여 "예로부터"(*ab antiquo*) 사용되어온 명칭들이라고만 말했다(LG 28a). 감독의 직무를 성례전 봉헌의 "충만"(*plenitudo sacramenti ordinis*: LG 21b)으로 강조한 것을 전혀 손상하지 않고서(장로들은 "하위 서열 안에서" 그 충만에 참여한다, PO 2 & 7), 제2차 바티칸 공의회는 직무의 일치를 확정했고(LG 28a), 감독 직무와 장로 직무 사이의 그 어떤 성례전적 구분도 가르치지 않았으며, 오히려 이 구분을 열린 질문으로 남겨두었다.[973] 이 과정에서 공의회는 장로가 "믿는 자들의 개별적 지역 공동체"에서 말하자면 감독이 "현재하는 효과"(LG 28b)를 행사할 수 있다(비교. LG 26a)는 사실을 단지 가볍게만 다루었다. 여기서 암시되는 구분, 곧 장로 혹은 목사의 좁은 지역(lokal)의 직무 활동과 감독의 넓은 지방(regional)에 대한 권한 사이의 구분은 처음으로 교회의 현실적 삶 안에서 양자의 직무 기능을 구분하는 근거가 되었는데, 이 구분은 이그나티오스의 삼중 직분의 도식이 의미하는 근원적 의미와는 아무 관계도 없는 것이다.

바로 이러한 근거에서 직무에 관한 리마 선언, 곧 모든 그리스도교 교회 안에서 교회 직무의 삼중적 분류를 갱신해야 한다는 선언[974]을 추천하는 것은 큰 도움이 되지 않는다. 물론 지역의 목사(감독을 대신하는)와 교회 대표들(장로로서의) 모임의 구분과 순서는 지역 공동체들과 관계된 이그나티오스적 도식에 가장 잘 상응한다. 반면에 고대 교회에서 행해진 목사의 기능은 단지

---

[973]   참고. H. Müller, 같은 곳, 345 – 351.

[974]   Taufe, *Eucharistie und Amt* (1982), Teil III (Amt) 19ff., bes. 22. 여기서 직무의 삼중 형태를 그렇게 재건하는 것에 대하여 매우 낙관적으로 말해진다. 그 재건은 "오늘날 우리가 추구하는 통일성의 표현으로서, 또한 그 통일성에 도달하기 위한 수단으로서 봉사할 수 있다"는 것이다. 그러나 현실에서 그 명칭들을 동등하게 다루는 것은 문제의 중심에 놓인 심원한 차이를 단지 은폐시킬 뿐이다.

오늘의 목사들의 활동과 목사(혹은 감독)의 대리자 및 대변자로서의 보좌신부(Vikar, 대표 목사)의 지위를 결합시킬 때 비로소 갱신될 수 있을 것이다. 그러나 이 갱신도 고대 후기와 중세 이래로 장로 직무와 감독 직무의 관계에서 생긴 문제의 해결에는 거의 아무것도 기여하지 못한다. 그것은 교회를 인도하는 직무에서 좁은 지역에 대한 직무와 넓은 지방에 대한 직무가 본질상 하나의 동일한 직무로 이해될 수 있는지의 문제였다.

직무에 대한 전통적인 명칭들과 사실상 결합된 직무의 기능들의 역사적 발전과 변화에 대한 평가에 있어 교회는 다음의 사실을 이해해야 한다. (지방을 관리하는) 감독 직무의 오늘날의 형태와 마찬가지로 장로-"사제" 혹은 목사 직무의 오늘날의 형태도 감독의 특성을 갖고 있지 않다는 사실이다. 이 점에서 우리가 목사(혹은 사제-장로)의 지역에 대한 지도적 직무를 교회적 직무의 근본적 토대로 볼 것인지, 혹은 거꾸로 제2차 바티칸 공의회처럼 감독의 직무를 교회를 지도하는 직무의 완전한 형태로 볼 것인지의 문제는 그다지 중요하지 않게 된다. 전자의 경우에 지역에 대한 감독의 직무는 단지 통일성에 대한 보살핌과 책임의 권한을 통해서만 (어떤 경우에는 성직 안수의 권한을 이러한 직무 수행의 영역과 관련시킴으로써) 구분되며, 후자의 경우에 장로(목사)는 단순히 그 완전한 형태에 참여할 뿐이다. 전자는 교회를 지도하는 감독의 직무가 우선 지역 공동체의 수준에서 형성되었다는 사실을 전제한다. 그러나 제2차 바티칸 공의회의 해법은 바로 그 감독의 직무가 교회의 통일성에 대한 봉사의 고전적 형태가 되었다는 정황에 상응한다. 물론 고려되어야 할 것은 여기서 중요한 것이 근원적으로는 넓은 지방에 대한 직무가 아니라 좁은 지역에 대한 직무라는 사실이다. 오늘날의 목사의 직무는 후자에 상응한다.

어쨌든 교회의 삶 속에서 복음의 가르침으로 소명을 받은 목사가 공동체를 인도하는 좁은 지역(lokal)의 직무 외에 또한 넓은 지방(regional)을 이끌고 관리하는 직무가 필요하다. 후자는 이미 중세 교회 안에서 감독들이 행사했던 직무다. 이와 유사하게 그다음으로 높은 수준에서는 여러 지방을 합친 조직체를 관리하고 인도하기 위해 대주교와 총대주교의 직무가 나타난다. 그들 모두에게 해당하는 것은 연합 노회의 기관과 개인이 행사하는 지도 직무가 서로 배척하지 않고 오히려 서로를 보충한다는 사실이다. 종교개혁 시대에 개혁주의 교회들은 감독 직무와 과도하게 회의적으로 맞섰는데, 그것은 그 직무가 라틴적 중세기 이래로 지배적 직무라는 잘못된 방향으로 발전해왔기 때문이었다. 반면에 루터적 종교개혁은 "사랑과 하나 됨을 위한" 지역적인 지도 직무의 필연성을 철저히 인정했으며,[975] 또한 공동체와 목사가 복음의 척도에 따라 행사되는 감독의 권위에 기꺼이 순종할 준비가 되어 있다고 선언했다(CA 28,21f.).[976] 물론 루터교의 관점에서 넓은 지방을 감독하고 지도하는 직무를 단순한 목사의 직무와 구분하는 것은 예수 그리스도 자신의 직접적인 명령에 따른 것도 아니고, 신약성서 안에 제시되어 있는 것도 아니다. 그렇다면 그런 구분은 "인간의 법"에 따른 제정으로 판단된다. 그러나 그런 직무들의 제정이 신학적 근거를 잃는 것은 아니다. "사랑과 일치"는 교회의 삶 속에서 아디아포라(무관심해도 되는 것)가 아니다(비교. CA 28,53-56, BSELK 129). 공동 삶의 질서를 제정하고 준수함으로써 사랑과 평화를 얻는 것은―비록 그 형태가 언제나 신적 권위를 통해 확정되는 것은 아니지만―필연적으로 그리스도의 교회의 삶에 속한다. 지역과 지방을 관리하는 직무자들은 그 과제에 봉사한다. 그들은 하나님 자신이 세우신 직무, 곧 복음의 가르침을 통해 교회의 통일성을 이루는 유일한 직무에 속한 한 부분을 담당한다.[977]

---

975 참고. M. Luther, in : Schmalkaldische Artikeln, BSELK 457,8f. 비교. *Apol.* 14,1f., BSELK 296f.

976 BSELK 124, 5ff. (독일어 본문). 그래서 루터교회는 트리엔트 공의회가 공포한 정죄에 해당하지 않는다. 그것은 감독(비숍)들이 장로들보다 우월한 지위에 있다는 것을 인정하지 않고, 그에 따라 우월한 지도적 직무를 거부하는 사람들에 대한 정죄다 (DS 1777).

977 참고. G. Gaßmann/H. Meyer, Hgg., *Das kirchenleitende Amt. Dokumente zum*

c) 그리스도교 전체의 통합을 위한 봉사?

지역(lokal)과 **지방**(regional)의 수준에서 행해지는 관리의 직무 외에 또한 전체 교회의 **보편적**(universal) 수준에서 그리스도인들의 통합에 대한 업무가 필요하지 않을까? 이것은 감독들이 대표하는 그리스도교 지방회들이 모인 교회일치 총회(공회)의 형태만이 아니라, 한 개인이 전체 그리스도교의 대변자가 되어 행하는 직무로서 수행될 수 있지 않을까?[978] 로마 가톨릭교회는 로마의 대주교인 교황이 그 직무를 소유할 수 있다고 주장한다. 로마의 대주교는 예로부터 서방 지역의 주교만이 아니었고, 고대 그리스도교 안에서 알렉산드리아, 예루살렘, 안디옥, 콘스탄티노플을 각각 대표하는 네 명의 주교들 곁에 서는 또 한 명의 주교가 아니었다는 것이다. 오히려 로마의 대주교의 직무는 이를 넘어서—전체 그리스도교 안에서 로마 공동체가 갖는 전통적인 우위에 상응하여—"보편교회적" 권위를 주장한다. 그것은 그리스도교 전체의 모든 주교가 굴복해야 하는 최고의 우위를 의미한다.[979]

이것은 로마 가톨릭교회의 입장에서 나오는 단순히 과장된 주장에 그치지 않는다. 예루살렘의 원시 공동체가 끝난 이후에 로마가 그리스도교의 역사적 중심이 된 것은 역사적 사실임이 틀림없다. 만일 어쩔 수 없

---

interkonfessionellen Dialog über Bischofsamt und Papstamt, 1980.

978 성공회/로마 가톨릭 위원회(die anglikanisch/römisch-katholische Kommission, ARCIC)는 1981년 윈저(Windsor)에서 최종합의안을 확정했다. 보편적 영역에서 보이는 통일성을 유지하려면, 그리스도교 세계 전체를 보편적으로 대표하는 대주교인 "에피스코우프"(episcope)가 필요하다는 것이다. 이 확정안은 교리적 진술로서 명시적으로 말해졌다. 본문의 자료에 대해 참고. H. Meyer, u. a. Hgg., *Dokumente wachsender Übereinstimmung. Sämtliche Berichte und Konsenstexte interkonfessioneller Gespräche auf Weltebene 1931-1982*, 1983, 176 (n.8). 또한 비교. 168 n.23=Venedig 1976.

979 더욱 정확한 내용을 카스퍼가 설명한다. W. Kasper, Dienst an der Einheit und Freiheit der Kirche, in : J. Ratzinger, Hg., *Dienst an der Einheit. Zum Wesen und Auftrag des Petrusamts*, 1978, 81-104.

이 어떤 그리스도교의 주교가 그리스도교의 전체를 대변해야 하는 상황이 생긴다면, 아마도 로마의 주교가 그 일을 맡을 가능성이 가장 높다고 할 수 있다. 로마 당국이 역사적으로 보여준 권력 정치적 오용의 결과로서 일어난 온갖 쓰라린 분열에도 불구하고, 그 일에 대한 다른 현실적인 대안은 없다. 이것은 공적인 세상 전체와 또한 대부분의 그리스도교 교회들도 의식하고 있다. 그리스도교 안에서 로마 공동체와 그 주교가 갖는 이러한 사실적 우선성은 솔직하게 인정되어야 할 것이다. 논란이 되는 것은 이러한 사실 자체라기보다는 그것을 서술하는 방식이며, 그것으로부터 도출되는 권리에 대한 질문이다. 동방 교회는 그리스도교의 다른 주교들과 대주교들 가운데 로마 공동체와 로마 주교에 대하여 계속해서 명예 수위권(首位權)을 인정해왔다. 그러나 동방사랑과 평화를 교회도 교황의 그 이상의 주장 곧 두 번의 바티칸 공의회에서 공표된 주장은 거부한다.[980] 종교개혁에서 시작된 교회들 가운데 영국 성공회는 1976/82년 "교회의 권위"에 대하여 로마 당국과 나눈 교리적 대화에서 두 번의 바티칸 공의회가 공표한 교황의 직무에 대한 교리에 상당히 근접했다. 그러나 "보편적 수위권"의 오류 없는 가르침의 권위, 그리고 그 수위권이 요청하는 우월한 사법적 권한과 관련해서 유보조건이 없지는 않았다.[981] 그 밖의 개신교 교회들은 이 질문에 대해 매우 유보적이다. 하지만 루터교회는 "보편적 영역에서 이루어져야 하는 교회의 통일성을 위한 봉사"를 원칙적으로 긍정했다. 여기서 루터교적 종교개혁이 계속 확고히 붙드는 "보편적 공의회"의 이념

---

980 이에 대해 참고. D. Papandreou, Bleibendes und Veränderliches im Petrusamt, in : 앞의 각주 979에 인용된 저서, 146-164, bes. 158ff.

981 1982년 ARCIC의 최종 합의문을 참고하라. 독일어 본문: H. Meyer u. a., Hgg., *Dokumente wachsender Übereinstimmung*, 1983, 159-190. 이와 관련된 1982년 로마 신앙 대회의의 입장에 대하여 나의 논문을 보라. Der Schlußbericht der anglikanisch-römisch-katholischen Internationalen Kommision und seine Beurteilung durch die römische Glaubenskongregation, *KuD* 29, 1983, 166-173. 이 내용은 위에 언급된 유보조건들과 그에 대한 로마 당국의 견해를 다루고 있다.

곁에 다음의 뚜렷한 가능성이 나타난다. 그것은 로마 주교의 베드로적 직무가 통일된 전체 교회의 보이는 표징이 되는 것을 루터교의 입장에서 배제할 필요가 없다는 가능성이다. "그 직무가 신학적 재해석과 실천적 재구성을 통해 복음의 수위성에 굴복하는 한" 그 가능성은 수용될 수 있는 것이다.[982]

루터교적인 종교개혁은 "전체 그리스도교의 보편적 영역에서 이루어지는 그리스도교적 통일성을 위한" 직무를 "결코 근본적으로 배제한 적이 없다."[983] 루터 자신도 교황이—어쨌든 루터에게는 그렇게 보였던 것이 틀림없다—복음의 가르침을 보존하는 것이 아니라 그 가르침을 판단하려고 했을 때 비로소 그에게 반대하기 시작했다.[984] 성서의 권위와 가르침 위에 자신의 권위를 두고 그것과 맞서는 교황에 대해 루터는 그가 데살로니가 후서 2:4의 의미에서 적그리스도라고 비판했다. 왜냐하면 거기서 언급되는 특성이 교황에게 해당했기 때문이다. 루터교 신앙고백서도 비슷하게

---

982   Gemeinsame römisch-katholische/evangelisch-lutherische Kommission: Das geistliche Amt in der Kirche, 1981, n.73. 인용문은 말타 보고서(Malta-Bericht der Kommission von 1972)의 것이다: *Das Evangelium und die Kirche* (n.66). 미국 루터교/로마 가톨릭 공동 위원회의 공동선언을 참고하라. Das Common Statement der Gemeinsamen lutherischen und römisch-katholischen Kommission in den USA, in: P. C. Empie/T. A. Murphy, eds., *Papal Primacy and the Universal Church (Lutherans and Catholics in Dialogue V)*, 1974, 9.23. 특히 같은 곳, 23-33에서 이어지는 루터교 참여자의 숙고를 보라.

983   K. Lehmann/W. Pannenberg. Hgg., *Lehrverurteilungen-kirchentrennend?* I, 1986, 167. 비교. H. Meyer, Das Papsttum in lutherischer Sicht, in: H. Stirnimann/L. Vischer, *Papsttum und Petrusdienst*, 1975, 73ff., 77ff., 81ff. 또한 G. Kretschmar, Erwägungen eines lutherischen Theologen zum "Petrusamt", in: H.-J. Mund, Hg., *Das Petrusamt in der gegenwärtigen theologischen Diskussion*, 1976, 57ff.

984   H. Meyer, Das Papsttum bei Luther und in den lutherischen Bekenntnisschriften, in: W. Pannenberg, Hg., *Lehrverurteilungen—kirchentrennend?* III, 1990, 306-328, 308ff., bes. 311ff.

표명했다.[985] 그 신앙고백서는 이교적인 교황에게 순종하는 것은 마땅하지 않다는 그라티아누스 교령집의 규정을 인용했다.[986] 그럼에도 불구하고 루터는 후대에 이르러서 제한적으로는 교황의 직무를 기꺼이 인정할 준비가 되어 있다고 진술했다.[987] 그것은 말하자면 적그리스도적인 특징을 제거한다는 전제 아래서다. 제2차 바티칸 공의회가 공표한 것 곧 가르침의 직무가 하나님의 말씀보다 하위에 있다는 진술(DV 10)이 오늘날에는 교황에 대한 그런 비난을 없애고 있다. 이것은 종교개혁의 교회들도 인정하는 것이기 때문이다. 나아가 종교개혁의 교회들은 교황을 적그리스도라고 부른 것, 그리고 "그것이 불러일으킨 상호 비방의 역사적 결과들에 대해 유감스럽게 생각하고 있다."[988]

날카로웠던 그 시절의 모든 대립에서 종교개혁 시대의 교황들이 루터와 다른 종교개혁자들에 대항하여 사도들의 가르침을 방어해야 한다고 생각했다는 사실만큼은 인정되어야 할 것이다. 이 점은, 비록 종교개혁에 대한 정죄가 중심 내용에서 잘못된 것이고 부당한 것이라고 여겨야 함에도 불구하고, 계속해서 주목되어야 한다.

루터교에서 제기하는 요청, 곧 교황의 직무를 복음의 수위성 아래 위치시킨 후에 신학적으로 재해석하고 실천적으로 재구성해야 한다는 요청은 무엇을 의미할까? 그렇게 말해지는 전제 아래서 교황의 기능을 전체 교회의 통일성에 대한 보이는 표징으로 인정할 수 있다는 가능성은 정확

---

985   AS 11,4 (BSELK 430,14f.; 432,11), 비교. *Apol.* 7,24 (240,8) 그리고 15,18 (300,31f.), Tract, de potestate papae 39 (484,9f.), 41 (485,28), 42 (485,47), 57 (489,1f.), FC SD X, 20,22 (1060f.).

986   Melanchthon, *Tract.* 38 (BSELK 483,46f.). 비교. Decr. Grat. 1,40,6, 마찬가지로 또한 11,2,7,13 (MPL 187, 214f., 640f.).

987   이에 대해 참고. H. Meyer, 같은 곳, (1990) 316ff.

988   *Lehrverurteilungen – kirchentrennend?* 1, 1986, 168, 7f. 이 질문에 대한 루터교 입장의 참여자의 진술을 비교하라. Paul C. Empie/T. A. Murphy, eds., *Papal Primacy and the Universal Church*, 1974, 25f. (n.30).

하게 어떻게 이해해야 할까? 이 질문에 대한 논의는 교황의 수위성에 대한 신학적 근거, 또한 그와 결합된 가르침의 직무 및 전체 교회에 대한 사법 권력의 요청과 관련해서 숙고되어야 한다. 이것은—복음의 가르침을 통해 그리스도인들의 통합을 위해 실행되는 봉사라는 교회 직무 일반의 본질에 상응하여—전체 교회의 가르침의 직무의 형태에 대한 질문으로부터 출발해야 한다.

가르침의 직무(*ministerium verbi*)는 교회 활동의 모든 영역에서 교회를 인도하는 직무다. 목사가 인도하는 공동체의 삶에서 이 기능은 우선 예배의 설교를 통해 행사된다. 설교는 공동체를 복음에 대한 공통된 믿음의 의식 안에서 결집하고, 이를 통해 개별 지체들의 믿음을 강화한다. 교육은 그다음에 이차적 위치에 놓인다. 넓은 지방의 영역에서 주교들은 홀로 혹은 다른 사람과 공동으로 목사들을 가르치고 감독하는 직무를 수행하는데, 교의 교본이나 전통 문헌들을 통해 그렇게 한다.[989] 또한 전체 교회의 영역에서도 교의 교본(Enzyklika, 교황교서) 혹은 주교 교서(Hirtenbrief)는 가르침의 직무를 수행하는 데 필요한 정규적 도구다. 현대의 대량통신소통(매스컴)에 있어 일반적인 진술과 강연들은 그것이 일차적으로 관계된 지역의 범위를 넘어서는 훨씬 더 높은 수준의 의미를 갖게 되었다. 이와 대조적으로 보편적 공의회의 성명은 드물게 공표되기 때문에 마치 비정상적인 것과 같은 성격을 갖게 되었다. 다른 한편으로 그 성명은 교회사 전체 안에서 특별한 정도로 전체 그리스도교를 대표했고, 그래서 교회의 가르침의 직무를 행사하기 위한 권위적 형태였다. 그리스도교의 많은 교회들 안에서, 특별히 정교회에서, 교회일치적 공의회는 오늘날도 교회적 가르침의 권위의 최고 법정으로 여겨진다. 이것은 그 공의회의 진술이 신앙

---

989 종교개혁에서 시작된 몇몇 교회들, 특히 루터교회 안에서 종교개혁 시대에 형성된 신앙고백문의 완성된 형태에 따라 지방 혹은 그보다 더 넓은 영역에 가르침을 베푸는 이러한 기능은 거의 발전되지 못했다. 그 이유는 원칙적이라기보다는 역사적·우연적이다.

인들로 이루어진 공동체에 의해 자신의 믿음의 표현으로 수용되는 정도에 따라 더 큰 권위를 갖는다. 전체 교회의 믿음의 의식의 표현으로서 그러한 교리적 진술은 특별한 방식으로 그리스도의 약속에 참여한다. "음부의 권세"가 그분의 교회를 이기지 못하리라는 약속(마 16:18), 그리고 "세상 끝날까지" 그분의 제자들 곁에 머무시겠다는 약속(마 28:20; 비교. 요 14:16)이다.[990] 그러한 교리적 진술의 결정적·종말론적 구속력과 무오류성이라는 생각도 그 약속에 기초한다. 그리스도의 진리 안에 보존한다는 약속은 물론 전체로서의 교회에 해당하지만, 그러나 여기서 전체 교회는 단지 세계교회협의회(WCC)와 같이 전체 교회를 대표하는 하나의 기관을 의미한다.[991] 그런 기관은 그것이 믿는 자들 전체에게 수용되는 것에 지속적으로 의존한다. 공의회 그 자체로만 본다면 그것은 교회의 다른 개별 기관과 마찬가지로 실수할 수 있고, 실제로 역사 속에서 반복적으로 오류를 범해 왔다.[992] 그러나 전체로서의 교회는 루터고 종교개혁의 확신에 따르면 결코 실수할 수 없다. 그것은 "그들을 내 손에서 빼앗을 자가 없느니라"(요 10:28)라는 그리스도의 약속 때문이다.[993]

---

[990] 이 약속들은 부활 이전의 예수의 메시지의 역사적인 핵심 요소에 속하지는 않을 것이다. 그러나 이 약속들은, 우선 성만찬 제정과 결부되고 원시 그리스도교에서 부활사건을 통해 강화된 약속 곧 예수께서 그분의 공동체에 현재하시겠다는 약속과 내용적으로 상응한다.

[991] 대표하는 교회(ecclesia repraesentativa)로서의 공의회를 이 교회가 대표하는 믿는 자들 전체와 구분하는 루터의 진술을 참고하라. WA 39/1, 187,7f., aus der *Disputado de potestate concilii* 1536. 또한 비교. Luther, *Von den Konziliis und Kirchen* (1539), WA 50, 509-624.

[992] 이에 대해 참고. Der anglikanisch/römisch-katholischen Kommission(ARCIC) von 1981 (The Final Report, 1982, 72); 독일어 H. Meyer, u.a., Hgg., *Dokumente wachsender Übereinstimmung*, 1983, 173.

[993] M. Luther, WA 18,650,3f. 루터는 요한복음 10:28 외에 마태복음 28:20을 인용하며, 또한 로마서 8:14과 디모데전서 3:15도 언급한다. 참고. WA 38,215f.; WA 51,518,33. 이 질문에서 나타나는 루터의 이해는 본질적으로 스콜라주의의 전통에 상응한다. 비교. Thomas von Aquin, Quodl. IX q.8.

로마 가톨릭교회는 이렇게 주장한다. 전체 교회에 약속된 "오류 불가능성"[994]은 또한 공의회의 그러한 교리적 진술들과 관련해 믿음과 삶의 과정에서 생기는 질문들에도 적용된다. 그 진술들은 로마 교황이 전체 교회를 대표하는 가르침의 직무를 맡은 자(*ex cathedra*)로서의 속성을 갖는다는 입장에서 명시적으로 다루어지는데, 그 진술들은 어떤 다른 법정들을 대표하는 교회들의 동의에 근거해서가 아니라 그 자체를 통해(*ex sese*) 무오류적이고 변경이 불가능하다(*irreformabiles*).[995] 이 입장에서 문제가 되는 것은 그 교리적 진술들이 ─참이라고 가정할 때─그 자체로부터(*ex sese*) 참된 것이고 그것의 진리성이 어떤 합의의 형성에 의존하지 않는다는 사실에 놓여 있지 않다. 이것은 모든 문장의 진리성에 해당하는 것이다.[996] 오히려 문제는 어떤 조건 아래서 교황의 그러한 진술이 참이라고 말할 수 있는가 하는 것이다. 이에 대해 한스 큉이 바르게 말했다. 교회는 "처음부터 전혀 틀린 곳이 없는 명제들을…말할 수 없다."[997] 왜냐하면 어떤 명제가 참이거나 거짓일 수 있다는 것, 그래서 그것의 진리 주장에 대한 검증이 요청된다

---

994 Y. Congar, *Der Heilige Geist*, 1982, 199f. 여기서 콩가르는 제2차 바티칸 공의회 LG 39에서 사용한 무오류성(*indefectibiliter*)의 개념을 선호한다. 그곳에 제시된 문헌들을 참고하라. 근본적인 공헌은 콩가르의 다음의 논문이다. "Infallibilität und Indefektibilität. Zum Begriff der Unfehlbarkeit," in: 아래의 각주 998에 인용된 K. Rahner의 저서, 174-195.

995 DS 3074: …eiusmodi Romani Pontificis definitiones ex sese, non autem ex consensu Ecclesiae, irreformabiles esse.

996 물론 여기서 이 문구가 본래 지닌 사법적 의미, 곧 다른 법정의 승인을 거부한다는 의미가 오해되어서는 안 된다. 이에 대해 비교. H. J. Pottmeyer, Unfehlbarkeit und Souveränität. Die päpstliche Unfehlbarkeit im System der ultramontanen Ekklesiologie des 19.Jahrhunderts, 1975, bes. 352ff., 364ff. 또한 동일저자, Das Unfehlbarkeitsdogma im Streit der Interpretationen, in: K. Lehmann, Hg., *Das Petrusamt*, 1982, 89-109, bes. 96f.

997 H. Küng, *Unfehlbar? Eine Anfrage*, 1970, 142. 그러나 이 주제에 대한 옹호는 큉이 자신의 서술에서 실제로 그렇게 했던 것(128-132, 또한 140)보다 더욱 강하게 명제의 논리에 근거해야 한다.

는 것은 모든 명제의 논리에 속하기 때문이다.[998] 그러므로 하나의 명제는 오직 그것이 참인지 거짓인지에 대한 질문을 형태상으로 허용할 때만 하나의 주장으로서 진지하게 받아들일 수 있다. 물론 그리스도교는 전체 교회가 성령의 인도하심으로부터 탈선하거나 추락할 수 없다고 믿는다(무결성). 이와 유사한 것이—연역적인 방식으로—전체 교회를 대표하는 기관에게도 말해질 수 있을 것인데, 그러나 그 경우에 그 기관이 정말로 전체 교회를 대표한다는 전제 아래서 그렇게 말할 수 있다. 이 조건이 충족되었는지 여부는 각각 개별적인 경우에 그 기관의 교리적 결정이 전체 교회 안에서 "수용"되는 과정을 통해 나타난다. 이것은 정교회가 공의회의 권위와 관련해서 가르친 것이고, 또한 성공회도 로마와의 교리적 대화(Windsor 1891)에서 교황의 가르침의 직무에 관하여 타당한 것으로 수용했던 요점이다. 교황의 교리적 진술도 그것의 진리 내용에 대한 판단과정에 대해 열려 있을 때, 그리고 전체 교회를 대표한다는 그 진술의 주장이 수용 과정을 통한 평가와 인정에 의해 확정될 때, 진지하게 고려될 수 있다. 하지만 그런 교리적 진술의 선포가 교회법적인 타당성을 얻기 위해 다른 어떤 법정의 앞선 동의를 받아야 하는 것은 아니다. 이러한 이유에서 성공회는— "통일된 전체 교회 안에서 보편적 수위권(首位權)의 교황이 필요하다는 것"에 동의했음에도 불구하고—"교리적 판단에 있어 하나님이 지지해주

---

998 퀑의 이러한 주제의 논의에 대해 특히 참고. K. Rahner, Hg., *Zum Problem der Unfehlbarkeit*, 1971. 또한 퀑의 대답을 보라. H, Küng, hg., *Fehlbar. Eine Bilanz*, 1973. 이에 대해 Kritik an Hans Küng. Zur Frage der Unfehlbarkeit theologischer Sätze(K. Rahner, 같은 곳, 27-48)는 라너 자신이 편집한 책에 자기도 기고한 논문이다. 여기서 라너는 모든 인간적 명제의 "부적절성, 오해가능성, 위험성"을 다루는데(37ff.), 내 생각에 결정적인 핵심 곧 언어 분석의 사태는 다루지 않는다. 이것은 참인지 거짓인지에 대하여 더 이상 의미 깊게 질문할 수 없는 어떤 명제, 곧 "선험적으로 참된 명제"란 존재하지 않는다는 사태를 가리킨다. 제멜로트도 이 문제를 명확하게 설명하지 못했다. O. Semmelroth, A priori unfehlbare Sätze?, in: H, Küng, hg., *Fehlbar. Eine Bilanz*, 1973, 96-215, bes. 204ff.

시는 은사의 보증된 소유와 로마 교황의 직무가 필연적으로 결합된다는 것"에 대해서는 올바르게도 수용할 수 있는 위치에 있지 않다고 판단했는데, 그 은사는 교황의 공식적인 결정이 믿는 자들에게 수용되기 이전에 확실하고 완전한 것으로 인식될 수 있게 해주는 토대를 의미한다.[999]

모든 교리, 특히 권위 있는 타당성의 주장과 함께 선포되는 교리가 그것을 듣는 자의 수용에 의존한다는 것은 원시 그리스도교 이래로 교회 안에서는 잘 알려진 사실이다. 바울도 고린도전서 15:1에서 이렇게 강조했다. 예수 그리스도의 죽음과 부활에 관한 복음은 선포되었을 뿐만 아니라, 또한 그들에 의해 "받아들여졌다."[1000] 그리스도교적인 교리 선포의 역사 전체 안에서, 그리고 선포의 모든 수준에서 전통과 수용은 서로 상응한다. 그 과정에서 사도들의 최초의 선포 이래로 그리스도교 공동체들은 감독들과 공의회의 교리를 받아들일 때, 모든 그리스도인의 믿음 의식 안에서 미리 앞서 주어지는 예수 그리스도 및 복음에 대한 예속의 빛 안에서 그것을 수용했다. 이 수용과 언제나 결부되어 있었던 것은 명시적 혹은 암묵적 검증이었는데, 이것은 제시된 교리가 그리스도교적 믿음 의식의 근본 규범과 일치하는지에 대한 검증을 뜻한다. 나아가 바로 이 검증이 최종적으로 그리스도의 교회 안에서 어떤 교리의 수용과 비수용을 결정했다(비교. 요 10:27). 이러한 사실적 정황은 고대 교회가 개최한 공의회들의 역사를 통해서만이 아니라, 또한 공의회가 공표하는 교리의 수용(Rezeption)[1001]을 통해서도 구체적으로 나타난다. 그 정황은 중세 신학 안

---

999   H. Meyer, Hg., 같은 곳, 187. 포트마이어(H. J. Pottmeyer, 같은 곳, 1982, 100f.)에 의하면 이러한 수용(Rezeption)의 관점은 제1차 바티칸 공의회에서 배제된 것이 아니라 오히려 명시적으로 수용되었다. 그러나 그것은 단지 교황의 결정을 확정하는 형식을 뜻했고, 그 결정에 대해 최종적 구속력을 가진 조건은 아니었다.

1000   이에 대한 더 많은 증빙을 바이너르트가 제공한다. W. Beinert, Die Rezeption und ihre Bedeutung für Leben und Lehre der Kirche, in : *Catholica. Vierteljahresschrift für ökumenische Theologie*, 44, 1990, 91-118, 97f.

1001   이에 대해 참고. A. Grillmeier, Konzil und Rezeption, 1968, in : 동일저자, *Mit ihm*

에서도 마땅한 주목을 받았고,[1002] "모든 교리를 판단하는"(1523) 그리스도
교 공동체의 권리와 능력에 대한 루터의 저작[1003] 안에서도 뚜렷이 강조
되었다. 목사의 설교에서 시작되는 교회의 가르침의 직무는 거기서 그 직
무에 낯선 어떤 척도에 따라 평가되지 않는다. 왜냐하면 그 직무의 권위
는 교회 안에서 모든 지체의 믿음에 구속력을 갖는 복음과 하나님의 말씀
을 해석하는 일에 놓여 있기 때문이다. "가르침의 직무는 하나님의 말씀
보다 우위에 있지 않고 오히려 그 말씀에 봉사하며, 그래서 그 직무는 전
승된 것이 아니면 아무것도 가르치지 않는다…"(DV 10). 이것은 복음이 제
시된 교리에 대한 판단의 척도로서 그 교리의 수용 과정 안에서 기능을
행사한다는 사실을 함축한다. 교리의 기준이 되는 하나님의 말씀의 이러
한 기능은 이 주제에 대한 로마 가톨릭교회의 교리적 직무의 진술 안에서
지금까지는 강조되지 않았다. 어쨌든 그 기능은—비록 그 진술이 한편으
로 하나님의 말씀과, 다른 한편으로 교회의 믿음 의식과 일치하는 긍정적
인 경우만을 염두에 두고 있기는 했어도—부정되지는 않았다. 하지만 보
편 - 교회적 가르침의 직무가 표명하는 최종 구속력을 갖는 진술들에 대하
여 교회의 동의가 결코 없어서는 안 된다"(LG 25 : assensus Ecclesiae numquam
deesse potest)는 것이 타당하다면—이것은 사실상 그러한 가르침의 직무가
정당하게도 전체 교회의 이름으로 표명되고 나아가 전체 교회에 약속된
무오류성을 자신이 표명한 내용에 대하여 주장하는 경우가 될 것이다—
그때는 또한 거꾸로 "교회의 동의" 그 자체가 없다면 그 어떤 오류가 없
는 교리적 결정도 선포될 수 없다는 사실을 의미하지 않는가? 그렇다면
그런 결정을 내리는 직무자(교황)의 의도가 그 자체로서 충분한 증거, 곧

und in ihm. *Christologische Forschungen und Perspektiven*, 1975, 303 - 334, bes. 314ff.
또한 Y. Congar, La "réception" comme réalité ecclésiologique, in : *Revue des sciences
philosophiques et theologiques* 56, 1972, 369 - 403, 372ff.

1002   Y. Congar, 같은 곳, 385ff.
1003   M. Luther, WA 11, 408ff.

그가 사실상 전체 교회와 그것에게 약속된 무오류성의 대표자로서 자신의 진술을 표명했다는 증거가 되지 못한다. 그렇지 않다면 예를 들어 구원받기 위해서는 모든 개별 인간이 각각 교황에게 굴복하는 일이 필수적이라는 교황 보니파시오 8세의 선언도 교회의 무오류적인 교리가 되어야 할 것이다.[1004]

수용의 주제에 관한 최근의 논의는 올바르게도 법률적 타당성의 조건을 갖는 사법적 의미의 수용과 각각의 공동체 안에서 실제로 발생하는 수용 혹은 비수용의 진행 과정 사이를 구분했다.[1005] 단지 전자만이 어떤 법을 타당하다고 확정해서 그것의 효력을 발생시킬 수 있는 법적 권위 기관을 전제한다. 교황의 무오류의 교리적 결정이 그러한 동의 행위에 의존한다는 것은 제1차 바티칸 공의회에서 배제되었다(DS 3074). 그러나 그 결

[1004]   DS 875: Porro subesse Romano Pontifici omni humanae creaturae declaramus, dicimus, diffinimus omnino esse de necessitate salutis. 나는 이 진술의 이해에 도움을 준 가톨릭교회의 친구에게 감사한다. 이 진술은 교리로 여겨지지는 않지만, 그럼에도 불구하고 그 문장은 무오류의 교리적 결정으로 평가되는 어법들을 충분한 형식적 증거로서 가지고 있다는 것이다. 보니파시오 8세에 대해 참고. G. H. Tavard, The Bull **Unam Sanctum** of Bonifaz VIII, in: P. C. Empie und T. A. Murphy, eds., *Papal Primacy and the Universal Church*, 1974, 105-119. 예를 들어 오트는 교황의 의도가 "문장 구조와 주변 정황으로부터 명확하게 인식될 수 있다"라고 말한다. L. Ott, *Grundriß der katholischen Dogmatik*, 9.Aufl. 1978, 347. 이런 진술은 무오류적인 교리 결정에 대한 적절한 지시라고 볼 수 있다. 또한 비교. M. Schmaus, *Katholische Dogmatik* III/1, 3.-5.Aufl. 1958, 809.

[1005]   그릴마이어는 한편으로 어떤 것을 받아들이는 것으로서의 수용과 다른 한편으로 수용하는 권위적 기관이 갖는 권한의 영역에서 통용되는 수용 규범의 타당성에 대한 결정으로서의 수용을 구분했다. A. Grillmeier, 같은 곳, 310ff., 320. 콩가르도 이와 비슷하게 사법적 의미의 수용과 신학적 의미의 수용을 구분한다. Y. Congar, 같은 곳, 391ff. 그러나 이 구분은 본래 그릴마이어, 같은 곳, 311쪽에 인용된 좀(Sohm)이 의도했던 것이다. R. Sohm, *Das altkatholische Kirchenrecht und das Dekret Gratians*, 1918, 130f. 좀은 권위적 기관이나 협회가 내리는 경전에 따른 법적 동의와 "비조직적인 교회"의 수용을 구분했다. 그러나 그는 그릴마이어와 달리 후자에게도 법적 연관성을 인정하려고 했다.

정이 두 번째 의미의 수용에 의존한다는 것은 결코 배제될 수 없다. 왜냐하면 그 수용은 모든 법적 타당성과 무관하게 발생하는 삶의 과정과 관계되기 때문이다.[1006] 여기서 교황의 결정이 형식 수용에 의존하는 가능성을 배제하는 것이 사실적 수용 혹은 비수용이 간접적으로 교회 안에서 통용되는 교리적 규범의 형식적 타당성에 대한 결과를 갖는다는 사실을 방해하는 것은 아니다.[1007] 믿음의 무오류성은 오직 전체 교회에게만 약속된 것이다. 이와 연관해서 전체 교회를 향한 교리 담당 기관의 주장은 그 직무가 실제로 일치된 믿음, 곧 예수 그리스도의 복음과 결합되어 있는 교회의 믿음을 공표해야 한다는 전제에 예속된다. 그 주장은 그런 교리적 진술의 교회적 수용에 의해 영향을 받지 않고 남아 있을 수 없다. 이 사실은 어떤 교리의 표명에 "교회의 결정"이 오랫동안 내려지지 않는 경우에도 해당한다. 중심 내용에서 벗어난 요소들이 믿는 자들의 판단력에 의해 수용에 방해를 받는 것은 단지 일시적으로만 가능하며, 영속적일 수 없다. 수용이 장기간 미루어진다면, 특정한 표명 안에서 전체 교회의 믿음 의식을 표현했다는 교리 담당 기관의 주장은 불가피하게 의심스러운 일이 된다. 나

1006　이와 관련된 일반적인 사상에 대해 지지울라스와 콩가르를 참고하라. J. D. Zizioulas, The Theological Problem of Reception, in : *One in Christ* 21, 1985, 187‒193, bes. 192f. 비교. Y. Congar, 같은 곳, 392 : "la vie résiste aux théories." 로마 가톨릭교회/개신교‒루터교회 공동위원회의 보고서(die Gemeinsame römisch‒katholische/evangelisch‒lutherische Kommission in ihrem Dokument : Das geistliche Amt in der Kirche, 1981, 52)는 다음의 사실을 명시적으로 가톨릭교회의 교리로서 확정했다(비교. 50). 교황의 무오류의 교리 결정들은 물론 지역교회 전체와 그곳의 믿음의 지체들의 법률적 타당성을 갖춘 특별한 형식적 동의를 필요로 한다. 그러나 교황의 결정이 포괄적 수용에 의존하는 것은 아니며, 그 수용에 의해 교회 안에서 생명력을 얻거나 영적 결실을 맺게 되는 것은 아니다.

1007　교리 담당 기관의 결정을 수용하지 않을 경우의 문제에 대해 참고. H. J. Pottmeyer, Rezeption und Gehorsam ─Aktuelle Aspekte der wiederentdeckten Realität "Rezeption," in : W. Beinert, Hg., *Glaube als Zustimmung. Zur Interpretation kirchlicher Rezeptionsvorgänge*, 1991, 51‒91, bes. 61f., 73f., auch 66ff.

아가 전체 교회를 말할 때 중요한 것이 특정 시점에 로마와 결합된 믿은 자들만이 아니라 그리스도교 전체라면, 그리스도교의 분열된 상태와 관련된 그런 조건들 아래서 어떤 교리 기관의 진술들의 무오류성이 교회의 최고 교리 기관이 가진 전체 그리스도교를 대표하는 기능에 기초해서 인정될 수 있을지는 의문스럽게 된다.

로마 교황이 그리스도교 안에서 보편적인 사법권의 수장직을 요구하는 것(DS 3059-3064)은 무오류의 교리적 직무보다 더 적은 문제가 아니다. 이 요구는 오늘의 로마 가톨릭교회의 외부와 내부에서 로마의 보좌를 소유한 자가 지도적 직무와 지배적 강제력 사이를 혼동했던 오랜 역사에 대한 고통스런 기억과 연관되어 있다. 그렇기에 이 자리에서는 특별히 로마 교황권이 자기비판의 준비 태세를 갖출 것이 요청되는데, 그 비판은 복음에 복종하는 가운데 교회의 보편적 지도기관의 "실천적 구조 변경"의 과정을 통해 일어나야 한다(위의 각주 982를 보라). 이를 위한 시작점은 로마 교황의 전체 교회의 수장으로서의 기능과 서구 교회의 총대주교로서의 기능을 분리하는 것일 수 있다.[1008] 성공회와 로마 가톨릭의 대화 안에서 이 관점은 유감스럽게도 수용되지 않았고 그래서 더 이상 전개되지 못했다. 그 대화에서 명문화된 조건, 곧 교황의 "보편적, 정규적, 직접적" 사법권 행사에 대한 조건은 이미 라틴적 총대주교권의 내부에 적용되었던 것이다. 그것은 교구의 독립성과 사법권의 행사를 교황권의 목회적 위임이라는 제한 아래서 고려하는 것이었다.[1009] 그리스도교의 보편적 지도기관의 "사법권"

1008   이에 대해 길잡이가 되는 라칭어의 서술을 보라. J. Ratzinger, *Das neue Volk Gottes. Entwürfe zur Ekklesiologie*, 1969, 142f. 라칭어에 의하면 베드로의 직무와 서구 교회에 대한 대주교로서의 교황의 권한을 구분하지 못했던 것이 제2차 바티칸 공의회에 이르기까지 로마 가톨릭교회가 —이렇게 덧붙여야 할 것이다—최근에 점점 더 증가하며 보여주었던 "중앙집권적인 상"에 대해 책임이 있을지도 모른다. 라칭어의 서술은 보편교회적 통일성의 갱신이라는 큰 틀 안에서 종교개혁 교회들이 가질 수도 있는 미래의 독립적 지위에 대한 짧은 암시와 관련해서도 길잡이가 된다.

1009   ARCIC The Final Report, 1982, Autorität in der Kirche II (Windsor 1981), 18ff. 독

은 서구에서 그 권한의 소유자가 교회들 사이의 관계들 안에서 통일성을 위한 최고의 변호사로서 행동해야 한다는 사실에 기초해야 한다. 어쨌든 오늘날 로마 교황은 그 사법권의 기능을 실제로 주어진 것보다 훨씬 높은 정도로 행사하며 실행하고 있을 수도 있다. 그 권한은 기관의 권력(*potestas*)이라기 보다는 설득력(*auctoritas*)의 기능이다. 전체 그리스도교 안에서 교황의 권위의 중요성은 앞으로 더욱 커질 것이다. 교황이 오늘은 아직 분리되어 있는 교회들 사이의 화해에 대하여 더 많이 말하고 행동할수록, 그 과정에서 억압당하고 핍박받는 그리스도교의 부분들의 특수한 곤경에 대하여 전체 그리스도교의 의식을 더 많이 주목시킬수록, 그렇게 될 것이다.

로마 교황권의 전체 교회적인 요구와 결부되어 여기서 세 번째로 논의되어야 하는 문제는 전체 교회 안에서 로마 교황의 수위권이 하나님의 법에 기초한다는 주장에 놓여 있다. 이것은 다시 말해 마태복음 16:16-18과 요한복음 21:15-17이 말하듯이 예수 그리스도 자신에 의해 사도 베드로가 직접적으로 교회의 "보이는 머리"로 정해졌다는 주장이다. 오늘날 신약학계의 주석에서는—또한 로마 가톨릭교회의 주석가들 사이에서도—신약성서 안의 그러한 베드로의 말씀들은 사람들이 달리 어떻게 판단하든지 관계없이 오직 베드로에게만 관계되고, 그의 직무의 어떤 후계자들에게는 관계되지 않는다는 주장이 광범위한 동의를 얻고 있다.[1010] 물

일어. H. Meyer, u. a. Hgg., Dokumente wachsender Übereinstimmung, 1983, 182f.

1010 비교. P. C. Empie/T. A. Murphy, eds., *Papal Primacy and the Universal Church*, 1974, 13ff. 특별히 참고. P. Hoffmann/F. Mußner, in: J. Ratzinger, Hg., *Dienst an der Einheit. Zum Wesen und Auftrag des Petrusamts*, 1978, 9ff., 27ff., bes. 22ff., 33. 또한 J. Blank, Petrus-Rom-Papsttum, in: V.v. Aristi u.a., *Das Papstamt - Dienst oder Hindernis für die Ökumene*, 1985, 9-41, bes. 21. "…바로 이러한 바위-토대-기능은 그 자체로서 일회적이며 전가될 수 있는 것이 아니다. 그 기능은 교환 불가하고 반복될 수도 없다. 본문은 베드로의 후계자와 그 가능성의 질문에 대해 아무것도 말하지 않는다." 이에 대해 참고. R. Pesch, Neutestamentliche Grundlagen des Petrusamtes, in: K. Lehmann, Hg., *Das Petrusamt*, 1982, 11-41, bes. 35ff. 그 밖에 마태복음 16:18f.와 관련해서 R. Pesch, 같은 곳, 41f.의 각주 85f.를 참고하라.

론 원시 그리스도교의 매우 다른 문서들 안에서 사도 베드로의 우월한 역할이 표현된다는 사실은 다른 사도들과 그 어떤 비교도 할 수 없는 독특한 현상이다.[1011] 거기서 베드로는 예수의 부활에 대한 첫 증거, 그의 믿음과 표준적 신앙고백, 그러나 또한 열둘 가운데 수제자로서의 역할을 통해 가장 모범적 인물의 형태로서 등장한다. 고대 교회에서 베드로는 12세기 이래로 감독의 원형이 되었고, 모든 감독이 베드로의 후계자로 여겨졌다.[1012] 로마 공동체의 감독이 사도 베드로와 바울이 그 도시에서 행한 사역의 전승과 함께, 무엇보다도 그곳에서 일어난 두 사도의 순교적 죽음에 직면해서, 자신이 특별한 방식으로 두 사도의 후계자라고 생각했던 것은 충분히 이해가 되는 일이다. 그러나 로마의 교황이 역사적으로 처음 시작되는 교회 안에서 수위권을 요구한 것은 신약성서에서 베드로에 관한 말씀에 근거했다기보다는 오히려 로마 공동체의 특별한 의미로부터 유래했을 것이다. 그것은 로마 공동체가 제국의 수도에 있는 교회로서 두 사람의 주요 사도들이 그 도시에서 순교했다는 사실을 통해 우월한 교회적 지위가 형성되었다는 의미다. 훗날 5세기가 되어서야 비로소 교황들은 자신들의 주장을 지원하기 위해 베드로에 관한 신약성서적 보고들과 제자들 그룹과 또한 원시 그리스도교 안에서의 그의 지위를 언급하기 시작했다.[1013]

이러한 주석적·역사적 정황은 로마의 수위권이 생성된 토대가 역사적 인물로서의 베드로에 놓여 있지 않다는 사실을 보여준다. 이 사실은 로마 교황들이 신약성서의 베드로 상 안에서 교회가 자신들에게 요청하는

1011   이 점은 특히 브라운에 의해 상세히 설명된다. R. E. Brown, u.a., eds., *Peter in the New Testament*, 1973, bes. 162ff. 비교. F. Mußner, 같은 곳, 41ff.

1012   J. Blank, 같은 곳, 30.36. 또한 참고 J. Ludwig, *Die Primatworte Mt 16:18-19 in der altkirchlichen Exegese*, 1985.

1013   참고. W. de Vries, Die Entwicklung des Primats in den ersten drei Jahrhunderten, in: *Papsttum als ökumenische Frage* (hg. Arbeitsgemeinschaft ökumenischer Universitätsinstitute), 1979, 114-133. 또한 참고. 동일저자, Das Petrusamt im ersten Jahrtausend, in: K. Lehmann, Hg., *Das Petrusamt*, 1982, 42-66.

원형을 찾을 수 있었다는 사실을 배제하지 않는다. 로마가 수위권을 형성하게 된 더 깊은 이유는—전체 교회 안에서 갖는 자신들의 권위를 오히려 해치는 로마 감독들의 권력 투쟁과는 별개로—아마도 원시 그리스도교의 베드로 상 안에서 표현되는 갈망, 곧 전체 교회에 표준이 되고 그 통일성에 봉사하는 권위에 대한 갈망 안에서 엿볼 수 있을 것이다. 그런 권위와 결부된 직무는 사실 그리스도교 전체의 통일성을 위해서는 은총의 일이다. 비록 교회사의 현실 안에서 로마적 권력투쟁과의 결합은 유감스럽게도 사실 언제나 또다시 투쟁과 분열의 단서를 제공하기는 했어도 그렇다. 그러한 직무와 그 수행자들의 권위[1014]는—종교개혁의 관점에서 말한다면—단지 인간의 법일 뿐이다. 왜냐하면 그 직무는 예수 그리스도 자신의 명시적 제정으로 소급되지 않기 때문이다. 그럼에도 불구하고 그 직무는 전체 교회의 대표로서 인간의 법의 표현일 뿐만 아니라, 교회적 삶의 모든 영역에서 교회의 통일성을 위해 봉사하는 교회적 직무 일반의 특수한 사례다.[1015] 이러한 사실은 오늘날 그리스도교의 분열된 상황 안에서 로마 교황의 공적 표명과 행위가 로마 가톨릭교회를 훨씬 넘어서는 주목을 받아야 한다는 점을 보증한다. 이 사실의 중요성은 교황의 결정이 믿는 자

1014 그 직무의 소유자가 물론 교회의 머리(*caput*, DS 3055, 3059 등등) 혹은 교회의 통일성의 토대(LG 18)라고 말해지지는 않는다. 왜냐하면 이 명칭들은 신약성서 안에서 특수하고도 배타적인 방식으로 예수 그리스도에 대해 사용되기 때문이다(고전 11:3f.; 12:21; 엡 1:22; 4:15; 비교. 5:23; 골 1:18; 2:10). 그렇기에 그 명칭들을 로마 교황에 대해 사용하는 것은 언제나 또다시 반발을 불러일으켰는데, 이것은 정당한 것이었다. 교황의 직무가 분열의 동기와 표징 대신에 전체 그리스도교의 통일성에 대한 진실한 표징이 된다면, 그것으로 충분할 것이다.

1015 그러므로 하나님의 법인가, 인간의 법인가라는 양자택일은 불충분하다. 마이어가 이 점을 제시한다. H. Meyer, Das Papsttum bei Luther und in den lutherischen Bekenntnisschriften, in: W. Pannenberg, hg., *Lehrverurteilungen—kirchentrennend?* III, 1990, 306-328, 323ff., bes. 326f. 참고. 미국 루터교/로마 가톨릭 위원회의 **공동진술**(das Common Statement der lutherisch/römisch-katholischen Kommission in den USA), in: P. C. Empie und T. A. Murphy, eds., 같은 곳, 30f.; 또한 참고. G. A.

들 전체의 수용에 의존한다고 이해할 때도 감소하지 않는다. 그리스도의 교회의 보편적 통일성을 위한 봉사가 갖는 권위의 토대가 될 수 있는 것은 다른 감독들 혹은 다른 부분적 교회들과 경쟁할 수 있는 직무 권한에 대한 요구가 아니라, 오직 로마 자체의 고유한 중요성 안에서 역사적으로 성장해온 기능, 곧 전체 그리스도교의 대표자와 전체 그리스도교에 타당한 주님의 사명의 대표자로서의 기능이다.

Lindbeck, *Papacy and Ius Divinum : A Lutheran View*, 같은 곳, 193 – 108.

V. 교회와 하나님의 백성

교회는 믿는 자들의 공동체로서 존재한다. 왜냐하면 그 존재 안에서 믿는 자 개인들이 그리스도의 몸의 공동체로 결합하는 사건이 역사적으로 구체화되기 때문이다. 그 결합은 성만찬 축제 안에서 실현되고 표현된다. 성만찬은 교회를 그리스도의 몸으로, 그다음에 믿는 자들의 공동체로 구성한다.

그러므로 교회는 일차적으로 같은 생각을 하는 사람들이 이루는 사회적 단체, 즉 자신의 결속을 위해 어떤 예식을 발전시키는 단체가 아니다. 성만찬은 교회가 창조한 것이 아니다. 성만찬이 없다면, 교회는 믿는 자들의 **공동체**로서 생성될 수 없을 것이다. 그렇게 된다면 예수를 어떤 식으로든 중요하게 생각하는 개인들은—그분이 그들을 하나님에 대한 인식과 그들의 구원으로 인도하기 때문에—제각기 다른 방식으로 그분에 대해 생각할 것이다. 그런 개인들이 자신들의 공통된 경험과 확신을 서로 교환하고 양육하기 위해 만든 단체는 아직은 교회가 아니다. 교회는 성만찬 축제를 통해 모인 무리(schar)다. 이 무리는 그리스도의 몸, 그리고 새 계약의 공동체를 이루어간다. 공동체의 설교는 바로 여기에 자신의 자리를 두며, 또한 세례도 그곳에 배치되는데, 세례는 개인들을 그리스도의 몸과 지체로서 결합한다. 믿는 자들은 성만찬 축제에서 그 몸을 수용하고, 그 축제는 그들을 교회 공동체로 연결한다.

그런데 성만찬은 표징 행위다. 그래서 교회는 자신의 현실성을 우선 표징의 영역에서 얻는다. 그 현실성은 우선 자기 자신을 위한 것이 아니고 이러저러하게 결집된 비슷한 생각을 하는 사람들의 모임도 아니다. 그런 모임은 어떤 다른 것에 대한 표징일 것이다. 교회의 현실성은 예수의 만찬에 대한 표징 행위를 통해 건립된다. 그리스도의 몸의 공동체로서의 교회의 본질과 또한 하나님의 통치의 미래를 향한 인류 전체의 규정에 대한 그것의 표징 기능이 그 만찬의 표징 행위에 근거한다. 교회가 이런 표징 기능을 갖게 되는 것은 오직 자신의 예배의 중심에서 예수를 기억하며 하나님의 통치의 만찬을 거행할 때다. 예수의 사역 안에서 하나님의 통치가 이미 시작되었고, 그 만찬은 그분의 통치의 완성을 기대하는데, 이것은 그분의 재림을 통해 하나님 나라 안에 있게 될 새로운 인류 공동체를 향해 나아가고 있다. 그리스도의 몸으로서 교회는 예수 그리스도 안에서 계시된 구원의 비밀의 한 구성요소이며, 인류를 위한 하나님의 계획의 한 부분이다. 십자가에 못 박힌 자 및 부활하신 자로부터 시작된 인류의 하나님과의 화해가 교회 안에서, 그리고 교회를 통해 지금 이미 실현된다. 화해는 하나님의 창세 전 결의(Ratschluß, 작정)에 따라 만물이 그리스도 안에서 통일되는 방식(엡 1:10)으로 완성된다. 다시 말해 만물이 아버지께 대한 아들의 관계로서의 예수의 관계 안으로 병합되는 것이다. 그 결과는 그리스도의 몸의 공동체이며, 이 공동체는 교회의 성만찬 예배 안에서 실현되고 표현된다.

교회는 단지 성만찬의 표징 행위 안에서만 자신의 현실성을 갖는 것이 아니다. 오히려 그 현실성에 근거해서 믿는 자들의 공동체가 형성되며, 이 공동체는 사회적 결합체의 형태로서 등장한다. 이 공동체는 자신의 근원적 형태를 예배적 모임 안에서 발견하며, 예배를 위해 믿음의 공동체라는 조직 형태를 이루는데, 그 공동체의 지체들은 언제나 또다시 공동의 예배를 위하여 함께 모인다. 그러므로 교회는 지역 공동체로서와 마찬가지로 또한 지역 공동체들의 연합 공동체로서 사회적 동맹의 형태도 갖는다. 이 형태는 공동의 제도들과 지역교회들의 결합에 권한이 있는 직무 기관들로서 현실적 모습을 갖춘다. 그리스도의 몸으로서의 교회의 본질은 그 과정에서 예배적 삶에 기초해서 세상 안에 있는 공동체들과 그 지체들의 공동 삶에 영향을 미친다. 이것은 무엇보다도 디아코니아 활동들을 통해, 그리고 교회 안에 현재하는 종말론적 구원의 치유 작용 곧 세상의 곤궁을

돕기 위한 치유 작용의 다른 표징들을 통해 발생한다. 이와 같이 그리스도의 몸인 교회의 본질은 세상 안에 있는 공동체의 삶과 그 공동체의 주변 세계에 영향을 미친다. 이런 영향력 행사의 방식은 개별 그리스도인들의 삶 속에서 예수 그리스도께 대한 믿음에 의한 칭의와 하나님의 자녀 됨을 향한 고양이 그들의 삶의 과정 전체 위에서 그들의 삶의 성화와 갱신으로서 표출되는 작용 방식과 비슷하다. 이와 같이 교회는 자신의 삶의 예배적 중심으로부터 또한 사회적 동맹의 형태로서 인류를 위한 하나님의 구원 의지의 표징이 되도록 규정되었다. 이것은 하나님과의 화해의 표징이며, 그것에서 시작되는 갱신 곧 인간들 서로에 대한 갱신된 관계들의 표징이고, 궁극적으로 하나님 나라 안에 있게 될 미래의 인간 공동체의 표징이다.

그러나 우리는 교회가 종교 공동체로서의 제도적 형태 안에서도, 장차 하나님 나라 안에서 일어날 인류의 미래적 완성에 대한 희망의 표징의 기능을 언제나 특별히 잘 성취해왔다고 말할 수는 없다. 한편으로 교회의 분열, 비관용, 성직 계급의 권력욕, 또한 세상의 변화하는 유행에 대한 과도한 적응을 통해, 다른 한편으로 영의 자유케 하는 호흡을 거의 느낄 수 없는 강제성을 띤 편협한 경건 형식들을 통해, 교회는 자신의 본질에 근거한 사명을 언제나 또다시 스스로 가로막아왔다. 그러나 비록 불명확해진 표징이지만, 그것은 그 규정에 따라 여전히 표징이다. 그것은 정화될 수 있다. 교회사 안에서 교회가 하나님 나라에 참여하게 된다는 인류의 규정에 대한 표징으로서 더욱 밝고 명확하게 인식되던 시대는 언제나 반복해서 나타났었다. 그렇게 되는 능력은 언제나 또다시 복음의 소식으로부터 시작된다. 이 소식은 교회의 지체들에게 그들이 예수 그리스도께 속한다는 사실, 그리고 그리스도의 몸의 통일성 안에 묶여 있다는 사실을 상기시킨다.

이러한 관점에서 볼 때 교회는 하나님의 백성이다. 교회는 하나님 나라 안에서 하나님과 화해되고 이를 통해 인간들 서로의 공동체를 이루도록 해방된 미래 인류의 잠정적 표현이다. 하나님의 백성으로서의 교회 개념은 지금까지는 배후에 머물러왔다. 그 개념은 교회의 본질에서 가장 근본적인 특성도, 가장 특수한 특성도 가리키지 못했다. 이 두 가지 특성을 표현해온 것은 교회를 그리스도의 몸으로 서술하는 것이었다. 하지만 교회를 하나님의 백성으로 진술하는 것은 그 표현으로부터 도출된다. 그것의 특수한 의미는 교회의 본질에 대한 바로 그 근본적 서술에 의해 규정되는 것이다. 교회를 그리스도의 몸으로 지칭하는 것과 비교할 때, 하나님의 백성의 개념은 비교적 평이하다. 이것은 그 개념이 이스라엘과 함께하는 교회에게, 혹은 더 정확하게는 이스라엘로부터 교회에게 전가되었다는 사실에서 제시된다. 이에 대해 근본적인 것은 성만찬의 제정과 연관된—그리하여 또한 그리스도의 몸으로서의 교회의 이해에 뿌리를 둔—새 계약(언약)의 사상(고전 11:25)이다. 하나님의 계약과 하나님의 백성은 서로 일치한다. 그러므로 교회 혹은 그리스도교가 하나님의 백성이라고 말해질 수 있는 방식은 그리스도의 몸으로서의 교회의 본질 개념으로부터 규정되어야 한다. 아브라함의 육신의 혈통을 통해 특징지어진 옛 계약의 하나님의 백성과 구분되면서 교회는 그리스도의 피로 맺어진 새 계약의 토대 위에 종말론적 공동체로서 수립되었고, 이 공동체는 그리스도의 영을 통해 모든 민족으로부터 함께 부르심을 받으며, 새 계약(언약)의 하나님의 백성을 형성해간다. 그러므로 하나님의 백성으로서의 교회 개념은 자신의 토대를 새 계약(언약)의 성만찬 안에 둔다. 이 만찬은 참여자들을 그리스도의 몸의 공동체를 통해 결합한다.

하나님의 백성은 예정의 개념이다. 그것의 정확한 전개는 예정론에 속한다. 그러므로 예정론은 교회론을, 교회의 본질이 세상 안에서 역사적으로 구체화하는 국면 아래서 보충한다. 왜냐하면 예정론에는 파송이 속하기 때문이다. 파송은 선택된 자들을 세상과 그 역사, 곧 하나님의 통치의 미래를 향해 앞으로 나아가는 역사 안으로 보낸다.

제14장   예정과 역사

Erwählung und Geschichte

예수의 등장 안에서 예수께서 통고했던 하나님의 미래와 통치가 예기적으로 현재한다. 예수는 인격 안에서 다가오는 하나님의 통치의 표징이 되었으며, 그 결과 인간들은 그를 통해, 또한 그와의 연합 안에서 지금 이미 하나님의 통치의 미래적 구원에 참여한다는 것을 확신할 수 있게 된다. 이 사실은 특별히 성만찬에 해당한다. 그 만찬은 예수께서 하나님의 통치의 현재에 대한 표징으로서 베푸신 것이며, 또한 그분의 지상의 길의 종말을 넘어 믿는 자들을 예수와 함께 결합하며 그분을 통해 미래의 구원으로 이끈다. 비슷한 방식으로 세례도 믿는 자들을 예수와 함께 결합하는데, 세례받은 자들은 표징의 흔적을 갖게 되고 예수 안에서 이미 현재하게 된 하나님의 구원의 미래를 향해 나아간다.

표징 행위는 종말론적 맥락을 갖는데, 특히 세례의 경우에 세례받는 자의 죽음이 하나님의 종말론적 미래의 지평 안에서 성취됨으로써 그렇게 된다. 종말론적 맥락을 통해 교회의 표징 행위는 이 행위가 실행되는 사람들이 살아가는 삶의 여정 전체를 선취한다. 그들 자신의 삶은 표징 행위 안에서 선취되고 표현된 것을 반복하며 성취하는 삶이 된다. 그러한 반복적 성취에서 인간의 자립성이 실현되는데, 물론 그렇다고 해도 그것은 여전히 반복적 성취에 머문다. 성례전의 표징 안에서 현재하고 수용자들에게 전달되는 은혜는 표징 안에 내포된 것을 반복해서 뒤따라 성취하는 사건보다 언제나 앞서 다가온다. 그럼에도 불구하고 그런 반복적 성취는 인간 자신의 삶과 행위 안에서 표징의 형태 안에서 수여된 것(Zugeeignetes)의 터득(Aneignung)으로서 없어서는 안 되는 일이다. 이것은 이미 바울에게서 하나님을 목표로 하는 성화와 갱신의 삶이라는 의미를 가진 명령형(예를 들어 롬 6:4ff.)으로 이해되었다. 이 명령형은 예수 그리스도와의 연합을 통해 가능해진 구원의 수여라는 직설법의 토대 위에 놓여 있다.

다르게 말하자면 인간들이 하나님의 형상으로 지어져 가는 역사는 행동을 통한 인간들의 참여를 요청한다. 인간은 창조로부터 하나님의 형상으로 규정되어 있고 그 형상은 "둘째 아담"이신 예수 그리스도 안에서 형태를 취했으며, 이것은 하나님의 형상을 지니게 될 인간 곧 그분과 "비슷하게 될" 인간들(롬 8:29; 고전 15:49)[1]을 위한 것이다. 우리가 인류의 종교사를 "인간 종족에 대한 일종의 (신적) 교육"으로 이해할 수 있다면,[2] 이러한 교육의 역사는 늦어도 하나님의 아들의 출현과 함께, 인간들이 예수 그리스도 안에 있는 아들 됨으로 규정된 것과 함께, 문화사로 건너간 셈이 될 것이다. 문화(교양, Bildung)는 교육과 달리 단지 외부로부터 주어지는 교육학적인 작용만이 아니며, 자기 계발자의 자발성을 매개로 하여 스스로 운동한다.[3] 그런 자발성이 없었다면, 아들의 형상(Bild)과 아버지께 대한 그의 자유로운 관계는 인간의 삶 속에서 결코 형태를 취할 수 없었을 것이다.

자기형성의 자발성은 생명체의 자기조직화 안에서 그것의 기초적 토

---

1   바울의 이러한 진술들(또한 비교. 갈 4:19; 고후 3:18)은 마이스터 에크하르트를 통해 근대적 "문화(교양) 개념"의 역사가 시작하는 출발점이 되었다. 이에 대해 나의 논문을 참고하라. Gottebenbildlichkeit und Bildung des Menschen, 1977. 지금은 다음의 저서에 실려 있다. in: *Grundfragen systematischer Theologie* 2, 1980, 207-227, 211f.

2   이것은 레싱(G. E. Lessing)의 체계적 사상이다. 여기서 레싱은 그리스적인 교육(Paideusis) 사상과 알렉산드리아 교부 신학이 그 사상을 새로운 어법을 통해 그리스도교적으로 해석한 것을 수용했다. 이에 대해 참고. E. Quapp, *Lessings Theologie statt Jacobis "Spinozismus." Eine Interpretation der "Erziehung des Menschengeschlechts" auf der Grundlage der Formel "hen ego kai pan"* I, 1992.

3   파라켈수스와 샤프츠베리를 이어받는 자아형성 사상을 향한 방향에서 헤르더는 에크하르트의 신학적 문화(교양) 개념을 수정했지만, 그것의 신학적 근원과의 관계를 단절시키지는 않았다. 비교. 각주 1에서 인용된 나의 저서, 213ff. 슐라이어마허는 자아형성 사상을 인류의 종으로서의 공통성의 개인적 변주로 보는 광범위한 서술을 제시했는데, 이것은 리머의 훌륭한 박사학위 논문의 주제였다. M. Riemer, (Dissertation) *Bildung und Christentum. Der Bildungsgedanke Schleiermachers*, 1989, bes. 29-41, 139-155.

대를 갖는다.[4] 자기조직화가 전개되는 방향은 생명체의 각각의 종류에 따라 선택적 요소들의 작용을 통해 규정된다. 이것은 인간과 그 역사의 단계에도 여전히 해당한다. 문화들의 각축 속에서도 생존경쟁은 여전히 진행되고 있으며, 비록 그것이 어느 정도 다른 지평에서 일어난다고 해도, 말하자면 삶의 대안적 이상들 사이에서 벌어지는 고투와 관계되어 있다고 해도 실상은 마찬가지다.[5] 자기 자신을 의식하는 존재인 우리 인간에게 삶의 목표로서의 정체성은 이상들(Ideale)의 인도 아래 진행되는 우리 삶의 여정 전체의 주제다. 이상들은 그것들 안에서 벌어지는 경쟁에도 불구하고 오직 서로를 배척하는 것만은 아니다. 오히려 각각의 이상은 다른 것의 능력을 통합하려고 추구한다. 왜냐하면 그것들이 벌이는 경쟁의 대상은 동일하기 때문이다. 그것은 인류의 종으로서의 통일성과 공통 인간성의 실현이다. 이것이 개인들의 삶 속에서, 그리고 사회화의 형태 안에서 일어나야 한다.

문화적 삶의 이상들과 마찬가지로 개인적 삶의 이상들 안에서도 일반적 인간 규정과 특수한 인간 규정은 서로 결합되어 있는데, 이러한 삶의 이상들은 흔히 인류의 문화 속에 뿌리를 두고 있다. 이것은 문화가 인간의 산물로서만이 아니라 세계와의 관계 안에 있는 인간적 규정의 표현으로 이해되어야 한다는 것을 뜻한다. 신성이 —우주론적 신화들과 달리— 역사에 영향을 미치고 그 작용을 통해 자신을 계시하는 존재로서 경험된다면, 그래서 인간들의 삶의 질서도 역사가 이미 형성한 규정에 기초한다면, 예정과 소명의 의식 안에 있는 삶의 이상들이 신적 근원을 갖는다는 사실도 분명히 드러나게 된다. 그 이상들은 개인의 삶 혹은 부분적 공동체의 삶을 이러저러한 방식으로 그 밖의 다른 인간들 및 민족들과 관련시킨다.

---

4   이에 대해 『조직신학』 II, 237ff.

5   트뢸치의 이러한 사상, 곧 그의 인간학적 윤리에서 발전했고 종교사적 구성의 근저에 놓여 있는 사상에 대하여 나의 논문을 참고하라. Die Begründung der Ethik bei Ernst Troeltsch, in : *Ethik und Ekklesiologie. Gesammelte Aufsätze*, 1977, 70 - 96, 87ff.

예정에 대한 이와 같은 의식은 이스라엘 민족의 특징적 요소였다. 그런 측면에서 이스라엘 민족은 하나님께 대한 귀속성과 그분이 수여하신 삶의 질서를 우주 자체의 질서가 아니라 하나님의 자유로운 역사적 행위로 소급시켰다. 그분은 모든 민족 가운데서 이스라엘을 그분 자신의 소유―계약의 민족―로 선택하신 하나님이시다. 교회가 갖는 예정(선택)의 의식도 그 사실로부터 유래했다. 그러나 그 의식은 "육신에 따른 이스라엘"(고전 10:18; 비교. 롬 9:6ff.)로서 과거에 선택된 민족의 자연적 삶의 맥락에 근거해서 하나님께 속한다는 생각으로부터 분리되었다. 비록 교회의 실존이 출애굽 사건과 비교되면서 하나님의 역사적 행위에 기초하고 있고, 그 사건을―다시 말해 나사렛 예수의 역사 안에서 일어난 하나님의 행동을―기억하며 뒤돌아본다고 해도, 그 실존은 교회의 지체들 안에서 언제나 또다시 새롭게 생성되어야 한다. 교회는 육체적인 탄생의 연속을 통해서가 아니라 세례 사건의 새로운 탄생을 통해 존속한다. 세례를 통해 각각의 새로운 지체는 그리스도의 몸의 통일성 안으로 병합되며, 그리스도로부터 교회 공동체는 모든 세례받는 그리스도인들을 통해 언제나 또다시 갱신된다. 이와 같이 그리스도교적인 예정의 의식도 최종적으로는 종말론적 근거를 갖는다. 다시 말해 부활하신 그리스도의 종말론적 생명의 현실성에 근거한다. 그분은 "새로운 인간"으로서 그분의 이름으로 세례받은 자들을 그분의 공동체 안으로 수용하신다.

그리스도교적 예정 이해의 종말론적 성격은 예정(선택)이 개인에게 표징 행위를 통해 수여된다는 사실 안에서 표현된다. 표징 행위는 그 개인의 이 세상의 삶 및 죽음의 종말을 선취하며, 그것을 하나님의 미래의 구원과 결합한다. 이 미래는 예수의 부활 안에서 이미 나타났다. 그렇기에 그리스도인들의 삶은 세례의 표징 안에서 그들에게 이미 성취된 것을 반복적으로 뒤따라 성취하게 된다. 그 과정에서 개인의 행위적 참여의 목표와 과정 사이의 관계, 곧 표징 안에서 선취적으로 현재하는 가운데 형성되는 그 관계가 예정과 소명의 사상을 통해 제시된다. 행위적 참여는 개인 자신이 예수 그리스도와 비슷한 형상으로 지어져가는 형성사에 행위를 통해 참여하는 것을 뜻한다. 인간이 자신의 고유한 소명을 깨닫고, 나아가 자기 자신을 그 소명에 사로잡힌 자로 알아차리게 되며, 소명을 자신의 삶을 넘어선 곳에 있으면서 자신에게 방향을 제시하는 어떤 높은 의지로 여기게 될 때, 그와 동시에 그는 자신의 그러한 규정으로 향하는 도상에 놓이게 된다. 그런 사람은 자신이 부르심을 받았다는 것 혹은 예정되었다는 것을 알고 있으며, 자기 앞에 놓인 길과 목적을 처음에는 단지 불명확하게 바라본다. 자신의 고유한 소명의 내용을 분명히 알게 되는 것은 그 자체로 자기경험과 자기활동의 과정에 속한다. 그 과정이 이제 시작되는 것이다.

앞선 교회론의 장(제13장)에서 교회의 예배적 삶의 표징성을 강조했던 것은 표징과 사태 사이를 추상적으로 분리한다는 의미로 이해되어서는 안 된다. 오히려 성례전의 표징 안에서 사태 자체 곧 종말론적 구원의 현실성이 현재한다. 그 밖에도 세례의 표징은 세례받은 자의 정체성의 새로운 근거를 마련하는 사건이며, 성만찬은 그리스도의 현재로부터 교회의 통일성을 표현할 수 있는 근거를 마련하는 사건이다. 이제 삶의 역사—교회적 삶의 역사이든지 개인적 삶의 역사든지 관계없이—속에서 일어나는 반복 행위가 교회의 그러한 표징 행위들에 속한다는 사실은 세례에 대해서도, 성만찬에 대해서도 타당하다. 교회 공동체도 역사적으로는 소명, 예정, (그와 함께 규정되는) 파송을 통해 근거되고 종말론적 목적을 향해 정립된 과정 안에서 살아간다. 교회의 역사의 이러한 차원 안에서 개인과 공동체 사이의 긴장이 나타난다. 이 긴장은 각각의 인간의 삶의 세계 속에 등장하며, 사실상 교회사를 그런 긴장들로 가득 채운다. 이 긴장은 종말론적 완성에 이르러서야 비로소 해소될 것이다. 그러나 개별 그리스도인이 자신의 길을 갈 때 자기 자신을 특수한 소명으로부터 이해한다면, 그는 그것을 통해 모든 긴장에도 불구하고 언제나 교회 공동체와 관계를 맺을 것이다. 왜냐하면 그런 남녀 그리스도인의 소명은 오직 한 분 주님이신 예수 그리스도로부터 유래하는 것으로 이해되고, 교회 공동체는 그분을 자신의 머리로 인정하기 때문이다. 개별 관심사와 일반 관심사는 여기서 정치적 삶에서와 같이 냉혹하게 서로 대립하지 않는다. 오히려 거기서는 전체 이익을 위한 투쟁, 곧 교회의 소명과 파송의 내용 전체를 위한 투쟁이 그만큼 더 격렬해진다.

이상의 서술에서 암시되는 예정과 소명의 이해는 첫눈에도 고전적 예정론과 모든 관점에서 일치하는 것으로 보이지는 않는데, 실제로도 그렇다. 그렇기 때문에 우선 (1) 예정론의 전통적 형태—개인들에 집중하며 그들이 영원한 구원에 참여하는 것과 관련된 형태—에 대한 비판적 논의가 필요하다. (2) 이어서 예정과 교회의 관계가 논의되어야 하는데, 교회의 중심에는 하나님의 백성이라는 개념이 놓여 있다. (3) 그다음에 그리스도교의 역사에 대한, 그와 함께 그 역사 속에서 등장한 예정론의 세속화된 형태들에 대한 신학적 예정론의 관계가 다루어질 것이다. (4) 마지막으로 예정과, 역사 속에서 일어나는 하나님의 세계 통치가 설명될 것인데, 이 내용은 종말론의 주제로 건너간다.

1. 개인들의 예정

a) 고전적 예정론

그리스도교 신학 안에서 발전한 선택과 예정의 교리는 주로 바울 사상에 의해 규정되었다. 그러나 그 사상은 로마서 9-11장의 주제에 대한 상세한 논의라기보다, 간결하지만 풍부한 내용인 하나님의 "선택의 목적"(롬 8:28-30)이었다. "하나님이 미리 아신 자들을 또한 그 아들의 형상을 본받게 하기 위하여 미리 정하셨으니, 이는 그로 많은 형제 중에서 맏아들이 되게 하려 하심이니라. 또 미리 정하신 그들을 또한 부르시고, 부르신 그들을 또한 의롭다 하시고, 의롭다 하신 그들을 또한 영화롭게 하셨느니라"(롬 8:29f.). 여기서 바울은 예수 그리스도와 관계된 하나님의 역사적 행동의 구원 계획에 대하여 말했던 반면에, 후대의 신학자들의 관심은 우선 선택된 개인들 곧 그 계획의 맥락에서 언급되는 개인들에 대한 질문으로 향했다.

이미 그리스도교적 영지주의 안에서 예정 사상의 개인주의적인 어법이 상당한 역할을 담당했으며,[6] 특히 그리스적인 이질적 변형 안에서 그렇게 되었다. 한편으로 육체의 인간(Sarkiker)과 영혼의 인간(psychiker), 다른 한편으로 영의 인간(Pneumatiker)이라는 구분이 예정 사상을 존재론으로 바꾸어버린 바울 해석으로 이해될 수 있다.[7] 영지주의에 적대적이었던 교부들은 그와 결부된 결정론에 반대하여 의지적 결정의 자유를 예정된 자와 배척된 자를 구분하는 근원으로 강조했다.[8] 여기서 교부들은 어쨌든—비록 매우 멀고 파손된 방식이기는 해도—하나님의 예정의 역사성을 숙고했다고 할 수 있다. 이러한 관찰 방식은 오리게네스의 로마서 주석에 있는 8:29f.에 대한 논의 안에서 처음으로 예정, 앞선 결정, 소명, 칭의 개념들에 대한 체계적 발전과 구조에 도달했다.[9] 여기서 오리게네스는 예정을 하나님의 예지 행위로 서술했다. 이 설명에 따르면 하나님은 인간들의 미래 행위를 미리 보시고, 그다음에 구원 혹은 멸망으로 향하는 그들의 길을 정하신다.[10] 그러므로 선택된 자들을 미리 정하시는 것, 곧 하나님이 사랑으로

---

6   예정의 개인주의적 어법은 바울보다는 마태복음 22:14(청함을 받은 자는 많으나 택함을 입은 자는 적다)을 인용했더라면, 더 나은 지지를 얻었을 것이다. 예수께 귀속되는 이 말씀은 유대교 묵시문학 안에서 민족의 집단적 구원에 대한 과도한 확신에 대해 경고하는(비교. 제4에스라서 8:3) 대조적 말씀으로서 흔히 사용되었다.

7   이에 대해 참고. W.D. Hauschild, *Gottes Geist und der Mensch. Studien zur frühchristlichen Pneumatologie*, 1972. 발렌티누스(Valentin)에 대해 153ff., 특히 154, 헤라클레온(Herakleon)에 대해 160f., 프톨레마이오스에 대해 165.167f., 테오도투스에 대해 173f.를 보라.

8   W.-D. Hauschild, 같은 곳, 273f.

9   Origenes, *Comment, in epist. ad Rom*. VII, 7-8, MPG 14, 1122-1127.

10 여기서 오리게네스는 바울이 로마서 8:29에서 말하는 "미리 아심"(*proégno*)과 "미리 정하심"(*prohórisen*)의 순서를 따랐다. 하지만 그는 전자를 어떤 사태에 대한 그리

그들의 길을 미리 배려하시는 것은 그들의 미래의 자유로운 결정들을 미리 아시는 것에 근거한다.

오리게네스적인 바울 해석과 반대로 아우구스티누스는 예정을 피조물의 미래 행동에 대한 모든 고려보다 앞서 일어나는 하나님의 의지적 행위로 해석했다. 여기서 그는 로마서 9:16을 인용한다. 그런즉 예정은 "원하는 자로 말미암음도 아니요, 달음박질하는 자로 말미암음도 아니요, 오직 긍휼히 여기시는 하나님으로 말미암음이니라." 특별히 로마서 9장의 주석에 몰두했던 문서 곧 심플리키아누스(Simplician)에게 보낸 문서(395) 이래로 아우구스티누스는 로마서 8:29이 글자 그대로 읽을 때 암시되는 이해와 결별했다. 그것은 인간의 믿음과 순종에 대한 하나님의 선견이 구원을 향한 앞선 결정의 근거를 형성한다는 이해였다. 그 대신에 아우구스티누스는 예정의 의도 자체가 일부 인간들을 멸망하는 자들의 무리(*massa perditionis*)로부터 선택하는 근거라고 설명했다.[11] 아우구스티누스의 사고의 발전 과정에서 일어난 이러한 도약은 이미 펠라기우스 논쟁이 시작되기 이전에 발생했다. 그러나 그 논쟁이 진행되는 동안 예정 사상에는 하나님

스적인 앞선 앎으로서가 아니라, 또한 "안다" 동사의 구약성서적 원의의 의미에서 예정의 앎으로 해석했다. Origenes, 같은 곳, n,8, MPG 14, 1125 B. 이에 대한 성서적 증빙을 비교하라. U. Wilckens, *Der Brief an die Römer* 2, 1980, 163, 각주. 728. 여기서 오리게네스는 "하나님의 의도(Vorsatz, 뜻)에 따른"(롬 8:28) 소명을 그 부르심을 받은 자에 대하여 하나님이 미리 보신 선한 의도(Vorsatz)와 관련시킨다(1125f.). 그러나 우리가 "미리 안다는 것"을 일반적 의미로 이해한다면, 그 결과는 선한 행위와 마찬가지로 또한 악한 행위까지도 아는 것이며, 그렇다면 구원 혹은 멸망의 근거는 하나님의 미리 아심이 아니라, 인간의 행위에 놓이게 된다. 1126 B : Nam et si communi intellectu de praescientia sentiamus, non propterea erit aliquid, quia id scit Deus futurum : sed quia futurum est, scitur a Deo antequam fiat.

11 비교. M. Löhrer, Gottes Gnadenhandeln als Erwählung des Menschen, in : *Mysterium Salutis* IV/2, 1973, 773-827, bes. 779f. 또한 참고. G. Nygren, *Das Prädestinationsproblem in der Theologie Augustins*, 1956, 41ff.

의 은혜의 주권성에 대한 최종 근거로서의 특별한 중요성이 부여되었다.[12]

아우구스티누스적 이해와 오리게네스가 처음으로 발전시킨 예정의 해석 사이의 모든 대립에도 불구하고 이 두 가지 견해는 드러내어 논의되지 않은 전제로 둘러싸여 있었고, 이 전제는 양자 모두에게 공통적이다. 오리게네스와 아우구스티누스 모두는 예정을 하나님의 행위로 다루었는데, 이 행위는 영원 안에서, 모든 시간 이전에, 한편으로 바울이 로마서 8:29에서 실행한 구분 곧 예정과 미리 정하심 사이의 구분에 상응하여, 다른 한편으로 소명에 상응하여 발생한다. 두 번째로 오리게네스는 물론 아우구스티누스도 그 과정에서 영원한 예정을 직접 개별적 개인들에게 적용했으며, 여기서 예정은 그들이 종말론적 구원에 참여한다는 주제에 제한되었다. 아우구스티누스는 야곱과 에서에 대한 하나님의 서로 다른 행위에 관하여 바울이 제시한 논의의 사례(롬 9:13)에 자신의 사고를 집중함으로써, 이미 그 방향으로 이끌렸다. 이와 반대로 오리게네스는 이런 내용을 다르게 설명해야 했다. 그에게는 선택과 예정의 개인주의적 해석에 대한 단서를 영지주의적 사상 안에서 찾으려고 시도하는 것이 자연스럽게 보였다. 2-3세기의 교부들은 영지주의와 논쟁했던 바 있다. 영지주의의 시각에서 개별 인간의 구원 문제가 그가 본성적으로 영의 사람인지 혹은 육의 사람이나 영혼의 사람인지에 따라 결정되었던 것처럼, 그에 대한 교회의 반대 입장도 개인적인 구원 참여의 근거에 집중할 수밖에 없었다. 차이는 개인적 의지의 결정과 그것에 대한 하나님의 영원한 선견 사이에서 중점을 어디에 두느냐에 놓여 있었다.

---

12 429년에 아우구스티누스는 예정이 하나님의 영원성 안에 있는 은혜의 예비(*praeparatio gratiae*)라고 서술했다. *De praed. sanct.* 10,19 ; MPL 44, 959ff. 같은 해에 인내의 은사에 대한 그의 저작 안에서는 이렇게 말해진다. Haec est praedestinatio sanctorum, nihil aliud : praescientia scilicet, et praeparatio beneficiorum Dei, quibus certissime liberantur quicumque liberantur. *De dono perseverantiae* XIV, 35 ; MPL 45, 1014. 펠라기우스 논쟁 안에서 행사된 예정 사상의 기능에 대해 참고. G. Nygren, 같은 곳, 274f.

라틴적 중세기의 스콜라주의 신학 안에서도 예정은 한편으로 모든 피조적 진행과정에 대한 하나님의 영원한 미리 아심과 다른 한편으로 그분의 의지에 의한 앞선 결정 사이의 관계에 대한 질문의 맥락에서 논의되었다. 로마서 8:29의 미리 아심에 대한 지성주의적 해석이 계속해서 결정적 요소였고, 앞서 아는 것 그 자체가 (구약성서의 "안다"라는 단어의 의미에서) 이미 예정의 행위이고 따라서 의지 행위라는 사실은 알려지지 않았다. 선택은 예정의 근본 계기로서 예정 개념에 귀속되었다. 이 주제를 하나님의 지성과 의지의 관계를 규정하는 맥락에 위치시키는 것은 이 주제를 신론의 마지막 부분 즉 창조론으로 건너가기 전에 다루는 것을 이해할 수 있게 만든다. 페트루스 롬바르두스의 저작(Sentenz)이 이미 이 주제를 그렇게 배열했다.[13] 이 저작에 대한 주석서만이 아니라 중세 스콜라 신학의 『신학대전』도 비슷한 배열로 서술되었다.[14] 선택 및 예정과 특정한 개인들의 영원한 구원 사이의 직접적인 관계는 이 주제에 대한 스콜라주의적 논의에 대해서만이 아니라, 나아가 개혁주의 신학에 대해서도 기준이 되었다. 칼뱅은 예정을—이 주제를 은혜의 수단들에 관한 교의에 포함시켜 다르게 배열했음에도 불구하고—하나님이 영원 안에서 각각의 모든 개인에 대해 준비하신 운명으로 서술했다. 이미 창조될 때부터 한 사람은 영원한 생명으로, 다른 사람은 영원한 저주로 결정되었다는 것이다.[15] 내용의 중심에서 여기서도 마찬가지로 예정의 사고는 구속사나 특별히 교회론보다는 하나님 개념과 밀접하게 결합했다. 이에 따라 구개혁주의 교의학자들은 (루터교 신학자들과 달리) 철저히 일관적으로 예정의 주제를 신론과 창조론 사이에, 다시 말해 하나님의 법령에 관한 독자적인 여러 교리

---

13   Petrus Lombardus, *Sent.* I. d.40-41.

14   토마스 아퀴나스의 『신학대전』(*S. theol.* 1,23)에서 예정론은 하나님의 본질과 속성에
      관한 교의 안에 포함되어 서술되며, 그래서 삼위일체론보다 앞서 등장한다.

15   J. Calvin, *Inst. chr. rel.* III,21,5: Praedestinationem vocamus aeternum Dei decretum,
      quo apud se constitutum habuit, quid de unoquoque homine fieri vellet. Non
      enim pari conditione creantur omnes; sed aliis vita aeterna aliis damnatio aeterna
      praeordinatur (CR 30,683).

의 틀 안에 배치하는 쪽으로 되돌아갔다.[16]

아우구스티누스와 오리게네스가 생각했던 그림 전체에 전제되었던 예정 행위의 이해는—거기서 인간이 자신의 피조적 자유를 사용할 것을 하나님이 미리 아신다는 것이 일정한 역할을 하는지에 대한 질문에서 나타나는 그와 반대되는 이해를 손상하지 않은 채—역사 속에서 일어나는 하나님의 선택 행위에 대한 성서적 진술들과 비교할 때 "추상적" 선택의 사상이라고 지칭될 수 있다.[17] 이 사상이 추상적인 이유는 다음과 같다.

(a) 하나님의 결단의 무시간성 때문이다. 이것은 성서에서 진술되는 것과 같이 하나님의 선택 행위의 구체적 역사성과 분리되어 있기에 추상적이다.

(b) 선택의 대상으로 여겨지는 개인들이 모든 공동체적 관계로부터 분리되어 있기 때문이다.

(c) 예정의 목적을 미래의 구원에 참여하는 것에 제한했기 때문이다. 그 참여는 예정된 자들이 행사할 수 있는 모든 역사적 기능과 분리되어 있다.

예정에 관한 이러한 추상적 사상은 이스라엘 민족의 선택 혹은 족장이나 왕과 같은 개인적 인물들의 선택에 관한 성서적 진술들과 거리가 매우 멀고, 또한 신약성서적 진술, 특히 그리스도인들의 예정에 대한 바울의 진술과 맞지 않다.

이스라엘의 선택에 관한 전통 안에서 그 선택은 언제나 하나님의 구

---

16   H. Heppe/E. Bizer, *Die Dogmatik der evangelisch-reformierten Kirche*, 1958, 107ff., 120ff. 또한 칼 바르트의 "교의학 안에서 예정론의 위치"(Die Stellung der Erwählungslehre in der Dogmatik)라는 단원을 참고하라. Karl Barth, *KD* II/2, 1942, 82–100.

17   나의 논문을 참고하라. in : *Die Bestimmung des Menschen. Menschsein, Erwählung und Geschichte*, 1978, 42ff. 또한 비교. K. Barth, *KD* II/2, 51.

체적인 역사적 행위이고, 그 민족과 함께하시는 하나님의 **"구원사의 근거"** 및 출발점이다.[18] 이러한 관점의 맥락에 속하는 것은 개인들, 특별히 왕—누구보다도 다윗[19]—혹은 족장들[20]의 선택에 대한 진술들이다. 선택 행위는 모든 사회적 관계와 분리되지 않는 개인, 오히려 민족을 위한 특별한 기능을 가진 개인을 향한다. 개인의 선택이라는 사상이 특히 영원한 구원이라는 관점에서 독립한 것은 포로기 이후 시대에 이르러서였다. 이 시기에 모든 개인 그 자체가 각자의 행위에 따라 구원 혹은 멸망을 받게 된다는 사상이 등장했으며(겔 18:4-20), 이 사상은 종말의 기대와 결합되었다. 예를 들어 에녹서 1:1(비교. 45:3)에 따르면 민족의 모든 구성원이 아니라 오직 선택된 자들만이 구원에 참여한다(에녹서 93:5). 이미 아브라함이 하나님에 의해 그 구원으로 선택되었다. 또한 여기서도 아브라함과의 관계를 통하여, 다른 한편으로는 사람의 아들의 선택과의 관계를 통하여 (62:7ff.; 39:4f.) 개인들에 대한 하나님의 선택 행위에 대한 구원사적 맥락은 여전히 보존되어 있다. 물론 특정한 개인들의 선발은 그들의 미래적 행위를 미리 내다보시는 하나님의 예견 행위가 되었다. 여기에 후대의 그리스도교 신학의 추상적 예정 사상의 뿌리가 놓여 있다.

전체적으로 볼 때 예정에 관한 신약성서의 진술들은(마 22:14을 예외

---

18 K. Koch, Zur Geschichte der Erwählungsvorstellung in Israel, in: *ZAW* 67, 1955, 205-226, 인용은 212. 이와 대조적으로 제바스의 서술은 지나치게 "바하르"(*bhr*)라는 단어의 사용처에만 집중되고 있다. H. Seebaß, in: *ThWBAT* 1, 1973, 593-608, 그리고 in: *TRE* 10, 1982, 182-189. 민족의 선택이라는 사상이 신명기적이라는 주장(*TRE* 10, 1982, 186)은 이미 아모스(3:1f.; 9:7)가 그 민족의 선택(예정)이라는 개념을 빈번히 전제했다는 사실을 무시한 것이다. 물론 아모스는 예정을 "야다"(*jd*)라는 다른 동사로 표현하기는 했다.

19 삼하 6:21; 비교. 왕상 8:16; 11:34; 또한 삼하 16:18; 그리고 시 78:70; 89:4. 왕들 전반에 관해서는 삼상 10:24; 16:1-13; 비교. 신 17:15. 참고. H. Seebaß, *TRE* 10, 1982, 182f.

20 시 105:6, 43; 135:4; 비교. 시 47:5; 33:12. 참고. K. Koch, 같은 곳, 206ff., 223. 또한 창 18:19; 느 9:7을 비교하라.

로 한다면; 이에 대해 위의 각주 6을 보라) 추상적 예정 사상이 진행했던 방향을 뒤따르지 않았다. 왜냐하면 원시 그리스도교는 자신이 예수 그리스도 안에서 일어난 하나님의 계시 행동으로부터 생성된 교회와 함께 하나님의 새로운 역사적 선택의 행위 안으로 편입되고 있는 중임을 알았기 때문이다. 하나님의 그 선택 행위는 교회를 세우고 그리스도교적 선교를 확산시킴으로써—모든 인간에게 해당하는 가까이 다가온 최후의 심판에 직면해서—모든 민족으로부터 선택된 사람들에게 하나님의 통치의 미래적 구원에 참여할 수 있는 기회를 열어주었다. 이에 따라 바울은 그리스도교 공동체의 지체들을 "하나님의 선택된 자들"(롬 8:33)로 불렀으며, 호세아 2:25을 인용하여 "하나님의 백성"이라는 예정 개념을 그들에게 적용했다 (롬 9:24ff.). 바울은 이러한 예언자적 약속이 이방 그리스도교의 선교 공동체가 생성되는 가운데 성취된 것으로 보았다.[21] 예정 사상을 이스라엘 민족의 선택을 넘어 이방인들에게까지 확장하는 것은 로마서 9:6-22[22]에서 바울 사도의 논증의 큰 틀을 형성한다. 아우구스티누스에게 매우 중요했던 사례, 곧 야곱은 선택되고 에서는 간과되었다는 사례(롬 9:13)도 그 맥락에 속한다. 여기서 중요한 것은 오직 하나님의 선택 행위의 자유다. 예정이 고립된 어떤 개인의 영원한 구원과 관계된다는 것은 중요하지 않은 것이다. 유대인과 이방인으로 구성된 교회의 근거를 마련하시는 하나님의 예정(선택) 행위는 바울에 의하면 하나님의 영원성 안에 뿌리를 두고 있으며, 그렇기에 깨질 수 없다. 그렇기에 로마서 8:28-30은 역사 안에서 내려진 소명을 하나님의 선택의 영원한 의도로, 그리고 하나님의 세계 통치 안에서 나타나는 예정으로 소급시켰다. 여기서 세계 통치는 예정에 근거한다. 복음을 통한 소명은 하나님의 영원한 선택 의지의 표현이며, 단순한 중간 사건이 아니다.[23]

---

21   이에 대해 참고. U. Wilckens, *Der Brief an die Römer* 2, 1980, 205f.

22   비교. U. Wilckens, 같은 곳, 183, 또한 191-197, 199f.(롬 9:15f.에 대하여).

23   바울의 예정에 관한 진술을 아우구스티누스와 비교하는 니그렌과 빌켄스의 설명을

로마서 8:29f., 9:13, 16의 진술을 구원사적 맥락―바울은 이 맥락 안에 서 있다―으로부터 분리시킨 것이 저 "추상적" 예정 사상의 틀 안에서 그 진술들이 연결되는 것을 허용했으며, 결과적으로 이 사상이 오리게네스와 아우구스티누스 이래로 예정론의 역사를 지배하게 되었다. 세계의 초석이 놓이기 전에 내려진 결의 안에 은폐된 하나님의 결정의 무시간성이 영원한 구원 혹은 멸망이라는 개인의 결정과 직접 연결되었다. 이로부터 불가피하게 중세기와 그 이후까지도 예정론의 논의에 짐을 지웠던 해결 불능의 아포리아가 나타났다. 하나님은 태초에 단지 일부 피조물에게만 영원한 구원을 예비하심으로써 다른 피조물은 간과하고 그들을 처음부터 영원한 저주의 최종 운명에 넘기셨거나, 아니면 하나님의 구원 의지의 보편성은 원칙적으로 보존되지만, 개별 사안에서 그 효력은 피조물의 반작용 곧 제공된 하나님의 은혜에 대한 믿음의 응답에 의존한다. 이 응답은 하나님의 미리 아심 안에 포함되어 있으며, 바로 그 응답이 일부는 태초부터 영원한 구원으로 결정되어 있는 반면에 다른 일부는 영원한 멸망에 내맡겨져 있다는 사실에 책임이 있는 것이다. 후자의 견해는 미리 알려진 업적에 따른 앞선 결정(praedestinatio propter praevisa merita)이라는 의미에서 펠라기우스주의 혹은 반(半)펠라기우스주의의 색채를 띠게 되었는데, 이것은 정당한 일이었다. 펠라기우스주의는 영원한 구원이 인간의 업적에 의존한다고 보았다. 이에 반대하여 구원은 오직 하나님의 은혜의 자유로운 선물로서 받을 수 있다는 사실을 보존하려고 한다면, 우리는 아우구스티누스적 결정론으로 내몰릴 수밖에 없다. 이에 따르면 하나님은 영원 전에 예정된 자들에게 축복을 예비하셨을 뿐만 아니라 또한 예정되지 못한 자들에게 영원한 저주를 결정하셨는데, 하나님이 그런 결정을 내리게 된 이유에 대하여 그들에게는 어떤 책임도 없다. 그렇다면 하나님은 불가피하게 불의하고 잔인한 분으로 보인다. 왜 하나님은 도대체 저주받기로 결정된 자들을 창조하셨는가? 이 질문에 대한 대답, 곧 저주받은 자들은 하나님

참고하라. G. Nygren, 같은 곳, 135ff.; U. Wilckens, 같은 곳, 165.

이 그들에게 징벌적 정의를 예시할 수 있도록 창조되었다는 대답[24]은 하나님의 정의에 대한 성서적 사고와 정면으로 충돌하며 그것을 왜곡하는 것으로 보일 수 있었다.[25]

종교개혁자들은 스콜라주의적 은혜론과 예정론의 "펠라기우스주의적" 경향에 대한 비판 때문에 아우구스티누스의 엄격주의(Rigorismus)로 기울어지는 경향을 보였다. 루터가 1525년의 『노예의지』(De ervo arbitrio)에서, 그 후에 특히 칼뱅도 그랬다. 물론 칼뱅은 1559년 『기독교 강요』의 마지막 판의 서술에서 하나님의 선택 행위의 구원사를 예정의 주제 안에 포함시켰지만, 그러나 그는 그 주제를 한 사람은 구원으로, 다른 사람은 영원한 멸망으로 정해지는 이중 예정의 관점 아래 미리 앞당겨 위치시켰다.[26] 루터의 입장은 두 가지 점에서 보다 더 복잡했고, 그래서 또한 더 적은 통일성을 이룬다. 한편으로 그는 은폐된 하나님의 의지로부터 모든 사건에 부과되는 필연성을 강조했고,[27]

---

24 아우구스티누스의 사상을 이어받으면서 토마스 아퀴나스가 그렇게 말했다. Thomas von Aquin, S. theol. I, 23,5 ad 3 : 하나님의 완전성은 피조적 사물들에 의해서는 단지 부분적으로만 표현될 수 있다는 것이다. Et inde est quod ad completionem universi requiruntur diversi gradus rerum, quarum quaedam altum, et quaedam infimum locum teneant in universo...Woluit igitur Deus in hominibus quantum ad aliquos, quos praedestinat, suam repraesentare bonitatem per modum misericordiae, parcendo ; et quantum ad aliquos, quos reprobat, per modum iustitiae, puniendo. Et haec est ratio quare Deus quosdam eligit et quosdam reprobat.

25 이미 하인리히 젠트가 토마스에게 이의를 제기했다. Heinrich von Gent, Quodl. VIII q 5 c. 모든 피조물이 선하고 축복에 참여하고 있다면, 우주의 완전성 안에서 그 어떤 것도 멸망하지 않는다는 것이다. 둔스 스코투스가 이 견해에 동참했다. Duns Scotus, Lectura I, d 41 n, 15 : immo si omnes essent boni, nihil periret de perfectione universi, Opera Omnia ed. Vat. XVII, 1966, 518, 10f. 나의 책을 비교하라. Die Prädestinationslehre des Duns Skotus im Zusammenhang der scholastischen Lehrentwicklung, 1954, 72ff.

26 J. Calvin, Inst. chr. rel., 1559, III, 21,5f. ; 비교. 22,11 (CR 30, 683ff., 697f.).

27 M. Luther, WA 18, 699,15 : omnia necessitate fieri. 루터는 여기서 1415년 콘스

다른 한편으로 은폐되신 하나님의 탐구될 수 없는 결의와 계시되신 하나님의 구원 의지를 대립시켰으며, 모든 논박에도 불구하고 후자의 입장을 취하라고 우리에게 권고했다.[28] 루터교 교회일치 신조(Konkordienformel)는 다음과 같은 점에서 루터의 이러한 의도에 상응한다. 그 신조는 선택을 오직 예수 그리스도 안에서 계시된 하나님의 은혜의 의지에 근거시키는 반면에 저주를 그와 반대로 하나님이 예견하신 저주받은 자들의 책임에 근거시킴으로써, 이미 둔스 스코투스가 그렇게 했던 것처럼 선택과 배척의 대칭적 근거구조를 포기했다.[29] 물론 이런 해법은 논리적으로 만족스럽지는 않다. 선택과

탄츠 공의회가 정죄한(비교 DS 1177) 위클리프의 명제에 동의하고 있다. 루터는 1515/16의 로마서 강의 이래로 콘스탄츠에서 정죄된 그 명제를 오직 은혜로 얻는 칭의에 대해 불가결한 전제로 여겼다(WA 56, 381,29). 이에 대해 나의 논문을 비교하라. Der Einfluß der Anfechtungserfahrung auf den Prädestinationsbegriff Luthers, in: *KuD* 3, 1957, 109 – 139, 117f. 루터의 견해에 대해 비교. G. Rost, *Der Prädestinationsgedanke in der Theologie Martin Luthers*, 1966.

28 WA 18, 685f., 689f 『노예의지』(*De servo arbitrio*)에 따르면 오직 영광의 빛만이 그 대립 및 그와 결부된 불의한 신적 판단이라는 외관을 해소할 수 있다(WA 18, 785,23ff.). 그러나 1542년 루터의 식탁 대화에서 이렇게 말해진다. "···만일 당신이 계시된 하나님을 받아들인다면, 그분이 당신에게 은폐되신 분도 데려오실 것이다. 나를 본 자는 아버지를 보았다(Qui me vidit, videt et Patrem meum)"(TR V, 295, 5f.=Nr. 5658a). 이 내용 및 이에 상응하는 루터의 창세기 강의의 진술을 앞의 각주 27에서 인용된 나의 논문 127ff.와 비교하라.

29 루터교 교회일치 신조 11항(Epitome, BSELK 817ff.)은 예정의 진술을 그리스도 안에서 선택된 자들에게 제한했다. 반면에 하나님의 미리 아심은 (그와 결부된 하나님의 세계 통치와 함께) 악에게도 미치지만, 그러나 악의 원인이 되지는 않는다(Ep. 11,3 ; BSELK 817, 8ff.). 비교. SD 11,5ff. (BSELK 1065ff.). 둔스 스코투스가 이 주제를 이미 다루었다는 사실에 대해 비교. Duns Scotus, *Lectura* I, d 41 n.24 : nullum meritum est praedestinationis, sed aliquod est meritum reprobationis (ed. Vat. XVII, 520,6f.). 이에 대해 각주 25에서 인용된 나의 논문 93ff.를 보라. 루터교 교회일치 신조가 선택과 배척의 대칭 구조를 포기한 것은 루터가 점점 더 예정을 그리스도와 밀접하게 결합시킨 것에 상응하는 이해였다. 여기서 루터는 둔스 스코투스를 넘어섰다. 물론 그는 형식적으로는 두 가지 개념 모두를 굳게 붙들었다. 비교. WA 18, 730 그리고 784.

저주의 관계가 창조보다 앞선 하나님의 영원한 예지와 그 의지의 관점에서 개인들의 궁극적 운명과의 직접적인 관계를 고려하는 가운데 논의된다는 점에서 그렇다. 그 논의에서 예정의 편파성은 언제나 이미 선택 곁에서 간과되는 자들의 배척을 포함하고 있으며, 거꾸로 하나님의 예견 안에서 배척의 근거가 되는 책임이 없다는 점이 반드시 선택의 조건으로 나타나야 한다. 이러한 관점이 정말로 배척된 자들과 선택된 자들 사이를 구분하는 근거가 되어야 한다면, 그래야만 하는 것이다. 이렇게 본다면 구(舊)루터주의 교의학자들의 대다수가 선택된 자와 배척된 자를 구분하는 근거를, 그 인간의 미래적 행위에 대한 하나님의 미리 아심을 통해 마련하는 쪽으로 되돌아갔다는 사실은 놀라운 일이 아니다. 그러나 루터 자신과 마찬가지로 루터교 교회일치 신조 안에서도 예수 그리스도—우리는 이분 안에서 하나님의 선택하시는 의지를 만나게 된다[30]—에 대한 집중은 앞에서 언급된 딜레마를 넘어서 하나님의 선택 행위에 대하여 전체적으로 보아 보다 더 구속사적으로 지향된 이해를 지시한다.

예정론의 문제들과 벌인 루터의 씨름은 다음과 같은 통찰로 이끌려 갔다. 하나님의 영원한 예정은 예수 그리스도 안에서 찾아져야 하며, 마치 하나님께서 예수 그리스도 안에서 인류와 역사적으로 마주 대면하신 것과 전혀 다른 어떤 숨겨진 신적 결의가 존재하는 것처럼 그분의 배후에서 찾으려고 해서는 안 된다는 통찰이다. 이 통찰의 핵심은 루터교 교회일치 신조 안에 축약되어 있다. 향후 그 어떤 신학도 이 통찰의 배후로 건너가려고 해서는 안 된다. 칼뱅도 그리스도를 우리의 예정의 거울(*speculum*)이라고 지칭함으로써, 자기 방식으로 이 통찰을 확정했다.[31] 그러나 이 통찰은

---

30   루터의 생각을 이어받으면서 루터교 교회일치 신조는 그렇게 말한다. FC Ep XI,6ff. (BSELK 817f.) 그리고 13 (819f.).

31   J. Calvin, *Inst. chr. rel.* 1559, III,24,5 (CR 30, 715f.). 이에 대해 비교. K. Barth, *KD* II/2, 1942, 65ff.

칼뱅의 예정론 안에서는 규범적인 주장이 되지 못했다. 오히려 거기서 칼뱅의 주장을 강제했던 것은 선택과 예정이 오직 하나님의 영원한 의지에만 근거를 둔다는 사상이었다. 문제는 다음의 질문에 놓여 있다. 곧 예수 그리스도 안에서 그분을 통해 내려진 하나님의 선택의 효력이 모든 시간 이전에 내려진 하나님의 결정과 어떤 관계에 있는지의 질문이다. 이 결정은 성서가 진술하고 증언하는 것이다. 또한 루터교 교회일치 신조 안에서 강조되는 결합, 곧 그리스도 안의 선택이라는 사상과 하나님의 예지 및 예정에 대한 전통적 구분 및 순서와의 결합도 여기서—만일 옛 신학의 불만족한 대안들로 되돌아가는 일을 피하려면—더 이상의 해명이 요청된다는 사실을 제시한다. 영원한 예정의 사상은 단순히 포기될 수 없다. 하나님의 선택의 행위를 역사적 사건으로 묘사하는 구약성서적 선택의 진술들과는 달리 에베소서는 다음과 같이 분명히 말한다. 믿는 자들은 예수 그리스도 안에서 "창세 전에"(엡 1:4) 선택되었다. 또한 하나님의 "뜻"(의도)에 대한 바울의 사상—이것에 따르면 예수 그리스도를 믿는 자들은 이미 하나님이 선택하신 자들이고 "그 아들의 형상을 본받게 하기 위하여" 미리 정하셨다(롬 8:28f.)—은 시간 안에서 일어나는 구원 사건, 그리고 그 구원이 믿음 안에서 수용되는 사건의 근원인 하나님의 영원한 행위를 지시한다. 바울은 미리 정하심과 부르심을 명확하게 구분한다. 여기서 강조점은 양자의 연결에 놓이는데, 이것은 영원 안에서 일어나는 예정과 미리 정하심, 그리고 시간 안에서 발생하는 부르심 사이의 연결이다. 예정 사상의 그리스도론적 집중이라는 전제 아래서도 거기서 영원과 시간이 어떻게 서로 관계되는지의 질문에 대한 설명이 필연적이다.

b) 예정과 소명

고전적 예정론의 딜레마는 선택된 자와 선택받지 못한 자 사이의 구분이 하나님이 미리 아시는 양편 그룹의 서로 다른 행위에 근거하는지(이것은 선택의 은혜의 성격을 공허하게 만든다), 아니면 그 구분이 전적으로 하나님의 결정에 근거해서 선택받지 못한 자들도 자신은 아무런 책임도 없이 하나님의 버림을 받는 것인지의 문제에 놓여 있다. 이 딜레마는 특별히 소명의 이해[32]에 큰 영향을 끼쳤다. 시간 안에서 주어지는 소명 곧 복음을 통한 믿음으로의 소명[33]이 모든 시간 이전의 영원 안에서 내려지는 결정 곧 선택된 자와 선택되지 못한 자에 대한 결정의 표징이라면, 믿음으로의 소명은 오직 영원 전부터 선택된 자에게만 향할 수 있다. 다른 사람들은 복음이 제공하는 구원을 전혀 수용할 수 없다. 왜냐하면 그들은 영원 전부터 배제되었거나, 혹은 하나님이 영원 전에 그들이 복음에 대한 믿음을 거부할 것을 미리 아셨기 때문이다. 그러나 후자의 경우에도 질문이 제기된다. 하나님의 미리 아심은 피조물이 자신의 역사적 상황 안에서 자유로운 결정을 내릴 수 있는 공간을 허용하는가? 예정 행위의 "절대적" 이해—이에 따르면 신적 선택 혹은 비선택은 해당된 자들 편에서의 그 어떤 미리 예견된 여건을 통해서도 제약되지 않는다고 한다—에서 비로소 역사 안에서 복음을 통해 주어지는 소명의 공개성이 문제가 된다. 우리는 믿는 자들을 위한 구원의 약속이 모두에게, 복음의 선포가 도달하는 모두에게 똑같이 진지한 것이라고 생각할 수 있을까?

아우구스티누스와 마찬가지로[34] 칼뱅도 외적으로 주어지는 소명과 내적 소

---

32 이하의 내용에 대해 참고. F. Wagner, art, Berufung II & III, in : *TRE* 5, 1980, 684 - 713, bes. 693ff. (소명과 예정).

33 원시 그리스도교의 용어 사용에 따르면 복음을 통한 소명(살후 2:14) 혹은 복음 안에서 효력이 있는 하나님의 은혜를 통한 소명(갈 1:6)은 일차적으로 복음을 수용하는 자의 믿음과 그들이 그리스도와 연합하는 구원에 참여하는 것(고전 1:9)을 목표로 한다. 참고. F. Wagner, 같은 곳, 686f. 그곳의 참고문헌들을 보라. 소명의 전면에 선 것은 예수께서 제자들을 증언의 직으로 부르신 것과는 달리(이것은 Barth의 견해와 다르다 ; K. Barth, *KD* IV/3, 1959, 637 - 703, bes. 644ff., 658ff.), 구원의 수용 그 자체다. 물론 수용된 구원으로부터 증언의 의무가 시작된다.

34 Augustin, *De praed. sanct.* 16,32 (MPL 44,983) 그리고 18,37 : Ex hoc proposito eius est illa electorum propria vocatio, quibus omnia cooperatur in bonum : quia

명을 구분했을 때, 이 질문에 부정적으로 대답해야 한다는 필연성을 느꼈다. 복음의 설교를 통한 외적 소명은 모든 사람을 동등하게 믿음으로 초대하지만, 믿음을 가능케 하시는 성령을 통한 내적 소명은 오직 선택된 자에게만 주어진다는 것이다.[35] 이런 구분은 복음의 말씀의 가치를 떨어뜨리지 않는가? 이런 염려에서 루터교 교회일치 신조는 하나님이 교회를 통해 복음의 선포가 도달하는 모든 사람의 구원을 진지하게 여기지 않으신다고 주장하는 사람들을 정죄했다.[36] 칼뱅도 본래는 그렇게 주장하지 않았다. 왜냐하면 그는 소명이 예정을 명확하게 드러내어 알리는 것이며, 그 결과 부르심을 받는 자는 소명을 통해 자신의 예정을 기뻐할 수 있다고 서술했기 때문이다.[37] 그럼에도 불구하고 거기서, 칼뱅에 의하면 복음의 선포만으로는 그 수용자가 선택되었다는 충분한 증거가 될 수 없다는 사실이 여전히 남는다.[38] 그 증거는 영의 은사와 관련될 때 비로소 주어진다. 그렇다면 우리는 외적으로 만나는 복음의 말씀 안에서 선언되는 약속에 의지하는 대신에, 우리 자신 안에서 영

---

secundum propositum vocati sunt (Rom VIII,28), et sine poenitentia sunt dona et vocatio Dei (MPL 44, 988).

35 J. Calvin, *Inst. chr. rel.* III,24,8: duplicem esse vocationis speciem. Est enim universalis vocatio qua per externam verbis praedicationem omnes pariter ad se invitat Deus...Est altera specialis, qua ut plurimum solos fideles dignatur, dum interiori sui Spiritus illuminatione efficit, ut verbum praedicatum eorum cordibus insideat (CR 30, 718f.). 루터는 외적 소명(*vocatio externa*)이라는 개념을 칼뱅과 다르게 사용했다. 외적 소명은 특정한 직무로 부르심을 받는 것이고, 모든 그리스도인에게 공통적인 영의 소명(*vocatio spiritualis*)과 구분된다. WA, 34/2, 300.306. 비교. F. Wagner, 같은 곳, 691.

36 FC SD XI Neg. 3은 다음과 같이 주장하는 사람들을 정죄했다: Quando Deus nos ad se vocat, quod non serio hoc velit, ut omnes homines ad ipsum veniant (BSELK 821).

37 J. Calvin, 같은 곳, III,24,1 (CR 30,711).

38 J. Calvin, 같은 곳: Nam etsi evangelii praedicatio ex fonte electionis scaturit, quia tamen reprobis etiam communis est, non esset per se solida illius probatio. 또한 비교. III,21,7 (685f.).

의 작용에 대한 표징을 찾기를 기대해야만 하는 것이 아닐까? 영은 복음의 말씀을 믿음 안에서 받아들인 사람들에게 이미 전해지지(갈 3:2) 않았을까? 오늘날 개혁주의 신학자들조차도 외적 소명과 내적 소명이라는 칼뱅의 구분을 이제는 더 변호하지 않고, 그 대신에 영원한 예정과 역사적으로 구체적인 소명의 통일성을 강조하는 것은 이해할 만한 일이다. 오토 베버는 의미 깊게 말하였다. "경험적 소명은 하나님의 선택의 **결과**가 아니라 **형태**이다."[39] 그러나 예정과 소명의 연관성을 강조하는 것이 매우 올바르고 필연적인 것이라고 해도, 단순히 두 개념을 합치는 것만으로는 여기에 존재하는 문제가 해결되지 않는다. 바울은 복음을 통해 역사 안에서 일어나는 소명을 영원한 예정과 구분했고, 후자를 전자의 근거로 보았다. 그 결과 믿는 자들은 자신이 하나님의 신실하심 안에서 안전하게 보호받고 있다는 것을 알게 되었다. 그 신실하심은 하나님의 세계 통치의 맥락을 형성한다.

영원한 예정과 시간 안에서 일어나는 소명은 영원과 시간의 전체적인 관계를 고려할 때, 설명될 수 있다. 이 문제는 앞에서 설명된 바 있다.[40] 영원은 단순히 시간과 대립하지 않는다. 오히려 영원은 시간에 대한 다양한 양식 안에서 시간 전체의 흐름을 동시에 포괄한다고 생각되어야 한다. 생명의 전체성, 곧 시간 속 순간들의 연속성 안에서 언제나 단지 부분적으로만 실현되고 그 순간들의 순서를 통해 흩어지는 생명의 전체성으로서 영원은 시간을 구성하는 근거를 형성한다. 말하자면 그 근거는 시간 속 순간들의 연속성 안에 생기는 관계들의 조건이다. 그러므로 하나님의 영원한

---

39   O. Weber, *Grundlagen der Dogmatik* II, 1962, 553. 베버는 이 주장을 위해 칼 바르트(K. Barth, *KD* II/2, 204)를 언급한다. 브룬너도 이 문제에 관하여 유사하게 영원한 예정은 예수 그리스도 안에서 시간 안의 사건이 되었다고 말한다. E. Brunner, *Dogmatik* I, 1953, 343. "믿는 자는 곧 선택된 자이다"(345). 외적 및 내적 소명의 구분에 대해 비교. Weber, 같은 곳, 556ff.

40   『조직신학』 I, 648 – 664, 특히 660ff.

뜻(의도)이라는 사고에 상응할 수 있는 것은 단지 시간적으로 실현되는 시간 사건의 전체성뿐인데, 이 사건은 그것의 종말의 미래에 이르러 비로소 완성된다. 에베소서도 그렇게 말한다. 하나님이 시간들의 질서(*oikonomia*)를 그것의 완성을 향해 세우셨고, 하늘과 땅의 만물은 그리스도 안에서 통일될 것이다(엡 1:10). 이 진술을 통해 앞선 구절의 이해를 위한 준거 틀이 암시된다. 하나님이 예수 그리스도 안에서 "창세 전에 우리를 택하셨다"(엡 1:4). 하나님의 사랑의 의도는 아버지께 대한 아들의 연합에 참여하게 될 피조물을 가지시는 것을 목표로 하고(1:5), 아들을 세상 안으로 파송하신 것은 종말론적 완성 안에서 비로소 종결될 바로 그 뜻의 실현에 봉사하도록 하기 위함이었다. 그렇기에 믿는 자들의 예수 그리스도와의 연합은 하나님에 의한 그들의 영원한 예정의 표현이다. 하지만 여기서 하나님이 선택하신 자들로서 믿는 자들인 "우리"는 배타적 의미로 이해되어서는 안 된다. 비록 예정이 최소한 일정 기간만이라도 언제나 선택을 의미하기는 해도, 예정된 자의 숫자는 모든 사람을 향해 열려 있다. 그들은 후에 예수 그리스도와 그분의 복음을 통해 아버지께 대한 아들의 연합 안으로 받아들여질 사람들이다. 창세 전 하나님의 예정의 결의는 그들 모두에게 도달한다. 물론 그 결의가 모두에게 동시에 실현되는 것은 아니다. 로마서 8:28f.의 바울의 진술도 이와 비슷하게 이해되어야 한다. 바울에 의하면 예수 그리스도는 "많은 형제 중에서 맏아들"이며, 그 형제들은 아버지께 대한 맏아들의 관계 안으로 수용되며, 그 아들의 "형상을 본받게" 된다(8:29; 비교. 고전 15:49). 또한 여기서도 하나님의 예정을 수용한 자들로서 믿는 자들인 "우리"는 배타적 의미를 갖지 않고, 하나님의 구원 계획의 맥락, 그리고 구원사 과정 안에서 그 계획이 실현되는 맥락 안에 자신의 장소를 갖는다(비교. 롬 11:25-32). 물론 그 자리에서 각각의 개별 신앙인이 하나님의 영원한 예정의 대상, 또한 복음의 소식을 통한 소명의 대상이라는 사실에는 틀림이 없다. 그러나 그 누구도 자신만 홀로 그 대상이 되는 것은 아니다. 모든 개인은 예수 그리스도에 관한 복음을 믿는 믿음을 향한 소명의 역사적 사건을 통해 하나님의 영원한 예정에 참여하는 것이다.

예정 사상과 인류 역사 간의 관계를 다시 회복시킨 것은 슐라이어마허의 가
장 중요하고 지속적인 업적에 속한다. 그는 이러한 관계적 틀 안에서 역사적
소명(또한 칭의)과 영원한 예정을 결합했다. 영원한 예정 행위와 개별화된 개
인 사이의 추상적이고 비매개적인 관계, 즉 예정론의 고전적 형태의 특징이
었던 그 관계는 슐라이어마허의 이 작업을 통해 극복되었다.[41] 슐라이어마허
는 "그리스도의 나타나심"을 이것으로부터 시작되는 교회의 새로운 "공동
삶"과 함께 "인간 본성의 이제 막 완성된 창조"로 이해했던 것처럼,[42] 예정과
앞선 결정의 교리를 "모든 각각의 사람에게 구원을 실현하는 질서"(§119,1)로
서술했다. 여기서 "질서"라는 표현은 그리스도에게서 시작되는 구원의 맥락
안으로 편입되는 서로 다른 시점들의 순서와 관계를 가리킨다. "바로 이렇게
모든 개인이 각각 자신의 때에 그리스도와의 연합 안으로 편입되는 것은 오
직 다음의 사실, 곧 그 편입의 사건이 현시되는 과정에서 의롭게 만드시는 하
나님의 활동이 일반적 세계 질서를 통해 규정되고 그 질서의 한 부분이 된다
는 사실의 결과다"(같은 곳). 역사의 한 국면 안에서 선택되지 못한 자들은 단
지 일정한 시간 동안만 간과되는 것이며, 궁극적으로 배척되는 것이 아니다
(§119,2). 역사를 운행하시는 하나님의 섭리와의 관계를 생각할 때, 개인의 칭

---

41 리츨도 슐라이어마허 예정론의 의미에 대해 비슷하게 판단했다. A. Ritschl, *Die
christliche Lehre von der Rechtfertigung und Versöhnung* III, 2.Aufl. 1883, 120f. 슐라이
어마허의 관점을 많은 점에서 수용한 나의 논문을 비교하라. "Erwählung" III, in:
RGG 3.Aufl. II, 1958, 614-621. 리츨은 슐라이어마허의 관점을 예비한 일련의 구프
로테스탄트 신학자들을 언급했다. 루터교 진영에서는 V. Strigel과 Sam. Huber가 있
고, 개혁주의 진영에서는 W. Amesius와 J. H. Heidegger가 있다.

42 F. Schleiermacher, *Der christliche Glaube*, 2.Ausg. 1830, §89 시작명제. 이에 대한 상
세한 설명을 『조직신학』II, 535ff.에서 보라. 이하 본문의 괄호 표시는 여기서 언급한
슐라이어마허의 저작을 가리킨다.

의 안에서 각각 현시되는 하나님의 예정은 인류의 역사 과정으로 묘사된다.[43] 칼 바르트의 그리스도 중심적 예정론은 많은 점에서 슐라이어마허의 구상과 비교될 수 있다. 특히 슐라이어마허와 마찬가지로 바르트의 예정론도 예수 그리스도를 마지막 궁극적 아담으로 보는 바울적 해석(롬 5:12ff.)의 의미에서 그리스도론과 인간론을 결합한다는 점에서 비교가 가능하다.[44] 물론 바르트 는 인간론과 그리스도론의 관계를 슐라이어마허와 다르게, 다시 말해 우선 적으로 역사신학적인 상응이 아니라 예수 그리스도에게서 모범적으로 실현 된 존재에 대한 형상적 상응으로 규정했다. 슐라이어마허가 그리스도의 성 육신을 "전체 인류라는 종(種)의 거듭남의 시작"(§116,2)으로, 그리고 예정을 그 목적이 하나님의 세계 통치를 통해 실현되는 길(§116,1)로 이해했다면, 바 르트는 인간이신 예수 그리스도 자신을 하나님의 예정의 최초 및 포괄적 대 상으로 생각했고, 나아가 이것을 그분 안에서 인류의 공통된 인간성 그 자

---

43 슐라이어마허는 이 주제를 다음의 논문에서 더욱 상세하게, 그리고 더욱 칼뱅의 사상에 의존하면서 설명했다. "Über die Lehre von der Erwählung, besonders in Beziehung auf Herrn Dr. Bretschneiders Aphorismen," in: *Theologische Zeitschrift* 1, 1819, 1-119(개정판. *Sämtliche Werke* 1/2, 1836, 393-484). 브레트슈나이더가 이 논 문에 대해 응답했다. K. G. Bretschneider, Die Lehre Calvins und der reformierten Kirche von der göttlichen Vorherbestimmung dargestellt nach der neuesten Vertheidigung derselben durch Doctor Schleiermacher, beleuchtet, *Für Christenthum und Gottesgelahrtheit* 4, 1820, 1-96. 슈트라우스의 비판은 슐라이어마허의 예정론 안에서 칼뱅주의적인, 그러나 또한 스피노자를 통해 수정된 결정론의 변종을 발견 했을 뿐이었다. D. F. Strauß, *Die christliche Glaubenslehre* 2, 1841, 458ff. 결정론이 라는 비판은 최근에 코흐가 이어받았다. T. Koch, art. Erwählung IV, *TRE* 10, 1982, 197-205(특히 199). 코흐에 의하면 하나님의 전능하신 뜻이 모든 사건을 미리 앞 서 규정한다는 생각은 은혜에 관한 논의의 의미는 물론 선과 악의 구분도 미심쩍게 만든다. 그러나 슐라이어마허에 대한 코흐의 이런 판단은 슐라이어마허의 신적 세 계 질서의 개념이 그리스도로부터 시작되는 구원을 향해 나아간다는 목적 지향성의 중요성을 과소평가하고 있다.

44 이 주제에 대한 바르트의 해석과 관련해서 참고. K. Barth, *Christus und Adam nach Röm, 5. Ein Beitrag zur Frage nach dem Menschen und der Menschheit*, 1952.

체가 선택된다는 방식으로 설명했다.[45] 바르트는 자신의 이해를 일련의 성서 진술들을 통해 정당화했는데, 그 가운데 에베소서 1:4이 가장 적합한 것이었다. 하나님이 창세 전에 우리를 예수 그리스도 안에서 택하셨다.[46] 물론 바르트는 에베소서 3:9-11의 의미에서 하나님의 선택 행위의 역사에 대한 사고를 그리스도 안에서 만물이 통일될 것이라는 목적을 향한 행위의 맥락과 결합하지 않았고, 오히려 에베소서 1:4에 따라 "창세 전에" 일어난 선택을 선재하는 신인(神人)이신 예수 그리스도의 선택으로 이해했다. 이 선택에 따라 그 밖의 인류도 마찬가지로 하나님의 선택의 대상이 된다.[47]

슐라이어마허처럼 칼 바르트도 칼뱅의 전통 안에서 예정 개념과 필연적으로 결합된 배척이라는 사상을 굳게 붙들었다. 그러나 슐라이어마허가 배척을 하나님의 예정의 결의가 실현되는 과정 안에서 일정 기간만 지속되는 잠정적 간과로 해석했던 반면에, 바르트는 배척 사상의 기초를 예정의 그리스도론적 근원 안에 두었고, 신인이신 예수 그리스도를 하나님에 의해 선택된 유일한 분으로만이 아니라 그와 동시에 하나님에 의해—물론 우리를 위해 우리를 대신하여—배척당하신 유일한 분으로 서술했다(II/2, 500ff.). 바로 이 배척을 아버지께 대한 아들의 관계 안으로, 곧 예정 사건의 영원한 근원 안으로 받아들임으로써, 바르트는 예정 사건을 그 자체 안에 닫혀 있고 그래서 외부를 향한 모든 관계로부터 독립적인 것으로 묘사했다. 그 결과 다른 모

---

45   K. Barth, *KD* II/2, 1942, 124ff.132. 이어지는 본문의 괄호는 이 책을 가리킨다.

46   *KD* II/2, 109f. 하지만 에베소서 1:4은 시간 이전의 예수 그리스도의 선택을 직접 말하지 않으며, "그분 안에서" 믿는 자들이 선택되었다는 것을 말한다. 예수 그리스도의 예정이라는 사고를 위해서 바르트는 오히려 요한에게 세례를 받으실 때 들려온 하늘의 음성(막 1:11)을 인용했더라면 더 좋았을 것이다. 에베소서에서 선택의 진술은 어쨌든 예정의 상념과 결부되어 있지는 않다. 예수 그리스도의 예정에 대한 그런 종류의 진술을 신약성서 안에서 예시할 수 있는 유일한 가능성은 바르트(같은 곳, 112ff.)와 함께 요한복음 서론의 시작 부분을 인간 예수와 관계시키고, 그것을 예정의 진술로 이해하는 것이다. 이에 대해 아래의 각주 71을 보라.

47   전자에 대해 *KD* II/2, 111ff., bes. 118, 후자에 대해 II/2, 457f.382을 보라.

든 선택과 배척은 오직 아버지와 아들 사이에 발생한 "영원한 역사"(202)의 상응과 반복으로 관찰된다. 그러나 배척에 대한 바르트의 그리스도론적 해석은 성서적 근거를 가진 것으로 인정될 수 없다. 십자가에서 일어난 아들의 "헌신"(롬 4:25; 8:32; 비교. 고전 11:23)은 아버지에 의한 아들의 배척과 같은 의미를 갖지 않는다. 비록 그분은 다른 사람들에게 배척당했고(막 8:31; 눅 9:22; 눅 17:25) 십자가에서 우리를 위한 저주를 감당하셨지만(갈 3:13; 비교. 신 21:23), 바로 그 점에서 아버지로부터 배척당하신 것은 아니고, 오히려 아버지와 아버지로부터 받은 파송에 순종하신 것이다. 죽은 자들로부터의 부활은 그분을 아버지께 순종하는 아들로 확증했다(빌 2:9).

소명 사건은 바르트에게 있어 영원한 예정의 시간적 형태다. 그 사건은 단순히 소명을 받은 자가 이미 영원 전에 예정된 자라는 사실을 "드러낼" 뿐이다(II/2,375). 이 의미에서 중요한 것은 소명이 그들의 영원한 예정에 "상응"(380)하는 사건이며, 단순히 역사 과정 속에서 일어나는 그것의 실현이 아니라는 점이다. 예정은 바르트에 의하면 "시간적 사건의 영원한 규정"(203)이다. "예정은 시간 속에서 영원히 **발생한다**"(204). 이와 비교할 때 바울에게서 핵심은 "이전에 미리" 내려진 하나님의 뜻(의도)이 소명과 칭의의 역사로서 미래의 영광을 향해 나아가는 구원사의 진행 안에서 실현되는 것이다(롬 8:30). 에베소서 안에서도 핵심은 하나님의 역사 계획(*mysterion*, 엡 1:9)이다. 이 계획은 시간의 진행 속에서 만물이 그리스도 안에서 통일됨으로써 성취될 것이다. 예수 그리스도께서 역사 속에 나타나신 것은 그 계획을 믿는 자들에게 미리 앞서 계시해주기 위함이다. 바르트보다 슐라이어마허가 영원한 예정과 이러한 구원사 간의 관계를 더욱 명확하게 보존했다. 그러나 슐라이어마허는 배척을 단지 아직은 선택된 자가 아닌 사람들에 대한 일시적 간과로 생각함으로써(§119,2), 그도 바르트와 마찬가지로 결과적으로는 배척을 그리스도론적으로 상대화했지만, 그럼에도—이 점에서는 바르트보다 더욱 결정적으로—그리스도 안에서 일어난 하나님의 예정의 필연적·종말론적 목적으로서 만물의 회복이라는 표상에 도달했다(§118,1; 비교. §120 부록). 그 과정에서 슐라이어마허는 하나님 없는 자에게 내려질 최후의 심판에 대한 교회의 가르침 및 성서적 진술들과 맞서게 되었다.[48] 우리는 슐라이어마허가 그런 방향으로 나아갔던 중요한 이유를 충분히 검토해야 하며, 또한 하나님의 은혜로우신 의지를 미심쩍게 보이도록 하는 신학적 유보에 대한 바르트의 경고를 명심해야 한다. 하나님 없는 자들에 대한 하나님의 진노와 최후의 심판에 대한 표상은 마치 예수 그리스도 안에서 나타난 하나님의 보편적 구원 의지를 공허하게 만든다거나, 다른 한편으로 "그리스도교적인 연민"(§118)에 상처를 입히는 식으로 상상되어서는 안 된다. 이 연민은 잃어버린 자들을 구원하시려는 하나님 자신의 사랑에 참여하는 것으로 이해되어야 한다. 이 문제의 해결은 예정론의 범위를 벗어난다. 그것은 종말론의 맥락에서 논의되어야 할 것이다. 여기서 결정적인 것은 심판과 구원이 서로 어떻게 관계되는가의 문제다. 이 문제와 관련해서 최후의 심판이 만물이 예수 그리스도 안에서 통일되는 종말 사건의 하나의 국면으로서 어떻게 이해될 수 있는지도 설명되어야 할 것이다. 그러한 통일은 에베소서 1:10에 따르면 하나님의 구원 계획의 대상이다. 슐라이어마허도, 바르트도 예정론과 종말론의 관계를 시간 개념 안에서 충분히 숙고하지 못했다. 그러나 우리는 그 관계를 명확히 이해해야 한다. 그래야 "창세 전" 예정의 사상이 섭리론과 결합될 때 쉽게 떠오르는 결정론의 의혹을 물리칠 수 있게 될 것이다. 그 결정론은 마지막의 만인 화해를 지향하는 "은혜의 승리"에 있어 인간의 독립성을 감소시킨다. 결정론은 죄와 과실에 대한 영원의 중요성을 사소하게 만듦으로써, 실상은 인간의 자유의 진지한 수용을 소홀히 한다. 다시 말해 인간 안에서 아들 됨을 실현하

---

48 이에 대해 나의 설명을 보라. in : *RGG* 3.Aufl. II, 1958, 618. 만인구원론에 대한 바르트의 입장과 관련해서 비교. G. C. Berkouwer, *Der Triumph der Gnade in der Theologie Karl Barths*, 1954, dt. 1957, 98ff., 107f. 바르트가 만인구원론의 결과를 회피할 수 있었던 이유는 베르카우어에 의하면 오직 한 가지다. 그것은 그가 형이상학의 모든 역사를 은혜의 설교를 위해 포기했다는 것이다(103). 이 지점에서 언제나 또다시 바르트에게 제기된 질문은 설교자도 최종적으로는 자신이 진술하는 명제에 따른 사상적 결론을 쉽게 회피할 수 없다는 사실을 예시한다.

는 일에 불가결한 자발성, 곧 자발적으로 아버지께로 향하는 것을 소홀히 여기는 것이다.

예정의 행위는 "창세 전"(엡 1:4)의 영원이라는 시간 이전의 국면에 속할 뿐만 아니라, 또한 종말론적 미래의 완성에도 속한다. 하나님의 역사 계획의 영원한 "목적"은 바로 그 완성을 향해 나아간다. 완성은 에베소서 1:10에 의하면 만물이 예수 그리스도 안에서 통일되는 것이다. "그리스도 안에서" 믿는 자들을 선택하셨다는 에베소서 1:4의 사상은 그 완성과 관련된다. 만물은 아들이신 그분 안에서 통일될 것이다. 믿는 자들은 태초부터 그것에 참여하도록 선택되었다. 왜냐하면 선택의 행위는 아버지께 대한 예수 그리스도의 아들 관계 안으로 편입되는 것(엡 1:5)을 지향하기 때문이다. 이 점에서 믿는 자들은 그 자체가 "그리스도 안에서" 선택된 자들이다. 그들의 선택은 하나님의 미래에 창조의 완성을 이루게 될 것이 그들에게는 지금 이미 예기적으로 주어진다는 사실에 놓여 있다. 이 점에서 그들은 사실상 믿음으로의 소명과 더불어 또한 자신의 영원한 선택의 확신도 수용한다.

아들은 창조의 완성자이실 뿐만 아니라, 또한 창조의 근원이시다. 이것은 "그분 안에" 있는 믿는 자들이 창세 전에 선택되었다는 사실에서 암시된다. 그들의 선택에 대한 확신은 태초에 세계의 현존재의 근거가 된 창조 원칙에 뿌리를 두고 있다. 그러나 아들이 창조의 근원이신 것은 그분이 창조의 완성자가 되시는 것과 동일한 방식이 아니다. 아들이 창조의 근원이신 것은 그분의 아버지로부터의 자기구분이—하나님께 대한 타자성 안에서와 마찬가지로 또한 그 밖의 피조물들과의 관계 안에서도—하나님과 구분되는 모든 현실성의 일반적 원칙이 된다는 점에서다.[49] 피조적 현존재의 특수성과 독립성도 그 원칙에 근거한다. 이에 대해 아들이 창조의 완성

참고. 『조직신학』 II, 62-80.

자가 되시는 것은 그분 안에서 만물이 "통일된다"는 사실을 통해서다. 이 사실에는 창조의 독립적 현존재가 전제된다. 그러므로 창조의 생성과 관련된 아들의 사역과 만물의 종말론적 완성과 관련된 아들의 사역의 차이는 창조의 고유한 독립적 현존재의 공간을 열어준다. 물론 이 차이와 관계없이 태초학(Protologie)과 종말론은 영을 통한 아들과 아버지의 영원한 연합 안에서 언제나 결합되어 있다. 피조물의 독립적인 존속 자체는 이미 언제나 영을 통한 하나님과의 연합을 필요로 한다.[50] 아들이 영을 통해 아버지와의 영원한 연합 안에서 살아 있듯이, 또한 아들 됨도 오직 영의 사역을 통해 피조물 안에서 형태를 얻는다. 물론 이것은 영이 피조물 안에서 아들 및 아버지께 영광을 돌려드리기 위함이며, 피조물로 하여금 아들처럼 자신의 아버지로부터의 구분을 (그와 함께 유한성과 피조성을) 수용하도록 하기 위함이다. 영이 모든 생명의 근원인 것처럼, 또한 영의 사역을 통해 아버지께 대한 아들 관계의 자발성이 피조물 안에서 등장한다. 이 등장은 화해의 사역을 통해 매개된다. 화해 사역은 아들이 자기 곁에 아버지께 대한 관계 안에서 피조물이 독립성을 갖기 위한 공간을 제공하는 근거가 된다.[51] 피조물의 그 관계는 아버지께 대한 예수 그리스도의 아들 관계에 영을 통해 참여함으로써 실현된다. 이와 같이 영은 창조를 완성하며, 만물을 아버지께 대한 예수의 아들 관계 안에서 통일시킨다.

그리스도 안에서 선택된 자들은 모두 아버지께 대한 그분의 아들 관계에 참여하고, 이를 통해 그분과 결합한다. 그렇기에 예수 그리스도께 대한 믿음의 소명을 수용하고 붙드는 사람은 자신의 영원한 선택을 지금 벌써 확신할 수 있다. 그러나 영원한 선택은 현재 소명 받은 자들만 소유하는 것이 아니다. 선택은 인류와 창조 전체의 규정이 종말론적으로 완성되는 사건에 참여하는 것을 뜻한다. 그러나 인류의 규정에 대한 선택된 개인

---

50 참고. 『조직신학』 II, 800ff., 210ff.
51 참고. 『조직신학』 II, 767f.

들의 관계는 공동체를 통해 매개된다. 바로 선택된 자들이 속하고 그 자체로도 하나님의 선택의 대상인 공동체다.

c) 개인의 선택과 공동체

그리스도교의 고전적 예정론이 하나님의 영원한 선택을 고립된 개인들 및 그들의 구원과 관련시킨 반면에, 이스라엘의 예정 전통들 안에서는 우선 민족의 선택이 중요시되었다.[52] 개인의 선택이 말해질 때도 구약성서 안에서 그것은 언제나 민족의 선택과의 관계 안에 있다. 개인은 민족을 위한 봉사로 선택되거나 소명을 받는다. 의심할 바 없이 그때 그는 하나님과 특별히 가까운 관계 안에 놓인다. 그러나 이스라엘 안에서는 왕의 선택조차도 민족의 선택과 관련되고 나아가 어떤 의미에서는 그것에 예속된다는 사실이 타당했다.[53] 이에 대해 민족의 선택은 구약성서 안에서 철저히

---

52   이 사상이 처음 나타나는 곳은 신명기(14:2; 비교. 4:37; 7:6f.; 10:14f.)가 아니고 아모스(3:20)다. 일련의 시편 안에서 그 사상은 특히 이스라엘의 족장인 야곱과 관련되어 있다(시 135:4; 105:6; 비교. 47:5). 코흐에 의하면 이 사실은 신명기(214ff.)와 마찬가지로 제2이사야(같은 곳, 221f.)에도 이미 전제되어 있다. 하지만 신명기는 예정의 시점을 출애굽 사건과 결합하며, 족장 전승들과의 관계도 다른 용어들로 표현했다(Koch 216). 그래서 코흐는 "야웨가 족장 야곱과 함께 이스라엘을 선택하셨고 그로부터 한 민족을 자기 소유로 얻기를 원하셨다는 것을…고대 이스라엘의 공동체적 관점"으로 부를 수 있었다(223). 코흐의 이러한 이해는 빌트베르거와 제바스(Wildberger/H. Seebaß)의 견해와 대립된다. 이 두 사람은 왕의 선택의 표상을 민족의 선택보다 우위에 두었다. 쉐퍼가 이 주장을 옹호했고, 새로운 논증을 통해 넓은 토대 위에 기초시켰다. B. E. Shafer, The Root bhr and the Pre-Exilic Concepts of Chosenness in the Hebrew Bible, in: ZAW 89, 1977, 20–42. 이 논증을 위해 쉐이퍼는 야웨에 의한 땅의 선택(땅의 소유)에 대한 시편의 진술들(예를 들어 시 47:5; 78:55.71)을 인용해서 민족의 선택이라는 표상을 위한 증빙으로 삼았다(같은 곳, 29, 39f., 41f.).

53   비교. G. Quell, in: ThWBNT IV, 1942, 159 zu 2.Sam 5:12. 크벨의 판단에 의하면 일반적 관점에서도 "야웨에 의한 개인 인물들의 선택"(156ff.)은 "야웨 공동체가 선택되었다는 믿음과의 관계 안에서 생각되었다"(158). 그것은 말하자면 선택된 민족의 삶 속에서 특수한 기능을 행사하기 위한 선택인 것이다. 이런 특성이 메소포타

타자를 위한 봉사의 관점 아래서 생각되지 않았다.[54] 특별히 신명기에서 민족의 선택은 오직 모든 민족 가운데서 야웨를 위한 "소유"로 선별된 것(신 7:6; 14:2)으로 이해되었다.[55] 그러나 제2이사야에서 이스라엘은 하나님의 "종"으로 묘사되며, 하나님에 의해 선택된 자로서 하나님의 영을 받았고, "그와 함께 그 선택된 자는 열방 가운데 의를 나타내야 하며"(사 42:1), 그 의를 통해 열방이 야웨의 신성을 인식할 수 있도록 해야 한다(사 42:1).[56] 이렇게 해서 이스라엘은 "열방의 빛"(사 42:6; 49:6)이다. 아브라함 전승(창 18:18f.; 12:3)에서와 비슷하게 제2이사야의 말씀 안에서도 이스라엘 민족과 그것의 하나님과의 특수한 결합이라는 결정은 열방의 세계 전체와 관련되어 있으며, 이제는 예정의 사상과도 연결된다. 여기서 예정 사상은 개인들의 예정과 마찬가지로 봉사의 기능을 포함하는데, 이것은 자신의 하나님과 그분의 의로우신 뜻에 대한 증언의 봉사를 뜻한다.

예정에 관한 신약성서의 진술들은 더욱 강한 수준으로 개인들을 하나님의 예정의 대상으로 바라본다. 이것은 묵시문학이 사용하는 언어와 상응하는데, 이 언어는 선택된 자들—이들이 종말론적 공동체를 구성

미아와 특히 이집트의 왕 선출에 대한 이해와 어떤 관계에 있는지—이에 대해 크벨은 증빙 자료들을 인용했다(161)—는 여기서 상세히 논의하기 어렵다. 쉐이퍼(B. E. Shafer, 같은 곳, 31ff.)에 의하면 이스라엘 안에서 왕의 선출에 대한 포로기 이전의 관점은 민족의 선택이라는 표상을 앞서 전제하며, 그다음에 이차적으로 고대 근동의 왕 선출의 표상들과 겹쳐졌다. 하지만 빌트베르거는 다른 견해를 갖고 있다. H. Wildberger, im: *Theologischen Handwörterbuch zum Alten Testament* 1, 1971, 275 – 300.

54 참고. K. Koch, 같은 곳, 220. 반대 의견으로 참고. Th. C. Vriezen, *Die Erwählung Israels nach dem Alten Testament*, 1953, 32,41,53,109f.

55 이에 대해 참고. H. Wildberger, *Jahwes Eigentumsvolk. Eine Studie zur Traditionsgeschichte und Theologie des Erwählungsgedankens*, 1960, bes. 17ff.,76ff.

56 비교. 이사야 2:3; 제2이사야 안에 나오는 이스라엘의 "증인 역할"의 주제에 대해 참고. G. Quell, 같은 곳, 172f. 이러한 봉사의 기능은 "하나님의 종"의 사상을 집단에 적용한다면, 코흐(K. Koch, 같은 곳, 220)의 설명에서 인식할 수 있는 것보다 제2이사야에서 더욱 강하게 표현되었을 수도 있다.

한다―을 다른 모든 민족으로부터 뚜렷이 구분한다. 그 과정에서 그리스도인들은 쿰란[57]과 같은 유대적 종파가 그랬던 것과 비슷하게, 하나님의 선택된 자들이 구성하는 종말론적 공동체가 자신의 고유한 사귐 가운데 이미 출현해서 현재한다는 사실을 의식한다. 그렇기에 바울이 예정된 자를 복수형으로 말할 때, 핵심은 그리스도교 공동체다(고전 1:27-29; 비교. 살전 1:4; 또한 롬 8:33f.). 그들의 선택의 근거는 예수 그리스도께 속한다는 것(고전 1:30; 비교. 엡 1:4)이며, 그 결과 바울에게 있어 선택된 자들이 종말론적 공동체로서 출현하는 것뿐만 아니라, 또한 그 지체들의 예정 사건도 "역사화"되었다. 그들의 예정의 영원한 근거, 즉 예수 그리스도(비교. 엡 1:4) 자신이 역사 안으로 들어오셨고, 그래서 그들의 소명의 출발점이 되셨다. 이를 통해 공동체적 유대에 대한 예정된 자들의 관계는 구약성서가 보고하는 특별히 선택된 개인과 비교할 때 다른 강조점을 획득한다. 한 분 주님께 속함으로써 모든 개별 그리스도인은 공동체로 결합하며, 그래서 공동체의 지체가 되는 것은 이미 개인적 예정의 표현이 된다. 여기서 예정은 공동체에 대한 특정한 은사의 봉사들 안에서 단지 이차적으로 표현된다.

개인 예정과 집단 예정 사이의 서로 다른 관계 규정에도 불구하고 선택하시는 하나님의 뜻은 신약성서 안에서도 공동체를 향하며, 공동체를 넘어 인류 전체로 향한다. 그리스도교 교회는 종말론적 공동체로서 자기 자신을 넘어 인류 전체로 향하는 하나님의 구원 의지 곧 예수 그리스도 안에서 나타난 하나님의 구원 의지를 증언한다. 믿는 자들이 교회 안에서 그리스도 안에 근거한 공동체를 향해 하나로 결집된다는 점에서, 교회는 그렇게 증언할 수 있다. 이렇게 결집된 공동체는 인류 전체의 규정, 나아가 창조 전체의 규정에 대한 모델이 된다(엡 4:10f.). 그렇기에 특수한 예

---

[57] 비교. F. Dexinger, Henochs Zehnwochenapokalypse und offene Probleme der Apokalyptikforschung, 1977, 177ff. 덱싱어가 제시하듯이(177ff., 188) 이러한 자기이해는 에녹서 91-93, 특히 93.5와 10에 있는 10주간의 묵시록에서 발견된다.

정은—그것이 개별 그리스도인이든지 그리스도교 공동체이든지 관계없이—하나님의 포괄적 구원 의지에 봉사하게 된다. 공동체와 마찬가지로 믿는 자 개인에 대해서도 특수한 선택은 예수 그리스도 안에서 내려진 하나님 나라 안의 공동체를 향한 인류의 규정에 대한 예기로서 서술된다. 이 예기가 예정 개념을 구성한다. 예수 그리스도 안에서 계시된 인류의 종말론적 규정은 그리스도 안에 있는 하나님의 영원한 예정에 참여하는 소명 사건 안에 선취적으로 현재한다. 개별적으로 예정된 자 안에서 인류의 규정은 철저히 외적으로 드러난다. 이를 통해 예정된 존재가 갖는 특수한 의식의 근거가 놓인다. 이를 통해 예정된 자는 그와 동시에 하나님의 구원 행동의 더 큰 목적들을 위한 봉사의 직무 안에 놓인다. 선택된 자들은 그들의 선택과 이것을 통해 그들에게 수여된 구원을 그들 자신만을 위해 소유하지 않는다. 그렇게 하는 것 곧 다른 사람들, 특히 소위 배척된 자들로부터 자신을 오만하게 분리하는 것은 예정의 확신 자체를 왜곡한다. 참된 예정의 확신은 인류를 위한 봉사, 그리고 인류가 개인들을 위해 일시적으로 자신을 구체적으로 드러내고 있는 공동체들을 위한 봉사 안에서 표현된다. 이것은 하나님의 배타적 선택의 대상인 예수의 역사와 사역 안에서 예시적으로 실현된다(막 1:11과 병행구절; 9:7과 병행구절; 특히 눅 9:35). 왜냐하면 그분은 지상에서 인간을 위해 봉사하는 삶을 사셨기 때문이다(비교. 눅 22:28). 그래서 그분은 자신을 낮추시고 아버지께서 파송하신 목적에 순종하셨다(빌 2:7f.).

하나님의 예정은 하나님과의 화해에 근거하여 인류의 종말론적 공동체를 수립하는 것을 목표로 한다. 그렇기에 역사 안에서 하나님의 직접적인 목표는 하나님의 백성이다. 이 목표는 그 백성 자체를 위한 것이 아니고, 인류의 종말론적 완성의 예시적 실현을 위한 것이다. 이 의미에서 나사렛 예수의 메시아로서의 선택도 우선 옛 계약의 하나님 백성을 향해 복음을 선포하는 봉사와 관계되었는데, 이 관계는 그 봉사의 일이 바로 그 백성에 의해 거부된 후에 그분 자신이 생명의 희생을 드린 만찬 공동체에 근거하여 새 계약의 교회가 시작되기 이전까지 계속되었다. 그리스도교 예정론의 전통적 형태는 선택하시는 하나님의 행동이 역사 속에서 공동체와 맺는 관계를 시야에서 상실했고, 그 결과 예수 그리스도의 선택과 하나님 나라의 공동체 사이의 관계는 더 이상 예정론의 주제가 되지 못했다. 전통적 예정론의 특징이 된 추상적 개인주의는 17세기의 몇몇 선구적 개혁주의 신학자들에 의해 비판을 받은 후 슐라이어마허에게 이르러 결정적인 장벽에 부딪쳤다. 슐라이어마허는 예정의 대상이 일차적으로는 교회이며, 선택된 개인들은 이차적이라고 이해했던 것이다. 개인들은 단지 교회의 지체로서 선택되었고, 서로 다른 시점에 교회 안으로 접목된다.[58] 그러나 슐라이어마허는 아직은 예정 개념을 예수 자신에게 적용하지 않았고, 이를 통해 예수의 사역과 교회에 대한 관계를 특징적으로 서술하지는 않았다.[59] 이 적용은 알브레히트 리츨에 의해 비로소 행해졌다. 그러나 그 결합의 정확한 의미는 현재의 신학적 논의에 이르러서도 완전하게 해명되지 않았다.

알브레히트 리츨은 슐라이어마허의 『신앙론』 §89,1을 훌륭한 업적으로 평가했다. 거기서 슐라이어마허는 하나님의 결의라는 개념이 인간 창조의 완성을, 그와 함께 개인의 선택이 아니라 "새로운 피조물 전체"(§119,3)를 목표로 한다고 말했다.[60] 슐라이어마허는 이를 통해 아우구스티누스에게까지 소

---

58   F. Schleiermacher, *Der christliche Glaube*, 2.Ausg. 1830, §117. 이 단락에서 슐라이어마허는 하나님 개념을 교회 개념과 같은 의미로 사용했다. 비교. §113, 4. 교회의 선택에 대해 참고. Melanchthon, CR 21, 913ff.

59   이 서술을 위한 단서는 그리스도가 교회의 머리로 예정되었다는 중세 스콜라주의의 교리 안에서 주어졌다. 이 교리는 물론 일반적인 예정론과 체계적으로 결합되지는 못했다. 구정통주의 교의학이 이 주제를 다룬 방식에 대해 참고. A. Ritschl, *Die christliche Lehre von der Rechtfertigung und Versöhnung* I, 2.Aufl. 1882, 306ff.

60   A. Ritschl, *Die christliche Lehre von der Rechtfertigung und Versöhnung* III, 2.Aufl. 1883, 120ff. (§22). 코흐의 판단 곧 "개인들의 개별 구원의 확신에 대한 (개혁주의의) 근본

급되는 예정론적 개인주의를 단절시켰다. 리츨은 그 개인주의에 대하여 가혹하게 평가를 내렸다. "개인의 영원한 예정이란 성서적 관념도 아니고 종교적 표상도 아니며, 오히려 단순히 아우구스티누스가 자신의 추상적 신 개념으로부터 이끌어낸 결과일 뿐이다…."[61] 선택 사상과 결부되어 있는 제한성 — 다른 사람들을 간과하는 가운데 선택된다는 의미의 제한성 — 은 리츨에 의하면 개혁주의 신학이 발전시킨 이해, 곧 공동체를 하나님의 예정의 대상으로 보는 이해 안에서 적절하게 표현된다.[62] 그러나 이 이해는 모든 민족으로부터 오는 개인들에게, 이 점에서 또한 인류에게 열려 있는 것으로 해석되어야 한다. 이 점에서 리츨은 슐라이어마허에게 동의한다. 그러나 리츨은 그리스도와 공동체의 생성 사이의 관계에 대해 그 생성을 일차적으로 예수의 인격의 고유한 완전성과 지복성의 작용으로 파악하지 않고,[63] "예수의 역사적 활동의 직접적인 목적이 공동체의 근거를 마련하는 것"이라고 보았다. 말하자면 공동체가 하나님 나라를 선포하는 목적이라는 것이다.[64] 이런 의미에서 리츨은 그리스도를 "선택된 자들의 머리"로 새롭게 이해했고, 이와 함

질문"이 예정론에 대한 모든 집단적인 혹은 교회론적인 이해를 "문제의 핵심에서 넘어섰다"(*TRE* 10, 1982, 197)는 판단은 슐라이어마허에서 리츨을 거쳐 바르트(각주 66을 보라)에 이르는 근대 신학사 안에서 반대로 판단해온 경향을 알아채지 못했고, 특별히 종교개혁과만 전적으로 관계되는 것이 아니라 아우구스티누스까지 소급되는 예정론적 개인주의와 그것의 해결 불능의 명제에 대한 그들의 논쟁을 고려하지도 못했다. 물론 좀 더 집단적인 혹은 교회론적인 방향을 지향하는 예정론에서도 개인들이 공동체의 선택을 통해 그 안에서 도달될 수 있는 구원에 참여하는 문제가 질문되는 것은 틀림없다. 이 질문은 교회에 대한 "외적 소속"을 통해 이미 대답된 것은 확실히 아니다. 그러나 여기서 제기되는 "자신의 예정에 대한 개인들의 불안"(T. Koch, 198)은 개혁주의 신학 안에서 개인들에게 직접 관계되는 예정론을 통해서도 제거되지 않는다. 오히려 그 불안은 교회의 삶 속에서 행해지는 복음의 선포와 성례전의 수용을 통해 제거된다.

61 A. Ritschl, 같은 곳, 114.

62 A. Ritschl, 같은 곳 I, 308ff. bes. 309. 비교. III, 118ff., 122ff.

63 비교. F. Schleiermacher, *Der christliche Glaube*, 2.Ausg. 1830, §103,2.

64 A. Ritschl, 같은 곳 I, 309.

께 예정 사상을 그리스도 자신 및 그의 파송과 관련시켰다.[65] 이 두 가지 주
제—예정의 표상을 개인들보다 앞선 하나님의 선택의 객체로서의 공동체
와 연결시키는 것과 예수 그리스도의 인격을 예정의 대상 안에 포함시키는
것—를 칼 바르트가 수용했고 계속 발전시켰다. 그러나 고전적 예정론의 개
인주의에 대한 바르트의 비판적 설명[66]은 그가 슐라이어마허와 리츨이 이
미 예비했던 길로 나아가고 있다는 사실을 언급하지 않았다. 어쨌든 예정론
의 그리스도론적 집중은 바르트에게 있어 본질상 리츨보다 훨씬 더 강력하
게 등장했다. 이 집중은 1678년의 에베소서 1:4에 대한 개혁주의 계약(언약)
신학자인 프란츠 부르만(Franz Burman)의 해석, 즉 예수 그리스도는 인간성에
따라 그 자신이 처음 예정되신 자인 동시에 그분의 몸의 지체들에 대한 관점
에서는 또한 예정하시는 자라는·해석의 도움을 받은 것이다.[67] 바르트는 이
주제를 수용해서 하나님의 영원한 선택의 가장 직접적인 대상은 공동체가
아니라 오히려 유일무이하게 선택된 인간이신 예수 그리스도 자신이라고 생
각했고,[68] 반면에 공동체는 이차적으로, 다시 말해 예수 그리스도의 선택의
주변 영역과 반사로서 하나님의 예정의 대상인 것으로 보았다.[69] 선택과 배
척 표상의 바르트적인 독특한 연결—선택과 배척의 관계를 동일한 한 인격
에 관계시킴으로써 발생하는 연결—이 비로소 예수 그리스도가 자기 자신
을 위해서가 아니라 다른 인간들의 고난을 대신 받기 위해 선택되었다는 주
장을 가능하게 만든다. "그분 자신을 위해서가 아니라 오히려 우리를 위해,

---

65   참고. A. Ritschl, 같은 곳. 그리고 III, 121f. 여기서 리츨은 폰 호프만(J.Chr.K. v.
       Hofmann)과 폰 체츄비츠(K. A. G. v. Zezschwitz)의 견해를 따르면서, 이 두 사람이
       슐라이어마허의 서술과 관련해서 이룬 진보를 명확하게 지시한다.

66   K Barth, *KD* II/2, 215f., 336ff.

67   K. Barth, 같은 곳, 122f.

68   K. Barth, 같은 곳, 110ff., 125f.

69   K. Barth, 같은 곳, 216f.『교회교의학』§34 단원의 시작 명제에서 서술된 이러한 용
       어는 바르트적 유비론과 플라톤적 "원형–모사"(Urbild–Abbild)의 도식 사이의 구
       조적 연관성을 명확하게 제시한다.

인간 그 자체를 위해 그분은 선택되셨다…."[70] 이 결과에 이르기 위해 선택과 배척에 대한 바르트의 변증법적 결합을 통해 우회할 필요는 없다. 오히려 이미 예수 그리스도의 "머리"로서의 예정에 대한 계약(언약)신학적 표상 안에 "몸"으로서의 그분의 공동체에 대한 관계가 놓여 있다. 머리는 자기만을 위해 존재하지 않는다. 마찬가지로 예수 그리스도의 예정도 처음부터 하나님 나라의 선택된 공동체와 연관된 것으로, 그래서 가까이 다가온 하나님의 통치에 관한 복음을 선포하기 위한 그분의 파송과도 연관된 것으로 생각되어야 한다. 이것은 리츨의 사상이며, 바르트의 사상과는 대립한다. 예수의 선포는 리츨에 의하면 물론 교회의 근거와 직접 관계되는 것이 아니라, 우선적으로 유대적인 하나님의 백성에게로 향한다. 예수의 파송은 바로 그 백성과 관계된다. 그때 예수 그리스도의 선택이 그 밖의 사람들과 맺는 관계는 플라톤적인 원형 – 모사, 그리스도론적 중심을 둘러싼 반사 혹은 외적 내적 영역이라는 표상에 의해서는 적절하게 서술될 수 없다. 나아가 예수 그리스도의 선택은 하나님의 백성의 선택에 봉사하며, 하나님의 백성은 하나님과 함께하는 공동체를 향한 인류의 규정을 현실적으로 표현한다. 이 봉사는 인간 나사렛 예수의 정체성과 영원한 아들 사이를 매개한다. 하나님의 백성을 형성하는 믿는 자들은 아버지께 대한 영원한 아들의 관계 안으로 이끌려 들어가며, 예수 그리스도와 비슷한 형상으로 변화한다. "창세 전"에 예수 그리스도 안에서 믿는 자들이 선택되었다는 점(엡 1:4)은 만물이 예수 그리스도 안에서 통일되는 것을 목표로 하는 하나님의 구원 계획과의 관계 안에서 생각되어야 한다. 믿는 자들이 아버지께 대한 예수의 관계 안으로 이끌려 들어간다는 점에서, 그들은 "예수 그리스도 안에서" 선택되었다. 여기서 아버지와의 관계 안에 있는 아들 됨 혹은 자녀 됨은 확실히 각각의 개별 신앙인 안에서 형태를 갖게 된다. 그러나 이것이 하나님의 예정의 결의가 각각의 개인 그 자신에게 향한다는 것을 확실히 의미하지는 않는다. 물론 그 결의는 실제로 모든

---

70   K. Barth, 같은 곳, 132, 비교. 129.

개인에게로 향하기는 하지만, 그러나 그것은 언제나 다른 인간들, 나아가 인류 전체와의 관계 안에서 일어난다. 이것은 예수 자신의 선택에도 해당한다. 만일 개인의 예정이 근본적으로 공동체의 예정보다 우선한다면, 그것은 반드시 예수에게도 해당해야 한다. 바르트는 이 점에서 일관적이지 못했다. 예수가 그 자신만을 위해 선택된 최초의 인간으로 생각되어야 한다는 이해[71]는 우선 다음의 사실을 전제한다. 예정의 결의는 일차적으로 개인들 및 개인의 구원과 관계되어 있고, 거기서 사람들 사이의 순위로는 물론 예수 그리스도가 제일 앞선 위치에 있다는 사실이다. 그러나 에베소서 1:4과 10절의 의미에서 하나님의 예정의 결의가 인류, 나아가 창조 전체를 위한 구원의 결의와 결합되어 있다면, 그래서 고립된 개인과 전혀 관계되어 있지 않고 인류의 대표자로서의 하나님의 백성과 관계되어 있다면, 그때 예수의 선택은 그분의 역사적 파송과 함께—구약성서 안에서 이스라엘 왕의 선택과 유비를 이루면서—하나님 나라 안에서 실현된 인류의 미래 공동체에 대한 봉사로서 미리 앞서 이해될 수 있다.[72] 그 공동체는 하나님의 백성의 형태 안에서 잠정적으로 출현한다. 예수의 이름의 한 부분이 된 그리스도라는 칭호도 그 방향

---

[71]   이 의미에서 바르트(Barth, 같은 곳, 114)는 토마스 아퀴나스(Aquin, *S. theol.* III,24,1)의 견해를 수정했다. 바르트는 요한복음 1:2에 대한 자신의 주석에 따라 인간 예수가 태초에 하나님 곁에 계셨다고 말했기 때문이다. 인간 예수의 그 존재는 다른 모든 인간보다 앞서 그 인간이 홀로 선택되었다는 사상을 함축한다. 그러나 이러한 해석은 주석적 의문을 남긴다. 오히려 요한복음 1:2의 의미는 하나님의 영원한 로고스가 인간 예수 안에서 나타났다는 것이며, 그래서 "그"(Dieser)가 태초에 하나님과 함께 계셨다는 것이다. 그러므로 태초에 하나님과 함께 계셨던 분은 로고스이며, 예수의 인간적 현실성이 아니다. 물론 이 현실성 안에서 지금 로고스가 출현한 것은 맞다. 토마스는 예수 그리스도의 예정을 하나님의 구원사의 영원한 규정과의 포괄적 관계 안으로 끌어들임으로써(de his quae per gratiam Dei sunt fienda in tempore, 같은 곳), 성서 가운데 특히 에베소서 1장의 증언에 바르트보다 더 가까이 다가갔다.

[72]   이에 대해 나의 논문을 참고하라. Art. Erwählung III, in : *RGG* 3.Aufl. II, 1958, 614 – 621, 616.

을 가리킨다. 그리스도는 하나님의 백성의 메시아이며, 그런 자로서―홀로 자기 자신만을 위해서가 아니라―"아버지의 선택된 아들"(눅 9:35)이신 예수 그리스도이시다. 바로 그렇게 해서 다른 모든 사람도 그분을 통해, 그리고 그분 안에서 선택된다.

하나님과의 관계에 기초해서 인간들이 서로 함께 이루는 공동체, 곧 인간 창조의 완성을 목표로 하는 하나님의 예정이 직접 의도하는 대상인 공동체의 역할은 선택과 배척의 관계를 해명하는 작업에서 한 걸음 더 앞으로 나아갈 수 있게 해준다.

아우구스티누스 이래로 기준이 되어온 예정 개념의 이해 안에서 피조물의 제한된 숫자의 선택이 다른 선택되지 못한 자들의 배척을 논리적 결과로 포함한 것은 불가피한 일이었다. 예정이 시간 이전에 일어난 불변하는 하나님의 행위로 생각되었기에, 일정한 개인들을 선택하는 예정과 함께 그 밖의 다른 사람들이 영원한 구원으로부터 배제되는 것은 결정적인 일로 여겨질 수밖에 없었다. 선택에서 단순히 간과된다는 의미의 배척은 물론 아직은 선택되지 못한 자들에 대한 저주의 판결을 포함하고 있지는 않다. 왜냐하면 그런 판결에는 배척된 자들의 죄가 전제되기 때문이다. 그러나 구원의 선택에서 간과된 자들은 구원에 필연적인 은혜를 빼앗긴 것이며, 그래서 죄의 유혹에서 도움을 받지 못하여 결과적으로는 저주에 내맡겨져 있다.

예정의 행위가 우선적으로 공동체를 향한다면, 그 선택은 동시에 다른 공동체들을 배제하는 성격을 결과로 갖게 된다. 그래서 이스라엘 민족의 선택은 다른 민족들의 배제를 뜻한다. 왜냐하면 하나님은 오직 이 민족만을 자기 소유로 선택하셨고, 다른 민족들과 구분해서 하나님 자신에게 속하도록 하셨기 때문이다(신 7:6ff.). 그럼에도 불구하고 이 백성의 그런 규정에 참여하게 될 개인들의 숫자는 열려 있다. 게다가 선택된 민족이 하나님의 통치 아래 있게 될 인류의 궁극적인 미래 공동체를 위해 자리를 맡아

놓은 자로 이해된다면, 그때 어떤 개인이 그 종말론적 공동체에 속하게 되고 다른 누가 그렇지 않을지는 참으로 열려 있는 문제다. 이것은 그 종말론적 공동체에 속하게 되는 기회가 공통의 어떤 혈통과 관계가 없고, 그래서 다른 민족과 구분되는 특정한 민족에 속하는 것에 제한되지 않는 경우에 특별히 더 타당하다. 유대인과 이방인으로 구성된 교회는 하나님 나라 안에 있게 될 인류의 종말론적 공동체를 지금 여기서 표현하는데, 교회는 이스라엘 민족과 달리 그런 개방성의 특징을 갖는다. 다른 한편으로 그리스도교 교회는 구약성서적 하나님의 백성으로서 개인들을 하나님 나라의 종말론적 공동체 안으로 허용하거나 배제하는 결정을 내리는 기준을 알고 있다. 그 기준은 한편으로 구약성서가 증언하는 하나님의 의로운 뜻(Rechtwille)이며, 다른 한편으로 이에 대한 예수의 해석, 그리고 그 해석과 예수의 인격 사이의 관계다. 이 두 가지 기준은 그리스도교적 관점에서 실체적으로는 하나다. 예수의 해석은 구약성서가 증언하는 하나님의 의로운 뜻에다 아무런 내용도 덧붙이지 않는다. 거꾸로 하나님의 의로운 법질서의 내용은 예수의 해석을 통해 궁극적으로 규정된다. 그러므로 하나님이 예정하신 공동체의 현재 형태와 궁극적 형태 사이에는 매우 뚜렷한 관계가 있다. 그 관계는 그 공동체에 소속되는 기준과 이것에 대한 앎을 통해 주어진다. 그렇기에 하나님의 의로운 뜻을 따르고 예수를 그 뜻의 선포자와 해석자로 믿고 고백하는 사람은 이미 궁극적인 구원 공동체에 현재 참여하고 있다고 확신할 수 있다. 그러나 예언자들의 메시지에 따르면 하나님의 백성에 외적으로 속해 있다는 것이 이미 미래의 구원에 참여하고 있다는 보증인 것은 아니며, 거꾸로 역사적 하나님의 백성에 속하지 않은 사람들도 하나님의 의로운 뜻의 기준을 충족하는 경우에는 종말론적 구원 공동체 안에 속할 수 있다(마 8:11 및 병행구절).

어떤 공동체가 하나님의 백성으로 선택된다는 것은 그 공동체의 개별 지체들이 자신의 행위를 통해 하나님의 심판을 초래함으로써 멸망에 빠질 수 있다는 사실을 배제하지 않는다. 이 사실은 한 세대 전체에 해당할 수도 있고(렘 7:29; 비교. 14:19; 또한 애 5:22), 바울에 판단에 따르면 바울 시대에 살았던 그의 민족 전체가 그러했다(살전 2:16). 그럼에도 불구하고 해당된 공동체의 선택 그 자체는 깨어질 수 없이 확고히 확정된다(렘 31:37; 비교. 롬 11:1f., 28f.). 그들의 일시적인 완고함이 영원한 배척과 혼동되어서는 안 된다.[73] 또한 개인의 경우에도 일시적인 완고함이 돌이킴과 그에 따라 생명을 얻을 가능성을 배제하지 않는다(겔 18:21f.).[74] 물론 모든 개인은 각자의 행위들의 결과를 짊어져야 하지만, 하나님의 공동체의 구원이 죄의 책임을 져야 하는 자들에게 궁극적으로 폐쇄되어 있는 것은 아니다. 이 사실을 옹호하는 것은―최종적 만인구원설의 보증인 것은 아니지만―아직 열려 있는 역사 안에서 돌이키는 자에게 약속되어 있는 죄 용서의 가능성이다.

2. 하나님의 백성으로서 교회

하나님의 영원한 예정의 목표인 인간들의 공동체의 결정적인 형태는 하나님 나라의 종말론적 공동체 안에서 비로소 나타날 것이다. 역사 안에서 일어나는 하나님의 예정 행위는 아직 그 목표로 향하는 도상에 있지 않은 인간들을 향한다. 그 행위는 인간들의 공동체를 지향하는데, 이 공동체는 하나님과의 관계 안에서와 마찬가지로 인간들 서로에 대한 관계 안에서도 하나님의 의로운 뜻을 통해 구성되며, 그렇게 해서 하나님 나라 안에 있게 될 공동체를 향하는 인류의 궁극적 규정을 예기한다. 선택된 공동

---

73 리츨은 영원한 선택의 상관개념으로 영원한 배척을 말하는 칼뱅주의적 교리에 대해 이 점을 강조한다. A. Ritschl, *Die christliche Lehre von der Rechtfertigung und Versöhnung* III, 2.Aufl. 1883, 123.

74 이에 대해 비교. J. Jeremias, *Die Reue Gottes, Aspekte alttestamentlicher Gottesvorstellung*, 1975, 75ff.

체는 하나님 나라 안에 있게 될 미래의 인간 공동체에 대한 예기로서 존재하며, 이 점에서 자신의 특수성 안에서도 동시에 창조자의 결의 안에 있는 인류 전체의 규정에 대한 표징으로서 존재한다. 표징 기능은 하나님의 구원 의지를 증언해야 하는 사명, 그리고 또한 선택된 공동체의 열방 세계 안으로의 파송과 결합되어 있다.

그리스도교 교회의 경우에 이러한 종말론적 표징 기능은 예배 공동체로서의 그리스도교 공동체에 대하여, 또한 그 공동체의 지체들의 정체성에 대하여 처음부터 본질적 구성요소였다. 이스라엘의 경우에 이것은 애당초 달랐다. 물론 아브라함 전승은 아마도 처음부터 열방의 세계를 위한 이스라엘의 선택의 긍정적 의미를 분명히 파악하고 있었을 것이다. 그것은 이스라엘에서 시작되어 그 밖의 다른 민족들에게 전해지는 복의 작용이다(창 12:2f.). 어쨌든 그 민족의 선택이라는 사상에 특별히 중요한 야곱의 전통[75] 안에는 이 요소가 빠져 있고, 또한 신명기 안에서도 이스라엘의 선택은 오직 열방의 세계로부터 선별되어 야웨의 "소유"가 되는 것으로 서술된다. 이스라엘의 하나님 관계가 하나님의 의(법)가 주는 속박과 연관되어 있다는 사실은 신명기의 가르침이며, 바로 그 메시지의 핵심이다. 그러나 바로 그 하나님의 의(법)가 이스라엘을 넘어선 곳까지 도달해야 한다는 요구는 신명기에서는 논의되지 않는다. 이에 대해 예언자 미가(4:1-4)와 이사야(2:1ff.)는 이스라엘의 하나님의 의로운 뜻이 열방의 세계에 대해서도 규범이 된다고 이해했으며, 열방이 미래에 야웨께로 돌아와 그분의 의에 대하여 가르침을 받게 되고 그래서 그들을 갈라놓는 의에 대한 논쟁이 마무리될 것으로 기대했다. 이 이해로부터 제2이사야는 이스라엘의 선택을 바로 열방의 세계를 향해 하나님의 의로운 뜻을 증언하라는 선택으로 해석할 수 있었다(사 42:1f.). 이렇게 해서 선택된 하나님의 백성은 하나

---

75 코흐는 이 전통을 시편 135:4; 105:6과 같은 말씀에 근거해서 이스라엘이 선택되었다는 믿음의 뿌리로 해석했다. K. Koch, Zur Geschichte der Erwählungsvorstellung in Israel, *ZAW* 67, 1955, 205ff.

님 나라의 종말론적인 의의 공동체로 향하는 인류의 규정을 모범적으로 선취하고 앞서 묘사하는 형태가 되었다.

포로기 이후 시대에[76] 구원의 희망은 개인주의적이 되었고, 또한 이스라엘 민족이 모든 지체와 함께 하나님의 의(법)의 요청들을 따르지 못했다는 현실적 경험에 직면해서 종말론적이 되었다. 이러한 개인주의화 및 종말론화의 결과로서 헬레니즘 시대에 이르러 예를 들어 쿰란 소종파와 같이 자신을 종말론적 하나님 백성의 모임과 표현으로 이해하는 유대 공동체들이 형성되었다. 이러한 의미에서 원시 그리스도교 공동체도 자신을 종말론적 공동체로 이해했다.

그러한 공동체는 자신이 마지막 때에 선택된 자들이 모인 공동체와 **동일하거나** 아니면 그 공동체의 중심이라고 이해했으며, 더 많은 지체가 합쳐질 것으로 생각했다. 그 공동체는 자신을 종말의 때에 나타날 하나님 나라의 잠정적 표현(Darstellung)으로 이해했고, 스스로를 그 하나님 나라와 구분했다. 그리스도교 교회도 처음부터 자신의 공동체를 종말의 때에 선택된 자들의 공동체와 배타적 의미에서 동일시하고, 그래서 자신을 하나님 나라의 시초 형태로 이해하려는 유혹과 맞서 싸워야 했다. 그런 일이 일어나는 곳에서는 교회의 고유한 삶의 형태가 갖는 잠정적 성격이 쉽게 사라지고, 자신의 특수성을 넘어서는 인류의 보편성과의 관계도 상실된다. 그러나 그 보편성은 하나님의 구원이 의도하는 목적이다. 예수 자신도 참으로 선택된 자들만 모으지 않았고, 그들을 종말론적 구원 공동체로서 그 밖의 백성들로부터 구별하지 않았다. 예수는 공동체를 형성하는 하나님의 통치의 현재를 단지 상징적으로, 다시 말해 만찬의 축제로 드러냈다. 이 맥락에서 교회도 자신을 하나님 나라 공동체의 잠정적 표현으로 이해했다. 교회는 하나님 나라의 궁극적 형태와 동일하지 않다. 물론 예수의 만찬 축제 안에서 하나님 나라는 예수 자신의 현재를 통해 이미 현재하지만, 그러

나 표징의 형태 안에서 발생한다. 하나님 나라와 교회 안에서 이루어지는 그 나라의 종말론적 구원 공동체는 성례전적이다. 이것은 그리스도인들이 세례와 성만찬을 통해 복음에 대한 믿음과 결합하며 참으로 예수 그리스도께, 그리고 그분을 통해 하나님 나라의 미래적 구원 공동체에 참여하는 것을 뜻한다. 그러나 이러한 참여와 공동체의 궁극적 형태는 지금의 소멸하는 세상 안에서는 아직 보이지 않고, 단지 믿음, 소망, 사랑을 통해 그 공동체 안에서 효력을 나타낼 뿐이다. 그러므로 교회가 자신의 고유한 형태의 잠정적이고 불완전한 특성을 넘어 하나님 나라의 미래 공동체를 지시하는 것은 교회의 본질에 속한다. 교회는 단지 그 미래 공동체의 잠정적 표현인데, 이것은 지체들의 삶 속에서 알아볼 수 없을 정도로 은폐되거나 왜곡되기도 한다.

교회의 이와 같은 자기이해는 변화가 가능하고 실제로 변화하는 자신의 고유한 역사적 현실성을 하나님의 선택 곧 하나님의 통치의 미래로부터 오고 그 미래를 향해 나아가는 선택의 표현으로 파악할 수 있다. 이에 따라 교회에 관한 한, 믿는 자들의 하나님 관계와 자기이해에서 예수의 메시지의 특징인 종말론의 우선성이 고려되어야 한다. 그렇게 할 때 하나님의 지금까지의 모든 예정의 행위는 종말론의 전망 안으로 옮겨질 것이다. 그렇기에 이스라엘의 선택에 대한 이해에서는 아브라함의 약속과 제2이사야의 시각이 기준이 된다. 이스라엘은 열방 세계의 한가운데서 하나님의 의로운 뜻에 대한 증인으로 선택된 것이다. 이 뜻은 하나님 나라의 공동체 안에서 인류 전체를 위해 궁극적으로 실현될 것이다. 이와 비슷한 내용이 교회에 대해서도 말해질 수 있다. 다만 교회의 삶의 중심에는 이스라엘과 달리 하나님이 단번에 영원히 제정하신 법질서의 사상이 놓여 있지 않다. 이 사상은 예수의 메시지를 통해 하나님의 사랑의 사상과 그 사랑의 작용에 대한 참여로 지양되었다. 이로부터 그리스도교 공동체는 법적으로 규제되는 삶의 공동체가 아니고, 그리스도의 죽음과 부활에 참여함으로써 갱신된 인류의 미래적·종말론적 공동체의 성례전적-표징적 표현이라는 특성을 갖는다.

배반 당하던 날 밤 예수는 제자들과 이별하실 때 자기와 함께했던 만찬 공동체를, 그곳에 있었던 모두에게 베풀어지고 모두가 받았던 잔의 형태 안에서 "새 계약(언약)"의 개념과 결부시키셨다(고전 11:25; 눅 22:20). 그 결과 그때까지 열려 있었던 예수의 제자 그룹은 예수께 대한 신앙고백을 통해 그 밖의 유대 백성과 구분되는 교회 공동체가 되었다. 새 계약의 개념은 원시 그리스도교가 그리스도교 공동체에 대하여 "하나님의 백성"이라는 명칭을 요구했던 것을 정당화한다(롬 9:24ff.; 벧전 2:10). 계약(언약) 사상은 하나님의 백성이라는 사상을 상관개념으로 갖는다. 이 백성은 하나님과 계약을 맺었고, 그 계약을 통해 형성되었다. 이런 맥락에서 다음의 세 가지가 정확하게 설명되어야 한다. a) "하나님의 백성"이라는 명칭은 그리스도교 교회의 개념에 대하여 어떤 가치와 의미를 부여하는가? b) 그 명칭은 유대교적인 하나님의 백성과 어떤 관계를 갖는가? c) 하나님의 백성으로서의 교회라는 예정 신학적 개념은 위계적 질서를 갖춘 제도적 "기관 교회"의 형태와 어떤 관계에 있는가?

a) 교회론 안에서 하나님 백성의 개념

교회를 하나님의 백성으로 이해하는 것은 고대 교회의 역사 안에서 중요한 역할을 수행했다. 이 문제는 아래의 c) 단락에서 다시 다룰 것이다. 이 이해는 그리스도교가 390년에 로마 제국의 공식 종교가 된 이후, 5세기 이래로 배후로 밀려났다. 물론 "교회"라는 단어가 믿는 자들 전체를 하나님의 백성으로 지칭한다는 생각은 예배와 관련된 본문들 안에 여전히 남아 있었고, 7-8세기의 카롤링 왕조 시대에는 새롭게 강조되기도 했다.[77] 그러나 5세기 이후의 관심사와 논쟁의 중심에 있었던 것은 영적 권력과 세

---

[77]   Y. Congar, *Die Lehre von der Kirche, Von Augustinus bis zum Abendländischen Schisma* (HDG III,3c), 1971, 20ff., 29ff.

상 권력 사이의 관계에 대한 질문이었다. 이 문제는 우선 로마 제국에서, 그다음에는 후속국가들, 특히 한때 존재했던 서로마 제국에서 나타났다. 이와 관련해서 제사장적 지배 질서(*sacerdotium*)를 가진 교회의 위계적 – 법적 개념이 발전했고, 이 개념은 세상 권력(*regnum*)만이 아니라 교회에 속한 평민에게도 적용되었다.

이러한 사상은 실제로는 이미 교황 젤라시오 1세(-496년, 5세기 아프리카 출신 교황)에 의해 완전히 형성되었다.[78] 이 사상의 뿌리는 그리스도께서 교회를 사제들의 토대 위에서 세우셨다는 키프리아누스의 주제까지 거슬러 올라간다.[79] 특별히 서구적인 이 주제의 형태는 그리스도교 이전의 로마적 이념에 뿌리를 둔 로마적 영광의 사상, 곧 로마가 세상 혹은 땅 전체의 머리라는 사상과 잘 어울렸고,[80] 교황과 로마 교황청의 신학 안에서 로마를 그리스도교라는 사회적인 "몸"(*corpus*)의 머리(*caput*)로 보는 사상으로 재해석되었는데, 이것은 영적인 영역만이 아니라 정치적 영역에도 해당한다.[81] 비잔틴 진영에서는 이런 사상을 전적으로 거부했는데, 그것은 매우 옳은 일이었다. 이유는 교회가 그리스도 외에 다른 머리를 가질 수 없다는 것이었다(엡 1:22; 4:15; 골

---

78   DS 347. 이 내용은 한편으로 교황의 권한 허용(auctoritas sacrata pontificum)의 권력 곁에 세상의 통치 권력을 함께 서술하는데, 전자에게 더 큰 중점이 주어진다 (gravius pondus est sacerdotnm)고 가르치며, 다른 한편으로 믿는 자들은 사제에게 복종해야 하며(sacerdotibus recte divina tractantibus fidelium convenit corda submitti) 또한 모든 사람이 로마 황제에게 복종해야 한다고 가르친다.

79   Cyprian, *ep*, 27. 여기서 마태복음 16:18f.가 증빙으로 인용된다(MPL 4, 298).

80   리비우스(T. Livius)에 의하면 로마가 땅 전체의 머리라는 것은 이미 로물루스가 임종 때 예언한 것이라고 한다(Roma caput orbis terrarum, Ab urbe condita I,16). 이 사상이 고대 교회의 문헌 안에 수용된 사실에 대해 참고. P. E. Schramm, *Kaiser, Rom und Renovation Studien zur Geschichte des römischen Erneuerungsgedankens vom Ende des Karolingischen Reiches bis zum Investiturstreit* (1929), 3,Aufl. 1962, 29ff., bes. 31f., 비교. 37f.

81   Y. Congar, 같은 곳, 11f.

1:18). 그러나 그 사상은 서방에서 계속 발전하여 그레고리오 7세에 이르러 정점에 도달했다.[82]

종교개혁은 이러한 위계 질서적 교회 개념과 맞섰고, "하나님의 백성" 으로서의 교회라는 표상을 갱신했다. 종교개혁 안에서 그 표상은 중요한 교회론적 근본 개념이 되었다. 루터에 의하면 교회는 "거룩한 그리스도교 백성이다. 사도 시대만이 아니라…세상 끝날까지 그렇다." 이 백성은 하나님이 거룩하게 하신 하나님의 백성이다.[83] 하지만 이 사상은 루터적 종교개혁 안에서 그리스도교를 하나로 이해하는 체계적 기능을 획득하지는 못했다. 이것은 믿는 자들의 공동체(communio sanctorum 혹은 congregatio fidelium)라는 사상의 경우와 다른 점이다.[84] 다른 한편으로 반종교개혁 진영은 위계질서적·법률적 교회 개념[85]을 강화했고, 이것은 로마 가톨릭의 편에서 제2차 바티칸 공의회에 이르기까지 규범으로 남아 있었다. 이 공의회가 비로소 제도적 교회의 표상을 보충하여 신학적 논의 안에서 우선 갱신된 하나님의 백성으로서의 교회 개념을 도입했고, 교회 헌법에서 이 주제의 진술(LG c.II)을 제도적 위계질서(c.III) 보다 앞세웠다. 이로써 교회의 직무는 교회의 삶의 맥락 속에 놓인 제도적 기관이 되었으며, 더 이상 교회에 속한 하나님의 백성에 대해 독립적이고 그 백성을 처음으로 산출하는 위계질서로 이해되지 않게 되었다. 이와 동시에 바티칸의 교회 헌법은 하나님

---

82   Y. Congar, 같은 곳, 60, 비교. 앞선 50.

83   M. Luther, WA 50, 625, 21-23, 비교. 9f. 이에 대해 비교. P. Althaus, *Die Theologie Martin Luthers*, 1962, 248ff., bes. 251. 이곳에 제시된 많은 자료를 참고하라.

84   켈러가 그렇게 바르게 말했다. M. Keller, "*Volk Gottes*" *als Kirchenbegriff. Eine Untersuchung zum neueren Verständnis*, 1970, 39, 비교. 36ff. 이와 반대로 베르크루이스는 백성 개념을 루터 교회론의 중심 혹은 "핵심"으로 다루었다. J. Vercruysse, *Fidelis Populus*, 1968. 그러나 그는 이 표현을 성도들의 공동체(communio sanctorum) 개념과 분명히 구분하지는 않았다(비교. 특히 205).

85   이 이해의 발전 과정에 대해 참고. Y. Congar, 같은 곳, 61.

의 백성 개념을 갱신해서 교회를 구원사의 맥락 속에 새롭게 위치시켰다.[86]

교회에 대하여 "하나님의 백성" 개념을 다시 수용한 것은 교회의 본질에 대한 다른 명칭들에 대한 그 개념의 관계를 질문하게 만든다. 특별히 로마 가톨릭적 교회론 안에서 지금까지 결정적이었던 명칭, 곧 "그리스도의 몸"으로서의 교회 개념과 "하나님의 백성" 개념의 관계가 중요해진다.[87] 그 공의회는 후자의 개념적 구상을 교회의 본질에 대하여 구원의 비밀과 하나님의 백성으로서의 교회 개념에 연결하여 제시된 "상들"(LG 6) 가운데 하나로 여겼다. 물론 그것은 대단히 강조된 방식이기는 했다. 실제로 1943년의 교황 칙령인 "신비한 몸"(Mystici corporis) 안에서 교회를 그리스도의 신비적인 "사회적" 몸으로 보는 표상은 그리스도의 "신비적" 몸과 성만찬 안에 현재하는 그분의 물질적 몸 사이의 구분을 통해 사실상 은유로 다루어졌다. 이 점에서 그 공의회는 교회를 그리스도의 몸으로 보는 표상을 이제는 교회에 대한 비유적인 진술로 여기는 노선 위에 함께 선 셈이 되었다. 다른 한편으로 성만찬 안에서

---

[86]　이 개념의 앞선 역사에 대해 참고. M. Keller, 같은 곳, 83-306. 복음주의적 주석으로부터 받은 자극을 강조하는 부분은 151ff., 166ff.이며, 특히 209ff.와 217ff.의 내용은 N. A. Dahl, *Das Volk Gottes. Eine Untersuchung zum Kirchenbewußtsein des Urchristentums*, 1941과 관계가 있다. 로마 가톨릭 측의 반대 주장에 대해 켈러는 L. 세르포와 K. 비켄하우저(224ff.)를 언급한다.

[87]　이 교회 개념의 대표적 표현은 교황 비오 12세 칙령(Mystici corporis, 1943, DS 3800ff.)의 전면에 나타난다. 그 결과는 그리스도의 신비한 몸(*corpus mysticum Christi*)으로서의 교회의 "사회적" 몸과 성만찬 안에 현재하는 역사적 혹은 물질적 몸을 구분한 것이다(DS 3809). 그리스도의 사회적 혹은 신비적 몸은 위계질서적으로 형성되지만, 단지 교회의 직무자들로만 구성되는 것은 아니고(3801) 그리스도께서 교회(말하자면 또 다른 그리스도로서의 교회, *quasi altera Christi persona*)를 통해 그분의 선한 것들을 전해주시는 모든 사람으로 구성된다(3806). 비교. L. Ott, *Grundriß der katholischen Dogmatik*, 9.Aufl. 1954, 327f., 비교. 335. 이러한 사상의 배경에 대해 참고. J. Ratzinger, Der Kirchenbegriff und die Frage nach der Gliedschaft in der Kirche (1963), in : 동일저자, *Das neue Volk Gottes. Entwürfe zur Ekklesiologie*, 1969, 90ff.

그리스도의 몸에 참여하는 것—물론 이 참여가 비유적으로 이해되지는 않았지만—도 또한 성서적 진술에 주목한 이러한 내용의 서술 안으로 편입되었다(LG 7). 라칭어는 앙리 드 뤼박의 사상과 알프레드 비켄하우저의 주석적 인식을 수용하여 이미 1956년에 그리스도의 신비적 몸과 참된 몸의 구분에 반대했고,[88] 그에 따라 교회를 그리스도의 몸으로서의 교회에 대한 진술을 단지 비유적 이해로 보는 것도 거부했다.[89] 이에 따라 교회의 본질과 교회를 하나님의 백성으로 지칭하는 것에 대한 관계 규정은 변화했다. 라칭어에 의하면 그리스도의 몸으로서의 교회의 현실성의 성만찬적 근거는 교회가 하나님의 백성이라는 사실의 토대가 된다. "그리스도인들은 오직 그들이 그리스도의 몸이라는 사실을 통해 하나님의 백성이다."[90]

그러나 하나님의 백성이라는 개념은 교회 개념보다 포괄적이다. 그 개념은 우선적으로 및 근원적으로 교회가 아니라 이스라엘 민족을 가리킨다. 제2차 바티칸 공의회는 이 내용에 주목하기 시작했고, 새로운 하나님 백성으로서의 교회를 옛 하나님 백성인 이스라엘로부터 구분했으며(LG 9), 이를 통해 교회와 이스라엘의 구속사적 연속성만이 아니라 양자의 차이도 표현했다. 그런데 교회라는 하나님 백성의 새로움은 무엇을 뜻하는가? 공의회는 "하나님의 백성"이라는 명칭에서 중요한 것이 예정의 개념이라는 사실을 인지했고, 이 관점을 특별히 계약(언약) 개념과 연결했다

---

88 J. Ratzinger, *Vom Ursprung und vom Wesen der Kirche* (1956). 개정된 본문은 위의 각주 87에 언급된 그의 저서 75-89, bes. 83ff.에 있다. 비교. A. Wikenhauser, *Die Kirche als der mystische Leib Christi nach dem Apostel Paulus*, 1937. 그리고 H. de Lubac, *Corpus Mysticum. L'Eucharistie et l'Eglise au Moyen Age, 2*Aufl. 1949.

89 J. Ratzinger, Art, Kirche III. Systematisch in: *LThK* 2.Aufl. 6, 1961, 173-183에서 라칭어는 "하나님의 백성"을 "그리스도의 몸"에 대한 단순한 은유의 개념으로 대립시키는 것은 잘못이라고 말한다(176).

90 J. Ratzinger, *Das neue Volk Gottes. Entwürfe zur Ekklesiologie*, 1969, 82(각주 88에 언급된 1956년의 논문을 보라). 또한 그곳의 108 등등을 참고하라.

(LG 9). 그 결과 새 계약과 옛 계약의 구분으로부터 옛 하나님 백성에 대한 새로운 하나님 백성의 독특한 특성이 나타났다. "그리스도는 자신의 피로 바로 이 새로운 계약 곧 새 언약(New Testament)을 세우셨다(비교. 고전 11:25). 그래서 그리스도는 유대인과 이방인으로 구성된 하나의 백성을 부르셨으며, 이 백성은 육체에 따라서가 아니라 영 안에서 통일성을 이루며 성장하고 새로운 하나님의 백성을 이루게 될 것이다."[91] 영과 육의 대립은 공의회의 판단에 따르면 새로운 하나님 백성과 옛 계약의 하나님 백성을 특징적으로 구분한다. 이 구분은 베드로전서 1:23과 함께 육체적인 혈통이 더 이상 하나님 백성에 속하는 근거가 되지 않는다는 사실과 관계되어 있다. 오히려 그 근거는 세례인데, 세례를 통해 영이 수여된다. 이와 동시에 새로운 메시아적 민족의 선택은 하나님 나라 안에서 하나가 되고 화해된 인류의 미래와 관계된다. 교회는 이러한 인류의 미래의 싹이다.[92] 이로써 교회의 본질에 대한 근본적 규정이 공의회 칙령(Lumen Gentium, 인류의 빛)의 제1장에서 다시 수용되었고, 그 결과 그리스도 안에 있는 교회는 "하나님과의 가장 내적인 합일과 인류 전체의 통일을 위한 표징과 도구"(LG 1)로 이해되었다. LG 9에 의하면 교회의 그 기능은 인류 전체를 위한 예정신학적 근거이며, 그래서 하나님의 백성으로서의 교회 개념과 연관된다.

교회를 예수 그리스도 안에 있는 신적 구원의 비밀의 표현과 구성요소로 이해하는 서술은 교회의 내적 공간 너머를 지시하는 역사적 역동성을 지닌 "하나님-백성-개념"의 예정신학적 전망 안에서 나타난다. 열방으로부터 종말론적인 하나님의 백성을 모으고 파송하는 것은 하나님과의

---

91   예레미아 31:31-34이 지시하는 새 계약의 약속을 수용하면서 LG 9는 이렇게 말한다. Quod foedus novum Christus instituit, novum scilicet testamentum in suo sanguine (참고. 고전 11:25), ex Judaeis ac gentibus plebem vocans, quae non secundum carnem sed in Spiritu ad unitatem coalesceret.

92   같은 곳. pro toto tamen genere humano firmissimum est germen unitatis, spei et salutis.

연합으로 규정된 인류의 종말론적 역사 과정 안에서 성취된다. 이 점에서, 교회를 하나님의 백성으로 보는 서술은 교회의 본질에 대한 이해에 중요한 특성을 더하는데, 물론 그 특성은 그리스도의 몸으로서의 본질 개념을 넘어서지는 않지만, 인류의 메시아이신 그리스도의 몸으로서 존재하는 것이 무엇을 의미하는지를 명확하게 드러낸다. 이로써 믿는 자들의 공동체라는 교회의 외적 형태만이 아니라 또한 하나님의 구원의 경륜과 관계된 교회적 기능도 시야에 나타난다. 선택된 하나님의 백성이라는 개념은 교회를 믿는 자들의 공동체로 서술하는 것을 인류의 종말론적 규정을 위한 교회의 기능과 관련시키는데, 그 규정은 하나님 나라가 완성될 때 실현될 하나님과의 연합을 향한 규정을 뜻한다. 그러나 그 서술은 이와 동시에 교회와 이스라엘 민족의 관계에 대한 명확한 해명을 필요로 한다. 이스라엘 민족은 말하자면―그리스도교의 자기이해 안에서―하나님의 백성으로서의 교회를 통해 대체되고 추방되었는가? 아니면 그리스도교적 믿음의 관점에서도 이스라엘은 하나님의 선택된 백성으로서 교회 곁에 여전히 존속하고 있는가? 존속하고 있다면 "옛"과 "새로운"의 관계를 통해 추가되는 것은 무엇인가? 하나님의 백성이라는 개념은 복수형을 취할 수 없다. 열방의 다양성은 한 분 하나님의 유일한 백성과 대비된다. 교회와 이스라엘은 역사 속에서 일어난 서로에 대한 공공연한 차이와 고통스러운 갈등에도 불구하고 함께 짝을 이룰 수 있으며, 더 나아가 하나님의 구원 계획 속에서 하나의 동일한 실체로 이해될 수 있는가? 이 문제에 대한 정확한 설명이 필요하다.

b) 교회와 이스라엘

교회를 하나님의 백성으로 보는 새로운 이해는 교회의 본질에 대한 최근의 논의에서 나타난 가장 중요한 사건들에 속한다. 그 이해는 세계교회협의회의 문서에서, 또한 제2차 바티칸 공의회의 교회 헌법 안에도 명시적으로 표현되었다. 1954년 에반스톤에서 개최된 세계교회협의회는 "하나님의 백성"이라는 개념을 그리스도인들의 공동체를 표현하는 성서적 용어 가운데 하나로 추천했다. 이 표현은 이런저런 교단의 교의학 안에서 특정 용어가 되지 않은 채 남아 있다는 것이었다.[93] 하지만 거기서 "하나님의 백성"이라는 명칭을 교회와 유대 민족의 관계에 사용하도록 요구할 때 생기는 어려움을 명확하게 의식하지 못했던 것으로 보인다. 비슷한 문제가 "새로운" 하나님의 백성인 교회를 "옛" 하나님의 백성인 이스라엘과 대비시켰던 제2차 바티칸 공의회에도 해당한다. 이러한 측면에 관한 교회의 진술에서 보통 간과되었던 것은 신약성서의 그 어느 곳에서도 교회가 "새로운" 하나님의 백성으로 말해지지 않는다는 사실이었다. 오히려 그 표현은 바나바서신(5:7; 7:5)에서 비로소 발견되는데, 거기서는 날카로운 반유대적 기능을 행사한다. 바나바에 의하면 유대인들은 모세가 자신들에게 수여한 계약을 받아들이지 않았다. 이것은 금송아지를 만들어 세운 일에서 드러난다. 그래서 바나바는 유대인들이 정말로 하나님의 백성이었던 적이 없었다고 말한다(바나바서신 14:1ff.).[94] 이런 생각은 사르데스의 멜리토와 로마의 히폴리투스 이래로 다소 완화되어, "새로운" 하나님의 백성으로서의

---

93 1963년 몬트리올에서 개최된 신앙과 직제 회의(Faith – and – Order – Konferenz)에서 초안이 작성되고 1967년 브리스톨에서 수용된 보고서인 "교회와 유대 민족"에 대하여 참고. E. Dinkier, in : *Ökumenische Rundschau* 17, 1968, 283 – 286, bes. 285f. 이 문서는 아래의 각주 98에서 언급되는 워드(Wirth)의 저서 안에서 요약되어 소개된다.

94 이 진술은 "하나님의 나라를 너희는 빼앗기고 그 나라의 열매 맺는 백성이 받으리라"라는 마태복음 21:43보다 더 멀리 나아간 것이다. 이 구절에서 "새로운" 하나님의 백성이라는 표상은 단지 암묵적으로만 만날 수 있다. 또한 이 구절은 바나바서신과 달리 이스라엘이 정말로 하나님의 백성이었던 적이 한 번도 없었다고 논쟁하지도 않는다. Justin, *Dial* 26,1 그리고 80,1에서 언급되는 마태복음 21:43 및 병행구절, 또한 에스라4서 1:35ff.에 대해 참고. D. Flusser, Das Schisma zwischen Judentum und Christentum, in : *Ev. Theol* 40, 1980, 214–239, 225. 에스라4서 1:35ff.에 대해 참고. E. Hennecke, *Neutestamentliche Apokryphen in deutscher Übersetzung*, 3.Aufl. hg., W. Schneemelcher II, 1964, 490f.

고유한 속성을 갖는 교회를 통해 하나님의 백성으로서의 이스라엘이 구속사적으로 해체되었다는 견해에 도달했다.[95] 그러나 근대에 이르기까지 영향력이 남아 있는 이 대체론[96]은 유대 민족을 지금은 더 이상 하나님의 백성으로 볼 수 없다는 판단과 결합되어 있다.

사도 바울이 로마서에서 이스라엘의 선택에 대해 설명한 것은 전혀 다른 방향을 지시한다.[97] 여기서 바울은 대다수의 유대 민족이 예수 그리스도의 복음을 거부한 것이 하나님이 자기 백성을 버리신 것을 의미하는지 묻는다(롬 11:1). 이 질문은 던져지는 즉시 강하게 강조되며 부정된다. 만일 하나님이 이스라엘의 불신앙에도 불구하고 하나님 자신의 입장에서 끝까지 자기 선택을 굳게 지키지 않으신다면, 어떻게 그리스도인들은 하나님의 선택된 자들의 영역에 자신들이 지속적으로 새롭게 속한다는 사실을 확신할 수 있겠는가? 그렇기 때문에 사도 바울은 유대 민족의 취소될 수 없는 선택을 옹호하며(롬 11:29; 비교. 9:6), 그와 동시에 그리스도인들의 선택의 확실성도 논증한다.

하나님은 유대 민족과 맺으신 계약을 철회하지 않으셨다.[98] 자기 동족

---

95 참고. A. Hamel, *Kirche bei Hippolyt von Rom*, 1951, 23ff.

96 이 주제와 그 결과로서 "이스라엘의 상속권 박탈"에 대해 참고. W. Liebster, Umkehr und Erneuerung im Verhältnis von Christen und Juden, in : B. Klappert/H. Starck, Hgg., *Umkehr und Erneuerung. Erläuterungen zum Synodalbeschluß der Rheinischen Landessynode* 1980 : "Zur Erneuerung des Verhältnisses von Christen und Juden" 1980, 55-65, 55ff.

97 이것은 초기 바울 서신인 데살로니가전서 2:14-16의 진술, 곧 복음을 거부해서 최종적으로 하나님의 심판 아래 떨어진 유대 민족에 대한 가혹한 진술과는 전혀 다르다. 참고. F. Mußner, *Dieses Geschlecht wird nicht vergehen. Judentum und Kirche*, 1991, 73-76.

98 1948년 암스테르담에서 열린 제1회 세계교회협의회 이후의 이에 대한 교회의 진술들과 관련해서 참고. W. Wirth, *Solidarität der Kirche mit Israel. Die theologische Neubestimmung des Verhältnisses der Kirche zum Judentum nach 1945 anhand der offiziellen Verlautbarungen*, 1987, 199f. 1967년 브리스톨에서 개최된 "신앙과 직제"(Faith and Order)의 연구문서인 "교회와 유대 민족"(Die Kirche und das

이 예수 그리스도의 복음을 압도적으로 거부하는 고통스러운 경험에 직면해서 어떻게 바울은 이런 확신을 계속 붙들 수 있었을까? 이에 대한 해답을 바울은 우선 구약성서적 예언의 남은 자 사상 안에서 찾았다.[99] 엘리아 시대처럼 또한 유대-그리스도교적 공동체의 실존 안에도 하나님이 그 민족의 "남은 자"를 보존하셨고 믿음으로 이끄셨다(롬 11:7). 그러므로 하나님의 백성인 이스라엘은 우선 이 남은 자에 제한되지만, 그다음에는 사도적 이방 선교를 통해 열방으로부터 오는 믿는 자들을 향해 확장된다(롬 9:24-26).[100] 이로써 교회와 유대 민족 사이의 지속적인 관계가 확인되었다. 이 관계는 바울이 나무의 접붙임 비유를 사용해서 서술한 것과 같다.

---

jüdische Volk)은 이 문제에 관한 다양한 견해들을 보고한다(III,21 ; 비교. W. Wirth, 같은 곳). 반면에 제2차 바티칸 공의회가 공표한 문서(Nostra Aetate 4)는 의심의 여지 없이 지속되는 이스라엘의 선택을 가르쳤다. 교황 요한 바오로 2세는 1980년에 "하나님은 이스라엘과 맺으신 옛 계약을 결코 해지하지 않으셨다"라고 말했다. 참고. F. Mußner, 같은 곳, 118ff. 또한 이곳의 39-49에서 서술되는 로마서 11:27에 대한 주석을 보라. 독일개신교협의회(EKD) 연구서를 참고하라. *Christen und Juden II. Zur theologischen Neuorientierung im Verhältnis zum Judentum*, 1991, 18f., 비교. 43ff., bes. 47ff.

99 참고. Wilckens, *Der Brief an die Römer 2*, 1980, 롬 11:1-10에 대해서는 234-240, 남은 자 사상의 구약성서적·유대적 뿌리에 대해서는 특히 235f.

100 이것은 교회와 그것의 유대적 기원 사이의 관계 규정을 설명하는 독일개신교협의회(EKD)의 1975년 연구서인 "그리스도인들과 유대인"(Christen und Juden)에 포함된 "탈경계 모델"의 한 가지 진리의 요소다. 그러나 이에 대해 클라퍼트는 이 설명이 성서 이후 시대와 현재의 유대 민족에는 적합하지 않다고 바르게 비판했다. 유대 민족의 특수성과 구분성이 그 민족을 교회로부터 지속적으로 분리하는 측면의 의미가 표현되지 않았다는 것이다. B. Klappert, Die Wurzel trägt dich. Einführung in den Synodalbeschluß der Rheinischen Landes-synode, in : B. Klappert/H. Starck, Hgg., *Umkehr und Erneuerung*, 1980, 23-54, bes. 25ff. 그러나 "교회가 예수 그리스도를 통해 그 민족과 맺은 하나님의 계약 안으로 수용되었다"라는 라인 지역 주교회의 선언은 충분하지 않다(이에 대해 참고. W. Liebster, 같은 곳, 58f.). 이렇게 말하는 것은 교회가 옛 계약 안으로 수용되었다는 인상을 주며, 교회의 현존재에 본질적으로 중요한 차이, 곧 옛 계약에 대한 새 계약의 차이가 적절하게 주목되지 않았기 때문이다.

그것은 (농장의 일반적인 규정과는 반대로) 돌감람나무를 참감람나무에 접붙이는 비유다(롬 11:17f.). 예수 그리스도의 죽음을 통해 수립된 유대인과 이방인 사이의 평화를 말하는 에베소서의 말씀도 같은 사태와 관계된다(엡 2:12-20). 그것은 유대인과 이방인이 그리스도의 몸으로 하나가 된 그리스도의 교회 **내부에** 있는 평화다. 그런데 무엇이 그리스도교 교회로 하여금 그리스도의 몸의 공동체 밖에 남아 있는 다수의 유대 민족 곧 예수 그리스도의 복음을 거부한 유대인들에 대해 말하도록 했는가? 예수를 거부함으로써 유대 민족이 하나님과 분리되었다는 복음서의 진술[101]과 달리, 또한 그 민족 자체가 처음부터 행한 심판의 행위와 달리(살전 2:15f.), 바울은 로마서에서 바로 그 유대적 행위가 하나님 자신에게서 시작된 "완고함"의 표현이라고 판단한다(롬 11:25). 이 완고함은 하나님의 구원 계획 안에 포함되어 있고 그래서 하나님 자신에게서 기인한 것이다(비교. 11:7f.). 그 완고함은 영원한 것이 아니라 오직 "이방인의 충만한 수가 들어오기까지"(11:25)만 지속한다. 그래서 그 완고함이 하나님과 그분의 구원에 대한 참여를 궁극적으로 배제하는 것은 아니며, 유대 민족에 대한 하나님의 선택은 그 민족의 그런 다수를 향한 관점에서도 무효가 된 것이 아니다.

여기서 사도 바울은 종말론적 구원을 향한 이스라엘의 "특별한 길" 곧 예수 그리스도와 복음을 지나치는 어떤 길을 주장하고 있지 않다. 그렇게 된다면 예수는 단지 이방 민족들만을 위한 구세주가 될 것이고, 반면에 유대인은 예수 없이도 자신들의 하나님과 관계를 맺을 수 있을 것이다.[102]

---

[101] 참고. 독일개신교협의회(EKD)의 연구서, *Christen und Juden. Zur theologischen Neuorientierung im Verhältnis zum Judentum II*, 1991, 49ff.

[102] 무스너도 유대 민족을 위한 그런 의미의 "특별한 길"(예를 들어 비교. P. Lapide, *Der Messias Israels? Die Rheinische Synode und das Judentum*, in: *Umkehr und Erneuerung*, [위의 각주를 보라], 236-246, bes. 241f.)을 반대했다. F. Mußner, *Dieses Geschlecht wird nicht vergehen. Judentum und Kirche*, 1991, 32f. 무스너가 주장한 이스라엘의 특별한 길(같은 곳, 33ff.)은 유대 민족 전체의 회심이 그리스도교의 유대 선교가 아니라 예수 그리스도 자신의 재림이 일으킬 결과라는 것만을 말한다. 무

오히려 바울은 다시 오실 그리스도 자신이—재림을 통해 그분은 자신이 유대인들이 기대했던 메시아 혹은 사람의 아들과 같은 분임을 입증할 것이다—유대 민족과 맺은 하나님의 계약을 그들의 죄를 용서함으로써 갱신할 것이라고 기대했던 것으로 보인다.[103] 여기서 바울은 하나님이 자기 백성과 맺으신 새로운 계약(언약)에 대한 예언자들의 약속에 의존했다. 이를 위해 그는 이사야 59:20을 인용했으나, 그것을 이사야 27:9c와 예레미야 31:34에 따른 죄 용서의 사상과도 연결했다.[104] 새 계약은 거기서 말해지는 것처럼 모세 계약(언약)에 따른 하나님의 백성과 관계없는 완전히 새로운 하나님의 백성을 구성하지는 않는다. 그 백성은 하나님의 버림을 받지 않았다. 따라서 종말론적 새 계약(언약)은 이스라엘에 대해서는 그 민족이 하나님과 맺은 옛 계약 관계의 갱신을 의미한다.[105] "시온을 위한 구속자"(사 59:20)의 도래와 관련하여 발생하는 하나님과 이스라엘 사이의 갱신된 계약 관계는 이미 예언자들의 진술에 따라서도 족장들에게 주어졌던 계약과 구분되는데, 하나님이 자신의 법을 인간들 속에 두셨다(렘 31:33)는 점에서, 그리고 그분의 영이 그들 위에 "머무셨다"는 점에서 구분된다. 그 밖에도 새 계약이 모세 계약과 구분되는 것은 전자에서는 비유대인들도

스너는 특별한 길이라는 주제에 대한 그래서(Gräßer)의 비판에 대해 그렇게 대답했다. 참고. E, Gräßer, Zwei Heilswege? Zum theologischen Verhältnis von Israel und Kirche, in : P.-G. Müller/W. Stenger, Hgg., *Kontinuität und Einheit. Festschrift Franz Mußner*, 1981, 411-429.

103 F. Mußner, 같은 곳, 39ff.

104 죄 용서의 사상이 예레미야 31:31f.이 말하는 새 계약의 약속과 결합하는 예레미야 31:33f.에 대하여 참조. F. Mußner, 같은 곳, 44ff.

105 독일개신교회 협의회의 연구 보고서(EKD-Studie)가 그렇게 바르게 말했다. *Christen und Juden II. Zur theologischen Neuorientierung im Verhältnis zum Judentum*, 1991, 48. 또한 라인 지역 주교회의(Rheinischen Landessynode)의 1980년의 주제 VI, 1을 참고하라. 이 문서는 U. Schwemer, Hg., *Christen und Juden. Dokumente der Annäherung*, 1991, 129에 인용되어 있다.

이스라엘의 하나님께 대한 계약 관계 안으로 편입된다는 점에서다.[106]

고린도전서 11:25이 말하는 새 계약(언약)—로마서 11:27에 따르면 이스라엘은 그리스도의 재림 때 그 계약에 참여하게 될 것이다—은 바로 그리스도의 피로 세워진 계약이며, 성만찬에서 베풀어지는 잔이 그 참여를 보증한다. 다시 말해 예수와 함께하는 만찬 공동체 안에서 그분의 몸과 하나로 결합하는 교회는 지금 이미 새 계약에 참여한다. 새 계약은 이스라엘이 기대하는 종말론적 구원자의 도래가 될 그리스도의 재림 때 이스라엘 백성 전체(롬 11:26)[107]에게 수여될 것이다. 이러한 종말론적 규정으로부터 비로소—종말론적 새 계약의 토대 위에서—유대인과 그리스도인들은 자신들이 하나의 동일한 하나님의 백성의 부분들임을 이해하게 된다. 하나님의 백성의 통일성은 열방 세계가 그리스도교의 형태를 갖추어 모세로부터 시작된 이스라엘의 계약사 안으로 포괄된다는 것을 뜻하지 않는다. 오히려 하나님의 백성의 통일성은 유대교 예언자들이 약속했던 새 계약(언약) 곧 유대 민족이 하나님과 맺는 계약 관계를 갱신할 새 계약 안에서 옛 하나님의 백성이 예수 그리스도의 교회와 하나가 될 것이라는 사실에 의존한다. 교회는 예수 그리스도와의 연합을 통해 이미 바로 그 새 계약에 참여하고 있다. 바울에 의하면 새로운 계약은 예수 그리스도에 근거하는데, 이것은 그리스도인들만이 아니라 또한 유대 민족에 대해서도 마찬가지다. 예수는 그분의 재림 때 그분의 백성에게 그 백성이 기대하던 메시아이심을 스스로 입증하실 것이다.

---

106 앞의 각주에서 인용된 교회 문서들은 이 관점에서 볼 때 새 계약(언약)과 유대 민족이 자신의 하나님과 맺은 계약 간의 구분을 충분히 고려하지 못했다. 후자는 이스라엘의 족장들에게로 소급되고 모세를 통해 수립된 계약을 뜻한다. 그 결과 이스라엘의 하나님께 대한 계약 관계에 그리스도인들이 참여할 것이라는 약속은 때로는 교회가 모세의 계약 안으로 편입되는 것과 비슷하게 보인다.

107 이에 대해 참고. U. Wilckens, *Der Brief an die Römer 2*, 1980, 255f.

독일 개신교회의 라인 지방 주교회의의 1980년의 결의는 이 지점에서[108] "예수는 이스라엘의 메시아가 아니지만 그럼에도 불구하고 이방인들의 구원자가 되었다"라고 주장하는 이스라엘 진영의 반박에 부딪혔다. 인류의 종교사 안에 "어떤 하나의 종교 공동체가 다른 공동체에게 어떤 한 인물을 지정해서—그가 비록 구원자라고 해도—후자의 공동체의 구원사 안에서 어떤 역할을 수행해야 한다고 지시하려고 시도하는 사례는 없다"는 것이다.[109] 핀하스 라피데(Pinchas Lapide)는 여기서 예수의 메시아성에 대한 처음 그리스도인들의 주장이 유대적 종교 공동체의 내부에서 시작되었다는 사실, 나아가 예수는 하나님이 깨우신 부활을 통해 유대 민족이 기다리던 메시아의 지위로 승격했다는 의미(비교. 롬 1:3f.)에서 그렇게 시작되었다는 사실을 간과하고 있다.[110] 그 당시 유대교 안에 이 문제에 대한 불일치가 있었고, 그것은 오늘날까지 그리스도인과 유대인 사이에 존속하고 있다는 것에는 의심의 여지가 없다. 그러나 특별히 잊어서는 안 될 것은 그것이 처음에는 순수하게 유대교 내부의 논쟁이었다는 사실이다. 그 논쟁의 원인 곧 예수의 인격, 메시지, 사역에 대한 갈등, 또한 그 안에서 제기된 유대적 믿음의 자기이해에 대한 질문은 오늘날 그리스도인과 유대인 사이의 대화에서도 여전히 결정적 의미를 갖고 있다. 유대인 제자들이 예수가 메시아의 지위로 승격되었다고 믿었던 믿음은 그분의 죽은 자들 가운데서의 부활을 통해 오늘날까지 그분을 세상의 구원자로 믿는 그리스도교적인 믿음의 토대가 되었다. 마지막으로 예수

---

108 그리스도인과 유대인의 관계 개선을 위한 주교회의의 결정(11.1.1980) 4(3) : "우리는 유대인이신 예수 그리스도께 대한 믿음을 고백한다. 그분은 이스라엘의 메시아로서 세상의 구원자이시며, 세상의 모든 민족을 하나님의 백성과 결합시키셨다." U. Schwemer, Hg., *Christen und Juden. Dokumente der Annäherung*, 1991, 118.

109 P. Lapide, Der Messias Israels ? Die Rheinische Synode und das Judentum, in : B. Klappert/H. Starck, Hgg., *Umkehr und Erneuerung. Erläuterungen zum Synodalbeschluß der Rheinischen Landessynode 1980*, "Zur Erneuerung des Verhältnisses von Christen und Juden," 1980, 236–246, 인용은 242,241.

110 이에 대한 상세한 설명을 『조직신학』 II, 542ff.에서 보라.

께서 재림하실 때 그분은 유대 민족에게도 그들의 메시아로 입증되실 것이라는 기대는 바울에게 다음과 같은 확신의 근거가 되었다. 교회와 분리되어 있는 유대 민족도 이전과 마찬가지로 하나님이 선택하신 하나님의 백성임을 인정할 수 있고, 이 인정은 바울 자신의 그리스도교적 믿음과 조화를 이룰 수 있다는 확신이다.

모든 그리스도인이 유대인과의 대화에서 이스라엘의 그리스도로서의 예수께 대한 믿음을 고백해야 하고, 그 믿음을 대화 상대편인 유대인들에게 증언해야 한다는 사실은 바울이 확신했던 그 내용에 근거한다. 이 점은 그리스도교적 "유대인 선교"의 포기할 수 없는 핵심이다. 1980년의 라인 지역 주교회의는 이방 민족들에 대한 그리스도교 선교와 **똑같은 종류**의 어떤 그리스도교적 유대인 선교란 있을 수 없다고 바르게 말했다.[111] 이것은 유대인들이 오직 한 분이신 "살아 계시고 참되신 하나님"(살전 1:9)을 이미 믿고 있다는 점에서는 자명하게 이해된다. 그 하나님은 이방 민족들에게는 그리스도교적 선교를 통해 비로소 하늘과 땅의 창조자와 예수 그리스도의 아버지로 선포되시는 분이다. 나아가 유대인들은 그 믿음에서 그리스도인들보다 앞선다. 유대 민족과의 관계 안에서 그리스도인들의 증언은 이스라엘의 바로

---

111   U. Schwemer, Hg., *Christen und Juden, Dokumente der Annäherung*, 1991, 118. 여기서 주교회의는 교회가 유대 민족에 대한 증언을 이방 세계에 대한 선교와 똑같이 실행해서는 안 된다는 확신을 공표했다. 참고. 같은 곳, 132(주제5). 글자 그대로 이해한다면, 이 문구는 본질적으로 새로운 어떤 것을 말하지 않았다. 그러나 주교회의가 그것을 선언하는 맥락에서 이 문구는 그리스도인과 유대인의 공동 증언이라는 이상을 향하는 그리스도교적 유대인 선교의 과제 전체를 던져버리는 것으로 이해될 수 있었다. 참고. 같은 곳, 118, 132 주제 2. 예를 들어 비교. P. G. Aring, Absage an die Judenmission, in : B. Klappert/H. Starck, Hgg., *Umkehr und Erneuerung*, 1980, 207 – 214. 유대인과 그리스도인 사이의 차이를 넘어서는 공동 증언이라는 사상은 미래의 그리스도교와 유대교 사이의 대화에 중요하기는 하지만, 그러나 그것이 예수의 선포와 사도들의 부활의 소식으로부터 시작되어 유대교적 믿음의 자기이해를 변경시킨 질문의 윤곽을 지워버려서는 안 되며, 혹은 바로 이 질문과 그리스도교적 유대인 선교라는 주제를 추방해서도 안 될 것이다. 오히려 공동 증언이라는 사상은 아직도

그 하나님이 나사렛 예수 안에서 자신을 궁극적으로 계시하셨으며, 먼저 유대인에게, 그다음에 비로소 이방인들에게도 복음의 소식을 통해 계시하셨다는 사실에 집중한다. 이에 따라 아버지의 "아들"로서 예수는 이스라엘의 하나님의 정체성에 분리될 수 없이 속한다는 사실도 정당화된다. 왜냐하면 하나님 나라에 관한 예수의 메시지는 철저히 십계명(신 6:4f.)의 제1계명에 집중되었고, 그 계명의 해석으로서 그 계명이 요구하는 하나님 신뢰의 배타성에 대한 기준이 되었기 때문이다. 이스라엘의 자기이해에 대한 도전은 바로 그 점에 놓여 있다. 그것은 예수의 역사적 사건들, 그분의 십자가 사건 및 부활과 관련해서 원시 그리스도교가 생성되는 토대가 되었던 이해다. 이 사건들의 해명은 오늘에 이르기까지도 그리스도교 – 유대교 간 대화의 중심 주제로서 그리스도교 신앙과 교회의 정체성을 위해 포기할 수 없는 것이다. 유대교의 자기이해에 대한 이와 같은 질문이 그리스도교적인 "유대인 선교"의 핵심을 형성한다. 교회는 어떤 강제적인 회심을 요구하는 모든 형태를 정죄할 줄 알아야 하고 반드시 그렇게 해야 한다. 그것은 수백 년에 걸쳐 진정한 그리스도교적 유대인 선교를 왜곡시켰고 유대인들의 인간적 존엄성에 상처를 주었던 형태들이다. 그러나 교회는 유대적 자기이해에 대해 바로 그 질문을 확실히 제기하는 일을 그만두어서는 안 된다.

바울과 크게 다르지 않은 방식으로 이미 베드로전서가 하나님 백성의 개념을 이방인들의 그리스도교 교회에 적용했다. "너희가 전에는 백성이 아니더니 이제는 하나님의 백성이요, 전에는 긍휼을 얻지 못하였더니 이제는 긍휼을 얻은 자니라." 바울과 달리 여기서 교회를 하나님의 백성으로 지칭하는 것은 더 이상 교회와 유대 민족 간의 관계에 대한 질문을 제기하지 않는다. 이 서신의 맥락에서 유대인들은 하나님이 시온에 두신 "모퉁이 돌"에 걸려 넘어진 자들(2:8)로 단지 간접적으로만 언급된다. 기원

계속 지속되는 바로 그 질문에 대한 공동 의식을 통해 절실하게 요청된다.

후 70년의 사건들 이후에 티투스가 예루살렘과 유대교 성전을 파괴한 것은 유대 민족에 대한 하나님의 심판의 가시적 표징으로 이해되었다. 이것은 성전에 대한 예수의 예언(막 13:1-4 및 병행구절; 비교. 15-17절)과 예루살렘에 대한 탄식(눅 19:43)을 통해 이미 통고된 일이었다.[112] 예루살렘 원시 공동체가 사라진 후에 그리스도인들이 본질상 이방 그리스도교 교회 안에서 하나가 되었을 때, 그들은 하나님의 백성이라는 칭호를 그들 자신의 공동체에 대해 배타적으로 사용하는 것을 정당하게 여겼다. 이 경향은 바나바 서신에서 정점에 이른다. 이 서신은 옛 하나님의 백성을 새로운 그리스도인 백성을 통해 해체하고 대체할 뿐만 아니라, 나아가 유대 민족이 과연 한 번이라도 진정한 하나님의 백성인 적이 있었는지를 묻는다(위의 각주 94를 보라). 그런 가혹한 입장과 대조되면서 사르데스의 멜리토와 로마의 히폴리투스 이후에 등장한 구원사적 대체의 주제는 어느 정도 공정한 견해라는 특징을 갖는다. 이 주제는 유대 민족이 최소한 과거에는 실제로 하나님의 선택된 민족이었다는 사실을 인정한다. 그러나 유대 민족의 신적 선택이 깨어질 수 없다는 바울의 진술과 비교할 때, "대체"라는 주제에는 종말론적 의식이 빠져 있었다. 이것은 교회의 실존 안에서 종말론적 성취가 이미 등장했다는 의식이다. 그 주제의 결과로 생겨난 이방 그리스도인들의 배타적 선택의 주장에 대해 바울은 경고했지만(롬 11:17-24), 그것은—지금 볼 수 있는 것처럼—소용없는 일이었다.

유대 민족과의 관계 안에서 교회는 하나님의 역사 안에서 자신의 본래 장소를, 아직 등장하지 않은 완성을 향해 잠정적 표징의 의미 안에서 인류와 함께 나아가는 것으로 이해할지, 아니면 최소한 시초에 이미 완전히 실현된 종말론적 성취 그 자체의 장소로 이해할지를 처음으로 결정해야만 했다. 그 결정은 두 번째 제안을 선택했으며, 자신을 종말론적으로 "새로운" 하나님의 백성과 동일시하는 교회의 주장으로 표현되었다. 계속

---

112   비교. 『조직신학』 II, 589f.

이어진 그리스도교의 역사는 이런 분기점의 위험하고 파괴적인 결과를 특징적으로 드러냈고, 교리적 비관용이라는 형태와 (자신의 본래적 잠정성을 함께 사고하지 않는 종말론적 궁극성이라는 잘못된 의식의 결과로서) 교의학적 배타성이 불러일으키는 끊이지 않는 파괴적 분열의 연속 안에 서게 되었다.

고통스럽고 잘못된 이런 발전의 근저에 놓인 오류가 교회와 유대 민족의 관계에서 시초부터 등장했다는 사실이 중요하다. 사도 바울의 경고가 이방 그리스도교 교회 안에서 받아들여졌다면, 그래서 사람들이 바울의 경고의 배후에 놓인 구약성서 예언자들의 경고 곧 선택된 자의 마음이 완고하게 되어 자기를 높이는 파멸적 위험에 대한 경고를 기억했다면, 배타적으로 선택되었다는 의식의 내적 위험성은 적시에 인식될 수 있었을 것이다. 그러나 이제 교회의 역사는 이스라엘의 역사와 마찬가지로 선택만이 아니라 또한 하나님이 자기 백성에게 내리시는 심판의 역사로 이해되어야만 했다. 바로 이 점에서 그리스도의 교회와 유대 민족 간의 운명적 연합이 특징적으로 나타난다. 물론 교회가 배타성으로부터 자유롭게 되고 자신에게 적합한 유대 민족과의 연대성을 고백할 수 있게 되기까지는 긴 시간이 걸렸고, 독일 국가사회주의의 유대인 학살이라는 끔찍한 사건이 필요했다.

오늘의 그리스도교 신학은 교회와 선택된 하나님 백성의 개념 사이의 관계를 공개적으로 다루어야 한다. 이 관계는 이 주제에 대한 바울의 진술 속에 암시되어 있다. 의심할 바 없이 교회는 자신을 예수 그리스도의 피로 세워졌고 매번 성만찬 축제마다 갱신되는 하나님의 계약(언약)의 민족으로 이해해야 한다. 그렇다고 해서 교회는 자신을 옛 유대적인 하나님의 백성과 대립하는 "새로운" 하나님의 백성으로 이해해서는 안 되며, 새 계약과 옛 계약의 관계가 단절된 것으로 생각해서도 안 된다. 새 계약(언약)은 예레미야서(31:31f.)와 제2이사야서(59:21)에서 다른 어떤 민족이 아니라 이스라엘에게 하나님과 그 민족의 관계의 종말론적 갱신과 완성으로 약속되었다. 예수께서 붙잡히시던 밤에 제자들과 함께하신 고별 만찬에서 새 계약(언약)의 약속을 주시고 제자들과의 그 만찬을 자신의 생명의 희생으로 인증하셨을 때, 그 약속과 이스라엘 민족과의 관계가 폐기된 것은 아니었다. 오히려 그로써 예수와 함께한 공동체는 유대 민족 전체를 위한 구원의 미래로 지칭되었고, 이 미래는 예수의 제자들의 공동체 안에서 이미 시작했다. 이 사실은 나중에 비유대인들이 세례를 통해 인증된 예수께 대한 신앙고백에 기초해서 그리스도교 공동체 안으로 편입될 때도, 조금도 변하지 않는다.

하나님과 그분의 나라의 통일성, 곧 한 분 하나님을 찬양하는 가운데 인간들이 서로 함께하는 공동체를 실현하는 종말론적 희망의 목표인 그 통일성은 유일한 하나님의 백성이라는 표상을 요청하는데, 이 백성은 하나님의 선택 행위의 대상과 목표가 된다. 그런 까닭에 하나님의 백성이라는 개념은 복수형을 알지 못한다. 그러나 그 개념은 하나님의 통치에 참여할 수 있도록 변화되고 갱신된 전체 인류라는 의미 공간을 제시한다. 그리스도교 교회는 하나님의 종말론적 백성과 배타적으로 동일하지 않다. 교회는 단지 종말론적 백성의 잠정적 형태이고 그 백성의 미래적 완성의 표징일 뿐이다. 종말론적 백성은 교회의 지체들만이 아니라 또한 유대인 백성을, 그리고 인류의 모든 문화권으로부터 하나님의 통치의 만찬으로 밀려들게 될 모든 민족 출신의 "의인들"을 포함하게 될 것이다.

c) 하나님의 백성과 제도적 교회

교회가 모든 민족으로 구성된 종말론적 "계약(언약)의 백성"의 현상적 형태와 표징적 선취로서 하나님의 백성이라면, 이런 속성을 지닌 교회는 어떻게 역사 속에서 구체적으로 표현되는지의 질문이 제기된다. 이스라엘의 경우에 하나님의 백성이라는 개념은 공통의 언어와 문화만이 아니라 또한 공통된 혈통에 근거한 삶의 맥락 속에서 구체적 역사를 형성해온 하나의 민족과 국가, 그리고 그 역사의 중요한 단면들에서 독자적 영토를 소유하고 공동의 삶을 위한 정치적 질서를 이루었던 하나의 민족과 국가를 뜻한다. 이스라엘의 열두 지파로 이루어진 이 민족의 통일성과 정체성이 최종적으로 이스라엘의 하나님께 대한 믿음에 근거한다는 것은 확실하다. 그러나 민족의 이 통일성은 종교적 제의의 삶에서만이 아니라, 최소한 원칙적으로는 국가의 구체적인 사회적 생활 공동체의 모든 면에서 나타난다. 이 점은 그리스도교 교회에 대해서는 적용할 수 없을 것으로 보인다. 유대 민족의 "육체적" 공동체 및 다른 국가들과 구분되는 하나님의 영적 백성으로서 교회의 속성(고전 10:18)은 아마도 특징적으로 그리스도인들의 삶의 공동체가 오직 예배적 삶 안에서 현실적으로 나타나며 어떤 사회적·정치적 공동체로서 나타나는 것은 아니라는 사실이 아닐까? 사회적·정치적 공동체의 상은 실제로 현대적 세속사회의 틀 안에 놓인 그리스도교를 표현한다. 그러나 이러한 상은 하나님의 백성인 교회가 가진 영적 본성의 자연스러운 결과로서 나타난 것은 아니다.

교회는 새 계약(언약)의 공동체로서 "영적"이다(고후 3:6). 왜냐하면 그 공동체의 귀속을 보증하는 것은 혈통이 아니라, 그리스도와 함께하는 공동체의 표징이며 그분의 몸에 참여하는 지체가 되었다는 표징인 세례이기 때문이다(고전 12:13). 따라서 교회는 오직 그리스도의 몸으로서—이것은 성만찬의 축제 안에서 표현된다—하나님 나라 안에 있게 될 갱신된 인류의 종말론적 공동체의 잠정적 표징이다. 한 사람의 유대인은 무신론자일 수 있고, 그리스도인 혹은 이슬람교인이 될 수도 있다. 그럼에도 불구하고 그는 언제나 여전히 자신의 백성의 지체로서 유대인으로 남아 있다. 한 사람의 그리스도인도 예수 그리스도께 대한 믿음과 고백을 포기할 수 있지만, 여전히 그리스도인으로 남는다. 그리스도인의 존재는 세례와 믿음에 근거하며, 세례는 "자신 밖의 그리스도 안"(extra nos in Christo)에 있는 존재의 토대가 된다. 우리는 오직 믿음을 통해 그 존재에 참여한다. 이렇게 해서 교회의 지체들은 성만찬 축제를 통해 교회 공동체의 특성을 나타낸다. 따라서 교회는 자신의 본질을 믿음의 "자기 밖"(extra nos)에 둔다. 이 본질을 통해 믿는 자들은 자기 자신 너머에 계신 예수 그리스도 안에서 살아간다. 그 결과는 그리스도인들이 그리스도와 함께, 또한 그리스도를 통해 성화에 참여하며, 인간적 공동 삶의 모든 영역에서, 나아가 이 공동 삶의 정치적·경제적 형태 안에서 성화의 작용을 나타낸다는 사실이다. 이 사실은 배제되지 않고 오히려 결과로서 제시된다. 그리스도인들의 공동체가 비그리스도교적 사회 안에서 단지 소수자 집단으로 머물지 않아야 한다면, 사회적 삶의 정치·경제적 형태들도 그리스도교 정신에 의해 규정되어야 한다. 바로 이 점에 교회적 삶과 관련된 "하나님의 백성" 개념의 비판적 잠재력이 놓여 있다. 이 점에서 그리스도교 정신에 의해 규정되지 않은 사회적 삶의 모든 형태를 혁신하거나 새로운 형태로 바꾸는 것을 상상할 수 있고, 나아가 기대할 수 있다. 물론 그리스도인의 의식을 통해 사회적 삶의 형태를 새롭게 만드는 것은 언제나 잠정적 의미만을 가지며, 그 자체도 근본적으로 변경 가능한 것이다. 왜냐하면 그리스도교적 믿음의 종말론적 의식은 인간의 공동체적 삶과 또한 우리의 개인적 현존재의 궁극적 형태를 오직 하나님 나라의 미래로부터 기대하기 때문이다. 인간적 공동 삶의 모든 이 세상적 형태는 최선의 경우에도 그 미래를 향한 모형과 앞선 표징이고, 현실 속에서는 언제나 다소간 깨어진 형태로 머물 수밖에 없다. 그 형태는 인간의 공동 삶 안에서 아직 궁극적으로 극복되지 않은 죄의 힘, 또한 그것의 파괴적 작용을 막는 예방의 필연성을 통해 언제나 불완전한 상태에 머문다.

아돌프 폰 하르나크는 유스티누스, 헤르마스의 목자, 아리스티데스 등의 초기 그리스도교 시대에 그리스도인들을 유대인과 이방인으로 구성된 **새로운 민족**으로 보는 견해가 얼마나 중요한 의미를 가졌는지를 제시했다.[113] 그리스도인들은 유대인과 이방인들 곁에서 그들로 이루어진 "제3의 종(種)"으로

---

113   A. v. Harnack, *Die Mission und Ausbreitung des Christentums in den ersten drei Jahrhunderten*, 1902, 4.Aufl. 1924, 259 – 289.

여겨졌다. 이미 유스티누스가 트리폰과의 대화 안에서 그리스도교 교회를 그런 의미에서 하나님의 선택된 백성, 곧 새로운 나라로 파악했다(*dial* 123,7f.). 이와 함께 주어진 자기이해는 초기 그리스도교와 이교 제국 사이의 날카로운 갈등을 설명하는 중요한 요소이지만,[114] 또한 황제가 그리스도교 신앙고백으로 전향한 결과로 4세기에 교회와 제국의 결합이 등장하는 것을 가능하게 했던 조건들의 이해에 대해서도 그렇다. 또한 카이사레아의 에우세비오스는 4세기에 자신의 저서인 『교회사』 제1권을 새로운 그리스도교적 민족의 역사로 구상했으며,[115] 정치 생활과 분리된 "교회"라는 기관이 표현하는 어떤 새로운 종교 또는 제의의 역사로 본 것이 아니었다. 에우세비오스의 교회사의 주장도 오직 사도들의 선포의 결과로 생긴 새로운 백성의 개념으로부터 이해되어야 한다. 이 새로운 백성은 온갖 박해에도 불구하고 에우세비오스의 저작의 주제가 되었다. 그렇기 때문에 이 새로운 백성의 해방은 마찬가지로 국가들 사이의 구분을 포괄해버린 로마 제국의 재건과 관련되면서 참된 믿음의 토대 위에서 에우세비오스의 역사 저작의 목적과 결론이 되었다. 만일 우리가 모든 민족으로 구성되고 내부의(특별히 유대인과 이방인 사이의) 대립을 극복하는 그리스도인들의 새로운 백성이라는 에베소서(2:14)의 표상을 은유로서만이 아니라 또한 글자 그대로 받아들인다면, 에우세비오스의 관찰 방식은 타당성을 얻게 된다. 물론 그 관찰 방식은 흔히 오해되었는데, 이유는 사람들이 그것의 근본 사상을 바르게 파악하지 못했기 때문이었다. 또한 콘스탄티누스 시대에 대한 에우세비오스의 판단도 교회의 본질과 사명에 대한 그의 이해로부터 나온 결과로 이해되어야 한다. 그 판단은 고대의 황제 이데올로기를 그리스도교적으로 돌려 말한 가벼운 변주에 그치는 것이 아니다. 각자의 현재 상황에서 그리스도교의 정치적 책임을 강조하는 사람은 어떻든 지금까지 관례적으로 판단해온 것처럼 에우세비오스를 경솔하고 사칭하는

---

114 이에 대해 참조. A. v. Harnack, 같은 곳, 272ff., bes. 288.

115 이 주제의 정확한 주제에 대해 나의 책을 비교하라. *Die Bestimmung des Menschen. Menschsein, Erwählung und Geschichte*, 1978, 62f., 65f.

사람으로 쉽게 말하지 않도록 조심해야 할 것이다.[116]

　그리스도인들이 자신들이 시민으로서 속해 있다고 알고 있는 그 나라는 그것의 본래 실재를 이 세상 너머에 있는 하나님의 미래 안에 두고 있다. 그것은 바울이 마지막 서신 안에서 "하늘의 시민권"(빌 3:20)이라고 말한 것이다. 그러므로 그리스도인들의 종말론적 공동체는 이 세상의 그 어떤 정치 질서 안에서도 완전히 적절한 자신의 형태를 발견할 수 없다. 이 이유에서 4세기에 일어난 콘스탄티누스 시대의 전환 이후에 영적 권세와 세상 권력 사이의 대립, 곧 교황과 황제(또는 왕) 사이의 대립은 그리스도교에 대하여 국가와 종교의 관계를 규정하는 특수한 형태가 되었다. 이 형태는 고대 로마 안에는 전례가 없는 것이었고, 그리스도교의 문화사적인 작용을 다른 종교, 특히 이슬람으로부터 깊이 구분한다.

　그러나 주교들의 권한과 정치 질서 및 그 대표자들의 권한 사이의 구별은 교회와 국가의 분리를 표현하는 것이 아니라, 그리스도교 신앙으로 각인된 전체 사회의 내부 질서를 나타낸다. 그 구분은 낯선 외부 세계에

116　에우세비오스의 정치 신학에 대한 일면적이고 부정적인 판단은 특히 페터손의 영향을 통해 강화되었다. E. Peterson, *Der Monotheismus als politisches Problem. Ein Beitrag zur Geschichte der politischen Theologie im Imperium Romanum*, 1935. 그러나 페터손은 교회에 대한 교황의 통치권을 옹호하기 위해 에우세비오스만이 아니라, 비잔틴의 그리스도교적 황제의 권력 곧 세상과 함께하는 동시에 그리스도교적 삶에 영적인 근거를 둔 통치기관이기도 했던 그 권력도 비판적으로 판단했다. 그리스도교적인 비잔틴 제국이 아리우스주의적이라는 페터손의 비난은 하나님의 통치의 이 세상적인 모형으로서의 황제의 통치권이 삼위일체적이지 않은 유일신론을 전제하고 있다는 오해에 기초하고 있었다. 실제로 황제의 권력은 로고스(내지 높여지신 그리스도)의 통치에 대한 모형이지, 아버지의 통치에 대한 것이 아니었다. 나의 책을 참고하라. *Die Bestimmung des Menschen. Menschsein, Erwählung und Geschichte*, 1978, 119f. 각주. 17. 페터손과의 논쟁에 대해 특히 쉰들러의 책을 참고하라. A. Schindler, Hg., *Monotheismus als politisches Problem? Erik Peterson und die Kritik der politischen Theologie*, 1978.

대하여 교회가 갖는 교회 외적 관계 안에서 일어나는 것이 아니라, 그리스 도교적 "백성"으로서의 교회의 내부에 위치한다. 교회 개념을 사회의 정치 질서와 그 과제로부터 원칙적으로 분리한 것은 후대에 발전된 결과인데, 이 발전은 교회 개념을 그 지체들의 문화적 삶에 제한하거나, 아니면 그리스도인들이 형성한 사회적 삶의 맥락 가운데서 일부분의 측면에 제한했다.

이 발전의 출발점은 이미 하나님의 도성(*civitas Dei*)과 지상의 도성(*civitas terrena*)을 구분하는 아우구스티누스의 이원론에서 발견된다. 왜냐하면 여기서 교회 개념은 하나님의 도성으로서 아우구스티누스가 지상의 도성에 귀속시켰던(*De civ. Dei* XV,4) 이 땅의 평화의 과제로부터 근본적으로 분리되기 때문이다. 이로써 교회 개념은 그리스도인들의 예배 공동체에 제한되었다. 물론 아우구스티누스에 의하면 그리스도인들은 지상의 평화를 이용해야 할 뿐만 아니라 그것을 하나님 나라 안에 있는 하늘의 평화와 관련시키고 실행해야 한다(XIX,17). 교회를 모든 민족으로 구성된 새로운 민족으로 보는 초기 그리스도교의 사상 안에서 발견되는 교회 개념과는 달리 아우구스티누스에게서는 정치조직적 형태의 측면이 교회 개념으로부터 배제되었다.[117] 그러나이 사상은 거기서 시작되어 발전된 교회 개념이 제도적 공적 교회, 즉 로마의 교황을 정점으로 하여 주교들과 사제들의 위계질서를 갖춘 교회에 집중함으로써, 완전히 형성되었다. 교회의 자유(*libertas ecclesiae*)에 대한 요구가 그런 제도적 공적 교회에 한정됨으로써, 라틴적 중세기에는 교황과 황제(또는 왕들)가 이루었던 옛 교회의 "교향악"이 깨졌다.[118] 제국의 세상 질서에 대한 교

---

117 이에 대해 나의 논문을 참고하라. *Die Bestimmung des Menschen*, 1978, 67ff. 나의 책의 이전 판본에서 나는 교회의 좁은 개념을 자명한 것으로 받아들였고, 그에 따라 교회를 "그리스도교라는 하나님의 백성의 삶 속에 놓인 단지 하나의 제도적 기관"으로 파악했다. *Wissenschaftstheorie und Theologie*, 1973, 405.

118 이 비잔틴 모델이 서구 중세기에 끼친 작용사에 대한 정확한 내용에 대해 참고. *Die*

황과 사제들의 요구가 실현될 수 없는 것으로 입증되었을 때, 제국의 권한과 사제들의 권한을 나누는 타협이 이루어졌는데, 이것은 역사적으로는 1122년 보름스 협약에서 처음으로 발생했다.[119] 교회(*ecclesia*)와 국가(*respublica*)는 이제 서로 분리되었다. 그로써 "교회" 개념을 그리스도교의 사회적 삶 안의 특별한 분야, 즉 종교적 및 예배적 삶의 제도적 질서에 제한하는 것이 공고해졌다. 이 제한에 대해서는 오늘에 이르기까지 동방 교회들 안에서는 별다른 반대가 없었다. 하지만 이제 제2차 바티칸 공의회는 교회 개념을 사제들의 권한으로부터 너무 좁게 배타적으로 서술하기를 포기하며, 그것을 하나님의 백성 개념으로 소급시켰다. 이 점에서 라틴적 중세기에 교회 개념을 협소화한 것을—특별히 세상 정부와의 관계 안에서—수정할 수 있는 길이 열렸는데, 그 협소화는 세상의 통치권이 모든 영적인 속박에 대해 스스로를 독립시키는 경향과 상관관계를 갖는다. "하나님의-백성-개념"을 교회론 안에서 새롭게 해석하는 것은 교회와 정치 질서의 관계에 대한 질문에 미래의 새로운 해법을 제시할 잠재력을 가지고 있다. 그러나 그 가능성도 "서구"적 국가 세계의 세속주의가 자신의 문화적 전통의 그리스도교적 뿌리로부터 점점 더 분리되는 현실에 직면해서는 실제로 실현될 수 있을 것처럼 보이지 않는다.

그리스도인들의 공동체 혹은 그 지체들이 자신을 아무런 조건 없이 특정한 정치 질서의 모델과 동일시한다는 것은 그리스도교 믿음의 종말론적 의식과 조화를 이룰 수 없다. 이 사실은 비잔틴 제국만이 아니라 또한 오늘의 서구 민주주의에게도 질서의 원칙으로서 적용된다. 정치 질서와 그 대표자들이 그리스도교 믿음과 성서의 하나님께 대한 의무와 책임을 덜 지고 있다고 느끼는 만큼, 그리스도교와 정치 질서 사이의 거리는 그만큼 더 커질 수밖에 없다. 물론 그리스도교 믿음은—진지하게 여겨야

Bestimmung des Menschen, 1978, 70ff.

119 참고. Y. Congar, *Die Lehre von der Kirche. Von Augustinus bis zum Abendländischen Schisma* (HDG III,3c), 1971, 74.

하는 다른 모든 종교와 마찬가지로—자신이 인간적 삶의 모든 영역의 형태를 결정하는 기준의 근거로서 인정받고 그 효력을 나타내야 한다고 요청한다. 이 요청은 개인의 행위만이 아니라 공동 삶의 정치적 질서와 법적 질서를 위한 사회적 영역에도 해당한다. 여기서 그리스도교가 정치적 질서와 사회적 질서의 형태를 구성하는 영향력은 언제나 또다시 잠정적인 것과 궁극적인 것, 곧 세상적인 것과 영적인 것 사이의 구분과 연관되었다.[120] 그러나 이 구분이 전적으로 그리스도교적으로 근거된 사회 질서 개념의 **내부에서** 근본적 차이로서 등장하는 경우와, 자신을 절대적 위치에 놓은 세속 국가가 그리스도교를 사회적 삶 속의 주변적 역할에 제한하기 위해 정교분리의 원칙을 실행하는 경우는 서로 다르다. 근대 국가의 특징이 된 후자의 경향은 많은 중간 형태를 허용한다. 게다가 종교를 주변화시키려는 세속 국가의 경향에 대한 공정한 판단은 근세 초기의 투쟁 속에서 국가를 개신교 혹은 가톨릭 교단으로 확정하려는 시도가 절망적이었을 뿐만 아니라, 그 결과로서 곧 그 당시에 교단들이 벌인 살인적 비관용의 대립에 대하여 사회적 삶과 국가 질서의 근본은 필연적으로 독립적 입장에 서야만 했다는 점에서 관찰되어야 한다. 그러나 이것은 국가 질서가 통치권 소유자의 모든 조작보다 앞선 (시민들의 믿음에 따른) 근거와 정당성에 근본적으로 의존한다는 사실을 조금도 변경시키지 못한다. 그 믿음은 종교일 수도 있고 혹은 사이비 종교일 수도 있다. 그러므로 국가가 종교로부터 완전한 자유를 누린다는 주제는 환상이다. 그 주제는 과거의 그리스도교적 서구 안에서 문화적 삶과 국가 질서의 근본이 그리스도교가 아닌 다른 종교(혹은 사이비 종교)를 지향한 것을 위장해서 제시할 뿐이다. 다른 한편으로 오늘날 그리스도교의 의식은 종파 시대의 대립과 그에 따라 종교적 주제를 사유화했던 역사적 원인들을 넘어서고 있다. 교단별 신앙고백의 모든 차이를 넘어서고 다른 믿음의 형태에 대한 관용과 존중을 표시하

---

120   이 책의 12장 2c를 보라.

며, 특히 유대 민족과의 밀접한 이웃 관계에 대한 새로운 인식 안에서 그리스도인들이 공동체 의식을 "하나님의 백성"으로 새롭게 하는 것은 그리스도교와 공적 질서 사이의 관계 형성을 위한 새로운 시대를 열 수 있다. 물론 그 길은 이전 세기와 비교할 때 전체적으로 변경된 상황, 곧 유럽과 미국 사회에서 대다수의 주민이 그리스도교 전통과 관련되어 있다는 사실이 더 이상 의심 없이 전적으로 전제될 수 없는 상황 안에서 진행될 것이다.[121]

3. 하나님의 백성의 선택과 역사 경험

하나님의 선택 행위는—물론 하나님의 영원성에 기초한 행위이지만—역사적 소명을 통해 내려질 뿐만 아니라, 또한 선택된 자의 역사가 시작되는 출발점을 형성한다. 왜냐하면 선택은 미래라는 목표를 지향하며, 선택된 자를 보통은 훨씬 더 큰 삶의 맥락 안에 위치시키고 그 목적을 향해 나아가도록 지시하기 때문이다. 이스라엘 안에서 선택 사상은 개별 개인에 관계되었을 뿐만 아니라, 이집트로부터 이끌어내어 가나안 땅을 수여하시는 하나님의 예정 행위를 통해 민족 전체와 관계되었으며, 이에 따라 역사적 규모로 구성되었다. 또한 선택 사상은 아브라함, 이삭, 야곱의 족장들로 거슬러 올라가는 전역사도 갖는다. 이와 같이 선택 사상은 그 민족의 역사를 이해하기 위한 사상적 기본 틀을 형성한다. 그 틀의 한 가지 형태는 아브라함 전승과 관계가 있다. 이것은 이스라엘의 선택을 인류 전체를 포괄하는 구원의 미래와 연결한다. 아브라함으로부터 시작된 복은 땅의 모든 족속에게 도달할 것이다. 신명기에서 그 민족의 선택은 그 민족

---

[121] 이 문제에 대해 비교. R. J. Neuhaus, *The Naked Public Square. Religion and Democracy in America*, 1984.

의 역사를 이해하기 위한 틀을 다른 방식으로 마련한다. 하나님과 (그분의 "소유"로서) 연합하기 위한 그 백성의 선택이 계약법을 지키는 것과 결부되어 있다는 사실은 이스라엘의 민족사에 대한 한 가지 해석의 가능성을 열었고, 이것은 신명기의 역사 서술로 전개되었다. 왕정 시대의 종말까지의 이스라엘 역사는 하나님의 인내의 역사, 그리고 선택된 자기 백성에 대한 그분의 심판 행위의 역사로 해석되었다. 이러한 묘사는 최소한 선택된 이스라엘의 미래에 대한 질문의 길을 열어주었다. 그래서 제2이사야는 하나님의 의의 요청에 대한 이스라엘의 실패를 넘어서서—그러나 그것을 포함하면서—그 민족의 역사적 실존의 의미를 새로운 사상으로 해석했다. 그것은 그 민족이 선택된 것이 열방의 세계 속에 하나님의 의로운 뜻을 증언하기 위함이었다는 해석이었다(사 42:1f.).

그리스도교 신학은 이러한 선택의 사건과 그 안에 근거한 이스라엘의 구원사[122]를 열방의 세상 안에서 유일하게 독특한 것과 전례 없는 것으로 여기는 것에 익숙해져 있다. 이 독특성은 문화사적인 연구에서도 최종적으로는 언제나 또다시 객관적으로 정당하다고 입증될 것이다. 그러나 그 독특성은 다른 문화들과의 모든 비교 가능성을 배제하지 않는다. 오히려 바로 그 비교 가능한 관찰 방식이 모든 역사적 현상의 특수성을 날카로운 빛 속으로 옮겨 놓는다. 그런 비교의 관찰 방식은 특수성이 공통적인 것들을 포함하며, 문화사적인 일반성과 적지 않은 관련이 있다는 사실을 밝혀

---

[122] 구원사 개념에 본질적인 하나님의 선택의 의미는 오스카 쿨만이 바르게 강조했다. O. Cullmann, *Heil als Geschichte, Heilsgeschichtliche Existenz im Neuen Testament*, 1965, 135,141f., 비교. 241 등등. 이에 대해 참고. G. E. Wright, *God Who Acts. Biblical Theology as Recital*, 1952, 55f., 비교. 62f. 쿨만의 주제는 하나님의 선택 행위를 통해 일련의 특정한 사건들이 일반 역사로부터 분리되며, 그 결과 구원사와 일반 역사가 이원성을 형성하게 된다는 것이다(같은 곳, 140ff., 146 등등). 나는 다른 곳에서 쿨만의 이 주제와 논쟁했다. Weltgeschichte und Heilsgeschichte, in: Wolff, Hg., *Probleme biblischer Theologie. Gerhard von Rad zum 70. Geburtstag*, 1971, 349–366, bes. 358ff.

준다. 그러므로 그 관찰 방식은 고대 이스라엘의 역사와 문화의 특수성과 일반적 인간성 사이의 관계에 대한 체계적 질문을 위해 중요하다. 이 사실은 고대 이스라엘의 전승으로부터 제기되는 선택(예정), 국가적 통일성, 역사의식 등의 복합관계에도 해당한다.

a) 문화 질서를 역사적으로 구성하는 종교 범주로서의 선택 사상

고대 근동의 진보된 문화들은 자신의 정치적·법적 질서 체계를 고대 이스라엘과 마찬가지로 종교적 토대 위에 세워진 것으로, 다시 말해 신의 행위가 그 질서 체계의 근거라고 이해했지만, 이스라엘처럼 신적 예정의 행위에 기인한다고 이해하지는 않았다. 오히려 그 문화들은 그 체계를 우주 질서와 결합했다.[123] 여기서 정치 질서는 우주 질서를 표현하고 대리하는 것으로 이해되었다. 우리가 아는 한 고대에 진보된 문명들의 생성은 **실제로** 인간의 종교적 의식의 변화를 동반하는 역사적 사건들이었고, 이것들은 각각 특정한 역사의 순간에 그 문화의 "우주적 왕국"(푀겔린)을 수립하는 계기가 되었다. 창세기 10장의 제사장 문서에서 표현된 이스라엘의 자기이해는 하나님의 선택 행위에 기인하는 이스라엘의 **역사적** 근원에 대한 지식이다. 이것은 바빌론이나 에리두(Eridu)의 정치 질서가 직접 우주적 기원을 갖는 것과 구분된다.[124] 그렇다면 그와 동시에 이스라엘의 고유한 삶의 질서가 실제로 역사적 근원을 갖는다는 의식은 더욱 커지고 명확해

---

123 E. Voegelin, *Order and History* I, 1956. 자신의 전집의 첫 권에서 푀겔린은 고대 이스라엘의 역사적 자기이해와 고대 근동의 진보된 문화들의 이해 사이의 대립이라는 주제를 이스라엘과 함께 비로소 역사의식이 출현했다는 주제와 결합시켰다. 엘리아데도 그 당시에 비슷하게 말했다. 참고. M. Eliade, *Der Mythos der ewigen Wiederkehr*, 1953, bes. 149ff. 자신의 전집 제4권(1974)에서 푀겔린은 이 주제를 수정했고, 그 대신에 고대 근동의 문화들 안에서 역사의식이 생성된 과정("Historiogenesis")을 광범위한 규모로 서술했다. 나의 책을 참고하라. *Anthropologie in theologischer Perspektive*, 1983, 478ff.

124 G. v. Rad, *Das erste Buch Mose* (ATD 2), 1950, 120f.

진다. 이것으로 미루어 볼때 자신들의 사회 질서가 직접 신적 기원으로부터 유래했다는 고대 근동 문화들의 신화적 의식의 배후에 놓여 있는 사실의 특성은 그 문화들의 신화적 자기이해보다 오히려 구약성서의 선택 사상에 더 가깝다고 할 수 있다. 그 문화들의 존속과 세계에 대한 영향력은 사실상 역사 내부에 놓인 형태의 근원을 갖는다. 선택 사상이 우주 발생설보다 그것을 더 잘 표현하는 것이다. 그러나 메소포타미아 왕조의 우주 발생설적 근원 안에서도 수메르 왕조의 왕의 목록은 기원전 3세기 후반에 권력 중심이 이동한 변화에 대한 인식을 나타내는데, 이것은 폭풍우의 신 엔릴(Enil)에 의해 왕의 통치가 한 도시에서 다른 도시로 옮겨진 것을 말하기 때문이다.[125] 그 밖에도 그 문화들과 우주 발생설의 신화적 기원을 갖는 사회적 질서 사이의 관계는 많은 점에서 이스라엘과—이스라엘을 하나님께 대한 계약(언약) 관계에 근거하여 선택된 민족으로 구속하는—하나님의 의(법)와의 관계에 상응한다. 여기서 고대의 진보된 문화는 인간에게 있어 인간 존재로서의 가능성은 철저히 법질서에 놓여 있다는 사실을 매우 잘 알고 있었다. 그 결과 예를 들어 고대 이집트에서 인간 개념은 이집트인의 신분 개념과 일치했다.[126]

하나님이 행동하시는 역사[127]라는 의미의 역사 의식이 이스라엘 안에서 생성되고 발전한 것이 하나님의 행위의 특정한 맥락이 기대되는 약속 및 선택의 사상과 밀접하게 결합되어 있었다면, 고대 근동의 진보된 문화들 안에는 그것 말고 역사 의식의 다른 기원들도 있었다. 그러나 지나간 시대, 왕들, 왕조들에 대한 기억은 수메르와 고대 이집트에서는 역사가 어떤 목적을 향해 진보한다는 사상과는 연결되지 않았다. 이것은 이스라엘의 약속과 선택의 믿음을 통해 유대적 역사 의식의 특징이 되었던 사상

---

125   Th. Jacobsen, in : Frankfort, Wilson, Jacobsen : *Frühlicht des Geistes* (1946) dt. 1954, 154ff., 213ff.

126   참고. J. A. Wilson, 같은 곳, 39f.

127   이에 대해 『조직신학』 I, 374f.에서 이 주제에 대한 설명한 것을 참고하라.

이다. 고대 근동의 진보된 문화들에서 역사 의식은 위기 시대의 경험과 근원 질서를 회복하려는 희망에서 발현되었다고 할 수 있다.[128] 고대 근동의 문화들 안에서도 개별적으로는 역사 의식의 계기들이 발견되는데, 이것들은 신적 선택에 관한 주장이나 특히 개인이 왕권으로 지정되었다는 비정규적 소명과 관련되어 있다. 투트모세(Thutmosis) 4세의 비석은 그가 거대한 기자(Gise)의 스핑크스의 발치에 누워 꾼 꿈속에서 왕이 되라는 태양신 레(Re)의 선택을 받았다는 내용을 전해준다.[129] 이런 주제는 히타이트 제국에서 훨씬 더 지속적인 영향력을 행사했다. 여기서는 개인이 아니라 왕조 전체의 선택, 그리고 신성에 의한 그 선택을 통해 그 왕조가 지지를 받는다는 것이 전승의 대상이 되었다.[130] 이처럼 선택 사상과 관련된 히타이트 문화의 역사 의식은 선택 그 자체의 표상과 더불어 왕이라는 개인 혹은 왕조의 선택에 의존했다. 하지만 하나의 민족 전체가 신적 선택 행위 대상, 또한 그 선택에 근거한 역사의 대상인 적은 결코 없었다.[131] 이스라엘 안에서 선택은 민족 전체와 관련되었는데, 이 사실을 통해 선택은 거기서 훨씬 더 광범위하고 언제나 또다시 새롭게 진행되는 역사의 과정을 의식하는 출발점이 되었다.

이스라엘의 선택과 거기서 시작되는 자기 백성과 함께하시는 하나님의 계약사에 대한 구약성서의 사상이 이스라엘의 문화사의 맥락—그런 특수한 개념은 문화사 안에서 발전되었다—안에 자리를 잡았다는 사실은 첫째, 고대 근동 세계의 여타 문화들과 비교할 때 이스라엘에게 독특한 구원사 개념을 규정할 수 있는 정확한 장소를 결정할 수 있게 해주었다. 독

---

128   상세한 내용에 대해 나의 책을 참고하라. *Anthropologie in theologischer Perspektive*, 1983, 479f. 비교. J. A. Wilson, 같은 곳, 35. "파라오 중 아무도 시초의 레(Re) 시대의 상태를 회복하는 것 이상으로 통치하기를 바라지 않았다."

129   *Ancient Near Eastern Texts Relating to the Old Testament*, ed. J. B. Pritchard (1950) 2.Aufl. 1955, 446f.; 비교. E. Otto, *Ägypten. Der Weg des Pharaonenreiches*, 1953, 147f.

130   참고. H. Cancik, *Mythische und historische Wahrheit*, 1970, 47.65f.

131   H. Cancik, 같은 곳, 70.

특성은 예정 사상 그 자체가 아니라, 예정의 표상을 왕조만이 아니라 민족 전체와 결합한 데 있었다. 둘째, 그 사실을 통해 선택 혹은 계약 사상의 기능은 이스라엘을 위한 주제만이 아니라, 사회적 질서와 문화적 질서의 종교적 근거에도 해당하는 주제가 되었다. 선택과 계약(언약) 사상이 민족과 결합됨에 따라 비로소 사회 질서의 역사적 근거가 과거의 우주론적 토대에 자리할 수 있었다. 우주론적 토대는 고대 근동의 주도적 문화들의 자기이해를 각인했던 것이다. 여기서 논증은 다음의 질문, 곧 사회적 질서와 문화적 질서의 신적 기원을 선택 사상에 근거한 **역사적** 기원의 의미로 서술하는 것이 일반화될 수 있을지의 질문으로 되돌아간다. 문화적 체계와 사회적 체계의 역사적 근원에 관한 오늘날의 지식이 고대 문화들의 종교적 자기이해와 결합할 수 있다는 사실이 그 질문에 긍정적으로 대답한다. 물론 후자가 자기가 우주론적 – 신화적 형태가 아닌 신적 기원에 근거하고 있다고 알고 있다는 한에서 그렇다(고대 근동의 문화들은 그런 우주론적 – 신화적 형태에 근거하고 있다는 자기이해를 공언했다). 이와 대조적으로 구약성서 안의 선택 사상은 하나님이 그 밖의 다른 민족들과 구분하여 이스라엘과 맺으신 관계의 특수성을 말하는 것으로 보인다. 다른 민족들과 달리 이스라엘은 하나님이 자기 소유로 선택하신 대상이다(신 7:6f.). 이에 따라 하나님과 다른 민족들 간의 관계가 하나님과 이스라엘 간의 관계와 같은 종류라는 주장은 배제된다. 하지만 그것이 세계의 창조자가 다른 민족들 및 문화들과도 특별한 관계를 맺으셨다는 사실, 그것 역시 일반적 의미에서는 선택 개념으로 지칭될 수 있다는 사실을 배제하지는 않는다. 이것은 예언자 아모스의 말씀을 통해 암시된다. "내가 이스라엘을 애굽 땅에서, 블레셋 사람을 갑돌에서, 아람 사람을 기르에서 올라오게 하지 아니하였느냐?(암 9:7b) 예언자 아모스는 이 질문을 통해 자기 민족의 독특성의 의식에 맞서 다른 민족들과 동등한 이스라엘의 지위를 말하고 있다. 그 의식은 이집트로부터 구출된 사건과 팔레스타인의 땅을 수여 받은 사건에 근거하고 있다. 두 사건은 이스라엘의 가장 중요한 선택 전승의 대상이었다. 물론 아모스 예언자의 이러한 말씀은 구약성서 안에서 특이한 것이다. 그러나 이 말씀에 포함된 이스라엘과 다른 민족들의—논란이 될 수 있는—동등한 지위를 간과한다고 해도, 이 말씀은 이스라엘의 선택의 특수성이 다른 민족들과의 비교 자체를 부정하지는 않는다는 의미에서 이스라엘의 선택에 관한 다른 구절들과 철저히 조화를 이룰 수 있다. 어쨌든 예언자 아모스는 다른 민족들도 그들 자체의 고유한 종교적 전승의 내용에도 불구하고 이스라엘의 하나님과 관계를 갖는다고 보았다. 물론 그들의 종교 안에는— 우리가 아는 한에서—그들의 창조자이기도 한 이스라엘의 하나님을 통해 그들 본원의 영토로부터 구출되었다는 사건은 없다. 오히려 그들의 종교는 그들의 사회적 질서와 문화적 질서의 근거가 되는 형태들로서 다양하게 변주되는 우주론적 신화들로 뒤덮여 있다. 따라서 아모스 9:7b의 핵심은 이스라엘의 하나님 경험의 관점에서 본 이방 민족들의 종교적 자기이해에 대한 재해석(rélecture)이라고 할 수 있다. 그러나 이 해석이 단순히 이스라엘의 믿음의 관점을 투사한 것은 아니다. 그 해석은 그 민족들의 실제의 역사적 근원과 경험적으로 연결될 수 있다. 이 점에서 그 해석은 그 민족들의 것으로 추정되는 자기이해의 실현으로 여겨질 수도 있다. 이와 유비를 이루어 일반적 종교신학의 선택 사상도 그런 보편적 의미에서 하나님의 세계 통치, 그리고 인류의 다양한 종교적 문화들의 생성과 역사 사이의 관계에 적용될 수 있다.[132] 이스라엘 민족과 마찬가지로 선택하시는 하나님과 믿음의 연합을 이루도록 부르심을 받은 그리스도교의 역사도 그런 선택의 역사의 관점 아래서 서술될 수 있고 마땅히 그래야 한다. 또한 그리스도교의 역사는 그 선택에 결부된 계약의 의무 곧 인류 전체를 향한 파송과 관련해서, 또한 그 민족이 계약의 의무와 자신의 파송에 상응하지 않을 때 일어나는 그 민족에 대한 하나님의 심판의 행위와 관련해서 서술될

---

[132]   이 의미에서 나는 나의 책, *Die Bestimmung des Menschen*, 1978, 94에서 선택 개념이 역사 신학의 자료적 범주를 묘사하는 데 사용될 수 있다는 주장을 변호했다.

수 있고 마땅히 그래야 한다. 하나님의 백성의 선택 개념과 밀접하게 결합된 역사신학적 범주들이 다음 단락에서 더욱 정확하게 논의된다.

b) 선택 사상에 속하는 역사적 자기이해의 국면들

선택 사상은 어떤 공동체에 담긴 문화적 삶의 질서의 역사적 근원을 하나님이 제정하셨다는 의미에서 드러내는 것에 그치지 않는다. 오히려 그 사상은 이 단락의 시작 부분에서 강조했던 것처럼(753쪽을 보라), 그 설정을 통해 근거된 공동체의 삶이 구체적 역사 과정으로 경험될 수 있게 한다. 이 역사는 선택하시는 하나님의 통치 아래 있다. 이러한 사실은 선택 사상 자체에 근거하는 목적 연관성에, 그리고 선택된 자들이 선택하시는 하나님이 정하신 규정에 상응하는지를 묻는 질문에 기인한다.

1. 첫째, 여기서 선택과 계시 사이의 관계가 생각되어야 한다. 계시 주제의 범위는 매우 넓어서 계시가 항상 선택과 결합되는 것은 아니다. 말하자면 심판 안의 계시도 있을 수 있다. 그러나 거꾸로 선택의 의식은 선택하시는 하나님에 대한 지식을 지속적으로 전제한다. 선택이 불확실하게 느껴지는 내용이 아니라 확실한 사건에 근거하려고 한다면, 그 전제는 필요하다. 물론 선택의 권한을 가진 법정에 대한 막연한 의식이 그 사건으로부터 분리될 수는 없다. 그 법정의 자기알림은 미리 앞서 선택하는 자의 본질을 완전히 결정적으로 열어 보인다는 의미에서 자기계시의 성격을 가질 필요는 없지만, 그러나 선택된 자를 그가 소명을 받은 목표로 향한 길로 나아가도록 만드는 권능을 가져야 한다. 그 밖에도 이스라엘 안에서 초기부터 하나님의 선택 행위와 선택하는 자의 자기의무의 사상이 결합되었는데, 이 결합은 족장들에게 주어진 약속들 혹은 맹세(신 7:8; 비교. 4:31)를 통해 이루어졌다. 그 권능 외에 또한 선택하시는 하나님의 변치 않는 신실함과 신뢰가 선택된 경험의 계기를 넘어선 곳까지 전제된다. 만일 선택된 자가 자신이 선택된 목적을, 또한 그와 결합된 약속을 그분을 신뢰하는 가운데 확신할 수 있으려면, 그렇게 전제되어야 한다. 따라서 자신이 선택되

었다고 이해하는 공동체는 선택하는 자의 현실성과 신성에 최고의 관심을 두게 된다. 이것은 선택된 자기 사람을 향한 선택하신 자의 변치 않는 신실함에 상응한다.

이와 관련해서 각각 믿고 있는 신성의 검증에 대하여 앞에서 말한 것을 기억해야 한다. 그 신성은 종교 공동체의 세계 경험의 영역 안에서, 그리고 세계 현실의 이해에 관하여 종교들이 벌이는 논쟁 안에서 검증되어야 한다.[133] 종교적 확신들을 각각의 역사 진행 안에서 일어나는 세계 경험을 통해 확증하는 것 혹은 확증하지 못하는 것은 모든 문화와 종교 안에서 발생한다. 그러나 그 확증 혹은 비확증은 선택의 믿음에 대하여, 또한 그 믿음에 기초한 종교적 문화에 대하여 특수한 방식으로 주제화한다. 선택의 믿음을 통해 열리는 역사적 경험들의 관점은—그런 경험의 과정에서 최종적인 종말과 만물을 포괄하는 주제는 결국 선택하시는 하나님의 현실성과 정체성에 관계된다는 점에서—본질적으로 **종교사적** 특성을 갖는다. 이것은 그리스도교의 역사에도 해당한다. 이처럼 그리스도교의 종교사로서의 교회사는 신성 및 그와 연관된 종교적·문화적 삶의 형태들에 대한 인간적 표상의 역사와 관계될 뿐만 아니라, 또한 역사 행위로 자기를 입증하는 하나님의 신성에 대한 믿음의 확증을 얻기 위한 투쟁의 역사로 이해되어야 한다.[134] 그 구체적 형태들—이 형태들 안에서 믿음의 대상인 하나님의 현실성과 역사 경험 속에 있는 그 현실성의 검증에 대한 질문이 그 과정 속에 있는 그리스도교에 대해 제기된다—은 언제나 이미 하나님의 백성으로서의 교회라는 이해, 곧 선택이라는 주제를 통해 다소간에 함께 규정되었다. 이를 통해 그리스도교적 믿음의 의식은

---

133 참고. 『조직신학』 I, 265ff.

134 이 주제에 대한 나의 책, *Wissenschaftstheorie und Theologie*, 1973, 393-406의 주장을 수용하여 야스퍼트(B. Jaspert, Hermeneutik der Kirchengeschichte, *ZThK* 86, 1989, 59-108, bes. 90ff.99)는 교회사 서술의 과제가 그리스도교의 종교사 서술이라는 주장에 동의했다. 하지만 야스퍼트는 거기서 역사 경험의 과정 속에서 언제나 또다시

이전의 유대교적인 것과 마찬가지로 역사, 곧 하나님의 행동의 장인 동시에 선택된 자들의 파송과 확증의 장인 역사 경험을 향해 개방된다.

선택의 취소 불가능성은 선택하시는 하나님의 자기 동일성과 신실함이 깨어질 수 없다는 사실에 근거한다. 이 사실은 선택된 자가 역사의 진행 속에서 목표를 향해 나아가는 과정에서 그에게 확증된다. 이 점에서 역사의 경험은 선택하시는 하나님의 궁극적 자기계시에 대한 선택된 자의 기대를 함축한다. 이스라엘의 역사 안에서 이 주제는 특히 포로기 예언 이래로 등장했다.[135] 하나님의 종말론적 계시에 집중함으로써, 선택 의식의

새로운 질문이 제기된다는 핵심을 다루지는 않았다. 그것은 하나님과 그분의 계시에 관한 전승된 진술들을 세계 현실에 대한 경험과 인간의 자기경험에 비추어 검증해야 한다는 질문이다. 결국 중요한 것은 전승된 진술들이 말하는 진리, 곧 하나님 자신의 현실성이다. 야스퍼트가 이 핵심을 잘 이해하지 못했다는 것은 그가 그런 역사적 검증의 과정 속에서 종교적 전승은 형식적 가설의 기능을 행한다는 나의 주제를 재진술하는 데서 드러난다. 그의 진술에 따르면 거기서 중요한 것은 그 전승을 현재 경험의 다양성 "안으로" 통합하는 것이다(나의 책, 같은 곳, 317f.을 설명하는 93쪽을 보라). 그러나 실상 내가 말한 것은 거꾸로 현재 경험의 그 다양성이 종교적 추종자들에 의해 만물을 규정하는 현실성으로 묘사되는 하나님에 관한 종교적 전승 이해 안으로 통합될 수 있는가 하는 것이었다. 여기서 현재 경험이 "역사로부터 오는 과거 경험보다 더 높게 평가되는지"(Jaspert, 같은 곳) 여부는 모든 종교인이 이론적 성찰에 근거해서가 아니라 오히려 삶의 경험을 실행하는 가운데 스스로 제기하는 질문의 의미 및 긴급성과는 무관하다. 물론 역사적 관찰이 종교적 전승에 대해 갖는 외적 관계 안에서 두 가지 주제 모두 중요할 수 있다. 유감스럽게도 야스퍼트는 하나님의 백성이라는 교회의 선택 의식을 앞에서 말한 의미의 종교사로서의 교회사 신학의 핵심 주제로 다루어야 한다는 나의 제안을—이에 상응하는 암시를 나의 책 *Wissenschaftstheorie und Theologie*(405)에서 인용하면서도—받아들이지 않았다(같은 곳, 95). 이에 대해 나의 설명을 비교하라. *Die Bestimmung des Menschen*, 1978, 61 – 84. 교회사를 서술하는 신학적 과제에 대한 나의 이해와 관련하여 그 과제는 야스퍼트가 나의 생각이라고 서술한 "이성적 세계 안의 이성적 인간을 통한 이성적 믿음의 수용이라는 이념"(같은 곳, 99)보다 훨씬 더 중요한 것이다. 나는 야스퍼트가 나의 책 어디서 그런 사상을 발견했는지 궁금하다.

135   참고. 『조직신학』 I, 336ff.

내용도 미래를 향한 개방성을 획득했다. 그 내용도 궁극적으로 하나님의 미래를 통해 결정될 것이다. 그렇기에 그리스도교적 믿음에 대하여, 예수의 사역과 역사 안에서 일어난 하나님의 미래의 예기는 교회의 선택 의식의 토대가 된다.

2. 선택 의식은 선택하시는 하나님의 자기 알림, 아니면 그분의 결정적 계시를 전제한다. 그렇다면 그 의식으로부터 선택된 자의 의무에 관한 의식도 따라온다. 이 의무는 선택 행위에 근거하는 선택하시는 하나님과의 연합에 선택된 자들의 행위를 통해 상응한다. 이런 관계적 맥락은 구약성서 안에서 계약(언약) 개념과 결합하여 표현되었다. 비록 "계약"(언약)이 우선 강한 자가 약한 자에 대하여 일방적으로 설정하는 것을 말하며(약자는 그 설정을 받아들이거나 감수할 수밖에 없다), 비록 그런 설정이 수용자 편에서 주목되어야 하는 조건들과 명시적으로 결합되어 있지 않지만,[136] 어쨌든 이 문제의 핵심은 이런 방식으로 근거된 연합 관계를 보존해야 하는 의무가 수용자에게 설정되어 부과된다는 점이다.[137] 시내산 전통이 후대에

---

[136] "계약"(언약)을 강자의 편에서 일방적으로 설정하는 것으로 보는 관점은 1944년에 베그리히가 초석을 놓았다. J. Begrich, BERIT. Ein Beitrag zur Erfassung einer alttestamentlichen Denkform, in: 동일저자, *Gesammelte Studien zum Alten Testament*, 1964, 55-66. 서로를 구속하는 조약의 개념은 이에 비해 이차적이었다. 참고. E. Kutsch, art. Bund I, in: *TRE* 7, 1981, 397-403. 쿠취는 계약(*berit*) 개념의 사용법에서 한편으로 엄격한 약속을 통한 자기헌신의 경우와 다른 한편으로 부과된 규약의 경우를 구분했다(399f.). 반면에 발처 외 몇 사람은 두 가지 측면이 일치한다는 점을 증명하려고 시도했다. 참고. K. Baltzer, *Das Bundesformular*, 2.Aufl. 1964. 페를리트에 의하면 신명기에서 처음 형성된 계약(언약) 사상은 히타이트의 국가 간 조약의 모델에 의존하여 발전된 사상이 아니고, 오히려 8-7세기 아시리아의 속국 조약들에 대한 반작용이었다. 참고. L. Perlitt, *Bundestheologie im Alten Testament*, 1969.

[137] 폰 라트에 의하면 베그리히는 "일방적 계약과 쌍방적 계약 사이를 너무 날카롭게 구분했다. 왜냐하면 가장 원시적인 계약 체결도 수용자에게 어느 정도 강제로 부과되는 계약 의지 없이는 생각될 수 없기 때문이다." G. v. Rad, *Theologie des Alten Testaments* I, 1957, 137, 각주 33. 폰 라트에 의하면 구약성서 안에서 "하나님의 계약과 이스라엘을 향한 의로운 의지의 계시는 서로 긴밀히 관련되어 있다"(137).

형성될 때, 그런 함축적 의미는 서로 다른 두 가지 방식으로 명시적 문구로 표현되었다. 한편으로 하나님이 제정하신 법을 지키는 것이 그분의 계약의 약속을 굳게 붙드는 전제로 묘사되고(신 7:12; 비교. 5:3), 다른 한편으로 "계약"(언약) 그 자체의 보존(출 19:5)이 그 백성으로 하여금 그들을 이집트로부터 인도하여 내신 하나님께 계속해서 속하게 해주는 조건으로 지칭되는 것이다.[138]

이 내용은 다른 형식으로 언급될 수도 있다. 이스라엘의 하나님의 "소유"(출 19:5)로 부르심을 받은 민족은 "거룩한 백성"(19:6)이라고 말해진다. 이 백성은 열방 가운데서 하나님과의 연합으로 구분되었다. 아마도 이 사고의 근원이 놓인 신명기 안에서[139] 이 내용은 다른 곳에서는 관습적인 제의적 실행들을 멀리하는 것을 정당화하는 역할을 한다(신 14:21; 비교. 14:2; 7:6). 하나님의 지시를 지킴으로써 그 백성은 자신이 하나님께 속한 "거룩한" 백성임을 입증해야 한다(신 26:19; 비교. 28:9). 제사장 문서는 이 사상을 자신의 율법 전승의 중심 주제로 삼았다. "너희는 거룩하라. 이는 나 주님, 너희 하나님이 거룩함이니라"(레 19:2). 이 사상의 메아리는 마태에서 전승된 예수의 말씀에서 발견된다. "그러므로 하늘에 계신 너희 아버지의 온전하심과 같이 너희도 온전하라"(마 5:48). 다른 모든 세부 규정을 넘어서 하나님께 속하는 것은 죄악 세상으로부터 분리되는 것을 뜻한다. 이것은 성화의 삶의 근본 주제다. 바울은 성화를 언제나 또다시 예수 그리스도께 속한 결과로서 날카롭게 강조했고(살전 5:23; 고전 6:11; 1:2 등등), 특히 세례와 결합해서 그렇게 말했다(롬 6:19ff.). 여기서 특징적인 것은 성화의 요구가 보통 고립된 개인이 아니라 공동체에게 향해졌다는 사실이다. 성화

---

138 출애굽기 19:3-8에 대해 비교. L. Perlitt, 같은 곳, 167-181. 페를리트에 의하면 출애굽기 19:5의 "계약"(berit)은 하나님 관계에 대한 조건으로서 "부과된 의무"를 가리킨다(171). 신명기 7:9.12에 대해서는 그곳의 61f.를, 신명기 26:17f.와 그 전역사에 나오는 신명기적 계약 형태(특히 108f.)에 대해서는 102-115을 참고하라.

139 참고. L. Perlitt, 같은 곳, 172ff.

의 주제는 선택된 하나님의 백성 사상, 곧 세상으로부터 구별되어 하나님과 연합하는 백성의 사상과 일치한다.

하나님의 백성을 세상으로부터 구별하는 것은 공통적인 삶의 양식 안에서 표현되는데, 이 양식이 선택된 자들의 공동체를 세상의 길로부터 구분한다. 현대 그리스도교는 이 점을 오랫동안 잊었다. 그리스도교의 지체들은 의식적으로 함께 모여 세상의 규칙과 삶의 형태들로부터 자신을 구분하는 대신, 세상에 적응할 수밖에 없다고 생각한다. 그러나 그리스도교의 초기 시기에 그리스도인들의 삶의 방식과 그들을 둘러싼 도덕적으로 타락한 세상의 차이는 다른 사람을 그들의 공동체와 믿음으로 끌어당기는 힘이었다. 그리스도인들은 하나님과의 연합이 믿는 자들의 공동 삶을 위한 특수한 결과를 낳는다는 사실에 대해 새로운 감수성을 발전시켜야 했다. 이 결과들은 공동 삶의 양식의 규칙들로 표현되었지만, 그것이 어떤 새로운 율법의 성격을 갖는다는 의혹을 불러일으키지는 않았다.[140] 고대 이스라엘에서 하나님의 의(법)는 하나님과의 연합에 상응하는 백성의 삶의 질서와 관련된 총괄개념이었다. 이들은 하나님이 열방의 세계로부터 구별해서 자신과의 연합으로 부르신 백성이다.

모든 현실의 근거와 조화를 이루는 질서에 놓인 관심은 이스라엘만의 관심사가 아니었다. 그것은 진보된 모든 고대 문화의 추진력이었다. 신적 질서와 진실로 조화를 이루는 질서, 그래서 참으로 의롭고 또한 참으로 인간적인 공동 삶의 질서는 에릭 뵈겔린(Eric Voegelin)에 의하면 모든 인간 역사의 중심 주제다. 그러한 사회 질서를 우주 자세의 질서로부터 찾아내려는 것이 민족들의 우주론적 신화들 및 그와 관련된 제의들의 궁극적인 주제였다. 이러한 참된 질서, 참된 하나님의 의(법)의 내용을 찾으려는 노력은 역사와의 논쟁 안으로 확대되었다. 이스라엘의 관점에서 볼 때 이방 민

---

140   이에 대해 제12장 3.d를 참고하라(특히 164ff.). 이 부분은 의와 율법 사이의 구별과 관계에 대한 내용이다.

족들은 그 의(법)를 성취하지 못한다. 그들은 참하나님을 알지 못하기 때문이다. 그래서 이방 민족들은 시대들의 마지막 날에 시온으로 돌아와 이스라엘의 하나님에게서 의(법)를 배울 것이며, 이 문제에 대한 그들의 갈등들의 해결을 그분에게 맡길 것이다(미 4:1-4; 사 2:2-4). 그때까지 이스라엘은 하나님의 백성으로서의 자신의 실존을 통해 이방 민족들 가운데서 하나님의 의로운 의지를 증언하는 증인이 되라는 부르심을 받았다. 이러한 종말론적 기대의 관점 안에서 이스라엘의 하나님의 의(법)는 하나님 나라의 미래 질서의 예기로 이해된다.[141] 이것은 과거에 확정된 후에 전해져서 오늘날 변경 불가한 그런 조항이 아니다. 그러므로 하나님의 의(법)의 모든 역사적 형태는 언제나 또다시 하나님의 통치의 종말론적 미래의 빛 속에서 해석을 필요로 한다. 이것은 예수께서 스스로 율법을 해석하신 것에서 알 수 있다.

선택과 하나님의 법을 지켜야 할 의무가 일치한다는 점에서 선택 자체의 예기적 성격은 하나님 나라의 종말론적 미래의 전조 혹은 앞선 표현으로 드러난다. 그리스도교 교회의 경우에 이러한 앞선 표현은 하나님의 백성으로서의 그 지체들의 법적 공동체 안에서 직접 주어지지 않고, 예수의 만찬의 표징인 성례전적 표현의 형식 안에서 주어진다. 표징 안에서 예수 자신과 함께 하나님의 통치가 이미 현재가 된다. 표징적 만찬 공동체는 참여자들과의 현실적인 연합을 포함한다. 이 연합은 하나님의 사랑과 예수 그리스도의 능력을 통해 그들 사이에서도 실현되지만, 교회의 예배 공동체를 넘어서는 어떤 결정적 법률 형태로 고정되는 것은 아니다. 그러나 그 연합에서 교회의 지체들 서로에 대한 관계 속에서 그리스도교적 자유가 실현될 뿐만 아니라, 또한 교회의 성만찬 공동체가 단순히 상징적 제의로 변질되는 위험도 동반된다. 그런 제의는 지체들 서로에 대한 구체적

---

141   규범과 그 실현 사이의 차이가 이 주제에 속한다. 왜냐하면 장차 실현되어야 하는 형식은 형식과 내용이 합쳐진 구체적 형태에 대한 예기로 파악되어야 하기 때문이다. 참고. I. Kant, *Kritik der reinen Vernunft*, 1781 (A), 166f., sowie 246.

삶의 관계들에 전혀 영향을 미치지 못한다.

3. 법(의)의 주제―이것은 하나님을 향해 선택된 자들에게 요구되는 의무에 내포되어 있다―의 보편적 연관성은 그 밖의 인류와의 관계에서 선택된 자들이 행해야 하는 증언 혹은 선교의 계기를 포함한다. 보편적 선교는 선택의 특수성의 뒷면이다. 보편적 선교는 하나님의 의로운 의지를 열방 가운데 증언하는 것이다(사 42:1). 하나님의 의로운 의지는 그분과의 연합을 토대로 삼아 인간들 서로의 공동체를 갱신하는 것이다. 인간들이 그분의 신성을 경외할 때 외적으로 표현되는[142] 그 의지는 인류 전체에게 향해 있다. 하나님의 백성이 그 의지를 증언하는 것은 다른 사람들에게 도덕적 가르침을 베푸는 것이라기보다 자기들의 공동체를―언제나 가능한 한―하나님의 의로운 의지에 어울리도록 만들어가는 것이다. 그러나 또한 그 증언은 역사 안에서 일어나는 자기 백성의 불순종에 대한 하나님의 심판을 통해서도 행해진다.

이방 세계로부터 선별되는 선택과 그 세계 안에서 증언해야 하는 선택된 자들의 파송 사이의 보편적 관계에 대한 통찰은 그리스도교 선교 과제의 특성을 이해하기 위한 준거 틀을 형성한다. 이방 민족들에게 복음을 선포하고 그들을 제자로 삼고 삼위일체 하나님의 이름으로 그들에게 세례를 주는 것(마 28:19)은 사람들을 이방 세계로부터 끌어내어 다가오는 하나님의 통치의 표징적으로 매개된 현재―이 현재는 예수 그리스도 안에서 이미 시작되었다―안으로 인도하는 것이며, 이를 통해 하나님과의 화해 및 서로에 대한 화해라는 인간 규정의 실현에 봉사하는 것이다. 그리스도교적 열방 선교로서 그리스도교 공동체에 사명으로 부과된 증언의 특수한 형태의 근거는 예수 그리스도의 사역과 역사의 종말론적 성격에, 또한 그것에 기초한 종말론적 공동체로서의 교회의 자기이해에 놓여 있다. 예

---

142 이에 대해 나의 논문을 참고하라. Leben in Gerechtigkeit, in: H. Franke u.a., Hgg., *Veritas et Communicatio. Ökumenische Theologie auf der Suche nach einem verbindlichen Zeugnis*, Festschrift U. Kühn, 1992, 310-320.

수 자신은 물론 원시 공동체도 이방 민족들이 종말의 때에 하나님의 의의 선포 장소인 시온으로 몰려들 것이라는 예언자적 기대 속에서 살았던 것으로 보인다.[143] 그때까지 믿는 자들의 공동체는 하나님의 통치가 시작되었다고 증언해야 한다. 이것은 산 위에 보이는 동네가 주변 세상에게 감추어질 수 없는 것과 같다(마 5:14). 그리스도교의 부활 소식으로부터, 그리고 그 안에 근거한 확신 곧 부활하신 자가 지금 이미 아버지의 우편에 계신 메시아적 통치의 주님으로 높여지셨다는 확신으로부터 그 소식을 모든 민족에게 전하라는 마태복음 28:18f.의 사명이 주어졌다.[144] 여기서 열방을 믿음으로 인도하는 부름이 그들에게 유대 전승의 하나님의 법을 지켜야 하는 의무를 부과하지 않는다는 것은 예수의 십자가를 율법의 저주의 표현(갈 3:13)으로 이해하는 것을 통해 추진되었다. 십자가에 못 박힌 자의 부활이 비추는 빛 안에서 율법은 속박하는 권세를 상실했다. 예수 그리스도는 자신의 죽음을 통해 유대인과 이방인 사이의 "원수 된 것 곧 중간에 막힌 담"(엡 2:14f.)을 허무셨고, 이와 동시에 율법을 폐하셨다(2:15). 후대에 전개된 그리스도인과 유대인 사이의 관계에 직면해서 사람들은 에베소서의 이 말씀을 과도한 낙관주의 혹은 더 나아가 종말론적 열광주의의 표현으로 생각했다. 더욱 인상적인 것은 그 말씀이 원시 그리스도교의 종말론적 의식으로부터 그리스도교의 이방 선교를 자극하는 동기를 부여했다는 사실이다. 예수의 사역 안에서 이미 시작된 하나님의 통치에 대한 인식, 또한 부활하신 자가 그 통치를 실행하는 주님으로 높여지셨다는 사실의 인식은 그 고백에 적합한 증언 형태로서의 보편적 선교와 일치한다.

4. 주변 세계의 삶의 맥락 안으로 보내지는 파송 곧 선택의 특수성과 결합되어 있는 파송의 동기, 선택된 자들이 행하는 길들 위에서 일어나는 하나님의 도우심의 경험들, 또한 하나님의 길로부터 치우칠 때 주어지

---

143   J. Jeremias, *Neutestamentliche Theologie I: Die Verkündigung Jesu*, 1971, 235ff.

144   참고. F. Hahn, *Das Verständnis der Mission im Neuen Testament*, 1963, 52ff.

는 하나님의 심판 등은 모두 선택 사상을 열어주는 역사 신학의 관점에 속한다. 구약성서 안에서 선택된 하나님의 백성의 역사에 대한 신학적 해석과 관련해서 심판 사상은 특별히 중요하다. 왜냐하면 심판 사상은 이스라엘 역사의 재난들을 이스라엘의 하나님께 대한 믿음으로부터 이해할 수 있게 해주기 때문이다. 여기서 이스라엘의 하나님은 그 민족의 역사만이 아니라 열방 세계 전체의 역사를 다스리는 주님으로 새롭게 이해된다. 심판 사상의 역사적 관련성은 구약성서와 이스라엘의 역사에 제한되지 않는다. 심판 사상이 영향력을 미치거나 사라졌다는 것은 개인들 혹은 공동체들이 자신의 소명이나 선택을 의식하는 가운데 하나님의 주권에 순종하는지, 역사의 진행에 대한 그분의 통치를 기다리며 자신의 책임을 받아들이고 있는지, 아니면 자신의 선택의 믿음을 이데올로기적으로 왜곡시켰는지에 대한 지표를 나타낸다.

하나님의 심판이 오직 선택된 백성에게만 내려지는 것은 아니다. 심판은 역사의 진행 안에서 이르거나 늦거나 간에 하나님의 의로운 뜻을 따르지 않는 모두에게 내려진다. 심판의 행위를 통해 하나님의 현실성은 그분에게 등을 돌린 죄인들과도 분리될 수 없음이 입증된다. 그러나 성서적 하나님의 계시가 비추는 빛의 영역 밖에서 하나님이 역사를 조종하신다는 명시적인 의식 없이 살아가는 이방 민족들은 하나님의 심판을 맹목적 운명으로 경험한다. 하지만 하나님의 의로운 뜻이 모세를 통해 선포된(시 103:7) 이스라엘에게 자신의 역사적 재난들은 하나님의 심판의 결과와 표현으로 경험된다. 아모스의 말씀은 이런 의미로 이해되어야 한다. "내가 땅의 모든 족속 가운데 너희만을 알았나니, 그러므로 내가 너희 모든 죄악을 너희에게 보응하리라"(암 3:2).[145] 그 심판 안에서 하나님의 거룩하심이 바로 그 선택된 백성에게 계시된다.

---

[145] 물론 예언자 아모스는 선택에 뒤따라오는 의무를 강조함으로써, 선택의 주제와 관련된 청중들의 기대를 뒤집어 놓는다. 비교. H. W. Wolff, *Dodekapropheton 2. Joel und Amos*, 1969, 215f.

하나님은 다른 민족들에게도 심판자로서 행동하신다. 심판의 하나님은 그들의 행위와 그 결과가 일치하는 법이 그들의 운명 속에서 효력을 나타내도록 하시고, 은혜의 개입을 통해 행위자들을 그 행위의 결과들로부터 보호하지 않으신다. 그 법에 따른 행위들과 행위 결과들의 연관성에 근거하여 이스라엘의 예언자들은 다른 민족들 위에 내려지는 하나님의 심판을 그들 각각의 외국어로 선포할 수 있었다. 그러나 이스라엘 밖에도 그 연관성에 대한 의식이 존재했다. 이 의식은 그리스에서 헤로도토스의 사상 안에서 그리스 역사 서술의 기원과 근본 사고가 되었다. 헤로도토스가 선호했던 대상은 국가 형태의 발전이 아니라(이것은 폴리비오스[Polybios, B.C.E. 203-120]에게서 처음으로 발견된다), 시민들과 국가 사이의 경쟁을 통해 인간의 운명을 변화시키는 것이었다.[146] 인간의 오만과 역사 안에서 일어나는 그에 대한 신들의 징벌[147] 사이의 관계의 제시는 특별히 헤로도토스의 작품의 특성이지만, 또한 투키디데스에게서도 볼 수 있다. 인간의 운명적 연쇄 관계에 대한 비슷한 통찰들이 많은 비극 작가들에게서도 발견된다. 이같이 성서가 역사 과정 안에서 하나님의 심판 행위로 서술하는 맥

---

146 Herodot *Hist.* I,5에 대해 참고. W. Schadewaldt, *Die Anfänge der Geschichtsschreibung bei den Griechen*, 1982, 21f. 샤데발트에 의하면 그리스인들은 역사 진행이 목적을 갖는다는 것에 대해 알지 못했다(125). 이 사실은 최소한 그리스의 초기 역사 서술에 해당한다. 칸치크는 그런 목적성 사상이 그리스의 역사 서술 안에 존재했다고 주장했으나, 그 주장을 위한 증빙은 디오도로스 시켈리오테스의 로마 발전에 대한 서술뿐이었다. 참고. H. Cancik, Die Rechtfertigung Gottes durch den "Fortschritt der Zeiten." Zur Differenz jüdisch-christlicher und hellenisch-römischer Zeit- und Geschichtsvorstellungen, in : A. Peisl/A. Möhler, *Die Zeit*, 1983, 257-288, 265ff. 어쨌든 딜타이(W. Dilthey)와 뢰비트(K. Löwith) 등의 영향 아래서 샤데발트는 "역사 진행이 목적을 갖는다는 것"을 그리스도교가 처음으로 창조한 것으로 서술하지는 않았다(같은 곳, 125). 물론 후대에 그 사상은 디오도로스나 폴리비오스와 같은 고대 역사가들에 의해 실제의 세계관으로 받아들여져 우주의 순환적 진행에 관한 스토아적 개념 안으로 통합된 것은 사실이다.

147 참고. H. Butterfield, God in History, 1952, in : 동일저자, *Writings on Christianity and History*, ed. C. T. McIntire, 1979, 3-16.

락에 대한 인식은 결코 성서적 계시의 범위에 제한되지 않는다. 우리는 그 인식을 역사 이해의 선−비판적 표현으로 탈락시켜서도 안 된다. 오히려 현대적 역사 서술도 인간들과 민족들의 행위에 대한 심판의 주제를 "사건들 안에 함축된 것"으로 인정할 수 있었는데,[148] 그 서술이 선입견에 사로잡혀 역사 경험의 신학적 해석에 대한 모든 합리적 역사 성찰로부터 울리는 반향을 반대하지 않는 한, 그렇게 할 수 있었다.[149]

허버트 버터필드는 이러한 관찰 방식을 현대 역사의 사건들에도 적용하기를 주저하지 않았다.[150] 영국인 역사가인 그에게 제1, 2차 세계대전에서 독일이 패배한 것은 그런 심판 사건의 특별히 명확한 사례로 보였고, 그는 역사 안에서 일어난 이런 종류의 심판이 "결코 부정될 수 없는 사실"이라고 서술했다.[151] 버터필드는 이 이해에서 라인홀드 니버의 역사신학과 긴밀히 접촉했다. 니버 신학의 중심은 심판 사상이었다. 그러나 니버는 버터필드와 달리 그 사상에 대한 경험적 증거를 주장하지 않았고, 역사에 대한 특별히 신학적으로 지향된 관점을 표현했다. 그 표현은 하나님의 통치 사상, 그리고 그 통치와 자기 자신을 하나님의 자리에 놓으려는 인간들의 시도 사이에 일어나는 대립에 근거했다.[152] 초기 바르트에게도 비슷한 사상이 큰 역할을 했다. 물

---

148 H. Butterfield, 같은 곳, 190.

149 이 자리에서 일반적 역사의식에서 랑케(L. v. Ranke)와 드로이젠(J. G. Droysen)이 보존했던 신학적 차원의 상실과의 논쟁이 필요하다. 이에 대해 참고. A. Dunkel, *Christlicher Glaube und historische Vernunft. Eine interdisziplinäre Untersuchung über die Notwendigkeit eines theologischen Geschichtsverständnisses*, 1989. 드로이젠에 대해서는 특히 그곳의 107ff. 그러나 둔켈에 있어 심판의 주제의 중요성은 선택 사상과는 달리(290ff.) 피상적이다.

150 H. Butterfield, *Christianity and History*, 1949. 인용은 독일어 번역판: *Christentum und Geschichte*, 1952, 59ff.

151 H. Butterfield, 같은 곳, 68.

152 R. Niebuhr, *Faith and History. A Comparison of Christian and Modern Views of History*, 1949.

론 바르트에게 중요한 것은 역사 **안에서** 일어나는 하나님의 심판이라기보다 **모든** 역사에 대한 하나님의 대립이었다. 이 견해에 대한 이유는 특정한 역사적 경험, 말하자면 제1차 세계대전과 그 결과에 의한 보편적 참상이었다. 이 경험은 1922년 로마서 주석의 개정판 안에서 "위기의 신학"이 생성되는 조건이었을 뿐만 아니라, 그 작품이 이후에 일으킨 여파의 결코 과소평가할 수 없는 한 가지 요인이었다.

예정, 계시, 이에 근거한 의무와 파송, 또한 이와 관계된 하나님의 보존과 심판의 행동 등이 이루는 상호관련성은 우선 이스라엘의 역사 안에서 일어나는 하나님의 행위에 대한 성서의 증거로부터 유도될 수 있다. 그러나 이 범주의 영역을 그 특수한 역사에 제한해야 할 이유는 없다. 특히 역사 안에서 일어나는 하나님의 심판 행위는 성서 자체의 증거에 따르면 하나님의 백성만의 역사에 제한된 사건이 아니다. 열방의 역사를 지배하는 징벌의 사건들도 성서가 말하는 하나님의 역사의 관점으로부터 **이스라엘의 하나님**의 행동으로 증언된다. 선택 사상에 대해서도—비록 개별적이기는 하지만—비슷한 견해가 있었다. 분명 예언자 아모스는 이스라엘의 중심적인 선택 전통인 출애굽 사건과 유사한 사건을 하나님이 다른 민족들에게도 행하셨다고 주장할 수 있었지만(암 9:7), 그것을 자신들의 삶의 질서를 정당화하는 그 민족들의 자기이해의 의미에서 말한 것은 아니었다. 오히려 아모스는 그것을 이스라엘의 현실 경험의 관점에서 보는 그 민족들의 역사적 기원에 대한 서술로서 말했던 것이다.

이로부터 다음의 질문이 제기된다. 그리스도교 신학이 성서적 역사의 범위를 넘어 일반 역사 속에서 일어나는 하나님의 부르심과 파송, 그리고 심판의 행동에 대해서도 말해야 하는가? 구약성서의 예언자들처럼 하나님의 역사적 행동이 이스라엘의 역사 안에서만이 아니라 또한 열방 세계 속에서 발생한다는 사실을 보려고 하지 않는다면, 그리스도인들은 어떻게 이스라엘의 하나님이 역사 속에서 행동한다는 것을 말할 수 있을 것인가?

성서적 하나님의 세계 통치에 대한 일반적인 신앙고백은, 만일 그 통치 사상을 그 고백과 동시에 역사의 구체적 경험에 적용하는 것이 한계를 넘어선 과도한 일이라고 판단한다면, 정당화되기 어려울 것이다. 하나님의 세계 통치에 대한 보편적 신앙고백은, 하나님의 구체적 행동이 역사의 사건들 안에서 인지되고 언급되지 않는다면, 또한 그 행동이 어디서나 한결같이 인지되고 동일한 의미에서 접근 가능하지 않다면, 공허하고 무의미해질 것이다. 우리는 다른 판단 영역들에서와 마찬가지로 이 문제에서 오류의 발생으로부터 보호받지 못한다. 역사 속에서 행해지는 하나님의 길의 궁극적 의미는 창조의 종말론적 완성의 빛이 비칠 때 비로소 인식될 수 있을 것이다. 그러나 역사 속에서 하나님이 보존하고 심판하는 행동에 대해 전혀 말할 수 없다면, 하나님의 현실성 전체가 인간의 의식 속에서 희미해져 간다고 해도 우리는 놀라지 않게 될 것이다. 그것을 말하기를 주저하는 것은 하나님의 길의 탐구 불가능성에 직면한 특별한 겸손의 표시가 아니다. 이사야는 자기 동시대인들을 이렇게 책망했다. "주님이 행하시는 일에 관심을 두지 아니하며, 그의 손으로 하신 일을 보지 아니하는도다"(사 5:12). 역사 사건들 속에서 일어나는 하나님의 보존과 심판의 행위를 인식하는 일에, 예를 들어 그런 사건들을 예언할 수 있는 특별한 예언자적 영감이 필요한 것은 아니다. 오히려 그 인식을 위해서는 하나님을 구체적으로 역사의 주님으로 인정할 준비만 되어 있으면 된다. 이 준비는 자신의 기만적인 확신 안에서 주님이 "복도 내리지 아니하시며 화도 내리지 아니하시리라"(습 1:12)라고 조롱하는 자들과 구별된다.

이 모든 일반적인 사실은 재차 그리스도교와 교회의 특수한 역사 이해와 서술에 해당한다.

4. 교회와 그리스도교의 역사를 예정론의 빛에서 신학적으로 해석해야 하는 과제

그리스도교 신학은 교회사를 다룰 때 하나님의 현실성에 대한 모든 관계와 분리된 순수하게 세속적인 현실 이해를 주저하지 않고 끌어들였는데, 이것은 다른 어떤 분야에서도 일어나지 않은 일이었다.[153] 이미 16세기 말 이후에 "인간적 역사"(historica humana)로서의 세계사는 하나님의 기적적인 개입으로 조종되고 특징지어지는 신적 역사와 구분되었는데,[154] 다니엘서의 네 개의 제국들의 도식을 그리스도 이후의 역사를 해석하는 도구로 삼는 것을 포기한 이후에,[155] 교회사는 성서적 역사와 달리 "인간적" 역사의 영역으로 분류되었다. 18세기의 "실용주의적" 역사 서술, 곧 역사의 사건들과 진행의 원인을 오직 사람들 사이에서만 찾으려는 서술[156]은 그러한 관찰 방식을 마침내 관철시켰다. 그 결과는 신학만이 아니라 그리스도교 믿음에 대해서도 어쨌든 치명적이었다. 성서는 역사 속에서 일어나는 하나님의 행동을 말하는 반면에, 대부분의 교회사 서술은 늦어도 신약성서의 정경이 완결된 이후부터는 마치 하나님이 인간의 역사로부터 퇴각하신 듯한 인상을 전달하고 있다.[157]

---

153   이에 대한 나의 설명을 참고하라. *Wissenschaftstheorie und Theologie*, 1973, 393ff., bes. 398ff.

154   야스퍼트는 이 구분이 보딘(J. Bodin, 1566)과 라이네키우스(R. Reineccius, 1583)에서 시작되었다고 지적했다. B. Jaspert, 같은 곳, 63f.

155   참고. A. Klempt, *Die Säkularisierung der universalhistorischen Auffassung. Zum Wandel des Geschichtsdenkens im 16. und 17. Jahrhundert*, 1960.

156   B. Jaspert, 같은 곳, 65f. 이곳의 내용은 J. L. v. Mosheim에 관한 것이다.

157   뮐렌베르크도 교회사 과목은 자기 자신을 신학 과목으로 이해할 때만 자신의 대상을 바르게 다룰 수 있다고 강조했다. 세속 역사적으로 파악된 교회사적 과정의 측면들로 환원하는 것은 "문제의 중심과 조화를 이루지 못한다." E. Mühlenberg, Gott in der Geschichte. Erwägungen zur Geschichtstheologie W. Pannenbergs, in : *KuD* 24, 1978, 244-261, 인용은 245.

오늘날 이스라엘과 예수 그리스도의 역사에 대한 성서적 서술에서 하나님이 역사 속에서 행동하셨다는 사실의 근본적 중요성을 강조하는 신학자들은 그리스도교와 교회의 역사 과정—이것은 불가피하게 그리스도의 오심 이후의 세계사의 진행을 포함한다—에 대한 신학적 해석을 회의적으로 바라보거나 거부한다. 오스카 쿨만은 자신의 구원사 개념—이것은 성서가 증언하는 하나님의 행동의 역사를 가리킨다—을 세계사로부터 분리했다. 왜냐하면 구원사는 세계사에 근거해서는 이해할 수 없는 선별, 곧 세계사에 속한 일부 선별된 사건들만 포괄하기 때문이다.[158] 그는 신약성서 정경의 완성과 함께 하나님의 구원 계획에 대한 계시도 종결되었기 때문에, 그리스도의 나타나심 이후에 **"그리스도 사건의 전개"**로서 계속 진행된 구원사는 숨겨져 있다고 주장했다.[159] 로마 가톨릭의 입장에서 칼 라너도 비슷하게 말했다. "공적 직무"(amtlich)의 구원사—이것은 그 자체로 하나님의 계시와 동일시된다—는 그 밖의 역사와 구분된다는 것이다. 물론 후자도 중심에서는 마찬가지로 구원사다. 그 과정에서 인간들이 구원의 질문과 연관되기 때문이다. 그러나 그것은 우리에게 구원사로서 인식되지 않는다. 그 인식을 위한 "공적 직무"의 계시가 그 안에 없기 때문이다.[160] 여기서 "공적 직무"의 구원사를 일반 역사로부터 철저히 구분하는 것은 영감적 및 권위적 해석의 과도한 형식적 결과일 수 있다. 쿨만에게서 이러한 관점은 성서의 명시적 진술들에 근거해서 구분을 확정하는 형태로 나타난다. 계시 개념이 예수 그리스도—그의 역사 안에서 계시된 하나님의 구원 계획은 인류의 역사에 관계된다(비교.『조직신학』I, 344ff.)—안에 집약된다면, 그런 사상은 그리스도교 로고스 신학의 의미에서 전개할 필요가 있다. 로고스 신학은 나사렛 예수를 세상의 시간을 태초로부

158　O. Cullmann, *Heil als Geschichte*, 1965, bes. 135ff.

159　O. Cullmann, 같은 곳, 270.

160　K. Rahner, Weltgeschichte und Heilsgeschichte, in : *Schriften zur Theologie* V, 1964, 115-135, bes. 125ff. 이 문제와 관련된 라너와 쿨만의 관계에 대해 위의 각주 122에 인용된 나의 논문, 358ff., 특히 361f.를 참고하라.

터 지배하는 신적 로고스로 생각한다. 그 사상은 그리스도교 창조신학 안에서 우주론적으로 전개되어야 할 뿐만 아니라, 또한 성서적 증거들에 따라 역사신학적으로 전개되어야 한다. 이 전개는 종말론적 완성의 이편에서는 항상 임시적이고 수정이 필요한 상태에 머물 것이다. 그러나 그 서술은, 하나님의 로고스가 예수 그리스도의 인격과 역사 안에서 성육신했다는 그리스도교의 신앙고백이 현실과의 관계에서 해결될 수 없는 공허한 문구로 나타나지 않아야 한다면, 전적으로 포기되어서는 안 된다.

오스카 쿨만은 신약성서 안에서 어쨌든 그리스도의 승천과 재림 사이에 놓인 교회사의 주제에 대한 힌트를 발견했다. 그것은 교회의 선교 과제라는 주제다.[161] 장 다니엘루는 이것이 바르트의 그리스도론적 협소화를 넘어서는 통찰이라고 칭찬했다. 교회사는 선교의 과제를 자신의 고유한 주제로 가지며, 이 주제의 구원사적 적용 영역은 말하자면 그리스도의 재림이 선교를 위해 지연된다는 사실을 통해 조명된다는 것이다.[162] 그러나 다니엘루는 선교가 교회사의 유일한 주제라고 생각하지는 않았다. 교리의 전개와 순교자들의 증언도 마찬가지로 그리스도의 부활과 재림 사이에 놓인 교회의 본질과 파송의 표현으로 인정되어야 한다. 그것들이 선교의 사고로 환원되어서는 안 된다는 것이다. 교회의 분열과 그 극복에도 다니엘루에 따르면 역사 신학적 해석이 필요하다.[163] 그는 이 문제를 넘어 교회사와 엮인 세계사를 그리스도 이후의 역사에 대한 신학적 해석 안에 포함시켜야 한다고 주장했다.[164] 다니엘루는 구원사 개념을 성서가 증언하는 사건에 제한하는 것, 그래서 교회사 안에서 계속되는 사건들 안에서 구원사를 인식하지 못하는 것을 개신

---

161   O. Cullmann, *Christus und die Zeit*, 1946, 3.Aufl. 1962, 139ff., bes, 145f.

162   J. Daniélou, *Essai sur le mystère de l'histoire*, 1953, 18f. 니사의 그레고리오스에 대해서 243ff.를 비교하라.

163   J. Daniélou, 같은 곳, 20.

164   J. Daniélou, 22. 러스트도 이와 비슷하게 말했다. E. C. Rust, *The Christian Understanding of History*, 1947.

교의 전형적인 오류로 여겼다.[165] 하지만 우리는 이 판단에 동의할 수 없다. 다니엘루 외에 에릭 러스트, 라인홀드 니버, 헨드리쿠스 베르크호프[166] 등이 교회사에 대한 신학적 해석을 전개했던 많지 않았던 사람들에 속하기 때문이다. 후대의 저술가 중에 에크하르트 밀렌베르크도 이에 속한다. 다른 한편으로 칼 라너와 한스 우르스 폰 발타자르[167] 같은 로마 가톨릭 신학자들도 교회사의 사건들과 시대들에 대한 역사신학적 해석에 대하여 쿨만과 비슷한 생각을 표명했는데, 그 이유는 쿨만과 달랐다. 뮌헨의 가톨릭 교회사가이자 교부학자인 페테르 슈톡마이어는 1970년에 이렇게 확정했다. 성서 주석가와는 달리 "교회사가에게는 사실과 사건을 타당하게 판단하기 위한 '구원사적인' 척도가 결여되어 있다."[168]

전통 신학의 역사 이해에 대한 반대는 18세기에 특히 인간의 행동 외에 하나님의 행동을 역사 사건들의 직접적인 원인으로 관찰하는 사상을 대상으로 삼았다. 요한 로렌츠 폰 모스하임과 그의 후계자들은 역사 서술의 "실용주의적 방법"을 발전시켰는데, 이것은 역사 사건들의 진행을 오직 인간 행위의 동기들로부터만 설명할 것을 요구했다.[169] 개별 사건들을 하나님의 직접적인 개입으로 소급시키는 것은 실용주의 역사 서술이 거부했다. 이것은 자연 사건에 대한 현대적 설명이 지배적 자연법칙의 규칙

---

165   J. Daniélou, 같은 곳, 17.

166   H. Berkhof, *Der Sinn der Geschichte: Christus*, (1959년 네덜란드 판본에 따른) 독일어판 1962.

167   H. U. v. Balthasar, *Theologie der Geschichte*, 1950. 또한 동일저자, *Das Ganze im Fragment, Aspekte der Geschichtstheologie*, 1963.

168   Stockmeier, Kirchengeschichte und Geschichtlichkeit der Kirche, in: *ZKG* 81, 1970, 145-162, 160.

169   J. L. v. Mosheim, *Institutionum historiae ecclesiasticae antiquae et recentioris libri quatuor*, 1755. 참고. E. Mühlenberg, Göttinger Kirchenhistoriker im 18 und 19 Jahrhundert, in: B, Moeller, Hg., *Theologie in Göttingen. Eine Vorlesungsreihe*, 1987, 232-255, bes. 233-237.

성을 깨뜨리는 기적의 표상에 반대하는 것과 마찬가지다. 하나님의 행동을 원인으로 제시하는 것은 피조적 요인들을 통한 사건들의 설명과 경쟁하는 것으로 판단되었기에 배제되었다. 그 결과 오늘에 이르기까지 대부분의 세속 역사가들뿐만 아니라 교회사가들[170]도 역사 안에서 일어난 하나님의 행동이라는 표상을 거부하는 것은 이해할 만한 일이 되었다. 이 의미에서 그 거부는 정당화되기는 했지만, 그러나 그것은 그 표상의 결함이 있는 형태에만 해당했을 뿐이었다. 창조 안에서 일어나는 하나님의 행동은 자연 사건과 관련될 필요가 없고,[171] 인류 역사의 관점에서 피조적 요인들의 작용과 경쟁 관계에 있다고 이해될 필요도 없다. 하나님과 인간은 행동 원칙으로서 같은 지반 위에 있지 않고, 그래서 양자 사이에 경쟁은 일어날 수 없다. 오히려 창조자는 피조물의 행위를 매개로 삼아 창조를 다스리신다.[172] 이 개념은 모스하임과 그의 역사 이해를 발전시킨 크리스티안 발츠에 의해 확인되었다. 이들은 교회사 안에서 역사를 통해 일어나는 하나님의 섭리 작용을 입증할 수 있다고 자신했다.[173] 세계를 다스리는 하나님의 활동은 역사 전체와 관련되며, 피조적 원인들의 작용에 대한 직접적인 개입으로 나타나지 않는다.

---

170   참고. E. Mühlenberg, *Epochen der Kirchengeschichte*, 1980, 2.Aufl. 1991, 17f. 비교. 동일저자, Gott in der Geschichte. Erwägungen zur Geschichtstheologie von W. Pannenberg, in : *KuD* 24, 1978, 244–261, bes. 254.257ff. 뮐렌베르크의 판단은 여기서 특별한 주목을 끈다. 왜냐하면 그는 오늘의 대다수의 교회사가보다 더욱 집중해서 교회사를 신학 과목으로 다루어야 할 과제를 수행하려고 애쓰기 때문이다.

171   참고. 『조직신학』 II. 하나님의 유지하시는 행동에 대해서는 47ff., 기적 개념에 대해서는 107ff., 또한 피조물의 활동과 함께하는 하나님의 협력 작용에 대해서는 111ff.를 보라.

172   하나님이 세계를 통치하신다는 사상은 피조물들이 자신들의 활동들에서 하나님의 협력 작용에 의존한다는 사실을 전제한다. 비교. 『조직신학』 II, 113–126.

173   이에 대해 각주 170에서 제시된 뮐렌베르크의 논문의 236f., 특히 237쪽의 각주 10에서 인용된 교회사 서술의 과제에 대한 모스하임의 정의를 보라. 또한 발츠에 대해 244f.를 참고하라.

페르디난트 크리스티안 바우어는 이 이해를 훗날 발전 사상을 통해 변형시켰고, 교회사를 교회의 이념의 전개로 묘사했다. 여기서 섭리 작용은 교회 개념에 외적인 것으로 머물지 않고, 말하자면 그 개념과 그것의 전개 안으로 진입한다.[174] 그 과정에서 하나님의 선택을 새로운 하나님의 백성인 교회의 근거로 보는 관점이 폐기되었고, 바우어는 그것을 독립적 주제로 삼지 않았다. 바우어가 볼 때 그리스도교 역사의 이념 혹은 주제는 예수 그리스도 안에서 일어난 하나님과 인간의 합일에 대한 그리스도교적 의식을 통해 주어졌다.[175] 그래서 그는 교회사를 그 이념이 다양한 시대들 안에서 전개된 것으로 이해하려고 시도했다. 바우어의 이러한 이해는 헤겔의 역사철학과 마찬가지로 역사 과정을 합리화 혹은 논리화한다는 비난을 받았다.[176] 이에 더하여 바우어가 교회사를 그리스도교의 이념으로부터 구성한 것은 이미 1857년에 알브레히트 리츨의 초기 가톨릭교회의 생

---

174 F. Chr. Baur, *Die Epochen der kirchlichen Geschichtsschreibung*, 1852, Neuausgabe 1962, bes. 247 - 269. 모스하임을 비판하면서 바우어는 모스하임의 교회 개념이 교회사를 이해할 수 있게 만드는 대신에 지나치게 "외적으로 내용 없이 공허하게" 머문다는 점을 지적했다(124). 모스하임에게는 "교회의 본질 개념에 내재된 발전의 개념이 없다"(114)는 것이다.

175 F. Chr. Baur, 같은 곳, 251. 비교. P. C. Hodgson, *The Formation of Historical Theology. A Study of Ferdinand Christian Baur*, 1966, 121ff. 인용된 진술과 바우어가 후에 더욱 강하게 강조한 그리스도교 교리의 도덕적 성격과의 관계에 대해 참고. W. Geiger, *Spekulation und Kritik. Die Geschichtstheologie Ferdinand Christian Baurs*, 1964, 77ff.

176 바우어에 대한 그런 비판과 그에 대한 반응에 대해 참고. P. C. Hodgson, 같은 곳, 165ff.(a priori historical construction), 비교. 261. 헤겔에 대한 랑케의 이와 유사한 비판에 대해 참고. F. v. Ranke, *Über die Epochen der neueren Geschichte*, Weltgeschichte 9/Theil 2.Abt., hg. A. Dove 1888, 4ff. 또한 참고. C Hinrichs, *Ranke und die Geschichtstheologie der Goethezeit*, 1954, 162ff.; E. Simon, *Ranke und Hegel*, 1928, bes. 106ff.; E. Troeltsch, *Der Historismus und seine Probleme* (1922), Ges. Schriften III.2, Neudruck 1977, 273. 하나님과 역사의 관계에 대한 랑케의 이해는 후기 피히테와 비슷하다. C. Hinrichs, 같은 곳, 112ff.

성에 관한 연구[177]를 통해 경험적으로 지지될 수 없는 것으로 입증되었다. 그러나 교회사를 그리스도교 이념의 실현으로 보는 바우어의 구상은 근대 개신교 신학의 교회사에 대한 훌륭하고 모범적인 사례로 남았다. 물론 바우어는 그리스도교 믿음이 예수 그리스도의 인격 안에서 실현되었다고 본 신인 합일을 교회 개념에 너무 직접적으로 옮겨 적용했다. 비록 교회는 화해 사건을 통해 실제로 아들의 아버지와의 연합으로서 예수 그리스도의 연합에 참여하지만, 그럼에도 교회는 자신의 역사의 도상에서 예수 그리스도와의 연합의 종말론적 완성과 구분된다는 특징을 갖는다. 이 것은 하나님과 교회 간의 결합은 하나님이 성육신 안에서 인간 예수와 하나가 된 것과 같지 않다는 사실에서 드러난다. 교회사는—비록 그것이 성육신 안에서 발생한 화해 사건에서 시작되었다고 해도—성육신의 연속이 아니다. 하나님과 높여지신 그리스도는 역사 안에서 교회와—비록 예수 그리스도가 자신의 영을 통해 복음의 믿음과 성만찬 축제 안에 현재한다고 해도—거리를 두며 대면하신다. 자신의 주님을 통한 교회의 하나님과의 결합은 하나님 나라의 종말론적 미래 안에서 완성될 것이다. 그러므로 교회사의 관점에서 볼 때 그 결합은 성육신 사상보다는 선택 사상을 통해 보다 더 적절하게 서술될 수 있다. 교회는 하나님의 섭리가 인도하는 역사의 도상에서 자신의 본질 개념과 구분되고 자신과 세계를 초월하는 현실성에 예속된 채 머문다. 그 초월적 현실은 하나님이 행하시는 교회의 파송과 보존 안에서, 또한 교회에 대한 그분의 심판의 행동 안에서 알려진다. 교회사의 진행 안에서 하나님이 교회를 향하여 행동하신다는 생각은 하나님과의 모든 결합에도 불구하고 지속되는 구분, 곧 교회가—또한 인류 전체가—하나님으로부터 구분된다는 개념에 속한 일부다. 교회에 대한 하나님의 행동의 형태 안에서 그 구분은 각각의 사건에서 구체적 및 우연적으로 현시되지만, 교회사와 그것을 넘어 인류의 역사까지 포괄하는 하나

---

[177]　1850년 출판된 초판의 1857년 재판을 가리킨다.

님의 경륜의 통일성 안에서 현시된다.[178]

역사, 특히 교회사의 진행을 규정하는 신적 이념이라는 생각은 하나님의 행동이 일으키는 구원의 경륜을 역사 안에 내재하는 발전의 개념 안으로 옮겨놓는 것이라고 서술될 수 있다. 그러나 역사 안에 작용하는 "이념"이라는 생각은 사건의 "움직이는 원칙"[179]이라는 일반적 주제에 의해 침투된 역사 과정들의 다양한 특수성을 함께 묶어 바라볼 수 있다는 장점을 가졌다. 이런 의미에서 요한 구스타프 드로이젠도 역사 안에서 작용하는 "도덕적인 힘들"을 "이념들", 곧 행위 중에 있고 그 안에서 등장하는 대립들에 처해 있는 인간들을 묶어주는 이념들이라고 말했다.[180] 에른스트 트뢸치는 이 생각을 역사적 재료들 자체로부터 생성되는 규범과 문화적 이상들에 대한 표상으로 계속 발전시켰으며, 이런 가정을 그 발전 개념을 역사에 적용하는 전제로 삼고, 그것을 역사 안에서 "신적 생명의 근거가 계시되는 표현"으로 이해했다.[181] 이 관찰 방식은 오늘날의 교회사적 서술 아래서는 "역사란 하나님의 현상이다"라는 에버하르트 뮐렌베르크의 주제와 가깝다.[182] 물론 뮐렌베르크가 역사 안에서 "하나님의 현상"으로 보는 것은 교회의 기관 그 자체 혹은 교회의 "이념"이 아니다. 오히려 그는 교회와 구별되는 선의 힘을 생각하는데, 여

---

178 하나님의 행위를 창조의 역사 전체를 포괄하는 단일한 행위의 그물망으로 보는—그러나 그 그물망의 개별 계기들은 마찬가지로 행동이라는—개념에 대하여 참고.『조직신학』 II. 42ff., 또한 82, 하나님의 행위에 대한 성서적 진술에 대한 적용에 대해서는 또한 140ff.

179 F. Chr. Baur, 같은 곳 (Epochen), 268.

180 J. G. Droysen, Grundriß der Historik, 1858, §42 비교. §44, ed., R. Hübner, 1936, Neudruck 1958, 342f.344. 이에 대해 참고. 드로이젠의 비슷한 진술의 다음 저서에서 보라. Droysen, Vorlesung über Enzyklopädie und Methodologie der Geschichte, 1958, 180ff.

181 E. Troeltsch, Der Historismus und seine Probleme, 1922, Neudruck 1961, 172ff., 인용은 175.

182 E. Mühlenberg, Epochen der Kirchengeschichte, 1980, 2.Aufl. 1991, 17.

기서 선은 역사의 다양한 시대에서 다양한 방식으로 일어나는 악의 극복으로서 현시한다.[183] 그래서 고대 후기의 그리스도인들은 이교적 다신론의 분위기 안에서 성서의 한 분 하나님을 "마귀들의 극복자"로 믿고 경험했다. 중세 시대는 뮐렌베르크에 의하면 "하나님을 정치적 무정부 상태의 극복자"로 이해했다.[184] 반면에 근대 후기에는 하나님에 의해 억압된 "인간 자아의 노예" 상태를 극복하는 것이 문제였다. 그리스도교 역사의 다양한 시대들은 이러한 표현 안에서 하나님께서 자신이 악의 정복자임을 입증하실 것이라는 기대와 결부되어 있었다. 하지만 뮐렌베르크는 이 주제를 구체화하는 과정에서 어떤 역사적 연결 관계를 제시하지는 않았다. 그 연결 관계는 예를 들어 이 모델 각각의 역사적 실패가 그에 뒤따르는 모델의 출발점이라는 사실에 놓여 있을 것이다.[185] 그러나 뮐렌베르크는 이 사실을 주제로 삼지 않았다.

---

183   E. Mühlenberg, 같은 곳, 18f. 뮐렌베르크는 하나님을 만물을 규정하는 현실성으로 말하는 것보다 이렇게 서술되는 하나님 개념을 선호한다(각주 170에서 인용된 논문 257을 보라). 그러나 선의 힘은, 비록 만물을 규정하는 현실성은 아니라고 해도, 성서적 일신론과 창조 신앙의 의미에서 또한 하나님이라고 불릴 수 있지 않을까?

184   E. Mühlenberg, 같은 곳, 104-184. 뮐렌베르크에 의하면 권력 투쟁 과정에서 "중세기의 통치 질서의 토대"가 분명해졌다. 거기서 그 토대는 "서로 갈등을 일으켜 더 이상 서로 결합될 수 없는 것"으로 입증되었다(151). 왜냐하면 그것은 하나님의 명령에 따라 세상 질서를 다스릴 수 있다는 기대였고(152), 이것은 그 과정에서 "이 세상의 영적 영역에 의미를 부여할 수 있음"을 의미했기 때문이다(162). 뮐렌베르크는 자신의 서술에서 왕권과 특히 황제의 권력이 (비잔틴의 자기이해를 따르면서) 스스로를 그리스도교 안의 "영적인" 공적 기관으로 여겼다는 사실을 과소평가했다. 왕권과 황제 권력은, 비록 교황이 대관식을 거행하는 특권을 가지고 있었음에도 불구하고, 자신들의 영적 사명에 대해서는 로마의 교황에 의존하지 않았던 것이다. 참고. A. Angenendt, Rex et Sacerdos. Zur Genese der Königssalbung, in : N. Kamp/ J. Wollasch, Hgg., *Tradition als historische Kraft. Interdisziplinäre Forschungen zur Geschichte des früheren Mittelalters*, 1982, 100-118. 나는 이 지적에 대해 뮐렌베르크에게 감사한다.

185   시대들을 그렇게 연결하는 것―이것은 교회사를 그리스도교적 이념의 진보적 실현으로 보는 크리스티안 바우어의 구상과 비교될 만하다―은 그러나 뮐렌베르크가 고안한 것은 아니었다. 이에 대해 Mühlenberg, Epochen der Kirchengeschichte,

세부 사항에서 다양한 시대들의 주제에 대한 뮐렌베르크의 설명이 적절한지와 관련해서 많은 반대 견해가 타당하게 표현될 수 있다. 중세기를 언급한 주제는 너무 일면적으로 로마와 교황권이 주장하는 관점에서 정치적 질서의 영적 토대를 마련하는 것에 치중했고, 반면에 근세 초기와 관련된 주제는 주로 종교개혁이 파악한 그리스도교 부분에 해당하지만, 또한 여기서도 칭의의 믿음, 죄와 죄의 책임으로부터의 해방 등의 본래의 종교적 주제는 다루어지지 않았다. 마지막으로 근세는 인간 자아의 노예 상태로부터의 해방을 기대했지만, 그것은 하나님으로부터의 해방이라기보다 인간 자신으로부터의 해방이었고, 그것도 그리스도교적으로 각인된 문화적 전통에서 벗어남으로 그 해방이 가능하다고 기대되었다. 그러나 뮐렌베르크의 구상에 조명의 능력이 없었던 것은 아니었다. 하나님은 실제로 선과 구원이 기대될 수 있는 권능이었고, 역사의 모든 시대마다 그리스도인들은 하나님이 자신을 바로 그 권능으로 입증하실 것을 기대했다. 어쨌든 교부 시대부터 구개신교주의에 이르기까지 하나님께 기대하는 선은 압도적으로 이 세상의 비참과 대립되는 저 세상적 구원으로 믿어져왔다. 반면에 뮐렌베르크의 구상은 최소한 교부 이후의 교회사 시대에서 각각 현재 세계를 위한 구원의 기대였고, 이 세상의 삶과 관계되며 주제화되었다. 한쪽이 다른 쪽과 어떻게 관계되는지에 대해 상세한 설명이 필요하다.

1980, 19에서 표현된 유보조건을 참고하라. 그런 연결 관계는 예를 들어 "마귀들"의 극복과 연관해서 로마 제국의 통일성을 회복하려는 시도가 실패한 것이 중세기가 전개되는 출발점이 되었을 때, 출현했을 것이다. 교황권의 주장에 근거해서 정치적 무정부 상태를 극복하려는 시도가 좌절된 것이 근세 초기의 시작점이 되었다는 사실은 뮐렌베르크의 설명을 통해 명확해진다. 그러나 그 주제는 너무 일방적으로 교회의 억압에서 벗어났다는 주제를 통해 부정적으로 규정되었다. 그렇다면 긍정적 측면에서 그 시대를 위한—그리스도교의 영감을 받은—구원의 기대는 어디서 엿볼 수 있을까? 그리고 근세 후기의 시대로 건너가도록 매개하는 데 실패한 원인은 어디서 찾을 수 있을까? 혹은 특별히 (17세기 중반 종교전쟁이 끝난 것 대신에) 미국과 프랑스의 혁명이 성숙한 근세의 출발점으로 암시되는 것처럼, 근세 초기와 그 이후 근세 후기 사이의 시대 구분은 단지 세속 역사로부터 취해져야 할까?

교회의 교부 시대의 주제에 대하여 뮐렌베르크는 가장 성공적으로 정의했다. 그는 변증론자들이 마귀들의 권세와 맞서 투쟁하는 영지주의의 동기를 민중의 다신론적 신앙과 맞서 싸우는 그리스도교의 투쟁으로 확장한 것을 잘 보여줄 수 있었다. 그러나 2세기의 교회가 영지주의를 거부한 것은 뮐렌베르크의 구상을 넘어서는 가정, 곧 세계의 창조자로서 만물을 규정하는 현실성이신 하나님만이 홀로 세상을 위한 선과 구원의 원천일 수 있다는 가정 아래서만 이해될 수 있다. 만물을 규정하는 현실성이라는 하나님 개념, 곧 순수하게 분석적으로 모든 일신론적인 신 개념의 최소 내용을 형성하는 하나님 개념은 선과 구원이 기대될 수 있는 어떤 권능의 표상을 넘어선 것을 포함한다. 그 개념은 또한 그분께 맞서 저항하는 경향들과 현실들에 대한 하나님의 통치를 포함한다. 이에 대한 근거는 성서적 전승 안에서와 마찬가지로 그리스도교 안에서도 창조 신앙이다. 창조 신앙은 또한 그리스도교적 세계 선교를 위한 전제를 형성한다. 뮐렌베르크가 볼 때 고대 교회에서 세계 선교의 근본 의미는 아직 완전히 드러나지 않았다.[186] 무엇보다 뮐렌베르크의 구상은 교회가 역사 속에서 얻는 부정적 경험을 신학적으로 해석하기 위한 열쇠를 제공하지는 못했다. 뮐렌베르크는 그런 부정적 경험이 하나님이 그것을 극복하심으로써 선과 인간의 구원을 확증하시는 기회가 될 것이라고만 생각했다. 하나님의 권능이 심판의 경험으로도 등장한다는 사실은 그와 비교할 때 적게 노출되었다.[187] 뮐렌베르크의 서술은 예를 들어 다음과 같은 질문은 거의 다루지 않았다. 로마 제국이 이방 신들로부터 그리스도교적 믿음으로 돌이켰을 때, 왜 그리스도교의 하나님은 로마 백성들에게 그들이 자신

---

[186] 예를 들어 참고. A. v. Harnack, *Die Mission und Ausbreitung des Christentums in den ersten drei Jahrhunderten*, 1902, 4.Aufl. 1924.

[187] 이것은 아마도 뮐렌베르크가 하나님의 행동이라는 개념을 포기했기 때문일 것이다 (비교. 각주 170에서 인용된 논문의 256f.). 뮐렌베르크는 한 시대의 구원의 기대가 "좌절"된 것에 대하여 말한다. 이것은 하나님의 선하신 권능의 "구체적 확인"이 "결여"되었음을 예시한다(259). 그러나 그는 이 경험을 하나님의 심판의 행동으로 주제화하지는 않았다.

의 이교 신들에게 기대했던 영원한 평화와 보호를 수여하지 않았을까? 제국의 몰락은 그리스도교의 하나님의 무력함을 예시하지 않을까? 이것은 서고트족 왕인 알라릭(약 370-410)이 410년에 로마를 정복하고 황폐하게 만들었을 때, 아우구스티누스가 『하나님의 도성』에서 답을 구하려고 애썼던 질문이었다. 뮐렌베르크는 이 작품을 상세하게 다루었지만,[188] 거기서 구원의 피안성이라는 아우구스티누스가 제시한 대답의 긴장이 시대에 대한 뮐렌베르크의 구상(마귀들의 정복자로서의 하나님) 속에서 명확하게 드러나지는 못했다. 마르세이유의 살비아누스가 로마의 몰락을 로마인들의 악한 관습에 대한 하나님의 심판으로 해석한 것은 단지 주변적으로만 언급되고,[189] 지나치게 짧은 시각의 도덕적 판단으로 간주했는데, 이것은 옳은 생각이다. 그러나 어쨌든 그 해석은 성서적 심판의 범주를 시대의 부정적 경험에 적용했던 시도로 평가될 수 있고, 이것은 살비아누스보다 더욱 다양한 방식으로 여러 가지 사건들에 적용될 수도 있다. 예를 들어 교회 자체가 탈선한 사건, 특히 5-6세기의 교회 분열의 결과로 제국의 많은 영토를 이슬람에게 내어 준 사건 등이 그 대상이 될 수 있다. 역사적 재난은 오직 심판의 범주를 통해서만 하나님께로 소급될 수 있다. 그때 그런 경험들은 하나님의 권능과 모순되는 것으로 여겨지지 않는다. 허버트 버터필드(위의 각주 147ff.를 보라)에 의하면 바로 이 심판의 범주가 모든 역사 신학적 범주 가운데 가장 강력한 내적 증거를 갖고 있다. 하지만 뮐렌베르크의 구상은 그런 여지를 남겨 두지 않는다. 왜냐하면 그에게서 하나님은 역사 과정 전체를 다스리는 주님이 아니라 단지 선의 권능으로서만 주제가 되었기 때문이다.

교회사를 그 대상에 적절하게 서술하는 작업은 하나님께 대한 그리스도교 신앙의 진리 주장을 간과하지 않지만, 그 주장을 단순히 교의학적으

---

[188]   E. Mühlenberg, *Epochen der Kirchengeschichte*, 2.Aufl. 1991, 95ff.

[189]   E. Mühlenberg, 같은 곳, 97. 참고. Salvian von Marseille, *De Gubernatione Dei* VII, 41-44, 49f.; VI, 67 (SC 220, 458ff.405f.).

로 전제하지도 않는다. 전자처럼 간과하는 경우에 교회사는 자신의 대상을 상실한다. 왜냐하면 교회의 삶에서 중요한 것은 계시 속에 계신 삼위일체 하나님의 현실성이며, 또한 그 현실성에 대한 참여이기 때문이다. 그 외에 다른 것은 아무것도 중요하지 않다. 후자처럼 전제하는 경우에 교회사는 교회 자체의 역사성을 규정하는 역사적 현실 안에 자신을 가두게 되고, 그 현실로부터 역사의 논쟁들 안에서 하나님께 대한 그리스도교적 진술의 진리성을―그 진리가 그리스도인들의 믿음의 삶 속에서 언제나 또다시 하나님 자신을 통해 확증되고 강화되는 것으로 경험되어왔는데도 불구하고―다투게 된다.[190] 아직 완성되지 않은 역사 속에서 하나님이 논쟁의 대상이 되는 것은 시험과 유혹 속에서 믿음을 확증하기 위한 장을 형성한다(시험과 유혹은 믿는 자들 및 아직 구속되지 못한 세상 안에 있는 그들의 공동체의 실존과 결합되어 있다). 나아가 하나님이 논쟁의 대상이 되는 것은 교회가 열방 가운데서 그리스도교의 보편적 선교를 위한 공간을 개방한다. 이것은 교회가 계시 안에 계신 하나님의 진리를 증언하기 위한 공간이다. 증언은 모든 인간이 하나님께 접근할 수 있도록 하고 그들을 위한 구원을 매개하려는 목적을 갖는다. 종말론적 완성의 때에 교회의 선교는 불필요하다. 계시 안에 계신 하나님의 진리 곧 모든 인간에게 도달하는 보편적 진리를 증언하는 교회의 선교는 아직 완성되지 않은 역사 속에, 다시 말해 하나님이 논쟁의 대상이 되는 장 안에 자기 자리를 갖는다.[191] 예수의 부활, 승천, 오순절에서 시작하여 그리스도의 재림까지 진행되는 교회사는 오직 선교만은 아니지만 어쨌든 선교의 역사다. 왜냐하면 예수의 인격과 역사 안에

---

190 뮐렌베르크도 교회사를 "그리스도교 하나님이 논쟁의 대상이 되는 역사"로 이해했다(각주 170에서 인용된 논문의 260쪽). 이를 위해 "세속 역사가들과의 대화"가 불가피하다. E. Mühlenberg, *Epochen der Kirchengeschichte*, 2.Aufl., 1991, 17.

191 위의 각주 162에서 인용된 다니엘루(Daniélou)의 설명을 보라. 거기서 다니엘루는 니사의 그레고리오스의 견해를 받아들이며 교회의 선교를 위해 그리스도의 재림이 지연되고 있다고 말한다.

나타난 계시, 곧 모든 인간의 한 분 하나님의 계시의 궁극적 성격에는 필연적으로 인류 전체에 대한 그 계시의 선포가 속해 있기 때문이다. 선포는 모든 인간을 믿음을 향한 종말론적 결단으로 부른다. 성만찬 예배 안에서 교회가 지금 이미 미래의 하나님 나라 안에서 갱신된 인류의 공동체를 표징적으로 축하한다면, 그 축제에는 또한 보편적 선교의 맥락도 속한다. 선교는 예수 그리스도 안에서 이미 나타난 인간의 새로운 현실성(즉 종말론적 아담)을 인류 전체에게 그들의 새로운 미래와 규정으로 선포하는 것이다.

오스카 쿨만이 교회사 안에서 구속사가 계속된다는 선교 주제의 중심적 의미를 강조한 것(위의 각주 161), 또한 아돌프 폰 하르나크가 초기 교회사를 선교 역사의 관점에서 서술한 것(각주 186)은 앞에서 언급했다. 그러므로 오늘의 교회사가들에게 "교회사를 선교 역사"로 다루어 달라고 요청하는 것은 놀랄 일이 전혀 아니다.[192] 이 프로그램을 포괄적으로 확장한다면, 선교 주제와 교회적 삶 및 자기이해의 다른 본질적 특성들 사이의 관계를 포함하게 될 것이다. 왜냐하면 교회의 본질이 선교의 주제로 환원되지는 않기 때문이다(위의 각주 163f.를 보라). 이 사실은 장 다니엘루가 이미 1951년에 바르게 지적했다. 여기서 다니엘루는 선교 주제의 일련의 다른 측면들도 서술했는데, 체계적 완전성을 추구하거나 그것들의 내적 관련성을 설명하지는 않았다. 그 대신에 다니엘루는 선교 주제가 교회사와 세계사 사이의 복잡한 얽힘에 대하여 얼마나 중요한지 설명했다. 그는 여기서 일차적으로 선교의 부차적 현상으로서 그리스도교가 다양한 문화들 안에 문화적 영향력을 미친 점을 생각했다.[193] 여기서 교회는 어떤 개별 문화와 결합하지 않고, 자기 문화의 유산을 수용해서 그것을 선교 활동이 도달했던 다른 문화들에 전달했다. 그리스

---

192 H. Frohnes, H.-W. Gensichen, G. Kretschmar, *Kirchengeschichte als Missionsgeschichte* I, 1974. 이 저서는 통일성 있는 전체 계획으로 저술된 것이 아니고, 제목이 암시하는 주제에 대하여 각자가 개별적으로 서술한 논문집이다.

193 J. Daniélou, Essai sur le mystère de l'histoire, 1953, 39-48, 비교. 22.

와 라틴 문화는 교회의 중재를 통하여 인류 전체에 전해졌다.[194] 이와 비슷하게 오늘의 교회는—비록 교회의 존속이 문화의 존속과 결합되어 있지는 않지만—서구의 유산[195]을 중재하고 있다. 복음이 파악한 문화들의 유산을 자체 안에 보존하고 그것들 각각의 서로 다른 계층을 평가하고 전달함으로써, 교회는, 다니엘루에 따르면, 언어적 분리를 통해 등장한 민족들의 분리를 극복하게 된다. 그래서 교회 안에서는 문화적 전통들의 상호 보충을 통해 하나의 새로운 세계 문화가 준비된다.[196] 이와 같이 교회의 활동이 다니엘루가 주목한 바의 중심에 있었다. 여기서 역사 안에서 일어나는 하나님의 행동과 교회의 활동 사이의 차이는 적게 고려되었다. 물론 악과 민족들의 자기높임에 대한 하나님의 심판의 행동에 대해서는 말해졌지만, 역사 속에서 일어나는 교회 자체에 대한 하나님의 심판의 행동은 거의 다루어지지 않았다. 교회의 분열들은 교회사 신학의 주제로서는 단지 부차적으로만 언급된다.[197]

선교의 주제가 교회사에 대하여 갖는 근본적 의미는 이미 순수한 경험적 근거에서도 명백하다. 그 주제가 교회사 **신학**에 대하여 중요하다는 사실은 특히 교회의 선교적 자기이해의 전제와 의미를 통해 드러나는데, 그 자기이해를 위해 그 전제와 의미는 반드시 주목되어야 한다. 물론 여기서 중요한 것은 우선 종말론적 공동체로서, 그리고 그에 따라 종말의 때에 선택된 하나님의 백성으로서의 교회의 자기이해다. 교회가 자신의 주님을 기억하는 예배 속에서 예수의 종말론적 만찬을 계속해 나가는 가운데, 하나님 나라 안에서 갱신된 인류의 종말론적 공동체가 선취되며 표현된다. 이런 식으로 교회 공동체 안에서 이미 종말론적인 하나님의 백성이 현시된다. 그렇기에 교회와 그 지체들은 예수 그리스도를 통해 하나님과 함께

---

194   J. Daniélou, 같은 곳, 46f.

195   J. Daniélou, 같은 곳, 44.

196   J. Daniélou, 같은 곳, 59ff.

197   J. Daniélou, 같은 곳, 101 그리고 20.

하는 종말론적 구원의 만찬에 참여하도록 선택되었고, 이와 동시에 인류의 그런 종말론적 규정과 그것이 예수 그리스도 안에서 시작되었다는 사실을 인류 전체에게 증언해야 하는 소명과 파송을 받는다.

그리스도교의 선교는 자신이 종말론적 하나님의 백성이라는 교회의 선택 의식을 전제한다. 이 전제가 없다면 그리스도교가 선교를 통해 확장되어야 한다는 사실은 이해될 수 없을 것이다.[198] 이러한 선택 의식은 물론 그리스도교의 역사 안에서 한 분 하나님과 예수 그리스도 안에서 일어난 그분의 계시에 대한 그리스도교 메시지보다 조금도 덜하지 않게 논쟁거리가 되었다. 그리스도교 계시의 종말론적 배타성은 그리스도교의 배타성 주장의 근거가 되었으며, 1세기의 박해 시대에는 오만한 것으로 느껴졌다. 그러나 그리스도인들은 그리스도교 신앙고백에 대한 콘스탄티누스 황제와 테오도시우스 황제의 관용과 최종 승인을 하나님의 로고스와 순교자들의 믿음의 승리로 이해했다. 그것은 또한 교회의 선택과 파송이 참된

---

[198] 뮐렌베르크는 나의 역사신학을 비판하는 중에 교회를 하나님의 백성으로 부르는 것이 역사가들이 회피하려고 하는 "교의학적 확정"이라고 이해했을 때, 이 맥락을 오해했다. Mühlenberg, Gott in der Geschichte, *KuD* 24, 1978, 244‒261, 256. 뮐렌베르크는 교회를 그렇게 부르는 것이 "그리스도 사건"을 "규범적인 본원 사실"(normatives Urdatum)로 전제한다고 보고, 이것은 교의학자에게는 가능하지만 역사학자에게는 그렇지 않다고 주장했다(같은 곳). 이 문제와 관련해서 뮐렌베르크는 나의 이해를 오해한 것으로 보인다. 이에 대한 대답으로 제시된 나의 논문을 참고하라. Vom Nutzen der Eschatologie für die christliche Theologie, *KuD* 25, 1979, 88‒105, 98f. 교회를 "하나님의 백성"으로 부르는 것은 교회 개념 자체의 해명에 속한 주제를 뜻하며, 역사적 존재로서의 교회의 자기이해에 포함되어 있다(같은 곳, 100f.). 교의학적 "확정"은 그 이해 안에 포함되어 있지 않다. 역사 과정 속에서 교회의 그러한 자기이해는, 그리고 그것에 기초하여 제기되는 주장은 믿는 자들과 믿지 않는 자들 사이에서 교회가 선포하는 하나님의 현실성 자체보다 조금도 덜하지 않은 논쟁의 대상이라는 점에서 그렇다. "하나님의 백성"이라는 교회의 자기이해는 선택 사상을 통해 그 현실성과 관련되어 있다. 양자는 모두 역사의 진행 안에서 언제나 또다시 자신의 진정한 그리스도교성을 새롭게 입증해야 하며, 하나님 나라의 종말론적 완성에 이르러서야 비로소 모든 논쟁으로부터 벗어날 수 있게 된다. 이러한

것으로 드러난 것이기도 했다. 다른 한편으로 4-5세기의 교회는 콘스탄티누스의 비잔틴 황제권과 그 후계자들을 세상의 권위 기관으로서—이것은 이교 제국도 그러했다—만이 아니라 지상에서의 그리스도의 통치와 그리스도인들의 공동체를 대표하는 새로운 시대의 기관을 자기 방식대로 표현하는 것으로 받아들였는데, 이것은 언제나 또다시 일어났던 교회의 타락의 한 종류로 평가되었다. 그런 견해는 서구에서 의식적, 무의식적으로 중세 서구의 교황청의 후계자들 사이에서 일어난 교황과 황제 사이의 권력 투쟁 안에 자리를 잡고 있지만, 그러나 영성주의적 교회 개념과도 연관되어 있다. 그런 견해는 교회가 관용의 대상인 소수가 아닌 상황에서 공공질서의 형태에 책임져야 했고, 또한 그리스도교 정신에 따라 그 질서를 갱신해야 했다는 사실을 고려하지 않는다. 물론 그 상황에서도 이 세상의 통치 질서의 잠정적 성격과 하나님 나라 안에서 완성된 인간의 의로운 공동체 사이의 차이는 뚜렷이 보존되어야만 했지만, 그럼에도 그리스도교 신앙고백의 지반 위에서 갱신되어야 하는 공동질서는 올바르게도 그리스도교의 정치적 삶의 질서로서 다른 형태의 국가 질서들로부터 구분되는 것으로 이해되어야 했다. 그 공동질서는 그리스도교의 이름으로 매우 세속적인 권력 정치의 목표 실현에 오용될 위험에 노출되어 있었다. 이 위험은 그 목표에 적합한 것으로 보이는 수단을 경솔하고 무분별하게 사용하는 것을 포함한다. 그리스도교와 교회의 공적인 직무자들은 특별히 인간, 나아가 바로 선택된 인간의 오만에 대한 하나님의 심판 아래 떨어질 위험에서 있다. 그러나 이 사실은 물론 교회가 정치 질서의 갱신을 위한 공동책임을 거부한 경우에도 해당한다. 그때 교회는 역사적 세계를 향한 그런 결정의 결과에 책임을 져야 하며, 나아가 세상의 모호성과 얽히는 것이 두려

의미에서 역사적으로 서술되는 가운데서도 다음의 질문이 제기된다. 교회의 그러한 자기이해는 역사의 진행 안에서 어떻게 스스로를 참된 것으로 입증할 수 있으며, 역사 안의 사건들은 어떤 점에서 그 이해와 양립할 수 없는 것으로 판단되어야 하는가?

위 자신의 선교 사명의 함축적 의미로부터 물러선 것은 아닌지 스스로 질문해보아야 한다.

콘스탄티누스에 관한 문헌들, 그리고 그가 예비하고 테오도시우스 1세에 의해 완성된 작업 곧 제국을 그리스도교의 신앙고백 위에 기초시키는 작업에 관한 광범위한 문헌들은 여기서 세부적으로 다룰 수 없다.[199] 이러한 전환에 대한 대체로 부정적인 평가의 사례로서 나는 이미 위에서 에우세비오스의 정치 신학에 대한 페터손의 비판을 언급했다(각주 116). 다른 예로서 라인홀드 니버의 저서 『국가와 제국의 구조』(The Structure of Nations and Empires, 1959)를 든다면 여기서 충분할 것이다. 니버의 견해에 따르면 비잔틴 제국 안에서 하나님 나라에 대한 그리스도교적 희망("an ideal universal community," 91)의 비판적이고 종말론적인 의미가 상실되었다. 왜냐하면 그 희망은 이전의 스토아 보편주의와 마찬가지로 전 세계적 로마 제국이라는 이데올로기를 정당화하는 데 오용되었기 때문이다(93). 니버는 초국가적 제국의 형성을 하나님의 통치를 무시하고 자기를 하나님의 자리에 놓으려는 "인간의 자만과 오만의 시도"에 대한 사례로 보았다. 하지만 니버는 여기서 예를 들어 합스부르크 왕가와 같은 몇몇 초국가적 제국은 역사 속에서—합스부르크 왕가가 개신교를 핍박했던 시기를 예외로 한다면—상대적으로 견딜 만한 통치 형태들에 속한다는 사실에 관심을 두지는 않았다. 니버가 콘스탄티누스 제국을 거부한 것, 또한 서구 중세기에 그 제국의 갱신과 연속을 위한 노력을 거부한 것은 그 반대급부를 이끌어냈는데, 그것은 정치 조직 가운데 홀로 정당화되는 형태로서의 민족 국가에 대하여 놀랍게도 아무런 유보 없는 긍정적 판단을 내린 것이었다(148ff., 164ff.). 여기서 니버는 근대 유럽의 역사 안에서 일어

---

[199] 이에 대해 예를 들어 G. Ruhbach, Hg., *Die Kirche angesichts der konstantinischen Wende*, 1976에 게재된 두 편의 논문을 참고하라. H. Berkhof, Die Kirche auf dem Wege zum Byzantinismus, 22-41 ; K. Aland, Kaiser und Kirche von Konstantin bis Byzanz, 42-73.

난 국가주의의 숙명적인 파급효과를 대부분 간과했다.

교회를 지도하는 주교들이 이루는 "조화"와 그리스도교 제국의 통일성에 대한 책임이라는 비잔틴 모델을 옹호하는 반면에, 우리는 이런 방식으로 성직 계급의 통치로 흐르는 경향이 그와 대칭되는 중요성을 갖게 되었다고 판단할 수 있다. 이 경향은 라틴적 중세기에 최종적으로 그리스도교 전체에 대한 교황의 통치로 이끌었다. 우리는 다음의 사실도 인정해야 한다. 고대 교회의 역사에서 황제는 흔히 교회의 통일성에 대하여 교황을 포함한 주교들과 원로들보다 더욱 교회의 통일성에 관심을 가졌다. 그러나 아우구스투스의 평화(*pax augusta*)라고 불리는 로마 제국의 정치적 보편주의와 하나님의 통치 아래 있는 평화의 왕국 사이의 유비가 비잔틴 제국 안에서 이런 양자 사이의 비판적 구별을 소멸시켰다는 것은 사실이 아니다. 황제가 최고 사제(*pontifex maximus*, 교황)를 겸했던 그리스도교 이전의 제국 헌법과 달리 비잔틴의 질서는 주교와 황제를 구분했는데, 그리스도교 이전의 로마에는 이와 유사한 사례가 없었다. 신앙을 가진 한 사람의 그리스도인으로서 황제는 주교들의 영적 권위에 굴복했다. 황제도 교회의 참회 예식을 치르도록 강요받았는데, 테오도시우스 1세가 밀라노의 주교 암브로시우스의 요구를 받은 것이 그 예이다. 만일 황제가 정통 교리를 인정한다고 선언하지 않으면, 자신의 통치권에 대한 반란을 겪어야 하는 위험에 처했다. 비잔틴 모델의 문제점에 속하는 것으로 교회가 다른 권력들과 관계하는 제국의 정치적 관심사에 너무 긴밀히 엮이는 경향을 들 수 있다.

비잔틴의 관점에서 그려지는 서구 그리스도교 역사의 그림을 제시하는 한 가지 사례는 아테네의 교의학자 요안네스 로마니데스의 저작이다.[200] 11세기에 완전히 결정된 서방과 동방 그리스도교 사이의 분열은 로마니데스에 의하면 게르만 민족의 대이동에 따라 그들이 로마 제국의 서부를 점령한

---

200 J. S. Romanides, *Franks, Romans, Feudalism, and Doctrine. An Interplay between Theology and Society*, 1981.

결과였고, 이 정복이 프랑크족에 의해 완성되었다. 로마니데스는 옛 로마 제국의 그리스도교적 주민들은 통일된 국가를 이루고 있었고, 이 국가는 황제권이 1453년 몰락했을 때도 계속해서 존속했다고 본다. 심지어 이슬람이 정복한 영역에서도 이 로마적 국가는 자체의 주민들을 가졌으며, 그러나 부분적으로 그들의 제도와 기관들도 교회 구조를 통해 계속 존속했는데, 그것들은 이슬람 땅 안에 살던 그리스도교 주민들의 자치 제도와 관련되어 있었다. 북아프리카의 반달족이 세운 게르만 왕국과 스페인의 서고트족도 로마니데스에 의하면 로마 민족이 자기 영토에서 가졌던 삶의 질서를 파괴할 수 없었다. 스페인의 로마-그리스도교적 주민들은 물론 서고트족의 통치를 이슬람보다 더 강한 위협으로 느꼈으며, 이 통치는 오랫동안 그리스도교의 이단으로 여겨졌다. 스페인의 로마-그리스도교적 주민들은 우선 비잔틴 제국의 지원을 받고, 그다음에는 최종적으로 8세기에 이슬람의 도움을 받아 서고트족의 이교적 통치를 성공적으로 제거했다. 프랑크족만이 낯선 침입에 저항하지 못했다. 왜냐하면 프랑크족은 갈리아 땅에서 그리스도교적-로마적 민족의 제도와 기관들을 체계적으로 파괴했기 때문이다. 동시에 그들은 도시의 로마적 문화가 깃들어 있는 삶의 질서를 봉건 질서로 대체했는데, 이 질서는 로마 주민들의 다수를 자유를 잃은 신분으로 내몰았다. 프랑크족은 교회적 질서 체계도 봉건 질서로 변경시켜, 자신들의 통치에 도움이 되도록 만들었다. 로마니데스는 로마 교황과 샤를마뉴(카롤루스 대제) 이후의 중세기 황제와의 분쟁 안에서 프랑크족의 이교적 통치에 맞서 자기를 주장하려는 로마 권력의 투쟁을 보았다. 위조된 콘스탄티누스의 기진장과 가짜-이시도루스 칙령도 로마가 프랑크족의 억압으로부터 최소한의 독립을 유지하려는 목적을 위해 나타난 것이다. 그러므로 서방 교회와 동방 교회가 분열된 책임은 로마와 교황권이 아니라 프랑크족에 있다. 여기서 로마니데스는 다른 무엇보다도 로마가 황제 하인리히 2세의 억압에 오랫동안 저항한 끝에 비로소 필리오케(filioque)를 니케아 신조의 본문 안에 수용했고, 그 결과 1054년의 분열에 대한 교의학적 원인을 제공했다는 점을 지적한다.

로마니데스의 논제들은 제국이 콘스탄티누스의 그리스도교 제국과의 연속성을 보존했다는 라틴적 중세기의 의식에 도전하는 것으로서 흥미롭다. 로마니데스는 서구 그리스도교가 그렇게 주장할 권리가 없다고 주장한다. 처음 천 년 동안 서유럽과 북유럽을 교회와 연결한 것은 오직 로마 교황뿐이었다. 그러므로 서구 교회사에 대한 이러한 관점은—비록 비잔틴의 관점을 강조하고 비잔틴 제국을 긍정적으로 평가하지만—서구 그리스도교를 로마 교황권에 속한 것으로 독특하게 평가하는 방식에 가까워진다. 모든 관점에서 서구 그리스도교는 로마의 보좌에 굴복했다는 것이다. 물론 로마니데스의 이런 견해는 로마 교황권의 질서와 관련해서 4세기 이래로 콘스탄티노플의 중심을 형성했던 로마니타스(*romanitas*, 로마 제국의 순수한 라틴 문화)를 포함한다. 로마니데스가 볼 때 로마 교황은 그리스도교적인 로마의 최고 **규범**이 아니었고, 단지 그 규범을 대표하는 자였다. 그러나 그는 서구 세계에 규범이 되는 원로로서 남아 있었다. 로마니데스는 명백하게도 로마 교황과 동로마 제국의 주장들이 벌이는 경쟁적 성격을 과소평가했다. 8세기 이후에, 특히 동방 제국의 권위적 요구가 서방에서 자기 뜻을 관철할 권세를 더 이상 갖지 못했을 때, 프랑크 왕국의 힘에 의지하게 만든 것은 바로 그 경쟁이었다. 이 경쟁을 빼놓는다면, 중세기 서구 역사의 독자적인 길이 시작된 것을 이해할 수 없을 것이다.

결정적인 것은 800년 성탄절 축제에 교황 레오 3세가 프랑크 왕국의 샤를마뉴 왕에게 황제 대관식을 베푼 사건이었다. 이 대관식은 샤를마뉴 왕에게 무거운 정치적 부담을 의미했다. 왜냐하면 그는 프랑크 왕국의 경계를 훨씬 넘어선 곳에 대한 책임에 이끌려 들어갔기 때문이다. 이에 더하여 사전에 그 대관식에 대한 동의 요청을 받지 못한 비잔틴에서는 그런 행위가 도전과 배신으로 느껴질 수밖에 없었다. 그러나 교황이 그 대관식에 관심을 가졌던 것은 황제 칭호를 부여함으로써 이탈리아 안에서 자기 이익의 보호를 위해 프랑크 왕국의 권력을 요청할 수 있기 때문이었고, 이에 더하여 동로마의 황제가 남부 이탈리아를 통치하는 것도 견제할 수 있었다. 레오 3세가 대관식 행위를 통해 샤를마뉴 왕을 기습 공격했다는 것은 전설로 생각해야 할 것이다.[201] 그러나 그런 주도권이 레오 3세에게 있었다는 사실은 의심할 수 없다. 그래서 교황은 이 사건 이후에 콘스탄티노플에서는 올바르게도 배신 자로 여겨졌다. 어쨌든 레오 3세는 여기서 프랑크 왕국의 통치에는 다만 저 항 끝에 굴복했고 마음속으로는 동로마 황제의 충실한 가신이었던 사람으로 보이지 않는다. 하지만 로마니데스는 그를 그렇게 묘사했다. 샤를마뉴의 황 제 대관식은 476년 이래로 단절된 서로마 제국의 노선을 갱신하여, 콘스탄티 노플의 동로마 황제 곁에 서로마 황제를 취임시킨 것을 의미했다. 그러나 서 로마 황제권의 갱신과 취임의 권한은 동로마의 황제에게 있었는데, 그 당시 에는 여성 황제인 이레네가 다스리고 있었다. 어쨌든 서로마의 황제권을 갱 신하려면 먼저 콘스탄티노플의 자문과 동의를 구해야만 했었다. 이 절차를 빠뜨린 것이 콘스탄티노플에 분노를 일으킨 것은 이해할 만한 일로 보인다. 이 사건으로 촉발된 로마의 권력과 동로마 제국 사이의 긴장은 마른 하늘로 부터 떨어진 것이 아니라, 이미 긴 역사를 지니고 있었다. 교황은 로마니데 스가 서술한 경우와 달리 동로마의 편에 서서 샤를마뉴와 맞서지 않았다. 오 히려 대관식 이후에 비잔틴의 이해를 구하려 애썼던 사람은 샤를마뉴였고, 이 노력은 그의 후계자들에 의해 계승되었으며, 마지막에 황제 오토 2세가 비잔틴의 황녀 테오파누와 결혼한 것에서 절정에 도달했다.

중세 초기의 서구 역사에 대한 로마니데스의 해석은 한편으로 이 시대 에 프랑크 왕국이 "로마"와 대립했다는 일련의 서구적 자료들에 근거하고, 다른 한편으로 프랑크 왕국의 봉건 질서법이 로마적 주민들의 도시적 삶의 질서를 파괴하는 것을 목표로 삼았다는 사실에 근거한다. 후자의 주제는 유 지될 수 없다. 물론 로마의 도시 문화가 중세 초기에 몰락했다는 것은 사실 이다. 앙리 피렌(벨기에의 역사가, 1862 - 1935)은 그 몰락의 원인이 민족들이 이

---

[201] P. Classen, Karl der Große, das Papsttum und Byzanz, in : H. Beumann, Hg., *Karl der Große. Lebenswerk und Nachleben* I, 1965, 537 - 608, bes. 574ff.

동하는 시기에 상업 행위가 침체한 것, 그러나 우선적으로는 7-8세기에 남부 지중해 영역을 이슬람이 정복한 시대적 배경에 있다고 보았다.[202] 도시의 자치 제도는 프랑크 왕국의 봉건 체계와 만나 희생양이 된 것이 아니라 "황제 시대보다 앞선 그 이전 세기말에 이미" 해체의 상태에 놓여 있었다.[203] 여기에 이미 봉건법의 시작점이 놓여 있었다.[204] 봉건법은 종들에 대한 주인의 보호 의무로부터 시작되었다. 물론 종은 주인에게 일과 신뢰로 봉사한다.[205] 종들에게 물건으로 임금을 지급하는 것(Benefizien)은 후대에 도입되었을 것이다.[206] 그러나 중요한 것은 종들이 군인으로 봉사할 의무도 졌다는 것이다. 그러나 봉건법의 발전이 갈리아 지역에 살았던 로마 주민들의 도시적 삶의 질서를 파괴할 목적을 가졌다는 것을 지지해주는 어떤 요소도 인식되지 않는다. 물론 그곳에서도 처음에는 스페인에서와 마찬가지로 그 주민들과 새로운 주인들의 대립은 있었다. 로마니데스가 제시하는 몇 가지 증빙자료는 이 시기와 관계가 있다. 예를 들어 그것은 클로트비히(Chlodwig)가 486년에

---

202   H. Pirenne, *Geschichte Europas von der Völkerwanderung bis zur Reformation*, 1936, dt. 1956, 76ff. 피렌은 나아가 도시들의 "소멸"에 대하여 말한다(76). 로마 문명은 이전의 그리스의 도시 문화와 마찬가지로 도시들의 연결망에 의존했다. 그러나 대부분의 도시들의 존속은, 자치 제도의 위축된 형태와 그것이 상실된 가운데서도 계속해서 확실하다고 여겨졌다. 참고. F. Vercauteren, *Die spätantike civitas im frühen Mittelalter*, 1962, in : C. Haase, Hg., *Die Stadt des Mittelalters* I, 1969, 122-138. 또한 비교. W. Schlesinger, *Beiträge zur deutschen Verfassungsgeschichte des Mittelalters. Bd.2: Städte und Territorien*, 1963, 42ff., bes. 46.

203   W. Schlesinger, 같은 곳, 46. 비교. H. Pirenne, 같은 곳, 54ff. 페르카우터렌(R. Vercauteren)에 의하면 도시의 장벽은 무너졌고, 부자들은 도시 밖으로 이주했으며, 5세기 이후에 황제는 도시의 집정관의 자리에 로마 정부에서 파견한 관리인 코메스 키비타티스를 임명했다(같은 곳, 124ff.).

204   H. Mitteis, *Lehnsrecht und Staatsgewalt*, 1933, 2.Aufl. 1974, 33.

205   H. Mitteis, 같은 곳, 95f. 참고. H. Pirenne, 같은 곳, 56.

206   이 주장에 대해 H. Mitteis, 같은 곳, 132ff., 비교. 115f. 다른 주장에 대해 참고. R. Büchner, *Deutsche Geschichte im europäischen Rahmen*, 1975, 43-45. 여기서 뷔히너는 임금의 물건 지급을 카를 마르텔(K. Martell, 680-741)에게로 소급한다.

시아그리우스(Syagrius)와 벌인 전쟁에 관한 프레데가르스(Fredegars)의 연대기를 인용했는데, 시아그리우스는 자신의 수아송(Soissons) 왕국에서 자기 자신을 "로마의 왕"이라고 불렀다.[207] 그러나 클로드비크가 가톨릭 신앙으로 회심함에 따라 갈리아 지역에서 로마인과 야만인들 사이의 가장 중요한 갈등이 해소되었고, 로마 교회는 프랑크 왕국을 우호적으로 대했다. 이렇게 변화한 입장에 대한 매우 중요한 증인은 역사가 그레고리우스(Gregor von Tours)다.[208] 그레고리우스에 따르면 로마니데스의 주장처럼 갈리아 땅의 로마인들이 프랑크인들과 국가적 대립을 벌였다고 말할 수 없다. 한 세기가 지난 후 오토 3세의 시대에 독일 주교들이 이따금 고대 로마인들이나 동시대의 이탈리아 교회 국가 사이에서 보이는 실제의 혹은 추정상의 타락 현상들에 대해 어떤 우월한 감정을 표현했는데,[209] 이것은 또 다른 문제다.

그리스도교 역사를 공적인 직무 교회의 역사로서만이 아니라, 그리스도교 민중의 역사로 파악한 것은 로마니데스가 그린 역사적 그림의 공헌이다. 그러나 그는 그리스도교 민중을 국가로서 이해된 로마 문화와 너무 긴밀히 동일시했다. 이것은 그리스도교 교부들이 그리스도교를 모든 국가로 이루어진 새로운 하나님의 백성으로 이해한 것, 그래서 또한 국가들 사이의 갈등이 그리스도인들로 구성된 백성 안에서 믿음의 공통성을 통해 해소된다는 것과 다르다. 이러한 자기이해는 다수의 국가들과 관계된 로마 제국의 자기이해를 수용하여 계속 발전시킬 수 있었다. 그때 하나로 묶는 끈은 인간적 통치 질서만이 아니라 한 분 주님께 대한 공통적 신앙에 규범적으로 기초해 있었다. 그 신앙은 곧 그리스도교의 교회적 통일성이었다. 이것은 물론 비잔틴 제국 안에서도 표현되기는 했지만, 그 범위는 언제나 제국의 경계를 넘어서는 것이었다. 다른 한편으로 제국은 모든 국가적 경계들을 넘어서는 정치적

---

207   참고. W. Seston, *Propyläen Weltgeschichte* IV, 1963, 598.

208   W. Seston, 같은 곳, 602.

209   참고. Bischof Liutprand von Cremona bei einer Gesandtschaft nach Konstantinopel (MPL 136, 815). 이 부분은 Romanides, 같은 곳, 27에서 인용되었다.

결합체의 상징으로 여겨졌다.[210] 그래서 서구 중세기에 로마 제국의 회복과 존속이라는 사상도 민족들의 대이동에 따른 국가들의 구성적 조합이 변화했을 때, 변화된 상태 그대로를 받아들였다.

로마니데스는 로마 국가들의 자칭 통일성을 자신의 역사 관찰의 토대로 삼음으로써, 역사에 대한 그리스도교적 관점을 변경시켰다. 그리스도교 역사 신학은 자신의 토대와 규범을 선택, 파송, 심판에 두어야 하며, 어떤 이 세상적인 민족이나 왕국의 연속성에 두어서는 안 된다. 그리스도교적인 로마 제국 또한 역사의 심판 아래 있다. 역사의 진행 속에서 교회는 자기 책임으로 인해 빈번하게 분열했다. 그럼에도 불구하고 역사의 매 시대마다 많은 국가, 문화, 교회 안에 흩어져 있던 그리스도인 무리는 언제나 또다시 그 분열을 극복하라는 부르심, 곧 모든 지체를 결합하는 교회 공동체를 찾아내고, 믿음의 공동체로부터 각각의 역사적 조건들 아래서 다른 삶의 영역들 안에서 가능한 공동체 형태로 나아가라는 부르심을 받는다. 이 과정에서 언제나 또다시 새로운 방식으로 과제가 주어진다. 현존하는 삶의 조건들과 공동체 형태들을 각각의 정황에 따라 어떤 시대는 느슨한 결속이지만, 다른 시대에는 확고한 결속의 제도적 형태들 안으로 통합시켜야 할 과제다. 물론 그 결속은 그리스도교적 믿음의 통일성에 근거한다.

교회사는 단지 그리스도교 믿음의 선교적 확장을 위한 역사인 것만은 아니다. 교회사는 공동체가 지속하는 토대를 마련하기 위해 나아가는

---

210 이것은 "외부에 있는 주교"인 황제의 기능에 속하지 않는다. 왜냐하면 이 기능은 비그리스도인들과 관계되기 때문이다. 참고. J. Straub, Kaiser Konstantin als ΈΠΙΣΚΟΠΟΣ ΤΩΝ ΈΚΤΟΣ (1957) in: G. Ruhbach, Hg., *Die Kirche angesichts der konstantinischen Wende*, 1976, 187-205. 제국에 속하지 않은 제후가 그의 백성들과 함께 그리스도교 믿음으로 전향했을 때 황제가 그의 세례의 대부가 되는 관행도 그러한 상징의 표현으로 이해될 수 있다. A. Angenendt, *Kaiserherrschaft und Königs taufe. Kaiser, Könige und Päpste als geistliche Patrone in der abendländischen Missionsgeschichte*, 1984, bes. 5ff.

길에 그치는 것도 아니다. 그 공동체는 민족들과 인종들 사이의 제약과 갈등을 자체 내에서 극복하고 포괄적 평화의 질서 안에서 자신을 정치적으로도 표현하는 공동체를 뜻한다. 콘스탄티누스가 회심했던 시대의 교회의 길은 그렇게 묘사될 수 있다. 에우세비오스도 그 길을 그렇게 보았다. 그러나 이미 콘스탄티누스의 시대에도 아리우스주의 논쟁의 균열이 있었는데, 이 논쟁은 중요한 게르만 민족이 대교회적 형태의 그리스도교 믿음이 아니라 아리우스주의적 믿음으로 회심함으로써 오랜 기간 동안 숙명적인 파급효과를 초래했다. 5세기에는 그리스도론적 논쟁의 결과로서 생긴 파괴적 분리가 추가되었다. 이런 진전은 로마 제국이 쪼개지고 제국의 서쪽 절반이 밀려드는 야만인들의 침입에 몰락한 것에 상당히, 어쩌면 결정적으로 기여했다. 그후 로마 제국은 특별히 그리스도교의 근원적 지역인 시리아와 팔레스타인, 또한 이집트와 북아프리카의 지역들을 7세기가 지나는 동안 이슬람에게 빼앗겼고, 마침내 스페인까지 잃었다. 이런 사건들은 단지 선교 사상으로 규정된 교회사 개념 안에 제대로 통합되지 않는다. 그 사건들은 교회사 개념을 뚫고 지나간다. 그 사건들은 역사 신학적으로는 오직 심판의 범주 아래서만 이해될 수 있다. 교회의 교의학적 분열과 관련해서, 특별히 그것에 대한 강제적 정화의 시도들과 관련해서, 이 사건들은 사실상 역사 안에서 일어나는 교회에 대한 하나님의 심판의 표현으로 파악된다.

서구의 중세기에 교회사에 대한 신학적 이해에서 심판의 범주는 불가결하다. 이 범주는 서방과 동방 그리스도교의 분열의 결과로 콘스탄티노플과 함께 소아시아 영토를, 또한 발칸 반도까지 이슬람에게 뺏기는 과정에서 행사된 역할에도 적용된다. 마찬가지로 서구 그리스도교가 교황의 과도한 권력 주장의 결과로 몰락한 것도 오직 교회에 대한 하나님의 심판의 관점 아래서만 신학적으로 평가될 수 있다. 그 결과 그리스도교적 삶속에서 영적 권세와 세상의 권세 사이의 조화라는 구상은 좌절되었고, 후에 종교개혁 운동이 일어나 교회는 분열되었다. 현대 서구의 문화적 세계가 그리스도교로부터 소외된 것도 역사 속에서 일어나는 하나님의 심판 행위의 표현으로 이해될 수 있다. 이 점에서 그 문화의 세속주의는 최종적으로 16세기에 서구 교회가 분열한 결과로 소급된다. 그것은 말하자면 그 분열로부터 시작되어 16세기 후반에서 17세기까지 이어진 종교 전쟁을 뜻한다. 17세기 역사에 대한 최근의 역사학적 연구에 따르면 교단별 갈등과 관련된 비관용으로 인해 사회적 평화가 파괴된 것이 종교의 통일성이 사회의 통일성을 위한 불가결한 토대라는 그 당시까지 지배하던 견해를 외면하게 만든 결정적 이유였다.[211] 사회 안의 정치적·경제적·문화적 삶의 형태들이 모든 종교적 속박에서 해방된 것이 근대 서구의 문화 세계를 세속주의로 이끌었다. 그러나 그 시작점은 서구 교회가 분열한 결과에 놓여 있었다.[212]

　　장 다니엘루(Jean Daniélou)는 역사신학이—그가 보기에 지나치게 일면적인—심판 사상을 강조하는 것에 반대했다. 세계사 안에는, 예를 들어 참회나 새로운 시작과 같은 것도 있다는 것이다.[213] 이것은 사실이며, 나아가 이스라엘의 역사와 교회사에 대한 하나님의 심판을 생각할 때도 그렇게 말할 수 있다. 양쪽의 경우 모두에서 참회가 언제나 은혜의 보존 및 하나님의 세계 통치의 창조적 능력에서 오는 새 생명에 대한 전제였던 것은 아니었다. 하나님의 창조적 능력은 종종 악으로부터 선이 나오도록 했다. 그러나 그런 새로운 시작이 지속적인 결실을 맺을 수 있었던 것은 오직 그것이 과거의 잘못을 통찰하고 오류를 진전시킨 원인을 수정할 준비가 되어 있을 때였다. 이 사실은 20세기 그리스도교가 새로운 교회일치 운동을 시작한 것에도 해당한다. 이 과정에서 그리스도교에 속한 모든 부

211　　참고. Th. K. Rabb, *The Struggle for Stability in Early Modern Europe*, 1975, 80ff., 또한 116ff.

212　　이에 대한 나의 설명을 보라. *Christentum in einer säkularisierten Welt*, 1988, bes. 18 - 31.

213　　Jean Daniélou, Essay sur le mystère de l'histoire, 1953, 147ff.

분적 교단들은 자신의 고유한 전승과 역사를 자기 비판적으로 수정할 기회를 얻었다. 이 과제에서 가장 어려움을 겪은 것은 틀림없이 로마 가톨릭교회일 것이다. 가톨릭교회의 교황권은 서방과 동방 그리스도교의 분열에 숙명적으로 얽혀 있다. 피렌체 공의회에서 가톨릭교회의 교황 에우제니오 4세는 1453년 콘스탄티노플이 멸망했던 극단적 곤경의 시기에 어떤 실제적 도움도 주지 않고 오히려 그리스의 그리스도인들을 협박했었다. 이에 더하여 가톨릭교회는 라틴적 중세기에 영적 권세와 세상 권세 사이의 조화를 파괴한 것과도 관련이 있고, 마지막으로 종교개혁의 발발을 통해 서구 교회를 분열시킨 책임도 있다. 종교개혁에서 생성된 교회들은 제2차 바티칸 공의회 이후 이미 첫걸음을 내딛은 로마 가톨릭 편에서의 필연적 자기비판을, 교황권을 원칙적으로 거부한다는 식의 고집을 부려 방해해서는 안 될 것이다. 오히려 종교개혁의 교회들은 자신들이 근본적으로는 로마 교회가 전체 그리스도교에 대하여 갖는 중심적 중요성을 인정할 준비가 되어 있음을 보여줌으로써, 로마 교회의 준비된 자기수정의 입장을 도와줄 수 있어야 한다. 물론 이를 위해서는 로마 교회의 교의학적인 규정과 교회법적인 새로운 규정이 마련되어야 한다. 그 규정은 그리스도교의 고통스러웠던 역사로부터 추론된 필연적 결과들이어야 하며, 또한 전체 그리스도교를 위한 로마 교회의 잠재적으로 유익한 중심 역할을 새롭게 평가할 수 있는 전제를 형성해야 한다. 베드로와 관련된 말씀 가운데 가장 중요한 것은 아마도 베드로의 믿음을 위한 기도 이후에 예수께서 주신 권면의 말씀일 것이다. 이 말씀은 로마의 성베드로 대성당의 기둥에 둘러 쓰여 있다. "너는 돌이킨 후에 네 형제를 굳게 하라"(눅 22:32). 그리스도교 안에서 로마와 분리된 다른 교단들을 위해, 그러나 또한 로마 가톨릭교회 자체를 위해서도 로마가 개방된 교회일치 운동의 과정을 지속해나갈 것이 기대된다. 그것은 복음의 영이 일으키는 갱신을 통해 새롭고 완전하고 진정한 교회의 보편성을 현시하는 길을 준비하는 과정이다.

보충설명: 그리스도교 역사 속의 세속적 예정 신앙과 국가주의[214]

서구 그리스도교의 역사는 다른 무엇보다도 세속적인 예정(선택) 신앙의 등
장이라는 특성을 갖는다. 이 신앙은 중세 후기와 근세 유럽의 역사에서 국가
주의의 형태로서 두드러진 의미를 획득했고, 마침내 20세기의 두 번의 세계
대전으로 이어졌다. 유럽 국가주의의 이러한 세속적인 예정 신앙은 1453년
비잔틴 제국의 종말 이후에 "제3의 로마"로 자칭하는 모스크바의 러시아적
주도권의 경쟁자를 만났고, 곧바로 파송 의식을 가진 새로운 나라 곧 미합중
국으로 형성된 아메리카 대륙의 또 다른 나라를 발견했으며, 또한 시온주의
및 이스라엘의 국가 형성과 함께 유럽 국가들이 지배했던 식민지 영역에서
벗어나는 일련의 새로운 국가들의 생성 과정도 지켜보았다. 국가주의의 역
사 안에서 효력을 나타냈던 이러한 세속적 예정 신앙의 전체 현상을 이해하
기 위해서는 그것의 역사적인 근원을 살펴보는 것이 필수적이다. 이 근원은
그리스도교적인 하나님의 백성이 통일된 형태로서의 비잔틴 그리스도교 제
국이 몰락한 것에, 그리고 그 제국의 통일성을 변화된 역사적 조건들 아래서
갱신하려는 후대의 성공이 부분적으로 성공하지 못한 것에 놓여 있다.

로마 제국이 수립한 평화로운 포괄적 정치 질서와 관련해서 오리게네
스는 교회의 박해 시대에도 그 평화를 그리스도의 보편적 평화의 나라에 대
한 섭리적인 상응으로 해석했고,[215] 그리스도의 하늘의 왕권 통치의 표징을
이루면서 이 세상에서 그 평화가 부분적으로 실현된 것은 콘스탄티누스 제
국에서 인식할 수 있다고 믿었다. 그 포괄적 평화는 계속 확대되기는 했어도
언제나 부분적인 것에 머물렀으며, 그 결과 그리스도의 보편적 통치에는 미
치지 못했다. 그럼에도 불구하고 고대 후기에 제국이 분열되면서 과거 로마

---

214 이에 대한 나의 설명을 참고하라. *Die Bestimmung des Menschen. Menschsein,*
Erwählung und Geschichte, 1978, 61-84, bes. 74ff. 이 부분에서 나는 여기서 요약하
는 내용에 대한 더 상세한 참고자료들을 제시했다.

215 Origenes *c. Celsum* 2,30 (GCS I, 158,2ff.), 비교. *Die Bestimmung des Menschen*, 64f.

제국이 지배했던 서쪽 지역에서 그 평화의 질서를 재건하려는 열망이 일어났다. 서로마 제국이 몰락된 후에 로마 교황은 다수의 독립적인 민족들 및 왕국들과 맞서기 위해 그 지역의 그리스도교인들을 통일시킬 수 있는 아직 남아 있는 유일한 준거점과 대표자가 되었다. 이 점에서 교황이 샤를마뉴 대제의 즉위를 통해 서로마 제국의 재건을 위한 주도권을 잡기 시작했다는 사실이 암시된다. 중세기 서구 제국은 그러나 샤를마뉴 대제의 죽음 이후에 서구 그리스도교 전체를 자신의 정치적 지배력 안에 한 번도 다시 통일시키지 못했다. 그래서 교황권은 제국과의 관계 외에도 많은 독립적 왕국 및 봉건 영주들과의 관계를 확장했는데, 이 과정에서 언제나 반복되는 정치적 유혹 곧 상대방을 기만하려는 유혹이 없지 않았다. 이같이 교황과 중세기 서구 제국과의 관계는 비잔틴의 경우와는 매우 다른 상황에 놓여 있었다. 비잔틴에서는 다수의 독립적인 원로들이 황제와 대면하고 있었다. 비잔틴에서는 통일의 열망이 황제의 것이었다면, 서방에서는 로마 교황의 것이었다. 카롤링 왕국이 9세기에 분열된 이후에 로마 권력의 통일성의 권위는 다수의 서방 권력들과—물론 제국의 권력은 그 권력들 가운데서 특별한 위치에 있기는 했어도—대면했다. 교황권은 서방 권력들의 서로 다른 정치적 이해관계 사이에서 자신의 독립성과 지도력을 강화하는 이점을 누릴 수 있었다. 다른 한편으로 샤를마뉴 대제의 왕국으로부터 서로 경쟁하는 민족들이 생겨났고, 이들은 이전의 제국의 위엄과 관련된 우선권을 획득하려고 시도했다. 샤를마뉴 대제의 유산을 차지하기 위한 독일과 프랑스 사이의 경쟁은 유럽 국가주의의 세속화된 예정 신앙을 향한 배아세포가 되었다.

이미 샤를마뉴 대제가 구약성서의 모범에 따라 자신을 다윗의 후손 안에서 선택된 왕으로 알았다. 그는 이런 의미에서 자신의 황제 직무를 파악했고,[216] 그다음에는 그리스도교 전체 혹은 그것의 서쪽 절반을 향한 확장의 사

---

216 참고. *Die Bestimmung des Menschen*, 70f. 여기서 122쪽의 각주 27에 인용된 알쿠인(Alkuin, 약 730-804)의 서신들을 비교하라. 샤를마뉴의 황제로서의 자기이해에 대하여 120f.의 각주 26에서 언급되는 것처럼 그가 비잔틴의 황제 미하엘과 교환했던

명 안에서 파악했다. 샤를마뉴 대제의 후계자들, 곧 동프랑크 왕국의 황제와 또한 스스로를 적법하게 황제 왕관을 수여 받았던 샤를마뉴 대제의 진정한 상속자로 여겼던 프랑스 왕도 그와 비슷하게 생각했다.[217] 중세기에 프랑스 왕과 독일 황제 사이의 경쟁은 예정 신앙에서 자라난 국가주의의 원형을 발생시켰다. 국가주의는 규칙적으로 해당된 민족이 전체 그리스도교를 위해 특별한 파송을 받았다는 확신과 결부되어 있었다. 중세기 프랑스의 경우에 교황권이 황제 권력으로부터 정치적 독립성을 확보하려고 투쟁했던 것은 최소한 영적 지도력의 요청에 의한 것이었다. 그래서 교황 인노첸시오 3세는 1202년에 프랑스의 왕에게 가장 그리스도교적인 왕(*christianissimus rex*)이라는 칭호를 수여했다.[218] 그다음에 14세기 초부터 특별한 예정과 총체적·그리스도교적인 파송 의식이 왕으로부터 프랑스 국민에게 전가된 사실이 입증될 수 있다. 그래서 프랑스의 법률가 피에르 뒤부아(Pierre Dubios)는 그리스도께서 프랑스 왕—하나님의 백성을 통치하시는 가운데 모세와 다윗의 후손—을 그리스도교 안의 다른 군주와 왕들보다 더 높은 지위로 선택하셨다고 주장한다. 교황의 말에 따르면 그리스도교 믿음은 다른 장소보다 프랑스에서 더욱 견고한 토대를 발견했다. 이 관점에서 뒤부아는 명시적으로 이렇게 말한다. 프랑스 민족은 특별히 하나님에 의해 선택되었다(in peculiarem populum electum a Deo). 그렇기에 프랑스의 왕이 그리스도교의 제후들 가운데 가장 높은 자로서 모든 그리스도인을 통합하는 왕국(tota respublica omnium Christi colarum)에서 최고 대표자가 되는 것이 적절하다. 그는 또한 샤를마뉴 대제의 혈통이기 때문에 황제의 직무와 존엄을 갖는다.[219]

뿌리에서는 그리스도교적 동기를 가졌지만, 그러나 세속적인 예정 신앙

서신 안에 나타난 칭호들이 또한 중요하다.

217   이에 대해 비교. *Die Bestimmung des Menschen*, 75 ; R. E. Schramm, *Der König von Frankreich*, 1939, 2.Aufl. 1960, 30ff. 42f.

218   참고. P. E. Schramm, 같은 곳, 181.184f.

219   P. E. Schramm, 같은 곳, 228.

은 16세기에 다른 국가들과 관련해서도 비슷하게 진술된다. 토마소 캄파넬라는 자신의 저서에서 스페인의 펠리페 2세를 전 세계를 위한 "보편 왕"이라고 불렀다. 유럽과 아메리카의 인류가 그 교황 아래 하나가 되어야 한다는 것이다.[220] 상당히 더 지속되었던 것은 그런 정치적 예정 의식의 개신교적 상대편의 작용이었다. 이에 따르면 영국은 새로운 이스라엘로 해석되었다. 이 사상은 1588년 영국이 스페인의 무적함대로부터 기적적인 구원을 얻었을 때, 전성기를 맞았다. 하지만 존 릴리(1554-1606)는 이미 1580년에 영국은 새로운 이스라엘, 곧 "하나님의 선택을 받은 특수한 민족"[221]으로서 그분이 특별히 보살피신다고 말했다. 크롬웰 혁명의 시기에 영국에서 그런 사상의 영향은 강력했다. 존 밀턴은 1644년에 영국이 자유로운 사회의 근거로서 다른 나라들보다 앞서가며, 그래서 종교개혁을 완성하라는 부르심을 받았다고 말했다.[222] 시민들의 자유는 그리스도교 자유의 세상적인 실현으로 이해되었는데, 이것은 루터가 1520년에 말한 바 있다.[223] 이런 추진력은 17세기 이래로 영국의 미국 식민지에도 영향을 주었다. 그 과정에서 구약성서와의 연결점이 더욱 강하게 전면에 제시되었다. 미국으로 이주한 사람들은 자신들의 길을 새로운 약속의 땅을 향한 새로운 출애굽으로 이해했고, 거기서 청교도들은 신정 헌법 곧 하나님의 계약의 토대 위에서 새로운 사회의 기초를 놓았다. 아메리카를 새로운 이스라엘과 동일시하는 전형적인 시각은 미국의 국가적 정체성의 근거가 되었으며, 20세기까지 미국 **시민 종교**의 핵심이 되었다. 특별히 미국 대통령들의 연설 안에서 이 사고는 반복해서 언급되었다. 강하게 세속화된 이 사상은 린든 존슨 대통령의 1965년 연설 안에서 들을 수 있다.

220　H. Kohn, *Die Idee des Nationalismus. Ursprung und Geschichte bis zur französischen Revolution*, 1950, 805.

221　H. Kohn, 같은 곳, 840.

222　J. Milton, Areopagitica, in : 동일저자, *Selected Prose* ed. C. A. Patrides (Penguin Books 1974) 236f. 이 내용, 그리고 종교적 자유와 시민 자유 사이의 관계에 대한 크롬웰 자신의 진술에 대한 나의 설명을 참고하라. *Die Bestimmung des Menschen*, 78ff.

223　M. Luther, *De libertate christiana*, 1520, WA 7, 49-73.

존슨은 그 당시 자신의 취임사에서 초기 이주자들에 대하여 이렇게 말했다. "그들은…인간이 자기 본성 그대로의 인간이 될 수 있는 장소를 찾기 위해 이곳으로 왔습니다. 그들은 이 땅과 계약을 맺었습니다. 정의를 생각하며, 자유를 기억하며, 단결에 예속된 그 계약은 어느 날 모든 인류의 희망을 고취시킬 것을 의미합니다. 이 의미를 간직한다면, 우리는 번영할 것입니다."[224] 여기서 계약 사상이 사용되는 방식의 특징은 그것의 근원적이고 성서적인 내용의 세속화된 역전이다. 하나님이 계약을 맺으시는 것이 아니라 미국의 선조들이 그렇게 하는데, 존슨 대통령에 의하면 그들은 하나님이 아니라 그 땅과 계약을 맺는다. 성서적 전승의 그런 왜곡과 각색은 미국에서도 날카로운 비판을 받았다. 그 비판은 특히 미국이 하나님의 파송 때문에 전 세계에 자유와 민주주의를 선사해야 하며 악에 대한 모든 유혹에 용감하게 맞서야 한다는 상상에 대한 것이었다. 이에 반대하여 특히 에이브러햄 링컨 이래로 하나님의 심판의 성서적 사고가 계속 반복해서 타당하게 주장되었는데, 미국도 그 심판 아래 서 있다는 것이다. 이를 통해 미국의 시민 종교는 다른 민족들 사이에서 발견되었던 우월한 국가적 파송 의식의 형태와 구분되었다. 그러나 미국의 국가적 부르심의 의식도 그것이 그리스도교의 통일성의 재건에 관계된 것이 아니라, 단지 순수한 문화적 선교와 정치적 선교로 파악된다는 점에서 세속화되었다고 말할 수 있다.

지금까지 설명한 국가적 예정 신앙의 사례들과 매우 특징적인 유비를 이루는 경우가 지난 수십 년 동안 등장한 해방신학의 많은 형태에서 발견된다. 특별히 제시할 수 있는 사례는 제임스 콘의 "흑인신학"이다.[225] 많은 국가적 예정 사상—특히 미국의 것—처럼, 여기서도 출애굽 전통을 유비로 전가하는 것이 중심적 의미를 획득한다. 정치적 및 경제적 해방에 대한 요청

---

224 이 연설은 벨라가 인용한 것이다. R. N. Bellah, Civil Religion in America, in: *Daedalus* 1967 "Religion in America," 1-27, 13. 그 맥락에 대해 나의 설명을 참고하라. *Die Bestimmung des Menschen*, 80ff.

225 J. Cone, *God of the Oppressed*, 1975.

806 | **제14장** 예정과 역사

은 그 전통과 손쉽게 결합했고, 인류 전체를 위한 전위 부대의 기능이 특정한 지역(예를 들어 라틴 아메리카) 혹은 특정한 단체에게 주어졌다. 콘의 "흑인 신학"의 경우에 신명기적 선택 사상의 배타성이 해방되어야 하는 흑인들에게 전가되기도 했다. 이렇게 해서 여기서도 예정(선택) 신앙은 세속화되었다. 예정 사상은 종말론적 하나님 나라의 미래, 곧 오직 하나님만이 인도하실 수 있는 그 미래와 관련되지 않았다. 오히려 인간 자신이 이 세상적인 종말을 만들어내야 한다. 그것은 모든 억압이 제거되는 사회를 뜻한다. 이에 따라 전통적인 그리스도론과 교회론의 기능은 그러한 목적 설정을 위한 상징으로 변경된다. 이 모든 것 안에서 국가주의적 예정 신앙의 시민 종교적 언어에 대한 분명한 유비들이 발견된다.

예정 사상의 시작은 역사적으로 그리스도교가 교회적으로, 그러나 또한 정치적으로 분열된 결과라고 이해될 수 있다. 예정 사상이 그렇게 세속화된 결과적 작용은 일반적으로 그다지 유익하지 않았다. 국가주의적 예정 신앙으로부터 너무 쉽게 다른 민족들에 대한 우월감과 지배의 요구가 자라났다. 근대 유럽의 역사는 그런 과도한 국가주의적 선택과 파송의 감정에 대한 경고의 사례들을 제시한다. 이 감정은 유럽 민족들 사이에 쓰라린 갈등을 초래했고, 마침내 두 번의 세계대전을 통해 구 유럽 국가 질서의 몰락으로 이어졌다. 물론 국가적 예정 사상의 다양한 현상 안에도 종종 진리의 계기들이 숨어 있기는 했다. 그것은 특정한 역사적 상황 안에서의 소명과 책임 의식과 같은 것이었다. 그러나 그 의식과 위선이 손쉽게 결합했는데, 위선은 역사적 재난 곧 역사 안에서 일어나는 하나님의 심판을 초래했다. 이것은 특별히, 국가주의적 예정 신앙이 성서적 근원으로부터 벗어나 인간의 자기과시에 대한 심판관이신 하나님의 지식 안에서 하나님을 경외하는 규율이 되지 못했을 때 발생한 경우였다.

5. 역사 과정에서 예정의 목적과 하나님의 세계 통치

역사 안에서 발생하는 하나님의 선택 행위는 선택된 자들에게 더 큰 공동체의 근거와 지원을 위해 봉사하는 업무를 맡긴다. 이에 따라 개인들은 하나님의 백성을 위한 다양한 일에 참여하도록 선택된다. 하나님의 백성은 인류 전체에 해당하는 창조자의 구원 의지를 증언하도록 선택되었다. 그 구원 의지는 인간의 하나님과의 연합을 목표로 하며, 이 연합을 통해 인간은 하나님의 영원한 생명에 참여한다. 이와 동시에 인간은 하나님과의 연합에 근거해서 인간들이 서로 함께하는 참된 공동체에 도달하는데, 이 공동체의 토대는 하나님께 대한 공통적인 관계에 놓여 있다.

고린도전서 15:49에 따르면 인류를 위한 하나님의 구원 의지는 인간이 그리스도의 형상(비교. 고후 3:18)에 참여함으로써 실현된다. 로마서 8:29에 따르면 하나님의 예정과 선택은 바로 그 목표를 향한다. 선택된 자들은 아들의 형상과 비슷하게 되고, 아버지께 대한 아들의 관계에 참여하게 될 것이다. 선택된 자들은 자신의 삶 위에 놓인 꿰뚫어 볼 수 없는 하나님의 비밀을 예수와 함께 아버지의 사랑으로 인식하고 수용하며, 만물의 근원이신 아버지께 감사한다. 그들은 그분의 신성을 경외함으로써, 그분과의 연합을 보존한다.

믿는 자들이 하나님께 대한 예수의 관계에 참여할 때, 그것은 믿음으로 아들과 연합하여 하나님의 선택된 자들인 그들을 서로 함께하는 공동체로 결속한다. 왜냐하면 믿는 자들 개인에게 아버지의 아들로서의 예수 그리스도와 동등한 형상이 되리라는 보증은 로마서 8:29에 따르면 다시 한번 다음의 목적 규정 아래 있기 때문이다. 그것은 아들이 많은 형제(자매) 가운데 처음 태어난 자가 되리라는 규정이다. 바울은 다른 한편으로 그들 서로에 대한 결합 관계를 그리스도의 몸의 통일성으로 서술한다. 믿음 안에서 이루어지는 예수 그리스도와의 연합은 믿는 자들이 서로 함께하는 공동체를 형성한다. 이것은 성만찬 축제 안에서 육감적 구체성과 함께 실행되고 표현된다(고전 10:16f.). 그러므로 개인이 아버지께 대한 아들의 하나님 관계에 참여하는 것은 믿는 자들이 그리스도의 몸의 지체가 되는 것과 결코 분리되지 않는다. 개인들은 하나님과의 연합으로부터 오는 구원을 자기 자신만을 위해 소유할 수 없다. 개인들은 오직 교회의 지체로서 그 구원에 참여할 수 있고, 그와 동시에 인류 전체 곧 하나님 나라 안에서 갱신될 인류의 미래 공동체를 향한 교회의 질서에 참여하게 된다.

이러한 방식으로 선택의 특수성과 관련된 문제가 해결될 수 있다. 선택된 자들이 구원에 참여하는 것은 다른 사람들과의 관계에서 그들을 무시하는 배타성이 아니라, 오히려 모든 사람을 끌어들이는 역동적 포괄성을 지닌다. 이 점이 선택된 자들과 선택되지 않은 자들 사이의 대립에서 종종 간과되었다. 이 점을 간과했을 때, 본래 믿는 자들의 의식 안에서 은혜의 확신이 하나님의 영원 곧 하나님의 선택의 영원한 결의(작정)에 놓인 근원적 은혜에 근거한다는 예정론은 사람들이 외면하는 교리가 되었는데, 이것은 연민의 마음을 가진 사람들이 선택되지 않은 자들은 어떻게 되는가라는 질문에 막혀 경악했기 때문이었다. 하지만 이 질문에 대한 대답은 이렇다. 개인 및 하나님의 백성—개인들은 이에 지체들로서 속한다—의 선택은 하나님께 대한 예수의 관계에 대한 모든 인간의 참여를 향해 **열려 있다.** 더 나아가 선택된 개인들과 하나님의 백성 전체는 소명과 함께 선교의 사명을 받는다. 인류 전체를 하나님께 대한 예수 그리스도의 관계 안으로 불러들이고 포함시켜야 하는 사명이다. 물론 모든 인간이 실제로 믿음의 초대를 받아들일 것이라는 보장은 없다. 그러나 그 사명은 모든 소외와 왜곡에도 불구하고 그 연합과 공동체에 참여하라고 초대받는 모든 사람이 그들의 창조자와의 연합에 도달할 것으로 확신한다.

하나님의 선택 행위는 최종적으로는 하나님 나라 안에서 새로워진 인류 공동체를 목표로 삼는다. 창조 안에서 실행되는 하나님의 창조 목적은 그 공동체 안에서 완성에 도달한다. 왜냐하면 창조자의 의도는 피조물들이 그분 앞에서 살아가는 것이기 때문이다. 죄와 죽음이 극복되어 창조자의 의도가 완전히 실현될 하나님 나라의 목적은 피조물들 자체에 대해 어떤 외적인 일이 아니다. 왜냐하면 피조물이 갈망하는 것은 자신들의 고유한 유한성을 넘어 지속하는 생명이기 때문이다. 그들은 이 생명을 오직 창조자와의 결합 안에서 발견할 수 있다. 인간의 특수한 규정, 곧 인간성도 오직 그 결합을 통해 실현될 수 있다. 왜냐하면 하나님 나라 안에서 비로소 인간들의 공동체는 모든 이기심과 상호억압으로부터 해방된 완성에 도달할 것이기 때문이다. 인간들과 민족들이 서로 함께하는 그런 공동체를 이룰 수 있는 것은 성서에 의하면 그들 서로에 대한 관계를 위한 규범을 오직 하나님으로부터 얻을 때다. 그것은 하나님의 법(의)이다. 이 법은 인간들이 서로 권리 주장하는 갈등을 극복하여 "각 사람이 자기 소유"를 얻게 할 것이고, 그래서 사람들 사이에 평화를 수립할 것이다(미 4:1-4; 사 2:2-4).[226]

하나님의 법(의)에 근거한 인간 공동체 곧 하나님 나라 안의 공동체는 역사 안에서 일어나는 하나님의 선택 행위의 목적에 그치지 않는다. 그 공동체는 또한 세계사의 논쟁과 투쟁들의 중심에 놓인 주제다. 인간 역사의 모든 투쟁은 인간들의 공동 삶을 위한 참된 질서의 근거 및 보존과 관련이 있다.[227] 그러나 인간들은 사회 질서의 바른 형태, 곧 법과 정의의 규범과 그것의 공동 삶에 대한 적용에서 의견 일치를 볼 수 없다. 그렇기 때문에 역사는 민족들과 국가들의 서로에 대한 투쟁으로 가득 차 있다. 역사 속의 투쟁들로부터 언제나 또다시 공동 삶을 위한 질서의 새로운 형태들이 생성되었다. 그러나 그것들은 언제나 또다시 크거나 작은 규모로 지배와 억

226 　서로에 대한 관계 안에서 정의를 위한 하나님 관계의 근본적 중요성에 대해 나의 논문을 참고하라. Leben in Gerechtigkeit, in: H. Franke u. a. Hgg., *Veritas et communication Ökumenische Theologie auf der Suche nach einem verbindlichen Zeugnis. Festschrift U. Kühn*, 1992, 310-320.

227 　그래서 푀겔린은 이렇게 말한다. "역사의 질서는 질서의 역사로부터 출현한다." E. Voegelin, *Order and History* I, 1956, IX.

압의 권력 관계에 기초하고 있음이 드러났다.

세계사가 투쟁을 벌이는 한가운데서 하나님의 백성은 하나님 나라의 모델이 되라는 소명을 받는다. 옛 이스라엘에서 이것은 그 민족의 삶이 모세에게 계시되고 전승된 하나님의 법 아래 세워지는 방식으로 발생했다. 하나님 나라의 공동체는 그리스도교 교회 안에서 성례전적으로, 곧 예수의 만찬 축제 안에서 현재한다. 그 현재의 표징적 형태는―이스라엘에게 생명으로 주어졌으나 죄인들의 죽음이라는 결과를 초래했던 옛 계약의 율법처럼―인간의 불순종을 통해 수치를 당하지 않는다는 장점이 있다. 그러나 성례전의 완전한 실행은 외적인 예식에 달려 있지 않다. 성례전은 그리스도인들의 삶 속에서 교회의 선포를 통해 해석되고 터득될 필요가 있다. 이 과정에서 교회와 개별 그리스도인의 행위가 교회가 예수의 만찬 행위의 표징 안에서 축하하는 그것을 모호하게 만들 수 있다. 그렇기에 그리스도인들의 예배 안에서 그들의―그러나 또한 세상 자체의―규정 곧 인류의 규정이 표현된다는 사실, 그리고 어떻게 표현되는지의 방식은 세상에 대하여 언제나 명확한 것은 아니다. 그 원인은 물론 그리스도인들에게만 있는 것은 아니고, 죄의 권세로 현혹된 세상의 맹목성에도 있다. 여기서 교회는 이러저러한 방식으로 세상의 갈등과 얽히게 되며, 갈등 속에서 살아남기 위해 하나님 나라의 비밀을 어둡게 만들기도 한다(교회는 바로 그 비밀의 표현을 위해 부르심을 받았다). 그런 일은 세상에 대한 관용, 성직 계급의 추구, 내적 분쟁, 사랑의 결핍, 마지막으로는 교회 분열을 통해 발생한다. 이렇게 하여 그리스도인들은 자신의 행위를 통해 그리스도교의 역사 속에 등장한 재난들에 일조하게 된다.

교회가 교회사의 진행 안에서 언제나 또다시 부딪쳐야 하는 거부에서 선택된 자들과 선택되지 않은 자들 사이의 차이가 인식될 수 있을까? 선택된 자는 교회 공동체에 속하여 그리스도와 비슷한 형상이 될 수 있게 허용된 자들이고, 선택되지 못한 자들은 교회 밖에 머무는 자들 곧 하나님이 배척하신 자들일까?[228] 만일 교회가 완전히 명확하게 예수 그리스도 안에서 이미 시작된 인간성, 곧 하나님 나라 안의 완성된 인간성을 표현하고 그 표징이 되는 자신의 기능을 언제 어디서나 성취한다면, 그럴 것이다. 그러나 하나님의 통치의 표징이 교회의 삶 안에서 흔히 알아볼 수 없을 정도로 왜곡되었기 때문에, 교회와 거리를 두고 행동하려는 것에도 주관적으로 올바른 이유가 있다. 교회와 멀어졌거나 나아가 등을 돌린 사람들 가운데서도 일부는 오히려 교회의 삶 속에서 인식할 수 없었던 하나님 나라를 향한 갈망이 좌절되어 그렇게 행동하는 것이 아닐까?

이 지점에서 이스라엘의 완고함의 섭리적 의미에 대한 바울 사상(롬 11:11f.)의 핵심이 교회의 세계 선교와 유비를 이룰 수 있는 가능성이 암시된다. 이스라엘 민족의 타락과 일시적인 배척이 사도 바울의 통찰에 따르면 하나님의 역사 계획 안에서 이방인들을 하나님의 통치의 구원 안으로 포함시키는 수단이 된 것처럼, 교회의 삶 속에서 그리스도의 몸의 공동체가 왜곡된 것도 하나님의 세계 통치의 수단으로 볼 수 있다. 이것은 교회에 걸려 넘어진 자들도 구원하는 하나님의 통치에 참여할 수 있는 기회가 된다. 물론 그 사람들에게도 교회가 선포하는 예수 그리스도가 하나님의 구원에 참여하는 기준이 된다.

선을 악으로 바꾸는 것(창 50:20), 그래서 선을 통해 악을 이기는 것은 하나님의 세계 통치의 높은 수준의 기술이다. 이것은 예수께서 제자들에게 초청하신 것(마 5:39), 또한 바울이 그리스도교적 삶의 규범으로 명문화(롬 12:21)한 것과 같다. 이에 따라 역사적 재난으로부터 새로운 시작의 기회가 생긴다. 이것은 교회사에도 해당한다. 교회에 대한 하나님의 심판은 교회의 필연적 갱신을 요청하거나, 아니면 교회가 저항하고 있는 어떤 상태를 우회하도록 이끈다. 그렇게 할 때 서구의 교회 분열은 시민적 삶 속

---

228   참고. 고후 4:3f.: "만일 우리의 복음이 가리었으면 망하는 자들[곧 이 세상의 시간 안에서 하나님이 감각을 혼미하게 하신 자들]에게 가리어진 것이라"(U. Wilckens의 번역).

에서만이 아니라 교회의 믿음과 삶 속에서도 관용 사상으로 나아가는 길을 발견하게 된다. 이것은 교회가 스스로 만들어낸 원칙이 아니다. 물론 그렇게 했더라면 더 좋았을 것이다. 교회는 오직 자신으로부터 소원해진 세상을 경유해서만 이 원칙에 도달할 수 있다. 그리스도인들 사이의 분열은 오늘날 타종교들과의 관계를 변화시키는 일에서도 이 교훈을 마음속 깊이 간직하도록 요구한다. 물론 그 과정에서—세속 문화의 세계에서 그랬던 것처럼—진리와 오류 사이의 대립이 가볍게 여겨져서는 안 된다. 오히려 그 대립에 대한 인간적 판단의 잠정적인 성격이 더욱 강하게 교회의 의식 속에 각인되어야 한다. 그 의식은—알곡과 쭉정이에 대한 예수의 비유(마 13:24-30)에 따라—하나님과 그분의 심판의 미래를 향해 열려 있어야한다.

Die Vollendung der Schöpfung im Reiche Gottes

1. 종말론의 주제

a) 종말론과 하나님의 통치

그리스도교의 희망이 바라보는 종말론적 구원은 그 대상을 결코 완전히 알 수 없는 갈망, 곧 인간과 모든 피조물의 가장 깊은 갈망을 성취한다. 그러나 그 구원은—하나님 자신의 현실성과 마찬가지로—우리의 모든 개념을 넘어선다.[1] 그 이유는 종말론적 구원이 하나님의 영원한 생명에 참여하는 것이기 때문이다. 하나님 나라의 미래—이 나라의 도래를 위해 그리스도인들은 예수의 말씀(마 6:10a)과 함께 기도한다—는 그리스도교 희망의 총괄개념이다. 그 나라와 관련된 다른 모든 것은, 예를 들어 죽은 자들의 부활과 최후의 심판도, 창조를 다스리는 통치의 완성을 위한 하나님 자신의 도래에 뒤따르는 결과일 뿐이다.

이 주제의 중요성과 예수의 메시지의 전승 속에서 나타나는 그것의 명확한 증언에 비추어본다면, 그리스도교 종말론의 역사 안에서 바로 하나님 나라의 주제가 우리가 기대하는 것만큼 중심적인 역할을 하지 못했다는 사실은 매우 놀랍다. 물론 제1클레멘스 서신은 사도들의 메시지를 가까이 다가온 하나님의 통치에 관한 복음으로 특징짓고(42:3), 다른 사도적 교부들에게서도 하나님 나라는 그리스도교의 희망의 대상으로 언급된다.[2] 그러나 이미 변증

---

[1] 이 주제에 들어가는 글로서 훌륭한 쉬츠의 설명을 참고하라. Chr. Schütz, Allgemeine Grundlegung der Eschatologie, in : J. Feiner und M. Löhrer, Hgg., *Mysterium Salutis* V, 1976, 553 –700, 554f.

[2] 예를 들어 디다케 9:4; 10:5의 기도를 생각할 수 있고, 제2클레멘스 서신과 헤르마스의 목자에서도 "하나님 나라 안으로 들어가는 것" 또는 하나님 나라의 "유산"(특히 Ign. *Eph* 16,1; *Philad* 3,3, 또한 Polykarp *Phil* 5,3과 비교될 수 있다)이 빈번하게 언급된다. 이것은 바울(고전 6:9f.; 15:50; 갈 5:21; 비교. 엡 5:5)의 진술

론자들에게서 하나님 나라(*basileia*) 개념은 드물게 나타나고,[3] 반면에 죽은 자의 부활에 대한 희망은 그리스 사상과 벌이는 논쟁의 중심 대상이 되었다. 이레나이우스에게서 하나님 나라의 주제는 비교적 빈번하게 등장하는데, 그러나 "하나님이 - 통치를 위해 - 오시는 것"이라는 의미가 아니라, 사도 교부들에게서 지배적인 것처럼 완성된 자들에게 "유산"으로 선사될 구원의 유익들이라는 의미로 사용된다.[4] 그 밖에도 이레나이우스는 죽은 자들의 부활과 믿는 자들이 그리스도의 형상으로 변화하는 것이 그리스도교의 미래 희망의 중심에 놓여 있다고 보았다.[5] 이와 대조적으로 그는 세계에 대한 하나님의 통치가 언제나 존속하는 것으로 보았다.[6] 이 이해의 토대는 영지주의에 반대하여 방어해야 했던 창조론이었고, 종말론이 아니었다. 이를 통해 종말론적 미래 기대의 대상으로서 하나님의 통치 사상이 놀랍게도 퇴각해버린 사실이 설명된다. 이와 유사한 것이 계속된 교부학의 역사에도 해당한다.[7] 다마스쿠

과 비슷하다. 여기서 쉬츠가 제1클레멘스 서신에 대하여 다음과 같이 말한 내용이 준비된다. "주님과 그 나라의 자리에…신적 약속의 유익한 일들이 등장했다"(Chr. Schütz, 같은 곳, 569). 클레멘스 서신의 중심 의미는 (이미 바울에게 그랬던 것처럼) 몸의 부활이었다.

3 R. Frick, *Die Geschichte des Reich - Gottes - Gedankens in der alten Kirche bis zu Origenes und Augustin*, 1928, 40.

4 Irenäus. *adv. haer.* V,9,3 – 5, 비교. 14,4 ; 32,1, 또한 36,3 (위의 각주 2에 인용된 바울의 증빙을 보라). V,9,4와 32,1f.에서 볼 수 있듯이, 이레나이우스는 하나님 나라의 유산을 땅에 대한 통치(비교. 단 7 : 27에 대한 V,34,2)로 이해했다. 이 의미에서 그는 하나님의 약속이 아들의 나라 안에서 성취된다고 말했고(V,36,3), 창조의 제7일을 그 나라의 시간으로 여겼다(V,33,2). 이것은 하나님이 모든 일을 마치고 쉬신 날이며, 믿는 자들도 그 시간에 참여하게 될 것이다(IV,16,1 ; V,30,4).

5 Irenäus. *adv. haer.* V,12 – 14. 초기 교부들에 대한 "부활 변증"의 의미에 대하여 참고. Chr. Schütz, 같은 곳, 576ff.

6 그래서 이 주제는 *adv. haer.* V,22에서 종말론적 미래와 연결되지 않았다. 하나님은 창조자로서 언제나 이미 유일무이한 하나님이고 주님이시다(비교. 11,1f.).

7 알렉산드리아의 클레멘스에 대하여 참고. R. Frick, 같은 곳, 89.92f. 클레멘스는 이레나이우스와 마찬가지로 창조 신앙에 기초한 하나님의 통치 사상을 성서적 사상, 곧 하나님 나라를 미래에 상속받고 그 나라로 들어간다는 사상과 결합시킬 수 있었다.

스의 요한네스가 정통 신앙을 요약해서 서술한 부분의 끝에서 그리스도교의 미래 희망이 최후의 심판과 연관된 죽은 자들의 부활의 관점에서 다루어지지만,[8] 그러나 하나님 나라의 주제가 언급되지 않는다는 것은 더 이상 놀라운 일이 아니다. 이와 비슷하게 서구 신학 안에서 페트루스 롬바르두스도 자신의 저작 『명제집』에서 종말론의 영역을 전개하는 출발점이 되어야 하는 마지막 여덟 개의 "구분"[9]을 죽은 자들의 부활과 최후의 심판의 주제에 한정했다. 여기서 전개되는 내용이 개인의 종말론적 희망과 최후의 심판—이것은 모든 인간과 마주치는 것이고 현재 세계의 종말도 그것과 연관되어 있다—

그 나라 안으로 들어가는 것은 마태복음 5:8에 따라 내용상으로 하나님이 보시는 것으로 규정되었다. 이를 통해 가능해진 하나님의 통치의 영성주의적 내면화는 오리게네스가 누가복음 17:21을 언급함으로써 더욱 심화되었다(R. Frick, 같은 곳, 100f.). 그리스도 자신이 하나님 나라라는 오리게네스의 유명한 표현(*autobasileia*, 마 18:23)은 하늘의 왕이신 그분 안에서(또한 믿는 자들 안에서) 창조에 근거한 하나님의 세계 통치가 출현했다는 사실을 말한다(Origenes, *Evangelium Matthaei Commentariorum* p.1 ed., C.H.E. Lommatzsch, 1834, 283). 이 사상은 마르키온에게서 매우 다른 의미를 획득했는데, 그는 이렇게 말했다. 세례 요한이 하나님 나라를 선포했고, 그리스도 자신 안에 하나님 나라가 도래했으며, 그것이 복음의 시작이었다(initiatio evangelii in quo est dei regnum; Tertullian *adv. Marcionem* Books 4 and 5 ed. E. Evans, Oxford, 1972, 446, 6줄에서 인용함). 여기서도 오리게네스와 비슷하게 하나님 나라의 종말론적 미래에 대한 긴장이 그리스도론적으로 지양되고 있다. 그러나 마르키온에 의하면 하나님의 통치는 구약성서 시대와 구분되면서, 오직 그리스도의 등장과 함께 비로소 시작한다. 고대교회의 정통주의 신학의 창조 신앙은 마르키온의 이 사상과 대립한다. 마찬가지로 창조 때부터 존속해온 아우구스티누스의 하나님의 도성(*civitas Dei*; 비교. *De civ. dei* XI,24; XII,1,1)도 하늘의 도성(XV,2)의 그림자로 이해되었다. 하늘의 도성의 참된 형태는 미래적이고(같은 곳), 그리스도에 의해 근거될 것이다(XV,8,1). 하늘의 도성의 현재 형태는 교회 안에 있다(XX,9,1f., 비교. 이 책의 제12장 2.a, 특히 75f.). 여기서 아우구스티누스에게 특별한 점은 하나님의 통치의 공동체적 성격을 "도시"로 인식한다는 것이다.

8 Johannes von Damaskus, *de fide orth.* IV, 27 (MPG 94, 1218–1228).
9 Petrus Lombardus, *Sententiae* in IV Libris Distinctae Vol. 11, 1981, 510ff. (I,IV, d, 43–50). 510쪽은 롬바르두스의 원전을 가리킨다. 특별히 비교. Augustin, *Enchiridion* XXIII, 84ff. (CCL 46,95ff.).

에 집중된 것은 중세 전성기 스콜라 신학[10]과 나아가 구(舊)정통주의 교의학 [11]의 구조에도 큰 영향을 미쳤다. 물론 심판과 관련해서 세계의 완성이란 주제도 다루어진다. 그러나 이것은 선택된 인간이 영화롭게 되는 내용에서 어떤 독립적 주제를 형성하지는 않는다.[12] 이런 정황은 종말론적인 세계의 **멸망**에 관한 옛 루터교 교의학자들의 주제 안에서 특별히 강조되며 표현되었다. 이것은 이미 개혁주의자들이 중세 스콜라주의와 함께 **세상의 변화**라는 사상을 통해 확고히 붙들었던 내용인데, 후기의 루터교 교의학이 다시 이 사상으로 되돌아갔다.[13] 요한네스 코케이우스의 계약(언약) 신학 안에서 비로소 하

---

10 이에 대해 Chr. Schütz, 같은 곳, 589f.를 보라. 토마스 아퀴나스의 『대이교도대전』 IV,79-97의 서술은 네 번째 책(IV,1)의 서론의 설명과 연결되면서 훌륭한 사례를 제시한다. 그 내용에서 종말론(이 용어는 아직 표제어로 사용되지 않는다)은 인간의 최종 규정(finis)과 관계되는데, 그것은 말하자면 몸의 부활과 영화롭게 됨, 그리고 영혼이 입는 지속적인 은총 및 그와 연관된 질문들 등이다.

11 홀라츠의 교의학 안에서 죽음, 죽은 자들의 부활, 또한 최후의 심판에 관한 장들을 보라. D. Hollaz, *Examen theol. acroam.*, 1707, vol. II, 개정판 1971, 370-416 (p.III s.II, c.9.10).

12 토마스 아퀴나스는 *S.c.G.* IV, 97에서 심판 이후의 세계 상태에 대하여 서술했다. 하늘의 운동으로 인해 지금 일어나는 생성과 소멸 과정이 시간의 종말과 함께 그칠 것이며(계 10:6), 동물, 식물, 그리고 사멸적인 모든 것이 사라질 것이다. 인간들이 비소멸적 본성으로 변화하는 것처럼, 세계의 실체도 하늘의 물체들의 비소멸적 상태 안으로 옮겨갈 것이고, 세계는 그것의 실체적 상태에서 하나님 앞에 서게 될 것이다 (Creavit enim res ut essent ; 참고. Sap. Sal. 1,14a Vg.).

13 게르하르트(J. Gerhard)가 말한 세계 멸망의 주제의 근거에 대하여 참고. K. Stock, *Annihilatio mundi. Johann Gerhards Eschatologie der Welt*, 1971. 칼로프도 비슷하게 판단했다. A. Calov, *Systema locorum theologicorum*, vol.XII, Wittenberg 1677, 166-196; 또한 참고. D. Hollaz, 같은 곳, 415 : Consummatio mundi formaliter consistit non in qualitatum huius mundi mutatione aut alteratione, sed in totali substantiae mundi abolitione aut annihilatione. 코넬에 의하면 여기서 "인격주의적 협소화와 세계의 비우주론적 폐기"가 표현되고 있다. 왜냐하면 홀라츠는 하나님의 영광 (gloria Dei) 외에 또한 믿음의 해방(liberatio piorum)을 세계 폐기의 목적으로 말하기 때문이다. "세계의 구원이 아니라, 세계로부터의 해방이 목적이다." P. Cornehl, *Die Zukunft der Versöhnung. Eschatologie und Emanzipation in der Aufklärung, bei*

나님 나라는 구원사를 지배하는 주제로서 종말론의 영역에서 다시 시야에 들어오게 되었다.[14] 여기서 하나님 나라의 주제는 교회 개념과 긴밀히 연관되는데, 아우구스티누스를 연상시키면서 교회의 완성으로 이해된다. 코케이우스의 관점에서 볼 때, 하나님 나라의 주제는 18세기의 종말론적 사상 안에 — 교의학적 종말론[15]보다는 경건주의와 그것이 매개한 독일 계몽주의 사상 안에, 예를 들어 라이프니츠와 레싱의 사상 안에 — 여전히 남아 있었다. 라이마루스의 단편들에 관한 논쟁 안에서 예수의 메시지에서 사용된 하나님 나라의 개념은 추정상 유대인들이 기대했던 그 개념의 국가주의적·정치적 의미로부터 분리되었고, 인간을 도덕적 존재로 결정짓는 사회적 인간 규정의 총괄개념으로 파악되었다. 이러한 형태 안에서 하나님 나라의 개념은 우선 칸트의 종교철학 안에서 나타났고,[16] 이를 통해 그 개념은 신학적 종말론에 거꾸로 영향을 끼쳤으며, 마침내 알브레히트 리츨과 그 학파가 그 개념을 수용

Hegel und in der Hegelschen Schule, 1971, 31. 루터교도들의 이 주제를 개혁교도들이 거부한 것에 대하여 참고. H. Heppe/E. Bizer, *Die Dogmatik der evangelisch-reformierten Kirche*, 1958, 566f. 18세기의 후기 루터교 교의학자들이 세계 변화의 사상으로 다시 돌아온 것(이것은 이미 S. J. Baumgarten, *Evangelische Glaubenslehre* III, hg. J. S. Semler, 1760, 724f., §6에서 나타났다)에 대하여 참고. K. G. Bretschneider, *Systematische Entwicklung aller in der Dogmatik vorkommenden Begriffe*, 3.Aufl. 1825, 830 ; 또한 특히 F. V. Reinhard, *Vorlesungen über die Dogmatik*, hg., J. G. I. Berger, 1801, 679 – 681.

14   G. Schrenk, *Gottesreich und Bund im älteren Protestantismus vornehmlich bei Johannes Coccejus*, 1923, 2.Aufl. 1985, 190 – 288, bes. 239ff. 참고. Coccejus, *Summa doctrinae de foedere et testamento Dei*, 1660, Kap. 16, §641 (Opera omnia 6, ed. sec. 1689, 131).

15   18세기 중엽을 대표하는 개신교 교의학 가운데 바움가르텐의 마지막 또는 종말에 관한 교리는 전통적인 주제를 상세히 다룬다. S. J. Baumgarten, *Evangelischer Glaubenslehre* III, 1760, 678 – 728.

16   I. Kant, *Die Religion innerhalb der Grenzen der bloßen Vernunft*, 1793, 2.Ausg. 1794, 127 – 206, bes. 198ff., 또한 226f.

하고,[17] 또한 튀빙엔의 가톨릭 신학[18] 안에서도 표현되기에 이르렀다. 하나님 나라에 대한 도덕 철학적 해석은 이 주제를 인간의 도덕적 행위를 향한 목적 개념으로 만들었다. 1892년에 이르러 요한네스 바이스가 비로소 예수의 선포 안에서 하나님 나라가 어떤 인간적 협력 작용도 없이 오직 하나님으로부터 도래한다는 점을 신학에게 깨우쳐주었다.[19]

하나님과 그분의 통치가 종말론적 구원의 중심 내용을 이루기에, 종말론은 교의학 전체에 속한 하나의 개별 주제일 뿐만 아니라,[20] 그리스도교 교리 전체의 관점을 결정한다. 종말론적 미래와 함께 하나님의 영원이 시간 안으로 들어오며, 그 미래로부터 영원은 모든 시간적인 것, 곧 그 미래보다 앞선 것 안에 창조적으로 현재한다. 그러나 하나님의 미래는 여전히 각자의 현존재의 우연성 안에 있는 만물의 창조적 근원이며,[21] 동시에 모든 사물과 사건의 결정적 의미와 본질에 대한 최종 지평을 형성한다. 시간 안에서 진행되는 그것들의 역사의 도상에서 사물과 인간은 오직 마지막 미래의 빛 속에서—하나님의 도래 안에서—이루게 될 존재에 대한 예

---

17   참고. N. Metzler, *The Ethics of the Kingdom*, Diss. München, 1971.

18   P. Müller-Goldkuhle, *Die Eschatologie in der Dogmatik des 19. Jahrhunderts*, 1966. 골드쿨레는 튀빙엔 학파의 하나님 나라 사상을 서술했을 뿐만 아니라(120–127), 특별히 베르나르 갈루라(59ff.)에게 놓인 그 사상의 기원(58ff.)도 밝혔다.

19   J. Weiss, *Die Predigt Jesu vom Reiche Gottes*, 1892, 3. Aufl. hg., F. Hahn, 1964, bes. 105f. 알브레히트 리츨의 하나님 나라 해석과 바이스의 주석 사이의 비판적 관계에 대하여 참고. N. Metzler, 같은 곳, 205ff. bes. 209ff., 리츨 자신에 대해서는 139–204.

20   아브라함 칼로프가 자신의 12권의 저작의 제목에서 종말론(eschatologia) 개념을 사용한 것이 처음인 것으로 보인다. A. Calov, *Systema locorum theologicorum*, Wittenberg, 1677. 이에 따라 후대의 구개신교주의 교의학자들도 교의학 저서들의 제목으로 이 그리스어 표제어를 선호하게 되었다. 내용에서 이 표제어는 과거의 제목인 De novissimis(마지막 때에 관하여)와 완전히 일치한다(같은 곳, 3 q I).

21   『조직신학』II, 195ff., 또한 255ff., 특히 267ff.를 보라.

기를 통해 존재한다.[22]

역사 속에서 일어나는 하나님의 계시도 모든 시간과 역사가 완성되는 사건 안에서 발생할 영원하고 전능한 신성의 결정적 현시를 예기하는 형태를 갖는다.[23] 그러므로 예수 그리스도 안에서 발생한 하나님의 계시의 진리는 하나님 나라의 미래의 실제적 시작에 의존하며, 그래서 그 진리는 하나님 나라의 도래라는 전제 아래서 현재적인 것으로 주장되고 선포된다. 예수의 메시지는 하나님 나라의 도래에 근거를 두고 있다. 그 미래의 도래가 없다면 그 메시지는 기반을 빼앗긴다. 하나님 나라의 미래는 예수의 사역을 통해 그분과 그분의 메시지에 믿음을 선사했던 사람들에게 이미 현재했고, 이 세상의 삶을 변화시키는 그 미래의 능력은 예수의 부활 사건 안에서 이미 계시되었다. 그러나 그 당시에 일어난 부활 사건을 바르게 서술하는 것은 아직 미래에 놓여 있는 통치의 도래, 곧 하나님의 통치가 완전한 능력과 영광 가운데서 실제로 도래하는 것에 달려 있다.[24] 예수의 사역과 역사가 본질상 하나님의 통치에 대한 예기였던 것처럼, 교회의 예배적 삶, 성만찬 축제 안의 예수 그리스도의 현재, 세례의 구원 작용, 또한 그리스도교적 예정 의식과 믿음에 의한 칭의의 확신 등도 모두 같은 예기다. 그리스도교 교리 전체는 내용과 진리에 있어 하나님 자신이 창조에 대한 통치를 완성하기 위해 오실 미래에 의존하고 있다.

종말론의 대상이 그리스도교 교의 전체에 대하여 갖는 중요성은 20세기에 들어와서 비로소 다시 의식되었다. "철저히 남김없이 종말론이 아닌 그리스도교는 **그리스도**와 철저히 남김없이 무관하다."[25] 원시 그리스도교에게 근본 내용이었던 이 사실의 새로운 발견보다 앞선 시대는 "종말의 사물들"에 대한 교리가 어느 정도 쇠락했던 시기였다. 그 이유를 아는 것은

---

22 "장래에 어떻게 될지는 아직 나타나지 아니하였으나…"(요일 3:2).
23 『조직신학』 I, 339ff., 특히 343f., 또한 409f., 415f.
24 참고. 『조직신학』 II, 604f.
25 K. Barth, *Der Römerbrief*, 2.Ausg. 1922, 300.

유익하며, 현재의 신학이 종말론적 진술의 근거를 찾으려는 노력에서 소홀히 하지 말아야 할 내용이다. 요한네스 바이스의 발견에 따른 체계적 영역에 대한 논쟁은 1892년에 그의 저서가 출간된 이후 다시 한 세기가 지났는데도 아직 마무리되지 못했다. 하나님 나라의 미래가 신학에 대해 갖는 근본 관계는 그리스도교 교리의 서술이 신론이나 계시론이 아니라 종말론으로 시작해야 한다는 것을 아직 의미하지 않고 있다. 종말론의 진술은 하나님께 대한 믿음만이 아니라, 인간론과 그리스도론의 내용도 이미 전제한다. 그렇다면 그리스도교 교리의 서술은 어떻게 그리스도교 신학에 대한 종말론의 구성적 중요성을 전체적으로 바르게 평가할 수 있을까? 종말론적 진술들의 근거를 찾는 문제, 또한 그 내용을 그리스도교 교리와 연관된 부분들 사이에 위치시키는 문제가 아래서 설명될 것이다. 그것은 근대 신학사 안에서 종말론이 쇠락했던 역사에 대한 개관과 그것의 갱신을 가능하게 했던 통찰로서 시작할 것이다. 그다음에 종말의 일들에 관한 교리의 전통적 주제들을 논의할 것이다.

b) 종말론적 진술의 근거를 찾는 길

"종말론적 진술의 의미와 필연성은 계몽주의 이래로 더 이상 자명하지 않다. 전승은 해석을 필요로 한다."[26] 이 운명은 "종말의 일들"에 관한 그리스도교 교리가 그리스도교의 교리적 전승의 다른 모든 주제와 공유하는 것이다. 그러나 종말론의 경우에 비판은 특별히 깊이 도달했다. 이에 더하여 종말론은 그 중심 내용의 재구성 작업에서 철학의 도움을 전혀 받을 수 없었다. 죄론의 경우에는 칸트의 도움을, 삼위일체와 그리스도론의 경우에는 독일 관념 철학의 도움을 받은 바 있다. 종말론의 해체는 헤겔 학파에서 정점에 도달했다. 왜냐하면 절대 정신이라는 헤겔적 일원론은 유

---

26   P. Cornehl, *Die Zukunft der Versöhnung. Eschatologie und Emanzipation in der Aufklärung*, bei Hegel und in der Hegelschen Schule, 1971, 319.

한한 본질, 또한 유한한 주체들의 독립적 실존을 단지 정신의 발전 과정의 통과지점에 불과한 것으로 여기기 때문이다. 절대의 현재라는 격정(파토스)의 뒷면은 개인의 영생에 대한 표상을 해체하는 경향으로 나타났다. 불멸의 영생은 계몽주의 사상이 종말론의 핵심으로 붙들었던 것이며, 칸트는 그것을 인간론의 기초 위에서 윤리적 삶의 수행에 대한 조건으로 갱신했다.[27] 절대의 현재, 다시 말해 종말의 완전한 실현이라는 헤겔적 주제의 기반 위에서 루트비히 포이어바흐는 영생의 표상과 부활 신앙을 개인의 과도한 이기주의의 표현으로 특징지었다. 이기적 개인은 자신의 유한성을 받아들이지 않고 이 세상의 삶으로 만족하지 않으려 한다는 것이다.[28] 프리드리히 리히터는 그것을 이 세상의 삶에 대한 불필요한 중복적 강화로 묘사했다.[29]

독일 계몽주의 신학은 신약성서에서 유래하는 종말론적 표상들을 다소간에 남아 있는 유대적 사고의 잔재로 파악했다. 이 사고는 그리스도교의 근원적 조건에 속하지만, 그러나 또한 그리스도의 정신적·도덕적 종교가 새롭게 시작되는 외적 조건이었다는 것이다.[30] 이 과정에서 하나님 나라의 개념은 정치적·메시아적 특성을 벗고 윤리적으로 해석되었고,[31] 하나님 나라의 실현

---

27 이것은 위의 각주에 언급한 코르넬의 저서의 중심 주제다. 헤겔에 대해 그곳의 93 - 162, 1833년 리히터(R. Richter)가 시작한 영생에 관한 논쟁에 대해서는 260 - 312을 보라.

28 P. Cornehl, 같은 곳, 216ff. 코르넬은 또한 영생의 믿음에 대한 이러한 비판이 어떻게 하나님의 표상에 대한 무신론적 비판으로 확장되는지도 밝혔다(224ff.).

29 P. Cornehl, 같은 곳, 267ff. 이 부분은 리히터의 저서를 다룬다. Richter, *Die Lehre von den letzten Dingen. Eine wissenschaftliche Kritik, aus dem Standpunct der Religion unternommen*, 1833.

30 이에 대해 P. Cornehl, 같은 곳, 32ff.에서 언급된 문헌들과 특히 호르니히의 책을 참고하라. G. Hornig, *Die Anfänge der historisch-kritischen Theologie. Johann Salomo Semlers Schriftverständnis und seine Stellung zu Luther*, 1961, 227ff.

31 참고. P. Cornehl, 같은 곳, 36ff., bes. 41 ; G. Hornig, 같은 곳, 229f. 이 내용은 제물

은 도덕적 삶을 실천하는 문제가 되었다. 개인들의 생명이 저 세상에서 완성된다는 희망은 우선 영혼불멸의 교리와 결합되어 있었다. 그것을 넘어 죽은 자들의 몸의 부활도 기대되는지 여부는 18세기 후반 이후로는 논쟁의 소재가 되었다.[32] 칸트,[33] 그리고 신학자들 가운데 그의 합리주의적 추종자들은 그에 반대하여 죽은 자들의 부활에 대한 예수의 말씀(막 12:24-27)을 단순히 불멸 사상에 비유의 옷을 입힌 것으로 말하거나 그렇게 해석했다. 반면에 초자연주의자들은 몸이나 몸의 기능이 없는 영혼은 생각할 수 없다는 이유에서,[34] 혹은 새로운 육체성이 하나님의 전능성과 매우 유사하게 고양된 영혼의 삶과 그것의 활동을 의미한다는 이유에서 죽은 자들의 부활에 대한 기대를 변호하려고 시도했다.[35]

러가 라이마루스의 재해석에 대하여 벌인 논쟁의 중요성과 관련된다. Reimarus, *Beantwortung der Fragmente eines Ungenannten insbesondere vom Zwecke Jesu und seiner Jünger*, 1779. 제믈러는 일반적으로 요한복음의 현재적 종말론이 유대교가 기대했던 미래의 역사 종국의 종말론으로부터가 아니라 예수로부터 직접 유래했다고 여긴다. 그래서 그는 누가복음 17:21에 따른 하나님 나라의 내면성을 예수의 하나님 나라 선포의 순수한 형태로 본다.

[32] 제믈러(J. S. Semler)는 예수의 부활과 부활 소망의 핵심을 굳게 붙들고 있었다. 비교. P. Cornehl, 같은 곳, 42ff. 또한 참고. Semler, *Versuch einer freiem theologischen Lehrart*, 1777, 679ff. (§190), bes. 680f.

[33] I. Kant, *Die Religion innerhalb der Grenzen der bloßen Vernunft*, 1793, 2.Aufl. 1794, 192f. (각주): 이성은 "언제나 동일한 재료로서···구성되는 어떤 몸, 곧 그 자신이 삶 속에서 바른 방식으로 사랑하게 된 몸이 아닌 어떤 몸을 영원히 끌고 다니는 것에 전혀 관심을 갖지 않는다." 18세기의 토론의 정황에 대하여 브렛슈나이더의 개관을 참고하라. K. G. Bretschneider, *Systematische Entwicklung aller in der Dogmatik vorkommenden Begriffe*, 3.Aufl. 1825, 819f.

[34] 슐라이어마허도 부활 신앙에 대한 논의를 그렇게 시작한다. F. Schleiermacher, *Der christliche Glaube*, 1821, 2.Ausg. 1830, §161,1. 이에 대한 비판으로 참고. K. G. Bretschneider, *Handbuch der Dogmatik der evangelisch-lutherischen Kirche* II, 1823, 3.Aufl. 1828, 454 (b).

[35] 후자의 견해에 대하여 참고. K. G. Bretschneider, 같은 곳, 456f.

슐라이어마허[36] 이래로, 그리고 그의 영향[37] 아래서 독일 개신교 신학은 죽음 이후의 삶에 대한 그리스도교적 희망을—영혼 불멸에 관한 철학이론에 의한 합리적 정당화의 시도 없이—전적으로 예수와 신자들의 연합[38]에 기초시켰다. 그 결과 그런 미래적 생명의 형태는 일종의 부차적 질문으로 보였다.[39] 믿음이 그리스도와 이루는 연합에 근거함으로써, 특별히 그리스도교적인 희망의 근거는 핵심에서 바르게 지칭되었다.[40] 그러나 예수 그리스도와의 연합의 결과인 미래의 생명에 대한 희망은 죽음을 극복

---

36   F. Schleiermacher, *Der christliche Glaube*, 1821, 2.Ausg. 1830, §158,2.

37   C. I. Nitzsch, *System der christlichen Lehre*, 1829, 3.Aufl. 1837, 340 (§214 각주): 슐라이어마허는 "그리스도교 의식을 올바르게도 이렇게 해석했다. 구속자와의 연합 안에서 살고 죽는 사람에게 그 관계의 단절은 없다.…물론 그 과정에 본질적 정화와 완성화의 단계는 있을 것이다."

38   비교. I. A. Dorner, *System der christlichen Glaubenslehre* II/2, 2.Aufl. 1887, 920ff. (§ 151,3f.); F. H. R. v. Frank, *System der christlichen Wahrheit* II, 1880, 421ff. (§46,3), 비교. 442ff.; M. Kahler, *Die Wissenschaft der christlichen Lehre von dem evangelischen Grundartikel aus*, 1883, 2.Aufl. 1893, 416 (§514c). 리츨 학파도 이 관점을 바르게 강조했다. 예를 들어 참고. J. Kaftan, *Dogmatik*, 1897 u. 4.Aufl. 1901, 651, §72,4. 여기서 그 강조와 함께 하나님 나라의 사상(649) 또는 하나님 자신의 현실성이 희망의 근거로서 함께 강조되었다. Th. Haering, *Der christliche Glaube*, 1906, 557. 하지만 욀스너의 설명은 유감스럽게도 심층을 탐구하지는 못했다. W. Ölsner, *Die Entwicklung der Eschatologie von Schleiermacher bis zur Gegenwart*, 1929.

39   슐라이어마허 자신의 진술을 보라. Schleiermacher, 같은 곳, §158,3. 해링이 슐라이어마허의 주장에 이의를 제기했다. Th. Häring, 같은 곳, 557. 성서적 종말론이 제시하는 "상"의 개별 특성들에 대하여 슐라이어마허보다 본질적으로 더 깊은 회의로 나아간 사람은 하제다. K. Hase, *Lehrbuch der Evangelischen Dogmatik*, 2.Aufl. 1838, 139ff. 하제는 핵심 내용으로 오직 다음의 사상만을 받아들이려고 했다. 그것은 "인간이 이 세상 삶과 하나인 영원 안에서 계속해서 살아간다는 사상이다"(139).

40   비교. 특히 요한복음 11:25f.; 로마서 6:5; 8:11; 고린도전서 15:21f.; 고린도후서 4:14; 빌립보서 3:10f. 그러나 또한 크리스티안 쉬츠가 제기하는 염려를 참고하라. Chr. Schütz, *Mysterium Salutis* 5, 1976, 650ff. 쉬츠는 배타적으로 그리스도론적 근거를 가진 종말론이 그와 관련된 개인주의적 종말론의 협소화로 흐르는 경향에 대하여 우려를 표명했다.

하는 하나님의 권능, 특히 예수의 부활에 대한 확신과 죽은 자들의 보편적인 부활의 가능성을 전제한다. "만일 죽은 자의 부활이 없으면 그리스도도 다시 살아나지 못하셨으리라"(고전 15:13).[41] 믿는 자들의 예수 그리스도와의 연합이 죽음 이후의 새로운 삶에 대한 특별한 그리스도교적인 희망의 근거로서 결정적이기는 하지만, 그것에 놓인 암묵적인 전제들이 소홀히 여겨져서는 안 된다. 그래서 초기 교부들은 이미 2세기에 부활의 희망에 대한 지성적인 신뢰 가능성을 획득하려는 노력을 그리스도교 메시지가 그리스 문화의 영과 벌이는 불가피한 논쟁의 중심 주제로 인식했다. 부활의 희망의 충분한 타당성이 확보되기 전에는, 믿는 자들의 예수와의 결합도 죽음 이후의 삶에 대한 희망의 바른 근거가 될 수 없다. 칭의 신앙 안에서 경험된 하나님과의 화해의 초세상적 환상에 대한 희망은 이 세상의 삶속에서 일어나는 그것의 파편적 실현의 상정된 보충으로서 계속 존속하며, 그것을 표현할 수 있는 말은 없다.[42]

그러한 상황에서 예수의 메시지에 나타나는 기대, 곧 하나님의 통치

---

41   참고, 『조직신학』 II, 606f., 또한 논쟁 전체의 맥락에 대하여 596ff.

42   참고, A. Ritschl, *Unterricht in der christlichen Religion*, 1875, Neudruck 1966, 64f. (§ 77). 리츨 외에 이삭 아우구스트 도르너와 같은 신학자도 있었다. 도르너는 이미 1856년에 벵겔(J. A. Bengel)을 인용하면서 새로운 종말론을 요청했다. I. A. Dorner, Die deutsche Theologie und ihre dogmatischen und ethischen Aufgaben in der Gegenwart, in: *Gesammelte Schriften aus dem Gebiet der systematischen Theologie, Exegese und Geschichte*, 1883, 1-47, bes. 16-23. 자신의 교의학 안에서 도르너는 종말론을 교회와 세계의 완성을 상세하게 서술하는 교리로 묘사함으로써, 그 요청에 대한 답을 제시했다. Dorner, *System der christlichen Glaubenslehre* II/2, 2.Aufl. 1887, 916-979. 비록 도르너도 예수의 하나님-나라-선포에 대한 윤리적 해석을 따랐지만(같은 곳676ff., 비교. 940), 그는 하나님 나라가 "순수하게 내재적이고 꾸준한 과정을 통해" 완성된다는 생각에는 반대했다. 동시에 그는 세계 전체의 위기와 그리스도의 재림이 종말론적 완성의 불가결한 전제라고 보았다(916, 비교. 943f.). 그러나 도르너의 서술은 슐라이어마허의 근본 사상에 토대를 두고 있었고(위의 각주 36을 보라), 주로 성서적 표상들에 덜 비판적이며, 그래서 비교적 더 잘 연결된다는 점에서 슐라이어마허와 구분된다.

의 미래에 대한 묵시적으로 각인된 기대의 근본적 중요성을 재발견한 것
은—1892년 요한네스 바이스의 발견의 결과처럼—신학적 종말론의 갱
신을 직접 이끌어 내지는 못했다. 이 발견으로부터 일차적으로 일어난 일
은 그와 정반대였다. 다시 말해 그것은 예수의 메시지가 현대인들에 주
는 이질감과 도달될 수 없는 거리라는 인상이었다. 예수의 "재난 종말론"
과 임박한 하나님 나라에 대한 그의 기대는 그것이 원시 그리스도교의 첫
세대가 끝나기 전까지 실현되지 않고 지연됨으로써, 이미 제거되었던 것
으로 보인다.[43] 이미 요한네스 바이스 자신과 아돌프 폰 하르나크가 세상
의 종말과 심판을 통해 다가오는 하나님 나라의 기대 곧 현대인들에게는
추정상 더 이상 도달될 수 없는 기대 대신에 예수의 하나님의 자녀 사상
을 대안으로 선택했다.[44] 사실 전통적 종말론의 표상의 토대가 되는 세계
상(像)들, 지옥과 천국이라는 종말론적 "장소들", 그러나 또한 즉시 그리고
충격과 함께 돌입하는 세계의 종말도 근대의 인간들에게는 도달할 수 없
는 것이었다.[45] 그러나 예수의 메시지 안에 포함된 하나님의 자녀 됨이라
는 사상이 임박한 하나님의 통치로부터 세상과 인간사 및 다른 모든 관심
사 위로 비치며, 그것들을 상대화시키는 종말론적인 빛 없이 말해질 수 있
을까?

칼 바르트가 비로소 하나님의 통치에 관한 종말론적 메시지를 현재
인간에게 실제로 적중하는 것으로 새롭게 해석했다. 첫째, 바르트는 하나

43　이와 관련하여 참고. A. Schweitzer, *Von Reimarus zu Wrede. Eine Geschichte der Le-*
ben-Jesu-Forschung, 1906 ; 또한 특히 M. Werner, *Die Entstehung des christlichen*
Dogmas, problemgeschichtlich dargestellt, 1941.

44　J. Weiß, *Die Predigt Jesu vom Reiche Gottes*, 1892, 3.Aufl. hg. F. Hahn, 1964, 242ff.,
bes. 245f. ; A. v. Harnack, *Das Wesen des Christentums,* (1900) 1902, 40ff. 이에 대해
비교. N. Metzler, *The Ethics of the Kingdom*, Diss. München, 1971, 234ff., 329ff.

45　발타자르가 이 점을 바르게 제시했다. H. U. v. Balthasar, "Eschatologie" in : *Fragen*
der Theologie heute, hg., J. Feiner u.a., 1957, 403-421, 406f. 그러나 이 제안이 종말론
의 새롭고 포괄적인 실제 영향력을 회복시킬 것이라고 기대되지는 않는다.

님의 통치를 인간 및 세계와 하나님 자신의 현실 사이의 관계로 파악했고, 둘째, 이 세상의 현실을 하나님을 향해 스스로를 독립시킨 세계에 대한 심판의 현실로 이해했다.[46] 신약성서의 "재난 종말론"을 오늘의 실제 현실에 적용하는 그런 해석은 제1차 세계대전과 그 결과로서 체험된 근세 유럽 문화의 붕괴라는 재난을 통해, 그리고 그와 관련해서 개개의 생명들의 감각에서 죽음의 경계선이 갖는 의미에 대한 새로운 민감성을 통해 예비되었다. 바르트는 오버베크의 중재를 통해 그 해석을 실제로 표명하게 되었고, 몇 년 뒤에 그 해석은 하이데거의 현존재 분석 안에서 고전적 방식으로 표현되었다.[47] 원시 그리스도교의 종말론적 분위기를 오늘의 실제 현실과 연관시킨 것은 신학으로 하여금 인간과 세계의 마지막 미래와 관련된 신학적 종말론의 주제들을 서술하도록 이끌었는데, 전체 신학에 대한 영향은 이보다 더 컸다. 종말론적 미래는 바르트가 주목한 초점이 되지 못했다. 왜냐하면 바르트는 이미 1922년에 세계에 대한 하나님의 종말론적 심판을 현 시대를 포함한 **모든** 시대에 발생하는 대면, 곧 인간 세상이 하나님의 영원성과 부딪히는 대면으로 이해했기 때문이다.[48] 바로 그 대면을 통해 시간적 미래성이 제한적으로 뒤로 물러나는 것은 여기서 도달되는 성서적 메시지의 실제 활성화를 위한 한 가지 조건이 된다. 성서의 미래적 종말론은 바르트와 불트만에게서 그 종말론에 본질적인 하나님의 현실성이 현재와 관계를 맺는 것으로 설정되었고, 그와 함께 그것의 특수한 시간 구조 즉 미래적 완성을 향한 긴장으로부터 벗어났다. 그 결과 종말론의 내용은 단지 은유(메타포)의 기능만을 행하거나, 아니면 실존론적 해석의 "신

46　K. Barth, *Der Römerbrief*, 2.Ausg. 1922.

47　바르트와 오버베크의 관계에서 나타나는 이 주제의 중요성에 대하여 바르트의 논문을 참고하라. K. Barth, Unerledigte Anfragen an die heutige Theologie (1920), in : K. Barth, *Die Theologie und die Kirche*, Ges. Vorträge 2, 1928, 1 – 25, bes. 5ff. 하이데거에 대해서는 참고. M. Heidegger, *Sein und Zeit*, 1927, §46 – 53, 235 – 267.

48　이 내용은 자주 언급되었다. 예를 들어 크렉의 서술을 보라. W. Kreck, *Die Zukunft des Gekommenen. Grundprobleme der Eschatologie*, 1961, 40 – 50.

화적" 표상으로만 여겨졌다. 바르트의 『교회교의학』 안에서 『로마서 강해』 의 해석이 보여주었던 종말론적 분위기는 다시 사라졌다. 왜냐하면 『로마서 강해』에서 직접 "변증법적"으로 등장했던 전환 곧 심판의 은혜로의 전환[49]은 예수 그리스도 안의 하나님과 인간의 합일에 대한 그리스도론적 지향을 통해 해소되었기 때문이다. "마지막 일들"에 관한 전통 교리를 새로운 형태로 바꾸는 것은 바르트 신학의 이러한 후기 형태 안에서는 일어나지 않았다. 그럼에도 불구하고 초기 바르트는 하나님 나라에 대한 원시 그리스도교의 기대를 하나님 자신의 현실성─임박한 이 현실성은 인간과 세계에 대하여 심판과 동시에 구원을 의미한다─에 집중시킴으로써,[50] 그리스도교 종말론의 새로운 근거를 마련하는 데 지속적이고 중요한 공헌을 했다. 그러나 하나님 나라의 미래적 특성, 그것이 하나님 이해에 끼치는 영향, 마찬가지로 또한 인간의 현재와 인간들 사이에서 일어나는 하나님의 현재에 미치는 영향에 대한 숙고는 그 이후의 시대에 과제로 넘겨졌다.

바르트와 불트만이 원시 그리스도교 종말론을 무시간화하여 변증법적 신학으로 해소한 것에 반대하며 맞섰던 사람은 발터 크렉과 위르겐 몰

---

[49]   비교. K. Barth, *Der Römerbrief*, 2.Ausg. 1922, 143 등등(177, 185, 315, 또한 아담에 대하여 151 : "그는, 그리스도 안에서 부정됨으로써, 긍정되었다"). 내가 제시한 다른 설명을 참고하라. "Dialektische Theologie" in : *RGG*, 3.Aufl. II, 1958, 168‐174, bes. 170.

[50]   1922년 그의 『로마서 강해』에서 나타났던 바르트적 종말론 이해의 이러한 핵심은 몰트만이 그의 이해를 "초월적 종말론"으로 특징지었을 때(J. Moltmann, *Theologie der Hoffnung*, 1964, 38ff., 43‐50), 모호해졌다. 바르트와 신칸트 학파와의 관계가 간과되지는 않았고, 또한 바르트 자신이 1922년에 "초월적"(transzendental)이라는 단어를 종종 사용했던 점도 제시되었지만(*Der Römerbrief*, 484f. ; Moltmann, 같은 곳, 44에서 인용됨), 바르트에게서 하나님의 영원성이 인간의 모든 현실과 대립하는 것은 인간적 주체 안의 "초월적" 가능성의 제약조건이라는 칸트의 의미에 기초하고 있지는 않다. 바르트에게 있어 "하나님의 초월적 주체성"이라는 몰트만의 언급(같은 곳, 43)은 단지 은유에 지나지 않으며, 그래서 오해로 이끌 수 있다. 왜냐하면 그 표현은 바르트가 의도했던 대립, 곧 세계 및 인간과 하나님 사이의 불연속적 대립을 쉽게 가로질러 건너가기 때문이다.

트만―그리고 몰트만과 거의 동시에 게르하르트 자우터[51]―이었다. 이들은 성서적 종말론의 미래적 의미가 신학적 사유 속에서 재건되어야 한다고 주장했다. 그 의미는 약속이라는 성서 개념의 도움을 받아 재건될 수 있다. 크렉이 불트만에 반대하여 신약성서의 기반 위에서 자신의 성취를 향해 나아가는 긴장된 영역 안에서 약속의 범주가 갖는 권리를―예수 그리스도 안에서 등장한 성취에 직면해서―입증하려고 애쓰는 동안,[52] 몰트만은 예수 그리스도 안에서 발생한 구원 사건을 약속으로 해석하고, 그와 함께 성서의 약속의 역사 안에 포함시켰다.[53] 여기서 몰트만은 약속의 말씀을 인간 경험의 현실에 비추어 적법화하려는 모든 시도를 거부하고 약속이 본질적으로 현존하는 세계 현실과 모순된다고 파악한다는 점에서 바르트의 하나님의 - 말씀의 - 신학 및 불트만과 가깝다.[54]

종말론을 약속의 개념에 새롭게 기초시킴으로써, 파울 알트하우스는 자신의 종말론 저서의 후기 판본[55]에서 크렉과 몰트만의 구상보다 앞서갔다. 그

---

51   G. Sauter, *Zukunft und Verheißung. Das Problem der Zukunft in der gegenwärtigen theologischen und philosophischen Diskussion*, 1965.

52   W. Kreck, *Die Zukunft des Gekommenen*, 1961, 97ff.

53   몰트만은『희망의 신학』(J. Moltmann, *Theologie der Hoffnung*, 1964)에서 예수의 부활을 약속의 강화(强化)로(132f., 137ff.) 설명하지만, 약속의 성취로 파악하지는 않았다. 오히려 그는 원시 그리스도교의 "열광주의적 성취"(140ff.)에 대해 비판적 입장을 취했으며, "모든 기대가 성취되었다는 추정상의 주장"은 그리스도교를 그리스화하는 근거를 나타낸다고 생각했다(143, 비교. 208). 믿는 자들에게 부활은 "약속으로서 현재"한다(146). 이로써 몰트만은 예수의 부활에 대한 역사적 질문으로부터 벗어날 수 있었다(156―165). 십자가는 "잠정적으로 약속 안으로, 그리고 아직 미래에 있는 실재의 종말에 대한 희망 안으로…지양되었다"(155). 오직 약속을 믿는 믿음의 빛 안에서만, 다시 말해 예수의 "역사가 종말로부터 규정된다고 보는 한, 예수의 죽은 자들로부터의 부활은 '역사적'이라고 말해질 수 있다"(183).

54   J. Moltmann, 같은 곳, 14, 76, 107, 206 등등. 또한 비교. P. Cornehl, *Die Zukunft der Versöhnung*, 1971, 344.

55   P. Althaus, *Die letzten Dinge*, 1922, 4.Aufl. 1933. 초판에서 알트하우스는 "역사의

리스도교의 희망의 근거를 "예수 그리스도의 현실성" 안에서 찾는다는 점에서 알트하우스는 슐라이어마허에게서 시작되는 논증의 노선을 따르고 있다. 그러나 이 현실성은—알트하우스의 저서의 4판 이후로 그렇게 말해지는 것처럼—궁극적이지만, "그럼에도 불구하고 동시에 잠정적"(27)이다. 왜냐하면 그것의 궁극성은 아직 "은폐"(30)되어 있기 때문이다. 이로써 알트하우스는 "이미"와 "아직 아니"라는 바울의 종말론적 구분을 옹호하는 슐라이어마허의 작용사 개념을 넘어섰다. 예수 그리스도 안에서 발생한 하나님의 현재와 구원의 은폐성(더 좋은 표현으로는 은폐된 **현재**)은 이제는 다가오는 성취의 **약속**을 의미한다(35). 여기서 계시와 구원의 미래는 예수 그리스도의 역사적 현실성 안에 근거된 것으로 보인다. 그러나 이 근거 방식의 특성은 알트하우스에게 있어 완전히 설명되지는 않았다. 왜냐하면 예수 그리스도가 "믿음이 그분을 아는 것처럼" 약속이라고 말해지기 때문이다(36). 그렇다면 믿음은 예수 안에서 믿음이 없을 때 보는 것보다 더 많은 것을 본다는 말일까? 그렇다고 하면 그런 "더 많이"는 어디에 근거하는 것일까? 이런 불명확성에도 불구하고 알트하우스는 "그리스도 안에서 결정된 구원의 현재"를 그리스도인들의 "희망의 근거"(41)로 확정했다. 이것은 게오르크 호프만의 비판에 맞선 것이다. 호프만은 종말론을 직접 약속의 말씀에 근거시키려고 했고, "구원의 미래가 실제 내용에서 구원의 현재보다" 앞서야 한다고 주장했다.[56] 알트하

마지막 때"에 관한 종말론과 "가치론"(Axiologie)의 종말론을 서로 대립시켰다. 후자는 예수 그리스도 안에서 일어난 구원의 현재를 강조한다. 이에 대해 각주 56에서 언급되는 호프만의 저서의 41-49, 특히 45ff.를 참고하라. 알트하우스(같은 곳, 4Aufl. 18)는 "종말론"의 개념을 구원의 현재에 대한 경험에 적용하는 것이 트뢸치에게서 유래한다고 보았다. E. Troeltsch, *RGG* II, 1.Aufl. 1910, 622ff. 후기 판본에서 알트하우스는 미래 관계를 배제했던 것을 명확하게 수정했고, 그 밖에도 불트만에 반대하는 비판적 입장(2ff.)을 취했다.

56 G. Hoffmann, *Das Problem der letzten Dinge in der neueren evangelischen Theologie*, 1929, 61-90, 인용(Althaus, 같은 곳, 42)은 78. 알트하우스와 호프만의 논쟁에 관하여 참고. J. Moltmann, Richtungen der Eschatologie, in: 동일저자, *Zukunft der Schöpfung. Gesammelte Aufsätze*, 1977, 26-50.

우스에 대한 더 깊이 도달하는 비판은 그리스도 안에 있는 구원의 현재를 오직 이미 전제된 (하나님 나라의) 구원의 미래가 비추는 빛 속에서 **은폐된 것**으로 봐야 한다는 그의 주장에 대한 것이었다. 알트하우스는 이 점을 인정했으나, 이 용인의 결과가 무엇을 포함하는지는 의식하지 못했던 것으로 보인다. 그는 말하자면 믿음에 대해 이렇게 말했다. "오직 다가오는 '계시'의 희망 안에서 믿음은 **은폐된** 현재적 구원의 현실을 **현실**로 진지하게 수용할 수 있다. 이 의미에서 현재적 구원은 사실 필연적으로 '종말론의 빛 속'에 있는데", 이것은 호프만이 주장했던 것이다(43). 그러므로 종말론적 미래의 지평은 예수 그리스도 안에 있는 구원의 현재를 주장할 때, 또한 그분 안에서 인식될 수 있는 약속을 주장할 때, 이미 전제되어 있다. 이에 따라 종말론적 미래의 기대는 철저히 모든 관점에서 오직 예수 그리스도에게만 근거를 둘 수 있다. 단지 특정한 관점에서, 예를 들어 믿는 자들이 종말론적 구원에 참여한다는 관점에서 이 근거 작업의 맥락은 바르게 이해될 수 있다. 이 점에서 특별히 그리스도교적 미래의 희망에 대하여 "예수 그리스도의 현실"은 사실상 근본적이다. 그럼에도 불구하고 그 현실은 종말론 전체의 유일한 토대를 형성하는 것은 아니다. 왜냐하면 하나님 나라에 대한 종말론적 기대(즉 유대교적 종말론)는 예수 그리스도 안에 있는 구원의 현재의 사실성과 이해에 대하여 (그 나라의 예기적 현재로서) 이미 전제되어 있기 때문이다. 구원의 미래에 대한 의식이 약속에 근거한다면, 약속은 언제나 이미 종말론의 깊은 근거를 형성한다는 게오르크 호프만의 주제는 알트하우스와 비교할 때 내용적으로 올바르다고 말할 수 있다. 이 이해는 1964년 몰트만에 의해 갱신되었다. 다른 한편으로 몰트만은 예수 그리스도의 역사를 오직 약속 개념을 통해 규정되는 전망 안으로 통합시켰는데, 이것은 그리스도교의 성육신 믿음을 바르게 평가하지 못한 것이다.[57] 여기에 알트하우스가 왜 굳이 그리스도교의 종말론적 희망을

---

57   나의 1967년의 비판을 참고하라.in : J. M. Robinson/J. B. Cobb, hg., *Theologie als Geschichte,* (Neuland in der Theologie III) 336 n. 45.

예수 그리스도의 역사적 인격과 사역에 근거시키려고 했는지의 이유가 놓여 있다.

종말론의 근거를 약속 개념에 두는 것은 종말론적 희망이 오직 하나님 자신에게만 근거를 둘 수 있다는 점에서, 올바른 것이라 할 수 있다. 후자는 이미 1833년에 포이어바흐와 리히터의 종말론 비판과 논쟁하는 가운데 크리스티안 헤르만 바이스가 분명히 인식했던 내용이다.[58] 초기 바르트의 통찰이 바이스의 인식에 상응한다. 하나님 나라를 향한 희망에서 중요한 것은 심판하고 구원하는 하나님 자신의 현재라는 통찰이다. 그러나 하나님의 그런 현재도 미래적이고, 그 현재가 예기적으로 예수 그리스도의 역사 안에서 도래하는 것도 반드시 그것의 미래로부터 이해되어야 한다는 점에서, 그 구원 또한 약속의 대상이다. 약속은 **하나님의** 약속으로서 종말론적 구원 희망에 대한 신뢰성의 근거가 될 수 있다. 바로 이 지점에 종말론의 근거를 약속 개념에 두는 어려움이 놓여 있다. 단순히 우리가 하나님의 약속이라고 **주장하는 것**을 약속들이 주어져 있다는 근거로 제시하는 것은 종말론적 근거로서 충분하지 않기 때문이다.

전승된 약속들이 신성의 이름으로 선언될 수 있다고 해도, 그것이 **참**하나님의 약속으로 이해될 수 있는 것은 하나님의 현실성에 대한 확신이 거기서 이미 다른 방식으로 근거되어 전제되어 있다는 전제 아래서만 가능하다. 또한 이 의미에서도 종말론의 토대에 대한 연구는 "**절대 정신에**

---

58   Chr. H. Weiß는 F. Richter, *Die Lehre von den letzten Dingen,* 1833에 대한 비평을 1833년 9월에 *Berliner Jahrbüchern,* Nr.41, 321ff.에 게재했다. 거기서 이렇게 말해진다. "영생의 믿음에 대하여 새로운 희망이 생겨야 한다면…그에 대한 연구는 절대 정신에 관한 학문의 영역에 위치해야 한다"(329, P. Cornehl, *Die Zukunft der Versöhnung,* 1971 , 273에서 인용됨). 리히터가 영생의 믿음을 해체해버린 근거는 절대를 스피노자의 의미에서 실체로 이해한 것에 놓여 있다. 이 해체에 맞설 수 있는 유일한 대답은 하나님을 인격으로 생각하는 것이며, 그렇게 해서 또한 인간적 인격에게도 공간을 부여하는 것이다.

관한 학문의 영역에 위치해야 한다"는 바이스의 주제는 올바르다. 그런데 조직신학의 범위 안에서 종말론을 서술하는 작업은 언제나 이미 하나님에 관한 학문의 지반 위해서 행해졌다. 왜냐하면 신학의 대상은 하나님이기 때문이다.[59] 그러나 역사와의 논쟁 안에서 하나님의 현실성은 의문으로 남는다는 사실은 앞에서 제시되었다. 그러므로 예수 그리스도 안에서 일어난 하나님의 계시를 삼위일체적으로 해명하는 그리스도교 교리의 일련의 서술 안에서 하나님의 현실성은 단순히 자체 안에 종결된 결과로서 종말론의 근거가 될 수 없다. 이에 더하여 바로 성서가 증언하는 하나님의 계시에 따르면, 하나님의 현실성은 이 세상 안의 그분의 나라의 미래와 뗄 수 없이 연결되어 있다.[60] 세계 안에서 하나님 나라의 미래는 하나님의 창조로서 세계의 현존재를 전제한다. 세계가 하나님의 창조가 아니라면, 그것은 성서적인 하나님 나라의 기대라는 의미에서 무제약적인 하나님의 통치의 표현일 수 없을 것이다. 거꾸로 하나님 나라의 미래는 세계 창조의 완성으로 이해되어야 한다. 창조가 완성될 때, 이 세계가 하나님의 창조인지에 대한 의심의 단서들은 제거될 것이다. 그때 하나님은 자신이 세계의 창조자로서 또한 세계의 미래이며 완성이심을 입증하실 것이다. 그래서 하나님은 만물의 현존재와 본질의 창시자이신 동시에 그것들의 마지막 미래이시다.[61] 다른 한편으로 우리가 세계의 미래를 세계의 완성으로, 그리고 이 미래의 창시자를 세계의 창조자로 생각할 수 있는 것은, 오직 세계가 이미 그 미래를 지향하고 있을 때다. 피조물, 특히 인간이 그런 특성의 완성을 향한 미래 지향적 존재라는 사실의 입증이 전승된 약속들을 바르게

---

59   비교. 『조직신학』I, 110f.

60   물론 이것은 절대적인 것은 아니고, 단지 세계의 현존재의 전제 아래서만 타당하다. 다시 말해 하나님은 현실적으로 존재하기 위해 세계를 필요로 하지 않으신다. 그러나 유한한 현상 세계가 존재한다면, 그때 어떤 한 분 하나님의 신성은 그의 창조의 결과인 그 세계에 대한 통치 없이 생각되기는 어렵다.

61   나의 설명을 비교하라. *Theologie und Reich Gottes*, 1971, 9 – 29.

하나님의 약속들로 이해하는 한 가지 조건이다.

약속 개념에 함축된 의미에 대한 성찰도 같은 결과로 이끈다. 종말론의 내용에서 중요한 것이 약속의 대상들이라는 점에서, 그 내용은 자신이 관련되는 인간과 세계의 본성 및 깊은 갈망과 반드시 **긍정적 관계**에 있어야 한다. 그렇지 않으면, 미래에 대한 진술들이 약속으로 이해되고 위협으로 이해되지 않는 이유가 명확하지 않게 될 것이다. 그 진술의 수용자들의 결핍과 요구에 대한 긍정적인 관계가 약속과 위협 사이를 구분하는 기준이다.[62] 그 긍정적 관계는 또한 약속하는 분이 약속된 내용의 성취를 자신의 정체성으로 보증한다는 다른 계기와의 관계 안에서, 약속의 본질적 특성을 나타낸다. 약속의 참된 신성에 대하여 두 가지 조건의 사실이 요청된다. 종말론적 약속의 내용이 피조물의 존재 및 규정에 어울리는 것으로 입증되어야 한다는 사실, 그리고 종말론적 약속의 하나님이 창조자이고 마르키온 혹은 마니교의 의미의 어떤 "낯선" 구원의 신이 아니라는 사실이다. 그렇다면 약속의 개념 그 자체는 최소한 약속을 받아들이는 자들의 삶에 대해 내용상 긍정적인 관계를 전제하고 있다. 두 가지 사실로부터 종말론의 주제들에 대한 **인간학적 증명**의 필연성이 생긴다. 인간학적인 논쟁은 종말론 안에서 단지 제한된 기능만을 가질 수 있다. 왜냐하면 종말론적 희망은 최종적으로 하나님의 현실성과 권능에 의존하며, 인간의 현실과 능력에 의존하지 않기 때문이다. 그러나 인간학적으로 제시할 수 있는 내용은, 만일 약속으로 주장되고 선포된 것이 약속에 가득 찬 것으로 인식될 수 있고 나아가 **하나님의** 약속으로 신뢰될 수 있으려면, 필수적이다. 이같이 인간학은 그리스도교의 종말론적 희망의 보편적 타당성이 긍정적으로 논증될 수 있는 토대를 형성한다. 물론 여기서 중요한 것은 그 희망의 내용의 결정적 증명은 아니다. 그 희망의 성취는 인간의 모든 능력을 훨씬

---

62   위의 제13장 II.2 (희망), 특히 289f.를 보라. 또한 나의 논문을 참고하라. Constructive and Critical Functions of Christian Eschatology, in: *Harvard Theological Review* 77, 1984, 119 – 139, bes. 122

넘어서 있고, 오직 하나님께 의존하기 때문이다.

현대의 지성적 상황 안에서 종말론적 희망의 내용을 위한 인간적 논증은 특별히 중요하다. 왜냐하면 그 상황의 특성은 인간의 본성을 모든 문화적 보편타당성의 토대로 간주하는 데 있고, 그 결과 종교와 형이상학의 전통적 주제들은 자신의 보편적 구속력의 요구를 그 토대 위에서 반드시 입증해야 하기 때문이다. 이것은 다름이 아니라 하나님 개념에도 해당한다. 이 관점에서 하나님 개념에 대한 논의와 종말론적 희망의 주제에 대한 논의는 각각 논증을 위한 공통 토대를 가져야 한다.

종말론적 희망의 내용을 인간학의 토대에 **제한하여** 추론하는 논증도 어쨌든 명제들을 산출할 수 있다. 그래서 칸트는 영생 사상을 도덕 행위를 실행하는 인간의 적절한 자기이해를 위한 한 가지 조건이라는 의미에서 명제로 삼을 수 있었다.[63] 그러나 그런 명제들은 이성적 확신으로 인도하지 못한다. 그것들은 주관적 투사에 근거하고 있다는 의혹에 노출되어 있다. 이것은 영생의 믿음의 경우에 자신의 고유한 유한성을 수용할 준비가 되어 있지 않은 주체가 각자의 개인적 현존재의 종말을 넘어서는 삶의 소원을 투사하고 있다는 의혹이다. 그러나 다른 한편으로 종말론적 희망을 자아의 이기적 소원이 투사된 것으로 폭로하려는 젊은 헤겔의 시도는 그의 내면에 그 희망이 떠오르는 것을 막을 수 없었다. 그것을 막는 유일한 방법은 현재의 유한한 삶을 삶의 참된 규정이 적절하게 실현된 것으로 간주하는 것뿐이었다. 그러나 삶은 그와 반대로 언제나 또다시 모든 이 세상적 현존재 실현의 불완전하고 단편적인 성격만을 나타낸다. 그래서 다음의 사실이 중요하다. 헤겔 이후 철학이 행한 종말론 비판에 이어서 현재 삶의 형태에 대한 인간의 불만족이라는 새로운 추진력이 뒤따라왔다.[64] 여기서 중요해진 주제는 현재의 사회

63   I. Kant, *Kritik der praktischen Vernunft,* 1788, 219-223.

64   참고. P. Cornehl, *Die Zukunft der Versöhnung,* 1971, 314ff. 코르넬은 슈투케의 사상을 이어받았다. H. Stuke, *Philosophie der Tat. Studien zur "Verwirklichung der*

적 상태에 불만족을 느끼는 의식, 곧 세속화된 종말론적 미래의 기대가 발전하는 가운데서 자신을 표현하는 의식이 그 미래의 실현을 이제 인간성 자체에 대하여, 그리고 인류 역사의 진행에 대하여 기대하게 되었다는 사실이다. 인간이 산출하는 사회적 미래와 결부된 구원의 기대가 좌초함에 따라 개인들은 그만큼 더 강하게 자신의 죽음에 처한 현존재의 유한성과 마주치게 되었다. 그런 경험은 언제나 또다시 종교적 믿음을 예비하고 양육하는 지반이 되었다. 왜냐하면 여기서 돌입하는 질문들에 대한 답변은 단순한 인간적 해석의 능력으로는 발견될 수 없는 영역에 위치했기 때문이다.

종말론적 진술들의 인간학적 근거와 해석에 대한 현대 신학의 가장 중요한 공헌은 칼 라너가 1960년에 제시한 것이다.[65] 종말론에 근본적인 사실은 라너에 의하면 한편으로 종말론적 완성의 미래가 은폐되어 있다는 것이고, 다른 한편으로 인간이 역사적 존재로서 그 미래와 관계되어 있다는 것이다.[66] 그 미래에 있어 중요한 것이 "**전인**(全人)의 완성"[67]으로서 구원받는 미래라면, 그 미래에 대한 지식은—그것의 은폐성에도 불구하고—이미 인간의 삶의 지금 현재에 대해서도 본질적 의미를 가진 것이어야 한다. 왜냐하면 이 현재는 그것의 가능한 전체성에 대한 지식의 빛에 비추어볼 때 단지 파편화된 현실로만 이해될 수 있기 때문이다. 그렇기에 종말론의 내용은 현재 그리고 과거와의 관계 속에 있는 인간의 자기이해에 추가되는 어떤 것이 아니라, 오히려 "인간의 바로 그 자기이해에 관련된 내적인 계기"다.[68] 이러한 종말론적 의식의 내용에 속하는 것은 전인의

Philosophie" bei den Junghegelianern und den Wahren Sozialisten, 1963, 51ff.

65 K. Rahner, *Theologische Prinzipien der Hermeneutik eschatologischer Aussagen*, 개정판: *Schriften zur Theologie* IV, 1960, 401 – 428.

66 K. Rahner, 같은 곳, 408ff.410ff.

67 K. Rahner, 같은 곳, 411.

68 K. Rahner, 같은 곳, 412. 그래서 라너는 "종말론"과 "묵시문학"을 날카롭게 구분한다. 종말론은 현재로부터 미래를 향하여 구원을 말하는 것이고, 묵시문학은 "미래

1. 종말론의 주제 | 837

조건이며, 또한 그의 구원의 조건이다. 그 모든 것, 그리고 오직 그것만이 종말론적 의식의 내용에 속한다. 그렇기에 종말론은 반드시 "보편적 그리고 개인적 종말론이어야 한다. 왜냐하면 인간은 언제나 개인인 동시에 공동체의 존재이기 때문이다." 개인주의적 종말론의 진술은 인격적·정신적 존재인 동시에 몸의 존재인 인간에게 적중해야 한다.[69] 그러므로 그리스도교 종말론의 핵심은 "교의학적 인간론의 진술을…완성의 양식 안에서 반복하여 조옮김 하는 것이다."[70]

이런 종류의 보편적·인간학적 숙고는 단지 파편화된 현실 속에 현재하는 인간적 삶을 보충하는 "삶의 완성이라는 **관념**"으로 이끌 뿐이다. 그런 숙고는 그 내용에 대한 어떤 확실성도 매개하지 못한다. 물론 라너는 그 확실성이 다음의 사실로부터 가능하다고 생각했다. 인간성의 본질적 완성이라는 은폐된 구원의 미래가 예수 그리스도 안에 이미 현재적 현실성이 됨으로써, 그 확실성을 그분에게서 "읽어낼 수 있다"는 것이다.[71] 예수 그리스도 안에서 발생한

로부터 예기되는 현재의 보고들"(같은 곳, 417, 각주 12 ; 414-419 유사구절들)로 이해된다. 몰트만도 "종말론의 방법들"(1974, 지금은 in : *Zukunft der Schöpfung*, 1977, 51-58)에 대한 베르크호프와의 논쟁에서 이 구분을 바르게 제시했다(54).

69   K. Rahner, 같은 곳, 423.

70   K. Rahner, 같은 곳, 422f. 변환(Transposition)과 외삽법(Extrapolation) 사이의 가장 날카롭고 명확한 구별은 몰트만이 라너의 논문을 논평하는 가운데 제시된다. 참고. Rahner, *Methoden der Eschatologie*, 같은 곳, 53f. 외삽법은 순수하게 양적으로 이해될 필요가 없는데, 어쨌든 역사적 자기이해의 현재에 대한 라너의 인간학적 논증에 있어서는 그렇다. 라너의 논증은 그 현재로부터 현존재의 전체성을 보충하는 역사적 현재 ―이것은 자기이해의 현재 안에서 발견된다―를 향한다. 외삽법 개념을 그리스도 안에 있는 구원의 현재의 토대에 적용하는 신학적 사용에 대해 베르크호프를 참고하라. H. Berkhof, *Christian Faith. An Introduction to the Study of the Faith*, 1979, 522ff.

71   K. Rahner, 같은 곳, 414. 하지만 그런 "읽어냄"의 전제는 인간성의 규정이 예수 그리스도 안에서 이미 현실이 되었다는 사실이다. 그러나 라너에 의하면 그리스도교의 종말론적 의식은 그 완성이 바로 그리스도의 것이라는 사실에 놓여 있다(415). 그렇

그 구원의 미래의 실제 현실에 대한 라너의 사고 진행에서 핵심은 미래에 대한 지식, 특히 현재의 모든 인간의 자기이해에 본질적인 (가능적) 구원의 미래에 대한 지식이다.[72] 이 지식으로부터 믿는 자들은 재차 "그리스도 사건에 의해 규정된 각자의 구원사적 상황**으로부터**…궁극적 완성을 바라보는 관점"을 획득한다.[73] 그러나 이같이 일반적 인간학적 숙고로부터 예수 그리스도의 인격으로 건너가는 과정에 꼭 필요한 매개적 중간 단계가 빠지지 않았는가? 라너의 사고 진행은 이미 성서적 종말론의 유대교적 생성사에서 핵심은 더 이상 인간이 아니라 하나님과 그분의 나라이며, 하나님과 그분의 의에 대한 믿음이라는 사실,[74] 다시 말해 유대교 신앙에 본질적인 하나님 개념의 함축적 의미라는 사실을 간과하고 있다. 예수의 종말론적 의식의 정확한 핵심은—그의 메시지와 사역에서 표현되는 것과 같이—일차적으로 하나님 나라의 도래와 제1계명의 요청이며, 그 결과로서 비로소 그분의 사역을 통해 하나님의 통치가 선사하는 구원의 현재가 그분을 믿는 자들 사이에서 이미 시작되었다는 사실이 뒤따라온다. 이것은 종말론적 진술의 근거를 구성하는 구조에 대한 라너의 서술을 수정하라고 요구한다. 왜냐하면 여기서 정작 중요한 것은 역사적 존재인 인간의 상황에 속한 자기 자신에 대한 암묵적 지식을 완성된 구원의 미래로 외삽(Extrapolation)하거나 혹은 변환(Transposition)하는 것이 아니라, 오히려 거꾸로 오시는 하나님의 미래가 현재 속으로 진입하는 작용을 통해 구성되는 확신, 곧 구원에 참여한다는 확신이기 때문이다. 구원의 완성은 물론 하나님의 미래에 속하지만, 믿는 자들은 지금 이미 그 미래를 확

기에 그 "읽어냄"은 본질적으로 그리스도의 인격과 관계된다.

72 K, Rahner, 같은 곳, 413.

73 K. Rahner, 같은 곳, 415.

74 이와 관련해서 유대교 부활 신앙의 생성 조건에 대한 이 책의 844f.의 설명을 비교하라. 또한 라너도 그리스도 안에서 일어난 구원의 현재가 미래—이것은 하나님의 것이며 오직 그분만의 배타적 소유다(같은 곳, 413)—에 근거하고 나아가 그 미래를 통해 "주어진" 것임을 잘 알고 있었다. 그러나 라너는 이 내용을 종말론적 진술에 대한 자신의 해석학의 맥락에서 더 이상 전개하지 않았다.

신하고 있다.

인간의 역사적 자기이해 안에 포함된 지식, 곧 자신의 가능적 전체성(그의 구원)에 대한 지식을 그 전체성의 미래적 완성을 향해 외삽하는 것은 예수 그리스도 안에서 반대 방향의 운동과 마주친다. 그것은 하나님의 미래로부터 인간을 향해 다가오는 운동이다. 그리스도교의 희망의 확실성은 바로 그 운동을 통해 근거를 갖는다. 약속 개념도 이러한 좌표 체계 안에 자신의 자리를 갖는다. 약속은 하나님의 미래가 인간의 구원의 필요성에 대하여 다가온다는 사실, 그리고 어떻게 다가오는가를 선포한다. 이것은 아브라함의 약속에서 시작하여 다윗과 그 가문에게 준 나단의 약속을 거쳐 포로기 이후 예언에 이르는, 나아가 미래에 계시되는 마지막 때의 구원에 대한 묵시록의 진술까지 이르는 약속의 역사 안에서 구체적이고 분명하게 표현되었다. 약속은 성취되지 못하고 결핍된 고통으로 가득 찬 인간의 현재를 인간의 구원을 위해 다가오는 하나님의 미래의 빛 속으로 옮겨 놓는다. 물론 여기서 약속된 미래는 아직은 현재가 아니다. 약속 개념은 구원을 필요로 하는 인간의 현재와 하나님의 미래를 서로 연결하지만, 그러나 동시에 양자를 분리시킨다. 왜냐하면 약속은 약속된 성취로부터 구분되어 있기 때문이다. 그렇기에 예수의 사역, 인격, 역사는 약속 개념만으로는 적절하게 특성을 나타낼 수 없다. 물론 그것들이 다른 사람들에게 실제로 약속의 개념을 갖는 것은 사실이다. 예수의 사역 안에서 하나님 나라의 미래는 이미 현재가 되었고, 이와 똑같은 것이 부활 사건 안의 그분의 인격에도 적용된다. 예수의 사역을 단지 약속의 범주로만 파악한다면, 그분은 단순히 예언자로 취급될 것이다. 그러나 그분은 예언자 "그 이상"이었고, 지금도 그러하시다(비교. 눅 11:32 및 병행구절; 마 11:13 및 병행구절). 왜냐하면 그분에게서 약속된 하나님 나라가 이미 현재가 되었기 때문이다. 그리스도교 믿음의 의식에 대한 이 사실의 결과는 "이미"와 "아직 아니" 사이의 독특한 긴장이다. 이 긴장은 그리스도교 공동체의 상황적 특징이

기도 하다. 그렇기에 교회의 상황은 오직 약속 개념을 통해 주어지는 준거 틀 안에서만 서술될 수는 없다. 왜냐하면 예수 그리스도 안에서 출현한 완성은 그분의 공동체 안에 이미 현재하기 때문이다. 다시 말해 그 완성은 주님을 기억하는 공동체 안에, 특별히 예배적 삶의 맥락 안에서 그분을 회상하고 성령 강림 기도를 실행하는 공동체 안에 이미 현재한다. 바로그 현재를 통해 예수 그리스도는 아직 미래에 놓인 자신의 완성을 바라보는 공동체에게 희망의 토대가 되신다. 그래서 바울은 그분 안에서 하나님의 모든 약속이 예와 아멘(고후 1:20)이 되었다고 말할 뿐만 아니라, 하나님의 약속들이 그분을 통해 새롭게 "견고히 되었다"(롬 15:8; 비교. 4:16)라고선언한다.

그리스도 안에서 발생한 하나님의 약속들의 성취는 그 약속들이 우리에게 견고해지는 토대를 형성한다. 여기서 그리스도 안에 있는 하나님의구원의 현재와 그것이 우리 안에서 실현되는 것은 서로 분리되지 않는다.왜냐하면 유대적 하나님 백성을 향한 예수의 파송은 그것을 넘어 인류 전체에게 해당하기 때문이다. 그 결과 예수의 파송은 인류의 하나님과의 화해에서 비로소 완성에 도달하게 될 것이며, 거꾸로 예수의 죽은 자들 가운데서의 부활은 단지 죽은 자들의 보편적 부활의 시작으로만 이해된다. 이러한 배경에서 예수 그리스도 안에서 발생한 구원의 현재와 관련하여 다시 한번 인간학적인 근본 질문이 제기된다. 그것은 개인적 종말론과 집단적 종말론 사이의 관계에 대한 질문이다.

c) 개인적 종말과 보편적 종말의 관계와 창조의 완성을 위한 영의 사역

칼 라너가 종말론의 주제를 개인적 종말(Eschata)[75]과 보편적 종말로나눈 것은 20세기 신학이 이 주제를 다루며 내렸던 판단을 집약하는 표

---

75 위의 각주 65ff.에 인용된 라너의 논문(특히 각주 69) 외에 그의 종말론에 대한 다음의 설명을 참조하라. Eschatologie, in: *LThK* 2.Aufl. III, 1959, 1094–1098, bes. 1097.1094f.

현이라 할 수 있다. 라너에 의하면 종말론은 죽음을 넘어서는 개인적 삶의 구원론적 완성과 관계될 뿐만 아니라, 인류와 세계가 하나님 나라 안에서 완성되는 것도 포괄적으로 다루어야 한다.[76] 그러나 여기서 문제가 발생한다. 개인의 생명과 그의 예수 그리스도와의 연합이 죽음을 넘어서 완성된다는 생각이 인류 및 우주가 역사의 종말에 완성된다는 표상과 어떻게 결합될 수 있는가라는 문제다. 개인이 역사의 종말에 일어나는 죽은 자들의 부활 안에서 비로소 결정적으로 자신의 구원에 참여한다면, 개인적 죽음과 아마도 아직은 멀리 놓인 인류 역사의 종말 사이의 시간 간격 안에서 그의 운명은 어떻게 되는가? 그러나 거꾸로 믿는 자 개인이 자신의 죽음 이후에 이미 예수 그리스도와 직접 하나가 된다면―이것은 빌립보서 1:23에서 암시된다(비교. 눅 23:43)―그가 아직 멀리 놓인 인류 역사의 종

---

[76] 개신교 입장에 대하여 특히 참고. P. Althaus, *Die letzten Dinge,* 1922, Aufl. 1933, 75. 이에 대한 전제는 하나님 나라의 주제를 종말론의 대상으로 재발견한 것이었다. 이 전제는 17세기의 계약(언약) 신학 이후에 통용되었는데, 개신교 교의학과 또한 로마 가톨릭 교의학 안의 마지막 일들에 대한 전통적 교리 형태와는 뚜렷이 구분된다. 이미 마르틴 켈러가 *RE,* 3.Aufl. 5, 1898, 490-495에 제시한 자신의 종말론 논문 안에서 그렇게 판단했다. 켈러에 의하면 개신교회와 로마 가톨릭교회 모두는 마지막 일들과 관련된 "종말론의 성서적 원칙들 가운데서…오직 하나만 완전히 파악했다." 그것은 말하자면 구원의 개인적 완성이다. "이와 비교할 때 하나님 나라의 완성이라는 근본적 의미는 뒤로 물러났다"(494). 이것은 특별히 신(新)개신교주의 신학에 해당했다. "개신교의 개인주의"는, 벵엘로부터 시작된 보다 더 성서적인 이해에도 불구하고, 아니 그 이해와 함께 19세기에 계속해서 영향력을 행사했다(같은 곳). 자신의 논문(Kähler, "Die Bedeutung. welche den 'letzten Dingen' für Theologie und Kirche zukommt," *Dogmatische Zeitfragen* II, 1908, 487-521)에서 켈러는 확신을 갖고 이렇게 말했다. "지난 세기에 마침내 종말론을 향한 새로운 길"(495)이 열렸다. 그것은 개인 구원에 집중된 개혁주의적 제한을 보충한다는 의미를 갖는다. 켈러는 또한 자신의 교의학 안에서 세계 완성의 지평을 타당하게 표현하려고 시도했다. 그러나 그의 종말론은 여전히 칭의론에서 시작한다. Kähler, *Die Wissenschaft der christlichen Lehre,* 1883, 2.Aufl. 1893, 414-438, bes. 414ff., §513f. 종말론의 개인주의적 협소화는 파울 알트하우스의 저서 초판에서도 나타난다. 이에 대한 호프만의 비판을 보라. G. Hoffmann, 같은 곳, 88ff.

말을 기다리는 것은 어떻게 이해되어야 하는가? 1334년에 내려진 교황 베네딕토 12세의 결정, 곧 의인이 죽었을 때 즉시 하나님이 바라보시는 지복의 상태 안으로 들어간다는 결정(DS 1000f.)은 이 문제를 더욱 심화시켰다. 파울 알트하우스는 개인적 종말론과 보편적 종말론 모두는 종말론적 구원에 대한 구상으로 "총체성"을 의미하며, 그렇기에 양자는 서로를 배제하는 것으로 보인다고 바르게 강조했다. "한편으로 우리는 죽음 저편에 있는 참되고 완전한 인격적 구원을 기대한다. 그렇다면 그와 함께 종말 저편에서 일어날 보편적 사건을 기대하는 것이다. 개인의 종말에 대하여 그 사건이 갖는 의미는 결정적인 것이 아니라 단지 추가적이다. 모든 결정적인 것은 이미 발생했다. 다른 한편으로 우리는 최후의 심판 날에 비로소 주어질 구원을 통한 참된 결정을 기대한다. 그렇다면 죽음은 그리스도께로 내려가는 것이며, 거기서 내려지는 결정, 정화, 변화로 낮게 평가된다.[77] 이러한 곤란한 문제는 이미 프리드리히 슐라이어마허에게서 어느 정도 다른 강조점을 가지고 표현되었는데, 그가 내린 결론적 진술은 지금까지 항상 생각되었던 것, 곧 믿는 자가 죽음 이후에 지속적으로 그리스도와 결합한 상태에 머문다는 생각으로부터 물러난 것이었다.[78] 파울 알트하우스는 우선 자신의 저서 초판(1922)에서, 그리고 칼 슈탕에(Carl Stange, 1930)도 그와 함께, 이 곤란한 문제를 역사 폐기의 종말론 혹은 "목적론적 종말론"을 포기함

---

77   P. Althaus, 같은 곳, 76.

78   F. Schleiermacher, *Der christliche Glaube,* 1821, 2.Ausg. 1830, §158, 2f. 이 생각을 교회의 미래적 완성의 표상 전체와 결합하는 것은 슐라이어마허가 보기에(§159) 사유의 비판적 결함 없이 관철되기 어려웠다. 해링은 슐라이어마허의 이런 "변증법적 논의"를 종말론으로 인도하는 최고의 안내서라고 지칭했으며(Th. Häring, *Der christliche Glaube,* 1906, 563), 거기서 표현된 "개인과 공동체의 구분과 상호 연관"을 올바르게도 중요한 "진보"(같은 곳, 564)라고 판단했다. 그러나 그는 양쪽 관점의 결합이 비판적 결함 없이 관철될 수 없다는 슐라이어마허의 "의심"이 양자의 상호 연관성을 제시함으로써 이미 "극복"되었다(565)고 생각했다. 이것은 아마도 올바른 통찰일 것이다. 그러나 그 통찰은 해링이 제시한 것보다 더욱 정확한 해명을 필요로 한다.

으로써 물리쳤다고 보았다.[79]

그리스도교적 미래 희망의 두 가지 형식—개인적 종말론과 보편적 종말론—이 서로 일치한다는 통찰은 우선 구약성서의 사고에서 제시되는 그것의 전역사의 이해를 전제한다. 여기서 "개인적 희망이 나중에 민족을 위한 희망이 된다"[80]는 사실이 타당하다. 포로기 시대까지 옛 이스라엘 안에서 경건한 개인의 희망은 자기 민족의 희망과 같았다. 사람들은 개인이 민족 공동체 안의 후손들을 통해 복 혹은 저주 때문에 계속해서 살아 있을 것이라고 믿었다. 그 과정에서 조상들의 행위는 복과 저주를 불러들여 이어지는 세대들과 민족 전체의 삶의 공동체에 영향을 주게 될 것이다. 이런 관점은 기원전 6세기 초에 유다 왕국의 종말을 체험했던 세대에 이르러 산산히 부서졌다. 경건한 왕 요시아의 통치를 아직 기억하고 있었던 이 세대는 역사의 진행 속에서 더 이상 하나님의 의를 인식할 수 없었다. 그래서 냉소적인 말도 등장했다. "아버지가 신 포도를 먹었으므로, 그의 아들의 이가 시다…"(겔 18:2; 렘 31:29).[81] 예레미야는 역사 속에서 나타나는 하나님의 의에 대한 그런 의심에 맞서 다가오는 구원의 시대를 향한 새로운 질서를 통고했다. 그 질서 안에서 모든 사람은 각자 자신의 행위에 대한 대가만 치르면 된다(렘 31:30). 에스겔은 한 걸음 더 나아가 그 새로운 질서가 자신이 현재하는 시대에 이미 시작되었다고 선언했다. 이제부터는 죄인들만 죽고, 의인들은 살 것이다(겔 18:4,20). 그러나 사람들의 경험 속에서 이 규정은 현실적으로 시작되지 못했다. 많은 개인의 삶의 여정 속에서 하나님의 의, 곧 선은 번성하고 악은 좌절하는 결과를 초래하는 그 의는

---

79   P. Althaus, *Die letzten Dinge. Entwurf einer christlichen Eschatologie*, 1922, 23 ; C. Stange, *Das Ende aller Dinge. Die christliche Hoffnung, ihr Grund und ihr Ziel*, 1930, 107f.

80   P. Althaus, 같은 곳, 4.Aufl. 1933, 13.

81   참고. G. v. Rad, *Theologie des alten Testaments* I, 1957, 389ff. 또한 비교. R.H. Charles, *Eschatology. The Doctrine of a Future Life in Israel, Judaism and Christianity. A Critical History*, (1899) 1963, 61 - 81.

인식될 수 없었다. 다음과 같은 탄원을 보고하는 것은 전도서만이 아니다. "악인들의 행위에 따라 벌을 받는 의인들도 있고, 의인들의 행위에 따라 상을 받는 악인들도 있다…"(전 8:14). 이런 종류의 경험과 씨름하는 가운데 하나님의 의를 믿는 유대교 신앙은 죽음 이후에 지속되는 개인의 생명, 즉 죽은 자들의 부활을 고려하기에 이르렀다. 이것은 우선 이 세상의 삶이 각자의 행위 및 그 결과에 어울리지 않았던 사람들을 위한 것이었다. 그들의 삶은 하나님의 의를 위해 다시 재건되어야 한다고 생각되었다. 이것은 한편으로 고난당한 의인들에게, 다른 한편으로 이 세상에서 풍요롭게 살았던 하나님 없는 자들에게 해당한다(단 12:2).

개인의 삶이 죽음 이후에 완성된다는 희망은 유대 민족 안에서 고대의 집단적 완성의 희망이 불만족스럽게 되고, 그 희망과의 긴장이 명확해짐에 따라 생성되었다. 그럼에도 불구하고 그 희망은 영혼 불멸에 관한 그리스도교적 사고처럼 개인적 삶의 의미의 완성을 민족적 구원의 미래와 전적으로 분리시킨 표상으로 나아가지는 않았다. 왜냐하면 죽은 자들의 부활은 개별 개인에게 각자의 죽음 직후에 주어지는 것이 아니라, 역사의 끝날에 모든 의인에게 공동으로 선사될 것이기 때문이다. 그래서 의인들은 그들의 공동체 속에서 마지막 시대의 종말론적 하나님의 백성으로 묘사되며, 이로써 개인적 구원과 공동체적 구원은 통합된다.[82]

비록 유대 민족의 종말론적 기대가 이스라엘의 하나님에 대한 믿음에 근거하여 생성되었지만, 그렇게 형성된 기대의 핵심은 분명히 처음부터 개인의 삶의 최종 규정과 민족 공동체의 최종 규정 사이의 관계에 대한 인

---

82 비교. P. Althaus, *Die letzten Dinge*, 4.Aufl. 1933, 15ff.; 또한 R. H. Charles, 같은 곳, 79f., 129ff.(단 12:2과 구분되는 사 26:19에 대하여), 그리고 에녹서에서 70명의 목자들이 본 비전의 결과(에녹서 90:29-38)에 대해서는 223을 보라. 마지막 본문은 개인 종말론과 집단 종말론의 통합에 대한 찰스의 주장을 지지한다. 우리가 이사야 26:19을 그 백성의 갱신에 대한 상징적 표현으로 이해한다고 해도 그렇다. 또한 플뢰거의 이사야 26:12-19에 대한 주석을 보라. O. Plöger, *Theokratie und Eschatologie*, 1959, 84ff.95.

간학적 질문이었다. 이 점에서 유대 민족이 종말론적 표상의 발전 안에서 일반 인간들 전체와 연관되었는지의 주제도 다루어졌고, 이 내용은 재차 이스라엘의 하나님이 모든 인간의 한 분 하나님으로 이해되어야 하는지의 질문에 대해 중요한 의미를 가졌다. 유대적 종말론의 보편적·인간적 의미는 그것이 개인의 규정과 민족의 규정을 결합한다는 점에서, 그리스도교적 불멸 사상과 비교할 때 특별히 분명해진다. 유대교적 종말론은 그 비교에서 인간학적으로 더욱 심원한 것으로 보인다. 왜냐하면 그 종말론은 개인적 현존재의 영원한 규정의 주제를 인류 공동체의 규정에 대한 질문으로부터 분리하지 않기 때문이다. 오히려 유대교적 종말론은 개인들이 인류의 공동체적 규정의 완성에 참여한다는 것을 표현한다.

이 점에 성서적 종말론의 우월성이 놓여 있다. 인간 규정의 총괄 개념으로서 사회적 완성을 바라보는 희망의 세속적 형태들에 대한 우월성이다. 이 형태들은 근세 서구에서 출현했고, 특별히 두드러지게 마르크스주의의 형태를 취했다. 만일 미래 세대가 참으로 의로운 사회적 삶의 질서를 창조함으로써 인간의 사회적 규정의 실현을 기대한다고 해도, 질문이 제기된다. 이전 세대들의 개인들은—이들도 또한 인류의 지체였다—그들의 그런 규정의 실현에 어떻게 참여하는가? 인류 전체의 규정이라는 이념은 모든 세대의 개인들에게 주어지는 참여의 기회를 요청하는 것으로 보인다. 왜냐하면 인류는 단지 인간 개인들 안에서만 존재하기 때문이다. 이 질문은 이미 레싱이 자신의 "인종의 교육"에서 제기했던 것이다. 여기서 레싱은 이 질문에 대한 대답이 오직 개인들의 어떤 가능한 환생과 윤회에 대한 숙고를 통해서만 주어질 수 있다고 생각했다.[83] 레싱은 이 사상이 성서적 종말론 안에서 미래의 죽은 자들의 보편적 부활의 표상과 하나님 나라의 미래를 결합한 기능과 동일하다고 생각했다. 양쪽의 경우 모두에서 관건은 인류의 규정의 궁극적 완성에 관한 표상에서 이 주제의 개인적 측

---

[83]   G. E. Lessing, *Die Erziehung des Menschengeschlechts*, 1780, §93f., vgl. §81ff.

면과 공동체적 측면을 결합시키는 것이다.

　물론 개인적 종말론과 집단적 종말론의 그런 연결은 한 가지 곤란한 문제로 인도한다. 종말론적 미래에 대한 전체 표상, 곧 그 자체 안에서 통일성을 이루는 전체 표상이 필요하다는 문제다. 이 문제는 이미 이 단락의 시작 부분에서 언급했다. 그러나 그런 곤란성은, 우리가 역사 끝날의 종말론에서 중심 주제가 인간의 개인적 규정과 사회적 규정의 통일에 대한 인간학적 관심사라는 점을 분명히 밝힌다면, 다른 어떤 빛 속에 놓인다. 그런 표상들의 상징적 기능과 증거는 그 사실에 기초한다. 근저에 놓인 인간학적 동기의 표현으로서 종말론적 완성 표상의 두 가지 주요 형태, 곧 인간의 개인적 미래와 집단적 미래에 대한 진술은 각각 그 자체로서도, 또한 양자의 결합 안에서도 이해될 수 있다. 비록 그 결합으로부터 종말의 사건들에 대한 더욱 정확한 표상이 요청된다는 곤란한 문제가 생기기는 해도 그렇다. 이 곤란한 문제들은, 앞으로 살펴보겠지만, 어떤 다른 지평 위에서만 설명될 수 있고, 아마도 해결될 수도 있을 것이다.

　종말론적 진술들의 상징적 기능을 입증하는 것—이것은 그 진술들의 근저에 놓인 인간학적 동기와 관련되어 있다—은 현실적 내용, 곧 미래에 관한 진술로서 그 종말론적 진술들에 귀속시킬 수 있는 현실적 내용에 대한 질문에는 아직 답하지 못한다. 그 진술들이 현실적인 미래와 관계를 갖는 것—그것들의 상징적 성격을 손상하지 않은 채—은 오직 그것들이 하나님의 약속의 내용으로 파악될 때다. 성서 전승들의 종말론적 진술들은 정치적(또는 공동체적) 종말론의 노선에서도, 또한 개인적 종말론의 노선에서도 모두 이스라엘의 하나님 경험으로부터 형성되었다. 이 점에서 그 진술들은 약속의 성격을 갖고 있다. 그 진술들은 미래에 일어날 하나님의 행동과 관련되어 있다. 그 행동은 모든 인간적 표상을 능가하지만, 그럼에도 인간의 아직 종결되지 않은 현재적 현존재와 관계되며, 인간적 규정의 모든 도착(倒錯) 및 왜곡과는 모순된다. 성서의 종말론적 희망은 하나님의 의와 신실하심을 신뢰하면서 창조 및 자기 백성과 함께하시는 하나님의 미래적 완성의 길로 나아간다.

그리스도교의 종말론적 희망은 유대적 약속 신앙의 이러한 전망 안에서 솟아난다. 그러나 그 희망은 그 전망의 범위 안에서 특수한 토대에 기초하며, 이 토대 위에서 비유대인들도 이미 이스라엘의 희망의 상속자가 되었다. 이 토대는 하나님 나라의 미래(이스라엘의 집단적 희망의 총괄개념으로서의 미래)가 예수의 사역 안에서 이미 현재가 되기 시작했다는 사실을 통해 주어졌다. 그 미래는 그분과 그의 메시지에 믿음을 선사했던 개인들 사이에, 또한 하나님의 통치의 만찬을 그분과 함께 표징적 선취 안에서 축하하는 사람들의 공동체 안에 현재한다. 예수의 현재 안에서 하나님이 마주 다가오심으로써 완성을 향한 갈망이 충족된다. 이 갈망은 하나님이 피조물인 인간 안에 심어 놓으신 것이며, 종말론적 기대들의 상징 안에서 표현된 것이다. 예수의 부활을 통해 하나님의 통치가 그의 사역과 인격 안에 돌입한 사실이 확증되었을 뿐만 아니라, 또한 그와 함께 집단적 구원의 완성과 결합된 개인적 구원 곧 죽은 자들의 부활이 일으키는 개인적 구원이 그분에게서 이미 명확하게 나타났다. 그 결과 모든 믿는 자들이 그분께 속한다는 것은 이제 미래에 새로운 생명의 구원—이것은 예수에게서 이미 현실이 되었다—에 참여한다는 보증이 되었다. 그리스도교 세례를 통해 중재된 개인적 구원의 확신은 위의 사실에 근거한다. 반면에 그리스도교 공동체는 예수의 행하신 일을 뒤따른다. 그분을 기억하고 그분의 현재를 신뢰하며, 지금 이미 미래의 하나님 나라의 만찬을 실행한다.

그리스도교의 종말론적 희망의 토대인 예수 그리스도와의 연합은 약속 그 이상이다. 왜냐하면 그 연합은 이미 도래한 성취 사건에 기초하고 있기 때문이다. 그러나 그 성취 사건은 자체 안에서 종결되어 폐쇄되지 않았다. 그 사건은 미래의 완성을 향하는 미래 관계를 포함한다. 미래의 완성은 단순히 이미 현재하는 구원을 보충하는 것이 아니라, 예수 그리스도 안에서 이미 등장한 구원과 이 구원의 궁극적 특성에 본질적인 것으로 이해되어야 한다. 이 사실은 우리 인간에게 익숙한 관찰 방식과는 반대로 하나님의 미래가 우리의 현재 및 과거 존재 상태에 대하여 본질적인 것과 마찬가지다. 이 점에서 약속의 요소는 예수 그리스도에 관한 복음 안에서도, 또한 그 복음에 근거한 그리스도교 희망 안에서도 벌써 효력을—비록 변경된 조건 아래서이기는 해도—나타낸다.

이 사실의 의미는 인류를 위한 구원이 그 자체만으로는 아들의 파송을 통해서도 아직 결정적으로 실현되지 않았고, 영의 사역을 통해 비로소 완성에 도달한다는 것이다. 물론 영의 사역은 믿는 자들의 마음 속에 아들과 그의 사역을 증언하고 영광스럽게 만드는 것이다.

예수는 그리스도, 곧 메시아시다. 그렇기에 그분의 사역은 그분과 구분되는 것들, 말하자면 하나님의 백성과 관계된다. 이 백성은 한 분 하나님—예수는 바로 이 하나님께 탄원한다—께 대한 믿음을 통해, 그리고 아들 안에 있는 하나님 자신의 현재에 대한 인식을 통해 궁극적 형태를 획득한다. 예수 그리스도는 아버지의 영원한 아들이 그분 안에서 역사적으로 나타나시고 인간이 되셨다는 점에서 유일무이하신 분이다. 그러나 예수 그리스도는 아직은 종말론적 하나님의 백성, 곧 하나님 나라의 도래와 함께 형태를 획득하는 그 백성과 동일하지 않다. 물론 이 하나님의 백성은 메시아이신 예수와 긴밀하게 결합되어 있고, 종말론적 만찬을 통해 그 백성을 서술할 때 그분의 몸 혹은 신부로 지칭될 수 있다. 메시아는 그 신부와 "한 몸"이 될 것인데, 이것은 남자와 여자로서의 인간 창조에 대한 성서의 보고에 상응한다(비교. 엡 5:31f.). 그러나 그 몸을 지어가는 분은 성령이시다. 성령은 믿는 자들의 마음 속에 예수 그리스도를 증언하는 사역을 통해 그 몸을 지으신다. 그래서 그리스도교는 하나님의 영으로부터 믿는 자들의 종말론적 완성을 기대한다. 그것은 사멸적 생명이 죽은 자들의 부활로부터 오는 새로운 생명으로 변화하는 것이다(롬 8:11). 나아가 창조 전체가 하나님의 아들들의 나타남을 기다린다는 것(롬 8:19)은 창조의 소멸성이 생명을 창조하는 영의 능력을 통해 극복되고, 새 하늘과 새 땅의 새로운 창조 안으로 세계가 변화할 것임을 암시한다. 이것은 이미 처음 창조가 영의 능력으로 생성된 것(창 1:2)과 마찬가지다. 여기서 영의 사역이 아들의 사역과 언제나 긴밀히 결합한다는 것은 특별히 강조될 필요가 없다. 종말론의 맥락에서 이 내용은 특별히 그리스도의 재림이라는 주제의 서술에서 표현된다.

종말론적 주제와 영의 사역의 특별한 관계는 영이 개인 안에서와 마찬가지로 공동체 안에서도 활동한다는 사실을 통해 타당해진다. 이것은 영의 창조 사역에도 해당한다. 왜냐하면 영의 작용이 일으키는 "탈자아성"(Ekastatik)의 능력에 의지하여 개인들의 삶은 다양한 타자들과 결합하고 그들과 공동체를 이루기 때문이다. 마찬가지로 영의 구속하는 사역도 개인들과 공동체 양쪽 모두에 관계된다.[84] 믿는 자들 개인이 세례를 통해 영을 지속해서 머무는 은사로 수용할 때, 영은 각각의 개인만을 위해 주어지는 것이 아니라 오히려 모두를 묶어 교회 공동체를 이루게 한다(고전 12:13). 이같이 영은 개인들의 삶에 작용하는 동시에 그들 사이에 공동체를 이루는 이중 기능을 행하는데, 이 기능은 종말론적 희망의 이중 형태와의 관계 안에서도 작용한다. 영은 한편으로 개인적 삶에 작용하지만, 다른 한편으로 정의 안에서 평화를 통해 공동체를 완성하는 사역도 행하신다. 이러한 이중 측면은 영의 완성하는 사역을 통해 서로 통합되며, 이로써 개인과 사회 사이의 대립, 즉 이 세상을 지배하는 그 대립은 극복된다.

개인과 사회의 화해에 상응하는 것은 미래와 현재의 결합이다. 이 상응은 개인 및 사회의 하나님과의 화해라는 지반 위에서, 성령의 사역 안에서 예수 그리스도께 대한 신앙고백을 통해 일어난다. 영을 통해 종말론적 미래는 믿는 자들의 마음 속에 이미 현재한다. 영의 역동성은 아직 완성되지 않은 세계사 안에서 종말론적 구원을 미리 예기하는 근거가 된다. 이 예기는 시간 안에서 일어난 아들의 성육신—이것도 영의 능력 안에서 발생한다—에도 해당하며, 또한 예수의 탄생과 요한에게서 받으신 세례와

84　참고. 이 책의 제12장 1.c(45f.).

의 관계는 물론, 마지막으로 죽은 자들의 부활의 확증 사건에도 해당한다. 미래의 영광의 "보증"인 영의 은사(고후 1:22; 5:5; 엡 1:14; 비교. 롬 8:23)는 믿음과 세례를 통해 예수와 결합한 자들의 종말론적 구원에 대한 확신을 구성한다.

성령론과 종말론의 일치는 에벨링의 『그리스도교 신앙의 교의학』 제3권 (1979) 안에서 특별히 강조되며 서술되었다. 여기서 에벨링은 "초월의 경험"의 관점 아래서 성령론과 종말론의 "일치"를 지시한다. "종말로부터 다가와 우리에게 관여하는 것, 그리고 영으로부터 수여되는 것은 각각의 방식으로 세계를 초월한다는 점에서 서로 일치한다. 그래서 이 두 가지 방식이 서로 결합할 수 있다는 것이 이해된다. 집중된 종말론적 기대는 영적 현상들 안에서 표현된다."[85] 종말론과 성령론의 공통점은 에벨링의 더 정확한 표현에 의하면 시간성을 넘어 영원을 향하는 것으로 묘사될 수 있다. 그러나 바로 이 공통점이 종말론적 기대와 성령론적 경험 안에서 각기 다르게 파악된다. 왜냐하면 "성령으로 충만한 현재는 영원을 이미 현재하는 것으로 경험하는 반면에, 다른 관점에서 종말을 지향하는 현재는 영원을 미래로 파악하기 때문이다."[86] 그래서 두 가지 주제의 일치는 에벨링에 의하면 "그리스도론적인 괄호 묶음" 곧 양자를 예수 그리스도의 인격 안에서 결합할 때 확실해진다. 왜냐하면 그분 안에서 하나님 나라는 현재인 동시에 미래이기 때문이다.[87] 이에 대해 반대할 수는 없을 것이다. 그러나 하나님 나라가 예수의 사역과 인격 안에서 현재하는 것이 이미 하나님의 영의 역동성의 표현이 아닌지(비교. 눅 11:20의 해석으로서 마 12:28)의 질문이 생긴다. 종말론적 완성이 이미 피조물의 현재 안으로 들어와 작용하는 것, 그러면서도 그 현재와 종말론적 미래 사이

---

85   G. Ebeling, *Dogmatik des christlichen Glaubens* 3, 1979, 23. 21ff.의 사고 진행 전체를 비교하라.

86   G. Ebeling, 같은 곳, 24.

87   G. Ebeling, 같은 곳, 31f.44f.

의 구분이 사라지지 않는 것은 이미 종말론적 은사로서의 영의 작용, 나아가 영 자신의 특수한 점이 아닐까?[88] 하나님 나라의 미래와 현재가 예수의 인격 안에서 일치하는 것은 이미 영에 의해 매개된 것이다. 예수가 이 세상에서 선포 사역을 행하는 역사적 상황에서도 그렇고, 또한 역사 속의 예수와 재림의 그리스도 사이의 관계에 대한 관점에서도 그렇다. 재림의 그리스도는 자신의 통치권을 그분 자신의 영을 통해 현재적으로 행사하실 것이다.[89]

성령론과 종말론은 종말론적 완성 자체가 영에 귀속된다는 사실을 통해 일치한다. 영은 종말의 은사로서 이미 믿는 자들의 역사적 현재를 규정한다. 그렇기에 거꾸로 종말론은 아직 다가오지 않은 완성의 미래와 관계될 뿐만 아니라, 또한 이 완성의 미래는 영을 통해 이미 인간의 현재 안으로 들어와 작용한다. 그렇기에 거꾸로 영의 현재는 이미 죄와 죽음의 극복을 의미한다. 비록 죄와 죽음이 궁극적으로는 종말론적 완성 안에서 극복될 것이지만, 그래도 양자에 대한 승리는 영의 현재 작용 안에서, 무엇보다도 믿는 자들에게 은사로서 주어지는 영의 현재 안에서 이미 등장한다. 여기서 종말론적 미래가 영을 통해 현재하는 것은 종말론적 완성 그 자체에 속한 한 가지 내적 계기로서 이해되어야 한다. 말하자면 그 현재는 영 자신의 도래다. 영은 종말론적 미래 안에서 믿는 자들의 미래를, 그들과 함께 창조 전체를 하나님의 영광에 참여시킬 것이며, 그들은 변화할 것이다.

그러므로 성령론과 종말론의 관계는 그리스도론적으로 전개되어야 할 뿐만

---

88   이 의미에서 나는 에벨링의 주장에 동의할 수 있다. "영과 종말의 이원성은 시간의 내부에서, 그리고 인간의 시간성에 의지해서는 극복될 수 없다"(같은 곳, 25). 여기서 핵심은 그 이원성이—영 자신이 이미 종말론적 현실성임에도 불구하고—영 자신의 실재와 작용 방식에 속한다는 점이다.

89   성만찬 축제에서 일어나는 그리스도의 현재의 의미에 대한 이 책의 511ff.의 설명을 참고하라(제13장 III.2.dd).

이 아니라, 또한 삼위일체 신학적으로 전개되어야 한다.[90] 왜냐하면 세계와 인간의 완성은 하나님 자신 안에 근거된 것으로 생각되어야 하기 때문이다. 물론 이 생각은 언제나 인간의 유한성의 조건들 아래서, 인간의 사고의 역사적 제약이라는 특성 아래서, 그리고 이 유한한 세상의 한가운데서 일어난 하나님의 역사적 계시의 전제 아래서 가능하다. 미래와 현재, 영원과 시간, 종말론과 성령론 사이의 독특한 상호포괄적 일치는 하나님의 영의 구원사적 작용 방식의 특징적 표현으로 이해되어야 하며, 또한 영을 통한 창조의 완성을 향한 계기로 이해되어야 한다.

고대 교회의 신앙고백은 창조 사역은 아버지께, 화해 사역은 아들에게, 구원의 수용과 완성은 영에게 각각 귀속시켰다. 이같은 (삼위일체적 전유의) 배열은 "외부를 향한" 모든 사역에서 삼위일체의 통일성이라는 근본 명제를 고려할 때는 바르게 평가될 수 있다. 그러나 이 배열은 하나님의 구원의 경륜의 세 가지 국면이 하나님의 세 위격들 중 하나와 특별히 긴밀한 관계를 갖는다는 사실을 표현한다. 그 결과 하나님이 행하시는 구원의 경륜의 진행 과정에서 하나님의 삼위일체적 삶의 내적 구분이 표현된다.[91]

구원의 경륜의 셋째 및 마지막 국면을 성령께 귀속시키는 것은 성령이 아버지와 아들의 연합의 영으로서 삼위일체 전체의 통일성을 완성한다는 관점 아래서만 의미가 있다. 창조가 영화롭게 되어 삼위일체의 생명에 종말론적으로 참여하는 것도 영에 속한다. 여기서 하나님이 피조물을 통해 영광을 받으시는 것과 피조물이 하나님을 통해 영화롭게 되는 것은 동일한 사건의 두 가지 측면으로서 서로 일치한다. 자신 안에서, 그리고 홀로 영은 생명의 근원이며, 그러하신 영은 (예언자적 영감에서와 같이) 이미 창조 사역과 관련되

---

90   에벨링은 이 가능성을 다루었지만(같은 곳, 53), 깊이 나아가지는 않았다. 그는 삼위
      일체의 사고로부터 사변적 사고가 진행될 위험을 염려했다. 그래서 에벨링은 이전
      에 슐라이어마허가 그랬던 것처럼, 삼위일체론을 교의학의 마지막 부분으로 미루
      었다(같은 곳, 529-546).
91   비교. 『조직신학』 II, 36f.

어 있다. 이것은 그리스도교 신학의 초기에 종종 언급되었다.[92] 그렇다면 구원의 경륜의 세 번째 단계는 아버지께 귀속된다. 왜냐하면 아버지의 완전한 인식, 곧 "하나님처럼 보는 것"은 종말론적 완성 안에서 비로소 일어나기 때문이다(비교. 고전 13:12). 세 단락으로 구별되는 교회의 사도신경 안에서 구원의 경륜의 세 번째 마지막 국면이 성령께 귀속되었다. 바로 그 이유에서 영은—영이 이 세상의 생명의 창조자와 예언의 영일 뿐만 아니라 또한 새로운 생명의 창조자이시기 때문에—믿는 자들에게 지금 이미 그들의 미래의 영광의 보증으로 주어졌다. 피조물은 영을 통해—하나님과의 구분은 여기서도 지양되지 않는다—하나님 자신의 생명에 참여하는 지분을 갖는다. 이것은 이중 방식으로, 한편으로 믿는 자들에게 영의 은사가 주어지고 교회 공동체 위에 영이 부어짐으로써, 다른 한편으로 세상과 생명이 종말론적 완성 안에서 변형됨으로써 발생한다. 이러한 이중성의 의미에 대한 질문은 성령론과 종말론의 관계의 질문에서 문제의 핵심을 형성한다.

우리는 "미래"와 "영원의 현재" 사이의 긴장이라는 성령의 사역 안의 이중적 중복이 피조적 실존의 보존 및 완성—이것은 창조에 대한 하나님의 활동의 목표다—과 관계가 있다는 사실을 곧 살펴볼 것이다. 피조물의 편에서 볼 때, 하나님으로부터의 피조물의 자기구분이 하나님과의 연합을 위한 조건인 것처럼, 하나님의 편에서는 피조물의 현재와 종말의 미래 사이의 차이, 곧 그 현재와 하나님 자신의 미래의 차이가 피조물의 독립적 존속의 조건을 충족시켜주는 것이다. 피조물의 독립성이 그것의 종말론적 완성 안에서도 하나님 앞에서 여전히 존속한다는 사실, 피조물이 하나님의 현재 안으로 흡수되는 것이 아니라는 사실이 영의 현재와 미래 사이, 피조물의 화해와 완성 사이, 성령론과 종말론 사이의 긴장과 결합의 의미로 제시될 것이다.

---

92   참고. Iren. *adv. haer.* IV, 20,3, 5.

2. 죽음과 부활

종말론적 주제들의 개별적인 서술은 이 단락에서 개인주의적 종말론과 함께 시작했다. 거기서 보편적 종말론 및 신론과의 관계도 시야에서 떠나지 않았다. 오히려 개인주의적 종말론의 내용과 문제들에서 그 관계의 본질적 중요성이 명확하게 나타났다.

개인주의적 종말론은 인간 개인의 죽음 이후의 삶을 정의하는 질문과 관계가 있다. 그래서 종말론은 죽음에 대한 신학적 이해의 추구와 함께 시작해야 한다.[93] 죽음의 인간학적 의미가 신학적으로 바르게 규정되어야 한다면, 그리스도교적 부활의 희망의 내용 또한 적절히 서술되어야 한다.

a) 죽음의 신학에 대하여

인간이 자신의 죽음에 대하여—아마도 유일무이한 존재로서—안다는 것은 인간적 현존재의 특수성에 속한다. 인간은 주변의 다른 인간들과 함께 반드시 죽을 것이라는 사실을 알고 있다. 이것은 인간이 일반적으로 자신의 현재와 구분되는 미래에 대한 의식을 가지고 있다는 것과 긴밀히 연관된다. 인간에게 특별한 시간 의식, 그리고 자신의 삶을 주변의 다른 사람들과의 유비로 관찰할 수 있는 능력은 자신의 고유한 죽음의 불가피성에 대한 앎의 전제조건이 된다.

죽음에 대한 앎과 함께 구석기시대 이래로 매장이 등장했는데, 이것은 죽음 이후에 계속되는 죽은 자들의 삶에 대한 믿음 곧 종교의 징후였다. 물론 초기 문화들 안에서 개인들은 공동체 안에 깊이 통합되어 있어서, 개인의 죽음은 일반적으로 삶의 의미의 위기로 체험되지 않았다. 이런

---

[93] 이 서술은 죽음을 인간학적 범주 안에서 죄의 결과로 서술했던 『조직신학』 II, 464 - 484의 내용과 어느 정도 불가피하게 겹친다. 그러나 거기서 말했던 내용은 여기서 간략하게 서술된다. 그 밖에도 이 주제는 여기서 다른 방향을 가리킨다. 왜냐하면 여기서는 죽음을 부활의 희망에 대한 부정적 전제로 이해하기 때문이다.

체험은 고대의 진보된 문화 안에서 개인성이 공동체에 대하여 독립된 이후에 나타나 앞선 사례들을 남겼으며, 이에 따라 기원전 6세기와 5세기에 포로기 시대의 이스라엘과 그리스에서 각기 다른 방식으로 발생했다.[94] 이 시기에 개인의 죽음 이후의 미래에 대한 표상이 나타났고, 이것이 서구적 사유를 19세기에 이르도록 각인했으며, 이를 넘어 현재까지 영향을 미치고 있다. 그것은 영혼 불멸과 죽은 자들의 부활이다. 그러나 19세기에 먼저 부활의 희망이, 그다음에 영혼불멸 사상도 전통적인 종말 기대에 대한 근본적 비판 앞에 희생되었으며, 이 비판은 오늘 우리에게 이르는 지속적 불확실성을 뒤에 남겼다.

그 비판은 불멸의 표상뿐만 아니라, 그 표상의 기초가 되는 전제 곧 몸과 구분되는 "영혼"이라는 전제까지 해체했다. 그 결과 가톨릭 신학자들 사이에서 소위 인간의 "전적 죽음"(Ganztod)이라는 주제가 등장했다. 인간이 자신의 육체성에 따른 온갖 생명의 표현들에 사로잡혀 있다면, 그때 죽음은 그에게 절대적 종말이다. 동시에 죽음은 현대적 세속 문화의 의식 안에서 인간의 **본성적**(Natur) 종말에 상응하는 그의 현존재의 **자연적** (natürliche) 종말을 의미한다. 모든 다세포 생명체처럼 인간의 유기체적 구성물도 그 종말을 향해 결정되어 있다. 죽음은 인간에게 우연히 발생하는 어떤 운 나쁜 사건처럼 외부로부터 갑자기 닥쳐오는 것이 아니다.

한편으로 전적 죽음의 사상과 죽음이 인간적 삶의 유한성에 기초한 자연적인 사건이라는 이해가 있고, 다른 한편으로 비록 불확실하기는 해도 자신의 미래의 죽음에 대한 선취하는 앎이 있다. 이 양자의 결합은 20세기에 죽음을 개인적 현존재의 완성으로 해석하는 철학적 시도를 성장

---

94   칼 야스퍼스는 이 현상을 훨씬 넓은 맥락에서 서술했다. 그의 주제는 대략 기원전 500년경에 고대 문화들 안에서 거의 동시 다발적으로 일종의 도약이 발생했다고 보고한다. 그것은 새로운 인간 이해로 나아간 도약이었고, 세계사의 "전환시대"를 형성했다고 한다. Karl Jaspers, *Vom Ursprung und Ziel der Geschichte*, 1949, 19ff.

시켰다.[95] 오직 자신의 죽음에 대한 "앞선" 앎 속에서만 인간은 그 앎에 따라 자신의 현존재의 전체성 안에서 실존할 수 있다.[96] 자신의 고유한 존재의 완성 또는 전체성에 대한 인간의 근원적 질문은 이제는 죽음 너머를 가리키지 않으며, 오히려 인간은 자신의 죽음에 대한 앎으로부터(다만 그렇게만 해서) 자신의 전체성을, 말하자면 이미 이 세상의 삶 속에서 발견할 수 있다.

하이데거의 이 주제는 다른 많은 사람 가운데 특히 가톨릭 신학자 칼 라너에 의해 수용되었다. 하지만 라너는 하이데거를 수정하여 현존재가 죽음 안에서 하나님께 대한 자기-폐쇄 안에서 완성되거나—이것은 죄인들의 경우다—아니면 하나님을 향한 개방성 안에서 완성된다고 말한다. 후자는 자신의 생명을 하나님께 헌신하는 자유로운 행동인 그리스도의 죽음이다.[97] 이와 관련해서 장 폴 사르트르는 하이데거의 주제를 날카롭게 비판했다.[98] 죽음은 현존재를 완성하는 것과 거리가 멀고, 오히려 삶을 철

---

95   우선적으로 참고. M. Heidegger, *Sein und Zeit*, 1927. 하이데거는 "현존재의 가능적 전체 존재와 죽음을 향한 존재"(235-267)에 대한 서술에서 "그런 종말이 어떻게 **실존하는** 존재자의 전체 존재를 구성하는지를 제시하는"(242) 과제를 선택했다. 이것은 빌헬름 딜타이가 확증한 딜레마와 맞서는 것이었다. 딜타이는 한편으로 역사성 안에 있는 현존재의 의미 전체성이 개인적 삶의 종말에서야 비로소 관찰될 수 있다는 것, 다른 한편으로 그렇다고 해도 그 의미 전체성은 어쨌든 "당분간" 의식 속에 떠오를 수 있다는 것 사이의 딜레마를 말했다. W. Dilthey, *Gesammelte Schriften* VII, 237.233. 이에 대해 나의 책을 참고하라. *Grundfragen systematischer Theologie* 1, 1967, 142ff. "현존재가 존재자인 한, 그것은 자신의 '전체성'에 결코 도달하지 못한다. 그것이 전체성을 획득한다면, 그때 그 획득은 철저한 '세계-내-존재'의 상실이 된다. 존재자로서 현존재는 전체성을 더 이상 경험할 수 없게 된다." M. Heidegger, 같은 곳, 236.

96   M. Heidegger, 같은 곳, 262ff.

97   K. Rahner, *Zur Theologie des Todes*, 1958, 36ff. 참고. L Boros, *Mysterium Mortis. Der Mensch in der letzten Entscheidung*, 1962. 또한 참고. 동일저자, *Aus der Hoffnung leben* (1968) 1972, 23-30. 이에 대한 비판으로 나의 『조직신학』 II, 481f.를 보라.

98   J.-P. Sartre, *Das Sein und das Nichts. Versuch einer phänomenologischen Ontologie*

저히 단절하며, 삶으로부터 "**모든 의미**"를 벗겨버린다.[99] 물론 죽음은 인간의 "상황"에 속한 한 부분이다. 그러나 자신을 위한 자유 안에서 모든 인간은 제각기 무한히 "주어진 여건을 넘어서는 자"로서, 즉 "**언제나 자신의 현-존재를 넘어서 있는 존재**"[100]로서 실존한다. 사르트르에 의하면 죽음은 단지 "**우연적 사실**"로서 그 존재와 관계한다. "이 사실 그 자체는…근본적으로 나를 벗어나며, 시초부터 나에게 투사된 것에 속한다."[101] 그럼에도 불구하고 사르트르는 인간의 자기초월로부터 죽음을 넘어서는 미래에 대한 그 어떤 명제도 정당화하지 않았고, 그 대신에 자신을 위한 자유를 본래적 유한성의 근거로 생각했다.[102]

성서적 죽음 이해는 하이데거보다 사르트르의 설명에 가깝다. 구약성서에서 죽음은 생명과 모든 삶의 의미의 근원이신 하나님과 분리되는 것을 뜻한다.[103] 시편 88:5에 따르면 죽은 자들은 이렇다. "주께서 그들을 다시 기억하지 아니하시니, 그들은 주의 손에서 끊어진 자니이다." 이것은 죽음 안에서 인간의 삶이 그 전체성에 이르러 완성되는 일이 발생한다는 진술을 지지해주지 않는다. 성서적 관점에서 일차적인 것은 인간이 영원

(1943), deutsch 1962, 670-696.

99   J.-P. Sartre, 같은 곳, 679. "우리가 죽어야 한다면, 우리 삶에는 아무 의미도 없다. 왜냐하면 죽음의 문제는 여전히 해결되지 않았고, 나아가 그 문제의 의미는 불확실하게 남아 있기 때문이다(680). 힉의 상세한 설명을 참고하라. J. Hick, *Death and Eternal Life*, 1976, 101ff.

100   J.-P. Sartre, 같은 곳, 688ff. 인용은 690,691.

101   J.-P. Sartre, 같은 곳, 687.

102   J.-P. Sartre, 같은 곳, 688. 유한성과 죽음의 근본적 구분을 전제하는 이 주제(687f.)는 사르트르의 다음의 주장과 이상한 긴장 관계 안에 있다. "자신을 위한"이라는 의미가 "자신의 우연성에 저항하여 자신을 부정한다"(711)는 주장, 그리고 자신의 존재적 결함을 제거하기 위한 추구는 하나님과 같이 되려는 욕망이라는(712) 주장이다. 그렇다면 이러한 "이상"은 자유의 유한한 산물에 불과한가, 아니면 바로 그 안에서 유한성이 초월되었다는 이유에서 그것은 도달될 수 없는 이상으로 남아 있는가?

103   참고. 『조직신학』 II, 469.

하신 하나님과 연합을 이루는 것이다. 경건한 자들은 그 하나님의 선한 것을 고대한다. "그들의 영혼을 사망에서 건지시며…"(시 33:19). 그렇기에 죽음에 의한 이 연합의 단절은 그와 동시에 인간적 삶이 전체성 안에서 완성되는 것을 의미할 수 없다. 마찬가지로 인간의 행동, 즉 그것을 통해 인간이 자신의 삶을 "내부로부터" 완성할 수 있는 행동으로 적절히 서술될 수 없다.[104] 오히려 죽음은 "구원"을 향한 산 자들의 근본 의향과 정면으로 반대된다. 여기서 구원은 인간의 통합성 혹은 전체성과 동일하다.[105] 구원이 하나님과의 연합과 일치하기에,[106] 구약성서의 기도자는 구원이 말하자면 죽음을 넘어서 지속되는 상태를 희망할 수 있었다(시 73:26). 그래서 죽음은 피조물의 구원을 바라는 피조물에게 "마지막 원수"(고전 15:26)이며, 죽음의 극복을 위해서는 오직 창조자 하나님 자신의 능력에만 의존해야 했다.

물론 죽음은 사르트르가 주장했던 것처럼 주관성 안의 인간에게 단지 외적인 관계만 맺는 것이 아니다. 비록 사르트르는 유한성과 죽음을 구분해야 한다고 바르게 옹호했지만, 우리는 그럼에도 양자 사이에 관계가 있다고―만일 인간의 유한성이 단지 그의 자유의 산물인 것만이 아니고 이미 인간이 "던져져" 있는 상황에 속한 한 부분이라면―생각해야 한다. 개인이 자유로운 입장에서 받아들이는 자기 존재의 유한성은 언제나 이미

---

104 칼 라너의 이 주제(같은 곳, 29f.)에 대하여 에버하르트 윙엘은 올바르게도 이의를 제기했다. 참고. 『조직신학』 II, 482, 인용은 520.

105 참고. 『조직신학』 II, 683ff.

106 물론 이 희망은 사르트르가 서술한 욕망, 즉 "하나님과 같이 되려는" 것이라는 의미가 아니다(위의 각주 102를 보라). 왜냐하면 그런 욕망은 인간의 죄의 특성을 나타내며, 죄는 인간을 하나님으로부터 분리하고 죽음에 넘기기 때문이다. 하나님과의 연합은 하나님의 무한한 우월성과 인간을 다스리는 그분의 통치권을 인정할 것을 전제한다. 그러나 바로 그 인정을 통해 자신의 고유한 유한성을 자유 안에서 수용하는 행위가 가능해진다. 이 점에서 사르트르는 자유를 올바르게도 현존재의 유한성과 결합시켰다. 그러나 유한성은 단지 자유의 산물로서 이해될 수 없다. 오히려 유한성은 자유가 선택하여 받아들이는 현존재 상황의 특성이다.

시간적으로 끝이 있는 것으로 규정되어 있다. 그렇기에 유한성 자체는 자신의 죽음의 "앞에 놓인 상태"로서 의식 안으로 들어온다. 여기서 인생의 시간의 한계에 대한 지식은 이미 종말을 향한 도상에서 삶의 느낌으로 알아챌 수 있다. 이 점은 하이데거가 정확하고 적절하게 서술했다. 이에 상응하는 것은 고대 문화들 안에서 삶을 해치는 모든 것, 예를 들어 질병 같은 것은 죽음과 유사한 것으로 느껴졌다는 사실이다. 구약성서에서도 병자와 기력이 쇠한 사람은 하나님과 생명으로부터 분리된 것으로 여겨졌다.[107] 그런데 이 관점에서 두드러지는 것은 죄와 죽음이 일치한다는 사실이다. 죄는 인간을 생명의 근원이신 하나님으로부터 분리하기 때문이다. 그렇기에 죄인은 이미 죽음에 빠져 있고, 거꾸로 죽음은 죄에 봉사했던 인간에게 종말에 주어질 "대가"로 보였다.[108]

바울의 관점에서 죽음은 인간의 피조물 규정에 속한 한 부분이 아니다. 다른 한편으로 첫 인간은 "생령"(창 2:7)으로 창조되었다고 말해지는데, 생령은 생명을 창조하는 영("살려주는 영")과 구별된다(고전 15:45).[109] 그래서 첫 인간은 "이 세상적"(고전 15:47ff.)이며, 그 자체로 소멸적(15:42-44)이다. 양자는 어떻게 서로 조화될 수 있을까? 인간의 유한성 곧 소멸성과 그의 죽음에 넘겨진 상태는 서로 구분될 수 있을까? 교부 신학은 그렇게 구분하려고 시도했다. 아타나시오스에 의하면 인간은 자신의 육체적 삶의 자연적 소멸성에도 불구하고 근원적으로는 영생에 도달하도록(그의 영혼이 로고스에 참여함으로써) 규정되어 있다. 그러나 그가 죄 때문에 하나님과 분리된 결과로서 그의 육체는 소

---

107   참고. G. v. Rad, *Theologie des Alten Testaments* I, 1957, 385f.

108   로마서 6:23; 비교. 7:9f. 이에 대해 참고. 『조직신학』 II, 468ff. 죄와 죽음의 관계는 바울에게서 말하자면 죄의 보편적 확산에 대한 주장의 근거를 형성한다. 죄의 보편성에 대한 바울의 주장은 죽음이라는 운명의 보편성으로부터 온다(롬 5:12).

109   『조직신학』 II, 336ff.를 보라.

멸성에 **넘겨졌다**.[110]

　근대 개신교주의 신학은 더 이상 그렇게 구분하지 않았고, 육체의 죽음을 자연적인 것으로 여겼다.[111] 이 이해는 20세기의 주도적 신학자들이 받아들여서 "자연적인" 죽음과 심판의 죽음 사이의 구분이 유지되었다.[112] "심판의 죽음"이라는 표현은 여기서 단지 하나님과의 분리라는 특성만을 가리킨다. 이것은 자연적인 죽음이 죄의 결과로서 받아들인 것이다. 그러나 이로써 심판의 죽음으로서의 죽음 이해는 단순한 주관적 평가가 되어버린 것이 아닐까? 여기서 죽음 그 자체는 인간의 피조적 본성과 더 이상 대립하지 않는 것으로 보인다. 그 결과 심판의 죽음으로서 죽음의 특성은 죽음 자체의 인간학적 현실에 더 이상 적중하지 않으며, 다만 그 현실이 죄(또는 죄의식)와 관련하여 서술되는 방식만을 특별히 기술한다. 죽음의 이해가 심리학으로 환원되었다는 의혹이 이 지점에서 회피되기 어렵다. 죄 자체와 마찬가지로 또한 죄와 죽음의 인과관계도 그리스도교 믿음의 의식의 내용으로 남기는 했지만, 그러나 이제는 믿지 않는 자들도 피할 수 없는 인간 현존재의 현실로서 제시될 수 없게 되었다. 여기서 한편으로 죽음의 자연성에 대한 현대적 이해와 그 기초에서 발전된 신학적 해석, 다른 한편으로 죄와 죽음의 관계에 대한 성서적 이해 곧 신약성서에서 특별히 바울이 표현했던 이해 사이의 깊은 차이가 드러난다.

　죽음이 인간의 피조적 본성에 속한다는 가정을 옹호하는 주요 논증은 인간의 생명의 유한성이다.[113] 유한성은 인간의 피조적 속성에 속하고,

---

110　Athanasios, *De ine*. 3f. 또한 비교. 『조직신학』II, 376f.470.

111　『조직신학』II, 471f.

112　이 주제와 관련된 파울 알트하우스, 에밀 브룬너, 칼 바르트, 에버하르트 윙엘의 견해를 『조직신학』II, 473f.에서 보라. 위의 각주 97에서 인용된 칼 라너의 저서도 죽음의 해석에 대하여 비슷한 견해를 제시한다.

113　칼 바르트도 그렇게 논증한다. K. Barth, *KD* III/2, 1948, 765 – 770, 비교. 761.

미리 앞서 죄 및 그 결과들에 속한 것으로 여겨지지 않기에, 이에 상응하는 것이 죽음에 대해서도 적용되어야 할 것으로 보인다. 그런데 유한성은 언제나 사멸성 및 죽음과 결합되어 있는가? 이것이 사실이라면, 부활하신 그리스도의 소멸되지 않는 생명은 그분의 인간적 현존재의 유한성을 소멸시켜 뒤로 넘겨버린 것이 틀림없다. 그러나 교회는 단성설(單性說)에 반대하여 이렇게 고백한다. 부활하신 그리스도는—비록 더 이상 죽지 않지만—인간이시며, 그래서 또한 신성과 구분되는 유한한 존재라는 것이다. 이와 동일한 것이 그리스도교적 희망을 지닌 믿는 자들에게도 해당한다. 그들은 미래에 부활하신 자의 새로운 생명에 참여하게 될 것이다.[114] 여기서 유한성과 사멸성은 구분되어야 한다는 결론이 나온다. 그렇게 구분된다면, 죽음이 유한한 존재인 인간의 본성에 속한다는 주제는 타당성을 상실한다. 우리가 우리의 유한성을 오직 미래에 놓인 죽음에 대한 지식과 관계해서만 의식할 수 있다는 주장은 하나님께 맞서 자신의 삶의 실행을 독립시키는 것과 관련되어 있다. 이것은 인간의 죄의 특성을 나타낸다. 이와 유사한 것이 인간 이외의 생명에게도 해당한다. 바울에 의하면 창조 전체가 소멸성의 짐 아래서 "신음한다"(롬 8:22). 왜냐하면 하나님이 그들의 운명을 인간의 운명과 결합하셨기 때문이다(8:23). 우리는 이 결합 관계를 타락 사건의 결과로 이해할 필요가 없다. 오히려 그 관계를 인간 이외의 자연—특히 생명체—의 자기 독립성 주장의 성향과 죽음을 초래하는 인간의 죄의 성향 사이의 구조적 유비의 간접 증거로 볼 수 있다. 여기서는 오직 유비만 말해질 수 있다. 왜냐하면 인간의 특성인 삶의 실행에 대한 책임을 인간 이외의 피조물에게 지울 수 없기 때문이다. 여기서 성립되는 유비는 그러나 인간의 죽음이 전체 자연에, 특히 인간 이전의 생명 형태들에 해당하는 소멸성과 함께, 죽음 자체가 죄의 결과라는 바울의 사고

---

114 이에 대해 나의 책을 참고하라. Tod und Auferstehung in der Sicht christlicher Dogmatik, 1974, in : *Grundfragen systematischer Theologie* 2, 1980, 146 - 159, 152f.

와 반대되지 않는다는 것을 의미한다.

죄, 유한성, 죽음 사이의 관계는 이와 다른 관점에서 말해질 수도 있다. 죄인은 "하나님처럼 되려고 의지함으로써"(비교. 창 3:5), 자신의 현존재의 유한성을 부정한다. 바로 그 때문에 인간은 유한성에 사로잡히고, 이것은 죽음을 통해 발생한다. 여기서 유한성과 죽음 사이의 구분은 바로 자신의 유한성을 수용하지 않는 것이 죄인을 죽음에 넘긴다는 사실을 통해 등장한다. 그렇기에 죽음 이후에 대한 인간의 질문도 죄의 그림자로부터 자유롭지 못하다. 죽음을 넘어서는 죽음 이후의 생명이라는 표상은 자신의 유한성을 진정으로 수용하지 않으려는 표현, 곧 영원한 생명을 참칭하는 표현일 수 있다. 이러한 근거에서 초기 그리스도교 신학은 영혼불멸 사상을 올바르게도 처음부터 매우 회의적으로 대했다. 불멸이 인간의 본성에—그것이 비록 영혼에만 해당한다고 해도—속한다는 전제는 초기 그리스도교에게는 하나님과의 동등성을 참칭하는 표현으로 보였는데, 이것은 인간의 죄의 특성이다. 다른 한편으로 죽음에 저항하는 참된 인간 규정도 표현되었는데, 이것은 죽음에서 완성되는 것이 아니라 단절된다. 그러므로 죽음 이후의 생명이라는 표상과 그것이 시작된 동기는 심층적으로 매우 모호하다. 그 표상은 루트비히 포이어바흐와 프리드리히 리히터가 비판한 한계 없는 이기주의의 비판에 사실상 적중되는 측면을 가지고 있다. 이 이기주의는 죽음 이후의 생명에 대한 희망의 근거로 놓여 있다. 그러나 그 표상에서도 인간을 창조로부터 특징짓는 신적 규정에 대한 의식은 다소간 불분명하게 나타난다.

유한성, 죄, 죽음의 관계는 유한성과 시간 사이의 관계를 바라보는 관점 아래서 비로소 이해될 수 있다. 피조물의 유한한 삶은 시간 안에 있는 현존재다. 그렇다고 해서 현존재가 부서진 시간 경험 안에서, 즉 삶의 전체성이 과거, 현재, 미래로 서로 나뉘어 분열된 경험 안에서 살아가야 하는 것은 아니다.[115] 우리 삶의 현재에서 과거는 더 이상 존재하지 않고, 미래는 아직 오지 않았다. 이 분열을 통해 우리의 삶의 전체성은 언제나 또다시 우리를 비껴간다. 그렇기에 시간은 죽음처럼 신학적으로 중립적인 실체다. 나아가 우리의 분열된 시간 경험 안에서 시간성은 우리 삶의 구조적 죄성과 함께 자라나 사라진다. 완성된 존재의 유한성—"이 썩을 것이 반드시 썩지 아니할 것을 입겠고 이 죽을 것이 죽지 아니함을 입으리로다"(고전 15:53)—은 더 이상 서로 분리된 시간 요소들의 순서로 된 형태를 갖지 않을 것이고, 오히려 "우리의 이 세상적 현존재의 전체를 **표현**할 것이다. 우리의 개인적 삶의 전체성은 삶의 여정의 시간 과정 안에서는 우리에게 결코 완전하게 주어지지 않는다. 우리는 우리의 자아, 곧 우리의 정체성을 언제나 이미 우리 삶의 전체성을 **선취**(Vorgriff)하면서 소유한다." 전체성의 선취에서 전체성은 우리에게 항상 다소간에 일그러진 형태로 표현된다. 왜냐하면 우리는 우리 삶과 세계의 현실성을 "각각의 시간 요소로부터 체험함으로써, 나(Ich)라는 자아 중심과 관계되기 때문이다. 이러한 자아의 중심은 우리의 자기(Selbst) 정체성 및 통합성, 곧 개인적 현존재의 통합된 전체성과 같지 않다. 자아는 매순간에 예속되어 있다. 자기관계—이 관계 안에서 자아는 자신을 매순간 세계의 중심으로 체험한다—안에서 그 자아는 언제나 이미 구조적으로 '자기 사랑'(amor sui)로 규정되어 있다. 이것은 아우구스티누스가 설명했던 것과 같다. 물론 자아는 계속해서 자기 자신을 넘어서며, 탈자아적이다. 이 자아는 자기와 다른 타자 안에서 자기 자신에 도달한다. 그러나 그 타자 안에서도 자아는 언제나 또다시 오직 자기 자신이다."[116] 비록 자아는 현실성 전체에 대하여, 그리고 그 점에서 최

---

115   인간의 유한성의 시간적 측면은 시간 안에서 진행되는 삶의 과정의 제한성, 곧 "기한이 정해진 시간"(K. Barth, *KD* III/2, 1948, 671–695, 특히 686) 혹은 "끝나가는 시간"(같은 곳, 714–780)에만 놓여 있는 것이 아니다. 오히려 그것은 현재, 과거, 미래 안에서 시간이 흩어져 분리된다는 데 놓여 있다(같은 곳, 616ff., 특히 218ff.).
116   나의 책에서 인용했다. *Grundfragen systematischer Theologie* 2, 1980, 153. 자아(Ich)

소한 암묵적으로 그 현실성의 근원이신 하나님께 대하여 탈자아적으로 관계되지만, 이 관계는 실제로는 자기추구(amor sui)의 형태로 실현된다. 이를 통해 우리의 시간 체험의 특수한 형식이 함께 규정된다. 자아의 자기추구를 통하여 자아의 현재하는 순간은 뒤따르는 시간 요소들로부터 분리되고, 미래는 우리에게 낯설게 다가와 우리를 우리 자신으로부터 떼어놓으며, 그 결과 현재하는 것도 우리를 벗어나 과거 안으로 가라앉는다. 시간 요소들이 우리의 시간 경험의 과정 안에서 서로 분리되는 것은 우리가 시간을 체험하는 장소인 자아의 구조와 관련되어 있다.

자아는 한편으로 시간을 연결하는 현재 안에서 살아간다. 자아의 현재 순간은 자아와 함께 시간의 변화를 통과하여 걸어간다. 시간의 진행 속에서 자신의 정체성을 의식하는 가운데 우리는 기억과 기대를 통해 우리 삶의 과거와 미래를 어떤 방식으로든 현재적으로 유지한다.[117] 이 점에서 우리의 삶의 시간 의식은 말하자면 영원에 참여하며, 본래적 현존재와 세계는 전체로서 현재적으로 유지된다. 물론 그것은 기억과 기대의 양식 안에서, 그리고 세계를 우리에게 상징화하는 표상들의 그물망을 통해 유지된다. 그러나 다른 한편으로 이 일은 구조를 규정하는 자기추구의 영향력

와 자기(Selbst)의 구분과 호환관계에 대해 나의 책을 참고하라. *Anthropologie in theologischer Perspektive*, 1983, 194 – 217, 또한 228ff. 그리고 『조직신학』 II, 344 – 359. 아우구스티누스의 자기사랑(amor sui)의 죄에 대해서는 『조직신학』 II, 429ff.; *Anthropologie in theologischer Perspektive*, 83ff.를 보라.

117 여기서 제시되는 시간 의식의 서술은 『고백록』 11권에 있는 시간 체험에 대한 아우구스티누스의 분석에 기초하고 있다. 이에 대해 참고. K. H. Manzke, *Ewigkeit und Zeitlichkeit. Aspekte für eine theologische Deutung der Zeit*, 1992, 323, bes. 329ff. 그러나 이 분석은 무시간적 현재로서의 영원에 관한 아우구스티누스의 표상과 달리, 하나님의 충만한 영원성을 역사의 종말론적 미래와 결합하는 영원 이해(아래를 보라)에 관계되어 있다. 다른 한편으로 이 분석은 『고백록』의 시간 분석에서는 거의 언급되지 않는 아우구스티누스적 죄 개념과도 관계되어 있다. 이 개념에 대해서는 시간의 "분열"에 대한 진술(같은 곳, 334f.)이 출발점을 형성한다. 해석에 대해서는 같은 곳, 346, 356ff.를 보라.

아래서, 그래서 또한 과거, 현재, 미래라는 시간 구성요소들의 분리와 대립의 토대 위에서 발생한다. 그 결과 우리는 언제나 또다시 예측될 수 없는 미래에 의해 압도되며, 과거를 자아의 현재로부터 상실한다. 이와 관계된 것은 우리의 현존재의 종말이 자아의 죽음으로서 우리에게 닥쳐온다는 사실이다. 이것은 자아가 자칭 하나님과의 동등성 및 신적 영원성의 주장과 달리 현존재의 유한성에 사로잡혀 있음을 뜻한다. 이렇게 해서 우리의 유한성은 우리에게 죽음이 된다. 우리가 전체로서의 삶을 살 수 있다면, 그런 일은 일어나지 않을 것이다. 전체로서의 삶은 우리의 본래적 유한성을 받아들이는 삶이며, 그렇게 함으로써 우리의 유한성을 능가하는 하나님의 현실성과의 관계로부터 살아가는 것, 그러나 또한 그 현실성을 통해 제한되는 것을 의미한다. 그러나 우리는 그런 삶을 살아갈 수 없다. 우리는 우리 자아의 매순간으로부터 살아가기 때문이다. 자아(Ich)의 각각의 순간에 오직 우리의 자기(Selbst)—우리 삶의 전체성—만 등장해야 하지만, 실제로는 그렇게 되지 않는다. "이러한 자아에 대하여…우리의 삶의 과정이 그치는 종말은 죽음을 의미한다. 본래 일은 이렇게 되지 말아야 한다. 우리가 우리 자신으로서, 우리 현존재의 유한한 전체로서 존재할 수 있다면, 순간으로서의 그 종말은 우리 현존재의 정체성 안으로 통합될 것이며, 그래서 현존재에게 어떤 종말을 설정하지 않을 것이다. 그러나 자아는 자기의식의 구조를 결정하는 자기관계 안에서 계속해서 종말을 자기 자신의 외부에 두고 있다." 이런 일이 일어나는 것은 자아가 계속해서 자신의 무한성이 하나님과 동등하다는 망상 안에서 살기 때문이다. "물론 우리는 인간으로서 죽음을 알고 있다. 그러나 프로이트가 말한 것처럼 우리는 자기 자신의 죽음에 대해서는 믿지 않는다. 자아는 그의 종말을 자신의 외부에 두고 있고, 바로 그 이유에서 자아는 죽음을 향한 존재로 규정된다."[118]

---

118   *Grundfragen systematischer Theologie*, 1980, 154.

b) 부활의 희망과 개인의 죽음 이후의 미래에 대한 다른 형태의 믿음들 사이의 관계

인류의 초기 문화에서 죽은 사람이 어떤 방식으로든 죽음 이후에 계속 살아 있다는 확신은 자명한 세계 이해의 한 부분이었던 것으로 보인다. 한편으로 그 세계는 결코 엿볼 수 없는 신비의 온갖 자연 사건들로 둘러싸여 있었고, 다른 한편으로 어떤 인격적 존재가 완전히 끝난다는 것은 상상하기 어려웠다.[119] 이런 많은 문화 안에서 죽은 자들이 산 자들의 운명에 영향을 미친다고 생각되었다(지금도 그렇다). 이런 사상과 조상 숭배의 제의가 결합된다. 이 제의는 죽은 자들이 산 자들에게 자비를 베풀라고 간청하거나, 최소한 죽은 자들을 달래고 그들의 힘을 산 자에게 해롭게 사용하지 못하게 하려는 것이다. 이와 비교해서 고대 메소포타미아[120]와 같은 다른 문화권에서는—이집트와는 반대로—죽은 자들은 단지 그림자와 같은 현존재 형태를 갖고 있어서 산 자들에게 영향을 미칠 수 없다고 생각했다.

이스라엘의 종교는 죽은 자들이 산 자들에게 영향을 미친다는 믿음에 대하여, 그리고 그와 결합된 죽은 자를 위한 제의에 대하여 날카롭게 반대했다(비교. 레 19:31; 20:6; 사 8:19). 구약성서는 죽은 자 숭배가 인간의 미래에 대하여 홀로 권능을 가지시는 하나님께 대한 믿음과 경쟁하는 것으로 보았다.[121] 그러므로 이스라엘에서 스올에 있는 죽은 자들의 현존재는 단순히 그림자의 존재로 파악되었다.[122] 왜냐하면 스올에서 인간은 하나님의

---

119 비교. J. Hick, *Death and Eternal Life*, 1976, 57.

120 H. Schmökel, *Das Land Sumer. Die Wiederentdeckung der ersten Hochkultur der Menschheit*, 1955, 151ff.

121 G. v. Rad, *Theologie des Alten Testaments* I, 1957, 275. 폰 라트는 옛 이스라엘이 죽은 자들을 위한 제의와 "힘든 방어의 싸움"을 해야만 했고, 이 싸움에서 야웨 신앙이 "특별히 견디기 힘들어 했다"고 말했다. 또한 참고. L. Wächter, *Der Tod im Alten Testament*, 1967, 187f.

122 이 점에 하데스에 있는 죽은 자의 존재에 대한 고대 그리스 사상과의 특징적인 유비가 놓여 있다. 하데스는 아마도 올림푸스의 신들이 저승의 신들을 추방한 결과로

생명의 권능으로부터 분리되어 있기 때문이다. 이와 반대로 하나님의 권능에 찬 현재는 스올까지도 도달하며, 그래서 그곳에서도 아무도 하나님으로부터 자신을 숨길 수 없다(시 139:8).

죽은 자들의 존재를 그림자로 보는 표상들은 죽음 이후에 대한 어떤 **희망**의 특성을 전해주지 않는다. 이런 주제는 아마도 죽은 자들, 곧 저승의 심판관인 오시리스 앞에 선 자들에 대한 심판이라는 이집트적 표상들과 처음으로 결합했을 것이다. 아니면 그 주제는 한 해의 주기에 따라 죽고 다시 사는 자연적 성장과 관련된 신들을 위한 제의와 함께 확산되었을 것이다. 이와 비교할 때 그 주제는 인도의 종교 세계에서 시작된 환생의 표상에서는 어쨌든 이차적인 역할만을 행하였다. 카르마 신앙의 지배 아래서 육체의 환생에 대한 전망은 이렇다 할 위로를 주지 못하며, 최선의 경우에 흠없는 행위를 통해 카르마의 짐을 덜어주는 기회라는 의미만을 갖는다. 그런 행위의 결과로 다음 생에는 더 나은 형태로 태어나게 된다는 것이다. 힌두교나 불교의 본래 희망은 환생이 아니라, 깨달음의 능력을 통해 환생의 굴레로부터 해방되는 것이다.[123]

환생과 윤회의 다양한 교리는 존 힉이 상세하게 논의했다.[124] 베다의 교리는 영혼의 여행(윤회) 혹은 개별 영혼(Jiva)이 육체로 다시 태어나는 것(환생)에 대

생겼을 것이다. 이에 대해 참고. E. Rohde, *Psyche. Seelencult und Unsterblichkeitsglaube der Griechen*, 9.10. Aufl. 1925, 1, 204ff. 빌라모비츠는 죽은 자들의 무력함의 표상이 고대 그리스인들의 전형적인 직관임을 강조했다. U. v. Wilamowitz-Möllendorff, *Der Glaube der Hellenen* I, 1931, 315f. 그러나 Aischylus, *Choeph.* 322-332는 죽은 자들의 큰 영향력을 가진 분노에 대하여 말했다. 참고. W. R. Otto, *Theophania. Der Geist der altgriechischen Religion*, 1956, 55f.

123 이 점에서 인도에서 시작된 윤회 교리와 그것을 수용하여 육체의 환생을 구원의 사고와 연결하려고 시도했던 인지학(Anthroposophie) 사이의 깊은 차이가 드러난다. 이에 대해 참고. P. Althaus, *Die letzten Dinge* (1922) 4.Aufl. 1933, 152-164, bes. 154f.

124 J. Hick, *Death and Eternal Life*, 1976, 297-396. 계속되는 본문에서 괄호 안의 쪽수는 이 책을 가리킨다.

하여 가르치는데, 여기서 개별 영혼들은 다양한 종류의 육체로 탄생하는 일련의 연속 과정 안에 있다. 이 가르침은 일신론부터 다신론에 이르기까지 다양한 해석의 스펙트럼을 포함한다. 일신론은 영원한 아트만과 구분되는 개별 영혼을 환상으로 설명하며, 다신론은 개별 영혼을 신이 창조한 것으로 이해한다. 불교의 환생 이해는 영혼의 모든 표상을 거부하며(334ff.), 경험적 주체의 배후에 서 있는 불변의 자아도 부정한다(344f., 비교. 338f.). 불교의 이해는 개인적 인생이 지나는 시간 속에서 오직 한 가지 연속되는 원칙만을 발견하는데, 그것은 카르마다. 카르마는 행위의 결과이며, "정신의 성향"(316)을 견고하게 고정한다. 카르마는 "성격과 성향의 체계이며, 전생들에 쌓인 업보가 누적된 것이고, 욕망의 힘에 의해 활기를 띠고 계속 추진된다"(343f.). 이런 모든 해석이 서로 갈라지는 문제의 지점은 연속되는 환생 속에서 개인의 정체성이 계속 존속하는지에 대한 질문이다. 영혼의 윤회라는 표상의 뿌리, 곧 이전의 여러 번의 환생을 기억한다는 주장(302 – 305)은 환생의 과정에서 주체가 계속 이어진다는 가정을 지지하는 듯이 보인다. 그러나 그런 기억을 갖고 있는 사람은 비교적 소수의 사람들뿐이며, 나아가 힉에 의하면[125] 그 기억의 내용도 주체의 정체성을 확증하기에는 대부분 너무 희미하다(305ff.). 그러나 힉은—초심리학적 최면술이 제시하는 증거에 강한 인상을 받은 후에(143f.)—영혼의 윤회의 표상을 어느 정도 타당하다고 간주한다. 그것의 최소한 "한 사람이 겪은 각각의 삶들을 하나의 노선의 전생들로 연결하는 무의식적 기억의 끈"이라는 일반적 형식 안에서 가능할 수 있다는 것이다.[126] 여기서 의식 현상이 다음 생의 육체 기능에 연결된다는 것은 개인의 죽음에 있어 의식

---

125   참고. J. Hick, 같은 곳, 327ff., 350ff., 373 – 378, 381.

126   J. Hick, 같은 곳, 408f., 414ff., 456. 여기서 힉은 개인의 존재 조건들의 불의한 불평등의 문제가 환생의 교리를 통해서도 해결되지 못한다는 점을 분명히 밝힌다(389ff.; 308f.; 314). 이것은 그 교리의 옹호자들의 주장에 그친다. 힉에 의하면 이 문제는 불멸에 관한 모든 인간학적 표상의 뿌리에 놓여 있다(152 – 166).

을 갖고 있는 영혼이 계속 살아 남는다는 사실을 배제하지 않는다.[127] 이것을
회의적으로 판단하는 사람은 여기서 영혼의 윤회 교리에 대한 힉의 긍정적
평가를 충분히 정당하게 음미할 수 없을 것이다. 그 밖에도 환생 교리에 대한
그리스도교 신학의 판단은 그 교리 또한 탄생과 죽음 사이의 개인적 삶의 유
일회성을 중요하게 생각하며, 그리고 그 삶이 하나님 앞에서 ― 다시 말해 영
원의 관점에서 ― 갖는 중요성을 강조한다는 사실을 정당하게 평가하지 못하
고 있다.[128]

영혼의 윤회라는 표상의 근저에 놓인 카르마 이론은 행위와 결과 사
이의 작용 관계에 대한 성서적 표상과 비슷하다.[129] 사람들은 "운명을 결
정하는 행위의 영역"이라고 바르게 말했다.[130] 이 영역은 성서적 전승의 이
해에 따르면 개인적 존재를 넘어 고통을 함께하는 공동체의 삶을 형성했

---

127   J. Hick, 같은 곳, 126. 힉은 몸과 영혼의 현상들 사이의 상호작용이 확실하다고 간
       주한다(121). 그래서 그는 의식을 단순히 두뇌의 부수적 현상으로 보는 견해를 거부
       한다. 물론 몸과 영혼 사이의 상호작용이 후자가 언제나 신체적 토대를 필요로 한다
       는 사실과 반대되는 것은 아니다. 힉이 볼 때 텔레파시 현상(123ff.)이 신체의 토대와
       독립적으로 기능하는 영혼의 충분한 가능성을 입증한다는 것은 회의적이다.

128   놀랍게도 존 힉은 그리스도교와 환생의 표상 사이의 관계에 대한 서술(같은 곳,
       365-373)에서 이 요점을 다루지 않는다. 그는 그리스도의 죽음에 의한 구원의 유일
       회성에 대한 그리스도교의 관심을 언급하지만(372), 그러한 신앙의 명제에 대한 인
       간학적 상관관계, 즉 이 세상 삶의 유일회성에 대한 관심은 언급하지 않았다. 의심할
       바 없이 후자의 관점은 개인들의 삶의 조건과 운명의 불평등에 관한 부담스러운 신
       정론의 질문과 관련이 있다. 이 점은 힉이 바르게 강조했으며(같은 곳, 156ff., 161),
       윤회론의 주제에 속한 것으로 제시했다. 그리스도교 종말론의 범위 안에서 이 질문
       에 어떻게 대답해야 할지는 심판을 위한 그리스도의 재림을 다루는 아래의 단락에
       서 명확하게 설명될 것이다.

129   힉은 이 상응 관계를 갈라디아서 6:7을 인용하며 적절하게 강조했다(J. Hick, 같은
       곳, 351f.) : "사람이 무엇으로 심든지, 그대로 거두리라."

130   『조직신학』 II, 704의 각주 47에 인용된 코흐의 논문을 참고하라. K. Koch, Gibt es
       ein Vergeltungsdogma im Alten Testament?, ZThK 52, 1955, 1-42.

으며, 그 결과 나쁜 행위에 대하여 속죄제를 드리거나 혹은 행위의 주체에게 재앙을 되갚는 일이 행해졌다. 카르마 이론과의 유비는 행위와 그 결과를 자연법칙의 관계로 보는 관점이 그 법칙적 인과관계가 모든 개인의 삶에 적용되어야 한다(겔 18:20)는 요청과 병행된다는 데 놓여 있다. 그러나 개인들의 죽음 이전의 이 세상에서 그런 일은 흔히 일어나지 않는다는 경험과 함께, 그 인과관계는 죽은 자들의 부활과 심판에 대한 성서적 표상의 뿌리들 가운데 하나가 되었다(단 12:2). 이것은 이 세상에서 해결되지 않고 남아 있는 계산이 저 세상에서 균형을 맞추는 것을 가능케 한다. 그러나 카르마 이론이 어떤 행위의 외적인 결과와 마찬가지로 또한 그 행위가 행위자 자신의 성격에 되돌아 미치는 결과도 바라보는 반면에,[131] 행위 – 결과 – 관계에 대한 성서적 표상에서 핵심은 단지 첫째 측면 즉 우선적으로 악한 행위의 파괴적 결과이며, 초개인적으로 확증된다는 행위자의 어떤 성향이 아니다.[132] 그렇기에 성서적 표상은 육체의 삶으로부터 독립적인 기저의 토대, 곧 행위자의 그런 성격적 성향이 개인적 죽음 이후까지 지속한다는 토대를 필요로 하지 않는다. 성서적 표상은 그와 달리 죽은 자들이 육체적 존재 형태로 다시 살아난다고 가정하는 경향을 보였는데, 이것은 행위자가 자기 행위의 결과를 받기 위함이다.

개인적 죽음 이후의 미래의 삶에 대한 믿음이 희망의 대상이 될 수 있는 것은 오직 그 미래의 삶이 더 나은 삶, 특별히 신성과 연합하는 삶에 대한 기대와 연결될 때다.[133] 이것은 성서적 부활 신앙의 두 번째 깊은 뿌리다. 이사야의 묵시록은 하나님과 그분의 구원을 찾는 자들에게, 그러나

---

131 J. Hick, 같은 곳, 351. "현재 삶의 내부에서 행위의 결과는 행위자 자신의 성격에 작용하는 내면적인 것으로 느껴지는 동시에, 외적으로는 세계 안에서 그가 살아가게 될 미래 환경에 영향을 미치게 된다(그러므로 불가피하게 어느 정도는 타인들에게 영향을 주게 된다)."

132 후자는 오히려 "습성"(Habitus)의 생성에 관한 아리스토텔레스의 서술을 상기시킨다. Aristoteles, *Eth. Nic.* 1104 b 19ff., 비교. 1104 a 27ff., 또한 1105 b와 1114 a 9f.

133 참고. J. Hick, 같은 곳, 63f.

또한 의심하는 자들에게 이렇게 선포한다. "주의 죽은 자들은 살아나고, 그들의 시체들은 일어나리이다. 티끌에 누운 자들아, 너희는 깨어 노래하라"(사 26:19). 이 주제는 시편 73편에서 더욱 명확하게 표현되는데, 부활의 표상과 연결되지는 않는다. "내 육체와 마음은 쇠약하나[소멸하나], 하나님은 내 마음의 반석이시요 영원한 분깃이시라"(시 73:26). 이스라엘이 계약(언약)의 하나님을 신뢰함으로써, "하나님과의 연합이 깨지지 않는다는 것, 그래서 인간의 생명이 영원하다는 것"에 대한 믿음이 자라났다.[134] 예수께서도 죽은 자들의 부활에 대한 믿음을 반대하는 사두개인에게 하나님의 자기동일성을 언급하시며 같은 생각을 말씀하셨다. 하나님은 "아브라함과 이삭과 야곱의 하나님"(출 3:6)이고, 또한 "하나님은 죽은 자의 하나님이 아니요, 산 자의 하나님이시라"(막 12:27).

이 진술에서 죽은 자들의 부활에 대한 다른 이해, 곧 이 세상에서 그치지 않고 계속되는 행위 – 결과 – 인과관계의 주제로 소급되는 이해와 전혀 다른 이해가 표현되고 있다. 후자에서 중요한 것은 악인과 의인의 부활에 대한 표상이다. 부활은 모든 인간(시리아의 바룩서 50:2 – 4) 혹은 최소한 자기 행위에 상응하는 결과를 살아 있는 동안에 아직 받지 못한 사람들에게 해당한다.[135] 여기서 부활은 최후의 심판의 실행을 위한 앞선 조건을 형성한다(요 5:29; 행 24:15). 그래서 부활은 이 관점에서는 구원과 동일하지

---

134 J. Ratzinger, *Eschatologie - Tod und ewiges Leben* (1977), 6.Aufl. 1990, 76. 라칭어에 의하면 이 주제는 삶의 종말로서의 죽음과 관계된 구약성서적 현실주의와 반대되지 않으며, 시편 73:26에서 강하게 지지해 주는 기초를 찾을 수 있다. 라칭어는 이 주제가 행위 – 결과 – 인과관계에 집중하는 것에 반대한다는 점을 강조한다(80f.).

135 이에 대한 가장 명확한 예는 제1에녹서 22:4 – 13이다. 참고. U. Wilckens, *Auferstehung. Das biblische Auferstehungszeugnis historisch untersucht und erklärt*, 1970, 118 – 122. 아마도 다니엘 12:2도 — 이 구절에서 모든 인간(혹은 계약의 민족에 속했던 모든 지체)의 보편적 부활에 대한 표상이 전제되지 않는다면 — 여기서 고려할 수 있을 것이다. 물론 글자 그대로 읽는다면, 모든 인간의 부활이 가장 근접한 암시적 해석일 수도 있다. 그러나 이 구절은 단지 특별한 의인들과 특별한 악인들만의 부활을 말하고 있다고 보아야 한다.

않다. 구원은 의인들에게만 심판 이후에 주어질 것으로 기대된다. 그러나 죽음에 직면해서도 하나님과의 연합이 깨지지 않을 것이라는 신뢰로부터 자라난 다른 형태의 부활 이해에서, 하나님과의 연합 안에서 새로운 생명으로 건너가는 부활은 그 자체가 이미 구원이다.[136] 모든 인간에게 내려지는 심판의 기대는 그 이해에서 보통은 다루어지지 않는다.[137] 그러나 부활의 이중 표상―한편으로 영원한 구원을 향한 부활과 다른 한편으로 저주를 향한 표상―을 옹호하는 사람들에게, 그것은 그보다 앞서 죽은 자들의 육체적 정체성의 복구 없이는 생각되기 어려웠다. 반면에 이 문제는 부활의 기대 그 자체를 이미 구원의 희망으로 보는 사람들 사이에서는 놀랍게도 이렇다 할 역할을 하지 않았다. 하지만 최후의 심판의 표상에 대한 논의 가운데 이 문제를 다시 한번 불러낼 필요가 생겼다. 여기서는 죽은 자들의 부활에 관한 두 가지 서로 다른 표상들의 불일치성에 직면해서 우선

---

136 찰스가 이미 부활의 기대의 이러한 두 가지 형태 사이의 차이를 강조했다. R. H. Charles, *Eschatology. The Doctrine of a Future Life in Israel, Judaism and Christianity. A Critical History* (1899), Neudruck 1963, 132-139 등등. 호프만은 어느 정도 이와 다른 점을 강조하며 설명했다. P. Hoffmann, *Die Toten in Christus. Eine religionsgeschichtliche und exegetische Untersuchung zur paulinischen Eschatologie*, 1966, 172ff., 바울에 대해서는 330-338. 그러나 부활의 표상 자체의 구분은 그곳에서 그것이 역사의 종말의 사건인지, 아니면 개인의 죽음 직후에 발생하는 사건을 의미하는지를 묻는 질문 앞에서 배후로 물러난다. 비슷한 주장으로 참고. G. Greshake, *Auferstehung der Toten. Ein Beitrag zur gegenwärtigen theologischen Diskussion über die Zukunft der Geschichte*, 1969, 233ff.

137 그래서 바울은, 비록 그는 믿음과 세례를 통해 예수 그리스도와 연합한 자들이 지금 이미 그분의 부활 안에서 시작된 새로운 생명에 확실히 참여하게 될 것을 확신했지만, 그럼에도 불구하고 그들도 그리스도의 심판대 앞에 서게 될 것으로 기대했다. "이는 우리가 다 반드시 그리스도의 심판대 앞에 나타나게 되어 각각 선악간에 그 몸으로 행한 것을 따라 받으려 함이라"(고후 5:10; 비교. 고전 4:5; 롬 14:10). 그들도 모든 사람과 함께 심판대에 서야 하는 것이다(롬 2:5-11). 그러나 요한복음 5:24은 이와 다르게 말한다. 믿는 자들은 심판에 이르지 않는다. 그는 이미 "사망에서 생명으로 옮겼느니라."

어느 쪽에 신학적 우선성을 부여할 것인지가 결정되어야 했다.

죽은 자들의 부활에 대한 유대교적 기대 안에서 이미 영원한 생명을 향한 부활의 희망이 전면에 서 있다.[138] 물론 거기서 최후의 심판에 선행하는 조건이 되는 보편적 부활이라는 다른 표상과의 불일치성이 언제나 명확하게 의식되었던 것은 아니다. 비슷한 내용이 원시 그리스도교에도 해당한다. 전승으로 내려오는 사두개인들의 질문에 대한 예수의 대답 안에서, 또한 바울에게서도 부활 그 자체는 이미 영생의 구원에 참여하는 것을 의미한다.[139] 그렇기에 부활은 그리스도교의 희망의 대상이다. 죽은 자들의 부활이 구원을 의미한다는 것은 바울에게서 믿는 자들이 십자가에 못 박히고 부활하신 예수 그리스도의 운명에 참여한다는 생각과의 관계 안에서 형성되었다. 부활 사건의 경험과 믿는 자들이 예수와 결합되었다는 확신은—예수는 우리를 위해 죽음을 뚫고 통과하여 생명으로 나아가셨다—원시 그리스도교 안에서 궁극적으로 생명으로의 부활에 대한 희망이 우선권을 갖는다고 확증했다. 이와 비교할 때 다른 표상, 곧 최후의 심판을 실행하기 위한 앞선 조건으로서 죽은 자들의 보편적 부활의 표상을 말하는 신약성서의 몇 안 되는 구절은 신학적으로 훨씬 덜 중요하다. 그러나 그리스도교 신학사 안에서 구원의 질문에 대하여 중립적 형식을 취하는 그런 부활의 표상이 결정적 의미를 갖게 되었다. 말하자면 생명으로의 부활이 죽은 자들의 보편적 부활에 대한 표상보다 하위에 놓이게 되었으며, 그에 따라 부활의 기대 그 자체도 불가피하게 구원의 희망의 성격을 상실하고 심판의 사고에 예속되었다.

신학적 전통 안에서 죽은 자들의 부활에 대한 두 가지의 서로 다른 표상은 양자 사이의 서로 대립되는 성격에 대한 명확한 의식 없이 자주 연결되었다.

---

138   참고. U. Wilckens, 같은 곳, 122ff.
139   참고. 살전 4:13-16; 비교. 고전 15:21ff.; 고후 5:4; 롬 6:5, 8; 빌 3:11.

그러나 이미 아테나고라스가 양자의 차이를 고려하려고 시도했다. 그는 하나님의 인간 창조의 의도에 뿌리를 둔 부활 이해 곧 부활을 구원의 완성으로 보는 이해에 중점을 두었고, 반면에 의의 원칙에 근거한 심판으로의 부활 사상을 그 이해에 예속시켰다.[140] 이레나이우스는 바울과 제1클레멘스 서신 (24:1; 26:1)처럼 대체로 예수 그리스도의 부활에 참여하는 생명으로의 부활만 말하고 있다.[141] 이레나이우스는 영지주의에 반대하는 논쟁 안에서 위협하는 심판으로의 부활에 대하여 단지 주변적으로만 가끔 말한다.[142] 서로 대립하는 이 두 가지 유형의 표상 사이를 연결하기 위해서는 이미 천년왕국설에서 매우 중요해진 구분, 곧 그리스도와 결합된 의인들만의 첫째 부활과 심판으로 나아가는 보편적인 둘째 부활 사이의 구분을 살펴보아야 한다. 이 구분은 요한계시록에 기초한다(20:5f.; 20:12).[143] 이 구분은 명백하게도 예수 그리스도의 부활 안에서 나타난 생명에 참여하는 그리스도교적 구원의 희망

---

140 후자의 사상에 관한 일련의 논증에 대해 참고. Athenagoras, *de resurr*, 18ff. (SC 379, 286ff.), 생명으로의 부활의 우선성 이해에 대해 참고. Athenagoras, 같은 곳, 14 (같은 곳, 266‑270). 아테나고라스는 여기서 부활을 단지 심판의 서곡으로만 보려는 사람들에 대해서는 분명히 반대한다. 더 나아가 그는 부활한 모든 자가 심판받는 것이 아니라고 말한다.

141 제5권에 있는 부활의 희망에 관한 상세한 논의에 대해 참고하라. *adversus haereses*, bes. V,3.7.12; V,31.2. 다른 한편으로 V,27.28의 최후의 심판에 관한 서술에서 심판의 실행을 위한 전제로서의 부활은 언급되지 않는다. 하지만 바로 V,27에서 두 번 언급되는 부활은 구원과 연결된다. 오직 V,35,2에서 "보편적 부활과 심판에서 일어나는 사건들"이 부차적으로 언급되지만, 그러나 상세하게 다루어지지 않는다. 그레스하케는 이렇게 말했다. "영지주의자들 사이에서 부활은 명확하게 구원의 사건인 반면에, 영지주의에 반대하는 신학자들 사이에서 부활 이해는 본질적으로 하나님의 심판으로 이끌었다. 심판이 비로소 구원 혹은 재앙에 대해 결정한다." 하지만 이 진술은 좀 더 구별해서 이해될 필요가 있다. G. Greshake/J. Kremer, *Resurrectio Mortuorum. Zum theologischen Verständnis der leiblichen Auferstehung*, 1986, 189.

142 Irenaus, *adv. haer.* 1,22,1.

143 참고. G. Kretschmar, *Die Offenbarung des Johannes. Die Geschichte ihrer Auslegung im 1. Jahrtausend*, 1985, 59. 또한 비교. 디다케 16:6f. (SC 248, 196‑198).

의 특수성을, 최후의 심판의 서곡인 죽은 자들의 보편적 부활의 표상과 비교하여 확정할 수 있게 해준다. 이에 대하여 유스티누스는 종말의 때의 부활에서 한 사람은 구원으로, 다른 사람은 심판으로 나아간다고 단숨에 구분했고 (*Apol. I*,52), 테르툴리아누스는 심판이 죽은 자들의 육체를 복구하기 위한 근거(*ratio*)를 형성한다고 말할 수 있었다.[144] 오리게네스도 마지막 때의 죽은 자들의 부활에 대하여 크게 다르게 말하지 않았다.[145] 다만 의인들의 경우에 영적인 부활이 선행하는데, 이것은 "믿음 안에서 일어나며, 이 세상을 벗어나 하늘을 향해 올라가는 것"이다.[146] 이 구상은 주목할 만하게도 아우구스티누스의 것과 비슷하다. 아우구스티누스는 한편으로 마지막 때의 부활을 전적으로 최후의 심판의 서곡인 죽은 자들의 보편적 부활의 의미로 묘사했고,[147] 다른 한편으로『하나님의 도성』안에서 천년왕국설과의 유명한 논쟁 안에서 요한계시록 20:5f.에 나오는 의인들의 "처음" 부활을 요한복음 5:25f.와 관련시킨 후에, 그것을 최후의 심판 때 일어날 몸의 부활과 구분되는 "지금" 발생하는 영혼의 부활로 해석했다.[148] 예수 그리스도와의 연합 안에서 일어나는 생명으로의 부활에 대한 신약성서의 구원론적 희망에 대한 아우구스티누스의 바로 이같은 영성주의적 해석은, 만일 우리가 이 부활 이해를 심판을 예비하는 모든 죽은 자들의 보편적 부활의 표상 안으로 포함시킨다면, 그것은 신약성서적 구원의 희망의 특수성을 평준화해 버리게 된다는 사실을 제시한다. 그 특수성의 상실은 믿음 안에서 세례를 통해 이미 현재적으로 발생하는 영혼의 부활이라는 영성주의적 사상을 통해 보충될 수 있다. 그러나 이 사상이 부활하신 그리스도의 생명—이것 자체가 몸을 가진 생명이다—과

---

144 Tertullian, *Apologeticum* 48,4: ratio restitutionis destinatio iudicii est (CCL 1,166).

145 Origenes, *De princ.* II, 10,3 (hg. Görgemans/Karpp 1976, 426,10-20).

146 G. Greshake, 같은 곳, 206. 이 이해의 체계적 맥락을 오리게네스의 서술에서 참고하라. Origenes, 같은 곳, 202-207.

147 Augustin, *Ench.* 29, CCL 46, 109, 32ff.

148 Augustin, *De civ. Dei,* XX,6,1-2 (CCL 48, 706-708).

믿는 자들 사이의 해체될 수 없는 결합에 대한 구체적 희망을 대체할 수는 없다.

개별 인간의 죽음 이후의 미래에 대한 성서적 기대는, 이 기대가 믿는 자들이 하나님 및 그분의 영원한 생명과 깨질 수 없는 연합을 이룬다는 사실에 근거함으로써, 희망의 의미를 갖는다. 이 연합은 그리스도인들에게 예수의 부활 안에서 인간도 참여할 수 있는 것으로서 출현했다. 바로 이 자리에 그 기대와 영혼불멸에 관한 플라톤적 교리와의 유사성이 존재한다. 물론 성서적인 부활의 희망은 많은 점에서 올바르게도 그 교리에 반대되는 것으로 설명되었다.[149] 양자의 유사성은 플라톤에 의하면 영혼불멸의 교리가 영원과 신성에 참여한다는 데 놓여 있다. 물론 플라톤이 말하는 이 참여는 역사 속에서 선택하고 행동하는 창조자 하나님께 대한 신뢰를 통해 발생하지 않고, 그분의 약속에 근거하지도 않는다. 오히려 그 참여는 불변하고 영원한 이념에 대한 앎에 기초한다(*Phaid.* 74 a ff., 79 d). 그래서 플라톤에게서 영혼은 모든 소멸적인 것에 대하여 비소멸적이고 영원한 것의 편에 선다(같은 곳, 80 a f). 플라톤의 파이드로스(*Phaidr.* 247 d 3)에서 불멸의 신성 자체는 참된 존재자, 즉 이념을 먹고 스스로 자란다. 이 대화 안에서 영혼의 불멸성이 파이돈 안에서와 달리 스스로 운동할 수 있는 능력을 통해 증명된다면(*Phaidr.* 245 c 5 - 246 a 2), 그때 그 능력 안에 그것의 신성이 함축되어 있는 것이다. 왜냐하면 스스로 운동하는 영혼들―이것들은 자기 운동을 통해 동시에 다른 모든 운동의 근원이 된다―과 관련해서 플라톤

---

149 참고. P. Althaus, *Die letzten Dinge* (1922) 4.Aufl. 1933, 92 - 110, bes. 109f. 슈탕게는 더욱 날카롭게 비판했다. C. Stange, *Das Ende aller Dinge. Die christliche Hoffnung, ihr Grund und ihr Ziel*, 1930, 122f. 또한 비교. 동일저자, *Die Unsterblichkeit der Seele*, 1925. 특별히 영향력이 컸던 것은 쿨만의 저서다. O. Cullmann, *Unsterblichkeit der Seele oder Auferstehung der Toten?*, 1962. 이런 날카로운 대립을 제한하는 알트하우스의 그 이후의 설명도 보라. P. Althaus, Retraktationen zur Eschatologie, *ThLZ* 75, 1950, 253 - 260.

은 우선 인간의 영혼들이 아니라 하늘의 운동들을 일으키는 천체들을 생각했기 때문이다.[150]

그리스도교 신학은 영혼불멸의 사상을 처음에 주저한 끝에 수용했으며, 그 후 성서적 부활의 희망과 결합했다. 그 과정에서 플라톤의 이론은 통렬한 변경을 겪어야 했다. 그 이론의 본래 형태는 하나님과의 관계 안에 있는 인간의 성서적 이해와 조화되기 어렵다고 느껴졌기 때문이다. 그러나 그런 변경에도 불구하고 근세에 영혼불멸의 표상과 성서적 부활 희망의 연결은 점점 더 전적으로 이질적인 두 가지 표상의 단순한 묶음으로 판단되었다.

초기 그리스도교 신학자들은 처음에 본질상 불멸적이라는 영혼 개념을 받아들이기를 주저했다. 왜냐하면 그 개념이 영혼의 신성을 전제하는 것으로 보였기 때문이다.[151] 성서를 지향하는 모든 신학은 사실상 인간의 몸의 피조성만이 아니라 또한 영혼의 피조성도 주장해야 한다. 2세기의 변증론자 가운데 누구보다도 타티아노스가 영혼의 사멸성을 명확하게 주장했다(or. c. Gr. 13,1). 타티아노스에 의하면 인간은 물론 창조자에 의해 불멸성으로 규정되었지만 (7,1), 그러나 이 상태는 그 안에 있는 하나님의 영을 통해 실현된다(13,2ff.).[152] 안디옥의 테오필로스(ad Auto. II,27)와 알렉산드리아의 클레멘스도 비슷하게

---

150 *Phaidr.* 246 b 6f.; 비교. *Nomoi* 892ff., bes. 896 d 10-897, c 9. 이에 더하여 898 d 3-899 b 9를 보라. 이곳에서 천체 영혼들의 신성이 서술된다.

151 Justin, *Dial.* 5. 이에 대해 나의 논문을 비교하라. Christentum und Platonismus. Die kritische Platonrezeption Augustins in ihrer Bedeutung für das gegenwärtige christliche Denken, in : *ZKG* 96, 1985, 147-161, bes. 151. 그러나 유스티누스는 영혼이 육체의 죽음과 함께 소멸한다고 생각하지 않았고, 죽음 이후에도 살아 있다고 말했다(*Apol.* 1, 18).

152 참고. M. Elze, *Tatian und seine Theologie*, 1960, 88ff., bes. 90. 또한 비교. G. Kretschmar, Auferstehung des Fleisches. Zur Frühgeschichte einer theologischen Lehrformel, in : *Leben angesichts des Todes. Festschrift H. Thielicke*, 1968, 101-137.

생각했다.[153] 그러나 이미 이레나이우스(*adv. haer.* II,34)와 테르툴리아누스(*De an.* 22,21f.)가 영혼 그 자체를 불멸로 여겼다.[154] 여기서 물론 이 두 사람은— 아테나고라스와 마찬가지로(*de res.* 15)—매우 비플라톤적인 방식으로 피조물 인 인간의 통일성 안에서 영혼과 육체의 일치를 강조했다.

영혼의 신성에 대한 플라톤의 직관과는 달리 그리스도교 신학은 인간 을 육체와 영혼을 가진 피조물로 보았다. 이 피조물은 하나님과의 연합 안 에서 불멸로 규정되어 있지만, 그러나 그것을 자기 자신으로부터 소유하 는 것도 아니고, 스스로 만들어낼 수도 없으며, 오직 하나님의 은혜의 선물 로 수용할 뿐이다.

이 사실과 두 번째의 구분이 매우 긴밀히 결합되어 있다. 영혼은 홀 로 그 자체로서만 본질적인 인간일 수 없다. 몸은 영혼이 단지 지상의 현 존이 지속하는 동안 묶여 있는 어떤 성가신 부착물 혹은 감옥인 것이 아 니다. 오히려 인간은 몸과 영혼의 통일체이며, 그래서 죽음 이후의 미래 도 인간에게는 오직 몸의 갱신으로 생각될 수밖에 없다. 이미 아테나고라 스가 그렇게 논증했다. 그러나 여기서 죽음 이후의 미래에 육체적 생명이 존재할 가능성에 대한 질문[155]은 아테나고라스의 사고 중심에 놓인 질문,

---

153 알렉산드리아의 클레멘스에 대해 참고. H. Karpp, *Probleme altchristlicher Anthropologie. Biblische Anthropologie und philosophische Psychologie bei den Kirchenvätern des dritten Jahrhunderts*, 1950, 102f.

154 상세한 내용을 『조직신학』 II, 327에서 보라.

155 이 관점에서 성서적 부활의 희망은 인간을 육체적 존재로 보는 현대 과학의 인간 이 해와 결합할 수 없는데, 과학과 결합하는 어려움이 환생의 교리를 포함한 플라톤 적 영혼불멸 사상과 결합하는 어려움보다 덜한 것은 결코 아니다. 이에 대하여 라칭 어가 올바로 질문했다. "누가 오늘날 자연과학의 여건으로부터 몸의 부활을 상상할 수 있겠는가?" J. Ratzinger, *Eschatologie— Tod und ewiges Leben* (1977) 6.Aufl, 1990, 94. 육체적 존재인 인간의 종말론적 완성에 대한 희망의 상징적 표현으로서 성서적 부활의 표상은 몸과 분리된 영혼의 독립적 존속이라는 표상보다 현대 자연과학이 규정하는 인간 이해에 조금 더 가깝다고 할 수 있다.

곧 인간이 육체적 존재로서의 자신의 고유한 특성을 인식한다는 점에서 인간의 종말론적 완성을 생각하는 것이 적절한지에 대한 질문과 구분되어야 했다. 이 관점은 모든 영혼 현상이 육체와 결합되어 있다는 오늘의 지식 수준에 직면해서 힘을 얻고 있다.[156] 하지만 그 관점이 아테나고라스에게 그랬던 것처럼 우리에게 그에 따라오는 미래의 실재성을 보증해주지는 못한다.

유대적-그리스도교적인 부활의 희망과 고대 그리스적 영혼불멸의 표상 사이의 세 번째 대립은 다음의 사실로부터 온다. 플라톤이 파이돈에서 불멸성을 가르쳤던 그 영혼은 탄생과 죽음 사이에서 유일회적인 삶의 역사를 진행하는 개인과 같지 않다. 플라톤이 생각했던 영혼은 불특정하고 무수한 환생 과정을 겪으며, 그래서 육체적-개인적 현존재의 일회적인 길과는 다른 존재적 지평에 속한다. 그러나 그리스도교적 메시지는 바로 그 개인적 현존재의 영원한 구원을 말한다.[157] 그래서 그리스도교적 메시지는 순수한 플라톤적 형식의 영혼불멸 사상과 공통점을 가질 수 없다. 교부 신학이 영혼의 표상을 개인을 구성하는 요소로 새롭게 파악했을 때—그와 함께 환생의 표상을 포기했을 때—영혼을 바로 여기에 존재하는 개인의 영혼으로 생각할 수 있게 되었으며, 그 결과 영혼에만 귀속되었던 불멸성이 바로 여기 있는 개인과, 그와 함께 몸의 부활과도 지속적으로 관계되었다. 몸이 없다면 그렇게 이해된 영혼은 구체적 인격의 불완전한 부분

---

156 이에 대해 라칭어의 설명을 비교하라. J. Ratzinger, 같은 곳, 94. 여기서 라칭어는 육체적 부활의 성서적 표상과 그리스적 불멸 사상의 대립에 대한 현재적 강조를 설명한다. "새로운 숙고의 놀라운 설득력은 본질에서 확실히 다음의 사실로부터 유래했다. 성서적이라고 말해지는 인간의 절대적 분리 불가능성에 대한 이해가 자연과학적으로 규정된 인간론과 일치했다는 사실이다. 자연과학은 인간을 전적으로 그의 육체 안에서 찾으며, 육체로부터 분리될 수 있는 어떤 영혼이란 것에 대해서는 아무것도 알지 못한다."

157 이에 대한 나의 설명을 참고하라. *Die Bestimmung des Menschen. Menschsein, Erwählung und Geschichte*, 1978, 7-22, bes. 8ff.

에 지나지 않을 것이다.

영혼불멸의 표상과 몸의 부활 사이의 깊은 차이와 관련해서, 그렇다면 왜 그리스도교 신학은 그렇게도 이질적인 표상을 서로 연관시키려고 했는지 묻게 된다. 이 시도가 단순히 플라톤주의가 규정하는 시대 정신에 적응한 것이 아니라는 사실은 곧 살펴보게 될 것이다. 그리스도교 교리가 플라톤적 영혼불멸성과 결합하여 적응하려면, 반드시 수정해야 할 요소가 너무 많아진다. 나아가 불멸의 영혼이라는 표상을 받아들이는 데 핵심은 부활의 표상 자체가 지닌 내적 문제에 대한 증거, 그리고 부활의 중심 문제들의 해결을 위한 수단이었다. 그 문제는 멀든 가깝든 미래에 죽음으로부터 부활한 자가 어떻게 지금 현재 살아 있는 인간과 동일할 수 있는가라는 질문에 숨겨져 있다.[158] 이 질문에 부딪힐 때, 영혼의 윤회설과 그와 관련된 불멸의 영혼이라는 플라톤적 구상은 좌초한다. 부활의 표상이 그 구상을 능가할 수 있을까? 개인의 죽음 이후의 인격의 **동일성**에 대한 질문을 그 인격의 현존재와의 **연속성**이라는 관점에서 제기한다면, 그때 우리는 소위 "중간 상태"의 문제, 그리고 그와 함께 부활의 표상 자체에 내포된 문제와 부딪힌다. 바로 이 문제가 영혼불멸에 관한 플라톤의 학설을 수용해서 변경하도록 이끌었다.

---

[158] 이 질문은 죽음에서 깨어남과 부활에 대한 표상이 은유적 형식이라는 점과 관계없이 제기된다. 그것이 은유적인 것은 잠에서 깨어나 일어나는 경험과 중복되기 때문이다(참고. 『조직신학』 II, 596f.). 은유적 표상 혹은 진술에 대해서도 반드시 그 의도가 질문되어야 하며, 또한 그것들에게 반드시 개념적 내용이 결여되어 있다고 생각할 필요는 없다. 은유적 표현의 근원은 어떤 사물이 다른 것과 구별되는 특수성을 가질 때, 그것을 직접적인 표현으로 지칭하기 어렵다는 없다는 사실에 놓여 있다. 그래서 은유는 구별하고 정의하는 성찰에 있어 어떤 원칙적 한계도 설정하지 않는다. 언어의 역사 안에서 원래는 은유적이었던 단어의 사용이 나중에는 어떤 특수한 일 혹은 사태를 개념적으로 지칭하게 되는 많은 경우가 있다. 이때 원래의 표면적인 의미는 잊힌다.

c) 부활 표상의 내적 문제

부활의 희망이 의미를 가지려면, 현재 살고 있는 육체적 삶과 미래의 삶 사이의 동일성이 근본적으로 중요하다. 물론 부활의 희망은 현재 삶의 변형을 지향하며, 이 삶에서의 손상과 결함과 소홀히 다루어진 부분이 극복되기를 기대한다.[159] 그러나 다음의 말씀도 여전히 타당하다. **"이 썩을 것**이 반드시 썩지 아니할 것을 입겠고 **이 죽을 것**이 죽지 아니함을 입으리로다"(고전 15:53). 이곳의 현재 삶의 자리에 어떤 다른 것이 등장하지 않는다. 오히려 자신의 모든 연약함 가운데 있는 바로 이 유한한 현존재에게 영원한 구원이 주어진다. 이것은 전혀 다른 어떤 현존재로 태어나는 환생이 결코 수행할 수 없는 일이다. 환생은 이 세상의 현존재를 구원하지 못하며, 그것을 뒤로 버린다. 그런데 현재의 현존재의 부활은 그 모든 변형에도 불구하고 이 세상적인 현존재와, 다시 말해 일회적 역사로서 정의되는 개인적 인격과 동일하다고 생각될 수 있을까?

여기서 동일성은 구분될 수 없는 것의 동일성이 아니라, 구분될 수 있는 것, 나아가 대립되는 것의 동일성인데. 그러나 어쨌든 그것도 동일성이다. 하나님의 영광에 참여하는 미래의 삶과 현재의 육체적 현존재 사이의 동일성은 어떻게 생각될 수 있을까? 그 동일성을 상상할 수 있게 해주는 가장 그럴듯한 가능성은 다음의 사실을 전제한다. 우리의 이 세상적 현

---

159 우리는 힉의 반대에 맞서 이 점을 강조해야 한다. J. Hick, *Death and Eternal Life*, 1976, 215ff. 힉은 그리스도교적 부활의 표상을 영원한 생명의 "재현"(再現, recapitulation theory)이라는 의미로 해석하는 것에 이의를 제기했는데, 그 비판에는 나의 조직신학 책도 포함되어 있다(221-226). 힉은 그런 표상을 "지상의 삶에서 도덕적·신체적·미적·지성적 선함을 거의 갖추지 못한" 인간들이 매우 많다는 관점에서 거부한다(225). 그러나 힉은 이 비판에서 죽은 자들의 부활(고전 15:50ff.)에서 바울이 말하는 이 세상적 삶의 근본적 변화에 함축된 의미를 고려하지 못했다. 이 의미는 인간의 종말론적 미래에 대한 예수의 축복 선언의 말씀과도 상응한다. 이에 대해 나의 논문을 참고하라. Constructive and Critical Functions of Christian Eschatology, in : *Harvard Theological Review* 77, 1984, 119-139, bes. 131-135.

재의 육체를 구성하는 물질 요소들이 몸이 해체된 이후에 시작되는 새로운 결합으로 다시 이끌어내어져서 우리의 현재 몸을 구성하는 방식과 형태로 새롭게 통일되는 것이다. 유대교 묵시록의 부분들에서 죽은 자들의 부활은 사실 그렇게 진행된다고 상상되었다. 물론 이것은 사람들이 그 과정을 보다 더 정확하게 생각하려고 노력했던 결과다. "…틀림없이 그때 땅은 지금 받아들인 죽은 자들을 다시 돌려줄 것인데, 그들은 외모에서 아무 것도 변하지 않은 채 보존되어 있을 것이다. 땅은 그들을 받아들인 그대로 돌려 줄 것이다.…왜냐하면 살아 있는 자들에게 죽은 자들이 다시 살았고 멀리 떠났던 그들이 다시 돌아왔다는 사실을 보여줄 필요가 있기 때문이다"(시리아의 바룩서 50:2f.). 우리가 이 묵시록이 소멸된 몸의 재건을 뜻하는 "환생"을 상상했고, 그래서 죽은 자들의 사실적 소멸을 소박하게 다루지 않았다고 가정한다고 해도, 여전히 의문은 남는다. 우리 몸의 구성요소들 중에서 그 사이에 다른 생명체의 구성요소가 되어버린 부분은 어떻게 되는가? 초기 그리스도교의 변증학은 이 질문을 우선 야생동물들에게 먹힌 사람들 혹은 죽음 이전에 신체의 일부분을 잃어버린 사람들에게 적용했다. 이에 대해 아테나고라스는 하나님께서 그 모든 것을 되돌려 놓으실 것이라고 말했다. 왜냐하면 야생동물이나 식인종은 그들 자신에게 양식으로 규정되지 않은 요소들을 그들의 고유한 유기체를 위해 현실적으로 동화시킬 수 없을 것이기 때문이다(De res. 5). 이전의 상태를 단순히 재건한다는 뜻의 죽은 자들의 부활의 표상에 포함된 그런 의미에 직면해서 우리는 오리게네스의 다음과 같은 비판을 외면할 수 없다. 몇몇 그리스도인이 부활에서 영적 몸으로의 변화가 발생한다는 바울의 진술에 주목하지 않는다는 비판이다.[160]

미래의 부활한 인격과 여기 지상에서 살아가는 인격 사이의 동일성의

---

[160] Origenes, *De princ.* II,11,2. 오리게네스는 육체의 부활 자체를 부정하는 사람들과 부활을 이 세상의 육체의 단순한 재건으로 이해하는 사람들 사이에서 중도노선을 추구했다(같은 곳, II,10,3).

질문에 대하여 초기 그리스도교 신학이 제시한 이른바 고전이 된 두 번째의 해법은 개인적 영혼의 동일성에 기초한다. 죽음에서 몸으로부터 분리되는 영혼 그 자체는 죽지 않으며, 우선 이 세상 삶과 미래의 삶 사이에 연속성을 이루는 원칙으로서 기능을 행사한다. 이 기능을 위해 초기 그리스도교 신학은 영혼불멸이라는 그리스적 표상을 받아들였지만, 그와 동시에 영혼의 표상을 바로 이러한 개인적 생명의 원칙으로 규정하는 쪽으로 수정했다.[161] 아테나고라스가 그렇게 형성된 이해를 대변했다. 그러나 그도 성서적 부활의 희망을 표현하기 위해 개인적 영혼과 그것이 죽음 이후에 지속되는 것을 몸의 부활의 사상을 통해 **보충**해야 했다. 그는 인간학적 논증으로 근거를 마련했다. 영혼은 전인에 예속된 비독립적인 구성요소라는 것이다. 하나님이 그 전인에게 불멸(영생)의 구원을 수여하신다. 그러나 아테나고라스는 몸의 부활의 성취에 대한 표상을 위해서는 앞에서 서술했던 몸의 물질적 재건이라는 의문스러운 가정을 받아들여야 한다고 생각했다.

이 지점에서 오리게네스는 한 가지 대안을 발전시켰다. 그것은 이 특별한 문제에 대한 아테나고라스의 해법을 사상적으로 훨씬 능가하는 것이다. 오리게네스는 말하자면 영혼을 몸의—각각 개인적 육체성의—본질적 형상(*eidos*)의 원칙으로 파악했고, 그 안에 기초한 도식에 따라 또한 부활한 자의 새로운 변형된 몸이 형성된다고 보았다. 그렇다면 영혼 안에 근거를 둔 개인적 육체성의 도식(Schema)이 "변형된 몸과 이 세상의 몸 사이의 동일성"[162]을 보증하는데, 여기서 몸의 물질적 구성요소들의 동일성이

161　위의 879f.를 보라. 개인의 죽음과 미래의 부활 사이의 중간 시간을 이어주는 기능, 곧 몸과 분리된 영혼의 기능에 대하여 특히 참고. O. Cullmann, *Unsterblichkeit der Seele oder Auferstehung der Toten?*, 1962. 또한 "중간 상태"를 영혼의 축복 받은 평화의 상태로 보는 견해에 대한 알트하우스의 비판을 비교하라. P. Althaus, *Die letzten Dinge*, 4.Aufl. 1933, 135 - 152. 그 견해는 구정통주의 교의학 안에서 특히 게르하르트(J. Gerhard) 이래로 형성되었다(143ff).

162　G. Greshake in : G. Greshake/J. Kremer, *Resurrectio Mortuorum. Zum theologischen Verständnis der leiblichen Auferstehung*, 1986, 205. 여기서 그레스하케는 특별히 오리

요청되지는 않는다. 이같이 이 사상은 오리게네스의 다른 문헌들에서 발견되는 영성주의적 경향[163]으로부터 자유롭다. 이 사상은 토마스 아퀴나스에 의해 수용되고 계속 논의되었다. 그리스도교 신학 안에서 영혼은 바로 이 세상의 특정한 몸의 생명 원칙으로 생각되었기에, 그것은 자체 안에 말하자면 바로 그 몸의 건축 계획—혹은 오리게네스가 말한 것처럼 도식(Schema)—을 지니고 있다.[164] 몸은 영혼 안에 놓여 있는 그같은 건축 계획에 따라—비록 구성요소들은 달라진다고 해도—재건될 수 있다. 몸을 구성하는 물질적 구성요소는 이미 이 세상의 삶 속에서도 계속해서 바뀐다. 구성요소들은 계속 진행되는 과정 중에 동일 종류의 요소들로 대체된다. 그러므로 개인의 몸의 동일성은 물질적 구성요소에 의존할 수 없다.[165] 동

게네스의 시편 1:5에 대한 주석(MPG 12, 1093)을 인용한다. 또한 참고. Origenes, *De princ.* II,10,3. 오리게네스는 땅에 심긴 씨앗이라는 바울의 비유를 인용해서 "숨겨진 원인"(*insita ratio*) 곧 "실체적 내용을 포함한 어떤 재료"(quae substantiam continet corporalem ; Görgemans/Karpp 424)에 대하여 말했는데, 그것은 신적 이성의 능력을 통해 몸을 재건할 수 있는 재료다. 또한 참고. *Methodius de res.* 111,18 (GCS 27, 415), 비교. III,10 (GCS 27, 404–407).

163 Origenes, *De princ.* II,33. 여기서 이렇게 말해진다. 불멸성("썩지 않을 것," 고전 15:53)을 덧입는 것을 통해 죽음이 어떤 일을 행할 수 있는 물질적 본성은 전적으로 소멸한다(materialem naturam exterminandam declarat, in qua operari mors aliquid poterat ; Görgemans/Karpp 306). 그 결과 우리는 그때가 되면 육체 없이 존재하게 될 것이다(reliquum est ut status nobis aliquando incorporeus futurus esse credatur, 같은 곳, 308). 그러나 II,10,1f.에서는 그와 달리 육체의 부활 사상이 옹호된다.

164 토마스 아퀴나스는 영혼을 인간적 통일성을 구성하는 인간의 본질적 형상으로 간주했다: Et sic relinquitur quod sit principium earum forma aliqua una per quam hoc corpus est tale corpus, quae est anima (*S.c.G.* II,58).

165 Thomas von Aquin, 같은 곳, IV,81, tertio. 데이비스는 이 문제와 관련해서 토마스를 오해했다. St. T. Davis, The Resurrection of the Dead, in : 동일저자, ed., *Death and Afterlife*, 1989, 119–144. 여기서 데이비스는 토마스의 생각과 반대되는 것을 토마스의 견해로 서술했다(128). 데이비스가 자신의 해석을 위해 인용하는 문구(*S.c.G.* IV,84, Davis, 130에서 인용됨)에서 토마스는 단지 미래에 부활한 자의 몸은 반드시 지금 존재하는 인간과 동일한 종류(*eiusdem speciei*)의 몸, 곧 본질적으로 동일한

일성은 오직 개인적 삶의 형식(Form)에만 의존한다. 이 형식은 영혼과 함께 죽음 안에서도 소멸하지 않고 계속해서 유지된다.

여기서 핵심은 모든 변화를 넘어서서 유지되는 인간의 동일성에 대한 매우 인상적인 구상이다. 이 동일성은 우리의 육체적 현존재의 구성요소들의 변화와 무관하며, 심지어 신체적 결함을 정상으로 만들 수도 있다. 그럼에도 불구하고 죽음으로부터 부활한 자들의 미래적 삶과 그들의 과거 이곳 지구 위에서의 현존재 사이의 동일성의 관점과 관련하여 어려운 문제가 남아 있다. 그 문제는 어떤 인격의 개인성에 대하여 그의 과거의 일회적 삶의 역사가 본질적이라는 사실에 기초한다.[166] 다른 어떤 삶의 역사는 다른 개인성을 산출한다. 인간의 영혼이 죽음 이후에 죽은 자들의 부활의 시간까지 계속해서 존재한다는 가정을 받아들인다고 해도, 그 영혼이 그런 중간시기에 어떤 새로운 경험을 하는지의 문제가 생긴다. 연옥에 대한 중세기 로마 가톨릭적 표상은 이 문제를 아무런 의심 없이 받아들였고, 구체적 내용으로 묘사했다. 그러나 새로운 경험들을 통해 인간 자신이 어떤 다른 인간으로 변하지 않을까? 그 인간은 자신의 부활의 시점에서 많이 변해서, 아마도 최후의 심판에서 말하자면 그가 젊었을 때 지상에서 행한 죄를 보상해야 할 것이다. 그러나 영혼이 시간 안에서 보낸 지속적 삶을 그런 모든 새로운 경험들을 빼고 상상하기는 어렵다.[167] 그런 새로운 경

구성요소들과 또한 그 숫자로서도 동일한(*idem numero*) 몸을 가져야 한다고 주장한다. 이 진술에 대한 해석은 *S.c.G.* IV,81과의 관계 안에서 이해되어야 한다.

166 이에 대해 나의 책을 참고하라. *Anthropologie in theologischer Perspektive*, 1983, 488 – 501, bes. 494ff.

167 이 문제로부터 벗어나는 대안으로 영혼의 잠이라는 표상을 생각할 수 있다. 루터가 이 입장을 취했다(참고. P. Althaus, 같은 곳, 140f.). 비록 원시 그리스도교에서 죽은 자들을 "잠든 자들"로 부르는 은유적 표현이 사용되었고, 나아가 바울도 "그리스도 안에서" 잠자는 자들이라고 말할 수 있었지만(고전 15:18; 비교. 살전 4:13), 잠잔다는 표상은 최종적으로 부적절하다. 우리는 마가복음 12:27("하나님은 죽은 자의 하나님이 아니요, 산 자의 하나님이시라")의 의미를 적절하게 응용하여 그리스도교의 "근본적 확신"으로 말할 수 있어야 한다. 즉 "죽은 자들은 그리스도 안에서 살

험들을 통해 그 인간은 탄생과 죽음 사이에서 펼쳐졌던 이 세상적 삶의 역사 전체 안에서 지속했던 자신의 존재와는 다소 다른 존재가 될 것이다. 그러므로 바로 죽음과 부활 사이의 중간 시기의 관점에서 영혼의 표상은 미래의 삶과 이 세상 삶 사이의 저 동일성—죽은 자들의 부활 사상이 요청하는 것으로 보이는 동일성—을 확증하지 못한다. 왜냐하면 부활 사상에 따르면 현재의 삶은 오직 그의 이 세상적인 현존재의 종결 이후에 하나님의 영원성과 대면하게 된다는 점에서만 변화에 예속된다고 말해야 하기 때문이다.

현재 진행되는 신학적 토론 안에서 로마 가톨릭 신학자들은 중간 상태의 문제를 전적으로 회피하는 한 가지 제안을 발전시켰다. 특별히 기스베르트 그레스하케는 예수가 자신의 오른편 십자가에 못 박힌 강도에게 주신 약속(눅 23:43)과 같은 성서 말씀들, 또한 빌립보서 1:23과 같은 바울의 진술을 인용하면서, 부활은 죽음의 순간에 이미 당사자인 개인에게 일어나는 사건이며 최후의 심판 때가 되어서 일어나는 것이 아니라고 이해했다. 죽은 자는 시간을 벗어나 영원으로, 최후의 심판 날의 현재로, 그리스도의 재림으로, 또한 부활과 심판의 날로 단번에 들어간다.[168] 개인이 죽음 직후에 곧바로 완전한 구원에 참여한다는 생각으로 향하는 길은 이미 1336년 교황 베네딕토 12세의 결정을 통해 시작되었다. 이 결정에 따르면 믿음 안에서 완성된 영혼은—연옥의 교정을 필요로 하지 않는 한—죽음 직후에 즉시 "하나님이 바라보시는" 더 나은 장소에 도달한다(DS 1000).

아 있다." 라칭어가 그렇게 말하였다. 참고. J. Ratzinger, *Eschatologie - Tod und ewiges Leben* (1977) 6.Aufl. 1990, 113.

168 G. Greshake, *Auferstehung der Toten*, 1969, 387. 비교. 동일저자/G. Lohfink, *Naherwartung – Auferstehung - Unsterblichkeit. Untersuchungen zur christlichen Eschatologie*, 5.Aufl., 1986; 또한 동일저자/J. Kremer, *Resurrectio Mortuorum. Zum theologischen Verständnis der leiblichen Auferstehung*, 1986. 마지막 책에서 그레스하케는 이러한 죽음 직후의 부활 사상의 더 많은 옹호자를 열거하지만(234, 각주 270), 그 사상에 대한 반대자도 언급한다(255, 각주 274).

"죽음 직후"의 부활을 오늘날 옹호하는 사람들은 이 사상을 영육 일치의 현대적 인격 이해로 확장했다.[169] 이 견해가 신약성서의 지지를 받는다는 것은 매우 확실하다. "믿음 안에서 열리는 '그리스도와 함께하는 존재'는 이미 시작된 부활의 삶이며, 그래서 죽음을 넘어선다."[170] 이에 대해 빌립보서 1:23 외에 고린도후서 5:8과 데살로니가전서 5:10, 특히 골로새서 3:1-4 등이 제시될 수 있다. 세례 받은 자들에 대해서는 그들이 그리스도의 죽음과 결합되어 미래에 그분의 부활에 참여하게 될 희망을 가지고 있다고(롬 6:5) 말해야 할 뿐만 아니라, 또한 그들은 이미 그리스도와 함께 부활했다고도 말해야 한다. 물론 그때 골로새서와 함께 이렇게 덧붙여야 한다. 이미 부활한 그 삶은 그리스도의 재림과 함께 나타나게 될 것이다(골 3:4). 죽음 직후 부활의 주제는—골로새서 3:1에 따르면 이미 세례를 실행하는 순간에(이것은 롬 6:3f.에 따르면 세례 받는 자의 죽음을 선취한다)—죽은 자들의 부활에 대한 신약성서적 증언들 전체를 표현하지 못한다. 성서적 증언에 따르면 죽은 자들의 부활은 구원의 미래로서 그리스도의 재림에 의존하고 있고, 그리스도인들의 기대는 그곳으로 향하고 있으며, 그 미래는

---

169 "죽음 직후의 부활이라는 사상은 몸과 영혼의 분리와 몸 없는 영혼의 계속되는 존재에 맞서 인간이 자신의 죽음 이후의 지복의 상태에서도 육체적이고 세상적으로 구성된 존재라는 사실을 강조한다. 이 존재는 결코 '영혼'이 홀로(*anima separata*) 실행할 수 있는 존재가 아니다. G. Greshake/J. Kremer, *Resurrectio Mortuorum*, 1986, 264. 여기서 마리아가 육체로서 하늘로 받아들여졌다는 논의가 그레스하케 등이 주장하는 주제에 대한 한 가지 단서를 형성했을 수 있다. 참고. J. Ratzinger, *Eschatologie—Tod und ewiges Leben*, 6.Aufl. 1990, 95. 그러나 이 입장의 근거는, 그곳의 각주가 제시하듯이, 의심할 바 없이 훨씬 더 일반적인 특성을 갖는다.

170 Ratzinger, *Einführung in das Christentum. Vorlesungen über das Apostolische Glaubensbekenntnis*, 1968, 294. 여기서 인용문은 라칭어가 그레스하케 등이 옹호하는 관심사를—죽음의 시점에 대한 고립된 부활의 관계에 대한 방금 언급한 자신의 비판에도 불구하고—공유한다는 사실을 보여준다. 또한 라칭어의 설명을 참고하라. Ratzinger, *Eschatologie—Tod und ewiges Leben*, 6.Aufl. 1990, 100ff. 그리스도께 "속한다는 것, 곧 그분의 부르심을 받는다는 것은 파괴될 수 없는 생명 안에 선다는 것을 의미한다"(100).

이미 세례 받은 자와 믿는 자들의 현재 안으로 들어와 작용하고 있다. 부활이 개인적 죽음의 시점에 근본적으로 발생하는 사건으로서 그리스도의 재림과 연결되어 발생하는 것으로 이해되지 않는다면, 바로 그 사건의 육체성은 생각되기 어려울 것이며,[171] 그때 개인적 구원의 완성은 인류의 완성과의 관계에서 분리되어 독립된 것이 될 것이다. 그러나 바로 개인의 구원 완성과 인류의 구원 완성 사이의 관계가 성서적 미래 희망의 본질적인 계기다.[172] 죽은 자들의 부활이 이 세대의 마지막에 모든 개인에게 공통으로 수여되는 사건으로 생각될 때, 개인적 종말론과 보편적 종말론은 서로 연결될 수 있다.[173] 개인의 종말에 대한 질문이 인류의 종말에 대한 질문으로부터 분리될 수 없는 것은 후자가 전자로부터 분리될 수 없는 것과 같다. 신약성서가 예수의 경우에 이 세대의 종말과 죽은 자들의 보편적 부활 이전의 개인적 부활을 말할 때, 인류의 구원의 미래에 대한 예기가 핵심이다. 부활은 예수를 고립된 개인으로 만나지 않고, 오히려 종말론적 하나님의 백성을 위한 메시아로서의 기능 안에서 예수에게 주어지며, 그 결과 그를 메시아로서 확증한다. 이같이 그는 모든 죽은 자들 가운데서 처음

---

171 J. Ratzinger, *Eschatologie - Tod und ewiges Leben*, 6.Aufl. 1990, 96f.

172 그레스하케도 이 관계를 확증한다. Greshake, *Resurrectio Mortuorum*, 1986, 266. 하지만 그는 "역동적으로 전진하는 과정" 곧 죽음 직후의 부활로부터 "역사의 종말에 일어나는 모든 사람의 부활"로 나아가는 과정에 대하여 말하며, 전자의 부활이 후자 안에서 완성된다고 주장한다(같은 곳). 하지만 이것은 성서적 진술과 맞지 않는다. 요한 문서들에서 나타나는 첫째 부활과 둘째 부활 사이의 구분(위의 876쪽을 보라)은 같은 사람에 관계된 것이 아니며, 후자의 부활이 전자를 승격시켜 종말론적 구원에 참여하게 한다는 의미도 아니다. 신약성서에서 지배적인 부활 이해는 구원하는 생명의 유익에 참여하는 것이다. 이것은 단지 믿음의 삶 안에서 일어나는 예기, 곧 예수 그리스도께 대한 믿는 자들의 참여에 근거해서 일어나는 미래 사건에 대한 예기를 말한다. 예수 그리스도의 부활 안에서 바로 이 예기가 사건으로 발생했다. 이에 대하여 본문에서 이어지는 설명을 참고하라.

173 라칭어도 이 관계를 강조했다. J. Ratzinger, *Einführung in das Christentum*, 1968, 292f. 그러나 여기서 자신의 종말론 저서에서 행한 그레스하케에 대한 비판을 다루지는 않았다.

부활한 자(고전 15:20; 골 1:18), 많은 형제 가운데 처음 태어난 자(롬 8:29), 구원을 가져오는 자(히 2:10; 행 5:31)이시다. 예수의 메시아 기능과의 결합에 근거해서 개인적 운명 안에서 일어나는 죽은 자들의 보편적 부활의 선취가 단순히 일반화되지는 않는다.[174] 그리스도교의 부활 신앙은 죽은 자들의 부활과 관련해서 모든 개별적인 죽은 자들에게 예수의 경우와 같은 일이 일어난다고 말하지 않는다. 예수의 부활 사건은 그의 인격과 역사의 유일무이한 독특성에 속한다. 부활 사건은 홀로 예수 자신만을 위해서가 아니라, 하나님의 통치의 중재자 및 인류의 구원자로서의 그의 속성 안에서 주어졌다. 그렇기에 예수 안에서 시작된 새로운 생명의 현실성에 참여하는 것은 세례와 믿음을 통해 예수와 결합된 자들에게는 지금 이미 가능하며, 이들은 그리스도 안에 있는 하나님의 구원의 비밀에 속하게 된다. 그렇기에 "성례전적" 참여는 믿는 자들의 죽음을 통해서도 파괴되지 않는다. 그렇기에 그들은 삶 속에서만이 아니라 그들의 죽음에서도 그리스도께 속한다(롬 14:8).

역사의 끝으로 생각되는 미래와 믿는 자들의 현재가 단순히 배타적으로 서로 구분되지 않는다는 것은 명백하다. 미래에 우리에게 계시될 새로운 생명의 현재를 오리게네스와 아우구스티누스가 행한 것처럼 미래의 육체적 부활과 영혼의 부활로 구별하는 것은 적절하지 않다. 양자가 서로

---

174 이 사실은 그레스하케가 예수의 부활의 예를 종말 사건에 대한 예기로 인용할 때(같은 곳, 271), 그리고 죽음 직후의 부활을 "그분의 부활에 참여하는 것"이라고 말할 때, 거의 고려되지 않았다. 그 참여의 형식은 보다 더 정확하게 숙고되어야 한다. 예수께 일어난 사건은 다른 사람에게 단순히 동일한 것으로 전가될 수 없다. 마리아가 몸을 가진 채로 승천했다는 사상(DS 3900-3904)에 대해서도 이 유보조건은 해당한다. 죽은 자들의 마지막 때의 부활을 예수의 부활 사건 안에서 예기하는 것은 오직 종말론적 구원을 가져오는 예수께만 귀속된 기능이기 때문에, 그 기능은 예수의 모친에게 단순히 전가될 수 없다. 하지만 우리는 마리아가 교회 전체와 함께 믿음을 통해 그 사건에 참여한다는 사실, 그것도 그녀와 아들의 특수한 관계에 상응하는 방식으로 참여한다는 사실 자체를 문제 삼아서는 안 될 것이다. 이에 대해 참고. G. Greshake, 같은 곳, 268f.

관계되는 방식은 오직 영원과 시간의 관계에 대한 숙고 안에서 해명될 수 있다. 우선 확증할 수 있는 것은 인간의 개인적 규정과 사회적 규정의 일치는 마지막 때의 부활에서 모든 개인이 함께 죽음으로부터 깨워진다는 표상에 의존한다는 사실이다. 우리는 먼저 이 일치 관계를 역사의 종말에 대한 표상과 함께 논의해야 한다. 이 표상은 마지막 때의 죽은 자들의 부활이라는 사상 안에 포함되어 있다.

3. 하나님 나라와 시간의 종말

a) 인간 사회의 완성인 하나님 나라

하나님은 세계의 창조자시다. 그렇기에 그분이 통치하시는 곳에서 그분의 피조물은 자신의 본질을 구성하는 규정에 도달한다. 이것은 모든 개인에게 해당한다. 개인은 자신의 불안정한 갈망을 하나님과의 연합 안에서 비로소 발견하며, 그것은 개인들의 공동체적 규정이 형태를 취하는 인간 사회에게도 해당한다. 공동체적 규정은 창조자께 드리는 공동의 찬양 안에서 서로에 대한 강요가 없는 인간 공동체의 기반을 획득한다.

창조세계에 대한 창조자 하나님의 뜻은—그분이 정말로 창조자시라면—왜 이미 완성되어 있지 않은가? 이것이 그 누구도 저항할 수 없는 창조자의 사역에 유일하게 적절한 일이 아닌가? 왜 그분의 나라는 이미 완성된 것이 아니라 다가오는 것으로서 여전히 기대되어야 하는가? 창조세계에 대한 창조자 하나님의 통치가 아직도 그 누구도 반박할 수 없이 결정적으로 실현되지 않았다는 것은 하나님의 신성과 창조 신앙을 미심쩍게 만드는 것처럼 보인다. 창조세계 안에서 하나님의 현존재를 논쟁거리로 만드는 이런 주목할 만한 사태는 하나님이 피조물과 특히 그 가운데서 인간을 창조하신 목적인 독립성이 현존재 형식으로서의 시간을 필요로 하고, 또한 피조물이 하나님이 수여하신 자신의 미래적 규정으로 향하는 삶의 형태를 형성하기 위해서도 시간이 필요하다는 사실을 생각한다면, 쉽게 이해될 수 있을 것이다.[175] 피조물의 자기규정은 말하자면 창조자가 그들의 본성에 새긴 규정과 조건 없이 일치하지 않는다. 하나님께 대하여 자신을 독립시키는 인간의 과오는 자신만의 관심사를 하나님께 대해서만이 아니라, 또한 이웃 인간과 나아가 다른 모든 피조물에 대해서도 관철시키려고 시도한다. 그 결과는 창조세계 안의 불만족이며, 창조자의 통치가 그 세계 안에서 조건 없이 손쉽게 인식되지 못하는 것이다.

하나님의 세계 통치는 창조세계를 다스리시는 그분의 형식이다. 이 형식을 통해 하나님은 세계 사건의 진행을 인도하신다. 인도는 피조물의 자칭 독립성에도 불구하고, 또한 그로 인해 하나님이 피조물에게 정해주신 목적에 가해지는 해악에도 불구하고 발생한다.[176] 이 과정에서 창조세계와 인류의 역사 안에서 일어나는 하나님의 섭리 작용은 인간에게 결코 완전히 알려지지 않는다. 최선의 경우에도 나중에 가서야 하나님의 섭리와 세계 통치의 흔적으로 관찰될 수 있는 사건의 맥락이 인지되곤 한다(비교. 창 50:20; 또한 다른 성격으로 겔 25장ff.). 모스하임과 랑케의 역사 서술도 역사가의 최고의 과제가 역사의 진행 안에서 하나님의 섭리의 흔적을 발견하는 것임을 통찰했다.[177] 하지만 이 인식도 하나님의 현존재가 완성되지 않은 세계사 안에서 어떻게 논쟁거리가 되는지의 문제를 해소하지 못한다. 역사의 진행과 그 안의 하나님의 사역이 최종적으로 인간의 구원을 향하고 있다는 사실은 역사 안에서 발생하는 모든 경악할 일에 직면할 때, 외관상으로는 사실상 감추어져 있다. 하나님의 세계 지배의 **구원**의 경륜은 그 목적이 역사의 진행 안에서 아직 등장하지 않았기에 은폐되어 있다. 그렇기에 그 경륜은, 세계에 대한 하나님의 길의 목적이 인간에게 미리 앞서 알려지려면, 특별한 계시를 필요로 한다. 원시 그리스도교는 예수 그리

---

175   참고 『조직신학』 II, 187f.478f., 또한 258.407f.

176   『조직신학』 II, 115ff., 125.

177   참고. 이 책의 제14장 4(774ff., 특히 778).

스도의 길에서 그 계시를 인식했다. 왜냐하면 예수의 사역 안에서 하나님 나라와 세계의 종말론적 미래가 바로 인간의 구원을 위해 이미 시작되었기 때문이다. 이 사실에 근거하여 그리스도교 신학은 인류의 역사와 관련된 하나님의 세계 통치가 이루어가는 **구원**의 경륜을 말할 수 있다.

예수 그리스도의 역사의 빛 속에서 하나님이 창조세계에 행하시는 구원의 경륜의 근거가 인식된다. 그 근거는 하나님이 그분의 피조물들을—비록 그것들이 자신의 규정으로부터 벗어나 길을 잃었지만—원래 창조된 목적을 향하여 이끄신다는 사실이다. 피조물이 그 목적에 도달하기 위한 첫 번째 조건은 하나님에 대한 인식이다. 하나님에 대한 인식 없이는 하나님과의 연합이 가능하지 않기 때문이다. 인간은 하나님과의 연합을 향해 창조되었다. 그러나 하나님을 창조자로 인식하기를 배운 사람들에게 하나님의 통치가 창조의 갈등 안에 은폐되어 있다는 것은 믿음에 대한 도전과 시련이 되며, 그들에게 하나님의 통치는 간절히 원하는 미래가 된다. 이 미래는 그 피조물들에게는 매 순간 그들의 생명일 뿐만 아니라, 그들의 규정의 마지막 완성으로서 다가온다.

창조세계 안에서 하나님의 통치의 은폐성을 처음으로 인식할 수 있는 사람은 세계의 진행을 명확하게 지배하는 권능들을 하나님의 본질로부터 구분하기를 배운 사람이다.[178] 이스라엘 민족은 이것을 경험했다. 그들이 보기에 하나님의 현실성은 하나님의 의로운 의지와 분리될 수 없이 결합되어 있었는데, 그러나 그 의지는 세상의 현실과 역사의 진행 안에서 단지 불완전하게 실현되었기 때문이다. 그렇기에 여기서 하나님의 통치에 대한 믿음은 의와 평화가 결정적으로 완전히 실현된 상태에 대한 희망이 되었다. 이때 의와 평화는 개인들 사이는 물론, 민족들 사이에서도 이루어질

---

[178] 오토에 따르면 신적 권능들이 "모든 존재와 사건 안에서" 드러나 있다는 것은 고대 그리스적인 신 이해의 특징이며, 이것은 "고대 근동의 이해"와 구분된다. 여기서 근동은 아마도 특별히 성서적 이해를 가리킬 것이다. W. R. Otto, *Theophania. Der Geist der altgriechischen Religion*, 1956, 29.

것이다.[179] 여기서 의의 희망은 하나님 인식에 근거한다. 한 분 하나님과 그분의 의를 인정하는 기초 위에서 민족들 사이의 의에 대한 분쟁은 해결되고, 지속적 평화가 지배할 수 있다. 하나님 나라가 오직 의의 공동체와 그것의 결과인 평화 안에서만 발견된다고 하면, 그 나라의 표상은 불안정한 도식으로 격하될 것이다. 그 공동체의 토대와 조건은 한 분 하나님을 공동으로 인정하는 것이다. 이 인정이 없다면, 의는 개인들을 외적으로 제한하는 법정이 될 것이다. 그러나 거꾸로 한 분 하나님을 공동으로 인정한다면, 그 결과는 또한—피조물에 대한 사랑에 근거한—그분의 의로운 의지를 인정하는 것이 될 것이다.

하나님의 통치와 사람들 사이에서 그분의 의를 실현하는 것은 서로 일치한다. 왜냐하면 하나님은 다른 모든 피조물과 함께 인간의 창조자시며, 인간들을 하나님 자신과의 연합으로 선택하셨고, 그것도 고립된 개인들로서가 아니라 민족으로 선택하셨기 때문이다. 이 일은 이스라엘 민족의 선택 안에서 역사적·구체적으로 등장했다. 그러나 이 민족은 보편적 연관성을 갖는다. 왜냐하면 하나님의 선택은 바로 이 한 민족을 통해 최종적으로 인류 전체에 관계되기 때문이다. 그렇기에 의의 질서가 신성과의 관계에 의존한다는 사실은 또한 열방의 의식 속에서 알려진다. 열방은 아직 성서적 계시의 역사를 통해 등장한 하나님의 현실성의 참된 정체성에 대한 인식에 도달하지 못했다. 종교적 토대에 근거한 의의 질서의 의식은 우주적 질서와 이것의 근거인 신적 권능과의 결합에 기초해 있다. 의의 근거와 우주론 사이의 이러한 직접적인 연결이 민족들의 구체적 의의 질서들이 갖는 역사성을 오인할 수 있지만,[180] 거기서 의와 그것의 구속력이 세계의 창조자의 권위에 의존한다는 의식이 표현될 수 있다.

하나님은 인간과의 연합을 원하신다. 다시 말해 하나님은 인간이 삼

---

179   참고. 이 책의 제12장 2.a (68ff.), 또한 2.c (99ff.).
180   참고. 이 책의 제14장 3.a (754ff.).

위일체적 삶 속에 있는 아들과 아버지 간의 연합에 영을 통해 참여하기를 원하시며, 이와 함께 사람들 사이의 연합도 원하신다. 그렇기에 하나님은 사람들도 서로의 특수성을 인정하고, 거꾸로 각자의 특수성 안에서 서로를 위해 현존하기를 원하신다. 그렇게 모두는 타자 안에서 자기 삶에 대한 보충을 발견하고, 자신을 생명 공동체의 지체로 경험하게 될 것이다. 서로에 대한 인정과 연대를 위한 관계와 규칙들은 지속적 토대를 갖는 모든 공동체적 삶을 위한 의의 형태를 구성한다. 그곳에서는 모든 지체에게 그의의 법이 적용되며, 사회적 평화가 인간의 공동 삶 속에 다시 찾아온다: 사람들은 흔히 다른 사람들이 자신을 전혀 인정하지 않거나 최소한 충분히 인정하지 않는다고 느낀다. 그래서 개인들과 민족들은 자신의 의의 효력을 타자에게 적용하려고 시도하거나, 혹은 관계성 안에서 불가피한 것으로 인식된 질서 안에 저항 끝에 억지로 편입된다. 공동 삶을 위한 실제 질서의 근거가 모든 개별 지체의 자기이해 안에서 의무가 되는 곳, 그래서 모두가 공동으로 그 근거를 긍정하는 곳, 다시 말해 모두에게 적용되고 모두의 특수한 관심사를 반영한 기준, 곧 이스라엘의 하나님의 의 안에서 주어진 것과 같은 선과 의의 기준을 모두가 인정하는 곳, 오직 그곳에서만 단지 외적으로만 보존되는 것이 아닌 진정한 의의 평화가 있다. 바로 그 기준의 적용을 통해서 사람들과 민족들 사이에서 벌어지는 의에 관한 분쟁은 해소된다. 그곳으로부터 흘러넘치는 서로에 대한 인정이 사람들과 민족들 사이에 평화를 수립한다(비교. 미 4:1ff.; 사 2:2ff.).

개인들이 타자들의 법적 요구와 맞서 벌이는 투쟁에 직면해서 어떤 인간 사회도 모두에게 적용되는 법을 제도화하지 않을 수 없었는데, 당연하다고 여겨져온 관습들이 공정하지 않다고 생각되는 곳에서 더욱 그랬다. 그런 법의 보존과 시행은 인류의 대부분의 문화에서 정치적 통치를 위한 가장 수준 높은 의무와 적법성으로 통했다. 그러나 인간이 인간을 통치한다는 것 자체가 결코 불의로부터 자유롭지 않다. 물론 여기서, 오용되는 정치 권력에 제한을 두는 것과 관련된 정치적 헌법들 사이, 또한 어떤 시대의 권력자가 공공 업무에서 행하는 선하거나 혹은 그렇지 않은 통치 사이에는 큰 차이가 있다. 최선의 경우를 가정해도 인간이 다른 인간을 통치하는 것은 통치를 맡은 개인들에게 불가피하게 제약되는 통찰력, 판단력, 수행 능력 때문에 법을 지키는 일에 있어 일방적이라는 부담을 지며, 이 점에서 불의할 수 있다. 흔히 법은—제정과 시행의 과정에서—그 취지를 넘어서는 통치자의 자의와 월권을 통해 왜곡된다. 아니면 법이 정하는 규범들은 공적 오해들이나 특정 그룹 혹은 개인의 공격에 효과적으로 맞서기에 불충분한 것으로 입증된다. 그래서 모든 정치적 통치에 대하여 반대 세력이 생성되는데, 이들은 의의 이름으로 등장한다. 국가들과 민족들의 관계 속에서 의의 주장과 대립들은 더욱 위협적으로 등장한다. 왜냐하면 여기서는—국가 내부의 법적 판결에 비유한다면—중재하는 판결의 법정이 없기 때문이다. 이렇게 해서 민족들 사이에서 내부로부터 전복이 일어나고, 전쟁의 상황으로 치닫기도 한다. 양자는 인류의 역사 안에서 언제나 또다시 하나의 정치 권력 체계가 다른 체계를 통해 붕괴되고 해체되는 결과로 이끌었다.

오직 모든 정당한 주장을 충족할 수 있는 법의 제정과 실행만이 인간들의 사회적 관계를 위하여 지속적으로 안정된 질서를 수립할 수 있다. 이를 위해서는 물론 과도한 주장을 하는 죄의 권세가 통치자들 사이에서만이 아니라, 또한 사회의 모든 지체 사이에서 극복되어야 한다. 하나님의 의로운 의지는—예레미야가 약속한 것처럼(31:33f.)—모든 사람의 마음속에서 살아 있고 활동해야 한다. 이것은 하나님 자신이 사람들의 마음속을 다스리시고, 그 결과 그들이 서로를 인정하고 용서하며 서로 지원한다는 것을 뜻한다. 그때 한편의 의의 주장을 다른 편에게 강제로 관철시킬 필요는 없게 된다. 그때 인간의 인간에 대한 모든 통치도 불필요해지고, 그와 관련된 모든 불의도 사라질 것이다.

현실주의적인 성서 전승들은 하나님의 의로운 의지와 하나님 나라의 완전한 실현을 인간에 대한 인간의 모든 통치를 끝내는 조건과 연관시켰을 뿐 아니라, 또한 우선적으로 이웃 인간에 대한 모든 개별 인간의 행위에서 일어나는 죄의 권세의 극복과도 연관시켰다. 그렇기에 유대적 기대 안에서 하나님 나라를 향한 희망은 인간 현존재의 자연적 조건들 자체의 전복에 대한 표상과 결합되었다. 이것은 하나님 나라의 궁극적 실현을 위한 범주적 조건으로서 다름이 아니라 새 하늘과 새 땅(계 21:1; 비교. 20:11; 사 65:17)을 요청했다. 왜냐하면 죄의 지배로 인해 인간 관계에서 일어나는 갈등은 지금 현존재의 자연적인 조건들 안에 깊이 뿌리를 내리고 있기 때문이다. 인간 창조의 목적이라 할 수 있고 인간이 자신의 행위를 통해 실현해 나가야 하는 독립성은 사실 외부 세계에 대한 각자의 이기심으로 변질되었다. 그래서 하나님 나라의 도래는 필연적으로 세계의 우주적 갱신에 대한 기대와 결합했다. 죽은 자들의 부활도 그 기대에 속한다. 그러나 그 기대가 하나님 나라의 완성을 향한 희망과 결합한 것은 다른 어떤 주제 위에 기초하고 있다.

종말 때의 하나님 나라에 대한 희망은 그 자체로서 이미 개인과 사회의 화해라는 사상을 포함하고 있다. 하나님의 의로운 뜻이 통치한다는 것은 모두에게 각자의 것이 수여되고 어떤 사람도 자신에게 주어진 분량보다 더 많은 것을 주장하지 않는 것을 의미한다. 이로써 각자 특수성 안에서 주어진 분량과 관련된 투쟁은 그치고, 개인들이 다른 사람 혹은 사회 "시스템"을 통해 불공정한 불이익을 입었다는 느낌으로 고통받는 일도 없어진다. 이 세상의 사회적 현실에서 다른 사람들에 비해 불공정한 차별이라는 인상에서 생기는 소외의 느낌은 부분적으로는 틀림없이 개인들의 과도한 요구의 결과일 수 있다. 그러나 다른 한편으로 다른 사람들이 그 개인의 고유한 인격에 대하여 정당한 인정과 평가를 하지 않는다는 느낌은 올바른 것일 수 있다. 양자는 풀 수 없이 서로 얽혀 있다. 이 얽힘을 생각한다면, 이 세상 안에 서로를 인정하는 인간 사회가 존재한다는 것 자체가 놀라운 일이다. 그런 사회는 모두가 모두를 알고 서로 의존하는 작고 투명한 삶의 공동체 안에서 최고로 잘 표현된다. 그러나 그런 공동체에서도 실망스런 일에도 불구하고 계속 반복해서 옆 사람에게 향할 수 있는 힘이 필요하다. 가족, 일터, 또한 자유로운 친교 모임에서도 개인들은 깊은 상처와 충격을 입을 수 있다. 사랑에 의해 완성되는 하나님의 의만이 하나님 나라 안에서 개인들 서로를, 그리고 개인과 사회를 화해시킬 수 있다.

하나님 나라의 사상에 근거하는 개인과 사회의 화해는 그리스도교 종말론적 희망 안에서 하나님의 통치의 종말론적 완성과 죽은 자들의 부활 사이의 연결을 통해 표현된다. 이 연결은 이미 개인적 종말론을 다루었던 앞 단락에서 개인의 규정과 인류의 공동체적 규정 사이의 결합으로 표현되었다. 하지만 지금은 거꾸로 말해야 한다. 인간 사회와 종으로서의 인류는 그것의 모든 지체의 개별적 참여 없이는 완성에 도달할 수 없다. 그 참여는 개인들에 대하여 서로 다른 다양한 것을 의미할 것이다. 각자는 이 세상의 삶에서 개인적으로 성취한 서로 다른 방식으로 그 완성에 참여할 것이다. 극단적인 경우에 하나님 나라 안에서 일어나는 인류의 종말론적 완성에 대한 참여는 한 사람에게는 이 세상의 삶에서 영감을 받았던 갈망과 믿음의 성취를 뜻하겠지만, 다른 사람에게는 그 참여가 이 세상의 삶에서 자신이 실행한 것 및 그 삶의 본래적 규정과 종말에 그것의 완성 사이의 모순 때문에 영원한 고통을 의미하게 될 것이다. 이 점에 대해서 더 자세히 살펴볼 것이다. 그러나 어쨌든 사회 혹은 종으로서의 인류는 그것의 모든 지체가 각자 **이러저러한 다양한 방식**으로 참여하지 않는다면, 완성될 수 없다. 그렇지 않다면 개인들은 사회와 국가의 삶을 위한 단지 임시적인 **수단**에 지나지 않을 것이다. 그러나 사회나 인류는, 그에 속한 개인적 지체들의 총합이 아니라면, 무엇을 뜻하겠는가?

인류의 모든 개인이 각자의 규정―그리스도교 종말론 안에서 하나님 나라의 완성의 표상과 죽은 자들의 부활 사이의 결합을 통해 표현되는 규정―에 완전하게 참여하지 않는다면, 규정된 인간성의 완성이라는 사상 안에서 일어나는 개인과 사회의 화해도 있을 수 없을 것이다. 그렇기에 단지 세계 내적으로 생각된 사회적 종말론[181]은 인간 규정의 완성이라는 개념에 도달하지 못하고 그 뒤편에 머문다. 칸트가 자기 앞에 놓인 역사의 목적으로 바라보았던 영원한 평화의 상태,[182] 혹은 마르크스가 미래의 계급 없는 사회의 형태로서 정치적 행위의 목적과 기준으로 삼았던 그 평화의 상태가 과연 실현 가능성이 있는 것인지의 질문을 우리가 제쳐 놓는다고 해도, 오직 미래의 그때 살아 있는 세대에 속한 개인들만이 그 평화의 상태에 참여할 수 있다는 문제는 여전히 남는다. 그리스도교 종말론의 기대 안에서 죽은 자들의 부활과 하나님 나라가 결합된 것과 비교할 때, 인간의 행위를 통해 실현될 수 있는 완성된 사회적 형태로서의 그런 세계 내적 유토피아는 인류의 미래적 완성의 희망에 대한 매우 불완전한 표현 형태로 여겨질 수밖에 없다. 그런 유토피아 사상과 관련해서 개인들이 기능으로 전락하는 결과는 특별히 마르크스주의의 경우에 지금 살아 있는 자의 행복이 자칭 인류의 목적이라는 이름 아래 거리낌 없이 희생된다는 사실에서 예시된다.

b) 하나님 나라와 역사의 종말

종말(eschaton)은 끝을 뜻하며, 이 세상의 시간과 그 안에서 진행되는 역사의 마지막을 의미한다(계 10:6f.).[183] 하나님의 행동들의 역사라는 점에서 역사의 끝인 종말은 또한 역사의 완성인데, 역사의 주제인 인간 규정에 대한 관점에서 볼 때도 그렇다. 완성과 끝이라는 종말 개념의 두 가지 면

---

[181]   이미 파울 알트하우스가 하나님 나라의 희망과 관념철학자들의 세속화된 천년왕국설 사이의 차이를 바르게 강조했다. P. Althaus, *Die letzten Dinge*, 4.Aufl. 1933, 223ff. 이 맥락에서 그는 19세기와 20세기 초의 개신교 신학 안에서 나타난 그런 천년왕국설의 경향이 남긴 여운, 곧 슐라이어마허와 로테(224ff.)로부터 종교사회주의(234)에 이르기까지 남아 있는 여운도 함께 다룬다.

[182]   Kant, *Zum ewigen Frieden. Ein philosophischer Entwurf*, 1795, 104.

[183]   P. Althaus, 같은 곳, 241 : "하나님 나라는 역사의 진행을 통해서가 아니라, 역사의 종말에 온다."

모는 양자택일의 대상이 아니고 오히려 서로 일치한다. 말하자면 완성 없는 끝은 생각될 수 없고, 끝이 아닌 완성도 있을 수 없다는 점에서 그렇다. 칸트에 의하면 어떤 끝—모든 변화와 시간이 그치는 끝—의 사고는 "상상력을 자극하는 표상"이다. 왜냐하면 시간의 모든 점에서 우리는 우리 의지와 관계없이 "그다음"의 사고와 묶이기 때문이다. 그러나 칸트는 인간 규정의 마지막 목적에 대한 사고에서도 그런 끝의 전제를 요청한다. 그 끝에 이르러 "마지막(끝) 목적은 비로소 도달될 것이다."[184] 만일 시간의 끝이 없는 어떤 완성을 가정한다면, 그때 계속 진행되는 시간은 불가피하게 모든 내용을 반드시 잃게 될 것이다. 거꾸로 역사적 경험이 무제한 진행된다는 표상은 완성이 역사 안의 어느 순간에 등장했다는 사상을 배제한다. 역사가 그렇게 진행된다면, 어떤 완성도, 인간적 현존재의 어떤 "최종 목적"도 있을 수 없다. 만일 그 최종목적이 "미래의 그 어느 때에도 **도달**될 수 없다"고 하면, 우리는 단지 공허하고 오류로 이끄는 표상을 말하는 셈이 된다. 이에 대해 최종 목적을 부정하고 역사의 저편으로 넘기는 것도 도움이 되지 않는다. 역사적 본질로서의 인간 실존이 의미적·시간적 목적을 갖는 것은 그의 역사의 완성 자체가 역사적 사건이고, 그 자체가 역사의 끝이 될 때만 가능하다.[185] 완성이라는 관념이 단지 역사 너머에서 떠돈다면,

---

184 I. Kant, *Das Ende aller Dinge* (1794), *Kant's Gesammelte Schriften* (AA) VIII, 1923, 334와 335.

185 이것은 파울 알트하우스의 생각과 다르다. 참고 P. Althaus, 같은 곳, 241ff. 비록 알트하우스는 "재림이 우리 삶에 종말을 설정하는 죽음과 같이 역사적–시간적 사건"이고, 이 점에서 마가복음 13:32이 말하는 종말은 특정한 시간에 오며 "날과 시간"을 가진다는 점(241)을 강조했지만, 그럼에도 불구하고 그는 이렇게 주장했다. "영광 가운데 나타날 주님의 계시로서의 최후의 심판은 역사의 날이 아니다"(244). 그러므로 재림은 "역사적인 사건이 아니고 역사를 끝내는 사건이다"(242). 이 판단의 근저에는 역사를 "죄와 죽음으로 특징지어지는 결단의 삶"으로 보는 견해가 자리잡고 있다. 이 견해는 물론 역사를 하나님의 영원성과 잇대어질 수 없이 대립하는 위치로 옮겨 놓는다. 그럼에도 불구하고 알트하우스와 함께 재림을 "사건"으로 파악하려고 한다면, 역사에 대한 다른 개념이 불가피하게 전제된다. 그것은 말하자면 재림의 사

그래서 역사를 끝내는 사건으로서 역사 안으로 진입하지 못한다면, 그때 그것은 인간과 인류의 역사적 현존재를 전혀 완성하지 못할 것이다.

이것은 하나님 나라를 역사의 목적으로 이해하는 폴 틸리히의 문제다.[186] 틸리히에 의하면 역사의 목적은 "종말을 훨씬 넘어선다." 이것은 종말이 완성을 의미하지 않는다는 점에서는 맞다고 할 수 있다. 완성은 단순한 종말 이상의 것을 말한다. 그러나 틸리히는 거꾸로 완성이 또한 종말을 의미한다는 칸트의 통찰을 빠뜨리고 있다. 틸리히는 역사의 목적에 대하여 이렇게 말한다. "그 목적은 시간적 과정의 모든 순간을 초월한다. 그것은 역사의 목적이라는 의미에서 시간의 종말이다."[187] 다시 말해 역사의 목적은 "모든 시간적 순간"을 초월하는데, 그 결과 "역사의 성취는…항상 현재하는 역사의 종말과 목적 안에" 놓여 있다.[188] 이로써 종말론적 미래는 단순한 상징이 된다. "영원은 사물들의 미래 상태가 아니다. 그것은 항상 현재한다…."[189] 이것을 다른 말로 표현하면, 역사에 대하여 완성이라는 미래는 없다.

역사의 종말에 관한 사고—종말은 끝과 완성을 동시에 의미한다—는 유대교 묵시록에서 유래한다. 다니엘 2장과 7장은 하나님 나라가 도래할 때, 그에 앞서 세계 제국들이 순서대로 파국을 맞을 것으로 기대했다. 이러한 전망과 관점은 가까이 다가온 하나님의 통치에 대한 예수의 메시지와 그리스도교 종말론의 발전을 위한 이해의 지평을 결정했다. 그러나 근대적 사고의 조건들 아래서 세계 종말의 표상과 인류 역사의 종말에 대

건이 그 안에서 발생하는 역사를 가리킨다. 그렇지 않다면 재림을 사건으로 말하는 것은 아무 의미가 없게 된다.

186 P. Tillich, *Systematische Theologie* III (1963), dt, 1966, 446 – 477.

187 P. Tillich, 같은 곳, 446.

188 P. Tillich, 같은 곳, 448, 비교. 449f.

189 P. Tillich, 같은 곳, 452.

한 주장은 문제가 있는 것이 되었다.

개신교 신학은 18세기 중반 이후에 세계가 불로 멸망한다는 구(舊)루터주의 교의학의 교리를 포기하고, 세계가 종말론적 변화를 겪는다는 견해를 선택했다.[190] 그러나 지그문트 바움가르텐은 세계 변화의 사상이 우주 전체에 관계되는 것이 아니라 우리의 지구를 포함한 태양계의 파괴에만 해당한다고 생각했다.[191] 프란츠 폴크마르 라인하르트는 "거대한 변화"는 "단지 우리의 지표면과 대기에만 일어날 것"으로 보인다고 말했다. 말하자면 "외부의 측량할 수 없는 전체 우주가 우리의 작은 지구의 운명과 어떻게 얽힐지"는 예상하기 어렵다는 것이다. 그 밖에도 우리는 요한계시록 21:1이 말하는 새 하늘 아래 있는 새 땅을 "하늘의 다른 천체 위에 새로운 거주지로…생각할 수 있는데, 그것이 인류라는 종에게 위탁될 것이다." 이 저서는 그에 대해 정확한 내용을 말하지는 않는다.[192] 칼 브레트슈나이더는 여기서 "우리의 태양계와 그래서 우리 지구가 불 속에서 겪을 거대한 변화"가 물리적으로 충분히 가능하다고 여기지만, 그러나 새 하늘과 새 땅의 성서적 약속은 우선 미래에 부활할 자들과의 새로운 세계 상태에 관계될 것이라고 생각했다. 그들에게는 새로운 감각과 함께 "새로운 세계가 생성될 것인데, 그러나 감각 세계의 객체들은 변화하지 않을 것이다."[193] 19세기 후반의 교의학자들은 종말론적 세계 변형에 관한 구체적 진술을 더욱 주저했다.[194] 교의학이 인간과 인류의 하

---

190   이 책의 817f.의 각주 13에서 특히 S. J. Baumgarten의 논문을 참고하라.

191   S. J. Baumgarten, *Evangelische Glaubenslehre* III, hg. J. S. Semler, 1760, 724f.

192   F. V. Reinhard, *Vorlesungen über die Dogmatik*, hg. von J. G. I. Berger, 1801, 680f.

193   K. G. Bretschneider, *Handbuch der Dogmatik der evangelisch-lutherischen Kirche* II (1823) 3.Aufl. 1828, 465와 470f.

194   마르틴 켈러는 그리스도의 재림과 함께 "우리의 세계의 역사적 종결"이 오며, 이것은 "또한 광범위한 자연적 격변"을 동반한다고 말했다. 그러나 그는 이에 대해 정확하게 진술하려고 시도하지는 않았다. Martin Kähler, *Die Wissenschaft der christlichen Lehre von dem evangelischen Grundartikel aus im Abrisse dargestellt* (1883), 2.Aufl.

나님 관계에 기초해서 세계에 대하여 말하기를 주저했기 때문에, 리츨 학파는 세계 종말에 대한 성서적 진술의 본래 의미에 따라 인간이 개인의 죽음의 순간에 종말을 경험하게 되며, 죽음은 "그들에게 개인적으로 세계 안의 삶의 종말을 의미한다"고 말했다.[195] 그런데 세계의 종말을 생각하는 가운데 교회와 인류 역사의 완성이라는 사상도 함께 폐기되었다. 리츨 학파의 다른 교의학자인 율리우스 카프탄은 이에 대해 "개인의 완성은 오직 전체의 완성 안에서, 그 완성과 함께" 생각될 수 있다고 바르게 확증했다. "세계사의 목적"으로서 "완성된 나라"는 "오직 재난을 통해서만 도달될 수 있고," 더 높은 단계로 진보하는 발전 과정의 결과가 아니라는 것이다.[196]

세계의 미래적 종말이라는 그리스도교 믿음에 본래적인 주장은 자연과학의 세계 이해와 반드시 모순되는 것은 아니지만, 그 이해를 지원해주지는 못한다. 오늘날 이 문제와 관련하여 근세 초기의 시기보다 훨씬 높

1893, 421f. 켈러의 스승이었던 베크는 "새로운 세계 시스템의 창조"에 대하여 훨씬 더 상세하게 다루었다. J. T. Beck, *Vorlesungen über Christliche Glaubenslehre*, hg. I. Lindenmeyer II, 1887, 754ff. 여기서 베크는 세계의 종말론적 완성을 세계와 인간의 영성화로 보는 로테의 주장에 동의하며 그것을 인용한다(755). 참고. R. Rothe, *Theologische Ethik* II , 2.Aufl. 1867, 478ff. 그러나 베크는 자연과학적 세계 이해와의 관계를 설명하지는 않았다. 로테의 이해는 자연세계 및 인간의 "변형된 완성"에 대한 도르너의 이해와도 가깝다. I. A. Dorner, *System der christl. Glaubenslehre* II/2, 2.Aufl. 1887, 972 – 979, bes. 973f.

195 참고. H. H. Wendt, *System der christlichen Lehre*, 1906, 644. 나중에 히르쉬도 비슷하게 말했다. E. Hirsch, *Leitfaden zur christlichen Lehre*, 1938, 173f.(§ 90). 헤르만도 자신의 사후에 출간된 교의학에서 그리스도인들의 종말론적 희망의 내용은 "우리 자신이 인격적인 영과 연합하게 된다"는 기대뿐이라고 말했다. W. Herrmann, *Dogmatik*, 1925, 90, §53.

196 J. Kaftan, *Dogmatik* (1897), 3.4.Aufl. 1901, 649f. 해링은 최소한 그리스도의 재림이 "이 세상"의 종말을 의미한다는 진술을 확정하려고 했다. Th. Haering, *Der christliche Glaube*, 1906, 594. 아돌프 슐라터도 비슷하게 말한다. A. Schlatter, *Das christliche Dogma,* 2.Aufl. 1923, 536f.

은 수준의 의견 일치가 이루어지고 있다. 자연과학적 우주론은 시간과 공간 안에서 우주의 무한한 연장을 더 이상 주장하지 않고, 공간적으로 유한한 우주가 팽창하고 있다는 것과 유한한 시간 이전의 과거에 우주 팽창 운동의 시작점이 있었다는 사실을 가르쳐준다.[197] 미래의 세계 종말의 표상도 오늘의 자연과학적 세계상에 따르면 최소한 하나의 가능성으로 신뢰되고 있다. 그것은 일전에 매우 많이 논의되었던 엔트로피 법칙의 무제약적 타당성의 결과로서 열의 죽음일 수도 있고,[198] 모든 물질이 하나의 "블랙홀"로 수축한다는 의미일 수도 있다.[199] 세계가 공간 안에서, 특히 시간 안에서 유한하다는 상은 무한히 비소멸적으로 스스로 존재한다는 어떤 세계상보다는 의심할 바 없이 성서적 세계 이해와 더 잘 어울린다. 그러나 임박한 종말을 생각하는 성서적 세계 종말론—물론 그 시간을 특정하지는 않는다(막 13:32 및 병행구절)—은 세계의 가능한 종말과 관련해서 아주 먼 미래를 목표로 삼는 자연과학적 추세외삽법(Extrapolation)과 적절히 일치하지는 않는다. 그래서 양자가 동일한 사건을 가리키고 있다고 쉽게 말할 수 없다. 그럼에도 그렇다고 주장한다면, 그것은 종말의 긴박한 접근 형태에 관한 매우 다른 의미 안에서다. 기술의 오용에 의한 인류의 이 세상적 환경세계의 파괴에 대한 묵시적 전망은 매우 긴급하다.[200] 그러나 이 전망은 아마도 인류에게 재앙이 되는 어떤 전개 과정은 다루지만, 우주의 종말 혹은 최소한 지구 자체의 종말은 포함하지 않는다. 우리는 인류의 생존을 위협하는 그런 현상들 안에서 **종말의 표징**(막 13:28f.)을 엿볼 수는 있다. 이 표징은 우리가 상상할 수 없는 재난의 가능성을 가리킨다. 그러나 종말

---

197   이에 대해 참고. 『조직신학』 II, 278ff.282ff.

198   참고. K. Heim, *Weltschöpfung und Weitende*, 1952, 109-125, bes. 114ff., 121ff. 이에 대해 비교. H. Schwarz, *On the Way to the Future. A Christian View of Eschatology in the Light of Current Trends in Religion, Philosophy and Science*, 2.ed. 1979, 122ff.

199   『조직신학』 II, 284f.를 보라.

200   H. Schwarz, 같은 곳, 127ff. 슈바르츠는 현재의 생태학적 위기를 과거 시대의 묵시문학적 두려움과 올바르게 연결했다.

의 표징이 종말 자체와 혼동되어서는 안 되며, 종말이 언제 닥칠지를 계산할 수 있게 해주는 것도 아니다. "그러나 그날과 그때는 아무도 모르나니 하늘에 있는 천사들도, 아들도 모르고 아버지만 아시느니라"(막 13:32). 우리가 이 세상과 인류 역사의 종말을 고려해야만 하는 이유는 물리학적 우주론과 생태계 문제의 미래 전망이 아닌 다른 곳에도 놓여 있다. 그것은 우리의 감각적 의식의 역사성이 갖는 내적 논리학이다.[201]

　모든 개별 경험은 어떤 맥락 안에서 정의되고, 그 맥락은 더 큰 포괄적 맥락들 안에 놓이고, 이 과정은 모든 경험과 사건의 총체성에 도달할 때까지 계속된다. 이에 따라 모든 개별 의미는 최종적으로 모든 경험의 전체 의미성에 의존한다. 그것은 모든 사건, 그리고 경험의 대상이 될 수 있는 모든 현실의 총체성을 뜻한다. 그러나 우리는 우리 경험의 역사성—이것의 맥락은 미래를 향해 열려 있다— 때문에, 그 경험의 전체 의미는 아직 완결되지 않았다고 생각해야 한다. 그래서 모든 개별 경험과 그 안에 파악된 내용은 각각의 특정한 의미와 특수한 본질(아리스토텔레스가 말하는 의미의 본질; *ti en einai*)을, 아직 완결되지 않은 경험 및 경험된 현실 자체의 전체성이 그것들 안에서 등장한다는 조건 아래서만 갖는다. 다시 말해 그 전체성은 아직 완결되지 않은 전체에 대한 예기로서 등장한다. 그 결과 우리는 모든 개별 경험에서, 그것을 특정한 내용 및 의미와 결합하는 한, 언제나 이미 현실성 전체를 특정한 개별 경험의 조건으로 (비록 여기서 전체성의 윤곽은 다소간에 무규정적으로 남아 있다고 해도) 전제하게 된다. 이제는 경험 전체와 마찬가지로 현실 전체도 시간 안에서 아직 완결되지 않은 과정으로 생각되어야 하기에, 그 결과는 다음과 같다. 모든 개별 경험은 자신이

201　이하의 서술은 내가 *Grundfragen systematischer Theologie* 1, 1967, 142ff.와 *Wissenschaftstheorie und Theologie*, 1973, 286ff.에서 설명하고 논증했던 내용의 반복이다. 이 내용은 또한 게르하르트 자우터와의 대화에서도 논의되었다. H. N. Janowski/W. Pannenberg/G. Sauter, *Grundlagen der Theologie – ein Diskurs*, 1974, 97ff.

정의되기 위한 조건으로 역사의 종말을 전제하며, 인류의 역사만이 아니라 우주의 역사도 종말로부터 비로소 전체 과정으로 구성될 수 있다. 물론 이 전제에 역사의 종말이 어떤 성격인지에 대한 지식이 결합되어 있는 것은 아니다. 종말의 단순한 사실성, 혹은 더 정확하게는 세계가 종말을 향해 진행한다는 **사실**은 현실 전체를 일회적 과정 즉 역사로 이해하는 함축적 의미 안에서만 의식될 수 있다.

역사의 종말에 대한 가정은 일반적 경험의 역사성과 관련해서 초월적 조건 (가능성의 조건)으로 말해질 수 있을 것이다.[202] 그러나 그것은 칸트의 의미에서 초월적 기능들을 경험의 여건들과 나누는 엄격한 구분의 사고와—무엇보다도 칸트가 말하는 것처럼 경험의 모든 초월적 형식은 단지 인식 주체가 통합한 표현에 지나지 않는다는 사실 때문에—반대된다.[203] 모든 경험의 역사성 안에서 언제나 미리 함께 설정되는 역사의 종말이라는 전제를 위한 논증은 모든 사물의 종말의 가정에 대한 칸트의 논증과 중심 내용에서 가깝다. 칸트는 모든 사물의 종말이 관습법에 대한 도덕 의식에 뒤따라오는 목적의 사고 안에서 함께 설정된다고 논증했다.[204] 그러나 칸트와 비교할 때 위에서

---

[202] 그렇게 한다면 우리는 몰트만이 초기 바르트를 바르지 않게 지칭했던 것과 같이 "초월적 종말론"(transzendentale Eschatologie)을 말하게 될 것이다(위의 각주 50을 보라). 여기서 초월적 종말론은 바르트의 『로마서 강해』 2판과 같이 종말의 무시간성이라는 특징을 갖지는 않는다. Karl Barth, *Der Römer brief*, 2.Ausg. 1922, 486. 오히려 그 종말론은 역사의 미래적 종말에 관한 칸트의 사고(Kant, *Das Ende aller Dinge*, 1794)로 이끈다. 칸트는 이 논증을 "초월적"이라고 말하지 않았다. 왜냐하면 그 논증은 실천이성에 근거하기 때문이다. 반면에 칸트는 초월의 개념을 뚜렷이 이론 이성의 통합하는 기능으로 사용했다.

[203] 이와 관련해서 그라이너의 라너 비판을 참고하라. 칼 라너는 "초월적"이라는 개념을 인간학적 자료들에 대한 (신학적) 조건들에 이르기까지 확장했는데, 그라이너는 이에 대해 비판했다. 참고. F. Greiner, *Die Menschlichkeit der Offenbarung. Die transzendentale Grundlegung der Theologie bei Karl Rahner*, 1978.

[204] 위의 각주 184를 보라.

제시한 사고 진행에 놓인 논증의 기초는 확장되며, 그것은 도덕적 자의식의 서술만이 아니라, 빌헬름 틸타이의 분석에 따른 의미 체험으로서의 인간 경험의 토대 위에 놓인다. 이 논증이 더욱 일반적 성격을 갖는 것은 그것으로부터 불가피하게 역사의 종말이라는 가정이 생기기 때문이며, 종말의 성격이 긍정적 의미 성취라는 질적 의미에서의 완성을 뜻하기 때문이 아니다.

역사의 종말이라는 가정은 그럼에도 논쟁의 소지를 남긴다. 왜냐하면 그 가정은, 칸트가 말했던 것처럼, "상상력을 자극하는 표상"으로 이끌기 때문이다. 그러나 칸트 자신은, 위에서 제시한 것처럼(각주 184), 다른 이유에 근거해서 그 가정의 정당성을 옹호하기를 그치지 않았다. 이 사실은 역사의 종말이라는 표상이 사변적 이성의 우주론적 이념에 관한 칸트의 첫째 이율배반의 서술과 긴장을 이룬다는 점에서 더욱 두드러져 보인다.[205] 이 논증은 세계의 **시작**에 관한 질문, 그리고 그것의 반대 입장의 주장으로서 세계의 시작이 없다는 문제를 다룬다. 그런데 이 논증은 세계의 종말에 관한 질문에 대해서도 똑같이 적용될 수 있다. 칸트는 자신의 이율배반의 논의에서 우리가 모든 시점을 넘어 다른 어떤 시간을 생각할 수 있다고 주장했다(B 461). 물론 우리의 이성은 한편으로 모든 부분이 전체 안에서 "완성되는 통합"이라는 표상을 필요로 하지만(B 457 각주), 그러나 다른 한편으로 시간과 공간 안의 모든 한계점에는 그 경계의 외부가 존재한다(B 461). 그래서 칸트는 『모든 사물의 종말』이라는 자신의 저서에서 역사의 종말이라는 표상이 우리의 상상력을 자극한다고 말했다. 그러나 칸트가 그곳에서 그럼에도 불구하고 그런 종말이 존재한다고 주장할 이유를 가지고 있었던 것처럼, 순수이성 비판 자체의 내부에 이미 이 방향을 가리키는 근거가 존재하고 있었다. 초월 미학이 구성하는 공간 직관에 따르면, 우리는

---

205 I. Kant, *Kritik der reinen Vernunft*, 2.Ausg. 1787, (B) 454ff. 이하의 쪽수 표시는 이 책의 본문을 가리킨다.

공간을 "무한히 주어진 규모"라고 생각할 수 있고(B 40), 무수한 모든 공간을 단지 하나의 공간의 부분으로 파악할 수 있다(B 39). 이것은 또한 시간에도 해당한다. "서로 다른 시간들은 단지 동일한 시간의 부분들에 불과하다"(B 47). 그래서 "시간의 근원적 표상은 무제한으로, 즉 하나의 전체로서 주어졌다"고 보아야 한다(B 48). 그러나 이 점에서 이미 시작과 종말의 가정이 함께 설정되었고, 이것은 첫째 이율배반의 반명제와 대립한다. 이 가정이 없다면, 시간은 연속체이기는 하지만, 그러나 직관 안에서 "전체"로서 주어질 수 없을 것이다.

시간의 시작과 종말이라는 표상과 관련해서 상상력을 위한 우리의 시간 의식이 동반하는 어려움을 직시한다면, 이 세상의 시간의 종말을 각자가 체험한 모든 개별적 의미의 함축성과 조건으로 보는 나의 주장이 회의와 모순에 부딪히게 되는 것은 이해할 만한 일이 된다. 이그나츠 베르텐은 역사의 종말이라는 사상은 하나님 개념의 전제 아래서 비로소 생각될 수 있다고 주장했는데, 나는 거꾸로, 그도 말하는 것처럼, 양자가 순환 운동을 이룬다고 보았다.[206] 역사의 종말을 가정하기 위해 하나님 개념이 미리 논증으로서 전제되지 않는다는 사실을 베르텐은 칸트의 『모든 사물의 종말』이라는 작은 문헌 안의 논증으로부터 알아낼 수 있었을 것이다. 물론 그 사실이 그리스도인들에게는 세계 종말의 실제적 등장이 하나님을 믿는 믿음과 결합되어 있고, 그들은 종말의 등장을 하나님의 행동으로 기대하고 있다는 것을 배제하지 않는다. 우리의 현재 경험의 구조적 함축성으로부터 미래의 종말의 실재에 이르는 추론은 우리 경험의 형식들과 관계된 실제 사건들의 우연성 때문에(그렇기에 우리의 경험은 칸트에 의하면 단지 실제 사건들에 대한 예기에 그친다) 반론의 여지 없이 자명하지는 않다. 그러나 우리 경험의 역사성에 근거하여 우

---

206   I. Berten, *Geschichte, Offenbarung, Glaube. Eine Einführung in die Theologie Wolfhart Pannenbergs*, 1970, 77ff. 베르텐은 종말의 개념 자체를 포기할 것을 제안한다. Berten, 같은 곳, 70ff. 이에 대해 그곳의 나의 마치는 글, 131ff.를 참고하라.

리는 종말을 향한 개방성과 나아가 그곳을 향한 지향성의 의미와 중요성을 주장할 수 있다.[207] 이와 구분되어야 하는 것은 종말의 사실적 등장만이 아니라, 또한 종말의 완성으로서의 성격이다.[208] 그래서 세계의 종말이 단순한 붕괴와 무로의 추락 대신에 완성의 성격을 갖는다는 사실은 여기서 자명하지 않다. 이 지점에서 이미 전체성 혹은 구원에 대한 인간의 요청과 체험의 역사성이 지닌 함축성을 넘어서는 도덕적 추구는 중요한 의미(형식적 의미에서)를 갖는다. 칸트는 『모든 사물의 종말』에서 인간의 완성과 그의 도덕적 규정을 중심 문제로 삼았고, 그것을 위해 종말 개념도 다루었다. 그러나 그런 숙고 안에서도 종말이 실제로 이러한 방식으로 등장하리라는 보증은 없다. 창조가 완성되어 구원에 이를 것이라는 기대는 예수 그리스도 안에서 일어난 하나님의 종말론적 구원 행동으로부터, 또한 그것에서 얻어지는 인식 곧 인간의 창조가 본래 둘째 아담의 나타나심을 향해 있다는 지향성의 인식으로부터 비로소 근거를 갖는다.

세계의 종말과 결합된 구원의 완성에 대한 표상을 반대하는 또 다른 항변은 그런 종말의 가정이 영원한 생명의 사상과 모순된다고 주장한다. 시간이 멈춘 상태는 생명이라기보다 죽음을 뜻하는 것으로 보인다. 이 생각은 슐라이어마허[209]와 다비트 프리드리히 슈트라우스[210] 이전에 이미 칸트가 1794년에 명확하게 말한 것이다. "미래의 어느 때에 모든 변화(그와 함께 시간 자체)가 멈추는 어떤 시점이 등장한다는 것은 상상력을 자극하는 표상이다. 그때 말하자면 자연 전체가 경직되고 또한 석고화된다.…자신의 현존재와 외적 규모를 단지 시간 안에서 (지속되는 것으로) 의식할 수 있는 어떤 존재에 대하여 그런 생명은, 만일 그것이 어떻게든 생명이라고

---

207   참고. M. Pagano, *Storia ed escatologia nel pensiero di W. Pannenberg*, 1973, 91과 227ff.

208   파가노가 그렇게 바르게 주장했다. M. Pagano, 같은 곳, 91ff. (La "fine-salvezza").

209   F. Schleiermacher, *Der christliche Glaube* (1822) 2.Aufl. 1830, §163,1.

210   D. F. Strauss, *Die christliche Glaubenslehre* II, 1841, 680f.

말해질 수 있다면, 멸망과 비슷하게 보일 것이다…."[211] 그러므로 지금까지 논의해온 이론적 상상력에 대해서만이 아니라 인간의 삶을 향한 관심에 대해서도 시간의 종말의 표상은 "혐오스런" 것이다. 물론 칸트는 여기서 단지 그런 상태가 "우리의 파악 능력을 능가한다"는 점만을 표현하려고 했다. 그는 거기서 완성시키는 종말이라는 사고를 전적으로 거부하려고 하지는 않았다. 인간이 자기 규정의 "최종 목적"에 미래의 어느 때 도달할 수 있다는 실천적 관심이 그 논증에 대한 칸트의 신중한 검토에서 우위를 차지했고, 그 관심이 완성시키는 종말의 표상을 지지하는 쪽으로 이끌었다.

시간의 종말의 사고와 생명의 표상—영원한 생명을 포함해서—을 결합하는 어려움은 **무가 아니라 하나님이 시간의 종말이라는 사실**을 생각할 때 비로소 사라진다. 유한이 무한과 구분되듯이, 시간과 시간적인 것은 영원으로부터 구분된다. 그렇다면 시간적인 것의 종말—또한 시간 자체와 역사 전체의 종말—은 영원으로 건너감을 뜻한다. 이것은 하나님께 고유한 영원한 생명에 참여하는 것을 의미할 수 있다. 영원으로 건너감이 사실상 이러한 긍정적 의미를 갖는다면, 그것은 시간적 현존재가 하나님의 영원성과 대면하는 심판 안에서 결정된다. 영원이 시간과 대립한다는 점에서 시간에 대한 영원의 관계는 사실상 심판의 형태다.

이것은 초기의 변증법적 신학, 곧 위기의 신학의 근본적 사고였다. 바르트는 원시 그리스도교의 절박한 기대를 오늘의 현실에 적용하는 해석에 도달했다. 그래서 그는 하나님의 영원성—즉 하나님 자신—을 매 순간 발생하는 시간의 종말로 파악했고, 그 결과 미래의 세계 종말의 가능성 혹은 개연성에 대한 모든 질문은 중요성을 상실했다. "왜냐하면 신약성서가 선포하는 종말은 그 어떤 시간적인 사건도, 그 어떤 우화와 같은 '세계 몰락'도 아니며, 어떤 역사적인, 이 땅에 속한, 혹은 우주적인 재난과 아

---

211   I. Kant, *Das Ende aller Dinge*, 1794, AA VIII, 334.

무런 관계가 없기 때문이다. 오히려 신약성서가 선포하는 종말은 현실적인 **종말**이며, 철저히 종말 그 자체라서, 가깝거나 먼 측정에 있어 1900년이란 시간은 '거의'가 아니라 '**전혀**' 의미가 없다…."[212] 이같이 오늘의 현실에 적용하는 해석의 대가는(代價) 바르트에게 있어—그의 곁에서 파울 알트하우스의 종말론[213] 안에서도—원시 그리스도교의 종말론적 기대의 탈시간화, 곧 기대했던 세계 종말의 미래성을 추상화하는 것이었다. 알트하우스와 마찬가지로 바르트도 이 점에 대하여 나중에 수정 과정을 거친다. 1940년에 바르트는 자기비판적 시각으로 되돌아보면서, 초기에 자신에 "다가오는 하나님 나라의 저 세상성에는 몰두했지만, 그러나 그 나라의 도래 그 자체"는 진지하게 다루지 못했다고 썼다.[214] 10년 후에 알트하우스는 "종말론의 취소"(Retraktationen zur Eschatologie)라는 논문을 발표하며,[215] 역사의 종말을 바라보는 종말론이 개인의 완성만이 아니라 또한 인류의 완성을 향한 성서적 희망에 대하여 갖는 중요성을 합당한 위치로 되돌려 놓았다. 그러나 그에 필요한 사상적 가능성은 완전히 설명하지 못했다. 영원에 대한 모든 시간들의 동시성, 곧 초기 변증법적 신학이 원시 그리스도교

---

212   K. Barth, *Der Römerbrief*, 2.Ausg. 1922, 486.

213   P. Althaus, *Die letzten Dinge*, 1922, 64f., 96 등등. 알트하우스는 1933년 자신의 저서 4판에서 역사의 끝을 바라보는 종말론과 벌이는 전투의 의도를 밝히면서, 자신의 핵심은 "종말=기대라는 실제성에 다시 타당성을 부여하는 것"이라고 말했다(267). 그러나 알트하우스는 거기서 역사의 종말에 대한 관계를 배제하지 않았으며, 그 종말에 대한 기대는 "죽음에 대한 기대와 동일한 실제성"을 갖는다고 서술했다(265). 그러나 다른 한편으로 알트하우스는 여전히 바르트의 『로마서 강해』와 비슷하게 주장했다. "종말은 **본질적으로** 가까이 다가왔다. 세계는 심판과, 하나님 나라와, 그리스도와 접촉하면서 **근본적으로** 종말을 맞았다"(264). 알트하우스와 초기 바르트 사이의 구분은 주로 다음의 사실, 곧 알트하우스에게는 역사적 현재와 영원 사이의 매 순간 가능한 대면이 심판일 뿐만 아니라 또한 그리스도 안에 있는 구원의 현재를 의미할 수도 있다는 사실에 놓여 있다. 이에 대해 참고. G. Hoffmann, *Das Problem der letzten Dinge in der neueren evangelischen Theologie*, 1929, 43과 50ff.

214   K. Barth, *KD* II/1, 1940, 716.

215   *Theologische Literaturzeitung* 75, 1950, 253–260, 257f.

의 절박한 기대를 오늘의 현실로 해석할 수 있게 해준 그 동시성은 "영원한 구원의 실현을 시간의 종말에 일어나는 유일회적 사건으로 보는 관점"을 배제한다.[216] 역사의 끝을 바라보는 종말론은 이와 반대로 영원에 대한 이해의 수정을 전제한다. 영원은 시간과 대립하는 것이 아니라, 시간을 자체 안에 포함하거나 자체 안에 시간적 구분을 위한 공간을 허락한다고 생각되어야 한다. 칼 바르트는 사실 이러한 발전을 위한 출발점을 제공했고, 보에티우스의 견해를 받아들이면서 하나님의 영원을 "진정한 지속"으로, 그래서 시간의 원천, 총괄개념, 근거로 규정했다.[217] 이에 기초해서 바르트는 피조물의 시간을 긍정적인 은사로, 또한 하나님의 영원에 참여하는 것으로 파악했다.[218] 그러나 여기서도 원시 그리스도교의 믿음에 대한 이해 안에서 종말론적 미래가 본래적 우위를 가졌던 것은 여전히 고려되지 않고 있다.[219] 이 결함은 단순히 성서적 약속의 사고—비록 이 사고가 "앞으로 나아가는 역사의 개방성에 대한 새로운 인식"에 근거하고 있다고 해도—를 언급하는 것으로 보충될 수 없다.[220] 오히려 종말론의 주제에 대한 미래의 의미는 영원 자체에 대한 이해에, 그리고 시간에 대한 영원의 관계에 근거해야 한다.

---

216   G. Hoffmann, 같은 곳, 101.

217   Barth, *KD* II/1, 686ff.; *KD* III/2, 639f. 이에 대해 비교. 『조직신학』 I, 654ff.

218   참고. *KD* II/1, 704. 비교. *KD* III/2, 635f.638ff.

219   하나님의 속성 중 시간 이전, 시간 초월, 시간 이후의 성격에 관한 바르트의 설명 (*KD* II/1, 698ff.)은 하나님의 영원성이 모든 피조적 시간을 포괄하는 것으로 생각되어야 한다는 점을 표현하지만, 그러나 원시 그리스도교 종말론 안에서 미래가 가졌던 우월한 지위를 고려하고 있지 않다. 바르트는 영원과 시간(그리고 시간적인 것)의 관계를 표현하는 이러한 세 가지 형식 가운데 어느 하나에 우선성을 부여하는 것을 명확하게 거부한다.(711f.).

220   몰트만이 그렇게 보충했다. J. Moltmann, *Theologie der Hoffnung*, 1964, 50.

c) 하나님 나라 그리고 시간에 도래하는 영원

시간과 영원의 관계는 종말론의 핵심 문제이며, 이 문제의 해결은 그리스도교 교리의 모든 부분적 영역에 영향을 미치게 된다. 미래에 부활한 자와 지금 여기 살아 있는 자의 동일성, 역사의 종말에 일어날 미래의 하나님 나라와 예수의 사역 안에 현재하는 그 나라 사이의 관계, 예수 그리스도의 재림 때 일어날 죽은 자들의 보편적 부활의 사실과 그분 안에서 잠자는 자들이 이미 죽음의 순간에 그분 곁에 있고 그 결과 그분과의 연합이 단절되지 않는다는 사실 사이의 관계, 예수 자신의 재림과 그분의 지상 사역 간의 관계, 또한 영원한 하나님의 왕국 및 세계 통치와 그 나라의 미래성 사이의 관계—이 모든 것은 결정적 대답 없이 머무는 질문과 주제들이며, 그 대상은 시간과 영원의 관계에 대한 해명 없이는 이해될 수 없다. 그러나 여기서 우리가 제시할 대답은 죄로 인해 왜곡된 것과 구별되는 인간의 피조성에 대한 이해를 불러일으킨다. 나아가 그 대답은 명백하게도 총체적으로 하나님의 내재적 삼위일체의 생명과 관계를 맺고 있는 구원 경륜의 이해에 대해서도 결과적으로 영향을 준다.

칼 바르트는 이 주제에 관한 논의를 위한 출발점을 마련했다. 그는 시간과 영원의 관계에 대한 자신의 초기의 이원론적인 대립으로부터 전향하고, 보에티우스(그와 함께 암묵적으로 플로티노스)를 지향하는 영원 이해를 채택한 것이다. 이것은 영원이 생명의 전체성을 내적으로 소유한다고 보는 이해다.[221] 바르트는 영원을 "지속"으로 표현했는데,[222] 이것은 물론 보다

---

221 K. Barth, *KD* II/1, 688f. 이 부분은 보에티우스에 관한 내용이다. Boethius, *De consol. philos.* V,6,4 : Aeternitas igitur est interminabilis vitae tota simul et perfecta possessio (CCL 94, 101). 이러한 영원 이해는 플로티노스에게서 유래한다. 참고.『조직신학』 I, 651f.

222 K. Barth, *KD* II/1, 688. 계속해서 이렇게 말해진다. "영원은 정확하게 말하자면 시간이 벗겨지는(abgehen)…지속이다." 바르트에 의하면 이 지속 위에 하나님의 영속성, 불변성, 신뢰성이 근거하고 있다(686f.). 그러나 이 지속의 개념은 다음의 한 문장을 제외하고는 더 이상 상세하게 정의되지 않는다. "지속은 동시성을 갖고, 동시

더 상세한 설명이 필요한 개념이다. 그러나 이 개념에 기초해서 바르트는 하나님이 피조물에게 "수여하신" 시간이 그분의 영원성에 대한 참여라는 특성을 갖는다고 설명했다. "…하나님이 우리에게 시간을 주심으로써, 그분은 사실 영원도 **주신다**."[223] 하지만 바르트는 여기서 하나님이 피조물에게 주신 지속, 곧 피조물 자체의 본래적인 지속을 생각하고 있지 않다.

인용된 문구는 다음의 앞선 진술에 이어진다. 우리는 하나님의 영원의 현재를 "**또한**(auch) 우리 시간의 매 순간 안에서, 그러나 **또한** 우리 시간의 매 순간을 둘러싸는 과거와 미래 안에서 찾아야 한다"(*KD* II/1, 704). 이 진술은 하나님의 영원성의 "지속"이 또한 피조물에게 주어진 시간 안에 있는 피조물의 지속에 상응한다는 것을 암시할 수 있다. 그러나 바르트는 인간에게 "주

성이다(686). 여기서 일차적으로 말해지는 것은 하나님의 자기 자신과의 동시성인데, 이것은 하나님의 불변성을 표현하며 피조물의 비동시성과 구별된다. 피조물의 현재는 한편으로 자신의 과거와, 다른 한편으로 자신의 미래와 동시적이지 않다. 그러나 지속의 개념은 이를 넘어 더 상세한 설명을 필요로 한다. 이 주제에 대한 비란트의 논문을 참고하라. W. Wieland, in: *Hist. WB Philos.* 2, 1972, 26f. 바르트가 정의하는 지속 개념에서 과거, 현재, 미래라는 모든 시간의 계기들이 거기서 배제되는지, 혹은 지속이 시간을 포괄하는 현재로 생각되어야 하는지의 문제는 논의되지 않는다. 무엇보다도 바르트에게 빠져 있는 것은 제한적 지속과 무제한적 지속 사이의 구분이다. 그래서 바르트는 라틴 스콜라주의 안에서 지속 개념이 영원과 시간에 대한 상위 개념의 기능을 가졌다는 핵심에 도달하지 못한다(참고. H. Schnarr, Nunc stans, in: *Hist. WB Philos.* 6, 1984, 989-991, bes. 990. 이 부분은 알베르투스 마그누스에 대한 내용이다). 지속의 특성을 영원 개념 안에 남겨두려는 바르트의 경향은 무제한의 지속이라는 표상에 대한 선택을 함축한다. 그러나 제한된 지속의 현상이 사실상 존재하는 것에 대해서는 논쟁의 소지가 없으며(아래의 각주 224를 보라), 나아가 지속의 표상에서 제한된 지속이 보통 우선시된다. 왜냐하면 이미 아우구스티누스가 인식했던 것처럼 오직 제한된 지속 개념을 통해서만 시간의 측정이 가능하기 때문이다. Augustin, *Conf.* XI, 26, 33. 이에 대해 참고. K. H. Manzke, *Ewigkeit und Zeitlichkeit. Aspekte für eine theologische Deutung der Zeit*, 1992, 329ff.

[223] K. Barth, *KD* II/1, 704. 바르트의 시간론과 특히 그것의 그리스도론적 토대에 대해 참고. K. H. Manzke, 같은 곳, 490-534.

어진" 피조적 시간을 지속이라는 술어로 표현하기를—어쨌든 인간의 현재 경험의 관점에서는—명시적으로 거부했다(KD III/2, 640, 비교. 622).[224] 인간의 현재는 바르트에 의하면 과거와 미래 사이의 경계로서의 지금이라는 특성을 갖는다(III/2, 636). 그렇기에 인간은 결코 시간을 **갖지** 못한다(622). 이와 반대로 하나님의 영원 안에서 "지금은 지속과 연장"(639)을 갖는다. 왜냐하면 그 "지금"은 과거와 미래로부터 분리되지 않기 때문이다. 그럼에도 불구하고 바르트는 인간이 과거와 미래의 경계선을 **넘어서는** 중에 실존하며, 그 결과 인간은 바로 그 넘어섬 안에서 시간 안에 있는 자기 존재의 전체성과 관계를 갖는다고 말했다(637). 이로써 문제의 핵심에서 시간을 덮어 포괄하는 현재가 말해졌는데, 그 안에서 우리가 실행하는 삶은 제한된 지속을 갖는다. 그러나 바르트는 이 문제를 다루지 않고, 대신에 이렇게 말한다. 하나님의 지금(Jetzt)은 우리의 현재의 지금 안에 함께 현재하며, "그것에 기초해서…우리가 **인간으로서** 과거로부터 미래를 향해 걷고 나아가는 것"이 가능해진다(639). 인간들이 실행하는 삶의 연속성은 영원에 근거하고 있다고 생각되어야 할 뿐만 아니라, 또한 우리 삶 속에 있는 영원의 현재로 생각되어야 한다.[225] 그 결과 인간의 현존재에 본래적 지속은 주어지지 않으며, 다만 지속을 향한 갈망만이 주어져 있다(672ff.).

시간 안에서 "지속"은 피조물의 독립적 현존재에 대하여 결정적인 요소다. 오직 자신의 고유한—비록 제한적이지만—지속을 통하여 피조물은

---

224 인간의 과거와 미래에 대하여 바르트는 그것들이 지속을 갖는다고 말했다. KD III/2, 619, 비교. 649f. 예수의 시간에 대해 인정할 수 있는 지속(같은 곳, 555)의 맥락에서, 지속은 예수의 시간이 다른 인간들의 시간과 공통적으로 갖는 어떤 것으로 다루어진다(556). 그러므로 지속은 여기서 "제한된 지속"인데, 이것은 인간의 시간에 대해서는 지속이 박탈된다는 진술과 모순된다.

225 이에 대해 참고. K. H. Manzke, 같은 곳, 523. 만츠케는 바르트가 이 서술 안에서 시간성 안에서 현존재의 자기구성이라는 하이데거의 구성과 암묵적으로 논쟁하고 있다고 추정한다.

하나님 및 다른 피조물들과 구분되는 자신의 본래적 현존재를 갖는다.[226]
여기서 인간들에게, 또한 유비적 방식으로 다른 생명체들에게도, 각자의
삶은 그 삶의 느낌 안에 있는 무규정적 전체로서 현재한다. 지속에 대한
시간적 감각[227]에 본질적인 현재, 곧 감각 안에 생명 전체가 현재하는 것[228]
은 물론 그 자체로만 본다면 막연한 것이다. 전체성의 감각은 기억과 기대
를 통해 비로소 특정한 윤곽을 얻는데, 이 윤곽은 기억과 기대가 도달하는
만큼 펼쳐진다.[229] 여기서 기대가 우선성을 갖는다. 왜냐하면 삶을 완성하
는 미래로부터 비로소 그 삶의 전체성이 결정되기 때문이다. 이것은 어떤
노래 전체가 오직 아직 남아 있는 종결 부분에 대한 선취 안에서만 파악될
수 있는 것과 같다.[230]

하나님의 영원성과 비교할 때, 시간을 가교하는 인간의 현재 의식 안
에서 체험되는 지속은 제한적이며, 그것도 인생의 시간적 경계만이 아니
라 그것을 넘어 다음의 사실을 통해서도 제약되어 있다. 우리의 시간 의식
안에서 우리 삶의 전체성은 오직 지나간 것과 미래의 것에 대한 선택 안
에서, 또한 그에 따라 오직 특정한 형태 안에서 부분적으로만 파악된다는
사실이다. 이와 비교할 때 하나님의 영원한 오늘은 기억이나 기대를 필요

---

226 참고. 『조직신학』 II, 148과 187f, 또한 234f..

227 나의 책을 참고하라. *Anthropologie in theologischer Perspektive*, 1983, 237ff., bes. 241ff.

228 베르그송의 의미에서 그렇게 말할 수 있다. 참고. H. Bergson, *Essai sur les données immédiates de la conscience* (1889) 1924, 76; 또한 *L'évolution créatrice* (1907) 1948, 1-7, 또한 201f.

229 이 내용에 대한 고전적인 서술은 위의 각주 117에서 언급한 아우구스티누스의 『고백록』 제11권 안의 시간 분석에서 제시되었다. 여기서 아우구스티누스는 예를 들어 연속되는 시간 안에서 울리는 멜로디를 듣는 것 혹은 연설의 맥락 이해에서 얻는 지속의 체험을 매순간의 시점을 넘어서는 영혼의 연장이라는 표상으로 소급시켰다 (distentio animi, *Conf.* XI, 26,33). 이 연장은 그 뿌리를 과거를 굳게 붙들고 미래를 향하는 주의력(*attentio*)에 둔다(XI,28,37f.). 이에 대해 참고. K. H. Manzke, 같은 곳, 331. 또한 『조직신학』 I 661f.; 『조직신학』 II, 179.

230 Augustin, *Conf.* XI,28,38. 이에 대해 참고. K. H. Manzke, 같은 곳, 331.

로 하지 않는다. 그분의 날은 항상 머문다.[231] 그분의 "지속하고 머무는" 지금에 대하여 우리의 의식의 "흘러가는 지금"[232]은 단지 멀리서 희미하게만 상응한다. 그러나 그 상응은 피조적 현존재 형태들의 객관적 "지속"안에서만이 아니라, 시간의 흐름 안에서 자신의 고유한 지속에 대한 의식, 곧 기억과 기대를 통해 확장되는 인간적 의식 안에서도 존재한다.

자신의 지속에 대한 구조화된 의식 안에서 인간은 시간의 진행에도 불구하고, 나아가 자신의 삶의 전체성과 동일성의 성취를 추구하는 가운데, 스스로를 확정하려고 시도한다. 그러나 과거로 가라앉는 것을 붙들고 미래의 것을 성취하는 자신의 주의력을 통해서도 인간은 결코 자기 현존재의 지속을 구성해내지 못한다. 지속은 그런 인간적 확정에 대하여 선사된 시간으로서, 창조자의 영원한 현재에 대한 제한적 참여로서 머문다. 죄인들의 시도, 곧 자기 삶의 동일성과 전체성을 자아의 현재적 지금 위에, 그리고 스스로 과거와 미래를 현재화하려는 집중적 노력 위에 근거시키려는 시도는 좌초할 수밖에 없다. 왜냐하면 시간의 흐름 속에서 모든 지금은 그다음의 지금에 의해 대체되기 때문이다. 각각의 시점의 지금을 넘어서는 지속의 의식 안에서 현재의 길이는 자아의 처분에 따라 한편으로는 연장되며, 다른 한편으로는 다양성으로 해체된다.[233] 시간의 흐름 안의 소멸

---

231 Augustin, *Enn. in Ps.* 121:6: stat semper ille dies (CCL 40, 1806). 『고백록』 안에서 아우구스티누스는 항상 지속되는 영원성의 영광에 대하여 말한다(semper stands aetemitatis). 이에 대해 참고. K. H. Manzke, 같은 곳, 322f. 영원의 "지속하는"(stehenden) 지금이라는 표상은 아우구스티누스에게서 무시간성을 함축한다. 이 표상은 또한 시간을 포괄하는 동일성으로 생각될 수도 있다.

232 보에티우스도 피조물의 현재의 흐르는 지금(*nunc currens*)과 영원의 지속적 지금(*nunc permanens*) 사이의 대립을 설명했다. Boethius, *De trin.* IV, 71-77(*Theologischen Traktate*, hg. M. Elsässer, PhB 397, 1988, 18).

233 이 내용은 시간을 "영혼의 확장"(*distentio animi*)으로 보는 아우구스티누스의 이중적 서술에서 나타난다. 여기서 "확장"(*distentio*)이라는 용어는 한편으로 "의식의 시간적 펼침"을, 다른 한편으로 "다양성 안으로의 분산과 해체"를 의미한다. 참고. K. H. Manzke, 같은 곳, 333f. 이 부분은 『고백록』(*Conf.* XI.29,39)에 관한 내용이

하고 변화하는 지금에 묶인 자아는 자기 삶의 지속과 전체성을 자기 자신 위에, 다시 말해 자신만의 고유한 순간의 현재 위에 근거시킬 수 없다.

철학적 시간 해석의 역사 안에서 이 문제는 시간 개념의 근거를 영원이 아니라 의식의 주체성에 두려고 시도하는 반대자를 만났다. 여기서 영원한 과거, 현재, 미래라는 시간의 계기들의 순서를 결합하는 근거를 의미한다. 이미 시간을 운동의 숫자로 보는 아리스토텔레스의 이해(Phys 219 b 1f.)가 영혼을 셈의 주체로 보는 표상(223 a 25f.)과 관계되어 있었다. 영혼의 확장(distentio animi)이라는 아우구스티누스의 시간 해석도 그와 비슷하게 이해될 수 있을 것인데, 만일 그 이해가 시간을 한편으로는 확장으로, 다른 한편으로는 다수성 안으로의 분산과 해체로 특징짓지 않았다면, 그와 함께 그런 실패의 특성을 홀로 지속하며 모든 시간을 포괄하는 신적 영원성의 "지금"이라는 척도를 통해 설명하지 않았다면, 그렇게 이해될 수 있다. 아우구스티누스에게 인간 영혼의 지속은 그 근거를 영혼 자체가 아니라 오직 하나님 안에 두는데, 영혼은 하나님의 모사(模寫)다.[234] 이와 반대로 칸트는 시간을 주체의 자기-영향력(selbstaffektion)의 산물로 보는 시간론 안에서 "지속적으로 머무는 자아"를 영원의 자리에 위치시켰고, 이 자아를 시간의 연속성과 통일성의 근거로 삼았다.[235] 여기서 칸트는 역설적 방식으로 신학적 관심사에 모범적인 동

며, *distentio*의 후자의 의미를 강조하는 슈미트의 설명을 언급한다. E. A. Schmidt, *Zeit und Geschichte bei Augustin*, 1985. 또한 나의 책을 비교하라. *Metaphysik und Gottesgedanke*, 1988, 96의 각주 7.

[234] 비록 『고백록』은 아우구스티누스의 초기 저작들(예를 들어 『영혼불멸에 관하여』 [*De immortalitate animae*], 387)보다 인간이 시간 의식 안에서 하나님과 멀어지는 거리를 강조했지만, 그럼에도 여전히 영원은 시간의 창조적 근거로 남아 있다(K. H. Manzke, 같은 곳, 348).

[235] I. Kant, *Kritik der reinen Vernunft*, 1781, A 123. 비교. B 67f.와 B 152ff. 칸트의 시간론에 관한 나의 설명을 참고하라. *Metaphysik und Gottesgedanke*, 1988, 60f.; 또한 참고. K. H. Manzke, 같은 곳, 127 - 160, bes. 151ff.

기를 부여했는데, 그것은 말하자면 세계에 대한 하나님의 초월성을 보존하려는 것이었다. 이것은 뉴턴이나 클라크가 공간과 시간 개념을 신 개념에 귀속시킨 것과 반대된다.[236] 칸트의 결과는 사실상 인간적 자아를 절대화한 것이었고, 그 결과에 대하여 후에 헤겔이 바르게 비판했다.[237] 마르틴 하이데거는 『존재와 시간』(1927)에서 시간이 그것의 영원에 놓인 근거로부터 분리된 상태를―시간을 초월적 주체성의 일반 구조에 기초시킬 뿐만 아니라 또한 스스로 "시간적으로 성숙하는"(zeitigen) 현존재의 구체적 성취에도 기초시킴으로써―완성했다.[238] 그리스도교 신학은 하이데거의 그 서술에서 죄인들의 삶의 실행에서 실제로 발생하는 것과 같은 시간 구성의 왜곡을 발견하게 된다.[239] 그러나 이 왜곡도 하나님의 영원성에 놓인 시간의 연속성과 통일성의 근거[240]를 언제나 이미 전제한다.

하나님이 피조물에게 수여하신 시간과 죄인들의 삶의 실행을 통해 그 관계가 왜곡된 시간은 구분 없이 서로 하나로 연결될 수 없다.[241] 인간

---

236 K. H. Manzke, 같은 곳, 115. 여기서 하임죄트(H. Heimsoeth) 등이 인용된다.

237 K. H. Manzke, 같은 곳, 160. 만츠케는 그 절대화에 포함된 모순을 지시한다. "시간 안에서 스스로를 아는 유한한 자아가 자기 자신을 시간의 통일성을 보증하는 자로서 시간 밖에 위치시킨다"는 것이다. 시간 문제와 관련된 헤겔의 칸트 비판에 대하여 그곳의 115f.를 보라.

238 K. H. Manzke, 같은 곳, 161 - 203.

239 철학적 현존재 분석이 서술하는 현존재의 근본 구조가 불신앙(또한 죄인)의 구조라는 불트만의 주제는 어쨌든 하이데거가 서술한 현존재 구조에는 해당하며, 나아가 (불트만 자신의 견해와는 반대로) 사실상 또한 칸트에게도 해당한다. 참고. R. Bultmann, Das Problem der natürlichen Theologie, in : 동일저자, *Glauben und Verstehen* 1, 1933, 294 - 312, 309.

240 이 요점에 근본적인 것은 내가 『조직신학』I, 651f.에서 설명한 플로티노스의 논증이다. 또한 비교. 『조직신학』II, 182ff.

241 칼 바르트에게 있어 이 구분은 충분히 명확히 드러나지 않았다. 『교회교의학』 안의 인간에게 "주어진" 시간에 관한 단락의 끝 부분에서 바르트 자신이 말하려는 것은 "우리의 하나님으로부터의 소외라는 전제 아래서 시간이 우리에게 어떤 것이 되

은 자신의 현재를 붙들거나 확장하고 모든 것을 그 현재 안으로 끌어들이려고 시도한다는 이유에서 시간을 소유하지 못한다. 시간을 소유하지 못한 인간의 경험 안에서 시간은 분산된다. 시간의 분산은 시간의 공허와 마찬가지로 현재를 수용하지 못하고 미래를 신뢰하지 못하는 자들을 맹목적으로 만들 수 있다. 그래서 그들은 제한된 생의 시간의 객관적 지속은 물론 "지금"이 시간을 통과하며 방랑할 때 생기는 지속이라는 시간적 느낌도—또한 기억 및 기대와 함께—하나님이 주신 피조적 현존재에 속한다는 사실을 볼 수 없게 된다. 그러나 그 사실은 과거가 우리로부터 가라앉고 단지 부분적으로만 기억 속에 떠오를수 있다는 것을 통해서도, 또한 아직 등장하지 않은 미래는 단지 막연한 윤곽 안에서 선취될 뿐이고 우리는 언제나 또다시 그 등장에 의해 놀라게 된다는 것을 통해서도 사라지지 않는다. 과거, 현재, 미래라는 시간의 계기들 및 그에 따른 사건들의 다양성은 피조 현실성의 다채로움과 풍요로움에 대한 불가결한 조건일 뿐만 아니라, 또한—시간의 양식들의 구분과 비슷하게—피조물이 각자 현존재의 완성된 형태가 되기 위한 조건 및 피조물의 독립성의 조건이다. 그 결과 서로 순서를 이루는 시간 계기들과 사건들만이 아니라 서로 구분되는 시간적 양식들도 하나님의 선한 창조를 구성하는 부분들로서 피조물들의 현재와 관계된 것으로 관찰되어야 하며, 플로티노스의 주장처럼 근원적 통일성으로부터 영혼이 타락한 결과로 관찰되어서는 안 된다.[242] 오직 다양한 것들의 재통합으로서 피조적 지속의 독립성은 생성된다. 그러나 피조물의 독립성의 실현을 나타내는 모든 사례는 그런 다수성을 지속의 형태

고 그렇게 지속해야 하는지"의 문제가 아니고, 오히려 인간의 자연적 현실성에 속하는 것과 같은 바로 그 시간이다(III/2, 667). 그런데 바르트는 앞에서는 이와 다르게 말했다. "시간 안에서 인간의 보편적 존재는 기괴하게 되고", 이것은 오직 시간 안에 있는 인간 예수의 존재 안에서만 극복될 수 있다(625). 이에 대해 바르트는 계속해서 이렇게 말한다. "지금까지 서술한 것은 시간 안에 있는 우리 **죄인**의 존재를 가리킨다"(623).

242　참고. 『조직신학』 II, 185.

로 통합하여 극복하는 새로운 형태이며, 이것은 하나님의 영원에 제한적으로 참여하는 형태다. 창조세계 안에는 그런 형태들의 일련의 단계들, 곧 단순한 것들 위에 기초하는 보다 더 복잡한 것들이 연속으로 이루는 단계들이 있다. 그것들은 각자의 지속을 통해 표현되는 영원의 예감에 반대하여 말하지 않으며, 오히려 피조물이 하나님의 영원한 생명에 참여하는 새롭고 더 높은 단계를 미리 앞서 가리킨다.

모든 생명체 안에서 각자의 생명의 전체성을 향한 충동이 작용한다. 각자는 그 전체성을 아직은 완전히 소유하고 있지 않다. 인간의 현재 의식은 기억과 기대를 통해 확장되며, 더 이상 존재하지 않는 과거와 아직 존재하지 않는 미래에 대한 지식을 포함한다. 이러한 현재 의식의 단계 위에서 인간의 고유한 현존재의 전체성은 새로운 방식으로 주제화된다. 주제화된다는 것은 말하자면 우리가 우리 삶의 전체성을 다음의 방식, 곧 하나님의 영원성에 대해 하나님의 생명의 전체성이 현재하는 방식, 그리고 이 현재가 그분의 피조물들에게도 결코 상실되지 않는 현재가 되는 방식으로 소유하지 못한다는 사실을 아는 것이다. 시간의 진행 속에서 삶의 전체성은, 이미 플로티노스가 알고 있었듯이, 오직 다수의 삶의 계기들을 하나로 통합하는 미래로부터 추구될 수 있고 기대될 수 있다.[243] 우리 인간과 모든 피조물에게 삶의 전체성은 아직 숨겨져 있다. 왜냐하면 그 삶의 미래는 아직 다가오지 않았기 때문이다. 오직 우리의 삶을 완성하는 미래만이─삶을 단절시키는 미래와 구분되면서, 그래서 또한 죽음을 넘어서는 미래로서─그 전체성을 실현할 수 있다. 오직 그 미래만이 우리의 현존재의 정체성을, 창조자 하나님의 의지와 완전히 상응하면서 하나님의 영원한 생명에 단절없이 참여하는 가운데─그러나 이 참여가 피조물의 유한성과 결합될 수 있다는 전제 아래서─출현시킬 수 있다.[244] 거꾸로 오직 하나님의

---

243 Plotin, *Enn*. III,7,11에 대하여 『조직신학』 I, 660f.를 보라. 또한 그곳에서 인용된 바이어발테스(W. Beierwaltes)의 해석을 참조하라.

244 피조물의 존재의 유한성은 현존재의 무제한성을 배제하지만, 그러나 그렇게 제한된

영원에 참여할 때만, 인간의 삶의 분산은 시간의 진행을 통해 서로 분리된 삶의 계기들을 극복하고 통일성과 전체성 안으로 통합될 수 있다. 물론 영원에 대한 결함 없는 참여는 피조물이 하나님의 신성을 인정하는 것을 전제한다. 피조물은 자신의 창조자이신 하나님께 감사하고, 그분의 신성에 대해 경배하고 찬양해야 한다. 이를 위해 하나님과의 분리, 즉 자아가 하나님처럼 되려는 욕망으로 인해 발생한 분리가 극복되어야 하며, 그 결과 하나님께 대한 피조물의 관계 안에서 아버지께 대한 아들의 관계가 등장할 수 있어야 한다. 하나님과의 분리의 극복은 인간 속에 있는 영의 사역을 통해 발생한다. 영은 자아를 그 자신 너머로 고양시키며, 그것이 영원한 아버지의 아들이신 예수 그리스도께 대한 고백 안에서 아들의 아버지와의 관계에 참여하도록 이끄신다. 이를 통해 우리가 피조적 삶을 전체로서 창조자의 손으로부터 수용하는 일이 가능해진다. 이 일은 하나님과의 자기 구분 안에서, 또한 다른 피조물들을 인정하는 가운데서 발생한다. 그럼에도 불구하고 그리스도인은 미래를 기다린다. 미래 안에서 그의 시간적 삶은 전적으로 하나님께 대한 찬양으로 넘치고, 영원한 하나님과의 소멸되지 않는 연합으로 영화롭게 될 것이다.

폴 틸리히는 피조물이 부정성을 극복하여 영화롭게 되는 것을 "영원화"라고 불렀고, "본질화"(Essentifikation)의 개념으로 서술했다.[245] 여기서 그는 셸링을 인용하는데,[246] 셸링은 이 개념을 통해 영원한 생명을 불멸의 영혼에 제한하는 것을 극복하려고 했고, "본질화"를 본질의 추출, 예를 들어 식물로부터 기

현존재의 전체성의 현재를 배제하지는 않는다. 이 현재는 영원에 대한 완전한 참여로서의 순수한 지속의 형식 안에 있다. 거꾸로 영원에 대한 그런 참여가 영원에 의하여 피조물 자체의 하나의 계기로서 붙들려 확정되고, 그와 함께 그 참여 자체도 비소멸적인 것으로 보존된다는 사실은 피조적 현존재의 유한성과 갈등을 일으키지 않는다.

245 P. Tillich, *Systematische Theologie* III (1963) dt, 1966, 453, vgl. 466.458f.
246 P. Tillich, 같은 곳, 453.

름이나 포도주를 추출하는 것에 비유했다.[247] 셸링에 의하면 본질화의 과정은 인간의 죽음에서 완성되는데(IV,207), 오직 인간이 죽음에서 하나님의 영원과 관계될 수 있다는 점에서 그렇다. 본질화는 예수의 경우에 이미 그의 이 세상의 삶을 하나님의 영을 통해 규정했고, 그의 죽음에서 "땅의 인간 존재를 다시 깨워 일으키는 것"(같은 곳, 219)이 되었다. 그러나 본질화 개념은, 틸리히 자신도 그렇게 생각했듯이, 틸리히와 셸링 모두에게서 사물의 본질이 그것의 시간적 현존재보다 앞선 것으로 생각되었다는 점에서 문제가 있다. 그런 본질은 무시간적이기 때문에 이미 그 자체로서 영원하다. 그렇다면 본질화는 단순히 존재의 시간성으로부터 본질적 존재로 회귀하는 것을 의미하는가? 틸리히는 단순한 시간 이전의 본질로의 회귀는 시간과 역사를 부정하는 선언이 된다는 문제를 보았다. 틸리히는 이 문제를 회피하려고 했다. 그래서 그는 본질화의 개념을 이렇게 이해했다. "공간과 시간 안에서 스스로를 실현하는 새로움은 본질적 존재에 어떤 것을 추가하며, 그것을 그 존재 안에서 창조된 긍정적인 것과 결합시키고, 그렇게 해서 무제약적 새로움, 곧 '새로운 존재'를 창조한다."[248] 그러나 "새로운 존재"는 "본질"이 시간과 독립적이고 모든 시간보다 앞선 것으로 생각된다는 점에서, 어떤 이질적인 합성물이 아닌가? 어떻게 그런 본질에 자신과 동일한 의미 지반에 속하지 않은 어떤 것이 첨가될 수 있겠는가? 본질 개념을 넘어서는 것이 어떤 비본질적인 것이 아닌 다른 것일 수 있는가? 거꾸로 본질 개념이 시간적 현존재의 긍정적 내용을 자체 안에 포함하지 않는다면, 그것이 시간적으로 구체적인 현존

---

247   F. W. J. Schelling, *Philosophie der Offenbarung* 32. Vorlesung (1845), in : *Schellings Sämmtliche Werke* 2.Abt. IV, 1858, 207. 이하 본문은 이 책의 이 판본에서 인용한다.

248   P. Tillich, 같은 곳, 453. 여기서 틸리히의 관심사는 하나님의 근원적 본질("원초적 본성")과 구분되는 "결과적 본성"에 대한 화이트헤드의 관심과 비슷하다. 결과적 본성은 세계 안에서 발생하는 과정의 긍정적 결실이 그 안에 수용되고 그 본성 자체의 가치 안에 보존된다는 점에서 원초적 본성과 구분된다. A. N. Whitehead, *Process and Reality. An Essay in Cosmology*, 1929, Macmillan edition Harper TB, 523f.530f. 화이트헤드는 이러한 하나님의 "결과적 본성"을 또한 "하늘나라"로 지칭했다(531f.).

재의 본질이라고 말할 수 있는가? 여기서 나타나는 이런 불균형은 영원과 시간의 관계에 대한 틸리히의 진술도 관통한다. 한편으로 영원은 "창조된 유한자의 내적 목적(telos), 곧 유한자를 지속적으로 자신을 향해 끌어올리는 목적"이라고 말해진다. 다른 한편으로 시간성에서 영원성으로의 전이는 시간 밖에서 발생해야 한다.[249] 시간적 역사의 긍정적 결실을 영원을 위해 보존하려는 틸리히의 의도와는 반대로 본질 개념의 무시간성은 시간의 무관성이라는 결과와 함께 개입해온다. 오직 사물 자체의 본질이 그것의 역사적 과정을 통해, 최종적으로는 그것이 완성되는 미래를 통해 구성되는 것으로 생각할 때만, 이 난제로부터 벗어날 수 있다. 그렇다면 본질화는 곧 모든 사물의 완성을 뜻하게 된다. 그렇게 생각할 때, 모든 사물의 본질의 현재는 이미 그것의 역사적 과정 안에 있다고 말할 수 있게 된다. 모든 사물은 이미 종말을 향한 도상에서 종말에 완성될 그 존재다. 그러나 오직 자신의 미래에 대한 예기의 방식으로 그렇게 존재한다.[250] 마찬가지로 인간도 자신의 역사의 도상에서 이미 자신이 완성될 미래를 예기하는 형식 안에서 완성될 미래 존재로서 존재한다. 그러므로 사물이 시간 안에서 지속하는 것은 오직 그것의 정체성, 곧 앞서 진행되는 본질의 현재에 힘입은 것이다. 그 본질은 그의 길의 끝, 곧 모든 역사의 종말에 그 존재를 완결하고 완성하는 형태로서 등장할 것이다, 시간 안에서 그 현존재의 지속은 이미 영원에 참여하고 있다.

완성의 미래는 영원이 시간 속에 등장하는 것이다. 왜냐하면 그 완성은 영원의 특성을 내용으로 갖지만, 이 특성은 시간의 분산 안에서 몰락하기 때문이다. 그것은 삶의 전체성이며, 그래서 또한 그것의 참되고 결정적인 정체성이다.[251] 그렇기에 모든 피조물의 지속하는 본질은 종말론적 미

---

249 P. Tillich, 같은 곳, 452, 비교. 474. 또한 위의 각주 186ff.를 보라.

250 이에 대해 나의 책을 참고하라. *Metaphysik und Gottesgedanke*, 1988, 66 – 79, bes. 76ff. 특히 "개념과 예기"(Begriff und Antizipation) 장을 보라.

251 여기서 말하는 삶의 전체성은 종말론적 완성에서 이루어질 것인데, 인간의 시간이

래 안에 근거를 두고 있다. 그 본질은 피조물에게 주어진 삶의 시간의 지속 안에서 이미 현시되지만, 종말론적 미래에 이르러 비로소 완전한 형태로 나타나게 될 것이다. "장래에 어떻게 될지는 아직 나타나지 아니하였으나…"(요일 3:2). 이 구절은 그리스도인들의 믿음의 경험에만 해당하는 것이 아니다. 모든 인간은 자신의 미래 존재를 향한 도상에 있다. 그럼에도 모두는 어떤 식으로든 종말론적 미래의 빛 속에서 완성될 자신의 인격으로서 이미 현재한다.[252]

피조물의 현존재의 지속 안에서 하나님의 영원한 자기동일성은 물론—인간의 경우에도, 특별히 인간의 경우에—매우 멀리 떨어져 있고 다소간에 깨진 메아리로서 발견된다. 오직 나사렛 예수의 역사 안에서 종말론적 미래와 하나님의 영원성이 현실적으로 역사적 현재 안으로 들어왔다. 예수의 인격 안에서 일어난 아들의 성육신에 관한 교회의 신앙고백은 그 사실을 말한다. 선포와 행위에서 자신을 하나님으로부터 구분함으로써 예수는, 앞에서 상세히 서술했던 것처럼,[253] 자기 자신을 영원한 아버지의 아들로 입증했으며, 그가 다가오고 있다고 선포했던 하나님 나라는 그의 말씀과 사역 안에서 이미 현재가 되었다.

다가오는 하나님 나라가 현재로서 시작된 것은 다른 사람들에게도—그들이 예수의 메시지를 수용하고 그 작용에 자신을 개방하는 한—적용된다. 그래서 예수는 이렇게 말씀하셨다. "그러나 내가 만일 하나님의 손

매 순간 과거, 현재, 미래의 시간 양식으로 붕괴하는 것을 차별 없이 통일하는 방식으로 실현될 것이다. 폴 틸리히는 서로 배척하는 세 가지 시간 양식의 지양이 그 양식들의 상호침투적 성격, 곧 영적 의식의 단계에 도달한 인간적 삶의 형식들에서 일어나는 상호침투적 성격을 통해 이미 예비되었다고 보았다. Paul Tillich, *Systematische Theologie* III, 361f. 비교. K. H. Manzke, 같은 곳, 484ff.

252 이와 관련해서 인격 존재의 역사성에 대한 나의 설명을 비교하라. *Anthropologie in theologischer Perspektive*, 1983, 233. 여기서 자의식의 구성과 자아(Ich)와 자기(Selbst)의 관계에 대한 전제로서 그보다 앞선 일련의 숙고들이 예시된다(173-235).

253 『조직신학』II, 639ff.

[손가락]을 힘입어 귀신을 쫓아낸다면, 하나님의 나라가 이미 너희에게 임하였느니라"(눅 11:20). 요한복음의 그리스도는 같은 내용을 부활과 심판의 종말론적 미래와 연관시켜 진술한다. "내 말을 듣고 또 나 보내신 이를 믿는 자는 영생을 얻었고 심판에 이르지 아니하나니, 사망에서 생명으로 옮겼느니라"(요 5:24). 이어지는 구절도 같은 것을 말한다. "죽은 자들이 하나님의 아들의 음성을 들을 때가 오나니, 곧 이 때라. 듣는 자는 살아나리라." 여기서도 "종말론적 미래와 예수의 메시지의 현재는 서로 결합하지만, 미래가 현재 안에서 해소되지는 않는다. 오히려 미래는 자신의 은폐된 의미를 현재에게 수여한다."[254]

동일한 구조가 구원의 "이미"와 "아직 아니"에 관한 바울의 유명한 진술 안에서도 발견된다. 믿는 자들은 지금 이미 세례를 통해 그리스도와 함께 그분의 죽음 안에 함께 묻혔고(롬 6:3), 그래서 죄로부터 자유롭게 되어(롬 6:7), 하나님과 화해했다. 물론 그들은 이 세상의 인생 길에서 자신의 죽음을 아직 앞에 두고 있다. 믿는 자들은 비록 자신의 부활이 아직 미래이지만(비교. 롬 6:5), 이미 새로운 생명의 영에 참여하고 있다(롬 8:11). 골로새서는 요한복음처럼 대담하게 세례 받은 자들의 부활을 이미 현재하는 현실로 지칭한다(골 2:12). 물론 여기서 구원의 미래에 대한 긴장은 믿는 자들의 새로운 생명이 하나님 곁으로 높여지신 그리스도 안에 숨겨져 있다는 진술(골 3:3f.) 안에서 확실히 유지되고 있다.

동일한 긴장이 그리스도론적 진술도 관통한다. 부활 신앙이 예수의 지상의 길과 그분의 부활 안에서 계시된 하나님의 아들의 정체성과의 관계 위로 되돌아 빛을 비추는 곳에서도 그 긴장은 유지된다. 이 정체성은

---

254 나의 책에서 인용함. *Grundfragen systematischer Theologie* 2, 1980, 201. 신학 전체에 대하여 이 내용이 미친 영향력은 비더케어의 저서의 중심에 놓여 있다. D. Wiederkehr, *Perspektiven der Eschatologie*, 1974. 종말론의 주제들을 세계의 마지막 미래의 서술에 제한하는 것과 반대로 재림에서 중요한 것은 원시 그리스도교의 "종말"(Eschatik)이 의미했던 현재 연관성이다.

부활 이전의 예수의 인격을 되돌아 규정한다.[255] 비슷한 긴장이 높여지신 주님의 현재 현실성과 그분의 재림에서 비로소 발생하게 될 마귀의 권세들의 굴복 사이의 관계에서도 유지된다. 부활하신 그리스도는 이미 아버지의 우편에서 통치하는 자리에 앉아 계신다(빌 2:9f.). 그러나 이 땅에서의 "투쟁"(1:30)은 아직도 계속되고 있고, 그리스도의 재림에 가서야 "만물을 굴복시킬 수 있는 그분의 능력"(3:21)을 통해 끝날 것이다. 이미 세계의 통치자이지만, 그리스도는 재림의 때가 되어야 "모든 통치와 모든 권세와 능력"(고전 15:24)을 "멸망"시키실 것이다. 비슷한 방식으로 예수 자신의 부활도 마지막 때의 죽은 자들의 부활에 대한 예기다.

인간의 믿음과는 관계없이 종말론적 진리는—비록 은폐된 형태이지만—이미 현재하는 현실이다. 예수 그리스도와 함께 생명만이 아니라 심판도 이미 이 세상 안에 현재하며(요 12:31, 47f.), 마찬가지로 이 세상의 권세들을 무력화하는 과정도 지금 이미 발생하고 있다. 구원의 현재는 오직 믿음에 대해서만 종말의 은폐된 현재이며, 그러나 미래에 계시될 사물들의 진리 곧 종말에 빛으로 드러날 그 사물들의 참된 본질은 지금 이미 그것들의 현재적 현존재를 보편적으로 규정한다. 물론 현존재는 그 이전에 급격한 "변화"를 겪어야 할 것이다. 오직 존재자의 현재적 실재의 보편적 존재론이 그 존재의 미래적·종말론적 본질로부터 구성되는 틀 안에서만, 종말론적 구원의 현재에 대한 신학의 진술들은 완전한 타당성을 갖게 된다.

이 모든 것으로부터 종말론적 진술의 이해에 대하여 중요한 역전이 발생한다. 미래가 은폐된 방식으로 이미 현재한다면, 현재하는 것과 그것의 미래적 완성 사이의 동일성에 대한 질문이 대답된다. 그 미래는 개인 및 사회적 삶의 현재 현실성과 전혀 다른 실재로서 등장하지 않는다. 왜냐하면 현재의 삶 자체가 종말론적으로 계시될 본질 형태의 현상 형식과 생

---

255 참고. 『조직신학』 II, 629ff.

성 과정으로 파악되어야 하기 때문이다. 여기서 사물들의 본질 - 현실성과 그것들의 현재적 현상 사이의 관계는—사물들의 본질은 동시성의 형식 안에서 그것들의 현상 전체이기에—영원과 시간의 관계를 통해 매개된다. 그러나 그 관계는 이 세상의 현존재의 이질적 혼합, 왜곡, 상처로부터 정화된다. 이것들은 십자가의 흔적들이 아니라, 하나님께 저항하는 피조물의 독립성 안에 있는 악의 흔적과 결과들이다.

죽은 자들의 미래의 부활 안에서 새로운 생명으로 깨어날 자들과 이 세상의 역사적 과정 안에서 살고 죽는 개인들 간의 동일성은—이 동일성을 시간의 흐름 안에서 발생한 그들의 현존재적 연속성의 의미 안에서 인격적 동일성으로 생각하고 또한 죽은 자들의 부활을 그런 노선의 연장으로 생각하려고 하는 한—이해될 수 없다. 그러나 시간 안에서 발생한 일들이 하나님의 영원과 관련되는 한 결코 상실되지 않는다는 것을 생각한다면 문제는 달라진다. 하나님께는 과거에 존재했던 모든 것이 현재적이며, 그것은 자체의 현존재의 전체성 안에서 "과거에 있었던 것"(Gewesenes)으로서 현재한다. 위에서 우리는 다음의 사실을 제시했다. 자신의 고유한 삶을 실행하는 피조물의 지속, 곧 우리 인간에게 시간 의식 안에서 최소한 부분적으로 경험될 수 있는 지속이 하나님의 영원에 참여하고 있는 것으로 이해될 수 있다는 사실, 또한 그 점에서 모든 피조물이 각자의 특수한 본질을 갖는다는 사실이다. 이 특수한 본질은 아들의 아버지로부터의 창조적 자기구분에서 유래하는 아들의 특수한 타자 존재에 근거를 두고 있다.[256] 그렇기에 죽은 자들의 부활과 창조의 갱신은 하나님이 자신의 영원성 안에 보존된 피조물의 현존재에게 영을 통해 그 자체를 위한 존재의 형식을 다시 수여하시는 행위로 묘사된다.[257] 여기서 피조물의 정체성은 시간의 노선 위에서 자신의 존재의 어떤 연속성을 필요로 하지 않고, 오히

---

256 참고. 『조직신학』 II, 73ff.

257 이것은 힉이 내게 던졌던 질문에 대한 대답이다. 참고. J. Hick, *Death and Eternal Life*, 1976, 224.

려 그 정체성은 자신의 현존재가 하나님의 영원의 현재 안에서 결코 상실되지 않는다는 사실을 통해 보증된다.

이런 내용으로 미루어볼 때, 지금까지 많이 논의되어온 질문, 곧 개인들이 죽음의 순간에 직접 하나님의 영원으로 건너가 그분의 영원한 생명에 참여하는지 혹은 역사의 종말에 이르러서야 부활하는지의 질문에 대한 한 가지 해결책이 주어진다. 양쪽의 관점 모두가 정당성을 갖고 있다. 각각의 개인은 죽음의 순간에 영원 안으로 들어가며, 이것은 심판과 동시에 일어나는 구원 및 변형을 의미한다. 그러나 그리스도 안에서 잠자는 모든 사람은 시간의 종말에 이르러서야 비로소 하나님의 영을 통해 하나님 안에 보존된 그들의 현존재의 전체성의 독자적 존재를 공동으로 받는다. 그때 그들은 다른 모든 사람과 함께 하나님 앞에서 살아간다.

비슷한 방식으로 이 문제는, 하나님 나라를 종(Gattung)으로서의 인류가 통일되는 공동체적 완성으로 보는 관점과 관계가 있는 해결책의 표상을 발견한다. 시간의 종말을 개인의 죽음과 비슷하게 시간이 지양되어 영원으로 건너가는 사건으로 이해한다면—그래서 피조적 실재의 특수성만이 아니라 시간의 계기들과 양식들의 구분도 단순히 사라지는 것을 넘어 더 이상 서로 구분되지 않게 된다면—그때 개인과 사회 사이의 갈등과 대립은 궁극적으로 극복될 것이다. 그때 하나님만이 홀로 유한자의 미래이시기에, 미래로부터 유한자는 자신의 현존재 전체를 과거에 존재했던 것으로서 새롭게 수여받게 되고, 그와 동시에 자기 곁의 다른 모든 피조 존재의 타당성을 인정할 것이기 때문이다. 그러나 무엇보다도 하나님의 영원 안에서 모든 개인의 현존재는 동시적이다. 그 결과 영원의 조건 아래서 개인의 규정은 역사 안의 모든 시대를 분리시키는 제약을 넘어 인류 공동체에 속하는 것으로 실현될 것이다. 영원의 영역 안에서 인간의 개인적 규정과 종으로서의 인류의 규정의 통일은 아무 제약 없이 실현될 것이다. 모든 개인을 포함하는 인류 공동체가 하나님의 통치 아래서 구성되어 그분의 나라의 통일성에 도달하는 것은 하나님의 영원성의 호흡을 통해 일어날 수 있다. 하나님은 모든 영원성 안에서 자신의 창조 행위를 끈기 있게 지속하는 분이시다.

피조물들이 하나님의 영원에 참여하는 것은 오직 급격한 변화라는 조건 아래서만 가능하다. 그것은 시간이 하나님의 생명의 영원한 동시성 안으로 지양되기 때문이며, 이에 더하여 우선적으로 하나님과의 분리 및 피조물들이 서로 대립하는 죄와 결합된 우리의 시간성 때문이다. 하나님의 현재 안에서 죄인들은 필연적으로 멸망한다. 그렇기에 하나님의 얼굴을 본 사람은 보통 야곱과 같이(창 32:30f.) 살아 남지 못한다. 그렇기에 하나님은 모세에게 이렇게 말씀하신다. "네가 내 얼굴을 보지 못하리니, 나를 보고 살 자가 없음이니라"(출 33:20). 그렇기에 이사야는 성전에서 하나님을 뵈었을 때 경악했다. "화로다, 나여! 망하게 되었도다! 나는 입술이 부정한 사람이요, 나는 입술이 부정한 백성 중에 거주하면서 만군의 여호와이신 왕을 뵈었음이로다!"(사 6:5) 그러나 마음이 청결한 자들에게는 하나님을 볼 것이라는 약속이 주어진다(마 5:8; 비교. 시 24:2-6). 그러나 모세와 이사야조차도 하나님의 직접적 현재 안에서 살아 남을 수 없다면, 누가 그런 청결한 마음을 가질 수 있겠는가? 그렇다면 피조물이 하나님의 영원한 생명에 참여하는 것은 어떻게 가능한가?

4. 심판과 그리스도의 재림

하나님의 통치의 도래와 그와 연관된 시간의 영원으로의 궁극적 건너감에 대한 기대는 그리스도교 안에서 그리스도의 재림의 희망이라는 구체적 형태를 가지고 있다. 그리스도의 재림은 그리스도교적 기대의 관점에서 볼 때 하나님 나라의 도래에 추가되는 어떤 것이 아니고 오히려 그 도래의 구체적 매개라고 할 수 있다.[258] 예수께서 이미 하나님의 통치에 대한 이 세상에서의 선포 안에서 길을 예비한 것처럼, 높여지신 자의 통치와 그분의 재림 때 일어날 그 통치의 완성도 하나님 나라의 궁극적 수립이 아닌 다른 어떤 목적에 봉사하지 않는다. 아버지의 나라—예수는 임박한 그 나라를 선포했고 그분의 이 세상의 사역 안에서 그 나라는 이미 시작되었다—는 아들의 인격 및 사역과 풀 수 없이 결합되어 있고, 그래서 그 나라는 예수 그리스도의 영광의 재림 때 완성에 이른다.

이로써 우리는 그리스도교적 희망과 예수의 재림의 관계에 대하여, 그리고 그분의 이 세상에서의 메시지 및 역사의 중심 주제에 관하여 단지 몇 가지만 우선 말했다. 그리스도의 재림이라는 표상의 실현 가능성, 진리성, 실제적 근거에 대해서는 아직 아무것도 결정되지 않았다. 물론 우리는 이 표상을 하나님-나라-희망과 불필요하게 겹치는 것으로 여겨서는 안 될 것이다. 왜냐하면 이 표상은 바로 부활한 자이신 예수의 인격과 역사를 그 희망 안으로 포함시키는 것과 관계가 있기 때문이다. 그런데 이 포함이 바로 예수의 재림이라는 표상의 형태를 취하는 것은 어떤 이유인가?

그리스도의 재림의 기대가 그리스도에 대한 전체적인 신앙고백, 곧 십자가에 못 박히시고 부활하신 자의 메시아성에 대한 신앙고백의 뿌리와 밀접하게 결합되어 있음을 우선 지시하는 것은 이 질문에 대한 단순히 역사적인 한 가지 대답에 그친다.[259] 원시 그리스도교는 부활하신 자를 유

---

258   『조직신학』I, 504ff.에서 그리스도의 통치 관계에 대한 설명을 비교하라. 마태복음 28:18과 특히 고린도전서 15:28에 따르면 부활하신 자에게 하나님 자신의 통치권이 주어졌다. 그러므로 아들의 통치는 몬타누스주의자들의 천년왕국설 주장과 같이 구원사 안의 특정한 시기에 한정된 것, 그래서 하나님(아버지)의 통치가 오면 끝나고 해체되는 것으로 이해될 수 없다. 오히려 아들의 통치는 처음부터 만물을 아버지의 통치 아래 굴복시킨다는 의미를 가졌다. 그래서 아들에 대해서는 그의 나라가 끝이 없을 것이라고 말해질 수 있다(눅 1:33).

259   마가복음 8:29 및 병행구절. 그리스도 칭호와 한편으로 예수의 정죄 및 십자가 죽음 사이의 관계에 대하여, 다른 한편으로 죽은 자들의 부활과의 관계에 대하여 참고.

대교적인 미래의 기대가 희망했던 종말 때의 메시아적 왕, 곧 하나님이 보내신 왕으로 선포했다(계 3:20; 비교. 고전 15:23ff.). 그 과정에서 예수의 재림에 대한 기대는 사람의 아들에 대한 유대교적 기대와 융합했다. 사람의 아들은 "하늘 구름을 타고"(막 14:62; 비교. 단 7:13), "큰 권능과 영광으로"(막 13:26) 올 것이며,[260] 이것은 산 자와 죽은 자에게 심판을 베풀기 위한 것이다(계 10:42).[261] 사람의 아들의 미래의 심판에 대해서는 예수 자신도 말했으며, 그 핵심은 그 심판이 예수 자신의 메시지와 일맥상통하여 내려질 것이라는 사실이다. 그래서 사람의 아들은 지금 이미 예수와 그의 메시지를 고백하는 자들에게 의의 선고를 내릴 것이다(눅 12:8).[262] 원시 그리스도교 공동체는 예수께서 사람의 아들의 미래에 대하여 말하실 때, 그것을 예수 자신의 재림에 대하여 말씀하신 것으로 이해했다(마 10:32f.). 이렇게 해서 미래의 메시아에 대한 희망과 미래의 심판자의 직무가 서로 결합되었는데, 그 결과 양자가 어떻게 하나가 될 수 있는지의 문제가 생겼다.

이것이 예수의 재림이라는 표상과 관련해서 생기는 유일한 문제는 아니다. 우선 도대체 어떤 종류의 현실이 여기서 주장되고 있는지에 관한 어

『조직신학』 II, 625ff.

260 이 구절에서 "영광으로[영광과 함께]"라는 단어는 381년 콘스탄티노플 공의회(DS 150)에서 "니케아 신조"의 본문에 첨가되었다. 이것은 325년 니케아 신조의 본문에 있는 심판을 위한 그리스도의 재림이라는 원래 언급을 4세기 중반에 확장한 것으로 입증된다(DS 41f.).

261 사람의 아들의 심판 표상의 유대적 기원에 대해 특히 참고. 에티오피아의 에녹서 69:27; 45:3. 이 표상은 또한 세상의 심판에 관한 예수의 비유 안에서 발견된다(마 25:31).

262 심판의 직무는 예수의 재판에 대한 공관복음서의 보고(막 14:62)에서 사람의 아들의 도래에 대한 예수 자신의 통고 안에도 함축되어 있다. 이에 대해 『조직신학』 II, 587f.를 참고하라. 누가복음 12:8에서 사람의 아들의 직무는 심판자 대신에 증인(하나님의 천사들 앞에서 "고백"하는 증인)의 직무일 수 있다. 이에 대해 참고. E. Brandenburger, Gericht Gottes III, in: *TRE* 12, 1984, 469-483, 470. 그러나 이것은 사람의 아들에 대한 유대적 기대 안에서는 특이한 해석일 것이다.

려움이 있다. 육체로 오시는 그리스도의 재림은 그리스도교의 부활의 증언 및 그리스도인들의 부활의 희망과 어떤 관계가 있는가? 이 질문은 재림의 기대가 의도하는 현실성의 내용에 대하여 근본적이다. 이에 더하여 그리스도의 재림과 최후의 심판 사이의 관계에 대한 질문이 추가된다. 그리스도교가 세상의 구원자로 믿는 나사렛 예수는 최후의 심판과 어떤 관계가 있는가? 이어서 최후의 심판과 재림 때 믿음을 통해 예수와 결합하는 자들 사이의 관계에 대한 질문이 이어진다. 이 질문은 종말의 사건과 관계가 있는 영의 직무에 대한 질문을 불러 일으키며, 그와 함께 성령론과 종말론의 관계에 대한 대답을 요청한다.

복잡한 주제들 전체를 다루기 위해 먼저 심판의 표상에서 시작하는 것이 좋을 것이다. 왜냐하면 이 표상은 앞서 논의한 영원과 시간의 관계와 긴밀히 관련되어 있고, 예수의 재림의 기대에 대하여 역사적·내용적으로 전제되기 때문이다. 그럼으로써 심판의 기대에서 심판의 실행이 예수의 인격에 귀속된다는 것이 무엇을 의미하는지가 명확해질 것이다. 심판과 영화롭게 됨의 관계에 대한 질문도 이와 밀접하게 연결되어 있다. 이 질문은 영원과 시간의 관계에 관한 주제를 심화시키고, 스스로가 예수 그리스도의 재림이라고 기대했던 사건의 존재적 특성에 대한 핵심적·근본적 질문의 해명에 접근하는 길임을 입증할 것이다.

a) 심판과 그 척도

영원은 심판이다. 이 점은 초기 변증법적 신학이 바르게 강조했다. 그러나 이 심판은 단순히 유한한 현존재의 멸망을 의미하지 않는다. 왜냐하면 영원하신 하나님은 세계의 창조자시고, 심판자로서도 창조 의지를 확고히 붙드시기 때문이다. 영원과의 대면이 피조물에게 심판이 되는 것은, 피조물이 하나님께 대하여 자신을 독단적으로 독립시키고 스스로 하나님으로부터 분리시킨 후에, 또한 이웃 피조물들과 갈등에 빠지기 때문이다. 인간은 죄인으로서 자기 자신과 대립하고 자신과의 모순 안에서 살아간다. 창조 안에서 부여된 자기 현존재의 규정에 저항하며, 이런 내적 모순에 좌초해서 죄인의 존재는 어떤 곳으로 가라앉는데, 그곳에서 그의 삶의 모든 계기는 영원한 동시성과 관계를 이루며 함께 결집한다. 이 세상 안에서 삶의 계기들은 서로 흩어져 있고 단지 시간 순서로만 연결되기에, 서로 모순되는 삶의 내용들의 등장도 허락된다. 그러나 삶의 모든 계기가 영원한 현재 안에서 합쳐졌을 때 울리는 화음은 날카로운 불협화음을 내는 모순 덩어리다.

우리 자신과 일치하는―또한 타자와의 관계 안에서도―동일성과 신뢰를 획득하는 것, 그리고 삶의 계기들을 삶 전체의 통일성으로 묶는 통합은 이미 이 세상의 삶에서 우리에게 중요한 과제다. 그러나 시간의 진행은 많은 것의 추방을 가능하게 한다. 삶의 계기들이 서로 흩어지는 것은 왜곡과 가면(Maske)을 가능하게 한다. 그러나 영원이 현재하는 영역 안에서 그 모든 것은 서로 공명한다. 거기서 이 세상 삶의 내용이었던 요소들은 선별적 추방, 가면, 외양을 통해 인격의 동일성을 보존하지 못한다. 영원은 이 세상의 삶의 진리를 밝게 드러낸다(제4에스라서 6:28). 여기서 진리 개념은 모든 참된 것의 통일성과 조화라는 특징을 갖는다.[263] 참된 것은 모두 모순 없는 통일성 안에서 서로 조화를 이룬다. 우리 인간의 삶의 모든 개별 계기들이 하나님의 영원성 안에서 합해졌을 때 내는 총화음은 참된 것의 조화롭고 맑은 소리가 아니라 다소간에 날카로운 불협화음으로 묘사된다. 우리의 시간적 생명을 영원화하는 표상은 우선은 영원한 축복보다는 차라리 지옥의 상으로 인도한다.[264]

이것은 영원의 관점에서 볼 때 우리의 삶이 피할 수 없이 내적 모순

---

263   참고. 『조직신학』 I, 101, 비교. 54ff.
264   존 힉은 시간과 영원에 대한 나의 설명(1962) 안에서 올바르게도 "심판과 지옥이라는 강력하고 끔찍한 개념의 기초"를 발견했다. J. Hick, *Death and Eternal Life*, 1976, 225. 이곳의 221‒226의 맥락을 나의 다음의 설명과 비교하라. *Was ist der Mensch? Die Anthropologie der Gegenwart im Lichte der Theologie*, 1962, 49‒58.

들에 부딪혀 몰락해야 한다는 것을 뜻하는가? 삶을 그 자체에 내맡긴다면, 그렇게 되는 것은 불가피하게 여겨진다. 역사 내재적 관점에서 생각할 때 인간이 자기 자신에게 내맡겨져 있다는 것, 그래서 자신의 고유한 행위의 결과들로 인해 "멸망"할 수밖에 없다는 것은 하나님의 심판이다(롬 1:24.28). 심판은 외적 및 자의적으로 특정한 행동방식과 연관되는 징벌을 뜻하지 않는다. 하나님의 심판은 신적 변덕의 표현이 아니다. 심판은 사태의 본성에 놓여 있는 것의 실현이다. 하나님은 오직 영원 안에서 진리와 정의를 보증하신다는 점에서 심판자시다. 이것은 최후의 심판에도 해당한다. 여기서도 심판은 오직 죄인들이 각자의 고유한 행동에 내맡겨진다는 데 놓여 있다. 이 일이 발생하면, 그들의 삶은 자체의 현존재의 내적 모순들에 부딪혀 멸망한다.

그러나 하나님은 심판자만 되시는 것이 아니다. 하나님은 지금도 또한 계속해서 창조자시다. 창조의 의도를 굳게 붙드신다는 것은 하나님이 자기 피조물로 하여금 현존재의 불협화음에 부딪혀 좌초하지 않게 하심을 뜻한다. 피조물은 영원이 현재하는 영역 안에서 감춤 없이 그런 모습으로 드러날 수밖에 없다. 그래서 하나님은 생명의 근원인 하나님 자신을 외면하는 길을 가고 있는 자기 피조물들을 뒤쫓아 가시며, 그들을 하나님 자신과 화해하는 방향으로 움직이신다. 물론 하나님과 화해된 삶도 영원의 심판과 대면한다. 그러나 그들에게 심판은 더 이상 멸망이 아니고, 죄의 불협화음과 하나님의 창조 의도에 거역했던 모든 것의 정화를 뜻한다. 그들에게 심판은 용광로의 정화하는 불이다(사 1:25; 말 3:2ff.). 그것은 피조물의 삶 속에서 영원한 하나님 및 그분의 생명에 대한 참여와 조화를 이루지 못하는 모든 것을 씻는 불이다(사 66:15ff.). 그러나 믿음으로 하나님과 연합한 자는 손상을 입을 것인데, 그들의 행위가 불 시험을 받기 때문이다. 각자는 믿음의 터 위에 금, 은, 보석 혹은 나무, 풀, 짚으로 세운 것이 검증될 것이다. "각 사람의 공적이 나타날 터인데, 그날이 공적을 밝히리니 이는 불로 나타내고, 그 불이 각 사람의 공적이 어떠한 것을 시험할 것임이라"(고전 3:12f.). 바울이 여기서 복음 전파의 동역자들에게 말하고 있는 것은 믿는 자들 전체에게 일반적으로 해당한다(비교. 벧전 1:7). 하나님께 근거를 두고 사역을 행한 사람은 상을 받게 된다. "만일 누구든지 그 위에 세운 공적이 그대로 있으면 상을 받고 누구든지 그 공적이 불타면 해를 받으리니, 그러나 자신은 구원을 받되 불 가운데서 받은 것 같으리라"(고전 3:14f.). 심판 안에서 주어지는 그런 구원의 가능성은 하나님과의 결합에 달려 있다. 이 결합은 하나님 편에서는 그리스도의 죽음의 화해에, 인간 편에서는 세례와 믿음에 근거해 있다.

하나님 나라가 믿음을 통해 이미 현재하는 것처럼, 하나님의 미래도 하나님의 심판하는 불의 정화와 관련해서 이미 현재 안으로 들어와 있다. 죄의 정화는 죄 용서를 위한 참회와 세례를 통해 이미 현재적으로 발생한다. 이 점에서 정화는 심판을 예기한다.[265] 세례의 경우에 심판은 세례 받는 자가 자신의 죄의 결과로서 감당해야 하는 죽음을 표징 안에서 예기하는 방식으로 발생한다. 여기서 세례 받는 자는 그리스도의 죽음과 결합하며, 그와 동시에 그 실행 안에 예수 그리스도에게서 나타난 새로운 생명에 대한 희망의 기초가 놓인다. 이 생명은 영을 통해 이미 현재 효력을 나타내며, 그 결과 죄로 인해 죽음에 빠진 생명은 다른 종류의 생명과 마주 대면한다. 이 생명은 성장해야 하며, 죄에 빠진 생명은 죽어간다. 옛 생명의 죽음(mortificatio)은 모든 참회의 가장 진지한 의미다. 이미 이 세상 삶에서 이 정화가 행해진 사람은 다가올 심판의 불 안에서 완전히 소멸되지 않고 그것을 통과하여 구원을 얻을 것이라는 희망을 가질 수 있다. 이것은 세례 요한의 메시지였고, 그가 베푼 세례의 의미였다. 이 주제는 부분적 동기로서 또한 예수의 메시지 안으로 건너갔고, 그 메시지의 중심 주제 아래 예속되었다. 참회는 예수의 메시지와 사역 안에서 그 자체의 목적이 아니었

---

265 신약성서의 메시지에 따르면, 미래의 심판은 이미 세상의 현재 안으로 들어와 작용한다(롬 1:18; 요 12:31). 그러나 심판은 오직 참회와 세례의 사건 안에서 죄의 치유적 정화라는 의미로 발생한다.

으며, 언제나 하나님의 통치의 구원하는 현재에 대한 기쁨을 동반했다. 이 기쁨은, 바울과 함께 말하자면 근본 토대이고, 복음을 통해 확산되는 금과 은이며, 그래서 심판의 불 속에서도 여전히 살아 남을 것이다. 그러나 예수 그리스도 안에서 다가온 하나님 나라의 구원하는 현재에 대한 소식은 회개 없이는 진정으로 받아들일 수 없다. 이 메시지의 수용 자체가 이미 회개다. 이 메시지와 그것의 수용이 암묵적으로 매개하는 죄의 용서는 그 수용자의 삶 속에서 죄의 정화 작용을 반드시 일으킨다.

예수께서는 하나님의 통치의 구원하는 현재를 선포하는 동시에, 죄로부터 회개시키고 정화하는 사역도 행하셨다. 그래서 그분은 "다가오는 진노"의 심판 앞에서 구원의 보증인이 되셨다(살전 1:10). 이것은 심판의 관점에서 볼 때 예수가 행하신 첫 번째의 결정적인 직무이며, 바울은 위에서 인용한 구절에서 이 직무를 그리스도의 재림과 결합했다.

그 밖에 예수 그리스도 자신이 심판을 실행할 것이라고 말하는 다른 구절들이 있다. 예를 들어 고린도전서 4:5과 고린도후서 5:10이다. 이 표상은 예수를 유대교적 종말의 기대 안에서 세상의 심판을 위해 하늘 구름을 타고 오는 사람의 아들과 동일시한 결과로 이해될 수 있다(마 10:32f.; 막 14:62). 이 표상은 마태의 세계 심판의 비유의 근거가 되고(마 25:31-46), 마태와 누가의 공동체적 예수 어록의 특별한 전승(눅 13:25-27 및 병행구절) 안에서는 사람의 아들의 칭호와 명시적인 결합 없이도 나타나며, 또한 사도행전의 구절에서도 등장한다. 하나님이 부활하신 예수를 "살아 있는 자와 죽은 자의 재판장"으로 정하셨다(행 10:42).

그러나 예수께서 심판을 실행하신다는 표상은 신약성서의 중심 증언들 안에서는 사람들이 기대했던 것만큼 명확하지 않다. 사람들은 후대에 그리스도의 재림에 대한 진술들과 함께 형성된 교회의 신학과 신조란 관점으로부터 이 표상의 노선 위에서 움직이며[266] 그렇게 기대했었다.[267] 제 4에스라서 7:33ff.에서와 같이 하나님 자신이 더욱 빈번하게 심판의 주님으로 말해진다. 이 표상은 산상수훈(마 6:4,15,18), 베드로전서(4:5),[268] 요한계시록(20:11) 안에서, 또한 바울(롬 2:3ff.; 3:6; 14:10; 고전 5:13)에게서도 나타난다. 그 밖에도 바울 서신 안에서 종종 "거룩한 자들"이 세상을 심판할 것이라는 표현도 발견된다(고전 6:2f.; 비교. 단 7:22; 마 19:28). 그러므로 이미 바울에게서—그 밖의 신약성서와 마찬가지로—최후의 심판 때 누가 심판자인가에 대한 다양한 표상이 나타나고 있다. 명확한 것은 재림하실 그리스도가 최후의 심판에서 직무를 행할 것이라는 사실인데, 하지만 이 직무의 성격은 다양하게 규정된다. 이 직무는 데살로니가전서 1:10에 따르면 그리스도께서 믿는 자들을 "다가오는 진노 앞에서 구원하시는 것"이다(비교. 빌 3:20). 베드로전서도 믿는 자들에게 "예수 그리스도께서 나타나실 때에 너희에게 가져다 주실 은혜"에 대하여 비슷하게 말한다(1:13; 비교. 1:7). 재림하신 분은 여기서 심판자라기보다 아버지의 심판정에 서신 변호인처럼 보인다.[269] 예수는 심판하기 위해서가 아니라 구원하기 위해 오셨다는 요한복음의 명확한 확증도 이와 일치한다(요 3:17; 12:47). 이 진술은 요한복음의 의미에서 예수의 이 세상에서의 사역에만 해당하지 않는다. 아버지께서 예수에게 심판의 권한을 위임하셨다고 말하지만(요 5:22ff.), 또한 다가오는 최후의 심판과 관련해서도 예수는 인격적으로 그 누구도 심판하지 않으실 것이라고 말한다. 왜냐하면 예수는 세상을

---

266 메르켈이 제시한 자료들을 보라. H. Merkel, Gericht Gottes IV, in: *TRE* 12, 1984, 483-492. 이 논문은 사도 교부의 시대에서 시작한다.

267 비교. E. Brandenburger, 같은 곳, 478f.

268 비교. L. Goppelt, *Der Erste Petrusbrief*, 1978, 275.

269 누가복음 12:8f. 및 병행구절도 비슷하게 이해될 수 있다. 위의 각주 262에서 인용된 브란덴부르거의 설명을 보라. E. Brandenburger, 같은 곳, 472. 이곳은 "구원하는 심판"에 관한 친숙한 표상을 제시한다. 또한 공관복음서의 묵시록(막 13:26f.)을 참고하라.

구원하러 오셨기 때문이다. 그럼에도 불구하고 최후의 심판에서 인간의 미래는 그분의 인격과 말씀에 의해 결정된다. 믿지 않는 자는 이미 심판을 받았다. 왜냐하면 "내가 한 그 말이 마지막 날에 그를 심판"할 것이기 때문이다(요 12:48). 요한복음의 이 말씀은 이미 한편으로 예수의 구원자 직무와, 다른 한편으로 그에게 위임된 심판의 표상 사이의 긴장을 매우 의식적으로 경감한다.[270] 심판자가 누구인지와 그의 여러 가지 직무에 관한 신약성서의 다채로운 진술들에 직면할 때, 요한복음 안에 있는 이 문제에 대한 성찰과 거기서 제시되는 해법은 교의학적 판단에 있어 특별히 중요하다. 요셉 라칭어는 여기서 올바르게도 "그리스도론과 하나님 개념의 최종 정화"를 간파했다. 그리스도는 그 누구에게도 멸망을 선고하지 않으며, 오히려 그분 자신이 순수한 구원이다. 그분 곁에 서는 자는 건져냄과 구원의 공간 안에 서는 것이다. 재앙은 그분으로부터 오는 것이 아니고, 오히려 인간이 그분과 멀리 떨어져 머무는 곳에서 발생한다. 그것은 멀리 떨어져 머무는 인간 자신의 행위 때문에 생기는 것이다. 구원을 제공하는 그리스도의 말씀은 그때 타락한 자 자신이 그 경계선을 설치했고, 스스로를 구원으로부터 분리시켰음을 명확하게 드러낼 것이다.[271]

요한이 심판의 직무를 심판의 척도로서의 예수의 **말씀**에 집중시킨 것은 심판에 관하여 예수 자신의 것으로 인정되는 누가복음 12:8f.(막 8:38)

---

270 최근의 슈나켄부르크와 베커 등 일부 주석가에 따르면 이 경감은 복음서에 대한 "교회적 편집"에 책임이 있다. 참고. R. Schnackenburg, *Das Johannesevangelium* II, 2.Aufl. 1977, 523ff., bes. 527f., 또한 536 ; J. Becker, *Das Evangelium nach Johannes*, 1979, 414ff. 이에 대해 브라운은 현재적 종말론과 미래적 종말론의 내적 일치성을 특별히 12:48에 근거해서 강조했다. 이 구절은 마태의 주제를 수용한 예수의 메시지인 12:44-50의 본문을 요약한다는 특징을 갖는다. 참고. R. E. Brown, *The Gospel According to John* I, 1966, 491.

271 J. Ratzinger, *Eschatologie - Tod und ewiges Leben*, 6.Aufl. 1990, 169. 라칭어는 신약성서의 본문들 안에서 심판자가 누구인지에 대한 다양한 진술의 근저에 놓인 사태(Ratzinger, 같은 곳, 168), 그리고 그와 연관되어 신학적 판단 전체에 영향을 주는 문제에 주목했던 몇 안 되는 신학적 종말론 저술가 가운데 한 사람이다.

의 어록과 가장 잘 일치한다. 여기서 사람의 아들은 예수 자신의 메시지와의 상응에 따라, 그래서 또한 예수께 대한 고백 혹은 거부의 척도에 따라 심판을 실행할 것이라고 말해진다. 최후의 심판을 통해 예수의 말씀이 확증되는 것이 마태복음 25:31-46의 세계 심판의 비유, 그리고 내용상 병행되는 어록 자료들의 구절들(눅 13:25-27; 비교. 마 7:22f.)의 핵심이다. 물론 이 구절들에서 예수는 심판자의 표상으로 등장한다. 그리스도가 심판을 위해 재림하신다는 표상에 있어 후대의 교회적 신앙고백이 수용한 결정적 내용은 예수의 메시지가 심판의 척도로 서술된다는 사실이다. 누가 심판을 실행하고 판결을 선고할 것인지의 문제는 그와 비교할 때 하위의 질문에 속한다.

이로써 모든 인간을 위한 구원이 예수 그리스도와의 연합에 달려 있다는 사상이 주는 불공정한 특수주의의 외양도 사라진다. 이에 대해 존 힉은 이렇게 말했다. 개인들의 구원이 그들과 예수의 만남 및 구원자인 그분에게로의 전향에 의존한다는 것을, 복음의 선포를 이해하고 이로부터 깊은 영향을 받는 지역과 문화에 속한 사람들에게 주장하는 것은 가능하지만, 그리스도가 오시기 전에 죽은 사람들이나 그리스도교 메시지의 역사적 영향력의 범위 밖에서 살았거나 현재 살고 있는 사람들—이들이 인류의 압도적 다수다—에게 주장하기는 어렵다는 것이다.[272] 그리스도교 메시지와 그에 대한 믿음의 대답을 통해 일어나는 예수와의 인격적 만남의 사건이 구원의 참여 혹은 배제에 대한 **보편적** 기준일 수 없다는 것은 맞다. 특히 세상에 대한 하나님의 사랑이 모든 인간에게 도달한다는 신약성서의 진술을 진지하게 고려한다면 그렇다. 많은 사람은 복음의 선포를 전혀 들어본 적이 없다. 그들의 영원한 구원에 결정적인 것은 역사학적인 사건들 혹은 삶의 역사의 우연한 사건들에 의존한 사실, 곧 교회의 선포를 통해 예수와 인격적으로 만나는 사실이 아니다. 오히려 그것은 그 개인들

의 행위가 예수께서 선포하신 하나님의 뜻과 실제로 일치하는지 그렇지 않은지의 문제다. 예수의 메시지는 예수와 인격적으로 만난 적이 없는 사람들에 대해서도 하나님의 판결을 위한 기준을 형성한다. 이것은 세계 심판의 비유가 묘사하듯이, 예수를 알지 못했지만 사랑의 일을 행한 사람들이─이것은 예수의 메시지와 일치한다─실제로는 하나님 나라의 구원에 참여하며, 하나님의 심판으로부터 자유롭게 된다는 것을 의미한다. 반면에 단지 명목상으로만 그리스도인인 사람들은 구원에서 배제될 것이다. 마태복음 5:3ff.(눅 6:20ff.)의 축복의 말씀에 해당하는 사람들도 이 세상 삶에서 예수에 관하여 들었든지 아니든지와는 관계없이 구원에 참여할 것이다. 왜냐하면 그들은 실제로 예수와 그의 메시지에 참여했기 때문이다. 이 일이 심판의 날에 명확하게 드러날 것이다.

그러므로 오직 그리스도와의 연합만이 종말론적 구원에 대한 참여를 보증한다는 그리스도교적 이해는 그리스도를 알든지 모르든지 관계없이 모든 인간이 예수께서 선포한 하나님 나라에 참여할 기회를 갖는다는 진술과 철저히 하나로 결합될 수 있다. "동서로부터 많은 사람이 이르러 아브라함과 이삭과 야곱과 함께 천국에 앉으려니와, 그 나라의 본 자손들은 바깥 어두운 데 쫓겨나 거기서 울며 이를 갈게 되리라"(마 8:11f.).[273] 이러한 말씀이 전승된 이유는 그것이 후대에 그리스도교의 이방 선교의 결과로 이방인 그리스도인들이 교회로 들어올 것이라는 약속으로 이해되었기 때문일 수 있다. 그러나 말해진 내용이 적용되는 넓이는 그것을 넘어선다. 그것에 본질적인 것은 보편적 전망인데, 후대에 형성된 그리스도교 교리는 그리스도의 지옥 강하 사상이라는 그 전망과 대칭되는 사상을 발견했다. 지옥 강하 사상은 원래는 특별히 대홍수 이전 시대에 살았다가 죽음의 나라에 가 있는 죄인들에게만 관련되었고(벧전 3:19f.), 그러나 후에 그리스도

---

273 누가복음 13:28f.와 비교하라. 여기서 위협의 말씀은 일반적 의미에서 하나님 나라의 아들들에게 향하는 것이 아니고, 불신과 거부로 예수를 대했던 청중을 향한 것이다. 이 말씀 안에서 주어지는 구원의 약속에 대하여 요한복음 10:16을 비교하라.

의 죽음이 가져오는 보편적 구원의 의미를 표현하는 것으로 이해되었다.[274] 신약성서 안에서 단지 주변적 위치에 있는 이 사상은 교부들의 주석을 통해 그리스도보다 앞선 시대에 살았던 의인들, 나아가 그리스도가 오시기 이전의 모든 사람에게 관계되었으며,[275] 그리스도의 죽음의 화해하는 능력이 그분의 등장 이전에 죽은 사람들에게도 적용된다는 보증으로서 교회의 의식 속에 들어왔다. 그 사상이 교회의 세례 예식의 고백문과, 또한 사도신경 안으로 수용된 것[276]도 그런 의미에서였다. 특히 그리스도교 성화(聖畵)에서 그리스도의 지옥 강하 혹은 지옥 방문은 인류 전체를 대표하는 아담과 하와의 형태와 결합했다.

그렇다면 미래의 심판에 직면해서 그리스도인들의 장점은 무엇인가? 그것은 그들이 예수의 인격 안에서 일어나는 영원한 구원에 대한 참여와 심판의 기준을 **알고 있다**는 것이며, 이것을 넘어 세례와 믿음 안에서 예수 그리스도와 결합한 그들의 삶을 통해 그들이 이미 여기서 미래의 구원에 참여할 것을 확신할 수 있다는 것이다. 그리스도 안에서 그들은 미래의 심판자가 내릴 칭의와 무죄방면 선고를 지금 이미 받는다. 이것은 그들이 단지 명목상의 그리스도인이 아니어야 한다는 것, 실제로 그리스도의 죽음과 결합하여 그들의 죄악의 삶이 소멸하고 있어야 한다는 것을 전제한다. 믿는 자들은 자신 있게 심판을 향해 나아간다. 왜냐하면 우리의 구원 및 하나님과의 화해를 위해 인간이 되셨고 십자가에서 죽으신 예수 그

---

274 고펠트의 상세한 주석을 보라. L. Goppelt, 같은 곳, 246ff., bes. 250. 이 주석은 베드로전서 4:6을 언급한다.

275 Justin, *Dial.* 72,4 (MPG 6,645); Iren. *adv. haer.* 4,27,2. Klemens Alex. *Strom.* VI,6, 44–46 (MPG 9,265B–269A); Origenes, *De princ.* 11,5,3 (ed. Görgemans/Karpp, 1976, 348–350), C. *Cels.* 2,43 (SC 132,382). 이에 더하여 Augustin, *ep.* 164,14–17 (MPL 33,715f.). 비교. A. Grillmeier, Höllenabstieg Christi, *LThK* 2.Aufl. 5, 1960, 450–455, 453 m. Lit. (454).

276 참고. J. N. D. Kelly, *Altchristliche Glaubensbekenntnisse. Geschichte und Theologie*, dt. 1972, 371–377.

리스도께서 그 심판의 척도가 되시기 때문이다. 이 사실은 심판의 실행에 대하여 예수 그리스도 자신이 자신의 인격 안에서 그 심판을 짊어지셨다고 생각하는 신약성서의 진술들 안에서 표현된다. 그리스도교 믿음과 결합하여 일어난 심판의 표상이 "구원론적으로 개조"된 이유가 거기 놓여 있다.[277] 아버지의 창조 의지만이 아니라, 아들의 의지를 통해 창조 의지를 세상과의 화해로 강화한 것도 심판이 인간의 멸망을 불러오지 않는다는 사실을 보증한다. 그러나 심판은 인간의 죄와 그 결과의 정화를—또한 믿는 자들에 대해서도—실행해야 한다. 예수 그리스도 자신이 심판자로 생각되는지 혹은 단지 하나님의 심판의 기준으로만 생각되는지와 관계 없이 어쨌든 심판의 실행권은 우리의 구원을 위해 나타나시고 우리를 위해 죽으신 자의 손에 놓여 있다. 이로부터 정화하는 불이라는 바울적 표상(고전 3:12ff.)의 의미로 심판을 이해하려는 뚜렷한 경향이 나타난다.

심판을 정화의 불로 보는 표상은 고린도전서 3:10-15에서 표현되는 바울적 진술의 영향 아래 특별히 3세기 초에 알렉산드리아 신학 안에서 발전했고, 이미 이 세상의 삶 속에서 발생하는 참회와 관련되었다. 완전히 발전된 형태는 오리게네스의 전체 표상에서 발견된다(C. Celsum 5,15; 6,26).[278] 4세기에 키프리아누스와 카파도키아의 교부들이 그 표상을 수용했지만, 후에 크리소스토모스는 이 표상이 오리게네스의 만인구원론과 연관되어 있다는 이유로 그것에 반대했다.[279] 그래서 그 표상은 동방에서는 사라졌다. 반면에 서방에서

---

277 J. Ratzinger, 같은 곳, 169. "그리스도교 믿음이 예시했던 심판 사상이 구원론적으로 개조된 이유가 바로 여기 놓여 있다. 인간을 심판하는 진리 그 자체가 인간을 구원하기 시작한 것이다." 크레크도 매우 일반적으로 비슷하게 말했다. W. Kreck, Die Zukunft des Gekommenen. Grundprobleme der Eschatologie, 1961, 127.
278 이에 대해 참고. R. Hofmann, Fegfeuer, in: RE 3.Aufl.5, 1898, 788-792, bes. 789f. 또한 비교. J. Ratzinger, 같은 곳, 183ff. 이것은 알렉산드리아의 클레멘스를 다룬다.
279 J. N. Karmiris, Abriß der dogmatischen Lehre der orthodoxen katholischen Kirche, in: P. Bratsiotis, Die orthodoxe Kirche in griechischer Sicht, 2.Aufl. 1970, 15-120, bes.

는 키프리아누스(*ep.* 55,20)에게서 시작되어 계속 유지되었다.

심판을 정화의 불로 보는 표상과 연옥의 불 교리는 구분된다. 후자는 정화의 불을 특별히 죽음과 최후의 심판 사이의 도상에 있는 영혼에게만 관계시킨다. 출발점은 정화의 불로 보는 심판의 표상을 참회의 길과 결합하는 것이다. 이미 알렉산드리아의 클레멘스에게서 나타나는 이 사상에서 시작하여 죽음 이후에도 영혼의 참회의 길이 계속된다는 표상이 생겼고, 이것은 그다음에 정화의 불의 상으로 표현되었다. 이 표상은 서방에서 키프리아누스(위를 보라)와 아우구스티누스(*ench.* 69)에 의해 받아들여졌다. 그러나 정화의 불이라는 표상을 이 세상 삶 속의 참회 실행에 적용하는 것은 이 교부들에게 사고의 어려움을 가져다주었다. 정화의 불의 표상은 아직 죽음과 최후의 심판의 중간상태에 있는 영혼에게 한정되지 않았다. 중세기의 표상이 비로소 이 방향으로 발전했고, 그다음에 살아 있는 자가 저 세상에 있는 죽은 자의 운명을 덜어주기 위해 수행하는 대리적 참회 사상이 그 표상과 결합했다. 그렇게 해서 형성된 표상의 영역이 마지막으로 면죄부 이론과 결합했고, 종교개혁의 비판은 바로 이 교리를 향했다.

루터는 처음에는 이러한 정화의 불이라는 가정을 긍정적으로 받아들였다.[280] 그러나 후에 그는 그와 관련된 표상 곧 지상의 삶과 이별한 영혼이 중간상태에 있고, 살아 있는 자들이 참회를 수행해서 그 영혼에 영향을 끼칠 수 있다는 표상을 단호히 거부했다. 왜냐하면 "오직 그리스도만이 영혼을 도우실 수 있고, 인간이 자신의 행위로 다른 영혼을 도울 수는 없기 때문이다."[281] 그러므로 종교개혁이 비판한 것은 심판을 정화의 불로 보는 이해가

112ff., 119f.

280   M. Luther, WA 1, 555ff. (1518), bes. 555,36. 비교. WA 2,70,15-27. 이미 1518년의 라이프치히 논쟁에서 루터는 성서적 근거에 따라 연옥의 존재의 입증 가능성을 의심했다(WA 2, 324, 5ff.).

281   M. Luther, AS II,2 (BSELK 420). 루터의 대교리문답은 성화가 이 세상의 삶 속에서 "매일 일어나야 한다"고 말한다(BSELK 659, 2). 성화는 성령의 능력을 통해 계속 전진하는 과정을 갖는다. 그러나 죽음 이후에 이 과정은 더 이상 동일한 방식으로 진

아니었고, 오히려 그 표상을 죽음과 최후의 심판 사이의 중간상태라는 가정과 결합시킨 것이었다. 이 결합은 마치 중간상태 안에 이 세상의 삶에서 성취된 것을 넘어서는 또 다른 영혼의 정화 과정이 발생하는 것처럼 가정했다. 이런 표상은 근대 신학 안에서도 여전히 남아서 연옥 교리에 대한 개신교적 비판의 대상이 되었다.[282]

1274년 리옹 공의회(DS 856)에서 가톨릭교회가 내린 교의학적인 확정은 이 세상과 이별한 영혼들이 죽음과 최후의 심판 사이에서 머무는 중간상태의 존재를, 그리고 이 중간상태 안에서 이 세상적 현존재의 결과를 넘어서는 정화 과정을 통한 도덕적 진보의 발생을 전제했으나, 명확하게 주장했다고 말하기는 어렵다. 또한 트리엔트 공의회(DS 1820, 비교. 1580)에서 강화된 연옥의 불 교리도 종교개혁의 비판에 맞서 연옥의 존재를 변호하고 죽은 자들을 위한 기도를 허용했을 뿐이었다. 그래서 중간상태를 가정하는 것 자체가 교의학적 교리의 핵심에 속하는지도 확실하지 않다. 그래서 "연옥 – 교리의 남아 있는 형태"는 요셉 라칭어에 의해 중간상태의 가정에 대한 명확한 언급 없이, 그러나 고린도전서 3:12ff.와는 긴밀히 연결되면서 다음과 같이 서술되었다. "주님 자신이 심판하시는 불이며, 이 불은 인간을 변화시켜서 그분의 영광의 몸과 '동형'이 되게 만든다"(롬 8:29; 빌 3:21). 정화는 "다른 어떤 것을 통해서가 아니라…주님의 변화시키는 능력을 통해서" 발생한다. "주님은 우리의 닫힌 마음을 불사르고 녹여 변형시키시며, 그래서 그것이 그분의 몸의 살아 있는 유기체 안에서 유용한 것이 되게 하신다."[283] 그러나 여기서 인용

행되지 않는다. "왜냐하면 우리가 소멸할 때 성화는 한 순간에 완전히 실행되고, 그 것은 우리에게 영원히 남을 것이기 때문이다…"(GK II Art.3, §59, BSELK 659, 21 – 23). 비교. J. Calvin, *Inst. chr. rel.* III,5,6 (1559), CR 30,495f.

282 참고. P. Althaus, *Die letzten Dinge*, 4.Aufl. 1933, 202 – 222.

283 J. Ratzinger, 같은 곳, 186f. 그의 논증의 전체 맥락을 179 – 190에서 비교하라. 또한 참고. J. Gnilka, *Ist 1.Kor 3: 10 – 15 ein Schriftzeugnis für das Fegfeuer? Eine exegetisch-historische Untersuchung*, 1955. 라칭어는 그닐카의 주석의 중심 사고를 수용하지만, 그것을 연옥 교리에 대한 해석을 위해서가 아니라 오히려 그 교리의 비판에 사용

된 것은 최후의 심판에 대한 바울의 진술들이며, 그보다 앞선 정화의 과정에 관한 것이 아니다. 이 점이 또한 고린도전서 3장에서의 불의 표상에 대한 그리스도론적 해석에도 해당한다. "…그리스도는 '종말'의 심판자시다. 그래서 그분과 관련해서 우리는 마지막 날의 심판자와 죽음 직후의 심판자 사이를 구분할 수 없다. 인간이 그분이 계시하는 현실 공간 안으로 들어가는 것은 최후의 운명 속으로 입장하는 것이며, 그와 함께 종말의 불길 속으로 옮겨지는 것을 뜻한다."[284] 여기서 강조점은 바로 주님 자신이신 불을 통해 실행되는 변화 위에 놓여 있다. 고린도전서 3:10-15에 기초해서 라칭어는 이렇게 말한다. "믿음의 중심에서 행하는 긍정이 구원을 이룬다. 그러나 이 근본 결단은 대부분의 경우에 풀, 나무, 짚으로 덮여 있다. 그 결단은 이기심의 격자창을 통해 매우 힘들게 밖을 내다본다. 이기심은 인간이 벗겨내기 힘든 것이다. 그러나 인간은 긍휼을 얻고, 그는 변화할 수 있게 된다. 주님과의 만남은 이 변화, 곧 불이다. 불이 그를 태워 흠이 없는 형태로 만들 것이며, 그래서 그는 영원한 기쁨의 그릇이 될 수 있다."[285]

이러한 해석 안에서 연옥 불의 정화 사상은 종말의 불이신 예수 그리스도 자신과 결합됨으로써 중간상태의 표상으로부터 벗어난다. 그 결과 중세기에 면죄부 사상의 토대가 되었고 또한 종교개혁적 비판의 대상이었던 연결고리가 끊어진다. 연옥 교리는 재림하실 예수께서 행하실 최후의 심판에 대한 그리스도교적 기대 안으로 물러났다. 그래서 종교개혁이 그 교리를 반박해야 할 이유도 함께 사라졌다.

그리스도께 위임된 심판은 멸망이 아니고, 정화하고 순전하게 만드는 불이다. 심판은 바울이 고린도전서 5:50ff.에서 말하는 변화, 곧 썩을 것의 썩지 않을 것으로의 변화를 성취한다. 이로써 고린도후서 5:10이 모든

한다.

284   J. Ratzinger, 같은 곳, 187f.

285   J. Ratzinger, 같은 곳, 188.

사람이 각각 행한 것에 따른 보응을 받기 위해 그리스도의 심판대 앞에 서야 한다고 말하는 것과 고린도전서 15:50ff.가 오직 새로운 생명 안으로의 변화만 말하는 것 사이의 갈등이 해소된다. 이 갈등의 해소는 심판의 불을 통한 변화가 발생한다는 사실에 기초한다.[286] 이 변화는 참회의 완성을 포함한다. 여기서 참회는 예수 그리스도와의 연합 안에 있는 새로운 생명 안으로 통합되는 한 가지 요소를 뜻한다. 이같이 심판의 불은 정화하는 불이며, 파멸시키는 불이 아니다.

이 결론은 그리스도와 그분의 가르침이 최후의 심판의 척도이지만 죄인을·정죄하는 심판자는 아니라는 요한의 사상을 폐기하는가? 그 결론에 따라 요한의 사상은 종말론적 심판자로서 재림하시는 자의 표상 안으로 지양되는가? 정화하는 불의 상은 아무도 심판하지 않는 요한적 그리스도(요 12:47)의 선언을 보존한다. 그러나 그 상은 예수의 말씀과 인격 사이의 구분을 넘어선 곳으로 우리를 이끈다. 부활하시고 재림하실 그리스도는 인격 안의 말씀이다. 그러므로 정화하는 불의 상 안에서 묘사되는 재림하실 그리스도의 현실은 여기서 우리의 구원을 위해 인간이 되신 분과 동일하다고 이해된다. 그 현실은 그 안에서 시작되는 변화의 완성, 곧 우리의 인간적 현존재가 아들의 형상으로 변화하는 과정의 완성으로 이해된다.

동방 그리스도교의 정교회는 1247년에 중세기 라틴 교회가 채택한 중간상태의 표상과 관련된 연옥 교리를 명시적으로 거부했다.[287] 크리소스토모스의 오리게네스에 대한 비판이 그 거부의 배경을 형성했다. 그것은 고린도전서 3:10-15의 정화하는 불을, 만인을 구원하기 위해(apokatastasis panton) 하나님이 영혼들을 교육하신다는 의미로 이해했던 오리게네스의

---

286   이에 대해 시리아의 바룩서 50f.를 비교하라. 여기서 부활한 자들의 변화는 심판의 실행 이후에 발생한다.

287   특히 참조. Conf. orth. 1,66 (Petrus Moghila : Orthodoxa Confessio Fidei Catholicae et Apostolicae Ecclesiae Orientalis, 1640, in : *Orientalia Christiana* Vol. 10, Nr.39, 1927, ed. A. Malvy/M. Viller, 39f.) ; 비교. *RE* 3.Aufl. 5, 1898, 791.

해석에 대한 비판이었다. 그 해석은 서방의 연옥 교리의 의미에서 정화의 불을 참회의 과정과 연관시킨다면, 그 과정은 말하자면 개인들의 죽음 이후에도 계속된다는 점을 암시한다. 이와 비교할 때 최후의 심판의 불을 그리스도의 재림과 관계시키는 해석은 다양한 결과들의 스펙트럼을 남긴다. 이것은 믿는 자들의 정화 및 순화로부터 하나님과 화해하지 않고 끝내 외면을 고집하는 자들의 완전한 멸망까지 펼쳐지는 스펙트럼이다. 이 주제에 대한 신약성서의 명확한 진술[288]을 고려할 때, 어쨌든 개인들의 영원한 저주의 가능성도 배제될 수 없다. 어떤 경우에는 하나님의 영광의 불이 하나님의 현재와 조화하지 못하는 모든 것을 소멸시킨 후에, 아무것도 남지 않을 가능성도 있다. 그러나 이런 일의 발생은 고린도전서 3:10-15의 정화의 불이 의미한다고 생각되는 최후 심판의 표상에서 본질적 요소가 아니다. 그것은 주변적인 경우다. 그리스도인들은 바울의 진술에 따르면 예수 그리스도와의 믿음의 연합을 통해 그런 경우로부터 보호받으며, 또한 다른 민족과 문화 출신의 모든 인간도 마찬가지로 보존된다. 이들은 알지 못하는 사이에 예수의 축복 혹은 세계 심판의 의미(마 25:31-46)에서 하나님 나라에 가까이 다가와 있다.

보충설명: 종말론의 언어에 대하여

심판과 연옥의 불에 대한 논의는 이 주제를 다룰 때 그 내용이나 성서의 증언에 있어 구상적이고 은유적인 언어가 특별히 중요한 의미를 갖는다는 사실을 보여준다. 이것은 불에 관한 표상에만 해당하는 것이 아니다. 심판 자체에 관한 논의가 이미 은유다. 동일한 원리가 죽음으로부터 깨움 혹은 부활 안에서 일어나는 죽은 자들의 구원의 미래에 관한 진술에도 해당한다. 이 표상

---

288 이에 대해 J. Ratzinger, 같은 곳, 176을 참고하라. 여기서 라칭어는 예수 전승, 바울 서신, 요한계시록, 또한 교회가 결정한 교리들(DS 72, 76, 801, 858, 또한 1351) 등을 함께 모아서 서술한다.

은 잠에서 깨어나 일어난다는 죽음 이편의 이 세상적 경험에 기초한 직관의 내용이다. 종말론 안에서 그런 은유적 언어의 상들이 지배적인 것은 우연이 아니고, 여기서 다루는 주제들이 특별히 인간의 모든 파악 능력을 넘어선다는 사실의 표현이다. 신학의 종말론적 진술은 현재 경험의 영역 안에 있지 않은 사건을 대상으로 삼는다. 물론 이것은 종말론이 근거가 없는 것이라거나 현재 경험과 아무 관계도 가질 수 없다는 뜻은 아니다. 그와 반대로 종말론의 진술 안에서는 인간이 현재 경험하는 현실과 운명에 결여된 것에 대한 의식이 표현되며, 또한 그 결여된 것과 하나님 의식 사이의 긴장도 표현된다. 그러나 지금까지 인간적으로 경험된 현실과의 간접적 관계는 언어적으로는 은유로 표현되는 상들을 통해 표현된다. 하지만 은유를 사용할 때, 오직 문학적 상상의 자유만이 지배하는 것은 아니다. 이 진술들은 현재의 경험에 기초해서 이 주제들에 대하여 말할 때와 똑같이 정확하다. 존 힉은 이렇게 요구했다. 영원의 관점에서 우리의 이 세상의 삶을 바라보시는 하나님의 관점에 우리가 언제 어디서 참여할 것인가를 묻는 질문에 대하여 "은유가 아닌 글자 그대로의 대답"이 반드시 주어져야 한다는 것이다.[289] 이에 대하여 우리는 예수 자신이 그렇게 글자 그대로 받아들이는 "언제 어디서"의 표현을 거부했음(막 13:32)을 기억해야 한다. 그리스도교 신학은 이 문제에 관하여 하늘에 계신 아들과 천사들보다 더 많이 알려고 해서는 안 될 것이다. 어쨌든 이 문제에서 세 가지가 주목되어야 한다.

1. **진술의 내용 자체가 은유인 것이 아니라, 진술의 형식만이 은유다.** 진술의 은유적 형식으로부터 추론하여 표현된 내용의 비현실성을 주장하는 것은 부적절하다.

2. **은유의 형식으로 표현된 진술들의 토대, 곧 그런 형식으로 표현될 수**

---

289   J. Hick, *Death and Eternal Life*, 1976, 224. 여기서 힉은 죽은 자들의 심판과 부활에 대한 논의의 은유적 성격을 설명했던 나의 이전의 진술들을 언급한다. 부활과 부활로 깨어남에 관한 진술의 은유적 형식에 대하여 지금은 『조직신학』 II, 596f.를 참고하라.

밖에 없도록 만드는 숙고 그 자체는 철저히 논증적 설명으로 여겨져야 하고, 그래서 원칙적으로 논쟁의 대상이 된다. 같은 것이 그 진술들 사이에 놓인 관계들의 서술에 대해서도 적용된다.

3. 종말론 안에는 은유적 표상들 외에 예를 들어 "생명"[290] 혹은 "영원" 등의 또 다른 구조의 표현들도 있다. "하나님 나라" 개념은 복잡한 구조의 경우다. 이 개념은 은유적 특성을 포함하지만("왕권 통치"와 비슷하다), 전체로서는 은유로 말해질 수 없다. 왜냐하면 세상을 지배하는 권능과 통치는 그 자체가 하나님 개념의 함축성에 속한 것이기 때문이다.

b) 심판과 변용에서 영의 사역

종말의 완성 사건에 대한 성령의 의미는 원시 그리스도교의 증언 안에서 종말론적 구원의 예기를 뜻하는 영의 은사의 기능만큼 명확하게 나타나지 않는다. 그렇지만 이 사실로부터 영이 종말론적 완성에서 어떤 결정적인 역할을 맡지 않는다고 추론하는 것은 잘못이다. 오히려 믿는 자들의 현재에 대한 영의 은사는 영이 미래의 구원 그 자체를 일으키는 하나님의 능력이기 때문에, 그 미래의 구원의 예기와 보증일 수 있다.

이 사실을 가장 명확하게 지지해주는 요점은 죽은 자들의 부활에 대한 희망의 진술들 안에서 발견된다. 이 진술들은 믿는 자들의 현재 안에서 주어지는 영의 은사를 이해하는 데 근본적으로 중요하다. 로마서 8:11에 따르면 예수를 죽음에서 일으킨 분은 하나님의 영이며, 믿는 자들에게 이미 주어진 그리스도의 영을 통해 하나님이 그들의 죽을 몸도 일으키실 것이라고 보증하는 분도 그분이다. 그러므로 영은—예수의 부활은 물론 그밖의 인간들과 관련해서도—부활의 생명의 창조적 원천이다. 여기서 우

---

290   참고. 『조직신학』 II, 598f. 또한 나의 논문을 참고하라. Dogmatische Erwägungen zur Auferstehung Jesu, in : *Grundfragen systematischer Theologie* 2, 1980, 160 – 173, 특히 168의 각주 4.

리는 성서적 전승에서 하나님의 영이 이미 창조 때부터 생명 일반의 원천으로 이해된다는 사실을 기억해야 한다.[291] 그래서 동일한 영이 이번에는 새롭고 완전한 생명의 원천으로 생각되는 것은 놀랄 일이 아니다. 새 생명은 더 이상 신적 원천과 분리되지 않고 전적으로 하나님에 의해 침투되며, 그분과의 결합 상태를 유지한다. 이 이유에서 바울은 새로운 종말론적 생명을 영적 생명으로 말한다. 이 생명은 창조자 하나님의 영에 의해 침투된 생명(soma pneumatikon, 영의 몸)으로 말해지며(고전 15:42-46), 생명의 원천인 하나님의 영과의 분리될 수 없는 결합에 기초해서 더 이상 죽지 않을 것이다(15:50ff.).

죽은 자들의 부활이라는 종말론적 사건에 대하여 영의 사역은 모든 경우에 근본적으로 중요하다. 죽은 자의 부활은 바울에 의하면 새로운 생명으로 **변화**하는 것이다(고전 15:51f.). 여기서 영의 사역과 **심판**의 주제 사이의 관계가 주제화된다. 변화가 없다면, 사멸성은 불멸성에 참여할 수 없다(비교. 고전 15:50). 만일 이 세상의 생명의 변화라는 표상이 심판과의 관계를 동반한다면, 영의 사역은 또한 심판의 실행과 관계된다. 그래서 세례 요한은 장차 오실 "사람의 아들"은 요한 자신이 미래 사건의 표징으로 실행하는 물 세례와 달리 영과 불로 세례를 주실 것(눅 3:16; 마 3:11)이라고 통고했다. 사람의 아들의 심판 행위 안에서 일어나는 영과 불의 결합은 신약성서의 그 밖의 부분에서 성령과 관련되는 생명의 희망의 빛에 비추어본다면, 매우 생소하게 보이며, 세례 요한의 그 통고를 그리스도교적 영 세례에 적용하는 마가의 해석(막 1:8)은 심판의 불과의 결합을 생략한다. 그러나 이사야 11:4에서 오시는 메시아는 "그의 입술의 기운으로(b'ruah) 악인을 죽일 것"이라고 말해지지 않는가? 데살로니가후서는 이 표상을 다시 오실 주님의 심판과 관계시켰다(2:8). 그러므로 어쨌든 영은 심판과

---

291 『조직신학』 II, 155ff., 237f., 332-346. 또한 나의 논문을 참고하라. Der Geist des Lebens, 1972, in: *Glaube und Wirklichkeit*, 1975, 31-56.

관련된 직무를 행하신다.[292] 이 세상 삶에서 그 직무에 해당하는 것은 고린
도후서 7:9f.와 로마서 2:4의 의미에서 참회의 실행에 대한 영의 사역일
것이다. 바울에 의하면 영은 사람들에게 자기 자신과 타자를 판단할 수 있
는 능력을 주신다(고전 2:13ff.; 비교. 11:31). 현재 내려지는 그런 자기 판단
은 최후의 심판에 내려질 저주의 판결을 미리 방지한다(같은 곳; 비교. 고전
5:5). 영이 주시는 이러한 판단 능력과 연결되어 있는 것은 바울에게서 때
때로 나타나는 표상, 곧 믿는 자들이 다가오는 심판의 날에 그리스도와 함
께 세상을, 나아가 천사까지도 심판할 것(고전 6:2f.)이라는 표상이다.

　　그러므로 영의 종말론적 사역 안에는 매우 다른 두 가지 기능이 서로
결합되어 있다. 영은 구원과 새로운 영원한 생명의 원천이시며, 또한 심판
의 기관(Organ)이시다. 이 두 가지 직무는 영의 사역의 본성으로부터 어떻
게든 일치하는 것으로 이해될 수 있을까? 영의 종말론적 사역의 범위 전
체는, 그 사역의 본성을 "영화롭게 하는 것"으로 이해할 때, 시야에 들어
온다. 영화롭게 함의 사고 안에서 부활의 새로운 생명은 이 세상 현존재의
변화 안에 포함된 심판의 계기와 결합하는데, 아버지 하나님과의 관계 및
하나님 찬양과의 관계를 통하여 결합한다. 하나님을 영화롭게 한다는 것
은 이러한 넓은 의미에서 영의 최종적이고 본래적인 사역이다. 영은 생명
의 창조자이고, 모든 지식 곧 믿음과 희망과 사랑의 원천이시다. 또한 그분
은 자유와 평화의 영이고, 하나님 나라 안에서 완성되는 공동 삶, 곧 서로
를 인정하는 피조물들의 공동 삶의 영이시다. 이 삶은 교회 공동체 안에서
이미 표징적으로 표현된다. 이 모든 것 안에서 영의 사역은 언제나 이미
하나님의 영화롭게 하는 목표를 향하며, 이 측면은 영의 종말론적 사역 안
에서 압도적인 방식으로, 다시 말해 다른 모든 것을 포괄하고 변형시키면
서 등장한다.

292　대체로 간과되어온 영의 사역의 이 측면은 아마도 성령의 모독에 대한 말씀(막
　　　 3:29)에서도 표현되고 있을 것이다. 그 사역의 치명적인 결과는 사도행전에 나오는
　　　 아나니아와 그의 아내의 이야기에서 서술된다(행 5:1-11).

영과 하나님의 영광은 신약성서의 증언들 안에서 가장 긴밀히 연결되며, 동일한 사태를 가리킨다. 로마서 8:11이 아버지께서 영을 통해 예수 그리스도를 깨우셨다고 말할 때, 로마서 6:4은 정확하게 같은 사태를 하나님의 영광(doxa)으로 말한다. "아버지의 영광으로 말미암아 그리스도를 죽은 자 가운데서 살리심과 같이…." 고린도후서 13:4은 하나님의 권능(dynamis theou)에 의해 십자가에 못 박히신 그리스도가 생명을 얻고 다시 사셨다고 말한다. 이 권능에서 중심은 로마서 1:4에 따르면 성령의 능력이다. 이 능력이 예수 그리스도를 죽은 자들로부터의 부활을 통해 하나님의 아들의 권능의 자리에 취임시키셨다. 그러한 진술들의 유사성 안에 내포된 영광(doxa)과 영(pneuma)의 동일성[293]은 다른 원시 그리스도교 문서, 예를 들어 베드로전서 안에서 명시적으로 표현되었고, 그것도 믿는 자들에게 수여되는 영의 은사와 관련되었다. 믿는 자들 위에는 지금 이미 "영광의 영 곧 하나님의 영[능력]"이 머문다(벧전 4:14).[294] 영광과 능력은 영의 본질과 사역 안에서 일치한다. 그래서 그리스도(그리고 하나님)의 영광—이것의 "계시"는 종말의 완성 사건 안에서 발생하고 믿는 자들은 그것을 기다린다—은 하나님의 영의 권능과 영광 그리고 하나님의 본질의 완성된 출현이 될 것이다. 그리스도와 영은 서로 경쟁하는 관계에 있지 않다. 높여지신 자의 통치와 아버지의 나라가 경쟁하지 않는 것과 마찬가지다. 삼위일체의 인격들의 연합 안에서 한 인격은 언제나 다른 인격들과 함께 현재적으로 활동하신다. 그렇기에 유대교적 묵시록이 종말의 사건을 옛 예언자들이 앞서 기대했던 것을 따르면서 하나님의 영광의 계시로 기대했다면,[295] 그리스도교적 희망은 그 기대가 예수 그리스도의 재

---

293 이것은 불트만도 자기 방식에 따라 확인했다. R. Bultmann, *Theologie des Neuen Testaments,* 1953, 154.

294 이 구절에 대한 어려운 본문비평에 대해 참고. L. Goppelt, *Der Erste Petrusbrief,* 1978, 305f. 고펠트(306, 각주 30)와 달리 위에서 제시한 번역("하나님의 영")은 몇 개의 사본에 기록된 "그리고 하나님의 능력"을 이 본문의 근원적 표현으로 전제한다.

295 이에 대해 내가 편집한 책 *Offenbarung als Geschichte,* 1961, 28ff.와 48f.에 있는 렌토르프(R. Rendtorff)와 빌켄스(U. Wilckens)의 논문을 참고하라. 특별히 인상적인 것

림을 통해 영광 가운데서, 즉 하나님의 영의 능력 안에서 성취될 것을 바라보았다.[296]

하나님의 영광의 빛은 심판의 불과 동일하다. 제4에스라서 7:42에 따르면 하나님의 영광의 빛 속에서 만인은 그 자신에게 결정된 것을 "눈으로 볼 것"이다. 에티오피아의 에녹서 50:1에 따르면 하나님의 영광에서 시작되는 "거룩한 자와 선택된 자들"에 대한 심판(비교. 50:4)은 그들 위에 "거주하는" 하나님의 영광의 밝은 빛을 통한 "변화"와 결합되어 있다. 이 진술의 배후에 놓여 있는 표상적 전통 전체를 요약하면 다음과 같다: 하나님의 영광의 빛은 고린도전서 3:10-15의 정화하는 불이다. 하나이고 동일한 신적 영광의 빛이 믿는 자들에게 죄와 죽음의 찌꺼기로부터 자유를 선사하는 반면에, 하나님 없는 자들은 그 빛을 자신을 소멸시키는 불로 알고 두려워한다. 여기서 작용하는 능력은 하나님의 영이다. 영은 피조물을 종말론적 하나님 찬양으로 이끄시고, 피조물은 그 찬양을 통해 하나님께 영광을 돌려드린다.[297] 이것은 피조물이 자신의 편에서 그리스도를 통해 하나님의 영광에 참여하게 되는 것과 같다(롬 8:18; 빌 3:21; 비교. 벧전 5:1).

그러므로 영화롭게 되는 것은 종말론적 완성 안에서 상호관계의 측면을 갖게 될 것이다. 피조물이 영화롭게 되는 것은 피조물들을 하나님의 영원한 영광에 참여하게 만드는 그들의 존재적 변화 안에서 일어나는 하

은 제4에스라서 7:33, 39ff.에서 가장 높으신 분이 심판의 보좌에 나타나는 장면의 서술이다. "그날은 영원의 날이다. 저녁도 아니고 아침도 아니며, 겨울도 없고 여름도 없다. 그날은 낮도 아니고 밤도 아니고, 여명도, 광채도, 밝은 빛도, 조명도 없다. 오직 그날은 가장 높으신 분의 영광의 광채만이 빛나고, 만인은 자신에게 결정된 바로 그것을 볼 수 있게 될 것이다"(제4에스라서 7:42; 비교. 사 60:19).

[296] 요한계시록 21:23에서 완성된 도시를 비추는 하나님의 영광의 광채는 십자가에서 죽으시고 부활하신 그리스도이신 "어린양"으로부터 비친다. 어린양이 그 도시의 "조명"이다.

[297] 요한계시록 1:6; 7:12; 11:13; 14:7; 19:1; 비교. 로마서 11:36; 15:6 등등.

나님의 행동이며, 하나님이 영화롭게 되시는 것은 창조자를 향한 찬양 곧 그 안에서 피조물이 자신의 현존재와 생명의 수여자이신 창조자를 피조물 자신으로부터 구분하고 그분께 감사함으로써 그분에게 신성의 영예를 돌려드리는 찬양을 통해 일어난다. 여기서 피조물이 영화롭게 되는 것은 하나님이 영화롭게 되시는 것과 서로 상응한다. 이처럼 서로 연관된 영화롭게 됨의 양쪽 측면에서, 앞에서 제시한 것처럼, 영이 활동하신다. 이 사건의 마지막 깊이로 이끄는 것은 다음 사실에 대한 기억이다. 요한복음의 묘사에서 그런 상호관계 안에서 서로를 영화롭게 하는 것은 아버지와 아들의 관계의 특성을 나타낸다. 아들은 아버지의 통치를 선포함으로써 아버지를 영화롭게 한다(요 17:4). 아들은 아버지께 아버지와의 원초적 연합 안으로 다시 받아들여 아들 자신을 영화롭게 해달라고 간청한다(17:5). 이를 통해, 그리고 믿는 자들이 아들과 아버지의 공동의 영광에 참여하는 것을 통해(17:22) 아들을 통한 아버지의 영화롭게 되심은 완성에 도달한다. 그런데 이 사건은 영의 사역을 통해 매개된다. 영은 믿는 자들에게 예수와 그의 메시지(그와 함께 아버지)가 생각나게 함으로써, 아들이 믿는 자들 사이에서 영광을 받도록 이끄신다(16:14). 영은 이미 아버지와 아들이 서로를 영화롭게 하는 관계에 참여하고 있다. 아들은 자기 위에 머무는(1:32) 영의 능력 안에서 아버지를 영화롭게 하며, 아버지는 자기 아들 예수의 간청, 곧 자신을 영화롭게 해달라는 요청을 성취시키신다. 이 성취는 예수의 죽은 자들로부터의 부활을 통해서만이 아니라, 또한 아들을 믿는 자들 사이에서 영화롭게 하는 영의 파송을 통해 발생한다. 그러나 믿는 자들이 영화롭게 되는 것, 곧 신적 영광의 빛을 통한 그들의 변화는 그들을 영을 통한 아버지와 아들의 영원한 연합 안으로 이끈다. 이 영은 믿는 자들에게 이미 세례를 통해 수여되었던 영과 동일하다. 그 영은 그들로 하여금 아버지 하나님께 대한 예수 그리스도의 관계에 참여할 수 있게 해주었고, 그래서 그 하나님을 그들의 아버지로 부를 수 있게 해주었다. 이 점에서 믿는 자들은 그들 자신의 고유한 종말론적 완성을 미리 맛보고 경험할 수 있게 되었다.

그 완성은 영을 통한 아들의 아버지와의 연합 안에 있는 삼위일체 하나님의 영원한 생명에 참여하는 것이다.

c) 재림하실 그리스도의 실재성

영의 종말론적 사역과 예수의 재림은 어떤 관계에 있는가? 영의 사역과 아들의 사역이 종말론적 완성 안에서 서로 경쟁 관계에 있는 것처럼 파악되어서는 안 된다는 점은 앞에서 이미 말했다. 두 위격의 사역은 하나님의 구원사적 사역에 대한 삼위일체 교리적 파악의 의미에서 하나이고 동일한 사건이다. 그런데 이제 재림하실 그리스도이신 아들이 그 사건에 어떻게 영과 함께 참여하는가?

종말론적 미래를 하나님의 영광의 계시로 이해하는 것은 바울과 베드로전서에서 예수 그리스도의 미래에 대한 진술을 결정한다. 베드로전서의 증언에 따르면 하나님의 영광은 이미 부활 사건에서 예수 그리스도에게 주어졌고(벧전 11-21),[298] 믿는 자들은 다가오는 계시의 날에 그분의 바로 그 영광에 참여하게 될 것을 기대한다(5:1ff; 비교. 1:7; 4:13). 또한 바울에 의하면 그리스도는 우리의 몸을 "그분의 영광의 몸"과 같은 형태로 변화시킬 것이고, 그래서 우리는 그분의 영광의 공동 상속자가 될 것이다(롬 8:17f.). 이것은 바울이 말하는 그리스도 재림의 구원 사건에 속하는 본질적 내용이며, 데살로니가전서 4:16f.에서 유대교적 묵시록의 상으로 묘사되었다. 주님의 영광을 눈으로 볼 때, 우리는 "그와 같은 형상으로 변화하여 영광에서 영광에" 이르게 될 것이다(고후 3:18). 이 일은 본문이 명확하게 말하는 것처럼 영을 통해 일어난다. 여기서 영의 사역이 그리스도의 재림 사건에 본질적임을 알 수 있다. 이것은 영의 사역이 예수의 부활과 하

---

[298] 복음서에서 전승된 예수의 변화산상의 변용 이야기(막 9:2-8 및 병행구절)는—우리가 그것을 예수의 지상 역사에 속한 사건으로 보고 근원적으로 부활의 역사에 속한 보고로 이해하지 않는다면—부활에서 예수께 수여될 영광을 예기하는 계시로 파악되어야 한다.

나님의 아들로의 취임에 본질적이었던 것과 같다(롬 1:4). 다만 재림의 때에 예수는 영의 창조적 역동성의 단순한 객체에 머물지 않을 것이다. 부활하신 자의 생명은 이미 영에 침투되어 있고 영의 빛을 발하기 때문이다. 높여지신 그리스도는 영의 사역 안에 현재하며, 거꾸로 영의 사역은 그리스도의 재림 안에서 그리스도와 믿는 자들의 연합을 갱신함으로써 완성에 이를 것이다. 이 사역은 세계를 변화시키는 심판을 관통하는 세계의 갱신 및 완성과도 결합되어 있다. 갱신은 모든 것을 하나님의 영광의 표징 안에 둔다. 그 영광은 예수 그리스도의 영광으로서 계시될 것이며(벧전 4:13), 믿는 자들의 화해를 완성하여 그분 자신의 생명에 참여하도록 이끌 것이다. 이때 예수는 "아버지 하나님께 영광을" 돌리는 주님으로 계시되실 것이다 (빌 2:11; 비교. 1:11). 그러므로 아버지 자신의 영광 곧 신성은 그리스도의 통치의 완성을 통해 계시될 것인데, 이 통치는 그리스도의 영광(doxa)과 동일하다(살전 2:12). 거꾸로 이 영광은 만물이 그리스도 안에서 통일되고 특별히 믿는 자들이 영화롭게 됨으로써, 출현하게 될 것이다. 이 출현은 믿는 자들이 영의 능력을 통하여 예수 그리스도와 아버지를 영화롭게 하는 사건을 일으키며, 그들 자신도 하나님의 영광의 인식을 통해 그리스도의 면전에서 "영광에서 영광으로" 변화하게 될 것이다(고후 3:18).

그리스도의 재림은 성육신과 예수의 부활에서 시작된 영의 사역을 완성할 것이다. 영원의 관점 아래서 이 사건은 하나이고 동일한 사건이다. 왜냐하면 성육신이 이미 하나님의 미래의 시작이고, 영원의 시간 안으로의 진입이기 때문이다. 그러나 우리의 관점에서 성육신에 대한 신앙고백은 부활 사건에 근거를 두고 있고, 부활 사건의 현실성은 그분의 재림 때에 가서야 그것을 둘러싼 모든 논쟁에서 벗어날 것이며, 궁극적이고 공개적으로 강력한 현실이 될 것이다. 왜냐하면 예수의 부활은 그분 안에 있는 새로운 생명이 나타나는 종말론적 구원의 현실이 예기적으로 출현한 것이기 때문이다. 이것은 예수가 선포한 도래하는 하나님의 통치가 그분의 사역 안에서 이미 시작된 것과 같다. 예수의 부활, 성육신, 재림 사이의 내적 연관성은 하나님의 영원성에 근거한 사건의 통일성을 표현한다. 하지만 이 통일성은 우리에게는 세 가지 관점으로 주어지며, 현실적으로 구분되는 세 가지 형태의 사건 안에 있다.

영원이 시간 안으로 진입하는 실제로 구분되는 사건의 일치 내지 단일성은 이미 성육신의 개념에 대한 논의에서 숙고했다.[299] 그러나 그리스도의 재림 사건은 신약성서의 증언에 따르면 다른 관점에서 규정되어야 한다. 재림하는 그리스도의 현실 안에서 말하자면 죽은 자들로부터 부활하신 자의 새로운 생명과 하나님 나라의 도래, 개인적 종말론과 집단적 종말론은 서로 관련되며 해체되지 않는 통일성 안으로 들어간다. 인간의 세계와 인간 공동체 안에 있는 하나님 나라의 완성 없이는 어떤 개인의 완성도 있을 수 없고, 거꾸로 각기 다른 개성에 따른 참여양식을 가진 모든 개인의 참여 없이는 종(Gattung)으로서의 인류의 완성은 없다. 이 사실은 이미 앞에서 언급했다. 그런데 이것은 이제 예수 자신에게 적용된다. 부활하신 자와 재림하실 자의 생명 안에서 나와 타자들, 개인과 공동체 사이의 구별(분리는 아니다)은 지양되고, 이것은 이 관점에서 믿는 자들에게도 수여될 깊은 변화를 예감케 한다.[300]

죽은 자들 가운데서의 부활은 다른 모든 인간과 구분되는 바로 그 한 인간, 곧 십자가에 못 박히신 자에게 일어났다. 그러나 그에게 주어진 새로운 생명은 새로운 인류 전체의 생명과 관계된다. 이 인류를 위해 그분은 구원을 가져오는 자가 되시며(히 2:10; 행 3:15), 그들은 그분의 형상대로 지어질 것이다(고전 15:49).[301] 고린도후서 3:18에 따르면 이것은 우리가 부활하신 자의 모사(模寫)가 아니라 그분과 동일한 형상으로 변한다는 것

---

299   『조직신학』II, 526ff.는 이 주제의 근거를 설명한다. 성육신 개념은 예수의 지상의 길 전체와 관계되고, 그 길의 시간적 진행으로 분리된 사건들을 그 자체 안에 연결한다.

300   이에 대해 나의 책을 참고하라. *Grundfragen systematischer Theologie* 2, 1980, 180ff.184ff.

301   또한 비교. 롬 8:29; 빌 3:21.

을 뜻한다. 바울의 사상도 이에 상응한다. 부활하신 자의 몸은 예수의 개인적 현존재의 형태에 그치는 것이 아니고, 그것을 넘어 그분의 공동체를 포괄한다. 공동체는 그리스도와 함께 하나의 몸 곧 그분의 몸의 통일체로 결합된다(고전 12:27; 롬 12:4f.). 바울 사상의 뿌리는 성만찬 전승 안에서 찾을 수 있다.[302] 주석가들은 보통 이 진술을 매우 대담하게 글자 그대로 받아들여 따르기를 주저한다. 그래서 이 진술을 표상의 말씀으로, 나아가 부활하신 그리스도의 몸과 구분되는 "신비"의 몸으로 이해하기도 어려워 한다.[303] 그러나 우리가 그리스도의 몸으로서의 교회에 대한 바울의 진술을 서술된 그대로 받아들인다면, 그 결과 부활의 새로운 생명 곧 부활하신 그리스도의 생명은 이 세상 삶의 개인적 육체성에 속한 개인들의 서로에 대한 분리와 고립된 독립성의 지양으로 이해될 수 있다. 물론 이를 통해 개인의 특수성이 단순히 사라지는 것은 아니다.[304] 이것은 우선 부활하신 그리스도의 육체성에 해당한다. 예수께서 자신의 생명을 세상의 구원을 위해 내어주셨을 때, 부활하신 자의 새로운 생명은 몸이지만 다른 생명들과 구분되는 어떤 현존재 형식을 갖는 것이 아니다. 복음서의 현현 전승들이 부활하신 자를 개인의 육체성 안에서 등장하는 것으로 묘사할 때, 그 안에서 그리스도의 몸으로서의 교회라는 바울 사상을 통해 수정되어야 하는 일면

---

302   U. Wilckens, *Der Brief an die Römer* 3, 1982, 13. 이 부분은 로마서 12:4f.에 관한 주석이다.

303   참고 이 책의 제14장 2, 특별히 각주 87ff.

304   칼 라너는 인간의 죽음 이후의 "영-영혼"의 "범우주적" 상태에 대하여 숙고했다. Karl Rahner, *Zur Theologie des Todes*, 1958, 19ff., bes. 22f. 여기서 사후의 "영-영혼" 은 구체적 육체성의 엔텔레키(Entelechie, 생명력)로 여겨졌는데, 이것은 내가 서술한 본문과 같은 방향을 가리킨다. 그러나 라너의 이러한 관점의 숙고는 힉의 항변에 답변해야만 했다. J. Hick, *Death and Eternal Life*, 1976, 232f. 힉은 그런 범우주적 탈체한성은 유한성의 해체를 의미한다고 비판했다. 차별화된 해석을 통해 라너의 사상을 변호하는 한 가지 가능성은 하나님과 함께하는 것처럼 다른 유한자와 함께하는 공동체의 조건이 되는 자기구분의 이해에서 제시될 수 있다. 이 내용은 곧 서술될 것이다.

성이 놓여 있다. 물론 거꾸로 말할 수도 있다. 부활하신 자의 현실성은 교회의 현존재로서 해소되지 않는다. 그 현실성은 교회의 형성 이전에 제자들의 공동체 곁에 계시되었고, 그 자체 안에 혹은 아마도 하나님의 창조적 권능 안에 근거하는 고유한 현실을 갖는다. 또한 부활하신 자의 현실성은 믿는 자들의 공동체 안에 폐쇄되어 있지도 않다. 그것은 바로 그 공동체의 근거가 되고, 그것을 포괄하고 넘어선다. 바울 서신 안에서 이 내용은 머리와 몸의 구별과 귀속 관계를 통해 표현된다.[305]

예수와 제자들의 개인적 구분은 머리와 몸의 구별을 통해 그분의 몸의 공동체 안에서 양자의 통일성을 해치지 않은 채 확고히 유지된다. 이에 상응하여 믿는 자들의 부활에 대해서도 그들의 개인적 특수성이 사라지지 않는다는 사실이 적용된다. 물론 "육체적 실존 안에서 개인들 서로에 대한 분리는 이 사멸적 삶에 종말론적 변화를 일으키는 계기에 속하는데, 그 삶은 죽은 자들이 부활의 새로운 육체가 되는 심원한 변화를 겪을 것이다."[306] 개인들은 **하나의** 몸의 지체들이 되고, 더 이상 서로 갈등을 일으키는 주장을 하지 않을 것이다. 그들 모두는 각자의 특수성 안에서 **타자를 위한 존재**가 될 것이며, 그런 존재로서 각자는 아버지를 그 신성 안에서, 또한 예수 그리스도를 그들의 머리와 주님으로 받아들일 것이다. 이 모든 관계 안에서 구분성만이 아니라 구분되는 존재의 긍정적 수용 곧 자기 구분이 지속적으로 공동체의 조건이 될 것이며, 이 구분은 하나님과의 관계의 조건인 것과 마찬가지다. 그러나 여기서 구분은 분리를 의미하지 않는다. 왜냐하면 모든 개별자는 더 이상 "하나님처럼 되려고" 하지 않기 때문이다. 오히려 그들의 고유한 유한성은 타자들의 특수성과의 관계 안에서 살아간다. 이 점에서 그리스도의 영광의 계시와 믿음으로 그분과 결합된 자들이 영화롭게 되는 것이 서로 일치하는 심원한 근거가 열린다. 이

---

305   이와 거의 동일한 문장을 나의 책, *Grundfragen systematischer Theologie* 2, 1980, 184f. 에서 비교하라.

306   같은 곳, 185.

일치는 그분의 재림과 세계 자체가 새 하늘과 새 땅으로 변화할 때 발생할 것이다. 그리스도의 재림의 기대는 "개별화된 개인들의 나타남이 아니라, 하나님의 영광의 빛 속에서 십자가에 못 박히신 나사렛 예수로부터 시작되는 삶의 맥락의 계시"를 향한다.[307] 그래서 누가복음 17:24은 사람의 아들의 도래에 대하여 이렇게 말한다. "번개가 하늘 아래 이쪽에서 번쩍이어 하늘 아래 저쪽까지 비침같이, 인자도 자기 날에 그러하리라." 여기서 핵심은 사건의 갑작스러움만이 아니라, 우선적으로 그 사건이 주변 지역과 구분되는 어떤 특정한 장소("보라! 저기 있다. 보라! 여기 있다; 눅 17:23)에 고정될 수 없다는 사실이다. 이 사건은 창조의 영역 전체를 관통한다. 심판을 위한 그리스도의 재림은 성육신에서 시작되는 세상의 구원과 하나님과의 화해라는 전체 삶의 맥락을 가져온다. 이 사실을 통해 창조의 모든 사건의 맥락은 나눠지지 않는 영원의 현재 안에서 세계의 창조자 및 화해자의 사랑을 계시한다. 이 사랑은 하나님의 영의 능력을 통해 심판의 불협화음을 하나님 나라의 평화로 변화시킬 것이며, 하나님께 대한 찬양의 다성화음을 일으켜낼 것이다. 그때 하나님께 대한 찬양은 새롭게 된 창조의 모든 입술로부터 울려 퍼지게 될 것이다.

5. 영을 통한 하나님의 칭의

그리스도교 교리를 하나님 개념의 관점 아래서 서술하는 것은 그 모든 부분에서 신론과 관계된다. 창조론부터 종말론에 이르기까지 삼위일체 하나님의 구원 경륜의 행동이—거기서 생성되는 창조적 결과들을 포함해서—그 서술의 주제를 형성한다. 그러한 하나님의 행동이 자체 안에서는 분화되어 있지만 하나의 유일한 행위라는 사실은 창조론을 시작할 때 논

---

307 같은 곳, 186.

의했다.[308] 그러나 구원의 경륜 전체를 펼치는 바로 그 하나의 행위 곧 삼위일체 인격들이 공동으로 실행하는 그 행위의 내용적 규정은―개별 국면에서는 서로 다른 방식으로 나타나지만―그것의 종결로부터, 다시 말해 종말의 빛으로부터 비로소 파악된다. 이미 창조론을 다룰 때 피조물을 출현시켜 독립적 현존재를 갖게 하는 목적에 대하여 이미 말했다. 그 목적은 피조물이 아버지께 대한 아들의 관계, 곧 삼위일체의 영원한 사랑의 연합에 참여할 수 있게 하는 것이다. 이 목적은 창조의 맥락 안에서 인간이 차지하는 특별한 지위와 규정으로서 나타나며, 피조적 형태들의 계단식 구조를 통해 실현된다. 그다음에 그리스도론과 인간론의 관계에 대한 논의에서, 또한 칭의와 세례에 관한 서술에서 예수 그리스도께서 매개하는 그러한 인간 규정의 실현이 주제가 되었다. 그러나 그 서술에서 중요한 것은 예수 그리스도 안에서 나타난 구원 사건의 의미, 곧 종말론적 완성을 예기하는 진술이었다. 다른 한편으로 완성은 역사의 끝에서가 아니라 이미 이 세상 삶 안에서, 인류 역사의 한가운데서 시작되었다는 사실이 바로 그 종말론적 완성의 본질에 속한다. 왜 그럴까? 그것은 역사 안에서 행동하시는 하나님에 대하여 무엇을 말할까?

예수 그리스도의 역사 안에서 발생한 세상의 화해는 종말론적 구원의 완성보다 앞선다. 세상의 화해는 종말과 함께, 즉 하나님 나라 안에서 일어나는 죽은 자들의 부활의 새로운 생명과 함께 완성될 것이다. 창조가 소멸성과 죽음의 지배 아래서 탄식하는 한, 피조물의 비난과 창조자를 향한 고소는 그치지 않고, 이것은 하나님과 화해되지 못한 피조물의 상태를 입증한다. 이런 비난은 이 세상의 비참과 마주칠 때, 사랑과 전능의 창조자이신 하나님의 존재를 의문시하게 된다. 그렇기에 세계가 종말론적으로 완성될 때 비로소 결정적 신 존재 증명은 완결될 것이며, 그와 동시에 하나님의 사역과 본질의 고유한 특성도 궁극적으로 해명될 것이다. 그때까지

---

308   『조직신학』II, 29-42, 특히 40f.

하나님께 저항하는 피조물의 독단적 독립성과 그들의 고난의 불합리성과 악함은 언제나 또다시 무신론을 위한 충분한 소재를 제공할 것이다. 무신론은 그런 세상이 사랑과 지혜의 창조자라는 가정과 조화될 수 없다고 여긴다.[309] 이러한 이유에서 하나님의 현존재에 대한 질문은 『조직신학』 I에서 신론의 잠정적 서술 범위 안에서 완전히 끝까지 대답될 수 없었고, 종교사를 특징짓는 하나님의 현실성에 대한 논쟁은 종교들 사이의 대립, 그리고 종교와 무신론 사이의 대립에 사로잡혀 있었다. 그리스도교적인 하나님 개념도 다른 모든 개념처럼[310] 단지 그 개념의 바탕으로 주장되는 현실에 대한 예기일 뿐이다. 그러나 그 개념은 하나님의 삼위일체적 개념으로서 세계의 창조, 화해, 완성 안에서 일어나는 하나님의 자기계시의 과정을 지시한다. 세계의 최종적·종말론적 미래에 이르러 그 과정은 신성을 입증하는 하나님의 영광의 궁극적 계시를 통해 비로소 종결될 것이다. 세계가 하나님의 영광에 참여하는 종말론적 완성은 불신앙의 불의, 하나님의 존재에 대한 의심, 또한 피조물에 대한 창조자의 사랑을 입증할 것이다. 모든 합리적 신정론도 그 입증과 비교하면 최선의 경우에도 잠정적 의미에 그칠 것이다. 그렇지 않다면 그것 자체가 이미 불신앙의 표현이 아닐까?

a) 신정론의 문제와 논증적 해결의 시도

세상 안에 존재하는 악과 재앙의 극복은 인류의 종교사의 도처에서 발견되는 주제다. 그러나 세상 안의 재앙의 이유로서 마귀들 혹은 신적 권세들 사이의 갈등이 언급되는 한, 신들의 현실을 확신하는 것에는 아무 문제가 없었다. 그러나 사람들이 신들의 영역 안에서 우주 질서에 상응하는

---

309   예를 들어 D. Hume, *Dialogues concerning natural religion*, 1779, 10.11 (ed. D. Aiken 1948, Nachdruck 1977, 61 - 81).

310   이 주제에 대하여 칸트의 통찰을 수용하는 나의 설명을 참고하라. *Metaphysik und Gottesgedanke*, 1988, 66 - 79(개념과 예기), bes. 72f.

공통 의지와 사역을 점점 더 많이 관찰하게 되고 나아가 한 분 하나님의 통치를 보게 되면서, 왜 신적 권능이 이 세상 삶의 악과 재앙을 허용하는지의 질문은 그만큼 더 절실해졌다. 이 질문은 그리스적 사유 안에서 최종적으로는—아무 대답 없이—운명으로 소급되었기 때문에, 헬레니즘 사상은 우주 질서에 대한 신뢰를 상실하게 되었고, 이것은 사람들을 악한 세상으로부터 개인적인 구원을 약속하는 근동의 제의들로 향하게 만든 한 가지 이유였다.

유대교 안에서 신정론의 문제는 유대교적 일신론에도 불구하고 처음에는 제기되지 않았다. 이것은 한편으로 하나님의 의지의 측량 불가능성을 받아들였기 때문이고, 이를 넘어 다른 한편으로 하나님을 선은 물론 악의 주권적 창시자로 믿었기 때문이었다.[311] 오직 의인들의 고난과 하나님 없는 자들의 번영만이 유대교 신앙에 시험으로 느껴졌다. 왜냐하면 이 두 가지는 하나님의 의와 조화될 수 없는 것으로 보였기 때문이다. 이 문제에 대한 출구로서 포로기 이후 유대교에서 종말론이 발전했다.[312]

신정론은 한 분 하나님을 세상을 화해시키는 사랑의 하나님으로 믿는 그리스도교적 사고에 대하여 더욱 압박하는 문제로 드러났다. 물론 그리스도 자신의 죽음을 통한 세상의 화해라는 메시지 자체가 이미 세상 안의 악과 재앙의 현존에 대한 한 가지 대답이다. 그러나 화해의 하나님이 창조자 하나님과 같은 분이라면—초기 그리스도교의 교회적 신학은 영지주의에 반대해서 이 관점을 고수했다[313]—왜 그분은 처음에 악과 재앙을 허용

---

311   아모스 3:6; 이사야 45:7; 비교. 욥기 2:10; 예레미야 45:4f.; 예레미야애가 3:38; 잠언 16:4. 그 밖에 참고. 『조직신학』II, 294ff., 특히 296f.

312   참고. U. Wilckens, *Auferstehung. Das biblische Auferstehungszeugnis historisch untersucht und erklärt*, 1970, 115.

313   영지주의와 그것을 극복하려는 시도가 블루멘베르크가 제시한 것처럼 그리스도교 사고의 흐름 안에서 신정론의 주제에 대한 숙고를 발전시켰다. H. Blumenberg, *Die Legitimität der Neuzeit*, 1966. 이것을 넘어서서 그리스도교를 비판하는 블루멘베르크의 경향과 그의 논증의 세부사항들에 대하여 나의 설명을 참고하라. *Gottesgedanke*

하셨을까?[314]

영지주의에 반대했던 교부들은 이 질문을 다루지 않고 넘어갈 수 없었다. 그들은 영지주의자들처럼 이 문제를 하나님의 측량할 수 없는 의지로 소급시킬 수 없었다.[315] 왜냐하면 하나님의 의지는 예수 그리스도 안에서 일어난 화해의 행동을 통해 알려졌고, 그래서 그 뜻을 세계의 창조자이신 동일한 하나님께 대한 믿음과 조화시킬 수 있는 가능성을 논의해야 했기 때문이다.[316] 알렉산드리아의 클레멘스 이래로 제시된 주장, 곧 악과 그 결과인 재앙이 창조 안에서 하나님이 아니라 천사들과 처음 인간들의 타락으로부터 유래한다는 주장[317]은 최종적으로는 불충분하다. 왜냐하면 그 주장은 아우구스티누

---

und menschliche Freiheit, 1972, 114–128.

314 이미 에피쿠로스 학파가 스토아 학파의 섭리론에 대하여 비슷한 논쟁을 벌였다. 이에 대해 참고. C.-F. Geyer, Das Theodizeeproblem–ein historischer und systematischer Überblick, in: W. Oelmüller, Hg., *Theodizee – Gott vor Gericht?*, 1990, 9–32, bes. 9f. 가이어는 신정론의 질문에 대답하는 다섯 가지의 전략을 분류한다. 부정성의 도구화(더 높은 목적을 향한), 존재론적 무력함, 교육적 목적, 도덕적 훈련, 악과 재앙의 미화 등이다(12f.). 참고. W. Oelmüller, *Philosophische Antwortversuche angesichts des Leidens*, 같은 곳, 67–86. 욀뮐러는 존재화, 미화, 도구화를 함께 묶어 전체를 향한 관점에서 무력화로 파악했고(72), 그리스도교 죄론의 "초도덕화"의 가능성을 제시하며(73f.), 그것을 본성(75ff.)과 문화(77f.)의 경험 범주 안에서 주어지는 현대적인 대답의 시도들과 대비시킨다.

315 먼 훗날 루터도 그렇게 생각했다. M. Luther, *De servo arbitrio*, 1525: Nec nostrum hoc est quaerere, sed adorare mysteria haec (WA 18,712,26). 아우구스티누스를 인용하는 루터의 로마서 강의를 참고하라. WA 56,331,27.

316 『노예 의지에 관하여』(*De servo arbitrio*)에서 루터의 논증은 오직 창조자 하나님께 대한 신앙이 전제되는 곳에서만 설득력이 있다. 이 사실은 이 사상을 거부했던 피에르 벨이 제시했다. 벨은 마니교의 이원론이 최소한 언급될 필요가 있다고 여겼고, 신정론의 문제 때문에 신앙과 이성이 하나가 될 수 없다고 주장했다. P. Bayle, Nachweis bei A. Hügli Art, Malum VI, Neuzeit, in: *Historisches Wörterbuch der Philosophie* 5, 1980, 681–706, 683.

317 Klemens Alex., *Strom.* 1,17, 82ff. (비교. 『조직신학』 II, 299f.). 이러한 변증론의 창시

스도 이미 인식하고 있었듯이,[318] 그렇다면 왜 창조자는 그렇게도 많은 재앙을 초래하는 자기 피조물들의 타락을 미리 예방하면서 막지 못했는가라는 또 다른 질문을 야기하기 때문이다. 또 그 주장이 불충분한 것은 도덕적 느낌을 자극하면서 다음과 같은 미학적 판단을 내리는 것으로 보이기 때문이다. 즉 악의 존재와 재앙은 심판하는 하나님의 정의를, 그와 함께 악으로부터 선을 창조하는 능력을 현시한다는 점에서 우주의 완전성을 증가시킨다는 판단이다.[319] 후자는 사실 하나님의 세계 통치의 공간에 속하는데, 악이 다른 이유에서 세상 안으로 들어왔다고 전제하고 있다. 하나님이 악을 허용하신 것에 대한 정당화로서 이 관점은 적절하지 않다.

창조자 하나님께 대한 믿음이 확고하다면, 신정론의 질문은 그 믿음에 대한 현실적인 위험이 될 수 없다. 왜냐하면 그 믿음은 하나님과 그분의 결정이 다른 모든 피조물의 이해보다 언제나 우월하다고 확신하기 때문이다. 창조자의 존재가 문제가 있거나 논증이 필요한 가정으로 취급될 때, 신정론의 문제가 힘을 얻으며, 이것은 매우 쉽게 무신론에게 유리한 점이 된다. 이 문제에 대하여 변증적 논증 자체가 자기도 모르게 기여했다. 바로 라이프니츠의 경우가 그렇다. 현재 세계는 그 모든 악에도 불구하고 여전히 가능한 모든 세계 중 최선의 것이며, 한 분 하나님은 지혜와 사랑이 넘치는 하나님으로서의 자격이 충분하다는 것이다. 라이프니츠의 이

자로서 아우구스티누스가 언제나 또다시 언급된다. 이에 대해 참고. C.-F. Geyer, 같은 곳, 13f. 그리고 비슷한 내용으로 J. B. Metz, Theologie als Theodizee? in : W. Oelmüller, 같은 곳, 103-118, bes. 107f. 그러나 자신의 초기 작품인 『자유의지에 관하여』(De Libero Arbitrio, 388/95)에서 아우구스티누스는—후기 작품인 은혜론과 예정론에 몰두하기 이전에—클레멘스의 사상적 토대 위에서 논증한다. 참고. De lib. arb. III,4와 6, 또한 17ff., CCL 29,280f.285f.303ff.

318 Augustin, De civ. Dei XIV,27 (CCL 48, 450f., 비교. 『조직신학』 II, 301f.).
319 후자의 견해에 대해 참고. Augustin, ench. ad Laur. 3, 11 (CCL 46,53). 비교. Thomas v. Aquin, S. theol. I,22,2 ad 2. 전자의 논증에 대해 『조직신학』 II, 303를 보라.

주장은 볼테르의 『깡디드』(*Candide*, 1752)의 빈정대는 비판의 관점에서 장기적으로는 유익하다기보다 해롭다고 여겨졌다.

그럼에도 불구하고 라이프니츠의 신정론은 최소한 이것을 무신론을 옹호하는 논증으로 바꾸려는 사람들과 논쟁[320]을 벌일 때 여전히 중요한 한 가지 관점을 발전시켰다. 이것은 형이상학적인 악에 대한 라이프니츠의 개념인 불완전성, 곧 유한한 존재인 피조물의 개념에 속하는 불완전성에 대한 그의 증명이다. 이 개념은 물리적인, 또한 도덕적인 악의 근거를 형성한다.[321] 비록 이 사상이 라이프니츠에게 있어 이 세계가 가능한 모든 세계 중 최선의 세계로서 존재한다는 그의 논증에서 부분적 기능을 행하지만, 그의 사상 자체는 이 주제와 무관하다. 그의 사상은 재앙이나 악의 사실성을 무해화하는 요소를 포함하고 있지 않다. 그 요소는 신정론에 대한 후대의 비판에 속한 것이다. 오히려 라이프니츠의 사상은 아주 진지한 현실주의의 표현이다. 바로 이 이유에서 그의 사상은 이런 세상은 창조할 가치가 없는 세상이라는 비난 앞에서 창조자의 정당성을 변호할 수 있는 어떤 토대를 제공하지 않는다. 하나님의 전능성이 고통이 없는 유한하고 독립된 존재 세계를 창조할 수 없다면, 차라리 그런 세계는 없는 편이 더 낫지 않을까?

이 지점에서 셸링의 『인간 자유의 본질에 대한 연구』(1809) 이래로 신정론의 토론을 이끌었던 독일 관념론의 한 가지 새로운 관찰 방식이 개입한다. 이제 악의 극복은 역사, 그리고 그 안에서 이루어지는 하나님의 자기 실현의 주제로 선언되었다. 이 사상의 가장 성숙한 전개는 역사의 진행 자체를 신정론으로 파악하는 헤겔의 세계사 철학 안에 포함되어 있다. 여기서 헤겔은 다음의 사실을 철저하게 강조한다. 바로 세계사 안에서 **"구체적**

---

320 흄의 책에 나오는 클레안테스(Kleanthês, c. 330 – 230 B.C.E.)의 연설을 참고하라. D. Hume, *Dialogues concerning natural religion,* 1779, ed. H. D. Aiken (1948) 1977, 73ff., bes. 78f. (sect. 11).

321 이에 대해 『조직신학』 II, 306ff.를 보라.

인 악의 전체 양이 우리의 눈앞에 펼쳐진다." 그러나 사유하는 정신은 부정성과 "**부분적으로는 실제로 세계의 최종 목적을 의식함으로써, 부분적으로는 그 목적이 세계 안에 실현되어 있음을 의식함으로써**" 화해한다. 그 결과 정신은 "**그 부정성을 예속된 것과 극복된 것으로 소멸시킨다.**"[322]

    화해의 그리스도교적 개념에서 핵심은 물론 여기서처럼 "부정성과의 화해"가 아니고, 하나님이 창조하신 세계 안에서 발생하고 마주치게 되는 부정성에도 **불구하고** 인간이 하나님과 화해하는 것이다. 화해는 우선적으로 인간 자신이 하나님과의 소외로부터 돌이키는 것에 해당한다. 또한 헤겔의 화해 개념도 다른 곳에서는 이러한 깊은 의미로 숙고된다. 그것은 유한한 정신이 자신의 독단적 독립성 및 하나님과의 분리를 "포기"함으로써 하나님과 화해되는 것을 뜻한다. 이 포기는 재차 "유한이 영원, 곧 신적 및 인간적 본성의 합일 안으로 받아들여지는 것"을 통해 매개된다.[323] 화해 개념과 관련해서 헤겔도 하나님과의 화해로서 성육신을 생각하고 있다. 화해 안에 자유의 의식이 근거하고 있는데, 자유는 헤겔에 의하면 세계사의 주제이며, 자유의 진정한 실현은 그리스도교 안에서 예수 그리스도 안에서 일어난 하나님의 성육신의 결과로 발견된다. 여기서 헤겔은 예수 그리스도 안에서 성취된 화해를 그것의 미래적 완성과의 긴장 안에서 주제화하지 않았고, 이미 종결된 것으로 보았다. 그 결과 헤겔은 그리스도교 안에서 종말의 현재가 단지 세계 내적인 실현만을 필요로 하며, 그 현재는 종교개혁의 결과 안에서 그리스도교의 자유가 세계사적으로 실현됨으로써 성취되었다고 믿었다.[324] 이 의미에서 헤겔은 자신의 철학이 개념화한 필

---

322   G. W. F. Hegel, *Vorlesungen über die Philosophie der Weltgeschichte* I. Die Vernunft in der Geschichte, hg. J. Hoffmeister, 1955 (*PhB* 171a), 48.

323   G. W. F. Hegel, *Vorlesungen über die Philosophie der Religion* III. Die absolute Religion, hg. G. Lasson (*PhB* 63) 1929, 34. 일팅(K.-H. Ilting)이 편집한 판본에서는 "유한" 대신 "유한자들"로 표기되어 있다. 참고. G. W. F. Hegel, *Religionsphilosophie* I, Neapel 1978, 499.

324   참고. P. Cornehl, *Die Zukunft der Versöhnung. Eschatologie und Emanzipation in der*

연성 안에서 진행되는 역사를 세계 내적인 신정론으로 파악했다. 여기서 헤겔은 19세기 신학자들이 죄 용서 메시지의 수용자인 개인에게 다소간에 집중하여 서술한 화해론과 달리, 예수 그리스도 안에서, 곧 그의 십자가와 부활 안에서 일어난 아들의 성육신을 통한 하나님의 화해의 행동에 담긴 세계사적 차원을 시야로 옮겨 놓았다. 하지만 문제는 헤겔이 그 과정에서 특수성, 곧 개인들의 행복을 이념의 일반성에 대한 희생물로 삼았다는 사실이다.[325] 이 점에서 헤겔의 역사철학은 철저히 범례적(paradigmatisch)이다. 마르크스주의가 그것의 실현을 추진해야 한다고 주장했을 때, 완전히 틀린 것은 아니었다. 모든 세계 내적인 종말론 안에서 일반성의 (자칭) 완성은 반드시 개인들의 희생 위에서 추구되고 주장될 수밖에 없다. 이것은 세계 내적 종말론의 적그리스도적인 구조다.[326] 이에 대하여 그리스도교적 종말론은 개인적 규정과 인류의 보편적 규정 사이의 해체될 수 없는 결합

---

325 *Aufklärung, bei Hegel und in der Hegelschen Schule*, 1971, 141ff.

"개별 개인이 희생될 수 있다는 사실 곁에, 이성은 계속 머물러 있을 수 없다. 특수한 목적들은 일반성 안에서 상실된다." G. W. F. Hegel, *Die Vernunft in der Geschichte*, 같은 곳, 48f. "개인에게는 불공정한 일이 일어날 수 있다. 그러나 세계사는 개의치 않는다. 개인들은 세계사의 진보 안에서 수단으로서 봉사하는 것이다(같은 곳, 76; 비교. P. Cornehl, 같은 곳, 158f.). 우리는 헤겔이 여기서 세계 정신을 위하여 그가 이전에 프랑스 혁명의 정신과 관련해서 파괴적이라고 비판했던 바로 그 의식구조를 옹호하고 있다는 하버마스의 판단에 동의해야만 할 것이다. J. Habermas, *Theorie und Praxis. Sozialphilosophische Studien*, 1963, 104. 헤겔은 말하자면 혁명이 주장하는 일반성 아래서 개인들이 단두대를 통해 희생되고 있다고 비판했던 것이다(93). 이것은 헤겔이 종교적 표상만이 아니라 또한 개인들의 실존에게도 일어난다고 보았던 "개념 안으로의 **지양**"의 뒷면이다.

326 적그리스도는 단순한 개인의 형태를 하고 있지 않다. 이미 요한1서 2:18이 다수의 그런 형태들을 말한다. 중요한 것은 그것이 유혹자의 전형이라는 것이다(요이 7). 그것은 인간을 참된 메시아로부터 꾀어 떨어뜨려 놓는다. 고대 그리스도교는 그것을 거짓 교사의 등장과 관련시켰다. 그러나 적그리스도의 유형은 특별히 세계 내적인 구원론과 현대 사회 안의 인간들에게 노출되어 있는 자기구원론이라는 양자택일 안에서 특수한 방식으로 현시한다.

을 보존한다.[327] 개인들이 영화롭게 되는 것을 통하여―또한 이들과 함께 아버지와 아들이 영화롭게 되는 것을 통하여―하나님 나라는 실현되며, 세상의 고난에 대한 하나님의 칭의가 완성될 뿐만 아니라 또한 보편적으로 인정된다.

관념론적 역사 철학은 신정론의 문제에 대해 계속 발전하는 통찰을 제시했다. 그 철학은 말하자면 이 주제가 단순히 이론적 해명을 통해 해결되지 않는다는 사실을 통찰했다. 이 주제는 화해의 실제 역사를 필요로 한다. 화해의 역사 안에서 중요한 것은 세계의 미래인데, 그 미래는 세계의 종말인 동시에 그것의 변용이 될 것이다.

b) 하나님 자신이 극복하시는 악과 재앙

성서적 종말론은 모든 형태에서, 또한 모든 세부적 주제에서 악과 재앙의 극복과 관련되어 있다. 이것은 세계의 심판에 관한 표상들에서 명확하며, 천사장 미가엘이 용들과 싸우고 백마 탄 기사가 종말의 하나님 없는 제국 및 땅의 왕들과 전투를 벌이는 장면의 극적 묘사에서도 잘 나타난다(계 12:7ff.; 19:11ff.). 그러나 죽은 자들의 부활도 악과 재앙의 극복이다. 왜냐하면 그 안에서 현재 세계를 지배하여 탄식하게 했던 죽음과 소멸성에 대한 승리가 성취되기 때문이다. 하나님 나라의 공동체는 불의의 극복에 기초를 둔다. 불의는 인간 관계와 민족들 및 국가들 사이에서 평화가 사라지게 하는 근원이다. 완성된 공동체의 하나님 찬양은 모든 거짓된 예배와 모든 우상숭배를 극복한 형태가 될 것이다. 이것들은 적그리스도의 숭배 안에서 정점에 이르렀던 것들이다.

이 기대가 갖는 특별히 그리스도교적인 강조점은 그것이 그리스도의

---

327 그래서 예수 그리스도가 성취하신 세상의 하나님과의 화해에 대한 그리스도교적 메시지는 올바르게도 개인들의 믿음을 향한다. 이것은 임박한 하나님의 통치에 대한 예수 자신의 선포가 이미 백성의 개인들에게 향했던 그 방식에 상응한다. 하나님 나라는 개인의 믿음 안에서 시작된다.

죽음에서 일어난 세상의 화해라는 구원 사건과 결합되어 있다는 점에 놓인다. 구원 사건은 그 자체로서 이미 악의 극복이며, 죄와 죽음의 권세로부터 건져내는 작용을 일으킨다. 그럼에도 불구하고 구원 사건은 아직은 완성을 필요로 한다. 이 완성은 이 세상 삶의 저편에서 비로소 가능하며, 그리스도인들의 기대는 그곳을 향해 있다. 그곳을 향해 구원 사건은 현실적 예기로서 관계한다. 예기는 종말의 마지막 강화를 계속 요청하는데, 자신의 고유한 능력과 진리성은 그 종말의 강화로부터 되돌아 미치는 영향력에 의존해 있다. 왜냐하면 구원 사건은 언제나 그러한 하나님의 구원의 미래로부터 유래하며, 그 미래가 현재의 이 세상 안에서 시작하는 것으로 이해되기 때문이다. 유대교 역사 안에서 종말론은 개인들의 삶 속에서 일어나는 하나님의 정의에 대한 질문으로부터 생겼고, 선택된 자기 백성에 대하여 선택하시는 하나님이 계약의 정의를 완성하실 것이라는 희망으로부터 자라났다. 그리스도교의 믿음에 대해서는 이러한 유대교적 관심사의 자리에 화해와 그것의 완성이라는 주제가 등장했다.

앞 단락에서 우리는 최후의 심판 안에, 그러나 포괄적으로는 영의 사역 전체 안에—영화롭게 됨의 역동성 안에—포함된 변화의 계기에 대하여 논의했다. 그것은 고린도전서 15:50ff.의 사도적 말씀에 따라 믿는 자들의 이 세상 삶에 임박해 있는 변화이며, 세례 받은 자와 믿는 자들 사이에서 영의 능력을 통해 이미 시작된 변화다. 화해의 개념도 이러한 변화의 요소를 포함하고 있다. 예수 그리스도 안에서 보내진 초대, 곧 하나님 자신과의 화해로 부르시는 하나님의 초대에 응답하는 자들의 생명은 바로 그 관계를 통해 하나님과 멀어진 소원과 소외의 상태로부터 하나님과 연합한 상태로 변화한다. 그 과정에서 하나님의 영원한 생명—이것은 믿는 자들에게는 아직 미래에 있다—에 참여함으로써 이루어지는 하나님과의 미래의 연합은 화해의 의식 안에서 이미 현재한다. 이 참여는 모든 악과 재앙의 극복을 자체 안에 포함한다. 악과 재앙은 피조물이 하나님으로부터 멀어진 것, 그리고 그 결과와 관련이 있으며, 하나님으로부터 소외된 피조물에게 하나님을 거역하여 고소할 단서를 주는 것처럼 보인다.

존 힉은 그리스도교 종말론의 비판 안에서 이 세상 삶의 변화와 관련된 요소의 적용 영역을 과소평가했다. 이 변화의 요소는 화해되지 못한 세계 한가운데서 일으켜지는 하나님과의 화해라는 그리스도교 믿음의 의식을 근본적으로 구성한다. 힉이 폴 틸리히와 나의 초기 논문을 예로 들어 비판했던 영원한 생명의 "재현 이론"(recapitulation theory)에 전형적 내용은 시간 안에서 체험된 피조물의 삶이 하나님에 의해 그분의 "영원한 기억"[328]의 내용으로서 보존된다는 사실이다. "영원 안에서 그 이상의 것은 아무것도 발생하지 않는다. 왜냐하면 그것은 단순히 무시간적 전체로서 경험된 시간이기 때문이다."[329] 힉은 계속해서 영원한 생명의 내용이 지금 생명과 동일하다면, 이 세상의 생명은 이 세상의 삶에서 성취되지 못한 것과 거절당한 것에 대한 보상이 될 수 없을 것이라고 항의했다. "…이 내용이 절망적인 가난과 비천 안에서, 무지와 미신 안에서, 굶주림·질병·약함 안에서, 노예와 억압의 비참 안에서 경험된 삶이라고 가정해보라! 그것이 성장을 저해당한 불쌍한 삶, 기쁨과 고상함이 결여된 삶, 그 안에서 인간 경험의 선한 가능성이 거의 전부 성취되지 못한 채로 남아 있는 삶이라고 가정해보라! 또는 그것이 인간 사회에 최소한으로만 참여했던 어떤 은둔자의 삶이라고 가정해보라! 아니면 악한 경

---

328   J. Hick, *Death and Eternal Life*, 1976, 215ff.

329   J. Hick, 같은 곳, 222. 힉은 여기서 특별히 내가 표현한 다음의 문구(*Was ist der Mensch?*, 1962, 57)를 인용한다. 죽은 자들의 부활의 생명은 "다름이 아니라 시간의 영원한 깊이를 지금 이미 구성하는 것이며, 그것은 하나님의 눈앞에서―창조자의 눈길 앞에서!―지금 이미 현재다. 삶의 시간 안에 담긴 영원의 깊이를 이어줌으로써, 우리는 미래에 부활하게 될 우리의 생명과 지금 이미 같아진다." 힉이 인용하며 설명한 생각과는 달리 이 인용문은 하나님의 영원한 기억에 대하여 말하지 않으며, 다만 그분의 "창조자로서의 눈길"만을 말한다. 이 눈길이 우리의 이 세상의 삶을 변화시킨다. 그 결과는 어떤 "무시간적" 전체의 특성을 갖지 않고, 오히려 이 세상의 시간적 삶의 전체로서 특징지어진다.

력을 쌓았다가 마지막 순간에 전향해서 존경을 받는 사람의 삶이라고 가정해보라! 어떻게 그런 삶이─비록 그 삶도 그리스도를 믿는 구원하는 믿음의 한 가지 요소를 포함하고 있다고 해도─영원한 생명의 내용으로서 유의미하게 다르고 더 나은 생명이 될 수 있겠는가?…그런 삶에 포함된 악은 여전히 악으로 남아 있을 것이다. 어쩌면 그것들은 축적된 전체성 안에서 사람들이 서로에 대해 알았던 때보다 훨씬 더 악할지도 모른다."[330] 마지막 문장에서 우리는 힉이 최종적으로는 현재의 악한(혹은 재앙의) 삶이라는 사실성─다시 말해 신정론의 문제─을 영원한 생명의 "재현 이론"에 대한 거침돌로 삼는다는 것을 읽을 수 있다. 이것은, 힉에 의하면 바로 이 세상 삶의 악에 대한 항의가 죽음 이후의 삶의 가정에 대한 근본적인 종교 논쟁을 형성할 때, 그만큼 더 중요해진다.[331] 만일 그리스도교의 종말론적 기대 안에서 하나님의 영원성 안으로 들어간다는 사상(그래서 현재의 이 세상 삶의 "영원화"의 사상)이 그 삶의 변화의 계기와 관련이 있지 않다고 가정하면, 힉의 비판은 올바를 수도 있다. 힉도 이 관점을 고려했지만,[332] 그것이 적용되는 영역을 과소평가했다. 왜냐하면 그는 그 관점을 예수께 대한 명시적인 믿음의 관계에만 제한했기 때문이다. 여기서 힉은 종말론과는 관계 없이 그리스도인들의 구원의 미래만이 아니라, 모든 인간과 그들의 영원한 운명을 고려했어야만 했다. 만일 최후의 심판에서 예수의 의미가 일차적으로 인간의, 그것도 모든 인간의 하나님 관계에 대한 기준이 된다는 사실을 고려한다면, 이 사실은 하나님이 그리스도인들만이 아니라 예수의 가르침과 운명에 대한 명시적 혹은 암묵적 관계의 관점 아래 있는 모든 인간을 보시고 심판하신다는 것, 무엇보다도 예수의 파송에서 표현되는 긍휼의 사랑의 시각에서 심판하신다는 것을 의미한다. 그렇기에 그리스도인들만이 아니라 인류 전체에 대한 하나님의 관계는 예수의 파송이 없었을 경우의 그 관계와는 다르다. 그렇기에 그리스도

---

330   J. Hick, 같은 곳, 225f.

331   J. Hick, 같은 곳, 152ff.159.

332   J. Hick, 같은 곳, 223.

교 교회 안에서 신앙고백하는 지체가 되지 않은 사람들도—그들의 마음이 예수께서 선포한 하나님과 그분의 나라의 임재에 대하여 열려 있다면—예수 그리스도 안에서 나타난 새로운 생명에 참여하는 인류의 규정에 대한 지분을 갖는다. 이것은 현재 체험된 현존재의 변화에 참여하는 것을 포함한다. 이 변화 없이는 사멸적 피조물의 하나님과의 연합은 있을 수 없다. 이것은 긍휼히 여기는 자들에게 긍휼이 주어지며, 고통당하는 자가 위로를 받고, 마음이 가난한 자들, 의에 주린 자들, 그로 인해 핍박을 받은 자들이 하나님 나라를 상속한다는 것을 의미한다(마 5:3ff.). 반면에 부와 배부름에 취했던 사람들은 하나님의 미래를 요구하지 못할 것이며, 그 미래로부터 배제될 것이다(눅 6:24f.). 그러므로 종말론적 변화는 현재 세계에서 고통당하고 거부당했던 자들에 대한 철저한 보상의 계기를 포함한다. 그렇기에 예수의 소식은 특수하게 가난한 자들을 위한 복음이며, 이 세상의 삶에서 시각 장애와 신체 장애를 겪은 자들, 부당한 대우를 받고 저지당한 자들, 곧 인간적 삶의 정상적인 전개가 어려웠던 자들을 위한 기쁜 소식이다.

영원의 관점에서 인간의 이 세상 삶에 그렇게도 심원한 변화가 일으켜진다면, 미래의 삶과 지금의 삶 사이의 **동일성**이 말해질 수 있을까? 영원에 직면하여 그렇게 변화된 형태 안에서 발견하게 될 그 삶을 여전히 **우리의** 삶이라고 말할 수 있을까? 물론 여기서 동일성은 삶의 내용에서 아무것도 첨가되지 않는다거나 아무것도 탈락되지 않는다는 것을 의미하지는 않는다. 그럼에도 불구하고 인격적 동일성이 이미 이 세상의 삶 안에서 본래 무엇을 뜻하는지 생각한다면, 인간의 삶의 종말론적 완성과 현재 이 세상적 삶과의 동일성을 주장할 수 있게 된다. 한편으로 그 동일성에 속하는 것은 우리 삶의 현실의 구체적 조건들과 경험들인데, 이것들은 우리가 삶에서 억압할 수 있는 것이 아니라 오히려 우리의 자아성(Selbstsein)이 그것들과 하나로 통합되어야 하는 것들이다. 다른 한편으로 그 동일성에서 중요한 것은 우리의 자아성 자체인 인간 규정, 곧 특정하고 특수한 개인으로서의 규정인데, 이 규정에 근거하고 있는 바탕은 언제나 단지 잠정적으로만 파악된다. 왜냐하면 우리는 여전히 우리 자신을 향한 도상에 있으며,[333] 그 과정에서 우리는 언제나 또다시 이러저러한 경향으로 우리의 미래 존재를 향하여 건너가기 때문이다. 그러나 또한 어떤 의미에서 우리는 지금 이미 미래에 될 존재로서 존재한다. 이렇게 일치를 형성하는 과정 안에서 동일성과 변화—또한 이전에 체험된 것들의 의미상 변화—는 계속해서 서로 내적으로 연관된다.

동일성 형성의 과제는 우리의 지금까지의 그리고 현재의 삶의 사실을, 우리 앞에 다소간에 명확하게 어른거리는 이념 곧 우리가 미래에 될 수 있고 또 실제로 될 존재의 이념의 맥락 안으로 통합하는 것이다. 오직 우리의 현재의 상황을 그러한 우리의 자아성에 대한 내적으로 올바른 예기로부터 이해할 때만, 우리는 지속적 동일성을 획득하고 보존할 수 있다. 우리의 삶 속에서 지금까지 일어난 모든 것을 넘어서는 자아성과의 관계는 하나님 관계와 밀접하게 관련되어 있다. 우리는 하나님이 규정하고 부르신 대로 존재할 때, 본래적으로 존재한다. 여기서 동일성 형성의 과제는 우리 삶의 여건들에 대한 개인적 부르심의 관점을 전체를 향한 관점과 통합시키는 것이다. 이 통합은 각자의 삶의 진행 속에서 언제나 다소간에 부분적으로만 성취된다. 그래서 우리는 언제나 우리의 본래 자아성이 삶의 역사 속에서 우리가 실현한 것과는 다르거나 그 이상이라고 느낀다. 사랑의 눈길은 우리 안에서 바로 이렇게 부분적으로 실현된 우리 규정의 잠재태(Potential)를 보신다. 우리 삶의 창조자이고 우리의 규정의 근원과 목적이신 영원하신 하나님께서는 바로 그렇게 우리를 보신다. "너희 하늘 아버지께서 이 모든 것이 너희에게 있어야 할 줄을 아시느니라"(마 6:32). 그분은 양식과 의복만이 아니라 현존하는 일상 안에서 인간과 개인으로서의

---

333   이에 대해 나의 논문을 비교하라. Das christologische Fundament christlicher Anthropologie, in : *Concilium* 9, 1973 , 423 - 434, 431ff.; 또한 Person und Subjekt, 1979, in : *Grundfragen systematischer Theologie* 2, 1980, 80 - 95, 87ff.91ff.

5. 영을 통한 하나님의 칭의 | 975

규정에 따라 살아가기 위해 매일 우리에게 필요한 모든 것을 아신다.

이 모든 것의 결론은 다음과 같다. 우리의 삶의 역사가 이루는 성과와 우리 삶의 모든 세부 계기들이 하나님의 영원 안에서 화음을 이루고, 바로 이곳의 개인적 삶에 대한 하나님의 규정과 부르심의 관점 아래 있게 된다. 그 관점 아래서 우리의 삶은 그 삶에 대한 규정의 단편적 실현을 넘어서는 곳을 가리킨다. 이곳에서 체험된 삶이 성공과 실패를 넘어서며 나아가 성공과 실패의 구분 자체를 상대화하는 하나님의 규정의 빛 속에서 종말론적 변화를 일으킬 때, 이것은 그 삶의 정체성[334]을 위협하지 않고 오히려 그것을 완성한다. 완성은 우리의 현재 이곳에서의 모든 존재를 넘어서며, 우리 삶의 부분적 형태 안에서 성취되지 못한 채 남아 있었던 것을 보충하는 방식으로 일어난다. 이 완성도 이 세상의 삶이 창조자와 화해하는 것에 속한다.

하나님과 인간 사이의 화해에서 중요한 것이 하나님이 화해하는 것 곧 그분의 진노를 누그러뜨리는 것이 아니라면, 그리고 인간은 사실 하나님의 화해에 의존하고 있는 반면에[335] 하나님의 사랑에는 화해로의 어떤 음조 변화가 필요하지 않다면, 인간들을 하나님으로부터 소외된 상태로 몰아넣고 드물지 않게 하나님께 저항하는 항의 속에 붙들어두는 고통과 죽음의 극복은 본질적으로 화해 사건에 속한다. 이것은 화해가 종말론

---

334   우리의 정체성은 오직 내적 모순에 의해서만 가장 깊은 위협을 받고, 나아가 파괴되기도 한다. 그 모순은 악과 그 결과를 통해 우리 삶 안으로 들어온다. 여기서 질문이 제기된다. 우리는 우리의 규정에 반하는 그 모순에 영원히 붙들려 있어야 하고 그로 인해 파멸을 맞게 되는지, 아니면 우리의 삶은 하나님이 정하신 규정의 빛 속에서 하나님의 영광의 불을 통해 그런 모순의 찌꺼기를 벗고 정화될 수 있는지의 질문이다. 결과는 우리가 이 세상에서 형성하는 정체성이 하나님을 향해 개방되어 있는지, 아니면 폐쇄되어 있는지에 달려 있다. 다른 말로 하면 그것은 우리 마음의 신앙 혹은 불신앙에 달려 있다. 예수는 마지막 날에 하나님 앞에서 선 믿는 자들의 존재를 결정하는 것은 그들의 죄가 아니라 그들이 하나님께 속한다는 사실임을 보증한다.

335   『조직신학』 II, 690-712, 특히 706f.

적 완성 안에서 비로소 완전하게 된다는 것을 뜻한다. 그러나 바울은 화해를—예수 그리스도를 믿는 믿음을 통한 인간의 칭의와 함께—구원의 미래적 완성과는 구분하지 않았는가?[336] 현재 발생하는 하나님과의 화해는 바로 미래적 구원에 참여할 수 있는 조건이 아니었는가? 사실 하나님으로부터 소외된 죄인들은 그분과의 화해를 필요로 한다. 하나님과의 연합을 갱신함으로써 심판의 불 속에서 파멸하지 않기 위해서다. 그럼에도 불구하고 그리스도의 죽음 안에 근거하는 화해 자체는 이미 종말론적 완성을 미리 맛보는 것이다. 화해는 하나님이 예수의 죽음으로써 우리의 죽음을 제거하셨고, 각자의 세례 안에서 계속 제거하신다는 사실에 근거해 있다. 여기서 하나님은 우리의 죽음을 예수의 죽음과 결합하시는데, 죽음은 그분에게는 생명으로 향하는 통로가 되었다. 그러므로 예수의 죽음의 화해하는 사역은 그분이 그분 자신과 연합한 자들에게 죽음의 종말론적 극복에 대한 신뢰를 수여한다는 데 놓여 있다. 그러므로 화해의 개념은 다시한번 구원의 미래적·종말론적 완성과 그것의 현재적 시작 사이의 긴장을 포함한다. 이 긴장은 미래를 그렇게 미리 맛보는 것이 구원의 미래로 향하는 입구를 열어준다는 특성을 갖는다. 바로 이러한 방식으로 하나님께서는 자신에 의한 악과 재앙의 종말론적 극복을—피조물의 시간 안으로 직접 들어오심으로써—미리 실행하신다. 이 진입은 악에 대한 하나님의 미래의 승리와 그에 따른 피조물의 구원을 가져온다. 피조물은 하나님의 이러한 진입을 통하여 피조물로서—하나님과의 소외를 극복한 후에—다가오는 하나님 나라에 참여할 수 있는 기회를 얻는다.

구원의 완성의 종말론적 미래와 시간 안에서 일어나는 그 시작 사이의 긴장과 관련해서 이제 이 단락의 시작에서 제기되었던 질문이 제기된다. 긴장의 관점에서 볼 때, 역사 안에서 행동하시는 하나님 자신에 대해서는 무엇을 말할 수 있을까?

---

[336]　『조직신학』 II, 685f.

c) 창조의 완성과 하나님의 사랑의 계시

하나님의 길의 목적은 창조를 넘어선 곳을 바라보지 않는다. 오히려 그분의 행동은 세상의 화해 안에서, 그리고 종말론적 완성 안에서 창조의 의도 자체의 실현을 향한다. 그렇다면 왜 창조는 즉시 궁극적이고 종말론적인 완성 형태를 만들어내지 않을까? 이 질문 안에는 다시 한번 하나님이 왜 악을 허용하시는가라는 걸리적거리는 문제가 숨겨져 있다. 고대 교회의 교부들이 이 문제를 다루었던 시기 이래로 그리스도교 신학은 이 질문에 대해 죄와 그 결과인 악의 허용이 자유 안에 함축되어 있는 위험요소의 표현이라고 대답했다. 하나님께서 이 위험요소를 최고의 피조물인 천사와 인간에게 귀속시키셨다는 것이다.[337] 문제를 이렇게 서술할 때, 위의 대답은 악과 그 결과의 허용이 이미 피조물의 독립성 안에 함축되어 있다는 방향으로 일반화되는 동시에 첨예화된다. 이로써 인간 이외의 본성이 이 주제에 관한 논의 안으로 편입된다. 이것은 고대 교회의 신학에서 천사론의 이름으로 이미 일어났던 일이다. 인간의 타락 이전에 천사의 타락이 있었다는 것이다(비교. 유 6; 벧후 2:4). 어느 수준의 독립성은 하나님의 영원한 존재 곁에 위치하는 피조물의 현존재에 대한 불가결한 조건이 된다. 그러나 독립성과 함께 창조자께 대한 피조물의 관계로부터 본래적으로 "불가능한" 건너감,[338] 곧 독단적 독립성으로의 건너감이 너무 가까이 놓여 있다. 피조물의 독립성이 점점 더 자신의 고유한 현존재와 조건들의 활동적 형태를 취하게 될 경우, 그 위험은 더 커진다. 이 위험이 최고 수준에 도달하는 것은 인간과 그의 능력이 의지와 행동의 다양한 선택의 가능성들 사이에 놓이는 경우다. 많은 사람이 이것을 자유라고 부르지만, 그 능력은 참된 자유에 대한 필요조건이기는 해도 충분조건은 아니다. 참된 자유는 하나님의 자녀들의 자유이며(롬 8:21), 아들은 이 자유를 향해 성령을 통

---

337   이러한 "자유의지 변증"에 대한 최근의 논의로서 플란팅가의 논문들을 참고하라. A. Plantinga, *The Nature of Necessity* (1974), 1989, 164-195.

338   비교. K. Barth, *KD* III/2, 1948, 235.

해(고후 3:17) 우리를 해방시키셨다(요 8:36).[339] 자기 자신의 행위의 가능성들 가운데 선택하는 능력은 피조물의 독립성의 높은 형태이기는 하지만, 그와 동시에 최고로 깨지기 쉬운 것이기도 하다. 왜냐하면 이 능력을 잘못 사용하면 인간은 너무도 쉽게 독립성을 상실하고(독립성은 하나님이 인간을 창조하신 목적이다), 죄와 죽음의 권세 아래서 노예가 되기 때문이다.

창조의 목적을 독립성으로 규정하심으로써, 하나님 자신도 한 가지 위험요소를 스스로 감수하셨다. 그것은 말하자면 자기 피조물이 독단적 독립을 선언함으로써, 창조자이신 하나님 자신이 불필요하다는 가상, 더 나아가 존재하지 않는다는 가상에 처할 수 있다는 위험이다. 악의 사실성은 하나님으로부터 자신을 해방시키는 피조물에게 하나님이 존재하지 않는다는 가상을 견고하게 만든다. 그 사실성은 하나님께 대한 독단적 독립성 안에서 감사할 줄 모르는 마음을 낳고, 그와 연관하여 피조물 자신의 현존재에 고유한 유한성과 도덕적 항변의 선한 양심을 기꺼이 받아들이지 않으려는 태도를 양육한다. 그럼에도 불구하고 창조자는 화해의 행동을 통해 창조를 견고히 붙드시며, 그 과정에서 피조물의 독립성을 존중하신다.

피조물의 독립성은 종말론적 완성 안에서도 보존되며, 말하자면 그 독립성은 종말 사건의 본래적 의미 안에서, 다시 말해 피조물의 참된 자유의 실현으로서 완성된다. 이 완성은 종말에 하나님과 피조물이 서로 영화롭게 되는 상호성의 조건이다. 다시 말해 피조물은 영화롭게 **될** 뿐만 아니라, 또한 예수 그리스도와 아버지를 영화롭게 한다. 이러한 상호성이 말해질 수 있는 것은 오직 피조물이 자기 자신 안에 중심을 두는 현존재를 가지고 있기 때문이다. 이 현존재는 하나님 관계와 이웃 관계 속의 자발성이라는 특성을 갖는다. 그래서 피조물이 영화롭게 되는 사건은 그것이 하나

---

339 이에 대해 나의 설명을 참고하라. *Die Bestimmung des Menschen*, 1978, 12f.; *Anthropologie in theologischer Perspektive*, 1983, 108f.

님의 생명 안으로 흡수된다는 것을 의미하지 않는다. 오히려 아들을 통해 자기 영광 안에서 계시되는 아버지의 영화로움의 자발성은 피조물 자체가 영을 통해 영화롭게 되는 일이 완결되도록 매개해준다.

그런데 피조물의 독립성은 시간이라는 실존 형식 없이는 가능하지 않다. 피조물은 자신의 현존재의 형식으로서 일정한 지속을 필요로 할 뿐만 아니라, 그 현존재가 형태를 형성하는 활동의 독립성은 또한 구분되는 시간 양식도 필요로 한다. 이것은 행위의 목적인 미래의 현재로부터의 구분이며, 그리고 이미 습득된 경험들의 과거로부터의 구분을 뜻한다. 이 경험들과 관련해서 피조물의 자기형태화는 각자의 개성을 획득한다. 아마도 독립적으로 수행한 삶의 결실은—시간적 현존재가 영원한 현재의 동시성 안에 집약될 수 있다면—영원히 존속할 수도 있을 것이다. 그러나 영원에 대한 시간의 구분이 등장하지 않는다면, 자신 안에 중심을 둔 유한한 존재의 어떤 독립적인 형성 과정이란 전혀 생각될 수 없다.

시간에 대한 하나님의 영원성의 관계는 이 사태의 역전된 국면을 묘사한다. 피조물의 현존재는 말하자면 영원을 선취하며 미리 맛보는 최초의 근본적 사례를 형성한다. 이것은 구원의 경륜을 이루는 하나님의 행동의 틀림없는 특성이다. 피조물의 현존재는 오직 그것이 시간 안에서 일정한 지속을 가질 때만 가능하며, 현존재의 지속은 그 자체가 이미 영원의 예기다(물론 이것은 피조물의 삶의 시간에 제한되어 있다). 예수 그리스도 안에서 나타나는 하나님의 화해의 행동도 피조적 현존재의 현재 안에서 일어나는 영원의 예기, 곧 하나님의 통치의 미래에 의존한다. 예수의 메시지 안에서와 그의 사역을 통하여 하나님의 통치의 구원하는 미래는 가까이 다가온 하나님 나라의 소식과 예수의 인격 안에 현재하는 그 나라에 대하여 자신을 개방한 사람들 사이에서 이미 시작된다. 이와 비슷하게 그리스도교 세례는 예수 그리스도의 죽음과의 결합을 통하여 지금 이미 미래의 부활에 대한 확신을 매개한다. 여기서 일어나는 일은 하나님의 창조 행위에서처럼 이 세상의 삶이 지속되는 동안 제한적이고 불완전하게 영원에 참여하는 것이 아니고, 오히려 하나님의 영원한 생명에 모든 제약으로부터 해방되어 제한 없이 참여하는 것이다. 그러나 한편은 다른 편을 전제한다. 왜냐하면 이 세상의 삶에게 하나님의 영원에 대한 참여가 개방되기 때문인데, 이 참여는 그 삶의 시간이 종말을 맞은 이후에 일어날 것이다. 창조 행위 안에서 선사된 이 세상의 제한된 삶도 이미 그 참여를 목표로 삼고 있다. 그러나 이 목표는 죄와 죽음의 황폐화하는 권세들에 맞서 일으키신 하나님의 화해 행위를 통해 효력을 나타낸다. 피조적 삶이 자신 안으로 오시는 하나님의 영의 창조적 현재를 통해 영원을 미리 맛본다면, 마찬가지로 예수 그리스도 안에서 일어난 하나님의 화해 행위를 통해 그 피조적 삶은 영원을 향해 보존되고 피난처를 얻으며, 영의 **은사**를 통해 자신의 미래적 구원을 지금 이미 확신한다.

　　피조물의 시간 안에서 하나님의 영원의 종말론적 미래가 출현하는 것은 다양한 형태로 표현된다. 이 출현은 하나님의 사랑의 "시간적 시숙(時熟)의 형태"(Zeitigungsform)로 이해되어야 한다. 자신의 영원성을 손상하지 않은 채, 하나님의 사랑은 말하자면 시간을 생성시키고, 시간 속으로 들어와 작용하며, 시간 안에서 현재한다. 하나님의 미래가 이미 피조물의 시간 안에서 시작되고 또한 제한된 시간 안에 있는 그 피조물에게 현재함으로써, 하나님은 자기 피조물들에게 현존재와 함께 하나님 자신과의 연합을 선사하신다. 그러므로 모든 개별 피조물의 창조가 이미 하나님의 사랑의 표현이며, 사랑은 각각의 피조물에게 고유한 현존재를 수여하고, 그것들이 각기 현존재의 시간 동안 하나님의 영의 생명력에 참여하게 한다. 하나님의 화해 행위가 비로소 그 사랑을 표현하며, 그 행위는 하나님 나라의 미래가 그것을 향해 자신을 개방한 사람들의 시간 안에서 시작되도록 만든다. 하나님의 사랑이 시간 속으로 진입하는 것은 성육신 사건에서 정점에 도달한다. 하나님이 아들 안에서 인간에게 현재하신다는 사실을 통해—이것은 인간들을 아버지께 대한 예수의 관계에 참여시키고 그들에게 영원한 생명을 선사하기 위함이다—인간들은 자신의 피조성에도 불구하고 하나님의 영원한 생명과의 연합에 참여한다. 그런 구원의 미래와 하나님의 사랑에 대한 확신을 믿는 자들에게 보증해주시는 이는 성령이시다. 성령은 지속적 은사이며, 피조물의 사멸적인 몸들을 하나님의 미래 안에 있는 영원한 생명으로 깨우신다. 하나님의 종말론적 미래가 비로소 그분의 사랑의 계시를 창조의 완성 안에서 함께 완성시킨다. 이것은 그분 자신의 영원한 생명에 참여하는 것을 뜻한다. 그러나 믿는 자들은 영의 은사를 통해 그 미래를 지금 이미 확신한다. 그래서 그들은 지금 이미 하나님과 화해된 자로서 하나님과 함께하는 평화의 상태 안에 있다(롬 5:1).

하나님이 "모든 얼굴에서 눈물을 씻기시는"(사 25:8; 계 21:4) 종말론적 완성이 창조와 구속사 안에서 나타난 하나님의 사랑의 계시에 대한 모든 의심을 제거하게 될 것이다(물론 하나님의 사랑은 창조사의 모든 걸음 안에서 이미 작용 중이다). 종말론적 완성의 빛 안에서, 제사장 문서의 창조 이야기에서 창조자가 창조의 제6일을 마치신 후에, 즉 인간의 창조 이후에 하나님이 이렇게 말씀하셨다는 보고가 올바른 것으로 드러난다. "하나님이 지으신 그 모든 것을 보시니 보시기에 심히 좋았더라. 저녁이 되고 아침이 되니 이는 여섯째 날이니라"(창 1:31). 종말론적 완성의 빛 안에서 우리 세계의 본래 모습과 그 안에 있는 혼동 및 고통의 실체가 바르게 말해진다. 세계의 고통에도 불구하고 "심히 좋았더라"를 말할 수 있는 사람만이 자신의 창조자이신 하나님을 바르게 경외하고 찬양하는 것이다. 창조세계에 대한 "심히 좋았더라"라는 판단은 단순히 어느 시기에 완성된 여건의 상태만이 아니라 창조사의 길 전체와 관계된다. 그 길 위에서 하나님은 앞서 다가오는 사랑과 함께 자기 피조물에게 현재하시며, 그들이 유한성의 위험과 고통을 통과하여 마침내 그분 자신의 영광에 참여하도록 인도하신다.

칼 바르트는 1945년에 "칭의로서의 창조"라는 제목으로 창조에 대한 하나님의 긍정(das Ja)을 다루었다(*KD* III/1, 418-476). 여기서 바르트는 18세기의 신정론 논의에 맞서, 창조 안의 빛의 측면과 어둠의 측면의 이중성이 예수 그리스도 안에서 나타난 하나님의 계시를 통해 비로소 빛의 측면으로 극복된다고 서술했다. "하나님은 피조적 실존의 패배와 비참에 하나님 자신을 내어주셨다. 그렇게 하지 않고는 피조물이 그분 자신의 영광에 참여할 수 없기 때문이다"(440). 피조물의 불완전성은 "맞서 싸워야 하는 것이며, 극복"을 필요로 한다(441). 이 점을 18세기의 신정론은 오해했다. 이 신정론은 창조의 완전성을 우주 자체의 질서로부터 읽어낼 수 있다고 생각했고, 그 추론을 위해 예수 그리스도와의 관계가 필요하다는 점을 알아채지 못했다(474ff.).

바르트는 창조와 계약의 상호관계와 선한 창조의 판단에 대한 그것의 의미를 강조했지만, 피조 현실성 자체를 미래적 완성과 관련된 과정으로 생각하지는 않았다. 그는 시작으로서의 창조라는 사상에 집착했고, 그의 서술에 따르면 그 시작에 이어 계약(언약)은 어떤 다른 사건인 것처럼 뒤따라온다. 물론 하나님의 의도 안에서 창조는 언제나 계약(언약)을 향해 있다.[340] 이것은 다음의 사실과 관계가 있다. 바르트는 신정론의 주제를 다루었음에도 불구하고 창조와 관련된 하나님의 칭의는 말하지 않으려 했으며, 다만 피조물에 대한 하나님의 긍정을 통해 피조물의 현존재와 관련된 칭의만을 말했다는 사실이다. "창조자 하나님은…그 어떤 칭의도 필요로 하지 않으신다"(304). 이 간결한 확증은 신정론의 관점에서만 놀라운 것이 아니라, 또한 창조의 그림자 측면에 대한 바르트 자신의 서술, 곧 예수 그리스도를 통해서 비로소 그 그림자 측면에 결정적인 타격이 가해졌다는 서술의 관점에서도 그렇다. 그렇다면 성서적 증언에 따라 하나님의 의가 종말의 때에 가서야 비로소 계시된다는 것과, 예수 그리스도의 복음을 통해 지금 이미 입증되었다는 선포(롬 1:17)는 무엇을 의미하는가? 이것은 하나님의 의가 지금 있는 그대로의 세상 안에서 이미 명확하게 계시되어 있다는 것을 의미하지 않을까? 이것은 시편 19편(비교. 롬 1:20)이 말하는 하나님 찬양이 오직 종말론

---

[340]   『조직신학』 II, 265f., 또한 그보다 앞서 89f.

적 하나님 찬양의 예기로서 이해될 수 있음을 의미하지 않을까? 이 예기는 이 세상의 공동체가 드리는 예배가 완성된 하늘의 공동체의 찬양을 선취하는 것과 같지 않을까? 하나님의 사랑은 이미 종말론적 미래보다 앞서 피조물에게 현재하여 그들의 구원을 일으킨다. 그렇기에 세계의 종말론적 미래는 그것에 대한 하나님의 심판과 다른 것, 그 이상의 것을 가져온다. 그 미래는 말하자면 종말의 빛 속에서 하나님의 사랑의 사역을 계시하며, 그에 따라 사랑의 사역은 역사의 길로 펼쳐지는 그분의 창조 안에서 명확하게 드러난다.

창조의 시작부터 화해를 지나 종말의 구원의 완성으로 연장되는 길 전체에서 하나님이 구원하시는 경륜의 진행은 피조물의 구원을 위한 하나님의 미래의 출현을 표현하며, 그와 함께 하나님의 사랑을 현시한다. 사랑은 하나님이 내재적인 신적 생명으로부터 구원의 경륜을 이루는 삼위일체로서 나타나시는 영원한 근거다. 그 나타나심을 통해 피조물은 삼위일체적 삶의 통일성 안으로 받아들여진다. 내재적 삼위일체와 경륜적 삼위일체의 구분과 일치하는 하나님의 사랑의 심박동을 일으키며, 하나님의 단 한 번의 심박동은 창조세계 전체에 가득 울려 퍼진다.

590n828, 650n958, 668n1001, 670n1005,
942n275
기에르케(Gierke, O. v.) 135n239

ㄴ

노이너(Neuner, P.) 235n120
노이하우스(Neuhaus, R. J.) 298n237,
753n121
놀(Nohl, H.) 584n815
뉴먼(Newman, J. H.) 276n201,
277nn202,203, 278n205
뉴턴(Newton, I.) 919
니그렌(Nygren, A.) 303nn241,242, 305n247,
307n256, 308n257, 310nn262,263,
317n283
니그렌(Nygren, G.) 690n11, 691n12, 696n23
니버(Niebuhr, R.) 771n152
니버갈(Niebergall, A.) 324n291
니세이(Niesei, W.) 158n268
니시오티스(Nissiotis, N. A.) 31n16, 431n535,
642n933
니체(Nietzsche, Fr.) 303
니취(Nitzsch, C.I.) 825n37
니콜(Nicol, M.) 344n348

ㄷ

다니엘루(Danielou, J.) 74n96,
776nn162,163,164, 777n165, 786n191,
787n193, 788nn194,195,196,197, 800

다빈(Dabin, P.) 215n83, 588n821
다이스만(Deissmann, A.) 468n613
달(Dahl, N. A.) 730n86
덜레스(Dulles, A.) 79nn116,117,
80nn117,118, 81n122, 93n147, 590n829,
591n830, 602n853, 652n962
데이비스(Davis, St.) 885n165
데카르트(Descartes, R.) 272n196
덱싱어(Dexinger, Fr.) 714n57
델링(Delling, G.) 460n595
도드(Dodd, Ch. H.) 469n615
도르너(Dorner, I. A.) 825n38, 826n42,
903n194
도브(Dove, A.) 779n176
도브마이어(Dobmayer, M.) 64n78
되링(Döring, H.) 181n22, 183n29,
185n33, 190n48, 634n920, 643n937,
644nn938,939
둔스 스코투스(Duns Skotus) 306n250,
697n25
둔켈(Dunkel, A.) 771n149
뒤부아(Dubois, P.) 804
뒤퓌(Dupuy, B. D.) 587n819, 590n829,
591n830
드라이(Drey, J. S.) 64
드로이젠(Droysen, J. G.) 771n149, 781n180
디디모스(Didymus) 225n109
디오도로스 시켈리오테스(Diodor) 770n146
디캄프(Diekamp, F.) 357n382
딘스트(Dienst, K.) 59n66, 96n153, 187n41,
435n545, 603n856, 623n894

딘키어(Dinkier, E.) 734n93

딜타이(Dilthey, W.) 259n171, 770n146, 857n95

ㄹ

라너(Rahner, H.) 406n481

라너(Rahner, K.) 79n113, 80n117, 86nn134,135, 87n138, 182n25, 190n48, 308n258, 320n313, 331n315, 335n327, 403n471, 435n543, 479n635, 480nn636,637, 486n648, 487n652, 535n734, 542nn748,749, 564n790, 645n943, 648n951, 649nn954,955, 666n994, 667n998, 775n160, 837nn65,66,67,68, 838nn69,70,71, 839n72,73, 857n97, 906n203, 959n304

라밍(Raming, Ida) 614n878, 615n881

라손(Lasson, G.) 107n176, 584n815, 585n815, 968n323

라이네시우스(Reineccius, R.) 774n154

라이마루스(Reimarus, H. S.) 824n31, 827n43

라이슐레(Reischle, M.) 262n179

라이트(Wright, G. E.) 754n122

라이프니츠(Leibniz, G.W.) 819, 966, 967

라인하르트(Reinhard, F. v.) 819n13, 902n192

라자레트(Lazareth, W. H.) 431n535

라쵸브(Ratschow, C. H.) 338n335

라칭어(Ratzinger, J., 추기경) 79n113, 178n14, 181-82, 182n27, 183-84, 590n829, 598n846, 600nn849,850, 645n944,

672n1008, 731, 872n134, 880n156, 887n167, 888n170, 889n173, 939n271, 945-46, 948n248

라타유(La Taille, M. de) 330n313

라토무스(Latomus, J.) 326

라트(Rad, G. v.) 101n169, 121n200, 196n62, 755n124, 763n137, 844n81, 860n107, 867n121

라프(Rabb, Th. K.) 800n211

라피데(Lapide, P.) 737n102, 740

라흐니트(Lachnit, O.) 289n220

락탄티우스(Laktanz) 566n792

란네(Lanne, E.) 182n25, 189n45

란트그라프(Landgraf, A. M.) 656n972

랑게(Lange, D.) 357n381

랑케(Ranke, L. v.) 771n149, 779n176

레글리(Regli, S.) 434n540, 435n543

레만(Lehmann, K.) 207n78, 357n381, 359n388, 361n391, 408n486, 409n489, 410n490, 414n498, 439n551, 474n623, 476n630, 507nn694,695, 539n745, 569n799, 607n863, 620n887, 629n908, 650n958, 662n983, 666n996, 673n1010, 674n1013

레벤틀로프(Reventlow, H. Graf) 334n324, 339n337

레싱(Lessing, E.) 54n52

레싱(Lessing, G. E.) 257n170, 684n2, 846n83

레엔하르트(Leenhardt, Fr.) 488n654

레오 3세, 교황(Leo III) 794-795

레이제넨(Räisänen, H.) 118nn194,195,

119nn197,198, 120n199,
123n202, 125nn206,207,208,210,
127nn215,217,218, 128n219

렌토르프(Rendtorff, R.) 101n169, 401n468,
953n295

렌토르프(Rendtorff, Tr.) 108n179, 212n82,
573n807, 575n810

로데(Rohde, E.) 868n122

로렌츠(Lorenz, R.) 324n291

로마니데스(Romanides, Joh. S.) 792n200,
797n209

로빈슨(Robinson, J. M.) 832n57

로숨(Rossum, M. van) 622n892

로스키(Lossky, V.) 31n16, 331n316

로스트(Rost, G.) 698n27

로이바(Leuba, J. -L.) 81n121

로제(Lohse, B.) 408n485,486,487, 409n488,
650n956

로제(Lohse, E.) 46n43, 161n273, 621n891

로크(Locke, J.) 273

로테(Rothe, R.) 108n178, 903n194

로핑크(Lohfink, G.) 63n77, 67n82,
68nn83,84,85, 69n87, 71n93, 447n567,
887n168

롤로프(Roloff, J.) 45n41,43, 69n87,
392n457, 422n516, 434n540,
465n606, 549n763, 595n840, 596n841,
597nn842,843,844,845, 598n846,
599n847, 600n850, 601n851, 608n868,
611n874, 620n888, 622n891, 655n968

롤스(Rohls, J.) 158n268, 473n620, 478n632,

479n634, 481n638, 482n639, 490n656,
497n676, 501n681, 607n865

롬마취(Lommatzsch, C. H. E.) 817n7

뢰러(Löhrer, M.) 62n75, 690n11, 815n1

뢰러(Rörer, G.) 629n907

뢰베니히(Loewenich, W. v.) 236n121,
237n129, 353nn368,370

뢰브(Löw, R.) 339n336

뢰비트(Löwith, K.) 770n146

뢰슬러(Rössler, D.) 436n546

뢰에(Löhe, W.) 603n855

루바흐(Ruhbach, G.) 68n84, 791n199,
798n210

루셀로트(Rousselot, P.) 305n248

루스트(Rust, E. Ch.) 776n164

루크슈툴(Ruckstuhl, E.) 331n317, 332n318

루터(Luther, M.) 76n103, 84n130,
146nn252,253, 161n274, 162n275,
173n2, 179n17, 215n83,84,
236nn121,122,123,124,125,
237nn127,128,130, 270nn187,189,
271n192, 294n231, 313nn273,274,
326nn296,297, 328n305,
353nn369,370, 354n371,372, 356n378,
407n483, 414n499, 423nn519,520,
424nn521,522,523, 428n529, 438n550,
441nn555,556, 445n564, 446n566,
473n620, 478n632, 495nn664,666,
496nn668,671, 508nn698,699, 509n700,
534n732, 591n831, 592n832, 594n837,
606n861, 612nn875,876, 620n886,

621nn889,890, 630n910, 631n912,
634nn918,919, 643n936, 659n975,
665n993, 669n1003, 697n27, 729n83,
805n223, 944n280,281, 965n315

루트비히(Ludwig, J.) 674n1011

뤼박(Lubac, H. de) 588n821, 591n830,
731n88

뤼베(Lübbe, H.) 266n182

뤼커르트(Rückert, H.) 360n388

뤼트케(Lütcke, K.-H.) 244n147,150

리머(Riemer, M.) 684n3

리베르크(Lieberg, H.) 626n899

리샤르, 성 빅토르의(Richard v. St. Viktor)
323n288

리우트프란트(Liutprand v. Cremona, 주교)
797n209

리츨(Ritschl, A.) 68n84, 76n107, 150n260,
245n152, 252n160, 310n265,
312nn270,272, 340n339,340, 347n352,
348nn355,356, 366n403, 367n404,
376n434, 377n434, 379n441, 443n560,
705n41, 716nn59,60, 717nn61,62,64,
718n65, 723n73, 826n42

리츨(Ritschl, O) 347n352

리터(Ritter, A. M.) 193n52, 201n73

리프스터(Liebster, W.) 735n96, 736n100

리히터(Richter, Fr.) 823nn27,29, 833n58

린덴마이어(Lindenmeyer, J.) 903n194

린드벡(Lindbeck, G.) 602n853, 676n1015

릴리(Lyly, J.) 805

링컨(Lincoln, A.) 806

링크(Link, H. -G.) 205n76, 289n220

ㅁ

마네르마(Mannermaa, T.) 353n368, 356n378,
365n401, 370n414

마르셀(Marcel, G.) 288n216

마르크스(Marx, K.) 899

마르키온(Marcion) 95n152, 817n7, 835

마르티모르트(Martimort, A. G.) 620n887

마우스바흐(Mausbach, J.) 304n245

마우어(Maurer, W.) 605n860

마이어(Meyer, H.) 176n11, 177nn12,13,
602n853, 605n860, 617n882, 628n905,
659n977, 660n978, 661n981,
662nn983,984, 663n987, 665n992,
668n999, 673n1009, 675n1015

마이엔도르프(Meyendorff, J.) 97n157

막시무스, 고백자(Maximus Confessor) 322

만츠케(Manzke, K. H.) 865n117,
914nn222,223, 915n225,
916nn229,230, 917n231, 918n234,235,
919nn236,237,238, 925n251

말름베르크(Malmberg, F.) 251n159

말비(Malvy, A.) 947n287

머피(Murphy, T. A.) 662n982, 663n988,
670n1004, 673n1010, 675n1015

메르켈(Merkel, H.) 131n224, 938n266

메르클라인(Merklein, H.) 596n841, 597n844

메이(May, G.) 56n55,56

메츠(Metz, J. B.) 960n317

벨테(Welte, B.) 235n118

벵스트(Wengst, K.) 193n52, 194n54

벵엘(Bengel, J. A.) 64, 826n42

벵커르트(Benckert, H.) 332n319

보나벤투라(Bonaventura) 537n739

보니파시오 8세, 교황(Bonifaz VIII) 670

보댕(Bodin, J.) 774n154

보로스(Boros, L.) 857n97

보른캄(Bornkamm, G.) 85n132, 119n197,
  120n199, 194nn54,57,58, 195nn59,61,
  196nn63,64, 469nn615, 523n721

보에티우스(Boethius) 913n221, 917n232

보이만(Beumann, H.) 795n201

보프(Boff, L.) 83n127, 84n128, 92n145,
  93n146, 97n158, 98nn159,160,161, 109

볼라쉬(Wollasch, J.) 782n184

볼레비우스(Wollebius, Joh.) 60n69

볼테르(Voltaire, Fr. M. A.) 967

볼프(Wolf, E.) 136n243, 262n178

볼프(Wolff, H. W.) 754n122, 769n145

부데우스(Buddeus, Fr.) 59n68, 374n422,
  375n428, 376n433, 382n448

부르만(Burman, Fr.) 718

부처(Bucer, M.) 435n545, 604n856, 623n894

부흐너(Buchner, R.) 797n206

부흐루커(Buchrucker, A.) 498n677

불트만(Bultmann, R.) 30n11, 32n18,19,
  35n25,26, 118n194, 120n199,
  122n202, 243n144, 250n156, 253n164,
  254nn165,166, 288n215, 309n261,
  327n302, 379n440, 451n580, 454n587,

919n239, 953n293

브라운(Braun, H.) 311n268

브라운(Brown, R. E.) 31n17, 32nn18,19,
  49n45, 674n1011, 939n270

브라텐(Braaten, C.) 385n450

브란덴부르거(Brandenburger, E.) 932n262,
  938nn267,269

브래드워딘(Bradwardine, Th.) 217

브레데(Wrede, W.) 827n43

브레트슈나이더(Bretschneider, K. G.)
  706n43, 819n13, 824nn33,34,35, 902n193

브레히트(Brecht, M.) 370n413

브로쉬(Brosch, J.) 648n952

브룬너(Brunner, E.) 34n23, 60n70,
  136nn240,242, 137n246, 223n105,
  309n261, 310n267, 703n39

브룬너(Brunner, P.) 180n19, 187n40,41,
  360n388, 362n393, 363n395, 425n523(R.
  Brunner), 492n660, 493nn662,663,
  503n688, 522n716

브링켈(Brinkel, K.) 427n527, 428n528

블랑크(Blank, J.) 673n1010, 674n1012

블로흐(Bloch, E.)288nn217,218,219, 290n223

블루멘베르크(Blumenberg, H.) 964n313

비더케어(Wiederkehr, D.) 926n254

비르슁(Wirsching, J.) 651nn959,960

비르크너(Birkner, H. -J.) 108n178

비엘(Biel, G.) 293

비오 12세, 교황(Pius XII) 622, 673n87

비저(Bizer, E.) 240n137, 420n514, 492n660,
  693n16, 819n13

비켄하우저(Wikenhauser, A.) 731n88

빈그렌(Wingren, G.) 527n727

빌라모비츠-묄렌도르프(Wilamowitz-
Möllendorff, U. v.) 868n122

빌란트(Wieland, W.) 914

빌러베크(Billerbeck, P.) 460n596

빌리히(Willig, I.) 330n314

빌켄(Wilken, R. L.) 640n930

빌켄스(Wilckens, U.) 42n40, 99n162,
116n191, 118n196, 119n198, 120n199,
126nn213,214, 127n216, 129n220,
194n55, 199n68, 301n239, 304n244,
328n306, 336n328, 366nn402,403,
379n439, 380nn442,443, 391n455,456,
393n460, 451n581, 452n581, 614n879,
690n10, 695n21,22, 696n23, 736n99,
739n107, 812n228, 872n135, 874n138,
953n295, 959n302, 964n312

빌트베르거(Wildberger, H.) 712n52,
713nn53,55

ㅅ

사르트르(Sartre, J. -P.) 857n98,
858nn99,100,101,102

살비아누스, 마르세유의(Salvian v. Marseille)
785n189

샌더스(Sanders, E. P.) 118n194, 119n198,
120n199, 122n202, 123n203, 124n204,
125n208,209, 128n219, 129n221

샤데발트(Schadewaldt, W.) 770n146

샤를마뉴 대제(Karl d. Große) 793-95, 803-
804

샤츠가이어(Schatzgeyer, K.) 496

샤퍼(Shafer, B. E.) 712n52, 713n53

샤프츠베리(Shaftesbury, A. A. C.) 684n3

샨츠(Schanz, P.) 64n78

세르포(Cerfaux, L.) 730n86

세스톤(Seston, W.) 797nn207,208

셸러(Scheler, M.) 307n255

셸링(Schelling, Fr.) 923n247

셸스키(Schelsky, H.) 572n806, 573n807

소키누스(Sozzini, Faustus) 377n434

쇼넨베르크(Schoonenberg, P.) 482n639,
483n641

쇼트로프(Schottroff, W.) 492n658

쉐프치크(Scheffczyk, L.) 612n875

쉬츠(Schütz, Chr.) 815n1, 816n2,5, 818n10,
825n40

쉬테(Schütte, H.) 176n11, 177n12,13,
602n853, 605n860

슈나르(Schnarr, H.) 914n222

슈나이더(Schneider, G.) 507n696

슈나이더(Schneider, Th.) 388n451, 434n540,
453n586, 510n701, 535n734

슈나켄부르크(Schnackenburg, R.) 78n112,
158n270, 939n270

슈네멜허(Schneemelcher, W.)
513nn704,705,706, 514n708, 734n94

슈니빈트(Schniewind, J.) 454n587

슈람(Schramm, P.E.) 728n80,
804nn217,218,219

슈렝크(Schrenk, G.) 365n400, 819n14

슈마우스(Schmaus, M.) 62n74, 357n382,
    670n1004

슈뫼켈(Schmökel, H.) 867n120

슈미트(Schmidt, K.L.) 468n613

슈미트(Schmidt , W. H.) 70n89

슈바르츠(Schwarz, H.) 904n198,200

슈바르츠(Schwarz, R.) 236n121, 282n213,
    293n230, 294nn232,233,234, 320n285,
    370n413, 407n485

슈바이처(Schweitzer, A.) 827n43

슈베머(Schwemer, U.) 738n105, 740n108,
    741n111

슈타르크(Starck, H.) 735n96, 736n100,
    740n109, 741n111

슈타우덴마이어(Staudenmaier, F. A.) 64n78

슈타우퍼(Stauffer, E.) 303n241, 304n244

슈타우피츠(Staupitz, J. v.) 407n485

슈타인(Stein, W.) 589nn825,827,
    591n831, 593n833, 594n836, 595n837,
    601n852, 606n861, 620n886, 621n889,
    622nn892,893, 626n899, 627nn901,903,
    629n907, 630n910, 633n917

슈타케마이어(Stakemeier, A.) 270n190

슈탕에(Stange, C.) 843, 844n79, 877n149

슈테트케(Staedtke, J.) 497n676

슈테펜스(Steffens, H.) 280

슈톡(Stock, K.) 818n13

슈톡마이어(Stockmeier, P.) 777

슈투케(Stuke, H.) 836n64

슈투퍼리히(Stupperich, M.) 370nn413,414,
    371n415

슈툴마허(Stuhlmacher, P.) 158n270

슈트라우스(Strauß, D. Fr.) 909n210

슈트라우프(Straub, J.) 798n210

슈트라크(Strack, H. L.) 460n596

슈트루엔제(Struensee, A.) 163n276

슈트리겔(Strigel, V.) 705n41

슈패만(Spaemann, R.) 339n336

슐라이어마허(Schleiermacher, Fr. D. E.)
    29n9, 53n50, 61, 76, 77n108, 164, 175-
    76, 191n49, 224n108, 250, 280n211, 339,
    347-48, 377, 651n959, 684n3, 705-709,
    716-18, 824n34, 825, 826n42, 831, 843,
    853n90, 899n181, 909

슐라터(Schlatter, A.) 903n196

슐레징어(Schlesinger, W.) 796nn202,203

슐리어(Schlier, H.) 85n132, 86n133,
    125nn205,210, 126n211, 158n270,
    159n271, 188n44, 412n495, 567n794,
    568n795

슐링크(Schlink, E.) 52n47, 94, 159n271,
    160n272, 298n237, 335n327, 341n342,
    351n364, 390n453, 418n507, 420n515,
    423n517, 448n568, 506n694, 507n695,
    537n738, 541n747, 605n860, 610n873,
    611n874, 634n923, 638n926, 645n943,
    646n947, 647nn948,949, 652n962

슐츠(Schultz, H. J.) 337n332

슐츠(Schulz, Frieder) 416n502

슐츠(Schulz, H. -J.) 507n696

슐테(Schulte, R.) 390n452, 391n453,

435n543, 536nn735,737, 542n748

스외베르크(Sjöberg, E.) 40n39

스키즈고르(Skydsgaard, K. E.) 78n111

스킬레벡스(Schillebeeckx, E.) 483, 484n646,
487n651, 488n654, 509, 510n701

스피노자(Spinoza, B.) 76n43, 833n58

슬렌츠카(Slenczka, N.) 483n642

슬렌츠카(Slenczka, R.) 180n20, 207n78,
265n182

시몬(Simon, E.) 779n176

시아그리우스(Syagrius) 796

ㅇ

아놀드(Arnold, F. X.) 190n48

아렌트(Arendt, H.) 304n245, 306n253

아른트(Arndt , J.) 162-163

아리스토텔레스(Aristoteles) 166, 167n288,
293n229, 299n238, 303, 325-26, 479-80,
871n132, 905, 918

아리스티(Aristi, V. v.) 673n1010

아리스티데스(Aristides) 747

아링(Aring , P. G.) 741n111

아메시우스(Amesius, W.) 60n70, 347n352,
705n41

아무구-아탕가나(Amougou-Atangana, J.)
434n540,542

아벨라르두스(Abälard, P.) 323n288, 408n487

아알렌(Aalen) 462n598

아우구스티누스(Augustinus) 28, 36-38, 41,
57, 75, 92, 133-34, 137n245, 142-43,

156, 158n269, 187, 225n109, 234n117,
238, 243-44, 271, 304-305, 306n253,
321, 324, 351-52, 355, 390, 414, 418n506,
419n510, 449, 514, 538, 553-556, 559,
561, 649n955, 650n956, 690-91, 693,
695, 697, 701, 716-17, 721, 750, 785,
817, 819, 864, 865nn116,117, 876, 890,
916n229, 917nn231,233, 918, 944,
965n315, 966n317

아우어(Auer, J.) 28n5, 324n293, 443n559

아이켄(Aiken, H. D.) 963n309, 967n320

아이히홀츠(Eichholz, G.) 586n817

아타나시오스(Athanasius) 324n290, 860

아테나고라스(Athenagoras) 875, 879-80,
883-84

아파나지에프(Afanasiev, N.) 181n21

안드레아(Andreä) 347n352

안드레젠(Andresen, C.) 513n704

안셀무스(Anselm v, Canterbury) 376,
408n487, 417

알란트(Aland, K.) 419n509, 791n199

알렉산더, 헤일즈의(Alexander v. Hales)
408n487, 433n538, 537

알멘(Allmen, J. J. van) 493n662, 517n713

알베르지오(Alberigo, J.) 606n862

알베르투스 마그누스(Albertus Magnus)
408n487, 569, 914n222

알쿠인(Alkuin) 435n544, 803n216

알투지우스(Althusius, J.) 135n239

알트하우스(Althaus, P.) 145n250,
146n253, 173n3, 179n16, 186n38, 215,

오트(Ott, L.) 61n73, 622n892, 670n1004, 730n87

외프케(Oepke, A.) 393n461

욀뮐러(Oelmüller, W.) 965n314, 966n317

욀스너(ölsner, W.) 825n38

요리센(Jorissen , H.) 476n630, 480n637

요에스트(Joest, W.) 157n267, 217n192, 360n388, 362n393, 617n884,

요한 바오로 2세, 교황(Johannes Paul II) 736n98

요한네스, 다마스쿠스의(Johannes v. Damaskus) 56, 816-17

요한네스, 라구사의(Johannes v. Ragusa) 57n63,

워드(Wirth, W.) 734n93, 736n98

웨인라이트(Wainwright, G.) 193n52, 194n58, 335n326, 341n342

위-디오니시오스(Dionysios Ps. -Areopagita) 322

위클리프(Wyclif, J.) 698n27

윌슨(Wilson J.A.) 756nn125,126, 757n128

윙엘(Jüngel, E.) 84n129, 87n138, 88n139, 421n515, 547, 859n104, 861n112

유스티누스(Justin) 131n225, 132n226, 500, 513n704, 550, 551n765, 552n766, 734n94, 747-48, 876, 878n151, 942n275

융만(Jungmann, J.A.) 474n623

이그나티오스(Ignatius v. Antiochien) 179n18, 449, 597n845, 610n873, 656-57

이레나이우스(Irenäus) 131n225, 132, 145, 193n53, 449, 500, 513n704, 549n762, 551n765, 816, 875, 879

이반트(Iwand, H.-J.) 236n123, 353n369, 354n374, 355n377

이제를로(Iserloh, E.) 476n628, 477n631, 495n667, 496n670, 497n672

인노첸시오 3세, 교황(Innozenz III) 804

일팅(Ilting, K.-H.) 968n323

ㅈ

자우터(Sauter, G.) 53nn48,49, 225n110, 290n224, 830, 905n201

제멜로트(Semmelroth, O.) 81n119, 82n124, 86nn135,136, 87, 542n748, 667n998

제믈러(Semler, J. S.) 163n279, 375n430, 377n434, 819n13, 824nn31,32, 902n191

제바스(Seebaß, H.) 694nn18,19, 712n52

제베르크(Seeberg, R.) 145n250, 374n422

제클러(Seckler, M.) 63n77, 67n82, 234n117, 235nn118,120, 251n159, 644n937

젤라시오 1세, 교황(Gelasius I) 728

존슨(Johnson, L.) 805-806

좀(Sohm, R.) 117n192, 670n1005,

죌레(Sölle, D.) 337n332

지지울라스(Zizioulas, J. D.) 50n46, 52n47, 53n48, 55n53, 185n34, 493n662, 514n709, 517n713, 525n722, 641n932, 671n1006

프롤(Prohl, R. C.) 615n880

프뢰퍼(Pröpper, Th.) 220n97

프륌(Prümm, K.) 536n736, 549n762, 550n764

프리즈(Fries, H.) 234n118

프리즈(Vries, W. de) 674n1013

프리차드(Pritchard, J. B.) 757n129

프리첸(Vriezen, Th. C.) 713n54

프리크(Frick, R.) 816n3, 816n7, 817n7

프톨레마이오스(Ptolemäus) 689n7

플라키우스(Flacius, Mt. Illyrikus) 443

플라톤(Platon) 289, 321, 877

플란팅가(Plantinga, A.) 978n337

플랑크(Plank, P.) 181n21

플로티노스(Plotin) 921n243

플뢰거(Plöger, O.) 845n82

플루서(Flusser, D.) 734n94

피렌네(Pirenne, H.) 796nn202,203,205

피셔(Vischer, L.) 614n878, 662n983

피에르 다이(Petrus d'Ailly) 478

피터슨(Peterson, E.) 749n116

피퍼(Pieper, J.) 293n227

피히테(Fichte, J. G.) 108n178, 779n176

핀다르(Pindar) 289n220

필러(Viller, M.) 947n287

필론(Philo v. Alexandrien) 119n197, 134

필립스(Philips, G.) 331n315

ㅎ

하디(Hardy, A.) 338n333

하르나크(Harnack, A. v.) 45n42, 56n57,58, 117n192, 349n359, 747n113, 748n114, 784n186, 827n44

하멜(Hamel, A.) 735n95

하버마스(Habermas, J.) 969n325

하슬러(Hasler, A.) 357n382

하우스차일드(Hauschild, W. -D.) 28n4, 29n6, 689n7,8

하우케(Hauke, M.) 614nn878,879

하우프트만(Hauptmann, P.) 634n918

하이데거(Heidegger, J. H.) 705n41

하이데거(Heidegger, M.) 828n47, 857nn95,96

하인리히 2세, 황제(Heinrich II) 793

하인체(Heintze, G.) 149n259

하일러(Heiler, F.) 333n323, 338n334

하임(Heim, K.) 904n198

하임죄트(Heimsoeth, H.) 919n236

하제(Hase, K.) 825n39

한(Hahn, F.) 193n52, 218n91, 458, 463n600, 464n603, 466nn608,609, 467nn611,612, 489n655, 529n728, 530nn729,730, 768n144, 820n19, 827n44

해링(Häring, Th.) 262n179, 825n39, 843n78

핸들러(Haendler, K.) 58n65

핸슨(Hanson, R. P. C.) 194n55

행헨(Haenchen, E.) 45n43

헤름스(Herms, E.) 595n837

헤겔(Hegel, G. W. Fr.) 107nn176,177, 164nn282,283, 278n204, 584n815, 968nn322,323, 969n325

헤라클레온(Herakleon) 689n7

헤라클레이토스(Heraklit) 165n284

판넨베르크 조직신학 Ⅲ

Copyright ⓒ 새물결플러스 2019

1쇄 발행 2019년 12월 31일

지은이 볼프하르트 판넨베르크
옮긴이 신준호
펴낸이 김요한
펴낸곳 새물결플러스

편 집 왕희광 정인철 박규준 노재현 한바울 정혜인
         이형일 서종원 나유영 노동래 최호연
디자인 윤민주 황진주 박인미 이지윤
마케팅 박성민 이원혁
총 무 김명화 이성순
영 상 최정호 조용석 곽상원
아카데미 차상희

홈페이지 www.holywaveplus.com
이메일 hwpbooks@hwpbooks.com
출판등록 2008년 8월 21일 제2008-24호
주 소 (우) 04118 서울특별시 마포구 마포대로19길 33
전 화 02) 2652-3161
팩 스 02) 2652-3191

ISBN 979-11-6129-135-2 94230
        979-11-86409-90-9 94230 (세트)